B.A.C.

(1979)

Vol. 4

£7

Ge

22143

Historia de la Iglesia en España

BIBLIOTECA
DE
AUTORES CRISTIANOS

Declarada de interés nacional

————————————MAIOR 19————————————

ESTA COLECCIÓN SE PUBLICA BAJO LOS AUSPICIOS Y ALTA DIRECCIÓN DE LA UNIVERSIDAD PONTIFICIA DE SALAMANCA

LA COMISIÓN DE DICHA PONTIFICIA UNIVERSIDAD ENCARGADA DE LA INMEDIATA RELACIÓN CON LA BAC ESTÁ INTEGRADA EN EL AÑO 1979 POR LOS SEÑORES SIGUIENTES:

LA EDITORIAL CATOLICA, S.A. — APARTADO 466

MADRID • MCMLXXIX

Historia de la Iglesia en España

DIRIGIDA POR

RICARDO GARCIA-VILLOSLADA

COMITE DE DIRECCION

VICENTE CARCEL ORTI
JAVIER FERNANDEZ CONDE
JOSE LUIS GONZALEZ NOVALIN
ANTONIO MESTRE SANCHIS

Historia de la Iglesia en España

IV

La Iglesia en la España de los siglos XVII y XVIII

DIRIGIDO POR

ANTONIO MESTRE SANCHIS

COLABORADORES:

Rafael Benítez Sánchez-Blanco ● Eugenio Císcar Pallarés ● Antonio Domínguez Ortiz ● Teófanes Egido ● Rafael M.ª de Hornedo ● Francisco Martín Hernández ● Antonio Mestre Sanchis ● Joaquín Pérez Villanueva ● José Ignacio Tellechea Idígoras ● Isaac Vázquez Janeiro

BIBLIOTECA DE AUTORES CRISTIANOS
MADRID ● MCMLXXIX

© Biblioteca de Autores Cristianos. de La Editorial Católica, S.A. Madrid 1979
Mateo Inurria, 15. Madrid
Depósito legal M-14.416-1979.(IV)
ISBN 84-220-0906-4 Obra completa
ISBN 84-220-0931-5 Tomo IV
Impreso en España. Printed in Spain

DATOS BIOGRAFICOS DE LOS COLABORADORES

Rafael Benítez Sánchez-Blanco
Nació en 1949. Estudió en las Universidades de Navarra y Valencia. Es profesor del Departamento de Historia Moderna de la Universidad de Valencia. Defendió su tesis doctoral sobre *Las mutaciones de poblamiento: el caso de los moriscos del Condado de Casares (Málaga)* en Valencia (1976). Es autor, además, de *Guerra y sociedad: Málaga y los niños moriscos cautivos, El diezmo de moriscos en el Obispado de Málaga, Sobre la decadencia del Reino de Granada: las consecuencias de la expulsión de los moriscos en el Condado de Casares,* y *Felipe II y los moriscos. El intento decisivo de asimilación.*

Eugenio Císcar Pallarés
Nació en Piles (Valencia) en 1948. Se licenció y doctoró en Historia en la Universidad de Valencia. En la actualidad es catedrático de Instituto. Ha estudiado el régimen señorial del Reino de Valencia en los siglos XVI y XVII y su relación con la problemática morisca, cuestiones que han sido objeto de su tesis *(Tierra y señorío en el País Valenciano, 1570-1620,* Valencia 1977). Ha publicado también *Las Cortes valencianas de Felipe III, Moriscos i agermants* (en colaboración con Ricardo García Cárcel) y numerosos artículos.

Antonio Domínguez Ortiz
Nació en Sevilla en 1909. Es catedrático del Instituto «Beatriz Galindo», de Madrid; miembro de la Real Academia de la Historia, de la British Academy y de otras varias. Doctor «honoris causa» de la Universidad de Granada. Entre sus obras figuran *La Sociedad española en el siglo XVII, Sociedad y Estado en el siglo XVIII español, Los Reyes Católicos y los Austrias, Los judeoconversos en España y América, Los moriscos. Vida y tragedia de una minoría* (en colaboración con B. Vicent), *Alteraciones andaluzas, Historia en la Edad Barroca,* etc.

Teófanes Egido
Nació en Salamanca (1936). Doctor en Historia por la Universidad de Valladolid, en la que actualmente es profesor de Historia Moderna, y licenciado en Teología por la de Salamanca. Ha publicado numerosos artículos en revistas históricas nacionales y extranjeras y ha participado en congresos de su especialidad. Entre sus obras: *Prensa clandestina en la España del siglo XVIII* (Valladolid 1968), *Opinión pública y oposición al poder en la España del siglo XVIII* (Valladolid 1971), *Sátiras políticas de la lectura de Santa Teresa* (en colaboración, Madrid 1978). Traductor y editor de *Obras de Lutero* (Salamanca 1977), edición del *Libro de las Fundaciones* y del *Epistolario* de Santa Teresa (Madrid 1976). Sus últimos trabajos han dado a conocer y estudiado la documentación secreta de la expulsión de los jesuitas *(Dictamen de Campomanes,* Madrid 1977; *Pesquisa secreta,* Valladolid 1976).

Rafael M.ª de Hornedo
Nació en Santander en 1902. Doctor en Filosofía (1926) y Teología (1932) por la Universidad de Comillas, licenciado en Filosofía y Letras, Sección de Lenguas romances (1940), por la Universidad de Salamanca. Es autor de numerosas biografías de eclesiásticos literatos, en el *Diccionario de Historia Eclesiástica Española.* Ha escrito sobre *Lope de Vega y los jesuitas* (1962), *La teología zumeliana de Tirso de Molina* (1950), sobre *El Arte en Trento* (1945), *La basílica de Loyola* (1956) y otros muchos artículos, publicados en diversas revistas *(Razón y Fe, Miscelánea Comillas, Boletín de la Biblioteca de Menéndez Pelayo, Revista de ideas estéticas, Estudios Eclesiásticos).*

Francisco Martín Hernández

Nació en La Cabeza de Béjar (Salamanca) en 1927. Sacerdote. Doctor en Historia de la Iglesia (Roma 1958) y en Filosofía y Letras, Sección Historia (Madrid 1962); licenciado en Teología (Salamanca 1951). Catedrático de Historia de la Iglesia de la Universidad Pontificia de Salamanca. Autor de *La formación clerical en los Colegios Universitarios Españoles* (Vitoria 1961), *Los Seminarios españoles: Historia y Pedagogía* (Salamanca 1961), *Los Seminarios españoles en la época de la Ilustración* (Madrid 1973), la edición crítica de las *Obras completas* de San Juan de Avila (Madrid 1970-71), *Mosén Sol* (Salamanca 1978), etc., y de numerosos artículos y colaboraciones sobre historia de la Iglesia, espiritualidad, sacerdocio, ecumenismo.

Joaquín Pérez Villanueva

Nació en 1910. Doctor en Derecho y en Filosofía y Letras (Historia). Catedrático de Universidad. Director del Departamento de Historia Moderna de la Universidad Autónoma de Madrid. Autor de numerosos artículos y conferencias sobre Arte e Historia Moderna. Tesis doctoral sobre *España, Inglaterra y los católicos irlandeses: la paz de 1604. Las ideologías en el período inicial de la Guerra de Independencia*. Ponencias varias en Congresos científicos: *La posición de Ignacio de Loyola ante las corrientes reformadoras de su tiempo. La Inquisición hoy: Simposio de Cuenca 1978. Baronio y la Inquisición española* (Congreso de Sora, Italia). Redactor de la parte española de la *Historia Universal* de la UNESCO.

José Ignacio Tellechea Idígoras

Nació en San Sebastián en 1928. Es doctor en Teología y licenciado en Historia Eclesiástica por la Universidad Gregoriana (Roma), licenciado en Filosofía y Letras (Historia) por la Universidad de Madrid. Es autor de numerosas obras, entre las que destacamos la edición del proceso del arzobispo Carranza (5 vols.), la edición crítica del *Catecismo* (BAC Maior 1-2) y otros seis tomos de estudios sobre el mismo personaje. Ha editado también a Juan de Valdés, Molinos, Larramendi y varias monografías de historia vasca. Ha publicado más de doscientos artículos en diversas revistas españolas y extranjeras.

Isaac Vázquez Janeiro

Nació en Beariz (Orense) en 1926. Franciscano. Diplomado en Archivística y Biblioteconomía; doctor en Teología (Antonianum, 1954) y en Historia de la Iglesia (Gregoriana, 1965); licenciado en Filosofía y Letras, Sección Historia (Santiago de Compostela 1958). Director de las revistas *Archivo Ibero-Americano* (1962-1963) y *Antonianum* (1966-1978). Desde 1963, profesor (ordinario desde 1969) de Historia de la Iglesia en el Pontificio Ateneo Antonianum, del que fue vicerrector (1969-1975). Autor de *Las negociaciones inmaculistas en la Curia Romana durante el reinado de Carlos II de España (1665-1700)* (Madrid 1957), *Fr. Francisco Díaz de San Buenaventura y las luchas contra el probabilismo en el siglo XVII* (Santiago 1961), *L'oeuvre littéraire du Père Lucien Ceyssens sur le jansénisme et l'antijansénisme devant la critique* (Roma 1979), y de numerosos artículos sobre historia de la teología española de los siglos XIV-XVII. Editor de *Studia historico-ecclesiastica. Festgabe für Prof. L.G.S. Spätling* (Roma 1977); desde 1978 edita la colección *Humanismo, Reforma y Teología. Cuadernos de Historia de la Teología*, de los que han aparecido cuatro.

INDICE GENERAL

PRIMERA PARTE

IMPLICACIONES POLITICAS Y SOCIALES DE LA IGLESIA

CAPITULO I

ASPECTOS SOCIALES DE LA VIDA ECLESIÁSTICA EN LOS SIGLOS XVII Y XVIII

Por **Antonio Domínguez Ortiz**

CAPITULO II

REGALISMO Y RELACIONES IGLESIA-ESTADO EN EL SIGLO XVII

Por **Antonio Domínguez Ortiz**

CAPITULO III

EL REGALISMO Y LAS RELACIONES IGLESIA-ESTADO EN EL SIGLO XVIII

Por **Teófanes Egido**

SEGUNDA PARTE

ACTIVIDADES APOSTOLICAS E INTELECTUALES DE LA IGLESIA

CAPITULO I

LA IGLESIA ANTE LA CONVERSIÓN Y EXPULSIÓN DE LOS MORISCOS

Por **Rafael Benítez Sánchez-Blanco y Eugenio Císcar Pallarés**

CAPITULO II

TEATRO E IGLESIA EN LOS SIGLOS XVII Y XVIII
Por **Rafael María de Hornedo**

CAPITULO III

SOR MARÍA DE AGREDA Y FELIPE IV: UN EPISTOLARIO EN SU TIEMPO
Por **Joaquín Pérez Villanueva**

CAPITULO IV

LAS CONTROVERSIAS DOCTRINALES POSTRIDENTINAS HASTA FINALES DEL
SIGLO XVII

Por **Isaac Vázquez**

CAPITULO V

MOLINOS Y EL QUIETISMO ESPAÑOL

Por **José Ignacio Tellechea**

CAPITULO VI

LA FORMACIÓN DEL CLERO EN LOS SIGLOS XVII Y XVIII

Por **Francisco Martín Hernández**

CAPITULO VII

RELIGIÓN Y CULTURA EN EL SIGLO XVIII

Por **Antonio Mestre Sanchis**

CAPITULO VIII

LA EXPULSIÓN DE LOS JESUITAS DE ESPAÑA

Por **Teófanes Egido**

APÉNDICES

PRESENTACION

PARA los historiadores actuales resulta un axioma incuestionable que cada época debe recrear la interpretación del pasado. Si en algún caso parece necesario aplicar tal principio es en el estudio de la historia de la Iglesia española. Porque, realmente, una interpretación de conjunto no se ha intentado desde los trabajos de Vicente de la Fuente y Menéndez Pelayo. (Los trabajos del P. García Villada, como es bien sabido, no pasaron del siglo XI.) Ha corrido, desde entonces, un largo siglo, y nuestra visión de la Iglesia en su forma concreta de adaptarse a las circunstancias políticas, económicas o sociales —especialmente después del Vaticano II— exige nuevos matices. Por otra parte, las recientes investigaciones sobre nuestro pasado, y muy en concreto del siglo XVIII, exigen una reconsideración.

Nuestro estudio entraña, por lo tanto, dos fines claramente perfilados: el esfuerzo por sintetizar el estado actual de los conocimientos sobre la época y un intento de interpretación coherente dentro de la máxima objetividad, pero desde la perspectiva del historiador actual.

El volumen IV de la HISTORIA DE LA IGLESIA EN ESPAÑA, que abarca los siglos XVII y XVIII, ha sido dividido en dos grandes apartados. En el primero se estudian las implicaciones de la Iglesia en el campo económico-social y político, para dedicar el segundo al conocimiento de las actividades apostólicas, culturales...

Sorprenderá quizás que se inicie con un estudio de los presupuestos económico-sociales de la Iglesia española del Antiguo Régimen. La Iglesia no vive fuera del tiempo y resulta necesario conocer las implicaciones temporales en que desenvuelve su actividad. De ahí que haya sido preciso analizar su encuadre dentro del régimen estamental, como uno de los grupos privilegiados, los medios de subsistencia, el número y calidad de los clérigos, así como su extracción social, la percepción e importancia de los diezmos, las rentas beneficiales... El trabajo sobre este apasionante aspecto de la vida eclesiástica se debe a Domínguez Ortiz, cuyos estudios suscitaron entre nosotros el interés por el tema. Y a un buen conocedor de la historia, como suponemos a nuestros lectores, no puede sorprenderle la lenta evolución de tales implicaciones temporales a lo largo de dos siglos —también en el siglo XVIII con los intentos reformistas de los ilustrados—, pues en el Antiguo Régimen tampoco se modificaron sustancialmente las estructuras de la sociedad española.

No se trata, por tanto, de una Iglesia angélica, como no lo será nunca.

Y si tenía implicaciones económicas, también las había políticas. Anclada en un tiempo y un espacio —en una nación concreta—, quiere decir que está encuadrada en un marco político, con un gobierno, unas leyes y unos monarcas. En este sentido, los dos siglos que abarca nuestro volumen caen dentro de una forma de concebir las relaciones Iglesia-Estado, crispada por el contraste entre la teoría de la potestad indirecta en asuntos temporales, patrocinada por la Iglesia, y el regalismo, postura básica de quienes se inclinaban por la preponderancia del poder civil y su intromisión en asuntos eclesiásticos.

Un hecho quisiera señalar desde el primer momento: la continuidad del problema al pasar de los Austrias a los Borbones. El tema es tratado por dos autores distintos. Domínguez Ortiz estudia las relaciones Iglesia-Estado en el siglo XVII y Teófanes Egido enfoca el problema bajo el gobierno de los Borbones. Las graves diferencias surgidas durante el reinado de Felipe IV, fruto de la actitud acusadamente favorable a la política francesa de Urbano VIII, provocaron agudas tensiones en las relaciones con la Santa Sede. La exposición de Domínguez Ortiz permite observar la práctica y, sobre todo, la formación de los principios regalistas que se aplicarán con mayor rigor en el siglo siguiente. A Egido le ha tocado, por tanto, observar la gran parte de continuidad que hay en los intentos regalistas del XVIII respecto a la actividad desplegada en tiempo de los Austrias. En consecuencia, debe desaparecer el mito sobre el carácter más o menos heterodoxo atribuido a la actitud de los políticos del siglo XVIII. Los trabajos de Olaechea, Mestre y otros habían probado que la base de las polémicas ideológicas o políticas radicaba generalmente en problemas económicos o de reforma eclesiástica, pero planteados dentro de la más pura ortodoxia. Ahora Egido hace una brillante síntesis. Establece el paralelismo entre cinco de los más destacados regalistas, teóricos unos, prácticos los otros, pero movidos todos ellos por la exigencia de adquirir nuevas ventajas sobre la Curia romana acerca del control de la economía o de los nombramientos eclesiásticos, especialmente a partir de 1753.

Hay que aludir, por su especial relevancia, a la crisis de 1799, que Menéndez Pelayo calificó como el «Cisma de Urquijo». Los historiadores posteriores —Sierra y, sobre todo, Olaechea— moderaron los calificativos. Egido adelanta en el mismo sentido. Dadas las circunstancias históricas concretas —el momento en que apareció de un acusado apocaliptismo ante la Revolución francesa y el cautiverio de Pío VI, el carácter provisional del decreto que sólo tenía validez hasta la elección del nuevo papa, la actitud de los diplomáticos y cardenales españoles en el conclave, así como la alegría con que fue recibida la elección de Pío VII— inclinan a Egido a pensar en la hipótesis de que las medidas del 5 de septiembre de 1799 se hicieron inevitables como antídoto de un cisma de mayor alcance.

Por lo demás, caería en grave error quien pensara que todos, políticos, clérigos y pueblo, participaban de las ideas regalistas. Había, como era lógico, una corriente antirregalista que apenas ha merecido la atención de los historiadores, como existía una postura tradicional, según se desprende del trabajo de Mestre. Una historia seria no puede olvidarlas. De ahí que hayan sido estudiadas en constante antítesis con las ideas regalistas e ilustradas. Y lo que resulta más interesante, el fracaso de las reformas, patrocinadas por el regalismo o los ilustrados, fue debido en gran parte a haber sido determinadas desde el poder sin contar con un pueblo que no pareció conectar con las ideas de la élite gobernante.

La segunda parte de nuestro volumen la constituye una serie de actividades de la Iglesia española más espirituales que las político-sociales hasta ahora aludidas. Dentro de las múltiples facetas religiosas, hemos dedicado especial interés a determinados aspectos. En cuanto al siglo XVII se refiere, hemos escogido: el intento de conversión de un grupo social no cristiano (musulmanes), los problemas religiosos del teatro barroco, una manifestación concreta de la religiosidad de la época (la correspondencia de Felipe IV con la M. Agreda), el carácter e importancia del molinosismo y las polémicas doctrinales entre los teólogos españoles. Y respecto al XVIII, hemos estudiado la importancia que adquiere la educación del clero, la problemática religiosa de los ilustrados españoles con la implicaciones jansenistas o los ecos del racionalismo y la expulsión de los jesuitas. No son los únicos aspectos que merecen una mayor profundización. Pero sí creemos que constituyen los más sobresalientes en la actividad religiosa o eclesiástica y, en todo caso, a lo largo de su desarrollo se alude con frecuencia a otros aspectos que podrían creerse marginados. Séanme permitidas unas breves palabras sobre el alcance de los aludidos trabajos.

Hemos intentado, en primer lugar, ver los esfuerzos de catequización cristiana de los moriscos. Rafael Benítez y Eugenio Císcar han centrado su interés en los aspectos religiosos: misiones apostólicas, fundación de parroquias, publicación de catecismos... En esa perspectiva, sobresale el carácter religioso y casi místico que imprimían los moriscos a su vida, la labor de los alfaquíes y, sobre todo, la sistemática oposición ideológica, doctrinalmente anticristiana, que a través de folletos y conversaciones establecen frente a la catequización del clero. Todo ello, sin olvidar los problemas sociales que entrañaba cualquier intento, más o menos serio, de asimilación cultural. Es necesario confesar, sin embargo, que el intento de cristianizar a los musulmanes constituyó un evidente fracaso. Y sería conveniente un análisis de las razones que lo explican y que aquí no podemos siquiera esbozar. ¿Excesivas implicaciones políticas tanto de los monarcas como de los estamentos eclesiásticos? Pero, ¿era posible un planteamiento apostólico sin el intento, al mismo tiempo, de encuadrarlo en el sistema socio-cultural en que vivían los españoles del XVI? ¿El deseo de los cristianos por convertir a los moriscos era sincero, o se trataba de un sistema de control de los musulmanes después de convertidos a través de la Inquisición? Finalmente, ¿era posible en la España del XVI una asimilación de los moriscos y, en todo caso, era viable una convivencia sin una asimilación religiosa y social previa? He aquí unas cuantas preguntas

—y no son las únicas que surgen espontáneas— que pueden hacerse al considerar el intento de conversión y su fracaso.

Señalaba antes la lentitud en la evolución de las estructuras eclesiásticas españolas a lo largo del Antiguo Régimen. Pero esa lentitud estructural no implica estancamiento en el pensar, antes bien las diferencias de actitud intelectual, también en el campo religioso, entre el siglo XVII y XVIII resultan evidentes. Un ejemplo puede observarse en la actitud ante los autos sacramentales. El P. Hornedo ha estudiado con minuciosidad los problemas: actitud del clero, moralidad, doctrina teológica del contenido, importancia del teatro religioso dentro del conjunto. No obstante, es bien sabido que los ilustrados rechazaron el teatro religioso del barroco. Aparte las polémicas —de Menéndez Pelayo a Maravall o Andioc— existía evidentemente una concepción distinta de la religiosidad y, si se quiere apurar más, se rechazaba el teatro barroco como expresión de una clase social, la aristocracia, cuya concepción de la vida en todos los campos (económico, político, interpretación de la historia...) estaba en creciente desprestigio.

Es frecuente estudiar la religiosidad de sor María de Agreda a través de los ilustrados. El racionalismo es quizás el mejor camino para señalar los contrastes, pero para comprender la religiosidad barroca es preciso algo más. Se necesita una visión en perspectiva que supere lo circunstancial y anecdótico en busca de los elementos básicos. Ese es el intento de Pérez Villanueva al estudiar las relaciones epistolares de Felipe IV y la M. Agreda. No se limita a narrar las circunstancias del nacimiento de la amistad o el contenido de las cartas. Intenta ver en la correspondencia una expresión de la religiosidad del barroco. Y, en verdad, sorprende el paralelismo con las preocupaciones de la época: el «vivir desvivido» tan visible en Quevedo, la alucinante percepción de lo asombroso y carismático que experimentan los coetáneos, la identidad de sentimientos con los pintores religiosos del barroco (Zurbarán, Valdés Leal o Pareja). Son manifestaciones de una forma de religiosidad que vivieron los españoles del XVII y que la correspondencia cruzada entre el rey y la monja de Agreda contribuye a clarificar.

Además de la religiosidad, los teólogos. El P. Vázquez señala con claridad el contraste entre nuestra teología del Renacimiento, basada sobre todo en el estudio de la Sagrada Escritura —cuyos monumentos más expresivos fueron las *Poliglotas* de Alcalá y Amberes— y el predominio de la escolástica que lentamente, pero de manera inexorable, se deja sentir en la universidad española. Sin afán de desmerecer los trabajos teológicos de los españoles del XVII, se pueden aceptar las palabras del P. Vázquez en el sentido de que tantas discusiones inútiles produjeron en los escolásticos una evidente incapacidad para enfrentarse a la física moderna. A señalar, dado el carácter del libro, las precisiones sobre la aportación española en las discusiones teológicas del siglo: la polémica «de auxiliis», la actitud del gobierno y de los teólogos ante el jansenismo doctrinal e histórico, las discusiones sobre la moral o la importancia de nuestros mariólogos. Sin las grandes figuras del siglo XVI, el P. Vázquez precisa las aportaciones de nuestros escolásticos del XVII ante los problemas teológicos que preocupaban a la sociedad barroca.

Y entre los teólogos, también las desviaciones. El Dr. Tellechea ha dedicado parte de sus trabajos de investigación a clarificar el pensamiento y, dentro de lo posible, el alcance doctrinal de la *Guía espiritual*. Desde hace algunos años la figura de Molinos parecía haberse puesto de moda, quizá más por la novedad de buscar en el aragonés al rebelde, al perseguido, que por conocer su pensamiento e ideología. Pues bien, Tellechea sitúa la obra de Molinos en la perspectiva religiosa, señala las corrientes tanto españolas como europeas que explican la génesis de su pensamiento y las concomitancias con otros tratadistas espirituales de la época, al tiempo que precisa su influjo posterior en la espiritualidad occidental. Personalmente, señalaría dos puntos fundamentales que se desprenden del estudio de Tellechea. Primero, la dificultad de precisar qué se condenó en Molinos, si la doctrina espiritual pública, las directrices prácticas expuestas en su correspondencia o las delaciones de sus dirigidos romanos. Porque, al desaparecer el proceso, queda una penumbra sobre la *Guía espiritual,* cuyos principios doctrinales no parece fueron decisivos a la hora de establecer las doctrinas heterodoxas que se le imputan. En segundo lugar, el viraje antimístico que se produce en la Iglesia alrededor de la fecha en que se inicia el proceso de Molinos, cuyas consecuencias han sido de largo alcance.

El siglo XVIII español ha sido hasta muy recientemente preterido. Hemos querido saldar esa deuda dedicando cuantas páginas nos ha sido posible a exponer la situación actual de los estudios y precisar los problemas interpretativos más acuciantes. El Siglo de las Luces ha sido considerado como el pedagógico por excelencia, debido a la confianza de los ilustrados en la eficacia de la enseñanza. Confianza que puede observarse también en el punto eclesiástico. Así lo demuestra el estudio de Martín Hernández. Si en Trento surgió la idea de los seminarios para la formación del clero, su realidad concreta en España se debe fundamentalmente al siglo XVIII y, de manera especial, al decreto de Carlos III después del extrañamiento de los jesuitas. No quisiera, ni puedo, resumir el contenido del trabajo de Martín Hernández. Sólo deseo señalar la evidente evolución progresiva en las reformas pedagógicas que se implantan en los seminarios en estricto paralelismo con la mejoría de los estudios universitarios como fruto de la actividad de los ilustrados. Baste, en este sentido, observar la introducción de los libros de texto similares a los que se imponen en las universidades. Los seminarios diocesanos mantuvieron un nivel digno a lo largo del siglo. Pero en el XIX, al separar la teología de la universidad, se produjo la ruptura con la evolución intelectual y los seminarios siguieron una vida cultural raquítica. Hecho que debe hacernos reflexionar.

Para el historiador, el contraste entre la religiosidad del barroco y de la ilustración no admite duda alguna. Ahora bien, mirados con atención los hechos, observamos que la mentalidad ilustrada no penetró en la sociedad hasta el punto de modificar todas las formas culturales ni mucho

menos las religiosas. De ahí que, al tratar de la religiosidad del XVIII
español —tema que me ha tocado desarrollar personalmente—, haya tenido que distinguir dos planos. Uno, en el que se desenvuelve la religiosidad popular, con una gran dosis de los caracteres que venían arrastrándose desde el barroco: fastuosidad exterior, sentido milagroso y
constante de la presencia de Dios, fórmulas y expresiones símbólicas de
una realidad interior en muchos casos ausente, predominio de la predicación tremendista con ribetes misionales de cara a una momentánea y
fugaz conversión... En contraste, la religiosidad de los ilustrados —seglares o clérigos, muchas veces obispos— que buscan un sentido más inte-
riorizado de sus relaciones con Dios: enemigos de procesiones o de interpretaciones milagrosas de hechos naturales, exigentes de rigor histórico al juzgar las tradiciones eclesiásticas o biográficas de los santos, contrarios al laxismo y amantes del rigor moral, opuestos al centralismo romano y partidarios del episcopalismo como medio de reforma eclesiástica... Está apareciendo el fantasma del jansenismo. Y, más grave todavía,
en clara conexión con los ilustrados, racionalistas en teoría.

En consecuencia, el planteamiento del problema resulta claro. Después
de exponer las dos formas de religiosidad, intento precisar las líneas reformistas del episcopado español. Es menester confesar que las posturas
adoptadas por los obispos estaban exigidas por Trento: visitas pastorales,
misiones, predicación dominical... Pero dentro de esa línea común hay
una serie de divergencias que separan a los prelados llamados jansenistas
(especial énfasis en defender la jurisdicción *iure divino* del obispo, valor
de los concilios provinciales, rigor moral y antiprobabilismo, antijesuitismo...) de los obispos más clásicos (defensores de Roma, admiradores
de la Compañía, devotos del Corazón de Jesús...). En esas divergencias,
el punto decisivo es el regalismo, que intentará utilizar la autoridad del
monarca y su creciente intromisión en asuntos eclesiásticos para dirigir la
reforma: estudios universitarios, elección de obispos y canónigos, control
de las órdenes religiosas... Un ejemplo de los extremos que podía alcanzar esta intromisión lo tenemos en el asunto de la canonización del venerable Palafox o en la devoción al Corazón de Jesús reprimida por el gobierno.

La corriente jansenista no resulta fácil de definir. Es un movimiento
complejo —ideológica y religiosamente— que entraña múltiples facetas y
que en España hay que considerarlo como el precipitado de múltiples
corrientes. Influencia francesa, tanto jansenista (Pascal, Nicolé o
Clèment) como reformista del «Tiers Parti» (Bossuet, Fleury) de Van Espen o de Muratori. Y lo que es más importante, resulta cada vez más
sorprendente la importancia del influjo de los erasmistas (Vives, Fr. Luis
de León, Arias Montano...) en los llamados jansenistas españoles
del XVIII. De todas formas, es necesario confesar que el regalismo le dio
fuerza y vigor. Mientras en la primera mitad del siglo el regalismo, controlado por los jesuitas, es antijansenista, la actitud regalista alentada por
Carlos III es antijesuita y, en consecuencia, tiene que apoyarse en la ideo-

logía jansenista y en los manteístas, por ser enemigos de los colegiales, que encontraban el favor de los padres de la Compañía.

No era, sin embargo, el jansenismo la única corriente contraria a la religiosidad popular. También el racionalismo ilustrado mantuvo una batalla secular contra las formas tradicionales de piedad. Dentro de esa línea hay que encuadrar la crítica de la escolástica protagonizada por los «novatores» y humanistas, la revisión de la hagiografía que exigía la historia crítica (recuérdese las divergencias Mayáns-Flórez sobre las tradiciones jacobeas), la obra de Feijoo. Especial interés suscita el influjo de la Enciclopedia y del volterianismo: Salamanca, Vasconia, Cádiz y Sevilla, Madrid. Por supuesto, no todos los que leen los libros enciclopedistas participan de sus ideas, ni les induce a abandonar su fe cristiana, pero el influjo es evidente y la actividad de la Inquisición lo demuestra con claridad.

Hemos aludido a la expulsión de los jesuitas. Cuanto llevamos dicho sobre el siglo XVIII —desde el jansenismo a las ideas regalistas— está en la base del extrañamiento de los padres de la Compañía. Como bien saben los especialistas, últimamente se han hecho públicos una serie de documentos fundamentales para entender el problema de la expulsión. Precisamente Teófanes Egido —quizás el autor que más ha contribuido a ello con sus trabajos personales sobre la *Pesquisa secreta* y el *Dictamen fiscal* de Campomanes— nos ofrece una síntesis de su pensamiento. No pretendo desvelar las conclusiones a que llega Egido. Ahí está su capítulo. Sólo quisiera insistir en un punto a que llega el autor respecto a España, y que ha sido el campo de batalla de innumerables polémicas anteriores y que ahora se nos revela con claridad meridiana: «si hay algo que no opera (en la expulsión) es precisamente el factor religioso ni la hostilidad hacia la Iglesia». Quede bien claro, no obstante, que la expulsión de los jesuitas españoles no es un episodio aislado ni en el tiempo ni en el espacio. Está perfectamente encuadrada en el acoso a que la Compañía se había visto sometida desde mucho antes por las actitudes jansenistas, cordialmente antijesuíticas, de prácticamente toda Europa. En España el hostigamiento se agría desde que Rávago tiene que abandonar el confesionario regio, en la crisis interna de 1759, coincidente con la expulsión de los portugueses, a la que sigue la de los franceses. No podemos detenernos en el análisis de cada uno de estos episodios de orden internacional, al sobrepasar el marco forzoso de nuestra historia. No obstante, el estudio que presenta Egido, basado en la última documentación descubierta, tiene la virtualidad de resaltar este ambiente y estos motivos no exclusivos de España, cómo el hecho español fuerza lo que acontecerá casi inmediatamente en los Estados borbónicos de Italia y cómo lo uno y lo otro plantean ya de forma inexorable la medida de extinción canónica, previsible a las alturas de 1767.

Ahora bien, durante el reinado de Carlos IV el desarrollo de las dos corrientes a que anteriormente hemos aludido (jansenismo y regalismo) se agudiza. Y resulta curioso constatar que, pese a sus divergencias fundamentales, llegan a unirse en una acción común contra la religiosidad tradicional. Jovellanos es quizás el vértice que une las dos corrientes tanto por su figura personal como por su amistad con jansenistas e ilustrados. Pero el regalismo volverá a ser el eje sobre el que giran todos los intentos reformistas. En determinado momento buscará el apoyo de las fuerzas conservadoras —movidas por la piedad popular y la atracción misionera de Fr. Diego de Cádiz— con un evidente interés por unir el altar y el trono en la lucha contra la Convención. En otras circunstancias perseguirá, con apoyo de ilustrados y jansenistas, a los defensores del tradicionalismo (segundo extrañamiento de los jesuitas, cisma de Urquijo) y permitirá la introducción de libros más o menos revolucionarios o acusados de heterodoxia.

Son las contradicciones de un sistema que había perdido de vista los fines de su política y los medios adecuados para hacerla eficaz. Y las corrientes religiosas, tan claramente inducidas en su evolución por el regalismo de la monarquía absoluta, se encontraron ante la gran encrucijada, sin dirección ni brújula. Nacía la España contemporánea entre los estertores de una guerra. Pero al mismo tiempo entre contradicciones internas —también en el campo religioso— que le legara el siglo ilustrado con la censura de la religiosidad popular y del ultramontanismo, pero sin haber logrado cambiar en profundidad las formas religiosas del pueblo. Contradicciones que no tardarían en afluir a la superficie y de manera violenta. No en vano, ilustrados y jansenistas desencadenarían en las Cortes de Cádiz el más duro ataque a lo que, a sus ojos, constituía el símbolo del tradicionalismo: el Santo Oficio. Se vislumbraba una nueva forma religiosa que escapaba a las instituciones eclesiásticas del Antiguo Régimen y a la que la Iglesia española tardó mucho tiempo en adaptarse.

Valencia y julio de 1979.

ANTONIO MESTRE SANCHIS

NOTA BIBLIOGRAFICA

Por Antonio Mestre

Señalo únicamente las fuentes impresas más importantes, dejando al margen las *Historias generales de la Iglesia,* referidas en la bibliografía del volúmen I de esta *Historia de la Iglesia en España,* y que deben consultarse en los capítulos o tomos correspondientes a nuestra época, así como las *Historias de España* también citadas.

1. Concilios ecuménicos

Durante los siglos XVII y XVIII no se celebró concilio ecuménico alguno. Pero toda la organización eclesiástica continuó basada en Trento. La mejor edición continúa siendo SOCIETAS GOERRESIANA, *Concilium Tridentinum: diariorum, actorum, epistolarum, tractatuum nova collectio* (Friburgo de Brisgovia 1901 ss). Hasta el momento han aparecido 13 vols.

2. Concilios españoles

Para nuestra época interesan:

SAENZ DE AGUIRRE, *Collectio maxima conciliorum omnium Hispaniae et Novi Orbis, espistolarumque decretalium celebriorum...* Ed. *altera... novis addictionibus aucta... auctore S. Catalano,* 6 vols. (Roma 1753-1755).

PUEY, *Collectio maxima conciliorum Hispaniae* (Madrid 1781).

VILLANUÑO, M. DE, *Summa conciliorum Hispaniae, quotquot invenire potuerunt ad usque saeculum proxime praeteritum...,* I-IV (Madrid 1784).

GONZÁLEZ, F. E., *Collectio canonum Ecclesiae Hispanae* (Madrid 1809). Existe traducción castellana.

TEJADA Y RAMIRO J., *Colección de cánones y de todos los concilios de la Iglesia de España y América, con notas e ilustraciones...,* 7 vols. (Madrid 1859-1867). Esta segunda edición es mejor que la primera.

Algunos concilios provinciales pueden verse en I. D. MANSI: *Sacrorum Conciliorum nova et amplissima collectio...,* vol.34 (1565-1727); vol.36 B(1569-1609); vol.36 ter(1610-1619); vol.37 (1720-1735); vol.38 (1736-1789); vol.39 (1790-1845).

3. Documentos pontificios

CHERUBINI, L., *Bullarium sive collectio diversarum constitutionum...* 3 vols. (Roma 1586); 4 vols. (Roma 1634-1644); Suppl. Lyon 1659; 6 vols. (Roma 1666-72); 5 vols. (Lyon 1673).

Magnum Bullarium Romanum a beato Leone usque ad S. D. N. Benedictum XIII..., 19 vols. (Luxemburgo 1727-1758).

Bullarum, privilegiorum ac diplomatum Romanorum Pontificum amplissima collectio... (opera et studio Caroli Cocquelines), vol.V (1603-1626), Roma

1753; vol.VI, 1-3 (1626-1654), Roma 1758; vol.VI, 4-6 (1655-1669), Roma 1759.

Bullarium Romanum seu novissima et accuratissima collectio Apostolicarum Constitutionum..., vol.VII-IX (1670-1700), Roma 1733; vol.X-XI (1700-1725), Roma 1735; vol.XII-XIV (1725-1739), Roma 1736-1744.

Ssmi. Domini nostri Benedicti Papae XIV Bullarium... 4 vols. (Roma 1760-1762).

Magnum Bullarium Romanorum SS. PP. Clementis XIII, Clementis XIV, Pii VI, Pii VII, Leonis XII et Pii VIII... 14 vols. (1758-1818), Roma 1835-1847.

TOMASETTI, *Bullarum, diplomatum, privilegiorum SS. Roma. Pontif. Turinensis editio...* 30 vols. (Turín 1857-1867).

Existen, además, colecciones de Bulas sobre asuntos concretos. Valgan como ejemplos: *Bulas, breves e indultos apostólicos, cartas, cédulas, provisiones reales importantes al estado eclesiástico de los reinos de Castilla y León...* (Madrid 1635). —*Bulas de su Santidad al cardenal Patriarca de las Indias* (Madrid 1799). —*Bulas y Breves pontificios relativos a la jurisdicción privilegiada de la Real Capilla...* (Madrid 1778)...

4. Concordatos

La mejor colección es *Raccolta di concordati su materie Ecclesiastiche tra la Santa Sede e le autorità civili*, a cura di Angelo Mercati, Tipografia Poliglotta Vaticana (1954). Los textos que interesan para nuestra época están contenidos en el vol.I, 282-286, 286-297, 297-300, 321-327, 422-437, 467-473, 484-487, 487-492, 559-560, 573-579.

Pueden verse, además, *Colección de Concordatos y demás convenios celebrados después del Concilio de Trento entre los Reyes de España y la Santa Sede* (Madrid 1848).

TEJADA Y RAMIRO, J., *Colección completa de concordatos españoles* (Madrid 1862).

5. Reales decretos

Los reales decretos son una fuente importante para el conocimiento de la historia eclesiástica española. Sin afán de especificar todas las colecciones hay que recordar fundamentalmente la *Novísima recopilación de las leyes de España* (Madrid 1805). Pueden ayudar, asimismo, las siguientes obras: J. A. LLORENTE, *Colección diplomática de varios papeles antiguos y modernos sobre dispensas matrimoniales y otros papeles de disciplina eclesiástica* (Madrid 1809); A. MARTÍNEZ SALAZAR, *Colección de memorias y noticias del gobierno general y político del Consejo de Castilla* (Madrid 1764): G. MAURA GAMAZO, *Documentos inéditos referentes a las postrimerías de la casa de Austria*, 3 vols. (Madrid 1927-1930).

Colección de cédulas reales y breves pontificios para el gobierno espiritual del obispado de Osma (Madrid 1788).

Colección de documentos varios al concordato celebrado entre S. M. y la Santa Sede, el año pasado de 1737; Real Instrucción expedida en 24 de octubre de 1745 para las reglas que deben observarse en el cumplimiento del Concordato (Sevilla 1756).

Colección general de Providencias hasta aquí tomadas por el Gobierno sobre el estrañamiento y ocupación de las temporalidades de los regulares de la Compañía que existían en los dominios de S. M. de España, Indias... (Madrid).

Colección de privilegios y donaciones reales en favor de la santa Iglesia de Oviedo... (Madrid 1744).

Colección de las reales cédulas y órdenes de S. M expedidas en uso de la protección a las disciplinas canónica y monástica... para que los regulares se retiren a clausura... (Madrid 1767).

6. Sínodos diocesanos

Nadie puede negar el valor de los sínodos como fuente de la historia eclesiástica. No creo, sin embargo, exista una colección que abarque todos los celebrados en las diócesis españolas. Sería un trabajo de gran transcendencia que, según mis noticias, han iniciado los catedráticos de Derecho Canónico. Sin afán de ser exhaustivo, sino con el único interés de resaltar la importancia, indico una lista numerosa de los celebrados en los siglos XVII-XVIII. No están todos los impresos y de los inéditos ninguno. Pero creo son suficientes para demostrar que su estudio puede ayudar a conocer en profundidad la historia de la Iglesia en España. Dejo al margen las diócesis americanas.

Constitutiones sinodales veteres et novae abbatiatus nunc archipresbyteratus Ageren, recolectae ex Synodis dioecesanis de 1285 usque ad... 1648 (Barcelona 1648).

Synodo diocesana, celebrada en la ciudad de Santa María de Albarracín en el mes de mayo de 1604 (Barcelona).

Sínodo diocesano celebrado en... Albarracín en enero de 1657 (Zaragoza 1657).

Sínodo diocesano que se celebró en la ciudad de Albarracín a 9 de abril de 1690... (Zaragoza 1690).

Constituciones sinodales de la Abadía de Alcalá la Real hechas por Pedro de Moya (Granada 1626).

Constituciones synodales del obispado de Ampurias y Civita, ordenadas por... Miguel Villar... a los días 17 y 18 de abril del año 1695 (Roma 1698).

Constituciones synodales del obispado de Avila, hechas, recopiladas y ordenadas por el R. Sr. D. Francisco de Gamarra (Madrid 1617).

Constituciones synodales promulgadas por... Francisco de Roys y Mendoza, obispo de Badajoz (Madrid 1673).

Constituciones synodales del obispado de Barbastro hechas por don Juan Moriz de Salazar... (Zaragoza 1605).

Constituciones synodales del obispado de Barbastro en el sínodo que celebró... el 8 de mayo de 1645 (Zaragoza 1645).

Constituciones synodales del obispado de Barbastro hechas por D. Diego Antonio Francés de Urritigoyti... (Zaragoza 1656).

Constituciones synodales del obispado de Barbastro... por D. Iñigo Royo (Zaragoza 1674).

Constituciones synodales del obispado de Barbastro ordenadas por... Fr. Francisco de Paula Garcés de Marsilla... del año 1700 (Zaragoza).

Constituciones synodales del obispado de Barbastro... ordenadas por el R. Sr. D. Pedro Theodoro Granal (Zaragoza 1715).

Synodi barcinonensis dioecesanae sub admodum Ill. ac Rev. D. D. Ildefonso Coloma..., Acta, leges et constituciones... (Barcelona 1600).

Constitutiones synodales dioecesis barcinonensis in unum collectae et auctae sub Ill. et Rev. D. D. F. Ildephonso a Sotomayor... (Barcelona 1673).

Constituciones synodales del obispado de Calahorra y La Calzada, hechás y ordenadas por... Pedro Gonçales del Castillo (Madrid 1621).

Constituciones synodales antiguas y modernas del obispado de Calahorra y La Calzada... por el Ilmo. Sr. D. Pedro de León (Madrid 1700).

Constituciones synodales del obispado de la Gran Canaria... compuestas y ordenadas por el Dr. D. Christóval de la Cámara y Murga (Madrid 1631).

Constituciones y nuevas adiciones synodales del obispado de Canarias hechas por el Ilmo. Sr. D. Pedro Manuel Dávila y Cárdenas (Madrid 1737).

Constituciones sinodales del obispado de Córdova, hechas y ordenadas por... D. Francisco de Alarcón (Madrid 1667).

Constituciones sinodales del obispado de Córdova hechas... en 1662, reimpresas con inserción de los autos de 1773 y 1774 (Córdoba 1789).

Constituciones synodales del obispado de Coria, hechas y ordenadas por D. Pedro de Carvajal (Salamanca 1608).

Constituciones sinodales del obispado de Cuenca, hechas, copiladas y ordenadas por Andrés Pacheco (Cuenca 1603).

Constituciones sinodales del obispado de Cuenca, hechas y promulgadas en la Synodo... en 1626 (Cuenca 1626).

Constitutionum Synodalium Gerundensium libri quinque... sub Francisco Arevalo de Cuaço (Barcelona 1606).

Constitutiones synodales dioecesis gerundensis in unum collectae, renovatae et auctae sub... Michaele Pontich... (Gerona 1691).

Constituciones synodales del obispado de Huesca por Juan Moriz de Salazar (Huesca 1617).

Constituciones synodales del obispado de Huesca por Vicencio Domec (Huesca 1634).

Synodo diocesana del obispado de Huesca celebrada por el Ilmo. y Rvdo. Sr. D. Pedro Gregorio y Antillón (Huesca 1687).

Constituciones sinodales del obispado de Huesca por don Pedro Gregorio de Padilla (Huesca 1716).

Constituciones sinodales del obispado de Huesca dispuestas y promulgadas por... Fr. Plácido Baylés y Padilla (Zaragoza 1739).

Constituciones sinodales de la diócesis de Jaca, por Fr. Bartolomé de Foncalda y Virto (Huesca 1663).

Constituciones sinodales de la diócesis de Jaca en la Synodo que celebró el 5 de octubre de 1683 (Huesca 1683).

Constituciones sinodales y adiciones a las del sínodo del obispado de Jaca, celebrada en el año 1739. Dispuestas por... Pascual López y Estaum (Zaragoza 1766).

Constituciones synodales del obispado de Jaén, hechas y ordenadas por el Ilmo. Sr. D. Baltasar de Moscoso y Sandoval (Baeza 1626).

Constituciones synodales del obispado de León... en la sede vacante del Sr. D. Juan de Molina... (Salamanca 1624).

Constituciones synodales del obispado de León hechas por Bartolomé Santos de Rissoba (Alcalá 1651).

Constitutiones synodales illerdenses, editae in duabus synodis a Rev. D. Francisco Virgilio episcopo habitis... (Lérida 1618).

Constitutiones synodales illerdenses in diversis dioecesanis synodis stabilitae... (Lérida 1691).

Constitutiones synodales hechas y ordenadas en la synodo que se celebró en la ciudad de Lérida en los días *20 y 21 de noviembre de año 1714...* (Zaragoza 1715).

Constituciones sinodales publicadas en el Synodo que se celebró en la santa cathedral de Lérida en los días 12,13 y 14 del mes de abril del año 1761... (Lérida, s.a.).

Constituciones de la insigne iglesia colegial de la ciudad de Lorca, dispuestas y ordenadas por... D. Luis Belluga... (Madrid 1759).

Constituciones synodales del obispado de Lugo, hechas por el señor don Diego Vela (Madrid 1632).

Constituciones synodales del obispado de Lugo, copiladas, hechas y promulgadas por el Ilmo. D. Matías de Moratinos Santos (Madrid 1675).

Constituciones synodales del obispado de Málaga, hechas y ordenadas por... Fr. Alonso de Santo Thomás (Sevilla 1674).

Synodus dioecesana maioricensis celebrata anno 1636..., praeside... Ioanne a Santander... (1636).

Synodalium constitutionum episcopatus sive dioecesis maioricensis per Didacum Escolano... (Madrid 1660).

Constituciones synodales del obispado de Mondoñedo nuevamente hechas imprimir... por don Pedro Fernández Zorrilla (Madrid 1618).

Constituciones synodales del obispado de Mondoñedo hechas por el Sr. D. Fr. Sebastián de Arévalo (Santiago 1680).

Constituciones synodales del obispado de Mondoñedo hechas por el Ilmo. Sr. D. Fr. Gabriel Ramírez de Arellano (Santiago 1686).

Constitutiones synodales prioratus de Meyano recolectae ex Synodo celebrata per Iosephum de Jalpi... sub anno 1647 (Barcelona 1648).

Constitutiones synodales prioratus meyanensis recollectae ex tertia synodo sub anno 1659 (Barcelona 1659).

Constituciones synodales de Orense... promulgadas por D. Pedro Ruyz de Valdivielso (Madrid 1662).

Synodus oriolana secunda... a Rev D. D. Iosepho Stephano episcopo oriolano, Kal. octob. 1600 (Valencia 1602).

Sínodo oriolana tercera... en Orihuela en 28... abril, año 1663, por... Acacio March de Velasco... Murcia, s.a).

Sínodo diocesana que D. Fr. Enrique Henriquez obispo de Osma celebró en... 1607 (Madrid 1607).

Constituciones synodales del obispado de Osma... por Sebastián Pérez... (Zaragoza 1618).

Sínodo diocesana que... D. Antonio de Valdés, obispo de Osma, celebró en... 1647 (Valladolid 1647).

Constituciones synodales del obispado de Osma... por Bartolomé Santos de Rissoba (Alcalá 1651).

Constituciones synodales del obispado de Osma. Añadidas a las synodales del obispado de León por Fr. Juan de Toledo (León 1672).

Constituciones synodales del obispado de Oviedo (Valladolid 1608).

Constituciones synodales del obispado de Oviedo hechas... por el Ilmo. Sr. D. Agustín González Pisador (Salamanca 1786).

Constituciones synodales del obispado de Palencia, ordenadas por Fr. Joseph González (Valladolid 1624).

Constituciones añadidas a las synodales del obispado de Palencia por... Juan Molino Navarrete (Madrid 1681).

Sínodo diocesana del obispado de Plasencia, celebrada por... Joseph Ximénez Samaniego (Madrid 1692).

Constituciones synodales de Salamanca, copiladas por don Luis Fernández de Córdova (Salamanca 1609).

Constituciones synodales del obispado de Salamanca... promulgadas por el Ilmo. Sr. D. Pedro Carrillo de Acuña (Salamanca 1656).

Constituciones synodales del arzobispado de Santiago hechas por... D. Fernando de Andrade y Sotomayor en la santa synodo de 27 a 28 de mayo de 1648.

Constituciones synodales del arzobispado de Santiago, hechas por el Ilmo. Sr. D. Cayetano Gil Taboada... en 1, 2 y 3 de junio de 1746 (Santiago 1746).

Constituciones sinodales del priorato de Santiago de Uclés... hechas y publicadas en synodo que se celebró en la iglesia parroquial de Santiago de Santa Cruz, 1741 (Murcia 1742).

Dioecesana Synodus segobricensis celebrata praeside... D. Petro Genesio Casanova... anno 1611 (Valencia 1613).

Constituciones sinodales del obispado de Segorbe hechas por Fr. Anastasio Vives de Rocamora... en 12 días de abril de 1668 (Valencia 1669).

Sínodo diocesano que celebró el Ilmo. y Rvmo. Sr. D. Francisco de Araujo obispo de Segovia... (Madrid 1648).

Sínodo diocesano celebrado en... Sevilla por D. Fernando de Guevara... (Sevilla 1609).

Constituciones sinodales del obispado de Siguença que hizo, copiló y ordenó el Ilmo. Sr. D. Fr. Matheo de Burgos... (Zaragoza 1647).

Constituciones sinodales del obispado de Siguenza hechas por el Ilmo. y Rvmo. Sr. D. Bartolomé Santos de Risoba (Alcalá 1659).

Constituciones synodales a Michaële Santos de San Pedro... sancitae in Synodo dioecesana Coelsonae habita III idus septem... 1629 (Barcelona 1630).

Constitutiones concilii provincialis Tarraconensis IV ab Ilmo. et Rev. D. Joan Teres... (Tarragona 1602).

Synodus dioecesana Tarracone celebrata sub Ilmo. D. D. Ioanne Vich et Manrique... 6 kal. maii 1607 (Tarragona 1607).

Constitutiones sacri concilii provincialis tarraconensis per Il. et Rev. D. D. Fr. Iosephum Sanchiz... anno 1685 celebrati (Barcelona, s.a.).

Constitutiones synodales archidioecesis tarraconensis statutae... anno 1704 (Tarragona 1704).

Constitutiones sacri concilii provincialis tarraconensis, Gerundae celebrati, praeside... D. D. Michaële Ioanne de Taverner... 1717 (Gerona 1718).

Constitutiones sacri provincialis consilii tarraconensis ab Ilmo. et Rvmo. D. D. Emmanuele de Samaniego... celebrati anno 1727 (Barcelona 1728).

Constituciones sinodales del obispado de Teruel, copiladas, hechas y ordenadas por ...don Fernando de Valdés y Llano (Zaragoza 1628).

Constituciones sinodales del obispado de Teruel, hechas y recopiladas por el Ilmo. y Rvmo. Sr. D. Diego Chueca (Zaragoza 1661).

Constituciones synodales del arzobispado de Toledo, hechas... por el... Sr. D. Bernardo de Roxas y Sandoval... (Toledo 1601).

Constituciones sinodales del Ilmo. Sr. Don Fernando cadenal infante... (Madrid 1622).

Constituciones synodales del Exmo. y Rvmo. Sr. D. Baltasar de Moscoso y Sandoval... arzobispo de Toledo... (Toledo 1660).

Synodo diocesana del arzobispado de Toledo celebrada por... Luis Manuel... cardenal Portocarrero... del año de 1677 (Madrid 1682).

Constitutionum synodalium dertusensis partes quinque compilatae in ordinem redactae... (Valencia 1616).

Constitutiones synodales diocesis dertusensis... (Barcelona 1697).

Constituciones synodales del obispado de Tuid, ordenadas por D. Pedro de Herrera..., en 19 de abril 1627 (Santiago 1761).

Constituciones synodales del obispado de Urgell... por... Dr. Fr. Antonio Pérez... (Barcelona 1632).

Constitutiones synodales diocesis urgellensis ab Ilmo. et Rvmo. Fr. Sebastiano de Victoria... 10 nov. 1747 (Barcelona 1748).

Synodus dioecesana Valentiae celebrata praeside...D. D. Isidoro Aliaga...anno 1631 (Valencia 1631).

Constituciones sinodales del arçobispado de Valencia hechas por... D. Pedro de Urbina (Valencia 1657).

Constituciones sinodales del arzobispado de Valencia hechas por... D. Juan Thomás de Rocabertí (Valencia 1687).

Constituciones synodales fechas y promulgadas en la primera synodo que se celebró en la ciudad y obispado de Valladolid por... D. Juan Baptista de Azevedo... (Valladolid 1607).

Constitutiones editae ab... Andrea de Sancto Hieronymo... in synodo dioecesana Vici celebrata die 25 aprilis anni 1618 (s.a.).

Constitutiones synodales vicenses collectae... anno a Christo nato 1628 (Barcelona 1628).

Epitome constitutionum sacri concilii provinciae tarraconensis et synodi dioecesanae episcopatus Vicensis de anno 1685... (Barcelona 1685).

Constitutiones synodi diocesanae episcopatus vicensis celebratae... die 26 iunii anni 1721 (Barcelona 1721).

Constitutiones synodi dioecesanae episcopatus vicensis celebratae... die 9 deños et Guil (Vich 1748).

Constitutiones synodi dioecesanae episcopatus vicensis celebratae... die 9 decembr. anni 1752 (Vich, s.a.).

Constituciones sinodales del arzobispado de Zaragoza, hechas por Fr. Juan Cebrián (Zaragoza 1656).

Constituciones sinodales del arzobispado de Zaragoza hechas y ordenadas por... D. Antonio Ybáñez de la Riva Herrera... el día 20 octubre 1697 (Zaragoza, s.a.).

Resulta evidente a todas luces que, mientras estos sínodos —más los inéditos— no se estudien en profundidad (y no lo están), faltará un aspecto esencial en nuestro conocimiento de la historia de la Iglesia en España.

7. Pastorales

El atento lector habrá observado mayor número de sínodos celebrados en el siglo XVII. Los prelados ilustrados utilizaron en cambio con más frecuencia otros medios de reforma: sermones, pastorales, catecismos. Un catálogo de sermones resultaría una tarea imposible y de escasa eficacia. Cualquier ocasión era buena para un sermón barroco y las colecciones son abundantísimas. Baste decir que la reforma de la oratoria sagrada fue una empresa en que los prelados españoles del XVIII pusieron mayor interés. Puede verse a este respecto F. HERRERO SALGADO, *Aportación bibliográfica a la oratoria sagrada española* (Madrid 1971).

Mayor eficacia práctica tendría un catálogo de las *Pastorales*. Al no existir todavía los *Boletines oficiales*, utilizaban la pastoral para hacer llegar a los fieles las decisiones de Roma, los decretos reales, la prohibición de un abuso o una noticia política. No pretendo —ni podría— redactar un elenco de todas las pastorales publicadas en España en los dos siglos. Indico algunas colecciones de los obispos de mayor relevancia (explícitamente elimino señalarlas todas), pues mi intención está centrada en referir ejemplares de diversos asuntos: política, defensa de intereses eclesiásticos frente a presiones fiscales del gobierno, reforma litúrgica o moral, manifestaciones de absentismo episcopal (caso Azpuru).

ALIAGA, Fr. Isidoro, *Carta pastoral de... para el socorro de la plaza de Tortosa* (Valencia 1647).

ARMANYÁ, Fr. Francisco, *Pastoral de... con motivo de haberse declarado la guerra a Francia* (Tarragona 1793).

ID., *Pastoral sobre la guerra de Rosellón* (Tarragona 1794).

AZPURU, T., *Carta al cabildo, clero y pueblo de la iglesia y diócesis de Valencia* (Valencia 1771).

BERTRÁN, F., *Colección de cartas pastorales y edictos* (Madrid 1783).

BOCANEGRA, F. A., *Exhortación pastoral con motivo de la expedición de Marruecos y Argel* (Santiago 1776).

ID., *Declaración oportuna contra el libertinaje del tiempo que en forma de carta pastoral dirigió a su rebaño...* (Santiago 1777).

BORULL, F., *Representación a Su Magestad oponiéndose a que se imponga a los pueblos de obispado de Tortosa tributo alguno sobre el vino* (Valencia 1758).

CABRERA, J., *Carta del obispo de Avila... a los arciprestes y curas de su diócesis, fechada... 22 noviembre 1797, recomendándoles el estudio de las Sagradas Escrituras* (Valladolid 1797).

CLIMENT, J., *Colección de obras del Ilmo..., obispo de Barcelona*, 3 vols. (Madrid 1788).

COMPANY Y SOLER, J., *Edicto de... al objeto de que se cumpla la Real Cédula que manda enajenar los bienes raíces pertenecientes a hospitales, hospicios, casas de misericordia...* (Zaragoza 1798).

ESPÍNOLA Y GUZMÁN, A., *Pastoral sobre ciertos abusos en el ministerio de la Comunión diaria* (Sevilla 1679).

ID., *Carta pastoral en que se exhorta a implorar la clemencia y piedad divina en la aflicción del contagio que se padece en algunos lugares deste arzobispado* (Sevilla 1680).

FABIÁN Y FUERO, F., *Colección de providencias diocesanas*, 2 vols. (Valencia 1792-1793).

LORENZANA Y BUITRÓN, F. A., *Cartas pastorales y edictos* (Madrid 1770).

ID., *Colección de pastorales y cartas* (Madrid 1779).

ID., *Cartas, edictos y otras obras sueltas* (Madrid 1786).

MARÍN Y RUBIO, R., *Carta pastoral en que se hace notoria a su venerable estado eclesiástico y demás de la diócesis la bula «Apostolici Ministerii»...* (Jaén 1724).

ORBE Y LARREATEGUI, A., *Letras de la Sagrada Congregación del Concilio de orden de... Clemente XII que amonestan a todos los eclesiásticos... Carta pastoral del... arzobispo de Valencia...* (Valencia 1732).

RODRÍGUEZ DE ARELLANO, J. J., *Pastorales, edictos, pláticas y declaraciones que hacía a su diócesis..., arzobispo de Burgos*, 9 vols. (Madrid 1767-1779).

ID., *Doctrina de los expulsos extinguida. Pastoral que obedeciendo al rey dirigía a su diócesis...* (Madrid 1768).

RUBÍN DE CELIS, M., *Edicto de D... obispo de Valladolid sobre la pureza de culto a imágenes y destierro de culto supersticioso* (Valladolid 1770).

TAVIRA Y ALMAZÁN, A., *Pastoral para que se observen las prescripciones de la R. O. de 26 de abril que trata del abuso de enterrar los cadáveres en las iglesias* (Salamanca 1804).

TORMO, J., *Aviso pastoral de... obispo de Orihuela a sus diocesanos sobre la extinción de los beneficios simples de su obispado y erección de ellos en curatos de riguroso concurso synodal* (Madrid 1768).

ID., *Pastoral sobre la disminución de fiestas*, s. l. (1772).

TORRE Y URU IBELLA, *Discurso de la gracia del excusado sobre los abusos que se experimentan en el arrendamiento y administración de las casas mayores, diezmeros del arzobispado de Valencia* (Valencia 1695).

VALERO Y LOSA, F., *Carta pastoral* (muchas ediciones en el siglo XVIII).

8. Catecismos

No es un género nuevo de nuestra época. Adquirió importancia en el XVI, después de Trento, y fue utilizado para instruir a los moriscos y a los indios americanos. En el XVIII los catecismos adquieren especial importancia como expresión de los nuevos planteamientos religiosos. Algunos obispos publicaron catecismos propios. En otros casos fomentaron las traducciones. Dejo al margen tratados morales como los de Concina, Genet, Nicolé o Rastignac, y obras escritas en latín: tratados de Juenin o las *Instituciones* de Lyón. Me limito a exponer una lista, incompleta por supuesto, de *Catecismos* especialmente del siglo XVIII.

ARMANYÁ, F., *Compendi de la doctrina cristiana* (Barcelona 1817).

BOSSUET, J. B., *Catecismo de la doctrina christiana* (Madrid 1770).

ID., *Exposición de la doctrina de la Iglesia católica* (Madrid 1751).

Catecisme de la doctrina... que donaren a llum en 1790 los domers de la catedral de Vich (Vich 1814).

Catecismo de la doctrina christiana (Madrid 1604).

Catecismo maior o doctrina christiana claríssima brevísimamente explicada por un padre de la Compañía de Jesús (Gante 1640).

Catecismo de la doctrina christiana (Madrid 1653).

Catecismo de la doctrina christiana con otros exercicios útiles... (Valladolid 1693).

Catecismo del concilio de Trento de san Pío V (Pamplona 1711). (Hay muchas traducciones y ediciones a lo largo del XVIII.)

Catecismo eclesiástico (Vich 1751).

Catecismo de la doctrina christiana y su breve declaración por preguntas y respuestas (Valladolid 1784).

Catecismo del Estado (Madrid 1787).

CLIQUET, J. F., *Explicación de la doctrina christiana, con correcciones y adiciones que ha dispuesto el P. Mro. Fr. Isidoro A. Hurtado* (Madrid ²1784).

COLBERT, J., *Instrucciones generales en forma de cathecismo*, 2 vols. (Madrid 1710). Cf. POUGET.

ENGUID, M., *Catecismo litúrgico*, 2 vols. (Alcalá 1799).

FITZ-JAMES, F. de, *Catecismo o exposición de la doctrina cristiana*, 2 vols. (Valencia 1770).

FLEURY, C., *Catecismo histórico*, 2 vols. (París 1717).

Institución cristiana o explicación de las cuatro partes de la doctrina cris-

tiana traducida del francés por Fr. Pedro J. de Gallarreta, 2 vols. (Madrid 1799).

JUAN DE SANTO TOMÁS, Fr., *Explicación de la doctrina christiana y la obligación de los fieles en creer y obrar* (Valencia 1703).

LASALA Y LOCELA, R., *Catecismo mayor de la doctrina cristiana...* (Cervera 1791).

ID., *Catecismo menor de la doctrina cristiana* (Cervera 1791).

MESENGUY, F. Ph., *Compendio de la historia sagrada del Antiguo Testamento* (Madrid 1796).

PINTON, J., *Compendio histórico de la religión desde la creación del mundo hasta el estado presente de la Iglesia* (Madrid 6 1770).

POUGET, F. A., *Instrucciones generales en forma de catecismo*, 3 vols. (Madrid 1784). Cf. COLBERT.

RIGAL, J., *Explicación de las principales partes de la doctrina cristiana*, 6 vols. (Madrid 1793).

RIPALDA, G. de, *Explicación de la doctrina cristiana* (Zaragoza 1616).

SAENZ DE BURUAGA, J., *Catecismo de la doctrina cristiana* (Madrid 1717).

ID., *Explicación del catecismo de la doctrina cristiana con deseos del bien espiritual de... los fieles de su arzobispado* (Zaragoza 1804).

TAPIA, P. DE, *Doctrina christiana...* (Madrid 1769).

VILLANUEVA, J. L., *Catecismo del Estado según los principios de la Religión* (Madrid 1793).

YEREGUI, J., *Idea de un catecismo nacional formado sobre las Sagradas Escrituras, Concilios y Padres de la Iglesia* (Vañeras 1803).

HISTORIA DE LA IGLESIA EN ESPAÑA

IV

**La Iglesia en la España de los siglos XVII
y XVIII**

Primera parte

IMPLICACIONES POLITICAS Y SOCIALES DE LA IGLESIA

CAPÍTULO I

ASPECTOS SOCIALES DE LA VIDA ECLESIASTICA EN LOS SIGLOS XVII Y XVIII

Por Antonio Domínguez Ortiz

La Iglesia y la sociedad española en el siglo XVII

Para agotar el tema de este epígrafe tendríamos que ocuparnos de todos los aspectos de la vida española; hasta tal punto estaba penetrada por la idea religiosa. En el tiempo, nuestra historia se concebía en función de los valores religiosos; basta hojear cualquiera de las crónicas locales para advertir el enorme porcentaje de páginas que ocupa la descripción de las iglesias y conventos, sus orígenes, los tesoros que encerraban, las reliquias que en ellos se veneraban, las festividades, etc. En el espacio era imposible recorrer un trecho de la geografía hispana sin topar a cada paso con la presencia de monumentos eclesiásticos, desde los majestuosos edificios, casi siempre los más sobresalientes de cada ciudad, villa o lugar, hasta las ermitas que coronaban las alturas. El signo de la cruz campeaba por todas partes. Y habría que añadir la que llamaríamos *presencia invisible*: ante una campiña en la que ojos profanos no descubrirían ningún signo religioso, un conocedor del terreno hubiera podido señalar que aquella huerta era propiedad de una comunidad, que aquel collado era un lugar de romería, que aquellas tierras calmas formaban el patrimonio de una capellanía. Y no sólo la cantidad de topónimos era inmensa en tierra: durante el siglo XVII, prácticamente la totalidad de los buques, lo mismo los soberbios galeones que las más humildes saetías, llevaban nombres religiosos. Ante la imposibilidad de tratar estos múltiples aspectos, vamos a limitarnos aquí a recoger algunos de los más característicos.

La vida de todo individuo estaba tutelada por la Iglesia desde el nacimiento hasta la muerte. Como se producía una gran proporción de defunciones de recién nacidos, las prescripciones sobre el rápido bautismo eran severas; incurrían en pena los padres que lo dilataban, y tanto ellos como las comadronas debían administrarles el *agua de socorro* en caso de necesidad. La Iglesia era casi la única institución que se ocupaba de los niños expósitos y huérfanos. En el transcurso de los años tutelaba la vida religiosa de los fieles; mediante la matrícula, el párroco comprobaba que, a partir de los siete años, cumplía con el precepto de la confesión, y desde los doce o trece, con el de la comunión pascual. Aparte de estos actos obligatorios, otros muchos de carácter voluntario ligaban a los fieles; pocos dejaban de pertenecer a una o varias hermandades o cofradías y de tomar parte en las fiestas religiosas. Faltar a la asistencia de la misa dominical era imposible en los pueblos pequeños sin exponerse a una sanción. En los populosos se darían algunos casos, pero pocos, ya que la adhesión del pueblo español a su fe era sincera. Algunos renegaban cuando se encontraban cautivos en tierra de infieles, pero lo hacían por miedo o por interés, y, si se les ofrecía ocasión de volver a España, solían regresar a su creencia mediante una autodelación al tribunal de la Inquisición, que trataba estos casos con benignidad. El español del siglo de oro pecó mucho contra la moral, pero pocas veces contra la fe.

Las ceremonias que rodeaban el tránsito a la otra vida también estaban impregnadas de sentido religioso y controladas por los poderes eclesiales. La muerte estaba siempre presente a la vista de aquellos hombres, en una época de vida media más corta que la nuestra y en la que, aparte de pestilencias limitadas, cada treinta o cuarenta años había alguna de tremendas proporciones que barría pueblos y comarcas enteras. Si la de 1599-1601 asoló especialmente Castilla, la de 1648-53 se ensañó con todo el Levante y el Sur, causando en numerosas ciudades, como Murcia y Sevilla, mortandades hasta del 40 y 50 por 100 de sus pobladores. No es raro, pues, que la idea de la muerte fuera, al par que temida, familiar; que esté presente no sólo en la predicación, sino en la literatura y el arte barrocos. Cada uno sabía de antemano dónde reposarían sus restos; si era una familia acomodada, instituía una fundación en una parroquia o convento: panteón familiar y rentas para unos sufragios perpetuos. Si era pobre, descansaría, de modo anónimo, bajo las losas del pavimento o en el recinto inmediato a la iglesia. Sólo durante las grandes epidemias obligó la necesidad a construir *carneros* o cementerios improvisados fuera del área urbana. Cuando la Ilustración, por motivos higiénicos, ordenó la construcción de cementerios alejados, ésta fue una de las medidas que hallaron mayor resistencia y que tardó más en cumplirse.

La lectura de los testamentos de la época es una de las mejores fuentes para el conocimiento de las mentalidades, tarea preferente de muchos historiadores actuales, un poco saturados, e incluso algo decepcionados, del *cuantitativismo* económico. Todos ellos comienzan con una invocación religiosa, expresan su fe, su esperanza en la misericordia divina, y tratan de merecerla por medio de la caridad. Indican los sufragios que desean y el número de misas que deben aplicarse por su alma, que, tratándose de personas acaudaladas, era fabuloso; si la Casa Real mantenía comunidades enteras para que le dedicaran sufragios, un grande de España debía dejar encargados muchos miles de misas; el noveno duque de Medinaceli se excusó de no mandar decir más que 10.000 «por lo crecido de sus deudas». Carlos Strata, rico banquero genovés de Felipe IV, dejó encargadas 75.000. Sería interesante poner en relación esta preocupación por la abundancia de sufragios con el incremento que tuvo en el siglo XVII la devoción a las ánimas del purgatorio. Aunque datase de la Edad Media, fue entonces cuando se expandió prodigiosamente, como lo atestiguan las hermandades fundadas, las devociones y la infinidad de capillas, retablos y pinturas. Aun fuera de las iglesias, en las paredes y rincones de las ciudades se representaban las ánimas benditas suplicando sufragios entre llamas. Estas cruces, imágenes y retablos, unas veces eran producto de la piedad de algún particular, otras conmemoraban alguna muerte desastrada, y sus macilentas luces de aceite eran casi las únicas que podían guiar al caminante en las tinieblas, pues el alumbrado público era aún desconocido.

Lo mismo que la vida individual, la colectiva estaba penetrada por la idea religiosa y se servía de las ideas, los ritos y aun los edificios de la iglesia. El canonista Martín Azpilcueta denunciaba como abusos utilizar las iglesias para celebrar asambleas municipales, reuniones profanas y representaciones teatrales. Sobre todo en los pueblos pequeños, la iglesia y su porche tenía que ser el sitio natural de reunión. En él se publicaban las nuevas, se saludaban los vecinos: era como el centro cívico o el casino del lugar. En cuanto a las representaciones teatrales, ya es sabido que empezaron teniendo un sentido religioso; respecto a ellas, las constituciones sinodales adoptaron criterios diversos; unas se limitaron a prohibir las de asunto profano; otras (p.ej.: las de Gerona, 1691), también las de tema religioso.

No había fiestas profanas, fiestas *nacionales*; todas eran religiosas en virtud de un larguísimo proceso de cristianización, aunque algunas, como la de San Juan, revelaran, aun a través de los ritos, su primitivo origen pagano. El crecimiento exagerado del número de días festivos fue denunciado repetidas veces como dañoso a la productividad y más debido al deseo de holganza y jolgorio que a motivos espirituales. A los 52 domingos se sumaban casi otras tantas fiestas de precepto; pero, además, cada localidad fue aumentando fiestas, ya para celebrar algún suceso jubiloso, ya implorando el auxilio de un patrono contra alguna calamidad. Así, por medio de votos indiscretos, se encontraban los pueblos embarazados con una muchedumbre de días festivos. He aquí los que, por su cuenta, agregó Chinchilla (Albacete) al calendario oficial:

San Gregorio Nacianceno y San Gregorio Papa, abogados contra la langosta.

San Juan de Mayo, para que la libre del granizo y piedra.

San Agustín, San Bernabé, «que libra las viñas del gusano».

San Sebastián y San Roque, abogados contra la pestilencia.

San Odón y Asén, «porque en este día tuvieron los de Almansa y Chinchilla un vencimiento contra los aragoneses» [1].

En una sociedad muy organizada y jerarquizada, la acción del clero se acomodaba a los cuadros naturales: la familia, de la que, en la mayoría de los casos, la única forma de reconstruirla consiste en el estudio

---

[1] Esta lista figura en la Relación topográfica hecha por esta villa por mandato de Felipe II.

de los asientos parroquiales. Millones de seres anónimos no han dejado otra huella de su paso por el mundo que unas anotaciones en los libros de bautismos, matrimonios y entierros. Pero, en el caso de familias de más alta posición, la vinculación era más estrecha: fundaciones, patronatos, oratorio privado, el derecho de presentación a un beneficio, etc.

El gremio tenía también un aspecto religioso; por lo regular, cada gremio de alguna importancia tenía una cofradía dedicada a su patrono y celebraba en su honor fiestas y actos de culto. En las procesiones solemnes, sobre todo la del Corpus, las autoridades gremiales tenían su lugar señalado, como lo tenían todas las jerarquías de la ciudad.

El municipio tenía una relación constante con las instituciones. En la mayoría de los presupuestos municipales, por modestos que fueran, figuraban algunas partidas para funciones religiosas y para costear los sermones de cuaresma, que solían estar a cargo de un religioso[2]. En algunos casos, también se pagaba tributo a la superstición costeando un «conjurador de nublados».

Como el Estado se desentendía de la enseñanza y la beneficencia, limitándose a dar unas normas generales y a reservarse un derecho de inspección, solían ser los municipios, que eran las piezas básicas en la administración del Antiguo Régimen, los que proveían a estas necesidades, casi siempre en colaboración con la Iglesia. Hablar de la importancia que las atenciones benéficas tuvieron en el conjunto de la actuacion del clero resultaría ocioso, por harto conocido. Aparte de las infinitas limosnas que cada comunidad repartía cuando surgía alguna de aquellas crisis de hambre y carestía, entonces frecuentes, a quien primero se dirigía el cabildo secular en demanda de ayuda era al cabildo eclesiástico y al prelado. Pero de nuevo encontramos aquí el elemento individual: una de las tareas más fatigosas de los visitadores eclesiásticos era el de vigilar la administración de aquellas fundaciones benéficas en que tan generosos se mostraban nuestros antepasados; ya se tratara de dotar doncellas, socorrer ancianos, repartir limosnas de pan, fundar centros de enseñanza, ayudar a pagar las contribuciones y otra multitud de iniciativas. Los hospitales llegaron a ser tan numerosos, que para evitar la dispersión de esfuerzos se dictaron normas para concentrarlos. No faltaban los hospitales especializados en las dolencias más penosas: locos, sifilíticos y leprosos disponían, si no de un tratamiento adecuado, porque la terapia de la época era muy rudimentaria, al menos de cobijo, calor y alimento. Lo que no excluía, por supuesto, que hubiera grandes deficiencias; pero, con todas las grandes, enormes lagunas que tenía este sistema asistencial patrocinado por la Iglesia, puede asegurarse que fue superior al que imperó en la primera mitad del siglo XIX, cuando la revolución liberal se incautó de estos centros y de sus rentas y secularizó la beneficencia.

Otro aspecto merecería destacarse: la acción de la Iglesia en la suavización del régimen penitenciario. El derecho penal del Antiguo Régimen consagraba los privilegios legales de ciertas categorías; no existía la igualdad ante la ley. A esta desigualdad legal se superponía, agravándola, otra real, *de facto*, que es de todos los tiempos: la tendencia a tratar los delitos de los poderosos con más benevolencia que los de los humildes. El resultado era que las cárceles estaban llenas de presos por deudas, que muchos infelices pagaban con azotes, galeras o incluso la horca delitos que, tratándose de un personaje influyente, podían componerse con una pena leve, una multa o un destierro. La conciencia de estas injusticias es lo que explica que prácticas abusivas, como la inmunidad local, que abría los templos a los delincuentes, resultaran populares; y no rara vez escapó un condenado a la última pena gracias a la complicidad de los eclesiásticos.

La asistencia a los presos pobres fue otra faceta que atrajo a algunos eclesiásticos y seglares caritativos. La práctica corriente era que los presos que podían se costearan el alimento de su bolsillo; los que no tenían recursos eran alimentados de oficio, es decir, muy mal. Asistencia especial requerían los condenados a muerte, y en este aspecto recordaremos dos nombres, ambos ligados a la historia de Sevilla: el del jesuita Pedro de León, que consagró al «ministerio de las cárceles» una gran parte de su actividad y nos ha dejado un impresionante catálogo de los 309 reos a los que asistió en sus últimos instantes hasta el año 1616 [3], y el de D. Juan de Mañara, quien a fines del mismo siglo dedicó la mayor parte de los caudales obtenidos en el comercio de Indias a la hermandad de la Santa Caridad, uno de cuyos fines era procurar decente sepultura a los que morían ahorcados o descuartizados por una justicia demasiado rigurosa.

Como los aspectos de la beneficencia eclesiástica son innumerables, me limitaré a añadir unas líneas acerca de uno de los aspectos más interesantes: la atención a los expósitos. Hasta fines del siglo XVIII, el Estado apenas se ocupó de esta cuestión, y los municipios muy poco, a pesar de que era del mayor interés reforzar una demografía depauperada por emigraciones, guerras y epidemias. Sobre la proporción de ilegítimos en aquella época sólo tenemos algunos datos fragmentarios, proporcionados por los libros parroquiales; pero estos datos, además de incompletos, son tan variables que, aun contando con la diversidad de situaciones socioeconómicas y morales, inducen a las más serias sospechas sobre la fiabilidad de las fuentes, pues se da el caso de que, mientras la proporción de ilegítimos era sólo del 1,75 por 100 en la comarca gallega del Xallás, en la no muy lejana Tierra de Trasdeza subía al 9,7 por 100 [4].

---

[3] Las obras inéditas del P. Pedro de León son del mayor interés para el estudio de la Iglesia y la sociedad de su tiempo. Di noticia de ellas en un artículo que luego formó parte del volumen *Crisis y decadencia de la España de los Austrias*. El P. Herrera Puga, S.I., las aprovechó en su *Sociedad y delincuencia en el siglo de oro* (BAC 363, Madrid 1971), y tenía preparada una edición completa del manuscrito, que, desgraciadamente, no ha llegado a publicarse.

[4] Estos datos constan en las tesis dedicadas al Xallás y la Tierra de Trasdeza, debidas a los Sres. Barreiro e Hilario Rodríguez respectivamente.

Por otra parte, hay que tener en cuenta que, si no todos los ile-gítimos eran abandonados, muchos hijos de legítimo matrimonio sí lo eran, sobre todo en años de crisis alimenticia. Por lo común se les de-jaba en la puerta de una iglesia, con un papel en que se expresaba si estaban o no bautizados. En estas condiciones, muchos morían de inani-ción o de frío; las cosas se presentaban mejor en las ciudades, donde se instituyó una casa-cuna con torno para recibirlos. El cardenal D. Pedro González de Mendoza fundó el hospital de la Santa Cruz, donde se alimentaban niños y niñas a expensas de las rentas de la mitra toledana. También se basó, en gran parte, en rentas eclesiásticas el hospital de Santiago de Galicia. En Almería (como en tantas otras ciudades), los recién nacidos eran dejados en las puertas de la catedral y criados a expensas del obispo, hasta que en 1670 se fundó la Casa de Niños Expó-sitos. No fueron solamente los prelados los que colaboraron en esta obra: en Valladolid, la cofradía de San José bautizó en ciento setenta y dos años 17.468 expósitos [5]. Quizás el centro de esta clase mejor aten-dido fue el que creó el monasterio de Guadalupe; por ello acudían a llevar allí recién nacidos desde comarcas lejanas: sabían que tenían más probabilidades de supervivencia, pues la mortalidad de los acogidos en estas instituciones era aterradora.

Por loable que sea esta actividad, no se libraba del defecto común de la Iglesia hispana: la falta total de planificación; unas diócesis habían resuelto este problema de manera más o menos satisfactoria, mientras en otras no se había hecho nada. Incluso dentro de una misma, la aten-ción que recibieran los asilos dependía de las circunstancias o del tem-peramento del prelado. La casa-cuna de Sevilla, que tuvo épocas de administración desembarazada, llegó, a finales del XVII, a situación tan desesperada, que el administrador, encontrándose con centenares de niños a los que no podía alimentar, entregó las llaves del establecí-miento al asistente de la ciudad. ¡Entretanto, gran parte de las rentas de tan opulenta mitra se gastaba en pleitos, lujos inútiles y pensiones a personas influyentes!

La enseñanza era un sector que también atendía en gran medida la Iglesia. La más desatendida fue la enseñanza primaria; en algunos con-ventos, especialmente franciscanos, se daba enseñanza elemental; en los pequeños núcleos rurales no era raro que el cura o el sacristán enseñase a leer a los niños; pero, por lo común, lo único que prescribían en este aspecto las sinodales era que no se establecieran maestros sin que fue-ran examinados y se comprometiesen a enseñar la doctrina a sus discí-pulos. La Orden de las Escuelas Pías se propuso llenar este vacío; a fines del XVII estableció algunas casas en la Corona de Aragón. En la de Castilla no se difundió hasta el siglo XVIII.

Las universidades, dentro de su gran variedad jurídica, presentaban una mezcla de elementos eclesiásticos y seglares. Las que tenían un ca-

[5] TEÓFANES EGIDO, *La Cofradía de San José y los niños expósitos de Valladolid:* Estudios Josefinos, año XXVIII.

rácter eclesiástico más acentuado eran las creadas por órdenes religiosas para formar a sus miembros; sin embargo, también admitían alumnos seglares. A su vez, en las de carácter secular más notorio, como Salamanca o Granada, de fundación regia, la presencia eclesiástica se manifestaba en el profesorado y numeroso alumnado de las cátedras de teología y cánones. Como era frecuente, la colaboración degeneraba muchas veces en oposición, ya dentro de la universidad, ya en las relaciones entre ésta y los colegios, que también solían ser de carácter eclesiástico. Las pugnas entre la Universidad salmantina y los colegiales mayores son bien conocidas. En Alcalá, el colegio de San Ildefonso llegó a absorber a la institución universitaria, mientras en Sevilla fracasó el colegio dominico de Santo Tomás en su intento de dominarla o de erigirse en universidad autónoma.

Más clara era la separación en el sector que correspondía a lo que hoy llamamos enseñanzas medias, que entonces se reducía casi al estudio del latín y de la filosofía, entendiendo por tal unos rudimentos aristotélicos. Para unos, este tipo de enseñanza era la preparación a la carrera sacerdotal (aunque no faltaran seglares que la cursaran: caso de Miguel de Cervantes en el Estudio creado por la villa de Madrid). Para otros, era la iniciación previa a una carrera universitaria. El tipo de preparación que suministraba era muy variada; desde el mero aprendizaje del arte de Nebrija, impartido por un dómine rudo con más ayuda de golpes que de teoría, a una preparación de tipo humanístico relativamente completa.

Las órdenes religiosas vieron el campo que se les ofrecía, y aprovecharon las ventajas que tenían sobre los maestros seglares, desplazándolos en muchos casos. No pocas fundaciones de conventos se hicieron con la cláusula, impuesta por el fundador o por el municipio, de que los frailes suministraran este tipo de enseñanza a los vecinos; p.ej., cuando el marqués de Auñón compró la villa de este nombre, llamó a ella a una comunidad franciscana, dotándola de rentas, con la condición de que tuviera estudios públicos de filosofía, que duraron hasta el siglo XVIII. En Extremadura, el monasterio de Guadalupe sostenía también estudios, incluso una escuela de cirugía anexa a su hospital. En todas partes, monasterios y conventos ofrecían bibliotecas que podían consultarse y hombres con una preparación intelectual que, aunque fuese deficiente, era la única accesible en muchas comarcas rurales.

La Compañía de Jesús practicó este tipo de enseñanza media no de forma ocasional, sino como parte muy principal de su actividad normal y como instrumento eficaz de acción sobre la sociedad. Pronto fueron requeridos sus servicios en la mayoría de las ciudades, y extendieron sus colegios por toda España, contando (como en el caso del de Salamanca y el Imperial de Madrid) con la franca colaboración de personas reales. La clave de su éxito estuvo en la introducción de unos métodos pedagógicos que contrastaban con la rutina imperante, la sustitución de los castigos corporales por la emulación, el sentido humanístico, contrapuesto al meramente escolástico; el anhelo de dar una formación com-

pleta, pensando no ya sólo, ni principalmente, en la preparación para el
sacerdocio, sino para el caballero, para el hombre de mundo, mediante
ejercicios de declamación, teatro escolar, clases de danza, esgrima y
equitación...

Tras el entusiasmo inicial llegaron las críticas; unas, por la calidad
de la enseñanza; el latín de los jesuitas no siempre era óptimo, y el
mismo P. Mariana lo reconoce así en su tratado antes citado. Luego,
por sus pretensiones de monopolio: en Huesca, Lérida y otras ciudades
pusieron por condición «que no se lea en la universidad ni en otra parte
alguna de la ciudad gramática ni retórica». Después, la ciudad reprochó a
los jesuitas no cumplir todas las condiciones del contrato [6]. No logró
la Compañía hacer desaparecer a los competidores, pero sí alcanzar una
situación preeminente, que conservó hasta su extinción.

Si el estado de la documentación lo permitiera, sería interesante
comprobar la certeza de la acusación (muy antigua ya) de que la Compañía dirigía sus esfuerzos educativos hacia las clases elevadas. Que le
preocupó la educación de la nobleza es cosa de la que no cabe dudar, y
tampoco los jesuitas hicieron de ello un misterio. ¡Buena falta le hacía a
una juventud noble, por lo regular ociosa y mal acostumbrada, una instrucción completa y una formación cristiana! Pero de eso a creer que
marginaban a los sectores más modestos hay gran distancia. En Francia,
un estudio del P. Sainville ha demostrado que no fue ése el caso, y en
España es probable que sucediera lo mismo. ¿Cómo, si no, se explica el
número tan elevado de alumnos? En Zaragoza, ciudad entonces de
unos 30.000 habitantes, tuvieron en sólo nueve años, entre 1609, que se
fundó el colegio, y 1618, en que tuvo lugar la citada disputa con el
municipio, 1.700 alumnos [7]. Es evidente que la mayoría tenían que ser
de clase media y baja.

El caso de Madrid es también aleccionador a este respecto: frente al
estudio de la villa, que acogía, sobre todo, alumnos de clase media, el
colegio jesuítico fue frecuentado por la juventud noble. La pugna terminó cerrando el municipio el estudio; los jesuitas quedaron sin compe-
tidor, su matrícula subió mucho, pero al par bajó el nivel social de los
alumnos. Entonces (1625) fue cuando pensaron crear una especie de
universidad que devolviera al centro el prestigio que iba perdiendo. Hicieron un gran esfuerzo, trajeron incluso maestros extranjeros para enseñanzas de matemáticas y fortificación, que nunca se habían profesado
en España, pensando en una clientela noble y rica, «pues si interesa
mucho el estudio (decían en un memorial) a la gente común, mucho
más importa que no les falte a los hijos de los príncipes y gentes nobles,
porque es la parte más principal de la república, la cual, con sus buenas
o malas costumbres, lleva tras sí todo lo demás».

Así surgió el Colegio Imperial de Madrid, cuyos objetivos no fueron
alcanzados por una serie de circunstancias, analizadas por su historia-

[6] Contestó la Compañía con un curioso memorial, que se halla en la Academia de la
Historia, *Papeles de Jesuitas*, t.31 n.24.
[7] Este dato figura en el memorial citado en la nota anterior.

dor, el Sr. Simón Díaz [8]. El mismo autor piensa que, a pesar de la falta de las matrículas, puede asegurarse la democratización progresiva de aquel centro; de otra manera no se explica que Felipe V creara en 1723, anexo al Colegio, pero independiente de él, un Seminario de Nobles inspirado en el modelo del fundado por Luis XIV.

EL MOVIMIENTO MISIONAL

No es posible omitir, en un recorrido sobre la acción de la Iglesia en la sociedad española, un fenómeno como el de las misiones, no exclusivo de España, pero que aquí quizás tomó más incremento que en ninguna otra parte, y además caracteres muy específicos, con técnicas propias, fruto de la experiencia, y que sirvieron de modelo a las misiones de otros países. Citemos, dentro de esta copiosa literatura, *El misionero perfecto*, del P. Martín Lanaja (Zaragoza 1672); la *Práctica de misiones*, del capuchino Fr. José de Caravantes (1674), y *El misionero instruido*, de Echevertz.

La actividad misional existió siempre, y, naturalmente, en los países católicos tomó caracteres totalmente distintos de los que tenía en tierra de infieles. No se trataba de catequizar, sino de enfervorizar y desterrar abusos y pecados. A fines del siglo XVI ya existía en España una notable actividad; pero los años áureos de las misiones corresponden al siglo XVII y primera mitad del XVIII, con algunos epígonos, de los que el más notable fue Fr. Diego José de Cádiz. El teatro de esta actividad fue todo el territorio peninsular, especialmente Andalucía y ambas Castillas. Sus protagonistas, miembros del clero regular; el secular dio pocos, y ninguno de gran relieve, si exceptuamos al sacerdote malagueño José de Barcia y Zambrana, que murió a fines del XVII siendo obispo de Cádiz. Pocas órdenes religiosas dejaron de interesarse en esta actividad; el mercedario Fr. Diego Serrano Sotomayor, obispo de Segorbe (1639-52), introdujo en esta ciudad la costumbre «de ir algunos fervorosos sacerdotes de noche con el crucifijo en las manos, dos luces y una campanilla, interrumpiendo el silencio con algunas sentencias doctrinales, que como saetas atraviesan los corazones más duros, y haciendo en las plazas algunas breves exhortaciones para mover al dolor de los pecados. De aquí se ha extendido a todos los reinos de España y aun a los extraños, con mucha gloria de Dios y bien de las almas» [9].

Sin embargo, fueron capuchinos y jesuitas los que dieron el más nutrido contingente; citemos entre los primeros a Fr. Agustín de Granada y Fr. José de Caravantes, y entre los segundos, a los PP. Pedro de León, Jerónimo Dutari y Pedro de Calatayud. Los misioneros, con un gran conocimiento de la psicología popular, utilizaban recursos efectistas y empleaban una oratoria simple, directa, que hablaba más al cora-

---

[8] *Historia del Colegio Imperial de Madrid* t.1 (Madrid 1952).
[9] COSTA Y BOFARULL, *Memorias de la ciudad de Solsona y su iglesia* t.1 p.384.

zón que al entendimiento y contrastaba con el estilo *culto* de predicación que entonces estaba en su apogeo. A los extranjeros, el escenario de un sermón de misión les producía una impresión de extrañeza. Una dama francesa que visitaba Madrid en 1681 escribe así a una amiga: «Voy a pasearme en una carroza de incógnito a un paseo público en medio del campo, donde hay un predicador que predica durante cuatro o cinco horas y que se abofetea desesperadamente; se oye, en cuanto comienza a darse los bofetones, un ruido terrible de todo el pueblo, que hace lo mismo. Vamos a asistir a ese espectáculo que se ve en cuaresma tres veces a la semana. El detalle de las devociones de este país sería cosa divertida de contar» [10].

Por lo general, los misioneros actuaban en parejas, por un itinerario previamente trazado y cuyas autoridades eran advertidas para que cooperasen. Durante la estancia de los misioneros en el pueblo puede decirse que todos los vecinos vivían pendientes de estos ejercicios, que comenzaban con el recibimiento de los misioneros, continuaban con la predicación y confesiones y terminaban con la procesión de penitencia, en la que figuraba todo el vecindario. Los misioneros miraban, sobre todo, a la reforma de las costumbres, insistían mucho en los pecados contra la castidad y hacían un uso, quizás excesivo, del terror a la muerte y la pintura de los tormentos eternos. Para impresionar más a los oyentes acudían a recursos teatrales, sacaban calaveras, exhibían pinturas de almas condenadas.

Sin embargo, desde un punto de vista estrictamente social, también se obtenían resultados: se apaciguaban los bandos, se reconciliaban los enemigos, se regularizaban uniones y deshacían amancebamientos, se combatía la usura, se censuraban los abusos de los poderosos... Por desgracia (y en esto coinciden todos los testimonios), los resultados de las misiones, aunque espectaculares, eran poco duraderos. Cuando pasaba el clima emocional, el curso de la vida volvía a sus antiguos cauces con todas sus corruptelas y vicios. No obstante, el clima de mayor moralidad pública imperante en el siglo XVII respecto al anterior, y del que fue un exponente la prohibición de las *casas públicas*, puede atribuirse, en gran parte, al movimiento misional.

POPULARIDAD Y BROTES ANTICLERICALES

Repetidas veces hemos dicho que, a pesar de sus defectos, el clero español era popular. No podía ser de otra manera; aparte las razones de orden teológico, que llevaban a ver en él (por encima de los fallos humanos) a los representantes del Altísimo, el clero, a diferencia de la nobleza, que basaba sus privilegios en unas teorías racistas, era pueblo, procedía de todos sus estratos, desde los más altos a los más bajos. Por eso, todos se acercaban con familiaridad y confianza al sacerdote y es-

---

[10] *Cartas de la marquesa de Villars a la Sra. de Coulanges*, carta 33.

peraban su ayuda. Con criterios actuales, podría tacharse su actitud de paternalista; en todo caso, era un paternalismo benéfico, que llenaba una necesidad, o mejor, un sinnúmero de necesidades muy descuidadas por el poder civil; desde la «sopa del convento» al cuidado de los viandantes: «En las noches de mucha nieve —prescribían las constituciones sinodales de Segorbe— tendrán cuidado los curas que se toque alguna campana en diferentes horas por el bien y consuelo que dello se sigue a los caminantes» [11].

La actitud popularista de una gran parte del clero llegó a indisponerle muchas veces con los *poderosos* y las autoridades. Siempre encontramos frailes y curas en las conmociones populares. Sabida es la sensibilidad de Juan de Avila ante el problema campesino andaluz. En su proceso se le acusó de haber predicado que el paraíso estaba reservado a los pobres y los jornaleros del campo; confesó haber amenazado con la condenación a los ricos de Ecija, que en tiempo de hambre dejaban que los pobres comieran yerbas. En 1648, el duque de Medinaceli comunicaba a Madrid que había gran agitación en Jerez por haberse prohibido las obras de un canal que debía procurar una salida al mar al río Guadalete sin pasar por El Puerto de Santa María (propiedad del duque). Decía temer una sublevación en Jerez «por hallarse con muchos portugueses y grande número de clérigos, que han sido los autores y promovedores de esta novedad, y de ordinario comienzan por ellos los motines y turbaciones de la república» [12].

Esta acusación no era infundada; pocos años después ocurrieron los alborotos de Andalucía, en los que aparecieron mezclados varios clérigos, y antes, las sublevaciones de Cataluña y Portugal, en las que la participación del clero fue destacada. A esta misma identificación del clero con el pueblo de su lugar, región o país debe atribuirse su papel en la conservación de las lenguas autóctonas. El obispo de Calahorra D. Pedro Manso, en una sinodal de 1602, dispuso se imprimiesen cartillas con la doctrina cristiana en vascuence, y añadió: «Porque somos informados que los predicadores predican en romance, de lo cual se sigue gran daño y que las gentes que vienen de los caseríos a oírlos salen ayunos del sermón..., mandamos que en los tales lugares los sermones se hagan en vascuence».

De igual forma se expresó el concilio segundo tarraconense contra «los que se aconsolan de predicar en lengua forastera, senyal evident que lo fi que tenen no es la gloria de Deu ni aprofitar al auditori» (año 1636). Cuatro años después estallaba la revuelta catalana, con repercusión en el interior de los claustros. En el de Montserrat, que era mixto, el ambiente se hizo tan enrarecido para los castellanos, que emigraron a Madrid, donde fundaron el que aún se conserva en la calle de San Bernardo.

El acto de caridad más heroico, que es dar la vida por sus semejan-

---

[11] Constituciones de 1669, tít.2 const.24.
[12] AHN, *Consejos,* 7.160 n.70.

tes, lo practicaron con frecuencia los religiosos españoles en aquel siglo XVII, tan plagado de terribles epidemias. Los ricos podían librarse saliéndose de la ciudad apestada; los pobres eran los que pagaban más alto tributo a la muerte. La asistencia en los hospitales era tan peligrosa, que muchas veces, ni aun ofreciendo altos salarios, se encontraban médicos y sirvientes. Hubo también fallos en el alto clero; en 1598, los cabildos de Vigo y Tuy abandonaron estas ciudades. En Bilbao, los párrocos rehusaron asistir a los atacados, por lo que muchos murieron sin sacramentos. Pero estos casos fueron excepcionales; por lo común, ambos cleros permanecieron en su puesto cumpliendo su peligroso deber, y en no pocos casos se excedieron, pagando su celo con mortalidades altísimas. Durante la gran peste de 1649 murieron 1.025 de sus moradores en los 37 conventos de Sevilla, o sea, más de la mitad.

El clima de terror creado por estas epidemias fue explotado, a veces de manera inoportuna, para promover la reforma de las costumbres; los cortejos procesionales eran frecuentes, con lo que aumentaban los riesgos de contagio. La creencia de que tales plagas eran producto de la ira divina, producía, a la vez que escenas de pánico colectivo, otras de sincero arrepentimiento. No puede entenderse la historia religiosa ni la historia social de aquellos tiempos sin tener en cuenta el impacto tremendo de estas crisis epidémicas. Al par que se producía un recrudecimiento de la piedad bajo formas dramáticas, aumentaba el protagonismo del clero, tanto por su función como por el heroísmo de muchos de sus miembros.

Veamos ahora la otra cara de la cuestión. No era posible que el clero estuviese mezclado en todas las facetas de la vida sin que se produjeran algunos fenómenos de rechazo. La demasiada familiaridad podía causar menosprecio, y lo atestigua el refranero castellano, en el que se leen cosas terribles. Estas tendencias anticlericales nunca, o rarísima vez, fueron de origen intelectual; no hubo en España *libertinos* en el sentido que tuvo en Francia esta palabra. Los motivos fueron, generalmente, económicos: las exenciones fiscales, el fraude de rentas públicas, el acaparamiento de propiedades; en algunos casos, la dureza del régimen señorial... Podrían citarse también algunos casos de competencia profesional: los boticarios de Barcelona protestaron varias veces contra los dominicos del convento de Santa Catalina porque expendían medicinas al público, lo cual decían que iba contra el decreto que dio Urbano VIII en 1637, que prohibía a los eclesiásticos ejercer artes venales y lucrativas en perjuicio de los seglares. Estos incidentes se repitieron en otras ciudades. Pero la queja más general se refería al afán de acaparar bienes raíces que aquejaba a muchas comunidades, con lo que aumentaba la propiedad amortizada y exenta, recayendo la carga adicional en los seglares. Por igual motivo se reprobaba la facilidad en conceder órdenes y la baja calidad moral de muchos de estos sacerdotes ordenados apresuradamente. La multitud de procesos por *solicitación* que hay en los archivos inquisitoriales demuestra también que no escaseaban los sacerdotes de costumbres depravadas, capaces de prostituir incluso el uso de los sacramentos. Las quejas por estos motivos eran numerosas. Ahora bien, hay que tener en cuenta que no procedían sólo de los laicos; no era la protesta de la sociedad civil contra la eclesiástica. Tanto en una como en otra se conocían los defectos, se trabajaba en remediarlos, y la condena de los abusos individuales no redundaba en desprestigio del estamento, que siguió siendo respetado hasta que llegaron vientos de allende las fronteras.

Número y procedencia del clero

El exceso de clero en la España de los Austrias ha sido uno de los tópicos más repetidos; sin negar que tuviera un fundamento real, dos investigadores recientes han reducido el fenómeno a sus justas proporciones: Felipe Ruiz Martín y Annie Molinié Bertrand [1]. Han contado para ello con un documento estadístico de valor excepcional: el censo de 1591, cuyo original se conserva en el archivo de Simancas [2]. No puede decirse que esté al abrigo de toda crítica, pero es uno de los más perfectos documentos de la época preestadística de España y aun de toda Europa. Gracias a dicho documento y a sus comentadores, podemos tener una idea muy aproximada del número y distribución del clero secular y regular de Castilla a fines del siglo XVI. A continuación damos los datos básicos y las conclusiones que de ellos se desprenden.

Los clérigos seculares eran 33.087, de los cuales unos 13.000 eran párrocos, y el resto beneficiados y ordenados de menores. Los religiosos eran 20.697, y las religiosas 20.369. Total, 74.153. Como la población de Castilla en aquella fecha podía estimarse en seis millones y medio de habitantes, la proporción de eclesiásticos de todas clases superaba poco el 1 por 100. Una proporción alta, pero no exagerada. ¿Cómo se explican entonces las universales quejas contra el exceso de clero? Creo que en la explicación entran múltiples factores; tres por lo menos. De una parte, en el siglo XVII, frente a un estancamiento, e incluso retroceso, de la población española [3], hubo un aumento de clero, y, por lógica correlación, de las aludidas lamentaciones, que procedían, en muchos casos, de personas eclesiásticas, como Fernández de Navarrete en su

[1] Felipe Ruiz en su extenso artículo *Demografía eclesiástica*, inserto en el «Diccionario de historia eclesiástica de España»; Molinié Bertrand en *Le clergé dans le Royaume de Castille à la fin du XVI siècle:* Revue d'histoire économique et sociale vol.51 n.1.

[2] Fue publicado por Tomás González en 1829 y ha servido de base a numerosos estudios, pero se trata de una edición incorrecta. Felipe Ruiz y Molinié Bertrand han trabajado sobre el original, mucho más completo, contenido en el A. G. de Simancas, Dirección General del Tesoro, leg.1.301, cuya publicación sería de gran utilidad.

[3] El problema de la evolución de la población española en el siglo XVII no puede ser estudiado aquí, aunque tiene una relación muy estrecha con el presente estudio. Por falta de documentación fiable, los pareceres son diversos. Mi convicción personal, basada en los numerosos datos dispersos que está aportando la investigación reciente, es que hubo un descenso demográfico desde fines del siglo XVI hasta la década de 1660, seguido de una recuperación, que llevó la cifra total de la población española en 1700 a un nivel análogo en 1600, aunque con un reparto diferente.

Conservación de monarquías. Los eclesiásticos seglares vivían acompañados de parientes y servidores que participaban de sus privilegios fiscales y de otros géneros, con perjuicio de los individuos del estado seglar. Finalmente (y creo que ésta es la razón esencial), los eclesiásticos estaban distribuidos de un modo tan irregular, que su acumulación en ciertos puntos daba una sensación de plétora.

Este fenómeno se advierte muy bien en la cartografía de Molinié Bertrand; en el clero secular, la repartición es más regular, pero los contrastes en el regular son acusadísimos a causa del carácter urbano de la mayoría de las órdenes religiosas. En sus mapas de conventos se aprecian densas concentraciones en el centro-sur de Castilla la Vieja, cuenca del Tajo medio, Rioja y Andalucía, y grandes claros en el Norte, Extremadura y la Mancha. Dentro de cada provincia, el contraste entre la capital y las grandes villas, de una parte, y las zonas rurales de otra, solía ser acusadísimo; a no mucha distancia de una Sevilla pletórica de clero, las tierras del Andévalo onubense requerían la presencia de misioneros para que sus habitantes aprendieran las verdades religiosas más elementales. No lejos de una Granada llena de iglesias y conventos, en la Alpujarra era grande la falta de sacerdotes, hasta el punto de que, según Bermúdez de Pedraza, sus habitantes «ignoran de tal modo lo necesario para su salvación, que apenas si quedan entre ellos algunos vestigios de la religión cristiana» [4].

La Corona de Castilla abarcaba las cuatro quintas partes del territorio español. Acerca del resto (país vasconavarro, Corona de Aragón, Canarias) no tenemos estadísticas de igual valor. Ruiz Martín supone que la proporción de clero no sería muy distinta en Castilla tomándolo en conjunto, aunque hubiese diferencias de unos países a otros: «Más (clero) en Vascongadas y Navarra; menos, probablemente, en la Corona de Aragón». Y, aplicando coeficientes análogos a los de Castilla, obtiene en 1591 para toda España 40.599 clérigos seculares, 25.445 religiosos y 25.041 religiosas.

La mayor proporción de clérigos en el País Vasco se deduce de noticias de seguro exageradas, pero con un fondo de verdad, acerca del elevado número de ordenados en el obispado de Calahorra, del que dependían Alava, Vizcaya y la porción occidental de Guipúzcoa (el resto pertenecía a la diócesis de Pamplona). La menor proporción de clero en la Corona de Aragón es discutible; a mediados del siglo XVIII era comparativamente más numeroso que el de Castilla [5]. El censo catalán de 1553 indica una cantidad elevada de eclesiásticos; las parroquias eran casi 2.000, mucho más que en toda Andalucía; Aragón, con cerca de 1.200, también tenía un clero secular numeroso. En el reino de Valencia no

---

[4] Texto, sin duda exagerado, de Bermúdez de Pedraza (*Historia eclesiástica de Granada* [Granada 1637] fol.95), exhumado por BRAUDEL, *La Méditerranée et le monde méditerranéen* I 31, 2.ª ed. (París 1966).
[5] 137.619 miembros del estado eclesiástico en Castilla y 42.399 en Aragón según la memoria redactada por Martín de Loynaz en 1747.

llegaban a 500, pero, en cambio, los conventos abundaban; en la capital desfilaron 852 frailes en la procesión de 1599.

Podemos, pues, aceptar como muy aproximada a la realidad la extrapolación que nos propone Ruiz Martín: casi 100.000 personas pertenecientes a los diversos niveles del estamento religioso cuando murió Felipe II. Un 1,2 por 100 de la población total; quizás un 2,5 a 3 por 100 agregando las personas que con ellas convivían: familiares de sacerdotes, sirvientas de monjas, etc. El volumen parece numéricamente pequeño; su influencia en la vida española era inmensamente mayor, según veremos.

Acerca de la evolución de estas cifras en el siglo XVII no podemos dar cifras globales por falta de estadísticas fiables; pero sí hay numerosos datos parciales que confirman lo que a través de las manifestaciones de los escritores y de la documentación coetánea podría sospecharse: hubo un incremento sustancial, puesto que, cuando volvemos a tener datos concretos, a medidados del XVIII, advertimos que los 90-100.000 de 1591 se han convertido en más de 160.000, y ese incremento no puede haberse producido sólo en la primera mitad de dicho siglo; como veremos más adelante, es en el XVII cuando, por variados motivos, se aceleró el ritmo de crecimiento.

Comparando estas cifras con las que hoy nos ofrece la Iglesia de España, advertimos diferencias profundas que revelan cuán hondo ha sido el cambio de estructuras. En 1970, las personas eclesiásticas eran en nuestra Patria 135.175; algo más que en el XVI, algo menos que en el XVIII. Muchísimo menos en términos relativos, puesto que no eran más que el 0,4 por 100 de la población total. Su distribución sectorial también ofrece cambios importantes, sobre todo en cuanto a la proporción de los dos sexos; el femenino representaba entonces poco más de la cuarta parte del total, y hoy más de la mitad.

Hay que tener presente la fuerza de la tradición y la prevención con que se miraba cualquier novedad para comprender por qué no se hizo ningún esfuerzo serio para distribuir mejor aquel inmenso ejército de 100.000 personas dedicadas al culto divino y la cura de almas, de forma que pudiera cumplir mejor sus fines. Todo lo que consiguió Felipe II con su gran autoridad y extraordinario celo fue ayudar a la reforma de algunas órdenes (como la de los *isidros*, agregada a los jerónimos) y crear algunas nuevas diócesis. Los monarcas del XVII no tuvieron el mismo interés o la misma energía, y continuaron los grandes contrastes en cuanto a la distribución de los recursos materiales y humanos de la Iglesia española. Pesaban sobre ella factores históricos antiquísimos, y otros de índole geográfica. Entre los primeros hay que contar la muy distinta organización de la sociedad medieval, con una ausencia casi total de ciudades y villas y una población eminentemente rural muy diseminada, para cuyo cuidado se necesitaban numerosas parroquias; ésta era la causa de que fueran en tanto número en todo el Norte: unas setecientas sólo en el obispado de Orense. En la repoblación de la cuenca del Duero se siguió el principio de la parroquia corta, con un pequeño número de feligreses, y, al crearse un núcleo urbano, cada barrio tuvo la suya. Nada menos que 22 llegó a tener Toro. En cambio, en la mitad sur de la Península se formaron pueblos grandes, muchos con una sola parroquia. En el Norte, muchas parroquias eran tan pequeñas y pobres, que no podían alimentar un párroco, y uno solo atendía varias, o bien era sustituido por un monje, caso muy frecuente en Galicia. En el Sur abundaban las parroquias ricas, en las que el titular era asistido por beneficiados, coadjutores y capellanes.

Desde el siglo XIII, la introducción de las órdenes mendicantes introdujo otro elemento de variedad; así como los monacales (benedictinos y cartujos sobre todo) se habían implantado sólidamente al norte del Tajo, las nuevas órdenes, sin desdeñar ninguna de las comarcas del suelo patrio, tuvieron como campo preferente las regiones meridionales. Su enorme expansión en el siglo XVI y comienzos del XVII fue moderada en aquellas zonas septentrionales donde había ya un clero secular numeroso, más fuerte en las zonas centrales, y fortísima en el Sur, donde todo se conjugaba en su favor: la insuficiencia del clero parroquial y el auge económico, cuyo centro se fue trasladando lentamente desde el Centro (eje Toledo-Valladolid-Burgos) hacia el Sur, donde Sevilla y la bahía gaditana, enriquecidas con el comercio de Indias, se constituyeron en los grandes polos de atracción. Simultáneamente, el incremento de las actividades comerciales y artesanales impulsaba el desarrollo de los centros urbanos; y estas nuevas fundaciones religiosas, que no partían de una inicial dotación de tierras, que dependían de la generosidad de los fieles, buscaban instintivamente estos centros de riqueza donde abundan las personas ricas y generosas.

Las grandes transformaciones que señalaron el paso de la Edad Media a la Moderna también se reflejaron en la distribución cuantitativa del clero de la Corona de Aragón. Frente a una Cataluña que, a partir de las guerras civiles del siglo XV, atravesó una etapa de prolongado marasmo, Valencia entró en los tiempos modernos plena de vitalidad, y aunque la expulsión de los moriscos en 1609 fue también un golpe muy duro para la Iglesia de aquel reino, antes de terminar aquel siglo ya era evidente la recuperación.

Si dispusiéramos de los elementos suficientes para realizar una representación cartográfica que visualizara el resultado de tan complejos factores, nos asombraría la enorme variedad y los fuertes contrastes del mapa eclesiástico hispano; a falta de esta tarea, quizás posible, aunque de ejecución muy laboriosa, daremos unos cuantos datos sueltos referidos a la época final de los Austrias, cuando las grandes transformaciones estaban ya cumplidas. Las ciudades del Cantábrico eran muy pequeñas: Gijón sólo tenía una parroquia para sus 400 vecinos. Oviedo, tres parroquias y siete conventos. Bilbao, cuatro parroquias y cinco conventos [6]. En cambio, al otro extremo de España, Málaga, ciudad mer-

---

[6] Hay que advertir que en Bilbao, como en otras ciudades norteñas, la resistencia a admitir nuevas casas religiosas fue muy fuerte (MERCEDES MAULEÓN, *La población de Bilbao en el siglo XVIII* p.154-55, Valladolid 1961).

cantil como Bilbao, tenía también sólo cuatro parroquias, pero 22 conventos. Había ciudades cuya función era esencialmente religiosa, puesto que los diezmos y otras rentas eclesiásticas constituían el renglón más nutrido de sus ingresos; el caso más patente, Santiago. También tenían este carácter algunas pequeñas ciudades episcopales, como Sigüenza, Calahorra, Albarracín, Astorga, Orihuela. Toledo, una vez que perdió casi del todo su rica artesanía y la mayor parte de sus nobles linajes y mayorazgos emigraron a la Corte, se convirtió también en una ciudad casi puramente episcopal; a mediados del XVII, con poco más de 20.000 habitantes, tenía, a más de una catedral que era un mundo, 27 parroquias y 39 conventos; no se podía dar un paso por sus estrechas callejas sin topar un establecimiento religioso. La ciudad vivía, sobre todo, del medio millón de ducados que ingresaban en concepto de diezmos y rentas, porque la mayor parte de las fincas rústicas y urbanas de la ciudad y de un amplio radio pertenecían a la Iglesia. Madrid no tuvo nunca muchas parroquias; en cambio, se llenó de edificios conventuales.

En las ciudades de la cuenca del Duero se advierte muy bien la razón inversa que existía entre parroquias y conventos; en Zamora, las parroquias eran 24; los conventos, 14; en Valladolid, las parroquias 16, y los conventos, 46. Medina del Campo tenía 14 parroquias, 9 conventos de religiosos y 6 de religiosas. Cuando estas ciudades sufrieron de lleno el impacto de la recesión económica a partir del último tercio del siglo XVI, la vida de estos establecimientos se hizo dificilísima. En cambio, en las regiones meridionales pudieron adaptarse mejor; pueblos grandes como Manzanares y Daimiel sólo tenían una parroquia. Ya hemos citado el caso de Málaga. Sevilla fue dotada de un elevado número de parroquias desde su fundación: 28, y este número no varió; para atender a las necesidades dimanadas del crecimiento de la urbe se crean con ritmo cada vez más acelerado conventos de ambos sexos, que superan el medio centenar, la mayoría de ellos densamente poblados. En las tierras orientales, Valencia superaba a Barcelona; había en ésta 9 parroquias y 34 conventos; en aquélla, las parroquias eran 14 y los conventos 48.

No hay que buscar diferencias de religiosidad en estos contrastes; las razones eran, sobre todo, económicas. Donde surge un foco de riqueza, se producen fundaciones de conventos, mientras la anquilosada organización eclesiástica se revelaba incapaz de acomodar la red parroquial a las nuevas situaciones. Llegaba una etapa depresiva, y los conventos reducían el número de moradores, pero muy rara vez se decide su abandono; hubiera sido un descrédito y, además, todos tenían cargas legales que cumplir. La misma razón económica explicaba la penuria de clero en ciertas zonas rurales muy pobres. Hemos citado antes algunas; citemos también el de las montañas de Santander, antes llamadas Asturias de Santillana; en 1603, el prior de Santo Domingo de Santillana llamaba la atención al rey sobre el abandono en que se encontraba aquella tierra, cuyos habitantes «tienen tan poca noticia de la fe, que casi tienen necesidad de ser catequizados. Viven sujetos a mil supersticiones, hechicerías y malas costumbres. En muchas leguas no hay predicadores ni confesores por no haber conventos». Relata que el anterior obispo de Burgos había enviado unos frailes dominicos, pero la pobreza de la tierra es tan grande, que no tienen de qué vivir, y ni siquiera han podido edificar celdas para los cinco o seis religiosos que allí residen. El confesor real Fr. Gaspar de Córdoba apoyó la petición con una razón de peso: puesto que el rey gastaba tanto en las misiones de Indias, debería atender a los que en estos reinos de España ignoran el Evangelio. Todo lo que obtuvieron fue un donativo de 400 ducados por una sola vez [7].

RECLUTAMIENTO DEL CLERO

Aunque figurase como estamento privilegiado, una diferencia esencial separaba al clero de la nobleza: en principio estaba abierto a todos, incluso en sus rangos más elevados, mientras el estamento nobiliario se basaba en la continuidad familiar, en los lazos de sangre. La realidad, como suele acaecer, no concordaba exactamente con la teoría; en los rangos de la nobleza se infiltraban plebeyos por variados métodos, y, en las filas del clero, los linajes ilustres tenían mayores facilidades para escalar los puestos elevados. Es un terreno aún no explorado de manera sistemática; por ello estamos reducidos a sondeos, impresiones globales y estudios de casos típicos. Cuando se avance en la cuantificación (hay fuentes para verificarla en amplia medida), veremos confirmado lo que ahora intuimos: que cada uno de los niveles de la jerarquía clerical tenía unas zonas de reclutamiento preferente y que, junto a la estratificación vertical por clases o grupos sociales, hay que tener muy en cuenta la horizontal, por comarcas o regiones de procedencia.

Las motivaciones eran variadas, muchas veces mezcladas, de difícil análisis; que influyó el factor económico es indudable, lo mismo en los más altos puestos que en los más modestos, pues si al hijo de un pobre labrador podía seducirle la idea de ser un párroco respetado o miembro de una poderosa comunidad, había en la Iglesia española cargos tan excelsos, que no eran indignos de hijos de reyes. Otras consideraciones, más sociales que económicas, empujaban también a muchas personas al sacerdocio o al claustro: segundones que tenían que desempeñar una capellanía o beneficio de propiedad familiar, hombres vencidos por la vida que buscaban un refugio tranquilo, hijas de buena familia sin dote, viudas respetables, o bien mujeres que habían sufrido borrascas sentimentales... Puede consignarse, como rasgo curioso, la costumbre de que las amigas ocasionales de los reyes, perdido el favor de sus regios amantes, se recluyeran en un convento. Casos excepcionales, porque nuestros reyes, al contrario que los franceses, fueron bastante morigerados, salvo Felipe IV, cuya vida fue una perpetua lucha entre su temperamento sensual y su sincera religiosidad.

---

[7] AGS, *Consejo y juntas de Hacienda*, leg.429 antiguo.

Ahora bien, concediendo a estos factores mundanos todo el peso que tienen, no puede olvidarse que muchos, quizás el mayor número, abrazaron la vida religiosa por vocación sincera, en una época de intensa fe, de un ambiente de piedad que lo penetraba todo y hacía posible que incluso los que parecían más escépticos y los pecadores más empedernidos pudieran sentir, en un momento dado, la llamada de la gracia y experimentar una transformación radical. Los ejemplos de conversiones súbitas eran frecuentes, y algunas, como las de San Ignacio y San Francisco de Borja, espectaculares. Quizás menos en el siglo XVII que en el anterior, por el evidente descenso del clima de exaltación mística, que produjo, como su fruto más brillante, la reforma de las antiguas órdenes religiosas y la creación de otras nuevas.

Este movimiento aún tenía mucha vitalidad en el reinado de Felipe III; después decae, y a partir de 1650 se registran pocas fundaciones nuevas. El paralelismo con la curva de la coyuntura económica es impresionante, pero no debe impulsarnos a sacar conclusiones desorbitadas; hay cierto paralelismo, pero no simultaneidad; las constantes materiales del pueblo español se debilitan a partir de las décadas finales del siglo XVI, mientras las espirituales conservan gran pujanza lo mismo en su vertiente religiosa que en la creatividad artística y literaria. ¿Por qué? Quizás porque un cambio en la coyuntura económica produce efectos inmediatos, mientras que un estado de espíritu perdura mientras viva la generación que se ha nutrido en su sistema de valores.

El incremento del clero regular fue más intenso por razones obvias; no tenía ningún límite, dependía de la iniciativa individual. En cambio, el clero secular tenía unas plantillas fijas, por decirlo así, y este rasgo es uno de los que separan con más nitidez a una Iglesia *oficial* muy burocratizada, con escalafones e ingresos fijos (fundamentalmente, los diezmos). El número de parroquias permaneció casi invariable, y hubo poquísimas variaciones en el personal adscrito a las catedrales y colegiatas. En el clero secular, el incremento se dio entre los beneficiados, capellanes, clérigos de órdenes menores y simples tonsurados, cuyas motivaciones solían ser de orden terrenal.

Tanto en uno como en otro clero se hacían informaciones *de vita et moribus* (vida y costumbres), incluyendo una sucinta genealogía que demostrara la legitimidad del pretendiente al sacerdocio, si bien el obstáculo de la ilegitimidad era fácilmente subsanable mediante dispensa y no significaba rémora apreciable para los ascensos, pues precisamente eran más frecuentes los casos en el alto clero, debido a la pésima costumbre de dedicar a la Iglesia aquellos hijos de nobles familias que no podían suceder en el mayorazgo, y había que *colocarlos* en lugar competente a su rango; así fue como llegaron al episcopado bastardos ilustres: San Juan de Ribera, hijo del duque de Alcalá; Fr. Alonso de Santo Tomás, obispo de Málaga, presunto hijo de Felipe IV; D. Juan de Palafox, hijo del marqués de Ariza, arzobispo de La Puebla de los Angeles y luego de Burgo de Osma; D. Enrique Pimentel, hijo del conde de Benavente, obispo de Cuenca y presidente del Consejo de Aragón, y tantos otros. El abuso llegó a tal extremo, que el papa Clemente X comunicó a la regente Mariana de Austria «que, teniendo escrúpulo en dispensar bastardías, sería muy del cristiano celo de V. M. que en adelante no proveyese estas dignidades en personas que tuviesen este defecto». Sin embargo, aún se hicieron, en los años finales del siglo, algunos otros nombramientos de esta clase [8].

La nobleza también se tenía en cuenta; no era condición necesaria, salvo para ingresar en algunas comunidades femeninas (comendadoras de las Ordenes Militares), pero sí se tenía en cuenta para ascender a los altos cargos. Por supuesto, nunca se derogó el principio canónico de la igualdad, y algunas personas de modestísimo origen ascendieron a los más altos cargos. Juan Bautista Pérez, hijo de un sastre valenciano, inició su carrera como familiar del arzobispo de Valencia; luego fue canónigo y bibliotecario de la iglesia toledana y murió siendo obispo de Segorbe en 1597; se le deben importantes escritos de crítica histórica. Un siglo más tarde encontramos a D. Manuel Ventura Figueroa, cuyo padre fue barbero-sangrador del hospital real de Santiago. Su nombre va unido a la negociación del concordato de 1753 y llegó, bajo Carlos III, a desempeñar la presidencia de Castilla. Pero hay que confesar que estos casos son raros. La nobleza, aunque fuera en su grado inferior de simple hidalguía, era un factor que valoraba mucho la Cámara de Castilla. Sin ella no era fácil la entrada en los colegios mayores, semilleros de altos cargos civiles y eclesiásticos [9]. En cuanto al bajo clero hay que hacer una distinción entre el clero patrimonial de las provincias nórdicas y el del resto de España. En aquél, la proporción de hidalgos era elevadísima, porque también lo era, en su mayor parte, la población de donde procedía. En el Centro y Sur, párrocos, beneficiados y capellanes procedían casi todos de las filas del tercer estado.

En el clero regular advertimos también en este punto notables diferencias; hubo órdenes monacales que preferían e incluso exigían nobleza a sus miembros; tal fue el caso de los monasterios benedictinos que integraban la congregación claustral de Tarragona. En las abadías de provisión real (Santander, Santillana, Roncesvalles, Covadonga...), que solían servir para premiar servicios cortesanos o completar salarios insuficientes, el abad era, casi siempre, un noble absentista. De antiguo abolengo y afincada en la mitad norte de España, no es de extrañar que la orden benedictina acogiera un gran número de nobles, algunos de alta alcurnia; no todos olvidaban en el claustro los privilegios de su nacimiento; Fr. Agustín de Castro, hijo del conde de Lemos, embajador en Roma, virrey de Nápoles y Sicilia, tras enviudar ingresó en el monasterio de Sahagún (1629). Pronto surgieron cuestiones con el general, que,

[8] Como el de D. Antonio Folc de Cardona, hijo natural del almirante de Aragón, que en 1710 era arzobispo de Valencia y se pasó al bando del archiduque Carlos de Austria.

[9] Sin embargo, mientras los colegios mayores eran intransigentes en cuanto a las pruebas de limpieza de sangre, tenían mayor flexibilidad en lo referente a la nobleza, aun cuando en este punto había notables diferencias de criterio: mientras en los aristocráticos colegios de Salamanca pocos plebeyos hallaban cabida, eran numerosos en el de San Ildefonso, de Alcalá, según los estudios, aún inéditos, de Dámaso de Lario.

decía, no le guardaba ciertas prerrogativas; quiso ir a Roma a reclamar, pero el rey no le concedió permiso. También acogió mucha nobleza la Compañía de Jesús; concretamente, del siglo XVII pueden citarse, entre otros muchos personajes, a dos hijos de los condes de Benavente, a Diego González de Mendoza, nieto de los duques del Infantado, y a D. Luis de la Cerda, nieto del duque de Medinaceli.

Pero incluso las órdenes mendicantes atrajeron un contingente no despreciable de hidalgos y aun de títulos de España. No pocos llevaron una vida humilde y recogida; sirva de ejemplo Fr. Laureano de Sevilla, capuchino como sus tíos Gaspar y Luis. En el siglo llamóse D. Gabriel de Herrera, y en compañía de su padre formó parte del séquito del gran duque de Alba y le siguió a Italia, Alemania y Flandes. De regreso a Sevilla llevó una vida disipada, compuso comedias y versos profanos. Después, tocado de la gracia, renunció a todos los bienes temporales, vistió el hábito de capuchino y murió en la peste de 1649 atendiendo en el hospital de Antequera a las víctimas del terrible mal. Uno de los primeros capuchinos españoles fue Fr. José de Barcelona (Rocaberti en el siglo), hijo de los marqueses de Aitona, predicador popular. Murió en 1584. Entre los muchos que vistieron el hábito franciscano se cuenta don Pedro González de Mendoza, hijo de los duques de Pastrana. Realizó una brillante carrera eclesiástica y murió siendo obispo de Sigüenza en 1639. También hubo representantes de la alta nobleza en la Orden de Predicadores y, en menor proporción, en otras.

La impresión general que obtenemos (a falta de una cuantificación que no se ha efectuado) es que el estamento nobiliario estaba ampliamente representado en el clero hispano, si bien con notables contrastes regionales y sectoriales. En el clero secular, quizás por las mayores posibilidades de enriquecimiento, había un evidente paralelismo entre la alcurnia y la categoría de los puestos; en vano buscaríamos un miembro de una estirpe esclarecida sirviendo una parroquia rural; sí los hubo, en cambio, que vistieron el tosco sayal, lo que parece hablar en favor de una mayor autenticidad vocacional en el clero regular, con todas las excepciones que quieran hacerse.

Para estudiar más a fondo el reclutamiento de los religiosos sería de interés el estudio de las informaciones previas a su admisión; en ellas se revelan también algunas preocupaciones que hoy consideramos poco evangélicas, en cuanto discriminatorias de ciertas razas y profesiones. Hacia 1700, a los testigos examinados para informar acerca de los pretendientes al hábito del Carmelo (orden que no tenía pretensiones aristocráticas) se les preguntaba si el postulante era cristiano viejo, sin raza de judío, moro, gitano ni penitenciado por el Santo Oficio «ni por otro Tribunal..., ni ha usado oficios bajos y ruines, por cuya causa a la religión le pueda venir afrenta y desdoro» [10]. Se tomaban parecidas precauciones contra la entrada de elementos socialmente descalificados en todas las órdenes.

---

[10] Biblioteca Universitaria de Sevilla, *Varios*, 332-143.

Es indispensable hacer referencia a otro criterio de selección: el basado en los antecedentes sociorraciales y religiosos del pretendiente y su estirpe, lo que en el lenguaje de la época se llamaba *limpieza de sangre* [11]. El problema se planteaba, ante todo, frente a los descendientes de judíos conversos, muchos de ellos con fuerte vocación religiosa. En cuanto a los conversos de ascendencia mahometana (moriscos), muy apegados a creencias ancestrales, poquísimos intentaron acceder a los rangos del clero católico. Hubo excepciones, como el jesuita P. Albotodo, que en el Albaicín granadino llevó a cabo una tarea no muy fructuosa de catequización de sus hermanos de raza; pero este caso aparece muy aislado. Un tercer género de discriminados era el de los descendientes, dentro del cuarto grado, de penitenciados por la Inquisición. Aquí nos referiremos sólo, y con mucha brevedad, a los judeoconversos, auténticos protagonistas de aquel drama que sacudió tantas conciencias españolas.

Vayan por delante dos afirmaciones que ayudan a situar la cuestión en sus verdaderos términos; la primera, que ni las leyes civiles ni las eclesiásticas discriminaron con carácter general a las personas de sangre no limpia; su segregación se hizo en virtud de ordenanzas o reglamentos llamados *estatutos de limpieza de sangre*, acordados por corporaciones singulares (aunque necesitados de aprobación superior, regia o pontificia) y que sólo dentro de ellas tenían vigencia. La segunda, que se trató de un fenómeno exclusivamente español, que en el resto de Europa, incluso en Roma, suscitó asombro, extrañeza y, no pocas veces, indignación. Reyes y pontífices *transigieron,* no dirigieron este hecho tan singular, nacido de unos condicionamientos mentales y sociales específicos.

Los estatutos de limpieza de sangre nacieron a mediados del siglo XV, cuando las tensiones sociorreligiosas llegaron al paroxismo. El primer estatuto civil excluyendo a los conversos de los cargos municipales se dio en Toledo, ciudad donde eran numerosos y odiados. Antes de terminar aquel siglo se había dictado ya el del colegio de San Bartolomé de Salamanca y el de la orden de los jerónimos. En el siglo XVI, el movimiento se amplificó enormemente, extendiéndose a otras órdenes religiosas, las Ordenes Militares, la Inquisición y otros muchos organismos, incluso humildes gremios de menestrales. Concretándonos a los de carácter clerical, es importante señalar el papel que jugaron los cabildos de dos ciudades en las que los judeoconversos ejercieron mucha influencia, y provocaron por ello mucho rechazo: Sevilla y Toledo. El estatuto de la catedral de Sevilla fue más antiguo, pues se promulgó

[11] La literatura sobre conversos, limpieza de sangre y estatutos ha proliferado enormemente en los últimos treinta años; gracias a ello se conoce ya bastante bien, al menos en sus líneas generales, un proceso histórico interesantísimo sobre el que había caído una espesa capa de olvido. Acaso se haya ido demasiado lejos en algunos casos; la lucha entre cristianos nuevos y viejos no fue el eje de nuestra historia, pero sí un episodio importante de ella. Concretamente sobre los estatutos de limpieza me limitaré a señalar, como la obra más completa, la de Albert Sicroff, *La controverse des statuts de «pureté de sang» en Espagne* (París 1960), y en plan más elemental, *Los judeoconversos en España y América,* de A. Domínguez Ortiz (Madrid 1971).

en 1515, pero el de Toledo fue el que produjo más sensación; cuando, después de hallar gran oposición, Paulo IV (en 1555) y Felipe II (en 1556) lo ratificaron, todos comprendieron que la lucha contra los estatutos era una causa perdida. En adelante no se les atacó de frente; se intentó limitarlos, mitigarlos y, sobre todo, eludirlos con falsas informaciones y con cambios de la identidad legal del pretendiente. La picaresca desplegó en este campo fértiles recursos.

Una mitad, aproximadamente, de las iglesias catedrales de España adoptaron estatutos; para tener en ellas no sólo canonicatos, sino beneficios o capellanías, debían hacer información de limpieza de sus antepasados por lo menos durante cuatro generaciones.

En cambio, el nombramiento de obispos nunca estuvo sujeto a tal cortapisa, inconsecuencia que no dejaron de poner de relieve los adversarios de los estatutos. La contradicción era más aparente que real; la Cámara de Castilla, al presentar las ternas al rey, tenía muy en cuenta la calidad de limpieza, aunque de ordinario no la mencionara.

En el clero regular también los pasos decisivos se dieron en el siglo XVI; la centuria siguiente más bien confirmó lo que había hecho la anterior. El ejemplo de los jerónimos fue seguido, de manera incompleta y vacilante, por otras órdenes; algunas nunca llegaron a promulgarlo; en otras parece que hubo estatutos locales, no generales. El ejemplo más notable de la evolución de los espíritus y de la intensidad con que se ejercía la presión social es el de la Compañía de Jesús. Consta que su fundador consideró antievangélicas tales discriminaciones; de hecho, la ascendencia conversa de su sucesor en el generalato, Laínez, no era un misterio para nadie. Pero aquello iba ya tan a contra corriente, que la candidatura del P. Polanco como sucesor de San Francisco de Borja tuvo que ser descartada, a pesar de haber sido confidente íntimo del fundador. El término de la evolución se alcanzó cuando en 1593 la quinta Congregación General, pretextando que los conversos causaban inquietudes con protestas y memoriales, prohibió su admisión.

Estas trabas no impidieron que buen número de *cristianos nuevos* ingresaran en las filas del clero y algunos de ellos, como Fr. Luis de León, San Juan de Avila y Santa Teresa, fueran sus más brillantes ornatos, porque, repetimos, los estatutos de exclusión nunca tuvieron ámbito general; tampoco se ponía muchas veces gran celo en aquilatar la pureza de las informaciones. Por lo pronto, el clero patrimonial estaba exento de tales trabas, puesto que la presentación de los candidatos pertenecía a los dueños de los patronatos. De otra parte, habría que saber si en los seminarios se hicieron informaciones de esta clase. Este punto no está aún investigado.

El estudio de los seminarios conciliares pertenece, más bien, a la formación que al reclutamiento del clero. Los Padres de Trento recomendaron su formación porque no les satisfacía el género de instrucción que los futuros sacerdotes recibían en las escuelas de gramática y en las universidades, en un ambiente profano y disoluto. En otro orden de cosas, no puede negarse que fue una medida que ahondaba la sima entre la Iglesia y el mundo, entre el saber eclesiástico y el profano. Sin embargo, las resistencias que encontró en España la creación de seminarios se debió a consideraciones de índole más prosaica; su fundación y sostenimiento requerían cuantiosas rentas, y pocos fueron los prelados y los cabildos celosos dispuestos a desprenderse de ellas; en total, 17 seminarios fueron fundados en la segunda mitad del siglo XVI y sólo nueve en el XVII, lo que quiere decir que, al llegar el XVIII, la mayoría de las diócesis carecían de ellos.

El problema se planteaba de forma totalmente distinta para las órdenes religiosas; aunque algunas de ellas tuvieran interés en ocupar, por motivos de prestigio, cátedras universitarias, que eran palenques en los que se defendían las opiniones teológicas de la orden, solían formar su personal en centros propios, en estudios conventuales, algunos de los cuales, como Santo Tomás de Sevilla, Almagro e Irache, alcanzaron rango universitario. De esta forma lograban, al par que notoriedad, una formación (algo cerrada y partidista, hay que confesarlo) más específica que el clero secular.

Hubo épocas en las que los regulares no escrupulizaron mucho en cuanto al origen y formación de los candidatos. Había órdenes poco populares (p.ej., los basilios) que no podían seleccionar; habían de conformarse con lo que les llegara. Hasta comienzos del XVII, las órdenes nuevas o reformadas, ansiosas por multiplicar sus fundaciones, hacían competencia a las antiguas. Después intervino otro factor: la dureza de los tiempos, las levas y quintas, tan repetidas en los decenios centrales de aquel siglo, hicieron que muchos sin auténtica vocación y sin la más mínima formación buscaran asilo en los claustros. Pero las órdenes, en virtud de su jerarquía interna, evitaron o disminuyeron el peligro de degradación inherente a tales situaciones, reservando los mejor dispuestos al sacerdocio y relegando a los otros a las tareas subalternas en calidad de legos o donados.

En el clero secular, el peligro de un descenso de nivel por admisión indiscriminada era más real, y lo aumentó la facilidad con que muchos prelados conferían órdenes sin las debidas garantías; algunos tenían a grandeza patrocinar enormes promociones; hasta 400 y 600 ordenaciones en ceremonias extenuantes que duraban un día entero. Y si el prelado era riguroso, quedaba a los candidatos mal preparados el recurso de esperar una sede vacante, buscar un obispo más tolerante, y hasta se dio el caso de algún extranjero itinerante que hiciera granjería de tan sagrado ministerio [12]. Hechos de esta clase, tolerancias tan dañosas, explican estas palabras de las constituciones sinodales de Sevilla: «Hácese muchas veces colación de capellanías a muchachos o personas inhábiles; como tienen obligación de rezar las horas canónicas, faltan en lo que deben», y ordenaban no se diera la primera tonsura a quien no supiera siquiera unos rudimentos de latín [13].

---

[12] Véanse los tres primeros apéndices de mi citada obra *El estamento eclesiástico* («La Sociedad española en el siglo XVII», vol.2).
[13] Constituciones sinodales de 1604, l.2 c.3.

La jerarquía eclesiástica

El estamento eclesiástico era de sólida estructura jerárquica por su propia constitución. Ahora bien, como en el caso de la jerarquía nobiliaria, y por las propias causas, los motivos extracanónicos, más concretamente, los diferentes niveles de ingresos, se añadían y superponían, dando lugar a una situación híbrida, muy propia de aquellos siglos modernos, en los que los conceptos medievales en los que se asentaba la jerarquía aparecían profundamente alterados por la invasión de la economía dineraria, precapitalista. Era inútil que la teoría prescindiese del factor monetario; éste se infiltraba por todos los resquicios del viejo edificio estamental, ahondaba las diferencias, alteraba la escala de valores, y hacía que se considerase más apetecible una buena parroquia que un pobre canonicato, y mucho más ser deán de Toledo que prelado de Ceuta o Almería. Por eso, en teoría es muy fácil trazar el esquema jerárquico. Ante todo, tenemos la distinción fundamental entre el eclesiástico y el laico; luego, dentro de los rangos de la Iglesia, clero secular y clero regular, y en el primero, unos escalones jerárquicos bien definidos.

Frente a la simplicidad de esta construcción ideal, heredada de la Edad Media, en los tiempos modernos tenemos unas situaciones más complejas, separadas por límites con frecuencia borrosos. Técnicamente, el simple tonsurado era un miembro del clero; sin embargo, ateniéndonos a la realidad, ¿debemos considerar clérigos al infante D. Fernando, hermano de Felipe IV, arzobispo de Toledo sólo a efectos de percepción de sus rentas, valeroso militar, gobernador de Flandes; a D. Juan José de Austria, bastardo regio, político intrigante, acumulador de prebendas; al conde-duque de Olivares, canónigo de Sevilla, y, en plano más modesto, a tantos titulares de beneficios simples, que sólo se acordaban de su calidad de clérigos para cobrar las rentas de una capellanía o sacristía y ampararse en el fuero eclesiástico?

¿Debemos considerar como parte del clero a los caballeros de las Ordenes Militares? En teoría, sí, eran monjes sujetos a la regla del Cister; y, como recuerdo de su origen monacal, un corto número de *freires* seguían haciendo vida conventual; pero la masa de los caballeros veía en el hábito sólo una prestigiosa recompensa debida al favor, a sus servicios o al dinero y una posibilidad de obtener alguna encomienda. El comendador tenía ciertos deberes hacia sus vasallos, también en el terreno religioso; pero cumplía con ellos costeando, con las rentas de la encomienda, algún clérigo que por una modesta pitanza se encargaba de la cura de almas. En cuanto al simple caballero, su primitivo carácter monacal se había convertido en una caricatura; el voto de pobreza se había conmutado en la mera formalidad de entregar un inventario de los bienes que poseía; y el voto de castidad se redujo a observar la fidelidad conyugal..., que, naturalmente, no era una obligación específica de los caballeros, sino de todos los fieles cristianos. En algunos aspectos puede afirmarse que los caballeros estaban, constitucionalmente, más lejos del ideal de perfección evangélica que el simple seglar, pues sus reglas les obligaban a no rehusar el duelo si estaba en juego su honor. Sin embargo, a pesar de esta desnaturalización completa de sus primitivos fines, los bienes de las Ordenes Militares siguieron siendo considerados como eclesiásticos hasta las postrimerías del Antiguo Régimen.

Habría otras fronteras mal definidas: beatas, terciarios, ermitaños y santeros, sin formar parte del clero, imitaban algunos de sus comportamientos externos. Y el límite entre el clero regular y el secular presentaba algunas zonas dudosas; es verdad que en los tiempos modernos desaparecieron los canónigos regulares que hubo en algunas catedrales; pero surgieron clérigos regulares que rechazaban el apelativo de *frailes*.

EL CLERO SECULAR. LOS OBISPOS

Hechas estas salvedades, bosquejaremos una sucinta tipología del clero secular español en el siglo XVII. Los prelados formaban su rango más elevado. Ya hemos dicho anteriormente cuán sólido fue el control real sobre el episcopado. El mapa eclesiástico de España fue configurado definitivamente por Felipe II gracias a las nuevas creaciones de diócesis: Orihuela, Jaca, Barbastro, Teruel, Solsona y Valladolid. En adelante, las variaciones serían insignificantes hasta el concordato de 1851. No remediaban aquellas creaciones las enormes diferencias de tamaño y riqueza entre unas diócesis y otras; las había de pocas leguas de circunferencia, y otras de extensísimo ámbito, que hacían imposibles las visitas pastorales y la vigilancia directa del pastor. El caso más notorio era el de la sede toledana, que incluía no sólo la mayor parte de Castilla la Nueva, sino territorios en Extremadura y Jaén. Pero también tenían otras desmesurada extensión: la de Sevilla incluía la actual provincia de Huelva, la mitad norte de Cádiz y un trozo de Málaga. La de Burgos fue una preocupación constante de los monarcas, porque sus prelados apenas se ocupaban de lo que ocurría al norte de las montañas de Cantabria; sin embargo, se aferraban tenazmente a su posesión, y sólo reinando Fernando VI se consiguió crear el obispado de Santander.

Sabido es que la Iglesia española era muy rica y que el renglón principal de sus ingresos lo constituía el diezmo de los productos de la agricultura y la ganadería; el producto bruto, lo que significaría, según los años, entre la tercera y la quinta parte del beneficio neto. Una proporción enorme de la renta nacional en una época en la que la industria y los servicios tenían mucha menor entidad que hoy. El reparto de los diezmos presentaba infinitas modalidades, siendo casi la única nota común la desigualdad y la injusticia en su repartición. Casi en todas partes, el obispo y el cabildo se llevaban la parte del león: un tercio del total cada uno, sacados previamente los dos novenos de las *tercias reales*, casi todas enajenadas a partícipes eclesiásticos o laicos. A más del diezmo, los obispos tenían algunos otros ingresos de menor cuantía: fincas, los derechos señoriales de los pocos pueblos que se salvaron de la desamortización de Felipe II, derechos de sello y visitas, etc.

Ya estuvieran arrendados, ya se llevaran en administración, el valor de los diezmos estaba sujeto a grandes fluctuaciones, según la coyuntura agrícola; no sólo variaba mucho la cantidad del grano que ingresaba, sino su precio de venta; es verdad que los prelados solían ajustarse mejor a la tasa oficial que los seglares, pero hay abundantes pruebas de que también la transgredían con frecuencia. Por eso, la Cámara, al computar los *valores de mitras,* solía tomar la media de un quinquenio.

Gracias al interés de la Cámara por conocer estos valores, tenemos hoy series bastante completas [1]. Motivación fundamental de aquel interés era el privilegio concedido por los papas a la Corona de cargar sobre el producto de las mitras un tercio o un cuarto del total para remunerar a personas virtuosas y meritorias a los ojos del rey; en algunas ocasiones, los apuros de la Monarquía le obligaron a tomar buena parte de estas rentas para atender a sus propias necesidades. Utilizando las fuentes oficiales, podrían clasificarse las mitras españolas en riquísimas, ricas, medianas y pobres. A la primera categoría pertenecía Toledo, que en el siglo XVII casi ningún año bajó de 200.000 ducados y alguno se aproximó a los 300.000, cantidad realmente fantástica [2]. Sevilla sobrepasaba los 100.000. Santiago, Granada y Valencia alcanzaban o sobrepasaban los 50.000. Ricas (entre 20 y 50.000 ducados de ingresos) eran Burgos, Cartagena, Córdoba, Cuenca, Jaén, Málaga, Plasencia, Tarragona y algunas otras en años buenos. Las demás tenían ingresos medianos, y las que bajaban de 6 ó 7.000 ducados podían considerarse francamente pobres: Mondoñedo, Tuy, Albarracín... El rey no les cargaba a éstas pensión alguna.

A pesar de las dificultades canónicas tendentes a evitar el traslado de unas sedes a otras, era inevitable que estas grandes diferencias crearan una especie de *cursus honorum,* en virtud del cual sólo algunos grandes señores ingresaban directamente en las sedes de primera categoría; los demás solían comenzar por una de escasa importancia, y conforme acumulaban años y méritos ascendían a otras de superior categoría. En este sentido, una carrera típica fue la de D. Diego de Arce Reinoso; hijo de un hidalgo extremeño, alternó (cosa entonces frecuente) los empleos civiles con los eclesiásticos; su etapa de catedrático de derecho civil en Salamanca fue breve: no se consideraba la cátedra como situa-

---

[1] Han trabajado recientemente sobre valores de mitras Cloulas, H. Christian y Escandell, y prepara un trabajo sobre su importe en el reinado de Felipe II D. Ramón Carande. Luis Fernández publicó un estudio sobre las pensiones en favor de extranjeros en «Hispania» n.128. Véanse también los dos artículos de A. DOMÍNGUEZ ORTIZ, *Las rentas episcopales de la Corona de Aragón en el siglo XVIII,* incluida en un volumen misceláneo (Ariel, 1974), y *Las rentas de los prelados de Castilla en el siglo XVII:* Anuario de Historia Económica y Social III (1970).

La bibliografía sobre diezmos aumenta con rapidez, dentro y fuera de España, por el interés que su estudio tiene para los historiadores de la economía.

[2] A mediados del siglo XVII, el poder adquisitivo de un ducado equivalía, aproximadamente, al de mil pesetas de 1978.

ción permanente, sino como una manera de acumular méritos, un escalón previo y mal pagado que abría la puerta a más altos cargos. Sucesivamente fue oidor en Granada, regente de la audiencia de Sevilla y consejero de Castilla. Su tránsito a la carrera eclesiástica comenzó a un nivel muy bajo: el pobrísimo obispado de Tuy, donde prescindió de litera y lacayos y efectuó las visitas pastorales a lomos de una mula. De aquella sede ascendió a la mucho mejor remunerada de Avila, y poco después a la muy rica de Plasencia. La caída de Olivares (1643), con quien había tenido choques, le proporcionó el puesto de inquisidor general; por escrúpulo de conciencia renunció entonces el obispado, que no podía atender como era debido, hecho poco frecuente, pues la acumulación de altos cargos era un rasgo típico de aquella época y de todas las épocas [3].

Los frecuentes traslados eran una consecuencia inevitable de las grandes diferencias de categoría entre los obispados. Tan injusto parecía que un joven comenzara su carrera como titular de un importante arzobispado como dejar arrinconado toda su vida en una mitra de ínfima categoría a una persona de relevantes prendas. Contra los traslados militaban dos razones: una religiosa: el prelado se consideraba esposo místico de su Iglesia, y no debía repudiarla; por extraño que parezca, esta simbología tuvo entonces mucho peso argumental. El otro motivo era más prosaico: el mucho dinero, en buenos reales de plata, que costaban en Roma las bulas episcopales. En varias ocasiones (1656, 1689), el monarca recordó a los consejos de Castilla y Aragón la conveniencia de reducir los traslados al mínimo; pero la realidad se imponía, y, por otra parte, las promociones eran para la Corona un medio de premiar o castigar, un instrumento para reforzar su autoridad sobre el episcopado. Hasta el fin del Antiguo Régimen siguió habiendo muchas *corridas de escalas*, en detrimento de las iglesias más pobres, que, como dijo el P. Flórez de la de Orense, parecían «seminarios de obispos por lo poco que duraban».

Las diócesis importantes también estaban con frecuencia huérfanas de pastor a causa de estar ocupadas por personajes demasiado importantes. La de Sevilla fue una de las más castigadas en este aspecto; los daños de la falta de residencia eran muchos; entre ellos, la relajación de la disciplina y la disminución de las limosnas. Tan importante era este último aspecto, que en 1596 Valladolid adelantó los 9.000 ducados que costaban las bulas del nuevo obispo, «por la gran falta que hace, pues por no haberse prestado trigo a los labradores, como ellos lo suelen hacer, se ha dejado de sembrar la mitad de lo que se solía en toda Castilla la Vieja» [4]. Y es que el concepto *limosna* era muy amplio; no sólo abarcaba las que se repartían a la puerta del palacio episcopal; también era una obligación moral para el prelado atender a los pobres *vergonzantes*, a quienes el pudor prohibía publicar su necesidad; ayudar a los labra-

---

[3] Sobre la vida de este personaje tenemos una buena biografía: la *Vida y heroicos hechos... de D. Diego de Arce Reinoso*, de JUAN M. GIRALDO (Madrid 1695).
[4] AHN, *Consejos*, leg.1.414-109.

dores (pues, al fin y al cabo, si no sembraban, la Iglesia no percibía diezmos). Y en caso de calamidad pública, como hambre o peste, los obispos debían sobrepasar en generosidad a las autoridades civiles, ya que era doctrina común y admitida que los bienes de la Iglesia, sacadas las cargas imprescindibles, eran propiedad de los pobres.

Estas obligaciones no se cumplían, o se cumplían mal, en las sedes vacantes, y también durante las ausencias prolongadas del prelado. En términos generales, puede decirse que el absentismo no era frecuente; abandonar su diócesis sin causa justificada se consideraba falta grave tanto en Madrid como en Roma. Lo cual no quiere decir que todos los obispos fueran ejemplares; los hubo mundanos, soberbios, pleitistas, codiciosos. Quizás la historiografía coetánea tendió a ponderar los casos edificantes: el de un F. Simón Bauzó, obispo de Mallorca, que por dos veces vendió su vajilla para socorrer a sus diocesanos; el de Ambrosio Espínola, cardenal- arzobispo de Sevilla, que en el año 1679, «el año del hambre» (hubo muchos años de esta clase en aquel siglo), repartió hasta 14.000 hogazas diarias de pan.

Puede asegurarse, no obstante, que el episcopado español, comparado con el de otras naciones de la cristiandad (p.ej., con el francés, acaparado por la aristocracia), quedaba en buen lugar. Los obispos solían ser populares; lo prueba la frecuencia con que el pueblo acudía a ellos en sus calamidades, quejas y disturbios. Las cargas que pesaban sobre ellos explican también que, a pesar de sus cuantiosos ingresos, no pocas veces se hallaran en dificultades. El rey se llevaba una buena parte de sus rentas, y los pobres otra gran porción. La Curia romana exigía su participación, y sobre todo ello estaba la obligación, impuesta por las costumbres de la época, de mantener un tren de vida fastuoso: un gran palacio, residencias secundarias, caballerizas, servidumbre y personal administrativo: un mayordomo, un contador, un limosnero, un maestro de pajes. Más los cargos eclesiásticos: provisor, visitador, fiscal, letrado de cámara, escribanos. Aunque su comida fuera sobria, hubiera chocado que no brillara la plata en su mesa, a la que era costumbre invitar a las personalidades que llegaban a la ciudad.

A no pocos se les acusó de nepotismo, pues los parientes, aun lejanos, del preconizado esperaban sacar beneficios de esta feliz circunstancia. Aunque no cayera en este vicio, una tradición obligaba a los prelados, al menos a los de las sedes más ricas, a hospedar, en calidad de pajes, a segundones y a hijos de caballeros pobres. «No hay casa en el reino —se dice en un escrito de hacia 1600— donde con honra se puedan acoger, criar y remediar los hijos de caballeros si no es en la casa del arzobispo de Toledo, que, teniendo el estado que tiene, todos los caballeros y aun señores de título se tienen por muy honrados de que tenga a sus hijos en su casa» [5].

Una de las ventajas que se atribuía a los prelados de origen regular era el ser de más ajustada vida y tener menos compromisos temporales;

[5] Academia de la Historia, *Papeles de Jesuitas*, t.89 n.22.

pero esta regla tenía muchas excepciones. Además estuvieron siempre en minoría; durante el siglo XVIII hubo en la Corona de Castilla 200 prelados salidos de las filas del clero secular, frente a sólo 85 del regular.

Cercados por tantas asechanzas, no es de extrañar que una parte del episcopado llevara una vida menos evangélica, como aquel arzobispo de Burgos cuya muerte en 1655 provocó un conflicto entre las autoridades romanas y españolas, ganosas de apropiarse los enormes tesoros que dejó; al fin, la Curia se conformó con 100.000 ducados, y todo lo demás fue para el rey. Pero fueron muchos más los prelados que cumplieron sus deberes y aun hallaron recursos para costear obras de arte y, en algunos casos, ejercer un fructífero mecenazgo. Karl Justi, en su clásica biografía de Velázquez, recuerda al arzobispo D. Rodrigo Castro y los personajes que se movían en su entorno: el poeta Rodrigo Caro, el músico Guerrero, el pintor Pablo de Céspedes... Las cuantiosas rentas de la sede hispalense permitían tales generosidades; mas, descendiendo hacia otras de inferior categoría, ¿cuántas pequeñas ciudades (Coria, Tuy, Osma, Seo de Urgel...) debían su modesta prosperidad a la presencia de un obispo?

De un obispo y de un cabildo, que también era, desde el punto de vista temporal, una agrupación de perceptores de rentas, y desde el espiritual, un núcleo de personas cultas, formadas con frecuencia no sólo en las ciencias sagradas. En conjunto, el medio centenar de sedes episcopales hispanas representaban uno de los aspectos más eficaces del predominio urbano en una época en que las ciudades apenas tenían importancia industrial. Centros comerciales y centros de poder, aquellas ciudades eran, sobre todo, concentraciones de perceptores de rentas, y aunque, en general, de muy pequeño tamaño comparadas con los monstruos urbanos de nuestros días, tenían una importancia desproporcionada con las modestas cifras de su demografía. Rodeada de murallas, armada de poderes decisorios, tutelar una veces, sobre todo cuando en épocas de catástrofe acogía a los desvalidos de sus contornos; respetada, temida y hasta odiada de ordinario por su duro predominio, la presencia de autoridades eclesiásticas y civiles es factor decisivo en la explicación de por qué, en una España en un 80 por 100 rural, el poder estaba concentrado en las ciudades.

Dentro de los cabildos había también una rigurosa jerarquía y unas diferencias amplísimas entre sus distintos niveles. El deán era el jefe y juez ordinario del cabildo, guardaba su sello y conocía de las causas entre canónigos y racioneros. Las dignidades ordinarias eran el chantre, especie de maestro de ceremonias; el tesorero, que, acompañado del secretario, custodiaba la alhajas, vasos sagrados, libros de coro y otras infinitas riquezas, menos amenazadas entonces que hoy; los arcedianos, que gozaban de gran independencia y cuyos títulos solían ser recuerdo de antiquísimas situaciones, y el maestrescuela, que, a pesar de su nombre, no enseñaba directamente; se limitaba a buscar un maestro que adoctrinase a los clérigos que estaban al servicio de la catedral. Entre las

canonjías, las había ordinarias y de oficio: magistral, lectoral, penitenciario y doctoral. Por lo común, el nombramiento de los canónigos se lo
repartían entre el papa, que proveía las vacantes durante los ocho meses
llamados *apostólicos*, y el obispo, al que incumbía la nominación de las
ocurridas en los otros cuatro meses. Este régimen estuvo en vigor hasta
el concordato de 1753, en virtud del cual el rey se sustituyó (con ciertas
excepciones) al papa: pero antes de dicha fecha también proveía el rey
los canonicatos de las catedrales y colegiatas de patronato real, que eran
muchas. Grados inferiores del cabildo eran los racioneros y medios racioneros; podría discutirse si formaban parte de él los capellanes, que
tenían a su cargo las misas de las fundaciones. Y fuera del cabildo, pero
a su servicio, estaban los músicos y ministros subalternos. En la *Descripción de Toledo,* de Luis Hurtado, se enumera un número increíble de
éstos: tenía plateros, bordador, organistas, encuadernador, relojero, do-
rador, perrero, vidriero, encendedor de velas, etc. Añadiendo los músicos, eran más de 500 las personas que vivían de las rentas catedralicias,
desde las 14 dignidades y 60 canonjías que proporcionaban una existencia opulenta hasta los porteros y barrenderos.

Evidentemente, el caso de Toledo era excepcional; pero en el conjunto de España había más de 1.500 dignidades y canonjías, sin los beneficios menores, y más de cien iglesias abadías y colegiales, con unas
3.000 prebendas. En total, una parte influyente y numerosa del clero,
con las consabidas desigualdades de una iglesia a otra y dentro de una
misma iglesia. El deanato de Toledo, p.ej., era una prebenda que se
disputaban los más altos señores para sus hijos, mientras que los canónigos de Almería, Solsona o Mondoñedo apenas tenían lo necesario
para sustentarse con un mínimo de decoro. Las prebendas más ricas
eran las más propicias al absentismo; el gran bibliófilo sevillano Nicolás
Antonio, agente oficial en Roma, tenía un canonicato que transmitió a
su sobrino. Saavedra Fajardo, el autor de la *Conservación de monarquías,*
renunció a un canonicato de Santiago por no poder residirlo, pero conservó la chantría de Murcia. Las ricas colegiatas también eran piezas
codiciadas; Fr. Antonio de Sotomayor, confesor de Felipe IV, ostentó su
dignidad abacial, de carácter cuasi episcopal, sin residir en ella; sí residió y murió en Alcalá el famoso jurista Salgado, quien la recibió como
premio a su defensa de las tesis regalistas. En cambio, la abadía de
Covarrubias (Burgos), aunque de tanto prestigio, sólo servía a su patrono, el rey, para premiar pequeños favores, porque sólo rentaba de
400 a 500 ducados. Su capítulo fue, como el de otras muchas, de canónigos regulares hasta que se secularizó en el siglo XII; desde entonces,
su abad fue de nombramiento real; en el siglo XVI ya había desaparecido su poder temporal, pero conservó el espiritual sobre las 32 parroquias del infantado de Covarrubias. Felipe IV, que disponía con mucha
desenvoltura de las rentas eclesiásticas, la atribuyó a su protomédico, el
Dr. Antonio de Santa Cruz. Ante tamaño desafuero, la Cámara representó que su abad mitrado tenía autoridad sobre muchos lugares y era
dignidad de precisa residencia, pero el rey replicó: «He mandado se

pida dispensa a Su Santidad para que la pueda tener residiendo en mi servicio» [6]. Hechos de esta naturaleza no eran frecuentes, pero tampoco demasiado raros.

A pesar de sus grandes contrastes internos, los diversos estratos del clero catedralicio parecen haber convivido sin demasiados problemas. En cambio, sus relaciones con los obispos mostraron puntos de fricción enconados por la intransigencia de ambas partes. Los numerosos pleitos entre los prelados y sus cabildos proyectan una sombra oscura sobre la vida eclesial en aquellos siglos. No hay que ver en ellos sólo un reflejo de la manía pleitista de nuestros abuelos; el problema tenía hondas y graves raíces; en el fondo se trataba de saber si ambas partes constituían poderes paralelos y autónomos o si, por el contrario, el cabildo debería estar sometido a su obispo. La cuestión no era puramente española; afectaba a toda la Iglesia occidental, en la que los capitulares habían ido conquistando posiciones durante la Edad Media. «El arcediano —escribe Fliche— había conquistado poco a poco una autoridad a la que no faltaba en el siglo XIII más que la consagración para igualar a la del obispo». En el Renacimiento, los poderes episcopales experimentaron un reforzamiento, que tuvieron su consagración en los cánones tridentinos, muy mal acogidos en este punto por los cabildos. Su espíritu de cuerpo, su origen muchas veces privilegiado, sus tradiciones, sus inmunidades, eran otras tantas armas, y no se privaron de usarlas. Las crónicas y documentos están llenos de episodios poco edificantes; recordemos, por ejemplo, los «cien pleitos» del arzobispo Palafox; que no fueron tantos, pero sí muchos y enconados; la revuelta permanente de los capitulares de Valladolid contra el obispo de Palencia, que fue uno de los motivos de que aquella colegiata se transformara en obispado; «los grandes pleitos e inquietudes entre dicho cabildo (de Astorga) y su prelado, que les ha hecho gastar más de 30.000 ducados, oprimiendo y maltratando a los capitulares, sin que hayan sido bastante a remediarlo sentencias de los nuncios, autos y mandatos reales ni cartas acordadas del Consejo...» [7]. Y en los países no castellanos, la situación no era mejor; gran responsabilidad en los disturbios que hubo en Valencia hacia 1622-23 con motivo de la beatificación del P. Simón de Rojas la atribuyó el arzobispo al odio de los capitulares, por lo que excomulgó a varios de ellos. Al tratar de los orígenes del levantamiento catalán de 1640, John H. Elliott se refiere al carácter indómito del cabildo de Seo de Urgel y sus frecuentes choques con el obispo y el municipio. Mucho pudiera alargarse esta relación, pero también hay que hacer constar que fueron muchos, mayoría probablemente, los obispos que mantuvieron excelentes relaciones con su cabildo.

[6] AHN, *Consejos,* 1.2.726, enero de 1625.
[7] En cambio, en una comarca aragonesa, la catedral y arzobispo de Zaragoza se llevaban más de la mitad; las Ordenes Militares y los partícipes laicos, un cuarto, y quedaba otro cuarto escaso para los párrocos y otros sacerdotes (LUISA ORERA, *Aportación al estudio del clero rural del arciprestazgo de Belchite en el siglo XVII*).

CLERO PARROQUIAL Y BENEFICIAL

Uno de los defectos patentes de la jerarquía eclesiástica era la escasa proporción de sacerdotes con cura de almas. Las parroquias no llegaban a 20.000 y no pocas estaban vacantes, mientras que el párroco en otras tenía que ser auxiliado por coadjutores debido a las enormes diferencias entre unas y otras feligresías, según quedó apuntado en el capítulo anterior. Una de las consecuencias era que ciertos curatos muy ricos eran muy solicitados, y otros estaban casi siempre vacantes. Pueblos como Lucena, Montoro, Cabra y Osuna, que sólo tenían una parroquia, aunque no percibieran diezmos, gracias a las primicias, obvenciones y pie de altar alcanzaban ingresos elevados, mientras los 2.700 párrocos del reino de León vivían pobremente a costa de feligreses aún más pobres que ellos, y con frecuencia el obispo tenía que encargar a un religioso el cuidado de tales parroquias. En todas las regiones nórdicas eran numerosas las parroquias cuyo nombramiento competía a patronos laicos, y éste era otro factor que contribuía a rebajar su nivel intelectual y social.

No debemos, con todo, generalizar; los curas gallegos tenían ya fama de no llevar una vida ascética a pesar de su elevado número; hay que tener en cuenta que en las zonas rurales faltaba o era pequeña la competencia de las órdenes religiosas, muy fuerte en las urbanas; y también que el antiquísimo rito de las ofrendas estaba más generalizado en las tierras del Norte. También es posible (aunque no se hayan hecho estudios comparativos) que la participación en los diezmos del clero parroquial fuera más elevada que en el Sur. Ello es evidente en Galicia si repasamos las curiosas *Memorias del arzobispado de Santiago;* a través de una gran variedad de situaciones, la porción del párroco aparece casi siempre bastante estimable, a diferencia de lo que ocurría, p.ej., en el arzobispado de Toledo. En Santiago del Carril (Villagarcía de Arosa), el arzobispo llevaba la mitad de los diezmos, y los dos curas la otra mitad; en San Miguel de Valga, el cura llevaba siete dozavos; en San Pedro de Palmeira, el cura y el arzobispo se repartían, a partes iguales, el trigo y los pulpos; en Santa María de Carrocedo, todos los diezmos eran del cura.

Es increíble la fuerza que tenía la tradición (la rutina, diríamos más bien) en la antigua Iglesia. Toda tentativa de reestructurarla de una manera más racional estaba condenada al fracaso, y así continuaron aquellas anomalías e injusticias sin recibir solución. Los prelados se esforzaban por vigilar y moralizar a su clero por medio de las visitas y de los sínodos. No se puede decir que sus esfuerzos fracasaran de modo absoluto. Se aprecia un más alto nivel moral (al menos externo) en el clero del siglo XVII respecto a los anteriores. Se reiteraban las órdenes para que se guardara el hábito clerical, para que no practicaran mercaderías y tratos indignos y guardaran continencia. Ya por estas fechas, la Inquisición perseguía con rigor a los clérigos solicitantes, y los que tenían barraganas e hijos sacrílegos rehuían la publicidad que estos deli-

tos canónicos tuvieron en los revueltos tiempos de fines de la Edad
Media y aun del primer Renacimiento. Ninguna sinodal del XVII establece, como las de Coria, 1537, «que los hijos bastardos y espúreos no
sucedan a sus padres en los beneficios»; pero investigaciones recientes,
como la de Cobos Ruiz sobre la «visita secreta», realizada por orden del
obispo de Córdoba Pimentel en 1638, muestran una situación poco satisfactoria [8].

La necesidad de vigilancia y corrección era, sobre todo, necesaria en
cuanto a la gran masa de los clérigos que no tenían superior inmediato
ni base económica suficiente para proporcionarles una existencia independiente y digna. Aunque se exigía una renta mínima para ordenarse,
este mínimo solía colocarse demasiado bajo: cuarenta o cin uenta ducados anuales, menos que el jornal de un peón; el complemento tenían
que buscarlo con el estipendio de la misa, la asistencia a funerales y
entierros, y, eventualmente, como parásitos de grandes casas o empleos
menos confesables. Había beneficios bastante pingües para que pudieran ser arrendados; pero estos casos eran excepcionales.

Es lógico que las grandes ciudades atrajeran a los clérigos vagantes y
de dudosas costumbres. Ante todo, la propia Roma, donde siempre había centenares de españoles a la caza de un beneficio; luego, la Corte,
Sevilla y otras concentraciones populosas. Las constituciones sinodales
de Sevilla, 1604, dicen: «Grande es el número de clérigos forasteros que
concurren a esta ciudad, donde (con su grandeza) se sustentan con diferentes modos de vivir, escandalizando mucho». Para mejor vigilarlos
disponía el arzobispo no se les diera permiso de residencia sino de dos
en dos meses. Trataba también (c.5) de los clérigos extranjeros que re-
corrían mendigando la ciudad. Atraía entonces España muchos extranjeros con su alto nivel de vida, y los eclesiásticos no eran una excepción.
Encontramos, ya a fines de siglo, una circular del Consejo previniendo
a los prelados para que no ordenasen portugueses, porque las reveren-
das que presentaban solían ser falsas, y los sujetos indignos [9].

Las regiones confinantes con los Pirineos tenían también este problema de la infiltración de clérigos franceses, añadido a otros que aque-
jaban a las regiones forales. En Cantabria y País Vasconavarro, la organización eclesiástica tenía rasgos peculiares y arcaicos incluso en cuanto
a las costumbres. No poseían las provincias vascas obispado propio, y
eran vigiladas, con no mucho celo, desde Calahorra y Pamplona. Nunca
fue allí la Iglesia gran propietaria de tierras, ni hubo poderosos monasterios. Parece una paradoja que el fundador de la Compañía de Jesús
naciera en una tierra en la que la implantación de las órdenes fue tardía y poco arraigada. Abundaba, en cambio, el país en clero patrimonial, de escasa cultura y costumbres agrestes. Todavía en fecha tan tardía como 1698, las constituciones sinodales de Calahorra hablan (p.353)
de las concubinas de clérigos como de un fenómeno corriente.

---

[8] *El clero en el siglo XVII* (Córdoba 1976).
[9] AHN, *Consejos*, leg.15.281 (año 1687). Como el daño era recíproco, se dispuso que
«ni se ordenasen portugueses aquí ni castellanos allí».

Tampoco era muy satisfactorio el panorama que el obispo de Jaca dibujaba hacia 1600. Habiéndosele pedido informe sobre la conveniencia de fundar un colegio de la Compañía para precaver infiltraciones del calvinismo, fuerte y expansivo al otro lado de la frontera, contestó que no creía en tal peligro; lo que sí le parecía necesario era «que los clérigos sepan más y atiendan más a las cosas de su orden, que los más son mercaderes y tratantes; pero como la tierra es áspera, las rectorías tenues y los beneficios también, se ve el estrago de la clerecía en atender poco a las cosas de Dios ni a estudio, y luego que se ven de misa no se curan de ver libro. Las religiones nos ayudan poco; los que algo valen quieren estar en ciudades populosas, y así, por más que se hagan monasterios, es cierto que no estarán en ellos sino los que menos valdrán» [10].

En Cataluña, el problema de los clérigos delincuentes llegó a ser tan grave, que Roma, a instancias del rey de España, dio una comisión especial al obispo de Gerona en 1553 para proceder contra los que portaban armas de fuego, auxiliaban a los bandoleros y cometían otros delitos comunes. Dos años después, Julio III extendía estas facultades a los prelados de Tortosa, Segorbe, Valencia y Cartagena. Costó mucho desarraigar tan perniciosas costumbres, a pesar de los esfuerzos de prelados como Santo Tomás de Villanueva y San Juan de Ribera, y no deja de ser sintomático que en 1613 se publicara un nuevo breve pontificio prohibiendo a los eclesiásticos valencianos tener arcabuces de rueda. Nos extrañará menos, conociendo estos antecedentes, la frecuente intervención armada de eclesiásticos en nuestras guerras civiles: guerra de Cataluña, guerra de Sucesión...

No conviene olvidar, sin embargo, que los desafueros, las transgresiones, dejen más huella en la literatura legal que la norma usual. La otra cara (también incompleta) de la imagen nos la dan documentos como las *Cartas edificantes* de jesuitas, en las que sólo se habla de santidad y virtudes. Es probable que fueran mayoría los eclesiásticos de vida morigerada y habría mucho que rebajar de la estampa de un clero pendenciero y corrompido que parece desprenderse de los anteriores párrafos. Con todo, parece evidente que, a pesar del intenso esfuerzo moralizador emprendido a partir de Cisneros y secundado en todo momento por la Corona, quedaban bastantes cosas que reformar en la Iglesia española del siglo XVII.

ALGUNAS BIOGRAFÍAS TÍPICAS

Parece útil completar estas nociones generales con la exposición sucinta de algunos casos concretos que ilustran la inmensa variedad de situaciones que se daban en el clero secular español, su gran movilidad y la interpenetración de lo temporal y lo eclesiástico. Los documentos de esta clase, inéditos o impresos, son extremadamente abundantes.

[10] GIMÉNEZ SOLER, *Estudios de historia aragonesa* p.75.

Veamos primero la brillante carrera de un segundón de gran familia; D. Alonso Fernández de Córdoba, hijo del sexto marqués de Priego. Nació en Montilla el año 1653, estudió en el colegio mayor de Cuenca (Salamanca), obtuvo muy pronto el hábito de la Orden de Alcántara, un canonicato en Córdoba y el arcedianato de Plasencia. Luego ingresó en la alta administración del Estado como oidor de Valladolid y miembro del Consejo de Ordenes, pero al fin tocó, empujado por el favor de su poderosa estirpe, los más altos grados de la jerarquía eclesiástica: comisario general de la Cruzada, cargo muy lucrativo, y cardenal en 1697. Este mismo año fue nombrado consejero de Estado. Murió dos años después, cuando iba a tomar posesión del cargo de inquisidor general.

El *curriculum* de un sacerdote de tipo medio nos lo ofrece el que presentó D. Antonio de Cuéllar y Rada al hacer oposición a la canonjía magistral de Granada: a los catorce años de edad lo enviaron de Calahorra a la universidad de Alcalá, donde durante cuatro años estudió textos aristotélicos: lógica, física, metafísica y los libros *de anima*. Se graduó de bachiller en artes, habiendo sostenido muchas conclusiones que llamaban *sabatinas*. Obtuvo una beca en el colegio de Portaceli (Sigüenza), «y, después de haber leído de oposición una hora de relox de arena y respondido a los argumentos por espacio de otra», obtuvo la beca; hechas las pruebas de limpieza, alcanzó empleos honoríficos en dicho colegio, y en él se licenció de bachiller, licenciado y doctor en teología; durante siete años sustentó y presidió muchos actos académicos, fue catedrático de artes, examinador de grados y, por ser el doctor más antiguo, examinador sinodal. Ganó la canonjía magistral de la colegial de Alfaro, y de allí pasó a opositar a Granada.

Frente a esta tranquila existencia, veamos la muy agitada que se delinea en la siguiente autobiografía de D. Juan Cevicos, comisario del Santo Oficio: «Nací en Cantalapiedra y pasé seglar a la Nueva España el año 1604. De la Nueva España, a Filipinas por capitán y maestre de la nao capitana *San Francisco* el de 1608. Y, volviendo a la Nueva España, el de 1609 me perdí en Japón, cerca de la ciudad de Yendo. Y para embarcarme en Nagasaqui atravesé casi todo aquel reino, pasando por Sutunga, Fugine, Osaca, Sacay y Nagasaqui, que son sus principales ciudades. Embarquéme para Manila por fin de marzo de 1610 y cogiéronme los holandeses en la costa de Filipinas, pero en la victoria que dellos tuvo el gobernador D. Juan de Silva cobré libertad. Llegado a Manila, estudié y me ordené sacerdote; fui tesorero de la catedral de aquella ciudad y provisor de aquel arzobispado. Salí de Filipinas a negocios de mi iglesia a esta Corte y llegué a España en 1623; estuve en Roma el Año Santo de 1625, y de allí volví a Madrid, donde al presente estoy».

La vida religiosa

a) **Ordenes femeninas**

Un rasgo típico de la Iglesia española en la Edad Moderna es, junto con el crecimiento (primero rápido, después muy lento) de las órdenes religiosas, el predominio numérico de las masculinas. Su explicación es de índole económica; no faltaban vocaciones, sino plazas. Frente a 2.000 conventos de frailes había sólo un millar de monjas, si bien solían estar más poblados, de suerte que, en definitiva, la diferencia era corta. Los cenobios masculinos hallaron siempre más apoyo para su fundación y tenían más garantías de supervivencia; tenían mayor proyección social, sus miembros se dedicaban al estudio, la predicación, la enseñanza, las misiones y otras muchas tareas, gracias a las cuales particulares y municipios juzgaban útil su presencia; en cambio, las monjas eran casi todas de clausura y resultaban menos útiles; apenas desarrollaban las actividades benéficas y docentes que hoy constituyen, al par que una base económica, un soporte social.

La mayoría de los conventos de monjas eran pobres; casos como el de las comendadoras de San Juan, de Sijena (Aragón), que tenía 8.000 escudos de renta, con los que mantenía, además de las freiras, novicias y conversas, los artesanos y jornaleros que tenía a su servicio; como Santa Clara, de Medina de Pomar, panteón de los duques de Frías, que la enriquecieron con tierras, alhajas de gran precio y el señorío de varios lugares; como el Real Monasterio de Las Huelgas, cuyo cuantioso patrimonio le permitía atender no sólo al gasto de tan insigne monumento, sino a los del Hospital Real de Burgos, donde se hospedaban y curaban cada año miles de peregrinos a Santiago y de soldados en tránsito [11], eran excepcionales. La mayoría de los conventos vivían pobremente de fincas mal administradas, de censos que se cobraban mal, de juros que quedaron reducidos a menos de la mitad cuando la Real Hacienda fue incapaz de pagar íntegros sus intereses. Y en no pocos se pasaban no sólo estrecheces, sino hambre física, que tenían que paliar los donativos del rey, si eran de patronato regio, o de los obispos y personas caritativas.

De ahí la necesidad de que muchas se dedicaran a trabajos manuales: hilar, coser, bordar, fabricar confituras. De ahí, sobre todo, la necesidad de aportar una dote, que, por pequeña que fuera, no estaba al alcance de todas. Y como las dotes de casamiento eran mucho más elevadas y constituían una auténtica preocupación para muchos nobles y caballeros, hubo en los conventos femeninos una proporción anormal

---

[11] Por excepción, pues no abundan las monografías de este género, conocemos bien el monasterio de las Huelgas gracias a las obras de José María Calvo (*Apuntes sobre el célebre monasterio de Santa María la Real de las Huelgas*), Amancio Rodríguez López (*El Real Monasterio de las Huelgas, de Burgos, y el Hospital del Rey*) y José María Escrivá (*La abadesa de Las Huelgas*). Este último se refiere, sobre todo, a la jurisdicción cuasi episcopal que tenía la abadesa sobre los numerosos lugares del monasterio, curiosa anomalía canónica que perduró hasta el año 1873.

de mujeres procedentes de las clases altas y medias y una representación comparativamente menor de las bajas. Por eso decía de ellas Fr. Hernando del Castillo: «Son una grandísima parte de la nobleza de España, adonde los señores que de seis o cuatro hijas no pueden casar más que una, meten las otras hermanas». Sería abusivo generalizar, puesto que en monasterios como Las Huelgas o las Descalzas Reales no sólo entraban nobles señoras, sino personas de sangre real, movidas de auténtica vocación. Tampoco puede decirse que entraran en voluntaria reclusión por falta de medios económicos D.ª Catalina de la Cerda y Sandoval, condesa viuda de Lemos, que hizo su profesión en Monforte el año 1646; o D.ª Catalina Colón de Portugal, duquesa de Peñaranda, que al enviudar ingresó como carmelita descalza.

Añadamos otra circunstancia más a las varias que empujaban a muchas mujeres, con más o menos vocación, al claustro: la desproporción numérica entre los dos sexos, incrementada entonces por las guerras, emigración, etc. Como el ritmo de fundaciones monásticas decreció mucho durante el siglo XVII, la pugna por entrar en los existentes en condiciones de favor era muy fuerte. Entre las muchas atribuciones de la Cámara de Castilla estaba la muy espinosa de seleccionar, para las pocas plazas disponibles en los monasterios de patronato real, entre una multitud de peticiones de militares, cortesanos y otras personas que se creían con derecho a que se recibieran en ellos a sus hijas. Como era de temer, el favoritismo (el *clasismo,* diríamos hoy) también se manifestaba en este aspecto. A la petición de un soldado de la guardia alemana de una plaza en un convento de Madrid para su hija, respondió la Cámara que no había vacantes, y las que se produjeran debían ser «para personas de mayor grado y servicios».

Era, sobre todo, en estos conventos aristocráticos en los que había numerosa servidumbre seglar, incluso esclavas; pero no solían faltar tampoco en los de escasas rentas. El abuso se intensificaba con la práctica frecuente de recibir en conventos doncellas en depósito judicial y señoras (generalmente viudas) que por motivos de reputación o comodidad eran admitidas como pensionistas. Nada menos que siete criadas y confesor particular pretendía tener la condesa de Oropesa, que en 1653 estaba, «hasta que V. M. mande otra cosa», en el convento de San Quirce, de Valladolid. Pero nos sorprende encontrar este abuso en un convento pobre y recoleto como el de las clarisas descalzas de Alicante, que, en un memorial referente a sus dificultades económicas, no tenían reparo en declarar que eran 46 monjas «y veinte personas de servicio».

Sin embargo, no era este aspecto de aquellos que se consideraba debían incluirse en el tan debatido tema de la reforma de las religiosas, enfocado, desde el punto de vista exclusivo y obsesivo de la honestidad, lo mismo en la Curia romana que en Madrid. Puede considerarse como rasgo típico de una mentalidad que los reyes de España, agobiados con los múltiples problemas del gobierno de la más vasta Monarquía existente, consagraran atención a la reforma de las monjas. No se trataba de una reforma en sentido espiritual como la que Santa Teresa y San

Juan de la Cruz patrocinaron el siglo anterior, sino de una reforma impuesta desde el exterior, referida a detalles materiales de la existencia conventual. Lo que combatieron los rigoristas en Trento no eran sólo escándalos y abusos; buena parte de estos subsistieron sin oposición de nadie. Más bien se trataba del choque de dos conceptos de la vida monástica; concretamente, de la clausura; la resistencia a concebirla como una separación estricta del mundo no era un afán inmoderado de libertad; tenía diversas y antiguas raíces. «En muchos países, las monjas recibían pensionistas para aliviar su pobreza; en otras partes, los edificios no se prestaban a la clausura; en muchos conventos existía la costumbre inmemorial de recibir visitas y aun de organizar recepciones. Las hospitalarias alegaban la necesidad de salir a prestar sus servicios» [12]. No sólo las monjas tenían que protestar de que se les impusiera una clausura estricta que ellas no habían prometido al ingresar; también sus parientes, que habían pensado proporcionarles una cómoda existencia, se sentían defraudados.

Es cierto que en algunos conventos habían ocurrido hechos escandalosos y que las *devociones de monjas* llegaron a formar parte de las costumbres de la época; pero se ha exagerado mucho sobre este punto por culpa de la literatura de la época. En realidad se limitaban a parloteos en el locutorio e intercambio de regalos; una forma de pasatiempo (en la época en la que no abundaban) casi siempre inocente, aunque en algunas ocasiones degenerase a lo pecaminoso.

Aunque ya desde los comienzos del XVII se trataba de la reforma de monjas y en la correspondencia del nuncio se habla con frecuencia de la necesidad de ponerla en práctica [13], ni Felipe III ni el duque de Lerma se tomaron mucho interés. En cambio, sí se lo tomó Felipe IV, lo que puede parecer extraño considerando que su vida privada no era un modelo de austeridad; pero precisamente por ello, penetrado de un sentimiento de culpabilidad, quería aplacar la ira divina reformando a sus súbditos. Entre muchos testimonios de este afán moralizador citaremos la carta al embajador en Roma el año 1623 sobre la reforma que los agustinos estaban haciendo en el convento de Nuestra Señora de la Esperanza, extramuros de Valencia, y los alborotos que con este motivo movían los devotos de las monjas, que pretendían llevar el asunto en apelación a Roma [14]. El real decreto de 30 de noviembre de 1624 ordenaba que en los conventos en que hubiese bandos «se saquen las monjas que los causan y hacen cabeza de ellos o inquietan a las otras religiosas, mandándolas a otros conventos»; el de 14 de junio de 1627 para que se suplique ᵖor el embajador al papa acerca del remedio que requiere el conventi de bernardas «que llaman de Pinto, en esta villa»; traslado de las religiosas culpables, y, si no bastare, deshacer el convento, repartiendo sus monjas en otros.

[12] L. Willaert en la *Historia de la Iglesia* de Fliche y Martin, t.18 p.146.
[13] J. OLARRA, *Indices de la correspondencia entre la Nunciatura de España y la Santa Sede;* varios despachos de 1604.
[14] Archivo de la Embajada española ante la Santa Sede, l.140 fol.167.

Con el paso de los años, los escrúpulos del viejo rey se hacían más intensos, como si su propia salvación y la de todo el reino dependiera de que se apretaran las clavijas a las monjas. El propio Consejo de Castilla representó en 1664 que era cierto que las prescripciones más rigurosas no se observaban y que tendría inconveniente urgir su estricta aplicación; se pretendía, entre otras cosas, que las religiosas no pudiesen hablar más que con sus más cercanos parientes, que las rejas fueran dobles y separadas, que ningún hombre, aunque fuera eclesiástico, pudiera entrar en la clausura sin graves motivos, etc. Opinaba el Consejo que para llevar la reforma a cabo bastaría encargarla a las prioras y superioras de las órdenes, sin necesidad de tantos rigores y sin que interviniese el nuncio en asunto que era de la potestad real; pero el rey no se dejó convencer; pedía constantemente noticias de cómo avanzaba la reforma, y en julio de 1665, dos meses antes de su muerte, se quejaba de que no le tenían al corriente; el Consejo le envió los informes que se habían recibido, lo que se estaba actuando y las dificultades que se encontraban; así, el informe del arzobispo de Granada comunicaba que los conventos de aquella ciudad eran pobrísimos; salvo el de Santa Isabel la Real y algún otro, carecían de rentas suficientes y necesitaban trabajar, lo que las obligaba a comunicarse con el exterior; que los ánimos de las monjas (y de sus valedores) estaban muy excitados y amenazaban salirse, porque cuando ingresaron no regían normas tan severas. Una vez más, el Consejo intentó llevar el ánimo del rey hacia soluciones de templanza; pero él le exhortó a continuar su labor con todo celo y se extrañó de no recibir los informes correspondientes a las monjas de San Benito y San Bernardo, que eran las más necesitadas de reforma [15]. Las rejas con pinchos que todavía se ven en las severas paredes conventuales fueron producto, sobre todo, de la voluntad decidida de aquel rey galán, convertido en su senectud en un obseso del ascetismo; por lo menos, del ascetismo de los demás.

La lucha, sin embargo, fue larga, y las resistencias tenaces. Reinando Carlos II, las constituciones sinodales de Badajoz (1671) daban reglas sobre la estricta guarda de la clausura, y, entre otras cosas, decían: «A ninguna persona se dé música en las rejas, locutorios y puertas, ni ellos se canten ni toquen instrumentos». Y el obispo de Mallorca D. Pedro de Aragón, al intimar a las monjas de Santa Margarita la orden de que en los locutorios hubiera una cortina para que pudieran hablar sin ser vistas, desencadenó una verdadera sedición apoyada desde el exterior [16].

Uno de los factores básicos para lograr la reforma era la del gobierno interior de los conventos; en este punto chocaban los intereses de los prelados con los de los frailes, que pretendían gobernar, con frecuencia de forma abusiva, los conventos de religiosas de su misma orden. Ya las Cortes de 1563 habían pedido que los frailes no entrasen

---

[15] AHN, *Consejos*, leg.7.126. Documentación interesante que convendría sacar a luz.
[16] A. Furió, *Episcopologio de la santa iglesia de Mallorca* (Palma 1852) p.455.

en los conventos de monjas, porque «les comen la mayor parte de las rentas y ellas pasan mucha estrechura por regalar a los dichos frailes... y lo segundo, excusarse han algunas murmuraciones y ocasiones que dan con tanta residencia y visitación, entrando los dichos frailes y ejecutando por sus personas las penitencias que dan a dichas monjas» [17].

Roma era favorable a la autoridad episcopal, mientras la Corte de Madrid prefería ver las comunidades femeninas sometidas a los frailes. Clemente VIII, por un *motu proprio* de 1594, «quitó el abuso de pagar tantos tributos las religiosas a los religiosos de su orden a quienes están sujetas, donde más parece concurrir fuerza que voluntad». Pero cuando en 1623 llegó un breve sometiendo las monjas a los ordinarios de sus diócesis, Felipe IV suspendió su aplicación, a pesar de que el arzobispo de Sevilla escribió una carta en la que decía que ello equivalía a sancionar las faltas a la clausura al entrar y salir los frailes y comerles las rentas a las monjas.

Las dificultades que muchas mujeres con vocación religiosa encontraban para entrar en un convento condujeron a la formación de comunidades no sujetas a reglas canónicas, llamadas beaterios o emparedamientos. Solían habitar una casa contigua a un templo, al que daban vista por medio de un reja o tribuna; estaban bajo la dirección del párroco y se mantenían del producto de sus labores. Algunas guardaban la regla de San Agustín. Las semejanzas con los *beguinajes* y otras instituciones similares de origen medieval son notorias. Constituyen un ejemplo más de las situaciones intermedias entre el estado laical y el clerical estricto.

b) Ordenes de varones

Las fundaciones femeninas nunca suscitaron la oposición de los escritores, los municipios y las Cortes. Las de varones sí, por su proliferación excesiva y su tendencia a la acumulación de bienes. Una vez más hay que insistir en la necesaria cautela ante las generalizaciones. Dentro de ciertas normas generales a toda la vida regular, la naturaleza y los fines de cada institución le conferían una fisonomía propia y suscitaba reacciones distintas; y aun dentro de cada orden, las tentativas de nuevas fundaciones hallaron apoyos o resistencias, según los tiempos y los lugares.

La distinción entre monacales y mendicantes se mantuvo hasta finales del Antiguo Régimen y valió un tratamiento diverso a cada categoría cuando soplaron los vientos desamortizadores y abolicionistas. Los benedictinos, ya en su forma primitiva, ya en su versión cisterciense (benitos o monjes negros, bernardos o monjes blancos, según la terminología vulgar), eran los más antiguos, y por ello apenas tenían representación

---

[17] Cit. por H. CHRISTIAN, *L'Église selon les Cortes de Castilla:* Hispania Sacra, año 1974, p.214). La aplicación de penitencias corporales por los confesores a sus penitentes llegó a ser un delito asimilado a la solicitación y severamente castigado por la Inquisición. Helena Sánchez prepara un trabajo sobre este punto.

en las regiones meridionales, las más tardíamente reconquistadas para la cristiandad. Otras características derivaban de su antigüedad, especialmente formas arcaicas, semifeudales, de posesión de la tierra, de las que el *foro* gallego era una modalidad muy característica. El colono de un monasterio (forista, enfiteuta) tenía, en cierto modo, el dominio útil de la tierra, puesto que la cultivaba a perpetuidad o a larguísimos plazos. Cuando, en los albores de la Edad Moderna, los monjes quisieron transformar esta propiedad compartida, una propiedad en la que el dominio directo era un mero derecho a recibir prestaciones fijas, en otra de tipo precapitalista, con arriendos a corto plazo que les permitieran actualizar unas rentas congeladas, la resistencia que hallaron fue tan grande, que casi en todas partes tuvieron que renunciar. Los beneficiarios de la creciente diferencia entre la renta primitiva y el beneficio actualizado fueron, en las zonas del Noroeste (Galicia y parte de Asturias y León), los miembros de la alta y media nobleza, que tenían de los monasterios grandes extensiones de tierras, por las que pagaban pequeñas rentas congeladas, y que subarrendaban en cantidades muy superiores a un campesinado miserable.

En el resto de España, este fenómeno tuvo mucho menor incidencia; pero, de todas maneras, aquellas experiencias y el deseo de beneficiarse de la revalorización de los productos de la tierra impulsó a muchos monasterios a preferir el cultivo directo en tierras de nueva adquisición o en las antiguas, en las que pudieron desembarazarse de los primitivos colonos. Surgió así la figura del *monje granjero,* unas veces lego, otras sacerdote; con frecuencia formando una pareja, para de este modo atender, a la vez, a la administración de las tierras del monasterio y al pasto espiritual de los seglares que en ellas trabajaban. Estas posesiones, más o menos alejadas de la casa matriz, se llamaban *granjas,* prioratos o cotos redondos, expresiones análogas, pero con diferentes matices: *granja* era un término de carácter económico, aplicable a toda explotación rural de cierta extensión administrada directamente; el de *coto redondo* hacía referencia a su carácter jurídico de territorio inmune, sobre el cual se ejercía la autoridad de su señor con exclusión de la justicia ordinaria, y, a veces, también con privilegios tributarios en virtud de donaciones regias o antiguos privilegios. El *priorato* era el territorio de un antiguo monasterio asimilado por el principal. Con mucha frecuencia conservaban no sólo la capilla, sino el dormitorio, refectorio, horno y otras construcciones, de suerte que en ellos los monjes podían disfrutar *recreaciones* (días de asueto), aunque, por lo común, sólo estaba habitado por los monjes granjeros y los sirvientes. En numerosos casos (quizás la mayoría), la granja era, a la vez, priorato y coto redondo. Las críticas sobre la vida, no siempre ejemplar, de los *monjes granjeros* se fueron haciendo más agudas, hasta motivar, en el reinado de Carlos III, una prohibición formal, varias veces repetida y siempre mal obedecida.

Los 63 monasterios de *benitos* y los 60 de *bernardos* estaban, salvo alguna que otra excepción, situados al norte de la línea Tajo-Júcar; en general guardaban su primitiva vocación rural, pero había excepciones notables, como San Felipe el Real, de Madrid; San Benito, de Valladolid, y San Martín Pinario, de Santiago de Compostela. Cada una de estas dos grandes ramas estaba dividida en dos provincias, que correspondían, poco más o menos, a las Coronas de Castilla y de Aragón. Los cinco monasterios cistercienses de Navarra (Leyre, La Oliva, Fitero, Iranzu y Marcilla) fueron unidos a la congregación de Aragón.

Los afanes de reforma, patentes desde fines de la Edad Media en ambas familias benedictinas, agruparon a la mayoría de los monasterios en congregaciones. La más amplia y prestigiosa fue la de los benitos de Castilla, que agrupaba cuarenta monasterios e incluía el navarro de Irache y tres catalanes (uno de ellos, Montserrat); reconocía como cabeza a San Benito, de Valladolid, sin que por ello perdieran las demás casas su autonomía. Era una especie de federación que se regía por constituciones periódicamente actualizadas que contribuyeron mucho a la reforma de las costumbres monásticas. Figuraban en la congregación centros tan ilustres como los de Oña, Silos, Cardeña, Samos, Nájera, San Millán de la Cogolla y San Esteban de Ribas de Sil.

Los cistercienses de Castilla comenzaron su reforma en el siglo XV bajo la dirección de Martín de Vargas; también contaba con nombres insignes en nuestra historia general y artística, sobre todo en Galicia, que era donde estaban los monasterios más ricos: San Martín, Sobrado, Osera... Los cistercienses de la Corona de Aragón también se unieron, separándose de la obediencia del Cister francés; proceso de formación favorecido por Felipe II y Felipe III, que por múltiples razones (políticas y religiosas) deseaban independizar los monasterios españoles de los franceses. Entre las prestigiosas casas de esta congregación cisterciense figura, en lugar muy destacado, la de Poblet, que por aquellas fechas (hacia 1618) contaba un centenar de monjes, cuarenta conversos (legos) «y muchos otros donados y servidores»[18]. También pertenecían a ella Santas Creus, los cinco ya mencionados de Navarra, Valldigna y Benifazá, en Valencia, y entre los aragoneses, Veruela, Rueda y Piedra.

Los benitos de la Corona de Aragón estaban integrados en la Congregación claustral tarraconense, que contó con un total de 16 cenobios (Besalú, San Cugat del Vallés, San Juan de la Peña...), más los tres del Rosellón, que, a consecuencia del tratado de los Pirineos, dejaron de formar parte de España.

A pesar de los esfuerzos reformistas, todos los testimonios coinciden en que hubo una degradación progresiva, muy patente ya a fines del XVII. No se registraban en estas casas escándalos notorios, pero sí una gran tibieza y un olvido casi total de los ideales ascéticos; el silencio se guardaba mal; se establecieron tres días de carne a la semana y se ahondaron las diferencias dentro de la jerarquía monástica; los *padres graves,* los que por su edad o cargos tenían especiales privilegios, se distanciaban, cada vez más, de los que no tenían edad o méritos. Y la

[18] AGUSTÍ ALTISENT, *Historia de Poblet* p.482 (1974). La última y más completa de las obras dedicadas a tan insigne cenobio.

escala continuaba descendiendo: novicios, donados, servidores laicos. Los privilegios más reprobables eran los de orden alimenticio, pues atentaban tanto a la perfección religiosa como a las reglas de una sana dietética; era absurdo que los más viejos comieran más y mejor que los más jóvenes, y los que hacían una vida contemplativa, más que los que tenían que efectuar rudos trabajos manuales. Se introdujo también la tolerancia de tener celdas espaciosas y bien provistas de muebles y libros, que podían traspasarse como si fueran bienes propios. El voto de pobreza quedaba anulado con la permisión de peculio propio. Los mayores excesos parece que se dieron en la claustral tarraconense, hasta el punto de que puede dudarse que hicieran verdadera vida monástica, ya que sólo se reunían para ciertos actos comunitarios.

La sobra de riquezas tuvo, sin duda, parte en esta relajación, como también en las furiosas disensiones que agitaron a los bernardos castellanos, oponiendo los miembros de unas regiones a los de otras; la baza principal en estos enfrentamientos era la dirección de los ricos monasterios gallegos, muchas veces detentados por castellanos, con gran disgusto de los naturales de aquel reino. Es verdad que, según nuestros criterios actuales, las rentas de aquellos monasterios no eran excesivas; también es cierto que gastaban la mayoría de los sobrantes en limosnas y construcciones de alto valor artístico; pero no puede dudarse que la administración de sus fincas y los pleitos a que daban lugar ocupaban más tiempo del que debiera esperarse de unos hombres que habían huido del siglo para aspirar a una mayor perfección. Las pretensiones nobiliarias, las dificultades para admitir monjes de humilde origen, su escasa dedicación a la cura de almas, son otras razones que explican que su popularidad no fuera demasiado grande.

Otras dos órdenes monacales tuvieron también una importancia grande: los cartujos y los jerónimos. Había 18 casas de cartujos, con una distribución distinta a los benedictinos: 12 en la Corona de Aragón y sólo seis en la de Castilla: tres en la Meseta (Miraflores, Aniago y El Paular) y tres en Andalucía (Jerez, Granada y Santa María de las Cuevas, de Sevilla). Estas últimas, por ser de fundación más reciente, se apartaban de la tradición de vida retirada; si no en el interior de poblaciones populosas, sí estaban en su inmediata periferia. En cambio, la mitad de los monasterios jerónimos estaban en la Meseta, contra sólo siete en la Corona de Aragón y otros siete en Andalucía; en la Rioja había cuatro, y dos en Murcia. En las montañas de Santander había dos. Ni jerónimos ni cartujos estaban representados en Galicia, donde la presencia benedictina era tan importante [19]. A fines del XVI, cuando ya la etapa fundacional de los monacales estaba hacía tiempo agotada, llegó a España una nueva orden, de origen oriental: los basilios; llega-

---

[19] En el cómputo de los monasterios jerónimos incluimos, por su importancia, el de San Isidoro del Campo, junto a Sevilla, en su origen monasterio de *isidros,* orden disuelta y agregada a la de San Jerónimo por orden de Felipe II; no así las otras cinco casas andaluzas de *isidros,* de casi nula significación.

ron a tener 17 casas, pero su importancia nunca fue comparable a la de los antes citados.

Los cartujos españoles, a pesar del apoyo de los reyes de España, no consiguieron sacudir la tutela de la casa madre francesa, la Grande Chartreuse de Grenoble, y tener un vicariato propio. Sólo había entre unas cartujas y otras vagos vínculos de hermandad o filiación; la de Granada fue fundada por la de El Paular, pero pronto se independizó; en cambio, la de Cazalla nunca fue más que una dependencia de la de Sevilla.

El problema nacionalista no se planteaba a los jerónimos, que formaban una orden española, con algunas prolongaciones en Portugal e Italia. Quizás por ello fue preferida por nuestros reyes, como acreditan los nombres de Guadalupe, Yuste y El Escorial. Lo que no llegaron a resolver satisfactoriamente fue el de sus relaciones mutuas; les pesaba su vinculación al monasterio de Lupiana (Guadalajara) y acabaron rompiéndola en 1686; desde esta fecha, si bien los capítulos generales siguieron reuniéndose en dicho cenobio, ya el general no fue automáticamente el prior de Lupiana; fue elegido por los representantes de todos los monasterios y residió en el de Avila.

Excluyendo a los basilios, que nunca tuvieron grandes riquezas, benedictinos, cartujos y jerónimos tuvieron fama de opulentos, cosa que no puede aceptarse en bloque. En estas órdenes había casas que podían sustentar más de cien personas y gozar de remanentes, mientras que en otras un corto número de monjes vivían con estrechura. Estas diferencias repercutían en sus relaciones con los pueblos. San Isidoro del Campo era pobre, y por ello apremiaba a sus pobrísimos colonos de Santiponce, dejando una mala fama que todavía hoy perdura. A pocos kilómetros de allí, la riquísima cartuja de Las Cuevas podía mantener, además del refectorio de monjes y el de *conversos* (legos), otro exterior, donde se daba de comer diariamente a 80 pobres, sin otras muchas limosnas extraordinarias. El Escorial atesoraba riquezas inmensas, y si alguna vez se vio en apuros económicos, porque también sus gastos eran cuantiosos, la Corona proporcionó ayudas extraordinarias por ser Sitio Real y panteón de los reyes de España. Lo mismo El Escorial que Guadalupe y El Paular tenían, a más de sus extensas posesiones, cabañas de lanares trashumantes de muchos miles de cabezas; pero el valor de los edificios y de las obras de arte que encerraban sólo les producía elevados gastos de sostenimiento.

Los benedictinos tenían, además, otro problema: la jurisdicción señorial que poseían sobre tierra y poblaciones. Y en este terreno, tan poco explorado, también se detectan grandes contrastes, desde la difícil convivencia de los monjes de Oya (Pontevedra) con sus vasallos, oscurecida hasta el final por choques y litigios, hasta las excelentes relaciones que guardaron durante siglos otras comunidades, que precisamente por ello no han dejado huella impresa, no han pasado a la historia.

Las órdenes llamadas mendicantes respondieron en su origen a necesidades surgidas del paso de una sociedad feudal, rural, a otra urbana; de una religiosidad centrada en el tema de la propia salvación, a otra orientada hacia el bien espiritual del prójimo; de la posesión de unos dominios territoriales como soporte material de la fundación, al deseo de practicar en su mayor pureza el ideal de la pobreza evangélica. Como siempre ocurre, el paso del tiempo empañó la pureza de estos ideales; los mendicantes obtuvieron licencia para poseer bienes, y casi solamente los capuchinos siguieron aferrados al deseo de ser enteramente pobres, de vivir de limosna. Llegó en el XVI la gran oleada mística, que nació en el corazón de Castilla y se extendió (debilitada) a las otras partes de España. Su fruto fue la reforma de los regulares que ya conocemos, y que al comenzar el XVII proseguía aún (reforma de los mercedarios en 1603).

Desde un punto de vista meramente temporal, puede afirmarse que hubo ciertas relaciones entre el auge de la Castilla próspera del Renacimiento y este *revival* religioso que abarcó todas las capas sociales, pero quizás con especial fuerza la nobleza y la burguesía; si en la primera hallamos figuras próceres, como la de San Francisco de Borja, es también patente el protagonismo de la clase media urbana; esa clase media, en parte integrada por burgueses de origen converso, que dio, por citar sólo el ejemplo más excelso, a Santa Teresa de Jesús, vástago de una familia de mercaderes.

El origen de estas numerosas fundaciones solía ser la donación hecha por un señor o señora de una casa en una ciudad o villa a una orden, juntamente con algunas rentas, con obligación de darle en ella sepultura y proporcionar sufragios perpetuos a la familia del fundador. Por esta vía podía deslizarse la vanidad en estas fundaciones, y también por el interés que muchos señores tuvieron en acreditar y ennoblecer con casas religiosas la villa donde tenían su pequeña corte. El caso del duque de Lerma y sus fundaciones en esta población castellana fue uno de tantos; aunque su inmensa riqueza le permitiera sobrepujar cualquier comparación, no hizo más que seguir el ejemplo del duque de Escalona en Escalona, del conde de Tendilla en Mondéjar, del duque de Medinaceli en Cogolludo, etc. Todos estos conventos vivían, como dice Noël Salomon, «a la sombra del árbol señorial». Pero también los hubo, y en bastante número, que se edificaron con dineros procedentes del trato de Indias, de la exportación de lanas y hasta de los *asientos* o contratos de financieros con el rey, como el convento de carmelitas de San José, en la madrileña calle de Alcalá, fundado y dotado con generosidad por la baronesa Beatriz de Silveira, viuda y sucesora en los negocios de uno de los más importantes banqueros de Felipe IV.

Pero no todos tuvieron patronos poderosos; no pocos conventos se crearon sin base suficiente, y se desenvolvieron con dificultades. Desde 1640, el descenso en el proceso fundacional es patente, no sólo por el entibiamiento del espíritu religioso, sino porque se había tocado techo en las posibilidades materiales, y la prolongada crisis humana y económica que atravesó España ponía de relieve la dificultad de mantener con limosnas, dádivas y ofrendas 3.000 conventos cuando ya el campesinado, por medio de los diezmos y primicias, entregaba una porción muy grande del producto nacional bruto al clero secular. Sobre todo para las ciudades afectadas con más fuerza, como Toledo, la situación fue dramática; al paso que la nobleza emigraba y los artesanos disminuían, los conventos proliferaban dentro del angosto e inextensible recinto urbano. Y como sus rentas disminuían, los regulares intensificaban las cuestiones, acumulaban fincas, y a veces, en el caso de comunidades pobres y relajadas, se practicaba el contrabando y se defraudaban rentas reales vendiendo vino y carnes *intra claustra*.

Como reacción surgieron las peticiones de las Cortes para que se prohibiera la fundación de nuevos conventos; petición que fue aceptada y se convirtió en ley del reino, aunque el favor y la importunación fueran causa de numerosas excepciones. Más sintomático es que la oposición procediera con gran frecuencia de los propios eclesiásticos; ya del obispo, ya de las otras órdenes establecidas en la ciudad, temerosas de la competencia que harían los recién llegados en una clientela ya muy esquilmada; fue lo que ocurrió en Málaga cuando quisieron fundar los trinitarios descalzos en 1654, por citar un ejemplo entre muchos.

Esto nos introduce en otro tema que daría materia a muchas páginas: las relaciones de las órdenes entre sí y con el clero secular. Con los benedictinos y otros monacales hubo pocos choques, pues tenían rentas fijas y vivían envueltos en su secular aislamiento. Con las nuevas órdenes, emprendedoras, con derechos y privilegios aún mal definidos, los choques eran frecuentes; con los párrocos, por los derechos funerarios; con los cabildos y obispos, por la eterna cuestión de los diezmos. Las propiedades de los conventos se incrementaban continuamente; si estaban exentos de pagar diezmos, el importe de éstos tenía que bajar. En este terreno sí que había a veces disputas entre los monasterios poderosos, como El Escorial, y las iglesias. Así se explica el memorial de la Congregación de Iglesias de España a la Santa Sede en 1623 o la representación que hizo a Carlos II la Iglesia de Pamplona en 1696 sobre «la opulencia a que han llegado, y se aumenta cada día, las religiones».

No es casual que en ambos documentos se aluda concretamente a la Compañía de Jesús. Tras una etapa de desconfianza por parte de la Corte (Felipe II nunca tuvo simpatías por ella ni por los capuchinos), en el siguiente experimentó una ascensión prodigiosa. La influencia de 2.000 jesuitas ejerciendo una actividad incesante en la cátedra, el confesonario, el púlpito y otros muchos ministerios fue incomparable. Sin tenerla en cuenta no se puede hacer la historia de España en los tiempos modernos. Los jesuitas, acomodándose a la nueva situación europea, fueron innovadores radicales: «Todo lo admitido por la costumbre y practicado por las otras órdenes lo apartaron si no conducía a su fin; ni siquiera respetaron el derecho canónico vigente. Ni mortificaciones, ni coro, ni estipendios de misas y sermones, ni elecciones a plazo fijo. Sistema autoritario. Hasta la terminología es nueva: casas en vez de conventos, rectores en vez de priores» (PASTOR).

Los jesuitas rechazaban el dictado de *frailes*, y realmente no lo eran;

se apartaban tanto de éstos como los frailes de los monjes; eran un nuevo estrato, mejor acomodado a las circunstancias históricas, y en esto radicaba gran parte de su éxito. Los monjes siguieron a San Benito a las soledades montañosas; San Francisco prefirió las villas; San Ignacio, las grandes urbes:

Colles Bernardus, montes Benedictus amabat.
Oppida Franciscus, magnas Ignatius urbes.

La intención satírica de este dístico es patente. La crítica es inseparable del éxito. Las *magnas urbes,* dilectas de los jesuitas, incluían, naturalmente, la Corte, de la que fueron protegidos y protectores. Simplificando, podemos decir que los mendicantes eran popularistas, y los jesuitas, áulicos o gubernamentales. Si su afán por defender la exención de diezmos los enemistó con el clero secular, el regular creía apreciar en los jesuitas una cierta arrogancia; no personal, sino de cuerpo. La solidaridad dentro de cada orden tenía una fuerza tremenda, y se manifestaba en la defensa a ultranza de ciertas tesis teológicas, específicas a cada una, y a la que ninguno de sus miembros podía renunciar sin ser acusado de traición. Por aquí chocaron con los dominicos, que pretendían tener el primado en sabiduría teológica; de este enfrentamiento (que engendraba rencores más tenaces que los de índole económica) nacieron las interminables disputas *de auxiliis,* que se movían dentro de un limitado círculo de especialistas. En cambio, las controversias sobre la inmaculada concepción de María causaron a los dominicos una apreciable pérdida de popularidad.

Cuando se generalizó la costumbre de recitar la salutación angélica en los sermones y prestar el juramento concepcionista en corporaciones de toda índole, se produjeron penosos incidentes con algunos dominicos demasiado apegados a la letra de algunos textos de Santo Tomás; incidentes que alcanzaron publicidad y suscitaron escándalo en el bienio 1615-16. La polémica se sosegó momentáneamente con el breve de 1617, que imponía silencio a los contrarios a la opinión piadosa; pero los ánimos siguieron excitados, y los ataques a los dominicos menudearon en el resto del siglo XVII. Conservaron, no obstante, su alto prestigio intelectual, conservaron el confesonario regio e intensificaron la devoción mariana por medio de la institución de rosarios públicos, con lo que, de una parte, hacían patente que su oposición a la doctrina concepcionista no amenguaba un punto su amor tradicional a la madre de todos los fieles, y, de otra, corregían con acentos populares una imagen que algunos podían tachar de elitista.

Los piques y rivalidades entre órdenes lo mismo podían ser alimentados por motivos de mezquino interés, como los que surgieron entre trinitarios y mercedarios, que se disputaban los derechos a recaudar limosnas con destino a las redenciones, que por absurdas pretensiones de preeminencias, muchas veces basadas en argumentos históricos sin consistencia alguna, propios de una época en la que no se podía escribir con libertad y espíritu crítico sobre ciertas materias sin atraerse invectivas y hasta acusaciones de irreligiosidad. En una de estas polémicas lamentables se enzarzaron jesuitas y carmelitas a causa de haber atacado algunos escritores jesuitas la supuesta descendencia ininterrumpida de la orden carmelita desde el profeta Elías. Tan enconada llegó a ser la disputa, que intervinieron para acallarla el papa y el rey de España, y en 1635 ambas órdenes firmaron una especie de tratado titulado *Concordia y confederación de perpetua paz y amistad entre las religiones de la Compañía de Jesús y el Carmen Descalzo,* en virtud del cual ambas se comprometían a no atacarse de palabra ni por escrito; podrían discutir acerca de materias teológicas opinables, pero no remover *historias...* Este era precisamente el punto sensible.

Como entre los monacales, en las órdenes mendicantes y en los clérigos regulares había una estratificación interna que no siempre marchaba sin conflictos. Dentro del esquema general dualista (sacerdotes con estudios, monopolizadores de cargos, y legos sin voto activo ni pasivo, dedicados a las tareas materiales) había variedad de situaciones. La disputa más ruidosa, y que llegó a transcender al público, se produjo en la orden jesuítica, en la cual los hermanos coadjutores, que administraban los bienes de la Compañía, trataban por todos los medios de acortar distancias y aparecer ante los ojos de la gente como verdaderos religiosos. Ya el P. Mariana, en su escrito, que tantos disgustos le causó, *Sobre los males de la Compañía,* lamentaba que hubiera demasiados y de costumbres no siempre ejemplares. Años después daría la razón a Mariana el ruidoso escándalo de la quiebra del colegio de San Hermenegildo de Sevilla, producido por los manejos poco limpios del coadjutor temporal que administraba sus bienes. Como en el caso de la controversia entre los cartujos y los conversos, la disputa se materializó en torno al derecho a llevar una prenda externa: el bonete. Cuando, después de largas disensiones, se decidió que no tenían derecho a usarlo los coadjutores, éstos «hicieron extrañas demostraciones de sentimiento».

Dentro de la clase superior, o sea, la de los religiosos, también abundó el siglo XVII en disensiones. Fue ésta una plaga de la que apenas se libró ninguna orden, excepto la Compañía, por su régimen autoritario; en la mayoría, que se gobernaban por métodos democráticos y elegían sus superiores, se producían bandos que se enfrentaban en los capítulos y congregaciones, motivando frecuentes intervenciones del poder real. Ciertamente, la sustitución de abades o priores vitalicios por otros electivos había acabado con ciertos abusos, pero suscitó otros nuevos, pues el régimen ideal de gobierno aún no ha sido inventado. A veces, el Consejo designaba un obispo que presidiera el capítulo y asegurase la pureza de las elecciones. Incluso se llegó en 1638 a crear una junta especial que entendiera en los desórdenes motivados por la elección de provincial de los agustinos de la provincia de Castilla. Pensemos, para comprender el apasionamiento que despertaba la elección de superiores, no sólo en las rivalidades personales y regionales, sino en el amplio poder de que aquéllos gozaban respecto a sus súbditos; en los monasterios había lugares de reclusión, auténticas prisiones para los desobedientes y rebeldes. En virtud de su propio fuero, podían (como los obispos) condenar a penas temporales muy graves, incluso a galeras. Sólo la pena de muerte no se les podía imponer directamente; necesitaba la relajación a la potestad civil, y casi nunca fue aplicada.

En suma, la jerarquía eclesiástica hispana era un cuerpo heterogéneo, muy diverso por su origen y características, separado por hondos desniveles en el orden material, sin órgano común de expresión, sin posibilidad de formar un frente unido; minado interiormente por mezquinas rencillas, y por ello, a pesar de sus privilegios, muy sometido a las autoridades regia y pontificia. Y, para completar este sucinto cuadro, todavía tendríamos que mencionar algunos grupos que, como en el caso de las beatas, sin formar parte de la iglesia jerárquica, servían de elemento de unión con el mundo secular: los terciarios, los santeros, los aposentadores de frailes, categoría especial que algunas órdenes habían conseguido fuera reconocida oficialmente; a cambio de hospedar los frailes en tránsito, tenían derecho a ciertas exenciones. Los ermitaños, que unas veces eran personas devotas, amantes del recogimiento y la soledad; otras, soldados veteranos o mutilados; y, tal vez, vagos, que sólo pensaban vivir de las limosnas y acogían gentes de mal vivir, como denunció un obispo de Salamanca en 1756. Un mundo tan vasto, que toda pretensión de enjuiciarlo de modo global carece de fundamento.

Cambios en los aspectos sociales del clero español en el siglo XVIII

El año 1700 marca una divisoria muy clara en nuestra historia política; en cierto modo fue una ruptura. No así en los aspectos sociales, en los que la transición fue lenta, de tal forma que hay fenómenos de fines del XVII que anuncian ya la atmósfera del XVIII (p.ej., los inicios de recuperación económica) y otros que, siendo del XVIII, están inmersos en la atmósfera del XVII; en este aspecto podemos citar la redoblada persecución de la Inquisición, que se muestra extremadamente dura contra los restos de los judaizantes, de lo que dan testimonio los repetidos autos de fe, con numerosos relajados, hasta el quinquenio 1730-35, a partir del cual se inicia una era de mucha mayor tolerancia. ¿Es mera casualidad que sea por entonces cuando los historiadores sitúan el comienzo del «siglo XVIII económico», caracterizado por un alza continuada de precios? Discutir este punto estaría fuera de lugar. Lo único que intentamos afirmar es que, mientras las relaciones políticas, las relaciones Iglesia-Estado, se diferencian claramente en el XVIII de las que regían en los dos siglos precedentes, los aspectos sociológicos de la Iglesia hispana, aunque acusan el impacto de las nuevas ideas y del nuevo contexto que vivía la nación, no cambian de modo sustancial. Por ello, considerando que seguían vigentes la mayor parte de los rasgos que ya hemos estudiado, nos limitaremos en este capítulo a señalar algunos aspectos en que puede apreciarse una evolución.

Quisiéramos establecer la comparación en cuanto al número de personas integradas en las filas del estamento clerical. Por desgracia, lo imposibilita la falta de estadísticas válidas, no sólo para el XVII, sino para la primera mitad del XVIII, pues el llamado censo de *Campoflorido,* referido a la etapa final de la guerra de Sucesión, ni es digno de crédito ni abarca los eclesiásticos. Hay que llegar hasta el año 1747 para encontrar datos de procedencia oficial referidos a toda España. Había entonces en la Corona de Castilla 50.953 clérigos; de ellos, 5.132 adscritos a las catedrales e iglesias colegiales. Los frailes eran 49.044, y las monjas, 27.432. En la Corona de Aragón, el clero catedral incluía 2.704 individuos; el parroquial, 13.589; los frailes eran 16.026, y las monjas, 5.915. Si a estas cifras añadimos las de colegios y hospitales, llegamos a totales elevadísimos; pero en aquellas instituciones había mucho personal secular [1].

El Catastro de Ensenada es una fuente importantísima que contiene un verdadero censo referido al año 1752, pero sólo para la Corona de Castilla. Don Miguel Artola ha descubierto en Simancas los resultados por regiones y provincias [2], lo cual nos proporciona una imagen más justa que el mero total, que ya era conocido a través de Campomanes. Suma la población eclesiástica 140.941, y, descontando un 10 por 100 de servidores laicos, resulta una cifra casi igual a la de 1747.

En 1768 se hizo, por orden del conde de Aranda, un nuevo censo, por obispados, y que abarcó toda España; sus resultados totales arrojan 18.106 parroquias, con 15.639 párrocos, 50.048 beneficiados, 55.453 religiosos y 27.665 religiosas. Incluyendo a los ministros subalternos, se llegaba al impresionante total de 176.057 [3]. Cuando Floridablanca ordenó la formación del censo de 1787, tuvo interés en hacer ver que las medidas reformistas estaban ya produciendo fruto. Quizás por eso distinguió claramente las diversas categorías. Los párrocos eran 16.689; los beneficiados, 23.692; los tenientes de cura, 5.771; los ordenados a título de patrimonio, 13.244, y los ordenados de menores, 10.774. Los religiosos tenían 2.019 casas, y en ellas vivían 61.617 personas, de las cuales 37.363 eran profesos. Las monjas tenían 443 conventos sujetos al ordinario y 605 a sus religiones; el total de las personas que en ellos vivían, incluyendo sirvientes y señoras seglares, era de 32.500. El total, en sentido amplio, era de 191.101, de los que habría que rebajar sacristanes,

---

[1] Los datos de este censo de 1747 sólo se conocen de manera fragmentaria y los totales se insertaron en una memoria de D. Martín de Loynaz.

[2] *La economía del Antiguo Régimen. La «renta nacional» de la Corona de Castilla* (Madrid 1977).

[3] Este censo se encuentra en una serie de gruesos volúmenes manuscritos de la biblioteca de la Academia de la Historia. Los resultados globales se incluyeron en el resumen impreso del censo de Floridablanca. Han utilizado también estos censos (y el llamado de Godoy, del año 1797) Moreau de Jones, en su ya antigua y muy defectuosa *Estadística de España,* adaptada por D. Pascual Madoz, y, más recientemente, Felipe Ruiz, en su ya citado artículo, y Juan Sáez Marín, en *Datos sobre la Iglesia española contemporánea. 1768-1868* (Madrid 1975), obra muy útil por el gran acopio de datos que contiene.

acólitos, donados, etc. La reducción que se observa en el censo de 1797, que es el que cierra esta brillante etapa estadística (pasaría luego más de medio siglo antes de tener documentos comparables a éstos), quizás habría que achacarla a distintos criterios; por desgracia, se desconocen los originales de este último censo.

Aunque los detalles de estas cifras sean discutibles, ciertas conclusiones se desprenden con claridad. El clero español era más numeroso en el siglo XVIII que en el XVI, lo que sólo puede atribuirse a la elevada *clericalización* de la centuria intermedia, que no podemos medirla directamente, pero la apreciamos en sus efectos. Sin embargo, durante el siglo Ilustrado no creció en la misma proporción que la población total. Aunque hay todavía bastantes dudas y controversias entre los especialistas, parece indudable que hubo un incremento de un tercio, quizás de un 40 por 100 (de ocho a once millones de habitantes). El clero no creció en la misma proporción; indicio claro del cambio de rumbo de los tiempos y de las mentes.

Otra conclusión es que, dentro del clero, las proporciones tradicionales se mantuvieron estables, lo mismo en el sentido horizontal (repartición topográfica) que en el vertical (estratificación jerárquica). Dentro del tono normal de plétora, las diferencias se acusaban entre unas provincias y otras, y, sobre todo, entre zonas rurales pobres y mal atendidas y otras ricas. El clero, sobre todo el regular, era urbano, prefería las ciudades y las villas importantes. A veces, por la fuerza de la inercia, ocurría que la ciudad había perdido su antigua población, su anterior prosperidad, pero seguía poblada de parroquias y, más aún, de conventos. El caso de Toledo no es sino el más conocido de otros muchos similares. En Alcalá de Henares, que apenas tendría 6.000 habitantes, había una colegiata, cinco parroquias y veinte conventos. En Medina del Campo, totalmente decaída de un antiguo esplendor, había seis parroquias y numerosos conventos. En cambio, Totana (Murcia) sólo tenía una parroquia, en la que se aglomeraban 22 sacerdotes, a más de un convento de franciscanos; en 1715, los mercedarios calzados intentaron fundar, pero el Consejo negó el permiso, porque lo que se necesitaba era otra parroquia. De los 654 vecinos que tenía Borja en 1714, 38 eran eclesiásticos; había también 119 frailes y monjas en seis conventos.

Aunque en el siglo XVIII se crearon algunas parroquias (muy pocas), el esfuerzo del Gobierno tendió a proteger a las más pobres, aquellas que con frecuencia estaban desprovistas de párroco por falta de recursos para mantenerlo. Sin embargo, siguió siendo frecuente la estampa del párroco rural que trota a lomos de una caballería por los vericuetos para atender a varios lugares mientras abundaban en los centros populosos los clérigos ociosos.

Sobre la procedencia y formación del clero no pueden aventurarse muchos juicios por falta de base documental. Se tiene la impresión de que, por lo menos en el clero regular, bajó el nivel social de sus componentes. Esa figura tan frecuente en los siglos áureos del gran señor (o señora) que abandonaba palacios, riquezas, servidores, para encerrarse en una celda, no desaparece del todo, pero se hizo cada vez más rara. Parece que incluso órdenes que eran restrictivas, con pujos aristocráticos, abren la mano y admiten pretendientes pobres, siempre con tal de que no hayan profesado *oficios viles,* como carnicero o mesonero. Pero esto, repito, es una impresión que habría que demostrar con monografías concretas. Las pruebas de limpieza de sangre seguían haciéndose por rutina; en algunos casos, el Gobierno de Carlos IV intervino para cortar esta práctica, que, si por tradición resultaba difícil de abolir en ciertas corporaciones de elevada jerarquía, resultaba tan arcaica como ociosa al aplicarla a un novicio en un humilde convento [4].

La formación del clero, sin cambiar en lo sustancial, sufrió cambios en dos sentidos opuestos; de una parte, aunque muchos futuros sacerdotes siguieran concurriendo a las aulas universitarias, se intensificó la creación de seminarios tridentinos, de suerte que, al terminar aquel siglo, pocas diócesis estaban desprovistas de ellos. Es indudable que mejoraron la instrucción y las costumbres de los aspirantes al sacerdocio, pero a costa de acentuar la separación entre el mundo eclesial y el laico. De otra parte, las corrientes ideológicas imponían nuevas orientaciones intelectuales, que no perdonaron las aulas de los seminarios ni los colegios monásticos; pero fue en las universidades donde se dejaron sentir con más fuerza, y con ello intensificaban la tendencia de los partidarios de la formación tradicional a evitar que los aspirantes concurrieran a centros abiertos a novedades que se juzgaban nocivas.

Relacionada con el reclutamiento del clero (o, por mejor decir, su adscripción a determinados puestos), el concordato de 1753 aportó una novedad importante: la desaparición casi total de aquel núcleo de clérigos españoles que en la Ciudad Eterna se afanaban, por medios no siempre irreprochables, por obtener alguno de los fructuosos beneficios que se otorgaban en la Curia. Embajadores y agentes habían denunciado repetidamente la salida de divisas que este hecho producía y el daño para las costumbres que suponía la estancia de un número de aspirantes, que a veces se evaluó en miles, pero que eran, por lo menos, centenares, ociosos y desmoralizados [5].

LA JERARQUÍA ECLESIÁSTICA

La jerarquía siguió manteniendo su estructura interna, con las características apuntadas en el siglo anterior. Se suprimió el Consejo de Aragón, pero siguió existiendo un Patronato de Aragón, que presentaba ternas para los beneficios vacantes, porque la uniformidad administrativa impuesta por Felipe V por medio de la Nueva Planta no fue tan absoluta como suele decirse; Cataluña, Aragón, Valencia y Baleares

---

[4] Dos de estos casos cité en mi *Sociedad y Estado en el siglo XVIII español* (Barcelona 1976) p.502 y 503.
[5] Numerosos datos sobre esta cuestión en la obra, tan rica de contenido, de Rafael Olaechea, *Las relaciones hispano-romanas en la segunda mitad del siglo XVIII.*

siguieron teniendo una personalidad y unas peculiaridades lo mismo en el orden civil que en el eclesiástico. Más incluso, en algunos aspectos, que el País Vasco, que siguió dependiendo de dos obispos foráneos: el de Pamplona, que abarcaba casi toda Guipúzcoa (hasta el río Deva), y el de Calahorra, que extendía su jurisdicción por el resto de Guipúzcoa y la casi totalidad de Vizcaya y Alava.

El nombramiento de obispos siguió haciéndolo el rey a través de la Cámara, que era el órgano oficial, y del padre confesor, que seguía siendo el elemento decisivo. El cambio de dinastía trajo, entre otros, el de los titulares del confesonario regio, que dejaron de ser dominicos, encargándose de él los jesuitas. No acompañó el acierto a los monarcas al escogerlos; lo mismo el francés Daubenton, confesor de Felipe V, que el P. Rávago, que lo fue de Fernando VI, resultaron intrigantes y ambiciosos. No obstante, las normas tradicionales para la selección del episcopado siguieron observándose hasta la crisis de 1766. Aunque el clero secular era preferido, siguió habiendo una notable proporción de regulares: alrededor del 40 por 100. Por esta vía era por la que mejor podían llegar a tan alto cargo los miembros de las clases modestas; los procedentes del clero secular eran, en gran parte (quizás en su mayoría), nobles.

No alcanzó este fenómeno las proporciones escandalosas que en Francia, donde la alta nobleza acaparó las mitras; aquí fue, más bien, patrimonio de hidalgos y segundones de casas aristocráticas; es indudable que la tendencia natural a favorecer a los nobles se vio reforzada por el continuo incremento del poder de los colegios mayores, que alcanzó en la primera mitad de aquel siglo sus más altas cotas. En los *Diálogos de Chindulza,* violenta sátira anticolegial escrita en 1761, se lee: «Mete miedo el considerar las calidades y prendas que se requieren para ser un mediano obispo; pero en España, para serlo, basta haber sido colegial mayor y haber llevado una vida sin escándalo; el mérito personal, la beca lo suple». A estos obispos colegiales atribuía el autor una inclinación desmedida hacia sus colegas. «Antes del concordato solían dejar en los testamentos grandes mandas a los colegios, y hoy, que no pueden testar, dan en vida gruesas cantidades... raro es el obispo que no se lleva por provisor a alguno de su colegio». También atribuye al favor de que gozaban en el Consejo de Castilla los frecuentes traslados y los permisos para no residir, permaneciendo en la Corte con empleos temporales [6].

Aunque el autor de este escrito es muy apasionado, hay un gran fondo de verdad en sus aseveraciones, y lo confirma el testimonio imparcial de Pérez Bayer: los colegiales, asociados a los consejeros, habían formado una casta cerrada, un formidable grupo de presión, entre cuyas piezas predilectas estaban las mitras. ¿Formaron parte los jesuitas de este grupo? Muchos contemporáneos —Lanz de Casafonda, Pérez Ba-

---

[6] *Diálogos...* p.125-26. Esta obra, escrita por D. Manuel Lanz de Casafonda, fue publicada por F. Aguilar Piñal en 1972.

yer, Bertrán y otros— no lo dudaban, aunque puede haber influido el odio común en que envolvían a colegiales y jesuitas. Sin embargo, otras personas independientes: D. Vicente de la Fuente y, más recientemente, Sala Balust, el historiador de los colegios mayores, creen probable que hubiera una alianza entre aquellas dos poderosas fuerzas; alianza tácita por supuesto, basada en un reparto de la influencia omnímoda de que gozaron hasta que, todavía dentro del reinado de Fernando VI, la desgracia de Enšenada fue augurio de los profundos cambios que se producirían en el reinado siguiente. Es lógico que con la expulsión de los jesuitas se produjera un cambio profundo en cuanto a la selección del episcopado; a partir de entonces, haber simpatizado con los expulsos fue un obstáculo insalvable; haberlos combatido, una recomendación [7]. Como en tiempos de Felipe V, cuando quedaron excluidos los sospechosos de austracismo, la política se mezclaba en la provisión de las altas dignidades eclesiásticas. Más tarde, la destrucción de los colegios mayores acabaría de completar este proceso.

El nuevo criterio de selección y los nuevos fines promovidos por el Gobierno determinaron un tipo de obispo en los dos últimos reinados del XVIII bastante distinto del que había prevalecido en los dos primeros, que era, en suma, el tradicional; los mejores promovían el ascetismo, las devociones, la limosna indiscriminada y con frecuencia indiscreta, la defensa a ultranza del fuero eclesiástico incluso en sus aspectos más arcaicos; tal fue el caso de Pérez de Prado, obispo de Teruel, defensor de la doctrina del poder episcopal en asuntos mixtos, que, sin embargo, fue promovido por Felipe V al cargo de inquisidor general. Con los dos últimos Carlos predominan prelados que, ya por propio impulso o por excitaciones llegadas de arriba, promueven los intereses temporales y colaboran con el Estado en materias como las obras públicas, instrucción, sanidad y economía. A este tipo pertenecen figuras como las de D. Antonio Palafox, hijo de los marqueses de Ariza, muy distinto de su pariente el obispo de La Puebla; D. Antonio, al ser creado obispo de Cuenca en 1800, fundó escuelas primarias y una fábrica de tejidos; los arzobispos de Tarragona Santiyán y Armañá repararon el acueducto que abastecía la ciudad, cosa que también hizo en Málaga D. José Molina. Díaz de la Guerra, obispo de Mallorca, restauró la ciudad y puerto de Alcudia; González Pisador creó cátedras de medicina en la universidad de Oviedo; el cardenal Lorenzana, cuando llegó a su primera sede (Plasencia), creó, por encargo del Gobierno, un hospicio; a su regreso de México fue agraciado con la sede primada e invirtió enormes sumas en obras de interés general, como la impresión de los Padres Toledanos y la construcción del hospital de Ciudad Real. Una iniciativa interesante fue la creación de una biblioteca pública en cada sede episcopal con cargo al fondo de espolios (real cédula de 17 de febrero de 1771).

El aumento de las rentas decimales, consecuencia del incremento

---

[7] Véanse los ejemplos aducidos en mi citada obra, p.370.

general de la economía española, facilitaba estos y otros dispendios; pero sería ingenuo creer que todos tenían fines tan útiles. El prelado gran señor, pomposo, vanidoso y derrochador no había desaparecido. La propia Casa Real dio el pésimo ejemplo de destinar a la primera silla española a dos infantes: D. Luis y D. Luis María de Borbón, ambos sin vocación ni prendas, sólo por el señuelo de sus cuantiosas rentas. El cardenal Solís, arzobispo de Sevilla, halló medios para entramparse ampliamente; más de 120.000 pesos debía en 1764 a varios particulares. La carrera de D. Luis Fernández de Córdoba Portocarrero de Guzmán no difiere nada de la de cualquier encumbrado segundón del siglo XVII. Su padre, sexto marqués de Priego, había renunciado un canonicato de Córdoba para casarse; el hijo siguió la carrera eclesiástica hasta el fin: colegial en Salamanca, canónigo en Toledo a los veintiún años, luego deán de la misma catedral, cardenal y en 1755 arzobispo de Toledo por renuncia del infante D. Luis, a quien apetecía más una boda terrenal que los desposorios místicos con su iglesia. Es, pues, una mezcla muy compleja la que ofrece el episcopado español del siglo de las luces, sobre todo en las ricas sedes, en las más codiciadas.

El reclutamiento y distribución del medio y bajo clero seguía adoleciendo de los mismos defectos que en tiempos pasados; a pesar del interés que la administración *ilustrada* mostró por los párrocos, sólo pudo atenuar las injusticias más flagrantes mediante la circular de 1768, que disponía un nuevo arreglo de los curatos, reforzando los ingresos de los más pobres y desmembrando los más extensos; algunos obispos colaboraron con eficacia y elaboraron planes de dotación y erección de curatos [8]. Sin embargo, en conjunto, la situación no cambió gran cosa. Sobre los efectos de las disposiciones para elevar el nivel intelectual de los párrocos por medio de oposiciones y concursos de méritos estamos insuficientemente informados.

La correspondencia sostenida por el geógrafo real Tomás López con los párrocos con vistas a confeccionar un mapa y descripción general de España, suministra bastantes datos acerca del estado material y moral de los curas en el último tercio del XVIII. En 1786, es decir, mucho después de que el Gobierno hubiese ordenado el arreglo y mejor dotación de los curatos, el párroco de El Torno (Plasencia) escribía a D. Tomás que de 20.000 reales que valían los diezmos de su parroquia, sólo percibía 294, «y, si cae enfermo y no puede trabajar, perecerá de hambre. Hace cuarenta y siete años que sirvo el oficio; he celebrado más de 17.000 misas, bautizado más de 2.000 criaturas y casado 301. Todos los curas de este obispado se hallan indotados; lo pasan mal y no pueden socorrer a sus pobres feligreses. Dotándolos bien podrían decir las misas *pro populo* en las fiestas y tendrían los vivos y difuntos este

[8] Entre otros varios que entonces se redactaron se encuentra el *Plan y decreto que en 1787 proveyó el Ilmo. Sr. Arzobispo de Granada... aprobado por real cédula de 13-9-1788* (Granada 1790).

sufragio de que carecen. Son muchos los pueblos que se sirven por tenientes indotados, y los canónigos con rentas excesivas» [9].

Igual o mayor descontento había entre la clerecía de la extensísima sede toledana, cuyos esplendores catedralicios ocultaban muchas miserias rurales. «Toledo —escribía uno de los corresponsales de D. Tomás López—, con su iglesia y fundaciones, es muy fecunda en tales extorsiones, con que hace oficio de madrastra, apropiándose la mayor tajada de cada hija, dejando a éstas con la menor, y algunas en la miseria, y a otras sin ministro alguno» [10]. Con más extensión se explanan estas quejas en una exposición que en 1796 elevaron al Consejo los párrocos de aquel arzobispado, en la que hay expresiones realmente atrevidas: «Los diezmos de los párrocos que trabajan se dan a los que resplandecen por su ocio». Muchos eclesiásticos, aseguraban, rehusaban los curatos, prefiriendo un beneficio simple y una renta descansada. «Después de haberse educado en una universidad o colegio y haber gastado un patrimonio en una larga carrera, recibe por premio un retiro a un pueblo, sin más compañía que la de los libros, si puede comprárselos; hállase con doscientos o trescientos ducados, sin casa o mala, y, si está enfermo, no tiene con qué pagar a un sustituto... Esta es la causa de que los agricultores sientan que sus diezmos no les aprovechan y el motivo por el que el nombre de Dios se blasfema entre las gentes». Se referían también a «los muchísimos que hay que no son tanto curas como mercenarios, puestos en los pueblos de señorío, de Ordenes Militares y otros muchos; nada participan de diezmos y sólo tienen una miserable asignación de cinco, seis o siete reales diarios. Todo lo demás se reserva para el señor, para el comendador, para el monasterio, para la dignidad, para los que son curas en cuanto a la utilidad, y los otros en cuanto al trabajo» [11].

Rebajando cuanto se quiera de estas quejas, reconociendo que había también curatos ricos (los de Galicia solían rentar de 700 a 1.000 ducados y aún más), queda el hecho de que gran parte del clero rural se sentía postergado. Esta falta de unidad interna en la Iglesia española explica muchas cosas; entre ellas, la diversidad de actitudes que tomó cuando se produjo la revolución liberal, que halló firmes enemigos en el episcopado y en los conventos, pero bastantes simpatizantes en el bajo clero.

De éste formaban también parte la multitud de beneficiados sin cura de almas, muchos de ellos con unas congruas ridículas; en las Cortes de Cádiz dijo Pedro A. Corrales que todavía en muchas diócesis se mantenía la congrua de cien ducados; con estas dotaciones insuficientes se ordenaban muchos a título de patrimonio, sobre todo en las llamadas «capellanías de sangre», que, por tratarse de derechos particulares, no

---

[9] Esta correspondencia está manuscrita, en 20 volúmenes, en la sección de manuscritos de la Biblioteca Nacional de Madrid y hasta ahora sólo ha sido aprovechada de modo fragmentario.
[10] Carta del párroco de Arganda en 1787 (B. N. de Madrid, ms.7.300).
[11] AHN, *Consejos*, 7.225-83.

fueron objeto de las reformas borbónicas, pero sí de las sátiras de los ilustrados como Cabarrús, que recordó en sus cartas que el sacerdocio hereditario sólo existió en la tribu de Leví, y pidió que no se admitiera a nadie que no hubiera cursado en algún seminario.

Esta absurda distribución de los bienes eclesiásticos, sólo en muy pequeña parte remediada por los monarcas reformadores, seguía produciendo pésimos efectos en cuanto a la imagen popular del clérigo, pues con harta frecuencia tenían que exigir oblaciones y derechos sacramentales a sus parroquianos. Miranda, el futuro Libertador, cuyas notas de viaje por España son muy curiosas, se indignó al pasar por Jaraicejo (Cáceres) viendo al cura y al sacristán animando a los vecinos a que mandaran decir responsos. Y el abuso no ocurría sólo en comarcas apartadas; las disputas sobre derechos funerales estallaban incluso en las urbes progresivas, como Bilbao, donde los vecinos impugnaron el proyecto de concordia hecho por el municipio con los 24 beneficiados de las cuatro parroquias urbanas. Allí las ofrendas estaban institucionalizadas con tal rigor, que en 1732 los vecinos fueron clasificados en cinco categorías según su riqueza. Treinta años después, el municipio quiso abolir las ofrendas, sustituyéndolas por un canon de 18.000 reales anuales con cargo a los propios, pero muchos vecinos protestaron, porque este proyecto favorecía a los más pudientes [12].

El clero regular mantuvo una gran estabilidad a lo largo de aquel siglo. La atonía fundacional, manifiesta ya en la segunda mitad del XVII, se acentuó hasta el punto de que, mientras en el XVI se implantaron en España nueve órdenes nuevas y seis en el XVII, no hubo ninguna nueva fundación en el XVIII, y las existentes apenas abrieron nuevas casas, a excepción de los escolapios. En cambio, se produjo la extinción de los 134 establecimientos que tenía la Compañía de Jesús, quedando en 1797 un total de 49.365 monjes y frailes, de ellos 38.422 profesos. Las monjas eran 24.007, distribuidas en 1.075 conventos. Se mantuvo, pues, e incluso se acentuó, el predominio numérico de los varones, característico de la Iglesia del Antiguo Régimen. También siguió habiendo la gran diferencia entre conventos ricos y pobres. En un decreto de 1724 decía el rey: «Son muy frecuentes las noticias de las necesidades que padecen muchos conventos de religiosas, y como no puede mantenerse la observancia en las comunidades si no tienen lo necesario para vivir, añadiendo a esto que muchas están detenidas en los noviciados sin profesar por falta de dotes..., mando al Consejo me proponga lo que debe escribirse a los obispos y prelados de las religiones para remediarlo». El Consejo se limitó a proponer que se pidieran informes, y todo quedó igual.

Muchos años transcurrieron hasta que aquel grande y malogrado reformador que fue D. Pablo de Olavide removiera la cuestión; era asistente (gobernador) de Sevilla, y en 1768 se dirigió al Consejo avisándole de la situación desesperada en que se encontraban muchas co-

[12] Ibid., 400-6.

munidades de religiosas de aquel reino. «Todos los días se halla con papeles en que le aseguran que no tienen qué comer aquel día. Y aunque ha procurado socorrer algunas, son tanto número y es tan grande su necesidad, que no alcanza su caudal a remediarla». Las causas las reducía a dos: la decadencia de las rentas de sus primitivas dotaciones, por ruina de las fincas, impago de juros y censos, etc. La segunda, admitir mayor número de religiosas de las que pueden sustentar [13].

En contraste con esta situación lamentable, encontramos la queja del consejo de Illescas (Toledo) de que el convento de franciscanas de aquella villa compraba todas las heredades que salían a la venta en tan altos precios, que los vecinos no podían competir, lo que podían hacer las monjas por tener exceso de rentas y no pagar diezmos [14].

Los monacales continuaban su existencia apacible, interrumpida sólo por las consabidas disputas regionales, bandos electorales y, en algunos casos, las discordias internas, como las motivadas por la pretensión de los legos o conversos cartujos de usar capas de color castaño obscuro (los monjes se quejaban de que las usaban tan oscuras, que se confundían con las negras de los sacerdotes) y tener la exclusiva de la administración de los bienes temporales. El creciente valor de las rentas y de los frutos producía cada vez más situaciones de tirantez con los colonos, como el pleito que opuso a los monjes de El Paular con los vecinos de Talamanca, resuelto a favor de éstos gracias al informe de Campomanes; en cambio, los de Sahagún vieron desestimadas sus pretensiones; prueba de que no había en las alturas gubernamentales criterios sólidos y unánimes en estas materias. Los monjes oponían la inercia a las órdenes que llegaban de Madrid, y así se reiteran las dirigidas contra los monjes granjeros y los frailes que con diversos pretextos se hallaban fuera de sus conventos, sin que tales situaciones irregulares llegaran nunca a decidirse. La disputa más encarnizada, la de los foros gallegos, en la que estaban interesados todos los monasterios de aquel reino, se zanjó con la congelación de rentas, que perjudicó a los monjes y no favoreció a los campesinos, sino a la nobleza media, que subarrendaba las tierras.

Señales evidentes de la decadencia de los ideales monásticos aparecen aquí y allá en la documentación de la época. Cuando el vicario general de los jerónimos de Aragón gira una visita de inspección al monasterio de Santa Fe a instancias de la Real Cámara, comprueba que era frecuente el ingreso de mujeres en la clausura e incluso bailar con los monjes en sus celdas; los ayunos, abstinencias, asistencias al coro, etcétera, apenas se guardaban. Es de suponer que se tratara de un hecho excepcional. Por desgracia, algunos de estos abusos tuvieron consecuencias perdurables; los frailes de Calatrava la Nueva soportaban mal la vida en aquella aislada altura de Sierra Morena; denegadas sus peticiones de traslado, en 1804, sin autorización pontifical ni regia, abandonaron Calatrava

[13] AHN, *Consejos,* 5.943-11 y 5.988-51.
[14] AHN, *Estado,* leg.3.029 n.3.

por Almagro, destrozando antes a conciencia aquel venerable monasterio, lleno de recuerdos históricos, para que no se les obligase a volver a ocuparlo.

Pongamos ahora en el otro platillo de la balanza al monasterio de Benifazá, situado en lo más intrincado del Maestrazgo de Castellón, comarca agreste y pobrísima, cuyos vecinos sólo podían subsistir con ayuda de las copiosas limosnas de los monjes. Pongamos también en el haber de los monjes el celo con que custodiaban los libros, los pergaminos y las infinitas riquezas artísticas que encerraban los monasterios. Pero se ocupaban más de conservar que de acrecentar, y muy pocos sentían la curiosidad de revolver aquellos tesoros bibliográficos y documentales. Si una comunidad parecía predestinada a convertirse en centro de investigación y estudios, era, sin duda, El Escorial; sin embargo, no fue así; el P. Zarco del Valle y D. Elías Tormo han relatado el fracaso de los esfuerzos hechos durante el reinado de Carlos III para convertirlo en foco de actividad intelectual [15]. El mismo resultado negativo obtuvo Floridablanca cuando pretendió que los cistercienses, en vez de limosnas, proporcionaran enseñanza a los niños.

Entre los mendicantes, los franciscanos eran, con gran diferencia, los más numerosos: 18.514. Uniéndole los 3.454 capuchinos, la familia seráfica reunía casi la mitad de todo el clero regular. Los dominicos eran 4.523; los carmelitas (calzados y descalzos) pasaban también de 4.000. Las demás órdenes tenían cifras menores. La calidad de este personal, demasiado numeroso para ser muy selecto, era desigual. Haro de San Clemente, fraile carmelita, escribía en 1729: «En las sagradas religiones hay dos diferencias de sugetos. Algunos hay (aunque no son muchos) hijos de hombres ricos, principales y caballeros, que tenían en el mundo con qué pasar, y que, si hubieran querido ser clérigos, tenían capellanías de linaje para serlo y facilidad para entrar en colegio mayor para aspirar a cosas grandes. Estos vinieron a servir a Dios. Otros (y son los más) no vinieron así. No tenían en el siglo a dónde fijar el pie; no quisieron ser oficiales como sus padres, y vinieron a acomodarse; no a servir a la religión, sino a servirse de ella».

A espesar más esta atmósfera de negligencia, por no decir de relajación, contribuía el número de frailes, excesivo para las rentas de muchos conventos. Ya no eran frecuentes las grandes, las generosas donaciones de otros siglos; muchas comunidades malvivían de pequeñas rentas, de limosnas; a veces, de arbitrios menos claros. Este fue el motivo de que Campomanes organizara la reducción de conventos en algunas órdenes que parecían especialmente relajadas, como los trinitarios y mercedarios. La tesis de Cortés Peña mostrará cómo estos esfuerzos tuvieron un éxito limitado y cómo los frailes en su resistencia pasiva contaban con el apoyo de los pueblos. Pues, pese a todo, seguían siendo populares; quizás más en las ciudades que en el campo, donde los conflictos de intereses eran más frecuentes. Alcalá Galiano, en sus *Recuer-*

---

[15] ZARCO, *Los jerónimos de El Escorial* p.37-38.

dos, consignó una anécdota bastante significativa: en 1809 sucedió un motín en Cádiz, y la ciudad se encontró sin autoridades; por exigencias del bajo pueblo, ejerció algunos días el mando militar y civil el guardián del convento de capuchinos. Fueron las órdenes dedicadas a los ministerios de la predicación, la beneficencia y la enseñanza las que gozaron más favor. No hablamos de los jesuitas, su apogeo excesivo y su caída ruidosa, porque ello es objeto de otro capítulo de esta obra.

IGLESIA Y SOCIEDAD EN EL SIGLO ILUSTRADO ESPAÑOL

Miradas en conjunto, las relaciones entre la Iglesia y la sociedad hispana en el siglo XVIII se caracterizan por un progresivo distanciamiento entre unas estructuras muy arcaicas, que se resistían al cambio, y unas condiciones sociales que evolucionaron, primero lentamente y luego cada vez con mayor rapidez, de tal manera que en 1800 ni el ambiente espiritual ni las condiciones materiales eran comparables a las vigentes en 1700. Esto lo captó una parte del clero, sobre todo entre el clero secular; hemos citado ya un buen número de prelados de tendencias reformadoras, y la lista podría alargarse mucho; en la correspondencia de los párrocos con D. Tomás López, también se transparenta en muchos una inquietud por mejorar las estructuras eclesiásticas y aun las de toda la sociedad española; en sus cartas se proponen mejoras, se denuncian abusos, e incluso hay una, muy curiosa, de un párroco gallego que refiere cómo practica él mismo la inoculación (un antecedente de la vacuna antivariólica) para atajar la tremenda mortalidad infantil.

El clero regular aparece mucho más retardatario; es verdad que en él no faltaban, empezando por la figura señera de Feijoo, los que comprendían la necesidad de adaptarse a unas nuevas condiciones socioeconómicas e intelectuales; pero la virulencia de los ataques de que fue objeto, a pesar del innegable moderantismo de sus opiniones, indica cuán poderosas eran las fuerzas de inercia. La palabra *novedad* seguía pareciendo temible a muchas mentes, que apellidaban *novatores* a sus adversarios, y esta resistencia a todo cambio la aplicaban no sólo a las verdades religiosas, sino a todo el contexto político-social, incluyendo sus aspectos más indefendibles; sólo este errado concepto puede explicar que un apologeta como el P. Ceballos propusiera deleznables argumentos en favor de la tortura judicial como medio de prueba, y que en fecha tan avanzada como la de 1778, cuando ya se habían divulgado las ideas de Beccaria sobre la suavización del sistema penal, saliera a la luz pública una *Defensa de la tortura,* del canónigo D. Pedro de Castro, en la que intentaba refutar la notable impugnación del tormento judicial hecha por Alfonso de Acevedo, criticando también de paso a Feijoo por el mismo motivo [16].

---

[16] Los detalles de la polémica entre Acevedo y Castro, en la que intervinieron otros autores, se hallan resumidos en *La tortura en España,* de F. Tomás y Valiente. Castro había tenido una formación sólida, pues antes de ser canónigo en Sevilla fue colegial y catedrático en Bolonia; sin embargo, su argumentación pertenece a la más degradada escolástica.

Otro signo de anquilosamiento era que el movimiento misional, que seguía muy activo y protagonizado por ciertas órdenes religiosas, abordase temas socioeconómicos, cosa que rara vez había hecho en el XVII, pero con unos criterios excesivamente conservadores, por no decir francamente reaccionarios. Podemos citar como ejemplo la actitud de la Iglesia frente al teatro, interesante porque en este episodio, no estudiado aún en su conjunto, se pone de relieve la incapacidad de un sector del clero para ponerse a tono con la época y las actitudes contradictorias de las autoridades civiles. El arte dramático es, sin duda, el más social de los géneros literarios, ya que es un espectáculo colectivo que necesita la colaboración de amplios sectores sociales y realiza una fusión de las ideas y sentimientos de todos ellos al proponerles unos ideales comunes. En este sentido puede decirse que el teatro de nuestro siglo de oro fue popular, no fue elitista; lo mismo autores que espectadores comulgaban con los valores de honor, patria y religión puestos en escena en teatros, en corrales, en espacios al aire libre y también en locales eclesiásticos, porque las representaciones teatrales, a pesar de las prohibiciones, duraron bastante en iglesias y conventos; y, por supuesto, en las aulas jesuíticas.

¿Por qué un espectáculo, un género literario que (salvo desviaciones ocasionales) exaltaba los valores admitidos, incluyendo los religiosos, llegó a ser objeto de furibundos ataques y de una proscripción formal por parte de la Iglesia? Y al decir la Iglesia no me refiero sólo al clero, sino a gran parte de la población civil. Sin duda hay que ver aquí una manifestación de aquel concepto sombrío de la vida y de la religión que en otros países tomó la forma del jansenismo, y entre nosotros, de moralismo atosigante y de obsesión por la muerte y el infierno. Fue un error de las autoridades eclesiásticas proscribir un medio tan eficaz de acción sobre las masas, y en el que no pocos autores de irreprochable ortodoxia alcanzaron inmortal renombre; pero no fue suya toda la culpa; el propio Felipe IV en su ancianidad favoreció el rigorismo, y en adelante no pocos de los municipios oligárquicos adoptaron la misma actitud; y no sólo por piedad, sino por el temor de que los oficiales y artesanos gastaran dinero y tiempo en espectáculos. En este aspecto, Andalucía fue la región más afectada por el rigorismo antiteatral. En 1679, el P. Tirso González, S.I., consiguió que la ciudad de Sevilla hiciera voto de cerrar el teatro, prometiéndole que así se libraría de la peste. Por la misma fecha y con iguales argumentos se cerraron los de Granada y otras ciudades.

En el siglo XVIII siguió explotándose el terror a las catástrofes naturales; en 1746, los valencianos, asustados por un furioso temporal, decidieron cerrar el teatro, y el arzobispo, D. Andrés Mayoral, para que no se volviesen atrás, hizo derribar aquel hermoso edificio, edificado según los planos del P. Tosca. El terremoto de 1778 fue motivo para que los granadinos volvieran a cerrar el teatro. El caso más curioso ocurrió en la Isla, de León, donde el propio dueño del coliseo, aterrado por la epidemia de 1800 y creyéndose responsable, pidió permiso para derribarlo.

Esta mentalidad es incomprensible, pues las piezas que se representaban se ajustaban a los preceptos de la moral y en gran proporción eran de asunto piadoso. Pero los enemigos argüían que era una profanación llevar a las tablas temas y personajes sagrados, clamaban contra las liviandades de las comedias *de enredo* y denostaban la vida particular de los comediantes [17].

Al llegar al trono Carlos III no había representaciones teatrales más que en Madrid, Cádiz y algunas otras ciudades donde había colonias de extranjeros. En este aspecto, 1766 fue también una fecha clave: Aranda y Campomanes favorecen el teatro por motivos distintos, pero coincidiendo en un sentido anticlerical; uno de los primeros actos de Aranda al llegar a la presidencia de Castilla fue organizar en la Corte unos bailes de máscaras, que fueron considerados en ciertos medios como un atentado a la pureza de las costumbres. La actitud pro teatral de Campomanes tenía otras motivaciones: no favorecer la frivolidad europeizante, sino utilizar el teatro como medio de propaganda de sus ideales político-sociales; subsidiariamente, combatir lo que estimaba intromisiones del clero en asuntos propios de la competencia secular; el 4 de octubre de 1766, la compañía que pretendía representar *La serva padrona*, de Pergolese, acudió al Consejo denunciando que el vicario de Madrid había prohibido su representación. Campomanes, en su papel de fiscal, aprovechó la ocasión para emitir un duro alegato contra la intromisión de los que «cubren la ambición de mando con el velo de la religión»; achacaba la situación creada al reglamento de 1753, que autorizaba la censura del vicario, y no dejó de recordar que dicho reglamento fue consecuencia de las declamaciones del misionero jesuita P. Calatayud, secundado por el también jesuita Gaspar Díaz, que alborotó al pueblo gaditano contra las comedias. Y terminaba ponderando la utilidad de las obras teatrales, «pues el Gobierno, por boca de los actores, influye en los espectadores aquellas enseñanzas con capa de diversión».

Poco después, en enero de 1767, el arzobispo de Toledo, dando pruebas de un desconocimiento total del ambiente que dominaba en las alturas, pedía la prohibición total de bailes, óperas y comedias, atrayéndose una dura réplica del conde de Aranda, en la que decía en sustancia que sólo las comedias de santos y autos sacramentales debían prohibirse; las comedias servían para corregir las costumbres; los bailes de máscaras «sirven de entretener con decencia las personas y el lucimiento de esta Corte». En toda Europa, incluso en Roma, se toleraban estas diversiones, y terminaba invitándolo a que corrigiera las faltas contra la moral que producía la asistencia de las tapadas a las iglesias.

Mientras Aranda y Campomanes redactaban esta respuestas, prepa-

---

[17] Cotarelo y Mori (*Bibliografía de las controversias sobre la licitud del teatro en España*, Madrid 1907) suministra lo esencial de la bibliografía y de los textos legales. Sobre el *conformismo* del teatro clásico ha escrito bellas páginas José A. Maravall (*Teatro y literatura en la sociedad barroca*, Madrid 1972).

raban el decreto de expulsión de los jesuitas; ésta se verificó en mayo de 1767, y al mes siguiente se publicó una real cédula derogando cuantas prohibiciones de comedias estaban en vigor en diversas ciudades. La coincidencia de estas medidas no es fortuita; en el fondo eran manifestaciones del choque entre un sector eclesiástico y el poder civil, cada uno con unos conceptos morales diversos y con la pretensión de imponerlos al conjunto de la sociedad española.

En los años siguientes sucedieron una serie de incidentes que no vamos a detallar. A quien quiera profundizar la cuestión puede interesarle el caso de Sevilla, bien conocido gracias a Defourmeaux y Aguilar Piñal [18]. Olavide autorizó las representaciones, que, como se recordará, habían sido suspendidas en 1679. En 1768 patrocinó la celebración de bailes de gala en la capital andaluza, y comenzó la construcción de un gran coliseo, que sería también escuela de arte dramático. En 1772 se representó la *Zaira*, de Voltaire, expurgada y sin nombre de autor, bajo la mirada benévola de su amigo el cardenal Solís. Un familiar del cardenal, Cándido María Trigueros, hizo una adaptación del *Tartufo*, que se ha perdido. Trigueros fue también autor de una pieza dramática titulada *Los menestrales*, carente de estro poético, pero de interés para conocer el reformismo social latente en una parte del clero.

A partir de 1773, cuando Aranda fue sustituido por el gris y dúctil Ventura Figueroa, el panorama cambió bastante; se puso sordina a muchas reformas, y la batalla antiteatral recomenzó, sin que Campomanes se atreviera a intervenir; no estaba respaldado en este punto por el monarca, que no era amigo del teatro. El mismo año 1773 se prohibieron los bailes de máscaras. Luego, el arzobispo de Burgos consiguió que se prohibiesen las representaciones de ópera que daba una compañía italiana. En Zaragoza, un capuchino atribuyó a castigo divino el incendio del teatro, que causó muchas víctimas. El obispo de Orihuela consiguió permiso para derribar el teatro. En Andalucía, la predicación antiteatral de F. Diego José de Cádiz tomó unos tintes apocalípticos, y, secundado por otros misioneros, consiguieron la suspensión de toda actividad teatral, excepto en Cádiz. Hubo movimientos emocionales tan fuertes, que en Ecija, tras escuchar a los misioneros, la multitud asaltó el teatro y quemó el mobiliario en la plaza principal.

La polémica sobre el teatro no interesó más que a contados elementos gubernamentales; en cambio, la ofensiva contra las nuevas doctrinas económicas que estaban abriéndose paso en Europa sí fue considerada como asunto grave. En el siglo XVI, los teólogos de la escuela de Salamanca mostraron una gran comprensión hacia los fenómenos surgidos del naciente capitalismo y las cuestiones morales a que daban lugar. Pensadores como Vitoria, Soto, Azpilcueta, Covarrubias y Tomás de Mercado comprendieron que las viejas leyes eclesiásticas sobre la usura había que interpretarlas a la luz de las nuevas circunstancias y no declarar, sin más, pecaminosas prácticas usuales entre mercaderes y banque-

---

[18] F. AGUILAR PIÑAL, *Sevilla y el teatro en el siglo XVIII* (Oviedo 1974).

ros. En este punto hubo también un estancamiento e incluso un retroceso; en pleno siglo XVIII, superado ya el mercantilismo, abolidas las leyes suntuarias, en pleno auge de la fisiocracia y en los albores del liberalismo económico, hallamos escritores y predicadores que siguen inquietando las conciencias y promoviendo choques con las autoridades, favorables a las nuevas doctrinas. El dominico P. Garcés, a pesar de gozar del favor de la Corte (fue predicador áulico en los reinados de Fernando VI y Carlos III), se atrajo censuras por haber atacado las operaciones comerciales y financieras de los cinco gremios mayores de Madrid; Fr. Diego de Cádiz promovió un gran escándalo durante su misión en Zaragoza, donde denunció las enseñanzas que daba en la Sociedad Económica D. Lorenzo Normante, a quien puede considerarse el primer profesor de economía política que ha enseñado públicamente en España, a causa de sus opiniones sobre los inconvenientes de la amortización, de la conveniencia de los gastos suntuarios y otras, que, ciertas o no, entran dentro de lo discutible y pertenecen más a la ciencia económica que a la teología.

Otro incidente muy ruidoso tuvo lugar en Bilbao con motivo de los sermones de misión del P. Calatayud. La Compañía de Jesús parece que había perdido también mucho de su antigua capacidad de adaptación, y misioneros como Dutari y Calatayud hablaban un lenguaje que no estaba acorde con los nuevos tiempos. Ya había misionado otras veces en aquella villa a solicitud del ayuntamiento, y los munícipes, a instancias suyas, enmendaron algunas cosas que, según el criterio de la época, parecían inmorales, como bañarse en la ría del Nervión, en parajes públicos. En un lugar de sus *Doctrinas prácticas,* el P. Calatayud escribía: «Todo pacto, carga o ganancia que se añade a lo que se presta es una usura», lo que equivalía a mantener el más rígido criterio es esta materia y confundir el interés legítimo del dinero con la usura. Por eso, en su predicación de Bilbao, a vueltas de acusaciones fundadas contra la codicia de los dueños de ferrerías, había expresiones duras y exageradas que motivaron una protesta del consulado en 1752, y más tarde, ya en vísperas de la expulsión, otra, que fue acogida por el Consejo de Castilla, muy prevenido contra todo lo que proviniese de los jesuitas [19].

En esta misma línea podríamos poner la prohibición inquisitorial del *Informe sobre la ley Agraria,* de Jovellanos. El motivo, sus ataques contra la amortización eclesiástica y civil. De esta manera, un tribunal establecido para mantener la pureza de la fe opinaba sobre materias económicas y declaraba fuera de discusión la cuestión (sin embargo, muy discutible) de si debía limitarse la exagerada expresión que la propiedad eclesiástica había adquirido en España. Por el mismo motivo sólo se permitió la publicación de *La riqueza de las Naciones,* de Adán Smith, después de haber sido expurgada.

A pesar de ser tan divergentes las opiniones oficiales y las del sector eclesiástico tradicional en esta y otras materias, el Gobierno insistió,

[19] MERCEDES MAULEÓN, *La población de Bilbao en el siglo XVIII* p.182ss (Valladolid 1960).

hasta el fin del Antiguo Régimen, en buscar la cooperación de l Iglesia
en sus intentos de reforma social. Cuando era el clero secular quien
debía prestar su cooperación, la obtuvo en gran medida; así se verificó
la reducción de los días feriados, de las cofradías, del derecho de asilo.
Una de las palancas de esta cooperación eclesiástica había de ser la participación del clero en las Sociedades Económicas, en las que Campomanes puso exageradas esperanzas. Hay ya una abundante literatura
sobre ellas [20] y se han dado a conocer varias listas de miembros; en lo
sustancial pertenecían a la porción ilustrada de las clases privilegiadas,
a la administración y a la burguesía. La participación del clero en muchas de ellas fue notable, si bien el entusiasmo inicial resultó de poca
duración.

LAS ETAPAS FINALES

Las grandes reformas de la época de Carlos III, en las que la Iglesia
debía participar como sujeto activo y pasivo, sufrieron una desaceleración
muy marcada en la segunda mitad de aquel reinado, porque el monarca era, en el fondo, mucho más conservador que sus ministros.
Luego, durante el reinado de Carlos IV (1788-1808), se produjo una
situación muy confusa; de una parte hay una continuación del espíritu
reformista, y no hay que olvidar en este punto el papel de Godoy,
quien, con todos sus defectos, pretendió ser un continuador de la Ilustración. Mas, por otra parte, ante el espectáculo de la Revolución francesa y sus consecuencias, se produjo una reacción muy fuerte, e incluso
el *mea culpa* de antiguos reformadores, como Floridablanca.

Sin embargo, la Iglesia española no se benefició nada de esta reacción. Hubo, sí, a nivel popular, un fuerte sentimiento de repulsa contra
los enemigos del Altar y del Trono, contra los cuales se predicó una
guerra de religión; se combatió a los franceses como en otros siglos a
los musulmanes; éste es el espíritu que impregna *El soldado católico,* de
Fr. Diego José de Cádiz; afluyeron los donativos y los voluntarios; pero
estas llamaradas emocionales suelen ser de corta duración. Llegó la desilusión, el cansancio, y, tras la paz de Basilea, se impusieron los motivos
políticos sobre los ideológicos y contra el enemigo secular, Inglaterra, se
volvió a la alianza con Francia, aunque ahora no estuviera representada
por los Borbones, sino por los revolucionarios del Directorio y luego
por Napoleón.

La coincidencia de estos conflictos exteriores con una serie de desastres naturales, como fueron las pestes y las hambres terribles de los
primeros años del siglo XIX, generalizaron en todo el país un ambiente
de crisis: quiebra de casas comerciales, déficit presupuestarios, inflación
galopante, precios disparados. Cuantos estudiaban el remedio a los males económicos volvían los ojos a la Iglesia española, a sus inmensos
bienes, a sus cuantiosas rentas. Ya sabemos que éstas se hallaban pési-

---

[20] Catalogada por Paula y J. Demerson y F. Aguilar Piñal: *Las Sociedades Económicas de
Amigos del País* (San Sebastián 1974).

mamente distribuidas; parece castigo providencial que por no haberles sabido dar mejor destino fueran esquilmadas por la autoridad seglar.

Carecemos de estadísticas económicas anteriores al Catastro de Ensenada; por ello sólo podemos conjeturar que los bienes de la Iglesia, que siempre fueron muy grandes, aumentaron en el XVIII, más que por las donaciones, que ya entonces eran escasas, por las inversiones de aquellas comunidades que tenían exceso de rentas. Las cifras del Catastro (referentes sólo a la Corona de Castilla) eran ya globalmente conocidas a través de citas de los fiscales Campomanes y Carrasco. Muy recientemente, D. Miguel Artola ha puntualizado y detallado estas cifras. De ellas resulta que la Iglesia poseía, entre bienes beneficiales (es decir, de la Iglesia como institución) y patrimoniales (propiedades particulares de los eclesiásticos), el 14,7 por 100 de la superficie; pero su participación en la renta agrícola llegaba al 24,1, lo que indica que las tierras de la Iglesia eran de mucha mejor calidad que la de los laicos. «Estaban dedicadas casi en su totalidad a tierras de cultivo y labor, con escasas extensiones de tierras incultas, pastos y montes, empleando mayores extensiones en cultivos de alta cotización, como las hortalizas, los frutales, la vid y el olivo». Poseía también la Iglesia una cabaña ganadera de unos tres millones de cabezas. Su participación en los sectores industrial y comercial era muy escasa; pero, en cambio, poseía una gran cantidad de fincas urbanas, juros y censos. Importantísima era la cuantía de los diezmos y primicias. En total, el Catastro le atribuía 270 millones de reales anuales de ingresos, sin contar los estipendios de misas, derechos sacramentales, obligaciones y limosnas. Si añadimos el valor de las rentas que obtenía en la Corona de Aragón y provincias exentas; si tenemos en cuenta que después de la formación del Catastro las rentas agrícolas subieron muchísimo, llegamos a la conclusión de que las rentas eclesiásticas al terminar el siglo XVIII alcanzaban y probablemente excedían los 500 millones de reales; una cantidad comparable al presupuesto del Estado por aquellas fechas.

Con estas cantidades se mantenía el clero, se sostenían miles de edificios, se costeaba el esplendor del culto, se destinaba una parte importante a obras de beneficencia; pero quedaba un remanente que se invertía en nuevas adquisiciones. «La Iglesia —dice Artola— se nos presenta en el plano económico como una institución eminentemente rentista, si bien esta peculiaridad le venía dictada por las limitaciones que la vida económica del Antiguo Régimen ponía a la inversión productiva. La compra de tierras para ponerlas a renta fue, en el siglo XVIII, la inversión de capital más ventajosa y generalizada, constituyendo una práctica común a los señores laicos y eclesiásticos» [21].

Siempre los reyes trataron de obtener una amplia participación en las rentas eclesiásticas, pero fue en el reinado de Carlos IV cuando esta política se practicó con mayor intensidad. Josep Fontana [22] y Richard

[21] *La economía del Antiguo Régimen* p.203.
[22] *La quiebra de la Monarquía absoluta* (Barcelona 1971).

Her [23] la han estudiado en detalle y con amplia documentación. La llamada *desamortización de Godoy* (1798) fue la que tuvo efectos sociales más profundos y más nefastos, pues afectó, junto a capellanías y beneficios de poca utilidad, a los bienes de muchos hospitales, hospicios, casas de expósitos y otras instituciones tutelares que la piedad de nuestros abuelos había acumulado durante siglos, y que se vieron en la miseria por la rapacidad del Estado. Estos fondos se volatilizaron con rapidez, y la Corona obtuvo de la Santa Sede otras concesiones: el noveno extraordinario sobre los frutos decimales (año 1800), la autorización para vender fincas eclesiásticas por importe de 6.400.000 reales anuales, que, capitalizados al 3 por 100, serían 215 millones (año 1806); y ya en vísperas de la invasión francesa, que dificultó su ejecución, el breve de 12 de diciembre de 1806 para enajenar la séptima parte de todas las propiedades eclesiásticas y la incautación de los señoríos jurisdiccionales de las mitras (de lo poco que quedaba de ellos después de las secularizaciones del reinado de Felipe II).

¿Por qué a los demás estamentos no se les exigió una contribución tan dura como al eclesiástico? Ello dice mucho sobre la escasa capacidad de reacción de la Iglesia y sobre el cambio mental que se había operado. Pues, a la vez que el Gobierno aumentaba las cargas, los ingresos de la Iglesia disminuían por efecto de la crisis general, y también del menor temor que inspiraban las censuras eclesiásticas. Son numerosos los testimonios que prueban que, a fines del Antiguo Régimen, los diezmos se pagaban con menos exactitud; también hay quejas (como la de un párroco rural segoviano) acerca de la disminución de las ofrendas [24].

No desorbitemos estos detalles; en conjunto, el pueblo español seguía siendo religioso, seguía teniendo una gran consideración hacia la Iglesia, no sólo como institución divina, sino como elemento de un orden social. Pero es evidente que la Iglesia española abordaba el temporal revolucionario en condiciones muy precarias: sin unidad interna, sin el prestigio intangible de otros tiempos, sin un soporte bastante sólido en las masas populares, que pocos años después, en muchos lugares, en regiones enteras, contemplarán sin reaccionar el desmantelamiento del andamiaje temporal de aquella institución milenaria.

---

[23] *El significado de la desamortización en España:* Moneda y Crédito n.131.
[24] GARCÍA SANZ, *Desarrollo y crisis del Antiguo Régimen en Castilla la Vieja* p.447ss.

CAPÍTULO II

REGALISMO Y RELACIONES IGLESIA-ESTADO EN EL SIGLO XVII

Por ANTONIO DOMÍNGUEZ ORTIZ

La Monarquía española y el Pontificado en el siglo XVII

La relación entre los dos máximos poderes, espiritual y temporal, se planteaba en el Antiguo Régimen en marcos muy distintos de los actuales; tenemos que hacer un esfuerzo de imaginación y situarnos dentro de un ambiente que no es para nosotros habitual. Existía, por una parte, un Pontificado que, en el plano dogmático, no había visto aún reconocida universalmente su carácter infalible; que no había conjurado del todo (a pesar de su victoria tridentina) el espectro del conciliarismo, que no había alcanzado el grado de respeto y adhesión que logró más tarde, precisamente cuando se vio despojado de su poder temporal. En cambio, como tal señor temporal dominaba una porción importante de Italia, y como cabeza visible de una Iglesia muy rica y poderosa suscitaba en los soberanos unos sentimientos complejos: recelos ante su poder y, a la vez, deseo, necesidad incluso, de tener propicio a quien era reconocido como autoridad suprema en todo el orbe católico y, según la actitud que adoptara, podía facilitar o contrariar enormemente la labor de sus gobernantes.

De otro lado había un imperio hispánico, menos nebuloso que el imperio de Carlos V, de contornos mejor definidos desde que su abdicación dividió la inmensa herencia de los Habsburgos en dos ramas, la española y la austríaca; pero, no obstante, de una complejidad inmensa, siendo la persona del soberano el único nexo entre una multitud de territorios en el Viejo y Nuevo Mundo muy distintos en cuanto a su población y *status* jurídico, por lo que el apelativo de *hispánico* sólo era aplicable a aquel imperio en cuanto sus soberanos se habían españolizado profundamente, en cuanto Madrid era el centro de las últimas decisiones, en cuanto los castellanos tenían por ello más oportunidades de obtener altos puestos (virreinatos, embajadas, mandos militares). Pero ni existió antes de los Borbones un Estado español como entidad jurídica ni los Austrias llegaron nunca a clarificar de modo satisfactorio las relaciones de su casa, de su dinastía, con el conjunto de los países que les reconocían como soberanos, y con frecuencia la propia Castilla, el miembro, al parecer, más beneficiado del imperio, sintió aquel liderazgo como una carga pesada, una obligación que se le imponía y que iba en contra de sus verdaderos intereses.

Las relaciones entre ambos poderes se establecían a varios niveles. Veamos primero cómo funcionaban las relaciones pontífice-monarca. No comprenderemos sus entresijos si no tenemos en cuenta que los ámbitos espiritual y temporal estaban mal definidos, que sus fronteras eran difusas; por eso, Iglesia y Estado aparecían con frecuencia disputándose parcelas de poder en unos aspectos, mientras colaboraban estrechamente en otros. En el fondo, todo arrancaba de una misma raíz, de un contexto sociopolítico en el que el elemento religioso estaba mezclado en todos los aspectos de la vida. Los reyes estaban convencidos de que, al intervenir en los aspectos temporales y disciplinares de la Iglesia española, no sólo ejercitaban un derecho, sino un estricto deber, como protectores y responsables que eran de ella. La realeza tenía un matiz religioso, y el Pontificado, matices seculares. El pecado era un delito, y el delito, un pecado. La distinción entre clérigos y seglares no era nada clara; recuérdense casos como el cardenalato del duque de Lerma y el canonicato del conde-duque de Olivares [1].

Para todos los soberanos era de vital interés que en Roma reinase un papa propicio a su persona e intereses. Más que a ninguno, importaba a quien con cierta impropiedad llamaremos «el rey de España» [2]. Envuelto en continuas luchas, necesitaba su ayuda en muchos aspectos; si como soberano temporal el pontífice tenía escasa fuerza, no dejaba de ser cierto que sus dominios cruzaban la península italiana de costa a costa, separando el Nápoles español, al sur, del ducado de Milán, al norte. Su prestigio en la cristiandad podía ejercitarse en favor o en contra de los Habsburgos. Otro factor de capital importancia era que, sin licencia papal, el rey de España no podía obtener de la Iglesia los subsidios que necesitaba, y cuya concesión era temporal; las Tres Gracias (cruzada, subsidio y excusado) las concedía el papa por seis años, y para que las renovase era preciso que no estuviesen en malas relaciones. Lo mismo ocurría con la autorización para que los eclesiásticos españoles, contra su privilegio de inmunidad fiscal, contribuyesen en el impuesto sobre artículos de primera necesidad, llamado vulgarmente de *Millones*. Y la concesión de décimas sobre las rentas del clero sólo se otorgaba irregularmente y de modo gracioso. Desde que Felipe II sistematizó estas gracias, la aportación financiera de la riquísima Iglesia hispana era vital para la Real Hacienda.

Ahora bien; para obtener un papa favorable había que intrigar en los conclaves, lo cual se hacía, en lo esencial, de dos maneras: desde fuera, a través del embajador, que transmitía promesas y amenazas.

[1] C. PÉREZ BUSTAMANTE, *Los cardenalatos del duque de Lerma y del infante D. Fernando:* Boletín de la universidad de Santiago (1935).
[2] Este título se aplicaba ya corrientemente, pero nunca con carácter oficial. El imperio seguía siendo un agregado de reinos, principados y señoríos, entre los cuales Castilla no tenía ninguna preeminencia legal.

Desde dentro del conclave, disponiendo de un grupo de cardenales adictos. Los reyes más reputados por su cristiandad no dudaban en recurrir a estos medios de presión, y las luchas entre el Católico y el Cristianísimo repercutían de la manera más lamentable en las estancias del conclave. Es de notar que, a pesar de su enorme peso dentro de la Iglesia católica, España nunca contó con una nutrida representación en el colegio cardenalicio, donde solía haber cuatro o cinco cardenales españoles, a lo sumo seis. Aunque hubiese algún otro milanés o napolitano, aunque en el siglo XVII se contase con la colaboración de los austríacos, era indispensable reclutar adictos entre los cardenales italianos, que constituían la gran mayoría. Pocos profesaban un afecto desinteresado a la monarquía hispana; había que ganárselos con dádivas y promesas para ellos o sus parientes. Las costumbres de la época imponían a los cardenales un tren de vida tan lujoso, que les obligaban a aceptar e incluso a solicitar estas dádivas que condicionaban su independencia.

Las huellas que estas prácticas han dejado en la documentación de la época son abundantísimas; por citar algunos ejemplos, recordaremos que el cardenal Borghese agradecía en 1612 la concesión de mil ducados de pensión sobre el deanato de Jaén, y que en 1637, «para ir el cardenal de Médicis a Roma a servir la protección de España», se le ofrecieron 24.000 ducados anuales. Teniendo en cuenta que un ducado tenía por aquellas fechas el poder adquisitivo de unas mil pesetas de 1978, se trataba de cantidades realmente importantes. Demasiado importantes para la maltrecha Hacienda de los Austrias, que con frecuencia no podía cumplir sus promesas, con lo que el celo de sus defensores decaía ostensiblemente, y ello obligaba a escribir al embajador en Roma, conde de Castro, que el retraso en señalar sus pensiones a varios cardenales causaba grandes inconvenientes; y más tarde, en 1646, el conde de Oñate avisaba desde Roma que se debían 30.000 ducados a cardenales italianos y españoles que le asediaban con sus reclamaciones y quejas. Y añadía: «Hoy es más necesario atender a esto, porque se cree muy vecino futuro conclave» [3]. Felipe IV era consciente de esta necesidad, y por ello, recién terminada la elección de Alejandro VII, dio un decreto resolviendo: «Hasta que se haya cumplido con los cardenales que me sirvieron en estas ocasiones de conclave a quienes conviniese remunerar, no se me consulten pensiones a ninguna otra persona» [4].

Por supuesto, la disciplina a que se sometía en estos casos a los cardenales españoles era rigurosa; no podían abandonar Roma sin licencia del rey, porque su presencia allí era necesaria para influir en los muchos asuntos que continuamente surgían, y en los que estaban implicados los intereses de la monarquía. Casi sin excepción eran miembros de grandes casas; sus apellidos lo pregonan: Borja, Moscoso, Guzmán,

---

[3] A. H.ª Salazar, 9-635-10. Entre los cardenales italianos pensionados cita a Colonna, Rosetti, Mattei, Chesi, Donghi, Rondanini y «el cardenal embozado, que el nombre se pone así por ser sujeto papal», es decir, papable. Otras muchas noticias sobre pensiones a cardenales, en el legajo 3.135 de AGS, Estado, Roma, correspondiente a la segunda mitad del siglo XVII.

[4] A. H.ª Salazar, K-17, fol.157.

Sandoval, Aragón..., sin contar con el cardenal-infante, D. Fernando de Austria, hermano de Felipe IV. Las consecuencias para las sedes que regentaban en España eran lamentables por su casi continua ausencia.

La historia interna de los conclaves ha sido hecha por Pastor con su extraordinaria copia de erudición, entre la cual asoma con frecuencia un inexplicable prejuicio antiespañol. Los documentos españoles confirman su relato en lo esencial. Tras el borrascoso pontificado de Sixto V, la diplomacia de Felipe II logró alinear en el conclave de 1590 veintidós cardenales del llamado *partido español,* aunque sólo dos de ellos (Deza y Mendoza) eran españoles de nacimiento; si bien no formaban mayoría, consiguieron elevar al solio al hispanófilo Urbano VII. Esfuerzo inútil, ya que el elegido falleció pocos días después. Fugaces fueron también los pontificados de Gregorio XIV e Inocencio IX. Más largo e importante fue el de Clemente VIII (Aldobrandini), elegido en 1592. Aunque figuraba en la lista de *papables* enviada por Felipe II, su actitud en relación con Enrique IV de Francia produjo al monarca español la más viva contrariedad. Firmemente persuadido (como todos los Austrias) de que lo que era bueno para su imperio era bueno para la universal Iglesia, no comprendía las sutilezas diplomáticas que tenía que usar la Santa Sede para evitar un cisma francés; eventualidad no imposible y que hubiera significado para el catolicismo una gran catástrofe.

El conclave de 1605 estuvo también muy influido por la rivalidad hispano-francesa. Felipe III, a pesar de su nimia y escrupulosa religiosidad, no creía exceder sus derechos interviniendo activamente en las deliberaciones del Sacro Colegio. Aunque los españoles estaban en minoría, consiguieron impedir la elección del cardenal Baronio, cuyos *Anales* habían producido profundo disgusto en Madrid, hasta el punto de ser recogidos y censurados en 1604 por el Consejo de Castilla. Los reproches al famoso historiador eclesiástico se centraban en torno a dos puntos: menosprecio por ciertas piadosas tradiciones hispanas, en especial la referente a la venida de Santiago, y ataques a las regalías, con acentuación de los derechos de la Santa Sede sobre Sicilia [5]. Elegido León XI y muerto al poco tiempo, se renovó de nuevo la candidatura de Baronio, y volvió a fracasar por la oposición española, resultando elegido Camilo Borghese, quien tomó el nombre de Paulo V. Había estado siempre en buenas relaciones con la Corte española, de la cual disfrutó una pensión, pero también resultaba aceptable a los franceses. Su largo pontificado (1605-21) fue pacífico en cuanto a las relaciones Iglesia-Estado. Es verdad que subsistían las viejas causas de descontento expresadas en un memorial redactado hacia 1607 por el cardenal D. Antonio Zapata, que tenía el cargo de protector de España; en él salen a relucir las reservas de beneficios, las coadjutorías, el escandaloso arancel de las dispensas matrimoniales, que compara con «la manera

[5] Nápoles fue un feudo de la Santa Sede, y sus virreyes, respetuosos con la tradición, enviaban al pontífice un presente, que consistía en una jaca ricamente enjaezada; pero nunca consintieron los reyes de España que a este obsequio se le diera más valor que el de un puro símbolo.

que en casa de un mercader tienen precio las sedas: en tercer grado sin causa, tantos ducados; con causa, tantos; si hubo cópula, tantos...» Carga las tintas en las pensiones con que la Dataría gravaba los beneficios y en otras socaliñas que sólo tenían por objeto sacar dinero de estos reinos: «Ningún año habrá que no salgan 600.000 ducados para Roma. Y si las Indias no socorriesen con sus tesoros, no dexara un real en España. Ella está rica, llena de oro (casi no anda otra moneda), y en España no se halla un escudo» [6]. No obstante, la actitud de Felipe III hacia Paulo V fue amistosa, hasta el punto de ofrecerle apoyo material en las pugnas doctrinales que mantenía con la república de Venecia. El asesinato de Enrique IV suavizó la tirantez existente entre España y Francia e indirectamente alivió las tensiones precedentes con la Santa Sede, que quería mantenerse neutral entre ambas potencias.

Tras el breve pontificado de Gregorio XV, se llegó al decisivo conclave de 1623. El embajador español tenía instrucciones de apoyar al sobrino de Paulo V; pero su enfermedad, que le obligó a salir del conclave, facilitó la elección de Maffeo Barberini, de quien los españoles desconfiaban, porque, al haber sido nuncio en París, se le tenía por francófilo; sospecha que los acontecimientos justificaron más allá de toda previsión.

CRISIS DE LAS RELACIONES ENTRE ESPAÑA Y ROMA

Barberini tomó el nombre de Urbano VIII al ascender al solio pontificio; durante su largo pontificado (1623-44), las relaciones con España se deterioraron de tal forma, que se llegó a temer si no se reproducirían las situaciones violentísimas que habían protagonizado Clemente VII y Paulo IV en el siglo anterior. Pero las circunstancias eran distintas en el XVII; los papas habían quedado muy escarmentados de sus aventuras bélicas; el dominio español en Italia estaba firmemente consolidado. No habría, pues, guerra material, pero sí situaciones de gran tirantez, motivadas por un complejo haz de cuestiones relacionadas entre sí. No era Barberini el primer papa que veía con disgusto el predominio hispano en el solar itálico, y deseaba darle un contrapeso prodigando gestos amistosos hacia Francia. Tampoco era nuevo el disgusto recíproco de ambas potestades por lo que cada una de ellas juzgaba intromisión de la otra: conflictos jurisdiccionales, abusos de la Curia, apetencias suscitadas por la excesiva riqueza del clero... Lo que dio perfiles agudos a los crónicos reproches fue, de un lado, la gravedad de la situación internacional a causa de la guerra de los Treinta Años, conflicto a la vez político y religioso en el que estaban implicados los intereses religiosos, junto con los políticos, de las grandes potencias; de otro, el carácter de los protagonistas de aquel drama; si Felipe IV era blando y condescendiente, su primer ministro, D. Gaspar de Guzmán, era duro

---

[6] El memorial de Zapata ha sido reproducido por Quintín Aldea en el apéndice a *Iglesia y Estado en la España del siglo XVII* (Comillas 1961).

y obstinado, y estaba convencido de que el pacifismo de Felipe III y el duque de Lerma había sido pernicioso para la religión y el imperio. Por ello, sin entusiasmo, pero sin vacilaciones, recogió el guante que le arrojaron los holandeses, y al finalizar, en 1621, la tregua de doce años, se reanudaron las interminables hostilidades con las provincias rebeldes.

Por su parte, el nuevo papa era una personalidad vigorosa, de difícil interpretación, con aspectos contradictorios. En cierto modo recordaba los grandes papas medievales, era un defensor de la grandeza y los derechos de la Iglesia, y Roma le debe algunos de sus más famosos monumentos; pero su carácter autoritario, su orgullo y su descarado nepotismo oscurecen estos rasgos brillantes. Su actitud en el gran conflicto europeo ha sido muy discutida, y los esfuerzos de Pastor y Leman por vindicarlo de la acusación de apasionamiento antiespañol no son muy convincentes [7]. España se veía forzada a combatir en dos frentes: en los Países Bajos, contra los holandeses, y en Alemania, contra los enemigos del emperador. A pesar de su pacifismo, Felipe III ayudó a Fernando II cuando estalló la guerra de los Treinta Años; tropas hispano-italianas mandadas por Spínola contribuyeron a restablecer el dominio imperial en Bohemia y el Palatinado. Desde entonces, los Austrias españoles, por solidaridad dinástica y religiosa, no cesaron de apoyar con tropas y dinero a los Austrias de Viena. Era inevitable que esta guerra se mezclara con la que ardía desde 1568 en Flandes y Holanda.

Lo que complicaba las cosas es que aquella contienda que arruinó Alemania no era puramente religiosa; se ventilaba también la naturaleza del imperio, que los Habsburgos aspiraban a convertir en un Estado federal bajo su mando; esta perspectiva no satisfacía a los príncipes alemanes, celosos de su independencia, y menos aún a Francia, para quien una Alemania unida hubiera representado un peligro mortal; por eso la católica Baviera se aproximó a la Francia de Luis XIII, y este rey, así como el cardenal Richelieu, fiel intérprete de sus designios, estaba dispuesto a obstaculizar el triunfo de los Austrias por todos los medios; al principio, indirectamente; luego, cuando el triunfo hispano-austríaco parecía seguro, con la intervención abierta, aunque llevara aparejada la derrota del catolicismo en el centro de Europa.

Hay que confesar que el papel del Pontificado en este turbio escenario no era fácil. Una victoria aplastante de los Habsburgos no le seducía en el plano político; quería apoyarse en Francia como un contrapeso, tal como habían hecho ya varios papas en el siglo XVI. Quizás era inevitable que Urbano VIII apareciese demasiado hispanófilo a los franceses, y a la inversa, cualquiera que fuese el partido que tomase. No obstante, puesto que Francia, anteponiendo las razones políticas a las religiosas, apoyaba cada vez con más fuerza a las potencias protestantes, nadie hubiera podido escandalizarse que se inclinara más hacia el bando hasbúr-

---

[7] PASTOR, o.c.; AUGUSTO LEMAN, *Urbano VIII et la rivalité de la France et de la maison d'Autriche de 1631 à 1635* (París 1919); QUINTÍN ALDEA, *España, el Papado y el imperio durante la guerra de los Treinta Años:* Miscelánea Comillas 29.291-437 y *La neutralidad de Urbano VIII en los años decisivos de la guerra de los Treinta Años:* Hispania Sacra 41 (1968).

gico. No obstante, fue lo contrario lo que hizo. En los primeros años, cuando aún estaba reciente el recuerdo del apoyo que España prestó a su elección, se esforzó por ser imparcial; se prestó a guardar la Valtelina, conjunto de valles alpinos de gran valor estratégico por unir Italia con Alemania, y envió allí unas débiles fuerzas, que fueron expulsadas sin dificultad por los franceses, los cuales, además, invadieron Saboya, amenazando Milán.

De momento se evitó la guerra, no por la mediación papal, sino por dificultades internas de Francia, que le movieron a concertar la paz de Monzón (1626). Pero, apenas superaron estas dificultades, Luis XIII y Richelieu volvieron a tomar una actitud amenazadora, y estallaron las hostilidades en el ducado de Mantua. Urbano VIII envió como mediador a Mazarino, de quien no podía sospecharse la influencia que tomaría en el futuro; se convino la evacuación por ambas partes, pero los franceses conservaron la fortaleza de Piñerol, llave de los Alpes. Desde entonces, el Gobierno español creyó en un engaño consciente o una tácita complicidad del papa con Francia, pues, si bien es cierto que aquel hecho se hizo sin su conocimiento, también lo es que, ante aquel evidente quebrantamiento de la tregua, se limitó a una tímida e ineficaz protesta.

El nerviosismo del Gobierno español aumentó por la coincidencia de estos hechos con las fulgurantes victorias de Gustavo Adolfo de Suecia, que amenazaban llevar a la ruina a los Habsburgos austríacos. Con discutible criterio, Felipe IV y su primer ministro decidieron que había que poner en tensión todos los recursos de España para impedirlo, y como el nervio de la guerra es el dinero, intensificaron la presión fiscal sobre la sufrida Castilla. Parecía lógico que aumentara la contribución del clero a una causa en la que se jugaba la suerte de la Iglesia en Centroeuropa; pero había que contar con la licencia de la Santa Sede, sin la cual los eclesiásticos no renunciarían a su inmunidad. Previendo resistencias, y con su habitual falta de tacto, el Conde-Duque dispuso una verdadera concentración de cardenales en Roma para presionar al pontífice; a Borja y Albornoz, que ya residían en la Ciudad Eterna, deberían unirse Moscoso, Sandoval y Espínola. Sabemos que este último avisó al Conde-Duque la improcedencia de estas medidas, pero no pudo vencer su obstinación [8].

Era también un error designar como portavoz al cardenal Borja, hombre violento, carente de dotes diplomáticas e incluso de cualidades humanas. Las peticiones que debía hacer en nombre del rey eran de índole económica: una contribución extraordinaria sobre todo el estado eclesiástico, la media annata de todas las provisiones y extender al reino de Nápoles la bula de la Cruzada, que era fuente sustancial de recursos para el rey en España; insinuaba además el rey de España que una parte del copioso tesoro de guerra que el papa había reunido en el castillo de Santángelo debería servir para subvencionar las armas católi-

[8] Gabriel Aranda, *Vida del cardenal Espínola* l.2 c.1 (Sevilla 1683).

cas. El papa se limitó a conceder un impuesto extraordinario de
600.000 ducados sobre el clero de España y Cerdeña. Prometió también
un mezquino subsidio de 10.000 escudos mensuales al emperador.

Hasta que la muerte de Gustavo Adolfo en el campo de batalla dio
un nuevo giro a la guerra (noviembre de 1632), la situación militar de
los hispanoimperiales no cesó de empeorar; el ejército sueco devastó
gran parte de Alemania, con gran complacencia del rey cristianísimo y
de su primer ministro el cardenal Richelieu, quienes, para tranquilizar
su conciencia por la colaboración que le prestaban, se limitaron a solicitar del rey de Suecia la promesa, no siempre cumplida, de respetar el
culto católico. En este ambiente se produjo la famosa protesta que en
nombre del monarca español pronunció en pleno consistorio el cardenal
Borja, y que terminaba con estas palabras: «Y pues mientras los daños
crecen cada día y Vuestra Santidad sigue contemporizando..., en nombre de Su Majestad Católica declaro que el detrimento que sufra la
religión no debe imputarse al piadosísimo rey, sino a Vuestra Santidad»
(8 de marzo de 1632).

Enorme fue la conmoción que produjeron estas palabras y comprensible la indignación del papa, que se quejó inmediatamente a Felipe IV
y le pidió que alejara a Borja de aquella Corte. Realmente, si la exigencia de que el papa tomase partido en una lucha que, a más de religiosa,
era de índole política, tenía que resultarle molesta, y más por la forma
en que se planteaba, no faltaba razón a los que decían que la actitud
antiespañola de Urbano VIII era clara. Autores protestantes, como
Ranke y Gregorovius, se hacen eco de rumores según los cuales la
muerte de Gustavo Adolfo había producido al papa viva contrariedad y
había celebrado una misa en sufragio de su alma. Leman dice que la
misa fue en acción de gracias por la desaparición de tan temible enemigo, pero reconoce que los despachos de los embajadores de Venecia y
Módena dan la impresión de que Urbano VIII, aunque otra cosa apa-
rentase, en el fondo estaba disgustado, como también lo estuvo al recibir la noticia de la victoria hispano-austríaca de Nordlingen.

Tenemos el texto de la consulta que sobre estos hechos emitió la
Junta Grande, creada el año 1631 para resolver sobre las materias eclesiásticas pendientes [9]. La presidía el confesor real, Fr. Antonio de Sotomayor, y, juntamente con varios consejeros de Estado y Castilla, la
integraban otros dos dominicos, tres agustinos y un jesuita, el famoso
P. Hernando de Salazar, confesor del Conde-Duque. La Junta centralizó
cuantos agravios y litigios tenía pendientes el Gobierno con Roma en
materia eclesiástica, para lo cual pidió noticias e informes a los distintos
consejos. El dictamen de la Junta, emitido en 20 de septiembre de

[9] Sobre la composición y actividades de esta Junta, V. Quintín Aldea: *Iglesia y Estado...* p.38s, la consulta de 4 de junio de 1632 y la larguísima respuesta real, que termina
anunciando la decisión de enviar a Roma a Chumacero y Pimentel, se halla en AHN,
Consejos, 51.351 n.6. Creo que no ha sido publicada. Sobre todos los sucesos de esta
época es también importante el extenso y documentado artículo, de Nicolás García Martín, titulado *Esfuerzos y tentativas del conde-duque de Olivares para exonerar de los espolios y
vacantes a los prelados hispanos:* Anthologica Annua 6 (1958) 231-81.

1632 [10], no tocaba cuestiones internacionales, pero pasaba revista a todos los motivos de queja y discordia que tenía el rey de España con la Corte romana en materia de disciplina y hacienda: recursos de fuerza, retención de bulas, abusos de la Curia y de la Nunciatura en cuanto a conocimiento de causas que deberían sustanciarse en España y exigencia de derechos pecuniarios, percepción de espolios y vacantes, pensiones y testaferros, coadjutorías y dispensas, etc. Tocaba también (punto 33) un tema que, aunque no podía llevarse por vías estrictamente legales, sí parecía podía pedirse con toda justicia: que al conjunto de reinos y dominios del rey de España se le atribuyera un mayor número de puestos en el colegio cardenalicio, ya que representaba, con gran diferencia, la mayor potencia católica del mundo.

Podríamos preguntarnos cuál era la razón de que en una coyuntura tan delicada, cuando España necesitaba tanto contar con la buena voluntad del pontífice, se le planteaba una serie de cuestiones que no podían calificarse de urgentes, puesto que tenían largos precedentes, y que no eran a propósito para fomentar las buenas relaciones entre ambas postestades. Tal vez el Conde-Duque (virtual dueño del Gobierno español) pensaba que éste sería un medio de presión para obtener del pontífice concesiones en el plano de la política internacional, que era el que más le interesaba. El dictamen de la Junta no tenía este objetivo primario, pero sí medidas (puntos 9.º y 11.º) que podrían utilizarse contra la Santa Sede si ésta persistía en su política antiespañola: podría cortarse la corriente de oro que de España salía hacia Roma; podría incluso instarse la convocatoria de un concilio ecuménico, y, caso de que el papa no lo quisiere hacer, amenazarle con la perspectiva de una convocatoria hecha por el emperador.

En realidad, todas estas eran palabras vanas; la Santa Sede sabía que la situación española no era la de Francia; aquí sí existía un peligro real de cisma si el Pontificado sobrepasaba ciertos límites; el ambiente galicano había calado muy hondo en el clero y en la Sorbona, el respeto a Roma no era mucho y precedentes como las violencias de Felipe el Hermoso y la dorada cárcel de Aviñón estaban presentes en la memoria de todos. En cambio, la fidelidad de los españoles al sumo pastor era inquebrantable y a prueba de desaires, lo mismo entre los eclesiásticos que en el pueblo y en el mismo rey. Las exageradas inmunidades de la Iglesia suscitaron una literatura oficial de tipo regalista, pero no una reacción popular; cada vez que entraba en conflicto la jurisdicción real con la eclesiástica, la simpatía del hombre común solía ir a la segunda.

Precisamente cuando se constituía la Junta se había tenido la prueba de que la presión gubernamental sobre la Iglesia no podía pasar de ciertos límites; había imaginado el Gobierno sustituir la multitud de imposiciones vigentes por una sobre la sal; este artículo, monopolio estatal, fue aumentado de precio hasta el quíntuplo; hubo reacciones que obligaron a abandonar este arbitrio; una de esas reacciones la protagonizó

---

[10] El *Parecer* de la Junta, que es muy extenso, fue publicado por Quintín Aldea en apéndice a su citada obra.

el cabildo catedralicio de Sevilla; se negó a pagar la sal al nuevo precio por entender atentaba a su inmunidad fiscal, y algunos canónigos se expresaron, al parecer, de forma irrespetuosa, por lo que el Conde-Duque los mandó prender y desterrar. El nuncio Monti trató de calmar su ira sin conseguirlo, pero tuvo más suerte con el rey, hasta el punto de que Felipe IV, de ordinario aquiescente con el parecer del valido, en esta ocasión le dijo: «Conde, ¿qué es esto que el nuncio me ha cargado tanto la conciencia y la reputación? Remediadlo luego».

El convencimiento que en Roma se tenía de que la capacidad de reacción del Gobierno de Madrid era limitada, explica el fracaso de la misión Chumacero-Pimentel. Don Juan Chumacero, consejero de Castilla, tenía fama de consumado jurista y canonista; Fr. Domingo Pimentel, hijo de los condes de Benavente, ingresó en la orden dominicana; era a la sazón obispo de Osma; después ascendió a las sedes de Córdoba y Sevilla, aunque las misiones que se le encomendaron en Roma le retuvieron en esta ciudad, donde murió hecho ya cardenal. Está enterrado en la evocadora iglesia de Santa María sopra Minerva, donde yacen también los restos del arzobispo Carranza. Felipe IV los designó como enviados extraordinarios «por las letras, partes y satisfacción que tengo de entrambos sugetos». El famoso *Memorial* que presentaron a Urbano VIII en 1633, a pesar de su extensión, presentaba pocas novedades [11]; no era más que una recopilación de los agravios que el Estado y la Iglesia española recibían de la administración romana; pero reunidos en un *corpus,* redactado con descarnada sinceridad, nos resulta hoy impresionante. En él se denunciaban las pensiones impuestas a los beneficios, no sin sospecha de simonía, pues la Dataría solía conferirlos a quienes más ofrecían; y para obviar la prohibición de darlos a extranjeros, nombraban testaferros españoles que prestaban su nombre a cambio de una módica recompensa. El arancel de las dispensas matrimoniales no podía leerse sin escándalo: «No hay dispensa, por rigurosa y defectuosa de causa que sea, que no tenga expediente en la Dataría; las de segundo grado han llegado en personas poderosas a 8, 12 y 14.000 ducados de plata doble, puestos en Roma; las ordinarias, de 1.500 ducados hasta 6.000, supliendo en mucha parte la cantidad por causa, y quedándose el pobre muchas veces, aunque la tenga, sin la dispensa». Los espolios (o sea, los bienes que dejaban al morir los obispos) deberían pertenecer al sucesor y a su iglesia; la pretensión de Roma de apoderarse de ellos es causa de que los obispos mueran en el desamparo, pues sus criados, antes de su muerte, sólo piensan en ocultar y robar sus bienes. Las rentas de los obispados vacantes tampoco había razón para que fueran a Roma. Por estas y otras vías, no usadas en otros países, pasaba allá tanto oro, que apenas se encontraba en España.

La respuesta que se dio a este memorial no es nada convincente; se limita a poner en duda o rebajar el volumen de los abusos denunciados

---

[11] Ha sido publicado varias veces; la última en la *Colección de concordatos españoles* (Madrid 1861), de Tejada y Ramiro.

e insiste en que el papa, como dueño de todos los beneficios eclesiásticos, podía darlos a quien quisiera. La contrarréplica de Chumacero y Pimentel tampoco añade nada esencial, ni sus gestiones verbales tuvieron mayor éxito, por lo que pidieron permiso a Madrid para regresar; así lo hizo Pimentel en 1637, y más tarde Chumacero, sin haber conseguido nada. Ni los razonamientos de los enviados, ni las intemperancias de Borja, ni las gestiones del embajador, marqués de Castel Rodrigo, modificaron en un ápice la postura de Urbano VIII; más bien la endurecieron; mientras que antes de estos sucesos había creado tres cardenales españoles, después sólo dio la púrpura a D. Juan de Lugo, teólogo jesuita; según se murmuró, le estaba agradecido por haber disipado los escrúpulos nacidos del favoritismo con que engrandeció a sus *nepotes*.

La victoria de Nordlingen, obtenida gracias a los refuerzos que llevó el cardenal-infante D. Fernando, hermano del rey de España, pusieron otra vez la victoria al alcance de las armas católicas; destrozado el ejército sueco, todo el sur de Alemania quedó en poder del emperador; también se restablecía la vital ruta militar que, bordeando el Rin, unía las posesiones españolas de Italia con los Países Bajos. Ante estos hechos, Francia entró francamente en guerra; el pretexto que halló Richelieu fue muy hábil: al apoderarse las tropas españolas del arzobispado de Tréveris, acusó al Gobierno de Madrid de lo mismo que éste le venía reprochando: ataque a los intereses de la Iglesia (1635). Sin embargo, era evidente que la intervención francesa iba en beneficio del decadente bando protestante. El papa consintió en conceder a Felipe IV una décima o subsidio sobre las rentas eclesiásticas de aquellos países no incluidos en la anterior: Nápoles, Portugal, las Indias. En cuanto a la pretensión largamente sostenida de una declaración pontificia de tipo doctrinal, había que abandonarla definitivamente; con la entrada en guerra de Francia, todo tipo de negociación cesa; el papa se limita a ser espectador de los acontecimientos que desgarran la cristiandad, y, para mayor escándalo, aquellos tesoros que había amasado en Santángelo y que no quiso ceder para la guerra contra los protestantes, los dilapidó en una absurda guerra por conquistar el ducado de Castro con vistas a engrandecer su linaje.

Pero no por ello cesaron las fricciones con España; ahora no por razones de alta política internacional, sino por embrollos relacionados con el tribunal de la Nunciatura. Al habilísimo César Monte había sucedido como nuncio en Madrid Lorenzo Campeggio. La discordia entre ambas Cortes ofrecía campo propicio a desaprensivos audaces; primero, un fraile, el P. Pozza, sirvió de espía doble al nuncio y al Conde-Duque. Lo superó mucho el famoso Miguel Molina, cuyos enredos superan todo lo imaginable; falsificó infinidad de documentos en los que se hablaba de presuntos proyectos españoles de destituir y aun asesinar al papa; Campeggio creyó estas patrañas, y como las pagaba bien, el falsario multiplicaba los papeles; todo se descubrió cuando un capellán del nuncio, sobornado por el Conde-Duque, le entregó una multitud de documentos sustraídos a su señor [12], incluida la cifra secreta con que se comunicaba con Roma. Lo que salió a luz no fueron sólo los embustes del falsario, sino otros hechos reales que demostraban la inclinación francófila de Urbano VIII.

El disgusto de Campeggio fue tan grande, que le costó la vida (1640). Sustituyóle César Fachinetti, nombramiento que el Gobierno español estimó indecoroso por tratarse de un joven sin experiencia, que ni siquiera estaba ordenado de sacerdote. Durante algún tiempo estuvo cerrado el tribunal de la Nunciatura, pues el Gobierno quería aprovechar aquellas circunstancias para remediar algunos de los abusos que se experimentaban. Así se llegó a la *concordia Fachinetti,* cuyas estipulaciones fueron de larga duración, pues fueron, en parte, incluidas en la *Novísima recopilación,* redactada a comienzos del siglo XIX. Se fijó la organización del tribunal de la Nunciatura, se redujeron sus atribuciones, que habían ido creciendo en detrimento de los prelados, tanto en la materia de dispensas como en las facultades que se habían atribuido los nuncios de avocar a sí el conocimiento de los pleitos eclesiásticos. Las dispensas que seguían siendo competencia del nuncio se moderaron por medio de un arancel. En realidad, los abusos no desaparecieron; sólo se corrigieron en parte. Lo que pudo haber sido un concordato que delimitara las funciones entre ambas potestades, no fue más que un compromiso parcial que seguía dando origen a frecuentes fricciones.

RELACIONES ENTRE EL PONTIFICADO Y EL ESTADO ESPAÑOL EN LA SEGUNDA MITAD DEL SIGLO XVII

Muerto Urbano VIII en 1644, el *partido español* entró en el conclave bien decidido a que el futuro pontífice imprimiera una dirección distinta a su política; como no era muy numeroso, decidió plantear la batalla con todo rigor; el cardenal Albornoz, ante la probable elección del florentino Sacchetti, intimó la *exclusiva,* o sea, el veto del rey de España. Por su parte, el embajador, conde de Siruela, amenazó con la pérdida de sus pensiones a los cardenales indóciles. Aun así no pudieron sacar un candidato plenamente favorable, porque la presión de Francia era muy fuerte, pero consiguieron la elección de un cardenal reputado neutral, Juan B. Panfili, que tomó el nombre de Inocencio X, el papa inmortalizado por el pincel de Velázquez. En realidad, habiendo sido nuncio en Madrid durante algunos años, podía estimarse que sería favorable a los intereses españoles. Para fortalecer esta inclinación se le dio a su sobrino el rico arcedianato de Toledo.

Estas esperanzas sólo se cumplieron a medias. La correspondencia de los embajadores españoles está llena de quejas, quizás no todas razonables. Cuando en 1647 estallaron disturbios en Nápoles que pusieron

---

[12] PELLICER, *Avisos* II 37,58 y 112; *Cartas de jesuitas:* Memorial Histórico Español t.15 *passim.* El falsario Molina fue condenado a ser despedazado por cuatro caballos, pena que el rey conmutó por la de horca.

en peligro la soberanía española, Roma fue un centro de agitación e intrigas [13]. Al año siguiente llegaron las paces de Westfalia, y la Santa Sede emitió contra ellas una condena bastante inoportuna y superflua: las potencias católicas, España y Austria, habían llegado al límite de sus fuerzas; no se les podía exigir más. Era la política francesa la que había hecho posible aquel desenlace; pero ninguna condena contra ella salió de los labios de Inocencio X, que odiaba a Mazarino, pero también le temía [14]. Lo demostró en el asunto de las sedes catalanas. A raíz de la sublevación de 1640, los prelados fieles a Felipe IV habían tenido que abandonar sus sillas y refugiarse en tierra castellana. A favor de los disturbios de la Fronda, Cataluña es recuperada; Barcelona capitula en 1652, y el rey de España nombra obispos para esta sede y la de Urgel, encontrándose con la novedad de que el papa se opone basándose en que la lucha todavía duraba con resultado incierto; esto era poner en el mismo plano al monarca legítimo y al intruso invasor, por lo que el resentimiento del rey de España era fundado [15]. Al dar cuenta de la novedad al Consejo de Castilla, éste recordó un precedente que podría seguirse: en 1557, en lo más fuerte de sus disputas con Paulo IV, Felipe II ordenó que los candidatos a las sedes de Calahorra, León y Almería, mientras no fuesen preconizados por el papa, fuesen recibidos en ellas como administradores de las sedes vacantes. Pero Felipe IV se limitó a responder: «Quedo advertido». El nombramiento de Camilo Massimi como nuncio, en vez de suavizar la controversia, le dio nuevo incremento; el rey le tenía por poco afecto a la Corona, se quejó de no haber sido informado previamente y le prohibió la entrada en Madrid.

La provisión de las sedes de Portugal se planteó en los mismos términos, e incluso más espinosos, que las de Cataluña. Aquel reino en 1640 se había separado de Castilla tras una unión de ochenta años y había proclamado rey al duque de Braganza con el nombre de Juan IV. A diferencia de Cataluña, las fuerzas castellanas nunca pudieron reconquistarlo, ni siquiera penetrar profundamente en él. Cuando, después de la paz de los Pirineos, Felipe IV quiso concentrar sobre él su ofensiva, muy amarga fue su desilusión al comprobar, tras sangrientas derrotas, que el ejército español, agotado y desmoralizado, ya no era ni la sombra de lo que fue. Al mismo tiempo que se peleaba en las fronteras, en Roma se desarrollaba una larga y dura batalla diplomática. En 1645 llegaba allá un enviado de Juan IV amenazando con la convocatoria de un concilio nacional portugués de cariz cismático si el papa no confirmaba los candidatos que le presentaba para las sedes vacantes. Inocencio X no accedió a su pretensión, pero tampoco a la de Felipe IV, que seguía recabando las prerrogativas que tenía como rey de Portugal, y

---

[13] «Durante gli avvenimenti napolitani del 47, il centro degli intrighe antispagnuole era Roma» (G. Coniglio, *Il Viceregno di Napoli nel secolo XVII* p.283).

[14] Egaña, *Política internacional de Inocencio X. Su mediación previa a la paz de los Pirineos (1649-1651):* Estudios de Deusto 1 (1953) 355-99.

[15] Pastor, t.30 p.82; AHN, *Consejos*, 15.248, consulta de 10-11-1653. En octubre de 1654 se formó una junta de ministros y teólogos para tratar de esta cuestión (A. H.ª Salazar, K-17, fol.53.59ss).

cubrió directamente las sedes de Guarda, Miranda y Viseo, con disgusto de ambos monarcas.

Tras esta pugna latía la cuestión esencial: ¿reconocería el papa a Juan IV como rey legítimo? El embajador francés, Grémonville, instaba por conseguirlo; el español, conde de Siruela, se oponía con formas a veces muy poco diplomáticas; familiares y criados suyos entablaron con los del enviado portugués una reyerta callejera, de la que resultaron muertos y heridos; Inocencio X, indignado, se negó a recibirlo, y fue sustituido por el conde de Oñate, miembro de una familia con largos y distinguidos servicios diplomáticos; pero tampoco consiguió un pronunciamiento claro de la Santa Sede. La cuestión portuguesa se dilató con múltiples incidentes durante bastantes años, hasta que en 1668, muerto ya Felipe IV, ante la evidencia de que Portugal no podía ser reconquistado, se ajustó la paz entre ambas Coronas.

Inocencio X murió en 1655, muy desacreditado en sus últimos años por el excesivo favor que otorgó a su cuñada D. Olimpia, que se había convertido en verdadero factótum y dispensadora de todas las gracias. El conclave del que salió Alejandro VII fue muy reñido. Hubo un nuevo intento de elegir a Sacchetti, candidato de Mazarino, pero continuó pesando sobre él la *exclusiva* fulminada en el conclave precedente. Al ascender al solio, Fabio Chiggi se encontró con una situación internacional muy confusa y difícil. Aunque había terminado la guerra de los Treinta Años, aún seguían las hostilidades entre España y Francia, ya sin ningún carácter de guerra religiosa, por lo que la concesión de subsidios eclesiásticos a una de las partes podía tomarse por la otra como una ofensa. Tal vez por ello, el nuevo papa rehusó renovar las Tres Gracias (cruzada, subsidio y excusado) cuando en 1656 venció el último sexenio.

Para la Real Hacienda, que estaba en el mayor apuro, la continuación de aquellos ingresos era vital; pretendió seguir cobrándolos, pero se encontró con la hostilidad abierta de algunos de los prelados más prestigiosos: el primado Moscoso y Sandoval, que redactó un memorial muy duro en defensa de la inmunidad eclesiástica; el famoso Palafox, que había trocado su sede mejicana por la de Burgo de Osma; el arzobispo de Sevilla, Fr. Pedro de Tapia, que se mantuvo intransigente hasta el fin. En 1657, Alejandro VII concede, al fin, el breve. Simultáneamente, hacía esfuerzos diplomáticos con Francia y España para que concertasen la paz. Ambos contendientes estaban exhaustos, y se llega (1659) a la paz de los Pirineos, pero el papa sufrió el disgusto de quedar excluido de las negociaciones.

Amargado por desdichas públicas y familiares, Felipe IV murió en 1665; aunque tuvo diferencias con la Santa Sede y con los eclesiásticos de Castilla, su natural bondad y su sincera piedad no permitieron que la discordia traspasara ciertos límites, sobre todo después de la retirada de Olivares (1643), cuyo carácter era más proclive a las medidas de dureza. Ya hemos referido cómo, en el asunto de los canónigos de Sevilla, el criterio conciliador del monarca se impuso al de su favorito. El caso no es único. En 1656, con motivo de la actitud intransigente del arzobispo Tapia, ya mencionada, el Consejo de Castilla puso a la firma del rey un decreto sancionándolo con destierro y pérdida de sus *temporalidades;* se cuenta que lo rechazó, diciendo: «Bueno fuera que se dijera en el mundo que yo echaba de mi reino a un prelado tan santo como el arzobispo de Sevilla» [16].

Desde 1665 a 1675 reinó nominalmente Carlos II bajo la regencia de su madre, Mariana de Austria, la cual, a su vez, se dejaba gobernar por su confesor, el jesuita alemán Nithard. Mientras en Francia Luis XIV elevaba el prestigio de la autoridad real hasta el endiosamiento, en España se rebajaba hasta límites increíbles, con repercusiones en todos los órdenes, incluyendo el de las relaciones con la Iglesia. Habiendo retrasado la concesión de las bulas papales para el sexenio que debía comenzar en 1668, los eclesiásticos se negaron al pago de los tributos acostumbrados; esto no era nuevo, pero sí lo era que, una vez recibida la autorización pontificia, llovieron los memoriales contra el pago de los Millones, se multiplicaron los incidentes con los recaudadores, y la administración dio marcha atrás; la reina ordenó suspender la cobranza basándose en que, «estándose tratando de nuestra orden de aliviar a todos los vasallos de las cargas que padecen, no parece conveniente gravar al mismo tiempo al estado eclesiástico cuando nuestro único fin es privilegiarlo». Otro encuentro, por parecido motivo (retraso del breve pontificio), tuvo lugar en 1686, sin que llegara a revestir gravedad.

Nada importante hay que señalar en las relaciones hispano-romanas durante el breve pontificado de Clemente X (1670-76). Más reñido fue el conclave siguiente; frente a los veinte cardenales que seguían las directrices del embajador francés sólo estaban presentes en Roma dos españoles y tres alemanes; pero eran muchos los que se oponían al bando francés, ya por conservar las pensiones que gozaban, ya porque la altanería de Luis XIV le enajenaba muchas simpatías. Era jefe del partido hispano-austríaco aquel mismo P. Nithard que salió de España perseguido por la malquerencia popular; conservó, sin embargo, la amistad de la reina madre, que le procuró el capelo, y es justo decir que trabajó mucho en Roma en pro de los intereses de España. No sin repugnancia accedió Luis XIV a que fuera elegido Odescalchi, que, por haber nacido en Como (Milán), fue, en lo temporal súbdito del rey de España. Sabidas son las diferencias que tuvo con el rey francés, que culminaron con motivo de los *cuatro artículos,* aprobados en la asamblea del clero de 1682, y que tendían a poner a la Iglesia de Francia en manos de su monarca. Era ya evidente que ningún peligro podía venir a la independencia de los papas por parte del declinante poderío español, mientras la arrogancia y la agresividad de Luis XIV no tenían límites, lo mismo en el dominio temporal que en el espiritual. Este factor contribuye a explicar la progresiva mejoría de relaciones entre Madrid y Roma, en contraste con las tormentas pasadas. No invalidan esta afirmación algún que otro incidente pasajero, como el choque entre el Consejo de Castilla

---

[16] Relata este incidente BARRIONUEVO, *Avisos...* III 128.

y el nuncio Mellini por haberse éste entrometido en la elección de provincial de los clérigos menores, contra lo estipulado en la concordia Fachinetti. El presidente de Castilla quiso imponer una multa al nuncio; éste, apoyado por el papa, reaccionó con tal violencia, que la débil Corte de Madrid se avino a destituir al presidente; aunque se resistió a la humillación que hubiera supuesto que tuviese que ir a Roma a pedir la absolución, no dejaba de ser una derrota que indicaba cuánto se habían aflojado la autoridad y los resortes del poder civil de un reinado a otro.

El pontificado de Alejandro VIII, breve (1689-91) y políticamente neutral, no ofreció nada de relieve, pero la coyuntura internacional seguía siendo preocupante por la política agresiva y belicosa de Luis XIV, que había coligado contra él lo mismo a las potencias católicas que a las protestantes. Las tendencias secularizadoras se imponían en el terreno internacional como en los demás planos de la actividad humana. Por ello, y como la Santa Sede seguía siendo, a pesar de todo, una baza muy fuerte, el conclave de 1691 fue de una dureza extraordinaria y de una duración inusitada; los cardenales se encerraron el 12 de febrero y sólo llegaron a un consenso, más por cansancio que por íntima convicción, el 11 de julio. Cuatro meses durante los cuales la diplomacia europea se agitó, activísima, pues aunque hubiera un numeroso grupo de cardenales (los *zelanti*) que sólo buscaban el bien de la Iglesia, sin consideraciones temporales, lo que se debatía en el fondo era si el futuro papa sería profrancés o amigo de los Habsburgos. El embajador español, marqués de Cogolludo, bien secundado por el austríaco y por el cardenal Médici, consiguió eludir la muy fuerte candidatura de Barbarigo sin necesidad de pronunciar un veto formal. Tras múltiples incidencias, fue proclamado el cardenal Pignatelli, que por su nacimiento y carrera (fue arzobispo de Nápoles) estaba vinculado al rey de España, sin que, gracias a su fama de rectitud e imparcialidad, resultara inaceptable para el rey de Francia. Tomó el nombre de Inocencio XII.

El último papa del siglo XVII estuvo relacionado con la monarquía hispánica en varios terrenos, ninguno de ellos abiertamente conflictivo; había pasado la época de las tensiones, aunque los motivos siguieran existiendo; subsistían los abusos de la Dataría, pero el débil Gobierno español no elevaba ya protestas serias. De modo análogo, las doctrinas regalistas de Salgado y Solórzano ya no producían en Roma las fuertes reacciones de antaño; comparadas con las tendencias galicanas, resultaban inofensivas. Dos poderes en plena decadencia parecían haber llegado a un acuerdo tácito para no atacarse. Pero la inminente desaparición de Carlos II sin heredero directo planteaba un problema gravísimo a toda la cristiandad. No se vio el Vaticano libre de la nube de intrigas a que dio lugar la sucesión de la Corona de España, y en las que se recurrió a medios tan reprobables como los supuestos hechizos del infortunado rey. Muy poco antes de su muerte, en julio de 1700, por consejo del cardenal Portocarrero, pidió a Inocencio XII su parecer sobre tan delicado tema. No se conoce el original de la respuesta pontificia, y se sospecha que el parecer (favorable a la sucesión francesa), emitido por tres cardenales, fuera falsificado. De todas maneras, es probable que Inocencio se inclinase por la solución borbónica, pensando que podría evitar la guerra que amenazaba.

Murió entretanto el papa, y en el conclave se pronunció contra el cardenal Albani la exclusiva en nombre de Carlos II, o, más bien, de los que tenían el gobierno en nombre del moribundo rey, quien poco tardó en seguir al papa en el camino hacia la eternidad. Al saberse en Roma su muerte, los cardenales se creyeron libres del veto y eligieron a Albani, que tomó el nombre de Clemente XI, y a quien la guerra de sucesión de España depararía largos sinsabores.

No se piense por lo relatado que las presiones que Madrid ejerció en Roma durante el siglo XVII tuvieron únicamente miras temporales; con frecuencia, nuestros monarcas se interesaron por asuntos puramente religiosos, y más de una vez, movidos de un celo indiscreto, aparecían como más papistas que el papa y más católicos que Roma. No sólo promovieron la canonización de santos españoles, lo que era laudable; no sólo procuraron con grandes instancias la definición de la inmaculada concepción de María, en lo que recogían la opinión mayoritaria de sus vasallos. También se entrometieron en cuestiones meramente históricas, como la venida de Santiago a España o la aparición de la Virgen sobre el pilar de Zaragoza, haciendo prevalecer tradiciones pías carentes de sólidos fundamentos contra los reparos que en Roma se hacían a introducirlas en la liturgia como hechos comprobados. Menor disculpa aún tienen los esfuerzos que de orden de Felipe III hizo nuestra diplomacia para sostener la superchería de los plomos del Sacromonte de Granada, cuya condena lograron aplazar por largos años. Incluso asuntos que conciernen a la más profunda teología, como las disputas sobre el probabilismo, requirieron la atención de nuestra representación ante la Santa Sede, y así vemos cómo apoyó al general de la Compañía, Tirso González, declarado antiprobabilista, a raíz de la publicación de su *Tractatus succintus*. Hechos todos (y la lista que podríamos hacer sería larga) que nos retrotraen a lo que decíamos al comienzo de este capítulo: la ausencia de unas fronteras definidas entre el dominio religioso y el político, entre lo temporal y lo espiritual.

La Iglesia española y el poder temporal

La relación Iglesia-Estado en el orden interno, es decir, en los reinos peninsulares, no puede aislarse de aquella otra sostenida a más alto nivel entre la Corte madrileña y la romana, aunque hayamos tratado primero de ésta persiguiendo una mayor claridad. Precisamente, la mayoría de los asuntos que trataban nuestros representantes en Roma se referían a cuestiones de orden interior: tributos eclesiásticos, reforma de costumbres, provisión de beneficios, etc. Para desglosar un tanto materia tan compleja, veamos primero ejemplos de influencia de la Iglesia en ámbitos que hoy estimamos puramente seculares.

Digamos ante todo que la Iglesia hispana no formaba cuerpo ni actuaba como una unidad; primero, porque carecía de ámbito territorial común; la división en reinos imponía la extranjería legal, y la diversidad de problemas era motivo de insolidaridad; un castellano estaba incapacitado para obtener una prebenda en Navarra o Cataluña, y recíprocamente, salvo licencia, que rara vez se concedía. Tampoco eran iguales los tributos que soportaban; los *Millones* sólo se pagaban en Castilla. En cambio, las Tres Gracias se extendieron a toda la Península, como también tuvo ámbito peninsular la Inquisición. Un órgano de representación pudo haber sido el brazo eclesiástico de las Cortes, pero en Castilla dejó de convocarse (como el brazo militar y por las mismas razones) a partir de las Cortes de Toledo de 1538, en las que hubo un choque entre el emperador Carlos y los estamentos privilegiados por cuestión de tributos. Desde entonces sólo se convocó a los representantes de las ciudades, más manejables. En las Cortes de Navarra y la Corona de Aragón sí estuvieron representados los eclesiásticos.

Otra circunstancia que dificultaba una acción común era la diversidad de intereses entre el clero regular y el secular, y aun dentro de cada uno de estos grupos. A nivel local, si el obispo, en defensa de la inmunidad eclesiástica, lanzaba un entredicho, lo normal era que fuera obedecido y secundado por todos los eclesiásticos de su diócesis; pero esto no podía hacerse a escala nacional. Es verdad que Castilla tuvo un órgano colectivo, la Congregación de Iglesias de Castilla y León, cuyos orígenes son mal conocidos. Se reunió muy de tarde en tarde, hasta que, a raíz de la concesión del subsidio y excusado al rey Felipe II, sus asambleas tomaron una periodicidad más regular, pues su atribución fundamental era regular la cobranza de aquellos tributos por vía de reparto para excusar costas y abusos de recaudadores. Se puede discutir su carácter representativo, no sólo porque sus finalidades eran muy limitadas, sino porque estaba integrada por miembros de los cabildos catedralicios; tanto los obispos como el bajo clero miraban su actuación con recelo. Incluso el rey, para quien resultaba útil como órgano recaudatorio, se enfrentó con ella cuando pretendió ampliar sus atribuciones. En 1658, ante los informes que envió el embajador, duque de Terranova, se expulsó de Roma a D. Jacinto Ibáñez, agente de las iglesias de Castilla, por oponerse a la creación de un obispado de Santander, viejo proyecto real que combatía Burgos y que sólo se realizó reinando Fernando VI. La Congregación dejó de reunirse a partir de 1665, aunque mantuvo un agente en Madrid y otro en Roma. Desde entonces, el consentimiento para el cobro de tributos se pidió individualmente a los cabildos, y no hubo protestas, prueba de que aquella institución tenía escaso ambiente.

En el *Gran memorial* que D. Gaspar de Guzmán entregó en 1624 a Felipe IV, aún joven e inexperto, comienza su reseña de los diversos estamentos que componían la Monarquía por el brazo eclesiástico; pondera sus riquezas («temo que no sólo es el más rico, sino que ha de reducir y traer a sí toda la sustancia destos reinos»), por lo que atender a las cosas eclesiásticas «llega a ser el negocio mayor y de más cuidado que V. M. tiene en lo interior de sus reinos». Hay que tratarlos con maña y artificio, procurando tenerlos «contentos y gustosos, como gente que tiene tanta dependencia de los sumos pontífices aun en las materias temporales». En cuanto a la utilidad que podrían prestar los eclesiásticos en los puestos de gobierno, dice: «Son buenos visitadores, por hacerlos más libres su independencia y comodidad» [1]. «En las presidencias han probado bien algunos, particularmente en las chancillerías, donde casi se ha asentado que lo hayan de ser, y no hay duda sino que es calidad conveniente, concurriendo las principales, y en la de Castilla también se han experimentado buenos efectos» [2].

Razones parecidas, aunque sospechosas de parcialidad por venir de un eclesiástico, se expresan en el *Teatro monárquico*, de Portocarrero: son más adecuados para altas funciones públicas por su caridad, prudencia y desinterés: «No dejan mayorazgos, no edifican palacios, no tienen hijos, ni a veces parientes a quienes enriquecer...» [3]. Habría que contestar en no pocos casos esta ausencia de ambición y de nepotismo; pero lo cierto es que los reyes de España se sirvieron en numerosas ocasiones de ellos para las más altas dignidades. Ciñéndonos al siglo XVII, vemos colocados en la presidencia de Castilla, que era el cargo de mayor responsabilidad: en tiempos de Felipe III, a los dos Acevedos, uno obispo de Valladolid y otro arzobispo de Burgos; en el reinado de Felipe IV, al cardenal Trejo y a D. Miguel Santos de San Pedro, arzobispo de Granada, donde nunca residió; en el de Carlos II, a D. Diego Sarmiento de Valladares, obispo de Oviedo, y D. Antonio Ibáñez de la Riva, arzobispo de Zaragoza. Hubo, además, virreyes, gobernadores, embajadores y presidentes de consejos y audiencias pertenecientes al estado clerical, aunque a veces éste se redujera a las órdenes menores o la simple tonsura.

Aunque legalmente el más alto cargo civil era la presidencia de Castilla, en el terreno efectivo quizás fuera el puesto de confesor real el que confiriera más poder. No se trataba sólo de dirigir la conciencia del monarca en cuanto particular; era de hecho, si no de derecho, un cargo de altísima responsabilidad, «por cuya mano pasan las provisiones de prebendas, de obispados y todo lo que toca a la conciencia del rey en cuanto a negocios públicos y gobierno exterior de los reinos; porque defectos graves de personas eclesiásticas que deben llegar a noticia del

---

[1] *Visitas* y *residencias* eran las más comunes formas de inspección y control de la administración sobre funcionarios y organismos. La residencia solía ser una formalidad rutinaria; el funcionario saliente debía dar cuenta de su gestión y contestar a los cargos de los que se sintieran perjudicados por su actuación. La visita era cosa mucho más seria; no estaba sujeta a periodicidad; se practicaba cuando un funcionario o un organismo (consejo, universidad, hospital, etc.) despertaba sospechas en cuanto a la regularidad de su funcionamiento. El visitador solía ser un personaje importante, y su misión podía durar meses o años.

[2] El *Gran memorial* del conde-duque de Olivares nos ha llegado en numerosas copias. No se imprimió hasta 1788 por Valladares, en el tomo 11 del *Semanario erudito*. Cf. la edición crítica publicada por John H. Elliott y José F. de la Peña (Madrid 1978).

[3] *Teatro monárquico de España, en que se contienen las más puras y católicas máximas de Estado* c.23 (Madrid 1700).

rey no se propalan sin escrúpulo a los ministros seculares» [4]. Es decir, que, aunque era la Cámara del Consejo de Castilla la que formaba las ternas para los cargos de provisión real, en la práctica era el confesor quien los elegía. Formaba parte de las juntas en que se ventilaban asuntos mixtos, y como tales se consideraban los de mayor importancia, incluyendo los referentes a contribuciones. Como además fue frecuente que el cargo de confesor real llevara anejo el de presidente del Consejo de la Inquisición, puede comprenderse la suma de poder que en él se concentraba y las apetencias que suscitaba.

Por tradición, los reyes de España elegían confesores en la orden dominicana; siempre influyentes, su poder creció a lo sumo en el siglo XVII, no sólo a la sombra del real confesonario, sino como directores de conciencia de ministros y validos. San Juan de Ribera, arzobispo de Valencia, escribió en 1610 una carta a Felipe III previniéndole de los abusos a que daba lugar el entrometimiento de los confesores en juntas y negocios seculares; proponía que se les adjuntasen dos consultores teólogos, que todos ellos fuesen personas desinteresadas y que sólo entendieran en materias de conciencia; pero de nada valieron sus advertencias; precisamente en aquel reinado se registraron los mayores abusos, en especial por la codicia y afán de mando del P. Aliaga, muy mezclado en todas las intrigas de aquella época. En 1613 escribía el nuncio en Madrid al cardenal Borghese: «Me atrevería a decir que en toda la cristiandad no existe hoy un ministro más importante».

Felipe IV tuvo primero por confesor a Fr. Antonio de Sotomayor; era gallego, y facilitó la concesión de un voto en Cortes a Galicia. Fue sustituido en el cargo casi a la vez que Olivares, aunque tal vez no haya una relación directa entre ambos hechos; Sotomayor era de edad muy avanzada. Al cesar en el cargo de inquisidor general pidió (y obtuvo promesa del rey) una pensión equivalente a 10 ó 12.000 ducados «para no decaer de su rango y asegurar el alimento de los suyos». Tomó precauciones para que el caudal que dejaba «no se lo llevaran los frailes» [5]. Mucho más ejemplares en su conducta fueron sus sucesores: el dominico portugués Fr. Juan de Santo Tomás, hombre de piedad y letras que sólo vivió un año, y Fr. Juan Martínez, muy entero en defender los derechos de la justicia y la equidad en el trato con los pobres; en sus notables *Discursos theológicos y políticos* se felicita por haber hecho fracasar un impuesto sobre la harina que proponía el Consejo de Hacienda.

A la muerte de Felipe IV, su viuda, Mariana de Austria, reinó en nombre de su hijo Carlos, que sólo contaba cuatro años de edad al fallecer su padre. El jesuita alemán Everardo Nithard gozó de una con-

---

[4] Memorial anónimo en seis folios, fechado en diciembre de 1700, «sobre la novedad de que se recela de que el rey D. Felipe V no confiese con religiosos de dicha religión». Al fin, tabla de los dominicos que habían sido confesores reales. El único trabajo de conjunto sobre el tema es el del P. Getino (*Dominicos españoles confesores de reyes:* Ciencia Tomista t.14), esbozo de un libro que no llegó a publicar.

[5] J. ESPINOSA RODRÍGUEZ, *Fr. Antonio de Sotomayor y su correspondencia con Felipe IV* (Vigo 1944).

fianza tan completa de la reina, que bien pronto suscitó la animadversión general; se criticó el cierre de teatros, se le reprochó su cualidad de extranjero, se le atribuyó, con poca justicia, la crisis exterior de la Monarquía, manifestada en la invasión de los Países Bajos por los franceses y el reconocimiento de la independencia de Portugal. Don Juan José de Austria, bastardo de Felipe IV, se constituyó en portavoz de todos los descontentos; sostenido por un pequeño ejército que reclutó en Aragón, se acercó a Madrid y exigió la separación del confesor de la reina; ésta cedió obligada por la necesidad, pero no retiró su confianza al jesuita, el cual, instalado en Roma, obtuvo el capelo y actuó a veces como agente oficioso del Gobierno español.

Llegado en 1675 a la mayoría de edad, Carlos II se mostró incapaz no sólo de gobernar por sí mismo, sino de sostener ministros estables; fueron varios los que disfrutaron de una efímera privanza, y lo mismo sucedió con sus confesores, numerosos, pero todos de escaso relieve. Uno de ellos, Fr. Francisco Reluz, formó parte de la Junta Magna de Hacienda formada en 1680, junto con otros dos eclesiásticos: el franciscano Cornejo y el mercedario Fr. Juan Asensio. Los otros miembros eran los presidentes de Castilla y Hacienda, el condestable y el almirante, todos ellos convocados por el duque de Medinaceli, que entonces actuaba como primer ministro. Esta importante participación eclesiástica no era excepcional; en 1692, de los nueve miembros de la Junta de Hacienda, tres eran eclesiásticos: el arzobispo gobernador del Consejo, Ibáñez de la Riva; el ya citado Fr. Damián Cornejo y el confesor real, Fr. Pedro Matilla.

Matilla había sido nombrado por el conde de Oropesa, como antes D. Juan José de Austria había nombrado al P. Reluz. «Cada favorito nombraba al rey un confesor a medida de su deseo» [6]. A Froilán Díaz, sucesor de Matilla, parece que lo impuso el cardenal primado, Portocarrero. Aunque había sido catedrático en Alcalá, su estupenda credulidad aceptó la idea de que las enfermedades y la impotencia del rey provenían de los hechizos que le habían administrado y los demonios de que estaba poseído. El inquisidor general, Rocaberti, participaba de la misma opinión, y se llamó a un religioso, Fr. Mauro Tenda, perito en exorcismos, para liberar al rey de los espíritus malignos.

Estas lúgubres ceremonias, en vez de sanar a Carlos II, empeoraron su estado; además, se complicaron con las activísimas intrigas que se estaban desarrollando en torno a la sucesión del ya casi moribundo rey. La reina Mariana de Neoburgo que se dio cuenta de que, inconscientemente, toda aquella farsa favorecía al bando francés, hizo despedir al P. Froilán; el nuevo inquisidor general, D. Baltasar de Mendoza y Sandoval, le formó causa y le tuvo tres años preso, a pesar de que la mayoría de los miembros de la Suprema votaron que era inocente. El infeliz rey, juguete de tan vituperables manejos, falleció en 1700. Con él acabó la dinastía de los Austrias españoles, y también la influencia que habían

---

[6] Vicente de la Fuente, *Historia eclesiástica de España* t.3 p.334.

ejercido los dominicos a través del confesonario regio, en el que fueron sustituidos por los jesuitas.

En mucho menor grado tuvieron alguna influencia política los predicadores reales, que solían ser ocho en tiempo de Felipe IV. Era cargo que apetecían los ganosos de notoriedad o medro. Predominó el tipo de oratoria *culta,* de la que fue el mejor representante el trinitario madrileño Fr. Hortensio Paravicino, muy famoso en el primer tercio del XVII; pero no faltaron los que, en vez de elogios, prodigaron censuras a las más altas autoridades, ya por auténtico celo, ya por ganar popularidad. La figura del predicador *contestatario* tenía ya amplios antecedentes [7], y en el siglo XVII, por la exacerbación de los males públicos, tuvo muchos representantes, hasta el punto de que Felipe IV ordenó pasar este aviso a todos los superiores de regulares: «Adviertan a todos los religiosos que se moderen mucho en tratar en el púlpito de las razones de Estado; porque, ignorando las materias secretas del Consejo y gobernándose por las hablillas del vulgo, turban los pueblos». Los mismos eclesiásticos encontraban excesivo el tono de algunos oradores sagrados, sobre todo religiosos: «Que se ponga un predicador a afirmar que no hay justicia, que todo es desórdenes, que los oficios, plazas y encomiendas se dan a los incapaces, no se puede afirmar en particular, cuánto más en lugares públicos, porque ni los predicadores pueden tener noticia de los merecimientos de los proveídos ni esto les toca a ellos, y las informaciones que tienen son muchas veces de descontentos» [8].

La situación se agravó considerablemente desde 1635, fecha de la declaración de guerra de Francia a España. Hubo que intensificar la presión fiscal y militar, y se desterró a algunos frailes que predicaban con demasiada libertad. Un capuchino, el P. Ocaña, fue desterrado porque predicó contra el papel sellado y otros nuevos impuestos. A un agustino descalzo le prohibieron que volviese a predicar. En cambio, un trinitario dirigió sus tiros contra el papa, por amparar a los enemigos de España, y se atrajo las iras del nuncio. Otro predicador sancionado fue Agustín de Castro, jesuita. Este caso resulta excepcional, porque la actitud de la Compañía de Jesús fue, en conjunto, *colaboracionista.* Tras los recelos iniciales, muy fuertes todavía en el reinado de Felipe II, el de Felipe III marcó un auge súbito en el favor de la Corte y la nobleza, favor al que correspondieron los hijos de San Ignacio. La reina Margarita costeó el grandioso colegio de Salamanca, y la emperatriz María, el Colegio Imperial de Madrid. El duque de Lerma, que se envanecía de contar entre sus ascendientes a San Francisco Javier, fue su decidido protector, y lo mismo Felipe IV y el Conde-Duque; este último tuvo por confesor al

---

[7] Como sucedió en la época de las comunidades. J. PÉREZ, *Moines frondeurs et sermons subversifs en Castille pendant le premier séjour de Charles-Quint en Espagne:* Bulletin Hispanique t.65 (1963) p.238-83.

[8] ANTONIO DE PARADA, *Discurso sobre si conviene aprobarse el modo de predicar que hoy se usa en la Corte, reprendiendo a los príncipes y ministros:* BN, ms.18.728-25. Véase también el ms.11.206 de la misma Biblioteca y el capítulo 22 del *Governador christiano,* de P. Márquez.

P. Aguado. Si creemos a su biógrafo Alonso de Andrade [9], rehusó utilizar su posición privilegiada en provecho propio o de la Compañía, no quiso tomar parte en juntas ni dar su voto en negocios seculares, pero representó con toda libertad a su excelso penitente todas las cosas de que se murmuraba y que pedían remedio.

Otros jesuitas fueron menos desinteresados en su colaboración con el poder. El caso más revelador, pero no único, fue el del famoso P. Fernando Chirinos de Salazar, cuyo nombre aparece con frecuencia en la documentación de la época, especialmente en la de Hacienda, porque tuvo un ingenio fértil de arbitrista y más vocación para idear impuestos que para la dirección de almas; se le atribuyó la invención del papel sellado, y, como es lógico, estas actividades redundaron en descrédito suyo y aun de la Compañía; por ello, sus superiores trataron de apartarlo de aquella vida aseglarada, sin conseguirlo, pues era mucho su favor y crédito en los medios oficiales; tanto, que obtuvo el título de arzobispo de Charcas, no porque pensara trasladarse a las Indias, sino para conseguir más autoridad e independencia. En efecto, sin romper abiertamente con la Compañía, terminó por vivir al margen de ella; desde 1639 residió en un domicilio particular dedicado a recibir visitas y despachar los numerosos asuntos seculares que se le encomendaban.

En este ambiente se comprende que el número de clérigos aseglarados fuera elevado. Unos con anuencia de las autoridades, como el Salazar; como el dominico Fr. Iñigo de Brizuela, confesor del archiduque Alberto y su mujer, Isabel Clara Eugenia, pieza clave de la política española en los Países Bajos en el primer tercio del XVII; como el arzobispo Portocarrero y tantos otros. También, no pocas veces, por entrometimiento de clérigos sin vocación; tales el dominico Fr. Juan de Castro, incansable trotamundos en España, América y Filipinas, mezclado en asuntos comerciales y en trato de negros, hasta que, harto de sus enredos, el Consejo de Indias ordenó que fuese confinado en un convento apartado. O como el franciscano Fr. Benito de la Soledad, objeto también de sanciones por su vida mundana y su afán de esparcir memoriales sugiriendo remedios para los males de la Monarquía.

La multiplicidad de jurisdicciones era una de las características del Antiguo Régimen; militares, mercaderes, inquisidores, diplomáticos, caballeros de hábito y otras varias categorías sociales tenían sus propios jueces y tribunales. Entre todas estas jurisdicciones privilegiadas, la eclesiástica era la más extensa. No abarcaba sólo a los eclesiásticos en su doble vertiente, personal y real; también los seculares disfrutaban de la inmunidad local; quien, tras cometer un delito, se *retraía* a una iglesia, no podía ser extraído de ella salvo casos excepcionales; todo quebrantamiento de esta norma traía consigo disputas, censuras, excomuniones. Las crónicas de la época están llenas de incidentes de esta clase. Por

---

[9] *Vida del P. Francisco Aguado, provincial de la C. de J. en la provincia de Toledo y predicador de... Felipe IV* (Madrid 1658). No extraña que en el título de la obra se omita su principal actividad, como confesor de D. Gaspar de Guzmán, ya que en la fecha en que se publicó estaba muy reciente la caída del favorito.

supuesto, la Iglesia no sacaba ninguna ventaja material de este privilegio, antes bien, le ocasionaba muchas molestias la presencia dentro del recinto sagrado de malhechores, por lo común de comportamiento poco edificante. Por eso, en numerosas sinodales se limita a pocos días la estancia de los acogidos.

Contra lo que pudiera pensarse, y a pesar de los abusos a que daba lugar, este privilegio era popular, quizás como reacción a una justicia ordinaria demasiado rigurosa y clasista que castigaba con destierro y multa el homicidio cometido por un gran señor, y con horca o galeras los hurtos de un pobre diablo. *Tomar iglesia* no era privilegio de una clase; lo mismo se acogía a seguro el pícaro que huía de los corchetes que el mercader en quiebra, el desertor y el duelista, y tal práctica siguió en vigor hasta que, dentro de su programa reformista, Carlos III obtuvo de la Santa Sede que el derecho de asilo se limitara a una o dos iglesias en cada población.

El derecho de los prelados a juzgar a sus súbditos se mantuvo inalterable, aunque también diera lugar a encuentros; en los conventos podía habilitarse una celda para prisión de un fraile delincuente y en cada silla episcopal había una *cárcel de corona* para los clérigos. Las penas corporales no podían aplicarlas los eclesiásticos sin caer en la irregularidad prevista en el derecho canónico; los reos de muerte, después de degradados, eran ejecutados por la justicia ordinaria, la que también se encargaba de conducir a galeras a los condenados a esta pena. En esta aplicación del fuero, en esta apelación de ayuda al brazo seglar, que estaba obligado a prestarla (lo mismo que en los casos de Inquisición), no había nada que fuera contra las leyes y las costumbres. También podía darse el caso de que la autoridad civil prestara auxilio a un tribunal eclesiástico contra otro. Esta fue la embarazosa situación que se le presentó al corregidor de Córdoba en 1609, cuando una competencia entre el provisor del obispado y la Inquisición degeneró en reyerta y los inquisidores le ordenaron que prendiese al provisor, como así lo hizo.

Más frecuentes y controvertidos eran los casos en que las autoridades eclesiásticas procedían contra seglares, no ya con penas canónicas, sino temporales. ¿Podían hacerlo? La cuestión no llegó a resolverse, hasta que en la época de Carlos III se decidió en sentido negativo. De nuevo hay que insistir en la indeterminación entre lo espiritual y lo temporal. Que las faltas, no ya sólo contra la fe, sino contra la práctica religiosa, debían castigarse, nadie lo ponía en duda. También se aceptaba generalmente que la autoridad civil pudiera imponer sanciones en estos casos, y así lo hallamos determinado en algunas leyes del reino; incluso pueden rastrearse en varias ordenanzas municipales restos de unas prácticas que remontaban a la Edad Media; p.ej., las de La Alberca (1517) señalaban penas a los blasfemos y a los que no oían misa los días de fiesta.

Era competencia de los prelados, y los reyes se lo recordaban, castigar los pecados públicos. «Mucho convendría (decía un real decreto de 12 de septiembre de 1655) que para que se castiguen y repriman los pecados públicos, no sólo tengan orden los prelados y corregidores de estos reinos, como repetidas veces se les ha mandado, sino que encarguéis a los corregidores que se den la mano con los obispos, uniéndose las justicias eclesiástica y seglar a este fin». El rey hablaba de colaboración, pero no aclaraba de quién había de partir la iniciativa ni cuáles eran los límites de cada jurisdicción. Por eso no es de extrañar que los choques entre ambas fueran frecuentes, sobre todo en la represión de los amancebamientos, en los que no pocas veces se encontraban implicados personajes de calidad. El concilio Tridentino (ses.24 c.8) había previsto penas desiguales, según el criterio de la época: censuras canónicas para el varón, destierro para la mujer; pero este delito también estaba previsto y castigado por las leyes civiles del reino. Los prelados prudentes y enemigos de escándalos solían dar cuenta de estos casos a las autoridades reales para que ellas pusieran remedio; así, el cardenal Agustín Espínola, siendo arzobispo de Granada, dio cuenta al presidente del Consejo de que varias personas de relieve de aquella ciudad, a pesar de sus amonestaciones, vivían licenciosamente; a consecuencia de esta denuncia, los caballeros fueron llamados a Madrid para ser amonestados, y las mujeres, recogidas en conventos.

Pero había prelados que en semejantes casos actuaban por su sola autoridad. Las constituciones sinodales de Jaén (1624) disponían que a los públicos amancebados se les castigase la primera vez con 2.000 maravedises de multa; la segunda, con 6.000, y la tercera, «si él o ella fuesen gente ordinaria, sean desterrados; y si la mujer no fuese persona tan ordinaria, sea recluida en las casas de recogimiento de esta ciudad o la de Baeza por el tiempo que a nos o nuestro provisor pareciere; y siendo personas poderosas, en quienes no se presume enmienda con la pena de los maravedises arriba dichos, pueda nuestro provisor y los demás vicarios (constando el escándalo) entrar las mujeres la primera vez a los recogimientos». En este último caso no había pena prevista para los varones, ni las aplicó un prelado tan íntegro como el dominico Fr. Pedro de Tapia, que, siendo obispo de Córdoba en 1651, «armado del celo de la honra de Dios, les sacó a muchos de sus propias casas las amigas, encerró a unas en las Recogidas, desterró a otras, y a todas les cortó el cabello».

La vigilancia de las fiestas se encomendaba a unos alguaciles eclesiásticos (seglares a la orden y sueldo del párroco), de los que solía haber uno en cada pueblo que no fuera muy pequeño. Las sanciones a los infractores estaban reglamentadas en las constituciones sinodales; las de Badajoz (1624) castigaban a los que faltaran a la misa con seis reales la primera vez, doce la segunda y prisión la tercera. No se venderían vino ni alimentos hasta acabada la misa mayor, y los mesoneros no dejarían salir a los arrieros hasta que la hubiesen oído.

El cumplimiento pascual también se vigilaba estrechamente, y las penas podían no ser sólo espirituales; los párrocos llevaban matrículas de todos los obligados al precepto de la confesión y comunión y daban cuenta al prelado de los que no habían cumplido. Si durante la cuaresma algunos fieles habían estado ausentes, deberían presentar cédula de haberse confesado en otra parroquia. Se tomaban precauciones contra los fraudes en esta materia, que, al parecer, no eran raros; las constituciones sinodales de Jaén [10], además de castigar con cuatro reales de multa a quienes dejaran el cumplimiento pascual para la última semana hábil, disponían que no se admitieran certificados de confesión en otro lugar si no llevaban «testimonio del escribano público que dé fe cómo es cura de aquella parroquia el que lo dio y firmó». Las de Málaga ordenaban que las cédulas impresas llevaran el nombre de cada parroquiano. «Estas cédulas las recoja el cura al tiempo de hacer el padrón de las personas obligadas a cumplir el precepto de la Iglesia sin excepción de ninguna, por grande y privilegiada que sea». Había que tener especial cuidado con los transeúntes, mozos temporeros, gitanos y farsantes [11]. Los moriscos fueron en este aspecto objeto de especial vigilancia hasta su expulsión.

Al arbitrio del obispo quedaba fijar la multa de los que no bautizaran al recién nacido prontamente (500 maravedises fijó el de Mondoñedo a los padres que no lo hicieran en los ocho días siguientes al nacimiento). Se celaba también el cumplimiento de lo dispuesto por Pío V (constitución *Super gregem...*, 1566) acerca de la obligación de los médicos de avisar a los enfermos graves de su estado para que se dispusiesen a bien morir. Si rehusaban, al tercer día debían negarles los auxilios de la ciencia. «Y porque tenemos experiencia que los médicos no cumplen dicho decreto», decía la sinodal malacitana, les conminaba con penas a que lo hicieran. También se recordaban sus obligaciones a las parteras en cuanto al bautismo de las criaturas.

Para hacer efectivas estas sanciones, las autoridades eclesiásticas podían pedir el concurso de las civiles. Lo mismo en los casos en que se menospreciara la suprema sanción espiritual que era la excomunión. Habría un libro entero por hacer sobre las excomuniones y la manera como se abusó de ellas. Porque no se excomulgaba sólo al que quebrantaba el fuero eclesiástico, al que no se confesaba, al que no diezmaba; podía sacarse una *paulina* para averiguar el paradero de un objeto perdido y amenazar desde el púlpito a quien lo retuviera con los suplicios infligidos a Sodoma y Gomorra, Coré, Datán y Abirón..., lo que hizo exclamar a Rojas Zorrilla: «¿Por seis cuartos solos —te subes a excomulgar— a un ladron que por que calles —te dará dos cuartos más?» *(La más hidalga hermosura* jorn.2.ª). Las autoridades eclesiásticas eran conscientes del descrédito que había caído sobre las excomuniones por la forma inconsiderada en que se prodigaban. Por eso, el sínodo de Santiago de 1605 decía: «Porque nos costa el poco temor que en este arzobispado se tiene a las descomuniones, y muchas personas se dejan estar en ellas..., ordenamos a todos los rectores de las parroquias que hagan tablillas

[10] Hechas por el Ilmo. Sr. D. Baltasar de Moscoso en el sínodo de 1624 (Baeza 1626) l.1 tit.5 c.2.
[11] Estas constituciones fueron hechas en 1671 por Fr. Alonso de Santo Tomás, presunto hijo natural de Felipe IV.

donde asienten a todos los descomulgados de sus parroquias y las pongan junto a la pila del agua bendita, para que todos puedan verlos y eviten su trato y conversación»[12].

Las leyes 1.ª y 2.ª del título 5.º, libro 8.º de la *Nueva recopilación* disponía que el excomulgado público a los treinta días pagara 600 maravedises; a los seis meses, 6.000, y después, 100 maravedises diarios y destierro. Pasado un año sin reconciliarse con la Iglesia, se procedería contra él como sospechoso en materia de fe; pero las cosas nunca iban tan lejos en la práctica. ¿Como iba a ser el poder civil riguroso en esta materia, si sus propios agentes caían con frecuencia bajo aquella pena en sus conflictos de jurisdicción con la Iglesia? Hasta el punto de que se decía que no era buen corregidor el que no estaba la mitad del año descomulgado. No hay que exagerar, por otra parte, la transcendencia de estos choques, que tenían el aire de peleas de familia. Cuando la cosa llegaba a mayores, cuando el obispo había excomulgado a la audiencia y la audiencia había *sacado prendas* al obispo, intervenía el rey por medio del Consejo de Castilla, y se llegaba a una transacción; se amonestaba a las dos partes, se les ordenaba levantar las sanciones, y la vida volvía a seguir su curso habitual; ningún aspecto doctrinal estaba implicado en estas cuestiones suscitadas por la indeterminación de límites y el genio puntilloso y pleitista de nuestros antepasados.

La usura caía dentro de la jurisdicción eclesiástica, y ya sabemos cuánta amplitud se daba a tal concepto, hasta el punto de crear graves inquietudes de conciencia y retrasar el advenimiento de las formas modernas de crédito. Los prelados que tenían sobre este punto opiniones rigurosas podían causar inquietudes a los fieles por operaciones tan sencillas como adelantar trigo para la sementera, con la condición de devolverlo a tiempo de la cosecha aumentado en algún porcentaje. Otras manifestaciones del poder temporal de la Iglesia en materias mixtas se referían a la enseñanza. Cuando el concilio de Trento ordenó que los preceptores de Gramática estuvieran sujetos al examen y licencia de sus ordinarios, no hizo sino sancionar y generalizar una práctica ya extendida, y que podía justificarse en el hecho de que la mayoría de los que frecuentaban dichas escuelas lo hacían con intención de seguir la carrera eclesiástica; pero encontramos constituciones sinodales (p.ej., las de Sevilla, 1604) que también se arrogan el derecho a examinar de *vita et moribus* a los ayos que los caballeros ponían a sus hijos; y otras muchas se refieren, indistintamente, a escuelas de cualquier grado, regulando incluso la clase de libros que habían de leer[13].

En las de Zaragoza (1697) se dice tajantemente: «No se impriman libros ni se representen comedias sin aprobación del ordinario». Este es

---

[12] LÓPEZ FERRERO, *Historia de la Iglesia de Santiago* t.9 apénd.2.

[13] «Infórmese el visitador de las costumbres de los ayos y maestros de escuela para deponerlos o castigarlos si no educasen bien a sus alumnos. Registren los libros que leen en la escuela y no permita sean profanos» (Constituciones sinodales de Málaga [1671] fol.222). Las de Badajoz de ese mismo año añadían que los preceptores debían enseñar el latín por el arte de Nebrija, «porque la principal causa de que los alumnos adelanten poco es la variedad de textos».

un caso aislado, porque la censura de libros pertenecía al Consejo, y la Iglesia sólo intervenía en obras de carácter profano por medio de la Inquisición, en caso de ataques a la fe o buenas costumbres, pero la pretensión de conceder o denegar licencia para representaciones teatrales se dio más de una vez en aquel siglo XVII, que vio, sobre todo en su segunda mitad, un ataque frontal contra el teatro, considerado como escuela de perversión. Las desdichas que se abatieron sobre la nación, en especial las frecuentes y terribles pestes, fomentaron un clima pasional, que el celo indiscreto de algunos misioneros explotó para hacer que se cerraran las salas de espectáculos, de tal modo que pocas eran las que subsistían abiertas a finales de aquella centuria. No sólo habían desaparecido las representaciones en iglesias y conventos, de muy antigua tradición, sino que los eclesiásticos, que habían dado al teatro figuras tan insignes como Tirso y Calderón, se apartaron totalmente de una actividad que llegó a reputarse deshonrosa. Casi al mismo tiempo, otro tipo de espectáculo que en la primera mitad del XVII gozó del favor de las clases altas, las corridas de toros, se desprestigió, perdió su carácter caballeresco, y, tras una etapa oscura, persiste como toreo a pie, de carácter plebeyo. Basta, en cambio, repasar crónicas locales —p.ej., los *Anales de Madrid,* de León Pinelo— para advertir cómo se reflejó la *sacralización* de la vida de los españoles en sus fiestas y diversiones, que llegaron a ser casi únicamente de carácter religioso.

Volvamos, después de este ligero *excursus,* al tema anterior: ¿Podía la Iglesia sancionar con penas temporales los pecados o faltas de los fieles? Y en caso afirmativo, ¿podía castigarlos directamente o por medio del brazo secular? Nunca llegó a definirse esta cuestión antes del advenimiento de los Borbones. Los que defendían la tesis maximalista, como el franciscano Miguel Agia [14], ampliaban la potestad episcopal a delitos tales como los bailes en días festivos, el lujo excesivo, las ventas usurarias... Si necesitaba el concurso de la autoridad secular, ésta debería prestársela sin discusión. De otro lado se sitúan, más numerosos y autorizados, los defensores de la potestad civil: Castillo de Bobadilla, Ceballos, Larrea y otros muchos, y la *Recopialción* de leyes, que prohibían a los jueces eclesiásticos hacer prisiones de legos o embargos de bienes por su propia autoridad, ni invocar para ejecutarlos el auxilio del brazo temporal. A través de una casuística embrollada y frecuentes incidentes, se llegó al siglo XVIII sin que las fronteras entre ambas competencias se definieran con exactitud.

Intervención del Estado en asuntos eclesiásticos

Hemos visto en el capítulo anterior la no corta serie de atribuciones y privilegios que tenía la Iglesia española en el ámbito temporal. Vea-

[14] *De exhibendis auxiliis, sive de invocatione utriusque brachii* (Madrid 1600). En la misma línea escribió José Vela *De potestate episcoporum circa inquirenda et punienda crimina in suis dioecesibus commissa...* (Granada 1635).

mos ahora su contrapartida: las intromisiones del poder temporal en la esfera eclesiástica, con lo cual no sólo quedaba restablecido el equilibrio, sino que podía dudarse si la Iglesia no pagaba demasiado cara aquella situación de privilegio. El Estado español del Antiguo Régimen no sólo no estuvo sometido al sacerdocio, sino que en el siglo XVIII bastó que unos reyes, unos ministros menos complacientes que los de los Austrias aplicaran las leyes en vigor con otro espíritu menos amistoso para que se advirtiera que la Iglesia española caía en una verdadera servidumbre.

Una buena parte de la culpa de esta situación la tenía el menor prestigio del Pontificado en relación con el que adquirió en la Edad Contemporánea; ni estaba admitida como dogma su infalibilidad, ni sus costumbres eran demasiado puras, ni les favorecían las implicaciones mundanas derivadas de su soberanía temporal, ni las lentas comunicaciones facilitaban un recurso inmediato y frecuente a su autoridad. En cambio, los reyes gozaban de una aureola sacralizante. El *Per me reges regnant* se interpretaba como testimonio de que eran delegados directos de la divinidad. No eran ungidos los reyes de España como los de Francia, pero se les atribuía, como a ellos, la virtud de curar ciertas enfermedades[1], y, dejando aparte milagrerías y supersticiones, sus atribuciones legales en el orden eclesiástico formaban una lista muy larga, desde la potestad de penetrar en la clausura de los conventos hasta los canonicatos honoríficos que les reconocían las iglesias de Toledo, León, Burgos, Gerona y Barcelona.

Sabemos ya en qué consistía el Patronato Real y qué eran las *regalías*. El primero, como concesión pontificia que era, no podía ser objeto de discusión en cuanto al principio, aunque surgieran conflictos en ciertos casos concretos. Las regalías, en cambio, en especial el pase regio y los recursos de fuerza, así como las cuestiones derivadas del aprovechamiento de las rentas eclesiásticas (espolios, vacantes), sí dieron lugar a frecuentes conflictos entre ambas potestades. En el siglo XVI, las tesis regalistas habían sido ya compiladas por tratadistas de tanto renombre como Palacios Rubio, Juan Roa de Avila, Azpilcueta y Covarrubias; algunas de ellas habían pasado a la *Nueva recopilación*. Pero es en la primera mitad del siglo XVII, al calor de las incesantes controversias, cuando la escuela regalista española sistematiza su doctrina. Inmerecida celebridad alcanzaron más tarde Chumacero y Pimentel, cuyo *Memorial*, ya mencionado, tenía un alcance meramente práctico, de protesta por abusos concretos; los verdaderos teóricos fueron Jerónimo Ceballos, Pedro González de Salcedo y, sobre todo, Francisco Salgado de Somoza[2]. Las obras de estos últimos, así como las de Larrea y Solórzano

---

[1] MARC BLOCH, en *Les rois thaumaturges*, adujo numerosos antecedentes de esta supuesta virtud curativa de los reyes. La tradición se mantenía viva en Francia; mucho menos en España, aunque el médico sevillano Gaspar Caldera de Heredia publicó en 1655 un folleto (incluido más tarde en su *Tribunal magicum*) titulado *Si los señores reyes de Castilla, por derecho hereditario de su real sangre, tienen virtud de curar energúmenos y lanzar espíritus* (Sevilla 1655).

[2] El más famoso de nuestros regalistas era natural de La Coruña; fue vicario general de Toledo, supliendo la constante ausencia del titular del arzobispado, el cardenal infante

Pereira, fueron incluidas en el *Indice romano de libros prohibidos,* mientras que en España corrieron libremente; a la inversa, en España se recogieron algunas obras del cardenal Baronio que gozaban gran crédito en Roma. La cuestión de principio quedó sin resolver; la Santa Sede mantuvo hasta muy avanzado el siglo XVIII la bula de la Cena, en la que se amenazaba con los peores anatemas y castigos a los invasores de la potestad eclesiástica, y los reyes, aunque piadosísimos, mantuvieron una serie de derechos que creían inherentes a su regia potestad.

No hubieran podido actuar en esta materia con tal resolución si no se hubieran sentido apoyados por su clero; los obispos estaban resentidos porque el nuncio y la Curia mermaban sus atribuciones. Eclesiásticos seculares y regulares no tenían reparo en acudir al Consejo de Castilla pidiendo se suspendiera la aplicación de una bula o breve que les perjudicara, y fácilmente hallaban en el arsenal canónico-casuístico argumentos para denunciar la *obrepción* y *subrepción* que invalidaban dichos documentos; y los frecuentes litigios que oponían unas corporaciones a otras, unos individuos a otros dentro del estamento eclesiástico, no sólo ofrecían a la autoridad real frecuentes ocasiones de intervención, sino que muchas veces tenía que declinar las invitaciones que se le hacían. La gran extensión de la jurisdicción eclesiástica tenía esta consecuencia inevitable: todo eclesiástico que se consideraba atropellado o maltratado por su superior, todo aquel que creía que su pleito no se había resuelto con justicia, estaba tentado de acudir a la autoridad secular para que declarase que se había hecho *fuerza* al despojado. Este *recurso de fuerza,* nunca reconocido por Roma, fue uno de los caballos de batalla del regalismo hispano. Defendiéndolo, el rey no se procuraba ninguna ventaja material; simplemente afirmaba que, en cuanto el eclesiástico era súbdito suyo, tenía derecho a recurrir a su protección en caso de injusticia manifiesta. Hablando de los interminables pleitos del arcedianato de Calatayud con los obispos de Tarazona, escribía D. Vicente de la Fuente: «Se habla de cesarismo suponiendo que los reyes se entrometían en estas cuestiones, siendo así que eran los litigantes los que llevaban estos pleitos a sus manos» [3]. Un ejemplo, entre muchos, de cómo la autoridad real renunció más de una vez a inmiscuirse en asuntos eclesiásticos: en 1697, el cabildo de Avila denunciaba que el obispo y su provisor, hombre codicioso y violento, prendían sacerdotes concubinarios sin pruebas bastantes y cometían otros atropellos. El Consejo opinó que los hechos «no eran de aquella gravedad en que usa V. M. de su soberana regalía», y que el cabildo debía acudir primero al obispo; luego, al metropolitano, y, por último, al nuncio [4].

D. Fernando. A causa de la mala opinión que tenía en Roma, no fue presentado para ningún obispado, teniendo que contentarse con la abadía de Alcalá la Real. Sus obras son ponderadas y exentas de la acritud antirromana frecuente en regalistas posteriores.

[3] *Historia de Calatayud* c.81 (Calatayud 1881).

[4] El rey resolvió: «Pasaráse oficio al obispo por el Consejo con la eficacia conveniente a fin de que contenga a su provisor y demás ministros y se remedien estos excesos» (AHN, *Consejos,* leg.51.347, s.n).

Durante el siglo XVII, la provisión de obispados siguió por los cauces que en el anterior había marcado Felipe II, creador del Consejo de la Cámara, emanación del Consejo de Castilla, a quien estaba confiado todo lo relativo al Patronato Regio. Los tres últimos Austrias no pusieron el cuidado personal que Felipe II ponía en la elección de obispos; todos los testimonios coinciden en afirmar que, salvo casos especiales, delegaron en sus confesores la delicada tarea de estudiar y seleccionar las ternas que presentaba la Cámara. Dada la creciente influencia que en los Consejos tenían los colegios mayores, no es de extrañar que fueran elegidos un gran número de colegiales. La tendencia a considerar al obispo como un agente gubernamental se reforzó bajo el mando del Conde-Duque, precursor, en ciertos aspectos, de las modernas dictaduras; se esperaba de ellos que fueran celosos pastores, pero también auxiliares políticos; que exhortaran al pueblo a la obediencia; que aceptaran gravosas pensiones y otras cargas; si era preciso, que abandonaran durante años las tareas pastorales si el rey necesitaba emplearlos en otro sitio. Uno de los reproches que se hicieron al valido recién consumada su caída era que había dejado muchas iglesias abandonadas al elevar a sus obispos a cargos políticos. En su defensa, el autor del *Nicandro* replicó que lo hizo «por parecer que los obispos servirán a V. M. con mayor fineza en los altos cargos por ser más desnudos de carne y sangre que aquellos que están sitiados de mujer e hijos». No cabe expresar con más crudeza el criterio de subordinación de los intereses religiosos a los políticos que prevaleció en ciertas épocas. La promoción de numerosos castellanos a sedes de la Corona de Aragón no fue privativa de la época del Conde-Duque, pero se recrudeció bajo su mando, con indudable intención política, acorde con sus aspiraciones de borrar las fronteras que separaban los distintos reinos. En este aspecto es significativa la respuesta del rey a una consulta de febrero de 1641 sobre la provisión del arzobispado de Caller (Cerdeña), una sede que tenía gran tradición catalana, de la que aún se conservan restos: «Dígame la Cámara lo que se le ofrece en los sujetos de acá (los castellanos), por lo que importa que en Castilla los haya de allá y en Aragón destos reinos».

Después de entronizados, los prelados seguían controlados desde Madrid por ojos vigilantes. Nada menos que un arzobispo de Tarragona solicitaba licencia para ir al monasterio de La Murta a convalecer de una larga enfermedad, aduciendo «que ha cerca de cuarenta años que reside en las iglesias de Mallorca y Tarragona sin haber hecho jamás ausencia de ellas». Se le concedió con la advertencia de «que sea por poco tiempo, por la falta que puede hacer en su iglesia» [5]. No es de extrañar que las quejas, motivadas o no, sobre la conducta de los prelados se encaminaran más bien a Madrid que a Roma. Apenas entró en Granada el arzobispo Fr. Alonso de los Ríos, que rigió aquella sede de 1678 a 1692, llovieron las acusaciones: había entrado con gran fausto: tres coches, catorce mulas, numerosos sirvientes y allegados; había gas-

---

[5] Ibid., 19.685, consulta del Consejo de Aragón en 31 de julio de 1611.

tado mucho dinero en alhajar el palacio, en comprar varios cármenes, en edificar casas, en socorrer a sus familiares. En cambio, escatimaba las limosnas, más necesarias por la peste que azotaba aquel reino, habiendo dado lugar a que se le dijera públicamente: «Pastor, tus ovejas se mueren de hambre». A todos los cargos respondió el arzobispo cumplidamente, y se le comunicó que el rey estaba satisfecho de su actuación. En cambio, el obispo de Cartagena fue reprendido por sus largas ausencias y cortas limosnas [6].

De interés para conocer el concepto que tenían los Austrias de su potestad disciplinar sobre el clero es el incidente promovido en 1651 por disensiones entre el cabildo de Cuenca y su obispo; se acusaba a varios capitulares de haber circulado escritos injuriosos para el prelado; pero lo que más irritó a Felipe IV fue que se atrevieran a solicitar la convocatoria de un concilio provincial sin preceder el real permiso, audacia que se castigó desterrando al deán a Almería y al chantre a Lugo, lo que no facilitaba, ciertamente, su connivencia en aquellos tiempos de pésimas comunicaciones. El Consejo se atrevió a objetar que, si bien el rey, usando de su potestad sobre los clérigos, en cuanto eran sus súbditos, podía llamarlos a la Corte para reprenderlos, embargarles sus rentas y aun desterrarlos del reino, no podía confinarlos en un punto determinado, por ser contra su inmunidad; pero Felipe IV replicó que tenía la conciencia tranquila y se ejecutase lo ordenado [7].

No hay que figurarse, por lo que queda dicho, que los prelados vivían sujetos a una estrecha vigilancia. En realidad, se les trataba con gran respeto, y sólo en determinadas ocasiones se les recordaba que estaban sujetos a la potestad real; por lo regular, por choques jurisdiccionales o por peticiones de socorros pecuniarios. Cuando el Consejo de Castilla supo que el obispo de Salamanca había excomulgado al teniente de corregidor y los que le ayudaron a extraer un reo secular de la cárcel episcopal, y que para absolverlos les había obligado a pedir perdón públicamente y aun les había azotado de modo simbólico con una varita, no sólo castigó al teniente de corregidor por haber consentido tal humillación, sino que el obispo fue multado y trasladado a otra diócesis.

Las peticiones de dinero de la siempre necesitada Hacienda motivaron no pocos conflictos, como adelante diremos; pero, aparte de las contribuciones regulares concedidas por los sumos pontífices, las peticiones extraordinarias de los reyes fueron muy frecuentes y de la índole más variada. Gran escándalo causó el decreto ordenando hacer inventario de la plata de las iglesias que Felipe III, mal aconsejado por el duque de Lerma, promulgó a comienzos del siglo XVII; se pensó que era una medida preliminar a la enajenación de los tesoros de arte y riqueza que guardaban los templos de España, y se suspendió la ejecución de la orden. Pero, bajo su sucesor, sobre todo a partir de 1640, menudean las demandas extraordinarias: socorros para los ejércitos de

---

[6] Ibid., 15.273, consulta de 20 de septiembre de 1679.
[7] Ibid., leg. 15.246.

Cataluña y Portugal, limosnas para soldados mutilados, repartos para pagar los sueldos de la caballería, demandas de víveres para la intendencia... Por lo regular, contestaban representando la miseria de los tiempos, y contribuían con lo menos posible; pero a veces las demandas eran imperativas: en 1643 se pidieron 4.000 ducados a los obispos de Segovia y Granada para obsequiar a los embajadores del sultán de Marruecos; en 1683, los obispos catalanes, aunque la mayoría tenían escasas rentas, contribuyeron a la fortifica ón de las plazas amenazadas por el ejército francés; en 1696, la administración recordaba a los arzobispos de Santiago y Sevilla las cantidades que debían por cuenta de la pensión de 6.000 ducados anuales para el mantenimiento del hospital que la Armada del Océano tenía en Cádiz [8].

Los concilios provinciales celebrados en el reinado de Felipe II cesaron casi por completo en el siglo XVII [9] a causa de las ruidosas disputas que se levantaron sobre si el rey tenía derecho a estar representado en ellos. En cambio, hubo muchos sínodos diocesanos; y la prueba de que la realeza consideraba como un derecho y un deber ocuparse de ellos es el real decreto de 1677 recordando a los obispos que estaban obligados a reunirlos, según las prescripciones del concilio de Trento; al año siguiente se les envió una carta circular para que informaran, a la que sólo tres contestaron que ya lo habían celebrado, quince prometieron hacerlo sin demora y diecisiete opinaron contra su celebración por los gastos e inconvenientes que se ofrecían. A estos prelados se les volvió a escribir, de parte del rey, para que justificaran mejor su negativa. La verdad es que muchos prelados temían a los sínodos por las quejas, oposiciones y pleitos que con frecuencia se suscitaban, y no sólo por parte de los cabildos y otras personas eclesiásticas.

Desde el momento en que la Iglesia se atribuía jurisdicción en muchas materias mixtas, era inevitable que los seglares exigieran una intervención en sus decisiones. No asistían delegados directos del rey, pero sí, con frecuencia, corregidores y otras autoridades civiles. Por otra parte, se trataba de una tradición multisecular, de unos derechos adquiridos a los que no se quería renunciar. He aquí algunos ejemplos:

Al sínodo de Sevilla, convocado en 1608 por el cardenal Niño de Guevara, concurrieron diputados de la capital y de varias villas del arzobispado. En el de Toledo (1620) estuvieron presentes los comisarios de la ciudad. En el de Plasencia, 1624, se sentó el corregidor enfrente del obispo, teniendo a derecha e izquierda representantes de dieciocho ciudades y villas. Al de Cuenca, 1626, fueron convocados por D. Enrique Pimentel «los corregidores, gobernadores, justicias y regidores de las ciudades, villas y lugares de todo este nuestro obispado». Al de Segovia, 1648, fueron llamados «los duques, marqueses, condes y señores

---

[8] Véase mi *Sociedad española del siglo XVIII*, t.2: *El estamento eclesiástico* c.10 y *passim*, donde se tratan estas materias con más detalle.

[9] Hubo alguna excepción. En 1614 celebró uno el arzobispo de Zaragoza, D. Pedro Manrique, al que asistió, representando al rey, el conde de Fuentes, que se sentó a la izquierda del arzobispo.

de las villas y lugares, gobernadores, justicias y regidores». El obispo de Sigüenza no sólo citó al sínodo de 1655 a los procuradores de la ciudad, villas y tierras, sino que les asignó el puesto que debían tener para evitar las disputas que solían producirse. Al de Málaga, 1671, asistieron numerosos procuradores de la capital, villas y lugares: grandes, títulos y señores de vasallos, cuyos nombres están relacionados en las *Constituciones*.

La actitud del clero acerca de la presencia de los seglares parece no haber sido uniforme; encontramos, de una parte, en las actas del sínodo de Badajoz, 1671, una larga relación de autoridades civiles; pero también anotan la ausencia injustificada de la ciudad de Jerez de los Caballeros y las villas de Fregenal y La Higuera. La sanción fue dura: excomunión y cincuenta ducados de multa [10]. En cambio, en 1690, el obispo de Albarracín replicó a las protestas de la ciudad, lugares y aldeas por no haberles concedido asiento en el sínodo y haber hecho en el mismo algunas constituciones perjudiciales: «Que como prelado de la diócesis podía instituir leyes eclesiásticas, en las que no debía intervenir seglar alguno con voto ni puesto, ni menos protestarlas» [11].

Las protestas por decisiones sinodales hechas, ya por autoridades municipales, ya por el Consejo de Castilla, eran frecuentes; unas veces sobre el estipendio de las misas; otras, sobre el número de fiestas, o sobre recursos de fuerza, derecho de asilo y otras regalías. La potestad real de revisar las constituciones sinodales fue incluida en la *Recopilación de leyes del reino*, y los impresores arriesgaban fuertes multas si las daban a luz sin aquel requisito; en algunos ejemplares se insertan las constituciones que el Consejo había ordenado reformar. Como se ve, el regalismo desaforado de Carlos III y Carlos IV tenía amplios precedentes. Más que los textos legales, lo que varió fue el espíritu con que fueron aplicados.

Aunque los obispos eran los más directamente sometidos a la autoridad real, también se hacía ésta sentir en el resto del clero; prescindiendo de los motivos religiosos, atendiendo sólo a los políticos, había muchos motivos para que así fuera, por su gran influencia y popularidad; podían excitar o aplacar tumultos populares, poner su palabra, su pluma, sus oraciones, al servicio de la Monarquía. Todos los años se decían miles de misas, ya invocando la protección divina sobre las flotas de Indias, ya dando gracias por su feliz regreso o por otros motivos de interés general. Se multiplicaban las disciplinas en los conventos para aplacar la ira de Dios cuando amenazaban desastres y se hacían rogativas «por el éxito en los asuntos de la Corona de España» [12].

El nacionalismo de los monjes españoles se conjugaba con el deseo

[10] *Constituciones sinodales de Badajoz* (Madrid 1673). Hay un amplio extracto en el *Aparato bibliográfico para la historia de Extremadura*, de Vicente Barrantes, I 124ss.
[11] *Constituciones sinodales de Albarracín* (Zaragoza 1690).
[12] POU, *Índice de los códices de la biblioteca aneja a la Embajada española cerca de la Santa* n.388 fol.32.

de los reyes de conseguir sobre ellos el máximo de influencia. Para ello ponían en juego dos tipos de acciones: una, conseguir que la máxima autoridad de la orden fuera de nacionalidad española, o, al menos, un súbdito del rey de España. Que el general de los franciscanos o de los dominicos fuera español, se consideraba una victoria; que fuera elegido un francés, una derrota, incluso en términos de política internacional. Cuando en 1686 fue elegido general de la orden dominicana el maestro 'Clos, francés, el Consejo de Castilla propuso al rey que se reprendiera al arzobispo de Santiago, Monroy, por no haber impedido esta elección pudiendo hacerlo. Carlos II se limitó a decir que «se tuviera presente para en adelante». Respecto a la Orden Hospitalaria de San Juan de Dios, su actitud, por tratarse de una orden de origen hispánico, fue mucho más tajante, pues declaró que no reconocería por general de la misma a quien no fuera vasallo suyo. Tal actitud no podía tomarse respecto a la muy influyente Compañía de Jesús, demasiado extendida para seguir vinculada a un generalato español, como lo estuvo en su primer medio siglo de existencia. En el siglo XVII sólo consiguió el Gobierno español imponer un candidato, por cierto muy discutido: el P. Tirso González. Pero no deja de ser revelador que, en 1646, el embajador en Roma, conde de Siruela, aludiendo al daño que podría hacer una orden tan sometida a la voluntad del papa si éste era antiespañol (el caso de Urbano VIII estaba muy reciente), propusiera trabajar para conseguir la alternativa, es decir, que una vez fuera general un vasallo de esta Corona y otra un forastero; el plan, entre ingenuo y maquiavélico, se basaba en dividir las provincias de Indias para tener mayoría en las congregaciones generales. La Cámara opinó en contra, pero Felipe IV puso el siguiente decreto a la consulta: «Váyase pensando si será conveniente tratar de esto para otra vacante» [13].

El segundo tipo de acciones era apoyar la autonomía de los monjes españoles respecto a sus superiores extranjeros. Lo mismo cistercienses que cartujos mostraban gran repugnancia en obedecer a las autoridades monásticas francesas; se quejaban de su actitud despectiva, de sus peticiones de dinero, y se lamentaban de tener que orar por enemigos de nuestra Monarquía [14]. Como puede apreciarse, el nacionalismo había echado raíces incluso en las órdenes que parecían más despegadas de sentimientos terrenales. Para ellos y para el Gobierno era grande la tentación de pedir autoridades autónomas para España, como tenían los franciscanos en su comisario general. Esta política fue proseguida con vigor por los Borbones.

Estas intromisiones del poder temporal podían justificarse por la influencia de las autoridades supremas de las grandes órdenes; menos defendible resulta el intervencionismo en los capítulos, en la vida interna, las luchas y las pequeñas miserias de las familias religiosas. Resulta extraño ver a una administración, embarazada por la multitud de

---

[13] AHN, *Consejos*, leg.15.242, consulta de enero de 1646.
[14] Ibid., leg.7.155.

negocios que tenía que resolver en todas las partes del mundo, entretenerse en escuchar quejas de frailes contra sus superiores, enviar representantes a sus capítulos, intervenir en sus disensiones. En parte, esto se hacía porque la autoridad civil se consideraba responsable de la disciplina eclesiástica; en parte, por mantener lo que se consideraba derechos de la Corona, regalías; pero, con frecuencia, el confesor real y el Consejo se impacientaban de aquellas importunidades, y dictaminaban «embarazarse lo menos posible con diferencias de religiosos», o bien «que esta materia no toca a V. M. ni conviene intervenir en ella»; y en 1663, con motivo de las luchas internas dentro de los cistercienses: «El sacar las materias del gobierno regular de religiosos de las instancias que les dan sus constituciones tiene grandes inconvenientes»[15].

Más defensa tiene el intervencionismo estatal en materia de reforma del estado clerical, porque no se trataba sólo de reformar la Iglesia, sino de defender los intereses de la sociedad civil, amenazada por el excesivo número de eclesiásticos y el bajo nivel intelectual y moral de muchos de ellos. Es inmensa la documentación que nos ha llegado, pudiéndose asegurar que es uno de los asuntos que más preocuparon a los monarcas austríacos y sus ministros. La continua vigilancia de Felipe II encontró continuadores, aunque el éxito fuera mediano; Felipe III se interesó en la reforma de los canónigos regulares de San Agustín, protegió al general de los mercedarios, que tropezaba con grandes resistencias en su labor reformadora; presionó al papa por medio de su confesor Aliaga para que zanjara las diferencias entre agustinos recoletos y calzados, y los argumentos que empleaba eran los mismos que se habrían de repetir hasta el fin del Antiguo Régimen: «Estos reinos están llenos de religiosos que no se pueden sustentar sino con mucha dificultad, de donde resulta que ya no pueden asistir en los conventos para cumplir con sus obligaciones, sino que han de salir todos a buscar de comer, y viene a ser oficio de sólo pedir limosna, y los seglares sienten mucho esta carga»[16].

Apenas hay arbitrio, memorial, libro de economía o política en que no se trate el punto de la reforma eclesiástica. Figura en el programa de la Junta de Reformación que actuó en los primeros años del reinado de Felipe IV. Conforme se acentuaban los escrúpulos del rey por sus faltas y las de sus súbditos, de las que se sentía responsable, menudeaban los intentos de reforma. Quizás el más serio fue el que se hizo en enero de 1646: el confesor real, Fr. Juan Martínez, reunió una junta de superiores de los conventos de Madrid y les propuso tres puntos: las elecciones monásticas, que daban origen a bandos e inquietudes; las *devociones de monjas*, o sea, los galanteos que algunas admitían, y que se remediarían con una clausura más estrecha; la pobreza, que algunos religiosos no guardaban. Los superiores no colaboraron, y todo quedó igual.

---

[15] Ibid., leg.7.173, expediente n.27. Más referencias en mi citada obra.
[16] AGS, *Estado*, Roma, leg.2.994.

La cuestión reaparece en el reinado de Carlos II, con mucho menos vigor, no por falta de motivos, sino de energía. Las cosas seguían igual, según se refleja en el voto particular del consejero D. Alonso de Olea a un decreto pidiendo se arbitrasen recursos. En él se dice que la falta de dinero es consecuencia de la falta de población, y ésta tiene como una de sus causas el exceso de eclesiásticos; acusaba a los superiores de los conventos de recibir muchachos sólo con unos rudimentos de gramática; con este objeto los encaminan sus padres a que estudien: «para que sean religiosos, y librarlos de los trabajos seculares» [17].

LA CONTRIBUCIÓN DE LA IGLESIA A LAS CARGAS PÚBLICAS

La impresión algo sórdida que nos dejan la mayoría de estas relaciones Iglesia-Estado deriva de que ambos actuaban a nivel institucional, abstrayendo los valores elevados que cada uno de por sí encerraba; con demasiada frecuencia eran disputas a nivel leguleyo en las que se ventilaban privilegios recíprocos; incluso cuando la potestad civil se esforzaba por cooperar a la reforma eclesiástica, no alcanzaba, por razones obvias, las zonas de auténtica espiritualidad, y parece como si cifrara el ideal de perfección en dirimir disputas frailescas y hacer más riguroso el encierro de las monjas. De ahí que la documentación administrativa nos proporcione una imagen deformada y peyorativa de la realidad.

Esto es válido, sobre todo, para los esfuerzos hechos por el Estado para hacer tributar a la Iglesia, y por ésta para reducir al mínimo su contribución. Como ya indicamos al tratar de las relaciones entre la Corona y el Pontificado, era ésta una de las razones esenciales por las que interesaba al rey de España estar en buenas relaciones con el papa; puesto que las riquezas de la Iglesia española eran cuantiosas y, en virtud de su inmunidad, no se le podía hacer tributar sin autorización del supremo pastor, la cooperación de éste era imprescindible, y se obtuvo en un grado bastante amplio, pero no sin que en la aplicación de las normas surgieran roces, disputas y hasta choques abiertos. Las difíciles condiciones reinantes en el siglo XVII, la crisis generalizada, las acuciantes necesidades de la Monarquía, hicieron que estos conflictos adquirieran entonces la máxima aspereza. La lucha se llevó en el terreno intelectual por medio de libros, memoriales e incluso pasquines; en el material, con leyes, ordenanzas, pleitos, actos de fuerza e incidentes poco edificantes. La Iglesia española se quejaba de que no sólo no se respetaba su inmunidad, sino que pagaba, proporcionalmente, más que los seglares. En una carta que corrió manuscrita decía un cartujo: «Un prebendado de mediana renta paga más que doscientos labradores y más que cuatrocientos hidalgos». A propósito de las *tercias*, o sea, de los dos novenos del diezmo que pertenecía al rey, aseguraba que disminuía

---

[17] AHN, *Consejos,* leg. 51.360 n.75 (diciembre de 1683). Esta época fue la más catastrófica para Castilla, y es probable que por entonces se intensificara la «huida al claustro».

mucho la devoción de los fieles ver que el Estado se quedaba con una parte importante de lo que tributaban a la Iglesia. Con exageración notoria, decía que los prebendados y aun los o.ispos vivían con estrechez e imposibilitados de dar abundantes limosnas, por las muchas cargas que sobrellevaban, tanto a Roma (bulas, pensiones) como al rey; pero sí puede que tuviera razón al asegurar que el ser los beneficios eclesiásticos reducidos en muchos casos motivaba que se dieran a «hombres idiotas e insuficientes» y que muchos, para pagar los tributos, «han de ser tan labradores y tratantes como sus feligreses» [18]. Esto era cierto en muchos casos, pero la principal culpa dimanaba de la pésima distribución de los bienes eclesiásticos; nunca se hizo un esfuerzo serio por llegar a una distribución más justa.

El punto de vista que podríamos llamar oficial fue expuesto, entre otros, por el secretario real Felipe Antonio Alosa, el cual basaba su argumentación en que los empeños de la Real Hacienda tenían por origen la defensa de la religión y el Estado; por ello, los eclesiásticos, agradecidos a tantos favores recibidos de la Monarquía, deberían estrecharse a lo más preciso y donar el resto para las necesidades públicas. Evoca la inmensa cantidad de plata labrada que adornaba las iglesias. ¡Cuánta más utilidad no rendiría reducida a dinero para socorrer a los ejércitos! [19] Casi a la vez que Alosa, en aquel difícil año 1656, cuando se disputaba sobre la licitud de hacer pagar a los eclesiásticos por no haber llegado la concesión de Alejandro VII de un nuevo sexenio, Andrés de Riaño, alto funcionario de Hacienda, divulgaba un memorial en el que aducía precedentes y argumentos en favor de la tesis de que el rey, por su propia autoridad, podía hacer contribuir a los eclesiásticos, pues en caso de urgente necesidad cesaba su inmunidad. No contento con avanzar esta tesis atrevida, se extendía en los modos que tenían los eclesiásticos de defraudar las rentas reales:

1.º Recibiendo supuestas donaciones de parientes y amigos, que de esta forma esquivaban los impuestos.

2.º No consintiendo que los recaudadores de rentas registren las cosechas que recogen en sus fincas.

3. No devolviendo el dinero que perciben de los que compran sus frutos, y así vienen a ser los eclesiásticos pobres los únicos que pagan [20].

Podría haber añadido otros muchos modos de defraudar; p.ej., el que practicaban no pocos conventos teniendo carnicerías y tabernas en las que vendían con medidas sisadas [21], en provecho propio. De todos

---

[18] *Carta del P. Antonio de Molina, cartujo de Miraflores, al P. confesor de Felipe II sobre la sisa de Millones,* año 1602, 37 hojas. Hay un ejemplar en la Biblioteca Universitaria de Granada, 333-75-1. En igual sentido escribieron Gutierre Márquez de Careaga y Fr. Plácido de Reinosa.

[19] *Exhortación al estado eclesiástico para que con voluntarios donativos socorra los ejércitos católicos de España* (Madrid 1655), VI + 68 hojas.

[20] *Memorial al rey nuestro señor sobre la contribución del Estado eclesiástico en las sisas...* s. l. ni a. (1656) 34 hojas.

[21] La *sisa* o contribución sobre vino, aceite y otros artículos de primera necesidad no se cobraba en dinero al consumidor; lo que se hacía era venderle con una medida más

estos casos y no pocos más hay ejemplos, tanto más abundantes cuanto mayor era la necesidad común. No es casual que fuera en los decenios centrales de aquel siglo cuando más quejas, reclamaciones y pleitos se produjeron. Denunciaba en 1664 D. Juan José de Austria desde Zafra que los más ricos propietarios de Extremadura ordenaban de menores a sus hijos y ponían a su nombre las fincas para eximirlas de repartimientos y alojamientos de tropas. ¿Como extrañar que se recurriera a tales medios en una región arruinada por un cuarto de siglo de guerra continua?

La verdad, como suele ocurrir, estaba entre ambos extremos; tenía razón la Iglesia al decir que soportaba fuertes imposiciones sin que se le consultara ni se le pidiera su consentimiento, aunque fuera por pura fórmula, como se hacía con los representantes de las ciudades. También era cierto que esos fondos no siempre estaban bien empleados, y que mientras se exprimía al contribuyente, los letrados de la alta burocracia improvisaban fortunas, fundaban mayorazgos, compraban villas y títulos. No tenía, en cambio, mucha razón al no reconocer que aquellos derroches se daban también dentro del alto clero al inflar determinadas partidas del cargo que presentaban al Gobierno y a la opinión. P.ej., contando como bienes religiosos administrados por el rey los maestrazgos y encomiendas de las Ordenes Militares, cuyo carácter eclesiástico (exceptuando los conventos de freires y comendadoras) era mera apariencia, teoría, recuerdo. ¿Qué podían tener de auténticos religiosos unos caballeros que formulaban los tres votos canónicos previa promesa de dispensa, que llevaban una vida totalmente seglar y acumulaban encomiendas, que luego heredaban, como si fuesen bienes propios, sus mujeres e hijos? Las Ordenes Militares fueron en su origen verdaderas órdenes religiosas que seguían la regla benedictina, pero hacía mucho tiempo que su carácter eclesiástico era simple decoración exterior. Por ello, los 542.000 ducados de diezmos y rentas de las mesas maestrales, los 405.000 ducados de sus 174 encomiendas, los 162.000 que producía la Orden de San Juan, no debían sumarse a las cantidades detraídas a la Iglesia de Castilla, como lo hizo el procurador general del estado eclesiástico en la *Contradicción... sobre el reparto de la décima de los 800.000 ducados* [22].

También es harto dudoso que en el siglo XVII se le debiera seguir haciendo cargo a la Corona de las desmembraciones y ventas de territorios de órdenes, monasterios y episcopados hechos por Carlos I y Felipe II en virtud de bulas pontificias. Esta desamortización (la primera de las muchas que en España se han hecho) fue compensada con rentas de juros. Fue, sin duda, una medida desafortunada, que creó señoríos secu-

---

reducida, es decir, que le cobraba una azumbre o un cuartillo íntegro, aunque tenía una octava parte menos de su medida; luego el vendedor satisfacía el importe de ese octavo al o los recaudadores reales.

[22] El texto de esta «Contradicción», juntamente con otros documentos análogos, se encuentra en la *Nueva impresión del libro de breves y bulas pontificias tocantes al estado eclesiástico...* (Madrid 1666), 528 folios.

lares en perjuicio de los vasallos de abadengo; pero a nada conducía evocar en la segunda mitad del XVII una cuestión ya añeja. Por otra parte, si la Iglesia había perdido por desamortización villas y tierras, ¿no había ganado entretanto mucho más por donaciones y adquisiciones onerosas? Finalmente, quedaba el asunto de las pensiones: «290.000 ducados de las pensiones cargadas en 5 arzobispados y 31 obispados de estos reinos de Castilla, que, si bien no los goza S. M., sirven de premio a sus criados y personas que le han servido». A lo que hay que añadir las pensiones sobre mitras de la Corona de Aragón. Suma, sin duda, importante, pero cuyo producto debía recaer en personas eclesiásticas. Lo que ocurría es que, junto a varones doctos, virtuosos y necesitados, también (y con más frecuencia) se daban estas pensiones a favoritos, a intrigantes o a personas que, aun siendo dignas de ayuda, apenas tenían carácter clerical. Con la misma desenvoltura disponían los reyes de los beneficios de patronato para personas a quienes querían premiar, a cardenales influyentes en Roma, a hijos de cortesanos, a altos funcionarios que encontraban su sueldo insuficiente[23]. Con demasiada frecuencia se utilizaron para otros menesteres los beneficios, las pensiones, el producto de las tercias. No hay más que recordar la inmensa acumulación de cargos y rentas eclesiásticas que ostentaron el cardenal-infante D. Fernando, hermano de Felipe IV, o su hijo ilegítimo D. Juan José de Austria para comprender que las quejas del estado eclesiástico tenían un fundamento. Ahora bien, este estado de cosas era reflejo del que reinaba en la propia Iglesia, en la que había beneficios muy pingües sin obligación de residencia y parroquias rurales que no daban para vivir al titular. En realidad, lo que hacían los reyes era seguir un camino trillado y tortuoso que arroja dudas sobre la sinceridad de sus propósitos de reforma.

Había también otro motivo de irritación en los eclesiásticos; aquella sociedad no había asimilado todavía el concepto de servicio público que el impuesto tiene en el Estado moderno; conservaba la noción medieval de infamia, de servidumbre, que iba unida al tributo. El noble debía servir a la sociedad con las armas; el clérigo, con las oraciones; sólo el hombre común, el plebeyo, lo hacía con *pechos* o servicios pecuniarios, que eran la marca de su condición inferior. De ahí la indignación de muchos prelados y escritores eclesiásticos contra los modernos políticos «que quieren hacer a la Iglesia pechera». Los había desprendidos, limosneros, dispuestos a regalar su plata al rey si era preciso, pero que se rebelaban ante la idea de que los eclesiásticos estuvieran sometidos a los

[23] A D. Juan de Cisneros, jurado de Toledo, se le dio una canonjía de Almería por los servicios de su padre, regidor de dicha ciudad, en el consentimiento que se obtuvo de las Cortes para vender rentas reales (AHN, *Consejos*, leg.4.432). En 1632 se dan dos canonjías vacantes de Toledo a los duques de Béjar y Cardona para los hijos que señalaran, y la capellanía mayor a un nieto del conde de Arcos (ibid., 1.2.726). A los presidentes de la Chancillería de Valladolid se les solían dar 2.000 ducados en pensiones o beneficios, como suplemento a su sueldo, «para tratarse con la autoridad que pide el cargo» (ibid., leg.15.212, consulta de 24 de agosto de 1613).

publicanos, a los recaudadores. De ahí tanta confusión, tantos malenten-
didos entre los representantes de un Estado bastante evolucionado y los
portavoces de una ideología superada, pero aún con hondas raíces. De
ahí tanta discordancia en las conductas, incluso muy próximas en el
tiempo y en el espacio. En el arzobispado de Sevilla, hacia 1645,
D. Agustín Espínola, que no en balde procedía de una familia de banqueros internacionales, comprendía las razones del rey, se puso francamente del lado de los funcionarios reales y llevó a la cárcel arzobispal a
muchos clérigos de Jerez, Osuna, Morón y otros lugares que habían
osado resistir a mano armada el registro de sus bodegas y cosechas;
actitud que a muchos pareció tan escandalosa, que un catedrático de
Osuna hizo circular un impreso asegurando que el cardenal había incurrido en las censuras de la bula *In Coena Domini* [24].

En cambio, su sucesor en la mitra hispalense, Fr. Pedro de Tapia,
un dominico virtuoso y desprendido, pero de ideas muy tradicionales,
apoyó la resistencia de sus clérigos al pago de los Millones y escribió
una carta, que circuló impresa sin su permiso, en la que se leía la siguiente frase: «Fatigada se halla la Iglesia, pero no rendida, porque nos
consolamos con las santas Escrituras, que nos enseñan que la Iglesia
puede padecer, pero no perecer». Arrostró intrépido los reproches y
soportó los disgustos que le acarreó su firme actitud, y que aceleraron
su muerte [25].

Tanto uno como otro prelado actuaban desde un plano ideal, elevado. No era ése el caso de particulares y comunidades enteras que en
aquellos años difíciles dieron un ejemplo pernicioso. De los trinitarios
calzados y basilios de Alcalá de Henares, que tenían taberna abierta
dentro de la clausura. De los terceros de Lebrija, que tenían carnicería
pública y maltrataron a los agentes que querían impedirlo. De los agustinos de Regla, en Chipiona, junto a la barra del Guadalquivir, que
habían convertido su convento en almacén de mercancías de contrabando... [26] Estampas de subido color que retratan una época desmesurada en todo, en lo bueno y en lo menos bueno.

La Inquisición y el Estado en el siglo XVII

Al considerar las relaciones entre la Iglesia y el Estado, no es posible
esquivar el tema de la Inquisición. En esta misma obra se han estudiado
sus orígenes y se ha precisado su verdadero carácter de tribunal eclesiástico; que, a pesar de ello, estuviera muy sometido al rey, sólo puede
sorprender a quien ignore que los reyes de España (y de otros muchos
países) tenían atribuciones amplísimas en el terreno eclesiástico. No tantas como se atribuyeron los príncipes protestantes, pero muchas más de

[24] GABRIEL DE ARANDA, *Vida del cardenal D. Agustín Spínola* (Sevilla 1683) c.8.9.10. Más
detalles en mi artículo *La desigualdad contributiva en Castilla durante el siglo XVII:* Anuario
de Historia del Derecho Español, año 1951.
[25] Fr. ANTONIO LOREA, *El siervo de Dios... Fr. Pedro de Tapia* (Madrid 1676) c.11.
[26] *La sociedad española...* II 159-60.

las que hoy concebimos como normales. Partiendo de equivocadas premisas, autores católicos aceptaron la tesis que De Maistre puso en circulación, y que contribuyó a divulgar la indiscutible autoridad de Ranke, según la cual, la Inquisición había sido una institución más bien política que religiosa; así creían apartar de la Iglesia católica la odiosidad que ha recaído sobre la Inquisición [1]. Sin embargo, en la organización inquisitorial, delineada en las bulas fundacionales y mantenidas hasta el fin con muy escasas alteraciones, todo se mantiene dentro del ámbito religioso; su personal era eclesiástico, y si se admitían seglares (los *familiares*), era en calidad de meros agentes ejecutivos. Sus normas y procedimientos se ajustaban a las disposiciones del derecho canónico. Su fin era la persecución de los delitos contra la fe. Es verdad que el inquisidor general y los consejeros de la Suprema eran nombrados por el rey, y como ellos nombraban a los inquisidores regionales, puede decirse que todo su personal era de nombramiento real; pero lo mismo podía decirse de los obispos y de todas las plazas eclesiásticas sujetas al Patronato Real, que eran innumerables. Por lo tanto, sólo podría afirmarse que la Inquisición fue un tribunal político en el sentido de que los reyes pervirtieron sus fines, acomodándolos a sus propios intereses. ¿Fue esto así en realidad?

Respecto a Fernando el Católico, la cuestión merecería discutirse, pues con más propiedad podríamos llamarlo D. Fernando el Político. Sus manejos para sacar provecho económico de los penitenciados son poco edificantes. De Carlos V no podemos decir que considerara a la Inquisición como *instrumentum regni,* aunque en el cambio de su erasmismo inicial a las intransigencias finales, la exhortación a su hijo Felipe de que usara el máximo rigor con los brotes luteranos que aparecían en Castilla, parecen dictadas no sólo por el celo de la fe, sino por el escozor de los reveses políticos que había sufrido en Alemania. De Felipe II sí puede afirmarse que miró a la Inquisición como una de las bases de su poder. Tuvo buena parte de culpa en el engreimiento del tribunal cuando resolvió a su favor el choque de precedencia que tuvo con la chancillería de Valladolid en el auto de fe de 1559 [2]. Parece un castigo póstumo y providencial que las solemnísimas exequias que al Rey Prudente dedicó la catedral de Sevilla, y que inspiraron un famoso soneto de Cervantes, se vieran alteradas por el formidable escándalo que se suscitó, también por una ridícula cuestión de ceremonias, entre la Inquisición y la audiencia. Sobre cómo utilizó aquel rey la Inquisi-

---

[1] Por mera curiosidad, citaremos la opinión de Elías de Tejada (*Notas para una teoría del Estado* p.161-64), para quien «en los siglos XVI y XVII, amenguado o desaparecido el poder de las Cortes, era la Inquisición el único poder independiente del poder de los reyes... Era un poder religioso que podía, por su propia fuerza, limitar los actos del poder civil». Como si dijéramos, un contrapeso al absolutismo. Poco sabía de materias inquisitoriales quien escribió estas líneas.

[2] Despechada la chancillería, acordó no asistir al auto de 1561, pero la Inquisición obtuvo una real cédula en 1562 ordenándole que asistiera. En el de 1595 se reprodujeron los incidentes porque el presidente se colocó dos cojines, con no menor autoridad de su persona que comodidad de sus posaderas (F. MENDIZÁBAL, *Notas relativas a la historia de Valladolid:* Asociación Española para el Progreso de las Ciencias, Madrid 1917).

ción, baste recordar el inicuo proceso de Carranza, del que tiene ya noticia el lector; o el proceso de Antonio Pérez, cuyo carácter político no se atreven a negar ni los más apasionados defensores de aquel rey, porque el desaprensivo ministro, por muchas faltas o crímenes que cometiera, no fue un hereje.

Pero vengamos al siglo XVII. Aunque se trate de hechos aislados, que no desvirtúan su carácter básicamente religioso, no faltan aquellos en que la Inquisición actúa como servidora complaciente del poder político; sobre todo en el reinado de Felipe IV, recordemos, como caso típico e indefendible, el de D. Jerónimo Villanueva. Hombre de confianza del Conde-Duque, desempeñó cargos de importancia, entre ellos el de protonotario del Consejo de Aragón. A la caída de Olivares, sus poderosos enemigos se propusieron inutilizarlo políticamente; para ello nada mejor que implicarlo en un proceso inquisitorial; se recurrió incluso a la tortura para obligarle a confesar un supuesto delito de hechicería. La sentencia fue benigna; sólo tuvo que abjurar *de levi;* pero ello era suficiente para anular su carrera.

Clarísimo abuso de los poderes inquisitoriales se hizo incluyendo en los edictos e índices de libros prohibidos publicaciones que molestaban a los gobernantes. Quizás fue en el siglo XVIII cuando se dieron más estos casos; pero, manteniéndonos dentro del ámbito del XVII, se pueden citar ejemplos bien elocuentes: la *Doctrina política civil,* del sacerdote toledano Eugenio de Narbona, publicada en 1604, fue inmediatamente prohibida y recogida; sólo después de muchas gestiones se autorizó una segunda edición en 1621 [3]. El *Gobierno general,* de Ferrer de Valdecebro, fue expurgado «por alguna frase hostil al conjunto de la nobleza española» (MARAVALL). La *Proclamación católica* que la ciudad de Barcelona dirigió a Felipe IV en 1640 explicando los motivos de queja que tenía el Principado, fue prohibida. Más escandaloso resulta que la Inquisición, que de manera tan servil había secundado la política del Conde-Duque, mandara secuestrar el *Nicandro,* escrito que circuló a raíz de la caída del ministro defendiendo sus acciones. Pero quizás es más revelador, por su misma insignificancia, el siguiente detalle, exhumado por Vicente Lloréns: «El *Indice* de 1640 enmienda una obra religiosa de Fr. Hernando de Santiago de este modo: 'En la página 119, donde dice 'un día a un rey tirano', quítese *rey* y póngase *capitán'»* [4]. En este caso, claro está que la Inquisición no recibió presiones; pero creyó que era su deber velar por el prestigio de la realeza.

Podríamos también aducir hechos de diversa índole, como la carta que en 1628 escribió el inquisidor general a los inquisidores de Sevilla ordenándoles que presionaran a los regidores, que estaban reacios a conceder el servicio de Millones [5], o su intervención contra los conatos

[3] Sobre los problemas del Dr. Narbona con la Inquisición hay un artículo de JEAN VILAR: *Intellectuels et noblesse:* Études Ibériques 3 (Rennes 1968) p.7-28.
[4] *Aspectos sociales de la literatura española* p.36.
[5] AHN, *Inquisición,* leg.2.965.

de agitación social que llevaba a cabo Martínez de la Mata en la misma ciudad con sus escritos y sus exhortaciones a los menesterosos, que se manifestaban por las calles [6]. Pero hay otros más importantes y no episódicos. Con el pretexto de que favorecer a los enemigos de la Monarquía católica era favorecer a los enemigos de la religión, las causas de contrabando de armas y caballos se convirtieron en casos de Inquisición. Incluso se la involucró en las falsificaciones de moneda. En 1627, el Gobierno estaba muy preocupado por la alarmante inflación. Se habían acuñado grandes cantidades de moneda de vellón de un valor muy inferior al nominal, y, alentados por la ganancia, muchos extranjeros también introducían vellón falso. Se ordenó a los inquisidores que conociesen de estas causas, y en 1628 se precisó que la pena a los contraventores sería la de hoguera. El motivo de encargarles del conocimiento de unos delitos tan ajenos a su institución era la probada eficacia y el temor que suscitaba el aparato inquisitorial. De mucho valor para vigilar el contrabando era la organización que tenía montada en los puertos para vigilar la posible introducción de libros prohibidos. En cuanto llegaba un buque extranjero subía a bordo un familiar acompañado de un escribano y un *lengua* (traductor), que hacía el registro y percibía unos derechos. Por supuesto, esta práctica se prestaba a ciertos abusos; menudeaban las quejas de los consulados extranjeros; en ciertos momentos, el rey llegó a prohibir que cobrasen ninguna cantidad; pero en tales condiciones no habría quien hiciera los registros. Más bien se dio el caso contrario: en Cádiz por lo menos, los interesados se limitaban a recibir la visita del capitán del barco o un enviado suyo y percibir los derechos correspondientes. En estas condiciones, la vigilancia no podía tener la efectividad que el Gobierno había esperado.

Las visitas de barcos sólo eran un aspecto de las relaciones de la Inquisición con los extranjeros, relaciones que tocaban muy de cerca a la diplomacia española y que en el siglo XVII fueron reguladas por tratados internacionales. En principio, la Inquisición consideraba que todo bautizado caía bajo su jurisdicción; por consiguiente, juzgaba y condenaba sin piedad a los luteranos y calvinistas extranjeros que caían en su poder. Fueron muchos los ingleses, franceses y, en menor proporción, alemanes y holandeses relajados en varias ciudades españolas durante el reinado de Felipe II. Mercaderes y marinos eran las categorías profesionales más afectadas, y esta circunstancia tenía un significado político indudable, pues si, en caso de guerra, la actividad inquisitorial reforzaba la hostilidad militar desplegada por la Monarquía, si se trataba de súbditos de potencias amigas o neutrales, tales incidentes tenían que producir un clima de tensión y grandes perjuicios económicos.

[6] G. ANES, *Memoriales y discursos de Martínez de la Mata* (Madrid 1971). Aunque más suave en sus procedimientos que Olivares, D. Luis de Haro, sucesor suyo en la privanza, también recurrió alguna vez al poder inquisitorial contra sus enemigos políticos; según se dijo así como se deshizo de un fraile italiano, Fr. Francisco Monterón o Monteroni, que traía revuelta la Corte con sus escritos y falsas profecías. Estuvo encerrado en la cárcel de Toledo, y sólo salió, a la muerte del valido, por intercesión de sor María de Agreda.

Un primer acuerdo se obtuvo por la diplomacia hispano-inglesa en 1576; el llamado acuerdo Alba-Cobham: la Inquisición no investigaría los antecedentes religiosos de los marinos que desembarcaran en puertos españoles; sólo actuaría en el caso de que dentro de territorio español ejecutaran actos en menosprecio de la fe católica, y, aun en estos casos, la confiscación se referiría sólo a los bienes del acusado, no al cargamento del buque. Con varias intermitencias, este acuerdo funcionó hasta que se llegó a una regulación definitiva en el tratado de paz de 1604, que, tras la desaparición de la reina Isabel, sustituida por Jacobo I, inauguraba una etapa de amistad entre ambas naciones. Este tratado representa un hito importante en la política exterior, y también (éste es el aspecto que aquí nos interesa) en la política religiosa de la Monarquía hispánica, en cuanto admitía una restringida libertad de conciencia en favor de los extranjeros, siempre que no realizaran actos de desacato o menosprecio a la religión oficial; p.ej., si se encontraban en la calle con un cortejo del Santísimo Sacramento, deberían descubrirse a su paso o retirarse por otras calles.

Esta actitud gubernamental hay que inscribirla dentro del amplio grupo abierto a ideas de tolerancia que ha estudiado el profesor Maravall. Sostiene y documenta que la España de los Austrias (no podría decirse lo mismo de la borbónica) hizo unos progresos hacia la secularización de la vida pública tan rápidos, si no más, que los otros países europeos [7]. Esta idea me parece válida, siempre que se limite a un grupo de gobernantes, entre los cuales destaca el Conde-Duque por su actitud muy tolerante hacia protestantes y judíos, y a una minoría ilustrada, entre la que figuran escritores, todos ellos tan poco sospechosos de tibieza ortodoxa como Saavedra Fajardo. En conjunto, la actitud de la Monarquía española en el siglo XVII da la impresión de que estaba menos influida por motivaciones religiosas que en la época precedente, aunque, sin duda de buena fe, los últimos Austrias seguían afirmando el carácter religioso de guerras que sólo lo eran hasta cierto punto. La actitud de la masa era distinta; si en los puertos y en las ciudades comerciales el pueblo se acostumbró a la presencia de extranjeros de distinta religión y la convivencia no planteó problemas, en el interior hubo incidentes, algunos penosos, como los derivados de la dificultad de proporcionar a súbditos extranjeros un lugar decoroso donde enterrar sus restos.

La actitud del clero tampoco fue homogénea; una parte de él reaccionó con violencia ante el tratado de 1604; el exponente máximo de la línea de intransigencia fue el arzobispo de Valencia, San Juan de Ribera, el hombre que más trabajó por la expulsión de los moriscos, el que más tarde protestaría por la tregua ajustada en 1609 con los holandeses. La epístola que dirigió a Felipe III en 1604 está llena de citas

---

[7] *La idea de tolerancia en España (siglos XVI y XVII)*. Art. incluido en su volumen misceláneo *La oposición política bajo los Austrias*, así como *Consideraciones sobre el proceso de secularización en los primeros siglos modernos*, que apareció primeramente en la «Revista de Occidente» (1970).

bíblicas y patrísticas, pero también contiene algunos datos, quizás deformados por la pasión; asegura que los herejes que vivían en Sevilla defendían sus errores y vituperaban nuestra religión, por lo que se habían producido pendencias con los naturales. «Esto dicen que duró algún tiempo y que después se remedió; pero lo que ha quedado es vivir ellos con publicidad en su secta, no haciendo caso de la cruz, ni de las imágenes, ni del Santísimo Sacramento cuando pasa por las calles, antes lo miran con semblante desdeñoso, como quien lo tiene por mentira y engaño; comen carne los días prohibidos; entierran los muertos públicamente a su rito, acompañándoles con hachas, sin cruz ni sacerdotes; nunca entran en las iglesias... Esto mismo pasa en Alicante y Denia». El patriarca vislumbraba un peligro aún mayor de la comunicación con los extranjeros: «Generalmente, se ha perdido el asombro y grima que se solía tener de los herejes». En este punto, sus temores eran vanos; es verdad que las relaciones con las colonias extranjeras fueron correctas y aun cordiales; pero no se produjo ningún fenómeno de proselitismo, no hubo españoles contaminados por doctrinas heterodoxas, mientras que sí hubo muchas conversiones entre los inmigrantes, y en casi todos los casos, sus hijos o nietos fueron católicos.

Tras rupturas esporádicas, el tratado anglo-español fue ratificado varias veces; pero cuando Cromwell en 1653 pretendió ampliar los privilegios religiosos de sus súbditos incluyendo la publicidad de sus ritos, contra el parecer del Consejo de Estado prevaleció el negativo de la Inquisición, y éste fue uno de los motivos que inclinaron al Protector hacia el bando francés, lo que demuestra que la actitud bastante abierta y transigente del Gobierno español en esta materia tenía sus límites. De todas maneras, el contraste con el siglo anterior es patente, y la importancia del tratado de 1604 se refuerza considerando que precedió al de 1648 con Holanda y a los acuerdos comerciales con las ciudades de la Hansa. Hasta qué punto penetró la idea de que los extranjeros estaban exentos de la jurisdicción inquisitorial, lo demuestra que, tras la guerra de Sucesión (1702-14), «cuando miles de herejes (soldados hugonotes, ingleses y alemanes) fueron hechos prisioneros por fuerzas españolas, la Inquisición no encendió ni una sola hoguera para desarraigar cualquiera herejía que hubiera entrado en el país» [8].

Para la Inquisición, el tratado de 1604 fue motivo de gran preocupación; se advierte a través de la correspondencia de la Suprema con los tribunales provinciales en los años siguientes; se les ordenó hacer un censo de los extranjeros herejes, observar su conducta y dar cuenta de cualquier acto sospechoso. La correspondencia con la Inquisición de Sevilla es especialmente interesante, porque era en su distrito donde había más comerciantes extranjeros; a una pregunta de los inquisidores sevillanos hecha a raíz de las paces de 1609 con Holanda sobre si incluían algún punto de religión, le contestan que ya se les avisará, «y entre tanto nos avisaréis si, demás de lo que atrás nos habéis escrito, hay de

---

[8] Henry Kamen, *La Inquisición española* c.12 (Barcelona 1967).

nuevo alguna novedad o escándalo del trato de los ingleses y si continúan los entierros a su usanza y con sus ceremonias con la publicidad que los pasados». Al año siguiente comunicaba la Suprema: «Por diferentes vías se dan avisos de que en esa ciudad hay muchas casas de herejes calvinistas y que hacen las ceremonias de sus sectas, de que se puede temer mucho daño a la pureza de la religión». Ordenaba al tribunal de Sevilla que averiguasen las casas de extranjeros herejes y comunicasen si celebraban sus ritos con publicidad y resultaba escándalo de ello. En 1610 acusaba recibo de sus noticias y ordenaba que contra los culpados hicieran causas, pero no resolvieran nada, sino que las enviaran a Madrid. El mismo año respondían al tribunal de Granada acerca de un aviso que llegó de Málaga; en algunos bautizos eran compadres «ingleses luteranos de los que vienen por mar a contratar». Aconsejaba que se diera cuenta al obispo de la ciudad. Se ve que la Inquisición batallaba entre las dos premisas de un dilema: quería intervenir, pero temía complicaciones. Más de una vez se hace referencia a protestas y reclamaciones del embajador inglés en Madrid. Las motivaciones políticas hacia una actitud de transigencia se hicieron más acuciantes tras el cambio de reinado. En octubre de 1621, apenas sube al trono Felipe IV, se ventila la cuestión de la prisión y secuestro del mercader inglés Juan Preu, afincado en Toledo. Contra el parecer de la Inquisición, el rey envió decreto tras decreto, hasta que el Consejo de la Suprema se rindió «a las razones de S. M. y a la paz pública, de que resulta la tranquilidad de la universal Iglesia católica y a que alegó el dicho inglés que había venido a contratar bajo el amparo de las paces, y, siguiendo el ejemplo de lo que V. Ilma. (el inquisidor general) mandó hacer con el inglés hereje que andaba disputando en Salamanca, lo condenamos en destierro perpetuo del reino y que un alguacil lo llevase hasta embarcarlo y le fuesen devueltos todos sus bienes» [9]. Tras la caída de Olivares, el nuevo inquisidor general, Arce Reinoso, desplegó mayor rigor; pero fueron, sobre todo, los *marranos* portugueses quienes experimentaron sus efectos. Los protestantes extranjeros pudieron seguir viviendo, al amparo de los tratados, sin sobresaltos, sólo con observar una actitud respetuosa hacia las creencias de la generalidad de la nación.

Dentro del cuadro de la organización político-administrativa, el Consejo de la Inquisición tenía un puesto especial: era el único autónomo, el único que no despachaba en nombre del rey. El enlace con la suprema magistratura de la nación era el inquisidor general, nombrado por el monarca. Es verdad que, en teoría, el Consejo no estaba sometido al gran inquisidor; pero en la práctica, salvo raras veleidades de resistencia, no hacía más que seguir sus directrices. A su vez, los tribunales provinciales dependían del inquisidor general y del Consejo, con una dependencia que se fue acentuando con el tiempo. Por eso, cuando en el siglo XVIII los monarcas borbónicos quisieron modificar el carácter

[9] AHN, *Inquisición*, 1.586 y 591.

de la Inquisición, no tocaron su organización ni sus reglamentos; Carlos III y Carlos IV se limitaron a poner a su frente a hombres de sus ideas.

La rutina administrativa escapaba al control del monarca; todos los años, los diversos tribunales sentenciaban centenares de reos; intervenciones como las antes reseñadas eran excepcionales. Pero los reyes sabían que el poder del tribunal era muy grande, y querían tenerlo a su disposición cuando lo necesitaran. Por eso, a las peticiones de las Cortes aragonesas de que se contuvieran las extralimitaciones de la Inquisición (que en la Corona de Aragón nunca fue tan popular como en Castilla), Felipe IV mostró resistencia y disgusto. En algunas de sus cartas a la madre Agreda hace referencia a este tema y protesta que no cederá en materia que toca tan de cerca a la fe. Es difícil creer en la sinceridad de estas protestas; los diputados aragoneses sólo se quejaban de la arrogancia de los inquisidores y de su poco respeto a los fueros. Por lo demás, esas quejas eran también frecuentes en Castilla. Los conflictos que promovían los inquisidores y los familiares con las autoridades civiles y eclesiásticas eran continuos, a pesar de que la Suprema solía intervenir en plan conciliador. Un ejemplo entre muchos: el ayuntamiento de Logroño hizo en 1632 una ordenanza prohibiendo el uso de coches por varios motivos, y obtuvieron confirmación real del acuerdo; pero los inquisidores dijeron que no tenían obligación de obedecer, y siguieron paseando en coche de forma provocativa; el corregidor prendió al cochero, y los inquisidores excomulgaron al corregidor; este absurdo conflicto se prolongó dos años, hasta que de Madrid se les ordenó formalmente obedecer la ordenanza [10].

Hay motivos para creer que a fines del siglo XVII se estaba espesando el ambiente contra la Inquisición y que ya no era sostenida con tanto celo por el rey; hay que recordar que el pobre Carlos II no era capaz de sostener con firmeza a nadie. Del año 1696 es la extensísima consulta que una junta compuesta por miembros de todos los consejos hizo sobre las competencias que se suscitaban entre los tribunales reales y los inquisitoriales, y que ámbitos tan lejanos al de la defensa de la fe habían invadido. Los inquisidores y sus ministros laicos exigían la precedencia en todos los actos, la *primera suerte* (o sea, la carne de mejor calidad) en las carnicerías, exención de alojamientos, cargos involuntarios, impuestos municipales, etc. Por cualquier menudencia imponían censuras y alborotaban al pueblo. El tiempo que hacían perder a los tribunales con pleitos y competencias era infinito [11]. El haberse mezclado en el asunto de los hechizos del rey le resultó fatal. Los últimos inquisidores generales fueron nombrados en función del problema de la sucesión a la Corona, y esto desacreditó bastante a la institución,

---

[10] Ibid., *Consejos suprimidos*, 7.122.
[11] Esta consulta, de la que hay varios ejemplares manuscritos (p.ej., AHN, *Consejo de Ordenes*, 1.1.332-2), fue publicada por Llorente y, en extracto, por D. Modesto Lafuente en apéndice a su *Historia de España*. En el legajo citado en la nota anterior hay multitud de documentos sobre pleitos y encuentros entre la Inquisición y otros organismos.

aunque estaba tan arraigada en la tradición nacional, que superó esta crisis, así como el escaso entusiasmo que hacia ella sintieron los Borbones. Pero hay un detalle que, aunque muy localizado, simboliza este cambio; la proclamación de Felipe V se celebró en Córdoba el 3 de noviembre del año 1700. El tribunal de la Inquisición se había instalado de antemano con un dosel y esperaba la llegada de las autoridades; cuando se enteraron el obispo y el ayuntamiento, le ordenaron que quitara el dosel; no lo quiso hacer, y la proclamación se celebró en otra parte, quedando el inquisidor «corrido y chasqueado». No terminaron ahí sus cuitas; informado el Gobierno de su actitud, le ordenó salir desterrado de España [12].

Terminaremos estas observaciones sobre los aspectos políticos de la Inquisición española reproduciendo la opinión muy autorizada y nada sospechosa del P. Llorca: «La Inquisición, desde un principio, estuvo demasiado supeditada a los reyes. No nos hagamos ilusiones. Aunque, contra lo que suelen decir muchos, la Inquisición española tenía en realidad un carácter eclesiástico, estaba demasiado atada a los reyes para que no dependiera constantemente de ellos y con demasiada frecuencia luchara a su lado contra lo que se llamaban pretensiones de Roma y del papa... Citemos únicamente, a modo de ejemplos, las cuestiones de los primeros inquisidores con Sixto IV e Inocencio VIII, la tristemente célebre causa del arzobispo Carranza, que fue una lucha continuada entre los papas y los inquisidores, apoyados por los reyes españoles; las dificultades puestas por la Inquisición a la admisión de las bulas pontificias y, como caso particular, al libro de privilegios de la Compañía de Jesús... Como consecuencia de esta adhesión a los reyes, debemos reconocer que, con demasiada frecuencia, fue la Inquisición instrumento político en vez de ser exclusivamente tribunal de la fe. En la mayor parte de los casos concretos que pueden discutirse, se mezclan muchos puntos de vista, de manera que es muy difícil dictaminar si se trata de asuntos meramente políticos» [13].

---

[12] Luis M.ª Ramírez de las Casas, *Anales de la ciudad de Córdoba* p.181-82 (Córdoba 1948).
[13] *La Inquisición en España* p.309-10 (Barcelona 1936).

CAPÍTULO III

EL REGALISMO Y LAS RELACIONES IGLESIA-ESTADO EN EL SIGLO XVIII

Por TEÓFANES EGIDO

BIBLIOGRAFIA

CALLAHAM, W. J., *Two Spains and Two Churches. 1760-1835:* Historical Reflections 2 (1975) 157-81.

DEFOURNEAUX, M., *Jansénisme et régalisme dans l'Espagne du XVIIIe siècle:* Cahiers du Monde Hispanique et Luso-Brésilien. Caravelle 10 (1968) 163-79.

— *Régalisme et Inquisition. Une campagne contre Campomanes:* Mélanges à la mémoire de Jean Sarrailh 1 (París 1966) 298-310.

FERNÁNDEZ ALONSO, J., *Un período de las relaciones entre Felipe V y la Santa Sede. 1707-1717:* Anthologica Annua 3 (1955) 9-88.

FUENTE, V. de la, *Historia eclesiástica de España* t.6 (Madrid ² 1875).

GARCÍA MARTÍN, C., *El tribunal de la Rota de la Nunciatura de España. Su origen, constitución y estructura:* Anthologica Annua 8 (1960) 143-278.

— *Ambiente político-religioso en los siglos XVIII y XIX:* Revista Española de Derecho Canónico 47-48 (1961) 617-28.

GONZÁLEZ Y GONZÁLEZ, F., *La Agencia General de Preces a Roma:* Revista Española de Derecho Canónico 29 (1973) 5-65.

HERA, A. de la, *Los precedentes del regalismo borbónico según Menéndez Pelayo:* Estudios Americanos 14 (1957) 33-39.

— *El regalismo borbónico en su proyección indiana* (Madrid 1963).

— *Notas para el estudio del regalismo español en el siglo XVIII:* Anuario de Estudios Americanos 31 (1974) 409-40.

— *Regalismo:* DHEE 3 p.2066-68.

HERRERO, J., *Los orígenes del pensamiento reaccionario español* (Madrid 1973).

— *Iglesia y Estado:* DHEE 2 p.1117-88.

MARTÍ GILABERT, F., *La Iglesia en España durante la Revolución francesa* (Pamplona 1971).

MARTÍN, I., *Contribución al estudio del regalismo en España. Un índice de prácticas regalistas desde los visigodos hasta Felipe V:* Revista Española de Derecho Canónico 6 (1951) 1191-1208.

MENÉNDEZ PELAYO, M., *Historia de los heterodoxos españoles*, 2 vols. (Madrid, BAC, 1966).

MESTRE, A., *Ilustración y reforma de la Iglesia. Pensamiento político-religioso de D. Gregorio Mayáns y Siscar (1699-1781)* (Valencia 1968).

MIGUÉLEZ, M. F., *Jansenismo y regalismo en España (datos para la historia), Cartas al Sr. Menéndez Pelayo* (Valladolid 1895).

NOEL, C. C., *Opposition to Enlightened Reform in Spain: Campomanes and the Clergy, 1765-1775:* Societas, A Review of Social History 3 (Winter 1973) 21-43.

OLAECHEA, R., *Las relaciones hispano-romanas en la segunda mitad del siglo XVIII. La Agencia de Preces*, 2 vols. (Zaragoza 1965).

— *Anotaciones sobre la inmunidad local en el XVIII español:* Miscelánea Comillas 46 (1966) 293-381.
— *El concepto de «exequatur» en Campomanes:* ibid., 45 (1966) 119-87.
— *Concordato* (1737, 1753): DHEE 1 p.579-81.
PÉREZ BUSTAMANTE, *Correspondencia reservada e inédita del P. Francisco de Rávago, confesor de Fernando VI* (Madrid s.a.).
PORTABALES PICHEL, A., *Don Manuel Ventura Figueroa y el concordato de 1753* (Madrid 1948).
PORTILLO, E. del, *Estudios críticos de historia eclesiástica española durante la primera mitad del siglo XVIII:* Razón y Fe 17 (1907) 17-31.324-40; 18 (1907) 311-24; 19 (1907) 60-70.293-302; 20 (1908) 193-205.
— *Diferencias entre la Iglesia y el Estado con motivo del Real Patronato en el siglo XVIII:* Razón y Fe 20 (1908) 329-38; 21 (1908) 59-74.329-47; 22 (1908) 60-72; 23 (1909) 165-76; 24 (1909) 73-84.331-39; 35 (1913) 157-71; 36 (1913) 277-93; 37 (1913) 32-44.297-309; 38 (1914) 328-46.
V. RODRÍGUEZ CASADO, *Iglesia y Estado en el reinado de Carlos III:* Estudios Americanos 1 (1948) 5-57.
S(ÁNCHEZ) LAMADRID, R., *El concordato español de 1753 según los documentos originales de su negociación* (Jerez de la Frontera 1937).
SANTALÓ, J. L., *La política religiosa de Carlos III en los primeros años de su reinado (1760-1765):* Archivo Iberoamericano 27 (1967) 73-93.
SIERRA, L., *La reacción del episcopado español ante los decretos de matrimonio del ministro Urquijo de 1799 a 1813* (Bilbao 1964).
— *El episcopado español ante el decreto de Urquijo, septiembre 1799. Seiscientos tálamos inquietos. Las travesuras canónicas del ministro Urquijo 1795-1813* (Madrid 1963).
VOLTES BOU, P., *La jurisdicción eclesiástica durante la dominación del archiduque Carlos en Barcelona:* Hispania Sacra 9 (1956) 111-124.

Si, por fortuna, se están sometiendo a una profunda revisión realidades socioeconómicas, la política borbónica, las preocupaciones científicas y la misma Ilustración española, en visiones nuevas más liberadas de los condicionantes decimonónicos, y expresiones que rozan la dimensión religiosa —o plenamente inmersas en ella—, como el jansenismo, la masonería, expulsión de los jesuitas, se van aclarando desde planteamientos nuevos, no ha tenido la misma suerte un capítulo fundamental para los hombres del siglo XVIII como fue el de las relaciones Iglesia-Estado, mejor conocido en su aplicación concreta, gracias, entre otros, a los decisivos trabajos de Olaechea, que en el sustrato ideológico que lo sustenta. Con ser interesantes, obras como la de Alberto de la Hera suelen encastillarse en posiciones eminentemente jurídicas y en posturas afines a un tratamiento que no acaba de desprenderse de la obsesión anatematizante de los lados negativos y olvida tantos aspectos positivos como entrañó el regalismo. Entre éstos, el fundamental de la preocupación —tan dieciochesca— por la reforma, epidérmica a veces, en ocasiones profunda, de una realidad eclesial que se observa desde ópticas nuevas e ilustradas y que se quiere más depurada y espiritual.

No abrigamos la pretensión de cubrir tantos vacíos como existen en este capítulo; entre otros motivos, por la penuria monográfica de base, que imposibilita una síntesis adecuada y completa. No obstante, intentaremos ofrecer una visión histórica del regalismo, como ideología que prende en las mentes ilustradas de un siglo que se encuentra con buen acervo de argumentos facilitados por los tiempos anteriores. En segundo lugar estudiaremos los avatares y las tensiones alternantes provocadas por las relaciones entre gobiernos católicos a machamartillo, y que por ello mismo —y como sucediera en centurias anteriores— tienen que chocar con la política y los intereses de la Corte romana desde que se inicia el XVIII hasta que se cierra.

Hay que dar por supuesto que no caben planteamientos anacrónicamente maniqueos: no se trata de que la ideología ultramontana fuese sustentada por fanáticos, como querían los ilustrados y consagró la historiografía liberal; ni de que los regalistas personificasen actitudes heterodoxas, volterianas o jansenistas, como no se cansarán de machacar los historiadores de cuño conservador. Son dos frentes que luchan por sus convicciones y por sus intereses, quizá más aguerridamente por éstos que por aquéllas, con contradicciones clamorosas a veces, como contradictorias fueron las expresiones de la Ilustración española.

EL REGALISMO ESPAÑOL

Esa fecunda revisión que del siglo XVIII español se está llevando a cabo, por lo general a partir de la década de los años cincuenta, ha convertido en inviables los tópicos bajo los que se contemplaba tradicionalmente el problema del regalismo, desfigurado a tenor del talante y de la ideología del historiador respectivo, y, en todo caso, en dependencia de condicionantes decimonónicos. Sin correctivos sustanciales, no es posible admitir el aplauso que Ferrer del Río, por aludir a ejemplos significativos, prodiga a ideas, hombres y realizaciones regalistas, miradas incondicionalmente como progresistas, al igual que no cabe perpetuar el mito de un regalismo heterodoxo, enciclopedista e importado que, con mejor fortuna, legó Menéndez Pelayo en su deliciosa historia de la heterodoxia española [1].

El hecho de que el oficio de historiador haya abandonado la función arcaica de juez ha hecho olvidar un quehacer antaño tan cordial como el de canonizar o condenar. El esfuerzo por la tarea de situar en su contexto histórico la manifestación del regalismo le ha llevado a cuestionar hasta la propia noción de este fenómeno tal como la acuñara don Marcelino; es decir, como «intrusión ilegítima» del poder civil —hay que suponer siempre que católico— en esferas de jurisdicción eclesiástica, puesto que, para los teóricos y prácticos del regalismo, las notas de ilegitimidad e intrusión habría que atribuirlas al gobierno romano en su afán por inmiscuirse en ámbitos de competencia prioritariamente estatal [2]. Más correcto sería observar al regalismo —y queremos evitar definiciones imposibles— como el forcejeo constante y secular por atribuir a

[1] A. FERRER DEL RÍO, *Historia del reinado de Carlos III en España* (Madrid 1856); M. MENÉNDEZ PELAYO, *Historia de los heterodoxos* t.5. Aunque en desacuerdo con el anterior en lo referente al jansenismo, coincide con la condena del regalismo M. F. MIGUÉLEZ, *Jansenismo y regalismo*. [2] Cf. las acotaciones de A. DE LA HERA, o.c. y a.c.

la potestad real los derechos que se creen inherentes a su soberanía; por dirimir tantas cuestiones en las que la jurisdicción civil concurre con la eclesiástica —o con la pontificia para ser más exactos— en un tiempo, no hay que olvidarlo, sustancialmente sacralizado y en el que los límites y competencias del monarca católico y del pontífice monarca-cabeza de la Iglesia tienen que abocar a una colisión forzosa. Al menos, a esta situación se había llegado en el siglo XVIII cuando la secularización progresiva se impuso el deber de revisar deberes y derechos del Estado.

Prescindiendo, por tanto, de definiciones arriesgadas y huyendo conscientemente de la conceptualización estéril, nos interesa insistir en otras revisiones fundamentales que han cambiado o van cambiando la imagen del regalismo como ideología político-religiosa peculiar del XVIII. En concreto, nos referimos a la inviabilidad del mito de un regalismo importado, en franca ruptura con los modales de siglos antecedentes y, además, heterodoxo.

1. La tradición regalista en España

La convicción de que el regalismo es una novedad en esta centuria «extranjerizante» no obedece sino a tópicos arraigados e intencionadamente orientados a contrastar los tiempos buenos, ortodoxos e hispanos de los Austrias con los enciclopedistas y volterianos que irrumpen en el XVIII español. El asomarse sin prejuicios a la realidad histórica confirma la conclusión de Rodríguez Casado: «La defensa de las regalías de la Corona no constituye ninguna iniciativa de Carlos III y sus ministros; la heredan de los gobiernos anteriores, como también heredan los argumentos empleados en su defensa. No es necesario acudir a influencias extrañas para explicarnos fenómenos faltos de singularidad» [3].

Esta de la continuidad con tiempos anteriores es la primera característica que se ofrece a la observación serena del regalismo «borbónico». En realidad, desde que el Renacimiento conformó los cauces ideológicos y operativos de las monarquías modernas, se configuraron también las bases del asalto a determinadas áreas monopolizadas —sustraídas dirían los regalistas— por la potestad pontificia, y que desde la Edad Media fueron motivo de choques, bien conocidos, entre ambas espadas. Si hay algo que extraña en el regalismo español, es la tardanza en conseguir logros que otras monarquías disfrutaron desde mucho antes con la forzada aquiescencia de la curia y la relativa moderación —que no excluyó sobresaltos ocasionales— con que se intentaron solucionar incontables cuestiones pendientes desde los Reyes Católicos hasta Carlos IV, sin poder decir que en ningún momento las soluciones arbitradas por el Estado español fueran más violentas y destempladas en el siglo XVIII que en tiempos de D. Fernando, de Carlos V, de Felipe II o de su nieto Felipe IV [4].

---

[3] V. RODRÍGUEZ CASADO, *Iglesia y Estado* p.5.6.10.
[4] A falta de una visión general de las relaciones Iglesia-Estado en la modernidad

Idéntica continuidad se detecta en las bases jurídicas del regalismo. Nunca se discute la potestad directa del pontífice en su área propia, la espiritual, o, en términos de época, la del sacerdocio, al igual que se parte de exigir a Roma el respeto de la exclusiva temporal de los reyes. Macanaz, Gándara, Wall, Grimaldi, Campomanes, Floridablanca, Azara y tantos como se podrían citar se exasperan ante la deliberada e interesada confusión que la curia hace del sacerdocio y del imperio [5]. Sus invectivas mordaces, empero, se corresponden perfectamente a las ideas y palabras vertidas por el Rey Católico contra el usurpador de «nuestras preeminencias reales»; recuerdan a la letra el dictamen que emitiera Melchor Cano, el de la Junta de 1632, las quejas que lanza Saavedra Fajardo en sus *Empresas* contra la transformación de la «tiara en yelmo» por parte del papa [6].

El conflicto teórico salta en el campo indeterminado de las esferas mixtas, tan frecuentes en los Estados católicos del Antiguo Régimen. La *potestas indirecta* formulada por Belarmino en beneficio del poder pontificio se traslada por los tratadistas, como consecuencia tan esperada como normal, al monárquico. En este ámbito estallará la guerra ideológica —a veces, la medida unilateral— de regalías soberanas contra reservas pontificias, contra las extralimitaciones de la curia en perjuicio del derecho natural, contra el exceso de potestad, convertida en «tempestad», que justificaría hasta la resistencia activa, puesto «que no sería como a vicario de Cristo, sino como a puro hombre, que, olvidado de su oficio, se opone a la razón, la cual no consiente que, por obedecer al pontífice, desobedezcamos a Dios» [7].

Las palabras pertenecen a la famosa Junta del XVII, pero transmiten argumentos que veremos aducidos en el siglo siguiente tanto en su primera como en la segunda mitad. Al igual que se repiten los mismos títulos de intervención real en determinados asuntos eclesiásticos: al margen del general de la defensa connatural de las regalías mayestáticas, se recurre al patronato regio, que se anhela universal por derecho de conquista, fundación, dotación; a la regalía de protección de la propia Iglesia, por más paradójico que aparezca a primera vista, y que se apoya, a su vez, en el derecho y en el deber de protección sobre el

española, pueden verse estas constantes en la síntesis de A. de la Hera, *Regalismo*: DHEE 3 (Madrid 1973) p.2066-68; y en el concepto más amplio de *Iglesia-Estado*: ibid., 2 (Madrid 1972) p.1117-79, por T. de Azcona, J. M. Doussinague, J. L. Comellas, Q. Aldea, R. Olaechea, J. M. Cuenca.

[5] Sobre las actividades y exasperaciones de estos ilustrados, cf. abundantísima documentación en la imprescindible monografía de R. Olaechea, *Las relaciones hispano-romanas*.

[6] Cf., entre tantos documentos como se podrían citar del mismo talante, la carta de Fernando el Católico, 22 mayo 1508; el *Parecer*, editado y reeditado, de Melchor Cano, incluidos en la intencionada *Colección diplomática de varios papeles antiguos y modernos sobre dispensas matrimoniales y otros puntos de disciplina eclesiástica*, publicada por J. A. Llorente (Madrid 1809). Para el pensamiento del siglo XVII, más concretamente de la expresada Junta, cf. Q. Aldea, *Iglesia y Estado en la España del siglo XVII (ideario político-eclesiástico)* (Santander 1961); A. Domínguez Ortiz, *Iglesia y Estado en el siglo XVII*, en *Aproximación a la historia social de la Iglesia española contemporánea* (El Escorial 1978) p.VII-XXV.

[7] Q. Aldea, o.c., p.60-61.209-10.

concilio (de Trento), como misión específica de los monarcas católicos españoles.

Repasando los incontables escritos regalistas de la Ilustración, puede contrastarse la penetración progresiva de Van Spem, Pereira, Fleury, Febronio y otros nombres tardíos, que se recogen a veces con no velado entusiasmo. Pero —y al margen de los influjos españoles en alguno de estos autores [8]— el acopio imprescindible y atiborrado de fuentes que alimentan las posiciones dieciochescas está integrado por escritores, teólogos, juristas y políticos, junto con el irremediable recurso a las *Partidas*, pertenecientes todos a la más neta tradición hispana anterior. Y cuando de la teoría haya que pasar a la aplicación práctica en circunstancias de reivindicaciones o presiones, se desentierran los «pareceres» aludidos de Melchor Cano, el *Papel político* del cardenal Zapata o el temible *Memorial* de Chumacero y Pimentel. Este no deja de esgrimirse y de imprimirse, con el pánico subsiguiente de los curiales romanos, como sucede en el momento más tenso de las discordias de la guerra de Sucesión, cuando el obispo Molina quiera apretar las tuercas para conseguir «su» concordato, cuando Mayáns muestre su escasa originalidad por la dependencia de estas fuentes, transmitidas por Solís o Macanaz, o cuando, muy a finales de la centuria, el cardenal Lorenzana se vea obligado a recurrir a argumentos en misiones comprometidas [9].

Bases jurídicas y nombres reiterados obedecen a la persistencia secular del mismo subfondo de resquemores y recelos mutuos por parte de ambos poderes: la comprobación de injerencias constantes en la vida interna de la Iglesia, la fiscalización de documentos emanados de la Santa Sede, los recursos de fuerza ejercidos por el contencioso secular desde los Reyes Católicos, exasperan a la curia, incapaz de detener la carrera de «intromisiones» ni con la artillería cerrada de la inútil bula *In coena Domini*. Por parte del poder civil no se descansa en las invectivas contra los *gravamina* de la nación española, bien acentuados por Aldea para el siglo XVII y por Olaechea para el XVIII en sorprendente correspondencia, que manifiesta la herencia de las quejas incesantes contra los «abusos» de la curia: los de la Dataría en el tráfico de reservas o colación de beneficios, en las conflictivas dispensas matrimoniales, pensiones, testaferros; contra la rapacidad de la Cámara Apostólica a la expectativa de espolios y vacantes; contra las invasiones jurisdiccionales de la ajetreada Nunciatura. Se hereda, en definitiva, y se agría, eso sí, en el siglo XVIII un clima de recelos viejos en el que pesa la cordial xenofobia, justificada ante la verificación del trato discriminatorio de que es objeto la católica España por parte de la Santa Sede: «No decimos que V. S. no imponga pensiones en los casos que se pudiere tolerar, sino que como no da a los españoles las pensiones de Italia, ni las de Ger-

---

[8] Entre los autores contados que han sido estudiados en esta proyección, cf. S. ALONSO, *El pensamiento regalista de Francisco Salgado de Somoza (1595-1665). Contribución a la historia del regalismo español* (Salamanca 1973).

[9] R. OLAECHEA, *Las relaciones hispano-romanas* p.39.50; A. MESTRE, *Ilustración y reforma* p.260.

mania o Francia, así tampoco los grave con sus rentas en beneficio ajeno, que es padre común», exclamaban, con relativa moderación, Chumacero y Pimentel y no se cansarán de echar en cara los teóricos del siglo siguiente [10].

La xenofobia revela el peso auténtico del otro factor, el económico, que está operando a lo largo de toda la modernidad, y que sólo en parte logrará enderezarse a partir del concordato de 1753, y de forma más general desde el siglo XIX. Tampoco en ello es original el XVIII: desde los Reyes Católicos revolotea la acusación expresa de simonía en los hábitos curiales cuando de espolios, vacantes o dispensas matrimoniales se trata. La penuria monetaria o el deseo de encauzar los asuntos económicos, de regularizar las transacciones beneficiosas para la curia en todo tipo de operaciones, obliga a airear el agravio de quienes «quieren no dejarnos sangre en las venas». Esta vez es del cardenal Zapata (1607) de quien parte la acusación contra la Dataría, «tienda de rigurosos precios», o contra Roma, que, a no ser por las Indias, «no dejara un real en España» [11].

También los intentos de solución a tantas situaciones conflictivas se corresponden con modelos de las dos centurias anteriores. Salvando la coyuntura excepcional y bélica de los primeros años de Felipe V y la circunstancia relativamente anómala que se creó a raíz de la muerte de Pío VI, no se registran rupturas más radicales en el siglo «impío» del enciclopedismo que las registradas en los antecedentes, salvo que en el XVIII no menudearon tanto las excomuniones ni los ataques armados al poder temporal de los papas como antes. Quizá la novedad más notable de la Ilustración, prescindiendo de tantos tópicos interesados, no radique en la mayor virulencia —que la hubo— de los ataques al papa, o, mejor dicho, a la curia, sino en la habilidad diplomática, que supo solucionar los conflictos más importantes —no todos— por la soñada vía concordataria.

2. La inventada heterodoxia del regalismo borbónico

Los mismos presupuestos ideológicos —e idénticos intereses— que perpetuaron la idea de un siglo XVIII que quebró la línea tradicional en las relaciones Iglesia-Estado, subyacen en la transmisión de la imagen del regalismo como «colmo del descaro y de la diplomacia anticristiana» ofrecida por Miguélez [12]. Pero fue Menéndez Pelayo el que configuró el perfil de un regalismo conscientemente heterodoxo. Los atributos de «regalista y enciclopédico» que propinó al siglo XVIII desde el mismo

---

[10] Ed. del *Memorial* en J. TEJADA Y RAMIRO, *Colección completa de concordatos españoles* (Madrid 1862) p.39.
[11] Cf. estas y otras invectivas más fuertes en *Memorial del cardenal Zapata al rey sobre abusos de la Dataría*, 14 septiembre 1607, ed. en Q. ALDEA, o.c., p.217-33.
[12] M. MIGUÉLEZ, o.c., p.84. No queremos ni aludir al mito de la francmasonería actuante en la España del siglo XVIII tras la desmitificación que de ella ha realizado J. A. Ferrer Benimeli en numerosos trabajos, y más directamente en la obra *La masonería española en el siglo XVIII* (Madrid 1974).

subtítulo intencionado de su *Historia de los heterodoxos,* con todos sus tonos y contenidos peyorativos que entrañaron en el siglo XIX, y acentuados por el fascinante decir de D. Marcelino, nos explica la torrencial colección de calificativos con que ha perpetuado al siglo volteriano, «el más perverso y amotinado contra Dios que hay en la historia», el de los «ministros sin religión», convertidos en «heraldos o en despóticos ejecutores de la revolución impía, y la llevaron a término de mano real contra la voluntad de los pueblos»; para concluir, apodíctico, que «el regalismo es propiamente la herejía administrativa, la más odiosa y antipática de todas» [13].

Confesamos nuestra dificultad para encuadrar esta nueva especie heretical en alguno de los grados de los clásicos tratados sobre las desviaciones. Pero el mito cundió, y vino bien para acentuar la diferencia entre los Austrias, píos, y los Borbones, no impíos, mas rodeados de ministros volterianos, como dice Sánchez Agesta; poseídos «por el virus antirreligioso», sustentáculos del regalismo, que Rodríguez Casado atenúa en su graduación de «gran pecado de la historia moderna de España», y al que De la Hera considera «teñido de heterodoxia» (Campomanes no fue sólo «próximo a la herejía, sino hereje abiertamente»), de acuerdo con el contraste apriorístico que hay que establecer, tal como suele hacerse, entre «el espíritu de fe y elevación moral, el espíritu infundido por Isabel la Católica en todo el cuerpo estatal» —en formulación de Aldea— y «el tono estridente y heterodoxo, envenenado con el virus —siempre el virus— del regalismo borbónico de la generación dieciochesca» [14]. Se cumplió bien lo que vaticinara Roda, cuando era simple golilla, acerca de la ofensiva antirregalista, empeñada en «mezclar, tan fuera de propósito, los principios dogmáticos con los políticos y tratando de impíos y herejes a todos los que defendieran la regalía, como si no fuese tan de fe —y es ahora él quien mezcla lo político con el credo— y tan conforme a la Escritura y al espíritu de la Iglesia la autoridad y jurisdicción del príncipe secular como la del papa respectivamente, según los límites establecidos y enseñados prácticamente por Cristo nuestro Señor» [15].

No es cuestión de insistir en el anacronismo de visiones arcaicas de una Ilustración importada y con sus ribetes de heterodoxia cuando hoy día está más que claro que la española hunde sus raíces en tiempos bastante anteriores a la llegada de los Borbones y, por supuesto, a la de Voltaire y Rousseau [16]; pero sería ingenuo despojar de su fuerte carga ideológica y de bien conocidos tonos «reaccionarios» la transmisión del

---

[13] *Historia de los heterodoxos* p.17.37.339, por seleccionar sólo algunos de los dicterios habituales.
[14] L. SÁNCHEZ AGESTA, *El pensamiento político del despotismo ilustrado* (Madrid 1953) p.180; V. RODRÍGUEZ CASADO, a.c., p.21; A. DE LA HERA, o.c., p.40.79; Q. ALDEA, o.c., p.190.
[15] Cit. por R. OLAECHEA, o.c., I p.156.
[16] Entre tantos trabajos como se podrían citar en este sentido, cf. los últimos de F. LÓPEZ, *Juan Pablo Forner et la crise de la conscience espagnole au XVIIIe siècle* (Bordeaux 1976), y A. MESTRE, *Despotismo e Ilustración en España* (Barcelona 1976).

mito del regalismo contrapuesto a la ortodoxia, como ha clarificado Herrero, no sin cierta dosis polémica [17].

Dejando de lado interpretaciones no dilucidadas aún del todo, creemos que la visión tradicional de un regalismo español heterodoxo o afín a la heterodoxia obedece, en buena parte, a un doble vicio metodológico. En primer lugar se detecta cierta disparidad en la valoración de las fuentes a la hora de presentar a los teóricos del XVIII y a los de la España de los Austrias. Salvados ideólogos como Macanaz, Abreu, Campomanes, etc., el fuego de la herejía se lanza sobre figuras como Aranda, Roda, Azara. Pues bien, los clásicos del XVI y del XVII se miden por obras de enjundia, escritas para salir a la luz, o en dictámenes procedentes de juntas al efecto; los aragoneses son enjuiciados por frases y dicterios que saltan en su correspondencia, confidencial casi siempre, pues ninguno de ellos ha legado un cuerpo homogéneo donde rastrear su pensamiento. A nadie se le ocultan los condicionantes de un género de literatura oficial y la gama de variedades expresivas ofrecida por el privado. Habría que tener en cuenta, por tanto, que se trata de una cuestión de lenguaje, y no se puede negar que el de hombres como los tres citados se atenga a los cánones de la corrección respetuosa cuando de fustigar a los curiales de Roma se trata (claro que tampoco se andan con demasiados remilgos Melchor Cano, los teólogos de las juntas del XVII ni el propio cardenal Zapata).

En ninguno de ambos casos se ventilan cuestiones dogmáticas, sino disciplinares, temporales, y, en concreto y casi siempre, económicas, aunque se las revista de otros ropajes. Esto nos abre la clave del segundo planteamiento falso: en la lucha armada de memoriales, apuntamientos y *rimostranzas*, de regalías contra reservas, de recuerdos excomunicatorios, como los de la bula *In coena Domini*, contra también arraigadas acometidas a la inmunidad y fiscalizaciones del «pase regio», no se está disputanto una guerra de dogmas. Si en alguna ocasión se pudo rondar —y ello es discutible— la situación cismática, ya veremos cómo se debe a circunstancias peculiares que no cuestionan el primado del papa; y si asoman elementos episcopalistas o conciliaristas, no sería correcto y sí muy anacrónico medirlos a base de claridades posteriores al concilio Vaticano I, en lugar de mirarlos con ojos que se atengan a las perspectivas indefinidas del siglo anterior, no tan facultado para dilucidar la divisoria tenue entre las funciones de la cabeza de la Iglesia y las del príncipe secular del Estado pontificio encarnadas en la persona del papa.

De todas formas, los regalistas se apresuran a distinguir entre sacerdocio e imperio, entre ámbitos relacionados con la fe y esos amplios espacios mixtos que dejan la puerta abierta a un cúmulo de injerencias de unos y otros, aunque en el siglo XVIII la curia tuviese que contem-

---

[17] J. HERRERO, *Los orígenes del pensamiento reaccionario español* (Madrid 1973); G. GARCÍA PÉREZ, *La economía y los reaccionarios al surgir la España contemporánea* (Madrid 1974); A. ELORZA, *Hacia una tipología del pensamiento reaccionario en los orígenes de la España contemporánea:* Cuadernos Hispanoamericanos 68 (1966) 370-85.

plar cómo tradicionales competencias eran reclamadas por el despotismo ilustrado español (y no español), con programas secularizadores y
con teorías sacralizadoras del poder real. Fuera de los ámbitos mixtos o
de los específicamente temporales —que, comprensiblemente, se intentan alargar por los regalistas, al igual que los espirituales o por los antirregalistas y la curia—, el regalismo no se cansa de proclamar, como lo
hace Macanaz en su vapuleado *Pedimento fiscal de los 55 artículos,* que «en
las materias tocantes a la fe y religión se debe ciegamente seguir la
doctrina de la Iglesia, cánones y concilios que la explican; pero en el
gobierno temporal cada soberano en sus reinos sigue las leyes municipales de ellos» [18]. A finales de siglo se editan las *Máximas* de Covarrubias;
con modos más pausados y jurídicos insiste en la misma intangibilidad
de las esferas espiritual y temporal, aunque, como es natural, aplique a
la competencia del Estado la potestad indirecta que Belarmino atribuyó
a la Iglesia en el espacio, amplísimo y neutro, de los objetivos mixtos:
«todo aquello que en la Iglesia no es en sí mismo ni fe, ni misterio, ni
doctrina, aunque tenga conexión con esto» [19].

La fortuna —publicitaria, que no personal— de Macanaz al comienzo del siglo y el peso de Covarrubias al final evitan recurrir a tantos testimonios como jalonan toda la centuria. Baste con aludir a la
protesta de Azara, que justifica su actitud regalista por exigencias de la
propia fe: «Vendería mi conciencia, mi religión y la fe que de derecho
divino o humano debo a mi rey y señor si no defendiese la autoridad e
independencia de su jurisdicción y de los derechos que Dios le ha dado
sobre sus pueblos» [20].

Son actitudes que responden a las convicciones regalistas, compartí-
das en la *Instrucción de la Junta de Estado* de 1787, programa y reflejo
del más brioso regalismo español, elaborada por Floridablanca, aunque
firmada por Carlos III, y que se abre con la siguiente declaración de
principios: «Como la primera de mis obligaciones y de todos los sucesores en mi corona sea la de proteger la religión católica en todos los
dominios de esta vasta monarquía, me ha parecido empezar por este
importante punto, para manifestaros mis deseos vehementes de que la
Junta en todas sus deliberaciones tenga por principal objeto la honra y
gloria de Dios, la conservación y propagación de nuestra santa fe y la
enmienda y mejoría de las costumbres. La protección de nuestra santa
religión pide necesariamente la correspondencia filial de la España y sus
soberanos con la Santa Sede [...], de manera que, en las materias espirituales, por ningún casi ni accidente dejen de obedecerse y venerarse las
resoluciones tomadas en forma canónica por el sumo pontífice, como
vicario que es de Jesucristo y primado de la Iglesia universal» [21].

No hay que caer en la ingenuidad de aceptar todas estas —y tantí-

---

[18] Ed. de F. MALDONADO DE GUEVARA (Madrid 1972) p.92.
[19] J. COVARRUBIAS, *Máximas sobre recursos de fuerza y protección, con el método introducido
en los tribunales* (Madrid 1796) p.14.
[20] R. OLAECHEA, *El concepto del «exequatur»* p.134.
[21] Ed. BAE t.59 (Madrid 1952) p.213.

simas otras— declaraciones como desprovistas de miras políticas, de estrategias con su buena dosis de oportunismo; pero no sería menos incauto rechazar apriorísticamente las confesiones de los regalistas y aceptar las acusaciones lanzadas por un antirregalismo que jamás estuvo desnudo de intereses, no siempre acordes con la pureza de la fe en cuyo heraldo se erigió. Aunque el capítulo de la religiosidad de los ilustrados siga siendo un vacío clamoroso dentro de los estudios del XVIII español, las monografías que van apareciendo sobre el perseguido Macanaz, los «volterianos» Aranda, Roda, y Azara, sobre Floridablanca, el ultrarregalista Campomanes y Jovellanos, son lo suficientemente explícitas para desarraigar, de una vez para siempre , la anacrónica nota de heterodoxia aplicada a hombres —teóricos y prácticos del regalismo— que fueron casi siempre profundamente religiosos [22].

Lo antedicho es suficiente para matizar una de las simplificaciones más corrientes en el análisis de las relaciones Iglesia-Estado en la modernidad española. Bajo los Austrias habrían estado tonificadas por la inspiración netamente ortodoxa de los gobernantes; los Borbones cambiarían el sentido de tales relaciones al ampararse en «las teorías heterodoxas del sistema regalista» [23]. Es decir, que de valladar contra erosiones heterodoxas en los siglos XVI y XVII, en el XVIII el regalismo se ha trocado en amparo de la herejía (aunque no se diga de qué tipo, de qué grado herético se trata, si prescindimos de la entelequia de esa pintoresca «herejía administrativa» terrible que se inventó Menéndez Pelayo).

No es posible detectar la ruptura de continuidad entre una dinastía y la otra. Uno de los momentos de más tenso regalismo «doctrinal» es el que acompaña todo el proceso en torno a los escritos del cardenal Noris. Rávago, empeñado, por intereses de escuela, en condenar lo que la Santa Sede ha aprobado, no se cansa de acudir a la precisión de garantizar la ortodoxia hispana a ultranza: «España ha ignorado, con mucha dicha suya, las controversias de Jansenio y Quesnel, y no quiere aventurar su religión por medio de Noris, que suscita más controversias». En resorte clásico misoneísta, Fernando VI refrendará la postura de su confesor, apuntando, al margen de otras razones de política interna, que «la religión peligra también mucho; no sería extraño que por esta doctrina o por otras que a vuelta de ella se pudieran introducir, se diese

[22] C. ALCÁZAR MOLINA, *Los hombres del despotismo ilustrado en España: el conde de Floridablanca; su vida y su obra* I (Murcia) 1934; F. ALVAREZ DE REQUEJO, *El conde de Campomanes: su obra histórica* (Oviedo 1954); C. E. CORONA BARATECH, *José Nicolás de Azara, un embajador español en Roma* (Zaragoza 1948); C. MARTÍN GAITE, *El proceso de Macanaz; historia de un empapelamiento* (Madrid 1970). Conclusiones de interés en torno a la ortodoxia de dos prelados vistos como personificadores del jansenismo finisecular, V. CONEJERO MARTÍNEZ, *Dos eclesiásticos catalanes acusados de jansenistas: Josep Climent y Félix Amat:* Anales Valentinos 4 (1978) 149-75. La obra decisiva de R. Olaechea y J. A. Ferrer Benimeli, *El conde de Aranda; mito y realidad de un político aragonés* (Zaragoza 1978), deshacen las inculpaciones de volteriano, impío, masón y antijesuita. Existen estudios numerosos sobre la religiosidad de Jovellanos, recogidos en L. L. RICK, *Bibliografía crítica de Jovellanos* (Oviedo 1977).
[23] Concepto muy reiterado, como veremos. Cf. p.ej., A. DE LA HERA, *Regalismo:* DHEE 3 p.2066.

entrada en estos reinos a las peligrosas novedades que en la religión han padecido y padecen los reinos vecinos» [24].

En esta circunstancia, al igual que en la de 1799, se está acudiendo a la regalía de la protección de los «sagrados cánones y concilios», que es otra de las herencias de los Austrias. Las circunstancias especiales del siglo XVIII es posible que inyectasen en la potestad tuitiva de la religión «un alto índice de peligrosidad», que la despojasen del «sincero espíritu religioso» anterior, como sospecha Aldea [25]; mas el análisis de las ideologías y de las relaciones entre el Estado y la Iglesia no parece avalar tal transformación radical ni justifica que la regalía —insistimos en que antañona— de protección de la Iglesia de los reinos de España, vigorosamente esgrimida por el obispo Solís en 1709, se atribuya a Felipe II o a Felipe IV como garantía de ortodoxia, y a los Borbones del XVIII sólo como «argumento oficial y excusa piadosa del regalismo», como, sin otros argumentos que los tópicos reiterados, hace Sánchez Agesta [26].

Creemos que, por el momento, la conclusión correcta en torno a esta arbitraria divisoria entre el sentido regalista de los Austrias y el del XVIII es la extraída por Olaechea, que se ha enfrentado con la cuestión con buen material y sin prejuicios: «En el siglo XVIII español, es decir, cuando, a la llegada de los Borbones, la tesis bossuetiana fue debilitando las doctrinas populistas, el príncipe no sólo era el dignatario de la 'monarquía sagrada, absoluta, paternal, inviolable e inapelable', sino, consecuentemente, el protector más cualificado de la Iglesia, al tomar sobre sí la misión de defender la primacía de lo sobrenatural, ya sea impugnando a los protestantes y herejes, como en los siglos XVI y XVII, ya oponiéndose, como en el siglo XVIII, a la corriente materialista y a la naturalista, que, al desacralizar la monarquía, tendía a reducirla a una institución puramente humana, desprovista de la aureola religiosa» [27].

3. Las peculiaridades del regalismo borbónico

Las continuidades no pueden hacer olvidar las características propias que una ideología sustancialmente anterior adquiere en el siglo XVIII. Junto a tantos avatares de la centuria que deciden soluciones momentáneas o transcendentes, hay que tener en cuenta la profunda incidencia de fenómenos como la Ilustración más especialmente el despotismo ilustrado, la secularización progresiva de tantos aspectos de la vida religiosa, la imposición de intereses de gentes nuevas y el cuestionar, en resumen, tantas de las constantes del Antiguo Régimen que precisamente entran en crisis ahora.

1) *Regalismo, Ilustración y despotismo ilustrado.*—Los Borbones encontraron el terreno abonado para imponer su sistema centralizador de gobierno, ese «nacionalismo eclesiástico —esencia del regalismo hispano

[24] M. MIGUÉLEZ, o.c., p.143.181.
[25] Q. ALDEA, o.c., p.111.
[26] L. SÁNCHEZ AGESTA, o.c., p.179.
[27] R. OLAECHEA, *Anotaciones sobre la inmunidad* p.299.

según Ricard— fuertemente opuesto a la centralización romana» [28]. Por una parte, contaban con la práctica de la política religiosa seguida con la Iglesia indiana, donde, con exasperación de la curia de Roma, el rey español se había convertido en un verdadero papa [29]. Por otra, con la preexistencia de una línea de pensamiento político-religioso, personificado por Juan Luis López —tan apreciado por todos los regalistas—, que, desplazando el «populismo» tradicional por la doctrina bossuetiana, sacraliza el poder real como emanación directa de la autoridad divina [30]. La coyuntura creada por la guerra de Sucesión y las facilidades encontradas para la implantación del centralismo no harían sino aprovechar al máximo estos elementos favorables a lo largo de la centuria dieciochesca.

Por un contrasentido tan de la Ilustración española, y cuando en Europa el despotismo ilustrado se afianzaba en las bases naturales de la razón y de las luces [31], un coro de voces unísonas entronizaba en España el poder absoluto del monarca, ahora ya de origen divino en su soberanía. Desde Macanaz no se hará sino proclamar el viejo principio plasmado en la legislación: «Tan grande es el poder del rey, que todas las cosas y todos los derechos tiene sobre sí, y el su poder no lo ha de los hombres, mas de Dios, cuyo lugar tiene en las cosas temporales» [32]. Y los gobernantes manifestaron decisión en la aplicación práctica de estas ideas, hasta el punto de que es viable la interpretación de historiadores que han querido ver la extirpación de la Compañía de Jesús como un intento de erradicar también sus posiciones ideológicas populistas y antirregalistas [33].

De todas formas, el despotismo ilustrado no puede sufrir concurrencias en el ejercicio de su poder, ni fuerzas —con sus jurisdicciones y competencias—, como la eclesiástica, que escapasen a su control. La defensa a ultranza de las regalías inherentes a la soberanía regia se convierte en un desafío con Roma, caracterizado por la carrera de injerencias por una y otra parte, y en el que desde la curia se respondía con la apelación a las reservas como arma de combate.

La Ilustración juega también un papel importante como base del desenmascaramiento de los auténticos límites del poder pontificio, extralimitado por el «fanatismo» ultramontano. Curiosamente, esta Ilustración, que en su postura más coherente urgirá la revisión posterior

---

[28] R. RICARD, *Gallicanisme et «catholicisme éclairé» en Espagne et en Amérique espagnole:* Bulletin Hispanique 62 (1960) 190.
[29] «En las Indias es mejor no hablar, porque allí no se reconoce otro papa que el rey de España». La queja pertenece a un insigne curialista de mediados del siglo XVII. Cf. ap. C. GARCÍA MARTÍN, *El tribunal de la Rota* p.150.
[30] M. GÓNGORA, *Estudios sobre el galicanismo y la «Ilustración católica» en América española:* Revista Chilena de Historia y Geografía 25 (1957).
[31] Cf. C. N. PARKINSON, *L'évolution de la pensée politique* I (París 1964); L. GERSHOY, *L'Europe des princes éclairés. 1763-1769* (París 1966); F. BLUCHE, *Le despotisme éclairé* (París 1968); G. R. CRAGG, *The Church and the Age of Reason. 1648-1789* (London 1972); V. PALACIO ATARD, *El despotismo ilustrado español:* Arbor 22 (1947) 25-52.
[32] M. DE MACANAZ, *Pedimento fiscal,* ed. cit., p.120-21; *Noviss. recop.* ley 3 t.8 l.8.
[33] M. BATLLORI, *La Compañía de Jesús en la época de su extinción:* AHSI 37 (1968) 230. Cf. nt.57 del capítulo dedicado a la expulsión de los jesuitas.

del poder real en su lógico término liberal, ahora se proyecta en su beneficio, y se centra casi obsesivamente en las limitaciones del romano, cuya ampliación desmedida se atribuirá a la superstición inveterada. Ricardo Wall, el secretario de Estado más radical, no puede ser más explícito al conectar el regalismo como urgencia de la Ilustración: «Gracias a Dios, vivimos en un siglo ilustrado, y son bien conocidos los límites del sacerdocio y del imperio, por más que toda la astuta política de esa corte [de Roma] haya mirado siempre a confundirlos». «Nuestros tiempos son ya bastantemente ilustrados para que se dude de los verdaderos términos de la autoridad del sucesor de San Pedro», afirmaba una y otra vez el fiscal Campomanes, y proclamaba también sin cesar Azara, en su personal lenguaje, al urgir al rey la redención «de la tiranía de esta Babilonia», y a hacerlo por lo intolerable que el cúmulo de abusos curiales resulta «en un siglo en el que, por la gracia de Dios, ya no somos tan pollinos como antes» [34].

En otra de tantas contradicciones de los ilustrados, éstos prestarían las mejores baterías al ejercicio de un absolutismo convertido por ellos en despotismo ilustrado. El análisis de las fuerzas en presencia los convence de que, dadas las estructuras, el monarca, con su soberanía indiscutible y su poder omnímodo, era el único instrumento viable para convertir en realidad su obsesión impenitentemente reformista. Maravall, y con más detención Elorza, han puesto el acento en esa corriente de ilustrados —no bien conocida por Herr, ignorada por Sarrailh— que tratarán de solucionar la evidente contradicción, al cuestionar el poder absoluto de la monarquía desde posiciones preliberales o incluso con atisbos democráticos [35]. Pero hasta en esos casos hay transacciones elocuentes. Por ejemplo, la de uno de los más avanzados, León de Arroyal, quien, como tantos otros, no tiene inconveniente en confesar esta especie de ineludible defección: «Para el logro de las grandes cosas es necesario aprovecharnos hasta el fanatismo de los hombres. En nuestro populacho está tan válido aquello de que el rey es señor absoluto de las vidas, las haciendas y el honor, que el ponerlo en duda tiene por una especie de sacrilegio. Y he aquí el nervio principal de la reforma. Yo bien sé que el poder omnímodo de un monarca expone la monarquía a los males más terribles; pero también conozco que los males envejecidos de la nuestra sólo pueden ser curados por el poder omnímodo» [36].

2) *Reformismo ilustrado y episcopalismo.*—En el programa abigarrado de teóricos y prácticos del regalismo aparecen elementos que, con toda

[34] P. RODRÍGUEZ DE CAMPOMANES, *Juicio imparcial sobre el «Monitorio de Parma»:* BAE t.59 p.120; ID., *Colección de alegaciones fiscales* III p.481; R. OLAECHEA, *El concepto del «exequatur»* p.150; ID., *Las relaciones hispano-romanas* II p.397.
[35] J. A. MARAVALL, *Las tendencias de reforma política en el siglo XVIII español:* Revista de Occidente 52 (julio 1967) 53-82; ID., *Cabarrús y las ideas de reforma política y social en el siglo XVIII:* ibid. (diciembre 1968) 273-300; A. ELORZA, *La ideología liberal en la Ilustración española* (Madrid 1970).
[36] L. DE ARROYAL, *Cartas político-económicas al conde de Llerena,* ed. de A. ELORZA (Madrid 1968) p.216. Cf. valoración en L. SÁNCHEZ AGESTA, *Continuidad y contradicción en la Ilustración española (las cartas de León de Arroyal):* Revista de Estudios Políticos 192 (nov.-dic. 1973) 9-23.

impropiedad, se han dado en llamar jansenistas. Bien mirado, mejor que de jansenismo cabría calificarlo, como lo hizo Menéndez Pelayo entre despectivo y certero, de «hispanismo», con sus sueños de una Iglesia neogótica, episcopalismo *sui generis*, resurrección del erasmismo del XVI, programas reformadores, prevención —cuando no franca hostilidad— hacia los jesuitas y con un conjunto de reacciones instintivas y coincidentes cuando se toca la fibra de la religiosidad.

El recurso a la Iglesia antigua, suponiendo que tal recurso entrañe resonancias del así denominado jansenismo y no sea la traducción dieciochesca de constantes anteriores, se acentúa en un tiempo que vive el anhelo de una Iglesia depurada, sin adherencias «fanáticas y supersticiosas»; es decir, de una Iglesia reformada. La jerarquía ilustrada, con su nómina sorprendente de obispos reformistas, es consciente de que la tarea no puede llevarse a cabo sin la intervención real. Nos encontramos, en el ámbito de la Iglesia, con el mismo fenómeno que se registró con los ilustrados: la contradicción de una jerarquía que hipoteca la libertad de acción en aras del imprescindible apoyo del monarca para la realización de sus programas. La coincidencia entre ambos poderes se podrá contrastar cuando los prelados manifiesten su casi unánime conformidad contra los jesuitas.

Es más que discutible que el asenso a las medidas regias, a sus intromisiones en la vida eclesiástica, procediese del carácter regalista de los obispos, obligados, desde la aceptación de su cargo, a defender las regalías de la Corona que los nominaba; al menos, Floridablanca manifestará, al final de su ministerio, lo dudoso del entusiasmo regalista de la jerarquía española, y los acontecimientos del llamado «cisma» de Urquijo evidenciaron la falta de unanimidad episcopal hacia las medidas unilaterales del Gobierno. Mas no es menos cierto que, por estrategia irremediable, los pastores españoles se convirtieron en sustentáculos del único sistema que podía garantizar la viabilidad de sus proyectos reformadores. Investigaciones de última hora no hacen sino confirmar la previsión de Herr: «Fuera y dentro de la Iglesia, reforma y regalismo habían llegado poco a poco a ser una sola cosa, y, en los asuntos eclesiásticos, el regalismo era considerado como el instrumento de la reforma» [37].

El episcopalismo se reafirma con fuerza, y puede decirse que informa toda la centuria desde los episodios iniciales de Solís hasta el inevitable «cisma» de Urquijo. En esta transformación operan factores de diversa índole, además de la tradición anterior, formada antes de que en el panorama español hicieran acto de presencia los escritos de Van Spem, Fleury o Febronio. El recuerdo de la Iglesia visigoda, bastante idealizada, hace presentes aquellos tiempos soñados en que los asuntos eclesiásticos se ventilaban entre concilios, obispos y rey, en independencia de Roma. Ello justifica el ataque a las sucesivas injerencias de la curia y potencia la intervención real, única capaz de liberar de tantas esclavitudes, de transferir competencias viejas que Roma fue sus-

---

[37] R. HERR, *España y la revolución del siglo XVIII* (Madrid 1964) p.29.

trayendo a la jurisdicción episcopal, de acabar con el cúmulo de exenciones que mediatizan la labor pastoral, de cortar el tráfico de reservas, monopolizadas por la curia a costa de los obispos, etc., etc.

Se piensa —quizá más por el Gobierno que por la jerarquía— en una especie de Iglesia nacional, en la que pesa la añoranza de la galicana y sus libertades como modelo más cercano para lo que pudo ser la Iglesia hispana. Pero, en el fondo, la brega por desempolvar derechos de patronato, viejos cánones y costumbres, y las campañas orquestadas desde el poder cuando se quiso llegar a la situación a que se abocó en el concordato de 1753, no era sino un esfuerzo denodado por afianzar la intervención del monarca en asuntos eclesiásticos, y el episcopalismo se convirtió en título colorado para amparar el agigantamiento del absolutismo regio, tal como previera y lamentara Mayáns, instrumento bien manipulado en las maniobras del regalismo.

El jansenismo español es un problema que está preocupando a los historiadores actuales, comprometidos en aclarar sus contenidos, su cronología y hasta su hispanismo, como podrá verse en las páginas que Mestre dedica a la cuestión en este volumen. Fue mucho más que un resorte que le vino bien al poder político para cimentar teóricamente sus posiciones sobre bases doctrinales y jurídicas; pero no se puede negar que, al margen de las resonancias ambientales que se encierran tras los episodios de la condenación de Noris, de que se había convertido, más bien, en insulto de escuelas (jansenistas por antonomasia serán los que se opongan a los jesuitas, pero después de la expulsión los dominicos y agustinos se graduaban como tales), todo lo que sonaba a jansenista fue pródigamente aprovechado por los ministros de Carlos III y de Carlos IV para ampliar el horizonte operativo del regalismo.

3) *Ampliación del campo de las regalías. El soporte jurídico.*—El elenco desbordado de regalías que heredaron los Borbones se trata de ampliar desde Felipe V, pese a la exasperación de Belluga y de algunos —no muchos en verdad— ultramontanos más o menos clarividentes [38], a tono con el concepto de la soberanía regia en el despotismo ilustrado, para el que, como confesaba León de Arroyal, «la religión entra en todas las operaciones del Gobierno» [39]. A juicio de Rodríguez Casado, esta ampliación regaliana es otra de las novedades del regalismo borbónico, si bien, más que como elemento novedoso, debe contemplarse como el final normal de un proceso acumulativo anterior [40].

Más que por lo «cuantitativo», el regalismo borbónico se diferencia del anterior por la calidad de los títulos que esgrime en apoyo de sus pretensiones; sobre todo, de las pretensiones al patronato que se dio en llamar universal, síntesis del andamiaje regalista. En el forcejeo secular anterior y en los casos frecuentes en los que la acción del soberano en la esfera eclesiástica se exigía por el deber y el derecho tutelar, como

---

[38] Cf. elenco de regalías y su hinchazón según su debelador Belluga: I. Martín, *Contribución al estudio del regalismo en España*.
[39] Cit. por L. Sánchez Agesta, o.c., p.174.
[40] V. Rodríguez Casado, a.c., p.6; A. de la Hera, *Notas* p.5.

apunta Aldea, «los títulos de intervención del rey en asuntos eclesiásticos no nacen de la naturaleza o autoridad del Estado, sino de privilegios eclesiásticos generales o particulares y de acuerdos tácitos o expresos, como el patronato real; no se trata de un intervencionismo estatal intencionadamente laico, que se arroga el derecho innato de la intervención» [41]. En el siglo XVIII se produce un desplazamiento en el soporte jurídico de las pretensiones regalistas: de la concesión pontificia como base de intervención en esferas eclesiásticas a título de delegación, privilegio, vicariato de un poder superior, se bascula sistemáticamente a la presentación de la regalía como derecho mayestático, inherente a la soberanía regia por tanto. De esta suerte, en opinión de A. de la Hera, que se ha detenido minuciosamente en la evolución ideológica del concepto y de la función regalistas, «la regalía, desde la mentalidad de sus propugnadores, no es una intromisión real en materias eclesiásticas, sino un derecho inherente a la Corona de regular, en virtud del propio poder real, determinadas materias eclesiásticas» [42].

No es preciso esperar formulaciones teóricas avanzadas de la segunda mitad del siglo para percibir el cambio. Ya en 1710, en plena ruptura de relaciones, el responsable de los negocios españoles en Roma, Mons. Molines, y el papa Clemente XI manifiestan lo irreconciliable de sus presupuestos. El excomulgado auditor español urge al pontífice la provisión de las sedes vacantes en los presentados por Felipe V, porque el derecho de presentación «no lo tenía el rey de España por indulto o privilegio, sino por verdadero derecho de patronato 'ex fundatione et dotatione', y que, por lo mismo, no podía ser despojado de él». Casi automáticamente, el papa redarguye «que el derecho de patronato lo tenía el rey por privilegio apostólico, y que no se lo quitaba, sino que se suspendía su ejercicio mientras no se dieran las debidas satisfacciones a la Santa Sede» [43].

Se transfiere, por tanto, la base del regalismo de un título frágil y movedizo, de todas formas expuesto siempre a la interpretación pontificia, a la más fuerte o inamovible —pensaban los regalistas— de la soberanía real. El monarca —es decir, el rey y sus ministros, más el ejército aguerrido de mentores ideológicos— pasa a convertirse en poder supremo, en intérprete inapelable y en juez y parte del límite de sus competencias, cada vez más crecientes. Bastará con aplicar el concepto de regalía a la desamortización, a la Inquisición, al *exequatur,* al patronato y protectorado de la Iglesia, a cualquier circunstancia, como de hecho se aplicó, para que el espectro de competencias soberanas del rey penetrara no sólo en las relaciones diplomáticas, sino en toda expresión de la vida de la Iglesia española, ordenada, o que se quiere ordenar, «bajo el poder civil» [44], y para convertir al pontífice en una especie de delegado del monarca.

[41] Q. Aldea, o.c., p.210-11.
[42] A. de la Hera, o.c., p.128; a.c., p.71-72.
[43] J. Fernández Alonso, *Un período de relaciones* p.44.
[44] L. Sánchez Agesta, o.c., p.179.

No son, en consecuencia, las listas increíbles de regalías transmitidas por Belluga, Alvarez de Abreu, razonadas en tantos alegatos fiscales de Campomanes o en la *Instrucción reservada* de Floridablanca, las que caracterizan el regalismo de los Borbones. El auténtico matiz regalista tiene que buscarse en la desvinculación del poder delegativo del papa y en esa secularización del título jurídico que contradistingue sustancialmente las batallas regalistas del siglo XVIII de las desencadenadas —con generosidad beligerante— desde Fernando el Católico [45].

4) *Subfondo social y económico del regalismo ilustrado.*—En el siglo XVIII, la ideología política se sustenta no tanto por teólogos cuanto juristas, «golillas» o excolegiales renegados, ministros planificadores, proyectistas, algunos obispos y clérigos estrechamente vinculados al poder. El regalismo cobrará el matiz peculiar de sistema representado por hombres de acción a quienes falta profundidad doctrinal, pero sensibilizados hacia el anticurialismo cordial a nivel de relaciones Madrid-Roma y espoleados por la necesidad de reformas por las que grita la Ilustración cristiana en la vida de la Iglesia nacional. Las aplicaciones concretas del regalismo —algunas exitosas, las más fallidas— evidencian que el sistema responde también a intereses de la clase burguesa, enfrentados, más o menos conscientemente, con los sectores dominantes.

La expulsión de los jesuitas revela, con todas las claridades posibles, el juego de intereses encontrados. Otros ejemplos que clarifican esta interpretación aún no bien desvelada pueden seguirse a lo largo de toda la centuria. La desamortización, emprendida y espoleada por urgencias regalistas, contiene el mismo fondo de lucha contra una forma de propiedad privilegiada que choca con la racionalización ilustrada, además de con los intereses de la economía «nacional» y centralizada. El *Tratado de la regalía,* de Campomanes; el proyecto más aventurado de Jovellanos, tantas sugerencias en idéntico sentido, fueron ensayos tímidos de reforma que contaron con la aquiescencia regia y con la oposición esperada de las clases afectadas. Las reformas de los colegios mayores, secularizaciones de determinadas cofradías y obras pías, los ataques contra formas peculiares de explotación monacal o frailuna, la guerra desatada por el Consulado de Bilbao contra arcaicas doctrinas del P. Calatayud o por los ilustrados de Zaragoza contra posiciones gemelas de Fr. Diego José de Cádiz, etc., no pueden ocultar móviles antigremiales, el subfondo regalista, que tiende a colocar a la Iglesia española bajo el control omnímodo del monarca y que todo ello es una respuesta a planteamientos acordes con la mentalidad de la amorfa burguesía.

Por eso, en tantos conflictos con Roma, lo que se persigue, junto con la independencia del poder real, es una gama de intereses económicos. Las quejas de los regalistas revisten, indefectiblemente, el enfrentamiento con el fantasma de la hemorragia económica que suponen los recursos a Roma, de cuyas reservas no se logra sustraer de forma total

---

[45] Aspectos en los que insiste Rodríguez Casado, y más expresamente A. de la Hera, en sus artículos y obras citados.

ni aun con el celebrado concordato de 1753. La historia de la Agencia de Preces, trazada con mimo por Olaechea, es la historia de la brega denodada por rescatar filones que por mil caminos incontables e incontrolables se escapan de España hacia la curia.

Entre el clero superior —y no sólo el secular— encontró amplio apoyo la política regalista, aunque fuera más por intereses concretos que por simpatía con postulados ideológicos. Es una lástima que no se conozca la extracción social del episcopado y del alto clero español del siglo XVIII con la exactitud con que se conoce el de la época inmediatamente posterior, gracias, sobre todo, a los trabajos de Cuenca Toribio. Mas parece evidente ˚que, dados los recursos con que el Gobierno cuenta —a través del P. Confesor o por medio de la Secretaría de Gracia y Justicia— desde mucho antes, y dadas las posibilidades que se abrieron por el concordato citado y la política anticolegial de Roda, el reclutamiento de los obispos y de los superiores generales estuvo casi perfectamente controlado en beneficio de los adictos a las regalías. Su comportamiento ante la tan citada expulsión y extinción de la Compañía de Jesús revela la eficacia de los criterios seguidos por Roda, así como las sátiras nacidas contra el sistema acaban de convencer de las auténticas miras que se tienen en cuenta para tal selección [46].

La reacción contra el regalismo borbónico provendrá de frentes bien conocidos y coincidentes con la oposición al sistema de gobierno. Desde Belluga no será difícil constatar cómo los momentos más activos de antirregalismo coinciden —al margen de con otros factores estructurales— con los de presión económica, con intentos de erosionar el bien trabado sistema de exenciones clericales e inmunidades de todo tipo, de enflaquecer la alianza Inquisición-Roma, o con los acontecimientos, ya más decisivos, de la crisis finisecular, cuando el vacío de la muerte de un papa y la división provocada por las actitudes ante la Revolución francesa coadunen tantos elementos dispersos y fortalezcan de nuevo las filas de la reacción, que, tan contradictoria como comprensiblemente, no tardará en identificarse con el otrora denostado absolutismo regio.

4. Los ideólogos del regalismo

Antes de entrar en la presentación concreta de la ideología regalista tal cual la reflejan sus teóricos principales, es preciso tener en cuenta dos realidades que no podemos abarcar de forma expresa en estas páginas. En primer lugar que el regalismo no puede limitarse en su formulación a los pensadores que pasarán por este análisis, que no transciende, en el mejor de los casos, de selectivo. Existe, además, un regalismo ambiente, más decisivo quizá, que ha penetrado no se sabe en qué

---

[46] A. DOMÍNGUEZ ORTIZ, *Sociedad y Estado en el siglo XVIII español* (Barcelona 1976) p.370. Datos precisos acerca de este problema: R. OLAECHEA, a lo largo de sus obras citadas; y más concretamente en *La relación amistosa entre F. A. de Lorenzana y J. N. de Azara.* Suma de estudios en homenaje al Ilmo. Dr. Angel Canellas (Zaragoza 1969) p.805-50.

sectores populares, pero actuante en todo un mundo de juristas, de «golillas», capaces de emitir manifiestos colectivos como el *Informe del Colegio de Abogados de Madrid* (1770) contra el alarde inmunista del bachiller Ochoa en la Universidad vallisoletana; de corregidores y justicias, en choques constantes con los derechos e inmunidades locales o personales del fuero privilegiado; a más altos niveles, en los confesores reales, personajes posiblemente los más decisivos en los asuntos eclesiásticos, que harán gala de regalismo extremo, ya sean jesuitas, como Robinet, Lefèvre, Rávago, o franciscanos, como el P. Eleta; en los secretarios de Estado, en los distintos ministerios; en los encargados de las relaciones con Roma, no tanto en los embajadores, convertidos en «meros pretendientes *in curia*», cuanto en los agentes de preces, desde Molines a Azara, en su contacto exasperante con las argucias de la curia, ideólogos extremos que no se cansan de escribir, de gritar, decir, maldecir contra todo lo que suene a romano a tenor de su voz, por lo general malhumorada y cáustica. Por desgracia, este mundo variopinto y agitado se nos escapará en estas páginas, que no pueden abordarlo directamente.

En segundo lugar, no es posible desvincular las formulaciones ideológicas del cruce de acontecimientos y tensiones que las provocan, puesto que en tantas circunstancias podrá probarse que la teoría no es sino el refrendo de una política concreta y el efecto de cierto dirigismo desde el poder sobre expresiones de pensamiento que debe integrarse en las circunstancias de todo tipo que se entrecruzan a la hora de manifestarse en sus diversas modalidades.

Prescindimos también de la presentación del cúmulo inmenso de tratados, generales y específicos, sobre las regalías, derechos de patronato, en los que el XVIII fue pródigo, para centrarnos en las formulaciones que juzgamos características de cada una de las etapas del regalismo español.

1) *El episcopalismo regalista de Solís (1709)*.—La trayectoria personal del obispo de Lérida, Francisco de Solís, «intruso» en el obispado de Avila a consecuencia de las alteraciones jurisdiccionales de la guerra de Sucesión, es una muestra evidente de la radical división del episcopado español en aquellos años confusos [47]. Basta para deducirlo la comparación del ultramontanismo militante de Belluga con el regalismo a ultranza del *Discurso sobre los abusos de la corte de Roma,* de Solís, oscurecido para la posteridad por el ruido que armó el proceso de Macanaz, pero cuya dureza hizo temer en sus días a los representantes de los intereses romanos en España, y que sería recordado por casi todos los teóricos del regalismo posterior como modelo de desenvoltura: «Si no lo viera —confiaba D. Gregorio Mayáns a Blas Jover—, no creyera yo que en nuestros tiempos haya habido en España obispo de tanta libertad» [48].

---

[47] J. FERNÁNDEZ ALONSO, *Francisco de Solís, obispo intruso de Avila (1709):* Hispania Sacra 13 (1960) 175-90.
[48] A. MESTRE, *Ilustración y reforma* p.303 (cf. el capítulo dedicado a Mayáns en este estudio).

Su *Dictamen* [49], redactado para asesorar a la junta creada por Felipe V para encauzar los asuntos eclesiásticos [50], refleja a la perfección el clima que en los ambientes afectos se vive con ocasión de la ruptura de relaciones con la Santa Sede, achacada a «la mortal herida y atrocísima injuria de Clemente XI al rey y a la nación española», y que no sabe contenerse ante el hecho de que aún haya prelados que se atrevan a censurar la conducta del príncipe.

El tono airado, la toma de postura filipista, la hostilidad declarada a la curia romana, alientan en un escrito que reasume todos los *gravamina* seculares, sistematizados ya en el siglo anterior. Origen divino de la autoridad secular, como emanación de la de Dios; obligación de los obispos al reconocimiento y observancia de las leyes reguladoras de la disciplina pública y la concepción de las regalías, «establecidas en los reinos de España por sus leyes» como prerrogativa, derecho y obligación de esta soberanía independiente de la pontificia en su función real, explican la legitimidad de ejercer la regalía indiscutible de remitir fuera del reino al nuncio, ministro del príncipe [nótese el trato otorgado al papa] ofensor, y de la interdicción de extracción de oro y plata de su corte, que fue lo que en buena medida se ventiló con la ruptura de 1709. No hay motivos para revestir de excusas religiosas la impugnación de las regalías —sorprendentemente ampliadas ya en todo su alcance—, puesto que «no limitó los reinos del mundo el que vino a traernos el del cielo». Y como los príncipes son «universales protectores de las iglesias de sus reinos», a ellos les corresponde conservar la protección de los derechos de sus vasallos «contra cualquiera, por muy privilegiado que sea, que abuse de su poder para oprimirlos» [51].

Entre los opresores de tales derechos se halla, en primer lugar, la curia de Roma, cuyos abusos se desgranan en estas páginas con acentos similares a los del siglo precedente, aunque en tonos más airados. A quejas parecidas corresponden remedios muy distintos; no hay por qué andarse con embajadas ni ruegos inútiles con la hidrópica Roma: «el único remedio o recurso a la reformación suspirada por la cristiandad de la curia de Roma y libertad de las iglesias de España es hoy la autoridad soberana de los monarcas». La libertad de las iglesias de España, remedio de la Iglesia galicana envidiada por Solís, es el elemento que confiere mayor originalidad a su pensamiento, que puede reducirse a la apelación al episcopalismo más ferviente, y cuyos brotes ha sabido descubrir Olaechea en momentos de especial tensión como el de 1709, mucho antes, por tanto, de la penetración de Febronio o de los decretos de Urquijo [52]. No cabe, en una lectura seria de su *Dictamen,* deducir sínto-

[49] *Dictamen que de orden del rey, comunicada por el marqués de Mejorada, secretario del despacho universal, con los papeles concernientes que había en su secretaría, dio el Ilustrísimo Señor D. Francisco de Solís, obispo de Córdoba y virrey de Aragón, en el año de 1709, sobre los abusos de la corte romana por lo tocante a las regalías de S. M. Católica y jurisdicción que reside en los obispos:* Semanario Erudito de Valladares, t.9 p.206-90.
[50] V. DE LA FUENTE, *Historia eclesiástica de España* t.6 (Madrid 1875) p.14.
[51] *Dictamen* n.134.135.139.85.141.113.83.
[52] R. OLAECHEA, o.c., I p.15.74.292; II p.490.

mas de heterodoxia en el jerarca, ni las «palabras cismáticas» de que habla Sánchez Agesta [53]. Si es cierto que Solís alienta al monarca a que no se acobarde ante los riesgos evidentes, no hace más que reconvenir la «práctica circunspecta» de las regalías, «para que no caigamos en un escollo cuando huimos del abismo, de que nos dan buenos ejemplares, aunque funestos, los reinos despeñados a los cismas» [54].

La Iglesia española en la que piensa es, ¡cómo no!, la de las libertades visigóticas, mitificada hasta extremos idílicos y vertebrada en torno a la presencia y jurisdicción de tres elementos sustanciales: los concilios nacionales, el rey (con papel de protagonista) y los obispos, con la consiguiente exclusión implícita de la intervención directa de Roma. Si la relación obispos-concilio-príncipe parece inclinarse en favor del último, la del obispo y el papa se matiza con fuerza, hasta el extremo de reducir el primado de Roma a la preeminencia y la misión, que en ningún caso (como sucede con la Santísima Trinidad, con el régimen polisinodial español) comprometería la potestad de orden, jurisdicción y policía eclesiástica de los obispos, también de derecho divino y recibida inmediatamente «no del papa, sino del mismo Salvador», en calidad de sucesores directos de los apóstoles [55].

El gobierno eclesiástico que se preconiza, «no por un solo monarca —el papa—, sino por los obispos en los sínodos», es una planta aristocrática y colegiada, que fue la de la Iglesia apostólica antes de que el «despotismo y las travesuras» de la corte de Roma iniciara la carrera de apropiaciones en todos los órdenes, de que se subiese «la sangre a la cabeza, hasta quedar casi exangüe y precaria la autoridad de los prelados»; antes de que se despojase a los obispos de tantos campos de jurisdicción a base de «las delegaciones, exenciones, reglas de cancelería; con las abocaciones de las causas, con las admisiones de todas las apelaciones, con lo grave, costoso e interminable de los juicios, con las imposiciones de tributos y exacción de caudales que extrae con título de anatas, quinquenios, bancarias, casaciones, fábricas de San Pedro, componendas, reducciones, revocaciones, regresos, expectativas, mandatos de providendo, coadjutorías, pensiones, caballeratos, derechos de bendecir, salarios, angarias, procuraciones, equivalentes, propinas, comunes, minutos, servicios, espolios, vacantes, tercias, décimas, contribuciones honestas, socorros cristianos, de encomiendas de monasterios, de administración de obispados, secularizaciones, uniones, desmembraciones, dispensaciones, resignas *in favorem,* vacaciones *in curia,* afecciones, subsidios, excusados, gracias, millones y otras muchas voces no oídas en la Iglesia, de las cuales, después de los clamores de la cristiandad y esfuerzos de los concilios de Constancia y Basilea, apenas pudo desterrar más que una u otra el de Trento» [56].

El conciliarismo y episcopalismo de Solís (falibilista naturalmente

[53] O.c., p.178.
[54] *Dictamen* n.82.90.
[55] Ibid., n.1.4.10.12-16.93.114.
[56] Ibid., n.21.28.38.68.

—no olvidemos que escribía 160 años antes del Vaticano I—) descubre también el otro aspecto omnipresente en las expresiones regalistas: los intereses económicos que determinan el proceder de la curia romana, cuya «química convierte en raudales de oro el plomo (de las bulas) con que abruma a los obispos, a los pobres y a los reinos». El obispo de Lérida es un representante del resquemor de la opinión española, adversa a la política económica de la Dataría («bien necesitada de que Cristo la hiciese una visita, repitiendo en la subversión de las mesas el ejemplo que en el templo de Jerusalén dio con su mano armada»), y que vuelve y revuelve la imagen de los españoles explotados como indios. No se cansa de insistir en el «desamparamiento con que desustancian todas las provincias y reinos de la santa comunión de Roma, y especialmente los de España, de donde han corrido siempre y corren arroyos, y aun ríos, de oro, con que enriqueciéndose aquella corte, se hacen y se ven en ella unos milagros que deslumbran, muy diferentes de los que hacía San Pedro por no tener moneda en los bolsillos». Entre sátiras e invectivas, renueva el lamento xenófobo contra la ingratitud de quien debiera mimar a España como predilecta y hace todo lo contrario, «porque el vellocino de oro de la oveja de España ha suplido por el de las noventa y nueve errantes y perdidas» [57].

Es posible que en tanta insistencia sobre los aspectos económicos influyan, además de la tradición anterior, la coyuntura bélica, las exacciones fiscales y la crisis de subsistencia por que atraviesa la España (y la Europa) de 1709. Lo indudable es que la circunstancia política debe tenerse en cuenta para matizar el entramado de un pensamiento episcopalista dirigido a justificar la ruptura de relaciones y de comunicación monetaria con Roma. La decisión de reintegrar a los obispos en sus «legítimos derechos», y con ello cortar el «correr de oro a tierra de enemigos desde España», la ve como lo más natural y probado en derecho. El retorno de las jurisdicciones primitivas a sus titulares originarios, los obispos, sería la única forma de llenar el vacío provocado por la práctica sede vacante, que, al igual que en caso de defunción, ha ocasionado el cautiverio del papa, equivalente, en ficción jurídica, a la muerte civil a todos los efectos [58].

Si se tiene en cuenta la confusión de la doble jurisdicción eclesiástica por que atravesaban las Españas del archiduque y la del Borbón durante la guerra de Sucesión, quizá no resulte tan disparatado el recurso a una ficción no muy convincente en principio. De hecho, los argumentos del obispo Solís se reasumirán cuando, en el otro límite de la centuria, la previsión de una larga sede vacante explique el sueño de una Iglesia «nacional», preconizada en este *Dictamen* con cierto calor.

2) *Don Melchor de Macanaz y su «Pedimento fiscal».*—Macanaz, mejor conocido hoy que no hace mucho, por su trayectoria personal, por su incansable denuedo en derrocar los abusos de la curia, las inmunidades eclesiásticas, cualquier poder que amenazase al soberano, indiscutible y

[57] Ibid., n.16.41.45.
[58] Ibid., n.144.149-50.

exclusivo del monarca, se erigió en piedra de escándalo y en referencia ineludible de tensiones seculares que trascienden su propio —corto y largo— momento histórico [59].

Ferrer del Río veía en el fiscal general, «siempre católico», «de piedad acrisolada» —y no le faltaba razón en esto—, «el mártir de las opiniones que prevalecieron al cabo en los días felices por donde ha de marchar nuestra historia». Menéndez Pelayo, naturalmente, se encrespa contra este «progenitor del liberalismo español», y, aunque no pueda dar con síntomas claros de heterodoxia, se despacha a su gusto contra el antipático leguleyo y servil adulador del poder real, «acérrimo regalista con puntos cismáticos» [60]. Ferrer del Río y Menéndez Pelayo representan —huelga decirlo— las dos actitudes irreconciliables que se perpetuarán y que engarzan con las ya perceptibles a principios del XVIII: frente a la idea de un Estado fuerte y reformista, la aristocracia, el clero, la Inquisición ahora, no podía contemplar con indiferencia el tesón de Macanaz por desmontar los bastiones de su situación privilegiada en un programa que, dándolo por conseguido, explicitaría el propio encausado en uno de tantos manifiestos de su inocencia ante la desgracia: «He conseguido que los Consejos, que, como V. M. sabe, más eran parlamentos que Consejos, sean ya Consejos sujetos y con voluntad bien dispuesta a cuanto sea servicio de V. M. Se ha conseguido también que la cábala de los colegios mayores, que dominaba España después de un siglo, se haya disipado; se ha logrado que las universidades queden bajo la mano de V. M. A todo el estado eclesiástico, secular y regular, que, como V. M. sabe, tiene más poder que V. M. mismo, se le ha contenido y con el concordato se le dará regla» [61].

Sus incontables infolios [62], incluso los de la más pura erudición, constituyen una sinfonía de ingrata lectura que retorna machaconamente al mismo tema: la defensa de las regalías de la Corona. La síntesis de su pensamiento invariado, por lo que a las relaciones con Roma se refiere, se halla estereotipada en su famoso y escandaloso *Pedimento fiscal de los 55 puntos*. Por él fue anatematizado, empapelado por la Inquisición, exiliado, odiado o recordado como autoridad indiscutible, a cuya sombra y a cuyo nombre se cobijaron otras producciones de ideología regalista [63].

El ajetreado *Pedimento* no es más que el borrador de un proyecto

[59] Cf. la o.c. de C. Martín Gaite.
[60] A. FERRER DEL RÍO, o.c., I (Madrid 1856) p.153ss. El fervor de D. Modesto Lafuente, en su *Historia general de España* t.13 (Barcelona 1930) p.230; M. MENÉNDEZ PELAYO, o.c., p.56.63.
[61] En. C. MARTÍN GAITE, o.c., p.258. En cuanto a sus intentos de reforma, cf. H. KAMEN, *Melchor de Macanaz and the foundations of Bourbon power in Spain:* English Historical Review 80 (1965) 699-716; J. FAYARD, *La tentative de réforme du Conseil de Castille sous le règne de Philippe V: 1713-1717:* Mélanges de la Casa de Velázquez 2 (1966) 259-81.
[62] Está por acometerse la tarea de un estudio serio de su inmensa producción, que ni siquiera ha sido catalogada debidamente, una vez que con su nombre aparecieron muchos escritos de otros, algunos acogidos en el *Semanario Erudito* de Valladares. Cf. intento de J. Maldonado Macanaz en su *Noticia sobre Macanaz*, ed. Madrid 1972, p.79-89.
[63] Citamos por M. DE MACANAZ, *Testamento político. Pedimento fiscal* (Madrid 1972) p.91-123. Ha sido editado también por J. A. LLORENTE en su *Colección diplomática* p.27-46.

compuesto en un momento (1713) en que se han intensificado las negociaciones entre Roma y Madrid para solucionar la ruptura. Por ello, y muy en su oficio, el fiscal general pide un techo máximo como punto matizable de partida. Y por su estructura y su función, este llamado compendio de regalismo borbónico no es, ni más ni menos, que un documento secreto destinado a informar a los consejeros de Castilla y amparado en el sigilo ritual de sus consultas, sigilo que sería violado y ocasionaría la ruina de Macanaz [64]. Tiene que incluirse, por tanto, dentro del género de la alegación de oficio de un fiscal convencido de que su misión consiste en la defensa de las regalías de la Corona en asuntos eclesiásticos.

El contenido del articulado no supone mayor novedad en sus planteamientos generales: es una remodelación, extractada en lo fundamental, del *Memorial* de Chumacero, con el que guarda paralelismo sorprendente [65], y responde a la misma temática que se ha esgrimido por consejeros, juntas y tratadistas desde los Reyes Católicos. Se desgranan todas las invectivas posibles —ninguna nueva— contra los abusos de la Dataría, contra la colección de reservas de todo tipo, contra las exenciones eclesiásticas, inmunidades locales, «sagrados fríos», bula *In coena Domini*, etc., etc. Y, como era de esperar, el motivo económico asoma por doquier en esta batería, que con frecuencia, dureza y literalmente acusa a Roma de simoníaca en sus procederes, que se apoya en el motivo constante de «que no se saque dinero para Roma», corte hostil a la de España. Acusaciones viejas que recobran vigor especial en la circunstancia bélica.

A esta coyuntura y a las negociaciones en curso se debe el énfasis puesto en la reforma de la Nunciatura. El borrador del fiscal se muestra inflexible a la hora de revisar los poderes del nuncio, reducido a mero embajador, sin la jurisdicción delegada que desde 1537 recortó a la de los obispos de España. La intransigencia de Macanaz —repetida hasta la creación de la Rota— se aferra a la exigencia no negociable de que «absolutamente se cierre la puerta a admitir nuncio con jurisdicción», estableciendo un orden de apelación idéntico al pensado por Solís —y por todos los regalistas de antes y después— para evitar que los pleitos —con su cortejo dinerario— salgan de estos reinos.

A su óptica economicista se subordina también el planteamiento que hace de la desamortización eclesiástica, capítulo el más original de su *Pedimento*, y que ataca los dos frentes habituales ya en los arbitristas del siglo XVII y convertidos en obsesión del proyect... o dieciochesco: el control del crecimiento demográfico de los clérigos, «que casi igualan sus individuos a los legos», a base de reducir órdenes regulares, de supresión de conventos, y la reducción progresiva de la amortización de bienes, fraude constante para el fisco por los abusos de «ventas y donaciones simuladas», de manera que se afronte el hecho constatable (como es obvio exagera en su petición) de que «la mejor parte y más útil y

[64] J. MALDONADO MACANAZ, o.c., p.43.
[65] R. OLAECHEA, o.c., I p.39-50.

fructífera de los bienes raíces está ya en los eclesiásticos». En conformidad con otra de las preocupaciones constantes de Macanaz, los beneficios de tales reducciones se encarrilarían hacia el sector de la asistencia social.

Como meta final se piensa en una situación eclesiástica que, salvo en «los misterios tocantes a la fe y religión» —de indiscutible competencia de la Iglesia—, la disciplina eclesiástica tenga que sujetarse a la jurisdicción real, en todo lo atañente al gobierno temporal y más cuando, como en el caso de España, a los reyes les asiste el derecho de conquista, fundación de las iglesias y el de «protectores de la religión y los concilios». En esta Iglesia bajo el control del monarca, y aunque con menos brío que Solís, revive el mito clásico de la pasada Iglesia «nacional», brillante, la acomodada a «las leyes del reino»; de la Iglesia ideal «al pie de los godos, que duró hasta que entró la casa de Austria», como dirá en otro lugar. En contraste tiene que lamentar la otra Iglesia, en la que la disciplina, las jurisdicciones, los sistemas de elección de beneficios, se han alterado en favor de Roma, «siendo digno de notar que, por la malicia de los tiempos o por otros ocultos juicios que el fiscal general no alcanza, desde que se alteró el orden prescrito en las leyes de estos reinos es raro el obispo que ha sido canonizado; y mientras estos reinos se conservaron en sus leyes, concilios y costumbres, dieron santas reglas a la pureza de la religión católica, por cuyos fundamentos (...) han sido envidiados de todo el orbe cristiano y sirvieron de perpetua norma a la religión católica» [66].

La urgencia del extrañamiento de los reinos de cuantos prelados hayan sido presentados por el archiduque, la declaración de vacantes para las sedes o beneficios provistos por esos «rebeldes, escandalosos, ignorantes y llenos de vicios» candidatos de Carlos de Austria, no debe extrañar desde la postura del fiscal de Felipe V, postura que se endurece en el aparato punitivo con que acompaña cada una de las denuncias contra los abusos de Roma o contra quienes atenten contra las sacras regalías de la Corona. A fin de cuentas es un alegato en pro de la legitimidad del Borbón y un esfuerzo denodado del regalismo, empeñado en que, «en las materias gubernativas temporales jurídicas y contenciosas, no podemos seguir otras leyes que las leyes y costumbres del reino observadas en dieciséis siglos; ni que las de los cánones, concilios y cánones en las que tocan a la fe y a la religión».

Como es sabido, el *Pedimento* fue condenado por la Inquisición española, o, mejor dicho, por el inquisidor general Giudice, desterrado en París. A pesar de ello, no cabe sospecha sobre la ortodoxia, profesada en el mismo arranque del documento con especial energía. Uno de los censores rigurosos del santo Tribunal, dolido contra quien intentó reformarlo —jamás abolirlo—, ponía el dedo en la llaga de las sutiles diferencias entre el regalismo de Macanaz y el de los tiempos pasados al denunciar, después de haber apuntado que el *Pedimento* es una reproducción «casi a la letra» del *Memorial* de Chumacero y Pimentel, que, «si el autor de éste se contuviera en el respeto y veneración con que el otro se dio, no hubiera especial nota, porque en nombre del rey se presentaron a Su Santidad los inconvenientes que se hallaban, pidiendo al papa remedio, como padre a quien únicamente toca; pero en éste quiere que el remedio se ponga por mano secular, queriendo extender su jurisdicción hasta lo sagrado, contra su inmunidad» [67].

Por exigencias de las negociaciones en curso, y más aún por la fuerza del frente demasiado poderoso del «partido español», el «anatematizado Macanaz», identificado con el Gobierno a la francesa de primera hora, sufrió un rotundo fracaso [68]. No obstante, su *Pedimento* sistematizó, con todo el desorden y fragilidad que se quiera, el material básico y el punto de partida regalista de la Ilustración.

3) *Don Gregorio Mayáns y Siscar.*—A lo largo del siglo XVIII, pocas veces se podrá contemplar un equipo de intelectuales tan manipulado por intereses del Gobierno y la habilidad de Rávago como el movilizado en los años anteriores al concordato de 1753. A lar órdenes de Jover, del confesor real, Pérez Bayer, Llanos, Mayáns, Burriel, etc., se entregaron a la caza de documentos justificadores del anhelado título histórico del patronato universal del monarca español, si bien en la fiebre investigadora hubo hombres que, junto a los logreros de turno, hicieron lo posible por drenar miras y financiaciones políticas hacia preocupaciones ilustradas. De hecho, de este dirigismo saldrá el cambio decisivo en la erudición, en la crítica, en la historia, con logros señeros resaltados por Mestre [69].

En esta circunstancia hay que encuadrar a Mayáns y su ideología regalista. Con documentación directa y argumentos concluyentes, el propio Mestre ha trazado la línea del regalismo mayansiano, escasamente original, pero muy influyente en los círculos ilustrados de Valencia y en los teóricos (y prácticos) posteriores, inspirado en las fuentes más clásicas del humanismo español del siglo XVI (aunque con frecuencia a través del cauce de Chumacero, Solís o Macanaz) y al mismo tiempo influenciado por escritores extranjeros; muy concretamente, por los galicanos. Mayáns tiene que verse, por tanto, como prototipo del retorno a los mejores tiempos del erasmismo español (Saugnieux le califica de «nuevo Erasmo») y como signo de la apertura ilustrada del fecundo grupo valenciano [70].

Ello no quiere decir que la convicción regalista de Mayáns no resulte personal y, en cierto sentido, en franco contraste con las de otros ideólogos de la centuria. Aunque con el riesgo de la simplificación, se puede decir que está tan lejos del admirado Macanaz y de Campomanes como

---

[67] En MARTÍN GAITE, o.c., p.213-14. Cf. ibid., otros juicios parecidos.
[68] T. EGIDO, *Opinión pública y oposición al poder en la España del siglo XVIII (1713-1759)* (Valladolid 1971) p.94.
[69] A. MESTRE, *Historia, fueros y actitudes políticas. Mayáns y la historiografía del siglo XVIII* (Valencia 1970).
[70] J. SAUGNIEUX, *Les jansénistes et le renouveau de la prédication dans l'Espagne de la seconde moitié du XVIIIᵉ siècle* (Lyón 1976) p.159; A. MESTRE, *Ilustración y reforma* p.268, con el análisis de influjos y matices franceses.

cerca de Solís y de los «episcopalistas» anteriores. La diferencia puede parecer sutil, pero matiza definitivamente dos corrientes regalistas: la de quienes atribuyen al monarca todas las competencias y derechos de intervención en asuntos eclesiásticos, convertidos en regalías, y la de los que en su actitud anticurial trasladan a los obispos el título de intervención primordial, orientada no tanto al aumento del poder real absoluto cuanto a la realización de la tan predicada reforma de la Iglesia, profundamente sentida y vivida.

Basta con leer sus escritos numerosos de signo regalista, la nutrida correspondencia en curso de publicación, para percibir en Mayáns esta preocupación episcopalista y reformadora. Las fases por las que atraviesa derivan de un entusiasmo inicial, plasmado en la producción de fuertes tonos regalistas y en pro del patronato universal que aparecen por 1745-47, y que correrían, con otros nombres, hacia la decepción obsesiva del trienio 1750-52, años los más activos de los luchadores por un concordato de signo regalista. Su rechazo sistemático a someterse a presiones que menudean y su negativa a cooperar en «el partido, de combatir a la curia romana», puede obedecer a la desilusión de ver impagados sus esfuerzos anteriores, pero también a la convicción de que en «buscar papeles para las cosas de Roma» lo que se busca es «sólo lo favorable al rey como rey, y no al rey como buen rey, y a los obispos, clero y pueblo de toda la nación; y ninguno de nosotros dos (su hermano y él) seremos traidores al rey, ni a la Iglesia, ni a España» [71]; «en cuanto al registro de los archivos de este reino, se buscarán y estimarán las cosas favorables al despotismo, no al reino; lo sé bien, y ojalá que no fuera así» [72].

Burriel, otro de los clarividentes, manifestaba su alborozo ante la trasmutación de las actitudes de Mayáns, el secreto enojo que antes había ocultado hacia el que creyó «realista riguroso por verle escribir de patronato, derechos de cámara, etc.», y el gozo compartido al descubrir la identidad de sentimientos: «Ya estamos más allá de la raya del despotismo, y yo no veo quién busque los derechos del pueblo o de cualquiera de sus tres brazos, clero, nobleza y plebe. El sacudir el yugo forastero en lo que sea justo, sin el cual pasamos en Castilla once siglos, está bien; pero, si es para poner otro mayor y más injusto, ¿para qué?» [73]

La terca negativa se trocó de nuevo en entusiasmo. Olvidando sus acusaciones contra otros y en claudicación típica de los contradictorios ilustrados, quizá por expectativas económicas regateadas antes, se brindó a secundar la invitación tentadora de Ensenada. A los dos meses y medio de la insinuación del ministro había logrado ordenar el material ya preparado y firmaba las densas y desiguales *Observaciones sobre el concordato de 1753*, que debe considerarse como la «base principal para

---

[71] G. MAYÁNS Y SISCAR, *Epistolario*. II. Mayáns y Burriel, ed. A. MESTRE (Valencia 1972) p.558-59.
[72] Mayáns a Enríquez, ibid., p.XLII; Mayáns a Burriel, p.486-492.
[73] Burriel a Mayáns, ibid., p.490.

detectar su pensamiento regalista». El escrito permanecería sin editarse, a pesar de la brega de su autor por que saliese a la luz, hasta que, a las alturas de 1790, el erudito Valladares le dio cabida en su *Semanario Erudito* [74]. Quizá el Gobierno se diese cuenta de que entre la colección de escritos que saltaron para saludar el «comienzo de una nueva era» en las relaciones con Roma [75], este de Mayáns, además del mejor trabado, ocultaba una declaración aguda de la nulidad sustancial del acuerdo, como confesaría el autor en confidencias reservadas [76].

El regalismo mayansiano contiene todo el cortejo violento de quejas antañonas contra la curia y sus prácticas, sus intromisiones y reservas, centralizadas por Roma por circunstancias meramente históricas, además de por notables intereses económicos. De hecho, uno de los efectos más notorios del concordato se cifrará en el «alivio de la monarquía»; «en adelante, la provisión de más de doce mil beneficios eclesiásticos ahorrará el equivalente para que pueda emplearse en otras cosas necesarias para la defensa y aumento de la monarquía» [77]. Se limita el poder pontificio en lo temporal, aunque las conocidas tendencias conciliaristas del autor, el mismo debate íntimo en torno a la infalibilidad personal del papa —en contraste con el acento precoz que se pone en la infalibilidad eclesial—, jamás cuestionan la supremacía doctrinal y dogmática del pontífice. Su regalismo —como el de todos los ideólogos de la centuria— se centra en la esfera de lo disciplinar.

Ya en este ámbito de la disciplina, no hay duda de que sobre el papa pueden actuar los concilios universales, y en primer lugar tiene que hacerlo el de Trento, panacea de los regalistas hispanos desde el XVI en adelante por eso de haber sido la plasmación de la trayectoria regalista nacional y por considerarse el rey como su protector. En el mosaico de disciplinas eclesiásticas diferenciadas en la cristiandad, junto a la autoridad suprema del papa en lo dogmático (el concilio sin el papa sería un conciliábulo) emerge el indiscutible protagonismo del rey, cuya potestad económico-tuitiva se desborda en las cuestiones mixtas hasta extremos de regalismo desaforado. «El príncipe —dice en otro lugar— tiene absoluta potestad en lo temporal. Nadie puede quitarle el uso de esta potestad. El príncipe es protector de la Sagrada Escritura. El príncipe es protector de las tradiciones apostólicas. El príncipe es protector de los concilios ecuménicos. El príncipe es protector de la disciplina eclesiástica. El príncipe es protector de los sagrados cánones, esto es, de los cánones fundados en razón, porque hay muchos que no la tienen. Si algún tribunal eclesiástico quiere violar estas leyes o derechos, sale el príncipe como protector. Y esto no tiene duda» [78].

---

[74] G. MAYÁNS Y SISCAR, *Observaciones sobre el concordato del Santísimo Padre Benedicto XIV y del rey católico don Fernando VII:* Semanario Erudito de Valladares, t.25-26. Ed. también por J. TEJADA Y RAMIRO, o.c., p.171-258; A. MESTRE, *Ilustración y reforma* p.303. Cf. ibid., p.378, discusión sobre el origen de este escrito de Mayáns y divergencias con E. DEL PORTILLO, *Estudios críticos:* Razón y Fe 20 (1908) 195.
[75] MENÉNDEZ PELAYO, o.c., p.74-75; R. OLAECHEA, o.c., I p.150-57.
[76] A. MESTRE, *Ilustración y reforma* p.379.
[77] G. MAYÁNS Y SISCAR, *Observaciones:* Semanario Erudito 25 p.26.96.115.
[78] En A. MESTRE, o.c., p.306.

Lo auténticamente original del pensamiento de Mayáns se cifra en el análisis realizado sobre el título de lo que se buscó con denuedo en las campañas preconcordatarias; el patronato universal del rey y su aplicación fundamental del derecho de presentación beneficial. Crítico riguroso, se ríe de los infolios presentados por Olmeda, fácilmente rebatidos por el hábil y enterado Benedicto XIV, y de la inútil empresa de probar el patronato universal en todas y en cada una de las catedrales, iglesias, etcétera, a base de bulas y concesiones papales, tan falsas casi siempre como falsas eran las decretales en que se quiso respaldar el poder temporal y las reservas de la curia. Su estrategia recurrirá a la argumentación indirecta, consciente de la inconveniencia de atacar frontalmente a Roma, del riesgo de crear nuevos mártires al estilo de Macanaz y de lo innecesario de escandalizar a los «supersticiosos» [79]. A lo que hay que acudir es al principio contundente de la costumbre de tantos siglos y a los justos títulos de fundación, edificación, dotación y conquista, que son los que legitiman la regalía soberana e inalienable del patronato del rey sobre todas las iglesias españolas. Las bulas, los privilegios apostólicos, no tienen otra función que la subsidiaria de confirmar, en el mejor de los casos, este derecho que proviene de otras fuentes.

No es preciso aducir la erudición desplegada por Mayáns para reafirmar estos justos títulos de la regalía, tarea realizada ya abundosamente por Mestre. Pero en ello radica el ataque enmascarado a un concordato que supuso el olvido de tantos títulos históricos, para acabar acogiéndose a las concesiones de Benedicto XIV, en una victoria palmaria de la diplomacia y oportunismo sobre la ideología. No podía operar de otra forma un erudito de la estirpe del valenciano, buen conocedor de la historia, cantor, conforme a la tónica regalista, de las excelencias de la Iglesia visigótica. No obstante, tampoco se preocupa por ocultar su acogida cordial a un instrumento que, al poner en manos del rey la nominación de beneficios, abría perspectivas tan amplias a la reforma de la Iglesia española. Es otro rasgo del discutible regalismo de Mayáns, puesto que todo lo subordina a las posibilidades reformistas anejas a este derecho real una vez que su dialéctica le ha convencido de que la reforma en el clero, en la enseñanza, en el quehacer pastoral y en tantos niveles de la vida eclesiástica no pueden llegar de Roma.

El riesgo de que el clero superior se conformara en funcionariado regio o al menos en un estamento incondicionalmente adicto, se convirtió en realidad palpable en algunos momentos de Carlos III. Mayáns lo previó, y se equivocó en sus previsiones de que el patronato real «vendría a parar a los obispos» [80]. Es la expresión de tantos fracasos de regalismos discutibles; su lucha por potenciar la función episcopal, sus previsiones sobre la colegialidad, sus ataques a las exenciones (regulares, nuncio), su insistencia última en la conveniencia de discernir hasta dónde no llega el poder del rey, no son sino manifestaciones de un

[79] Ibid., p.371.
[80] En A. MESTRE, o.c., p.277.301.

regalismo que quiso ser instrumentalizado en beneficio del episcopalismo sano, pero que fracasaría, porque el poder real —al menos en
esto— aceptó el otro regalismo radical representado por Campomanes [81].

4) *El regalismo radical de Campomanes.*—Campomanes —bien necesitado de la monografía que le afronte de una vez y en serio— puede
tenerse como el formulador del regalismo más radical y coherente de la
segunda mitad del siglo XVIII. Su formidable erudición, admitida hasta
por detractores como Menéndez Pelayo; su talante de historiador, aunque la historia se convirtiese en sus manos, en fuerza de la selección a
la que la somete, en arma temible al servicio de su ideología y de su
política, y su vocación nata de jurista empedernido confieren a su pensamiento un matiz peculiar de solidez innegable [82]. Como desde 1762 se
sitúa en la Fiscalía del omnipotente Consejo de Castilla (su leve etapa de
presidente fue menos activa en este sentido) y como no hay duda de la
realidad de haber sido «el cerebro gris» del reinado de Carlos III como
sospechara Olaechea, sus decisiones y sus batallas adquieren una resonancia especial. Como buen fiscal, sus escritos están marcados por la
impronta del oficio, desempeñado con entrega y entusiasmos tales, que
en tantas confrontaciones con el poder adverso al de su defendido no
sabe uno si está reflejando sus propias convicciones o si en sus alegatos
se propone exigencias maximalistas a costa del ultramontanismo y en
beneficio del rey.

Lo que resulta indudable es que la actividad entera de Campomanes
está condicionada por su brega regalista a ultranza desde su etapa de
aprendiz golilla como pasante del famoso abogado Ortiz de Amaya; en
la campaña con que eruditos y juristas prepararon el ambiente para el
concordato de 1753, en sus *Reflexiones*, posteriores al mismo. En esta
etapa, su idea regalista engarza con el estilo del siglo XVII al sugerir el
recurso al papa para la reforma del clero [83].

La moderación relativa está ya superada en su intervención oficial,
en calidad de ministro togado de Hacienda, con motivo del escándalo
suscitado por el *Catecismo* de Messenguy y la condenación inquisitorial.
Casi a vuelta de correo respondió el abogado a las sugerencias del ministro Wall con su *Discurso sobre el regio «exequatur»* (agosto 1761). Es un
encendido alegato que quiere desvincular la Inquisición de cualquier
dependencia de Roma, que establece la más rigurosa censura sobre los
documentos pontificios, y en el que, sin concesiones de ninguna
clase, se salta del ámbito concreto del *placet regium* («la más noble regalía

---

[81] Para otros aspectos en los que no podemos detenernos cf. A. MESTRE, *Ilustración y
reforma,* y sus otras obras citadas, que hemos seguido en la exposición de este apartado.
[82] F. Alvarez Requejo, en sus obras citadas, se detiene en la labor historiográfica de
Campomanes. Intento de síntesis de su pensamiento: R. KREBS WILKENS, *El pensamiento
histórico, político y económico del conde de Campomanes* (Santiago de Chile 1960). Más actualizado, L. RODRÍGUEZ DÍAZ, *Reforma e Ilustración en la España del siglo XVIII: Pedro Rodríguez
de Campomanes* (Madrid 1975).
[83] F. ALVAREZ REQUEJO, o.c., p.19-20.64; L. RODRÍGUEZ DÍAZ, o.c., p.88-90; R. OLAE-
CHEA, o.c., I p.156-57.

de la Corona») a todo el conjunto de regalías soberanas, con la consiguiente aniquilación del poder legislador y ejecutivo de Roma [84].

Cuatro años más tarde se le ofrece la ocasión de luchar por otra regalía, la de amortización, proyecto tan moderado en la práctica como avanzado en la teoría. Se trata de probar, con toda la erudición posible, «que es propio de la autoridad real impedir estas enajenaciones a los seculares» y la absoluta independencia del poder temporal en la base económica de la Iglesia, como dice en el prólogo rebosante de prudencia, puesto que las adquisiciones de exentos son un privilegio real revocable.

El fracaso del proyecto, por más giros que diera a su planteamiento, era inevitable. Pero no desaprovecha ocasión para volver una y otra vez sobre el problema. Tal sucede en el trienio, desbordado de actividad fiscal y exaltación regalista, de 1766-68, es decir, el período comprendido entre los motines de primavera, el clamoreo posterior, la expulsión de los jesuitas, el expediente contra el obispo de Cuenca y el *Monitorio de Parma,* episodios que engarza y explota para exponer sistemáticamente su convicción regalista, ampliada a todas las posibilidades de la esfera eclesiástica. El *Dictamen fiscal* contra los jesuitas, recientemente descubierto; la *Alegación* contra el obispo de Cuenca, el *Juicio imparcial* sobre el *Monitorio de Parma* en su primera redacción, explanan el pensamiento regalista, que el fiscal de Castilla no hará sino repetir en cuanto salte la ocasión y de manera tan monolítica como reiterativa [85].

En la formación de sus convicciones han influido Van Spem, «el sublime» Bossuet, «el erudito P. Antonio Pereyra» y los galicanos desde «el insigne canciller» Gerson en adelante. En cuanto aparezca la obra de Febronio será acogida con singular fervor. Pero el abanico de sus fuentes, machaconamente solicitadas, se extiende en un arco inmenso que llega desde la Biblia y los Santos Padres hasta las últimas producciones de sus días. Las leyes del emperador, «tan conocido y venerable», Justiniano engarzan con las viejas hispanas, con Constanza y con las de la más pura tradición regalista española: el Tostado, «el doctísimo presidente que vale por muchos» Diego de Covarrubias, Alava y Esquivel, Ramos del Manzano, Salgado, los inevitables Chumacero y Pimentel, Ceballos, Juan Luis López, el docto ministro Moñino, el insigne Melchor Cano, muy reeditado como justificante de la resistencia al pontífice, como los otros lo son por sus teorías acerca del «pase regio», de los recursos de fuerza, nulidad de la *In coena Domini.* Este es el batallón que se alinea contra los «doctores transalpinos y sus secuaces», «escritores apasionados de la curia»: el «blasfemo» Salmerón y la víctima principal de invectiva, «el caviloso ejemplar del cardenal Belarmino», al que cree promotor de la idea nefasta de la potestad indirecta de los papas en asuntos temporales; por no aludir siquiera a Suárez, Molina, Ma-

---

[84] Ed. por R. OLAECHEA, *El concepto de «exequatur»* p.159-82.
[85] P. R. DE CAMPOMANES, *Dictamen fiscal de expulsión de los jesuitas de España,* ed. J. CEJUDO y T. EGIDO (Madrid 1977); *Expediente del obispo de Cuenca. Alegación del fiscal D. Pedro Rodríguez Campomanes:* BAE 59 p.41-66; *Juicio imparcial:* ibid., p.69-204.

riana y tantos otros «regulares» adictos a las destructoras ideas del probabilismo y tiranicidio.

Con tales rechazos y predilecciones, por razón de su oficio de defensor de los derechos de la Corona, por el calco que a veces realiza de las ideas de Febronio, Campomanes, quizá el regalista que ha reflexionado más profundamente sobre el misterio de la Iglesia, fabrica un concepto, en parte novedoso y por supuesto extremista, de la realidad eclesial. Por eso no es de extrañar que, cuando ensaya definiciones —y lo hace a menudo—, se aferre al concepto de una Iglesia esencial y exclusivamente espiritual: «sólo es un cuerpo metafísico, que no tiene movimiento ni acción que no sea espiritual»; y, en cuanto reunión de individuos, «no es más que la congregación de los fieles que militan a sus propias expensas para adquirir la herencia celestial, sin que nada temporal les pertenezca, en común ni en particular, por razón de hijos de tan santa madre». Una Iglesia así concebida —y se trata de una concepción más jurídica que teológica— se fundamenta «solamente en la unión de la fe, que es el único fin que se propone», como afirma y reafirma en la sección quinta del *Juicio imparcial* y había echado en cara, con cierta insolencia magisterial, al obispo de Cuenca: «Porque, como sabe el reverendo obispo, la Iglesia es la congregación de todos los fieles cristianos en una ortodoxa creencia y recíproca caridad para llevar con paciencia flaquezas y adversidades de nuestros prójimos» [86].

De acuerdo con su carácter espiritual, con su fin salvífico del mismo orden, los medios de acción de la Iglesia se reducen, igualmente, al recurso del sufrimiento, de la oración, o a la exhortación y corrección, a tenor de la práctica primitiva, «cuando la potestad eclesiástica no era propiamente coercitiva ni contenciosa, y sí exhortatoria, penitencial y paternal». Y a Iglesia espiritual, ministros con funciones no terrenas: sus ministerios propios tienen que cifrarse en los de la predicación, enseñanza del Evangelio y administración de los sacramentos. Campomanes es una de las mentes ilustradas que no identifica la Iglesia con el clero («ni esta porción escogida se ha de juzgar que es el todo»); pero así como en sus quehaceres específicos puede gozar de las prerrogativas que faciliten su desempeño de acuerdo con su carácter, en cuanto encuadrado en la sociedad civil no podrá disfrutar de privilegio de ninguna índole, salvo por la pura y benevolente concesión real [87].

Se configura de esta suerte la idea de una Iglesia pobre, desvinculada de afanes terrenos, y de un clero independiente teóricamente en su oficio sacerdotal o espiritual, pero en total dependencia del poder real en asuntos temporales. En consecuencia, nunca podrá la Iglesia en su sector clerical cuestionar un régimen político determinado (está recordando las complicidades de los motines de 1766); la pobreza primitiva exigirá el freno a la desmesurada carrera amortizadora y jamás podrá ampararse en su inmunidad fiscal para reclamar privilegios que

---

[86] *Alegación* p.47; *Juicio imparcial* p.112-13. Sobre el concepto regalista de la Iglesia cf. algunos datos en A. DE LA HERA, *Notas* p.26-29.

[87] *Juicio imparcial* p.73.84.112.

le fueron concedidos por la benignidad del príncipe a partir de la Iglesia constantiniana; lo contrario: ampararse en la política curial para sacralizar lo temporal, no sería inmunidad; «yo lo llamo impunidad» [88].

En la forma del régimen de la Iglesia, el pensamiento del fiscal, férreamente pétreo por otra parte, va evolucionando por influjo de Febronio (al que transcribe a veces hasta casi literalmente), para fijarse en el aristocratismo del *Juicio imparcial*. Textos evangélicos y apostólicos, la tradición de la Iglesia primitiva, el mito de la visigótica, los argumentos de los obispos españoles de Trento, las contiendas suscitadas con motivo de las tesis de Hontheim, son esgrimidos, por su fuerza dialéctica, para presentar esa historia de nueve siglos, en que «la Iglesia fue gobernada por un sistema rigurosamente aristocrático, que es la natural forma y verdadera constitución de su régimen».

No es cuestión de detenerse en el episcopalismo y conciliarismo consabidos e inevitables. Pero es imprescindible anotar que, a diferencia de Solís y a mayor distancia aún de Mayáns, al fiscal lo que le interesa es vaciar el poder pontificio y aumentar el de los obispos, mas para, en definitiva, justificar el poder absoluto del monarca y sus injerencias o competencias (hablando con corrección, habría que decir regalías) en la esfera eclesiástica. Partiendo del presupuesto establecido por el cardenal Pole, «no se puede dudar que el supremo rey y sacerdote, Jesucristo, dueño de toda la potestad del cielo y tierra, tiene sus vicarios por ambos respetos, y la representación de cabeza sacerdotal, que corresponde al papa en el concilio general, no excluye la concurrencia del vicario de Cristo, rey» [89]. En ambos poderes paralelos, vicarios los dos de Cristo, con competencias propias, se da la diferencia sustancial de que mientras la potestad del monarca es absoluta en su esfera, la pontificia está condicionada no sólo por los obispos en concilio, sino también por la del propio príncipe.

Al preconizar una Iglesia pobre, inerme, sin capacidad coactiva, contenciosa ni punitiva, con las «únicas fasces» del ruego, de la oración, de la cruz, Campomanes está ofreciendo ideas que resultarán fecundas —y certeras— varios siglos después; pero, en su mente, el contenido de esta elemental teología de la cruz aboca al desmantelamiento del poder ejecutivo de la Iglesia para traspasarlo a la competencia de los soberanos, puesto que no sólo la Iglesia, sino que «el mismo Dios los ha nombrado por tutelares de esta esposa querida y les ha encargado estrechamente su custodia»; «la Iglesia no tiene otro brazo en sus funciones externas que el poderoso de los reyes». Porque, aunque independientes en teoría, y bien entendido que el regalismo respeta la competencia eclesiástica en el ámbito espiritual, en la práctica «apenas se podrá dar caso en que la protección real no necesite concurrir con su asistencia a la ejecución de las providencias eclesiásticas» [90].

En la aplicación del derecho (regalía) de protección de la Iglesia,

[88] Ibid., p.79ss.112.117.123.
[89] Ibid., p.73.76.95.
[90] Ibid., p.145.147; R. OLAECHEA, *El concepto del «exequatur»* p.161.

Campomanes desborda los límites de la intervención regia. No se escapó a la sagacidad de Menéndez Pelayo el desliz del extremoso fiscal, que, a pesar de las fronteras del dogma al ilimitado poder monárquico, y en otro de tantos recorridos por la historia de la Iglesia, llega a afirmar que, desde los primeros y florecientes siglos del cristianismo, «nada se hizo sin la inspección y consentimiento real en materias infalibles dictadas por el Espíritu Santo». Seis años antes, sin llegar al poder inspeccionador sobre el Espíritu Santo, había afirmado, una y otra vez, la intervención real en materias conciliares, dogmáticas y definidas *ex cathedra:* «Se debe observar en obsequio a la verdad que, aun estas bulas y concilios, se hacen presentes al príncipe no para que califique la doctrina, sino por tres medios indispensables de regalía: el primero, para hacerle constar haberse guardado el rito debido en la declaración; el segundo, para que la haga ejecutar dando su auxilio y protección, y lo tercero, para que se halle enterado no haberse establecido cosa perjudicial a sus regalías» [91].

El doctrinario Campomanes llega a estas cotas insólitas para probar la regalía de retención de bulas, *exequatur, placet regium,* que hay que esgrimir ante cualquier asomo de intromisión pontificia atentatoria contra los derechos soberanos del monarca. Pero sus presupuestos le conducen a deducir lo legítimo y exigido del resto de las regalías tocantes a la vida eclesiástica, dependiente casi por completo de la desmesurada autoridad del monarca: control de los apenas existentes concilios nacionales y provinciales, «regalía tan inconcusa y antigua en España como la Corona misma»; lucha por recuperar la «regalía» de la Inquisición en su función censora; recursos de fuerza (abocación de causas eclesiásticas a tribunales reales); prohibición de sacar pleitos fuera de la nación; creación de tribunales de vigilancia para el cumplimiento de las regalías, etc. Como no podía ser menos, se está mirando con envidia la Iglesia galicana, que goza, se cree que tranquilamente, de un *status* por el que se brega en España, y está pensando en la idealizada Iglesia visigótica, prolongada en la de la Reconquista, personificada en el Rey Católico, «igualmente reverente hijo de la Iglesia que celoso defensor de las regalías de la Corona» [92].

Como lo que domina en su escrito más riguroso es el clima que se vive circunstancialmente por la ruptura de Parma con Roma y por la respuesta de la curia a las medidas regalistas de aquélla, y como una de las misiones del fiscal es la de justificar el comportamiento del Borbón comprometido, Campomanes tiene que anular el poder de resistencia de Roma: la excomunión lanzada es algo tan anacrónico como escasamente pastoral, ridiculizada, como ajena al ejemplo de Cristo, «que, aun para redimir a la Iglesia, echó mano, en lugar de a la fuerza fulminante de los rayos, de los sufrimientos de la cruz». La colección de censuras, que también se dirigieron contra el duque de Parma, son tan inconsistentes como su almacén, la bula *In coena Domini,* inoperante, «constitu-

[91] Ibid., p.143; R. OLAECHEA, l.c.
[92] Ibid., p.59-60.129.

ción aún más famosa que por su materia por el sentimiento y convenio universal con que la resisten todas las naciones cristianas». En contraste, era previsible el colofón —tomado de Febronio— sobre «la resistencia a la corte de Roma cuando abusa y usurpa al soberano sus regalías», con que cierra su *Juicio imparcial*. Y Campomanes, que no puede ni oír hablar de la más remota posibilidad de oposición al despotismo ilustrado —a las regalías—, que ha desarticulado la capacidad ejecutiva y contenciosa de la Iglesia, termina su alegato con el recuerdo de tantos monarcas españoles, «primeros hijos de la Iglesia», que se han visto en «la precisión de emplear la espada, que Dios ha puesto en su brazo poderoso, en defensa de sus regalías y propulsación de sus injurias» [93].

La potestad regia sacralizada, vicaria de Dios, no encuentra, no puede encontrar concurrencias de ninguna clase. Teniendo en cuenta el talante de un ideólogo de la talla del fiscal, su prepotencia en los organismos fundamentales del gobierno de Carlos III, nos podemos explicar mejor la dinámica de tantos sucesos de signo desmesuradamente regalista como tienen lugar en estos años, en los que el poder real, aunque fuese por exigencias de la razón y de los tiempos ilustrados, se impuso en todos los sectores de la vida de la Iglesia española a pesar de las resistencias ultramontanas o de los intereses perjudicados.

5) *El regalismo diplomático de Floridablanca.*—La trayectoria política de José Moñino se inició de manera similar a la de su colega Campomanes. Golilla como él, comparte sus actitudes desamortizadoras, anticolegiales, odio a los jesuitas, así como sus actividades, desde el poderoso fuerte de la otra Fiscalía del Consejo de Castilla, en la represión de los motines, expulsión de la Compañía, humillación del obispo Carvajal, reinstauración de la pragmática del *exequatur*, etc. [94] Sin embargo, y partiendo de las profundas convicciones regalistas de uno y otro, hay diferencias sustanciales entre el auténtico mentor del despotismo ilustrado, Campomanes, que aúpa al abogado murciano en un principio, y la visión mucho más pragmática de éste. La flexibilidad debió de ser uno de los fundamentos de su ascensión fulgurante hasta convertirse en secretario de Estado, al parecer con el consiguiente rencor del asturiano, que no ve la hora de llegar a la presidencia de Castilla y que intrigará contra su antiguo compañero de viaje para forzar su caída [95]. Mientras tanto, Moñino se ha convertido en brillante embajador ante Roma, y retornará con auras triunfales tras haber protagonizado la ardua abolición de los jesuitas.

No es lugar de analizar el ideario político de quien rigió el Gobierno

---

[93] Ibid., p.58.160.164.167.171.

[94] A. FERRER DEL RÍO, *Estudio sobre el conde de Floridablanca:* BAE 59; *Alegación del fiscal D. José Moñino contra el «Informe» elevado a S. M. por el reverendo obispo de Cuenca:* ibid., p.3-41. Cf. C. ALCÁZAR MOLINA, *Los hombres del despotismo ilustrado;* ID., *El conde de Floridablanca. Notas para su estudio* (Madrid 1929); A. RUMEU DE ARMAS, *El testamento político de Floridablanca* (Madrid 1963); V. PALACIO ATARD, *La reforma del Estado en el pensamiento de Floridablanca,* en *Los españoles de la Ilustración* (Madrid 1964) p.269-86.

[95] C. ALCÁZAR MOLINA, *España en 1792. Floridablanca: su derrumbamiento del Gobierno y sus procesos de responsabilidad política:* Revista de Estudios Políticos 71 (1953) 93-138.

desde 1777 hasta 1792, años positivos y reformistas, y los cambios radicales en su gestión a partir del pánico revolucionario hasta el papel significativo que su figura representó durante la guerra de la Independencia [96]. El mismo proceso de cambio se registra en su idea regalista, más radical al principio, en su alegación contra el obispo de Cuenca, que en el *Testamento político* de los días de su desgracia [97]. La transición se percibe en la labor realizada a la hora de matizar los extremismos del *Juicio imparcial* para limar las asperezas del otro fiscal [98]. Se impone su línea diplomática, cauta, «y, en lo sucesivo —acota su biógrafo—, el prestigio político de Floridablanca sería superior al de Campomanes» [99].

Y la diplomacia más sutil, aplicada a un regalismo práctico, es lo que tonifica un pensamiento mucho más flexible, como el proclamado en la *Instrucción reservada para la Junta de Estado* (antecedente de los posteriores consejos de ministros), de 1787. Rumeu de Armas la ve como compendio de todo el pensamiento político de Floridablanca, su autor; Rodríguez Casado, como «cuerpo del regalismo de Carlos III» [100]. De lo que no hay duda es de que se trata de un importante documento, vademécum y testigo a la vez del programa de política exterior y de gobierno interior de su larga vida ministerial. Media una lejanía sensible entre las confesiones de fe y ortodoxia de Wall, Grimaldi o Campomanes, casi siempre frías e inexpresivas, y el calor que alienta en la profesión con que se abre la *Instrucción,* el plan misionero propuesto, con planteamientos que aparecen casi desfasados para la Ilustración plena (art.25-27); en las repetidas invocaciones a la correspondencia filial, de paz y armonía, con el pontífice, aunque no falte —no podía faltar— la consabida distinción entre el papa y la curia.

No hay abdicación en el ideario regalista, firmemente mantenido en el articulado, que no hace más que predicar los derechos soberanos del monarca y que todo lo negociable se podría haber conseguido «con la autoridad sola de los reyes mis predecesores»; pero se prefiere, por razón de Estado, la táctica seguida por Ensenada, que en sus tiempos logró concordar con Roma «muchos puntos que en rigor podrían haberse dirigido y resuelto de otro modo», y de cuyos resultados el Gobierno de Carlos III se da buena cuenta (art.4.5.15ss).

Con esta línea de inteligencia mutua se elabora el plan de acción, que tiende, sin paliativos, a subordinar la Iglesia al Estado. Se insinúa la institucionalización de la práctica injerencia en los conclaves para elegir

---

[96] R. Herr, o.c.; C. E. Corona Baratech, *Revolución y reacción en el reinado de Carlos IV* (Madrid 1957); *La Revolución francesa y España. Algunos datos y documentos,* en *Economía e Ilustración en la España del siglo XVIII* (Barcelona 1969) p.139-98; C. Alcázar Molina, *Ideas políticas de Floridablanca. Del despotismo ilustrado a la Revolución francesa y Napoleón, 1766-1808:* Revista de Estudios Políticos 79 (1955) 35-66.

[97] Cf. ediciones en nt.94.

[98] L. Frías, *El almacén de regalías de Campomanes:* Razón y Fe 64 (1922) 323-43.447-63.

[99] C. Alcázar Molina, *Los hombres del despotismo ilustrado* p.84.

[100] *Instrucción reservada que la Junta de Estado, creada formalmente por mi decreto de este día, 8 de julio de 1787, deberá observar en todos los puntos y ramos encargados a su conocimiento y examen:* BAE 59 p.213-72. Sobre la paternidad del programa, cf. *Memorial:* ibid., p.343; V. Rodríguez Casado, a.c., p.26.

papas de mucha doctrina, de erudición vasta y sólida para moderar las pretensiones desmesuradas de la curia, pero también de condición blanda, para «ceder a las instancias que se le hagan», y más decisivo, para que sean «personas afectas a la Corona, y señaladamente a la de España, aunque para ello haya de ganar como sea a toda la corte de Roma» (art.8-9).

Consciente del influjo que ejercen los frailes sobre el pueblo, «por el respeto y devoción que mis vasallos tienen a las órdenes religiosas», arbitra todo un sistema de elección controlada de superiores mayores, «para que no se elijan a los que no sean gratos al soberano» y para que el Consejo y los fiscales logren que los votos recaigan sobre los «agradecidos y afectos». En cuanto al resto del clero, que debe ser ilustrado, se despliega la política de atracción de cerebros, ganando con el señuelo de pensiones, prebendas y otras primas a quienes «se muestren afectos a mis regalías» (art.15-19.28). Los modales hostigantes de Campomanes contra el clero, principalmente contra el regular, se enderezan por otros cauces más prácticos, y que, como observa Palacio Atard, preconizan el ideal progresista del siglo XIX de conseguir un clero asalariado al servicio del Estado [101].

Lo mismo acontece con la Inquisición. El documento se declara por su existencia y por su protección. Pero la autoridad del aparato inquisitorial tiene que ser vigilada estrechamente, para que, «con el pretexto de la religión, no se usurpen la jurisdicción y regalías de mi Corona». Moderado, mejor dicho, controlado su poder a base de no nombrar para calificador a quien «sea desafecto a mi autoridad y regalías», se conseguirá también la subordinación del Tribunal (art.22-24).

Sometidos los resortes tradicionales de resistencia, es más fácil llevar a cabo la política eclesiástica que se programa (y se sanciona en lo ya logrado): nacionalización de la masa beneficial, extinción de cofradías «ineficaces», detención del proceso amortizador, regulación de esponsales y matrimonios, control de las expediciones de dispensa, de los recursos de justicia, de las apelaciones a costa de los intereses curiales, «de modo que no sean ni parezcan las dispensas, a los ojos del mundo y de los enemigos de nuestra religión, un medio astuto de sacarnos el dinero» (art.10-21).

Con cierto orgullo se enumeran los logros, parciales, pero significativos, que se han conseguido por el sistema armónico preconizado. Aunque haya sido a costa de pedir breves e indultos —en otra abdicación táctica, inadmisible para el regalismo dogmático—, ahí están la independencia de generales extranjeros en algunas órdenes religiosas; la barrera que a abusos de la Nunciatura supuso la erección de la Rota española; las crecidas sumas aportadas por el clero para la guerra contra Inglaterra en 1779: «éste ha sido el primer ejemplar de estos tiempos —se dice con justificada satisfacción—, en que, sin breve apostólico, sin apremio ni ruidos, se han conseguido del clero socorros muy superio-

---

[101] *La reforma del Estado* p.282.

res, sin comparación, a los que con rumores y escándalos se le sacaron en otras ocasiones» (art.25).

Como no podía ser menos, se aborda el capítulo cordial del episcopalismo. El regalismo de Floridablanca es una evidencia palpable de que el episcopalismo moderado se aceptó —si es que alguna vez se hizo— como instrumento de poder frente al papa, no como el soñado retorno a una Iglesia dirigida por los pastores en sínodo o en concilios nacionales. A ello obedece la decadencia de las formas colegiadas de actuación: la práctica desaparición de las congregaciones del clero («que convendría no volver a restablecerlas») y de los concilios nacionales, el estrecho control que se establece sobre los provinciales y sínodos diocesanos «para impedir el perjuicio de las regalías y el de mis vasallos y su quietud». Se ha vaciado de contenido profundo el programa de Solís y se han cumplido los temores de Mayáns. La *Instrucción* revela el largo camino recorrido desde 1709, pero también alumbra la realidad del fracaso de someter la Iglesia española, es decir, su jerarquía, a las iniciativas del poder cuando se formula la duda sobre la conveniencia de recurrir o a los prelados o a Roma para allanar las dificultades (art.6-7).

La duda, significativa en sí, se despeja en el último escrito de Floridablanca. Su *Testamento político*, redactado en la soledad inmediata a su caída (1792), es un manifiesto en pro de la utilidad del camino realista seguido en las relaciones con Roma. El consejo que se permite ofrecer al rey y a Aranda, además de la preocupación por la continuidad de su política, revela lo lejos que se está y se ha estado, por parte del Gobierno, de amparar cualquier brote de episcopalismo en el sentido propio y eclesial de la expresión: «Hasta ahora —confía— se ha hallado por más fácil, más útil y de menos dificultades en la ejecución entenderse con un papa afecto, que es uno solo, que con todos nuestros obispos, de genio y de máximas muy diferentes y no muy afectos a las regalías; una bula pontificia vence en España grandes obstáculos» [102].

Hablar de la fuerza de las bulas en lugar de aplicación férrea de los principios del sistema regalista, dice del formidable realismo de Floridablanca, tan distante de los radicalismos ideológicos de Campomanes. Este método temperado y práctico sería el que, en definitiva, se habría de seguir por Aranda y Godoy en las relaciones Iglesia-Estado en los últimos años de la centuria, aunque con los altibajos normales, de los que «el mal llamado cisma de Urquijo» (en expresión de Olaechea) fue uno de tantos accidentes que contrastan con la tónica amistosa con Roma, pródiga en concesiones como nunca. Allí, o tras el papa en el exilio, negociando como mediador o pagando con dinero español la decencia de los últimos días de Pío VI, se movería Azara, vociferante contra la superstición, contra las habilidades curiales, y manteniendo el fuego sacro de un regalismo que en España comenzaba a resentirse de la crisis de un Antiguo Régimen con el que forzosamente se identificó.

---

[102] *Testamento político* p.106.

Las tensiones entre la Iglesia y el Estado en la primera mitad del siglo XVIII

A pesar de lo que los combativos historiadores del siglo XIX quisieron transmitir, las relaciones entre ambos poderes no desentonaron de la tónica tradicional que se siguió desde los Reyes Católicos. Salvo las soluciones radicales impuestas por una situación bélica, como fue la de la guerra de Sucesión, o por la previsión de una sede vacante complicada en los tiempos napoleónicos, estas relaciones de Estado a Estado se desarrollaron entre tensiones normales, acuerdos eficaces y tiempos de cierta cordialidad, como confesaría Floridablanca una y otra vez.

El tópico de una política borbónica llevada por ministros volterianos y masones, anhelosos de destruir la Iglesia, es totalmente insostenible, si no se quiere cerrar la evidencia de un regalismo reformista más cercano al estilo de Felipe II que a la Ilustración anticristiana, sin arraigo, por otra parte, en España.

Para lograr claridades, nada mejor que analizar las diferentes alternancias por las que transcurrieron tales tensiones e inteligencias, que, salvo en casos de excepción como los citados, mantienen las constantes de resistencia, por parte de Roma, a ceder en los derechos jurisdiccionales adquiridos, así como a no arriesgar los ingresos económicos derivantes, y, por parte de Madrid, a imponer el ideal regalista de protagonismo regio, indiscutible en la vida de la Iglesia española, y a aniquilar cualquier título que repercutiese en perjuicio del real erario. Cuando el último elemento resulte inasequible sin ceder en los principios regalistas, la diplomacia no tendrá inconveniente en sacrificar la coherencia ideológica en beneficio de los intereses económicos. Y esta abdicación se reiterará con frecuencia desde el primer intento de concordato en 1717 hasta el arreglo del «cisma» de Urquijo.

1. La ruptura entre Felipe V y el papa

La guerra de Sucesión española, convertida en conflicto internacional desde su mismo estallido, tendrá repercusiones especiales en la Península y en Italia: el papa adoptará soluciones que afectan directamente a la vida de la Iglesia española, y, en consecuencia, el nuevo monarca responderá con medidas esperadas. No es que cambie sustancialmente la historia, siempre tensa, de las relaciones entre Madrid y Roma; pero, dentro de las continuidades, no hay duda de que los Borbones, los ministros franceses de primera hora, las exigencias bélicas y la actitud pontificia empujan a la ruptura previsible entre Felipe V y Clemente XI.

Y este hecho soltará las corrientes de regalismo y ultramontanismo, algo soterradas a fines del siglo anterior, fijándose, en cierto sentido, las constantes, los tópicos y los argumentos a esgrimir a lo largo del XVIII.

En 1709, Clemente XI, tras vacilaciones y un cúmulo de presiones, parece que se vio forzado por los austríacos presentes en Italia a reconocer al pretendiente rival de Felipe V, el archiduque Carlos de Austria, «por rey católico de aquella parte de los dominios de España que poseía, sin perjuicios del título ya adquirido y de la posesión de los reinos que gozaba el rey Felipe» [1]. Con este reconocimiento de rey católico —es decir, de las regiones hispanas ocupadas por el archiduque— se abría una situación nueva para España. Aunque el papa regatease el envío de su representante, no le quedó más remedio que ser consecuente y mandar el nuncio a Barcelona. España contaría, por tanto, con dos reyes y con dos nuncios, uno en Castilla y otro en Cataluña.

Felipe V reaccionó como era de esperar. Eso sí, siguiendo siempre los dictámenes de la Junta al efecto, compuesta por consejeros regios, teólogos y juristas, y que se iría seleccionando a medida que alguno de ellos diese señales de oposición a la mayoría adicta. A partir de abril de 1709 se aceleran las medidas diplomáticas: se ordena al embajador, duque de Uceda, que salga de Roma; los asuntos se llevarían en la corte romana por Mons. Molines, catalán filipista, sacerdote que sería censurado con la excomunión y la suspensión *a divinis* por su exacerbado entusiasmo al servicio de la monarquía española [2]. Y el nuncio, Mons. Zondadari, es expulsado de Madrid con todos los honores al caso.

La expulsión del nuncio fue el signo de la ruptura formal de relaciones. El decreto real del 22 de abril consumaba la nueva situación. Cerrada la Nunciatura, que en España era bastante más que la representación meramente diplomática de la Santa Sede, con competencias que la habían convertido en tribunal de apelación y en colecturía de rentas de tipo variado, se hacía realidad momentánea el viejo anhelo regalista de retorno de la disciplina eclesiástica «al estado que tenía en lo antiguo, antes que hubiese en estos reinos nuncio permanente». Es decir, se confería a los ordinarios la competencia en materias de justicia, en algunas gracias, y se devuelve a los obispos la potestad de dispensar en los casos reservados por Roma. Los asuntos principales pasarían al control del Consejo y Cámara de Castilla, organismos centrales —junto con la Secretaría de Gracia y Justicia— de la administración eclesiástica, como portavoces legítimos de la obligación y derechos soberanos del monarca, «protector de las disposiciones canónicas, patrón universal de las iglesias de estos reinos, dotador y fundador de muchas» a la vez.

La situación fue tanto más grave cuanto que se decretó la interdicción de toda comunicación con Roma, la prohibición de cualquier transferencia dineraria y la exacción y custodia de espolios, rentas de iglesias vacantes, quindenios, efectos y caudales que se dirigían hacia la Cámara Apostólica. Como instrumento de garantía y de control se estableció el «pase regio» en su acepción más rigurosa: todo documento procedente de Roma sería secuestrado por el Gobierno para su censura y «conocer si de su práctica y ejecución puede resultar inconveniente o perjuicio al bien común o del Estado» [3].

[1] V. BACALLAR Y SANNA, *Comentarios de la guerra de España e historia de su rey Felipe V el Animoso*, ed. de C. SECO: BAE 99 (Madrid 1957) p.183.
[2] Para ver el ideario político-eclesiástico de Molines resulta explícita su *Representación*, transcrita por J. FERNÁNDEZ ALONSO, *Un período de las relaciones* p.82-88.
[3] El decreto está editado por J. A. LLORENTE, *Colección diplomática* p.25-27.

La ordenación eclesiástica se fue completando en el primer semestre del año crucial de 1709. Pero hay que notar que decretos e intimaciones entrañan cierto carácter de provisionalidad y se basan en la ficción jurídica de un papa cautivo por los imperiales, de las circunstancias excepcionales al igual que en tiempos de peste, de los riesgos de la lejanía creada por la guerra, de cuantos motivos puedan justificar la incomunicación impuesta. El contexto de los documentos emanados de Madrid no hacía sino insistir en la precisión de apelar de un papa esclavo al pontífice en libertad e independencia para respaldar las medidas que siempre se consideraron como de excepción [4].

No es cuestión de enumerar los accidentes de esta hostilidad, ni la otra guerra verbal desatada y con todos los dicterios regalistas a punto. Es posible que el momento más tenso pueda centrarse en torno a 1710, cuando el papa condena documentos reales y recibe la respuesta dolorida de Felipe V desde la campaña catalana. Al margen de expresiones de sincero catolicismo, de fuerte contenido regalista, de filial respeto y demás demostraciones protocolarias, el monarca —o los redactores de la respuesta— echa en cara el comportamiento desigual que sigue con el archiduque y con el Borbón, su pretendida autoridad de quitar y poner reyes («conducta tan repugnante a las máximas de Cristo»), y se explican las razones de las medidas, además de con lenguaje fuerte, «por ser en mí tan estrecha la obligación de sostener los derechos de mi cetro como en Vuestra Beatitud la de mantener la sacrosanta tiara» [5].

2. Los problemas de la Iglesia española

Por más que los ultramontanos se acogiesen a él, no fue el del cisma el problema fundamental creado en esta situación peculiar. La incomunicación que se impuso a la Iglesia filipista siempre exceptuó los asuntos espirituales, de penitenciaría, y no tardaría en abrirse a otros capítulos de jurisdicción papal. Nunca se pensó en una Iglesia totalmente separada del pontífice de Roma ni se cuestionó —otra cosa es que se quisiera matizar— su primado. Incluso Belluga, que capta la realidad de que «hoy parece estamos como si no dependiéramos de Su Santidad» y que prevé las consecuencias de la práctica que se quiere instaurar para la provisión de obispados y beneficios, tiene que confesar que el cisma es algo «indubitablemente ajenísimo de la mente de Vuestra Majestad» [6]. Es cierto que la Junta reservada que convocó el rey para responder a la actitud del papa y a su negativa sistemática a proveer las vacantes en los nominados por Felipe V llegó a insinuar, entre otras decisiones de autonomía disciplinar, que «se eligieran, aprobaran y consagra-

---

[4] Ideas contenidas en *Carta real a prelados, iglesias, universidades y órdenes religiosas,* así como en *Relación de lo sucedido en Roma sobre el reconocimiento del archiduque concordado entre el papa y el Rey de Romanos; Protesta hecha por el duque de Uceda a S. S. y oficio que mandó se pasase con el nuncio, insinuándole su salida de España* (Madrid 1709), documentos muy divulgados por aquellos días.

[5] Amplio extracto de la respuesta en M. LAFUENTE, o.c., p.218-22.

[6] En I. MARTÍN, *Contribución* p.1203-1204.

ran los obispos en España como en lo antiguo se hacía» [7]; mas no se pasó de un enfado momentáneo, y la brega por conseguir de Roma la provisión de los presentados por el rey a tales beneficios no es sino un signo de la cautela forzada, pero real, con que se procedía en estos asuntos delicados y cuasicismáticos.

Más profundidad, al margen de los niveles diplomáticos, revistió el problema de la división de la Iglesia española en estos primeros años de la centuria. Una división política en primer lugar. En 1709, los dominios filipistas y los del archiduque (sectores de la Corona de Aragón, preferentemente los territorios catalanes) se hallaban ya bien definidos, a pesar de alteraciones circunstanciales y de las penetraciones de Carlos en Castilla. El pueblo y el clero bajo suelen alistarse al unísono, a tono con la problemática social profunda que el conflicto se encargó de avivar; las preferencias coinciden con movimientos antiseñoriales valencianos o aragoneses y con el sentimiento catalán del principado. El alto clero se moverá por otros intereses políticos y expectativas de tipo diverso. De todas formas, y al margen de motivaciones religiosas operantes al igual en la publicística de uno y otro bando, existe una evidente coincidencia entre la geografía política de la Península y la adscripción clerical o popular a la causa del respectivo pretendiente. Los casos, clamorosos algunos, de disidencias, incluso la inclinación de alguna orden regular en disonancia con el condicionante territorial político, no dejan de ser excepcionales.

La división de adhesiones tampoco pudo ser motivada por la previsión de una política más o menos regalista de los regios rivales. Es inconsistente la creencia de que la tradición galicana del Borbón fue elemento que le malquistó con personas o grupos clericales alérgicos a la norma regalista. El «rey de los catalanes» proviene también de contornos acostumbrados a modos escasamente romanistas y con una tradición similar. Si hay algo claro en estos años, fue la actuación fuertemente regalista de Carlos en Cataluña, ya fuese en la imposición de adictos a los beneficios, en la aplicación del *placet regium*, en el control de los impuestos eclesiásticos y bienes de la Iglesia y en tantas cuestiones como se confiaron a la rigurosa Junta Eclesiástica, en conflicto constante con la jurisdicción romana. Quizá sea algo exagerada la impresión de Voltes «de que nos encontramos ante una Iglesia estatal, regida por una especie de santo sínodo zarista»; mas no deja de ser significativo el intervencionismo regio en la Inquisición de Barcelona y la huida del Tribunal a territorio borbónico al caer la ciudad en poder de los aliados en 1706 [8].

---

[7] En M. LAFUENTE, p.224.
[8] P. VOLTES BOU, *Barcelona durante el gobierno del archiduque Carlos de Austria. 1705-1714* (Barcelona 1963) p.112; ID., *Documentos para la historia del Tribunal de la Inquisición en Barcelona durante la guerra de Sucesión:* Analecta Sacra Tarraconensia 26 (1953) 245-74; M. C. PÉREZ APARICIO, *El clero valenciano y la guerra de Sucesión:* II Simposio sobre el P. Feijoo y su siglo (Oviedo 1976) 64-65; M. T. PÉREZ PICAZO, *La publicística española en la guerra de Sucesión,* 2 vols. (Madrid 1966). Precisiones importantes en A. DOMÍNGUEZ ORTIZ, o.c., p.42ss, y en H. KAMEN, *La guerra de Sucesión en España. 1700-1715* (Barcelona 1974).

Quizá más sensible que la división política fuera la que se registró en las actitudes y en las ideologías en la España filipista, mejor conocida en este particular que la del archiduque. El pueblo mayoritario, analfabeto, no tiene voz en el siglo XVIII. Los teólogos suelen escribir a tenor de sus predilecciones dinásticas [9]. Sus prelados se alinearon en bloques contrapuestos, enfrentados a veces con cierta violencia. El más numeroso, paciente silencioso de iniciativas regias, quizá de acuerdo con ellas, no mostró de forma especial su oposición ante medidas y críticas anticuriales, con las que posiblemente hasta simpatizara. Tampoco se movilizó cuando se rompieron las relaciones con Roma. Justo Fernández ha podido contrastar el sentimiento masivo del pueblo, que lamenta la expulsión del nuncio, con la atonía de sus pastores ante algo transcendental para la vida de sus iglesias. [10] En las juntas que convoca Felipe V, la mayoría asiente a sus planes. El obispo Solís, con su *Dictamen* ya estudiado, ofrece en todo su vigor la formulación teórica de tales asentimientos, convertidos en regalismo episcopalista, aunque en 1709 es posible que no se previese el instrumento que se iba a colocar en manos del futuro despotismo ilustrado.

En la otra ladera ideológica de la misma España, otro sector jerárquico osaba oponerse a los motivos esgrimidos y a la situación creada en la ruptura. Tienen conciencia de la función del papa, y en sus escritos y memoriales no se cansan de exaltar su poder, de acentuar el peligro de perdición de las iglesias, las apariencias cismáticas, y de defender las inmunidades, más si son económicas. Entre los prelados que reaccionaron contra estas medidas concretas pueden contarse los arzobispos de Toledo (cardenal Portocarrero), de Sevilla (Manuel Arias) —ambos comprometidos en anteriores gobiernos—, quizá los de Zaragoza y Valencia. El más batallador fue Belluga, bien secundado desde Santiago por el no tan conocido Monroy, como veremos a la hora de estudiar la corriente antirregalista. A nivel de jerarquía, por tanto, y contra lo que pudiera parecer, la oposición que se atrevió a hablar fue minoritaria, aunque nunca débil. Lo más importante es que en estos primeros años de la centuria se fijaron los frentes llamados a protagonizar líneas ideológicas posteriores, perfiladas en todos sus contornos cuando se presencien otros factores reformistas.

Junto con estas divisiones hay que concluir que la vida de la Iglesia española en esta circunstancia de excepción no fue, no pudo ser tranquila. Las quejas antirregalistas, por muy apasionadas que fueran, dejan traslucir un clima de angustia provocada por la ruptura con Roma, aunque tal inquietud sea difícil de medir una vez que los problemas estrictamente espirituales y de conciencia se eximieron de la rigurosa censura del Consejo. Tres fueron los problemas fundamentales que afectaron a los españoles a raíz del corte de comunicación con Roma:

---

[9] A. Pérez Goyena, *Teólogos antifranceses en la guerra de Sucesión:* Razón y Fe 91 (1930) 326-41.501-20.

[10] A.c., p.18ss. Es posible que la correspondencia de Zondadari exagere al transmitir las adhesiones de entusiasmo hacia el nuncio.

las dispensas matrimoniales, el creciente número de diócesis vacantes y los vínculos económicos que ligaban inexorablemente a ambas cortes.

La prohibición taxativa de extracción de dinero o de transferencias por cédulas bancarias implicaba la detención del trámite dispensatorio de impedimentos matrimoniales y la multiplicación de situaciones anómalas, tanto más angustiosas y crecientes cuanto que daban con un pueblo visceralmente católico y especialmente proclive a casarse con consanguíneos en diverso grado, conforme a las cáusticas invectivas del cardenal Zapata en el siglo anterior. En la guerra desencadenada, contra lo que se pudiera sospechar, el Consejo de Castilla se mostró mucho más condescendiente que los teólogos de Valladolid, Salamanca y Alcalá, más preocupados por los aspectos moralistas de las dispensas y por el dinero que se embolsaba la curia y sordos ante las sugerencias del presidente Ronquillo y del fiscal Curiel, convencidos de que no había lugar a detener los trámites (aplicando el *exequatur*) a peticiones que se referían a una esfera puramente espiritual y escasamente rentable para Roma, dados los porcentajes de solicitudes provenientes generalmente de pobres. El rey hizo caso a los teólogos, y es posible que las víctimas fueran los fieles. El cuadro presentado por el enterado y nada sopechoso Lafuente puede responder muy bien a la realidad vivida: «Los perjuicios que experimentaron las familias eran graves, grandes los escándalos, frecuentes los incestos, paralizados los matrimonios aun después de saberse estar otorgada la dispensa, comprometida la honra y la suerte de muchas mujeres, inquietas y alarmadas las conciencias» [11].

Transcendiendo el ámbito del fuero de la conciencia, la provisión de obispados vacantes fue otra de las cuestiones cruciales, si no olvidamos que no se ventilaba sólo la provisión de las mitras, sino también la paralización de la vida diocesana, de una red de beneficios, de dispensas, de problemas que dependen del obispo inexistente. La España del archiduque no encontró dificultades mayores por este capítulo; Clemente XI confirmaría con puntualidad los nombramientos de Manuel Senjust y de Reges para la sede de Vich; Fr. José Tárrega y Sanz, para la de Segorbe; de Isidro Bertrán, para la arzobispal de Tarragona, etc. Cuando Cataluña cayese bajo Felipe V, ya se encargaría el monarca de desterrar a los encumbrados por su rival [12].

En cambio, la ruptura de Felipe V determinó una conducta pontificia antagónica para la otra España, ya que el papa y sus asesores se mostraron siempre radicales en su neˌativa a la transacción. Muy en su oficio de monarca católico, «para descargo de la obligación que me incumbe por rey y por patrón» y con duras reconvenciones a un papa que olvida el cuidado y el pasto de sus ovejas, el rey siguió presentando nombres para las vacantes, y en Roma se continuó con el mutismo y la

---

[11] M. Lafuente, o.c., p.222-23; R. Olaechea, o.c., I p.74-78.
[12] V. de la Fuente, o.c., t.5 p.12-13; P. Voltes Bou, *Barcelona* p.112-13; Id., *La jurisdicción* 123-24; J. R. Carreras i Bulbena, *Persecució i trista fi del Dr. Isidro Bertrán y Hosteu, arquebisbe de Tarragona segons un document inedit (1648-1719):* Bol. de la Real Acad. de Buenas Letras de Barcelona 11 (1924) 257-61.

negativa a la provisión, a la espera de jugar esta baza cuando sonase la hora de las posibles negociaciones. En vano se afanaba Molines por lograr la provisión de Toledo, Michoacán, Buenos Aires, o de las veintiséis diócesis más sin pastor. Otra vez, la guerra de escritos partidarios del monarca no se cansaban de gritar la obligación pontificia de corresponder a la regalía protectora [13].

Si algo extraña en este clima de tensiones y represalias, es la cordura de Felipe V, que nunca llegó a soluciones extremas. En su nombre se habló mucho, se amenazó, por parte del Consejo y de la Junta, con retornar a los tiempos viejos, en que elección, aprobación y consagración episcopal se realizaban en España. Pero la dureza no pasó de intimidaciones. El rey tuvo que conformarse con asegurar la administración de las sedes vacantes, con retener sus frutos, como hiciera Felipe II ante la actitud de Paulo IV y «porque por ningún derecho es justificable el de percibir el esquilmo de las ovejas en quien no sólo no las apacienta, sino que las abandona y expresa y positivamente se resiste a conceder los pastores que las guíen y alimenten» [14]. Ni siquiera el caso más llamativo del obispado de Avila puede calificarse en propiedad de intrusismo: Don Francisco Solís, el ideólogo del regalismo, propuesto para la sede vacante, ante la negativa de Clemente XI, obedeció rendidamente, se retiró a Madrid, y no hubo más. Su comportamiento, como el de Felipe V, indica que en la España filipista el riesgo del cisma estaba aún muy lejos [15].

Y, en el fondo de todo, el juego de intereses económicos. A las alturas del siglo XVIII, hay que decir que el monarca español y Roma se necesitaban ineludiblemente y que tanto el regalismo como el ultramontanismo son posturas que enmascaran otros motivos materiales. Este de la Guerra de Sucesión es un momento privilegiado para pulsar todo el subfondo que se oculta bajo tantas batallas verbales y gestos de hostilidad. Cuando Solís y el resto regalista claman contra los evidentes abusos de la curia en tonos similares a los que se vienen escuchando a lo largo de la Edad Moderna española, están gritando —un poco en el vacío— contra el sistema económico que ha tejido Roma a base de explotar como indios a los españoles, que tienen que llenar las arcas de un enemigo a veces. La batalla librada por Belluga y afines ultramontanos contra los asaltos a la inmunidad eclesiástica responden también a la defensa a ultranza de una Iglesia clerical que se ve asaeteada por las necesidades económicas del Estado, urgido a recurrir a toda clase de arbitrios en una circunstancia bélica como la de aquellos años. Son quejas que se han reiterado desde antes y que se oirán a lo largo de todo el siglo. Y son quejas explicables.

El sistema financiero del Estado español se alimentaba en buena

---

[13] Carta dirigida al pontífice, con duras reconvenciones por parte de Felipe V; cf. M. Lafuente, o.c., p.220-21. La exposición más amplia de la cuestión en J. Fernández Alonso, a.c., p.43ss.

[14] M. Lafuente, o.c., p.220-21.

[15] Estudio amplio de este episodio en el artículo citado en nt.47.

parte —quizá en el mejor renglón de sus ingresos— a base de las prestaciones eclesiásticas, ocasionales hasta Carlos V, perfectamente fijadas a partir de Felipe II, aunque tales servicios no pudiesen llamarse impuestos y estuviesen sometidos a la concesión pontificia [16]. Los ultramontanos no cejan en sus quejas contra esta disimulada, pero real y pesada presión fiscal: Belluga puede recordar a Felipe V «que contribuyen de sus rentas a V. M. los eclesiásticos cerca de una décima parte de lo que perciben de ellas, lo que de seglar ninguno se verificará» [17]. Ello explica (al margen de la inexistente inmunidad clerical) que pocas veces las tensiones acabaran en ruptura con el pontífice. Y aclara tantas argumentaciones regalistas para probar que tales «gracias», más que concesiones pontificias, debían considerarse como «regalías», es decir, como derechos inherentes a la Corona.

Por el contrario, el presupuesto económico de la curia romana extraía de España ingresos nada despreciables a través de un montaje complicado que aclara la nube de pretendientes, de agentes españoles presentes en Roma, las diatribas contra tales exacciones dinerarias, de que no se ve libre ni la misma Penitenciaría; los esfuerzos por conseguir el patronato universal, el denuedo por atraer a la jurisdicción de los obispos tantas reservas pontificias, y más cuando —naturalmente desde la mente regalista— la curia operaba con menos miramientos hacia la cura de almas en la provisión de beneficios y pensiones que la misma potestad real [18].

Lo que interesa resaltar es el peso de la mutua servidumbre económica, que condenaba al fracaso cualquier intento de ruptura duradera. Mientras continuasen estos sistemas económicos consustanciales al Antiguo Régimen español, «ni el papa podía recibir dineros de España sin el consentimiento del rey, ni el rey percibir tributos de su clero sin consentimiento del papa», como dice Domínguez Ortiz [19]. De hecho, los síntomas del deshielo se pueden percibir precisamente cuando comenzaban a expirar los plazos de la anterior prórroga del subsidio y excusado.

3. El arreglo de 1717

A partir de abril de 1712 hay signos que dejan presentir el ánimo negociador en un proceso no carente de sobresaltos. El *exequatur* se suaviza, y la mayor parte de las bulas puede circular; en contrapartida, siete vacantes fueron provistas por el papa. En Roma y en Madrid son relevados los representantes radicales por otros de talante más negocia-

[16] No insistimos en este aspecto, ampliamente estudiado por M. Ulloa, *La Hacienda Real de Castilla en el reinado de Felipe II* (Madrid 1977), y por A. Domínguez Ortiz, *Política y hacienda de Felipe IV* (Madrid 1960).

[17] *Memorial* p.207 (cf. c.6, primero de este estudio).

[18] Cf. exposición detallada de este entramado en R. Olaechea, o.c., I p.53-105.

[19] A. Domínguez Ortiz, *Las clases privilegiadas en la España del Antiguo Régimen* (Madrid 1973) p.363.

dor. Se entablan contactos, con París por centro y el viejo rey Luis XIV como mediador. Y, como sucederá siempre a lo largo del XVIII, en España se desempolvan papeles viejos para documentar las exigencias de reforma de la Dataría, de la Nunciatura, y que revelan las verdaderas intenciones: no se trata tanto de solventar el problema desencadenante del conflicto, el reconocimiento del archiduque, cuanto de reivindicaciones económicas y de limitar las erosiones que las múltiples inmunidades de la Iglesia ocasionan al poder real. El mejor reflejo de las metas españolas es el *Pedimento* que el fiscal Macanaz redactó con este motivo [20].

Y el panorama se clarifica en 1715. Finalizada la guerra y reconocido internacionalmente Felipe V como monarca español en los tratados de Utrecht, en España se ha registrado un profundo relevo en el Gobierno. A la fase francesa sucede la italiana: Isabel de Farnesio, la nueva esposa del rey, y Alberoni abrigan planes grandiosos, con Italia como pieza sustancial [21]. Se reinician las conversaciones, ya en Madrid, y se aboca al acuerdo de 1717, aceptado como concordato y con todas las previsiones de estabilidad. Pero nació viciado en su origen —se dijo que el abate Alberoni condicionó su logro al del capelo cardenalicio—, y tuvo tan escasa fortuna, que hasta de su existencia se ha dudado. Su vigencia efímera —si de alguna gozó— explica la escasa importancia que han concedido los historiadores a lo que Ferrer del Río, en expresión muy regalista, califica de «mezquino ajuste» [22].

Y como ajuste, mejor que como concordato en sentido estricto, tiene que considerarse el final de la penosa negociación. La monarquía lograba de Roma la concesión regular de los breves de cruzada, subsidio, excusado y millones, del diezmo sobre las rentas eclesiásticas, así como 150.000 ducados anuales (también sobre los ingresos eclesiásticos), destinados a la campaña contra el turco. Roma conseguía la reapertura de la Nunciatura y el restablecimiento del comercio indispensable para su economía. Es decir, se atiende a problemas muy concretos y negociables por acuerdos, pero no se ataca a fondo ninguno de tantos capítulos como exigían una regulación concordataria y esenciales tanto para la reforma de la Iglesia como en los programas regalistas.

Así se puede explicar la decepción de tantas esperanzas. Belando no puede menos de exclamar desilusionado: «Este fue el ajuste, éste el convenio que costó tanta fatiga, éste el tratado que se concluyó con tantas ventajas para Roma, el compendio de las tramoyas de Alberoni; éste el sacrificio de los derechos y de las regalías de la Corona y éste el

[20] Cf. detalles de los pasos de la negociación en J. FERNÁNDEZ ALONSO, *Un período de las relaciones* p.63-77.
[21] A. BAUDRILLART, *Philippe V et la Court de France* (París 1890) t.1; E. BOURGEOIS, *La diplomatie sécrète au XVIIIᵉ siècle: Le sécret des Farnèse* (París 1910); C. MARTÍN GAITE, o.c.
[22] Contenido y textos del «concordato»; A DEL CANTILLO, *Tratados, convenios y declaraciones de paz* (Madrid 1843) p.300; J. TEJADA y RAMIRO, o.c., p.92-96: A. MERCATI, *Raccolta di concordati su materie ecclesiastiche fra la Santa Sede e la autorità civile* I (Roma 1919) p.282-85. Opiniones y valoración: en PORTILLO, *Estudios críticos:* Razón y Fe 17 (1907) 17-31; A. FERRER DEL RÍO, o.c., p.141; M. MENÉNDEZ PELAYO, o.c., p.64.

abreviado centro donde se unieron las líneas de sus máximas que le negociaron el capelo» [23].

No costó nada quebrar algo tan frágil como este concordato ocasional. Creemos que la causa de la nueva e inmediata ruptura y el retorno a la situación anterior no se debió exclusivamente a la ambición del cardenal, encariñado ahora con el arzobispado de Sevilla, como se ha querido ver con excesiva ingenuidad. La nueva ruptura de relaciones (febrero 1718) fue, al margen de factores personales, una de las derivaciones del conflicto europeo encendido por el irredentismo mediterráneo de la corte española, por la rápida conquista de Cerdeña y por la amenaza a la hegemonía austríaca en Italia; es decir, por el regreso a la situación bélica de los primeros años del siglo [24].

Por eso, la tensión cedió en cuanto se registró la caída del mentor de todo (Alberoni, diciembre 1719) y cuando, aunque sólo de momento, cedieron los planes revisionistas españoles. En septiembre de 1720 se volvió a abrir la Nunciatura, con Aldrovandi como representante de la Santa Sede; el pontífice reafirmó las concesiones y se inauguró un período de paz —que no quiere decir exento de tiranteces— entre Roma (el austracista Clemente XI murió en 1721) y España, aunque fuese sobre la base de la mutua desconfianza, por la sencilla razón de que los problemas profundos siguieron pendientes.

4. Las reacciones ante el intento reformista de 1723

Superada la crisis de la guerra de Sucesión, las relaciones Roma-España se mueven dentro de las dos coordenadas del patronato universal y de la reforma de los «abusos» de la curia. Mientras no se logre lo primero y se aborde definitivamente lo segundo, no se transcenderá de acuerdos parciales, más o menos duraderos, pero abocados ineludiblemente a la transitoriedad. Este panorama de intentos parciales es el que domina durante la primera mitad del siglo XVIII en la Iglesia española.

Los años de calma relativa posteriores al arreglo de 1720 están marcados por la atención del Gobierno a la Iglesia y por llevar a la práctica viejos proyectos reformistas, relegados en el concordato de 1717 a una acción posterior. Fracasada la vía de abordarlos por medio de los clásicos concilios provinciales [25], el monarca —hay que notar la iniciativa regia— se inclinó por la opción de pedir a Roma los debidos decretos reformadores. Protagonista de la realización de los planes, plasmados en la bula *Apostolici ministerii* (1723), fue el poderoso y ya cardenal Belluga [26].

---

[23] N. DE JESÚS BELANDO, *Historia civil de España. Sucesos de la guerra y tratados de paz desde el 1700 hasta el de 1733* I (Madrid 1740) p.4.ª c.15. Invectivas parecidas en V. BACALLAR, o.c., p.267.

[24] Cf. el fino análisis que de estos factores hace M. A. ALONSO AGUILERA, *La conquista y el dominio español de Cerdeña (1717-1720). Introducción a la política española en el Mediterráneo posterior a la paz de Utrecht* (Valladolid 1977).

[25] La publicística toledana de este tiempo lo achacará a la negativa de Belluga a someterse a una etiqueta que le subordinaría al arzobispo de Toledo; cf. M. MENÉNDEZ PELAYO, o.c., p.66; V. DE LA FUENTE, o.c., p.34.

[26] Expedida por Inocencio XIII (1723) y reafirmada por Benedicto XIII al año si-

El documento es una llamada a las reformas pendientes después de Trento. De hecho, las cláusulas más rigurosas de la bula son las que anulan cualquier privilegio local o colectivo (aunque haya sido obtenido por los jesuitas) que pueda oponerse a lo decretado por el santo concilio (art.27-30). La misma y tan significativa proclamación de la dignidad, del derecho y autoridad de los obispos sobre los cabildos, licencias para oír confesiones y sobre otros abusos, engarza con la palabra y la mente conciliar (art.13.17.22). Bien mirado, el programa reformista confiere al ordinario diocesano el protagonismo indiscutible.

Los objetivos fundamentales —estudiados por Mestre en este volumen— se centran en las parcelas siguientes: reclutamiento, selección y formación de los futuros sacerdotes (art.1-8); al clero parroquial se le urge la dedicación pastoral y catequética como condición indispensable en su quehacer primordial de la cura de almas, vedada a quienes no puedan satisfacer tal obligación (art.9-12). Mas es el sector regular del clero el más afectado. El articulado a él referido constituye un testimonio de la necesidad de su reforma, trasladada al timón de los obispos, y de la vieja obsesión por el desmedido número de sus contingentes (raíz de todas las insinuaciones desamortizadoras): «no se reciba, contra lo referido por el concilio Tridentino, mayor número del que cómodamente pueda sustentarse, ya sea con las propias rentas de los mismos monasterios, conventos o casas, ya sea con las limosnas acostumbradas y otros algunos emolumentos que deben repartirse en común» (art.14-19).

Como se ve, la bula es un retorno a Trento, y su atención se centra en los diversos niveles clericales como signo del concepto eclesial del tiempo [27]. El reavivar las exigencias tridentinas, el no acometer de raíz la reforma, su inoperancia en tantos otros capítulos, no quiere decir que careciese de toda transcendencia, como parece sugerir La Fuente [28]. Martín Hernández ha podido constatar el paso adelante que supone en la parcela fundamental de los seminarios [29]. Lo que resulta evidente es la desproporción que existe entre un documento de esta índole y el movimiento de oposición que desencadenó. Mas también estas reacciones desaforadas pueden explicarse en el contexto peculiar de la Iglesia dieciochesca y por los intereses afectados.

Los cabildos catedralicios vieron cómo se solucionaban pleitos inveterados en favor de sus contendientes los obispos; no es de extrañar su furiosa y para algunos escandalosa oposición a la bula. Invectivas contra la iniciativa del cardenal Belluga, de haber arrancado el documento al papa, se reiteran en los «infinitos memoriales» de las «santas iglesias» [30],

---

guiente; cf. J. Tejada y Ramiro, p.83-92. En latín: *Bullarium Romanum* t.13 (Augustae Taurinorum 1859) 60-64; V. de la Fuente, o.c., p.323-35.

[27] Incluso las cláusulas referentes a la inmunidad judicial (24-26) carecen de referencia a los laicos. Cf. el peso de esta cuestión eterna en las discusiones regalistas en R. Olaechea, *Anotaciones sobre la inmunidad local.*

[28] O.c., p.35.

[29] *Los seminarios en la época de la Ilustración* p.45; M. Menéndez Pelayo, o.c., p.66. Sobre el fallo sustancial de no haber acometido la reforma de la Iglesia, cf. R. S. Lamadrid, *El concordato* p.121-22.

[30] M. Menéndez Pelayo, o.c., p.67; V. de la Fuente, o.c., p.36; en p.336 inserta el

que entablan o renuevan el viejo duelo contra los obispos al amparo de impugnaciones contra la *Apostolici ministerii*.

El otro frente de oposición, tradicional también y mejor armado, se formó en las filas del clero regular. La bula no oculta cómo una de sus finalidades es atajar el entramado de privilegios que ampara a las familias religiosas y reducir en lo posible las consecuencias de su exención del ordinario diocesano. Como en el caso de los cabildos, los religiosos saltaron a la palestra con memoriales variados, de los que constituye un buen ejemplo el anónimo en nombre de las religiones monacales y mendicantes. Se trata de una argumentación encadenada en favor de las exenciones, de una proclama sobre lo innecesario de la reforma y de la denuncia del atentado cometido al querer tasar el número de frailes, de «numerar los hijos de Leví» contra la divina aritmética: «y si no hay vasallo de V. M. que tenga aliento para tasar a V. M. sus ministros, no puede haber católico que intente tasar a Dios los suyos» [31].

Años después (1736), el beligerante y pintoresco P. José Haro firmó otro memorial al rey sobre el mismo problema, pero desde posturas antagónicas, confirmando —si fuere preciso— la división interna del clero regular. Hay muchos elementos de apología personal en su escrito, retrato negativo de la vida de los regulares, especialmente necesitada de reforma en su Orden del Carmen. Su tesis central da la razón a la bula y a los proyectistas de su tiempo, aunque por motivos muy diversos: «la enfermedad que padece la observancia en las religiones es, Señor, por sobra de hombres. Seamos menos, y se recobrará la salud y tomará el enfermo fuerzas. Si no se ejecuta, o se estará el enfermo con su mal o se morirá [32].

5. El «inútil» concordato de 1737

El clima de paz se enturbió de nuevo a consecuencia de un cúmulo de circunstancias que recuerdan muy de cerca lo acaecido en 1709. En primer lugar hay que tener en cuenta la agitación internacional y los hilos de la diplomacia. Los anhelos maternales de Isabel de Farnesio, secundados con realismo por el ministro José Patiño, se han fijado en los ducados italianos del Norte (Parma) y en Nápoles para D. Carlos. La guerra de Sucesión polaca facilita la ocupación de ambos enclaves, sobre los que pesan viejos derechos feudales pontificios [33]. El trasiego de tropas españolas, las precisiones de reclutamiento y las intemperancias sol-

Memorial de la iglesia de Toledo contra la bula «Apostolici ministerii». Mayáns tenía en su biblioteca varios productos de este estilo. Cf. A. MESTRE, o.c., p.258.
[31] *Memorial presentado a la Majestad del Señor rey D. Felipe V por las religiones, así monacales como mendicantes, en vista del breve de Su Santidad, confirmando la bula de Inocencio XIII, expedida en 30 de mayo de 1723 y principia «Apostolici ministerii»:* Semanario Erudito de Valladares t.9 p.143-205.
[32] *Memorial al rey nuestro señor D. Felipe Quinto (que Dios guarde) satisfaciendo a otro que en nombre de todas las religiones se presentó a S. M. para impedir la ejecución de la bula «Apostolici ministerii» en estos sus reinos y señoríos:* Semanario Erudito de Valladares, t.15 p.50-112.
[33] A. DE BETHENCOURT MASSIEU, *Patiño y la política internacional de Felipe V* (Valladolid 1954) p.32ss.

dadescas situaron a los Estados Pontificios, concretamente a Roma, ante un clima de ocupación agriado por los motines de los romanos y la cruenta represión subsiguiente de los españoles. Los pontífices del momento (Benedicto XIII, 1724-30, y Clemente XII, 1730-40) no brillan por su habilidad, y se abocará a la nueva ruptura, preconizable cuando el primero se niega a renovar las concesiones del subsidio y excusado, y consagrada cuando en 1736 se corta la comunicación con Roma, se clausura de nuevo la Nunciatura, se ordena la salida de los españoles de la Urbe, se establece férreamente el *exequatur* y se revive la circunstancia de 1709 con todos los inconvenientes para el funcionamiento de la Iglesia española, inevitablemente condicionada por las decisiones de su Gobierno [34].

La ruptura —y la práctica ocupación de Roma por fuerzas españolas— es el elemento que se aprovecha desde Madrid para forzar el convenio ventajoso, que pretende el reconocimiento de los ducados, la investidura de Nápoles para D. Carlos y concesiones económicas a cambio de la normalización de las relaciones y de reabrir la Nunciatura. En el forcejeo se desata el furor regalista, alentado por Patiño y, desde 1733, por el obispo Gaspar de Molina desde la presidencia de Castilla, respaldado todo por la renovada Junta del Patronato. Aprovecha papeles anteriores, se lanza a la investigación de nuevos documentos, y su secretario, Lorenzo Vivanco, expresa la idea sustancial de su función: «restaurar lo usurpado» por la Santa Sede a los monarcas españoles [35]. La expresión más indicativa del ambiente de esta fase previa al concordato es la lluvia de escritos que arrecia: reaparece el *Informe* de Melchor Cano, vuelve a imprimirse el *Memorial* de Chumacero, y fue «tanto el concurso de gente que acudía a comprarlo, que el librero no pudo contentar a todos los curiosos». J. J. Ortiz de Amaya se despacha con su *Manifiesto* regalista en pro del patronato. El Dr. Miguel Cirer y Cerdá mandó a la imprenta el expresivo *Propugnáculo histórico-canónico-político-legal*, atribuido al propio Patiño, cuyo título es todo un compendio de la idea que mueve a intelectuales (o logreros) en momentos críticos como éste [36], en los que la Inquisición —todavía no han llegado los recortes de Carlos III— se erigirá en defensora de la curia a pesar de tantas presiones. La mayoritaria aquiescencia de los obispos a las iniciativas de la Junta y a las prácticas regalistas, su sordera a las incitaciones pontificias del breve *Inter egregias* para que resistiesen la provisión de las vacantes con-

[34] R. OLAECHEA, o.c., I p.42-47; G. TROISI, *Nuove fonti sui tumulti romani de 1736:* Studi Romani 20 (1972) 340-48.
[35] E. DEL PORTILLO, *Diferencias entre la Iglesia y el Estado:* Razón y Fe 21 (1908) 74; 23 (1909) 69.
[36] *Propugnáculo histórico-económico-político-legal que descubre los fondos de la más preciosa piedra de la Corona de España y comprueba con sus antiguos monumentos, memorias, el incontrastable derecho de sus monarcas a la protección de las iglesias de su monarquía y al universal patronato de los beneficios de ellas, derivado de la católica piedad de sus Primeros gloriosos reyes en fundarlas, de su gloriosa liberalidad en enriquecerlas, de su invencible valor y poder en restaurarlas, de su vigilante providencia en defenderlas y de su real solicitud en conservarlas. Elucidación canónico-legal de la ley 18, título 5, Partida I y sus concordantes sobre el real patronato de la Corona de España* (Madrid 1736).

sistoriales y la aplicación del *exequatur,* puede considerarse como otro testimonio elocuente del ambiente previo a la negociación[37].

Se ha acudido a la ambición personal de Molina —recuérdese lo acaecido con Alberoni— por el capelo cardenalicio como explicación del fin de la ruptura y de la firma del concordato. El interés del gobernador de Castilla está fuera de duda, pero operan —también como en 1717— otros factores: desaparición de Patiño, logro de Nápoles para D. Carlos, opinión pública hostil a la Junta y, sobre todo y como siempre, el motivo primordial de lo económico, puesto que ni Roma ni Madrid pueden mantener por largo tiempo la incomunicación cegadora de filones imprescindibles en sus presupuestos. Por todo ello, desde diciembre del año anterior se acelera el ritmo de las negociaciones, que acaban con la firma del concordato en 26 de septiembre de 1737 [38].

Si hay algo —entre tantas cosas— que domina en el extraño concordato, es la insistencia en relegar el cumplimiento de buena parte de sus cláusulas a decisiones posteriores y extraconcordatarias. No es inexacta la división de su contenido en artículos de concesión, promisorios (los más) y pendientes de tramitación ulterior [39]. La indeterminación explicita el deseo de concordia. Por eso, el primer artículo sanciona el restablecimiento del nuncio en sus antiguas condiciones y del comercio (tráfico de dinero y documentos pontificios) entre ambas cortes.

Un sector considerable está destinado a regular las relaciones económicas entre la Iglesia y el Estado, como evidencia de que tales urgencias avivaron el arreglo. A tal efecto, a los tributos habituales y nuevos clericales se suma la concesión inevitable (renovable por quinquenios) de los consabidos 150.000 ducados, a pagar también por el clero. Su carácter teóricamente excepcional —otra cosa sería la práctica— se matiza en el concordato como recuerdo de que por la posible negativa a la prórroga «no se pueda jamás decir que se ha contravenido el presente concordato» (art.7). Al margen de ello, se abre el portillo a la desamortización eclesiástica moderada, capítulo de profundas resonancias durante el siglo XVIII y con cierta tradición preilustrada. Para que el proceso amortizador matizase sus repercusiones en la economía nacional por el aumento progresivo de adquisiciones espiritualizadas y la consiguiente exención del libre comercio y disminución alarmante de alcabalas y derechos reales, Felipe V pidió que cuantas compras y donaciones hubieran caído en manos muertas durante todo su reinado se gravasen con los mismos impuestos que las propiedades laicas. Se accede a la petición, pero sólo desde el día de la firma del concordato y con la condición de que tales bienes no se gravasen con otros impuestos que pudieran afectarlos por «gracias» apostólicas, de que se eximiesen los de fundación originaria y de que la satisfacción de estas cargas nunca se

---

[37] Abundancia de datos: E. DEL PORTILLO, aa.cc.; más concretamente, 24 (1909) 331-39.

[38] E. DEL PORTILLO, a.c., 37 (1913) 40-44.297-309.

[39] Texto: J. TEJADA Y RAMIRO, p.100-105; A. MERCATI, I p.321-27; V. DE LA FUENTE, p.337-43; R. OLAECHEA, o.c., I p.47-48; E. DEL PORTILLO, a.c.: ibid., 19 (1907) 63.

obligara por tribunales seglares, «sino que esto lo deban ejecutar los obispos» (art.8). Guarda también relación con el fin desamortizador la absoluta prohibición y la penalización rigurosa de los testaferros eclesiásticos: se quiere afrontar —otra cosa es que con eficacia— el fraude frecuente de fingir transacciones, donaciones y constitución de patrimonios a nombre de eclesiásticos con el fin de burlar las cargas fiscales que afectarían a los dueños auténticos de los bienes en cuestión (art.5).

Un segundo grupo de artículos se refiere a la reforma de la Iglesia española. Menos originales, atacan capítulos contenidos en la *Apostolici ministerii*, el aumento excesivo de contingentes clericales, el problema vivo de tantas inmunidades locales como entorpecían el funcionamiento normal de la justicia (art.2.4.5.9-11). Y el tercer cuerpo del articulado, el más indefinido, afronta parte de las quejas tradicionales de la nación española contra los abusos de la curia y excesivas competencias del nuncio (art.13-22).

El concordato entero, pero más especialmente el articulado referente a los abusos de la curia, es un modelo de indeterminación y aplazamientos. Por eso hubo de ser confirmado y explicitado después por bulas y breves numerosos y estuvo siempre expuesto —cuando se aplicó— a la interpretación arbitraria de cada una de las partes. Varias cuestiones se remiten a deliberaciones ulteriores, y entre ellas la crucial del patronato. El celebérrimo y vapuleado artículo 23 dejó las cosas prácticamente como estaban, en un intento de salvar la negociación y de salvar las ambiciones de Madrid, puesto que a ello equivalía la remisión de la controversia a las personas deputadas «por Su Santidad y por Su Majestad para reconocer las razones que asisten a ambas partes». Desde el primer momento se pudo prever el fracaso de un texto concordado, no inválido a pesar de las recriminaciones regalistas, pero poco eficaz y en el fondo perfectamente inútil. Debe ser contemplado, pese a todo, como solución circunstancial que tuvo la virtualidad de enderezar las relaciones entre la Iglesia y el Estado por cauces normales, con todas las tensiones propias de tal normalidad.

Los efectos inmediatos de la normalización: presencia del nuncio Valenti Gonzaga en Madrid, investidura de Nápoles para D. Carlos, crecido subsidio clerical, no lograron ahogar las quejas contra lo estipulado y contra lo no concordado. El clero no estaba dispuesto a soportar con el subsidio, con el sometimiento de sus bienes raíces a los impuestos desamortizadores ni con su dinero a los millones del precio del ajuste. En Roma, confesaba Molina, los frailes españoles «han levantado fuertemente el grito, publicando que, con estos golpes que reciben de la Santa Sede, los clérigos y frailes de estos reinos perderán la debida sujeción y devoción que hasta aquí le han tenido, como sucede con los obispos y estado eclesiástico de Francia» [40].

Fueron, sin embargo, los regalistas los francotiradores que contribuyeron mejor a anular la posible virtualidad del menguado concordato,

---

[40] Texto íntegro e intencionado en E. DEL PORTILLO, a.c.: ibid., 17 (1907) 337.

calificado por algún obispo como «ajustamiento capcioso, nulo, indecoroso y lesivo», al que el confesor Rávago verá como «asesinato de la nación española», firmado para saciar la ambición de Molina [41]. Fue la suya una —otra— campaña bien orquestada a partir de los últimos años de Felipe V, en los primeros del reinado siguiente, y orientada a conseguir lo que de verdad interesa a Madrid: el patronato «universal» y la desaparición de las reservas pontificias tan costosas; es decir, la queja dirigida apuntará directamente al nuevo y más positivo concordato que al desafortunado de 1737. Por eso, los ataques mejor construidos, los de Manuel Ventura Figueroa y los de Mayáns, tienen que situarse como prólogo o como justificación del concordato decisivo de 1753 [42].

EL CONCORDATO DE 1753 Y EL CAMBIO DE SISTEMA

El forcejeo por un nuevo concordato es lo que anima las relaciones Iglesia-Estado en la última fase del reinado de Felipe V y en la primera de Fernando VI. El anterior ha dejado demasiadas cosas pendientes, y entre ellas la que se consideraba fundamental para toda mentalidad regalista, es decir, para el Gobierno, e incluso para los interesados en la reforma de la Iglesia española asimilada a la extirpación de los vicios inherentes al sistema de provisión de beneficios desde la curia. El artículo 23 del concordato de 1737, como hemos visto, aplazaba la solución definitiva de la cuestión del patronato (que ya se comienza a decir universal), en su aspecto básico de provisión beneficial, a futuras negociaciones. Se imponía, por tanto, una concordia nueva, menos insatisfactoria para ambas partes que la anterior incompleta y que atacase la raíz de los descontentos.

1. La negociación, complicada

El historiador del concordato, Sánchez Lamadrid, distingue claramente las etapas de la negociación ardua, por cuanto se ventilaba la mutación radical del sistema y hasta las bases financieras de la curia romana. En realidad se trata de un proceso largo, de trece años aproximadamente, dividido en dos fases y espoleado por las inquietudes regalistas españolas, prontas a no respetar en exceso el concordato anterior en alguna de sus cláusulas sustanciales, y por la decisión de Benedicto XIV de llegar a una concordia con el monarca español antes de que se optase por soluciones unilaterales, con riesgo de una ruptura amenazante y temida y que, además, no iba con su talante conciliador.

[41] Las expresiones son del obispo de Ceuta, Martín Barcia, en uno de tantos dictámenes como se dirigieron al Gobierno. Portillo ha aprovechado el Mss. de Santa Cruz, de Valladolid, n.274. La opinión, tardía, de Rávago, en su *Correspondencia*, ed. por C. PÉREZ BUSTAMANTE, p.225.260.
[42] El clima adverso al concordato de 1737 y explicativo del concordato siguiente, cf. en A. MESTRE, *Ilustración y reforma* c.6 y 8; R. OLAECHEA, o.c., I p.47-49; R. S. LAMADRID, *passim;* A. DE LA HERA, o.c., p.42-44.

Una y otra fase se esfuerzan por encauzar la disputa sobre las reservas con un estilo peculiar, transaccional en la primera, claramente concordatario en la última y definitiva.

El primer tiempo transcurre por cauces y argumentos que responden a los hombres del equipo de gobierno de Felipe V de 1741 a 1746. Los radicalismos del cardenal Molina y los escritos de «legalistas» responden con la exigencia del patronato universal del rey ante la insólita oferta de un papa dispuesto a negociar el capítulo, antes intangible, de las provisiones beneficiales. Resuenan todos los ecos seculares de abusos de la curia, de los ríos de oro que de la exhausta España se escapan hacia Roma. Conforme a la dinámica habitual, de nuevo se desata la búsqueda de piezas justificantes, con primas suculentas para sus cazadores; se aprovechan materiales exhumados antaño desde Ambrosio de Morales, y el fiscal de la Cámara de Castilla —competente en este asunto—, Gabriel de Olmeda, redacta un *Informe* con la pretensión de probar el *derecho* que asiste al rey para su patronato universal por los títulos de conquista, fundación, dotación o privilegio. En su *Rimostranza*, decisiva y probadora del inútil empeño de amparar tal derecho real en motivos sólo válidos para los patronatos particulares, poco costó a Benedicto XIV, exquisito canonista e historiador, reducir a la nada, incluso ridiculizar, la argumentación del fiscal [1]. Cuando el plan presentado por Belluga encalló, puede decirse también que fracasó esta primera fase, que manifiesta ya —a tenor del proyecto del cardenal— la posibilidad de la concesión pontificia de todas las provisiones al monarca español, si bien no a título de una regalía inherente a la del patronato universal, sino de graciosa avenencia papal [2].

El cambio de estilo del Gobierno de la España de Fernando VI [3] se deja sentir en las relaciones públicas con la Iglesia. No quiere decirse que se ceda en los planteamientos regalistas ni que se registre una ruptura con los modales anteriores. De hecho, las tareas investigadoras, dirigidas desde arriba, arrecian con fuerza renovada: todo un equipo, agrupado en torno a la Junta del patronato, aglutina a historiadores, eruditos, jurisconsultos excepcionales: Jacinto de la Torre, Morales, marqués de los Llanos, el recién llegado Manuel Ventura y Figueroa, Jover, que firma dictámenes, memoriales, consultas y aprovecha materiales de archivo facilitados por Mayáns, Burriel o por Pérez Bayer. El ministro Carvajal anima el cotarro fecundo, al que el P. Rávago mima desde la fortaleza del confesonario real. A largo alcance, como hemos visto, la tarea de estos eruditos repercutirá en la depuración crítica preconizada por la Ilustración; de manera más inmediata, las discutidas *Observaciones acerca del patronato,* de atribución dudosa a pesar de la firma del confesor, muestran cómo en 1750 las posturas de los ideólogos se encaminan por las veredas del radicalismo y alientan la esperanza

[1] A. Mestre, *Ilustración y reforma* p.369-71.
[2] R. S. Lamadrid, *El concordato español de 1753* p.48-49.
[3] M. D. Gómez Molleda, *Viejo y nuevo estilo político en la corte de Fernando VI:* Eidos 4 (1957) 53-76.

de poder probar por razones históricas la regalía más preciosa de todo el sagrado de la Corona [4].

Todo este ajetreo responde al ánimo negociador que se vive en Roma —más exactamente, en los deseos de Benedicto XIV— y en Madrid. El papa está convencido de la precisión de llegar a acuerdos con los príncipes; concretamente, de zanjar tantas disputas amargas con la corte de Fernando VI, y el Gobierno de éste está decidido a plantear la gama de exigencias desde su techo más elevado. Ambos bregan por la regulación concordataria, en parte nueva, en parte complementaria del arreglo de 1737. Su tramitación, sin embargo, se llevó por caminos distintos y a diversos niveles, en un juego sinuoso de diplomacia dúplice, no inhabitual en casos semejantes.

La vía oficial transcurrió por los cauces normales del nuncio Enríquez y del embajador español Portocarrero cabe la Santa Sede, estando controlada por Carvajal, secretario de Estado. Conecta con las ideas y los afanes de los jurisconsultos de la Junta, se basa en sus infolios a la espera de contraatacar las evidencias derramadas en la *Rimostranza,* se propone como objetivo primario el reconocimiento del patronato universal como regalía, no como concesión benévola del papa. Está en aparente contacto con el P. Rávago, que, en calidad de confesor, se convierte en especie de ministro de Estado para asuntos eclesiásticos, y que en realidad lo que hace es animar a los investigadores y distraer a los diplomáticos, engañados encubridores de apariencias [5].

Poco a poco puede percibirse cómo la correspondencia y problemas evacuados por el cardenal Portocarrero, por el nuncio y por Carvajal se van reduciendo a asuntos triviales y desviados de la preocupación originaria. El nuncio es controlado por el secretario de Estado de Roma; el secretario de Estado español, distraído por sus amigos Rávago y Ensenada; Portocarrero no hará sino el ridículo y el papel de hombre de paja para mantener distante a la curia y disimular el trabajo de zapa del auténtico artífice del concordato de 1753. Cuando éste se haya firmado, Ascensio Morales, un componente más del equipo de investigadores ilustrados y regalistas, felicitará al protector Carvajal por el éxito conseguido, «pues con él ha perpetuado V. E. su digna memoria por todos los siglos venideros, haciendo ver que lo que tantos príncipes y grandes ministros han solicitado vanamente y calificado por inaccesible, lo reservaba Dios para premiar la justificación de V. E.» Morales es un testigo del despiste general. En su respuesta, Carvajal le confesará su decepción y que para nada han servido las investigaciones de la Comisión de archivos ni su propia persona: «No he tenido parte en su logro» [6].

La sinceridad del ministro, extraña cuando todo el mundo trataba de capitalizar el éxito asombroso, no era sino la confesión de que el negocio se había conducido por cauces secretos. En efecto, los protago-

[4] M. Miguélez, o.c., p.186; A. Mestre, o.c. y l.c.
[5] M. B. Cava, *El montañés Francisco Rávago, confesor de Fernando VI. Algunas anotaciones sobre los prolegómenos del concordato de 1753:* Altamira (1974, II) 55-91.
[6] A. Portabales Pichel, *Don Manuel Ventura Figueroa* p.225-26.

nistas del concordato, quienes después del empapelamiento del plan Belluga, y ante la evidencia de la fortaleza de la posición pontificia y de sus argumentos, se decidieron por caminos más realistas, fueron el propio confesor Rávago, amparado en su poder sacro-político; el marqués de la Ensenada, su antiguo amigo el cardenal Valenti Gonzaga, ganado para la causa española, y que logra lo que nadie había conseguido: mantener aislada y en las nubes a la curia, concretamente a su organismo más suspicaz, la Dataría, y el otro plenipotenciario, D. Manuel Ventura y Figueroa, desplazado a Roma para tramitar el concordato, fino gallego, descubierto por Roda y Rávago y alma de toda la negociación secreta. Sus planteamientos están marcados por el realismo y por la voluntad deliberada de huir de los radicalismos ideológicos de «teólogos y legales», como confesaba Ensenada de acuerdo con Valenti. Lo que no quiere decir que desde España no se esgrimiese el fantasma de la ruptura o de la opción unilateral de hacerse con todo, ni siquiera que no se plantease la exigencia del reconocimiento del patronato universal. Pero, si se recurre a tales resortes, sobre todo al último, es sólo como «torcedor», como instrumento de presión «no para concluirlo, sino para facilitar otros puntos», en lenguaje de Rávago.

Todo se hubiera quedado en una de tantas ilusiones de no haber contado con la buena voluntad de Benedicto XIV. Mas es un espectáculo único el ofrecido por la correspondencia de estos protagonistas entre 1751-53; allí se pueden descubrir, entre tantas ocultaciones y recelos mutuos, dobles juegos y bromas, con el galleguismo de Figueroa por víctima; la trama secreta que hilvanó un concordato fraguado en fuerza de intrigas de alto alcance, de bellaquerías, de duplicidades permanentes y del mucho dinero que Ensenada ofrecía con prodigalidad bien medida. En realidad hay que hacer un esfuerzo demasiado violento para no concluir que el secretario de Estado de Roma no estaba comprado en cierto sentido [7].

No es cuestión de seguir paso a paso las sinuosidades, a veces inextricables, de la vía secreta. Lo han hecho Lamadrid, Olaechea y, en tonos apologéticos para su héroe, Portabales. Con tales normas y la habilidad diplomática e intrigante de Figueroa, las negociaciones entraron por un conducto firme, aunque no exento de algún que otro sobresalto, provocado por los recelos y los miedos a filtraciones que podrían destruir todo el entramado. Desde febrero de 1751 se comienzan a presentar al papa proyectos concordatarios que cada vez aspiran a concesiones más amplias en lo sustancial y en la supresión de reservas curiales para la provisión de beneficios. Medio año más tarde (junio 1751), Figueroa puede acudir a Castelgandolfo con el plan, que se traduciría, salvo leves variantes, en el texto concordado. Aclaraciones y retrasos sucesivos se explican por la transcendencia del proyecto. Hasta que, por fin, en 11 de febrero de 1753 se firmó y nueve días después se publicó el documento definitivo, cuidado personalmente por Benedicto XIV, que se

---

[7] R. S. Lamadrid, o.c., p.57; R. Olaechea, o.c., p.119.

encargaría de ratificarlo por bulas y breves posteriores para cortar aplicaciones e interpretaciones torcidas por el nuncio y por la curia [8].

2. Contenidos del concordato

Suele afirmarse que el de 1753 fue una exigencia de lo que el apresurado concordato de 1737 dejó pendiente. En realidad, desde los Reyes Católicos y desde Melchor Cano hasta 1753 no se había hecho sino clamar contra los abusos de la curia en la provisión de beneficios, contra las reservas, con todos sus aditamentos financieros y marañas complicadas, e insinuar la conveniencia de llegar a una regulación definitiva, al estilo del concordato de Francia y del Imperio. Era, pues, una reivindicación secular y real la que se zanjaba en 1753, y por un papa temeroso de que las disputas antañonas y cada vez más agriadas llegasen a un «rompimiento pernicioso y fatal por una y otra parte» (art.3). Los negociadores eran conscientes de la transcendencia de una «empresa —como confesaba Valenti— que espantaría al mismo zar Pedro, cuanto más a un sumo pontífice de setenta y siete años, amante de la paz, celoso de su honor y preocupado, por añadidura, con la idea de dar cuenta un día de sus actos al sacro colegio y a la corte toda» [9]. El ministro Ensenada, con toda la vanidad implícita en tales apreciaciones, animaba a Figueroa, entre otras cosas, a «dar gracias a Dios, porque, no obstante ser gallego, permite sea instrumento y le auxilie para conducir con acierto el negocio más grave y delicado de esta monarquía, en que de trescientos años a esta parte han naufragado, confundiéndose, los mayores hombres de ella» [10]. Miraban hacia atrás; de haber podido hacerlo hacia adelante, sus entusiasmos se hubieran multiplicado, dada la longevidad de que disfrutaría el objeto de sus preocupaciones [11].

Merece la pena el análisis, obligadamente somero, del contenido de un texto afortunado y decisivo en la regulación estable de las relaciones entre España y Roma. Las loas desmedidas —muchas de ellas dirigidas desde el poder o hacia el poder— de aquellos días se encargaron de hacer olvidar dos restricciones notables y que habían gastado tanta tinta y tantas invectivas desde siglos anteriores: el derecho, la regalía del patronato universal y la tan cacareada reforma de la Iglesia (es decir, del clero secular y regular). En cuanto a ésta, se desestimó el detallado proyecto de Figueroa y se deja para mejor coyuntura. La polvareda que levantó la remisión del artículo asenderado del 37 no se registró con motivo del aplazamiento de lo que se había erigido en excusa de otros intereses, a pesar de la firme voluntad que el papa Lambertini manifiesta «a interponer para el feliz éxito [de la reforma] toda aquella fatiga

---

[8] Cf. estudio detallado de los proyectos anteriores en R. S. LAMADRID, o.c. Texto concordado: J. TEJADA Y RAMIRO, o.c., p.164-70; *Semanario Erudito de Valladares* t.25 p.5-20; A. MERCATI, p.422-37.
[9] R. S. LAMADRID, o.c., p.72.
[10] A. PORTABALES PICHEL, o.c., p.159.
[11] I. MARTÍN, *En el segundo centenario del concordato español de 1753:* Revista Española de Derecho Canónico 8 (1953) 745-46.

personal que *in minoribus,* tantos años ha, interpuso, en tiempos de sus predecesores, en las resoluciones de las materias establecidas en la bula *Apostolici ministerii»* (art.4).

Mucho más sensible debió de resultar a los ideólogos la renuncia implícita a la regalía del patronato universal, o como quiera apellidarse el derecho de patronato sobre todas y cada una de las iglesias españolas por tantos títulos. El gozne de la negociación había partido, sin embargo, de un planteamiento práctico y del abandono progresivo de las posiciones doctrinarias. Como Benedicto XIV no se mostraba decidido a ceder en los derechos viejos de la Santa Sede, se optó por la vía pragmática preconizada por el equipo secreto (art.3). Por ello mismo, las expresiones concordatarias, en la parte de exposición de principios, se matizan con la prudencia más extremosa y medida. Como conclusión de todo ello, se reconoce el *patronato real* preexistente sobre las iglesias de Granada y de las Indias, pero se niega el derecho al *universal,* que ni ahora ni después, en relación con iglesias y beneficios, detentarían los monarcas españoles. Lo que se consigue en el concordato, tras insistir en el carácter de *pretendido derecho,* es la subrogación del derecho pontificio (no real) a la nómina (nombramiento), presentación y patronato de beneficios, antes reservados a la Santa Sede y que ésta proveía en sus meses apostólicos (art.1.5.6.13.14.16). «No se concedió —concluye Lamadrid—, por consiguiente, el patronato universal, ni siquiera se reconoció éste como basado en los derechos de conquista, fundación o dotación, sino que fue únicamente una concesión gratuita de la Santa Sede —lo más antagónico al concepto de regalía soberana, añadimos nosotros—, y, como tal, limitada en la forma que deliberadamente fue elegida, o sea, la de subrogar al rey el derecho de las reservas» [12].

A pesar de estos límites, se explica perfectamente el júbilo de los regalistas, y, en general, de los españoles no afectados en sus intereses, por la firma del concordato. Supone, en primer lugar, la desaparición de las reservas en la provisión —la confirmación es otra cosa— de dignidades y beneficios eclesiásticos. Propiamente, se ha universalizado el modelo de las iglesias de Granada y las Indias. En consecuencia, y una vez que los monarcas, desde Carlos V, gozaban del privilegio de presentación de obispos, arzobispos e incluso de algunas dignidades [13], en adelante se les acuerda «perpetuamente el derecho universal de nombrar y presentar indistintamente, en todas las iglesias metropolitanas, catedrales, colegiatas y diócesis de los reinos de las Españas que actualmente poseen, a las dignidades mayores *post pontificalem,* y a las demás dignidades en las catedrales, y a las dignidades principales y demás en las colegiales, a los canonicatos, porciones, prebendas, abadías, prioratos, encomiendas, parroquias, personatos, patrimoniales, oficios y beneficios eclesiásticos seculares y regulares con *cura et sine cura,* de cualquiera naturaleza que sean... en los meses apostólicos..., y, en el caso de vacar los beneficios en los meses ordinarios, cuando se hallan vacantes las

---

[12] R. S. LAMADRID, o.c., p.134.
[13] G. MAYÁNS Y SISCAR, *Observaciones,* ed. TEJADA Y RAMIRO, p.208.

sillas arzobispales y obispales o por cualquier otro título». Lo mismo que con las dignidades, se hace con los beneficios: a los reyes se les confiere el derecho universal de su presentación, contra las reservas que antes detentaban la Santa Sede, el nuncio y algunos cardenales u obispos en meses apostólicos (art.13-14).

Indudablemente los artículos citados constituyen la esencia del concordato. Hay que pensar que no sólo los obispos, sino todos los elementos del sistema beneficial, de dignidades, se ponen en manos del poder civil. Es cierto que siguen limitadas tales concesiones por los derechos episcopales de presentación en los meses ordinarios y por los intangibles de los señores laicos sobre iglesias y capellanías bajo su patronato; pero la masa beneficial que se transfiere al rey le capacita para atacar la soñada (al menos por algunos) reforma en profundidad: la provisión de beneficios —así lo espera el regalista Mayáns— se orientará hacia las «personas más doctas y virtuosas», y repercutirá en «que las religiones monásticas volverán a su primitiva observancia», «las universidades de España debemos confiar que serán tan célebres como en los tiempos que más florecieron» (y aprovecha la ocasión para repetir su conocido ideal universitario) [14]. Por otra parte, y dada la extracción general de la jerarquía, se reafirma el instrumento poderoso para crear un alto clero adicto al sistema del despotismo ilustrado. Carlos III podrá disponer de elementos decisivos para sus programas, y si algo extraña en los obispos, es que no se mostraran tan regalistas como hubiera cabido esperar una vez que la Iglesia perdió su libertad —si es que de verdad la tenía— para nombrar a los beneficiados.

El aparente perjuicio de los obispos al suprimir la alternativa de los dos meses se compensa sobradamente con la extirpación de reservas en favor del nuncio y de los cardenales, de las vacantes *in curia,* etc. Se trataba de solucionar la situación, no excepcional, de los casos de «prelado que en veinte años no había logrado proveer una media ración», como acotaría uno de tantos comentadores de estas cuestiones [15]. Además de alejar injerencias ajenas a la del monarca en la provisión de beneficios, el concordato insiste de forma tajante en la exclusiva jurisdicción que sobre iglesias y personas detentan los obispos, a quienes en todo caso compete la institución y colación canónicas (art.15.16). Se valora, por tanto, la jurisdicción episcopal, y no parece desviada la observación de Olaechea al ver en ello «el vivero mejor abonado para el fomento de brotes episcopalistas» [16], ya que en realidad nunca se transcendió de brotes que no llegaron a madurar ni en los momentos más propicios finiseculares.

Es difícil evaluar las piezas que se transfirieron al monarca en virtud del concordato. Lo cierto es que antes, al margen de las mitras, de los beneficios consistoriales con constancia en la Cámara de Castilla, de los

[14] ID., ibid., p.192.
[15] La queja proviene del tratadista J. A. GONZÁLEZ DEL CASTILLO. Cf. R. S. LAMADRID, o.c., p.113.
[16] R. OLAECHEA, o.c., p.150.

de unas cinco catedrales, poco más era lo que pertenecía a la provisión del tan decantado «patronato universal» o, más propiamente, patronato real. De golpe, a partir de 1753, el monarca se encontraba con la —al menos en teoría— libre provisión de 50.000 beneficios eclesiásticos. Más de 20.000 eran beneficios simples o capellanías con rentas a veces escuálidas; pero otros, más de 12.000, eran canonicatos o prebendas bien dotados, algunos opulentamente dotados, y, entre ellos, el número de primeras sillas, que pasaban del centenar. El logro de la presentación de estas primeras sillas se celebró por los enterados por casi tan ventajoso como la «que obtuvo Carlos V de los Obispados y beneficios consistoriales» [17].

Esto pone en la pista de la vertiente económica del concordato, puesto que pesó desde los planteamientos iniciales. A partir de 1753 se liberó todo este cúmulo de beneficios de las reservas que pesaron tradicionalmente sobre sus frutos: quiere decirse que los ingresos producidos por tales beneficios se convirtieron en netos al quedar abolidas las *pensiones* impuestas sobre ellos, así como las célebres *cédulas bancarias*. Es posible que hoy día diga poco tanto lo uno como lo otro; hasta entonces, la pensión sobre beneficios eclesiásticos se había convertido en un *modus vivendi* para muchos españoles (los extranjeros no tenían ya acceso a tales premios), en tantas circunstancias sin relación alguna personal ni local, ni por supuesto pastoral, con el beneficio en cuestión, y sí con tantas pretensiones en Roma, la dotadora, y con la más genuina picaresca. Cuando contemos con estudios serios sobre la economía de los obispados podrá medirse en su justo alcance material —y pastoral— lo que el hábito de las pensiones suponía, y será posible también calibrar la transcendencia del cambio operado en 1753 con la «extinción para siempre del uso de imponer pensiones». En cuanto a las cédulas bancarias, la Dataría sufrió un golpe en sus emolumentos, pero quizá repercutiese más directamente en los bancos romanos que negociaban esa especie de adelanto sobre los ingresos beneficiales de hasta los seis primeros años de su disfrute, hipotecadores de beneficios y personas, fuentes constantes de quejas inveteradas y justificantes de tantas invectivas contra la extracción de dinero español hacia Roma (art.7.15.19).

A caballo también entre la economía y la pastoral, aunque más relacionadas con aquélla que con ésta, las aboliciones de los *espolios,* con obispos desheredados de por vida; de los *frutos de vacantes,* sobre los que se lanzan los colectores pontificios desplegados por la Nunciatura, repercutirán en el sector de la asistencia social, en cuyo beneficio se habrían de invertir. Con ellos se eliminaba todo un sistema impositivo y gravoso de *anatas, medias anatas, quindenios,* así como los acostumbrados recursos de resignas de beneficios en favor de un tercero, de permutas, de renuncias, de designación de coadjutorías con derecho a sucesión, resortes habituales hasta entonces para favorecer a deudos o satisfacer compromisos, con las consiguientes componendas a pagar en la curia

[17] R. S. LAMADRID, o.c., p.136, donde pueden hallarse evaluaciones del monto material de tales concesiones.

por las dispensas de edad, de estudios, de tantos impedimentos como solían existir para el desempeño de la función correspondiente, cuando no para la exención de tal cumplimiento (art.16.17.20).

Las cláusulas de compensación confirman —si fuera preciso hacerlo— el planteamiento económico del acuerdo, así como el deseo de satisfacer de alguna manera justa las forzadas cesiones de la curia. Tras muchos y oscuros tanteos, después de contrastar los crecidos «presupuestos» de ingresos anuales por el cardenal datario con los más rebajados que se manejan desde Madrid, se llega a la fijación de las indemnizaciones que España tendría que pagar a cambio del cierre de los míticos ingresos por tantos conceptos. No puede verse como compensación económica la nómina de 52 beneficios que Benedicto XIV se reservó sobre una treintena de diócesis: salvo uno, toledano, el resto no entrañaba sino el valor simbólico de mantener la jurisdicción pontificia y confirmar el sentido de la cesión del patronato «universal» con las limitaciones voluntarias. Por otra parte, tales beneficios debían ser provistos siempre en españoles. El concepto de restitución por las obligadas cesiones materiales de la curia en sus cesiones financieras gravita en los últimos artículos del texto concordado. España regateó, más Figueroa que Ensenada: el rumboso ministro de Hacienda estaba convencido de la transcendencia del negocio y de «que maña y ochavos son lo que hacen falta en Roma»; nunca supimos expender a tiempo diez escudos, ni los teníamos tampoco, porque hemos sido unos piojosos, llenos de vanidad e ignorancia»[18].

En definitiva, se estipularon las compensaciones, bastante generosas a decir verdad, aunque no suficientes como para acallar el despecho de la Dataría. España compensaba a la Santa Sede con sumas crecidas en oro, y Figueroa se encargaría de hacer relumbrar su brillo:

	Capital de compensación (escudos)	Renta anual al 3 % (escudos)
Por expediciones y anatas	310.000	9.300
Pensiones y cédulas bancarias	600.000	18.000
Espolios y frutos	233.333	7.000
Al nuncio	—	5.000

Este era el costo público, oficial, del concordato. Mas también corrieron escudos secretos en concepto de regalo, «pues ésta es la llave que ha de abrir todas las puertas», y porque Ensenada aconsejó a Figueroa que abriera la mano. En consecuencia, y bajo cuerda, el cardenal Valenti recibió el obsequio de 95.000 escudos, 36.000 el papa, 6.000 su nepote y 13.000 el datario (para que se callase), lo que con el resto de las propinas derramadas superó la cifra de 174.000 escudos romanos en total[19]. Conforme a las sugerencias del agudísimo Figueroa, el erario regio no tardó en reintegrarse estos gastos generosos con los ingre-

[18] A. PORTABALES, o.c., p.164.
[19] M. MIGUÉLEZ, o.c., p.443-45; A. PORTABALES, o.c., p.168.170.214-15.

sos provenientes de las vacantes, sin temor a los cánones inmunistas, puesto que, según el plenipotenciario, «no pueden prohibir que el legítimo acreedor secular cobre de las rentas de las iglesias lo que le deben las iglesias».

Por tanto, de nuevo el clero se convirtió en pagano principal de un acuerdo que resultó decisivo en la historia de las relaciones Iglesia-Estado, que reguló la dinámica beneficial de forma perdurable, pero que tuvo mucho de operación financiera, en la que, en frases de Ensenada, fueron fundamentales el «juicio con honrada bellaquería» de Figueroa y el «Don Dinero» del brillante ministro de Hacienda. Ciertamente, como observa airado Miguélez, por este logro indudable del regalismo práctico, «el rey se puso la tiara y los ministros oficiaban de obispos *in partibus infidelium»;* pero Roma se cobró opulentamente sus cesiones [20].

3. **Significado del concordato y las reacciones dispares**

El día de la firma del concordato, de nuevo vuelve a decir su cordial enemigo Miguélez, «fue célebre en los anales del regalismo»; con su ratificación se sellaba un «medio muy hábil de formar una Iglesia independiente, supremo anhelo de regalistas y jansenistas». Don Vicente de la Fuente, que lo mira con ojos menos hostiles, quizá se acerque más a la realidad cuando acota que «causó una revolución casi completa en la disciplina de la Iglesia de España», que con él se sustrajo «el pretexto a los principales clamores de los regalistas» y que «la Corona ganó mucho, pero la disciplina pura de la Iglesia hispana se mejoró poco [21]. En realidad, como hemos podido comprobar, el acuerdo fue un rotundo fracaso de la ideología regalista más radical, no se enfrentó con la otra vez aplazada reforma, pero puso en manos de los monarcas el instrumento necesario para realizarla cuando los programas del despotismo ilustrado lo convirtieran en protagonista de las iniciativas reformistas. Por el momento, lo que en 1753 se firmó fue, «ante todo y sobre todo, un concordato *beneficial,* en el que se derogaban las reservas en España y con el que, a causa de la verdadera revolución económica que llevaba al sistema financiero de la curia romana, habían de sufrir un golpe de muerte las reservas apostólicas de la Iglesia» [22]. En efecto, si no se olvida que España era el predio de las reservas denostadas, podrá constatarse la repercusión de una medida de este tipo en la aniquilación de un sistema tan aborrecido como inveterado.

Por eso nos explicamos las cascadas de entusiasmo que avivó en casi todos los ambientes españoles, la sensación liberadora de que «ya no somos esclavos, que mudamos de sistema»; el pasmo de los que «creen que es más conquista ahuyentar los romanos de España que la expulsión de los moros», como escribía Ensenada a Figueroa [23]. Los inconta-

---

[20] M. MIGUÉLEZ, o.c., p.198ss.446-47.199.211.
[21] M. MIGUÉLEZ, o.c., p.205.210; V. DE LA FUENTE, o.c., p.52-53.
[22] R. S. LAMADRID, o.c., p.140.
[23] M. MIGUÉLEZ, o.c., p.448; A. PORTABALES, o.c., p.186; R. OLAECHEA, o.c., I p.151.

bles *Comentarios* que se lanzaron, la mayor parte de ellos a vuelapluma y con miras logreras, en aquellos meses son testigos del fervor con que intelectuales y regalistas recibieron y glosaron la noticia. De la repercusión en sectores más populares se hace eco el buen observador P. Isla al hablar una y otra vez de la borrachera colectiva de los ánimos: «Aquí están todos locos con el nuevo concordato»; «aquí no se habla más que de concordato, y aun de eso no se habla: porque desde que se recibió la noticia, el que dice más es abrir y cerrar la boca como el mascarón del órgano de Palencia»; «hasta los fanáticos están locos, y todos creen que sueñan; yo no lo soy, y estoy borracho». Claro que el P. Isla puede hablar en nombre de su interés, puesto que lo hace con cierta xenofobia halagadora para Ensenada y Rávago, para demostrar la valía de los gobernantes españoles, más duchos que los franceses, y ahí está la prueba de que su *Pragmática* no merece ni descalzar los zapatos a nuestro concordato [24]. Hasta se vio como lo más natural que Ensenada fuese honrado con la oferta del capelo; honor que declinó, entre otros motivos, porque no tenía, al parecer, vocación de cardenal [25].

Con el calor de los entusiastas contrasta la reacción de los perjudicados. Aunque en la propaganda antiensenadista, una vez caído, se le echase en cara al ministro los gastos que supuso el acuerdo y Wall viniese a decir que había sido mayor el ruido que los logros efectivos, no consta, sin embargo, que en España, concretamente en Madrid, se reaccionase por el momento contra el concordato. Quizá el mayor defraudado fuese Carvajal, aislado de las negociaciones, que se enteró de su curso cuando todo estaba ya consumado. Más desairado, lindando en el ridículo, fue el papel desempeñado por el otro sorprendido, el embajador español Portocarrero, malamente consolado por el P. Rávago. Fue aquí, en Roma, donde las iras se desataron: Pasquino fue otra vez testigo de los ataques al papa, a Figueroa, espiado en todos sus movimientos por miedo a otro concordato, y al cardenal Valenti, vituperado como poco menos que traidor. Los cardenales, también mantenidos al margen, manifestaron respetuosamente su descontento. Indudablemente, el sector más afectado fue el de los organismos que entendían y negociaban la trama beneficial: Dataría y Cancillería. Había demasiados negocios montados en torno a la curia a base de dinero español, y no podía sino inquietarse el mundo de banqueros, tenedores de títulos —expedicioneros, copistas, falsarios, vivientes y malvivientes al amparo de la tramitación beneficial—, para que todo este enjambre no se agitase [26].

Como contrapartida, los miles de españoles que deambulaban por Roma, en su gran masa eclesiásticos de todo tipo y de todo pelaje a la espera de beneficios, pensiones, dependientes antes de la provisión curial, tuvieron que salir de la Ciudad Eterna en número indeterminado.

[24] R. Olaechea (o.c., I p.107-108) ha recogido este florilegio del P. Isla.
[25] A. RODRÍGUEZ VILLA, *Don Zenón de Somodevilla, marqués de la Ensenada* (Madrid 1878) p.179.
[26] Entre tantos testimonios de este estilo, cf. los recogidos en la *Correspondencia reservada e inédita*, ed. PÉREZ BUSTAMANTE, p.189-90.

Desde 1753, y a pesar de la legislación en contra, este mundo variopinto y picaresco se trasladó a Madrid al calor de la Cámara de Castilla, con sus miles de beneficios a repartir. La Cámara, desbordada y sin el montaje ni la experiencia romanos, no se hallaba preparada para la evacuación ordenada de tanto expediente. Tardaría en organizarse, y en la sociedad madrileña el enjambre de pretendientes eclesiásticos engrosó la colmena ya agitada de los vagabundos más o menos encubiertos. El motín de Esquilache facilitaría la excusa esperada para depurar algo éstos fondos una vez que las culpabilidades comenzaron a canalizarse hacia el clero y las acciones policiales de Aranda se centraron sobre los forasteros.

De todas formas, sería inexacto creer que por el concordato del 53 se solucionó del todo el contencioso constante entre la Santa Sede y España o que se transfirieron al monarca facultades de control de toda la Iglesia. Repetimos que los aspectos jurisdiccionales quedaron intactos. La misma pretensión de patronato universal no transciende de una expresión inadecuada, si se tiene en cuenta que obispos y patronos eclesiásticos siguieron disfrutando de sus beneficios correspondientes y que la Nunciatura mantenía aún competencias de tribunal de apelación. La vida eclesiástica, por otra parte, no se cifraba sólo en la provisión de beneficios, pese a la propaganda hábilmente desplegada por el Gobierno. Capítulos más universales, como gracias de todo tipo o las inevitables dispensas matrimoniales, por ejemplo, continuaron en el predio de las reservas curiales y tramitándose en Roma, de la que no desaparecieron el sinfín de agentes particulares legítimos o falsarios, el «enjambre increíble» de expedicioneros que pulula aún en 1778 [27], a despecho de la Agencia de Preces estatal. Tendrá que pasar un cuarto de siglo para que en Madrid se cree la Agencia General de Preces, con resultados dudosos, y para que la Nunciatura vea recortadas sus jurisdicciones delegadas con la creación de la Rota. Mientras tanto, Gándara, Roda y Azara, desde Roma, además de quejarse de todo, se verán forzados a atisbar los resquicios posibles por los que las habilidades curiales puedan filtrarse para mermar las posibilidades del concordato y a seguir gritando contra los agentes de Madrid, que no se muestran tan solícitos como ellos en la salvaguarda de las regalías de la Corona ni en cortar el fluir de dinero español hacia la Santa Sede.

IGLESIA Y ESTADO EN LA ESPAÑA DE CARLOS III

Las relaciones entre el Estado y la Iglesia en los tiempos de Carlos III se mueven en torno a las dos clásicas reivindicaciones: control de la Iglesia española en los organismos e instituciones que puedan albergar posibilidades de acción antirregalista y, en relación con Roma, en completar lo que el concordato del 53 dejó pendiente. Nuevos motivos, como la expulsión y la abolición de los jesuitas, se convierten en objeti-

---

[27] F. GONZÁLEZ Y GONZÁLEZ, *La Agencia General de Preces a Roma.*

vos primordiales, casi obsesionantes para aquellos gobiernos ilustrados, pero perfectamente explicables en la ideología y praxis del despotismo, irreconciliable con lo que el cuerpo de la Compañía representa —o se le hizo representar— como compendio de fanatismos ultramontanos y arsenal de ideas y prácticas incompatibles con la idea y el funcionamiento del Estado.

1. Las relaciones con Roma

Fuera de paréntesis cortos, este largo período (1759-89) está presidido por la tranquilidad relativa, los forcejeos y resistencias normales de la política habitual, y hasta por signos de cordialidad, más o menos enturbiada a tenor del humor del monarca (o de quienes le conducen), de la coyuntura internacional y del talante del papa respectivo, pieza que se intenta cobrar por todos los resortes posibles.

1) *Personas, instrumentos y logros de la política eclesiástica.*—Para contar con pontífices afectos a los intereses españoles, se acentúa la intervención del poder civil en los conclaves, aunque sea a base de todo tipo de presiones y de aniquilar la inexistente libertad de los cardenales electores. Es una práctica ya vieja y contemplada con la mayor naturalidad, pero que ahora se vigila con especial habilidad. Carlos III se esfuerza por que a la muerte del inflexible Clemente XIII (1769) no se repita el fracaso de las influencias y maniobras que acompañaron su elección diez años antes. Dados los intereses que se mueven en el conclave, los forcejeos eficaces de los embajadores borbónicos y que casi lo único que se perseguía —además del logro de un papa débil— era un pontífice resignado (ya que no decidido) a borrar de la Iglesia a los jesuitas, la elección del cardenal Ganganelli, Clemente XIV, se vería siempre como la victoria del antijesuitismo, de intereses políticos y compromisos turbios de la diplomacia española. Será uno de los pontífices más atacados por los sectores afectos a la causa jesuítica, así como recordado con más afecto por las élites reformadoras e ilustradas. Un dato muy significativo de su talante conciliador y de su inteligencia con los poderes civiles fue la decisión de abandonar el rito anual de la publicación de la bula *In coena Domini,* elenco de anatemas inmunistas ineficaz a las alturas de 1773 [1].

También en el conclave siguiente (1774-75) mediaron compromisos, promesas, hasta amenazas, por parte de Moñino, en el sentido de que, «si no hacen un papa prudente, nos acordamos de la disciplina de nuestros concilios toledanos, pensaremos en todo lo que podamos hacer y que se hacía en los siglos VI y VII, ahorraremos dinero de todo género de bulas y sacudiremos nuestra esclavitud, sin perjuicio del primado de

[1] Gráficamente documentadas las acciones de la ajetreada elección en R. OLAECHEA, o.c., I p.352ss. Sobre la bula *In coena Domini* es clásico el tratado de J. L. LÓPEZ, *Historia legal de la bula llamada «In coena Domini».* Escrito a fines del XVII, se edita con todos los honores en Madrid en 1768, con un prólogo actualizador, seguramente de Campomanes (cf. SEMPERE Y GUARINOS, *Ensayo de una biblioteca española de los mejores escritores del reinado de Carlos III* t.2 p.77). Sobre los conflictos con y por la bula en el XVIII, V. DE LA FUENTE, o.c., p.113-17.

San Pedro». En aquel conclave trabajoso —se necesitaron cinco meses y 265 escrutinios—, las presiones de los gobiernos se centraron en conseguir un papa «que, imitando la conducta de Clemente XIV, mantenga la paz en la Iglesia, no perturbe los derechos de las coronas, condescienda a las justas instancias de los soberanos y no innove en lo determinado por su antecesor en asunto a jesuitas, antes bien lo lleve a entera perfección», como explicitaba Grimaldi al napolitano Tanucci. Otra vez se movió Moñino con toda su brillante habilidad, y, desde el punto de vista histórico, la elección de Pío VI fue el resultado de la diplomacia española de nuevo y un éxito clamoroso de los regalistas contra los romanistas y filojesuitas _zelanti_. El cardenal Braschi prometió reiteradamente la fidelidad a este programa conciliador heredado. Por eso, sus primeras expresiones serían de gratitud hacia el Gobierno, que «fue el instrumento de esta obra»; y, por ello, el cardenal Solís, otro artífice del triunfo poco antes inesperado, podía decir: «El papa nos es muy inclinado, y Moñino hará de él lo que quiera». Las horas amargas del último Pío VI probarían la fidelidad de Madrid hacia su dignidad y su persona[2].

Por parte de España, el monarca, cogido entre sus ministros, sus juristas y su conciencia, no se sabe muy bien qué iniciativa personal pudo tener en la difícil diplomacia con la curia. La revocación de la pragmática del _exequatur_ en 1763 refleja una actitud dubitativa; después del pánico de los motines del 66, la expulsión de los jesuitas y otras decisiones descubren un rey inflexible en la aplicación de sus regalías. La renovación de la citada pragmática en el 68, su postura ante el _Monitorio de Parma_ (¿qué fue suyo, qué de Grimaldi, Campomanes y compañía?), pueden verse como indicadores de un comportamiento riguroso.

Más eficaz que la del monarca —al menos, mejor conocida— fue la labor de su equipo gubernamental. Grimaldi fue más afortunado que Wall, al contar aquél con un grupo homogéneo y decidido: Aranda al frente de Castilla tras los motines, los fiscales Moñino y Campomanes, Roda desde Gracia y Justicia, más los tres últimos que el flamante aristócrata, incómodo entre golillas, encauzarán las relaciones con Roma de forma poco dispuesta a concesiones a los curialistas. La etapa ministerial de Floridablanca se caracterizará por la ausencia de tensiones y la extraña tranquilidad. Todos están convencidos de que la batalla a librar tiene que centrarse en la aceptación del poder soberano y absoluto del monarca, poder irreconciliable con injerencias pontificias en las competencias temporales, en la mayor parte de las mixtas y en buen sector de las espirituales indirectamente relacionadas con aquéllas[3].

[2] Documentación directa acerca de las manipulaciones y movimientos del Gobierno en una elección que los enemigos del papa llegaron a tachar de simoníaca, cf. en E. Pacheco y de Leyva, _El conclave de 1774 a 1775. Acción de las cortes católicas en la supresión de la Compañía de Jesús según documentos españoles_ (Madrid 1915). Los textos aducidos, en p.112-13. 80-81 508 512 122 ss 218 504 514 523.
[3] Sobre el talante de estos personajes cf. V. Rodríguez Casado, _La política y los políticos en el reinado de Carlos III_ (Madrid 1962).

Las relaciones se canalizan por la Embajada y el nuncio, así como por las Agencias de Preces en Madrid y en Roma. No se sabe demasiado de los embajadores, aunque los trabajos de Corona y de Olaechea vayan despejando la oscuridad. Su actividad y sus personas han sido transmitidas por las relaciones de los agentes de preces y los del siglo XVIII rara vez se muestran imparciales y desapasionados al enjuiciar a sus superiores. Sin embargo, las embajadas de Carlos III saltan de la atonía general, y los nombres de Tomás de Azpuru (1765-71), de Floridablanca (1772-76) y de Azara (1784) compensan de sobra la oscuridad de Orsini o del propio y desairado Labaña. Los logros de este tiempo son la mejor muestra de su talante y de su función [4].

Más activos e insobornables a expectativas cardenalicias por el hecho de haber sido laicos fueron los personajes encargados de la Agencia de Preces, en un reinado que, como el largo de Carlos III, tuvo la fortuna de ser llevada, en su mayor y mejor tiempo, por dos hombres de excepción: Roda y Azara. La lectura de sus comunicados puntuales deja la impresión de encontrarnos ante dos mastines rabiosos por el celo de las regalías del «amo» y contra la pasada barbarie de las rapiñas curiales. De sus mordiscos acerados no se libra casi nadie, si es que alguien se libra; desde su bastión romano —aborrecido o predilecto— gritan contra los peticionarios, los agentes particulares de obispos y señores que dejan dinero español a espuertas en Roma; claman contra la ineptitud de sus corresponsales madrileños, la Cámara o la propia Agencia; se ensañan con los embajadores; a veces, con la persona del papa (nunca contra lo que representa).

Roda y Azara combinan su humor blanco y negro, su ira, con la habilidad, arriesgada en cuanto salta su franqueza aragonesa. Porque tuvieron que ser hábiles para vencer en la guerra de recelos entablada con los sutiles e interesados curialistas, atentos siempre a erosionar el concordato de 1753, lo mismo que los españoles se mueven como janos multifrontes para que no se deteriore el instrumento concordatario y para llenar los huecos de su articulado.

Al margen de reformas materiales en la Agencia, los aragoneses lograron mantener la vigencia del concordato contra las artimañas curiales y Azara consiguió que —dentro de lo posible— las solicitudes y concesiones de dispensas, indultos y postulaciones se canalizasen desde 1778 a través de las oficinas de la Agencia General de Preces a Roma. Se duplicaban los organismos en Madrid, puesto que, junto al antiguo agente real (Cámara de Castilla) para asuntos beneficiales, se establecía esta Agencia General (Secretaría de Estado); pero se asentaba un golpe duro a la nube de agentes y expedicioneros particulares, imposibles de controlar [5]. La relativa unificación de trámites y despacho de solicitudes

[4] C. E. CORONA BARATECH, *José Nicolás de Azara, un embajador español en Roma* (Zaragoza 1948); J. YANGUAS MESSÍA, *La Embajada de España en Roma durante el siglo XVIII* (Roma 1946); J. M. POU Y MARTÍ, *Archivo de la Embajada de España ante la Santa Sede. Indice analítico de los documentos del siglo XVIII* (Roma 1921).
[5] *Noviss. recop.* ley 12 t.3 l.2. Cf. la exposición detallada de la nueva Agencia en F. GONZÁLEZ Y GONZÁLEZ, *La Agencia General de Preces a Roma.*

de Agencia a Agencia se dejó sentir en el renglón más socorrido y costoso, el de las dispensas matrimoniales, convencido de que «a menos ladrones, menos hurtos». A este fin contribuyó la regulación —rebajada— de tarifas y del sistema anárquico de sus respectivas transferencias, solución urgente para encarar las especulaciones que se habían montado en beneficio de cambistas, banqueros, explotadores regulares o clandestinos y de la misma curia.

Tales iniciativas —entre otras que no hay por qué enumerar— tienen que encuadrarse dentro del espíritu regalista, tendente al control de los documentos romanos, de la tradicional acrimonia contra la bien probada rapacidad de los curiales, contra «los agravios de la Dataría a la nación española», y en el anhelo de cegar las vías de «todo el dineral que nos chupan esas lechuzas» [6]. Mas fue la erección de la Rota española el logro más significado del período subsiguiente a las tensiones de 1768.

Era un viejo deseo del regalismo, incapaz de comprender la anomalía de las competencias económicas (en calidad de «colecturía apostólica») y la jurisdicción contenciosa (tribunal de primera instancia para causas numerosas, y de apelación en otras sustraídas a obispos y metropolitanos) que se habían ido acumulando en el nuncio, representante diplomático y legado *a latere* a la vez. Los «abusos de la Nunciatura» se trocaron en uno de los más socorridos y clásicos *gravamina* de la nación, y el clamor por su reforma materializa el arraigado e incumplido anhelo del Gobierno. Contra este carácter mixto del nuncio permanente (algo «que ni se admite ni se recibe en reinos comarcanos») claman los Reyes Católicos en 1478, porque «mucho dinero, oro e plata se saca de nuestros reinos, e aun porque con ellos se deroga nuestra preeminencia». No puede formularse mejor el doble motivo (económico y regalista) de la batalla que se libra con el arma de quejas e invectivas desde las Cortes, Consejo Real, Consejo de Castilla, por los tratadistas y los mismos monarcas amenazadores como Felipe II. La ofensiva se encadena a lo largo del siglo XVII en Chumacero y Pimentel, en las juntas al efecto, en momentos de tensión, en las negociaciones concordatarias de 1717 y 1737, sin que nada se consiga.

En parte, las voces callaron cuando con el concordato de 1753 se cortó de raíz el campo de acción de la Colecturía Apostólica, anacrónica y exclusiva de la Nunciatura en España. A partir de entonces, los esfuerzos se centraron en la supresión de sus atribuciones contenciosas, en campañas sistemáticas secundadas por la actitud colectiva del episcopado y propiciadas por la «guerra» del *Monitorio de Parma*. Campomanes y Roda arrecian desde Madrid en el proyecto, expresado castizamente por Azara: «Lo del tribunal de la Nunciatura es ya vergonzoso que se sufra, y si de esta hecha no lo cierran ustedes de veras, tiña tendremos para *in eterno*. Por Dios, promueva usted lo que me escribe, que estamos bien sin tal señorito en Madrid. Felipe II lo quiso hacer, porque en su

---

[6] Es imprescindible —y única— la tan citada monografía de R. OLAECHEA. Cf. concretamente II p.397-447.

tiempo era muy moderna esta moda de nuncios fijos 'cum fascibus et securibus et lictoribus'; pero hizo en esto como en lo demás, esto es, nos echó a perder para siempre» [7].

Como se ventilaba el pleito fundamental de que las causas se sustanciasen y concluyesen en España, se explican los avatares de la penosa negociación. Fue preciso condicionar la entrada del nuevo nuncio a la concesión pontificia, la buena voluntad del condescendiente Clemente XIV, burlar a los curiales y que Moñino se encargase del asunto para que en 2 de septiembre de 1773 se despachase el breve *Administrandae iustitiae* (26 marzo 1771) [8]. Monseñor Luigi Valenti Gonzaga podía emprender su viaje a su destino madrileño con su jurisdicción recortada y comenzaría a funcionar el tribunal español de la Rota con organización especial y con esferas de competencia más amplias que las posteriores, puesto que alcanzaba a causas civiles, a los exentos, apelaciones de metropolitanos y sufragáneos e incluso causas criminales, pero todo bajo el control real de la potestad regia a pesar de que estuviese presidido por el nuncio [9].

Fue una victoria sonada del regalismo, coincidente en sus quejas con los obispos y, es de suponer, con el pueblo, víctima del centralismo romano. A pesar de las lamentaciones del nuncio, de los enfados del radical Campomanes, quejoso de que no se había conseguido el máximo de las aspiraciones, quejoso de los emolumentos elevados de los miembros del tribunal español y quejoso de todo en definitiva. No le faltaba razón desde su posición ideológica: no había sido el de la Rota un logro de la regalía natural del monarca, sino una concesión de Roma. Advirtamos que un tribunal supremo de esta índole fue también especialmente sensible a la coyuntura de las relaciones Iglesia-Estado casi desde su mismo nacimiento; ahí están, como muestra, las suspensiones sufridas hasta la segunda república española [10].

2) *El «Monitorio de Parma» y su significado.*—Pocos sucesos alcanzaron la resonancia del denominado *Monitorio de Parma* en las relaciones entre los Estados católicos y Roma. Un documento pontificio como éste,

---

[7] R. OLAECHEA o.c., II p.533.

[8] *Noviss. recop.* ley 1 t.5 l.2.

[9] J. FERNÁNDEZ GARCÍA, *Colecturía Apostólica:* DHEE p.447-49. Sobre tentativas anteriores, cf. C. GARCÍA MARTÍN, *Esfuerzos y tentativas del conde-duque de Olivares para exonerar los espolios y vacantes a los prelados hispánicos:* Anthologica Annua 6 (1958) 231-81; F. FITA, en Bol. de la Real Acad. de la Historia 22 (1893) 220. Directamente sobre la Rota española: P. CANTERO, *La Rota española* (Madrid 1946); C. GARCÍA MARTÍN, *El tribunal de la Rota,* que superan lo conocido por J. VALES FAILDE, *La Rota española.* Discurso de recepción en la Real Academia de Ciencias Morales y Políticas (Madrid 1920), y por D. PICANYOL, *De origine et evolutione historica tribunalis Rotae Hispanicae:* Appolinaris 5 (1932) 218-37.326-64.

[10] En el deseo centralizador se quiso abocar a los obispos las dispensas para secularización de los regulares. No se logró, pero se consiguió entorpecer las causas de beatificación, politizadas hasta extremos increíbles en el XVIII. De la de Palafox ya hablaremos al tratar de la expulsión de los jesuitas. De otras no tan agitadas, cf. J. M. POU Y MARTÍ, *El arzobispo Eleta y el término de la causa de la Venerable María de Agreda:* Archivo Iberoamericano 10 (1950) 425-60; 11 (1951) 455-73; 12 (1952) 347-65; R. RODRÍGUEZ-MOÑINO SORIANO, *El cardenal Cisneros y la España del siglo XVII* (Madrid 1978) p.117. Los interesantes documentos de J. RIERA, *Las polémicas lulistas y el Consejo de Castilla* (Valladolid 1977).

habitual en otras circunstancias, que condena injerencias del soberano en asuntos considerados como eclesiásticos, y en uno de los más insignificantes Estados de Europa, no parece un motivo suficiente para despertar las hostilidades que avivó en los gobiernos, en oposición conjunta y sincrónica contra el Pontificado. Sin embargo, la atención a su significado da la explicación de estas reacciones en cadena y de la gigantesca confrontación.

Parma era un enclave borbónico que giraba en torno a la órbita española y francesa, quizá más en torno a la primera que a la segunda. En el minúsculo ducado, D. Felipe (hermano de Carlos III) y luego su hijo Fernando, conducidos por el ilustrado ministro Du Tillot, se lanzaron por la política reformista y modernizadora acelerada. Todo lo que en España se había logrado —o se intentaba conseguir—, se atacó en Parma en un quinquenio escaso (1764-68). Leyes desamortizadoras soñadas por Campomanes se aplicaron en un Estado pobre en el que la Iglesia era desmesuradamente rica; tributación obligada de los bienes eclesiásticos, sustanciación de las causas dentro del país, reserva de beneficios para los naturales en un ducado invadido por clérigos alógenos, establecimiento riguroso del *exequatur,* erección de tribunales especiales para urgir y velar el cumplimiento de todas estas disposiciones, tal fue el programa renovador, plenamente regalista, que, con aplauso del resto de los gobiernos, se quiso implantar en una Parma salida del anonimato en esta coyuntura [11].

Por sus viejos derechos territoriales, pero más afectado por la realidad de un proyecto típico del despotismo ilustrado, Clemente XIII reaccionó contra una política que chocaba con la tradición, con las inmunidades y con los intereses de Roma. Su enojo se plasmó en el *Monitorio,* «en forma de breve» (30 enero 1768), que condenaba las medidas parmesanas y declaraba incursos en todos los anatemas posibles de la bula *In coena Domini* a sus ejecutores y a los que a ellos se opusieran. Incluso, en el forcejeo, se llegó a insinuar, como se quejaba Azara, «la bárbara doctrina anticristiana de absolver a los súbditos del juramento de obediencia a sus soberanos».

La oposición contra la actitud disonante de Roma fue automática y a todos los niveles. Los teóricos del despotismo ilustrado contemplaron el gesto desmedido del pontífice como un desafío contra lo más cordial de la ideología regalista. Tanucci expresaba perfectamente los efectos previsibles: «Buena ganancia ha procurado Torrigiani [secretario de Estado] a la corte de Roma irritando bárbaramente a todas las potencias; ha hecho abrir los ojos y reconocer las usurpaciones, despertando el deseo de volver a tomar las regalías primitivas». La habilidad de la diplomacia borbónica supo mover los hilos e internacionalizar el conflicto, de manera que toda la Europa católica, incluidos Portugal y Viena, mirasen como propio el asalto a la soberanía y a las regalías desde una

¹¹ H. BEDARIDA, *Parme et la France de 1748 à 1789* (París 1928); ID., *Les premiers Bourbons de Parme et l'Espagne 1731-1802* (París 1928); M. DANVILA, *Reinado de Carlos III* t.3 p.178ss; F. ROUSSEAU, *Règne de Charles III d'Espagne. 1759-1788* (París 1907).

Roma empeñada en identificar sus intereses con la causa de la religión, queja constante de los ilustrados, que nunca cuestionaron nada relacionado con el dogma [12].

A la hora de tomar represalias contra la indoblegable voluntad de Clemente XIII, se comenzó a hablar de atacar —es decir, de eliminar— el dominio temporal del papa. El gesto de ocupar los enclaves pontificios de Benevento, Pontecorvo y Avignon (junio 1768) supuso una amenaza en este sentido, a la vez que la decisión de contar con resortes de presión para logros posteriores que irían oscureciendo el motivo principal de forzar la difícil retractación del papa.

Carlos III, su Gobierno y sus mentores desempeñaron el indiscutible protagonismo en todo el asunto del *Monitorio*. Las decisiones de Parma se habían acogido con entusiasmo en Madrid, desde donde la *Gaceta* (9 febrero, 26 abril 1768) informaba con cierta prodigalidad, dentro de su obligado laconismo, sobre las iniciativas «prudentísimas» de la corte hermana. La publicística gubernamental se movió con prontitud, y buena prueba es la historia y el contenido del *Juicio imparcial,* de Campomanes, ya estudiado, emanado como manifiesto del parecer del Consejo, editado con prisas, recogido y vuelto a distribuir con las correcciones obligadas, que no alteraron la sustancia del regalismo doctrinario más radical de aquel año.

El conflicto internacional fue aprovechado por el Gobierno español como revancha del fracaso de 1763. Carlos III, sin los escrúpulos de aquel año, con el confesor más domesticado ya, con el ejemplo de Parma y del *Monitorio* a la vista, expidió de nuevo la pragmática del *exequatur:* se sometían otra vez —pero de forma perdurable— a rigurosa censura previa del Consejo de Castilla todas las bulas, los breves, rescriptos y despachos de Roma (salvo, como siempre, los emanados de la Penitenciaría) para juzgar si no contenían nada contrario a las regalías antes de ponerse en circulación por los reinos [13]. Se consumaba así la práctica incomunicación con Roma, una vez que la Nunciatura se hallaba vacante a causa de la muerte del nuncio Lucini.

La decisión española surtió efectos inmediatos. Nápoles, Módena, Milán y Viena se apresuraron a prohibir el *Monitorio* y la publicación de la bula *In coena Domini,* si es que no lo habían hecho antes. Los jesuitas fueron expulsados de Parma; España universalizó las campañas para borrar sus influjos y su memoria. Y lo más decisivo: en un segundo momento de la reacción antipontificia se generalizó la convicción de que quienes azuzaban la actitud de Clemente XIII eran el cardenal Torrigiani y el general de la Compañía, que habían desencadenado el breve conminatorio. Fuera o no cierto en cuanto a ésta, las cortes católicas formaron una coalición formidable, cuya meta se centró en lograr la extinción de los jesuitas. Al año siguiente del *Monitorio,* el breve era

---

[12] M. Danvila, o.c., p.186-88.203; F. Rousseau, o.c., p.250.253; C. Alcázar, *Los hombres del despotismo ilustrado* p.74.
[13] 16 junio 1768; *Noviss. recop.* ley 9 t.3 l.2.

un instrumento subordinado a la campaña internacional contra la Compañía, víctima final de la contienda.

Esta fue, en definitiva, la historia del vociferado *Monitorio de Parma.* La terquedad de Torrigiani o de la curia evidenció que las relaciones Iglesia-Estado seguían las corrientes incontenibles —al menos con anatemas— del regalismo más decidido. El poder temporal del pontífice fue cuestionado y la contienda reveló lo inútil de la brega de Roma, anclada en módulos y ademanes anacrónicos para 1768. Fue un duelo desigual entre la secularización del Estado y muchas de sus funciones y una concepción, que la historia evidenciaría periclitada, del poder pontificio. Un historiador tan desapasionado como Fernán Núñez captaría en el propio siglo XVIII, con gráfica agudeza, la dinámica del conflicto: «El cardenal Torrigiani, ministro violento y sumamente adicto a los jesuitas, dejándose llevar de su carácter y no teniendo presente el espíritu del siglo, quiso batir con lanzas las baterías de cañones, y, calculando mal la fuerza de sus armas, obligó al papa a publicar un breve, declarando nulo y de ningún valor el edicto del duque de Parma» [14].

2. El Gobierno ilustrado y la Iglesia española

Entre las fuerzas potencialmente adversas al despotismo ilustrado en su plenitud había que dominar, por la sumisión o la destrucción, las que representaban la oposición conservadora, en expresión de Herr. Entre éstas emerge, por sus capacidades de acción, por el riesgo de convertirse en baluarte de intereses romanos y por la popularidad de que goza aún, la Inquisición. Asimilados a ella, los jesuitas constituirían otro objetivo fundamental para los mentores del despotismo ilustrado. El ambiente internacional, hostil a ambas instituciones, no logrará la destrucción de la primera fuerza, pero sí de la segunda, menos dominable. Universidades, jerarquía eclesiástica, control de la enseñanza, preocupaciones reformistas a todos los niveles, sugerencias —fallidas naturalmente— de iniciativas desamortizadoras, etc., constituirán el programa eclesiástico de un Gobierno embarcado en someter la Iglesia —es decir, todo lo relacionado con el mundo poderoso de lo eclesiástico— a su dominio.

1) *La Inquisición, instrumentalizada.*—Formalmente, la Inquisición dieciochesca es la misma de siempre. En los primeros tiempos de Felipe V hasta siguió quehaceres y modelos heredados que conectan con sus más genuinos orígenes y con los avatares del XVII: la persecución de los judaizantes, en procesos tan notorios algunos como el del insigne *novator* Zapata [15]. El fracaso de las reformas proyectadas por el confesor D'Aubenton, por el fiscal Macanaz y su propio proceso por regalista pueden dejar la impresión de la fuerza de un tribunal defensor de los intereses de la Iglesia, de ideologías tradicionales contra toda posibili-

[14] FERNÁN NÚÑEZ, conde de, *Compendio de la vida del rey D. Carlos III* (ed. Madrid 1943) p.134.
[15] A. DOMÍNGUEZ ORTIZ, *Dos médicos procesados por la Inquisición,* en *Hechos y figuras del XVIII español* (Madrid 1773) p.178-91.

dad de erosión exterior por parte del poder político. Incluso puede sospecharse cierta connivencia entre Inquisición y monarca al registrarse el apoyo decisivo del Tribunal a la causa de Felipe V en el inicial conflicto sucesorio [16]. Todo ello engañó al, por otra parte, buen conocedor de las instituciones españolas del tiempo, Desdevises du Dézert, que no duda en afirmar que «la Inquisición permaneció intacta hasta 1808» [17].

Mucho antes se ha iniciado el proceso de domesticación del Tribunal al servicio del Gobierno. El mismo empapelamiento de Macanaz —uno de los paladines de la reforma de una Inquisición sometida al monarca— es una muestra palpable y clamorosa de la politización efectiva de un instrumento formidable: la condena vergonzante de su *Pedimento* desde París, su destierro, tienen poco que ver con implicaciones doctrinales y mucho con intrigas y luchas por el poder. No obstante, hay que reconocer que el título colorado de tales actuaciones —como el de la censura impuesta después al historiador Belando— era el del celo por la defensa de los derechos de la Iglesia frente al regalismo cabalgante [18]. El largo proceso de Noris, cuyas obras se lanzaron a determinados sectores de la opinión pública como redomas de jansenismo, es otra de las muestras de la subordinación inquisitorial a intereses políticos bajo la apariencia de preocupaciones dogmáticas. Son suficientemente conocidos los avatares y complicaciones de un episodio significativo para contrastar la sumisión del aparato inquisitorial servil a las presiones de Rávago, y que, cuando cambie el Gobierno y se mude el confesor, también por instigaciones políticas, sacará de su *Indice* al «jansenista» Noris, aprobado por Roma. Con ello se cerró la guerra contra el papado, dice Defourneaux; pero al potenciar las máximas del regalismo había aguzado las armas que pronto se volverían contra ella [19].

Con Carlos III, por tanto, culmina el programa conscientemente orientado hacia la definitiva transformación de la Inquisición en instrumento del poder real absoluto. Por eso no se hará caso a las voces de sirena que suspiran por la total abolición de un organismo considerado como el abanderado del fanatismo, del antirregalismo y de todo lo que suene a antiilustración; pero tampoco se le dejará actuar con las libertades y atribuciones de otros tiempos. Si hay algo que refleje esta situación intermedia, es la respuesta —no sabemos si auténtica— que reiteran con generosidad los historiadores, y que el monarca dio ante las insinuaciones formuladas por Roda: «Los españoles la quieren y a mí no me estorba» [20]. Se ha visto que su arma principal —casi única— de la censura puede subordinarse a la Corona y a las ideologías del Gobierno

[16] El inquisidor mayor llegó a fulminar con la pena de pecado mortal y con la excomunión *latae sententiae* a quien osara cuestionar el juramento de fidelidad al Borbón; cf. J. A. LLORENTE, *Historia crítica de la Inquisición de España* t.8 (Madrid 1822) p.188.

[17] DESDEVISES DE DÉZERT, *La société espagnole au XVIIIᵉ siècle:* Revue Hispanique 64 (1925) 384.

[18] A Belando se le condenó precisamente por simpatías con la actitud de Macanaz. Cf. A. FERRER DEL RÍO, o.c., t.1 p.150-52.

[19] M. DEFOURNEAUX, *L'Inquisition espagnole et les livres français au XVIIIᵉ siècle* (París 1963) p.59.

[20] V. DE LA FUENTE, o.c., p.70; M. MENÉNDEZ PELAYO, o.c., p.158.

—que la financia y nombra sus funcionarios—, bien dispuestos a explotarla en su beneficio.

El caso del *Catecismo* de Messenguy, cuya condena romana promulgó el inquisidor general en España antes de que se previese su circulación, transciende de lo episódico, para convertirse en referencia ineludible del cambio sustancial que se está registrando, de la incongruencia de una Inquisición española enfrentada con Roma en tiempos de Rávago y erigida ahora en soporte de sus directrices, más antirregalistas que antijansenistas; de la voluntad gubernamental de no tolerar gestos heroicos y desfasados como el de Quintano Bonifaz al operar a espaldas del monarca y de su Consejo de Castilla, poco dispuestos a claudicar ante lo que se consideró como atentado de la regalía de la censura. Si hay algo que sorprende, es la negativa del inquisidor a retirar la prohibición pontificia del *Catecismo*. Su destierro de la corte se adecua al contexto regalista de 1761, y su humillación de mendigar el agrado regio, las protestas sumisas del Santo Oficio y el comportamiento sinuoso del nuncio, que culminan un episodio deliberadamente desbordado, justifican la escueta y elocuente acotación del rey: «Me ha pedido el inquisidor general perdón, y se le he concedido; admito ahora las gracias del Tribunal y siempre lo protegeré, pero que no olvide este amago de mi enojo sonando inobediencia» [21]. Menéndez Pelayo captó, con su habitual agudeza, el significado de la palinodia inquisitorial en su réquiem dolorido: «Desde aquel día murió, desautorizado moralmente, el Santo Oficio» [22].

El incidente de Messenguy fue bien aprovechado para materializar un programa consciente. En enero de 1762, con la excusa de evitar situaciones similares en el futuro y con todo un duro cortejo punitivo para los contraventores, se publicó la pragmática del *exequatur:* la aprobación o censura de la documentación pontificia se sustrajo a la Inquisición para pasar a convertirse en monopolio real (es decir, del Consejo de Castilla) [23]. El regalismo registró uno de sus buenos momentos. Tanucci no se cansaba de loar la medida, y el mismo Febronio insertaba en su famosa obra, en una alborozada nota de urgencia, el decreto, divulgado por los *Mercurios* con aplauso por la exaltación que suponía de las regalías sobre la Santa Sede y la regulación de los procedimientos inquisitoriales en esta materia [24].

[21] A. FERRER DEL RÍO, o.c., t.1 p.392. El lance ha sido narrado detenidamente por cuantos historiadores se ocupan de la España de Carlos III y de sus relaciones con la Iglesia. Cf. la o.c. anteriormente, p.384-99; F. ROUSSEAU, o.c., p.112-17; M. MIGUÉLEZ, o.c., p.285-92; M. DANVILA, o.c., p.225ss; R. OLAECHEA, o.c., I p.283ss; M. MENÉNDEZ PELAYO, o.c., p.158-60; F. MARTÍ GILABERT, *La abolición de la Inquisición en España* (Pamplona 1975) p.30-34; ID., *La Iglesia en España* p.160-62. Más específicamente, R. OLAECHEA, *El concepto de «exequatur».*

[22] O.c., p.159.

[23] *Pragmática que S. M. ha mandado publicar para que de oy en adelante no se dé curso a breve, bulla, rescripto o carta pontificia que establezca ley, regla u observancia general, sin que conste haverla visto su real persona, y que los breves o bullas de negocios entre partes se presenten al Consejo por primer passo en España* (Madrid, 18 enero 1762).

[24] Cito por la segunda edición (la primera apareció en 1763): J. FEBRONIUS, *De statu Ecclesiae* (Bullioni 1765) p.749-50. Otras alabanzas, recogidas en M. DANVILA, o.c., t.2 p.229; F. ROUSSEAU, o.c., p.117.

La pragmática tendría corta vida por el momento. Fue revocada escasamente al año y medio de entrar en vigor. Los conflictos matrimoniales y las quejas de los obispos se aunaron a la intriga del confesor Joaquín de Eleta. Documentación recientemente alumbrada desvela las manipulaciones que obraron en aquella circunstancia y el titubeo del monarca timorato [25], que no teme afrontar la primera crisis de su Gobierno con la dimisión de Wall con tal de no comprometer su conciencia. Carlos III podía escribir al papa para manifestarle la esperanza de que «me seguirá mirando como a un hijo, para que, sin perjuicio de los derechos espirituales de la Iglesia, mantenga yo los derechos temporales de mis regalías» [26]. Y en defensa de esta regalías, cada vez más ampliadas, se sistematizaría la política inquisitorial cuando las circunstancias fuesen más propicias, es decir, después de la crisis decisiva de 1766.

No es fácil que los planes arandinos de supresión fuesen escuchados por el equipo gubernamental [27], pero las limitaciones de la Inquisición fueron tan profundas, que hasta que el Gobierno quisiera habría de resultar prácticamente inoperante. En este contexto hay que situar los recortes sucesivos que se aplican a ámbitos cordiales de sus competencias. En 1768 se redujo su capacidad censora, expurgativa y prohibitiva a materias estrictamente dogmáticas y morales; las oportunidades concedidas a los autores para la defensa de sus obras delatadas y la libertad de circulación de los libros hasta su calificación —que ya no sería exclusiva de inquisidores— [28] eliminó al Santo Oficio de uno de los más eficaces campos de actuación. La respuesta de los fiscales de Castilla a la reacción del redivivo Quintano fue un «proceso en regla» al Tribunal tan justamente valorada por Defourneaux como ignorada por los historiadores de la censura y la propia Inquisición [29]. Reducida en 1770 su intervención a los «delitos» de herejía y contumacia, las esferas de la blasfemia, bigamia y sodomía pasan a los tribunales ordinarios; títulos, ministros, oficiales y magistrados, intocables sin el previo conocimiento regio, se eximen en 1780 de su jurisdicción, reducida progresivamente a casi nada [30].

En los ambientes ilustrados se puede rastrear el respiro de esta fase carolina, en la que hasta el rostro externo del Tribunal se dulcifica. Acusaciones contra Aranda, Campomanes, Roda y Floridablanca son olímpicamente sobreseídas o simplemente desoídas. El propio Llorente saluda con entusiasmo el largo recorrido, «de siglos enteros», que va de la Inquisición de Felipe V a la de su hijo Carlos III; no sólo los tres inquisidores generales se muestran «dotados de corazón humano, compasivo y benéfico», sino hasta los mismos inquisidores «adoptaron, aun para prender, algunos principios de moderación desconocidos en

---

[25] J. L. Santaló, *La política religiosa de Carlos III*.
[26] Ap. R. Olaechea, o.c., I p.294.
[27] Cf. proyectos de Aranda en M. Defourneaux, *Pablo de Olavide ou l'»afrancesado»* (París 1959) c.10.
[28] *Noviss. recop.* ley 3 t.18 l.8.
[29] M. Defourneaux, *L'Inquisition espagnole* p. 62-67.
[30] V. de la Fuente, o.c., p.70; M. Defourneaux, *Regalisme et Inquisition*.

tiempo de los reyes austríacos» [31]. El proceso de Olavide, denunciado en 1775 y aprehendido en 1776, tiene que contemplarse como algo excepcional que escandalizó a ilustrados como Azara, incapaces de comprender que algo así sucediera en la época de las luces (y la misma exclamación proclama la excepcionalidad del caso sonado). De todas formas, el comportamiento de la Inquisición fue muy distinto al tradicional [32]. Y el encausar a un miembro tan representativo del equipo de Grimaldi precisamente en estas fechas en que se fraguó su caída, tiene todos los visos de operación política, llevada por la oposición conservadora contra el Gobierno, más que de contraofensiva doctrinal [33].

Al final del reinado de Carlos III, la Inquisición, en definitiva, se encontraba completamente domesticada y manipulada como un trasto utilizable para intereses regalistas. Floridablanca clarificará la política inquisitorial seguida durante su larga vida ministerial, centrada en proteger al Tribunal a la vez que en vigilar sus aires de autonomía. Las palabras mismas del ministro son el mejor compendio de la trayectoria iniciada a partir de 1767:

> «El modo de perpetuar entre nosotros la subsistencia de la Inquisición y los buenos efectos que ha producido a la religión y al Estado, es contenerla y moderarla dentro de sus límites y reducir sus facultades a todo lo que fuere más suave y más conforme a las reglas canónicas. Todo poder moderado y en regla es durable; pero el excesivo y extraordinario es aborrecido, y llega un momento de crisis violenta en que suele destruirse. Es muy necesario para todo esto que se arregle el número de los calificadores [...], y, arreglado, será bueno que antes se me dé noticia de los calificadores que se hayan de nombrar, así por mi patronato y derechos de protección del Santo Oficio como por evitar que se nombre alguno que sea desafecto a mi autoridad y regalías o que por otro justo motivo no me sea grato» [34].

La historia inmediata dará la medida de un programa consciente y sistemático que aboca a la docilidad de una Inquisición que se contempla no como instrumento discordante, sino como otra de las preciosas regalías de la soberanía real.

2) *La sumisión de la jerarquía.*—El regalismo borbónico entraña —entre otras muchas— una aparente paradoja: el planteamiento ideológico de retorno a la Iglesia antigua de España y a sus cánones exige potenciar el ámbito jurisdiccional del episcopado; sin embargo, y ya lo percibió con perspicacia Mayáns, se trataba, en tantas campañas alentadas desde el poder y sin grandes disimulos, de exaltar la figura del obispo sólo en relación con las «usurpaciones de Roma». Una vez cubierto este objetivo, el Gobierno tampoco se preocupó de ocultar la finalidad última de una política tendente a subordinar la jerarquía al poder real y de convertirla en instrumento del despotismo ilustrado, como

---

[31] J. A. LLORENTE, o.c., p.1-2.
[32] M. DEFOURNEAUX, o.c., sobre Olavide expone ampliamente el hecho.
[33] Cf. T. EGIDO, *Sátiras políticas de la España moderna* (Madrid 1973) p.52-55.
[34] *Instrucción reservada:* BAE 59 p.217-18.

fuerza sustancial de «una especie de cuerpo de funcionarios al servicio de la política reformista» [35].

Los monarcas españoles contaban con el resorte envidiable del derecho («regalía») de presentación de los candidatos a las mitras; desde el concordato de 1753, la capacidad de maniobrar en la selección previa de los futuros obispos se amplió considerablemente. Dado el papel preponderante que en este sistema electivo siempre tuvieron el confesor real y el Consejo de Gracia y Justicia después, es decir, personajes e instituciones adictos al rey, podemos explicarnos que el episcopado estuviera integrado por incondicionales del Gobierno y que, a medida que avanzase el siglo XVIII, su provisión, en la práctica, dependiese más de éste que de la curia. Los regalistas, desde antes de esta centuria, no se cansaron de entonar himnos de entusiasmo a las ventajas de una práctica más conveniente y eficaz que la nominación por el lejano y extranjero pontífice; los historiadores están de acuerdo en resaltar los efectos positivos de tal sistema al contrastar el cuadro alentador que la jerarquía española ofrece en este tiempo de Carlos III, con la nómina nutrida de prelados convertidos en portavoces de la Ilustración y con su actividad reformadora no sólo en el ámbito estrictamente eclesiástico, sino en sus compromisos culturales, asistenciales, etc., como comprueba Mestre en este volumen [36].

La reacción se encargaría de tachar de «jansenistas» a los más notables, insulto doloroso e inadecuado en el siglo XVIII, recogido en nuestros días con resonancias positivas, pese al antijesuitismo cordial o coyuntural de la mayoría, a la adulatoria gratitud de muchos más hacia el fautor de su encumbramiento y al encendido regalismo de una contada minoría. Pero, al margen de condicionantes escasamente nobles y muy explicables si nos atenemos a los criterios selectivos —oposición a jesuitas y respeto a las regalías—, se repite en ellos el fenómeno general que testifican las minorías ilustradas: saben que para implantar sus proyectos de reforma incluso en la Iglesia, el soporte más decisivo —si no el ideal— es el apoyo de la autoridad real, como confiesa Rodríguez de Arellano, uno de los escasos adalides del despotismo ilustrado: «Nada somos para el logro de nuestras intenciones si el monarca no las defiende» [37].

Estas y otras unanimidades en sintonía con el poder evidencian la realidad de la casi completa sumisión del episcopado al absolutismo regio y prueban de manera fehaciente que se ha logrado el control de la Iglesia por medio de la subordinación de su jerarquía. Floridablanca, aunque cuestionase con razón la convicción regalista de los obispos, no se engañaba al proclamar, con cierto orgullo, «la fidelidad y amor al

---

[35] A. DOMÍNGUEZ ORTIZ, *Sociedad y Estado* p.371.

[36] Cf., además de las obras de Saugnieux que citaremos más tarde, con algunos de estos prelados como objeto de su estudio, las apreciaciones de J. SARRAILH, *La España ilustrada de la segunda mitad del siglo XVIII* (México 1974) p.137ss; DESDEVISES DU DÉZERT, o.c., p.319ss; A. MESTRE, *Despotismo e Ilustración* p.201-204.

[37] Cit. por M. G. TOMSICH, *El jansenismo en España. Estudios sobre ideas religiosas en la segunda mitad del siglo XVIII* (Madrid 1972) p.95.

soberano» del clero y de los prelados, «y más particularmente en estos últimos tiempos» [38].

Ante similar panorama de adhesiones y servilismos, y en virtud de los criterios selectivos, huelga decir que fue escasa la oposición que el episcopado suscitó contra el Gobierno regalista, decidido a no tolerar insumisiones de nadie. La protesta del obispo de Cuenca sirvió en su acto final para publicar la voluntad gubernamental y de alerta aleccionador, en situación muy paralela a lo acaecido con la Inquisición en el asunto del *Catecismo* de Messenguy. Al menos eso indican las breves palabras —a no ser que tengan su buen fondo de ironía— que D. Isidoro de Carvajal y Lancáster dirigió al presidente Aranda en la comedia montada por el Consejo de Castilla: «Ahora que Vuestra Alteza en esta acordada me prescribe lo que debo hacer, procuraré arreglar a ella en lo sucesivo mi conducta y mi respetuosa obediencia» [39].

El episodio tiene que encuadrarse en el ciclo de la represión del motín de Esquilache, y quizá, con más propiedad, dentro del proceso contra los jesuitas, si es que ambas realidades pueden aislarse [40]. Pero fue bien aprovechado por el Gobierno como preventivo de posibles oposiciones de la jerarquía, como apunta Menéndez Pelayo con cierta ira: «el caso era humillar la mitra ante la espada del conde Aranda y la toga de los fiscales», Campomanes y Moñino, que engrosaron el expediente con sendos dictámenes, espejos de la ideología regalista. De hecho, antes incluso de solventar la causa, ya se había expedido alguna circular a los obispos (22 de octubre 1767) para que ninguno osara imitar el ejemplo del hermano en el quehacer pastoral. «La lección *ad terrorem* —comenta La Fuente— surtió su efecto, pues ningún otro prelado quiso exponerse a la mordedura fiscal» [41].

A esta política de sumisión —más o menos pacientemente sufrida por algunos prelados y encuadrada dentro del control de la vida eclesiástica en general— obedece la actitud seguida por el Gobierno en relación con instituciones teóricamente tan regalistas como tendrían que haber sido los concilios nacionales, provinciales y los sínodos diocesanos.

El panorama de estos tres capítulos, frondosos en la antigua vida de la Iglesia, se convierte en desolador en el siglo XVIII. Es muy explicable que fracasara cualquier intento de convocatoria de concilio nacional, temible también para la Santa Sede dados los síntomas de episcopalismo. Los concilios provinciales podían haber sobrevivido como elemento fecundo en una Iglesia con ansias de renovación como fue la de los tiempos de Carlos III. Sin embargo, su reinado constituye un de-

---

[38] *Instrucción reservada:* BAE 59 p.214.

[39] *Memorial ajustado hecho de orden del Consejo Pleno, a instancia de los señores fiscales, del expediente consultivo, visto por remisión de Su Magestad a él, sobre el contenido y expresiones de diferentes cartas del Rev. Obispo de Cuenca D. Isidro de Carbajal y Lancaster* (Madrid 1768). Narración detallada de todo el suceso con la documentación completa. La respuesta del obispo puede verse más cómodamente en BAE 59 p.68.

[40] Lo ha visto con toda claridad M. JIMÉNEZ MONTESERÍN, *Los motines de subsistencias de la primavera de 1766 y sus repercusiones en la ciudad de Cuenca:* Revista Cuenca 11 y 12 (1977).

[41] M. MENÉNDEZ PELAYO, o.c., p.182-83; V. DE LA FUENTE, o.c., p.84.

sierto en este aspecto, a pesar de que la intervención regia —inevitable— en las provincias de la Corona de Aragón que los celebraron fuese extrañamente respetuosa y limitada a la rutinaria petición del subsidio clerical [42].

El otro elemento vital, el de los sínodos diocesanos, corrió una suerte similar a partir de la década de los sesenta; es decir, desde que Campomanes, el Consejo de Castilla y el Rey se abalanzaron sobre ellos como «una de las más preciadas regalías» y se atribuyeron el práctico control de las asambleas por los delegados reales y la intervención en sus actas. La Real cédula de 10 de junio de 1768 obligó a que, antes de su publicación, todas la sinodales se remitiesen al Consejo para su revisión, su expurgación y, en su caso, su divulgación con los aditamentos regios y salvaguardadores de las sacras regalías; es decir, las decisiones quedaban sometidas a la más estricta censura gubernamental y prácticamente convertidas en disciplina estatal. La censura se dirigía a borrar la aparición de la bula *In coena Domini* y los posibles rastros jesuíticos, pero también a otros detalles, como puede confrontarse en las sinodales de Calahorra, Astorga, Tuy, Segovia y en la más prolija de Oviedo (todas en 1768). Algunas quejas —muy pocas— contra la injerencia fueron fácilmente ahogadas por los fiscales, que responden malhumorados a la fina invectiva del obispo de Teruel, eterno oponente de Campomanes: «Con que, si ahora, señor, había de hacer sólo lo que el Consejo de V. M. me manda en la citada Real cédula, parece que debía destruirse tan religiosa observancia y ajustado método y que no era ni necesario el trabajo y voto de los asistentes al sínodo, ni preciso implorar la gracia del divino Espíritu para el acierto» [43].

Con duro realismo, y consciente de que adhesión al monarca es lo mismo que estar imbuido de los principios regalistas, resume Floridablanca, en su inevitable *Instrucción reservada*, los motivos de la vigilancia montada «para impedir el perjuicio de las regalías y el de mis vasallos y su quietud» [44].

Por eso, desde 1768 esta fuente histórica de primer orden deja de menudear, y el funcionamiento diocesano, torpedeado también por la actitud hostil de los cabildos y las prevenciones de los exentos, se traslada al timón del Gobierno [45].

3) *Las reformas de los regulares.* El otro sector clerical —el regular— fue una constante preocupación de los regalistas y del Gobierno. No hay duda ninguna de que el fraile resulta antipático a los prohombres de la Ilustración que lo miran como representante típico del fanatismo o como menos útil a la sociedad y a la Iglesia que el clero secular. En la segunda mitad del siglo, algunos pensadores preliberales llegarán hasta a cuestionar lo conveniente de su existencia. Es una postura extrema y no compartida por la generalidad de los críticos ni por el Gobierno. Este, en sus diversas fases, consciente del prestigio que los regulares tie-

---

[42] V. DE LA FUENTE, o.c., p.33ss. Enumeración de los celebrados en DHEE 1 p.537-76.
[43] *Colección de alegaciones fiscales* t.2 p.99-139.
[44] BAE 59 p.214.
[45] L. FERRER, *Sínodo:* DHEE 4 p.2487; A. DOMÍNGUEZ ORTIZ, *Sociedad y Estado* p.309.

nen para el pueblo, no intentará su supresión, sino minar sus bases económicas y sociales, aminorar sus desmedidos contingentes humanos, corregir algunos de los decantados abusos, reducirlo, en definitiva, al control estatal para ahogar cualquier brote de oposición que pueda llegar de esta fuerza, dependiente, por lo general, de superiores residentes en Roma.

A pesar del gozo con que el *Censo* de Floridablanca saludaba la disminución numérica de los frailes, parece que tal disminución, apoyada por reformistas, por concordatos y por la jerarquía, no fue una realidad, sino una impresión producida por determinadas manipulaciones [46]. Por otra parte, el fracaso rotundo de los intentos desamortizadores patentiza que, a pesar de algunas medidas y de mucha tinta, el despotismo ilustrado no logró que la realidad se correspondiese con sus ideas y con sus deseos. Al menos durante el tiempo de Carlos III, el sector regular siguió tan rico y tan numeroso como antes.

Más significativo que el clamoreo de proyectistas y regalistas teóricos fue el empeño gubernamental por intervenir directamente en los pleitos interiores de las órdenes religiosas, en un intento de arrebatar el arbitraje a Roma o de protagonizar desde Madrid las reformas de la vida religiosa. Este centralismo tuvo buenas oportunidades, facilitadas por los propios regulares, que apoyaron con su actitud el deseo explícito de «nacionalizar» este sector de la Iglesia española, en paralelismo palmario con la situación registrada en los tiempos de Felipe II y con la reforma del rey, paralela a la del papa.

Son numerosos los datos esclarecedores de tales iniciativas del poder civil en este reinado, y, sobre todo, después de eliminada la barrera, siempre opuesta, de los jesuitas: los trinitarios calzados y los descalzos, los observantes de San Francisco, basilios, agustinos recoletos, mercedarios descalzos, en la historia de sus avatares intestinos, de sus reformas y de la división de sus obediencias, en cierto sentido responden a esta práctica españolizadora emprendida por el Gobierno [47]. Es posible que el pleito más sonado, porque al poder le interesó darle publicidad, fuese el protagonizado por los silenciosos cartujos: su independencia de la Grand Chartreuse de Grenoble atacó los dos objetivos clásicos: la hispanización del vicario de los cartujos quejosos y la obturación de extracción monetaria fuera del reino [48]. También se aprovechó la efervescencia reformista de los capuchinos para que la Corona tomase la inicitativa para ganar tantos a la curia y aplicar de hecho la convicción regalista del derecho de protección del monarca [49].

[46] Cf. F. Ruiz Martín, *Demografía eclesiástica:* DHEE p.687-89.
[47] *Noviss. recop.* ley 1 t.26 1.1 n.4; A. R. Di Santa Teresa, *Le affiliazioni dell'ordine trinitario* (Isola del Liri 1948); F. Martí Gilabert, *La Iglesia en España* p.207. Planteamiento general, en J. M. Castells, *Las asociaciones religiosas en la España contemporánea (1767-1965). Un estudio jurídico-administrativo* (Madrid 1973).
[48] Cf. *Consulta sobre los prejuicios de las cartujas en razón del gobierno del prior de Grenoble,* 2 vols. (Madrid 1779) y *Respuesta de los tres señores fiscales del Consejo en el expediente consultivo de las cartujas de España* (Madrid 1779).
[49] M. de Pobladura *Seminarios de misioneros y conventos de perfecta vida común. Un episodio del regalismo español (1763-1785)* (Roma 1963).

Todo ello, y tantos otros detalles que pasan por la Agencia de Preces, recogidos con documentación fresca y humor por Olaechea [50], manifiestan que se siguió una política consciente, materializada, como siempre, en la *Instrucción reservada*, de Floridablanca. Se da cuenta el ministro en plenitud de los poderes del clero regular, y no sólo del poder económico, «por el respeto y devoción que mis vasallos tienen a las órdenes religiosas y por la impresión que pueden hacerles en todos casos y ocasiones». Lo que demuestra que las fobias de los ilustrados en esta ocasión coinciden con las predilecciones del pueblo llano. Y lo que comprueba que el plan trazado por el ministro se dirige a dominar estos poderes y que se ha logrado ya en parte a las alturas de 1787: que, «por el bien de la disciplina y del Estado«, las familias religiosas «todas tengan superior nacional dentro del reino»; la injerencia en los capítulos generales se justifica y se exige por la regalía protectora y porque de la elección de superiores mayores depende el rechazo de «los que no sean gratos al Gobierno» y de la colaboración de los que, «como agradecidos y afectos, puedan insinuar y difundir en las familias regulares las buenas ideas útiles al Estado» [51].

La política borbónica fue todo un éxito en este capítulo predilecto. Al menos asi lo demostró el apoyo que encontró, en momentos decisivos, en los generales de órdenes de tanto arraigo y de tanto peso como fueron la de los carmelitas descalzos, la de los agustinos con el P. Vázquez, la de los dominicos con el P. Boxadors.

4) *Dirigismo de la enseñanza.*—El Gobierno tenía que vigilar forzosamente un instrumento tan sensible y, bien manejado, tan eficaz para la implantación de la ideología regalista como el de la enseñanza, aunque fuese a costa de intervenir en detalles nimios y, para observadores de otros tiempos, que no para los regalistas de entonces, muy ajenos a las competencias del poder civil. El proceso que se sigue, dentro de las alternancias previsibles, es claro y lineal. Una vez eliminados o controlados los bastiones de resistencia ultramontana, como fueron los jesuitas y los viejos colegios mayores, hay que aniquilar también todo atisbo antirregalista en los centros docentes de la Iglesia y en las universidades. Después, al amparo de las reformas, se impondrán autoritariamente, única forma posible de implantarlas, las enseñanzas que respalden la realidad política del más radical despotismo, si bien muy ilustrado. Para ello se arbitra una red densa e insalvable de censores, de controles del poder central, de juramentos solemnes, de represiones aleccionadoras. De esta suerte, la enseñanza aparece como otro instrumento del poder civil para controlar y dirigir al eclesiástico.

La reforma de los seminarios se emprende, con frutos positivos al parecer, con la secuela de adhesiones y resistencias normales ante el cambio, «para que se vayan haciendo generales las ideas de la ilustración clerical y perfeccionando la importante educación del clero». Mas es una reforma real bien acogida por los obispos, al menos por los rega-

---

[50] Buenos ejemplos en su o.c., I p.297ss.
[51] BAE 59 p.215.

listas, y llevada a cabo en virtud del patronato y protección inmediata
que el monarca tiene sobre estos establecimientos, conforme se lee en la
real cédula de 1768. Textos y directrices del más puro cuño regalista
dominan los programas de enseñanza en la teología, la filosofía y más
aún en los cánones y en la tan apreciada historia eclesiástica, atenta a
«los derechos, costumbres y regalías de España en lo tocante a protección, jurisdicción e independencia de la autoridad civil en lo temporal,
recurriendo a los concilios nacionales y provinciales, a los sínodos, a
nuestras leyes y costumbres y a los privilegios y casos decididos». Los
nuevos seminarios, erigidos sobre el vacío jesuítico, y los viejos, reformados, quedaban así bajo la «real vigilancia del regio protector de la
puntual observancia del concilio». Los futuros sacerdotes recibirían sistemáticamente una instrucción regalista bien instrumentalizada, y cuyos
frutos se habrían de percibir en la reacción del tiempo de Carlos IV y
en las tensiones del siglo XIX. A juicio del especialista Martín Hernández, se «obraba según las ideas del tiempo, que llegaban a ocupar hasta
las mentalidades de nuestros prelados, y a nadie resultaban entonces
exageradas» [52]. Prescindiendo de la inexactitud posible de la observación final, es indiscutible que, en el programa de sumisión de la Iglesia
al poder centralizador, el colegio religioso y el seminario diocesano se
miraban como instrumento eficaz del regalismo.

No es éste el lugar de analizar las causas del marasmo de la universidad anterior a Carlos III, el espectáculo lastimoso que ofrece y las
fuerzas «reaccionarias» que se acumulaban en su seno, hasta el punto de
haber conseguido que el esfuerzo innovador se tuviera que acoger a
instituciones sin nada o poco que ver con las aulas universitarias. Sobre
todo ello se encargaron de gritar, con justicia, con pasión y con muchos intereses de por medio, los ilustrados de entonces. Lo único que
nos interesa resaltar es el doble aspecto de que la decadencia se debía,
en buena parte, a haberse acogido a las cátedras las banderías de escuela de las órdenes religiosas, al monopolio de los colegiales mayores
y al dominio que por el origen, la tradición, la financiación, los cuadros
del profesorado y los porcentajes de alumnos ejercía sobre ella la Iglesia [53].

Con Carlos III se intenta secularizar la función universitaria y la
instrumentalización de su quehacer hasta convertirlo en un coro unísono de regalismo y de loas al poder regio. Eliminadas las «sanguinarias» doctrinas de los expulsos jesuitas, después de prescindir del tomismo y del agustinismo, de hacer caso omiso a las exigencias de otras
escuelas, la reforma se orientará a la implantación de textos y de estilos
en consonancia con la defensa de las regalías, sobre todo en las facultades más sensibles de teología y cánones [54]. La censura rígida y bien

---

[52] F. Martín Hernández, *Los seminarios españoles* p.131-33 (texto programático).
[53] Síntesis de la problemática y colección de invectivas, en F. Aguilar Pinal, *Los comienzos de la crisis universitaria en España. Antología de textos del siglo XVIII* (Madrid 1967).
[54] M. y J. L. Peset, *La universidad española (siglos XVIII y XIX). Despotismo ilustrado y
revolución liberal* (Madrid 1974) p.305-25.

graduada fue la compañera negativa e inexorable de logros positivos y de reformas imposibles desde la misma universidad.

La relativa autonomía anterior desaparece en la práctica con el nombramiento de un ministro —emanación y representante del poder central— como director de cada una de las universidades del reino [55]. Al año siguiente —1770— se presentó la gran oportunidad para establecer la censura más rigurosa: la represión subsiguiente a la defensa en la Universidad de Valladolid de tesis inmunistas manifestó la voluntad regia de no tolerar disidencias de la ideología imperante, es decir, de la regalista. En otro lugar nos ocupamos de las repercusiones de este episodio significativo; por ahora baste con reseñar que, en adelante, todo graduado universitario tenía que añadir, a otros, el solemne juramento: «Etiam iuro me nunquam promoturum, defensurum, dicturum directe neque indirecte quaestiones contra auctoritatem civilem regiaque regalia» [56].

Por esos mismos días, los censores regios se convierten en agentes y fiscalizadores rigurosos de la enseñanza y en vigilantes de la inviolabilidad de las regalías. Sus funciones se amplían en 1784. Pueden haber realizado una tarea positiva en el nuevo estilo universitario de la Ilustración, pero su labor fundamental es la de ser celadores del dirigismo superior: «No permitirá se defienda o enseñe doctrina alguna contraria a la autoridad y regalías de la Corona», se insiste una y otra vez [57].

Censuras, juramentos, separaciones del claustro, incontables medidas represivas, son rasgos que componen el rostro oscuro de las reformas ilustradas en una universidad que entra en sus tiempos modernos con todos estos vicios, al margen del problema insoluto de su financiación. Cuando el regalismo consecuente, es decir, el absolutismo regio a ultranza, se configure ya como elemento reaccionario, se podrá observar con claridad la tara sustancial de una vida universitaria que ha perdido sus libertades ideológicas, aunque habría que discernir si la libertad anterior, reducida a discusiones vacuas, no era una libertad estéril. Lo indudable es que cuajó la contradicción fundamental y perdurable de la universidad, en vías de modernización y al mismo tiempo convertida en bastión de la ideología imperante entonces e imposibilitada después para respaldar la evolución o la revolución liberal.

La multiforme —y no hay por qué pensar que no fue sincera— preocupación religiosa del Gobierno ilustrado de Carlos III explica que la Iglesia española estuviera a punto de encontrar su camino moderno. De hecho, la distribución diocesana, la nueva disciplina del seminarista, la preocupación beneficial, los planteamientos de la desamortización moderada y la altura cultural y humana de gran parte de la jerarquía y del clero ilustrado dejaban concebir esperanzas fundadas de renovación profunda. Pero todo o casi todo fracasaría en la crisis inmediata,

---

[55] *Noviss. recop.* ley 1 t.5 l.8. En la ley siguiente se determinan con toda minucia sus funciones.
[56] Ibid., ley 3 n.2.
[57] Ibid., ley 4.

208 Teófanes Egido

cuando se manifieste la debilidad de un sistema como el del despotismo ilustrado, válido a corto plazo, pero ineficaz para coyunturas sociales, económicas, políticas y religiosas que no respondan a los presupuestos básicos de un regalismo absolutista. Pero, junto a lo confortador de este momento peculiar, queda siempre la duda de si el Gobierno se embarcó en la reforma de la Iglesia por ella misma o, como parece más viable, lo hizo para fortalecer el poder y el centralismo regio a fuerza de controlar las expresiones más vitales, también las más insignificantes, de la vida eclesial, actuando el monarca como verdadero pontífice [58].

LA IGLESIA ESPAÑOLA ENTRE EL REGALISMO EXTREMO Y LA REACCIÓN ULTRAMONTANA

Todas las contradicciones del regalismo y la Ilustración saltan clamorosamente en los veinte años del reinado de Carlos IV. La imposible síntesis del fermento liberal y del absolutismo más consecuente será el elemento presente en tantas alternancias como cortejan el fin del Antiguo Régimen, incapaz de conciliar las últimas consecuencias del pensamiento ilustrado con las estructuras ancladas en postulados viejos. El choque se realizará en el siglo XIX, pero su germen actúa en las relaciones Iglesia-Estado tanto en su dinámica nacional como en los acercamientos y lejanías de la Santa Sede.

1. Pocas reformas y muchos conatos desamortizadores

La conexión, poco antes inesperada, entre la reacción (hasta entonces antirregalista) y el despotismo (pero ya no ilustrado) se registró gracias a las repercusiones y a los miedos provocados por la observación de la trayectoria revolucionaria de Francia. Es el momento en que se materializa la ya duradera unión del trono y el altar y cuando la Inquisición dé la medida de su subordinación al poder real: todo lo que supiera a revolución y «libertad», a ecos de lo acontecido allende los Pirineos, se somete a su rigurosa censura y se aísla —o se intenta aislar— por medio del cordón sanitario, perceptible en la persecución de cualquier impreso y de los grupos portadores de ideas o publicidad francesas [1].

Su renovada actividad puede decirse que fue lo que salvó a la Inquisición. Su crisis se conjura momentáneamente, y, pese a su languidez real, a estar presidida incluso por prelados poco convencidos de su conveniencia, por ahora las voces de Jovellanos, de Azara y de otros por su supresión en beneficio de las funciones episcopales caerán en el vacío. Su suerte dependerá de la voluntad gubernamental, consciente de los buenos servicios que en ocasiones puede prestar, o de que se derrumben los soportes del Antiguo Régimen que explicaron su existencia, y a cuya

[58] DESDEVISES DU DÉZERT, o.c., p.408.

[1] Cf. M. DEFOURNEAUX, L'Inquisition espagnole; F. MARTÍ GILABERT, o.c.

fortuna o desventura se verá inexorablemente vinculada. Algunas disposiciones referentes al Santo Oficio patentizan —si ello fuera necesario— recortes en su quehacer censor y en el prestigio de sus cuadros. Seguirá, no obstante, sesteando, con desperezamientos esporádicos hasta que la mentalidad liberal dé al traste con una institución ya sin sentido y atacada en su esencia durante la Ilustración [2].

Otros objetivos parcialmente cubiertos en la proyección del poder real sobre la Iglesia española, no parecen desviarse de la línea trazada por Floridablanca, y se lograron gracias a las crisis que rodean lo que se viene conociendo como «cisma de Urquijo». Da la sensación de que los gobiernos de Carlos IV, una vez desaparecido aquél, carecen de la sensibilidad religiosa patente en los tiempos de Carlos III y de que los problemas fundamentales que se ventilan obedecen a motivaciones escasamente eclesiales y sí muy políticas y económicas. Tal sucede con los decretos de Urquijo y con la desamortización. Serán soluciones coyunturales a urgencias muy concretas, en contraste con las auténticas reformas en profundidad que se llevan a cabo, al margen del Gobierno, por la mayor parte de los prelados españoles y no sólo por los conocidos, con toda impropiedad, como «jansenistas».

La incursión que en este reinado se reitera sobre los bienes del clero obedece a precisiones momentáneas (que se convierten en perpetuas) de la Hacienda, acosada por todos sus flancos, y manifiesta ya el vicio interno de las desamortizaciones decimonónicas, más cercanas a las coyunturales de Godoy que a los planteamientos racionales y a las reformas agrarias proyectadas por los antecesores ilustrados. Las desamortizaciones eclesiásticas se dirigirán, en definitiva, a solventar el problema inmediato de la deuda pública, agigantada por los compromisos bélicos y el sistema de amortización de los vales reales. A esta urgencia obedece la serie de concesiones otorgadas —repetimos que otorgadas— por los papas benévolos Pío VI y Pío VII, que se encadenan desde 1795 hasta 1808. A las cargas viejas de la Iglesia se suman los donativos forzosos o voluntarios, de todas formas cuantiosos, con que el clero subviene a los gastos de la «guerra santa» contra Francia o con Inglaterra; y al pozo de amortización de vales —es de suponer— fueron a parar los subsidios extraordinarios de 30, de 36 y de 36 millones de reales de 1794, 1795 y 1800; el noveno (otro), también extraordinario, sobre los diezmos; nuevos novenos en 1800, 1801 y 1804; aplicación de rentas de prebendas y beneficios de provisión real primero, de todos después; pensiones sobre órdenes militares, tercias de frutos de las mesas episcopales y otras tantas medidas «excepcionales» e insuficientes se encadenan a lo largo de estos años cruciales, en concesiones automáticamente prorrogables, contra la costumbre de la curia, con todos los breves pontificios al caso [3].

En este contexto hay que situar la tarea desamortizadora. Contra las

[2] H. KAMEN, *La Inquisición española* (Barcelona 1972) p.265-305; R. HERR, o.c., p.341-53; A. ELORZA, *La Inquisición y el pensamiento ilustrado:* Historia 16 —extra— 1 (diciembre 1976) 107-24.
[3] Cf. síntesis en F. MARTÍ GILABERT, *La Iglesia en España* p.237-40.

prevenciones de Azara, convencido de lo inconveniente de acudir a Roma para recabar concesiones que para todo buen regalista no eran precisas, Godoy, Saavedra y el propio Urquijo optarán por la vía tradicional de realizar ciertas incorporaciones, pero siempre a golpe de breves pontificios. Contra la inmunidad o exención secular se dirige la real cédula de 24 de agosto de 1795, por la que las adquisiciones de manos muertas se gravan —por fin— con el 15 por 100 de su valor, a pagar por los compradores. Tomás y Valiente observa certeramente cómo se escapa la ocasión de realizar el sueño de Campomanes por la sencilla razón de que imperativos de una política fiscal a corto plazo forzaron gravar las adquisiciones «espiritualizadas» en lugar de prohibirlas [4].

El inicio sistemático de la desamortización, con los objetivos y taras que informarán a las del XIX, tuvo lugar en 1798, en coincidencia con la creación de la Caja de Amortización de la Deuda Pública, del fondo de extinción de vales y con el vencimiento de los cuantiosos empréstitos asumidos por el Gobierno. Las reales órdenes de 25 de septiembre incorporaban a la Caja los bienes de las temporalidades de los jesuitas, destinados hasta entonces a fines de otro tipo, y las rentas y caudales de los colegios mayores, que se beneficiarían de un 3 por 100 sobre el producto de la venta de su patrimonio; y en las mismas condiciones se preceptuaba la enajenación de los bienes fundos de «hospitales, hospicios, casas de misericordia, de reclusión y expósitos, memorias y obras pías y patronatos de legos» [5].

Prescindiendo de la transcendencia histórica que entraña la orden última, testigo de la secularización de funciones asistenciales y benéficas y de la conciencia progresiva de las competencias estatales [6], es de interés notar cómo esta primera desamortización no atacó a las fuerzas principales amortizadoras (clero secular y regular, sobre todo éste), sino que se realizó a costa de las temporalidades de una orden extinta o de los bienes de instituciones «políticamente débiles», lo que explica la pasividad de la Iglesia oficial, que no da la batalla en defensa de tales patrimonios [7].

Richard Herr —aunque con métodos discutibles— ha tratado de evaluar el producto de las ventas previsibles y reales de estos bienes dudosamente «eclesiásticos» [8]. Entre tantas oscuridades, lo único que se perfila con relativa claridad es la sospecha de que los beneficiados debieron de contarse entre los propietarios del papel de los vales reales, es

---

[4] *Noviss. recop.* ley 18 t.5 l.1; F. Tomás y Valiente, *El marco político de la desamortización en España* (Madrid 1977) p.38-47.

[5] *Novis. recop.* ley 22 t.5 l.1; ibid., ley 24; ley 9 t.3 l.8.

[6] A. Rumeu de Armas, *Historia de la previsión social en España* (Madrid 1944) p.288-413; *Noviss. recop.* ley 6 t.12 l.1.

[7] F. Tomás y Valiente, o.c., p.44.

[8] R. Herr, *Hacia el derrumbe del Antiguo Régimen: crisis fiscal y desamortización bajo Carlos IV*: Moneda y Crédito 118 (1971) 37-100; Id., *La vente des propriétés de mainmorte en Espagne, 1798-1808*: Annales (1974, 1) 215-28; Id., *El significado de la desamortización en España*: Moneda y Crédito 131 (1974) 55-94. Puesta a punto de las investigaciones en torno a este problema: F. Tomás y Valiente, *Recientes investigaciones sobre la desamortización; intento de síntesis*: Moneda y Crédito 131 (1974) 95-160; Id., *El proceso de desamortización de la tierra en España*: Agricultura y Sociedad 7 (1978) 11-33.

decir, de los burgueses [9]; de que la inyección no frenó la deuda cabalgante y de que parte de estos ingresos se destinaron a satisfacer precisiones bélicas.

Por todo ello, Pío VII se vio precisado a otorgar otros breves a lo largo del trienio 1805-1807, facultando la enajenación de capellanías —al 3 por 100 de renta sobre el valor de los bienes desamortizables— y la séptima parte de los predios pertenecientes a «las iglesias, monasterios de ambos sexos, conventos, comunidades, fundaciones y otras cualesquiera personas eclesiásticas» [10]. Pudo ser el logro más decisivo, pero fracasó por dificultades de evaluación y porque Fernando VII dio contraorden al cabo de dos años, suspendiendo la aplicación de lo decretado en 1706.

¿Tuvo conciencia el reciente monarca del riesgo que esta desamortización, aplicada a los bienes de la poderosa —y no sólo económicamente— Iglesia, podía suponer para su monarquía? El silencio anterior, quebrado por voces aisladas de algunos monasterios [11], se iba trocando en protesta menos sorda que estallaría en los momentos anteriores a la guerra de la Independencia y más clamorosamente en las mismas Cortes de Cádiz. Resulta realmente extraño que este sector social fuese la víctima casi exclusiva del cambio de mentalidad que se está operando. Quizá en ello radique su actitud inmediata de defensora del Antiguo Régimen, consciente de que los ataques a su propiedad, como ha visto Fontana, durante la monarquía absoluta eran fruto de la necesidad, mientras que el régimen liberal emprendería la inevitable amortización por principios comprensibles, pero que hicieron de la Iglesia —no del resto de las clases privilegiadas— «la gran perdedora en el tránsito de una edad a otra» [12].

Es posible también que la explicación no radique sino en la calidad de esta desamortización «dieciochesca». Puede ser cierto —lo que está por probar de manera convincente— que, a las alturas de 1808, ya «se había enajenado una sexta parte de la propiedad de la Iglesia», como concluye Herr [13]. Ahora bien, esta porción cuantiosa no fue cualquier sexta parte, sino la constituida por los bienes de menor significación social, es decir, por los adscritos a cofradías, obras pías e instituciones en conexión muy indirecta con la propiedad eclesiástica real. Los decretos de 1805 y 1806, flechados hacia la propiedad directamente eclesiástica, tuvieron escasa vida y dudosa eficacia. Lo que resulta incuestionable es la inexactitud del tópico decimonónico que asocia a regímenes liberales exclusivamente la amortización que «nació bajo la monarquía

[9] M. ARTOLA, *Antiguo Régimen y revolución liberal* (Barcelona 1978) p.150.
[10] R. HERR, *Hacia el derrumbe* p.89-91; F. SIMÓN SEGURA, *La desamortización española en el siglo XIX* (Madrid 1973).
[11] J. FONTANA LÁZARO, *La quiebra de la monarquía absoluta 1814-1820* (Madrid ³1978) p.184ss.
[12] A. DOMÍNGUEZ ORTIZ, *Sociedad y Estado* p.515; J. FONTANA LÁZARO, o.c., p.183.
[13] R. HERR, *El significado* p.55. Fontana (o.c., p.195.201) critica las conclusiones de Herr y supone el 45 por 100 como valor de lo obtenido en relación con los totales de la desamortización de Mendizábal.

absoluta y con la aprobación de Roma» [14], que perdía poco en sus ingresos con las bendiciones de breves reiterados.

2. El sueño de una Iglesia nacional

Junto a las presiones económicas e indudablemente en relación con ellas, los embajadores españoles cabe el papa deambulante y moribundo le presentaban una y otra vez urgentes solicitudes de tipo jurisdiccional-administrativo. En concreto, se pedía que la curia cediese, en beneficio de los obispos, la facultad de las dispensas matrimoniales y que la jerarquía española recuperase la jurisdicción de la disciplina antigua. La brega por la restitución de las reservas «usurpadas» y el retorno a una Iglesia española se convierte en el problema obsesivo que desde 1795 (paz con Francia) anima la correspondencia de los ministros españoles con sus embajadores ante la Santa Sede [15].

1) _El decreto de Urquijo y su sentido regalista._—Se trata de realizar el sueño secular de la Iglesia gótica, por la que se viene suspirando desde tanto tiempo y perfectamente configurada por los ideólogos regalistas de la centuria. El acudir al papa para lograr los breves oportunos —y siempre negados—, además de anacrónica y antirregalista, era una empresa «inútil de toda inutilidad», como confesaba Azara, consciente de que el empeño equivalía a pedir a la curia el suicidio económico. No quedaba, por tanto, más remedio que establecer la nueva disciplina unilateralmente por el rey —como se hizo con la expulsión de los jesuitas— y esperar la ocasión pertinente: entonces «se obrará de absoluto sin que se nos opongan las alegaciones curiales», puesto que para un regalista consecuente se trata de un asunto temporal [16].

La ocasión esperada se presentó a la muerte de Pío VI (29 agosto 1799). En la _Gaceta de Madrid_ (10 septiembre) se publicaba la comunicación dolorida del acontecimiento y el ultrafamoso «decreto» del ministro Urquijo, firmado el 5 de septiembre por el rey. Todo ello se acompañaba de la circular, que La Fuente califica de «sultánica» [17], emanada de Gracia y Justicia, que preceptúa a los prelados la lectura escueta —sin posibilidad de comentario— de las disposiciones y la prohibición de glosar la noticia de la muerte del papa en otros términos que los contenidos en la _Gaceta_ [18].

Prescindiendo de los elogios prodigados al papa fallecido y de la imposición del silencio habitual en torno a decisiones gubernamentales,

[14] R. HERR, _Hacia el derrumbe_ p.100.
[15] Cf. para evitarnos referencias continuas: C. E. CORONA BARATECH, _José Nicolás de Azara_; L. SIERRA, _El episcopado español ante el decreto de Urquijo, septiembre 1799_ (Madrid 1963). Con toda la documentación al respecto, ID., _La reacción del episcopado español ante los decretos de matrimonios del ministro Urquijo de 1799 a 1813_ (Bilbao 1964), obra que citaremos por texto aparecido en Estudios de Deusto 11 (1963) y 12 (1964); R. OLAECHEA, o.c., II p.451ss, con interesantes apéndices documentales.
[16] Azara a Godoy, 25 septiembre y 30 octubre 1797. Cf. L. SIERRA, _La restitución de las reservas pontificias sobre impedimentos matrimoniales en la correspondencia Godoy-Azara:_ Hispania 20 (1960) separata. Los textos citados, transcritos parcialmente en L. SIERRA, _La reacción del episcopado:_ ibid., 11 (1963) 181-83; R. OLAECHEA, o.c., p.491.
[17] V. DE LA FUENTE, o.c., p.148.   [18] J. A. LLORENTE, _Colección diplomática_ p.63-64.

lo más transcendente fue el decreto del 5 de septiembre [19]. El joven
ministro (contaba Mariano Luis de Urquijo treinta años, dato a tener en
cuenta) se encargó de que saliese a nombre del rey, e inmediatamente
desencadenó las reacciones más dispares a tono con las ideologías dis-
crepantes o entusiastas del regalismo. Los *Annales Philosophiques* se ex-
playaron contra la decisión odiosa, capricho de la autoridad secular y
portillo abierto a todas las novedades posibles. El *Moniteur Universel* (3
Vendimiario del año 8) jaleaba la medida del rey de España como el
«monumento más glorioso de su reinado y lo más útil a los intereses de
la nación española». El *Diario de Frankfurt* insertó en uno de sus números el texto y ése fue el vehículo por el que llegó a los conclavistas
reunidos en Venecia por septiembre, y asombrados a pesar de los esfuerzos de los prelados españoles, que se deshacían en pregonar la adhesión de sus monarcas «a todos los principios recibidos en la Iglesia
católica». La exégesis (lingüística y de contenidos) del activo Despuig
tampoco venció las reticencias, al menos las del cardenal francés Maury,
que no se recató de calificar la «agresión» como «cisma material al que
sólo falta llamarlo por su propio nombre». La bulliciosa María Carolina
de Nápoles, en el fervor de su regalismo y anglofilia, llegó hasta compararlo, y ventajosamente para el español, con el cisma inglés [20].

La transformación del decreto y de la situación subsiguiente en cismáticos, como vemos, se originó fuera de España (dentro era peligroso
hablar, y más aún escribir, sobre el tema). La trasmutación en proyecto de «Iglesia cismática al modo anglicano» cumpliría su ciclo gracias a
la maravillosa alquimia de Vicente de la Fuente, de Menéndez Pelayo,
de Miguélez, del resto del conservadurismo del·XIX, gozoso ante la evidencia más palpable de la política heterodoxa de las élites ilustradas y
progresistas, bien perceptible en un documento elaborado por Espiga
quizá, autorizado por un ministro «volteriano» y loado y aceptado por
obispos del gremio de los «jansenistas» [21]. Y fue así como nació y se
configuró uno de los tópicos más afortunados de la historiografía española. No es nuestra intención mediar en polémicas anacrónicas, y menos cuando, después de los planteamientos serenos y documentados de
Olaechea, puede concluirse la inconsistencia del mito de un cisma nonato e inexistente. Pero nos interesa situar todo en su contexto histórico.

La lectura del decreto —y hay que dejar constancia que casi no se

[19] El decreto ha sido transcrito por casi todas las memorias del tiempo y por las colecciones de textos posteriores. Puede consultarse en J. A. LLORENTE, *Colección diplomática*
p.63; A. MURIEL, *Historia de Carlos IV* (ed. C. SECO SERRANO) t.2: BAE 115 (Madrid 1959)
p.149-50; M. MENÉNDEZ PELAYO, o.c., p.206-207 (transcripción parcial); F. MARTÍ GILA-
BERT, o.c., p.446; L. SIERRA NAVA, l.c., p.455, la transcripción más completa.
[20] Cf. estos y otros ecos en N. SAUGNIEUX, *Un prelat eclairé: D. Antonio Tavira y Almazán
(17371807). Contribution à l'étude du jansenisme espagnol* (Toulouse 1970) p.205-207; J.
BERTE LANGEREAU *L'Espagne au conclave de Venise d'après les revelations d'un cardinal français
(Maury):* Hispania 17 (2957) 424-50; L. SIERRA, l.c., p.466.
[21] M. MENÉNDEZ PELAYO, o.c., p.206; M. MIGUÉLEZ, o.c., p.366; C. SIERRA BUSTA-
MANTE, *Don Mariano Luis de Urquijo, secretario de Estado con Carlos IV y colaboracionista con
José I* (Madrid 1950) p.29; N. SAUGNIEUX, o.c., p.215ss.

pasó de su promulgación, de algunas adhesiones y de pocos rechazos—
no justifica que se le desincardine de su contexto primordialmente político. A través de este castellano pésimo, que hasta confunde consagración con confirmación de los obispos [22], lo que de verdad se ventila es
la realización del antañón sueño regalista de la Iglesia hispano-gótica,
con una jerarquía en plenitud de sus facultades, «conforme a la antigua
disciplina», en lo relativo a las reservas de marras y con un nuncio reducido a la categoría de embajador en virtud de las competencias atribuidas a la Rota. Atendida la situación real del Santo Oficio, se podría
haber ahorrado la decisión de que la Inquisición «siga, como hasta aquí,
ejerciendo sus funciones», mientras que la cláusula relativa a la confirmación de los obispos, dado el carácter suspensivo con que se contempla, resulta del todo inexpresiva. El preámbulo es de sobra clarificador,
ya que el reservarse el rey la transmisión de la noticia de la elección del
futuro papa no es más que la simple aplicación del *exequatur* a los documentos pontificios.

El contenido, pues, del decreto no se cualifica por lo novedoso y está
plenamente inmerso en la tradición regalista del tiempo, bien patente
ya, hasta en las medidas concretas, desde principios del siglo XVIII (por
no volver a insistir en la tradición anterior). Lo más netamente dieciochesco es el tono: «he resuelto», «yo quiero», indica que, por primera y
única vez —después de la expulsión de la Compañía—, se hace caso al
Campomanes de antaño, a las sugerencias de Azara y de todo regalista
consecuente y convencido de que la materia de las reservas (y, entre
ellas, la jurisdicción del nuncio, las dispensas matrimoniales, etc.) es un
derecho exclusivo de la potestad económico-tuitiva del monarca. El
episcopalismo de Solís, de la real cédula de 1709, en circunstancias sorprendentemente similares a las de noventa años después, se ha convertido en lo que tenía que trocarse y temía Mayáns: en la expresión genuina del regalismo más coherente [23]. Como durante la guerra de Sucesión, se intentó en 1799 solucionar una situación temporal, con carácter interino, forzada por elementos peculiares y turbulentos de Europa,
que hacen inseguros no sólo la duración, presumiblemente muy larga,
del conclave, sino también su misma celebración y hasta sus resultados.

2) *El decreto, antídoto contra el riesgo cismático de la Iglesia.*—Las palabras del decreto alusivas a las «turbulencias de Europa» que forzaron tal
decisión son sólo un reflejo muy pálido de la realidad vivida. «El 29 de
agosto de 1799 todo parecía acabado para la Iglesia», afirma Leflon al
retratar aquellos meses de angustia y de incertidumbre. Con unos Estados Pontificios convertidos en República Romana, con el papa deportado, es comprensible que mentalidades que asociaban instintivamente
el pontificado a sus dominios temporales se plantearan el problema de
la misma supervivencia del papado. Hasta Azara, que en el otoño anterior está convencido de la diferencia entre papa-príncipe temporal

---

[22] Naturalmente, no se escaparon estos deslices a las lupas de M. Menéndez Pelayo
(o.c., p.207) y de V. de la Fuente (o.c., p.148).
[23] Cf. matices jurídicos entre ambos documentos en A. DE LA HERA, o.c., p.26-32.

(«debe causarnos poca inquietud que quede sin Estado alguno») y papa-cabeza de la Iglesia («es del mayor interés el brillo, lustre y esplendor de la religión y de su cabeza el papa»), en los momentos de mayor intimidad se hace eco del pánico general reinante a partir de la deportación de Pío VI, del espectáculo de Roma, y no puede menos de exclamar: «Fuit Illium, fuimus Troas; Roma se puede decir que ya no existe». La carestía incontenible, el hambre, los motines en la Ciudad Eterna, la represión, temblores de tierra, profecías que los sencillos tiñen con sus fanáticos agüeros, la presencia del anticristo, se unen a la divulgada intención de crear el pueblo —sin los cardenales dispersos— un pontífice francés, o uno imperial, o ninguno..., como reiteran los despachos de las cancillerías en aquellos días sacudidos por agudos apocalipticismos [24].

En España, una de las mentes más serenas del tiempo, la de Tavira, refleja la angustia que debió de sacudir a tantos españoles incapacitados para reflexionar, como lo hizo él, sobre el misterio de la Iglesia, sobre sus riesgos y la realidad purificadora del trance de verse despojada de su soporte material. El obispo de Salamanca escribe en febrero de 1798, y en un contexto en que las reservas se relacionan inexorablemente con el poder temporal y se condicionan por las posibilidades de comunicación con el papa:

«Obliga ya a hablar con claridad el actual estado en que vemos la Iglesia Católica, reducida cada día más a estrechos límites [...]. Vimos al papa dispuesto a transportar a una isla remota [Malta] para buscar en ella un asilo donde hubiera tenido con nosotros o muy tarda o ninguna comunicación, y, lo que Dios no permita que veamos, todavía puede vacilar más el Vaticano y el Capitolio, porque, atendidas las circunstancias de la Europa, ni es muy difícil ni inverosímil. Nos aseguran las invariables promesas de Dios a favor de la Iglesia, y sabemos que la piedra sobre la que edificó no ha menester para su estabilidad y firmeza el imperio temporal. Por lo mismo, conviene que nos acostumbremos a discernir bien entre lo que es esencial y viene de la institución divina, y lo que es accesorio y puede faltar sin que padezca la religión, cuyos bienes son invisibles y de superior orden» [25].

Como nota dominante, ensombreciéndolo todo, en aquel ambiente milenarista se cierne el fantasma del cisma, no sólo posible, sino hasta casi inevitable. El propio Azara bregará por recoger firmas de cardenales perdidos para afrontar las dificultades que presentará el conclave cercano, regulado por bula de Pío VI: «Este paso es muy conveniente —comunicaba a Godoy— para evitar el cisma que amenaza fuertemente y por cortar las ideas de los nuevos romanos, que, como escribí a V. E. desde Roma, piensan, a la muerte de Pío VI, hacer elegir por el pueblo

---

[24] J. LEFLON, *La revolución:* Historia de la Iglesia, dir. por Fliche-Martin, trad. esp., t.23 (trad. esp. Valencia 1976) p.154-65; C. E. CORONA BARATECH, *José Nicolás de Azara* p.273. R. Olaechea transmite con multitud de documentos y grafismo esta situación (o.c. p.498.501.531.553.646.649).

[25] J. A. LLORENTE, *Colección diplomática* apénd. p.7.

un nuevo obispo, y pretenderán que todos lo reconozcan por el verdadero papa sucesor de San Pedro» [26]. La disposición de 5 de septiembre, dirá Godoy algo más tarde, «atendido el estado de la Europa, fue ciertamente necesaria» [27].

La documentación explorada por Olaechea, además de cuantiosa, resulta insistente y —significativamente— monótona y reiterativa desde 1796. Ella es la que mejor nos sitúa en las circunstancias que abocaron al decreto de septiembre, que en ningún caso sería correcto considerar como ocurrencia de una noche. Entre los documentos uniformes existe uno que clarifica meridianamente y compendia los motivos, medios y objetivos por que se debate el Gobierno de Madrid. El 15 de enero de 1799, Urquijo —porque Saavedra se halla indispuesto— dirige al cardenal Lorenzana un comunicado para que recabe de Pío VI «suspender sus pretensiones y depositar en los obispos todos los derechos que no fueran esenciales del primado, para conservar la unidad de la Iglesia en medio de tan violenta tempestad como nos anuncia». Rota, exención de regulares e Inquisición se reclaman como regalías; mas lo que se reclama con vehemencia es la delegación inmediata, no la subdelegación a través del nuncio, e ilimitada de los derechos originarios de los obispos, «porque cada uno de ellos, como decía San Cipriano, ha recibido, en la parte de su rebaño que está puesto a su cuidado, toda la plenitud del obispado», a pesar de las desviaciones medievales, las falsificaciones de Isidoro Mercator, de tantas concesiones como se han hecho en el decurso de los siglos, tanto por los obispos en su jurisdicción como por los emperadores y monarcas, en «derechos que son esenciales a su soberanía».

La comunicación rezuma regalismo del más puro cuño dieciochesco. Incluso la aparente contradicción de urgir al papa la declaración del origen divino de los derechos originarios de los obispos y el restablecimiento de la verdadera y antigua disciplina, que la conciencia regalista está convencida de pertenecer al rey en el ejercicio de su soberanía, se resuelve al explicitar que se pide la aprobación de Su Santidad por «evitar cualquier impresión fuerte que pudiera hacer una mudanza en el gobierno y disciplina de la Iglesia, para sostener así a los débiles, no inquietar a los ignorantes». La sumisión obedece, ni más ni menos, a una atención pragmática hacia el papa y hacia el pueblo, no a la renuncia a una regalía.

Lo más decisivo es que ya se plantea, meses antes del decreto de Urquijo, el móvil fundamental que no se calla éste: el temor a las consecuencias que la muerte del papa acarrearía de acontecer antes de lograda la paz; entonces, «¿quién podrá señalar el día y el término del cisma funesto que tememos?» Un cisma que habría de ser mucho más largo y triste que el de Occidente. Prevención del cisma y fuerte regalismo es el contexto primordial del documento, que Olaechea denomina

---

[26] Ap. R. OLAECHEA, o.c., II p.653.
[27] PRÍNCIPE DE LA PAZ, *Memorias* I (ed. C. SECO SERRANO): BAE 88 (Madrid 1956) p.290.

«carta magna del jansenismo», y que en realidad es un —otro— manifiesto del más puro y consecuente regalismo [28].

No creemos aventurada la convicción de que el decreto de septiembre consagra un proceso doctrinal y práctico arraigado en la más añeja tradición española. Aunque sea indudable la presencia de Vam Spem, de ideas pereiristas y febronianas, de cierto peso de Pistoya —no tanto en el pobre texto de Urquijo cuanto en alguna contadísima de las respuestas de los obispos dispensantes—, son siempre elementos superpuestos a viejas posturas adoptadas desde los Reyes Católicos y a teorías perfectamente formuladas ya en los tiempos de Carlos V y en los momentos mejores del erasmismo peninsular, esgrimidas constantemente a lo largo del XVII y reasumidas en términos gemelos por el obispo Solís a principios del XVIII. Todos estos ingredientes se reavivan a partir de 1796, siendo elocuente que Lorenzana acuda, como instrumento de presión, al arma inevitable de los temidos memoriales de Chumacero y Pimentel para lograr concesiones parecidas a las decisiones de Urquijo [29]. El clima de 1799, con la Sede Apostólica vacante y el peligro del cisma, propicia la coyuntura para implantar la disciplina antigua, y hacerlo por decisión soberana —no hay papa de quien mendigar el breve o la bula—, que nunca cuestiona el primado auténtico del pontífice. Este, creemos, es el eje del pensamiento y de los anhelos regalistas, secularmente tradicionales en España y expresados mucho antes de que las actas de Pistoya circulasen en las bocas y en los escritos de pensadores, canonistas y (los menos) teólogos ilustrados.

Dadas las metas alcanzadas por la investigación histórica, nadie se atrevería a tachar de cismático un lacónico decreto como el de Urquijo. Mas la atención redoblada que suscita el fenómeno de estos años en que se llegó a una decisión de este tipo, ha cuajado en verlo como «redoma del jansenismo» ambiente. Es indudable que España vive un clima de cierta exaltación «jansenista» por aquellos confines, y ello justificaría que Herr y Appolis hablen de ofensivas y apogeos del «jansenismo español» [30]. Remitimos al cuidadoso estudio que Mestre, especialista privilegiado en la materia, hace del problema en este mismo volumen. Pero el «jansenismo» que anima las diatribas, el lanzado en piezas clandestinas como *El pájaro en la liga*, que se presencia en las tertulias o en actitudes y escritos estilo Jovellanos, Tavira y tantos otros, mientras no se aporten datos nuevos, no parece tener de «jansenismo» más que el nombre. Batllori ha sabido percibir lo endeble de la construcción de ese «tiers parti» que acogería al batallón hispano [31]. Pero es que el calificativo se aplica intencionada, mas inadecuadamente, por la oposición a los innovadores, ilustrados o antijesuitas mucho antes de 1799. «Había ce-

---

[28] El documento está exhumado por R. OLAECHEA, o.c., p.678-81.
[29] Hoy día resulta incuestionable el influjo erasmista en los ilustrados y regalistas españoles. Cf. A. MESTRE, *Despotismo*, passim. Para el resto de las influencias del XVII, cf. R. OLAECHEA, o.c., p.535.
[30] R. HERR, o.c., p.344-64; E. APPOLIS, *Les jansénistes espagnols* (Bourdeaux 1966) p.118-59.
[31] AHSI 31 (1962) 411-13.

guedad en la aplicación de esta voz jansenista a los que reclamaban la antigua constitución de la Iglesia; el dañino intento de sus adversarios era sorprender a los incautos con esta calificación odiosa, la cual a primera vista hiciese parecer a sus antagonistas como contagiados por la herética pravedad» [32], observaba el abate Muriel. Creemos que Miguélez, empeñado en exculpar a sus hermanos de San Felipe de la odiosa connotación y en presentar el «cisma» como desiderátum «de cuantos pensaban a la moderna», da en la diana cuando en su análisis, bastante documentado, apasionado y perspicaz, afirma que el jansenismo en cuestión no transcendería de una degeneración en «abierto regalismo», o más adecuadamente, como ve Defourneaux, de la expresión simple y general de preocupaciones ilustradas [33].

3) *El decreto, instrumento de presión diplomática.*—Nos permitimos insistir que en 1799, y, en concreto, en el decreto «cismático» que materializa todo un ambiente, no se roza en nada la esfera del dogma, aunque fuese en sus derivaciones jurisdiccionales. Se trata de medidas políticas fundamentalmente y de aprovechar la ocasión propiciada por la sede vacante, por una curia que actúa sin la presencia física del papa desde que fuera deportado y que pone al descubierto la mecánica de los clásicos abusos que se le vienen echando en cara desde siempre e inútilmente. Bajo este prisma, el decreto de Urquijo se presenta como instrumento de presión diplomática, como prenda para redondear las concesiones (los derechos, las regalías) escamoteadas incluso en el concordato del 53.

Dentro del ámbito de la política nacional, se atacan dos capítulos sustanciales y también muy viejos: el reducir la Nunciatura a lo que era en el resto de las potencias, una embajada pontificia despojándola de lo que después de 1773 le resta de tribunal de apelación contenciosa y sujeto de poder delegado del papa, beneficiando así las facultades «originarias» de los obispos, y el capítulo económico, subyacente bajo la apariencia del clásico duelo entre el poder real, en sus amplitudes soberanas, y la resistencia curial, obstinada en no ceder en sus «usurpaciones». Facultades primitivas de los obispos y dispensas matrimoniales, que son los temas fundamentales de la decisión decretada, pueden reducirse, en simplificación no arriesgada, al juego de los intereses económicos.

No es preciso insistir en la coyuntura depresiva de la economía a las alturas de 1799 cuando se conjugan todos los factores negativos y cuando las soluciones apremiantes arbitradas por la Real Hacienda, al borde de la bancarrota, tienden a conjurar como sea la crisis aguda [34]. Siempre se habló de ello; pero en la correspondencia inmediatamente anterior a 1799 menudea aún más el tópico —bien justificado y ya tan oído— de las «enormes sumas de dinero que salían para Roma anual-

[32] A. MURIEL, o.c., p.150.
[33] M. MIGUÉLEZ, o.c., p.364. Matices de interés en M. DEFOURNEAUX, *Jansénisme et régalisme.*
[34] Cf. su visión personal en las *Memorias* de Godoy, p.267-81.306-307.

mente», y que, de quedarse en España, servirían de alivio para apuros hacendísticos. El favorito, Azara, y cualquiera, sabían muy bien que, dados los hábitos españoles, la mayor parte de estos «chorros de riqueza» drenados hacia Roma se debían al hábil juego de los impedimentos matrimoniales y a la reserva de su dispensa. Desviar la corriente dineraria hacia Madrid, sin obstruirla, es la idea que pesa en los esfuerzos denodados que se hacen cabe Pío VI y que se harían cerca de su sucesor tras el señuelo de la restitución de las facultades originarias a los obispos. Estos, al menos los que aceptaron el decreto, lo comentaron algo y lo llevaron a la práctica, como Tavira, no olvidan en sus cartas justificativas el matiz económico, si bien, al menos en el obispo de Salamanca operan otros móviles más espirituales, como la obediencia a Trento, la lucha contra el laxismo y, en el fondo, la contestación de la facilidad romana de dispensar en grados de parentesco que no debían estar reservados ni, por tanto, dispensarse [35].

La resistencia pontificia a la «restitución» o a concederla en los términos solicitados era algo que no extrañaba a Azara, como expresa en su respuesta al Príncipe de la Paz:

«El pedir a los papas que renuncien a las reservas es lo mismo que exigir que se depongan por sí mismos de la monarquía externa papal, cerrar la Dataría y Cancillería, manantiales de las riquezas temporales de Roma, y restituir a los obispos las facultades que les dio Jesucristo, reduciendo la silla de Roma al legítimo primado del Evangelio. En una palabra, el exigir esta renuncia voluntaria sería lo mismo que pedir un despojo de un reino que ha costado tantos siglos de establecer a los papas sobre la ignorancia y la barbarie de los tiempos. Y si algún papa intentase este acto heroico, no lo conseguiría, sería depuesto y tratado peor que hereje, y si el rey nuestro amo enviase, no digo los tres arzobispos que envía, sino todos los obispos y clero de su reino, en procesión a Roma para solicitar dicha restitución, esté V. E. seguro que nada conseguirían» [36].

La sede vacante, las dificultades creadas por el desorden monetario en una Europa en guerra y el entorpecimiento de las comunicaciones inciertas, con los consiguientes retrasos imprevisibles de la tramitación regular de las preces, ayudaron a que Urquijo atacara la raíz de todo, decretando lo que tanto se había mendigado. La documentación está revelando, cada vez con más claridades, que el decreto no tuvo perspectivas de aplicación duradera ni siquiera en la mente de su responsable, quien pensaba utilizarlo como medio para ulteriores pretensiones económicas —en parte frenadas, en parte concedidas por Pío VII— a través, seguramente, de un nuevo y beneficioso concordato [37].

La diplomacia europea tuvo a Venecia como epicentro en el cuatrimestre siguiente a la muerte de Pío VI. Allí acudieron, a despecho de

[35] Sobre el peso económico de este forcejeo, cf. L. SIERRA, el c.10 de su o.c., y R. OLAECHEA, o.c., II p.463.488.490.
[36] Azara a Godoy, 12 de abril 1797, escrito revelador de Azara (y de los problemas de este tiempo). Cf. ap. C. CORONA, *José Nicolás de Azara* p.417-20.
[37] L. SIERRA, o.c., p.457.

los agoreros, los conclavistas y extraconclavistas movilizados por las potencias para la elección del nuevo papa: un mundo agitado y turbio que conectaba el rito sacro con todos los intereses políticos del momento. Y allí estaban, para velar por los de España, el cardenal Lorenzana, regalista desengañado, y el arzobispo de Sevilla, Despuig, en calidad de portavoz del «secreto de su corte».

El mallorquín rumboso estuvo a la altura de las circunstancias, moviéndose desde fuera con la habilidad precisa y manejando los hilos de la intriga hasta convertirse en el protagonista indudable —al margen de factores sobrenaturales que se escapan a la historia— de la complicada dinámica de la elección, en manos de los clásicos partidos cardenalicios: *zelanti* (romanistas y curiales), *politicanti* (transmisores de los intereses de las potencias) y el ala móvil y menos condicionada de los *volanti* [38].

El decreto de Urquijo y la situación por él creada en la disciplina eclesiástica de España, se convirtió en la baza fundamental a jugar en el conclave y en instrumento con que coaccionar al papa futuro. La reina María Luisa o los intereses viejos ya desde Alberoni, y reavivados desde que los Borbones eran señores de Parma, habían lanzado a España al compromiso de aumentar sus dominios. Es cierto que, más en los tiempos de la poderosa María Luisa que en los de su antecesora Isabel de Farnesio, «ninguna utilidad política podía seguirse de que el infante-duque de Parma poseyese algunas leguas cuadradas más de territorio en el centro de Italia» [39], como observa Muriel; pero allí estaban las legaciones que, por carambola de la diplomacia, había ocupado Austria, y que debían convertirse en el objetivo de las forzosas negociaciones con el papa electo. No se podía, a las alturas de 1799-1800, volverse a embarcar en la aventura militar italiana, mas sí jugar con las ventajas que concedería la discusión sobre el decreto y el arreglo de sus consecuencias [40].

Otros problemas pendientes, como el de la incorporación del maestrazgo de la Orden de Malta en rivalidad con las pretensiones rusas; pero, sobre todos, el de contrarrestar el influjo de potencias como la del Imperio (e Inglaterra y hasta Rusia) en la elección pontificia, operaron como previsiones o quizá móviles en la decisión radical de Urquijo. Con ella, además de contentar posiblemente al Directorio, desconfiado y de-

[38] Existe abundante bibliografía sobre el papel desempeñado por este «ministro» de la corte de España: G. SEGUÍ, *El cardenal Despuig y la Santa Sede:* Anal. Sacra Tarrac. 15 (1942) 403-23; 16 (1943) 201-21; J. BERTE CANGEREAU, a.c.; J. LEFLON, *Pie VII. Des Abbayes bénédictines à la Papauté* (París 1958); ID., *Le rôle de l'Espagne au conclave de Venise (1799-1800):* Rasegna storica del Risorgimento 44 (1957) 742-48; M. BATLLORI, *El cardenal Despuig:* Vuit segles de cultura catalana a Europa. Assaigs dispersos (Barcelona 1958) 137-53; L. SIERRA, *Contribución española a la elección de Pío VII según la correspondencia de Mariano Luis de Urquijo con Antonio Despuig:* Hispania Sacra 19 (1966) 403-41. El trabajo más reciente: R. OLAECHEA, *El cardenal Lorenzana en el conclave de Venecia,* separata de *IV Simposio, Toledo ilustrado* (Toledo 1975); aunque falten los apéndices a que se remite en el texto, desborda positivamente el enunciado.
[39] A. MURIEL, o.c., p.197.
[40] J. BERTE-LANGEREAU, *La política italiana de España bajo el reinado de Carlos IV:* Revista de Occidente (1958) 69-92.

batido por la opción del clero constitucional [41], se podía presionar, y de hecho se presionó, sobre los cardenales electores para lograr un papa «dependiente por entero de España», «de plena satisfacción», como confesaba el nuncio en sus despachos [42]. El decreto —en expresión de su autor— se convertiría en «escudo», ante el que los conclavistas «o deberán consultar a S. M. para la elección, si piensan que algún fruto deben sacar de los vasallos españoles, bien que nunca será como hasta aquí, o S. M. para nada de lo puramente gracioso acudirá a la Santa Sede» [43].

Un mes después, Urquijo explicaría con más explicitud sus intenciones y sus esperanzas al embajador en Viena, conde de Campo Alange. Confiesa los esfuerzos españoles por evitar «todo cisma» en la cristiandad por un acuerdo con el emperador; la decisión de reconocer al papa con tal de que no sea «afecto a partido alguno» ni impuesto por «mezcla de potencias no católicas»; que la puesta en práctica de la antigua y venerada disciplina de España fue una «medida con la que se evitó el cisma en ella». Pero también se dice sin paliativos que, reconocido el papa, el rey se reserva «entrar después con él en composición sobre el modo con que resuelva se observe en sus dominios la disciplina» [44].

Y el decreto, como instrumento de coacción para logros ulteriores, funcionó a las mil maravillas en manos del intrigantísimo Despuig, sabedor de las ventajas de España, principal financiadora además de los gastos del conclave veneciano. Cuando la candidatura —hasta poco antes casi ni nombrada— del joven cardenal Chiaramonti triunfó y fue exaltado al pontificado con el nombre de Pío VII (14 marzo 1800), la primera reacción de Azara, que andaba por Barcelona a cuestas con el desvío de Urquijo, fue la de proclamar públicamente: «Este es de nuestro partido» [45]. Y Azara no era lerdo en el conocimiento de la curia.

4) *Revocación del edicto, reacciones y el ambiente ultramontano.*—En cuanto llegó la noticia a Madrid, el rey se apresuró a publicar un real decreto (26 marzo 1800) que comunicaba con alborozo evidente la elección de Pío VII y mandaba «que, en acción de gracias, se cante el *Te Deum* en todas las iglesias de mis dominios y que desde mañana se pongan luminarias públicas por tres días, vistiéndose en ellos la Corte gala, como prueba de la alegría y regocijo que debe sentir todo buen católico». La última disposición desvanecía de un plumazo el decreto de 5 de septiembre: «Quiero que vuelva el orden y régimen de los autos eclesiásticos al mismo pie en que se hallaban antes de la referida muerte» [46].

[41] Cf. más explicitado el problema en C. E. CORONA, *José Nicolás de Azara* p.162-71; ID., *Notas para el reinado de Carlos IV: la cuestión entre el misnistro Urquijo y el embajador francés Guillemardet:* Hispania 7 (1947) 635ss.
[42] Ap. L. SIERRA, *La reacción* p.457.
[43] Urquijo a Campo Alange, 8 octubre 1799, en A. MURIEL, o.c., p.151-52.
[44] Id. a id., en L. SIERRA, o.c., p.457-58.
[45] Cit. por OLAECHEA, *El cardenal Lorenzana* p.145.
[46] *Gaceta de Madrid* de 1.º abril de 1800. Las palabras de Godoy con este motivo —si no responden a un amaño posterior— pueden alumbrar algo la reacción popular: «Todo es júbilo, nadie se queja, ya ven alejados los males que amenazaba el decreto fatal de que tanto hablé a VV. MM. y ven que la religión y la piedad son inesperables de sus corazones» *(Cartas confidenciales de la reina María Luisa,* ed. C. PEREYRA [Madrid 1935] p.276).

El *Te Deum,* las luminarias, las galas, ¿significan el fracaso rotundo del decreto? Fracasó, ciertamente, en lo que nunca se propuso: la imposible creación de una Iglesia cismática. Pero sirvió para éxitos que constituyen pasos importantes en la implantación del programa regalista. Los primeros meses del pontificado de Pío VII parecen estar presididos por un torneo de concesiones por parte suya y por parte del rey español. A la fácil revocación del «decreto fatal», como lo llamara Godoy, se responde con la concesión económica del noveno decimal que conocemos, como prólogo a otras gracias más decisivas de la misma índole. Todo indica que se ha iniciado una negociación con buena voluntad, aunque también con la.decisión de proseguir el programa de Urquijo, por una parte, y de no ceder en nada sustancial, por otra.

El balance final resulta compensatorio. Madrid no ha logrado eliminar del todo la injerencia jurisdiccional del nuncio, no ha conseguido las facultades primitivas para los obispos, ni la «nacionalización» de todos los regulares, «ni tantas y tales cosas, que ya su enumeración no encuentra crédito, a pesar de que se apoyasen estas pretensiones incluso con la amenaza de hacer revivir el famoso decreto promulgado después de la muerte de Pío VI». Las *Memorias* del cardenal secretario de Estado, Consalvi, pecan de triunfalistas cuando analizan la firme resistencia de Roma a las «amarguísimas pretensiones» de la corte de España [47]. Por eso no registran las cesiones: las principales órdenes religiosas dejaban de depender de superiores romanos, siguiendo el proyecto de Floridablanca. Después de muchas discusiones en la curia, se concedió al episcopado la facultad de dispensar los grados tercero y cuarto de afinidad, de interés económico y social dadas las precisiones endogámicas de buena parte del mundo rural español. Y ya hemos visto cómo, al fin, se rozará lo más inviolable: los bienes del clero susceptibles a la temida desamortización a partir de 1805 [48].

En contrapartida, además de la revocación, de rebajar las exigencias a límites más moderados, Roma logró concesiones quizá más transcendentales. La exoneración de Urquijo (y el relevo del incómodo Pedro Gómez Labrador como plenipotenciario cabe la Santa Sede, por persona *non grata*) es muy posible que no obedeciese sólo a instancias de Pío VII [49], sino a una —otra— formidable intriga en la que entraron, directa o indirectamente, Azara, el nuncio, la reina María Luisa, Godoy —beneficiario evidente del cambio— y el ánimo del propio rey, predispuesto a aceptar todos los ecos contra el «jansenismo» que se hubiera cobijado a la sombra de su secretario de Despacho [50].

En el duelo de cortesías, «y para afianzar mejor la amistad de la Santa Sede, se juzgó necesario darla una prueba indudable de sumisión y obediencia», dice Muriel al narrar con todo el lujo de detalles la con-

---

[47] Transcrito por L. SIERRA, *El episcopado* p.72.
[48] Cf. estas concesiones en L. SIERRA, *El episcopado* p.67ss; R. OLAECHEA, *Las relaciones* II p.593. Síntesis en F. MARTÍ GILABERT, o.c., p.493ss.
[49] PRÍNCIPE DE LA PAZ, *Memorias* p.309-10.
[50] Discusión de los motivos complejos de la caída de Urquijo, L. SIERRA, *La caída del ministro Urquijo en 1800:* Hispania 23 (1963) 556-80.

cesión del *placet regium* para la bula *Auctorem fidei,* solución salomónica arbitrada por Godoy para evitar el escándalo de retractaciones públicas de los obispos dispensantes [51]. La circulación libre de la bula (promulgada en 1794) condenatoria del concilio de Pistoya (septiembre 1786) había estado vedada, puesto que suponía la condenación del más puro galicanismo (léase regalismo, con su matiz episcopalista, concretamente en el análisis del matrimonio), tan caro al Gobierno español y a la ideología imperante [52], al menos en las minorías ilustradas. La real orden de 10 de diciembre de 1800, prescribe la inmediata impresión y publicación de la asendereada bula antijansenista. No era la licencia lo principal; lo más importante hay que verlo en los tonos conminatorios que la envuelven, en las penas («sin exceptuar la expatriación de los dominios de S. M.») con que se amenaza a los infractores o a los obispos y prelados refractarios a la aplicación; en el rechazo, por parte del monarca, del desvío «de los fieles del centro de unidad, potestad y jurisdicción que todos deben confesar en la cabeza visible de la Iglesia», desvío operado «bajo el pretexto de erudición e ilustración» [53].

Tales tonos y amenazas represivas, debidas, al parecer, a la propia cosecha del duro y «enconoso» ministro de Gracia y Justicia, Caballero, sacaron de quicio a Godoy, que tiene que luchar por matizar las censuras «retrógradas». De hecho, la manifiesta incitación a la represión inquisitorial contra impresos, personas e instituciones que osaran defender las proposiciones condenadas por la *Auctorem fidei* abrió una etapa nueva de persecuciones contra todos —desde prelados a pensadores y políticos— los tildados de «jansenistas». No hay por qué no creer al favorito, por más que se empeñe en resaltar la eficacia de su mediación, cuando realza la ortodoxia y el regalismo de los principales encausados [54]; pero el «espíritu de partido» se desató, y por más que la Inquisición procediese con mesura o sobreseyese procesos incoados, aunque prácticamente se librasen de sus garras, ya gastadas, Tavira, Palafox, Abad y Lasierra, Llorente, Estanislao de Lugo, Meléndez Valdés, Espiga, el «conciliábulo» de la condesa de Montijo y otros que escaparon con leves y nulas penas, las víctimas egregias de la reacción fueron, entre otros, los significativos Urquijo y Jovellanos, el último sobre todo. Con razón puede decir Richard Herr que, «por orden real, la doctrina ultramontana súbitamente había triunfado en España» [55].

Este fue el final de un episodio que volvería a repetirse en tonos casi

---

[51] A. MURIEL, o.c., p.216-19. Narrado también por Godoy en sus *Memorias* p.309.

[52] Cf. reacciones ante las medidas del obispo de Pistoya, Ricci, en G. M. TOMSICH, o.c., p.137-41.

[53] La real orden, en *Noviss. recop.* ley 22 t.1 l.1.

[54] *Memorias* I p.309.

[55] R. HERR, o.c., p.360. El año 1801 fue, en efecto, de febril actividad «antijansenista»; cf. A. MURIEL, o.c., II p.150ss; GODOY, o.c., I p.306-14; E. APPOLIS, o.c., p.146-59. Cf., además de lo ocurrido con Jovellanos, la represión contra otros quizá no tan conocidos en las monografías que ambientan este problema: G. DEMERSON, *Don Juan Meléndez Valdés y su tiempo* (París 1961); ID., *Un canarien éclairé: D. Estanislao de Lugo (1753-1833):* Mélanges à la mémoire de Jean Sarrailh 1 (París 1966) 311-29; N. SAUGNIEUX, o.c., sobre Tavira; P. DEMERSON, *M. F. de Sales Portocarrero, una figura de la Ilustración* (Madrid 1975).

idénticos, con el mismo protagonista y parecida fortuna, en 1810, para iniciar la andadura peculiar de progresismo y reacción del siglo XIX. Por lo que se refiere al momento dieciochesco, queda la impresión de haber sido todo un alarde de Urquijo y poco más, al amparo de una circunstancia propicia para algo que entonces no pasaría de ensayo fallido.

Son muchos los elementos que influyen en el fracaso rotundo, al margen de las intrigas que lo aceleraron. Es posible que pesara el ambiente de inquietud popular, puesto que los afectados directos de toda incomunicación con Roma eran los sectores populares; mas esta incomunicación fue breve: los cientos de «tálamos inquietos» a que alude Sierra no debieron de ser tantos ahora como lo serían después, y, de todas formas, la situación jurídica y moral de matrimonios irregulares preocupó más a los juristas y a las curias diocesanas que a los propios afectados [56]. Para normalizar las relaciones con Roma influyeron otros factores. En primer lugar, las expresiones que Carlos IV multiplica cuando se elige el nuevo pontífice comprueban que al menos el real ánimo no abrigaba la intención de prolongar la situación excepcional, en franco contraste —o en connivencia— con las miras de su ministro [57].

En segundo término, el decreto y lo que pretendía no hallaron el respaldo de un bloque poderoso y compacto que los secundase. La observación pudiera parecer extraña a los convencidos de la realidad de esa «ofensiva jansenista» tan reiterada que se agrupa alrededor de Urquijo y que bulle al calor de su decreto. Este mito, que se cultivó por los reaccionarios de aquellos días y que se consagró por los empeñados en dar con «jansenismo» español sea como sea, se configura, cada vez más, como uno de tantos tópicos inconsistentes. El episcopado tuvo ocasión de definirse en la respuesta a la circular que a raíz del decreto le llegó de Gracia y Justicia. La ordenación intencionada que de sus respuestas, escritos y pastorales (19 en total) hizo Llorente en su citada Colección diplomática, ha dado lugar a apreciaciones inexactas tanto acerca de su calidad como de su cantidad.

Sierra, tras una relectura atenta y con nuevos datos, deshace razonablemente la convicción de La Fuente y de quienes lanzaron la idea —sugerida por el colector— de haber sido por lo menos un tercio los obispos «dispensantes» o adictos al decreto, para concluir que «no fueron tantos, sino una excepción». Olaechea, basado en buenas fuentes, incrementa el número de los disconformes con actitudes que Llorente escamoteó [58].

Y en cuanto a la calidad, ni en el más entusiasta y combativo obispo de Calahorra, Aguiriano, se pueden detectar síntomas cismáticos, sino un consecuente y quizá extremado regalismo. Para Sierra, el artificio de

[56] L. SIERRA, El episcopado español.
[57] Protestas del «catolicísimo» Carlos IV contra el paso de Urquijo, pronunciadas ante el nuncio Casoni, cf. en PRÍNCIPE DE LA PAZ, Memorias I 309-10. Y en L. SIERRA, o.c., p.69.
[58] L. SIERRA, La reacción p. 462; R. OLAECHEA, o.c., II p.584.

Llorente al manipular respuestas «obsequiosas y regalistas de tono» fue lo que «sentó para la historia del episcopado español la afrenta de un regalismo cismático» [59]. Lo que resulta indudable es que los obispos, concretamente Tavira, que fue uno de los más explícitos, no sintonizan con las intenciones del ministro. Este se mueve en un plano sustancialmente político; aquéllos, y salvas siempre las excepciones comprensibles, están motivados por las inmediateces de su preocupación pastoral, es decir, por motivos religiosos [60].

La práctica unanimidad con que el episcopado en bloque respaldó la expulsión de los jesuitas no puede ni rastrearse en la operación proyectada por Urquijo. La revocación de su decreto, por tanto, conectaba con el sentir mayoritario de los españoles capacitados para reaccionar. Y abrió una época de identificación del regalismo —ahora ya convertido en absolutismo regio— con el frente ultramontano —antes antirregalista—, fuerza más olvidada de lo debido cuando se estudian las relaciones entre la Iglesia y el Estado.

LA OPOSICIÓN ANTIRREGALISTA

Si no se quiere falsear la realidad histórica del siglo XVIII, es preciso recordar que a lo largo de toda la centuria, y en confrontación con la regalista, se debatió otra corriente no menos caudalosa ultramontana y antirregalista. Es frecuente y cómodo el recurso de calificar a la Iglesia —y al pensamiento— regalista, ilustrada y reformadora con todas las notas positivas, y reservar las de reaccionaria y conservadora, sin más, para la antirregalista; dentro del anacronismo de algunas de estas denominaciones, la atención a determinados portavoces del antirregalismo deshace el fácil tópico maniqueo, pues tan reformadores fueron Belluga, Rodríguez Chico, los últimos Amañá, Fabián y Fuero, Lorenzana, en choques con la ideología imperante al menos en algunos momentos de su existencia y de su desengaño, como otros prelados que se han presentado y se transmiten en calidad de representates de la Ilustración. No se puede ocultar tampoco que en la esencia antirregalista late la más tradicional, hispana y vieja oposición al absolutismo, como fermento preliberal que se malogró en la crisis de 1793 y de 1800. Y, a despecho de las no muy serias generalizaciones de Sarrailh, en parte de Herr y de tantos otros que han contribuido con tanta eficacia a privilegiar la segunda mitad del siglo, no es posible mantener que la de las dos Españas eclesiásticas fuese una realidad privativa del reinado de Carlos III y Carlos IV; mucho antes, perceptiblemente desde el siglo XVII, con toda nitidez desde 1709, se acude a los mismos argumentos, a las mismas invectivas, y se han configurado tópicos y mitos que se reiteran en la situación gemela de 1799.

[59] L. SIERRA, o.c., p.461.
[60] N. SAUGNIEUX, o.c., p.231.

1. **Fijación de la ideología ultramontana;
   los «Memoriales» de Monroy y de Belluga**

La ruptura de relaciones con la Santa Sede decretada por Felipe V sirvió de crisol para decantar actitudes e ideologías al obligar a tomar posición, y al igual que el obispo Solís reavivó la tradición regalista, otros obispos (no consta que de forma unánime) se encargaron de enlazar con los sentimientos y las ideologías —también tradicionales— del más riguroso antirregalismo. Sabemos que la publicística inmediata y adversa al regalismo filipino abundó con motivo de la presión fiscal; que el desairado Portocarrero elevó representaciones que fueron desoídas y no se han conservado (al menos no se han editado) [1]. Pero no se pudo impedir la circulación clandestina de los vigorosos *Memoriales* del arzobispo de Santiago y del obispo de Cartagena, aunque tuviesen una suerte desigual.

Alonso de Monroy [2], arzobispo de Santiago en 1709, tiene importancia en la fijación del antirregalismo, a juzgar por la amplia acogida y difusión manuscrita de su *Carta al marqués de la Mejorada,* primer ministro de Felipe V en aquella coyuntura. Aunque el escrito no respire la profunda veneración monárquica de Belluga, se envuelve en expresiones de respeto hacia un rey «tan grande, tan bueno y piadoso», pero dominado por sus consejeros. Estos son los responsables de la ruptura con Roma, inspirados en la «execrable ciencia» de la razón de Estado, que —afirma con notable inexactitud— «no había tenido hasta ahora oyentes en España», mas encarnada en este momento por los teólogos cortesanos, «los teólogos de la Junta», «los infelices teólogos de gabinete», que han acogido «la más máxima del ateísmo» del secretario impío Maquiavelo. Xenofobia y misoneísmo se alternan ya en las bases de la discusión antirregalista, que oculta deliberadamente raíces profundas hispanas, para achacarlo todo a la «moderna teología española, lisonjera de sus soberanos», y a las máximas inducidas de los franceses, «de la costumbre anciana desta revoltosa y depravada nación, la cual nunca ha sabido contenerse en la obediencia debida al vicario de Cristo».

Mas, en el fondo, todo obedece al concepto del poder, de la autoridad, de la propia soberanía y de los ámbitos de su actuación. Belarmino se convierte en el teólogo más socorrido (al igual que fuera el más aborrecido por los regalistas), y citado expresamente en un documento como éste, más apasionado que erudito. La potestad indirecta del pontí-

---

[1] M. T. Pérez Picazo (*La publicística española en la guerra de Sucesión* t.1 [Madrid 1966] p.329-50) ofrece importante catálogo de estas piezas.

[2] Pérez Picazo le hace *obispo* de Santiago; Martín Gaite, *arzobispo* de Astorga. Con motivo de la ruptura con Roma escribió la *Carta al marqués de la Mexorada en respuesta de los manifiestos y cartas publicadas contra el papa en nombre de su Majestad.* Ha sido editada por Pérez Picazo (o.c., t.2 p.271-86). Para subsanar los defectos de esta edición hemos tenido en cuenta el Mss. 280 (8) de la Bib. de Santa Cruz, de Valladolid. Como era de esperar, ni Mortier, en su *Historia de los maestros generales dominicos,* ni los episcopologios del arzobispado de Santiago, ni las numerosas monografías sobre la presencia dominicana en Galicia hacen mención de este lance de Monroy.

fice se alarga a competencias regias, puesto que la misión primaria del monarca se cifra en la protección de la religión, en erigirse en protector subordinado de las decisiones pontificias, nunca en injerirse en cuestiones eclesiásticas, exclusivas del poder de la cabeza espiritual.

Las regalías (el «sagrado estoque, espada de tantos filos que no hay vasallo que no titubee al oír su estruendo») cambian de sentido: de derechos inherentes a la soberanía real, se convierten en funciones sometidas al quehacer de una monarquía contemplada bajo el prisma teológico y en antagonismo con la secularizada razón de Estado, extranjera y nueva. La básica regalía de protección de la religión obliga a la subordinación al poder espiritual, no a convertirse los soberanos en árbitros de las cosas eclesiásticas, «equivocando miserablemente los límites de las potestades, exaltando su solio sobre los astros de Dios». La retención de bulas se mira con horror, vergüenza y lástima; equivale a «postrar toda la autoridad del pontífice e invertir el fundamento de la religión por fines particulares del Estado». Por el contrario, la bula *In coena Domini* se propone obstinadamente como código y valladar de las invasiones regalistas.

Todo se explica si se atiende al origen de los poderes y a sus límites respectivos. La potestad suprema del papa proviene directamente de Dios; la del rey le llega a través del pueblo, y «no es tan suprema que no haya quedado alguna en el pueblo para la defensa de la religión y conservación de su libertad contra un príncipe notoriamente impío o tirano». Las palabras de Monroy constituyen un alegato contra el absolutismo regio y un eco brioso del más neto «populismo». Pero constituiría un anacronismo flagrante concluir precedentes preliberales o democráticos, puesto que se desata en invectivas contra el episcopalismo subyacente en los decretos de 1709, rezumantes de luteranismo e influjos magdeburgenses, de Huss y de Wiclif; las limitaciones impuestas al absolutismo regio se orientan a potenciar el otro absolutismo pontificio y se esgrimen como amenaza, no velada, contra el monarca que intenta ensanchar sus competencias más allá de lo puramente temporal. No hay que esperar a 1799 para leer similitudes entre la situación española y la del «reino de Inglaterra con Enrique VIII, no muy remoto de nuestro siglo».

Establecido el paralelismo y presenciado el fantasma de la herejía luterana, del cisma inglés latente en las medidas regias, la dialéctica del arzobispo de Santiago no necesita hacer excesivos esfuerzos para recordar el riesgo de que el pueblo («que no puede sufrir un átomo de impiedad en el príncipe en que se contempla») se vea obligado a trasladar la corona «a otras sienes» en virtud de la doctrina de tiranicidio, esgrimida ahora por un dominico.

La reacción antirregalista del XVIII cuenta ya con su arsenal de formulaciones precisas que se reiterarán durante mucho tiempo. La subordinación del príncipe (del mismo Estado) a las urgencias de la religión, el absolutismo pontificio, irreconciliable con episcopalismos de ninguna clase; la insistencia en el carácter herético y cismático de solu-

228   *Teófanes Egido*

ciones regalistas importadas de fuera, son principios acogidos por cuantos intervengan en las contiendas ideológicas desde la ladera del antirregalismo. De la admisión o del rechazo de principios que amplían los límites del poder del santuario a costa de los del trono dependerá la pervivencia o la destrucción de toda la estructura económica del clero, amparada en el *status* de inmunidad asaltado por el regalismo y enmarcado en otra —y para otra— sociedad perfecta que no admite la idea secularizadora de considerar a sus componentes como ciudadanos al servicio del Estado.

Belluga es mucho más conocido que Monroy en las lides antirregalistas. La bibliografía en torno a su persona, su obra y sus ideas registra incluso cierta hinchazón, aunque con frecuencia haya nacido con fines y métodos nada históricos y sí muy apologéticos y localistas. Es un personaje conspicuo y desconcertante, al que no se le puede repudiar tan simplemente como lo hiciera Modesto Lafuente, ni ensalzar como hacen sus paisanos historiadores. Su visión, entre barroca, agustiniana y apocalíptica, de la historia y de la ruina de España [3] contrasta con los análisis —arbitristas y proyectistas— de las causas de la decadencia, y más aún con sus empresas asistenciales y colonizadoras, que lo acercan tanto a la élite de prelados de la Ilustración plena, calificados por Sarrailh de «bienhechores» y «economistas» [4]. En lo que no hay corte de continuidad ni flaqueza posible es en lo que un apunte biográfico y ditirámbico le aplicaba como virtud la más notable: «Amantísimo del sumo pontífice y de la Santa Sede Apostólica, obedece ciegamente sus decretos y es acérrimo defensor de la inmunidad eclesiástica» [5]. Y en polémicas agrias con corregidores, con alcaldes excomulgados (por él naturalmente), con autoridades regias, con el propio monarca y con cuantos osaran cuestionar la supremacía pontificia en todo y los privilegios económicos clericales pasaría su existencia batalladora, hasta que, nombrado cardenal, renunció a su obispado y se recluyó en Roma [6].

Entre tanta exposición, representación y carta, destaca el escrito con motivo de la crisis de 1709, como representativo de la ideología antirregalista más convencida y coherente de toda la centuria. El *Memorial del Dr. D. Luis Belluga, obispo de Cartagena, al Rey Phelipe V sobre las materias pendientes con la Corte de Roma y expulsión del Nuncio de Su Santidad de los Reinos de España* constituye, como aprecia Báguena, una «verdadera muralla de erudición eclesiástica en defensa de los derechos de la Iglesia» [7]. Se decidió a enviárselo al rey, que no necesitaba pruebas de la

[3] Cf. J. BÁGUENA, *El cardenal Belluga: su vida y su obra* t.1 (Murcia 1935) p.68-84; I. MARTÍN, *Figura y pensamiento del cardenal Belluga a través de su memorial antirregalista a Felipe V* (Murcia 1960) p.85-122.

[4] J. SARRAILH, o.c., p.137-39. Obra social y económica de Belluga: R. SERRA RUIZ, *El pensamiento social-político del cardenal Belluga* (Murcia 1963); J. LATOUR BROTÓNS, *El cardenal Belluga y sus pías fundaciones* (Murcia 1961).

[5] *Relación de Jacinto Zelada;* ap. I. MARTÍN, o.c., p.191.

[6] Cf. algunos de estos conflictos en J. TORRES FONTES-A. BOSQUE CARCELLER, *Epistolario del cardenal Belluga* (Murcia 1962) p.26-27; J. BÁGUENA, o.c., p.124-26; C. MARTÍN GAITE, o.c., p.191.

[7] J. BÁGUENA, o.c., p.103.

lealtad del obispo incondicional, lealtad bien patente entre tanta fuerza agresiva contra el sistema regalista. Felipe V respondió con el silencio. Tras haber corrido con generosidad, el ejemplar enviado al papa sería publicado clandestinamente desde Roma después de la muerte de un prelado que no se hubiera prestado en vida a tales modos de oposición subterránea[8].

Belluga, por lo menos, no disimula dos cosas: la existencia de abusos de la curia romana que están clamando por la reforma que el rey ha de suplicar al papa, y que el regalismo no es privativo del primer Borbón, sino que enlaza paladinamente con la España de los Austrias. El análisis de la vieja tradición llena buena parte del *Memorial* y constituye no sólo un «índice de las prácticas regalistas desde los visigodos hasta Felipe V», sino una interpretación de la historia de España perfectamente enmarcada en visiones tradicionalistas.

De acuerdo con el esquema general agustiniano, consciente de la presencia actuante de lo sobrenatural en la historia, a España le ha sido confiada una misión concreta por Dios, «que siempre ha mirado este Reino como prenda especial de su amor»: que «en él resplandezca la fe purísima y la obediencia a la Santa Sede». Ambos elementos, creencia y ultramontanismo, se configuran ya en mutua interdependencia; es la gloria de España desde Recaredo y antes, reconocida por cuantos —y han sido muchos— han entonado sus loores. El destino de España se centra, por tanto, en el sabio equilibrio entre imperio y sacerdocio, equilibrio que en lenguaje belluguiano se traduce en la subordinación del poder temporal al espiritual. «La representanción del cuerpo político, que mira a la potestad temporal, se subordina a la representación del Cuerpo místico, como lo temporal se subordina a lo espiritual, lo natural a lo sobrenatural, lo humano a lo divino y lo profano a lo sagrado; de tal forma que lo temporal, natural, humano y profano siempre ha de servir a lo espiritual, sobrenatural, divino y sagrado, como los medios sirven al fin, no al contrario».

Los límites del poder monárquico —derivante de Dios— están impuestos por esta subordinación incuestionable a la potestad espiritual, es decir, a la pontificia, en cuanto de alguna manera se interfiera el bien espiritual. Dado el concepto sacralizado de la sociedad humana, la convicción de que a Su Santidad compete «la potestad indirecta coercitiva que tiene en todos los reyes y reinos por motivo espiritual», rara será la esfera que se escape a la jurisdicción pontifícia, desde arbitrajes de jurisprudencia internacional hasta las menudencias de la vida eclesiástica. En contrapartida, están cercanas a la herejía las tesis regalistas, que abogan por una potestad indirecta del monarca en materias espirituales. Como puede observarse, los contenidos del pensamiento ultramontano se vierten en un lenguaje incomprensible para mentalidades regalistas. Pero, «Señor, ¿a quién se deberá dar más crédito? ¿Al Espíritu Santo,

---

[8] Seguramente se utilizó desde Roma como arma contra la ofensiva regalista española con motivo del concordato de 1753, como lo prueba I. MARTÍN, o.c., p.20-23.

que habla en sus Escrituras, en los concilios de la Iglesia y en los sumos pontífices; a los doctores de la Iglesia y Santos Padres, que hablan con el espíritu de este Señor, o a un Salgado, o a un Salcedo y otros autores semejantes de este y otros reinos, que, por complacer a los reyes y por la gloria temporal de su estimación y conveniencias a que aspiran, escriben lo contrario de lo que siempre ha sentido la Iglesia, han sentido los sumos pontífices y que han sentido los concilios?»

La historia de España —para Belluga la universal— encuentra el hilo de su exégesis en la tónica de estas relaciones. Cuando la sumisión a la potestad espiritual —a la del papa y la del clero— se ha mantenido, la nación ha encontrado sus momentos de gloria; cuando se ha subvertido, robando derechos de la Santa Sede, atacando las inmunidades eclesiásticas, es cuando registra sus días de profunda decadencia. Curiosamente, el ultramontano Belluga coincide con los regalistas en la nostalgia de la Iglesia hispano-gótica, con su respeto al papa y a las exenciones clericales. La defección de Witiza, que negó la obediencia a la Santa Sede, pero no *ex defectu fidei*, sino por comportamientos prerregalistas, abrió una etapa nueva y dolorosa (castigada por Dios), tímidamente seguida por algún rey castellano («los trabajos de Alfonso el Sabio, todos los antiguos historiadores los atribuyen a las tercias que tomó») y, con más frecuencia, por los monarcas aragoneses.

Lo antes excepcional se convierte en sistemático en la España de los Austrias: «desde este tiempo empezó a descaecer la inmunidad eclesiástica y aquel antiguo y debido respeto que siempre en este reino se había tenido a la Iglesia, a sus fueros e inmunidades». El pensamiento «reaccionario» posterior, con su mirada fervorosa a los siglos anteriores al XVIII, y los convencidos de que el regalismo se identifica con los Borbones o con ideologías alógenas, no encontrarán respaldo para sus tesis anacrónicas en el pensamiento belluguiano. Prácticamente, la nueva dinastía se lo encontró todo hecho después de que Carlos V y Felipe II justificaron los recursos de fuerza y la retención de bulas, se agarraron a los tributos clericales del subsidio y del excusado o establecieron el impuesto de los millones, irrespetuosos con las sacras inmunidades. Bien se encargó la Providencia de castigar tales atentados: «Es común opinión de los historiadores de España que en el primer subsidio que Carlos V pidió a las iglesias se le perdió una riquísima armada que venía de las Indias. Y cuando lo pidió Felipe II, se le perdieron las galeras en la Herradura. Y cuando vendió, con breve de Gregorio XIII, los lugares de las iglesias, se le perdió la Goleta». Podemos preguntarnos qué había ocurrido cuando se perdió la «Armada Invencible»: para Belluga, no hay duda de que se trata de un caso clarísimo de divina previsión, ya que para su restablecimiento «se impusieron los millones, que han sido y han de ser la ruina de España».

Establecida la interdependencia estricta entre respeto y sumisión al papa, a las exenciones clericales y esplendor de la monarquía, narra con tonos apocalípticos el proceso decadente ya iniciado, acelerado por las faltas de respeto de Felipe IV a los plazos de la exacción, en la ruina de

Carlos II, hasta abocar a 1709, cuando el reino se halla «en el igual y miserable estado en que se ve la autoridad de la Iglesia y sagrada inmunidad, arruinándose la Corona al paso que la autoridad de la Iglesia se va deprimiendo». Es interesante —y no ha sido estudiado sino parcialmente— el análisis que hace el obispo de la España derruida de su tiempo y de los pasos por los que el «reino más temido de todas las naciones, en estos últimos años era la parábola de todos». Al margen de la interpretación personal, se presencian las motivaciones internacionales, las sociales, económicas —con el gran peso inerte y negativo de las Indias—, el factor demográfico en toda su amplitud, la incidencia desastrosa de la coyuntura bélica y el régimen militarista de la guerra con todas sus consecuencias humanas, de forma que el *Memorial* se convierte en protesta clamorosa contra la opresión de los pobres al mismo tiempo que contra la de la Iglesia.

Toda su argumentación, no obstante, se dirige a resaltar la carrera de injerencias seculares en la jurisdicción espiritual, carrera culminada por Felipe V, mal aconsejado por las juntas de teólogos «realistas». Los eclesiásticos —caso inaudito en España—, a pesar de «la libertad que Dios nos concedió en nuestros bienes, haciéndolos libres de todas contribuciones y cargas», se encuentran en peores condiciones que los seculares, puesto que, «contribuyendo en los tributos reales casi lo mismo que contribuyen éstos, sólo en el subsidio y excusado contribuyen de sus rentas a V. M. los eclesiásticos cerca de una décima parte de lo que perciben de ellas, lo que de seglar ninguno se verificará». Pero no es sólo la inmunidad económica la víctima de la política «regalista»; los recursos de fuerza, los atentados contra el privilegio del fuero, el derecho de asilo y la exención punitiva constituyen violaciones tan descaradas, que «ya es proverbio que no es buen corregidor el que no está la mitad del año excomulgado», afirma Belluga, que se empeña en probar con centenares de citas la vigencia de la excomunicatoria bula *In coena Domini.*

La incomunicación con Roma, la prohibición de recurrir a la Santa Sede, de remitirle el dinero por los costos de dispensas, la despedida del nuncio y el retorno a la disciplina eclesiástica antigua con la restitución de las facultades episcopales, la retención de rentas y frutos de vacantes, de espolios, etc., colocan a España en estado práctico de cisma. Aparece —¡cómo no!— la sombra de Enrique VIII, pues las circunstancias no son muy distintas a las inglesas de otrora para el observador apasionado, ni «somos hoy más santos los españoles ni más católicos que lo eran los ingleses». Ni siquiera puede infundir seguridades la «promesa que María Santísima hizo al apóstol Santiago de que no faltaría la fe en España», porque fue una promesa condicionada, y no es necesario que la separación del sol de la Iglesia, del papa, sea *«quoad fidem,* en la ciencia, porque fuéramos ya herejes; que hasta que sea *quoad caritatem et obedientiam,* en la unión, que es lo que constituye el cisma, como confiesan todos los teólogos». Y ante una situación de esta índole, por precisión pastoral, al episcopado no le cabe otra opción que la resistencia, pues el mayor pecado sería el silencio. Este sentido de protesta es el que entona todo el famoso *Memorial* [9].

No sabemos las repercusiones que pudo tener el escrito encendido de Belluga. Es indudable que en la corte española no le prodigarían los elogios que mereció de Clemente XI y que Belluga se equivoca cuando comunica al mundo la esperanza de que su esfuerzo haya logrado la reconsideración de las decisiones regias. El silencio relativo del clero en estas circunstancias comprometidas no indica que no se solidarizara con el representante de sus intereses, más afortunado en este sentido cuando cuatro años más tarde salta de nuevo con su carta contra el impuesto de la sal. Con este motivo, el embajador francés comunicaba que, a pesar del desaire del rey irritado, la presencia de Belluga en la corte sirvió de reclamo: «todos los provinciales y religiosos le visitaban en su posada» en connivencia con su protesta. Lo que prueba —si fuere necesario— el poder de movilización de la defensa de la inmunidad fiscal, único motivo por el que el clero parece reaccionar conjuntamente [10].

Nos hemos detenido deliberadamente en este capítulo por la sencilla razón de que alumbra una realidad evidente, si no se quiere caer en simplismos tan generalizantes como ahistóricos: la postura de la Iglesia clerical no es uniforme. Sus actitudes dispares, incapaces de coincidir salvo en rarísimas circunstancias, se prolongan hasta el choque de 1799. En este primer período cabe observar cómo, en definitiva, el antirregalismo logra imponerse (como lo hará a partir de 1800) con el golpe asestado a Macanaz y todo lo que representa el «ministro» más vapuleado por Belluga, así como con la consecuente revalorización de la Inquisición por los motivos que fuese.

2. El episcopado, a encuesta; los sondeos de 1715, 1737 y el clima de 1753

A raíz de las posibilidades de reestructuración ofrecidas por la liquidación de la guerra de Sucesión y ante el ritmo de las negociaciones hacia el acuerdo con Roma, el monarca dirigió al episcopado en pleno una consulta para «remediar los males del reino» (12 mayo 1715). Fue una ocasión estupenda para pulsar la ideología colectiva de la jerarquía española. A pesar de que el material conservado en Simancas no haya sido explorado sistemática ni rigurosamente, puede percibirse cierta insistencia en recriminar los excesos del Consejo en asuntos eclesiásticos (es la queja más común y más fuerte en Belluga) y el protagonismo del confesor real en los nombramientos para beneficios, prebendas y obispados (obispo de Zamora), así como el anhelo de una Inquisición más expeditiva. El de Tortosa, se ve que poco informado, recomienda a Fe-

---

[9] Exposición del memorial antirregalista, en obras citadas de Báguena y Serra Ruiz. Más detenidamente la de Isidoro Martín, que recoge varios trabajos anteriores con este tema. De ella nos hemos servido para esta exposición.

[10] J. BÁGUENA, o.c., p.117; C. MARTÍN GAITE, o.c., p.191; J. FERNÁNDEZ ALONSO, *Un período de las relaciones* p.30.49.

lipe V la conveniencia de seguir los ejemplos de los monarcas antepasados en su respeto a la Iglesia, y es común la sugerencia de que se trate con predilección a los eclesiásticos, en trasunto de la convicción belluguiana (y antirregalista) de la correlación existente entre esplendor de la monarquía y respeto a las inmunidades [11].

Ignoramos la reacción del Gobierno ante las respuestas rebosantes de respeto hacia el soberano. Lo más seguro es que no se tuvieran en cuenta para nada, dado el talante de Alberoni y 'que inmediatamente se iba a emprender la carrera de tensiones hacia el extraño concordato de 1717.

El trienio 1735-37 fue otro tiempo de tiranteces sordas o clamorosas, muy apto para medir las reacciones y la penetración de la ideología regalista y el poder de la oposición. Quizá sea exagerado el calificarlo de «época de persecución y atropello», como hace el P. Portillo, que estudió con detención (y espíritu antirregalista) la auténtica «batalla campal» librada por el Gobierno y su retaguardia de investigadores de archivos y cazadores de piezas documentales. Ante la ruptura estratégica del 36, desde Roma se despacharon breves de advertencia al rey, a la reina, y al confesor y a Molina, así como el circular *Inter aegregias* a todos los obispos para urgirles la oposición decidida a las determinaciones regias. La presión romana fue correspondida por el triple decreto del rey ordenando la entrega del breve (con todo lo que dicha entrega significaría de reconocimiento de la política regalista y de la práctica aceptación de la supremacía del monarca en cuestiones eclesiásticas).

Se entabló otra guerra de ideologías, de intereses y de miedos ante las amenazas de ambas potencias. «No se puede escapar —decía el dominico Rodríguez al confesor de la reina en memorial antirregalista— o del cuchillo o potestad del rey o del cuchillo o potestad del papa». La respuesta del episcopado ante la vulneración de las libertades eclesiásticas estuvo muy lejos de la uniformidad, a pesar de los esfuerzos desplegados por el internuncio Ayala, desterrado en su diócesis de Avila, y de la resistencia alentada desde Roma. Hubo protestas de obediencia al papa que acompañaron la entrega forzada, recursos como el de dejar que el corregidor lo tomara, pero el recuento definitivo arrojó un balance desalentador: de un total de 56 obispos, a lo más 14 mantuvieron su entereza y el juramento de defender los derechos de la Santa Sede. Las respuestas de los prelados resistentes abundan en las tesis antirregalistas ya conocidas y, sobre todo, en la situación cismática amenazante. Como contrapartida, y junto a la división de los teólogos de la Junta creada al efecto, éste es uno de los momentos en que el pueblo, dirigido, naturalmente, por el clero disconforme, manifestó su descontento ante la política y presiones gubernamentales. No es posible olvidar cómo el primer periódico satírico de la oposición, *El Duende Crítico*, por estos días abunda en la invectiva contra los opresores de la Iglesia. La queja

---

[11] La encuesta ha sido estudiada parcialmente por F. RODRÍGUEZ POMAR, *Una página de política española: dictámenes de los prelados en 1715:* Razón y Fe 122 (1941) 334-44; 123 (1941) 49-66.

se manifiesta contra la Junta del Patronato, se hacen rogativas en los conventos por la paz, unión y concordia con el papa, se interpreta la sequía de 1736 como castigo por la mala voluntad del Gobierno y en la Puerta del Sol aparece el pasquín de turno con el texto bien expresivo:

> «Un Consejo carnicero,
> un corregidor ladrón,
> un presidente judío,
> *ergo* mala procesión»

Todo se arregló por cansancio, con el premio del capelo otorgado a Molina por el concordato de 1737 y con la derrota del frente antirregalista. No se conocen exactamente los motivos de tales decisiones, pero hay un movimiento insólito de renuncias a obispados coincidentes con los pastores que se opusieron a las disposiciones reales (a partir de 1737 van renunciando, en fechas próximas, los obispos de Ciudad Rodrigo, Avila, Valencia, y pretende hacerlo el de Mondoñedo, uno de los más significados en la brega anterior). Es posible que se debiera al desaliento o a que percibieran que Roma se había servido de su lealtad (o de sus convicciones) como instrumento de presión para las negociaciones en curso. Lo cierto es que no volverán a sonar, al menos con tanto fuego, sus voces en defensa del pontificado en una época larga.

Los acontecimientos de 1736-37 marcan un cambio, que, no por ignorado, deja de ser significativo en la oposición antirregalista, más práctica en adelante y más atenta a los intereses propios y a las inmunidades, expuestas al rigor reformista del Gobierno. Lo que no quiere decir que el regalismo se impusiera sin discusiones, ni siquiera que se impusiese mayoritariamente. Desde muchos ángulos, se mira a Roma como antemural que se puede oponer a la política que se ha fijado como objetivo la erosión de la base económica del clero; no tiene nada de extraño, por tanto, que los afectados —menos el episcopado que sus cabildos, más los regulares que los seculares— siguiesen en «la ciega obediencia a las bulas de Roma», como se lamentaba el rabioso regalista Martín Barcia, convencido de que la «lima sorda de Roma» era el factor principal del aniquilamiento material del reino [12].

La exasperación de Barcia se expresa en el clima que se vive durante la preparación del concordato de 1753. La campaña desplegada dio la medida de las fuerzas regalistas y es un testigo excepcional de la pasividad episcopal ante unas negociaciones que no debieron de trascender de las altas esferas diplomáticas, como hemos visto. Miguélez afirma que el éxito regalista del concordato «fue contestado con un grito de alarma del partido ultramontano» [13]. Debe aludir a los integrantes que vivían al amparo de las reservas curiales, porque en Madrid, la gran beneficiada de la transferencia de oportunidades, «pro-

---

[12] Todos estos episodios han sido desmenuzados por E. DEL PORTILLO, en sus artículos citados en Razón y Fe 20 (1908) 198; 17 (1907) 330-31; 35 (1913) 166-68; 36 (1913) 290.38-39; 38 (1914) 340.

[13] O.c., p.207.

dujo, en general, gran gozo y admiración» [14]. La pérdida de algunas ventajas de los obispos se compensaron con otras adquisiciones. Si hubo protestas contra el acuerdo, no debieron de ser tan sonoras como las elevadas en otras circunstancias. Al menos no hemos dado con ellas. El concordato, de hecho, y pese a las recriminaciones ultramontanas del siglo XIX, inaugura un período de pacífica coexistencia, no turbada por esporádicos episodios ni por los roces inevitables entre la curia y los agentes españoles de preces.

3. La oposición al proyecto desamortizador

La primera fase del reinado de Carlos III —y el año de 1766 es la referencia y la divisoria obligada— se caracteriza por un prudente tanteo de las posibilidades reformistas y regalistas, afrontadas sin timideces a partir de esa fecha y al amparo de la represión larga de los motines contra Esquilache o contra quien fuesen dirigidos. El proyecto de ley desamortizadora es todo un signo de la tónica vacilante del primer tiempo y de la persistente desigualdad de las fuerzas enfrentadas. Aparte de los inevitables aspectos fiscales, siempre subyacentes, lo que el fiscal de Hacienda, Francisco Carrasco, solicitaba era el establecimiento de una ley que detuviera las adquisiciones de bienes raíces por parte de los eclesiásticos y su consecuente «espiritualización». Incluso se aludía a la conveniencia de reafirmarlo todo con un breve pontificio sancionador. Su colega de Castilla, Campomanes, prestó el soporte ideológico a una causa que le entusiasmaba: para facilitar argumentos y captar el voto favorable de los consejeros redactó, con prisas y con erudición, su *Tratado de la regalía de amortización* [15]. El largo subtítulo expresa con claridad las metas perseguidas y que ya se han trocado en parte los planteamientos primitivos; se trata de un manifiesto regalista, al reivindicar, la potestad regia sobre los bienes del clero y, más directamente, sobre los laicos en trance de espiritualizarse.

No tiene mucho de novedoso el libro de Campomanes, como no lo tenía el proyecto de amortización. No hay nada de revolucionario en una estrategia que se cifra en aislar al clero regular del resto de los privilegiados, y su misma obra manifiesta que se mueve dentro de la tradición hispana, bien perceptible desde la Edad Media, y dentro de los conceptos más ortodoxos del Antiguo Régimen. No osa atacar las amortizaciones (vinculaciones) del estamento nobiliar: el mayorazgo garantiza la convicción de que la nobleza, por ser necesaria para la conservación de la monarquía, debe contar con la base económica permanente y ser «más rica que las otras clases». Mesurado y nada progresivo,

[14] R. OLAECHEA, o.c., I p.146.
[15] El subtítulo: *En el cual se demuestra por la serie de las varias edades, desde el nacimiento de la Iglesia en todos los siglos y países católicos, el uso constante de la autoridad civil para impedir las ilimitadas enagenaciones de bienes raíces en iglesias, comunidades y otras manos-muertas; con una noticia de las leyes fundamentales de la monarquía española sobre este punto, que empieza con los godos y se continúa en los varios Estados sucesivos, con aplicación a la exigencia actual del reyno después de su reunión y al beneficio común de los vasallos* (Madrid 1765).

como proclaman una y otra vez ambos fiscales, su intento constituyó un rotundo fracaso y fue el reflejo fiel de la fuerza antirregalista, que se anotó otra victoria.

Lope de Sierra, el otro fiscal del Consejo de Castilla y sistemático oponente de Campomanes, supo conducir los votos de los consejeros con habilidad dialéctica. Al atacar el problema más radical y previo de la reforma y reducción de los contingentes clericales pedida desde 1677, invirtió el planteamiento de sus rivales. Supo conjuntar la causa clerical con la nobiliar («no es fácil persuadir que sea más útil al reino la existencia de bienes raíces en los legos que en las manos muertas»); esgrimir el resorte de que la insistencia en una Iglesia más espiritual y conforme a los tiempos primitivos no transcendía de una excusa encubridora del anhelo real de «verla pobre y abatida»; y, por supuesto, que la competencia para tal ley no era la real, sino la pontificia, en ataque frontal a la base argumentativa de Campomanes.

La votación final del largo proceso —16 de julio de 1766, nótese que aún no acallados todos los temores despertados por los motines— fue la mejor muestra del poder de las fuerzas conservadoras y de que los intereses profundamente sacudidos por un amago tan medido y respetuoso no eran exclusivos del clero regular, sino de cuantos en España podían suscribir lo expresado por los 10 consejeros en su explicación del voto en contra: «No considera el Consejo que la felicidad pública consista en la proporcionada distribución del dominio y propiedad de las cosas fructíferas; cree, al contrario, que para la buena armonía y gobierno del reino es necesario que se componga de vasallos de todas clases; de poderosos, de ricos, de mediana y baja fortuna y de gente pobre y necesitada» [16].

De nuevo distó mucho de la uniformidad la reacción antirregalista. Elementos del clero fueron los primeros en respaldar con su autoridad el *Tratado* de Campomanes. Menéndez Pelayo y Miguélez no justifican en absoluto que fuesen pescados con dificultad los cinco eclesiásticos cualificados que aprobaron la obra y las ideas del fiscal, que las aplaudieron estimulados sólo por el móvil de su ambición [17]. Es más viable la conclusión de que conectaban con «los muchos que en España creían necesaria una ley como la presentada por D. Francisco Carrasco», conforme comunicaba a su corte el bien enterado nuncio [18]. El episcopado no reaccionó negativamente (al menos clamorosamente); es posible que su apatía se debiera, más que a «una venda en los ojos de gran parte del clero [19], a que el objetivo no se centrase más que en el ataque a la base

---

[16] Es bastante conocido este problema gracias a las monografías: F. TOMÁS Y VALIENTE, *Estudio preliminar* a la ed. del *Tratado* (Madrid 1975); L. RODRÍGUEZ DÍAZ, o.c., p.139-77; S. DE MOXO, *Un medievalista en el Consejo de Hacienda: don Francisco Carrasco, marqués de la Corona (1715-1781):* Anuario de Historia del Derecho Español 29 (1959) 609-68. Las alegaciones, en *Colección de alegaciones fiscales* t.3 p.86-191.

[17] *Dictámenes de algunos teólogos sobre el asunto de esta obra*, ed. cit., p.287-296.

[18] J. FERNÁNDEZ ALONSO, *El «Tratado de la regalía de amortización», de Campomanes, y el primer proyecto de ley general de amortización a través de los despachos de la Nunciatura:* Hispania Sacra 11 (1958) 65-81. Los textos citados, p.76-77.

[19] M. MIGUÉLEZ, o.c., p.339.

económica de los exentos; pero también puede explicarse por la realidad que apuntaba la Secretaría de Roma: «los obispos de ahora no son como sus antepasados; me parece que tienen menos coraje o más conformidad con las máximas de la corte». De hecho, la oposición se localizó en Roma, impaciente ante tanta atonía episcopal; desde allí se organizó la ofensiva y hasta se compuso una réplica a Campomanes que se intentó inútilmente editar a nombre del cabildo toledano [20]. Torrigiani, el secretario del Estado más irrespetuoso con los bienes eclesiásticos, gravados con la irremisible «terrarica», abre el sentido de muchos de los tópicos del antirregalismo, identificación de todo con la religión, al recomendar arteramente al nuncio Pallavicini: «Hable V. S. I. con la reina madre, para que ella persuada a su hijo que no introduzca ninguna innovación en las cosas sagradas y que deje a España en la creencia y en el honor de ser la monarquía más religiosa de Europa» [21].

Todo da a entender que, a las alturas de 1766, el antirregalismo no se mostró tan alarmado como en el siglo siguiente. Fue en el XIX cuando el «atentado» desamortizador se denuncia por el aguerrido Iguanzo y Rivero, calificado por Cuenca como «el último prelado del Antiguo Régimen», cuando se lanzó el primer y más sistemático ataque a los planteamientos de Campomanes contra la sacra inmunidad eclesiástica. Y fue entonces, no antes, cuando el *Tratado de la regalía* cayó en el *Indice de libros prohibidos* romano [22]. En España, tras el filtro de 1799, por 1820, y después del trienio liberal, el clero no reaccionaba con el pluralismo vitalizador de la Ilustración.

4. Los intereses del antirregalismo: las acusaciones del obispo de Cuenca

Cuando el rey se encontraba asustado y alejado en Aranjuez, cuando se iban a iniciar sistemáticamente las investigaciones sobre los motines madrileños y las provincias se agitaban aún, el 15 de abril de 1766 el obispo de Cuenca, D. Isidro Carvajal y Lancáster, dirigía una carta lastimera al confesor real. Entre los productos de la oposición, esta misiva es uno de los de menos calidad: propiamente, puede calificarse de libelo impregnado por todos los tópicos de la más neta reacción antirregalista. Se respeta al rey, como siempre, prisionero de sus ministros y en peores circunstancias que el impío Acaz, aconsejado al menos por el profeta Miqueas, tan distante del confesor Eleta, quien ha llegado «al extremo de más aborrecible que el de Esquilache». El anciano prelado se ve que había escrito en otras ocasiones al confesor con pronósticos espaciados: «que España corría a la ruina»; poco después: «que ya no sólo

[20] J. FERNÁNDEZ, El «Tratado», l.c.
[21] R. OLAECHEA, Contribución al estudio del «Motín contra Esquilache» (1766): Estudios en homenaje al Dr. Eugenio Frutos Cortés (Zaragoza 1977) 309.
[22] Sobre el significado de Iguanzo y de su voluminoso escrito El dominio sagrado de la Iglesia en sus bienes temporales, 2 vols. (Madrid 1820, 1823), cf. la importante monografía J. M. CUENCA TORIBIO, Don Pedro Iguanzo y Rivero (1764-1836), el último prelado del Antiguo Régimen (Pamplona 1965) p.127-47.

corría, sino volaba»; y en el tercero: «que ya estaba perdido sin remedio humano».

Los signos y motivos de la ruina —lenta gracias a la Virgen y a su protección— recurren a los argumentos del partido de la oposición; son los ataques «que vomita el abismo por los enemigos de la santa Iglesia, sin perdonar a su cabeza visible»; el escaso celo de la Inquisición; impunidad de *Gacetas* y *Mercurios;* en definitiva, que en el «católico reino, que ha sido siempre el hijo primogénito de la Iglesia», se ve claramente «la persecución de la Iglesia, saqueada en sus bienes, ultrajada en sus ministros y atropellada en su inmunidad» [23].

Carlos III, en una cálida confesión de profundo catolicismo —no acabamos de comprender por qué la sinceridad desde el siglo XIX es atributo exclusivo de la reacción—, emplazó al obispo a que explicitase «los agravios, faltas de piedad y religión y los perjuicios que haya causado a la Iglesia mi Gobierno». Más de un año transcurrió hasta que llegó el pormenorizado informe de Carvajal. Mientras tanto, se ha discutido y derrotado la ley de amortización, se ha trabajado febrilmente en las pesquisas de los motines, se ha expulsado a los jesuitas de España. Todo ello gravita en el informe de un prelado comprometido con Roma en torpedear el proyecto de Campomanes que —a la luz descubierta por Jiménez Monteserín— contribuyó a que los motines tuvieran especial significación en su diócesis y que se confiesa, sin quererlo, embarcado en la causa jesuítica [24].

La cacareada y apocalíptica persecución se reduce a las erosiones que el excusado, subsidio, tercias, diezmos novales, abundancia de curas incongruos, contribución de nuevas adquisiciones y alcabalas sobre el aguardiente ocasionan a la exención fiscal del clero (de la Iglesia para él); a los atentados que contra la sagrada inmunidad personal y local supuso la orden dada por Esquilache de requisar las caballerías del clero para el transporte de granos en la crisis de subsistencia anterior; la obligación de entrar en quintas los acólitos y sacristanes, el allanamiento de los privilegios de alguaciles y fiscales eclesiásticos («precisa familia laica de los obispos y sus audiencias»), sin temor a las excomuniones y censuras que se lanzaron sobre los responsables; a la falta de respeto al derecho de asilo y al carácter sagrado de los tonsurados y ordenados de menores, «llevándolos a la cárcel con la corona y hábito clerical». Aprovecha Carvajal el tiro para reprochar a los ministros regalistas los obstáculos que se ponen a la celebración de concilios nacionales y provinciales y los proyectos de ley desamortizadora, «depresiva de la libertad eclesiástica».

El análisis que hace el prelado del problema indica su interés en probar exactamente lo contrario que Campomanes: se ataca el falso presupuesto de la riqueza progresiva de las manos muertas y se esfuerza por evidenciar que ni el inexistente número excesivo de las clérigos ni la carrera amortizadora —en la que no cree— son causas de la

---

[23] *Memorial ajustado* fol.2v-4r.
[24] R. OLAECHEA, *Contribución* p.302; M. JIMÉNEZ MONTESERIN, o.c.

decadencia de los poblados, de la agricultura y del aumento de vagabundos, fenómenos reales, pero explicables por otros motivos.

La amortización era un tema candente y molesto; pero entonces lo era aún más el de los motines y la reciente expulsión de los jesuitas. Era de esperar más fuerza y mejor información en la acusación de perseguir a la Iglesia, que la primera carta daba a entender como crucial. Pero resulta que todo se reduce a solicitar la prohibición del libre curso de los *Mercurios* «y algunos papeles públicos que contienen noticias de mucho escándalo, con tratamientos injuriosos a la Santa Sede y al instituto de la Compañía de Jesús».

Y poco más contienen las célebres innocuas cartas del anciano obispo, si no es ese clima peculiar de la oposición antirregalista que engarza el empeño de gravar al estado eclesiástico con la sucesión de castigos de la ira divina: «En los seis años que hace que empezó el reinado de V. M. y se puso en planta todo esto, ha permitido Dios, sin embargo de las rectas intenciones de V. M., que los enemigos de la Iglesia se apoderasen de la importante plaza de La Habana [...], que se alborotaran los pueblos y esté desahogada la plebe, que el reino se halle sin suficiente defensa, que la nación española sea el ludibrio de sus enemigos, que los herejes estén insolentes y dominantes, que la herejía se dilate y que la Iglesia esté oprimida y con el dolor de ver que se le disputan o niegan sus derechos más sagrados en reinos católicos». Es decir, que se enlaza con la tradición y el estilo belluguiano, pero sin la altura y el nervio del obispo de Cartagena [25].

Floridablanca y Campomanes, fiscales de lo criminal y de lo civil del Consejo, tuvieron una ocasión envidiable para librar su gran batalla contra el fanatismo y la superstición derramados en las cartas del obispo. Su brillantes —y documentados— *Dictámenes* arrollan la débil argumentación del prelado. Prescindiendo de los contenidos ya aludidos, supieron envolver a Carvajal en complicidades con los motines aún frescos y con los odiados jesuitas expulsos. Era evidente lo que Campomanes insinúa con todas las precauciones posibles: que Carvajal no actuaba en solitario, sino como portavoz de los intereses de un sector cualificado de la aristocracia antirregalista. Sus cartas, pronósticos y agüeros, sus invectivas contra el confesor real, con claro sentido de oposición de la política filoburguesa de Carlos III, no eran tan ingenuos y sinceros como confesaba al rey. Curiosamente —observa el fiscal—, eran «en parte idénticas las voces de la carta del reverendo obispo con las que se oyeron en los tumultos y leían en las sátiras miserablemente esparcidas en toda la monarquía». Y en cuanto a las copias que se sacaron, el Gobierno tiene pruebas de los cómplices, que se callaban «por no implicar a muchos» [26].

Por lo que deja traslucir Campomanes, el fuerte de la invectiva se encaminaba a derrocar al P. Eleta y colocar en el confesonario regio a algún jesuita. Por lo que la investigación actual descubre, los cómplices

---

[25] *Memorial ajustado;* el *Informe:* fol.4v-24r.
[26] Ibid., n.941.952.

del obispo, indudablemente manipulado, pertenecían a la aristocracia y
—casi todos— al Colegio Mayor de San Bartolomé: el duque de Frías,
el marqués de Alventós (Jose Rojas y Contreras, hermano del anterior
sospechoso presidente de Castilla, relevado por Aranda), Fernando José
Velasco, el marqués de Sarria (hermano de Carvajal), Felipe Muñoz
(también «bartolomico» y del Consejo de la Inquisición) [27].

El Gobierno divulgó todo el expediente en *Memorial* ajustado como
medio de publicidad regalista. El castigo del obispo fue simbólico, aunque eficaz, pues no interesaba convertir en mártires del fanatismo a las
gentes «nada afectas al Gobierno y a la persona de S. M., que procuraban juntar las acciones públicas generalmente con los colores de herejía
y tiranía, voces favoritas en sus libelos, que no eran pocos» [28].

5. La oposición moderada. Los obispos ante el «Juicio imparcial» de Campomanes

El año 1768 presenció uno de los éxitos más señalados del regalismo
español. La circulación, aunque fuese accidentada, del *Juicio imparcial,*
de Campomanes, y el restablecimiento, ya perdurable, del *exequatur*
marcan los momentos culminantes de la exaltación teórico-práctica del
poder real sobre Roma en materias de competencia mixta. Sin embargo,
la censura y recogida obligada de la citada obra manifiestan también
cómo el regalismo no estaba dispuesto a encaminarse por la vía de los
radicalismos, sino de la moderación y de la más pura ortodoxia.

Este es el significado de la oposición al *Juicio imparcial* en su primera
edición de 1768. Distribuido estratégicamente entre personas e instituciones seleccionadas por el fiscal, fue acogido fervorosamente por el
cabildo —o por parte del cabildo— de Toledo y por los generales agustino y dominico (Vázquez y Boxadors); mas también se elevaron voces
de franco rechazo, como la anónima del *Dictamen sobre el «Juicio imparcial»,* acusado de resonancias wiclefitas, de coincidencias con Hobbes y
del «sistema socialístico» que la sustentaba [29]. Pero no son las protestas
de círculos de la oposición las que nos interesan, sino las procedentes de
la élite episcopal reformista, de los comulgantes con la ideología regalista a los que Campomanes envió su escrito. No se ha hallado aún sus
respuestas, contrarias al fiscal a juzgar por lo que notifica el obispo de
Albarracín. Quizá sea debido a la vigilancia policial que se montó para
interferir toda la correspondencia comprometida. De hecho, la única
representación que se conoce, la del nada sospechoso Felipe Bertrán, es
decididamente contraria a un escrito que juzga «injurioso, temerario,
erróneo» y opuesto al sentir de los Santos Padres y de los teólogos [30].

---

[27] C. C. NOEL, *Opposition* p.30-33.

[28] *Memorial ajustado* n.1025. Pero quizá hubo muchos que le vieron como mártir, al
igual que uno de los lectores (ejemplar Bibl. O.C.D. Avila), que anota al final del volumen: «Murió [Carvajal], y todo se volvió agua de borrajas; pero dejó para la posteridad un
monumento de haber emprendido lo que ninguno, aunque sin documentos. Habló y le
hicieron callar. San Vítores».

[29] C. C. NOEL, a.c., p.37; L. FRÍAS, a.c., p.331.

[30] C. ALCÁZAR MOLINA, *Los hombres del despotismo* p.84.

La oposición le llegó de quien menos podía esperar: de los cinco obispos integrantes del Consejo Extraordinario para enderezar los asuntos consiguientes al extrañamiento de los jesuitas y al destino de sus temporalidades. Al igual que el de Bertrán, sus nombres forman parte de la nómina de prelados regalistas y, obviamente, antijesuitas. «El papel es furioso, de balde y sin gracia»; «hay errores muy groseros, unos por mala explicación, y otros son frutos propios del árbol que los produce», comunicaba el obispo de Tarazona, José Laplana, a Roda. El de Albarracín, José Molina, escribía en tonos parecidos al penitenciario de Zaragoza, en carta interceptada por la policía. Rodríguez de Arellano, el furibundo enemigo de la Compañía y arzobispo de Burgos, trata la obra de indiscreta, inoportuna y de dar pie a las quejas populares contra el extrañamiento de los regulares. Y en el mismo sentimiento abundaron el de Zaragoza, D. Juan Sáenz de Buruaga, y el obispo de Orihuela, D. José Tormo. Por encargo del rey dictaminaron la recogida de la obra y matizaron sus expresiones más comprometidas en relación con la constitución de la Iglesia y la supremacía pontificia, y, sin que perdiera el fondo regalista sustancial, impusieron las correcciones con que apareció la segunda edición de 1769, con «Advertencia preliminar» de Moñino, presidente y director de la comisión censora [31].

La limitada, pero significativa victoria que Noel atribuye a la oposición clerical, no era sino la imposición de la línea regalista moderada, preconizada por Moñino, quien, sin estridencias, se impondrá sobre su colega a partir precisamente de esta fecha y, quizá, de esta intervención. La reacción más dura llegó de la Inquisición, al atisbo de la ocasión oportuna para vengarse de los recortes sufridos en sus competencias y del que fue considerado como mentor del sometimiento del Tribunal. El inquisidor recurre al rey para que «descargue la mano severa sobre tan calumnioso impostor... de este cuerpo tan venerado por nuestros españoles y mirado con reverente temor... y que propone como monstruo el más horrendo el fiscal Campomanes.» Se intenta presionar a Carlos III, al amparo de su regalía de protector de la Iglesia, para que se impida la circulación del *Juicio imparcial,* que contiene proposiciones «escandalosas, cismáticas, sumamente injuriosas al honor con que Cristo nuestro redentor fundó su Iglesia, depresivas de la autoridad que depositó en la cabeza visible de ella y que abiertamente coinciden con los errores de Juan Huss, Wiclef, Lutero, Calvino y otros» [32].

La Inquisición fracasó en el zarpazo fallido sobre Campomanes, al borde de ser procesado. El Tribunal es un remedo de lo que era a comienzo de siglo, y no puede en 1768 actuar con la independencia con que procedió contra el otro fiscal Macanaz. Ahora se dirige respetuosamente al monarca, suplicándole permiso para entablar un proceso que Carlos III no concedería. Es el reconocimiento implícito de su sumisión

---

[31] Ferrer del Río exagera el papel de Floridablanca en la redacción definitiva del *Juicio imparcial* (intr. a ed. BAE 59). Cf. L. FRÍAS, a.c., p.328-29; C. ALCÁZAR MOLINA, o.c., p.83-84.
[32] L. RODRÍGUEZ DÍAZ, o.c., p.102-103; L. FRÍAS a.c., p.330.

al poder civil. Como contrapartida, la respetuosa osadía del inquisidor general no desencadenaría —puesto que ya no era necesaria— la reacción airada que desató contra Quintano Bonifaz años antes.

6. Antirregalismo en la universidad: «Las tesis de Valladolid»

Las tesis mantenidas por el bachiller Miguel de Ochoa en la Universidad de Valladolid (1770) causaron un revuelo desmesurado, bien alentado por los medios regalistas y por un Gobierno que tuvo especial empeño en dar publicidad a un episodio que constituyó la apoyatura del control ideológico de la Universidad, una de las instituciones que gozaban de cierta libertad hasta entonces. En el comienzo del conflicto aparece como desencadenante el despecho profesional de D. José Isidro Torres, dificultado por el decano de Cánones para defender ciertas conclusiones del más puro sabor regalista, y que, desairado, denuncia al Consejo de Castilla las facilidades recibidas por Ochoa para el mantenimiento y publicación de sus seis tesis *De clericorum exemptione a temporali servitio et saeculari iurisdictione*.

El título del acto académico corriente puede ser capcioso; su escueta formulación se sobrepasa en el contenido, que supone, ni más ni menos, la subversión de todo el sistema ideológico del regalismo. Al menos así lo vieron desde el Consejo. No se trata sólo de la inmunidad clerical; al socaire de la exención, se defienden con ardor destemplado la subordinación de la potestad real a la pontificia en materias eclesiásticas, independencia clerical de las leyes civiles y que la regalía (recursos de fuerza, *exequatur,* diezmos) «no dimana de la liberalidad de los príncipes, sino que fue establecida por la autoridad de la Iglesia». Muy malparados quedan, a juzgar por las invectivas, los nuevos jurisconsultos que osan atacar el ordenamiento divino en favor del poder real.

Los fiscales de Castilla no se cansan de denostar al decano responsable «por el poco apego a la regalía», y en el desvío se implica a la Universidad entera de Valladolid, expuesta a convertirse —por éste y otros lances anteriores— «en un baluarte de los enemigos de la regalía para propagar impunemente máximas absurdas, contrarias a la sociedad política y perturbativas de la pública tranquilidad», y a reducir «nuestros estudios a la lastimosa época de los siglos de ignorancia». De hecho, sólo dos catedráticos —que al final del conflicto serían loados oficial y públicamente— manifiestan sus reparos a la defensa de las conclusiones «turbativas de la paz e injuriosas al Gobierno»; el resto de los claustrales no puede decirse que se significara por su entusiasmo regalista.

La sumisa —y obligada— aceptación de las decisiones humillantes del Consejo, las destituciones, controles, censuras y juramentos que se siguieron, el premio de los oponentes y el castigo de los favorables a Ochoa, indica que el antirregalismo universitario no tenía ya ninguna esperanza a partir de 1770 [33].

[33] Todos los historiadores de la universidad española aluden a las tesis de Valladolid por la transcendencia que entrañaron. Nos hemos servido para nuestra síntesis de M. J.

7. La «Verdad desnuda» y otros libelos clandestinos

Ecos de los lamentos del obispo de Cuenca, especies análogas a las vertidas en los motines y muchas de las acusaciones de los regulares expulsos se encuentran en varios panfletos y en la *Verdad desnuda*,[34] que se intentaron hacer llegar —otra vez— a Carlos III a través de su confesor, y que dieron lugar a un largo proceso.

Es explicable el calor de los fiscales de Castilla, puesto que en tales escritos clandestinos se contesta toda la política regalista del momento: control de sínodos diocesanos, intentos desamortizadores (disminución del número de clérigos), *exequatur*, el *Juicio imparcial;* se fustiga la obra de Febronio, las medidas antiinmunistas, la forzada inactividad de la Inquisición, la terrible persecución contra la Iglesia; se insiste en la herejía —y de nuevo reaparecen Wiclef y Huss como modelos—, en lo antievangélico de ensalzar el poder civil sobre el eclesiástico y, en fin, como sintetizan Moñino y Campomanes, se intenta «hacer odiosa la sagrada persona del rey en sus ministros, presentar delante de la nación los más respetables tribunales y magistrados como irreligiosos, abatir la autoridad civil hasta el último punto y predicar en el clero la falta de sumisión a las decisiones del trono y de su Consejo»[35].

Las averiguaciones policiales dieron pronto con el autor de estos engendros: un sochantre bullicioso de la catedral de Salamanca que abandonó su quehacer por otros menesteres típicos del clásico vagabundeo clerical. Dadas las noticias que se conservan de Francisco Alba, resulta un personaje estrafalario y pintoresco. La importancia que se concede a su grotesca actuación no radica tanto en su persona cuanto en otras circunstancias.

Alba y su «tenebroso escrito» son incitaciones parlantes a la subversión, y con ello quiere decirse que se están recordando los motines del 66. De hecho, sus pláticas en la Corte el año anterior a las conmociones pudieron contribuir a sembrar el clima propicio para el levantamiento «popular». El espíritu de sedición, el ánimo de conmover la opinión pública, es una de las acusaciones más constantes contra la *Verdad desnuda,* que tiene concomitancias —bien pueden ser coincidencias normales— con las invectivas de Carvajal. Indudablemente, tanto lo uno como el otro poseen poder de convocatoria en 1772 contra el Gobierno regalista.

Pesó más el verlo todo como resurrección del fanatismo de los jesuitas expulsos. Hay quejas contra los destinos de las temporalidades, y en alguna de sus prédicas, el «discípulo de los regulares» osó entonar sus trenos por la falta de las columnas de la Iglesia, en alusión no velada al

Ara Gil, *La Universidad de Valladolid y las reformas de Carlos III* (tesis de licenciatura, mecanograf., 1969), que ha aprovechado la documentación directa del archivo universitario. Cf. *Colección de alegaciones fiscales* t.2 p.176-238.

[34] El proceso se instruyó contra *La verdad desnuda al rey nuestro señor*, impresa clandestinamente, y sobre los escritos más breves: *Noticia al rey nuestro señor, Representación al rey, Representación sobre los males que padece la religión católica en España.* Cf. nota siguiente.

[35] *Colección de alegaciones fiscales* t.2 p.252-253. Todo el proceso, ibid., p.238-316.

extrañamiento. Entre sus cómplices hay monjas que creen, y divulgan su creencia, en profecías aseguradoras del retorno pronto de la Compañía, individuos «terciarios», todo un mundo relacionado con el cuerpo que, aun extrañado, causa reacciones instintivas de pánico en Campomanes. No debían andar descaminados los fiscales cuando jesuitas en el exilio —Pignatelli entre ellos— lamentarían el duro castigo que en la prisión de Perusa sufre «el celosísimo español D. Francisco Alba», especie de mártir de la verdad, y, por ello, víctima de los ministros de Madrid [36].

Las averiguaciones determinaron que, en efecto, se trataba de una conspiración incauta (Campomanes diría que «dictada por el fanatismo de los regulares expulsos y sus secuaces»), en la que el extrambótico Alba hizo de testaferro. El y el «hermano Juan», su ayudante, sirvieron a los intereses de la oposición, en la que el protagonista y financiador sería el obispo de Teruel, Rodríguez Chico, que ya se enfrentara con el Gobierno por el control sobre los sínodos diocesanos, su secretario, el mayordomo del cabildo de Salamanca y otros elementos del clero, en equipo más o menos manipulado [37] y, en caso frecuente, dentro de las técnicas clandestinas de la oposición. Se distribuyen numerosos ejemplares impresos, pero todo terminó gracias a la actuación de la policía pontificia, que recluyó al prófugo e iluminado antirregalista en las cárceles de Perusa [38].

8. Ofensiva antirregalista y crisis de gobierno: las campañas de 1776

Defourneaux ha exhumado dos documentos elocuentes para situar la oposición antirregalista en el contexto más amplio de la del partido hostil al Gobierno [39]. Fechados entre finales de 1776 o comienzos del año siguiente, constituyen sendos alegatos contra las «usurpaciones» que el poder civil ha realizado a lo largo del reinado de Carlos III en materia religiosa. La mayoría de las acusaciones anónimas se refieren a los recortes sufridos por la jurisdicción inquisitorial en delitos que se han «profanado» (adulterio, bigamia, sodomía), en su quehacer censorio, con la relajación consiguiente en las costumbres y en la fe: «¡Cuántos desde este año [1770] se han arrojado libremente a los delitos de solicitación, de sortilegio, etc., creyendo que ya no estaban expuestos a caer en manos del santo Tribunal! ¡Cuántos se han precipitado a proferir proposiciones libres, impías y tal vez heréticas!»

Otro grupo de quejas impugna las injerencias de la potestad temporal en ámbitos que el regalismo consideró siempre mixtos, sujetos a la soberanía, y que el antirregalismo proclamó como espirituales, desde la

---

[36] R. OLAECHEA, *Anotaciones sobre la inmunidad* p.305.

[37] C. C. NOEL, a.c., p.28-30.

[38] Ampliamente tratado este problema, en tonos muy laudatorios para Alba, por J. M. MARCH, *El restaurador de la Compañía de Jesús, Beato José de Pignatelli, y su tiempo* t.1 (Barcelona 1935) p.330-33.

[39] M. DEFOURNEAUX, *Régalisme et Inquisition*.

formación de autos contra los obispos hasta la regulación de rogativas por calamidades públicas. Pero el fuerte de estas requisitorias antirregalistas se centra —no podía por menos— en reivindicar la inmunidad económica del clero, asaltada por los ataques a los monjes granjeros [40]; en medidas contra la mendicidad, contra los legados al confesor o a sus deudos *in articulo mortis*, en el excusado, en los espolios y, sobre todo, en la desamortización encubierta. Campomanes es una de las víctimas nominalmente aducidas, hasta el punto de que la invectiva se traduce en incitación a que el monarca destituya al fiscal, cuyo «celo arrebatado e indiscreto ha causado y causará imponderable daño en la disciplina regular y secular si S. M. (que Dios guarde), por su innata piedad y devoción, no provee pronto y eficaz remedio».

Campomanes y Olavide (que también aparece denostado) son personajes significativos en el Gobierno de Grimaldi. El primer ministro y su equipo son víctimas desde 1775 —desastre de Argel— de otra campaña tan virulenta como la de 1766, y, como entonces, los escritos clandestinos serán los portavoces acerados del partido de la oposición. En esta acción conjunta, el frente antirregalista se lanzó con toda su fuerza, con los resortes tradicionales, contra los ilustrados regalistas herejes, «sin reservar a los que traen corona»; contra quienes, «en lugar de Astete, prefieren a Voltaire y Maquiavelo», reforzando los argumentos políticos del partido «españolista» [41]. Caería Grimaldi, pero la ascensión de Floridablanca convenció a la oposición —que no callará— de la firme voluntad de Carlos III por seguir la línea reformista anterior, trazada y ejecutada por golillas, a despecho de la reacción y sus quejas, salidas esta vez de círculos inquisitoriales y del clero, seguramente regular.

Con Floridablanca por director de la política española, Campomanes seguirá siendo el «cerebro gris» del regalismo. Pero la diplomacia y moderación de Moñino sabrá imprimir tonos y lenguajes menos violentos y evitará confrontaciones radicales con los pontífices, bien ganados para la causa española por otra parte.

9. Las trasmutaciones del antirregalismo

El tiempo de Floridablanca y de Carlos III realizó el ideal eclesiástico del regalismo: la reforma de la Iglesia llevada desde el poder y actuada por un episcopado decidido y en buena parte ilustrado y sumiso. La Revolución francesa y sus repercusiones en España cambiaron radicalmente la relación de fuerzas al dar la razón, al menos así lo proclamaron ellos, a quienes asociaron la suerte de la Iglesia, de la religión, a la del trono. Tras el regicidio de los revolucionarios, los agoreros

[40] Análisis expresivo: A. DOMÍNGUEZ ORTIZ, *Campomanes y los «monjes granjeros». Un aspecto de la política eclesiástica de la Ilustración:* Cuadernos de Investigación Histórica 1 (1977) 99-109.
[41] P.-J. GUINARD, *Le règne de Charles III vu par ses contemporaines. Un document de l'opinion publique espagnole vers 1775:* Mélanges offerts a Marcel Bataillon (Bordeaux 1962) 83ss; T. EGIDO, *La sátira política y la oposición clandestina en la España del siglo XVIII:* Revue du Vivarais (1979) 257-272.

pudieron airear el término final de la falsa filosofía, del reformismo, de la «herejía», aires fétidos de allende los Pirineos, La guerra contra la Convención hizo todo lo démás, y, al haber sido un preludio de lo que acontecería en 1808, tuvo una trascendencia decisiva en las trasmutaciones ideológicas y en las relaciones Iglesia-Estado [42].

No podemos detenernos en las reacciones que Revolución y guerra (1793-95) forzaron en los comportamientos del gobierno, en las mentalidades y en el pueblo español. El problema ha sido estudiado con frecuencia y diversidad de perspectivas. Lo cierto es que, aunque todos los síntomas disgregadores latieran desde mucho antes, no parece que Herr esté desasistido de razones al afirmar con excesiva rotundidad que «el ideal del despotismo ilustrado fue destrozado en la primera década del reinado de Carlos IV por la Revolución francesa y las guerras subsiguientes» [43]. Los acontecimientos revelaron el final necesario de la inteligencia táctica («alianza antinatural» dirá Fontana) entre ilustrados y el poder monárquico más absoluto y divinizado. Defendían sus intereses, es decir, su pervivencia, pero fueron clarividentes los portavoces de la oposición cuando proclamaron a los cuatro vientos la unión indisoluble y vital del trono y el altar, lo revistieran con los tonos que quisieran. Y aunque lo hubieran preconizado desde mucho antes, fue en esta década de los noventa cuando lograron conectar con el poder, y con ello que el despotismo ilustrado se trocase en lo que era sustancialmente: en el absolutismo regio al estilo de Luis XIV. La involución de Floridablanca no fue un caso de miedo o de realismo aislado; coincide con la marea de retrocesos del despotismo ilustrado en toda su geografía.

La coyuntura económica y las terribles crisis de subsistencia, recogidas por los coetáneos y estudiadas por Artola, Anes y Ardit, prepararon el clima apocalítico de aquella España, súbitamente comprometida en una guerra que Fray Diego José de Cádiz, desde el púlpito, y la publicística, con sus resortes múltiples, predicaban como santa y de religión. El popularísimo misionero, con más entusiasmo que conocimientos, pero con eficacia indudable, lanza sus venablos aterradores contra los «libertinos o filósofos materialistas de este siglo; contra los franceses, más herejes que los históricos wiclefitas, husitas, waldenses y protestantes, puesto que «en ninguna de estas ocasiones se ha visto un conjunto de tal iniquidad y de irreligión cual es la que en la actualidad se no presenta en la perversa y perniciosa Convención del desgraciado reino de Francia», con «todos los errores, todas las injusticias y todos los crímenes de esas gentes infieles y traidoras a Dios, al rey y a su patria» [44].

---

[42] Cf. las observaciones de C. Seco en la introducción a las *Memorias de Godoy* (I p.XXIII-XXV).

[43] R. Herr, o.c., p.372.

[44] A. Martínez Albiach, *Religiosidad hispana y sociedad borbónica* (Burgos 1969) p.87-90. La divulgadísima obra de Diego José de Cádiz lleva el título tan expresivo: *El soldado católico en la guerra de religión. Carta instructiva ascético-histórico-política, en que se propone a un soldado católico la necesidad de prepararse, el modo con que lo ha de hacer y con que debe manejarse en la actual guerra contra el impío partido de la infiel, sediciosa y regicida Asamblea de la Francia.*

Fray Diego no es un arengador solitario. Ni son sólo los que, quizá con cierto anacronismo, son calificados de reaccionarios los que explotan la vinculación de Dios, patria y rey. El ilustrado Fr. Miguel de Santander cayó también en la tentación, como diría en sus días de afrancesamiento, de dirigirse a sus paisanos recordándoles que «Dios manda obedecer al soberano, Dios manda evitar cuanto sea perjudicial a la patria, Dios manda observar y sostener su santa religión; ¿qué acción más gloriosa ni más meritoria que dar la vida por la religión, por la patria y por el rey?» [45]. Forner, al que después de la monografía de F. López es imposible tachar de «tradicionalista» reaccionario, se embarca en la misma campaña publicitaria sostenida por otros muchos de diverso talante [46]. Los casos más sonados, quizá, de obispos ilustrados, algunos incluso «jansenistas», como Lorenzana y Armañá, convertidos en «corifeos contra el invasor» y exhortando a la «vigorosa defensa de la religión, el reino y la patria», indica que la postura antifrancesa y los peligros conjuntos de la patria y de la religión (patria igual a rey) se asocian no sólo por gentes reaccionarias [47].

La respuesta popular a este coro de incitaciones debió de confirmar a la monarquía en lo que mucho antes había dejado ver Ceballos: que los programas ilustrados de llevar a las últimas consecuencias revolucionarias sus planteamientos, convertían en ilusión inviable el entendimiento, forzosamente precario, entre despotismo y reformismo ilustrado (o sea, burgués) y que lo único posible era la inteligencia de la monarquía con los intereses de las clases privilegiadas. El duelo anterior por el apoyo monárquico que se entablara entre reformistas y conservadores dio la victoria a los que tenían que ser aliados naturales: el absolutismo regio y las clases privilegiadas. Y el tradicionalismo fue el que dio el tono al período de la guerra [48].

El nuevo paréntesis reformista (1797-1800), con la exaltación regalista de Urquijo, fue mucho más artificial de lo que sus fogonazos dejan sospechar, y el rápido fracaso de su proyecto apenas nacido lo comprueba hasta la saciedad, aunque las escasas muestras de la polémica contra los obispos dispensantes, contra Tavira en concreto, no rayaran a la altura doctrinal —y menos pastoral— que las piezas del obispo de Salamanca y de algunos de sus defensores [49]. La que pudo ser la última gran confrontación ideológica del siglo, quedó reducida a las adhesio-

[45] A. Martínez Albiach, o.c., p.94-96. Cf. A. Elorza, *Cristianismo ilustrado y reforma política en Fr. Miguel de Santander:* Cuadernos Hispano-Americanos 214 (1967) 73-107; J. Saugnieux, *Les jansénistes et le renouveau de la prédication dans l'Espagne de la seconde moitié du XVIII⁰ siècle* (Lyón 1976) 320-42. Sobre la raigambre de estas actitudes, cf. A. Elorza, *Hacia una tipología del pensamiento reaccionario en los orígenes de la España contemporánea:* Cuadernos Hispano-Americanos 68 (1966) 370-85.
[46] J. Herrero, *Los orígenes del pensamiento reaccionario* p.117ss.
[47] J. Saugnieux, o.c., p.284-85.
[48] W. J. Callaham, *Two Spains* p.168.
[49] J. A. Llorente, en su *Colección diplomática*, publicó la carta anónima contra Tavira (p.75-89), en la que el autor del ataque se confiesa «papista cerrado». Cf. J. Saugnieux, *Un prélat éclairé* p.222-23.

nes —no muy numerosas— y actitudes dirigidas desde el poder, por una parte, y al casi riguroso silencio de los antirregalistas, por otra.

La reacción subsiguiente manifiesta que, a las alturas de 1801, ya había penetrado profundamente el tópico de la existencia de la conspiración de la moderna teología (el jansenismo, tan escasamente español), coincidente con los «filósofos» (sin correspondencia con los ilustrados reformistas españoles), para aniquilar el poder pontificio, la Iglesia y la monarquía. Aunque fuese prohibida en los tiempos de Urquijo, alcanzó gran difusión la traducción del abate Bonola, ex jesuita; el título de la versión española (1798) explicita a la perfección la idea central de la publicística antirregalista finisecular: *Liga de la teología moderna con la filosofía para arruinar la Iglesia y el trono* [50].

La ilustración «jansenista» que se leía en el abate Bonola o la que propagara antes Ceballos no correspondía ciertamene a la española, mucho más enraizada en la tradición anterior que en modelos foráneos; pero evidenciaba que la asociación trono-altar (intereses clericales, fundamentalmente económicos, y absolutismo monárquico) tenía que orientarse por derroteros muy distintos a los seguidos por el regalismo ilustrado. En 1808, en las Cortes de Cádiz se pudo ver bien, y se vería mejor después, la trasmutación sustancial de un neorregalismo ya reaccionario y combatiente: el trono y el altar se apoyaron, pero no para respaldar al despotismo ilustrado, sino al absolutismo; ni tampoco para proseguir la truncada reforma de la Iglesia, sino el mantenimiento de unos intereses y de unas estructuras coincidentes con los de las clases privilegiadas del Antiguo Régimen. Revuelta ha captado lo que significará para la historia posterior de la Iglesia (y de España) el cambio sustancial que supone la transición de unas relaciones Iglesia-Estado basadas en el patronato, en la regalía de protección, a su fundamentación en este sistema de alianza trono-altar [51].

Los capítulos neurálgicos de la desamortización, ataques a los regulares, restauraciones de la Compañía de Jesús, añoranzas y rechazos de la Inquisición, relaciones con Roma, serán parte de todo un arsenal de signos cuestionados por el liberalismo inmediato, contra el que lanzará sus baterías la oposición clerical «tradicionalista». Esta, indudablemente mayoritaria, no supo aprovechar el fermento vitalizador de la minoría reformadora del siglo XVIII, y por la real subordinación del altar al absolutismo ahogó las posibilidades ofrecidas por el clero liberal y por los españoles liberales, legatarios de la imposible utopía ilustrada, que soñó en una Iglesia pobre y evangélica, más cercana a la del Vaticano II que a la de los Estados Pontificios [52].

---

[50] Se imprimió en Italia en 1789. Cf. J. HERRERO, o.c., p.85-89.

[51] M. REVUELTA GONZÁLEZ, *Discrepancias de liberales y absolutistas en la configuración de la Iglesia:* en *Aproximación a la historia social de la Iglesia española contemporánea* (El Escorial 1978) p.9-44.

[52] No podemos detenernos en las conexiones que esta ideología «liberal» guarda con la de los ilustrados reformadores. Quede la alusión al hecho, cada vez más comprobado. Sobre la Iglesia española en su transición secular existe buena bibliografía. Baste con citar J. M. CUENCA TORIBIO, *Aproximación a la historia de la Iglesia contemporánea en España* (Madrid 1978).

No obstante, los motivos del fracaso de la política religiosa de los regalistas no pueden circunscribirse a la equivocación de querer subordinar la Iglesia al poder real (nunca se pensó en la separación Iglesia-Estado), ni explicarse sólo por las insostenibles contradicciones internas de alianzas ilustradas y absolutismo vestidos de reformismo filoburgués. Hay que tener en cuenta, además, la perfecta disociación que se aprecia entre la élite reformadora y el pueblo. Ese arco que se extiende desde las adhesiones populares en favor del nuncio expulsado en 1709 hasta el gozo festivo por la revocación del decreto de Urquijo, está delatando que el regalismo, en su vertiente reformadora y en la concepción de las relaciones entre la Iglesia y el Estado, se halla muy lejos de haber conectado con la masa. A fin de cuentas, se trata de otra de las incongruencias de la Ilustración eclesiástica, confinada a reductos tan lejanos de la realidad popular y sin apenas contacto con ella.

Incluso a nivel del episcopado, y pese a que falta tanto por dilucidar, cabe la duda de la penetración efectiva del regalismo. Parece indudable que se dio cierta sumisión de la prelacía española al gobierno, que, a fin de cuentas, era el que la había seleccionado. La actitud de los obispos —y del casi total de las órdenes religiosas— respondió al unísono cuando se los solicitó contra los jesuitas, cuando mediaban tantos intereses de variada índole. Pero reflejó su atonía, su silencio, su rechazo (o su división) cuando se le convocó para trances o tiempos de ruptura con Roma desde 1709 hasta —otra vez— 1799, a pesar del optimismo ingenuo de Llorente, lo que cuestiona que comulgase con la idea regalista tanto en la proyección interna de la Iglesia española como en las relaciones con Roma. Por muy atractivo que se presentara el plan de retorno de los derechos episcopales primitivos, el ministro Caballero confesaba en 1797 lo que tantas veces había desesperado a Roda y a Azara, tan al tanto de las relaciones Iglesia-Estado: «Mientras no hemos tocado más que a los jesuitas, todo el común del pueblo [se refiere al clero superior] ha estado por nosotros, con dos tercios del abatismo; pero, tocando a rotura, a reforma, a guerra con San Pedro, son *suo servitore*» [53].

[53] R. OLAECHEA, *Las relaciones hispano-romanas* II p.491. Cf. tratado más extensamente este problema en el capítulo de la expulsión de los jesuitas en este mismo volumen.

Segunda parte

ACTIVIDADES APOSTOLICAS E INTELECTUALES DE LA IGLESIA

Capítulo I

LA IGLESIA ANTE LA CONVERSION Y EXPULSION DE LOS MORISCOS

Por Rafael Benítez Sánchez-Blanco

y

Eugenio Císcar Pallarés

BIBLIOGRAFIA

Benítez, R., *El diezmo de moriscos en el obispado de Málaga:* Estudis 4 (1975) 163-77; Id., *Felipe II y los moriscos. El intento decisivo de asimilación 1559-1568:* Estudios de Historia de Valencia (Valencia 1978) 183-202; Boronat y Barrachina, P., *Los moriscos españoles y su expulsión,* 2 tomos (Valencia 1901); Braudel, F., *El Mediterráneo y el mundo mediterráneo en la época de Felipe II* (México 1953); Cardaillac, L., *Morisques et chrétiens. Un affrontement polémique (1492-1640)* (París 1977); Caro Baroja, J., *Los moriscos del reino de Granada* (Madrid 1957); Císcar, E., *Tierra y señorío en el País Valenciano (1570-1620)* (Valencia 1977); Císcar, E., y García Cárcel, R., *Moriscos i agermanats* (Valencia 1974); Danvila Y Collado, M., *La expulsión de los moriscos españoles* (Madrid 1889); Domínguez Ortiz, A., *Notas para una sociología de los moriscos españoles:* MEAH 11 (1962) 39-54; Domínguez Ortiz, A., y Vincent, B., *Historia de los moriscos. Vida y tragedia de una minoría* (Madrid 1978); Gallego, A., y Gamir, A., *Los moriscos del reino de Granada según el sínodo de Guadix en 1554* (Granada 1968); García Arenal, M., *Inquisición y moriscos. Los procesos del tribunal de Cuenca* (Madrid 1978); García Cárcel, R., *Orígenes de la Inquisición española. El tribunal de Valencia, 1478-1530* (Barcelona 1976); Id., *Herejía y sexo en el siglo XVI. La Inquisición en Valencia, 1530-1609* (Barcelona 1979); García Martínez, S., *Bandolerismo, piratería y control de moriscos en Valencia durante el reinado de Felipe II* (Valencia 1977); Garrad, K., *The original Memorial of Don Francisco Núñez Muley:* Atlante 2 (1954) 168-226; Id., *La Inquisición y los moriscos granadinos:* MEAH 9 (1960) 55-73; Garrido Aranda, A., *Papel de la Iglesia de Granada en la asimilación de la sociedad morisca:* Anuario de Historia Moderna y Contemporánea 2 y 3 (1975-76) 69-104; Garzón Pareja, M., *Diezmos y tributos del clero de Granada* (Granada 1974). Halperin Donghi, T., *Un conflicto nacional: moriscos y cristianos nuevos en Valencia:* Cuadernos de Historia de España 23-24 (1955-56) 5-115 y 25-26 (1957-58) 83-250; Janer, F., *Condición social de los moriscos en España, causas de su expulsión y consecuencias que ésta produjo en el orden político y económico* (Madrid 1857); Ladero Quesada, M. A., *Los mudéjares de Castilla en tiempo de Isabel I* (Valladolid 1969); Lapeyre, H., *Géographie de l'Espagne morisque* (París 1959); Lea, C., *The moriscos of Spain: their conversion and expulsion* (Londres 1901). Reedición (Nueva York 1968); Longas, P., *Vida religiosa de los moriscos* (Madrid 1915); Marín Ocete, A.: *El arzobispo D. Pedro Guerrero y la política conciliar española en el siglo XVI,* 2 vols. (Madrid 1970). Redondo, A., *Antonio Guevara (1480?-1545) et l'Espagne de son temps* (Ginebra 1976); Regla, J., *Estudios sobre los moriscos* (Barcelona ³1974); Vincent, B., *L'expulsión des morisques du royaume de*

Grenade et leur repartition en Castille (1570-1571): Mélanges de la Casa de Veláz-quez 6 VG (1970) 210-246; ID., *L'Albaicín de Grenade au* XVIᵉ *siècle:* Mélanges de la Casa de Velázquez 7 (1971) 187-222; ID., *Les bandits morisques en Andalousie* XVIᵉ *siècle:* Revue d'histoire moderne et contemporaine (1974) 389-400.

Después de varios siglos de pervivencia en la Península, en 1609 serán expulsados de España los descendientes de la población musul-mana, siguiendo el camino marcado, poco más de un siglo antes, por los judíos españoles. Con estas medidas se ponía fin a una larga época de coexistencia, en que judíos, musulmanes y cristianos habían vivido como súbditos de los mismos reyes. Se ponía fin también a un siglo de intentos de convertir a los antiguos mudéjares —musulmanes bajo domi-nio cristiano— en auténticos cristianos, dando lugar a una población morisca, cuya asimilación había acabado fracasando.

El estudio de este intento de asimilación y de su fracaso final ha atraído un enorme interés. La bibliografía antigua y moderna sobre los moriscos es muy numerosa, pero las investigaciones recientes y en curso muestran que muchos problemas siguen sin resolver y que el tema si-gue abierto [1]. En el interés manifestado por la cuestión morisca se pa-tentiza el que suscitan cuatro problemas clave en ella implicados: la de-cadencia española y sus causas; la intransigencia, la intolerancia reli-giosa y, en relación con ello, la Inquisición; los contactos y conflictos entre civilizaciones diferentes, y, más recientemente, el carácter del ré-gimen señorial bajo el que viven en gran parte los moriscos.

La expulsión de los moriscos por Felipe III es el resultado final de un siglo de tentativas de asimilación. Para comprenderla es necesario estudiar los orígenes y vicisitudes de la cuestión morisca a lo largo del siglo XVI. La solución final es una clara decisión política; interesa, sin embargo, poner de relieve los condicionantes que llevan a esa solución. Sobre todo, nos interesa aquí destacar los aspectos religiosos de este frustrado intento de asimilación y las implicaciones políticas y sociales que pesan sobre ellos. La estrecha vinculación entre la Iglesia y el Es-tado en la España del quinientos y los enormes compromisos que sobre este último recaen hacen que las cuestiones meramente religiosas no puedan disociarse de un más amplio ámbito de problemas. Aquí, sin embargo, éstos sólo aparecerán marginalmente, para centrarnos en el análisis de la conversión, la evangelización y la expulsión de los moris-cos desde un punto de vista básicamente religioso. Estudiaremos así, en sucesivos apartados, el carácter y motivaciones de la conversión de los mudéjares, los de la Corona de Castilla bajo los Reyes Católicos y los de la de Aragón en tiempos de Carlos V, y el desarrollo del esfuerzo evan-gelizador, desde las primeras actuaciones del arzobispo de Granada Hernando de Talavera hasta los últimos intentos inmediatamente ante-

---

[1] Como complemento de la bibliografía, necesariamente limitada, que acompaña a este capítulo, puede utilizarse el artículo, de Ricado García Cárcel, *La historiografía sobre los moriscos españoles. Aproximación a un estado de la cuestión:* Estudis 6 (Valencia 1977) p.71-99, y el prólogo y la muy completa bibliografía de la obra, de Antonio Domínguez Ortiz y Bernard Vicent, *Historia de los moriscos. Vida y tragedia de una minoría* (Madrid 1978).

riores de la expulsión, del patriarca Ribera. Tras este recorrido histórico, analizaremos las formas, objetivos y resultados de la acción evangelizadora sobre los moriscos; básicamente, un ministerio ordinario deficientemente organizado y una reiterada acción misional. En contraposición, veremos cómo perdura el islamismo en las formas de la religiosidad morisca, poniendo de manifiesto el fracaso de la evangelización. Ni la represión de la cultura morisca ni tampoco la acción inquisitorial, siguientes puntos estudiados, podrán conseguir la asimilación religiosa y cultural de los moriscos. La existencia de este problema morisco, de esta minoría no asimilable, llevará, en la coyuntura histórica del tránsito del siglo XVI al XVII, a la expulsión, con lo que se cierra el desarrollo del tema.

Ambos autores aprendimos de nuestro maestro Juan Reglá la exigencia de comprender y explicar y de no adoptar el papel de jueces. Hemos procurado, por tanto, huyendo en cualquier caso de la apologética o de la condenación, destacar los aspectos explicativos, al tiempo que se facilita una información básica que puede ampliarse en la bibliografía señalada. Aunque coincidimos en la interpretación general aportada, la responsabilidad de los primeros apartados recae sobre Rafael Benítez, mientras que el último, el estudio de la expulsión, ha sido realizado por Eugenio Císcar.

La conversión

La problemática morisca se inicia como consecuencia de la guerra de Granada[2]. La conquista del reino nazarí, al someter amplias masas campesinas al dominio de Castilla, abre de nuevo la cuestión mudéjar. En un principio, los Reyes Católicos van a respetar plenamente la personalidad cultural y religiosa de los vencidos. Así, las capitulaciones que se otorgan a los granadinos permiten, en sus líneas generales, el mantenimiento de sus formas de vida. Unicamente variaría la organización política. Esta solución, cuyo anacronismo ha sido señalado como reminiscencia de prácticas medievales, se explica por la necesidad de acelerar el fin de una guerra que se presenta larga y costosa. Miguel Angel Ladero señala varios tipos de capitulación, además de la rendición sin condiciones; la característica común de todos ellos es el respeto a la libertad personal, la conservación de los bienes muebles, el mantenimiento de los aspectos fundamentales de la estructura socioeconómica y la mentalidad colectiva —entre ellas, las formas religiosas— de la población musulmana.

Se instauraba así un punto de partida falso. En un momento en que la introducción del Santo Oficio y la inminente expulsión de los judíos es una muestra del fin del espíritu de convivencia entre comunidades de distinta cultura, del inicio de la intransigencia religiosa característica

---

[2] La obra básica para la conversión de los mudéjares castellanos es la de Miguel Angel Ladero Quesada, *Los mudéjares de Castilla en tiempo de Isabel I* (Valladolid 1969), con un importante apéndice documental.

de la Edad Moderna, la tolerancia hacia los mudéjares granadinos infunde a éstos unas esperanzas, cuya rápida frustración será sentida como tradición de los Reyes Católicos. Las capitulaciones, no obstante, deben interpretarse como privilegios concedidos por la Corona, y, como tales, revocables. Sin embargo, los Reyes tuvieron una clara voluntad de respetar lo capitulado hasta 1499, aunque las fricciones entre las dos comunidades no dejaran de existir como resultado de lo artificioso de la situación. Las capitulaciones no bastaban para deshacer las tensiones y la enemistad entre cristianos y musulmanes. Su aceptación y cumplimiento no evita una postura de desconfianza hacia los vencidos —cuyo revanchismo se teme— incluso en una persona de la posición de Fernando de Zafra, secretario real. Tampoco faltan posturas de colaboración en un campo y otro; en el cristiano hay que destacar el papel desempeñado por Hernando de Talavera.

El arzobispo de Granada tuvo la suficiente claridad como para comprender que, si bien la conversión no podía separarse de una completa integración de los musulmanes en la cultura cristiana, este proceso debía realizarse por convicción, utilizando la predicación y el ejemplo, aproximándose a los mudéjares a través del empleo de la lengua árabe y aprovechando sus propias tradiciones culturales. No podemos juzgar el posible éxito de su proyecto, ya que la irrupción de Cisneros desencadenará las rebeliones del tránsito del siglo XV al XVI, y, con ellas, el hundimiento del régimen de capitulaciones y la conversión masiva.

No está claro si la actuación de Cisneros en Granada desde el otoño de 1499 se dirigía a conseguir sólo la conversión de los *elches* —cristianos renegados, cuyo caso correspondía a la Inquisición, pero cuya libertad religiosa estaba garantizada por las capitulaciones— o la de toda la comunidad. Pero su planteamiento de la cristianización rápida de los mudéjares, dejando para más tarde una profundización en la fe, planteamiento en el que se ha señalado el influjo escotista, y que choca con el del arzobispo Hernando de Talavera, partidario de una evangelización pacífica y paulatina, de raíz tomista, tendrá profundas repercusiones. El incumplimiento de lo capitulado en un punto fundamental como era el respeto a la religión musulmana, base de la comunidad, es la chispa que provoca la sublevación, y con ella se manifiesta la inviabilidad del anacrónico sistema que las capitulaciones regulaban.

El levantamiento comienza el 18 de diciembre de 1499 en el Albaicín, con el asesinato de un alguacil. A los tres días, los sublevados deponen las armas. A la sublevación del Albaicín seguirá la de diversas zonas de la Alpujarra. La intervención de las huestes concejiles, con el propio rey a la cabeza, pone fin a esta primera etapa del levantamiento en marzo de 1500. En octubre tendrá lugar una nueva sublevación en la zona oriental del reino, que quedará pacificada a principios del año siguiente. Pero a continuación se desarrolla el levantamiento de las serranías de Ronda y Villaluenga, en el extremo occidental. En mayo, la situación está controlada.

La sublevación del Albaicín, cuya notificación tarda en llegar a Sevilla, donde está la Corte, coge por sorpresa a los reyes. Fernando reacciona violentamente contra Cisneros en un primer momento; pero luego, una vez conocida la rápida pacificación de la ciudad, se aprovecharán las circunstancias para acelerar la conversión. Así, salvo en el caso de los principales culpables, el perdón de las penas se vincula a la conversión. Se consigue de forma rápida y masiva la de la capital en un ambiente en que parecen abundar las presiones y el empleo de la fuerza, a pesar de la expresa manifestación de los reyes en contra de estos procedimientos.

Las medidas aplicadas en el resto del reino carecen de uniformidad; pero, en sus líneas generales —salvo casos extremos de imponer la cautividad o la expulsión de los sublevados—, la conversión aparece como contrapartida de una amnistía más o menos amplia, para culminar en julio de 1501 planteándose la disyuntiva de conversión o expulsión[3]. Para aquellos que, a pesar de las facilidades de primera hora, tras la conquista, para pasar a Africa habían optado por quedarse, la elección resultaría evidentemente forzada.

Si las motivaciones hacendísticas y políticas habían influido decisivamente en la configuración del régimen de capitulaciones por la exigencia de acabar lo antes posible con la guerra, ahora, tras una sublevación reprimida en poco tiempo y con poco gasto, primarán los motivos religiosos. Los Reyes Católicos, que evidentemente conocían y consentían en la misión de Cisneros en Granada, aceptaron, a partir de fines de 1499, la alternativa— conversión o emigración— que propugnaba un sector del alto clero castellano. Se suman así plenamente a la política del arzobispo de Toledo, buscando un rápido éxito con la conversión de los mudéjares, y, aunque no aceptan íntegramente los métodos de Cisneros, sus objetivos son los mismos: la inmediata cristianización general.

Así lo manifiesta el arzobispo de Granada, Talavera: «Paréçeme que sus altezas quieren para sí todo el mérito y el premio de esta conversión de las Alpuxarras y de lo restante del Reyno, segund la poca parte que dan de ello a quien devía aver mucha, y quiçá aprovecharía más»[4]. El marginado Talavera intuye claramente los problemas que se derivan de esta política y la brecha existente entre las dos comunidades, que el bautismo solamente no puede cerrar. A la solicitud de información de los vecinos del Albaicín sobre lo que los «buenos christianos son obligados de saber y fazer»[5], responde con una sinopsis de la práctica cristiana, aunque sospecha que algunos no lo cumplirán, por lo que habrá que recurrir, mejor que a penas espirituales, a penas civiles. La insinceridad de muchos bautismos, la falta de instrucción, el recurso a la coacción y el procurar, dado el defecto de origen, evitar el empleo de la disciplina eclesiástica, cuestiones todas básicas en el desarrollo de la problemática morisca, están implícitas en la instrucción que da Talavera.

---

[3] LADERO, *Mudéjares* p.307-309.
[4] Ibid., p.262-63.
[5] Ibid., p.293-95.

Pero el arzobispo capta el otro problema: además de lo que toca al «servicio de Dios nuestro Señor y a la buena guarda de nuestra sancta fee cathólica», les recomienda que adopten plenamente las costumbres cristianas —vestido, alimentación, lengua— para que sean aceptados por los *cristianos de nación,* de forma que no se puedan confundir los aspectos puramente religiosos con los que obedecen a una tradición cultural; distinción, por otra parte, muy difícil de establecer en el caso musulmán.

La conversión de los granadinos produjo una reacción en cadena. Los mismos motivos que decidieron a los reyes a decretar la expulsión de los mudéjares granadinos o su conversión, se aplicarán a los de Castilla[6]. Por una parte, se ve como un acto de agradecimiento a Dios por el triunfo obtenido en la guerra de Granada; por otra, como una medida necesaria para la evangelización de los convertidos, que podría verse dificultada por el trato con sus antiguos correligionarios. Por estos motivos, los mudéjares castellanos fueron puestos (pragmática de 12 de febrero de 1502) ante la alternativa de convertirse o emigrar antes de fin de abril; la mayoría optó por la conversión.

Con anterioridad a esta medida, en septiembre de 1501, los reyes capitulan con las aljamas del reino de Murcia, sometidas a la jurisdicción señorial y que se estaban convirtiendo, las condiciones básicas de su nuevo *status* morisco: igualdad tributaria con los cristianos viejos, permanencia en los lugares donde habitaban, inhibición del Santo Oficio mientras son instruidos, autorización de usar sus vestidos hasta que se rompan[7].

Por último, tras la conquista de Navarra y su incorporación a la Corona de Castilla, se aplica igualmente el decreto de 1502 a los mudéjares navarros, que, a lo que parece, emigraron en mayoría[8].

La conversión de los mudéjares valencianos se plantea como consecuencia de los bautismos forzosos realizados por los agermanados. Durante las germanías, en efecto, van a producirse estallidos de violencia antimudéjar. La causa inmediata debe buscarse en el papel destacado de los mudéjares como fuerzas al servicio de los señores para la represión del movimiento agermanado, unido al afán de pillaje. Las motivaciones profundas hay que situarlas en el clima de enemistad entre las comunidades por razones religiosas y culturales, por efecto, asimismo, de la presión de la piratería berberisca, de la cual se hace cómplice a los mudéjares, y por las tensiones sociales que afectan al campo valenciano con anterioridad al levantamiento agermanado. Todas estas tensiones se agudizan con ocasión de la violencia desatada por la guerra, y se manifiestan en matanzas, saqueos y bautismos de mudéjares. Esta reacción se produce, sobre todo, en el paroxismo de la rebelión, cuando ésta se

[6] Ibid., p.320-24.
[7] Ibid., p.316-18.
[8] LEA, CH., *The moriscos of Spain: their conversion and expulsion* (New York [2]1968) p.55.

radicaliza; uno de los primeros en bautizar a los mudéjares, si no el primero, será Esteban Urgellés, capitán general de la tropa agermanada que combate en el frente sur. Pero será sobre todo, ya muerto Urgellés ante Játiva el 14 de julio de 1521, tras la victoria agermanada de Gandía (25 de julio), cuando Peris, Bocanegra y otros saqueen, asesinen y bauticen a los mudéjares de la zona de Játiva, Gandía, Oliva... Polop y Vilallonga [9].

Las razones que mueven a los sublevados a bautizar a los musulmanes son complejas. Se ha señalado como una medida destinada a corroer la base económica de los señores, ya que el mudéjar, por su propia condición de musulmán, estaba más explotado que el cristiano; la conversión debía traer consigo —aunque ya veremos que no fue así— una igualación jurídica y tributaria, en detrimento de las rentas señoriales. A esta argumentación habría que añadir otras posibles motivaciones: el deseo de asegurar el apoyo divino para la causa agermanada, lo que entra plenamente en la mentalidad de la época, así como la voluntad de violentar de alguna manera el ser íntimo de la comunidad mudéjar, suponiendo que su propio carácter quedaba destruido por el bautismo. Causas complejas, como afirma Ricardo García Cárcel, y que no están suficientemente aclaradas [10].

En bastantes casos, el bautismo va acompañado de la transformación de las mezquitas en iglesias. Una vez sofocado el levantamiento, y ante la constatación de que, con el beneplácito de los señores, los nuevos bautizados han vuelto a su antigua religión y las iglesias recién consagradas, a su antiguo empleo, se pone en marcha la maquinaria inquisitorial. En marzo de 1523, García de Loaysa, que ejercía interinamente como inquisidor general, tras consultar con el emperador, da órdenes de que las mezquitas convertidas en iglesias sigan adscritas al culto cristiano; además, una comisión deberá reunirse para determinar la validez del bautismo de los mudéjares [11].

Casi un año más tarde, en enero de 1524, Alonso Manrique, nuevo inquisidor general, retoma el proyecto. Con el apoyo del emperador, se convoca una asamblea de teólogos y juristas, miembros en su mayoría de diversos consejos, sobre todo de los de Inquisición, Castilla y Aragón, al tiempo que se ordena al inquisidor valenciano, Juan Churrruca, y a Andrés Palacio que, con la colaboración de dos comisarios nombrados por Germana de Foix, virreina de Valencia, realicen una investigación directa sobre las circunstancias que rodearon el bautismo de los mudéjares, para que sirviera como base de trabajo a la futura asamblea.

Al retraso de la reina Germana en nombrar dichos comisarios habrá que sumar la resistencia, incluso violenta, que los señores moriscos im-

[9] ID., *Moriscos* p.62-66.
[10] GARCÍA CÁRCEL, R., *Las germanías de Valencia* (Barcelona 1975) p.208-16.
[11] Para la conversión de los mudéjares valencianos nos hemos basado, fundamentalmente, en la obra, de Agustín Redondo, *Antonio de Guevara (1480-1545) et L'Espagne de son temps* (Ginebra 1976) p.217-62.

ponen a la realización del informe. Este no llegará a manos del inquisidor general hasta febrero de 1525 [12].

Sin pérdida de tiempo, a pesar de la ausencia de participantes valencianos, que la virreina, por la oposición nobiliaria, no llegó a nombrar, tiene lugar en Madrid, en los meses de febrero y marzo, la junta de teólogos y juristas. Basándose en el informe de Palacio y a pesar de los intentos de ciertos delegados nobiliarios de presentar pruebas contrarias, la junta decidió, por unanimidad y con asistencia personal del emperador a su última sesión, dar como válido el sacramento administrado a los mudéjares. Aunque éstos fueron bautizados a la fuerza, ésta no fue «precisa y absoluta», de forma que no pudieran negarse a recibir el bautismo, aunque en muchos casos la negativa hubiera supuesto la muerte.

La junta acordó también nombrar dos comisarios inquisitoriales con la misión de conseguir la reconciliación de los moriscos con la Iglesia en el plazo de gracia que se les había concedido. La actuación de los comisarios, entre los que destaca Gaspar de Avalos, obispo de Guadix, y los predicadores reales Antonio de Guevara y Fr. Juan de Salamanca, choca con los intereses nobiliarios, siendo necesaria una insistente presión real para doblegar su oposición. Oposición también de los mudéjares y moriscos, que llevan a cabo una serie de levantamientos localizados, destacando el de los moros de Oliva, en la sierra de Bernia, que se reducirán, a cambio del perdón, a mediados de agosto. En medio de esta oposición, los comisarios, entre mayo y finales de agosto de 1525, llevan a cabo su tarea de reconciliar a los ya bautizados, bautizar a otros, buscando, sobre todo, la conversión de los notables, que sirviese de ejemplo a la comunidad, y transformar 21 mezquitas en iglesias.

Por otra parte, desde la celebración de la junta de Madrid y a lo largo del año 1525 va madurando en los medios inquisitoriales y en los planes del emperador la determinación de convertir a todos los mudéjares. Es posible que tal decisión fuera tomada en la propia junta, aunque como un paso posterior a la reconciliación de los bautizados durante las germanías. De cualquier manera, en los ámbitos inquisitoriales, a instigación de los propios comisarios que actúan en el reino de Valencia, se veía la necesidad de evitar el estímulo para una vuelta atrás que para los nuevos convertidos suponía su contacto con los mudéjares. El emperador, por su parte, se había decidido, movido por diversas razones, a lograr la conversión de todos los musulmanes de la Corona de Aragón, y en particular de los del reino de Valencia, y así se lo manifiesta a la virreina Germana el 6 de agosto de 1525 y, de forma más amplia y firme, a todos los implicados el 13 de septiembre. Para ello había obtenido de Clemente VII la bula *Idcirco nostris,* fechada el 15 de mayo de 1524 —aunque para Agustín Redondo se trata de una equivocación, y debe interpretarse como 15 de mayo de 1525—, por la que se libera al monarca de sus juramentos de respeto a los fueros y se estipula

[12] Lea reconoce tener en su poder el original de este documento, del que da un extracto en su obra *(Moriscos* p.63 y 411-14).

que, en el plazo que el emperador fije, los mudéjares tendrán que optar por la conversión o la emigración [13].

Carlos había reconocido, en efecto, los fueros y privilegios otorgados por sus antecesores en la Corona de Aragón, y entre ellos se incluía la seguridad, dada por Fernando el Católico en las Cortes de Barcelona de 1503 y en las de Monzón de 1510, de que no se expulsaría a los moros [14]. Las motivaciones que en este momento le llevan a tomar la decisiva medida son de orden político y de orden religioso. Ambas están íntimamente ligadas en esta etapa de la política carolina, marcada por el ideal de cruzada, máxime cuando la derrota de Francisco I en Pavía, cuya noticia llega a la Corte el 10 de marzo, le ponía en el camino de la concordia entre los príncipes cristianos y de enfrentarse a la rápida expansión turca. Este ideal de unidad religiosa de la cristiandad en lucha con el islam no era compatible con la pervivencia musulmana en los reinos del «clipeus et protector fidei», como le denomina Clemente VII en la bula citada.

Se encarga a Antonio de Guevara y Juan de Salamanca, terminada ya su anterior comisión, de organizar la tarea de la conversión. De nuevo se desata la oposición de señores y mudéjares. A pesar de las presiones de Carlos V, los nobles, y la virreina Germana a la cabeza, se resisten a colaborar en la conversión. Los mudéjares por su parte, a pesar de las promesas reales de igualar su situación jurídica con los cristianos viejos, buscaban la emigración clandestina, y acabarán, en último término, protagonizando el importante levantamiento de la sierra de Espadán.

Ante el limitado avance de la conversión, Carlos V comunica oficialmente, el 3 de noviembre, el contenido de la bula papal y ordena su puesta en ejecución, con la amenaza implícita en ella de fijar un plazo para la expulsión; por fin, el 25 de noviembre se hizo pública la decisión de dar de plazo hasta el 8 de diciembre para que todos los mudéjares se convirtieran. En caso contrario deberían abandonar España antes del 31 de diciembre los valencianos, o del 31 de enero de 1526 los aragoneses y catalanes, aunque estos plazos se ampliarán. La dilación en fijar el plazo obedecía a la política pronobiliaria de la Corona; se pretendía así evitar que, concluido éste, y siendo, por tanto, obligada la expulsión de los no convertidos, los señores se vieran perjudicados por la pérdida de vasallos. Con esta misma finalidad, una serie de medidas hacían casi imposible la emigración y empujaban a los mudéjares a convertirse para no ser esclavizados.

Ante la firme determinación del emperador, una delegación de las aljamas valencianas compuesta de 12 notables musulmanes marcha a Toledo y obtiene del emperador, además de una ampliación de quince días en el plazo fijado para la salida de España, diversas concesiones. A cambio de manifestar su deseo, y, en general, el de la comunidad, de

---

[13] El texto de la bula en BORONAT, P., *Los moriscos españoles y su expulsión* t.1 (Valencia 1901) p.403-406; REDONDO, *Guevara* p.233.
[14] CÍSCAR, E., y GARCÍA CÁRCEL, R., *Moriscos i agermanats* (Valencia 1974) p.31.

convertirse, y a cambio también de un importante servicio económico —50.000 ducados—, podrían mantener su lengua, sus vestidos, sus cementerios propios; podrán portar armas, y lo más importante: la Inquisición no actuaría contra ellos en cuarenta años y no serían obligados a pagar las contribuciones que eran específicas de su anterior condición musulmana. Este último punto, aceptado con reservas por Carlos V, implicaba una reducción sustancial en los ingresos señoriales, ya que, como hemos dicho, el mudéjar era considerablemente más explotado que el cristiano [15].

Las dificultades señaladas a la emigración y el acuerdo entre el emperador y las aljamas contribuyeron a la conversión de la inmensa mayoría; pero no fueron bastante motivo, ni sumadas al ofrecimiento del perdón, para reducir a los sublevados, que tuvieron que serlo por las armas. La resistencia de los que se habían hecho fuertes en la sierra de Espadán y la renuencia de los señores a emplearse a fondo exigió el empleo de una compañía de tropas imperiales, que el 19 de septiembre de 1526 tomaron el campo enemigo al asalto y provocaron una gran matanza.

La conversión de los aragoneses tropezó con las mismas resistencias de los señores y con sublevaciones de los mudéjares, como la de Almonacid. La nobleza por su parte puso de manifiesto ante la Corte los problemas económicos que se derivarían de la medida. Carlos V se mostró inflexible y sólo concedió una prórroga hasta el 15 de marzo para la expulsión. De igual manera que en Valencia, optaron masivamente por convertirse [16].

La conversión ha obedecido, como hemos visto, a un decisión de la Corona, aunque tomada en estrecho contacto con algunos sectores de la jerarquía eclesiástica. La acción del Estado tiene un importancia de primer orden en el origen y en la evolución posterior de la cuestión morisca. La íntima vinculación entre Estado e Iglesia —cuyo análisis rebasa el contenido de este tema—, vinculación que se manifiesta con claridad absoluta en uno de los focos de la población morisca como es el reino de Granada a través del Patronato Regio, se traduce en una confusión entre problemas políticos y religiosos. Los moriscos se encuentran en uno de estos nudos de confluencia donde los problemas religiosos son problemas de Estado y donde los planteamientos políticos, con una amplia serie de motivaciones superpuestas, inciden de forma decisiva en los religiosos.

No es de extrañar, por tanto, que motivaciones puramente religiosas como es el deseo de convertir a los infieles, máxime si son los própios súbditos, se traduzcan en decisiones políticas. Y esto tanto bajo los Reyes Católicos, en un momento en que la conquista de Granada, último reducto musulmán en la Península, produce una exaltación religiosa

---

[15] El texto de la concordia en BORONAT, *Moriscos* t.1 p.423-28.
[16] LEA, *Moriscos* p.87-90.

que se plasma en el deseo de unificación cristiana, como en el momento en que Carlos V, prisionero Francisco I, cree llegada la hora del enfrentamiento de una cristiandad unida contra el islam. Motivaciones religiosas cuya importancia no debe desestimarse en un siglo en que la religiosidad rebasa el ámbito de la interioridad para pasar a ser una cuestión de Estado.

El planteamiento desde el que se ha realizado la conversión ha dejado un reducido margen de elección a los mudéjares, que en la práctica no han tenido más posibilidad que aceptar el bautismo. Los intereses nobiliarios y su plena aceptación por la Corona, para la cual el orden social no es discutible, han influido decisivamente en la manera en que la firme determinación real de unificación religiosa se lleva a cabo. Consiguen así los señores, sobre todo en Valencia y Aragón, conservar sus vasallos, ahora transformados en moriscos, y, con ellos, la base de sus rentas.

Pero, además, el planteamiento de la conversión responde a la corriente escotista, que ve en el bautismo un precepto divino que el príncipe debe imponer a sus súbditos con la esperanza de que el convencimiento se producirá con el tiempo. La corriente tomista, partidaria de un proceso de conversión fruto de una evangelización paulatina, propugnada por Hernando de Talavera, no fue aceptada [17].

Se consiguió así la unificación religiosa *de iure* a costa de crear un problema morisco de difícil solución. Los nuevos convertidos carecían por completo de instrucción religiosa y sólo eran cristianos de nombre, ya que, como veremos, seguían practicando ocultamente su antigua religión. Pero, además, su asimilación tropezará con el rechazo social de los cristianos viejos y con los intereses de los señores. La actuación decidida de ciertos sectores eclesiásticos con el apoyo de la Corona no va a conseguir romper estas resistencias —entre ellas, la de la propia comunidad morisca— y la pasividad de otra parte del clero. Pero, además, la política real no mantendrá en todo momento la misma línea de actuación.

La evangelización

La precipitada conversión de los mudéjares plantea de forma inmediata la necesidad de darles una instrucción religiosa, de la que carecen en absoluto, y de ofrecerles los medios para la práctica cristiana. Dos son las formas principales que se emplean para ello: las campañas misionales de instrucción y evangelización y el ministerio ordinario. Veamos primero cuáles son los hitos fundamentales de la evolución histórica del proceso de evangelización, para posteriormente analizar sus rasgos característicos.

---

[17] REDONDO, *Guevara* p.230-31; cf. CARRO, V., *La teología y los teólogos-juristas españoles ante la conquista de América* (Madrid 1944).

Las primeras campañas misionales

En 1486, Inocencio VIII confirmaba a los Reyes Católicos la concesión del Patronato Regio sobre la Iglesia de Granada hecha por Eugegenio IV en 1436; el propio Inocencio VIII, por bula del 4 de agosto de 1486, faculta a los reyes para la fundación y dotación de las iglesias que se creen en el reino de Granada, designando para ello a Pedro de Mendoza, cardenal arzobispo de Toledo, o al arzobispo de Sevilla. Comienza inmediatamente a cobrar vida la organización religiosa, creándose los obispados de Málaga (1488) y los de Guadix, Almería y Granada (1492). A la cabeza de este último, los reyes situaron a Hernando de Talavera, que desarrolló una importante acción evangelizadora, cuyas características ya hemos señalado. Acercamiento a la cultura y costumbres mudéjares buscando convertir por convencimiento antes que por coacción, sin que esto excluya, fruto de su profunda comprensión del problema, un esfuerzo para que los nuevos convertidos asimilen las costumbres de los cristianos viejos. Pero para poder realizar mejor la tarea evangelizadora se preocupa por buscar predicadores con conocimientos de árabe, por poner los medios para difundirlo y aprender personalmente algunos rudimentos. Con su protección publica Pedro de Alcalá el *Arte para ligeramente saber la lengua arábiga*, en el que se inserta un breve catecismo, y se crea un colegio para la educación de los niños moriscos [18].

Después de la conversión general de los granadinos, se completa la organización eclesiástica del reino de Granada creándose y dotándose parroquias en los pueblos de moriscos y poniéndose en marcha una campaña de evangelización, para la que, no habiendo suficiente número de clérigos en el reino, los reyes piden la colaboración de todas la demás diócesis [19].

Sin embargo, entre 1500 y 1510 se pone de manifiesto el fracaso de la conversión rápida; p.ej., con las huidas colectivas a Africa y con el apoyo que los moriscos dan a los corsarios berberiscos, fenómenos ambos importantes en estos años [20]. La realidad del fracaso es reconocida también en los más altos centros del poder: Cisneros, nada más ser nombrado inquisidor general (1507), y Fernando el Católico en 1510 lamentan la falta de instrucción y de práctica cristiana de los nuevos convertidos judíos y musulmanes, y tratan de tomar medidas para evitarlo; entre ellas, la obtención de un breve de Julio II para que la Inquisición pueda actuar con benevolencia sobre los nuevos convertidos [21].

Como reacción, una serie de disposiciones promulgadas y reiteradas entre 1511 y 1526 van a atacar la cultura morisca en su conjunto. El antecedente lo configuran las cláusulas restrictivas sobre el uso de ves-

[18] GARRIDO ARANDA, A., *Papel de la iglesia de Granada en la asimilación de la sociedad morisca:* Anuario de Historia Moderna y Contemporánea 2-3 (1975-76) p.84 y 88.
[19] LADERO, *Mudéjares* p.279-80 y 305-306.
[20] DOMÍNGUEZ ORTIZ, A., y VINCENT, B., *Historia de los moriscos* (Madrid 1978) p.21-23.
[21] LEA, *Moriscos* p.48.

tidos moros: prendas que podrán llevar «hasta que fuesen acavadas, que nos place dello, con tanto que las ropas que de aquí adelante se obieren de façer las fagan como los otros cristianos», para que no haya diferencia entre ellos [22]. También se les limita la matanza de carnes a la manera morisca y se ordena la quema de los coranes y otros libros religiosos. Pero a partir de 1511 se amplía el campo de las prohibiciones y se hacen más generales: disposiciones sobre el vestido, los libros árabes, la forma de sacrificar las reses, el papel de padrinos y madrinas, se dan en estos años, buscando doblegar la resistencia cultural morisca y facilitar la integración social y, con ella, la religiosa. Se completarán con otras de carácter defensivo: relativas a la posesión de armas, al apoyo a los corsarios, en las que se hace patente el influjo, que cada vez tendrá más peso, de la presión exterior sobre las costas peninsulares. Muchas de estas medidas tienden a marcar unas barreras legales, limitando la capacidad de actuación de los moriscos y señalando unas diferencias que separan más a ambas comunidades, como será la introducción de la *farda,* contribución que recaía casi exclusivamente sobre los cristianos nuevos.

Estos, sin embargo, presionan a la Corte para conseguir la revocación o al menos el sobreseimiento de algunas de estas disposiciones. Vemos así a Francisco Núñez Muley solicitar hacia 1523 que se permita a los moriscos ser padrinos y madrinas de los bautizados y bodas, así como también matar las reses sin necesitar la presencia de cristianos viejos [23]. Por otra parte, en estos mismos años iniciales del reinado de Carlos V, los inquisidores generales Adriano de Utrecht y Alonso Manrique, en 1521 y 1524, respectivamente, ordenan de forma general que, salvo en caso de herejía manifiesta, no se moleste a los moriscos [24]. Mientras esto ocurría en Granada y Castilla, en los reinos de la Corona de Aragón se mantenía el *status* mudéjar de la población musulmana, a pesar de la tendencia hacia la conversión de que habla Lea [25].

Durante su segunda estancia en la Península, Carlos, elegido ya emperador, se enfrenta con la problemática de la población de origen musulmán. Entre 1524 y 1526, bajo su iniciativa, se hace frente, como hemos visto, al problema de la pervivencia de los mudéjares en la Corona de Aragón, al tiempo que se analiza en profundidad la situación de los granadinos.

Durante su estancia en Granada, tres moriscos notables le presentan en el año 1526 un memorial en que se refieren los desmanes a que eran sometidos los nuevos convertidos por oficiales, nobles y clérigos [26]. El emperador ordena la realización de una encuesta en el arzobispado de Granada, para lo que se nombran cinco comisarios; entre ellos figu-

---

[22] LADERO, *Mudéjares* p.316-18. Otros semejantes pueden verse en GALLEGO, A., y GAMIR, A., *Los moriscos del reino de Granada según el sínodo de Guadix de 1554* (Granada 1968) p.163-69.

[23] GALLEGO y GAMIR, *Sínodo* p.190-94. sobre estas medidas, véase l.c. en n.20.

[24] LEA, *Moriscos* p.53-54.

[25] Ibid., p.27.

[26] Para lo que sigue, cf. REDONDO, *Guevara* p.262-89.

ran Gaspar de Avalos, obispo de Guadix, y Antonio de Guevara, que habían intervenido recientemente en la conversión de los valencianos. Realizada entre agosto y noviembre, constata la realidad de las denuncias: los moriscos eran sometidos a todo tipo de exacciones por los encargados de instruirles y de administrar justicia.

Carlos V, como primera medida, dicta con fecha de 29 de septiembre, antes incluso de que finalice la inspección, un conjunto de órdenes encaminadas a poner fin a los abusos que padecían los moriscos. Pero además ordena la convocatoria de una junta, en la que figuran buena parte de los integrantes de la que había tenido lugar en Madrid en 1525, junto con los prelados del reino de Granada. La junta tuvo lugar en la capilla Real de Granada a fines —noviembre, diciembre— de 1526. Se analizaron en las reuniones las medidas a adoptar para evitar los excesos que se cometían con los moriscos, mejorar el comportamiento del clero y conseguir de ellos una adecuada práctica cristiana.

El 7 de diciembre, Carlos V promulga los acuerdos de la junta. En primer lugar, el Santo Oficio queda introducido en Granada. Siguen una serie de puntos destinados a mejorar la organización eclesiástica, como son el continuar la inspección sobre los clérigos y castigar a los culpados, completar la construcción de iglesias y evitar la usurpación de rentas eclesiásticas por los señores. Se pasa revista a continuación a una larga relación de elementos propios de la cultura morisca, que ahora, completando y unificando las disposiciones anteriores, quedan prohibidos o al menos rígidamente reglamentados. Se prohíbe así el uso oral y escrito del árabe, el empleo de nombres árabes, la circuncisión, la forma tradicional de vestirse la mujeres cubriéndose el rostro, así como que se alheñen, que se lleven al cuello amuletos musulmanes, que se maten las reses, que los moriscos puedan regentar baños. Otras medidas de gobierno limitan la capacidad de actuación y movimientos de los moriscos, que no podrán llevar armas, ni tener esclavos moros, ni cambiar de lugar de domicilio... Por último se prohíben los insultos a los nuevos convertidos y se atajan ciertas formas de picaresca de los señores y de los predicadores de bulas [27]. En unas instrucciones complementarias al arzobispo de Granada, Carlos V ampliaba el 10 de diciembre ciertos aspectos relacionados con la instrucción y práctica religiosa de los moriscos y de la organización eclesiástica [28]. El emperador ordenaba también la creación de un estudio, del que surgirá en 1531 la Universidad de Granada, entre cuyos objetivos se sitúan la instrucción de los nuevos convertidos, así como de un colegio, el que luego será el colegio-seminario de San Miguel, para niños moriscos [29].

Sin embargo, una vez más, los moriscos van a llegar, como había sucedido recientemente en Valencia, a un acuerdo con la Corona por el que, ante las necesidades financieras de Carlos V, se paralizan, a

[27] El texto en GALLEGO y GAMIR, *Sínodo* p.198-205.
[28] GALLEGO y GAMIR, *Sínodo* p.206-13
[29] GARCÍA BALLESTER, *Historia social de la medicina en la España de los siglos XIII al XVI* (Madrid 1976) p.103-05; GARRIDO ARANDA, *Iglesia de Granada* p.89.

cambio de 90.000 ducados, las medidas tomadas sobre las costumbres y consiguen que la Inquisición no imponga la confiscación de bienes. La inercia sirvió para transformar en letra muerta buena parte de las otras medidas.

Se abría así un período caracterizado por la aceptación por ambas partes de un *modus vivendi;* a pesar de que existe un aparato legal muy completo contra las formas de vida moriscas, no es puesto en práctica, y los nuevos convertidos gozan de una cierta tolerancia que aprovechan para continuar sus prácticas religiosas tradicionales. Esta situación sera constatada por todos lo que viven de cerca el problema y llegará hasta las Cortes de los diversos reinos, que reiteran sus peticiones de que los moriscos sean instruidos [30]. Se van a desarrollar, en consecuencia, campañas de instrucción y catequización, cuya iniciativa en buena parte corresponde a la Corona, con la directa participación del Santo Oficio.

En Valencia, una vez finalizada la campaña de bautismos y sometidos los últimos sublevados, que se habían refugiado en la Muela de Cortes, en octubre de 1526 comienzan las gestiones para crear y dotar las parroquias necesarias para la nueva población cristiana. De realizar la información previa se encarga en principio Miguel Pérez de Miedes, oficial de la curia eclesiástica, quien realiza en 1527 una visita, bautizando a muchos que no lo estaban. Miedes delegó en agosto de 1527 en el franciscano Fr. Bartolomé de los Angeles, conocedor del árabe, quien, además de completar la información sobre las necesidades de infraestructura eclesiástica, predica y adoctrina a los moriscos [31]. Su actuación coincide con la corta estancia de Carlos V en Valencia con ocasión de inaugurar las Cortes, luego trasladadas a Monzón, para concluir finalmente en Valencia [32]. El viaje permite al emperador constatar la realidad ya mencionada: los moriscos viven como moros por la falta de ministros que los instruyan y administren los sacramentos. Presionará para que se ponga remedio a esta situación. Sin embargo, esta primera misión de Bartolomé de los Angeles acaba mal; denunciado por diversos excesos, será condenado en 1529. Se pretende paliar el daño moral causado por él en algunos lugares enviando a otros franciscanos [33].

El año 1528 se había hecho pública la concordia entre las aljamas y el emperador firmada en diciembre de 1526. El inquisidor general, Manrique, se apresura a puntualizar su contenido en lo que toca a la actuación inquisitorial: ésta no afectará, al igual que en Granada, a faltas leves derivadas de costumbres tradicionales, pero sí a todo tipo de ceremonias claramente musulmanas. No debe, por tanto, entenderse como autorización para continuar practicando su anterior religión [34]. A

---

[30] DOMÍNGUEZ ORTIZ y VINCENT, *Historia* p.25-26.
[31] SALVÁ, A., *Los moriscos valencianos en 1527 y 1528:* Boletín de la Sociedad Castellonense de Cultura 16 (1935) 365-76.
[32] GARCÍA CÁRCEL, R., *Cortes del reinado de Carlos I* (Valencia 1972) p.VIII-IX.
[33] REDONDO, *Guevara* p.154-55 n.21.
[34] BORONAT, *Moriscos* t.1 p.162-65.

pesar de lo cual, el Santo Oficio parece haber sido poco activo contra los moriscos en los años siguientes; de cualquier forma, éstos no modifican su postura hacia el cristianismo [35]. Además, los señores, a pesar de las promesas y acuerdos con Carlos V, siguen manteniendo los mismos gravámenes y derechos que pesaban sobre ellos antes de su conversión.

En esta situación se va a intentar de nuevo en 1535 organizar la red parroquial en las zonas moriscas. Para ello, ante la inhibición del arzobispo de Valencia, el flamenco Erardo de la Marca, Clemente VII encarga al inquisidor general, Manrique, la creación de las iglesias necesarias y le da todos los poderes necesarios (breves de 9 de diciembre de 1532 y 11 de enero de 1533). En virtud de ellos, Manrique comisiona el 14 de enero de 1534 a Fr. Alonso de Calcena y Antonio Ramírez de Haro, obispo de Segovia. El resultado será la creación de 190 parroquias, dotadas, con fondos provenientes de los bienes de las antiguas mezquitas, de 2.000 ducados de la mesa arzobispal de Valencia y 800 de la de Tortosa, y parte de los diezmos y primicias. A pesar de ello sólo fue posible fijar unas rentas de 30 libras anuales, y no fue fácil proveerlas.

Al mismo tiempo se realiza una campaña de evangelización, en la que intervienen, entre otros, el dominico Benito de Santa María [36], y con el apoyo del nuevo arzobispo, Jorge de Austria, se redactan unas ordenanzas para los nuevos convertidos. En ellas se regulan no sólo aspectos religiosos, como los relativos a la administración de los sacramentos, a la instrucción cristiana, a las ceremonias musulmanas, sino que también se dan normas que afectan a la cultura morisca en sentido amplio, como las relativas al vestido y a la lengua. Se complementan con ordenanzas sobre la elección de los párrocos de lugares de moriscos y la forma de desarrollar su ministerio; otras se refieren a la tarea de los alguaciles, que deben vigilar el cumplimiento por los moriscos de lo que les está mandado. Por último se regula la realización de visitas anuales para inspeccionar el adecuado cumplimiento de lo anterior. En estas ordenanzas, que deben de ser de hacia 1540, se menciona la existencia de una breve doctrina cristiana «per als dits novament convertits feta», primer catecismo para los moriscos valencianos de que se tiene noticia [37].

En las Cortes de 1537, los tres estamentos, tras la confirmación real de la no confiscación por delito de herejía de los bienes de moriscos, ofrecen 400 ducados anuales para los gastos del Santo Oficio, siempre que éste acepte no imponer penas pecuniarias y lo cumpla, cosa que no ha hecho hasta ahora. Se trata de evitar el empobrecimiento de los vasallos, con la repercusión negativa para las rentas señoriales, y también que la excesiva presión inquisitorial les empuje a emigrar clandestinamente. Aunque Carlos V asintió a la petición y ofrecimiento con el

---

[35] HALPERIN DONGHI, T., *Un conflicto nacional: moriscos y cristianos viejos en Valencia:* Cuadernos de Historia de España 25-26 (1957) 96-97.
[36] LEA, *Moriscos* p.139-43. La institución de Manrique a Calcena y Haro en p.418-20.
[37] Ordinacions per als novament convertits del regne de Valencia.

lacónico «plau a sa Magestat», no se obtuvo, por el momento, el compromiso inquisitorial por muerte de Alonso Manrique en 1538. En las Cortes de 1542 se solicita de nuevo la puesta en ejecución de lo acordado en las anteriores.

A raíz de esto se reunió una junta en Madrid, encabezada por el cardenal Tavera, arzobispo de Toledo e inquisidor general, y a la que asistían, además de miembros del Consejo de Inquisición, Antonio Ramírez de Haro, obispo de Segovia; Juan Silíceo, obispo de Cartagena, y el confesor real, Fr. Pedro de Soto. Tavera y los inquisidores era partidarios de que la aplicación del edicto de gracia se hiciese con todos los requisitos legales ordinarios, y los que se viniesen a reconciliar denunciaran a los cómplices y se confesasen por escrito. Frente a esta dureza triunfa, con el apoyo real, la postura más moderada de Haro y Silíceo: manifestarán sus culpas ante sus confesores sin tener que hacer denuncias. Además, la Inquisición no intervendría en un plazo de dieciséis años, que se concedía para su perfecta instrucción [38].

Sobre estas bases se pone en marcha, a principios de 1543, una nueva campaña de evangelización, cuyo máximo encargado, Haro, actúa como comisionado regio y del Santo Oficio. En las instrucciones que se dan a los predicadores se manifiesta la gran benevolencia con que se quiere llevar a cabo la campaña: el esfuerzo hecho para dotar las iglesias, las dificultades encontradas, que han impedido su completa instrucción; la voluntad de subsanarlo, paralizando mientras la acción inquisitorial. Debía realizarse contando con el apoyo de señores y párrocos, ganándose la amistad de los moriscos y llegándoles por la razón natural. Otro de los objetivos de la misión era inspeccionar el comportamiento de los párrocos. Esta es una de las tareas encomendadas a Fr. Bartolomé de los Angeles, que de nuevo actúa en el reino de Valencia y que de nuevo será procesado por diversos delitos cometidos durante la campaña [39].

Esta concluyó en un fracaso completo; en parte, por la resistencia de los moriscos; en parte, por la falta de coordinación de las autoridades: el arzobispo de Valencia, Jorge de Austria, estaba en Flandes, la Inquisición había quedado al margen, los señores, como de costumbre, no colaboraban. A pesar de la voluntad de conciliación, los moriscos quedaron tan poco cristianos como antes, y la marcha de Ramírez de Haro sin haber delegado sus poderes para reconciliar a los moriscos dejaba sin efecto el breve de Paulo III de 1546 por el que se le comisionaba a él personalmente [40].

El proceso en Granada es similar. Tras los proyectos reformadores de 1526 y a pesar de las sanciones a los clérigos y de la introducción del Santo Oficio, ni el comportamiento de aquéllos fue ejemplar ni los mo-

---

[38] García Cárcel, *Cortes* p.86-89; Boronat, *Moriscos* t.1 p.411-18; Lea, *Moriscos* p.122-23.

[39] Janer, F., *Condición social de los moriscos de España* (Madrid 1857) p.228-41.

[40] Boronat, *Moriscos* t.1 p.202 y 214.

riscos cumplían mejor sus deberes cristianos. Así lo pone de manifiesto en 1530 el arzobispo de Granada, Gaspar de Avalos, después de visitar la diócesis de Almería, sin excusar de parte de la culpa al exceso de celo del rey en la defensa del derecho de Patronato. Por otra parte, la concordia de 1526 entre los moriscos y Carlos V no dejaba satisfecha plenamente a ninguna de las partes. La Inquisición seguía actuando, aunque no con la firmeza que, entre otros, Gaspar de Avalos deseaba, pero sí lo suficiente para inquietar a los moriscos [41]. Ya vimos la interpretación que los inquisidores hicieron del acuerdo: «por cosas livianas y de achaques que se hiciesen por descuido, no siendo ceremonias de la dañada secta de Mahoma..., serían benignamente tratados» [42]. No estaba claro tampoco el grado de cumplimiento exigible a lo acordado en 1526 sobre las costumbres moriscas, como vestidos, lengua, zambras...

Por último, los moriscos comprendieron que, a cambio de dinero, la Corona estaba dispuesta a llegar a soluciones de compromiso. Por medio de contribuciones especiales tratan de aprovechar las necesidades financieras de Carlos V para aflojar la presión inquisitorial. En las reiteradas peticiones que se suceden hasta 1568 van a contar con el apoyo del marqués de Mondéjar, que hará de valedor suyo en la Corte, y con la cerrada oposición del Santo Oficio. El emperador, agobiado, se inclina a la clemencia, pero los impedimentos eclesiásticos en España y en Roma dificultan el acuerdo final.

De esta forma, con ocasión de las Cortes de 1538-39, se celebró en Toledo, del 4 de febrero al 27 de marzo de 1539, una junta presidida por el propio Avalos, en que figuraban, junto con los prelados granadinos, otros consejeros, muchos de los cuales habían asistido ya a las juntas anteriores. En ésta se estudiaron las peticiones hechas por los moriscos. Las modificaciones que solicitaban en el procedimiento inquisitorial limitaban enormemente la actuación del Santo Oficio: pedían ser perdonados sin confesión de lo pasado; en cuando al futuro, la Inquisición sólo actuaría en relación con las ceremonias musulmanas principales, no se guardaría secreto sobre los cargos ni los testigos, debiendo comenzar a proceder con suficiente número de testimonios, y se excluía la confiscación de bienes. Resultaba así sumamente difícil poder proceder contra ellos, dado el carácter oculto de sus prácticas religiosas y la coherencia de la comunidad morisca. La respuesta de la junta es contraria a estas innovaciones en el procedimiento, rechazándose las peticiones, con la salvedad de no perseguir las zambras, siempre que en ellas no haya cánticos en honor de Mahoma.

Un nuevo intento se realiza en 1543 por mediación del marqués de Mondéjar. Las peticiones son semejantes, aunque ahora se pide incluso que sean los ordinarios y no la Inquisición quienes juzguen y castiguen sus delitos. Salvo este punto, Mondéjar defiende las demandas moriscas, como hombre conocedor de la realidad granadina y condescendiente en la práctica con tal de mantener «la seguridad y pacificación

[41] GALLEGO y GAMIR, *Sínodo* p.253.
[42] BORONAT, *Moriscos* t.1 p.163.

y conservación del reino de Granada» [43]. Frente a esta postura de moderación, el inquisidor general, Tavera, y el Santo Oficio en general, se oponen a cualquier concesión importante. La firme decisión de Carlos V de conceder el perdón de los delitos sin necesidad de confesión ni reconciliación y de conceder un plazo de veinticinco o treinta años sin confiscación de bienes ni penas pecuniarias, motivada principalmente por su imperiosa necesidad de dinero, choca con la resistencia de los inquisidores y de la Santa Sede [44].

Las negociaciones prosiguen años más tarde, dirigidas esta vez por el conde de Tendilla, Iñigo López de Mendoza, y teniendo enfrente a Fernando de Loaces... En el ámbito inquisitorial destacan las figuras de Fernando de Valdés, inquisidor general de 1547 a 1566; su sucesor, el *modus vivendi* entre ambas comunidades [45].

El esfuerzo decisivo

Hacia mediados de siglo se producen cambios fundamentales. Entre la retirada del emperador en Yuste —1556— y la clausura del concilio de Trento —1563—, un profundo cambio espiritual se produce en España y en Europa. La época del emperador más abierta a la transacción, más tolerante, ha dado paso a la de Felipe II, marcada por el enfrentamiento religioso desde posiciones intransigentes tanto en las filas protestantes como católicas. Además, a partir de 1559 se acentúa la amenaza turca sobre el Mediterráneo occidental.

En torno a estos años entran en acción una serie de enérgicos prelados que desde las sedes de Granada, Guadix y Valencia se enfrentan seriamente con la cuestión morisca. Felipe II, desde su regreso a la Península en 1559, va a apoyar con firmeza su acción, intentándose decididamente conseguir la cristianización efectiva de los moriscos. Artífices de este intento serán Pedro Guerrero, arzobispo de Granada entre 1546 y 1576; Tomás de Villanueva, que lo será de Valencia en la década 1545-55; Martín de Ayala, primero obispo de Guadix (1548-60), y que, tras una corta estancia en la diócesis de Segovia, ocupará el arzobispado de Valencia (1565-66); y en segunda fila, Francisco de Navarra, Fernando de Loaces... En el ámbito inquisitorial destacan las figuras de Fernando de Valdés, inquisidor general de 1547 a 1566; su sucesor, el cardenal Diego de Espinosa, que lo será hasta 1572, y otros, como Pedro de Deza o Gregorio de Miranda. La Corte coordina y estimula los esfuerzos.

Durante estos años se desarrollan importantes iniciativas evangelizadoras. Tomás de Villanueva, inserto todavía en la época de Carlos V, aparece como un precursor. Se hizo cargo del arzobispado de Valencia el 1.º de enero de 1545, cuando se realizaba la campaña dirigida por

---

[43] GALLEGO y GAMIR, *Sínodo* p.253.
[44] LEA, *Moriscos* p.218-21; REDONDO, *Guevara* p.285-87. Los textos publicados por GALLEGO y GAMIR, *Sínodo* p.244-60.
[45] LEA, *Moriscos* p.221-22; NOVALIN. *El inquisidor general Fernando de Valdés (1483-1568)* (Oviedo 1968) p.216-20.

Ramírez de Haro, cuyo resultado ya hemos examinado. En 1547, al marchar éste, Villanueva hace ver al príncipe Felipe la angustiosa situación en que se encuentra, sin poder intervenir, él ni los inquisidores, en la corrección de los moriscos, que, animados por el breve de Paulo III de 1546 congelando la acción inquisitorial, realizan públicamente ceremonias islámicas. Solicita que con urgencia se nombre un comisario que continúe la tarea iniciada por Haro o se busquen otras soluciones. El 10 de noviembre remite un informe detallado sobre la situación de los moriscos y su parecer sobre las medidas a tomar. Ante la insuficiencia de las rentas de los párrocos, éstos realizan negligentemente su tarea; era, pues, necesario vigilar su actuación, así como el cobro de las rentas asignadas. Había que presionar a los señores para que favorecieran el cumplimiento cristiano de sus vasallos moriscos no dificultando la acción de curas y alguaciles. Las instrucciones impresas para los párrocos, los catecismos para los moriscos y el envío de predicadores habían sido insuficientes para la adecuada instrucción religiosa, y había que reiterar los esfuerzos para que cumplieran al menos externamente. Es de destacar también que Villanueva relaciona la resistencia morisca con los contactos exteriores con argelinos y pedirá una acción militar que corte estos contactos y desarme a los moriscos [46].

Ante esta situación se reúne en 1548, en Valladolid, una junta promovida por el inquisidor general, Valdés. En ella se determina que para poner remedio en lo que aparecía como un callejón sin salida era necesario volver a los procedimientos tradicionales, es decir, recurrir a una nueva campaña de evangelización y corrección basada en nuevos edictos de gracia, pero aplicados por el Santo Oficio, que actuaría con toda moderación, salvo con los alfaquíes. La otra faceta de lo acordado se dirigía a doblegar a los señores: igualación de las cargas que pesaban sobre los moriscos con las correspondientes a los cristianos viejos, presión para que favorecieran la predicación y desarme de los moriscos [47].

Sin embargo, en marzo de 1551 no se había salido todavía del conflicto de jurisdicciones, y Fr. Tomás sigue pidiendo soluciones, bien por vía de Inquisición, bien autorizando al ordinario de la diócesis a tomar la dirección de la campaña. Insiste también en la necesidad de nombrar virrey de Valencia [48]. En agosto del año siguiente seguía sin haber virrey, y, ante la amenaza turca, Villanueva pide tropas de Castilla que defiendan el reino y realicen el solicitado desarme [49].

Por fin, poco antes de su muerte, en septiembre de 1555, tiene lugar, por orden del príncipe Felipe, una junta en Valencia con la participación del nuevo virrey, duque de Maqueda; de Fernando de Loaces, obispo de Tortosa, y del inquisidor, Gregorio de Miranda. En ella se fijan las directrices para una nueva ofensiva de reconciliación y evangelización; estos acuerdos serán la base de la campaña organizada en 1564

[46] Lea, *Moriscos* p.146-47; Boronat, *Moriscos* t.1 p.202-205.
[47] Boronat, *Moriscos* t.1 p.415-16.
[48] Ibid., t.1 p.212-13.
[49] Janer, *Condición social* p.244-45.

y de otras posteriores, pero por ahora no se llevan a efecto [50]. Así, pues, la voluntad reformadora de Tomás de Villanueva choca con la inercia de unos intereses creados que la fuerza del poder real, ocupada por el momento en los problemas alemanes, no hace nada por remover.

Otro de los grandes prelados que se ocupan del problema morisco es Martín Pérez de Ayala. Designado obispo de Guadix en 1548, tomará posesión en 1550, realizando seguidamente dos visitas a la diócesis y convocando, a raíz de la segunda, un sínodo. Realizado a principios de 1554, se pasa revista a la situación religiosa de los moriscos, para cuyo remedio se hace eco de las medidas acordadas en la Capilla Real de Granada en 1526. Supone, por tanto, un endurecimiento, una rectificación de la postura un tanto laxa seguida en el segundo cuarto del siglo XVI. Martín de Ayala pasará en 1564 a hacerse cargo de la archidiócesis de Valencia, de la que tomará posesión en abril de 1565 [51].

En ella, después de la muerte de Villanueva, se había puesto en marcha un plan coherente de acción sobre los moriscos; al menos, todo lo coherente que podía ser una política de asimilación religiosa en la segunda mitad del siglo XVI y frente a una minoría como la morisca, dotada de una gran resistencia cultural. Política que además debe desarrollarse en el estrecho margen que el mantenimiento de la estructura social valenciana, por una parte, y las exigencias de la guerra en el Mediterráneo, por otra, permiten [52]. Así, tras una nueva junta realizada en Valencia en 1561 bajo la dirección del arzobispo, Francisco Navarro, el informe de Gregorio de Miranda a Felipe II en 1562 expone los puntos principales de la acción a desarrollar para conseguir que los moriscos no vivan como musulmanes de Argel. Estos son: desarme de los moriscos, campaña de reconciliación y evangelización, para dar paso, posteriormente, a una normal actuación inquisitorial [53].

Sin dilación alguna ni contemplaciones con las protestas señoriales, se lleva a cabo el desarme de los moriscos en los primeros meses de 1563. El segundo paso, solicitado por las Cortes de Valencia de 1564, es la instrucción. Para prepararla se convoca una nueva asamblea en Madrid, en diciembre de ese mismo año. Están presentes, junto con Valdés, su presidente, otros dos inquisidores que tendrán un gran papel en el futuro: Diego de Espinosa y Pedro de Deza, además de Miranda. La junta hace suyo, con ligeras modificaciones, el plan elaborado por Tomás de Villanueva, y que es transmitido por Miranda.

Consistía en enviar comisarios que fueran a la vez reales y del Santo Oficio y que, con ayuda de otros designados por los prelados, desarrolla-

[50] BENÍTEZ, R., *Felipe II y los moriscos. El intento decisivo de asimilación, 1559-1568:* Estudios de Historia de Valencia n. 31 (Valencia 1978) 190.
BORONAT, *Moriscos* t.1 p.232.235 y 525.
[51] GALLEGO y GAMIR, *Sínodo*, passim; GARRIDO ARANDA, *Iglesia de Granada* p.94-96.
[52] Para lo que sigue, cf. BENÍTEZ, *Felipe II y los moriscos.*
[53] El informe de Miranda, en BORONAT, *Moriscos* t.1 p.231-35.

ran una campaña de reconciliación y predicación, al tiempo que inspeccionaban las necesidades y el comportamiento del clero parroquial y se trataba de impedir la protección de las prácticas islámicas por los señores de moriscos. Para la reconciliación se obtendrían breves papales y la Inquisición actuaría benévolamente por un tiempo, salvo en determinados casos graves [54]. Con estas determinaciones se ordena en 1565 la reunión de los prelados del reino de Valencia para la puesta en marcha de la campaña.

En esta asamblea tuvo un papel principal Martín de Ayala, quien meses antes de su muerte reunía también un sínodo diocesano, donde se trató el tema morisco, y cuyo fruto fueron unas nuevas ordenanzas para ellos que modificaban parcialmente las elaboradas por Haro y Jorge de Austria. Suponía un endurecimiento en la línea marcada por su anterior experiencia en el sínodo de Guadix. Publicó un catecismo bilingüe árabe-castellano donde se contenían las oraciones y preceptos básicos para uso de moriscos y dejó preparada una obra, que había comenzado ya en su etapa de Guadix, para instrucción de catequistas, y que será publicada por el patriarca Ribera [55].

La muerte de Ayala el 6 de agosto de 1566 paraliza la campaña evangelizadora. Su sucesor, Fernando de Loaces, reanudará la tarea, pero su inmediato fallecimiento el 29 de febrero de 1568 la detiene nuevamente. Los inicios no habían sido muy prometedores, como se manifiesta en el enfrentamiento que se produce en Vall de Uxó entre el obispo de Tortosa y los moriscos, que afirman no ser cristianos; sin embargo, hubo abundantes reconciliaciones en la actual provincia de Castellón [56].

Pedro Guerrero, arzobispo de Granada, tiene también un lugar destacado en este momento de especial importancia para la minoría morisca. Será el que introduzca en Granada los decretos tridentinos tras su asistencia al concilio y el que facilite la entrada de la Compañía de Jesús en el reino de Granada. Los jesuitas crean así en 1559 la Casa de la Doctrina del Albaicín, destinada a la enseñanza tanto de las primeras letras como superior de los jóvenes moriscos [57]. Dentro del espíritu tridentino, reúne el sínodo provincial —la archidiócesis de Granada englobaba los obispados de Almería y Guadix—, en el que se presta especial atención al tema morisco. Sus constituciones marcan un paso decisivo hacia el endurecimiento que sigue inmediatamente. Estricto control del comportamiento morisco, con reforzamiento de las penas y persecu-

---

[54] Los acuerdos pueden verse en BORONAT, *Moriscos* t.1 p.532-40.

[55] *Synodus Dioecesana Valentiae celebrata praeside Martino Ayala* (Valencia 1594); PÉREZ DE AYALA, M., *Doctrina cristiana en lengua arábiga* (Valencia 1566), reeditada por Chavas (Valencia 1911); PÉREZ DE AYALA, M., *Catecismo para instrucción de los nuevamente convertidos de moros* (Valencia 1599).

[56] HALPERIN, *Un conflicto nacional* p.111-12; BORONAT, *Moriscos* t.1 p.262 nt.26.

[57] GARRIDO ARANDA, *Iglesia de Granada* p.91.

ción de todos los aspectos de la cultura morisca, para lo cual se solicitaba la intervención real [58].

Se reunió una junta en Madrid en 1566, donde se aceptan casi todas las peticiones de los obispos contra la cultura morisca. Un edicto real conteniendo todas las prohibiciones se redacta inmediatamente, y Pedro de Deza, miembro del Consejo de Inquisición, es nombrado presidente de la Chancillería de Granada y encargado de aplicarlo. Deza era hombre cercano al por entonces poderoso, desde sus cargos de inquisidor general y presidente del Consejo de Castilla, cardenal Espinosa, alma del proyecto e influyente cerca de Felipe II. Las razones de orden militar apuntadas por el marqués de Mondéjar, capitán general de Granada, que pedía reforzar el reino antes de la publicación del decreto temiendo una sublevación, son desestimadas. Este se hizo público el 1.º de enero de 1567 [59].

Los intentos moriscos de paralizar la aplicación del decreto, incluido el memorial en defensa de la cultura morisca de Francisco Núñez Muley, fueron inútiles. Estas medidas coercitivas, sumadas a las dificultades de índole económica y a la presión turco-berberisca, llevarán al levantamiento de los moriscos granadinos en diciembre de 1568 y a la dura, difícil y peligrosa guerra que concluirá con su dispersión por Castilla [60].

La rebelión de los granadinos pone fin a un intento decisivo de asimilación realizado por Felipe II en los primeros años de su reinado y sanciona su fracaso. A partir de la guerra de Granada pesarán más los condicionamientos políticos que los religiosos. El temor a nuevos levantamientos una vez comprobado el peligro que la población morisca entraña, máxime en el conflictivo marco del último tercio del siglo XVI, en que la monarquía hispánica combate de forma general, fue puesto de relieve por Juan Reglá. Temor que profundiza la separación entre ambas comunidades [61].

La época de Ribera

Una figura clave llena los cuarenta años que restan a los moriscos de permanencia en la Península; se trata de Juan de Ribera, patriarca de Antioquía y arzobispo de Valencia [62].

Al poco tiempo de incorporarse a la diócesis de Valencia, se llega a un acuerdo (12 de octubre de 1571) entre la Inquisición y algunas aljamas valencianas, a las que podrán sumarse aquellas que lo deseen, por la que, a cambio de 50.000 sueldos anuales, el Santo Oficio se compro-

---

[58] Ibid., p.96-98; DOMÍNGUEZ ORTIZ y VINCENT, *Historia* p.32.
[59] LEA, *Moriscos* p.226-32.
[60] Cf. la excelente síntesis de Bernard Vicent en DOMÍNGUEZ ORTIZ y VINCENT, *Historia* p.28-56.
[61] HALPERIN, *Un conflicto nacional* p.115ss.
[62] Además de la obra de R. Robles, *San Juan de Ribera* (Valencia 1960), siguen siendo fundamentales para estudiar la actuación del patriarca, respecto a los moriscos, los documentos publicados por Boronat, con la salvedad importante de colocar los principales memoriales, a nuestro parecer mal fechados, en su contexto cronológico correcto.

metía a no confiscar los bienes de los condenados y a no imponer penas pecuniarias por encima de los diez ducados. Esta concordia, negociada por el noble morisco Cosme Abenamir y aceptada por Espinosa, limitará notablemente las posibilidades de acción inquisitorial, como años más tarde lamenta Ribera. Se realiza en un momento de grave tensión política y no supone, en definitiva, más que la aceptación por el Santo Oficio de lo reiteradamente solicitado por las Cortes y aceptado por el rey: la no confiscación de bienes [63].

En 1573 se reúne una junta de prelados valencianos a instancias de Felipe II, presionado, a su vez, por el estamento nobiliario. Se trata de continuar las discusiones de la anterior, interrumpida por la muerte de Loaces y la guerra de Granada. Sus conclusiones marcan la orientación fundamental que la cuestión morisca adquiere bajo Ribera: potenciar la acción parroquial [64]. Se trataba de crear 22 nuevas parroquias y de aumentar la dotación de 30 a 100 libras. Esta necesidad de incrementar las parroquias y sus dotaciones como uno de los medios principales para instruir a los moriscos había sido señalada en las Cortes de 1564 y fue analizada en las juntas subsiguientes. Ahora el plan queda perfectamente ultimado, y, solicitada su aprobación a la Santa Sede, es otorgada por Gregorio XIII el 16 de julio de 1576 [65]. El arzobispo contribuiría anualmente con 3.000 ducados, además de los 2.000 con que lo hacía ya; pero los otros partícipes se resistieron a pagar su parte, y el plan quedará sin aplicación. No obstante, Ribera trata de mejorar todo lo posible el ministerio ordinario, aporta fondos para la creación de iglesias, compra de ornamentos y trabajos apostólicos.

Los años 1581-82 son un momento transcendental en la evolución del problema morisco. El 4 de diciembre de 1581, el confesor real, Diego de Chaves; el consejero, Rodrigo Vázquez, y el secretario, Delgado, estudian en Lisboa un memorial sobre la evangelización de los moriscos. Documento que está en la línea de los acuerdos de la junta de Madrid de 1564, destacándose ahora la necesidad de no desfallecer ante la dificultad de una empresa que hasta la fecha se ha mostrado poco menos que imposible, y la importancia que tiene su puesta en ejecución [66]. En el invierno de 1581-82 se va a modificar sustancialmente el punto de vista: no se trata de realizar una nueva campaña evangelizadora; lo que se propone al estudio de los interesados y expertos es la posibilidad de la expulsión.

La dispersión de los granadinos por Castilla, así como su presencia clandestina en Valencia y en el propio reino de Granada, al que regresaban contraviniendo las órdenes reales, había llevado el temor a casi toda la Península. El peligro que suponían los contactos de los aragoneses con los hugonotes franceses y de los valencianos con los berberiscos

---

[63] LEA, *Moriscos* p.125-27; BORONAT, *Moriscos* t.1 p.274-75; el texto en DANVILA, M., *La expulsión de los moriscos españoles* (Madrid 1889) p.182-88.

[64] BENÍTEZ, *Felipe II y los moriscos* p.195.

[65] BORONAT, *Moriscos* t.1 p.329 nt.26 y 374-75; ROBRES, *Ribera* p.396-403.

[66] BORONAT, *Moriscos* t.1 p.292 y nt.31.

en la bélica coyuntura internacional era sentido de forma angustiosa [67]. Ya en 1574 se pensó en sacar a los moriscos valencianos y dispersarlos por el interior del reino, aunque se desechó el plan. Consistía, en definitiva, en aplicar el modelo granadino al reino de Valencia, pero las diferentes condiciones sociales y geográficas no lo hacían viable [68].

Ahora, en 1582, se reciben numerosos informes sobre el tema por parte de los señores aragoneses, del duque de Náquera, virrey de Valencia; de los inquisidores valencianos... Interesa destacar el que remite Ribera. En este momento de tensión, el patriarca se suma también a las posiciones duras y presenta un plan un tanto confuso. La expulsión general es una buena solución, pero no debe realizarse de una vez. Habría que comenzar por los valencianos, que son los que más peligro suponen por sus contactos exteriores. Se les desterrará a Castilla o a alguna isla desierta, sin hacer caso de las quejas de los señores. Como alternativa exterminadora, para los castellanos propugna una acción rápida y eficaz de la Inquisición: «en muy breves años no quedaría ninguno..., podrían ser todos relaxados», y los que quedaran emigrarían espontáneamente o serían expulsados con facilidad. Represión que no era posible en Valencia por la cohesión del grupo y el apoyo señorial [69].

Los consejos que se celebran en julio y septiembre de 1582 determinaron expulsar a los moriscos valencianos, pero Felipe II no se decidió a tomar resolución en el asunto [70]. Cabe sospechar las presiones a que la nobleza sometería al monarca. El marqués de Denia ya se había manifestado contrario en abril. Los propios moriscos presentaron un memorial pidiendo nuevas campañas de evangelización y nuevas dilaciones en la acción inquisitorial, dada su falta de instrucción, a cambio de ofrecimientos económicos. Parecen contar para ello con el apoyo del virrey. Ribera, respondiendo, insiste en la inutilidad de enviar misioneros, fácilmente engañados por las tretas moriscas; en cómo se ha avanzado notablemente en el ministerio ordinario por medio de los rectores, a pesar de lo cual siguen realizando ceremonias islámicas, e insiste también, como ha hecho en el memorial anterior, en la necesidad del castigo. Incluso se deja llevar por el ambiente general de profetismo, y refiere una profecía según la cual los moriscos valencianos se sublevarán, tras el levantamiento de los granadinos, a causa de una contribución para la defensa de la costa [71]. Desde este punto de vista, las medidas defensivas que se toman a principios de 1582 no debían de ser tranquilizadoras: servicio de 100.000 libras, ofrecido por los estamentos

---

[67] REGLA, J., *La cuestión morisca y la coyuntura internacional en tiempos de Felipe II:* Estudios sobre los moriscos (Valencia ² 1971) p.137-57.
[68] BENÍTEZ, *Felipe II y los moriscos* p.195-201.
[69] BORONAT, *Moriscos* t.1 p.298-99 y 595-607. El texto del informe de Ribera en p.603-607.
[70] BORONAT, *Moriscos* t.1 p.299-300 y nt.46.
[71] BORONAT, *Moriscos* t.1 p.325-28. Boronat fecha este memorial en 1587. Su espíritu es, sin embargo, paralelo al del anterior; las referencias a retirarlos a Castilla no tendrían sentido en 1587 y sí en la coyuntura de 1582.

sin necesidad de convocar Cortes, y alojamiento de soldados [72]. En el fondo, Ribera lamenta que su opinión de sacar a los moriscos no haya sido puesta en práctica. Pero es que, además de la oposición señorial, la situación internacional no permitía por el momento contar con tropas suficientes para llevar a cabo la expulsión sin peligros.

En estos años, el reino de Valencia conoce una época de enorme inquietud social. La política represiva a ultranza del virrey, conde de Aytona, consigue sus frutos con posterioridad a las Cortes de 1585. Uno de sus hitos principales es la pragmática de 29 de mayo de 1586 contra el bandolerismo, fundamentalmente el morisco, que incluía penas durísimas y concedía gran libertad de acción al virrey [73]. Al mejorar de forma inmediata la situación, puede plantearse de nuevo la instrucción de los moriscos, como hace Ribera en 1587.

Parte de un doble principio: la instrucción corresponde a los obispos y a los párrocos, y las campañas extraordinarias deben abandonarse; en segundo lugar hay que presionar con dureza sobre los moriscos para evitar que realicen prácticas islámicas. Para lo primero hay que acelerar la puesta en práctica de la reforma parroquial y realizarla también en las diócesis de Tortosa, Orihuela y Segorbe, incluso nombrando como párrocos a clérigos regulares. La represión debe afectar, sobre todo, a las principales ceremonias y estar a cargo de la autoridad civil. Entusiasmado por el éxito de la pragmática del marqués de Aytona, pide otra para castigar pecuniariamente los delitos religiosos moriscos, o que se revoque en todo caso, como se hará, la concordia de 1571 con la Inquisición [74].

Dos juntas paralelas en Madrid y Valencia van a tratar el tema mientras el conde de Olivares, embajador en Roma, trabaja para obtener las debidas autorizaciones papales. El entusiasmo aflora de nuevo. Felipe II ordena la puesta en ejecución del plan parroquial en la diócesis de Valencia y su extensión a las restantes del reino. El 28 de enero de 1588 se obtiene un breve facilitando un amplio perdón a los relapsos. Sin embargo, los breves necesarios para la dotación de las iglesias se retrasan, y, ante la falta de colaboración de clérigos y seglares interesados en las rentas eclesiásticas, se paraliza por el momento su ejecución, mientras continúa la campaña de instrucción. Planteada ésta según el modelo de la anterior, la de 1565, organizada por Miranda, no se ajustaba plenamente a los deseos de Ribera a pesar de un mayor peso de los obispos y de un mayor contenido represivo; quedaba, además, sin efecto el aspecto básico de la reorganización parroquial [75]. Por otro lado, el entusiasmo no es general, y el obispo de Segorbe, Martín de Salvatierra, desesperando del éxito, aboga por el destierro y exterminio [76].

[72] García Martínez, S., *Bandolerismo, piratería y control de moriscos en Valencia durante el reinado de Felipe II* (Valencia 1977) p.69.

[73] García Martínez, *Bandolerismo* p.75-76.

[74] Boronat, *Moriscos* t.1 p.369-78 (memoriales que sitúa en 1595, pero que corresponden a este momento).

[75] Boronat, *Moriscos* t.1 p.320 y 328-34; Halperin, *Un conflicto nacional* p.130-31; Lea, *Moriscos* p.159-60.

[76] Boronat, *Moriscos* t.1 p.612-34.

Interrumpido el esfuerzo por las *alteraciones de Aragón,* se reúne una nueva junta en 1595. De nuevo se pide opinión a los expertos. El Dr. Esteban, obispo de Orihuela, remite un largo memorial cargado de citas, en el que recoge los puntos tradicionales: represión de la cultura morisca —vestidos, lengua...—, castigo a los recalcitrantes, necesidad de incrementar las dotaciones de las iglesias, de que los obispos colaboren, de presionar sobre los señores... [77] Se solicitan de Ribera los acuerdos de 1573 que contenían el plan sobre las parroquias. El patriarca envía un informe con todo lo hecho por él para la instrucción desde su entrada en Valencia. «Son tales y tantas —dice Felipe II—, que, si en ellos hubiera alguna intención, pudieran estar muy aprovechados». A pesar de la desilusión que se traduce, los medios son los mismos de siempre. Al modelo acuñado en 1565 se añaden los planes parroquiales de 1573. Los moriscos reiteran sus peticiones: no están instruidos a pesar suyo, y solicitan nuevos plazos. Tampoco ahora se conseguirá poner en marcha la reforma parroquial, a pesar de haberse obtenido autorización de Roma, ya que, ante la resistencia de los afectados, Felipe II ordena que se sobresea su ejecución [78].

Muerto Felipe II, será su hijo el que pondrá fin al problema morisco, no sin antes haber realizado nuevas tentativas evangelizadoras. La de 1599, que es vista por Ribera como un último intento desesperado antes de la expulsión, y así lo manifiesta en su instrucción a los predicadores; lo que no deja de producir sobresalto en los moriscos, en los señores y en la Corte [79]. Fracasada, solicita del rey el destierro de los moriscos por ser «hereges pertinaces, dogmatistas y asimismo traydores a la Corona real» [80].

Todavía se hará un nuevo esfuerzo por expresa petición de Paulo V a instancia de Felipe III; se ha resuelto ya el pleito motivado por el plan de dotaciones parroquiales y es el momento de llevarlo a la práctica. A partir de noviembre de 1608, se reúnen los prelados para preparar una campaña que no se realizará. Ha sonado la hora de la expulsión [81].

Características de la evangelización

La evangelización de los moriscos descansa, fundamentalmente, sobre dos pilares: el ministerio ordinario y las misiones. Dado que en las páginas anteriores hemos prestado especial atención a la actividad misional, ahora insistiremos más en los rasgos característicos del ministerio ordinario. Este se realiza, lógicamente, a través de la actuación de prelados y parrocos. Gracias al privilegio de presentación de obispos, la Corona, sobre todo a partir de mediados de siglo, va a situar al frente de las diócesis en que el problema morisco es más acuciante a verdade-

---

[77] Ibid., t.1 p.638-46.
[78] Ibid., t.1 p.355.357 nt.28 y 657-70.
[79] ESCOLANO, G., *Década primera de la Historia de Valencia* l.10 (Valencia 1611) col.1783-97; BORONAT, *Moriscos* t.2 p.8-22.
[80] BORONAT, *Moriscos* t.2 p.34-40.
[81] ESCOLANO, dec.60 *Historia* l.10 col.1823-38.

ros expertos. Personajes que se han dedicado a la instrucción y corrección de los moriscos desde diversos cargos van a ser llamados a ocupar
los obispados, e incluso algunos desarrollan su *cursus honorum* en diócesis específicamente moriscas. Se consigue así en la cúspide una gran coherencia de planteamientos, fruto de un conocimiento profundo de los nuevos convertidos. Sí-
nodos provinciales o diocesanos son ocasión adecuada para fijar las líneas de actuación. Ya hemos mencionado la importancia de los presididos por Ayala en Guadix (1554) y Valencia (1566) y del provincial de
Granada en 1565. En las sinodales, o por otro tipo de disposiciones, se
decretan las medidas destinadas a erradicar las prácticas religiosas y cultuales propias de los moriscos, se fijan los niveles y los métodos de
instrucción religiosa, se reglamenta la práctica sacramental, al tiempo
que se regula la acción de los párrocos y la forma de controlar todo el
proceso.

Los objetivos y métodos fijados no se modifican sustancialmente a lo
largo del siglo. Desde el primer momento se pretende erradicar las
formas cultuales propias de los moriscos. No existe confusión en el
plano dogmático, distinguiéndose claramente tres niveles: las ceremonias islámicas —ayunos, zala, circuncisión...—, consideradas como apostasía; las costumbres moriscas en celebraciones, comidas, baños..., que,
sin ser contrarias a la fe cristiana, tienen resabios de mahometismo, y
aspectos meramente culturales, como el uso de la lengua árabe o de los
vestidos tradicionales. La postura respecto a las primeras es de clara
condenación. Sobre el resto es más fluctuante. Teóricamente, se desea
su radical desaparición como medio de integrar ambas comunidades, y
facilitar así la conversión completa. De ahí las decisiones de los sínodos
sobre los vestidos, lengua, costumbres... En la práctica, ante las dificultades, se modera la intransigencia para conseguir la necesaria aproximación que haga fructificar la catequesis. Se buscarán así predicadores
con conocimiento del árabe, como el conflictivo Bartolomé de los Ángeles; se redactan catecismos en árabe, como los de Pedro de Alcalá y
Martín de Ayala.

La instrucción religiosa que se pretende dar es elemental, como recogen los catecismos [82] y los planes evangelizadores: signarse y santi-
guarse, las cuatro oraciones fundamentales —el padrenuestro, avema-
ría, credo y la salve—, los diez mandamientos, los pecados, nociones
sobre los sacramentos, las virtudes y obras de misericordia y el sacrificio
de la misa. Para impartir esta instrucción es fundamental la predicación
dominical y la catequesis de los niños. Con ocasión de la misa dominical, el sacerdote, además de predicar, recitará las oraciones y mandamientos. A la instrucción de las mujeres, tenida por más difícil, se

---

[82] Los catecismos destinados a la instrucción de los moriscos son abundantes —y han
sido citados— y fundamentalmente sencillos. Distinto carácter tiene el que, redactado por
Martín Ayala, fue publicado en 1599, por Ribera, a instancias de Felipe III. Destinado a
la instrucción de párrocos, predicadores y confesores, es una obra —en forma de diálogo—, pero mucho más extensa y completa, que las dirigidas directamente a los moriscos.

quiere dedicar un rato aparte otro día a la semana [83]. La instrucción de los niños es vista como la principal forma de conseguir con el tiempo romper la resistencia morisca. Se piensa hasta el último momento que se les podrá asimilar, y de ahí la decisión, no cumplida, de no expulsarlos. Los niños deberán asistir un día por semana, o al menos los domingos, según se reglamenta inicialmente —más tarde se fijará su asistencia diaria— a la parroquia a aprender la doctrina. De paso, el párroco enseñará a los que lo deseen a leer y escribir en romance.

Pronto se ve que aprovecha poco si no se les separa de su medio familiar. Se crean así colegios especiales para moriscos, como el fundado por Talavera; el de San Miguel, formado por el también arzobispo granadino Gaspar de Avalos, o la Casa de la Doctrina, dirigida por los jesuitas, en el Albaicín, que comienza a funcionar en 1559, y en la que trabajará el morisco P. Juan de Albotodo [84]. También en Valencia existe un colegio que lleva una vida lánguida, a pesar de los esfuerzos, de Ribera entre otros, para impulsar su actividad. Sobre estos modelos, a raíz de Trento se intentará crear otros en diversas poblaciones de Granada y Valencia. Su función era claramente elitista; se trataba de crear un clero indígena y de atraerse a los notables moriscos. Esta política de atracción de los notables y personas influyentes de la comunidad morisca, como los alfaquíes, no dio excesivos resultados ni tampoco fue uniforme. Está presente en los primeros momentos, en la época de Talavera y Cisneros, en las actuaciones de Guevara. En una segunda etapa se recurre a la represión: persecución de los alfaquíes y otros elementos considerados clave en la perpetuación de prácticas islámicas, sanciones pecuniarias para empobrecer a los ricos, propuestas por Ribera en 1587. Por último, el propio patriarca, ante las dificultades finales, recomienda en 1599 no perseguir, en principio, a los alfaquíes, por el mal efecto que produce entre el pueblo morisco, e intentar ganarlos por el influjo que puedan irradiar. Empresa claramente condenada al fracaso. Otro medio poco estudiado y conocido son las cofradías [85].

La predicación, tanto del párroco como de los misioneros extraordinarios, deberá ser sencilla, sin ninguna complicación, tratando de llegarles, como se propugna en 1543, por la razón natural [86]. Benevolencia siempre, no exenta, en ocasiones, de indignación, pero sin insultos a los moriscos ni ataques directos a la ley de Mahoma.

La práctica sacramental de los moriscos, de la que hablaremos más adelante, quedaba limitada por la propia Iglesia al bautismo, matrimonio y confesión. La eucaristía no debía administrarse a los moriscos hasta que estuvieran bien instruidos. La extremaunción, a los que lo solicitaran, si mostraban arrepentimiento. La confesión, obligatoria en cuaresma, era un medio adecuado para comprobar la instrucción religiosa; el confesor debía preguntar la doctrina antes de administrar el

---

[83] Garrido Aranda, *Iglesia de Granada* p.101.
[84] Ibid., p.88-94.
[85] Ibid., p.101.
[86] Janer, *Condición social* p.232.

sacramento. Este no debía otorgarse si no se observaba arrepentimiento en el penitente. El matrimonio era otra ocasión para examinar el conocimiento de la doctrina cristiana, y su celebración debía diferirse hasta que los contrayentes poseyeran los mínimos conocimientos señalados. La administración del bautismo no deja de plantear problemas de conciencia; en primer lugar se ordena, ya desde 1511, que los padrinos sean cristianos viejos, para mayor garantía de la instrucción religiosa del neófito. Al final se llega a cuestionar la conveniencia de bautizar a gentes que luego serán manifiestamente apóstatas. Era ocasión también para comprobar si el niño había sido circuncidado.

El sacrificio de la misa, unido a la predicación dominical, era el eje del ministerio con los moriscos. En el reino de Valencia, a causa de los gravámenes señoriales específicos que recaían, a pesar de los intentos eclesiásticos por abolirlos, sobre los moriscos, se limitó para ellos el número de fiestas de guardar a las principales. Pero esto no excluía la obligación de oír misa; sólo autorizaba a trabajar. La asistencia a la misa era obligatoria y se llevaba el control por medio de una lista. Al igual que con el resto de los preceptos, se imponían multas a los que no lo cumplían.

Para poder llevar a la práctica la instrucción de los moriscos y el ejercicio del ministerio era necesario contar con una estructura parroquial suficiente. En el reino de Granada fue creada bastante rápidamente a raíz de la conversión. La capacidad de maniobra que la Corona tenía merced al Patronato Real y a su propia autoridad sobre los señores facilitó las cosas. Al poder disponer de los diezmos que los musulmanes pagaban a la monarquía nazarí, concedidos por Inocencio VIII a los Reyes Católicos y transformados en diezmos eclesiásticos después de la conversión, y de los bienes de las mezquitas —habices—, crearon la base económica necesaria para sustentar las parroquias. No se pudieron evitar, sin embargo, ciertas tensiones sobre el reparto de los diezmos entre los beneficiados y los cabildos, así como presiones de los señores, pero no fueron graves. Las dotaciones, sin embargo, eran muy reducidas, como ocurría en la diócesis de Málaga, donde los beneficiados de los lugares de moriscos tenían asignada una congrua mínima, inferior a la que correspondía a los demás beneficiados [87].

En Valencia, después de la conversión de mezquitas en iglesias durante las germanías y de los problemas que esto motiva, el primer intento por organizar la red parroquial se realiza a partir de 1526. La misión de Calcena y Ramírez de Haro en 1535 se enfrenta seriamente con el problema. Se crean 190 parroquias, dotadas con 30 libras anuales. Cantidad insuficiente, como ponen de manifiesto las Cortes de 1564: «dotades les dites sglesies de molta paupertat e miseria»; el resultado es la falta de «rectors idóneos, de bona vida y exemple». La campaña de 1565 pretende, sin éxito, remediar la situación.

EL problema era difícil por la compleja red de derechos de patro-

---

[87] BENÍTEZ, *El diezmo de moriscos en el obispado de Málaga:* Estudis 4 (1975) p.163-77.

nazgo y de intereses en las rentas eclesiásticas y la resistencia de señores laicos y eclesiásticos —cabildos y monasterios— a renunciar a sus intereses. Tampoco resultará sencillo conocer los bienes de las antiguas mezquitas, de los que además debían sustentarse los alfaquíes, teóricamente cesantes con la conversión, según la concordia de 1526. Se hace, por tanto, necesario recurrir a la Santa Sede para vencer estas resistencias.

Ribera, como vimos, hace de la dotación y funcionamiento eficaz de las parroquias el eje de su actuación. De la junta de 1573 saldrá una reorganización parroquial que elevaba el número de las dotadas hasta 212, y la cuantía de la dotación, a 100 libras. Para ello correspondieron en el reparto a la mesa arzobispal 3.000 libras anuales, que Ribera depositó puntualmente en la *Taula* de Valencia. Pero, a pesar de su aprobación por Gregorio XIII, no se puso en práctica. Las Cortes de 1585 reiteran la petición de que se doten convenientemente las parroquias, pero con cargo exclusivamente a las 3.000 libras aportadas por el arzobispo [88].

No es de extrañar que las parroquias estuviesen mal servidas, por la dificultad de encontrar clérigos competentes. Falla, por tanto, la base: la acción del clero secular; en general, las parroquias moriscas estaban mal dotadas; el párroco padecía, en un medio hostil, el rechazo, la soledad e incluso peligro físico, enfrentándose con una misión ingrata. Todo ello hace que las vacantes fueran numerosas; el clero, mal instruido y poco edificante, a pesar de las condiciones especiales que en Valencia han de poseer y del riguroso examen que el ordinario les hará pasar para conocer su «habilitat, vida e pratiques», como señalan las ordenanzas de Ramírez de Haro y Jorge de Austria; a pesar también de la exigencia de residencia que se les señala. La situación parece mejorar a finales de siglo tanto en la diócesis de Valencia, como afirma Ribera en 1582, como en las de Segorbe y Orihuela [89].

Ante estas deficiencias, agudizadas por los fueros, que exigen que los beneficios se den exclusivamente a naturales del reino de Valencia, Ribera pide en 1587 a las diversas órdenes que le faciliten religiosos para hacerse cargo de las parroquias, petición reiterada en 1559, y a la que se resisten los provinciales. A pesar de ello, tenemos noticias de clérigos regulares con parroquias moriscas a su cargo, como es el caso del dominico Bleda; pero su actuación más importante se desarrolla en las misiones [90].

Las misiones eran, en efecto, el otro gran soporte de la acción pastoral sobre los moriscos. Su objetivo era doble: suplir, por una parte, las deficiencias del ministerio ordinario, del que eran, además, instrumento de control; y, por otra, resolver los problemas motivados por la apostasía de los moriscos. Muchos de los delitos cometidos por éstos exigían su confesión ante el Santo Oficio. Este podía acordar edictos de gracia,

---

[88] ROBRES, *Ribera* p.396-403; SALVADOR, E., *Cortes valencianas del reinado de Felipe II* (Valencia 1973) p.13 y 124.
[89] BORONAT, *Moriscos* t.1 p.325; HALPERIN, *Un conflicto nacional* p.137.
[90] HALPERIN, *Un conflicto nacional* p.140.

pero con las condiciones ordinarias, que no resultaban suficientemente benévolas para atraer a los moriscos. Eran, pues, necesarias autorizaciones papales especiales para poder reconciliar sin denunciar a los cómplices, ni confesarse por escrito, ni mediar confiscación de bienes, condiciones básicas estas tres para tener una mínima garantía de éxito. Exigía también autorización papal el perdón de los relapsos, cuya pena ordinaria era, si no, la relajación al brazo secular. La aplicación de estos términos de gracia, otorgados en gran cantidad a lo largo del siglo por los pontífices, era, pues, el segundo objetivo de las misiones.

La puesta en marcha de estas campañas correspondía a la Corona, con la intervención del Santo Oficio. La iniciativa partía bien de arriba, el propio rey o el inquisidor general, bien de las Cortes, de los sínodos o de los obispos. El mecanismo era, normalmente, el mismo: reunión de juntas en la Corte y en las respectivas provincias para determinar, tras el análisis de los antecedentes, la forma de actuación. Nombramiento de comisarios, que actúan, a un tiempo, en nombre del rey y del Santo Oficio, y que, con mayor o menor colaboración de los ordinarios, dirigen la campaña; nombramiento de predicadores que instruyan a los moriscos; remoción de las posibles resistencias de los señores y de los propios moriscos, y, una vez obtenidos los breves de Roma, comienzo de la predicacción —a la que se otorga gran importancia y a la que se debe tratar que asistan los nuevos convertidos masivamente—, buscando la instrucción general y la reconciliación de los que hubieran cometido delitos graves. El éxito de tales campañas fue, más bien, reducido: parcial en el objetivo de conseguir la reconciliación; en cuanto a la instrucción, en términos generales, nulo.

Así lo manifiesta Ribera, poco partidario de estas campañas, que se realizan al margen o por encima de la acción pastoral ordinaria. Los moriscos engañan a los misioneros, haciéndoles creer que aceptan sus enseñanzas, o los corrompen con dádivas. Las campañas, tal y como estaban organizadas, si bien en un principio se justificaban por la carencia de organización eclesiástica en las zonas moriscas y por el absentismo de los obispos, pierden, en tiempo de los grandes pastores, parte de su razón de ser y suponen una alteración general de los moriscos, que contribuye a reafirmarlos más en su obstinación como consecuencia de su poco éxito.

Las formas de la religiosidad morisca y el fracaso de la evangelización

Los procesos inquisitoriales, los testimonios de los contemporáneos cristianos-viejos y la literatura polémica de los moriscos [91] ponen de

---

[91] Al igual que existió una literatura que, desde el punto de vista cristiano, polemizaba con el islamismo —*Antialcorán*, de Pérez de Chinchón, etc.—, existió también una literatura polémica morisca, estudiada por Louis Cardaillac, *Morisques et chrétiens. Un affrontemente polémique (1492-1640)* (París 1977).

manifiesto cómo, hasta el momento mismo de la expulsión, la comunidad morisca mantuvo vivas sus costumbres religiosas y, dentro de sus posibilidades, continuó secretamente practicando el islam.

El morisco vivía dividido entre dos religiones: la cristiana, cuya práctica externa se ve forzado a cumplir, y el islam, a cuya doctrina sigue ligado, y que practica secreta o abiertamente, según las circunstancias. Esta doblez, que exaspera a las autoridades religiosas cristianas, tiene su fundamento en el islam. El creyente no debe exponer su vida en caso de verse en peligro por la práctica religiosa. La *taqiyya* —precaución— le permite aceptar externamente una religión impuesta, siempre que en su interior permanezca fiel a la doctrina musulmana. De esta forma, sin que suponga en absoluto una renuncia en el plano de los principios dogmáticos, el morisco podrá realizar con renuencia las prácticas cristianas, y en secreto, y siempre que le sea posible, sus obligaciones musulmanas. Podrá renunciar al cumplimiento de éstas, e incluso renegar exteriormente de su fe si no le es posible disimular, siempre que en su interior permanezca fiel. Esta renuncia externa, sin ser la solución mejor, es aceptada como un mal menor [92].

El cumplimiento cristiano de los moriscos se deriva de este planteamiento; será meramente externo y se opondrá toda la resistencia posible. A menudo se traduce en un rechazo de las prácticas, más o menos violento según los casos. Pero no se trata sólo de un rechazo práctico, sino incluso de una oposición teórica a los principales dogmas y creencias cristianas elaborada por parte de un grupo morisco culto.

El dogma que más frecuentemente rechazaban los moriscos, el que más les repugnaba, era el de la Trinidad. Se produce un rechazo popular, que en sus manifestaciones muestra una falta de conocimiento correcto del dogma: niegan los moriscos que haya tres personas, por ser un sólo Dios. Pero tanto este rechazo como el de las capas cultas parte del principio básico de la fe musulmana: Dios es uno y único. El morisco, en tanto que musulmán, es radicalmente antitrinitario.

Pero, además de basarse en el Corán, los polemistas moriscos recurren a los propios evangelios para buscar argumentos contra la Trinidad: tratan de demostrar cómo determinados pasajes prueban que Cristo no es Dios y que el Espíritu Santo, el Paráclito que Dios enviará, no es otro que Mahoma. Otra línea de réplica parte de la razón; para los moriscos, la creencia en la Trinidad es contraria a la razón, y hay que tener en cuenta que este campo racional es el elegido de forma principal, desde el lado cristiano, para plantear el tema [93].

El tema de la Trinidad enlaza íntimamente con el relativo a la naturaleza de Cristo. Los moriscos se oponen a la visión cristiana de Jesús. Niegan, y éste es el punto de partida de muchos otros rechazos, la divinidad de Jesús: «No es hijo de Dios, sino profeta, como Mahoma». Se le sitúa entre los cinco grandes profetas, junto, incluso en un plano superior, a Noé, Abraham y Moisés, y anunciando la venida del más grande

---

[92] Cardaillac, *Morisques* p.87-101.
[93] Ibid., p.227-50.

de ellos, Mahoma. Los moriscos siguen el Corán en este reconocimiento; pero, por su propia actitud polémica frente al cristianismo, Jesús recibe una atención especial.

Rechazan los argumentos que los cristianos alegan para demostrar la divinidad de Jesús. Los milagros no son prueba suficiente, pues otros profetas los hicieron, y, a este respecto, los moriscos hacen referencia a los de Mahoma, buscando la polémica, ya que él mismo no se los atribuía. Tampoco las profecías que anuncían su venida —el otro argumento— son convincentes, ya que en Mahoma convergen todas, y, sin embargo, es un profeta, no Dios [94].

En principio, los moriscos aceptan la concepción milagrosa y virginal de Jesús, pero no el dogma de la encarnación, que choca con su idea de un Dios uno y único, que, por lo tanto, no puede encarnarse ni tener un hijo. Aceptan, no obstante, la anunciación de Gabriel a María, pero con un sentido radicalmente distinto: Jesús es una criatura de Dios, pero no es Dios. María, a quien el Corán ensalza, será vista por los moriscos de contrapuestas formas. La minoría culta y los habitantes de regiones profundamente islamizadas, siguiendo al Corán, alaban sus excelencias, su virginidad, su exacto cumplimiento de los preceptos. Sin embargo, los moriscos de las regiones más desislamizadas —como son los de la zona oriental de Castilla la Nueva, estudiados por Mercedes García-Arenal—, llevados por su afán de oponerse al dogma cristiano, llegan a negar la virginidad de María [95].

Al negar la divinidad de Jesús, el islam quitaba todo valor redentor a la crucifixión. Esta aparece entonces contraria a su dignidad como profeta. Los moriscos, a partir del Corán y de diversas tradiciones, afirman que Jesús no fue crucificado. Las explicaciones difieren unas de otras, pero generalmente aceptan que su lugar fue ocupado por un sustituto, al que dan variadas identidades. La crucifixión es fuente de escándalo para los moriscos, a los que choca que los cristianos puedan aceptar semejante afrenta a Dios y que se rebelan contra la reiterada presencia de su símbolo [96].

En el fondo, tocamos el angustioso problema de la salvación, que preocupa tanto a los moriscos como a los cristianos —católicos o protestantes— y a los judíos. Para los primeros, el tratar de conseguir la salvación, que juzgan exclusiva de los fieles del islam, aunque se dan algunos casos de tolerancia que opinan que cada cual se salva en su fe, es un fuerte motivo de su perseverancia musulmana.

Pues bien, según el Corán, la salvación es individual, cada uno es responsable de sus actos ante Dios, y la idea de una redención universal es, para los moriscos, contraria a esta responsabilidad individual, sin que acepten ninguna mediación. Por ello, al negar la divinidad de Jesús y la necesidad de una redención universal, la crucifixión carece de sen-

---

[94] Ibid., p.257-60 y 288-98.
[95] Ibid., p.260-79; GARCÍA-ARENAL, M., *Inquisición y moriscos. Los procesos del tribunal de Cuenca* (Madrid 1978) p.106-108.
[96] CARDAILLAC, *Morisques* p.279-85.

tido. De esta manera, un dogma clave como la resurrección queda reducido a mera anécdota de los sucedido al sustituto de Jesús en la cruz, que para unos sería resucitado y para otros no.

Todo lo relativo a la crucifixión es una muestra, según los moriscos, de la falsedad del cristianismo y de lo absurdo e incluso contrario a las Escrituras —de las que hacen abundante uso polémico—, de las creencias cristianas. Jesús, en lugar de morir y resucitar, habría sido elevado directamente a los cielos, de donde volverá al fin de los tiempos, no para juzgar, tarea únicamente reservada a Dios, sino para oponerse al anticristo e inaugurar una era de paz [97].

La Iglesia no sería una institución evangélica y apostólica, sino de origen humano, y que se atribuye unas prerrogativas excepcionales: interpreta y transforma las Escrituras, introduce una serie de preceptos extraños al Evangelio, se adjudica la exclusividad de la salvación. A su cabeza, los papas, los califican como los principales responsables de toda esta serie de manipulaciones de la Escritura y de invenciones.

Los moriscos, en consecuencia, carecen de sentimiento de pecado con relación a los mandatos de la Iglesia, en los que sólo ven un precepto humano. Se resisten a asimilar la enseñanza cristiana incluso en sus niveles elementales, como son las oraciones, cuyo conocimiento será considerado un *test* elemental de islamismo, y que serán exigidas en algunas partes para la celebración del matrimonio [98].

Los moriscos rechazan los sacramentos; particularmente, bautismo, penitencia y eucaristía. No consideran que el bautismo, tal y como es practicado por los cristianos, tenga un origen evangélico, rechazando la invocación a la Trinidad. No dan excesiva importancia al hecho de ser bautizados, lo que no impide que traten de evitarlo con diversas estratagemas, como la de presentar en diversas ocasiones al mismo niño ocupando el puesto de otros recién nacidos. Cuando esto no era posible, los «lavaban secretamente con agua caliente para quitarles la crisma y óleo santo» [99].

Contra la confesión plantean dos críticas principales: en el ámbito dogmático, no creen que un hombre pueda sustituir a Dios a la hora de perdonar los pecados, ni ven para ella una justificación evangélica. Su planteamiento, en este punto como en otros, se aproximaba al protestante; para el musulmán no es necesario ningún intermediario entre Dios y el creyente. Basta que éste con humildad, firme propósito de enmendarse y contrición perfecta pida a Dios perdón de sus culpas y repare los perjuicios que pueda haber causado. Por otra parte, el sacerdote aparece como un ser indigno, injusto en las penitencias que impone y preocupado por su lucro. En la práctica, o confiesan rápidamente, sin reconocer ningún pecado, o se inventan otros que no han cometido, sin darle mayor importancia [100].

---

[97] Ibid., p.72-73 y 285-87; García-Arenal, *Inquisición* p.108-10.
[98] Cardaillac, *Morisques* p.309-13.
[99] Ibid., p.27-28 y 313-15; Mármol, L., *Historia de la rebelión y castigo de los moriscos de Granada:* BAE 21 (Madrid 1946) p.157.
[100] Cardaillac, *Morisques* p.30-31 y 315-20; García-Arenal, *Inquisición* p.102-103.

Su actitud hacia la eucaristía es especialmente hostil. Para los moriscos suponía un menosprecio de la naturaleza divina creer que Dios se contenía en un pedazo de pan por obra de la voluntad humana. Su rechazo de la transubstanciación les lleva a considerar contra la razón y escandaloso todo lo relacionado con la eucaristía. Las burlas sacrílegas eran numerosas y causaban verdadera indignación a los cristianos. El patriarca Ribera llegó a prohibir la administración del sacramento a los moriscos' y fundó en 1604 el colegio del Corpus Christi para honra del Santísimo Sacramento: «en reparación de los agravios inferidos por los moriscos» [101].

Este rechazo de la eucaristía enlaza íntimamente con el de la misa. Los moriscos no ven en ella más que un conjunto abigarrado de ceremonias, cuyo origen no sería evangélico, sino impuesto por los papas. Al no aceptar la mediación humana, la misa, cuya realización corresponde al sacerdote, no les parece válida como oración. A estas críticas al dogma se unen las dirigidas al comportamiento de los fieles: falta de espíritu religioso, asistencia a la misa como a un espectáculo, sin que la oración sea interior; mezcolanza de hombres y mujeres, suciedad...

El comportamiento de los moriscos en la misa era, normalmente irrespetuoso. Estaban obligados, bajo multas, a asistir a la misa dominical de su parroquia; el cura lleva un padrón de todos ellos, y por él les pasa lista. Esto da lugar a exacciones por parte de un clero poco evangélico; contra ellos ordena Carlos V en 1526 que no «los compelan por la manera que ahora se hace a que vayan a misa, sino que tengan en ello una buena manera para saber los que van y dexan de ir que sea con menos injuria y afrenta suya».

La asistencia forzosa a misa, el pasar lista y las sanciones se reglamentan, sin embargo, en el sínodo de Guadix de 1554, aunque prohibiendo la picaresca de curas y sacristanes. Durante la misa, sobre todo en los lugares donde no había más cristianos viejos que el sacerdote, los moriscos hablan, no guardan la compostura durante la elevación y llegan incluso a hacer irreverencias más graves. Los sacristanes e incluso el oficiante deben realizar una tarea casi policíaca, como aquel sacerdote que durante la consagración se volvía a espiar el comportamiento de los moriscos asistentes y les reconvenía con dureza, lo que escandaliza a D. Francés de Alava. No se abstenían de trabajar los domingos siempre que podían, ni hacían otras muestras exteriores de respeto a las fiestas, en el vestido, por ejemplo [102].

Al igual que sucedía al nacimiento, en las ocasiones fundamentales de la vida —boda y muerte—, los ritos cristianos del bautismo, matrimonio, extremaunción y entierro, por los que no tenían mayor aprecio, lo que obliga a todo tipo de disposiciones encaminadas a forzarles a su cumplimiento, se yuxtaponen a los ritos musulmanes.

[101] CARDAILLAC, Morisques p.31-32 y 320-25; GARCÍA-ARENAL, Inquisición p.104-105.
[102] CARDAILLAC, Morisques p.31.325-30 y 333; GALLEGO y GAMIR, Sínodo p.77-88 y 208; BRAUDEL, El Mediterraneo y el mundo mediterráneo en la época de Felipe II t.1 (México 1953) p.628.

En otro orden de cosas, los moriscos tendrán un odio extremo a las imágenes, que se manifestará públicamente con ocasión de los levantamientos, durante los cuales destrozarán las que caigan en sus manos. El culto a las imágenes, además de ser idolatría, supone desviar la atención preferente a Dios para centrarla en las criaturas. El rechazo de las imágenes se inserta plenamente en la tradición islámica más generalizada [103].

El culto a los santos extraña a los moriscos que en el plano doctrinal no aceptan, como hemos visto, la mediación entre Dios y el creyente; en el práctico, sin embargo, algunos tienen un culto especial por Santiago, al que presentan, con rasgos semejantes a los del Apóstol, como Alí, defensor del islam. Asimismo festejan a San Juan Bautista, como anunciador de la venida de Mahoma; esta celebración, sin embargo, muestra características propias de un sustrato preislámico [104].

Las críticas hacia los sacerdotes, a través de los cuales les llega, en la mayoría de los casos, su única visión de la Iglesia, visión nada edificante, dadas las condiciones materiales y morales en que gran parte del clero en contacto con los moriscos vive, son constantes. Un odio furioso hacia ellos se va acumulando, y se manifiesta encarnizadamente con ocasión de los levantamientos; serán muy numerosos los sacerdotes torturados y asesinados durante la guerra de Granada, sobre todo en las Alpujarras. En esto parece existir, además, la opinión de que así se ganan méritos celestes.

En el sacerdote se personifica el odio morisco a la comunidad cristiana vieja: le achacan un espíritu avaricioso, ya que se trata de explotar económicamente al morisco en todas ocasiones; falta de castidad, ya que, aunque no aceptan la prohibición de matrimonio que la Iglesia impone a los clérigos, no excusan el comportamiento deshonesto de algunos. «En lo espiritual, todo pecados, todo engaños y todo ydolatrías».

El morisco, siguiendo los principios musulmanes, no acepta que el sacerdote tenga un papel mediador. Le extraña que la misa, acto de culto supremo para el cristiano, no puede realizarse sin el sacerdote. Le escandaliza que éste, pintado con los negros caracteres señalados, pretenda perdonar los pecados o hacer que Dios se materialice en sus manos [105].

Los moriscos realizan las prácticas islámicas que, según su situación dentro de la comunidad cristiano-vieja y las presiones a que están sometidos, pueden. La oración en primer lugar; la çala. Además figuran entre los principales: el ayuno durante el Ramadán, las abluciones rituales, las prohibiciones sobre alimentos.

La çala era el precepto que más fácilmente podían cumplir, por po-

---

[103] CARDAILLAC, *Morisques* p.117 y 330-32; GARCÍA-ARENAL, *Inquisición* p.105-106.
[104] CARDAILLAC, *Morisques* p.32-33; CARO BAROJA, J., *Los moriscos del reino de Granada* (Madrid 1957) p.111-12.
[105] CARDAILLAC, *Morisques* p.333-36.

derse realizar en privado, aunque también se tienen noticias de su realización en grupo. Siguiendo la prescripción musulmana, se oraba mirando a *la alquibla,* sobre una estera, y siguiendo los movimientos rituales, mientras se recitaban suras del Corán. Antes de orar, el morisco debía haberse lavado [106].

Era ésta, además de práctica islámica, una costumbre muy enraizada en el morisco, y que provocaba la oposición de los cristianos. La ablución ritual o *guadoc* se hacía en diversas fiestas, y particularmente los viernes, así como también antes de la primera oración de cada día. El agua debía ser limpia; el lavatorio seguía un orden ritual, comenzando por las manos y concluyendo por la cabeza, y se recitaban suras. Especial importancia tenía el *guadoc* en las ceremonias de bautismos, matrimonios y entierros [107].

Los moriscos guardaban muy generalmente el ayuno del Ramadán, que comenzaba con la aparición de la luna del Ramadán, en cuya espera se producían peligrosas manifestaciones de ansiedad. El ayuno, que en un principio debía guardarse todo el mes lunar, abarcaba desde el alba hasta que surgía la primera estrella. Puesto el sol, hacían los moriscos una comida, y otra, llamada *zahor,* antes del amanecer. Durante el Ramadán, la vida de los pueblos de moriscos cambiaba su ritmo, el ayuno completo durante el día produce numerosos momentos de tensión con los cristianos viejos; al ocaso, el morisco se recluye en su casa, los pueblos aparecen como muertos [108].

Si el morisco procura no respetar las fiestas cristianas, trabajando los domingos siempre que le es posible, guarda, en cambio, las musulmanas. Los viernes tenían por costumbre cambiarse de ropa y arreglarse. Hacían una comida especial, con carne a ser posible, actitud polémica hacia el ayuno y la abstinencia cristianos, y por la noche se reunían a hacer zambras.

Además de los viernes, las fiestas principales eran la *alfitra,* o de la ruptura del ayuno, que tenía lugar durante tres días al concluir el Ramadán. Era la fiesta de la caridad, en que debían dar limosna a los pobres.

La segunda era la pascua, «la gran fiesta», en que sacrificaban carneros de forma ritual en conmemoración del sacrificio de Abraham. Festejaban especialmente a los profetas; era la *axura,* que se celebraba el décimo día de la luna de Muharram [109].

Los principales acontecimientos de la vida, como el nacimiento, el matrimonio o la muerte, se acompañaban de celebraciones, en que es difícil distinguir los aspectos sociales, propios de unas costumbres tradi-

---

[106] Ibid., p.25; GARCÍA-ARENAL, *Inquisición* p.51-55.

[107] GARCÍA ARENAL, *Inquisición* p.49-51.

[108] CARDAILLAC, *Morisques* p.18; GARCIA-ARENAL, *Inquisición* p.46-48 y 65; HALPERIN, *Un conflicto nacional: moriscos y cristianos viejos en Valencia:* Cuadernos de Historia de España 23-24 (1955-56) 82-84.

[109] CARDAILLAC, *Morisques* p.26-27; GARCÍA-ARENAL, *Inquisición* p.48-49; GALLEGO y GAMIR, *Sínodo* p.75-77 y 86-87.

cionales, y los religiosos. Ceremonias que además se superponían a las cristianas en caso de no poderlas evitar.

Tras el bautismo del recién nacido, los moriscos celebraban las *fadas*. En primer lugar lavaban al niño; por una parte, le frotaban con agua caliente para quitarle los óleos, con lo que pensaban anular los efectos del bautismo, y a continuación realizaban las abluciones rituales. Después le vestían con galas moriscas, le adornaban con colgantes, que podían ser de carácter mágico algunas veces. Le imponían luego un nombre musulmán, por el que será conocido familiar e incluso públicamente, dando lugar a diferentes combinaciones entre nombres y apellidos musulmanes y cristianos. Con frecuencia se rapaba a los varones la cabeza, que luego se les untaba bien con tintes o perfumes, bien con sangre de animales. A continuación se celebraba un banquete. Ligada al nacimiento estaba la costumbre de la circuncisión, que los moriscos llevan a cabo siempre que pueden, y que juzgan muy superior al bautismo cristiano [110].

Problema más complejo es el matrimonio, dadas las complicadas costumbres de esponsales, a lo que hay que añadir el desprecio de la ceremonia cristiana; hay así moriscos que no se casan por la Iglesia, y que, por lo tanto, ante ésta viven amancebados. Sin embargo, en el caso del morisco esta práctica era considerada como herética y materia de la Inquisición. Otro de los problemas que las costumbres matrimoniales plantean de cara a la legislación eclesiástica es el de los matrimonios en grados de consanguinidad prohibidos. La costumbre de casarse entre primos hermanos se mantiene, y, aunque las autoridades tienen interés en obtener de Roma dispensas de consanguinidad, los moriscos consideran, una vez más, la prohibición un artificio inventado por los papas para obtener dinero, y no solicitan las dispensas.

Al margen de la ceremonia cristiana, en su caso celebraban la boda siguiendo su costumbre. El comienzo de la cohabitación por los desposados debía tener, para que el matrimonio fuera válido, gran notoriedad. Se celebraba un convite con leilas y zambras; una de las costumbres que recogen las sinodales de Guadix es la de ir los novios y convidados a los baños; allí el novio se bañaba, mientras la novia permanecía en un rincón cubierta. Era también costumbre que la novia se alheñase. De cualquier forma, las abluciones y la celebración con danzas y cantos era general el día que la novia era llevada a la casa del novio [111].

Una serie de ritos acompañan también al morisco al fin de su vida. Antes de avisar al cura, los moriscos realizan sus propias ceremonias. No solían, por otra parte, avisar al sacerdote a tiempo de que el enfermo recibiera los últimos sacramentos estando consciente. Para evitar esta práctica se presionará a médicos y familiares del enfermo de manera que no muriese sin confesión. El morisco fallecía haciendo la *çala*,

[110] CARDAILLAC, *Morisques* p.27-28 y 314-15; GARCÍA-ARENAL, *Inquisición* p.56-59; GALLEGO y GAMIR, *Sínodo* p.33-43.
[111] CARDAILLAC, *Morisques* p.28-29; GARCÍA-ARENAL, *Inquisición* p.59-60; GALLEGO y GAMIR, *Sínodo* p.45-56.

ya que es en el trance supremo cuando, acuciado por el problema de la salvación, se reafirma en su fe islámica. Tras el fallecimiento se realiza el *guadoc*, esto es, se lava al difunto de manera ritual; se le aplican ungüentos y se amortaja con sus mejores ropas. Llegado el momento del entierro, evitan ser enterrados en las iglesias, procurando, en cambio, una tumba profunda excavada en la tierra virgen. En ella se suelen incluir comida, joyas..., aunque esto parece ser reflejo de prácticas indígenas preislámicas. Puesto de lado, de cara hacia la *alquibla*, cubierto con losas o tablas, y luego con tierra mullida [112].

Estas formas de religiosidad, que hemos considerado de manera general como propias de la comunidad morisca, reciben su cumplimiento, son conservadas y es comprendido su sentido profundo en diverso grado según los grupos que integran esta genérica comunidad morisca. «No hay un solo problema morisco, sino varios», afirma Braudel, y cada uno de los grandes grupos moriscos —granadinos, castellanos, aragoneses, valencianos—, dentro de una problemática común, tienen una diversa actuación, fruto de su diferente evolución histórica [113].

Pero el primer problema que se plantea, por el propio carácter oculto que las prácticas religiosas moriscas han de tener, es el de saber si estas formas de religiosidad que hemos analizado son propias de los moriscos considerados en conjunto. Si, dicho de otra manera, el rechazo del cristianismo, el incumplimiento de sus preceptos y el mantenimiento de prácticas religiosas musulmanas puede generalizarse.

Las respuestas a estas cuestiones sólo empiezan a vislumbrarse al compás de las nuevas investigaciones. Existen, evidentemente, moriscos cuya fe cristiana es firme; clérigos moriscos provenientes de una capa social media, y para los que la Iglesia supondría una forma de ascenso social; casos de moriscos cuya ortodoxia cristiana motiva el rechazo, incluso violento, de sus congéneres; una nobleza morisca captada por la clase dirigente cristiano-vieja. En el extremo contrario se encuentran aquellos que no pueden soportar la tensión constante que la práctica de la *taqiyya* implica, que se rebelan ante la presión de todo tipo a que los cristianos viejos les someten y que optan por la emigración clandestina o por el bandolerismo y la piratería, íntimamente ligados a aquélla [114].

Con excepción de estos grupos, parece que la generalidad de los moriscos sigue siendo musulmana de forma más o menos oculta. Evidentemente, la mayor densidad de población morisca, y sobre todo si va unida a ausencia de cristianos viejos, como sucedía en muchas aldeas de Valencia, Aragón y Granada, permite una mayor libertad en la práctica islámica. Estos pueblos e incluso comarcas plenamente moriscas suelen corresponder a zonas de dominio nobiliario, donde los señores pa-

---

[112] CARDAILLAC, *Morisques* p.29-30 y 72; GARCÍA-ARENAL, *Inquisición* p.62-63; GALLEGO y GAMIR, *Sínodo* p.127-37; CARO BAROJA, *Moriscos* p.111.
[113] BRAUDEL, *El Mediterráneo* t.1 p.622-33.
[114] DOMÍNGUEZ ORTIZ y VINCENT, *Historia* p.128-55.

san por alto tales prácticas a fin de conservar y aumentar sus vasallos. Las oscilaciones entre tolerancia y represión y la desigual virulencia de ésta es otro elemento a tener en cuenta. De esta manera, el juego de factores, como la homogeneidad y coherencia de la comunidad morisca, la desigual tolerancia de los señores, el diferente comportamiento de la represión, da lugar a una gran cantidad de casos particulares. Generalizando, puede afirmarse que Granada y Valencia eran las regiones más islamizadas y donde la actitud contraria al cristianismo y el mantenimiento de formas religiosas musulmanas estaban más extendidas. La tardía conquista cristiana de Granada y la importancia del poblamiento morisco, junto con la protección señorial y una mayor perduración como mudéjares de los valencianos, a lo que hay que sumar la facilidad de los contactos con el exterior por vía marítima de unos y otros, lo explicarían.

En el resto de la Corona de Castilla, salvo, tal vez, el caso poco conocido de Murcia, y en el principado de Cataluña era más difícil la disimulación para la comunidad morisca, menos numerosa y más mezclada con la cristiano-vieja. Entre unos y otros se encontrarían los moriscos aragoneses, numerosos y con protección señorial.

En la práctica, el islam morisco se halla empobrecido. Empobrecimiento lógico de una comunidad que tiene que practicar su religión de forma subterránea, que externamente debe dar muestras de fe cristiana y cuya capa dirigente ha sido desarticulada. Pero empobrecimiento mayor o menor según las circunstancias señaladas. Así, mientras en Granada y Valencia se conserva la lengua árabe, aunque en forma dialectal, ésta es incomprensible para los moriscos castellanos, y posiblemente para la generalidad de los aragoneses. Sabemos cómo la práctica de la circuncisión era infrecuente entre los moriscos de la jurisdicción inquisitorial de Cuenca, mientras era habitual entre valecianos y granadinos. Pero, incluso entre los granadinos, el conocimiento y la práctica islámica se enriquecen durante la sublevación gracias al adoctrinamiento que reciben de los berberiscos que vienen a ayudarlos y gracias, y esto es significativo, a la práctica pública del islamismo.

La instrucción religiosa musulmana, de carácter clandestino, es un elemento clave para comprender la permanencia morisca en su fe. Es una tarea conjunta de toda la comunidad; en primer lugar, los alfaquíes, que siguen existiendo en Aragón y Valencia hasta la expulsión, aunque han desaparecido de Castilla. La represión es particularmente dura con ellos, consciente de su importancia como mantenedores del celo religioso de los moriscos. Pero la instrucción y la corrección de los que no cumplen corresponde, en diverso grado, a todos. Circulan entre los moriscos libros religiosos, que serán copiados y leídos al resto por los miembros cultos de la comunidad. Libros que se esconderán cuidadosamente a pesar de la dureza de las penas que lo castigan. El empleo del aljamiado permite ocultar su contenido a los extraños y facilitar su comprensión donde el árabe ha desaparecido. Se transmiten así fórmulas y oraciones, argumentos polémicos contra el cristianismo, pero también, dado el carácter global que el islam tiene, principios jurídicos, recetas para curar enfermedades, fórmulas mágicas, a las que tan devotos son los moriscos. Existe además, a un nivel más bajo, una difusión religiosa entre parientes, vecinos, amos y criados..., en el que la mujer tiene un papel destacado [115].

La evangelización de los moriscos puede considerarse, pues, de forma mayoritaria, como un rotundo fracaso. Los moriscos mismos son conscientes de que la expulsión sanciona este fracaso. Entre sus causas habría que destacar la forma de enfrentarse las autoridades cristianas, civiles y eclesiásticas, con el problema morisco. El bautismo forzoso, que si bien tenía una justificación en el escotismo, obedecía a motivaciones religiosas cargadas de intereses políticos. Una evangelización poco constante, a pesar de la reiteración de las campañas, y sobre la que interfieren cuestiones de índole social, como los intereses de los señores feudales; política, tanto interna —choque de jurisdicciones y personajes— como las derivadas de conflictos exteriores; hacendística...; una evangelización cuyo substrato básico, la cura de almas, es o inexistente o sumamente deficiente por causa de los intereses que desde todos los puntos caen sobre diezmos y primicias, base económica de una infraestructura eclesiástica que, por tanto, no puede organizarse.

A ello hay que añadir la resistencia religiosa del morisco, su postura polémica frente al cristianismo, su rechazo de éste, la perduración, a pesar de su indudable empobrecimiento, de prácticas islámicas subterráneas. Pero además hay que tener en cuenta la imposibilidad de separar los aspectos religiosos del conjunto más amplio de la cultura morisca. Y en este ámbito cultural se produce una oposición entre la comunidad morisca y la sociedad cristiano-vieja en que aquélla se inserta y por la que se verá rechazada.

La represión de la cultura morisca

La separación, la oposición entre moriscos y cristianos viejos, no se produce exclusivamente por motivos religiosos. En primer lugar porque es difícil, como hemos señalado, aislar este factor. El islam no se limita a ser una doctrina religiosa, sino que, como los propios moriscos reconocen con orgullo, es una guía para todos los aspectos de la vida. Por esto, además de aquellas manifestaciones que desde el punto de vista cristiano, y, por supuesto, morisco, tienen un significado religioso, hay otros elementos integrantes de la vida cultural morisca con un mayor o menor contenido religioso, aunque no contrarios en sí al cristianismo, que provocan la reacción de los cristianos viejos. Aunque ésta se justifica con motivos religiosos, su raíz es más profunda: es el rechazo de una comunidad extraña. Así, las costumbres alimenticias, la práctica del baño, las zambras o fiestas moriscas, el vestido, la lengua..., son otros tantos aspectos culturales que serán criticados y atacados.

---

[115] CARDAILLAC, *Morisques* p.56-67; GARCÍA-ARENAL, *Inquisición* p.54-56 y 78-85.

Por imperativos religiosos —Mahoma había maldecido a un cerdo que manchó su vestido—, los moriscos se abstenían de probar e incluso tocar tal animal. Especialmente el tocino y toda la comida elaborada con él. Pero hay casos en que se manifiesta auténtica repugnancia física, y, de cualquier forma, la práctica religiosa se ha incorporado a algo tan sólidamente enraizado en los hábitos culturales como son las costumbres alimenticias. No obstante, el rechazo del cerdo, fuente de mil anécdotas, es signo de mahometismo y causa de bromas y denuncias.

Tampoco podían beber vino, aunque entre los andaluces esta prohibición no parece que se guardara escrupulosamente, y se tomaron incluso medidas para evitar que los moriscos se emborracharan. El no beber vino era también índice de mahometismo y objeto de burlas.

La carne que consumían debía haber sido muerta de una manera especial; uno de cuyos requisitos era que la nuez del animal quedara junto a la cabeza. El animal debía, además, estar desangrado. En la práctica se traducía esto en la existencia de carniceros que mataban las reses a la morisca. Estas prácticas se prohíben en las capitulaciones de 1500, por lo que algunas comunidades del reino de Granada se hacen cristianas. Las prohibiciones se reiteran en 1511 y años siguientes, recogiéndose en los acuerdos de la junta de Granada de 1526, y por fin se incluyen entre la serie de medidas represivas de 1566. Pero casi todas las costumbres alimenticias moriscas son sospechosas; así, el comer alcuzcuz, incluso el hábito de no comer a la mesa, sino en el suelo. La frugalidad morisca, su afición a las hortalizas y frutas, todo ello es objeto de críticas, que tienen amplio eco literario [116].

La costumbre del baño tenía, como hemos visto, implicaciones religiosas, pero además era algo consustancial de la cultura morisca e incomprensible para los cristianos viejos. De ello es buena muestra que Francisco Núñez Muley, en su memorial de 1567 en defensa de la cultura morisca, diga del baño: «mayormente que en toda Castilla avía baños, y en el tiempo de la sagrada Escritura avía baños; y no se vexaron de avellos en Castilla, sino a causa de los vaños afloxan los miembros y venas de los hombres para la guerra; pues en este rreyno (de Granada) los naturales no son gente de guerra para los afloxar, y tienen en esto más necesidad de los vaños» [117].

La simple higiene personal es motivo de sospechas y denuncias. Los baños, aunque no prohibidos, son vistos con suspicacia, estando su uso reglamentado. Como afirman las constituciones sinodales de Guadix de 1544, «en lo de los baños no hay regla cierta más de que son sospechosos, especialmente los jueves y viernes en las noches». La prohibición afectará a los granadinos en la coyuntura de 1566, pero no a los valencianos [118].

[116] CARDAILLAC, *Morisques* p.23-24; GARCÍA-ARENAL, *Inquisición* p.68-75; GALLEGO y GAMIR, *Sínodo* p.65-74; CARO BAROJA, *Moriscos* p.118-19.
[117] GARRAD, K., *The original memorial of Don Francisco Núñez Muley:* Atlante 2 (1954) 218.
[118] GALLEGO y GAMIR, *Sínodo* p.57-64.

Eran los moriscos, sobre todo los granadinos, muy aficionados a fiestas y bailes, de las cuales las *zambras* eran las más características. Designando en su origen un instrumento de tañer, la zambra pasa a significar orquesta, baile y, familiarmente, bullicio. Por festejarse habitualmente bautismos y matrimonios por medio de zambras y por sospecharse que en ellas se cantaba en honor de Mahoma, fueron vistas con malos ojos y reglamentadas, hasta ser radicalmente prohibidas en 1567 [119].

La lengua árabe era un elemento importante de afirmación cultural con implicaciones religiosas: medio idóneo de transmisión de la doctrina coránica, de recitar oraciones... Ya vimos su diverso grado de conocimiento por los moriscos. En la evangelización se tratará de llegar al morisco por medio de la lengua, buscando predicadores con conocimiento del árabe, publicando catecismos en árabe... Estos intentos se contradicen con los llamados a desterrar el empleo del árabe por los moriscos. En Granada, donde la política de represión es más dura, su empleo en escritos se limita desde 1511, para prohibirse su uso, tanto escrito como hablado, en 1526. Paralizada la medida por los moriscos, volverá a ponerse en ejecución en 1567. Por otra parte, además del ataque a la *algarabía* —nombre que los cristianos daban al dialecto árabe empleados por los moriscos—, el propio romance hablado por éstos —*aljamía*— era objeto de burlas, de las que existen testimonios literarios. La lengua era una causa más de separación entre ambas comunidades [120].

El vestido morisco, en cambio, no tenía ninguna vinculación de tipo religioso, y, sin embargo, se verá como muestra de pervivencia del islamismo. Así, el patriarca Ribera podrá afirmar en 1587 que son cuatro las principales ceremonias que les han quedado a los moriscos valencianos, «conviene a saber: el vestido, el entierro, el ayuno de la cuaresma y el degollar». No obstante, con referencia al vestido añade de su propia mano: «Aunque en esto no parece que hay miedo en que reparen, por no ser de las cosas en que ellos ponen su fee». Se trata, por tanto, de desarraigar un hábito cultural en la búsqueda de una asimilación por los moriscos de las formas de vida de los cristianos viejos. Toda una serie de medidas tratan desde 1500 de erradicar su uso entre los granadinos. Con los valencianos se lleva a cabo, como en otros aspectos, una política más moderada [121].

La polémica rebasa, pues, el ámbito religioso, para transformarse en un enfrentamiento cultural más amplio. No se trata de que los moriscos cumplan religiosamente como cristianos que son, sino que se les exige que se asimilen en todo su comportamiento a los cristianos viejos. Pero al mismo tiempo se fijan una serie de barreras legales y sociales que impiden la plena integración de la minoría morisca en la sociedad cristiano vieja.

[119] Ibid., p.89-98.
[120] CARO BAROJA, *Moriscos* p.119-24.
[121] BORONAT, *Moriscos* p.375; CARO BAROJA, *Moriscos* p.124-29.

El conocimiento de las raíces sociales del enfrentamiento es todavía insuficiente. Así, en el País Valenciano, las tensiones existentes en el primer cuarto del quinientos, que estallan violentamente durante las germanías, tienen su origen en el deterioro de la situación económica de las clases populares cristianas. Estas reaccionarán contra la competencia que supone la presencia mudéjar, cuya sobreexplotación permitía a los señores mantener la dureza del régimen feudal. En el reino de Granada se detectan síntomas, en los años anteriores al levantamiento, de una renovada presión sobre la tierra, lo que implicaría, entre otros fenómenos, completar el proceso de expropiación de los moriscos.

Pero, en el estado actual de la investigación, no parece que el enfrentamiento entre ambas comunidades responda de forma primordial a un choque directo por motivos económicos. Habría que enfocarlo a través de la óptica de la creciente intransigencia de la sociedad cristiano-vieja, que, si bien se origina en la crisis del siglo XIV, llega a su culmen a partir de fines del XV con el establecimiento de la Inquisición y de los estatutos de limpieza de sangre y la exasperación del sentimiento de la *honra*.

Los moriscos —salvo casos excepcionales de miembros de la nobleza nazarí— quedaban así excluidos de los puestos de prestigio social. Pero además les cerraban las puertas de acceso a numerosas profesiones y oficios, bien por disposiciones generales —como las que se referían a matronas, monederos...—, bien por la negativa de los propios gremios. Eran considerados, pues, como una casta inferior [122].

En un plano social más amplio, esto se traduce en el escaso número de matrimonios mixtos, a pesar del deseo oficial de estimularlos. Ambas comunidades rechazarán a los que rompen la cohesión matrimonial del grupo, y las relaciones entre los cónyuges no estarán exentas de roces derivados de la práctica religiosa.

Barreras sociales y legales que dan lugar a una marginación de la minoría morisca, que responde en igual sentido, reforzando su solidaridad interna y su orgullo de casta.

Hay también razones políticas. Los moriscos suponen un peligro real en las zonas costeras en un momento en que la expansión otomana y la instauración de los Barbarroja en Argel trae como consecuencia una inseguridad creciente en el Mediterráneo occidental. Apoyo, información, encubrimiento, entrega de cautivos cristianos... y, en definitiva, esperanza en una liberación que vendría por parte del islam turco y argelino, cuyo triunfo político y religioso en España anunciaban las numerosas profecías o *jofores* que corrían entre los moriscos. Antes y después del levantamiento granadino, las peticiones de ayuda exterior fueron numerosas; el apoyo práctico, sin embargo, incluso durante la guerra de Granada, no fue importante. Pero los triunfos turcos y argelinos sobre los cristianos motivaban la alegría morisca y mantenían la esperanza de una liberación, que los que podían buscaban en la emigración clandestina a Africa.

---

[122] DOMÍNGUEZ ORTIZ y VINCENT, *Historia* p.129-33.

La tensión se agrava, como dijimos, a partir de la experiencia de la guerra de Granada. El temor de los cristianos viejos profundiza la brecha entre ambas comunidades. Se produce, en consecuencia, una represión de tipo político: medidas de control que limitan las posibilidades moriscas de movimiento, sobre todo en la zona costera; prohibición de tener armas. Al tiempo que los cristianos viejos procuran reforzar sus posiciones defensivas [123]. El enfrentamiento en este ámbito es especialmente delicado y difícil por referirse a elementos exteriores a ambas comunidades.

En síntesis, la oposición no tiene sólo raíces religiosas, sino que se define principalmente por la negativa de ambas partes, cristianos viejos y moriscos, a aceptar la particularidad cultural del otro. Las razones no aparecen como directamente económicas, sino que se insertan en el mal conocido ámbito de las mentalidades colectivas, de los comportamientos sociales.

En esta pugna, los moriscos se encuentran, sin embargo, en inferioridad de condiciones, no sólo por su carácter minoritario y por el proceso de enquistamiento de una comunidad que carece de auténticos dirigentes, con unas estructuras sociales desarticuladas y cuyo crecimiento cultural ha quedado cortado, sino porque los cristianos viejos cuentan con el control del poder y con los medios de represión, y entre ellos con la Inquisición.

LA INQUISICIÓN Y LOS MORISCOS *

La Inquisición tiene un papel de primera importancia en la cuestión morisca [124]. Como punto de partida hay que constatar la coincidencia temporal entre la creación del Santo Oficio bajo los Reyes Católicos y la conquista de Granada, que desencadena la problemática morisca. No es que la Inquisición sea responsable directa del proceso evangelizador y asimilador, pero sí lo será de la configuración de un marco espiritual poco apto para ello. La existencia de la Inquisición es síntoma y causa de un endurecimiento, de una liquidación de la tolerancia, de una homogeneización espiritual, bajo cuyo signo se va a desarrollar el problema morisco.

En la práctica, la actuación inquisitorial sobre los moriscos responde al doble carácter del tribunal. Por una parte, será un auxiliar de la Corona en su política morisca. Los inquisidores generales y otros miembros destacados del tribunal forman parte de las juntas convoca-

[123] GARCÍA MARTÍNEZ, *Bandolerismo* p.39ss.
* Dado que el tema de la Inquisición ha sido tratado en el volumen anterior, analizaremos a continuación únicamente los aspectos fundamentales para la comprensión de la actuación inquisitorial en el problema morisco.
[124] Sobre el tema, cf. LEA, *Moriscos* p.111-36 y *passim;* CARDAILLAC, *Morisques* p.87-124; GARCÍA-ARENAL, *Inquisición* p.19-45; DOMÍNGUEZ ORTIZ y VINCENT, *Historia* p.102-107; GARCÍA-CÁRCEL, *Orígenes de la Inquisición española. El tribunal de Valencia. 1478-1530* (Barcelona 1976) y *Herejía y sexo. La Inquisición de Valencia. 1530 y 1609* (Barcelona 1979); GARRAD, *La Inquisición y los moriscos granadinos:* MEAH 9 (1960) 55-73.

das reiteradamente por la Corona para definir las líneas de actuación. Así, p.ej., la junta de Madrid de 1525 estaba presidida por Alonso Manrique, inquisidor general, y de ella formaban parte otros cinco miembros del Consejo de Inquisición. Cuatro de ellos, además de Manrique, estarán presentes en la Capilla Real de Granada en la junta de 1526. Uno de los que asistieron a ambas fue Fernando de Valdés, que, como inquisidor general, presidirá la celebrada en Madrid en diciembre de 1564 para tratar de la evangelización de los moriscos valencianos. En ella, entre otros seis inquisidores, consejeros en su mayoría, están presentes Diego de Espinosa y Pedro Deza, a cuya actuación ya nos hemos referido.

En las misiones de información y en las campañas de evangelización, también desempeñan importante papel los inquisidores, bien tutelando su realización, bien llevándolas a cabo directamente, lo que no deja de provocar roces con los ordinarios. Vemos así a Antonio de Guevara ejercer funciones de comisario inquisitorial en la coyuntura clave de 1525-26 tanto en Valencia como en Granada. Más tarde será el inquisidor Gregorio de Miranda el que entre 1551 y 1573 sirve de pilar básico de las campañas de evangelización de los moriscos valencianos, de los que es considerado como un experto.

Política de colaboración entre la Corona y el Santo Oficio, como escribe Felipe II al citado Miranda: «con el un braço y con el otro» se podrá actuar mejor. Pero, por otra parte, la propia independencia de la Inquisición, su tarea de defender el dogma y de velar por las costumbres, su propia base legal, vinculada a los preceptos canónicos, la convierten en una máquina ciega. En ocasiones puede escapar al control político, o al menos no responder con docilidad a las a menudo cambiantes directrices de éste; otras veces, su propio legalismo le impide actuar con la eficacia que la situación exige, y la siempre compleja intervención de Roma, requerida en determinadas cuestiones, es con frecuencia un obstáculo. Este aspecto tiene una gran importancia en la cuestión morisca, ya que éstos, por las especiales circunstancias de su bautismo, carecían en los primeros momentos de la mínima instrucción religiosa. Por ello, aunque legalmente fueran cristianos y sus faltas objeto de castigo por el Santo Oficio, lo adecuado, desde el punto de vista evangélico, era instruirles con benevolencia, evitando el castigo o dulcificándolo, corrigiéndoles con amor.

En un principio, la actuación inquisitorial queda voluntariamente limitada, no interviniendo en cuestiones leves; de esta forma se extenderá la jurisdicción del tribunal inquisitorial de Córdoba a los moriscos de Granada por deseo de Isabel la Católica. Tal fue también la postura de los inquisidores generales el cardenal Adriano y Alonso Manrique, pero que no siempre será seguida por los inquisidores locales [125]. Los moriscos, por su parte, tratan de conseguir la no intervención inquisitorial a cambio de dinero. Las necesidades de la monarquía y las del pro-

---

[125] LEA, *Moriscos* p.28-29 y 52-54.

pio tribunal conducen a la firma de diversas concordias, como las de 1526 con granadinos y valencianos. Sin embargo, en la práctica, estos acuerdos se revelaron ambiguos: la Inquisición no renunció completamente a perseguir a los moriscos; pero éstos, cuyas prácticas islámicas no pudieron ser erradicadas, se convencieron de que el único móvil de la actuación inquisitorial era la avaricia, y tratan en sucesivas ocasiones de comprar la inhibición del Santo Oficio.

Y, aunque las motivaciones económicas están presentes, no eran, evidentemente, las únicas. El celo evangelizador mueve también a los inquisidores, que, sin embargo, se encuentran con las manos atadas por la ley y la costumbre para realizar adecuadamente la tarea. Dado el vicio de origen, la cristianización de los moriscos exigía una política de clemencia, que, reconocida a nivel teórico, tenía sus dificultades en la práctica. Si bien la Inquisición tenía poder suficiente para otorgar edictos de gracia ordinarios, en el caso de reincidentes (relapsos) era necesario acudir a Roma y obtener los breves oportunos. Aunque éstos fueron concedidos en numerosas ocasiones, los trámites diplomáticos y burocráticos dificultaron su aplicación en algunos casos. Pero además no solían tener excesiva aceptación entre los moriscos, salvo los que se creían en peligro de ser denunciados. Además, el pago de la expedición del breve era un argumento más que confirmaba a los moriscos la avaricia eclesiástica. Pero, incluso en el caso positivo de moriscos que vienen a confesarse, se dan casos de inquisidores que toman las confesiones ante notario y van acompañados de tesoreros para hacerse cargo de las penas monetarias impuestas, dominados de un carácter burocrático, con gran escándalo y temor de los moriscos.

Otro aspecto destacable es el temor que infundía entre los moriscos el Santo Oficio y el odio que le profesaban, como Cardaillac ha puesto de manifiesto. La existencia de la Inquisición envenena las relaciones entre moriscos y cristianos viejos. Aunque éstas sean de buena vecindad, e incluso cordiales, en cualquier momento una exclamación, una invocación más o menos consciente, puede llevar al morisco ante el tribunal del Santo Oficio. La obligación de denunciar los delitos contra la fe y las costumbres que conocieran, bajo pena de excomunión, impide que las relaciones puedan ser abiertas; hasta en el seno de las propias familias introduce temores: una inocente manifestación infantil puede suponer un peligro grave. El secreto del procedimiento da lugar, como es sabido, a denuncias movidas por la envidia y el odio, lo que, en el marco de la oposición entre ambas comunidades, se prestaba a todo tipo de excesos, contribuyendo a acentuar la separación.

Por otra parte, los moriscos estaban más expuestos a las acusaciones que los cristianos viejos, ya que en ellos cualquier falta es vista como rechazo del dogma y como herejía, cualquier diferencia cultural es tachada de costumbre islámica. Incluso la práctica de los sacramentos puede conducir a acusaciones de sacrilegio; tal era la desconfianza que se tenía de la aceptación del cristianismo por los moriscos.

Por último, la confiscación de bienes que el proceso inquisitorial implica plantea diversos problemas: estimula venganzas y codicias. Reafirma a los moriscos en su creencia de que el clero sólo busca su dinero, con las negativas repercusiones sobre la evangelización. A la vez, en la Corona de Aragón provoca conflictos con los señores feudales, detentadores del dominio eminente sobre las tierras, que los moriscos poseen en enfiteusis, y que se sienten perjudicados por las confiscaciones.

Las cortes recogen su demanda de que, en caso de condena, el dominio útil se incorpore al eminente, lo que supondría una gran ventaja para los señores. Tanto Carlos V como Felipe II se hacen eco de esta petición en reiteradas ocasiones, solicitando a la Inquisición que no confisque los bienes de los moriscos, sino que pasen a los familiares de los condenados. Solución intermedia que, sin beneficiar plenamente a los señores, evitaba que su base económica se viera dañada, al tiempo que se quería eliminar el escándalo que producían a los moriscos las sanciones económicas. Sin embargo, la Inquisición se resistió a cumplirlo, continuando con las confiscaciones, lo que motiva la reiteración de las Cortes. Así, en Valencia habrá que esperar a la concordia de 1571 entre la Inquisición y las aljamas para que aquélla reconozca el principio de no confiscación de bienes. Las penas pecuniarias que se les impusiesen no podrían sobrepasar los diez ducados, y, a cambio, los moriscos habrían de contribuir anualmente con 50.000 sueldos para gastos de la Inquisición.

Y es que la Inquisición, cuyo funcionamiento era enormemente costoso, obtenía la mayor parte de sus ingresos —por supuesto, en aquellos tribunales asentados en zonas de importante población morisca— de las penas y confiscaciones que sobre ella recaían. La expulsión dejó a los diversos tribunales prácticamente sin ingresos. Los moriscos aprovechan estas necesidades económicas para tratar de conseguir la inmunidad frente al Santo Oficio a cambio de dinero, y, como hemos visto, lo consiguen en ocasiones. Pero hay que tener en cuenta que la Inquisición sólo lleva una parte de las confiscaciones, más un tanto para el sustento del preso, mientras que el resto pertenece a la Corona.

Para comprender la evolución de la cuestión morisca es, pues, necesario tener presente la actuación del Santo Oficio. En su contra cabe alegar que contribuyó a profundizar la fosa que separaba a moriscos y cristianos viejos, acentuando las tensiones entre ellos, sin conseguir erradicar la práctica secreta del islam, sino, más bien, estimulando la *disimulación* de los moriscos. En su haber no debe olvidarse que fue, en gran medida, la inspiradora de los planes de evangelización de la Corona sobre bases muy moderadas, que aceptó la propia limitación del ejercicio de sus funciones consciente de la falta de instrucción religiosa de los moriscos, que las actividades de inspección de sus miembros denunciaron los excesos y deficiencias del clero encargado de los moriscos y se enfrentaron a los poderosos intereses señoriales.

En conjunto, y en el estado actual de la investigación, puede afirmarse, con Domínguez Ortiz y B. Vincent, que su actuación fue moderada. La relajación al brazo secular, que implicaba la condena a la hoguera, fue poco frecuente y reservada mayoritariamente a los *relapsos*. Otra pena normalmente aplicada era la reconciliación, que llevaba consigo la confiscación de bienes.

Los moriscos condenados por la Inquisición fueron un porcentaje mínimo del total; tampoco fue muy elevado el de los que fueron denunciados ante el tribunal de Cuenca, único por ahora del que tenemos datos.

LA EXPULSIÓN Y SUS CAUSAS

El dramatismo y radicalidad de la expulsión de los moriscos sorprende y hasta desconcierta cuando se repara un poco en ella con ojos necesariamente tolerantes en nuestro tiempo. Cuesta situarse en la mentalidad del seiscientos para, junto con otros factores, reproducir y explicar los hechos y fenómenos en torno a 1609. Pero incluso en esta tesitura, obligación fundamental del historiador, las razones aducidas tradicionalmente no acaban de convencer [126]. Las contradicciones eran demasiado patentes, y, en algunos aspectos, la falta de investigación o información, decisivas, a pesar de la abundante bibliografía sobre los moriscos. Nuestro estudio y reflexión sobre las causas de la expulsión nos han llevado a las siguientes conclusiones.

Desde que la monarquía ofreció a los mudéjares, a principios del siglo XVI, la alternativa de conversión o expulsión, optándose esencialmente por aquélla, el problema morisco quedaba planteado en un doble plano. En primer lugar, el plano religioso-cultural. Los mudéjares se habían convertido forzosamente al cristianismo, incluso ofreciendo resistencia; no había sido una decisión libre y voluntaria, y fue movida por el deseo de permanecer en sus casas y propiedades y no ser expelidos a tierras extrañas. Su desconocimiento del dogma y moral cristianos estaba fuera de duda. Además, algunos aspectos religiosos musulmanes se encontraban íntimamente ligados a costumbres y hábitos tradicionales (vestido, lengua, fiestas...). Ante este panorama hubo que organizar, a lo largo del quinientos, unas campañas de evangelización y predicación con medios a veces escasos y con dificultades diversas según regiones, tal como se ha visto anteriormente. Con todas las salvedades y excepciones que se quiera, es evidente que, en conjunto, todo ello fue un fracaso: la comunidad morisca no se cristianizó, o, lo que es peor, sólo lo hizo externamente, manteniendo una fidelidad interior a la religión musulmana, como ha puesto de relieve Cardaillac; la viabilidad de la doblez en materia religiosa, o *taqiyya,* será una fuerte barrera contra la que se van a estrellar todos los proyectos evangelizadores y todas las medidas de aculturación.

---

[126] Esta es la impresión que manifiesta A. Domínguez Ortiz en una acertada e informada síntesis sobre el tema *(Historia de los moriscos. Vida y tragedia de una minoría).*

En segundo lugar, y en estrecha conexión con lo anterior, el plano político. En su vertiente nacional, los moriscos suponían un fuerte contraste con las directrices uniformadoras, en lo religioso y político indisolublemente unido, de los Austrias, que incluso auparon a una singular institución, la Inquisición, para velar por la pureza del dogma y las buenas costumbres y un peligro de posibles disensiones religiosas en el interior, como era frecuente en algunas zonas de Europa; un contraste también con el sincero sentimiento católico del país, que no podía asumir la hipocresía militante de los cristianos nuevos. En su vertiente internacional constituían una minoría, no concentrada geográficamente, de dudosa fidelidad y sospechosa de contactos y conexiones con los enemigos de la monarquía: los turcos, de igual religión, en franca expasión por el Mediterráneo, sólo detenidos en Lepanto, y en connivencia con la piratería berberisca; y más adelante, con los franceses, a su vez divididos religiosamente. Todo ello podía fraguar en una revuelta e insurrección con apoyo militar exterior, y no faltaron con frecuencia los rumores y sospechas de conspiración con ese objetivo. Así, los moriscos, como explicó J. Reglá magistralmente, se convirtieron en una «quinta columna» que atentaba y amenazaba a la seguridad y firmeza del Estado.

El transcurso del tiempo y la concienciación progresiva de la no solución del problema morisco tanto en su aspecto religioso como en el político, sino, más bien, su agravación, acentúa e intensifica, tanto en las altas instancias del poder como en ciertos sectores religiosos o populares, el propósito y la intención de proceder a la expulsión. Pero, cuando csto se mentaba, inmediatamente surgía la consideración de los arduos inconvenientes que iba a plantear. Tres, creemos, son los principales: *inconvenientes humanos,* derivados de la dureza de la medida, de los perjuicios personales y económicos que provocaría en los expulsados, así como de las injusticias que se podrían cometer con algunos individuos o grupos sinceramente convertidos y asimilados. *Inconvenientes político-militares,* dadas las tremendas responsabilidades contraídas a nivel internacional, puesto que la operación de la expulsión exigiría un esfuerzo burocrático y administrativo, por un lado, pero también la distracción de grupos de ejército de otros frentes para formar una fuerza coactiva y al mismo tiempo defensiva ante posibles resistencias al extrañamietno (como así ocurrió, v.gr., en Valencia); simultanear conflictos bélicos exteriores o dificultades internas del Estado con la expulsión era un claro peligro y un esfuerzo excesivo. En fin, *inconvenientes económicos,* tanto a un nivel general, por la pérdida demográfica que ello supondría con el desbarajuste económico en algún sector de la producción y zona geográfica determinada, como a un nivel particular, por el daño que provocaría en las rentas de la nobleza señorial, especialmente en Valencia y Aragón, clase social predominante y favorecida en la España de los Austrias, e indirectamente en los perceptores de censos al quitar.

En una perspectiva más concreta y próxima a los hechos, estas consideraciones en pro y en contra de la expulsión empezaron a cuajar y a tomarse en consideración en la segunda mitad del siglo XVI, en el reinado de Felipe II. Muy especialmente a raíz de la revuelta de las Alpujarras en 1568, que fue para muchos materialización de sospechas anteriores y premonición de males futuros, coincidente con la presión múltiple y diversificada que provocaría el viraje filipino. En este contexto, el Consejo de Estado decidió en 1582 la expulsión, pero pronto se abandonó ante los muchos asuntos internacionales que ocupaban a la monarquía y el análisis de los perjuicios económicos de la nobleza señorial, retornándose a una política de moderación y predicación [127].

Con Felipe III, directamente asesorado por el duque de Lerma, se sigue con las mismas directrices: perdón general a los moriscos que durante un año abjurasen de sus errores y abrazasen la fe católica, junto con un renovado impulso evangelizador. Pero el fracaso, una vez más, seguirá a estos propósitos, y el patriarca Juan de Ribera enviará varios memoriales a la Corte pidiendo resuelta y abiertamente la expulsión, de igual manera que el P. Bleda, frente a la actitud más moderada de Figueroa, obispo de Segorbe; de Pedro de Valencia e incluso del papa Paulo V. Parece que la actitud de los reyes era reacia a los moriscos. Pero de hecho, más por inercia, quizá, que por auténtica convicción, se continuaron las campañas y medidas de predicación.

En los albores del seiscientos como en el pasado, menudean los informes y sospechas de contactos subversivos entre los moriscos y los enemigos de la Corona. Así, con Enrique de Borbón, rey de Francia, a través del duque de la Force, gobernador de Bearne, que podría ayudar financiera y militarmente para organizar una revuelta general.

No obstante, todo ello no supone ninguna novedad. Tras casi un siglo, los intentos de asimilación religiosa y cultural de los cristianos nuevos habían fracasado. Se podía ser más inflexible o tolerante, pero ello era una realidad incontestable. El peligro político de una minoría sospechosa era viejo igualmente, y quizá había alcanzado en el pasado momentos de mayor tensión que al principio del reinado de Felipe III. Por tanto, estas dos razones, sustanciales para explicar la expulsión, no aclaran por sí solas tal decisión política. A nuestro juicio, *ante la permanencia de las razones de fondo, en estos años se neutralizan los inconvenientes antes mencionados,* jugando un papel decisivo, al mismo tiempo, el duque de Lerma.

Los obstáculos morales se atenúan ante el reiterado fracaso de la predicación y la pertinacia morisca en sus creencias. Ciertas posturas, como la muy influyente del patriarca, se radicalizan abiertamente en pro de medidas drásticas, sus escrúpulos personales se aminoran y se buscan soluciones menores para los aspectos religiosos (que no se expulse a los niños, a los que viviesen entre cristianos, a los que frecuentasen los sacramentos...). La misma idea de la expulsión empieza a ser frecuente en textos, memoriales, juntas, y en 1602, el Consejo de Estado decidió efectuarla, aunque luego quedó paralizada.

[127] BORONAT, *Moriscos* t.1 p.294-308 y 596-607.

Las circunstancias internacionales han cambiado: en 1598 se firmó la paz con Francia: en 1604, con Inglatera, y en 1609, la tregua de los Doce Años con Holanda. Un período de paz parece abrirse para la monarquía hispánica. Ya no cabe temer la internacionalización oportunista de determinados problemas interiores o la coincidencia en el tiempo de diversas empresas. La utilización de determinadas fuerzas en una actividad no se haría a costa de separarlas de otros lugares donde fueren necesarias.

En fin, *la neutralidad de los inconvenientes económicos*, en especial los de la nobleza señorial de Valencia. La solución aportada por el duque de Lerma es conocida: «darles las haciendas de sus vasallos», pero no ha podido ser entendida en toda su profundidad hasta que no se ha estudiado detenidamente el transfondo socio-agrario que la explique, por lo menos en lo relativo al caso valenciano [128].

Aunque sea de forma muy breve y sintética, hay que decir que el régimen señorial del reino de Valencia no presenta, a fines del quinientos, una imagen próspera e idílica, en la que los moriscos constituyesen una pieza insustituible. La realidad es, más bien, una crisis progresiva y aguda producida por su escasa rentabilidad relativa (censos en dinero antiguos, ya devaluados; particiones desiguales y a veces muy bajas o insignificantes; muchas tierras propiedad de los moriscos, ajenas a la fiscalidad señorial), que, entre otras causas, conduce al endeudamiento nobiliario y, a veces, a la bancarrota y al «secuestro» real. Ello provoca una reacción señorial, que por diversos modos procura aumentar sus ingresos, encontrándose con una resistencia de los vasallos, traducida en multitud de pleitos y situaciones tirantes en algunos señoríos. Tales fenómenos habían llegado a una situación límite a principios del siglo XVII.

Si, a raíz de la expulsión, se entregaban las tierras francas o alodiales y las poseídas en dominio útil por los moriscos a los señores y no eran confiscadas por la Corona, como establecía la legislación vigente; si se daba libertad para organizar la repoblación (y, por tanto, reordenación y redistribución de tierras, nuevos impuestos más elevados, etc.) y no se restringía y limitaba, como en Granada a raíz de la revuelta de las Alpujarras; si se esperaba una corriente de población nueva o una más racional distribución de la existente en el reino que, aunque fuese menor, quedase compensada por una mayor fiscalidad; y si la expulsión iba a venir acompañada de una ayuda financiera a la nobleza, que ya estaba muy endeudada antes de 1609..., con estas condiciones, la oposición tradicional de la nobleza, clase dominante o influyente en la época que estudiamos, tenía que remitir necesariamente e incluso convertirse en firme defensora del extrañamiento, como realmente ocurrió.

Quien precisamente conocía bien estas circunstancias es el mismo que la totalidad de los autores consideran como principal responsable de la decisión: el duque de Lerma, marqués de Denia, señor de moris-

---

[128] Císcar Pallarés, E., *Tierra y señorío en el País Valenciano, 1570-1620* (Valencia 1977).

cos, virrey de Valencia de 1595 a 1597, primo del duque de Gandía, del duque del Infantado y del marqués de Terranova, valido principal de Felipe III y miembro determinante del Consejo de Estado [129].

Resuelto el problema económico, y asegurada, consiguientemente, la aceptación de la nobleza, no había obstáculos de consideración. Pertinacia musulmana de los moriscos, peligro político latente, cansancio ante la ineficacia de los proyectos de asimilación y progresiva radicalización de algunas actitudes, situación de paz internacional, atracción de la nobleza y adecuada compensación económica y, en fin, el hombre necesario, el duque de Lerma. Conjunto de factores, unos tradicionales y otros nuevos, que confluyeron en la expulsión, iniciada en 1609.

El acuerdo se adoptó en la reunión del Consejo de Estado de enero de 1608, manteniéndose en el más estricto secreto mientras se hacían los preparativos pertinentes (movimientos de tropas, situación de las galeras en los puertos, nombramiento de responsables de la operación en diversas zonas...). Se empezó con los moriscos valencianos, para seguir luego con otras regiones: Castilla, Extremadura, Andalucía, Murcia y Aragón. El decreto o «vando» de expulsión se publicó por primera vez en Valencia, el 22 de septiembre de 1609, con las normas específicas (embarque para Berbería; respetar los inmuebles, que pasan a la nobleza, y autorización para llevarse los bienes muebles; prohibición taxativa de molestar, abusar o maltratar a los moriscos; garantías para el viaje; excepción de expulsión para los niños y seis casas de cada lugar de cien, lo que sería revocado posteriormente, con propósitos de absoluto extrañamiento).

En Aragón y en Valencia, la nobleza organizó una embajada a la Corte para conseguir una derogación, excepción en la medida o al menos una más completa información. Al menos en Valencia se ha podido seguir el cambio de actitud y de opinión de esta clase social, pasando de una histeria colectiva y fuerte oposición a una aceptación generosa y regocijo contenido, mientras que los moriscos ofrecían resistencia y se rebelan, refugiándose, como ya era habitual, en las sierras del interior.

La mayoría de los embarques, en dirección a los puertos del norte de Africa, se realizó en 1610. El número de expulsados ha sido muy discutido, pero hoy se aceptan generalmente las cifras aportadas por Lapeyre, dada su apoyatura documental, distribuyéndose así por regiones:

[129] No pretendemos potenciar el peso de Valencia en la expulsión, sino razonar con los elementos que conocemos. No existe un trabajo similar para Aragón, de semejantes estructuras sociales y económicas. De todas formas, el porcentaje demográfico de los moriscos valencianos y la vinculación de los principales artífices con este reino le convierte en pieza clave en su explicación. Por otro lado, una investigación en curso está poniendo de relieve que la Corona en Castilla se reservó los bienes inmuebles de los moriscos; en Valencia los donó a la nobleza, y adoptó una actitud ambigua en Aragón y Cataluña.

Valencia	117.464
Aragón	60.818
Cataluña	3.716
Castilla y Extremadura	44.625
Murcia	13.552
Andalucía Occidental	29.939
Granada	2.026
	272.140

Si se tiene en cuenta que algunas relaciones están incompletas y las salidas clandestinas, se podría hablar de 300.000 personas. Sangría importante en el censo español del siglo XVII y que tendría que pesar en la crisis económica, acentuándola y agravándola, especialmente en algunas zonas o regiones, en función de su cuantía demográfica.

La expulsión desencadenaría, a lo largo del seiscientos, una profusa literatura (Fonseca, Aznar Cardona, Corral, Guadalajara, etc.) defensora y justificadora de la medida, y, en algún caso, lamentándola dentro de las motivaciones propias de la caridad cristiana. El tema pierde interés en el siglo XVIII, pero los ilustrados la critican y consideran fue una de las causas esenciales de la decadencia. Durante el siglo XIX, los enfrentamientos ideológicos entre tradicionalistas y renovadores, conservadores y liberales, transcienden al mundo de los historiadores y a sus opiniones sobre la decisión de la expulsión. Para unos está plenamente justificada y supuso un bien para el país, especialmente en la vida espiritual y religiosa (Danvila, Cánovas del Castillo, Menéndez Pelayo...). Para otros, en una perspectiva liberal y tolerante, lamentan el hecho, cuya responsabilidad atribuyen a «la intolerancia de un clero poco ilustrado, la debilidad de Felipe III y el interés de un ministro venal» (Muñoz Gaviria), y consideran que tuvo consecuencias desastrosas para la evolución posterior española, aunque pudiese reportar algún bien espiritual (Janer, Amador de los Ríos, Castro...). Habrá que esperar al siglo XX para que el tema entre, paulatinamente, en el estricto marco de la investigación científica: en el ámbito de la historia.

CAPÍTULO II

TEATRO E IGLESIA EN LOS SIGLOS XVII Y XVIII

Por RAFAEL MARÍA DE HORNEDO

INTRODUCCION BIBLIOGRAFICA

AICARDO, J. M.ª, *Autos anteriores a Lope de Vega:* Razón y Fe (1901); ALONSO CORTÉS, N., *El teatro en Valladolid:* BRAE (1921 y 1922); ANDIOC, R., *Teatro y sociedad en el Madrid del siglo XVIII* (Valencia 1976); ARRÓNIZ, O., *Teatro y escenarios del siglo de oro* (Madrid 1977); AUBRUN, CH. V., *La comedia española (1600-1680)* (Madrid 1968); BANCES CANDAMO, F., *Theatro de los theatros de los passados y presentes siglos.* Ed. de Ducan W. Moir (Madrid 1970); BARRERA y LEIRADO, C.A. DE LA, *Catálogo bibliográfico y biográfico del teatro antiguo español desde sus orígenes hasta mediados del siglo XVIII* (Madrid 1860); BRAVO-VILLASANTE, C., *La mujer vestida de hombre en el teatro español (siglos XVI-XVII)* (Madrid 1955); BATAILLON, M., *Ensayo de explicación del «auto sacramental» (Calderón y la crítica)* (Madrid 1976) p.455-80; CAMARGO, I., *Discurso theológico sobre los theatros y comedias deste siglo* (Salamanca 1689); CANALEJAS, FRANCISCO DE PAULA, *Discurso sobre los autos sacramentales de Calderón* (Madrid 1871); CASTRO, A., *Algunas observaciones acerca del concepto del honor en los siglos XVI y XVII:* Revista de Filología Española (1916) 357-88; CAYUELA, A., *Los autos sacramentales de Lope de Vega, reflejo de la cultura religiosa del poeta de su tiempo:* Razón y Fe (1935); COTARELO MORI, E., *Bibliografía de las controversias sobre la licitud del teatro en España* (Madrid 1904). Se cita con la sigla C. C.; ID., *Las comedias en los conventos de Madrid en el siglo XVII:* R.B.A.M (Madrid 1925) p.461-70; CRESPI DE BORJA, L., *Respuesta a una consulta si son lícitas las comedias que se vsan en España. Dala con vn sermón que predicó de la materia el Dr. D...* (Valencia 1649); CHAPMAN, W.G., *Las comedias mitológicas de Calderón:* Revista de Literatura (1954) 35-67; CHUECA GOITIA, F., *Desgracia y triunfo del Barroco:* Revista de la Universidad de Madrid (1962) 249ss; DÍAZ DE ESCOVAR, N., *Análisis de la escena española correspondiente a los años 1551-1639* (Málaga 1910-14); ID., *El teatro en Málaga; apuntes históricos de los siglos XVI, XVII y XVIII* (Málaga 1896); FLECNIAKOSKA, J.L., *La formation de l'«auto» religieux en Espagne avant Calderón (1550-1635)* (Montpellier 1961); FRUTOS, E., *Calderón de la Barca* (Barcelona, Labor, 1949); *La filosofía de Calderón en sus autos sacramentales* (Zaragoza 1952); GARCÍA FLORES, F., *La Corte del Rey-Poeta* (Madrid 1916); GARCÍA SORIANO, J., *El teatro universitario y humanístico en España* (Toledo 1948); HORNEDO, R.M. DE, *«El condenado por desconfiado» no es una obra molinista:* Razón y Fe (1940) 18ss; ID., *La tesis escolástico-teológica de «El condenado por desconfiado»:* Razón y Fe (1948) 633ss; ID., *La teología zumeliana de Tirso de Molina:* Estudios Eclesiásticos (1950) 217ss; G. OLMEDO, *El ternario espiritual de Timoneda:* Razón y Fe (1917) 277-96; GONZÁLEZ RUIZ, N., *Piezas maestras del teatro teológico español* I (Madrid 1946); GUTIÉRREZ, J., *La «Fortuna bifrons» en el teatro del siglo de oro* (Santander 1975); HERRERO GARCÍA, M., *Ideas de los españoles en el siglo XVII* (Madrid 1966); HESSE, E.W., *La comedia y sus intérpretes* (Valencia 1973); *La dialéctica y el casuismo en Calderón (Calderón y la crítica)* (Madrid 1976) p.563-81; HURTADO DE MENDOZA, P., *Scholasticae et Morales disputationes. De tribus virtutibus theologicis* (Salamanca 1631) p.1564a-1579a; JONES, C.A., *Honor in Spanish Golden Age Drama: Its relation to real life and to morale:* Bulletin of Hispanic Studies (1958) 199-210; JULIÁ MARTÍNEZ, E., *El teatro en Valencia de 1630 a 1640:* BRAE (1950) p.527-47; LÓPEZ MARTÍNEZ, C., *Teatro y comediantes sevillanos del XVI* (Sevilla 1940); LÓPEZ PINCIANO, *Philosophia antigua poética* (1596); LOZOYA, MARQUÉS DE, *El barroco académico y el barroco hispánico:* Revista de la Universidad de Madrid (1962) 295-320. McCREARY WARREN, T., *Bibliografía temática de estudios sobre el teatro antiguo español* (Toronto 1966); MARAVALL, J.A., *Teatro y literatura en la sociedad barroca* (Madrid 1972); MARCOS, B., *La ascética de los jesuitas en los autos sacramentales de Calderón* (Bilbao 1976); MARIANA, J., *De spectaculis* (Colonia 1609); ID., *Tratado contra los juegos públicos:* BAE t.31 p.413-62; MARISCAL DE GANTE, *Los autos sacramentales desde sus orígenes hasta mediados del siglo XVIII* (Madrid 1911); MEDEL DEL CASTILLO, *Indice de los autos sacramentales alegóricos al nacimiento de nuestro Señor:* Rev. Hisp. 75 (1929) 144-369; MENÉNDEZ PELAYO, M., *Estudios y discursos de crítica histórica y literaria* III *(Lope, Tirso y Calderón);* ID., *Estudios sobre el teatro de Lope de Vega,* ed. C. S. I. C; ID., *Los autos como enseñanza teológica popular* (1911); MENÉNDEZ PIDAL, R., *Del honor en el teatro español (De Cervantes a Lope),* en Col. Austral, p.145-73; MERINÉE, H., *Spectacles et comédiens à Valencia (1580-1630)* (Toulouse 1913); METFORD, J.C.J., *The Enemies of the Theatre in the Golden Age:* Bulletin of Hispanic Studies (1951) 76-92; MILAGO, J., *El teatro en Toledo en el XVI y XVII* (1909); MOREL FATIO, A., *La comédie espagnole du XVIIeme siècle* (París 1923); PELLICER, C., *Tratado histórico sobre el origen y progresos de la comedia y del histrionismo* (Madrid 1804). Las citas se hacen por la ed. de Barcelona 1975; PFANDL, L., *Historia de la literatura nacional española en la edad de oro* (Barcelona 1933); ID., *Cultura y costumbres del pueblo español* (Barcelona 1929); PARKER, A.A., *Aproximación al drama español del siglo de oro. Hacia una definición de la tragedia calderoniana (Calderón y la crítica)* (Madrid 1976) p.329-57 y 359-87; ID., *Calderón, dramaturgo de la escolástica:* Revista de Estudios Hispánicos III (1935); PÉREZ PASTOR, C., *Nuevos datos acerca del histrionismo español de los siglos XVI y XVII* (Madrid 1901); ID., *Documentos para la bibliografía de Calderón de la Barca* (Madrid); RAMOS DEL MANZANO, F., *Ad leges Iuliam et Papiam et quae ex libris iurisconsultorum fragmenta ad illas inscribuntur, Commentarii et Reliquationes...* (Madrid 1678); RENNERT, H.A., *The Spanish Stage in the time of Lope de Vega* (Nueva York 1963); REYES, A., *Los autos sacramentales en España y América* (en «Capítulos de literatura española» , 2.ª serie, Méjico 1945); ROUANET, L., *Colección de autos, farsas y coloquios del siglo XVI* (Barcelona 1901); SÁNCHEZ ARJONA, J., *Noticias referentes a los anales del teatro en Sevilla desde Lope de Rueda hasta fines del siglo XVII* (Sevilla 1898); SHERGOLD, N. D., *A History of the Spanish Stage from medieval times until the end of the Seventeenth Century* (Oxford 1967); SIERRA CORELLA, A., *La censura en España. Indices y catálogos de libros prohibidos* (Madrid 1947); SUBIRÁ, J., *El gremio de representantes españoles y la cofradía de Nuestra Señora de la Novena* (Madrid 1960); TURIA, R. del, *Apologético de la comedia.* Ed. Morel Fatio: Bulletin Hispanic (1902) 47-51; VALBUENA PRAT, A., *Autos sacramentales de Calderón (clasificación y análisis):* Revue Hisp. 61 (1924) 1-302; ID., *Mira de Amescua:* Clas. Cast. (1926); ID., *Literatura dramática española. Historia del teatro español* (Barcelona 1956); WARDROPPER, B. W., *Introducción al teatro religioso del siglo de oro. Evolución del auto sacramental antes de Calderón* (Madrid 1967); VAREY, J. E., y SHERGOLD, N. D., *Los autos sacramentales en Madrid en la época de Calderón. 1637-1681* (Madrid 1961); ID., *Fuentes para la historia del teatro en España* (Londres 1971ss), varios vols. en publicación; reúnen estudios anteriores; WILSON, E. M., y MOIR, D. W., *Historia de la literatura española.* III: *Siglo de oro. Teatro (1492-1700)* (Barcelona 1974); XARABA, G., *Apelación al tribunal de los doctos. Justa defensa de la aprobación a las comedias de D. Pedro Calderón de la Barca, impresa en 14 de abril del año de 1682. Impugnación eficaz de los papeles que salieron contra ella... Apología que dexó escrita el Rmo. P. M. Fr. Manuel de Guerra y Ribera...* (Madrid 1762).

NOTA PREVIA *

A lo largo de la decimoséptima centuria, las relaciones entre el teatro y la Iglesia adquieren singular importancia por un triple motivo: en primer lugar, por la extraordinaria aportación de los hombres de Iglesia a la producción dramática tanto en la escuela de Lope de Vega como en la de Calderón de la Barca. Segundo, por alcanzar los autos sacramentales —subgénero que puede decirse privativo de España— la máxima culminación en su ascendente carrera durante el XVII, y, finalmente, por ser éste el siglo de las enconadas y transcendentes controversias sobre la licitud moral del teatro, que se prolongan casi todo el siglo siguiente y tienen influjo decisivo en el proceso de la actividad teatral en ciudades y pueblos. Por todas estas peculiares circunstancias, bien merece capítulo aparte el estudio, siquiera sea conciso, de punto tan específico de la vida religiosa española en el siglo de oro de nuestra escena.

Tomo la palabra *Iglesia* en su acepción más actual, que abarca tanto la Iglesia jerárquica y la docente de teólogos y predicadores como la Iglesia de los seglares, de los laicos actuantes en el mundo del teatro, ya legislando y disponiendo, ya como dramaturgos y comediantes, ya como público asistente a las representaciones.

La intervención de unos y de otros es diversa: la de la jerarquía durante el XVII es escasa, correspondiendo al siglo siguiente las graves actuaciones de los obispos. Muy secundario es el papel que juega la Inquisición. Gran importancia tiene, en cambio, el contraste de pareceres entre teólogos, predicadores y juristas; de ello me ocuparé ampliamente. La regulación de la vida teatral es incumbencia del Consejo Real de Castilla. En cierto modo, docente y educador es el oficio de los comediógrafos. Los comediantes son objeto de múltiples censuras y de disposiciones por parte del Consejo, que tratan de moderar su actuación en las tablas y de corregir sus costumbres. Finalmente, el público, con sus gustos y preferencias, es quien encauza la producción dramática. A su fe profunda y a su afición por las representaciones devotas se debe, principalmente, el auge de nuestro teatro religioso.

I. DRAMATURGOS ECLESIÁSTICOS

Cuando, con el Renacimiento, el teatro se seculariza y las representaciones teatrales pasan de las iglesias a los palacios de los grandes señores, siguen siendo todavía eclesiásticos no pocos de los poetas: sacerdotes fueron Juan del Encina, Lucas Fernández, Sánchez de Badajoz, Torres Naharro y alguno menos conocido, como Luis Hurtado de Toledo,

---

* Para mayor brevedad, cuando en el texto se indica sólo el nombre de un autor, sin especificar la obra, se sobrentiende que la página citada se refiere a aquella obra de dicho autor que aparece en la *Introducción bibliográfica.* Las *Controversias,* de Cotarelo, se citan con la sigla C. C.

párroco de San Vicente. Pero, avanzado el siglo XVI, el cambio es radical: son seglares tanto los que siguen la imitación de la comedia italiana: Lope de Rueda, Timoneda y Alonso de Vega, como los imitadores de la tragedia clásica: Rey de Artieda, Virués, Lasso de la Vega, Lupercio Leonardo de Argensola y Cervantes como puente con el nacional; frente a éstos queda casi aislado el dominico gallego Fr. Jerónimo Bermúdez. Al final del siglo, en el tránsito del teatro clasicista al nacional, que representa Juan de la Cueva, cabría colocar, por la fecha de su muerte, 1602, al canónigo de Valencia el Dr. Francisco de Tárrega, aunque, por su contacto con Lope, suele adscribirse a su escuela y, por ende, al siglo de oro de nuestro teatro. En éste sí que el predominio de los eclesiásticos es manifiesto por la calidad y por el número: pertenecieron al clero los dos máximos dramaturgos Lope y Calderón, en torno a los cuales se agrupan los dos grandes ciclos de autores dramáticos del XVII. En el de Lope de Vega figuran nombres tan prestigiosos como el Dr. Mira de Amescua, arcediano de Guadix; los dos mercedarios Fr. Gabriel Téllez y Fr. Alonso Remón, si bien la fama del segundo en su tiempo fue superior a su obra, no así la de Tirso de Molina; el maestro Valdivielso, capellán mozárabe de Toledo; el Dr. Juan Pérez de Montalbán, discípulo tan allegado del maestro; el Dr. Godínez, con otros cuya fama ha decrecido con los años: Damián Salustio del Poyo, López de Aguilar, Gaspar de Avila, el maestro Alfaro, Sebastián Francisco de Medrano, Jerónimo de Barrionuevo, Miguel Sánchez y el Dr. Juan de la Porta.

El ciclo de Calderón, aunque no tenga ninguno de la talla de Tirso, cuenta con una lista de dramaturgos estimables, encabezada por Moreto, además del entremesista Quiñones de Benavente y de Rodríguez de Villaviciosa, asignables, en parte, al ciclo de Lope; el comendador de Morón D. Juan Bautista Diamante, Avellaneda de las Cuevas, canónigo de Osma; Antonio de Solís, el historiador de Méjico; Ambrosio de los Reyes Arce, Gómez Tejada de los Reyes, el Dr. Cristóbal Lozano, más conocido como novelista; el infatigable viajero Rodríguez Pacheco y Francisco de Rojas.

A los comediógrafos pertenecientes al clero secular hay que añadir los religiosos. Dado el florecimiento del teatro en los colegios de jesuitas, muchos fueron los que —con dotes para ello o sin ellas— compusieron comedias, en gran parte anónimas. Recordemos los nombres de los PP. Acevedo, Acosta, Cigorondo, Valentín de Céspedes, Diego de Calleja, Fomperosa. De otras órdenes, aparte de los dos mercedarios ya citados, el trinitario Fr. Francisco de Guadarrama, el mínimo Fr. Antonio de Herrera, el agustino descalzo Fr. Félix del Espíritu Santo, el carmelita Fr. Pedro de Vargas y el ermitaño de San Antonio de Padua, en Cascante, Fr. Antonio Fajardo de Acevedo.

Entre las monjas (ninguna se acerca a la décima musa), la mejicana sor Juana Inés de la Cruz; baste el recuerdo de las dos portuguesas que escribieron en castellano: sor María do Ceo y sor Violante do Ceo.

Teniendo en cuenta que muchas de estas obras, si llegaron a imprimirse, salieron, en general, en ediciones sueltas, quedando en buena parte manuscritas, se comprenderá cuántas se habrán perdido. Algo podría completarse la lista de comediógrafos en lo referente a los religiosos mediante la consulta de bibliografías particulares de las órdenes y congregaciones. Como quiera que no trato aquí de dar un catálogo, ni aun incompleto, de los escritores de ambos cleros que compusieron comedias, creo suficiente lo dicho para que no se considere exagerado el calificativo de «extraordinaria» aplicado arriba para designar la aportación eclesiástica a nuestro teatro del seiscientos.

Por lo que respecta a su ordenación y al oficio que desempeñaban, es frecuente entre los comediógrafos el ordenarse en edad madura (Lope, a los cincuenta y dos; Calderón, de cincuenta y uno; Solís, a los cincuenta y siete). Por lo general, no hallaron inconveniente en seguir escribiendo después de su ordenación. Si bien haya que recordar las limitaciones con que a partir de 1651 continuó actuando Calderón, y también que Solís se negó a seguir escribiendo para las tablas una vez ordenado, sin embargo, el oficio de escribir comedias no se consideró indigno de su estado sacerdotal ni por los que lo ejercitaban ni por la sociedad en que vivían. Canónigos fueron Tárrega, Mira y Avellaneda, y a las capellanías se acogieron otros muchos buscando un *modus vivendi:* Valdivielso fue capellán mozárabe de Toledo, de los arzobispos Sandoval y Rojas y del cardenal-infante D. Fernando de Austria; capellanes de los Reyes Nuevos, de Toledo, Calderón y Lozano; León Marchante, del colegio de los Manrique, además de racionero de los Santos Justo y Pastor, de Alcalá; Francisco de Rojas, capellán menor del Hospital General de Madrid, y Gómez Tejada de los Reyes, de las bernardas descalzas de Talavera.

Si los eclesiásticos no encontraron dificultades en sus superiores jerárquicos para dedicarse al teatro, tampoco las hallaron en la Inquisición, cuyas relaciones con el teatro fueron generalmente buenas, como veremos luego. Lo confirma la circunstancia de que Lope fue familiar del Santo Oficio; Pérez de Montalbán y León Marchante, notarios; Sebastián Francisco de Medrano, comisario y revisor de comedias por la Inquisición (se entiende de las impresas, porque la censura de las representadas tocaba al Consejo). Entre estos censores nombrados por el Consejo figura Avellaneda.

Igualmente, en las aprobaciones solicitadas del Ordinario no hubo tropiezos. Como prueba de esta favorable acogida se puede citar que en Madrid —donde se publicaron tantas comedias— el vicario (Madrid no fue obispado hasta muy tarde) encomendó muchas veces la censura a gente del oficio; se hallan con frecuencia aprobaciones dadas por Valdivielso, Lope, Calderón, S. F. de Medrano, etc., junto a las de otros eclesiásticos conocidos como partidarios del teatro.

Pudiera pensarse que el florecimiento del teatro religioso en España fuera debido a este elevado número de poetas dramáticos procedentes del clero. Sin negar la importancia de este factor, creo que la causa principal hay que ponerla en la fe arraigada del pueblo. Al pueblo, sin-

cera y hondamente creyente, le agradaban los temas religiosos. Y como
quiera que los escritores de comedias salían de ese pueblo, de aquí que
las creencias católicas y la ideología que ellas comportan aparezcan de
modo manifiesto en el teatro del siglo de oro.

II. Moral y teología en las obras dramáticas. Comedias de santos y autos sacramentales

En una mirada de conjunto de nuestro teatro cabe distinguir el aspecto moral y el teológico y los dos subgéneros de comedias bíblicas y
de santos, y, sobre todo, los autos sacramentales.

La moral

Algunos críticos de los siglos XVII y XVIII censuraban las comedias
al uso, en particular las de capa y espada, como corruptoras de las
buenas costumbres. Así, D. Luis Crespi de Borja (1649) y el P. Camargo (1689). Las acusaciones de Crespi y Camargo se repiten, todavía con más dureza, en los neoclásicos del XVIII. Nasarre lamenta que el
teatro calderoniano enseñe «a las honestas doncellas los caminos de
perdición y los modos de mantener y criar amores impuros y de enmendar y engañar a los padres»; y Nicolás F. Moratín: «cuanto puede
inspirar relaxación de costumbres, ideas falsas sobre el honor, quixo-
tismo, osadía, desenvoltura, inobediencia a los magistrados, desprecio
de las leyes y de la suprema autoridad, todo se resume en tales obras»
(ANDIOC, o.c., p.173 y 169).

Para Camargo, los argumentos de las comedias «son, por la mayor
parte, impuros, llenos de lascivos amores, de solicitaciones torpes, de
finezas locas... y, por último, suelen parar en una comunicación desho-
nesta, en una correspondencia escandalosa, en un incesto, en un adulterio» (p.67). Con razón, Bances Candamo, en su primera versión de
Theatro de los theatros... (1689-90), refutando al P. Camargo, recuerda
que las comedias, «las más, fenecen en casamiento» y que los argumentos generales de las comedias modernas son decentes y honestos. En lo
tocante al adulterio, advierte Candamo que, «desde que Calderón estableció las normas del decoro de los personajes, no se pone adulterio que
no sea sin culpa de la mujer, forzándola o engañándola».

Hay un grupo de obras en las que aparece el adulterio, si bien en
ellas el problema moral, más que de éste, proviene de la transgresión de
otros mandamientos; me refiero a los *dramas de honor*. La problemática
que suscitan es compleja. Para desentrañarla, entre otras cosas, habría que analizar hasta qué punto dichos dramas eran reflejo de la realidad de la época. La respuesta de Menéndez Pelayo, Menéndez Pidal y
A. Castro es afirmativa. En cambio, la crítica extranjera moderna —como
puede verse en E. W. Hesse y Ch. V. Aubrun— subraya el aspecto

convencional del código del honor y lo cree más relacionado con la ficción teatral que con la vida y la moral. Pienso más acertado el parecer de Castro, que «la doctrina del honor en el teatro no fue cosa imaginada por los escritores dramáticos ni exageración calderoniana». Habría también que conocer cómo se formaban la conciencia ante las leyes del honor los hombres de la ciudad y de la Corte, así como el sentir del pueblo y las opiniones de los moralistas. Para lo primero pueden dar luz las palabras del cortesano en el diálogo de las *Paradoxas racionales* (escritas por el portugués Antonio López de Vega hacia 1656), que por acudir a un duelo no se perdía el crédito de cristiano; más aún, que nadie dudaría de que quien tal hiciese estaría dispuesto a perder mil veces la vida por la verdad de la ley que con aquella acción quebrantaba gravemente. Paradójico, pero real. Ante tal modo de enfocar la realidad, no es de extrañar que no se encuentre en la dramaturgia del honor del XVII ningún drama basado en el conflicto de conciencia de *Lances de honor,* de Tamayo.

Respecto al concepto popular sobre el honor sexual marital es oportuno recordar lo que cuenta Bances Candamo: que fue silbada la representación de *Cada cual lo que le toca,* de Rojas Zorrilla, porque el protagonista perdona a la esposa, a quien no halló virgen la noche de las bodas.

En cuanto a las opiniones de los moralistas —tema digno de estudio—, algunas recoge Castro al tratar de *El honor según los casuistas.* La más interesante y apropiada es la del famoso jesuita Escobar y Mendoza (actualizada ya por Pascal en las *Provinciales),* según el cual es lícito llegar hasta la muerte del ofensor si no tiene el ofendido otro medio de recobrar la honra perdida. He de añadir que, entre la multitud de testimonios recogidos por Cotarelo en sus *Controversias,* sólo he hallado dos —del mismo tiempo, 1682-83—, de los jesuitas Agustín de Herrera y Fomperosa, que condenan «la doctrina cruel, sangrienta, bárbara y gentílica de lo que se llama duelo», y se lamentan de que «no sólo con indemnidad, sino con aplauso, se establezcan en las comedias ciertas leyes de venganza con nombre de duelo, contra la razón, contra la piedad, contra la Iglesia y contra todo el Evangelio de Jesucristo» (C. C., p.356b y 357a).

Solamente, una vez delimitados estos puntos, sería el momento de valorar la responsabilidad que correspondería a los dramaturgos —por la parte atribuible a los dramas de honor— en la pervivencia de aquellas crueles leyes de la venganza en la sociedad española. Habría aún que indagar el pensamiento propio sobre el honor de cada uno de ellos. Respecto a Lope, lo hace cumplidamente Pidal; en cuanto a Calderón, la crítica angloamericana (Jones, Wardropper, Parker, Wilson, y en particular P. N. Dunn: *Honor and the Christian Background in Calderon* [1960]; HESSE, o.c., p.151) trata de justificarlo. Ambos poetas quedan en buena postura en las respectivas críticas.

Contra la afirmación del P. Camargo de que las comedias suelen parar en un incesto o en un adulterio, en cuanto al incesto existe otra anterior (1693) de otro jesuita, el P. Fomperosa, que dice: «Tragedias cuyo argumento eran incestos y parricidios no se escriben en castellano, como las escribían los antiguos, y así no se ven en las tablas aquellos abominables ejemplos» (C. C., p.263b). Por lo que hace al parricidio, digamos de pasada que *El animal profeta y dichoso parricida San Julián,* de Lope, además de ser muy anterior a 1683, no tiene nada de ejemplo abominable, pese a su dramatismo; es la escenificación de una leyenda recogida por la *Legenda aurea.* En lo tocante al incesto, al parecer, Fomperosa se muestra algo trascordado. Bances Candamo recuerda *Los tres mayores imperios,* de Pablo Polope, con los amores incestuosos de Júpiter y Juno, y *El marido de su madre,* de Matos Fragoso, sobre la leyenda de San Gregorio, conocida en España por la «patraña» quinta de Timoneda. Se trata de un matrimonio por ignorancia que no llegó a consumarse, separándose los cónyuges en cuanto se descubre la verdad. Donde el tema del incesto halló mayor resonancia fue en *La venganza de Tamar,* de Tirso, y *Los cabellos de Absalón,* de Calderón, dos tragedias bíblicas que han sido objeto de estudios modernos, especialmente la de Calderón. Todavía en la producción de éste se encuentra otro ejemplo en *La devoción de la cruz.* Aquí también Eusebio y Julia, cuyos amores irrealizables ocupan toda la intriga del drama, desconocen que son hermanos gemelos, y el espectador —que lo sabe—, si en algún momento puede inquietarse, pronto ve desvanecerse sus temores gracias al delicado sentido moral de Calderón. Conatos incestuosos se dan, asimismo, en el Leonido de *La vengaza satisfecha,* personaje en el que Lope ha acumulado todas las maldades a fin de hacer más maravillosa su conversión.

Ni Camargo ni Fomperosa hacen alusión al suicidio. Opina Aubrun que por tratarse «del pecado más grave, el de la desesperación, estaba excluido de la tragicomedia, pues era sencillamente inconcebible en España» (p.216). La proposición parece demasiado tajante. En obras como *La gran Semíramis,* de Virués, y *Los áspides de Cleopatra,* de Rojas Zorrilla, se da el suicidio. Santos Díez González, censor de comedias del XVIII, que aprueba una oscura comedia, *Policena,* en la que se suicida la protagonista, aduce una razón que seguramente tuvieron también los censores del XVII: que, por tratarse de una mujer pagana, no era un ejemplo de perniciosas costumbres; por eso en la literatura estaban admitidos suicidas famosos, como Dido, Catón y Lucrecia. Con todo, como bien observa J. P. E. Gillet en su artículo «Lucrecia-necia» *(Hispanic Review* [1947] p.120-30), hay un cambio manifiesto entre la consideración con que se trata a Lucrecia en la Edad Media y en el Renacimiento y el desprestigio que sufre en el Barroco. La asociación entre Lucrecia y necia se hace ahora más frecuente, no tanto por la innegable fuerza del consonante cuanto por la desvalorización de tales actitudes en la literatura barroca. Fuera del tema pagano, se encuentra un conato de suicidio en *Del rey abajo, ninguno,* de Rojas Zorrilla: El protagonista, García del Castañar, creyéndose equivocadamente deshonrado por el rey, decide, para lavar su honra, matar a Blanca, su esposa fiel, y darse luego la muerte. Al ir a realizarlo —refiere Blanca—, el amor detiene su brazo, y ni la mata a ella ni consuma el suicidio. En Lope, las imaginaciones suicidas de la veleidosa protagonista de *Los melindres de Belisa* no pasan de un vanidoso devaneo. Pero en el XVIII, un comediógrafo eclesiástico, Añorbe y Corregel, capellán de la Encarnación, de Madrid, opta por el suicidio en el desenlace de *Los amantes de Salerno*. En todo caso, el episodio citado de García del Castañar constituye una verdadera excepción en la serie de dramas de honor españoles, que contrasta con la frecuencia con que aparece el suicidio en el teatro clásico japonés de la época de Edo (siglos XVII-XIX). Muchos dramas cuyo conflicto fundamental se centra en el angustioso dilema entre el honor o deber y el amor o los sentimientos espontáneos naturales, suelen tener un desenlace trágico: los amantes se suicidan. Este suicidio, que aparece embellecido en la escena y aplaudido o al menos comprendido por el público, no es, sin embargo, explicable desde las enseñanzas confucianas o budistas. Circunstancia que muestra la diferente actitud ante la vida y ante las creencias religiosas de la sociedad y del público japonés y del español.

La teología

Sobre el saber teológico de nuestros autores dramáticos recordemos dos opiniones, al parecer contrapuestas: la de un contemporáneo, Bances Candamo, y la actual de Ch. V. Aubrun. Hablando Candano de los dramaturgos de la escuela de Lope, cita «al Dr. Mira de Amescua, al Dr. Godínez y al maestro Tirso de Molina, que sabían harta theología». Por su parte, Aubrun parece subestimar su capacidad teológica: Calderón y Tirso «no sobrepasan un nivel mediocre. No es precisamente en la historia de la filosofía o de la teología donde figurarán sus ilustres nombres» (p.101). Es cierto que ninguno de los célebres lectores de teología escribió comedias. Tirso fue el único que la leyó, y esto por breve tiempo —año y medio (1617-18)—, en un secundario colegio ultramarino de la isla Española. Pero esto no implica que le faltasen conocimientos para tratar temas teológicos en el teatro. Lo mismo puede decirse de Calderón. En sus comedias religiosas y autos vemos que abarca el plan de la redención y de la Providencia en el gobierno del mundo, la doctrina de la gracia y del libre albedrío, la de los sacramentos y de las virtudes teologales; en una palabra, toda la economía sobrenatural de la salvación y justificación del hombre. Esto, según el P. Aicardo, se encuentra ya en la colección de autos viejos publicados por Rouanet. Mas lo que está allí de un modo embrionario, Calderón lo expone sistemáticamente y con profundidad, con aquel su modo de razonar filosófico, propio del autor de *La vida es sueño*. Lo cual ha llevado a Parker a llamar a Calderón «el dramaturgo de la escolástica». Los personajes calderonianos se mueven en un mundo sobrenatural gobernado por la Providencia: *No hay más fortuna que Dios;* la finalidad de su existencia es la salvación propia y procurar también la del prójimo. Lo que conlleva el respeto sin límites al alma: «Porque el honor / es patrimonio del alma, / y el alma sólo es de Dios». Sin tanto énfasis, la misma idea la había expresado Lope: «que el amor roba las almas, / que es robar su hacienda al cielo» *(Los melindres de Belisa)*. Pero la salvación depende de nosotros, de nuestra libertad, negada por la doctrina protestante. La defensa del libre albedrío, de la responsabilidad del hombre, es tema sobresaliente en su teatro. Así lo han visto Edwards, Parker, Wardropper: «Calderón es el poeta de la responsabilidad moral —escribe Wardropper—. Si en su obra hay una gran variedad de temas poéticos, todos estos temas quedan subordinados a una visión moral de la conducta humana y a un juicio moral de sus consecuencias». No debe olvidarse —no lo olvidan Parker ni Wardropper— que tanto Calderón como Tirso escriben teología para la escena, es decir, teología escolástico-dogmática, no escolástica propiamente tal, la que se debatía en las aulas y en los libros de dominicos y jesuitas. Creo haber demostrado en otra parte que fue equivocada la orientación de Menéndez Pidal (1902) al pretender probar que el autor de *El condenado por desconfiado*, evocando la controversia *De auxiliis*, defiende en esta obra la doctrina del jesuita Luis de Molina. No es así, pese a los muchos que se han hecho eco de este pretenso molinismo del drama. Tirso de Molina, con su fina sensibilidad para lo escénico y lo popular, huye de los términos y abstracciones de la escuela, y si alguna doctrina escolástica hubiera defendido en sus obras, habría sido no la de Molina, sino la de su orden. Fr. Gabriel Téllez se declara discípulo —a través del P. Merino— del famoso teólogo mercedario P. Zumel, cuya sentencia en materia de predestinación es una modalidad especial dentro del bañecianismo.

Comedias bíblicas y de santos

Todos los dramaturgos tocan el tema más o menos, aun algunos apenas conocidos. Por su abundancia sobresalen Lope y Godínez, éste por su origen judío. Entre las bíblicas ocupan lugar principal las de personajes célebres del Antiguo Testamento: Ester, Rut, Jezabel, Jacob, David, Absalón..., análogas en su composición a las de santos. Recordemos algunas: *La hermosa Ester* (Lope), *Amán y Mardoqueo* (Godínez), *La mejor espigadera* (Tirso), *La mujer que manda en casa* (Jezabel), de Tirso, y *La viña de Nabot*, de Rojas Zorrilla; *Los trabajos de Jacob* (Lope), *El arpa de David* (Mira) y *Los cabellos de Absalón* (Calderón).

La veneración por los santos, muy antigua en la Iglesia, recibe un gran impulso con la doctrina protestante contraria, hallando en el XVII su mayor expresión en la plástica y en el teatro. De las últimas décadas del XVI atestigua Rojas que no quedó poeta en Sevilla que no hiciese de algún santo su comedia. Favorecían la multiplicación los muchos encargos motivados por las frecuentes canonizaciones de aquellos años del XVII y por el deseo de festejar a los nuevos santos y a sus patronos de las religiones y cofradías. A esto se añade —según Aubrun— «las que se hacen de encargo para ir preparando otros procesos ante la Congregación de Ritos, e intentar influir con el testimonio de la popularidad sobre las decisiones. Citemos, a título de ejemplo, *La juventud de San Isidro* y *La niñez de San Isidro*, de Lope, en 1622, y *La niñez del P. Rojas*, igualmente de Lope, en 1625» (p.36). Desconozco el fundamento histórico de esta idea —en la que insiste Aubrun en las p.46 y 270—; sólo puedo decir que las dos comedias de San Isidro fueron escritas por Lope para celebrar la canonización, no para prepararla; ignoro, en cuanto al P. Rojas, si en 1625 estaba ya introducida su causa o si llegó a introducirse. Lo que sí creo más cierto es que Lope la escribió llevado de su veneración personal a Rojas y que éste fue igualmente el motivo de su comedia *Juan de Dios y Antón Martín* (1611-12).

Quizás pudiera servir de ejemplo del éxito de tales encargos lo que cuenta Barrionuevo en su carta del 30-10-1655: «Hase compuesto una comedia de San Gaetano, de todos los mejores ingenios de la Corte, con grandes tramoyas y aparatos... La reina se muere por verla y las mujeres dicen locuras. Paréceme que, en viniendo el rey, se representará, según dicen. Tanto es el afecto del pueblo y género femenino». En la carta del 3-11-1655 habla de la representación: «El concurso del pueblo es un día de juicio..., fue tanta la gente que acudió a verla al corral del Príncipe, que al salir se ahogó un hombre entre los pies de los demás. Buena ocasión tenía el Santo, si quisiera, de hacer aquí un milagro. No debió de convenir» *(Avisos* II p.190 y 195). San Cayetano, fundador de los teatinos —muy populares en España, aparte de su confusión con los jesuitas—, era Beato desde 1624 y venerado como protector de las mujeres en espera del parto. Acaso el motivo de componer esta comedia fue promover la devoción al Beato —cuya canonización no llegó hasta 1671— con ocasión del próximo alumbramiento de la reina, la cual el 8-12-1655 «parió una hija; con que San Gaetano ha perdido mucho crédito» (p.233), puesto que se deseaba tanto un varón. Probablemente, la comedia se haría por encargo de los teatinos, deseosos de la canonización de su fundador.

Además de estos santos, cuya actualidad explica su presencia en las tablas, si se recorren los títulos de otras comedias, se advierte cómo los poetas, bajo títulos adivinatorios, buscan sorprender, llamar la atención del público. En algunos casos, la novedad está sólo en el título; así, *El divino africano*, San Agustín, o *El cardenal de Belén*, San Jerónimo, ambas de Lope. Pero en otros, lo extraño está en los mismos santos, que es menester buscarlos en la sección de *Extravagantes* del *Flos sanctorum*, de Villegas, como en *Locos por el cielo*, también de Lope, que se refiere a los santos Indes y Dona. Se buscan también las mujeres penitentes, ermitañas, que a veces, al igual que Dona, se visten de hombre. Así, de Santa Teodora: *La adúltera penitente* (Matos, Moreto y Cáncer), *La mesonera del cielo* (Mira de Amescua) y *Púsoseme el sol, salióme la luna* (Claramonte). *La Santa Juana*, de Tirso, inspira a Bernardo de Quirós *La luna de la Sagra*, y *El prodigio de la Sagra* a Cañizares; *El José de las mujeres*, de Calderón, es Santa Eugenia, que, yendo vestida de hombre para ocultar su personalidad, se enamora de ella su ama. De la penitente Santa María Egipcíaca proceden *La adúltera virtuosa* (Mira) y *La gitana de Menfis* (Montalbán). El negro, personaje frecuente en su teatro, inspira a Lope las comedias de santos casi desconocidos: *El santo negro Rosambuco, de la ciudad de Palermo* y *El negro del mejor amo, Antiobo de Cerdeña*. Sobre San Bruno, *El mayor desengaño* (Tirso) y *Las siete estrellas de Francia* (Belmonte Bermúdez), porque como siete estrellas vio en sueños a San Bruno y a sus seis compañeros el obispo que aprobó su instituto. Podrían multiplicarse los ejemplos, ya que el santoral de la escena española es muy variado; en ella figuran santos hoy apenas venerados: San Alejo, San Onofre, San Eloy, Santa Librada, Santa Colomba, Santa Afra, etc.

Se eligen, igualmente, santos cuya vida aventurera se preste al contraste barroco de luz y sombra; de aquí ese trasiego de santos y bandoleros típico de nuestro teatro, estudiado por A. Parker.

Los autos sacramentales

Al comenzar el siglo XVII llevaban muchos años representándose autos en el día del Corpus, aunque aún no habían llegado a la perfección a que los elevó Calderón. Desde hacía tiempo, a no ser en alguna ciudad como Toledo, los autos dependían del municipio. En los pueblos pequeños solía ser una cofradía la que corría con la organización, representándose por aficionados. Pero hacia 1560 eran ya los cómicos de profesión los que actuaban generalmente en los autos, y, aunque seguían componiéndolos, como debió de suceder en un principio, sacerdotes y religiosos (por los años 1642-43 escriben los autos en Sevilla el carmelita Fr. Pedro Vargas y el racionero D. Juan Durán de Torres, poco o nada conocidos por su actividad teatral), comúnmente se encargan los autos a los poetas dramáticos más celebrados: Lope, Mira, Tirso, Montalbán, Valdivielso, Calderón, Rojas Zorrilla, etc. De aquí que, literariamente, el auto tenga las características de la comedia lopesca o de la calderoniana.

En cuanto a la aparición y auge de los autos sacramentales en la segunda mitad del siglo XVI, se ha querido ver en ello —desde Pedroso en 1865— por Cotarelo, Menéndez Pelayo, el P. Aicardo, Valbuena Prat y González Ruiz una manifestación de la lucha contra la herejía protestante. J.P.W. Crawford (*The Spanish Drama before Lope de Vega*, 1922) opina, por el contrario, que «hay poco testimonio para apoyar esta teoría». Bataillon y Wardropper se muestran de acuerdo con él. Porque, si bien es cierto que se encuentran en los autos rasgos antiluteranos, como son las afirmaciones de la transubstanciación, pero no son frecuentes, como también son raras las veces —algunas más en el XVI— que entre los personajes alegóricos figura la herejía; siquiera sea como un luterano, en la *Farsa sacramental de la moneda* (auto viejo), o como la apostasía, en *La divina Filotea*, último auto, inacabado, de Calderón. Lo cual demuestra que la preocupación antiherética pesa apenas a la hora de señalar las características y la finalidad de los autos sacramentales.

Creo más acertado el sentir de Bataillon: «el nacimiento de un teatro eucarístico destinado al Corpus nos parece que es no un hecho de contrarreforma, sino un hecho de *reforma católica*». Se trata de una renovación del fervor eucarístico promovida eficazmente, a raíz de Trento, por prelados, cabildos y concilios provinciales, que contó con el apoyo decidido del clero secular y religioso y con el entusiasmo popular.

En las definiciones de Lope y Calderón se distinguen con claridad las dos tendencias de los autos. Según Lope, son comedias de historias divinas en alabanza del pan eucarístico, «confusión de la herejía y gloria de la fe nuestra». Aquí debió de tener origen la idea de Pedroso —que tanto eco alcanzó— antes debatida. Para Calderón son sermones puestos en verso, cuestiones de la sacra teología, en idea representable para su mejor comprensión. Lope y los de su ciclo cultivan los autos historiales, destacando en ellos el elemento lírico y amoroso con ecos de canciones populares. Los de Calderón y de quienes intentaron seguirle sobresalen por su perfecta arquitectura, la variedad y precisión de su pensamiento teológico y por la música cortesana, inspirada en la zarzuela, en boga en aquella hora. En la línea de Calderón, escribía clarividente Menéndez Pelayo: «Los autos son traducción simbólica, en forma de drama, de un misterio de la teología dogmática, y deben calificarse de *poesía teológica*». Alegórica representación había dicho Luján. «La *alegoría* es lo que caracteriza al auto», en opinión de Balbuena Prat. Y, según Wardropper, «El uso del lenguaje de los signos —de la alegoría— hace posible la representación dramática de los dogmas». Este proceso de dramatización de los dogmas lo explica lúcidamente Parker, concretándolo en el de la redención; en él se comprenden varias ideas: «la caída de la gracia del hombre, su sujeción al pecado, la imposibilidad en que se ve de volver a gozar del amor divino mediante sus propios esfuerzos; la ineficacia, por tanto, del judaísmo, o de cualquier otra religión precristiana como medio de salvación; la encarnación, el sacrificio propiciatorio de Cristo. Para que se dramatice el dogma, pues, la humanidad, la gracia, Satanás, la culpa, el judaísmo, el paganismo y Dios mismo tienen que volverse personajes dramáticos». En estas palabras queda bien expresado lo que es el esquema de un auto. Y en su desarrollo se muestra particularmente el saber teológico de Calderón. Sus autos son, en verdad, *poesía teológica;* y campea su pensamiento filosófico, psicológico en especial. Calderón, dice Aubrun, representa loa autos «a la manera de Prudencio, en forma de *psicomaquia*, es decir, de un combate proyectado en la escena, para mayor comodidad didáctica, entre nuestros vicios y nuestras virtudes, o bien, entre nuestras facultades, nuestros sentidos, nuestras propensiones naturales, de una parte, y, de otra, las ideas, más o menos claras, que nosotros nos formamos de las fuerzas espirituales que actúan en nosotros» (p.301).

Calderón sabe aprovechar como nadie la densidad teológica del oficio del Corpus compuesto por Santo Tomás, el cual es uno de los personajes de *El sacro Parnaso,* y en sus labios pone la traducción íntegra del *Pange lingua.* Maravilloso su poder de amplificación de sentencias de los himnos sacros, como el *Sola fides sufficit,* del *Pange lingua,* o el *Sed auditu solo tuto creditur,* del *Adoro te devote,* en sus personificaciones de los cinco sentidos.

A lo largo de dos siglos, en tanta multitud de autos sacramentales, dentro de la inevitable repetición, se admira la gran variedad de temas. La Escritura, la historia, la mitología, la leyenda, las comedias propias o ajenas, los acontecimientos del momento, suministran al dramaturgo materia para sus autos mediante la alegoría, la reflexión teológica o filosófica —nota peculiar de Calderón— y la transposición a lo divino de sucesos profanos. El mero recuento de títulos ocuparía demasiado espacio; recordaré tan sólo algunos: *Sueños hay que verdad son* (José en Egipto), de Calderón; *La viña de Nabot* (Rojas Zorrilla), *La siega* (Lope), *La viña del Señor* (Calderón), *El rico avariento* (Mira); quizás la parábola evangélica más repetida en el teatro religioso (comedias y autos) sea la de *El hijo pródigo;* de este título recordemos, entre otros, una auto viejo, y otro de Valdivielso; *El santo rey D. Fernando* (Calderón), *La devoción a la misa* (Calderón), *El laberinto de Creta* (Tirso), *Psiquis y Cupido* (Valdivielso), *Andrómeda y Perseo* (comedia y auto; Calderón), *La locura por la honra* (comedia y auto; Lope), *El villano en su rincón* (Valdivielso, de la comedia de Lope), *El mayor encanto, amor* (comedia de Ulises y Circe; Calderón); de ella procede el auto del mismo *Los encantos de la culpa; La vida es sueño* da origen a dos autos del mismo nombre de Calderón, que, juntamente con *El gran teatro del mundo,* son ejemplo de su profunda reflexión filosófica, como *El veneno y la tríaca* representa la gran síntesis calderoniana de la historia teológica de la humanidad.

Pero donde quiero detenerme algo más es en la *transposición a lo divino.* Escribe Dámaso Alonso: «No creo que en ningún sitio el proceso de divinización de obras profanas haya durado tanto tiempo, tenido tal desarrollo, alcanzando a tantos géneros distintos y ofrecido tantos matices como en España. Tantos matices: no se comprenderá bien el fenómeno y su amplitud si, además de la divinización de las obras..., no se atiende también a lo que podríamos llamar divinización de temas» *(Ensayo de métodos y límites estilísticos* [Madrid 1950] p.231-32). Quizás esa divinización de temas no se dé en ninguna otra parte con tanta abundancia como en los autos. En ellos, la transposición se efectúa no sólo desde materias tan lejanas como la mitología —en lo cual Calderón insiste en una tendencia que vería de niño en las representaciones escolares del Imperial—, sino que el auto se convierte con frecuencia en una pieza de circunstancias de tiempo o lugar; y esto desde antiguo; en la Colección de autos viejos, aunque algunos no sean sacramentales, se encuentra ya *La premática del pan, El Coloquio de Felisa a lo divino,* el *Auto de los Triunfos del Petrarca,* el *Auto de la moneda* —atribuido a Calderón hay otro semejante: *La nueva moneda y Junta de Cortes del año 1680*—, *Las bodas de España,* con motivo del matrimonio de Felipe II con Ana de Austria, 12-11-1570. Pueden verse también en Sánchez Arjona, entre los representados en Sevilla el año 1584, *La isla Tercera a lo divino;* en 1585, otros dos autos: *Los desposorios de la infanta, moralizado a lo divino* (matrimonio de la infanta D.ª Catalina con el duque de Saboya en Zaragoza, 18-3-1585) y *La jura del príncipe* (luego Felipe III); en 1587, *La custodia nueva, moralizado a lo divino;* en 1589, *Desposorios del Guadalquivir con la Alameda (conmemorando las inundaciones de ese año), Las calles de Sevilla* (Claramonte 1621); Lope, con ocasión del doble matrimonio de Felipe III con Margarita de Austria y de Alberto de Austria con Isabel Clara Eugenia, a los que se halló presente en Valencia en 1599, escribió *Las bodas entre el alma y el amor divino; La jura del príncipe* (Baltasar Carlos; 1632), de Mira de Amescua; *El lirio y la azuzena* (Calderón), con ocasión del Tratado de Paz y Casamiento de la infanta María Teresa en 1660. Hay otros que se refieren a sitios reales o de la Corte: *La venta de la Zarzuela* (Lope), *El valle de la Zarzuela* (Calderón), *El nuevo palacio del Retiro* (Calderón), *El patio de Palacio* y *El sotillo de Madrid,* ambos de Rojas Zorrilla; *El Monte de Piedad* (Mira) y *La Maya,* de Lope, sobre la fiesta popular de la Maya a lo divino. En reparación de un pasquín en ofensa de la Virgen colocado en Granada, compuso Cubillo *El hereje.* Aunque el suceso sea sacro, podría considerarse a lo divino *El Año Santo en Madrid* (1651; Calderón) por la referencia a la vida y calles de la Corte, al modo como en la *Farsa sacramental de la fuente de la Gracia* (auto viejo) se hacía mención de las fuentes de Madrid: la de Leganitos, de Lavapiés, de los Caños del Peral y de la Priora.

III. ACTITUD DE LA IGLESIA ANTE LAS REPRESENTACIONES TEATRALES

En el siglo XVII, la relación entre el teatro y la Iglesia dista mucho de aquella estrecha dependencia que de ella tuvo el teatro primitivo de los misterios y moralidades. Cuando muchos años más tarde, secularizado ya el teatro, los representantes forman agrupaciones —pintorescamente descritas en *El viaje entretenido,* de Rojas— hasta formar compañías, éstas no tienen dependencia alguna de la Iglesia.

La suprema autoridad sobre los teatros la tenía, por delegación real, el Consejo Supremo de Castilla, el cual nombraba de entre sus miembros un Protector de comedias, que juntamente con dos comisarios, regidores del ayuntamiento de Madrid, entendían en todo lo referente a la vida teatral. En provincias dependían de las audiencias, corregidores y alcaldes o justicias, según los lugares. Pertenecía al Consejo determinar el número de compañías autorizadas para representar —que no pasó nunca de doce— y el reconocimiento legal de sus autores o directores y de los componentes de las compañías por ellos formadas; era también incumbencia del Consejo la censura previa de las representaciones. Se da, como dice Arróniz, un verdadero «monopolio teatral», ejercido por el Estado.

En lo que respecta al lugar donde se tenían las representaciones en el último tercio del siglo XVI, tomó el Consejo una importante decisión:

entre 1565 y 1574 hizo un concierto con las cofradías de la Pasión y de la Soledad —éstas no eran gremiales, sino benéfico-sociales; la cofradía del gremio de representantes no se fundó hasta 1631—, por el cual se comprometían al sostenimiento de dos hospitales, uno de mujeres y otro de niños expósitos, a condición de una especie de monopolio sobre los locales donde exclusivamente se tuvieren las comedias que se representaren en Madrid. Viendo el Consejo las pingües ganancias que proporcionaban las comedias, determinó que participasen del beneficio los demás hospitales de la corte. Cundió rápidamente el ejemplo por otras ciudades del reino, que construyeron corrales o patios de comedias con el mismo fin. En esta labor benéfica no tuvo intervención la Iglesia, puesto que los hospitales no dependían de ella, salvo fundaciones particulares de algunos prelados que ignoro si se beneficiaban de ellas. Tampoco tuvo intervención la Iglesia —sino indirecta— en el punto más capital de la supresión o suspensión de las comedias. La jerarquía eclesiástica se limitaba generalmente a tomar la iniciativa, presionando a los cabildos municipales y solicitando del rey y del Consejo que prohibiesen a las compañías de comediantes actuar en sus diócesis. Tal modo de proceder —que se dio raras veces en el siglo XVII y fue muy frecuente en el XVIII— se ajustaba a la doctrina jurídica más recibida en España. El reputado jurisconsulto y hombre de gobierno Ramos del Manzano, a propósito de la polémica sobre las comedias —entre San Carlos Borromeo y más tarde su sobrino el cardenal Federico— con los gobernantes españoles, sienta esta conclusión: «Toca a la autoridad civil la tolerancia o prohibición de las comedias; en caso de discrepancia entre la civil tolerante y la eclesiástica prohibiente, se ha de estar por la civil, salvo si se tratase de algo ofensivo a la Iglesia y a las cosas sagradas» (p.519b).

Aun el mismo auto sacramental, que por su origen litúrgico se representaba en un principio en el templo, en las últimas décadas del XVI fue saliendo al exterior, del atrio a las plazas. Celebrábanse los autos al aire libre, el día del Corpus y durante la octava, y en días posteriores se representaban en los corrales. Debido a todos estos adjuntos decrece de modo notable la intervención de la Iglesia. Los comediantes hacen sus contratos con los representantes de los municipios, a cuyo cargo corría principalmente la financiación de los autos. Los municipios competían entre sí en el lujo y esplendor de las fiestas, subiendo la retribución a poetas y comediantes para atraerse los mejores [1]. El contrato del Corpus era de capital importancia financiera para las compañías; suponía la exclusiva de representaciones desde Pascua —inicio del año teatral— hasta el Corpus, de los autos en ese día y durante la octava en los pueblos circunvecinos, más las que se daban después en los corrales, siempre con gran concurso. Tuvo, además, singular influjo en

---

[1] Por falta de espacio —en éste como en otros puntos— no me extiendo a comentar el texto. En lo tocante al significado del *decoro*, puede verse el comentario de Ducan Moir en *Theatro de los theatros...* p.LXXXIV-LXXXV.

la producción de autos. Tiene razón Bataillon cuando concluye: «Podemos estar seguros de que ni Lope ni Calderón habrían escrito tantos autos sin la presión de los encargos anuales». Cierto, mas también lo es que a esa presión del público exigiendo cada año obras nuevas contribuía ese mismo público con la aportación de sus entradas, acudiendo año tras año con igual entusiasmo a su espectáculo favorito. Es verdad que, en gran parte, los espectadores se sentían atraídos por el lujo fastuoso del vestuario, por la suntuosidad de las apariencias, con las fábricas de templos, naves, jardines, fuentes, aparadores, etc.; por lo complejo de las tramoyas y maquinarias. El atractivo de su espectacularidad es evidente. No puede negarse, con todo, la importancia del factor espiritual: la ferviente devoción popular a la eucaristía y la aptitud para la inteligencia de aquellas complicadas representaciones alegóricas merced a la cultura religiosa de ese pueblo. Cultura adquirida en la catequesis y la predicación, a las que asistía asiduamente, y por la enseñanza teológica —asequible precisamente por medio de los autos—, como han expuesto Menéndez Pelayo con motivo del Congreso Eucarístico de 1911 y los PP. Aicardo y Cayuela. Todo lo cual, en último término, ha de referirse a la presencia actuante de la Iglesia.

Paralela al entusiasmo popular por los autos fue la afición a las comedias bíblicas y de santos de aquella sociedad española del siglo de oro. Resplandece igualmente aquí la labor docente de la Iglesia. El origen, tal vez, haya que ponerlo en el teatro escolar jesuítico. Los jesuitas cambiaron la orientación profana del teatro universitario, que se inspiraba en temas del teatro grecorromano, por otra devota mediante la transposición a lo divino de los héroes de la mitología y de la historia y la exaltación de los santos del Antiguo y Nuevo Testamento. Aquí puede estar la explicación de lo que del tiempo anterior al suyo escribe Rojas: «Llegó el tiempo en que se usaron / las comedias de apariencias / de santos y de tramoyas». Luego, durante el XVII, la oposición protestante a su culto y las frecuentes canonizaciones de nuevos santos: Isidro, Teresa de Jesús, Pedro de Alcántara, Francisco de Borja, Pedro Nolasco, Ramón Nonato, Juan de Dios, Felipe Neri y otros —tan populares entonces como lo fue, p.ej., San Cayetano, el fundador de los teatinos—, mantuvieron vivo el culto de los santos, que tuvo su expresión artística más destacada en la plástica y en el teatro.

Actitud docente de la Iglesia que se muestra en el teatro en la concepción cristiana de la vida, en ese ver los acontecimientos humanos *sub specie aeternitatis*, a la luz del destino eterno del hombre. Este mirar transcendente se manifiesta en cualquier rasgo fortuito, en cualquiera incidencia inesperada, aun en las comedias de capa y espada. Actitud docente del teatro no a la francesa, por lo que le reprochaban Morel Fatio, Ortega *(Dos teatros*, 1925) y modernamente Maravall: «el teatro español tiene escaso valor pedagógico, a diferencia del francés» (p.27), sino a la española, según la fórmula tirsiana de *deleitar aprovechando;* en la cual, si deleitar, entretener es lo primero, esto no excluye lo segundo: el aprovechamiento, la lección. La crítica moderna angloamericana

(A. Parker, B. W. Wardropper, E. M. Wilson, D. Moir, etc.), con su mayor conocimiento de la comedia española, subraya, en cambio, el acento didáctico y moral de este teatro popular y el sentido de responsabilidad moral que se advierte en muchos de sus personajes, particularmente en los de Calderón.

Hay que reconocer que esa mezcla de lo serio y lo jocoso que caracteriza al teatro español, en algunas comedias de santos degenera en chocarrería, como en su crítica de *El rústico del cielo,* de Lope, reconoce Menénez Pelayo, quien lo atribuye al «torcido rumbo que comenzaba a tomar ya, por exceso de democracia frailuna, la devoción española». Otras veces, el defecto estaba en la demasía de lo profano sobre lo religioso, como acremente censuraba el P. Camargo (1689): «El poeta mire cómo dispone las cosas, que, aunque sea menester hacer violencia a la historia, aunque la comedia sea de San Alexo o de San Bruno, ha de hazer lugar al galanteo y a los amores profanos, y, si no, le dirán que es *Flos sanctorum* y no comedia» (p.68):

Aparte de esta intervención doctrinal de la Iglesia, por medio de sus dramaturgos eclesiásticos principalmente, se dio también, de un modo indirecto y difuso, una visible y extensa influencia de la Iglesia en el teatro, debida tanto a los criterios católicos de los legisladores y gobernantes como a los escritos y consultas de teólogos y canonistas y a los sermones y dirección de predicadores y confesores. Este influjo es manifiesto en puntos determinados de las *Ordenanzas* sobre los teatros emanadas de la autoridad civil.

Así, el calendario teatral se acomodaba al litúrgico: No había comedias desde el miércoles de ceniza hasta el domingo de *Quasi modo* (la domínica llamada *in albis;* hoy se llama segunda de Pascua); este día comenzaba el año teatral; más tarde se adelantó a la primera semana de Pascua, con prohibición de representar los días primeros de las tres Pascuas (Resurrección, Pentecostés y Navidad) y en los domingos de Adviento. Los corrales no se podían abrir antes de las doce, a fin de evitar que se perdiese la misa en domingo y días festivos por adelantarse a coger sitio. Se establece en los corrales una estricta separación entre hombres y mujeres, llegando en las sucesivas *Ordenanzas* a la más minuciosa reglamentación para hacerla efectiva.

Otras disposiciones eran de competencia de ambas autoridades, como el preceptuar sobre la asistencia de eclesiásticos y religiosos a las comedias y sobre las representaciones teatrales, realizadas por comediantes de oficio en las Iglesias y casas religiosas.

Para la mejor inteligencia de tales prescripciones es imprescindible el conocimiento del ambiente de enconada lucha ideológica en que éstas nacen y se desarrollan.

Polémica en torno a la licitud del teatro

En esta polémica sobre si las comedias son o no moralmente lícitas, se parte de la tesis de Santo Tomás, que todos admiten, de que las comedias no son intrínsecamente malas, sino indiferentes y útiles para el bien común de la sociedad, proporcionándole con este entretenimiento un descanso del trabajo intelectual. Pero esta tesis es siempre condicionada: son lícitas siempre y cuando no se introduzca deshonestidad tal, que las haga pecaminosas. Y en esta condicional es donde está el caballo de batalla de la discusión, como irá apareciendo. En la práctica, los adversarios más radicales propugnaban la supresión de las representaciones, el cierre de los corrales y aun la destrucción o cambio de destino de los edificios. A tal extremo no se llegó en el siglo XVII —y sólo parcialmente en el XVIII en algunas ciudades—, hasta la supresión total de las comedias de santos y de los autos sacramentales. En cuanto a las suspensiones, cuando ésta era a petición de algún obispo, la concesión del rey o del Consejo se circunscribía a la diócesis del peticionario; las generales fueron siempre por motivo de lutos o calamidades públicas. Una vez cerrados los corrales, venía la lucha: de una parte, los que, impulsados principalmente por los hospitales y los comediantes, solicitaban la reapertura; por otra, los enemigos de las comedias, que procuraban se prolongasen las suspensiones. En estas circunstancias, el rey solía pedir el parecer a una junta de teólogos y remitía el dictamen de éstos al Consejo, que daba, a su vez, el suyo, al cual, ordinariamente, se atenía el monarca.

Intentaré resumir, a grandes rasgos, la historia de estas controversias, dividiéndola en dos etapas, cuya línea divisoria será la muerte de Felipe IV.

La primera suspensión de comedias fue en 1597, con motivo de la muerte de la infanta doña Catalina, hija de Felipe II; interviene entonces el arzobispo de Granada, don Rodrigo de Castro, para su extensión y prolongación, y se hizo definitiva por la muerte del rey (13-9-1598). De 1599 es el memorial de la Villa de Madrid pidiendo la reapertura por la necesidad que padecían los hospitales. Se forman dos juntas de teólogos: una en Portugal, de teólogos dominicos, reunida en 1599 por

---

[2] La competencia estaba no sólo en la riqueza de los carros y «apariencias», sino en la retribución que daban a las compañías y a los poetas que componían los autos, que variaban según las ciudades y los tiempos. Puede servir de ejemplo Madrid en los años de la apoteosis de Calderón.

Calderón —según los datos publicados por Pérez Pastor—, a partir de 1645, en que se compromete a escribir cada año los dos autos, uno para cada compañía que actuaba en Madrid, percibía 3.000 reales. Desde 1654 se le libran —en el año anterior se le dieron 3.300— 4.000 reales por la composición de los autos y por haber venido de Toledo a su asistencia y ensayos. El poeta residía en Toledo, como capellán que era de los Reyes Nuevos, y para asegurar el éxito, y a petición de la villa, se trasladaba a Madrid a fin de vigilar los ensayos y la ejecución de las «apariencias» y de los carros, que habían de ejecutarse con toda perfección conforme a la traza que él daba. De 1571 en adelante se le asignan 5.800 reales. Los 4.400 de ayuda de costa de Madrid y los 1.400 que tenían que abonarle los autores de las compañías, 700 por cada auto.

Los autores recibían 940 ducados; pero en 1680 se dice que de éstos se les descuentan 975 reales, los 700 para Calderón y los 275 para los mozos que han de llevar y traer los carros. Así, pues, teniendo en cuenta que los 300 ó 400 ducados señalados por la villa eran librados en los aprovechamientos de las representaciones de los autos en los corrales, cuanto percibía el poeta procedía del teatro y no del dinero destinado en principio a la fiesta.

el archiduque Alberto, que da dictamen favorable; otra por Lerma en 1600, cuyo parecer es contrario a la reapertura. Felipe III lo remite al Consejo, y éste, dulcificando, en parte, algunas condiciones exigidas por la Junta, condescendió con que se abriesen los corrales.

Se ha dicho —no sin fundamento— que os jesuitas fueron los principales adversarios del teatro. Con todo, ni en la primera junta, consultada por Felipe II, ni en la más numerosa, convocada por Lerma, entró ningún jesuita. Y si bien es verdad que el escriturista P. Ribera y los tan conocidos escritores Ribadeneyra y Mariana —sobre todo el último, en su capital tratado *De spectaculis*— se mostraron contrarios a las comedias, no estuvieron solos. En 1598 envió Bartolomé Leonardo de Argensola un extenso memorial a Felipe II lamentando los escandalos y daños morales causados por las comediantas; también se muestra particularmente severo el carmelita Fr. José de Jesús María en su obra *Primera parte de las excelencias de la virtud de la castidad* (1601) —libro muy leído—, en el cual refuta punto por punto el memorial de la villa de 1599. En cambio, por los mismos años, el jesuita Tomás Sánchez, en su célebre tratado *De matrimonio,* expone su mesurada opinión —moderando la de los rigoristas— sobre cuándo será pecado grave la asistencia a las comedias.

Durante el reinado de Felipe III salieron dos *Ordenanzas* del Consejo: la primera en 1608, de carácter preferentemente administrativo; la segunda en 1615, ordenando una reformación de comedias que había de guardarse así en la Corte como en todo el reino; se daban normas estrictas para la censura de «las comedias, entremeses, bailes, danzas y cantares que se hubieren de representar» y quedaban «prohibidos todos los bailes de *escarramanes, chaconas, zarabandas, carreterías* y cualesquier otros semejantes».

Tras un breve cierre de los corrales después del fallecimiento de Felipe III (31-3-1621), entra la escena en un período de gran esplendor tanto en las fiestas palatinas como en los corrales. Los monarcas Isabel y Felipe rivalizan en afición al teatro. Son años de paz relativa en la controversia sobre las comedias, hasta que en 1631 el P. Pedro Hurtado de Mendoza, al final del tomo segundo de sus *Scholasticae et morales disputationes,* desplegó su violento ataque contra las comedias en todos sus frentes. Acaso contribuyera a aumentar el alboroto suscitado en torno del teólogo jesuita su parentesco con el conde de Lemos y el duque de Osuna. Lo cierto es que Hurtado de Mendoza es el autor más citado por amigos y adversarios de las comedias.

En la década de los cuarenta, los negros nubarrones de la guerra con Cataluña y Portugal ensombrecen el mundo de la farándula. De 1641 es la *Instrucción* de don Antonio de Contreras que exigía con más rigor el cumplimiento de las *Ordenanzas* de 1615. Tres años después, en 1644, a instancias del mismo D. Antonio, el Consejo dicta unas condiciones aún más estrictas para la representación: las comedias habían de ser de vidas y muertes ejemplares, de hazañas valerosas, y todo esto sin mezcla de amores. Unos meses después, la situación se agrava con el fallecimiento de la reina Isabel (6-10-1644), y llega a la consternación suma al desaparecer el príncipe Baltasar Carlos (9-10-1646), en el que estaban puestas las esperanzas de todos. Con esta fecha, el paréntesis abierto en la vida teatral se prolonga aún varios años.

A 26-8-1649, estando para llegar a Valencia D. Mariana de Austria a desposarse con su tío Felipe IV, promovida por el hospital general se reúne en Valencia una junta de teólogos, catedráticos y calificadores del Santo Oficio, que dio dictamen favorable para la apertura de los teatros. Los administradores del hospital se apresuraron a hacerlo público, estampando al pie los nombres de los reunidos. En el texto impreso, solamente se daban por ilícitas las comedias muy deshonestas. Al ver D. Luis Crespi de Borja su firma avalando proposición tan laxa, divulgó inmediatamente (8-9-1649) una enérgica retractación en la misma línea que su famoso sermón sobre las comedias, que en aquella fecha tenía ya en la imprenta.

Con ocasión de la boda regia se fue abriendo la mano en las representaciones teatrales, pero con las restricciones de 1644, que aún seguían en vigor en 1651. Quizás, debido a esta moderación, la contienda en torno al teatro decae; más aún, los testimonios de esta época recogidos por Cotarelo son, por lo general, tolerantes y benévolos. Entre ellos los de tres obispos: el de Orihuela, el de Segovia y, el más importante de todos, el de Fr. Gaspar de Villarroel, agustino, natural de Quito y arzobispo de Lima.

Entramos ya en la segunda etapa. Pasado un año de luto por la muerte de Felipe IV (22-9-1665), la villa de Madrid, a 17-11-1666, pide a D. Mariana la reapertura de los corrales. El Consejo, al que la reina transmite la petición, responde con un largo informe, arguyendo que debe accederse a la petición de la villa. La extensión de la respuesta se debía a que los consejeros conocían el voto particular en contra de Ramos del Manzano y otros cuatro consejeros, y por eso trataron de convencer a la reina acumulando razones a favor. La reina, convencida o no, siguió la opinión de la mayoría.

A los seis años, 1672, el presidente de Castilla, marqués de Montealegre, escribe una carta a la reina quejándose de los escándalos que daban los cómicos, sin que bastasen a remediarlo los destierros impuestos por él y por sus antecesores. Pide que, además de comunicarlo al Consejo, lo consulte con personas de ciencia y virtud. La reina nombra una junta de consejeros y teólogos. Entre los consejeros señalados se encontraba Ramos del Manzano, el cual, conforme a lo que había aconsejado en 1666 y a la doctrina que daría largamente en 1688 en su obra *Ad leges Iuliam et Papiam*, dio su opinión en contra de los comediantes; los demás consultados fueron del mismo parecer.

La reina, no obstante, no se atrevió a seguir el dictamen de la Junta y dejó correr las cosas.

Contra la opinión favorable a los cómicos está la mayor parte de los que escriben sobre comedias en estos años, fuera del jurista D. Hermenegildo Rojas. Pero el gran apoyo les vino a los favorecedores de las comedias en 1682 con la célebre *Aprobación* que el trinitario Fr. Manuel Guerra antepuso a la parte quinta de las comedias de Calderón publicadas por Vera Tassis. Con ella, la polémica se puso al rojo; salieron inmediatamente atacando a Guerra varios escritos anónimos y bajo pseudónimos, la mayoría de jesuitas. ¿Por qué ese encono contra el prologuista? Aparte del acierto de algunos argumentos, tal vez les sorprendió la defensa por salir en un momento en que la causa de los comediantes parecía muy debilitada, y, sobre todo, por una razón que muchos años después, en 1751, en su *Triunfo sagrado de la conciencia,* daría otro jesuita, el P. Francisco de Moya y Correa (bajo el anagrama de Ramiro Cayroc y Fonseca): la de salir este «defensorio» en castellano e incorporado a las comedias de Calderón «para que buele por toda España hasta las cocinas de la más rústica aldea». Les dolía que se leyese la *Aprobación* en las cocinas, al amor de la lumbre, en familia, mientras que sus libelos, por el carácter de la publicación, sólo llegaban a contados lectores. No le faltaron a Guerra defensores, y él mismo se puso a ampliar sus argumentos con tanta detención, que la muerte le sorprendió sin terminarlos. Mucho más tarde, como respuesta al *Triunfo,* lo publicó su amigo Gonzalo Xaraba con un prolijo título: *Apelación al tribunal de los doctos, Justa Defensa...* (1752).

Aunque aparentando indiferencia, tuvo muy presente a Guerra el P. Ignacio de Camargo en su libro *Discurso theológico sobre los theatros y comedias de este siglo* (Salamanca 1689). Camargo se muestra declarado enemigo de las comedias, apoyándose en la autoridad de los que le precedieron en el ataque, en especial en Crespi de Borja, repitiendo los mismos argumentos con más rigor que otros, como habrá ocasión de notar. Censura el erotismo de los cantares, reconociendo que «la música de los theatros de España está oy en todos primores tan adelantada y subida de punto, que no parece que puede llegar a más» (p.82). La obra del P. Camargo se encuentra en el *Index* de 1707 con esta advertencia: «Hasta que se enmiende, sin que por la prohibición de este libro intente el Santo Oficio definir ni condenar ninguna de las dos sentencias sobre lo lícito o ilícito de ver, leer, escribir o representar comedias, y sólo abstrayendo de la probabilidad de las sentencias; por otros motivos se prohíbe dicho libro». Igualmente, Ramos del Manzano, aunque tiene la sentencia contraria por más probable *speculative et practice* y por completamente más segura, cierta y recibida, reconoce que, hablando en abstracto, «no es improbable *speculative* la sentencia que tiene por lícitas las comedias» (p.492a y b y 489a). Dentro, pues, del probabilismo podía sustentarse una u otra sentencia.

El P. Camargo encontró su opositor en el comediógrafo y doctor en cánones D. Francisco Bances Candamo, quien para refutar el libro de Camargo escribió la primera versión del suyo: *Theatro de los theatros...,* en 1689, si bien no se ha impreso hasta 1970.

Entre las objeciones que Bances Candamo hace al P. Camargo hay una interesante, que en el fondo podría aplicarse a todos los jesuitas que intervinieron en la controversia: la de que «su religioso retiro de estas profanidades le ha hecho creer muchas falsedades que algunos escrupulosos, melancólicos, subterráneos espíritus de la sociedad civil le han dicho» (p.5). La objeción es verdadera en lo tocante a la asistencia, puesto que los jesuitas, por su severa disciplina, eran del número de los religiosos que no iban al teatro. Sin duda, es importante, en orden a la formación de un juicio, la circunstancia de no ser testigo directo; pero el conocimiento de las comedias por la lectura y el de los hombres y de sus reacciones por la conversación y el confesonario no lo son menos. Además, si algunos de los informadores del P. Camargo posiblemente fuesen cuales los describe Candamo, otros los tendría —y tuvieron seguramente otros escritores jesuitas— de más solvencia.

Como quiera que sea, sin desestimar el influjo de estos libros en la formación de un ambiente antiteatral, el golpe más duro no vino de aquí, sino de parte de los obispos y de los misioneros populares. En 1688, D. Ambrosio Espínola, arzobispo de Sevilla, acudió al rey pidiendo la prohibición de las representaciones; no lo consiguió, pero al año siguiente trajo a misionar al jesuita P. Tirso González (más tarde general de la orden) y logró el cierre indefinido de los corrales. Lo mismo obtuvo en 1696 de ambos cabildos cordobeses el fogoso orador dominico Fr. Francisco de Posadas. Estos casos, que fueron esporádicos en el siglo XVII, se multiplican en el siguiente.

Examinemos ya las acusaciones más frecuentes, los argumentos en pro y en contra aducidos por unos y otros, los puntos más controvertidos, los remedios que, aparte de las prohibiciones, se pusieron en práctica y sus resultados. Cuatro son los elementos que deben distinguirse: las comedias, los que las escriben, los que las representan y los que las presencian.

Las comedias

Para condenarlas se arguyó con las condenaciones taxativas de los Santos Padres contra las comedias de su tiempo, añadiendo que las que se representaban en España eran aún peores. Respondían los defensores, en particular Guerra y Candamo, demostrando con copia de erudición que la condenación de los Padres y doctores era de los juegos públicos, no precisamente de las comedias, entre los cuales había algunos tan deshonestos como el *Maiuma*.

Ponderan unos, como Ribera y Mariana, el tiempo que pierden por asistir a ellas los jóvenes, los oficiales y labradores, los criados, las mujeres, «que muchas veces, antes de mediodía, dejan las casas por tomar lugar a propósito para ver la comedia». Lamentan otros, como Crespi de Borja y Camargo, la corrupción de costumbres que fomentan las comedias, argumento repetido por los neoclásicos Nasarre y Nicolás de Moratín. Más universal y duramente que las comedias son combatidas las piezas breves: entremeses, sainetes, jácaras, canciones, danzas y bailes, embuchados en toda comedia española —también en los autos sacramentales—, formando con ella un todo indivisible. Los cantares y bailes se prohíben, como hemos visto, en las *Ordenanzas* de 1615 por los meneos lascivos y deshonestos; la prohibición se repite en el dictamen del Consejo de 1644. El P. Hurtado de Mendoza condena en especial algunas flexiones del cuerpo significando acciones obscenas: *quibus coitur inter virum et mulierem.* Quizás, entre todos estos bailes, el que tuvo más duración y dio más que hablar fue la *zarabanda;* contra ella escribieron Mariana, Argensola (Bartolomé), López Pinciano y —tomándolo de él, sin citarle— Mateo Luján de Saavedra y otros.

También son particularmente atacadas las comedias de santos. Comencemos por Cervantes, quien nada menos que en *Don Quijote* califica de disparatadas las comedias a lo divino, se queja de la multitud de milagros que fingen, «de las cosas apócrifas y mal entendidas, atribuyendo a un santo los milagros de otro. Y aun en las humanas se atreven a hacer milagros, sin más respeto y consideración que parecerles que allí estará bien el tal milagro y apariencia, como ellos llaman, para que gente ignorante se admire y venga a la comedia». Esta finalidad de atraer al vulgo con milagrerías se repite en el XVII, y principalmente en el XVIII, en comedias de santos y de magia. Mariana y Bartolomé de Argensola censuran el escándalo de que gente de vida tan relajada como la de la farándula represente personajes de santos y aun de la Virgen Santísima [3]. Otros, en cambio, como el jesuita Juan Ferrer (1618), pondera la devoción del pueblo y algunas conversiones maravillosas causadas por estas comedias; y el anónimo autor del *Discurso apologético* (1649) dice que algunos espectadores que en su vida habían leído en un *Flos sanctorum* la vida de un santo, por lo que les deleitó verla representada salían movidos a leer muchas.

Los comediógrafos

Los testimonios en contra de los dramaturgos son menos frecuentes, aunque no faltan algunos, como Hurtado de Mendoza y Crespi de Borja, que le sigue, para el cual «queda asentado y sin controversia que los autores de semejantes comedias y bailes lascivos y entremeses torpes pecan mortalmente» (p.20). La condenación más dura es la que se lee en el severísimo P. Hurtado de Mendoza: «Se dice que uno (aquí al *unus* habría que darle su significado propio de *único*) ha compuesto mil [comedias] y publicado veinte tomos de ellas, con los cuales ha traído al

---

[3] La anécdota contada por Argensola en 1598 es la siguiente: «Representándose una comedia en esta Corte de la vida de nuestra Señora, el representante que hacía la persona de San José estaba amancebado con la mujer que representaba la persona de nuestra Señora, y era tan público, que se escandalizó y rió mucho la gente cuando le oyó las palabras que la purísima Virgen respondió al ángel: *Quo modo fiet istud,* etc. Y en esta misma comedia, llegando al misterio del nacimiento de nuestro Salvador, este mismo representante que hacía de San José reprendía en voz baja a la mujer porque miraba, a su parecer, a un hombre de quien él tenía celos, llamándola con un nombre el más deshonesto que se suele dar a las malas mujeres» (C. C., p.67a). El mismo caso, al pie de la letra, lo repite dos siglos después —sin hacer referencia ni a la fuente ni al lejano tiempo en que sucediera— el oratoriano D. Simón López (C. C., p.409b). Lo cual prueba cuánto distaban de ser frecuentes semejantes casos escandalosos, puesto que, de haber conocido otro más próximo, lo hubiera escogido como ejemplo.

mundo más pecados que mil demonios» (p.1572b). Un eco de esta terrible sentencia se encuentra en la biografía de Fr. Pedro de Tapia por Fr. Antonio de Lorea (1651); decía el P. Tapia «que Lope de Vega había hecho más daño con sus comedias en España que Martín Lutero con sus herejías en Alemania» (C. C., p.564a). Reflejo probable de las críticas contra Lope es lo mandado por el Consejo de Castilla en 1644 de que las comedias «fuesen sin mezcla de amores, que para conseguirlo se prohibiesen casi todas las que hasta entonces se habían representado, especialmente los libros de Lope de Vega, que tanto daño habían hecho en las costumbres» (PELLICER, p.150).

En cuanto a Calderón, la denuncia de inmoralidad contra su teatro empezó a raíz de su muerte, suscitada por la *Aprobación* de Guerra; y fue tema repetido por los neoclásicos.

Los comediantes

Aquí sí que el clamor es general, sobre todo en lo tocante a las cómicas. Argensola escribe: «las sabandijas que cría la comedia son hombres amancebados, glotones, ladrones, rufianes de sus mujeres». Para Mariana son gente infame, según la ley primera de los *Digestos,* y como tales deben negárseles los sacramentos y la sepultura eclesiástica, si muriesen sin dar señales de arrepentimiento; «ni hacelles obsequias». Esta doctrina es la seguida por los rigoristas; por supuesto, por el P. Hurtado de Mendoza, y todavía en el siglo XVIII la sostiene con el máximo rigor el oratoriano D. Simón López, obispo de Orihuela. Los que tal dicen se basan en el derecho antiguo, en las condenaciones de los Santos Padres y en las *Partidas.* Pero otros, como López Pinciano (1596), afirman que los farsantes españoles no pueden compararse con los *histriones,* que son los condenados en la antigüedad; o el jurista D. Hermenegildo Rojas (1669), que defiende que la infamia de los cómicos antiguos no es aplicable a los comediantes de hoy, protegidos por los reyes y la nobleza. También el Consejo, en su informe de 1666 favorable a las comedias, dice que «ni los que las ejercen están en pecado mortal ni los oyentes». Es curioso que algunos, como el franciscano portugués Fr. Manuel Rodríguez (1615) y el mínimo Fr. Alonso de Vega (1594), que no niegan la comunión a los comediantes, dicen que debe negarse a los volteadores (volatineros) «que voltean con arte diabólica o mágica».

Con razón, el P. Tomás Hurtado (1651), de los clérigos menores, se sorprende de la postura condenatoria del jesuita Hurtado de Mendoza, «cuando estaba viendo y experimentando que todos ellos cumplen con el precepto de la Iglesia [de la comunión pascual] y que lo frecuentan y que los confesores los absuelven, que no hicieran si sintieran que actualmente estaban en pecado por el ejercicio de su ministerio».

Cualesquiera que fuesen las costumbres relajadas de los comediantes —lo eran las de la sociedad de entonces—, el testimonio de fe práctica que presenta el P. Hurtado responde, indudablemente, a la realidad.

Desde 1631 dan, además, un testimonio público, agrupándose en la cofradía de Nuestra Señora de la Novena, cuyas constituciones fueron aprobadas por el cardenal-infante a 25-3-1632, y determinan levantar una capilla en la parroquia de San Sebastián —la del barrio de los comediantes— con su bóveda de enterramiento. La capilla se inauguró, por fin, el 22-4-1674; en ella recibían cristiana sepultura los cofrades que morían en Madrid y se hacían funerales por todos los pertenecientes a la cofradía, en la cual se inscribían todos los autores con su compañía. El ejemplo de Madrid de construir capilla propia fue seguido por otras ciudades (Valladolid, Barcelona, Sevilla, Zamora, Valencia, Zaragoza). Era la respuesta adecuada a los que pretendían negarles las exequias y la sepultura sagrada. Los papas Urbano VIII, Clemente X e Inocencio X, XI y XII les conceden, en sendos breves, diversas indulgencias, justamente alegados con frecuencia por los comediantes en defensa propia.

Antes de trazar la imagen poco edificante de las cómicas de entonces —muy parecidas seguramente a la de todos los tiempos— estaría bien, contraponiéndola, esta otra piadosa de la cofradía de Nuestra Señora de la Novena, en la que tanta parte cupo al devoto sexo femenino. Muy pocas son las comediantas entre las biografiadas por C. Pellicer, F. García Flores y J. Subirá que se distinguen por su vida edificante. Pueden verse en dichos autores algunos rasgos virtuosos —no todos exactos— de María Riquelme, Damiana López, la Baltasara, la Calderona, María de Navas y Mariana Romero.

Las comediantas

Sabido es que en el teatro griego no hubo actrices y que su aparición en el romano fue tardía y limitada. Con tales antecedentes no sería justo reprochar a la Iglesia que fuesen muchachos —mozos de coro— los que interpretaban los papeles femeninos en las representaciones eclesiales. Mas ya a fines del XVI, a juzgar por el *Viaje entretenido*, impreso en 1603, las mujeres, de forma no legalizada, venían actuando en las tablas juntamente con muchachos. En cuanto a las compañías autorizadas, fueron los italianos los que —como antes en lo tocante a las representaciones en días festivos— obtuvieron licencia del Consejo en 1587 para que representasen mujeres. Después del cierre de los corrales en 1598, al tratar de la reapertura hubo diversos pareceres sobre este punto: los teólogos portugueses tienen por menos inconveniente que representen mujeres; en cambio, la junta consultada por Lerma en 1600 opina que sean muchachos, ya que las mujeres con su desenvoltura provocan a pecados. La misma diversidad se observa en los particulares: mientras el agustino Fr. Alonso de Vega defiende el ejercicio de los comediantes aunque sean mujeres, el P. Mariana tiene por más conveniente que sean muchachos los que hagan estos papeles. Otros, como Argensola, en su memorial a Felipe II recuerda los casos desastrados de personas principales que se iban tras las farsantas, y el teólogo interlocutor de los *Diálogos de las comedias* (1620) decía que, «sin ser él muy viejo, ha visto tantos caballeros y señores perdidos por esas mujercillas comediantas», de suerte que «no hay compañía que no lleve consigo, cebados por la desenvoltura, muchos de estos grandes peces» (C. C., p.215b). Don Francisco de Araújo, obispo de Segovia, se lamenta «de tanta ruina de la cristiana juventud..., de tantos mozos que, arrastrados del amor impuro de las cómicas y agitados de la pasión de los celos, andan armados y matándose unos a otros» (C. C., p.60b).

Aquella desenvoltura de las cómicas, causa de tantos desastres morales, estaba favorecida por las costumbres disolutas de los faranduleros, con la promiscuidad sin recato de hombres y mujeres en carros, posadas y vestuarios. Con deseo de ponerle algún freno, se establece desde el principio, 1587, que las mujeres de las compañías sean casadas. Tal limitación se repite, tan insistente como inútilmente, en todas las disposiciones posteriores. Y no es que no se cumpliese la ordenanza: los documentos publicados por Sánchez Arjona y Pérez Pastor muestran que las mujeres generalmente estaban casadas con cómicos de la misma compañía. Con todo, la medida resultaba bien poco eficaz, dada la fragilidad femenina y la vergonzosa conducta de sus complacientes maridos; «rufianes de sus mujeres» los llama Argensola. Unidos a la ruin codicia de los maridos y a la vanidad de las actrices estaban los vestidos costosísimos que exhibían las representantas en los tablados, pagados por sus amantes. Razón por la cual y por el escándalo de lujo se dan prescripciones relativas a los trajes. Otras hay que miran a la honestidad del vestido: «Que las mujeres representen en hábito decente de mujeres —se ordenaba en 1615— y no salgan a representar en faldellín solo, sino que por lo menos lleven sobre él ropa, baquero o basquiña, suelta o enfaldada» (C. C., p.626b). El peligro mayor se daba en las comedias de santas penitentes: «Representa —escribe el P. Pedro de Guzmán— la otra mujer hermosa a una Magdalena penitente, y sale medio desnuda, mal cubierta con sus cabellos y con un transparente velo que apenas la llega a la rodilla» (C. C., p.350b) [4].

En el capítulo de desnudez, pese a la enorme distancia que separa las costumbres de entonces de las de ahora, todavía Sturgis E. Leavitt ha podido hablar del *Strip-tease in Golden Age drama (Homenaje a Rodríguez Moñino* I [1966] p.305-10). Escribe Leavitt a base de las acotaciones de algunas comedias, principalmente de Rojas Zorrilla: «sale medio desnuda, destrenzados los cabellos, sueltas las basquiñas y una luz en la mano» o «medio vestida y destocada con una ropa de levantar». Y en la línea del *Strip-tease* propiamente tal: «desnúdase la ropa y basquiña, quedando en jubón rico de faldillas o almilla bizarra y naguas o man-

---

[4] Respecto a las opiniones sobre el desnudo femenino entre los moralistas de la época, será oportuno recordar la del célebre Martín de Azpilcueta Navarro (*Manual de confesores y penitentes...* [Amberes 1568] p.270): «Ni aun las mujeres pecan mortalmente por traer los pechos desnudos para parecer hermosas, sin otra intención mortal... Vestirse, empero, tan delgadas y ralas vestiduras que se pareciesen las vergüenzas, es mortal, assí en el varón como en la muger: Porque su desnudez es de suyo prouocativa de luxuria mortal, aunque la de los pechos, de suyo, solamente es augmentativa de la hermosura».

teo». En todo caso, aun en el más atrevido del baño de Susana, la acotación se limita a decir: «Quítase la más ropa que pueda».

Hay todavía otro caso interesante, el que dio más que hablar y escribir: el de la mujer en hábito de hombre. De la frecuencia de la censura de los moralistas y de las múltiples disposiciones legales prohibiendo o moderando el uso del disfraz varonil, cabe deducir lo habitual de este recurso escénico. Confírmalo el examen del repertorio teatral de la época. Carmen Bravo Villasante, que ha realizado este examen, cuenta hasta 110 títulos de comedias en las que Lope las introduce así en escena como personaje principal o secundario. Es curioso que, además de en estas comedias de Lope, donde con gran frecuencia aparecen mujeres vestidas de hombre es en las escritas por sacerdotes: Tirso, Mira, Montalbán, Moreto, Diamante, Calderón (no muchas). Conviene tener en cuenta este hecho para formar nuestro juicio acerca de lo que entonces se opinaba sobre su moralidad, puesto que sería injusto tener a estos dramaturgos por faltos de sentido moral. Se solía aducir como razón excusante que «a veces es paso forzoso en las comedias que la mujer huya en hábito de hombre», como consta por historias auténticas. Hay que reconocer, sin embargo, que en muchos casos no existía tal autenticidad; se trataba de leyendas o de puras ficciones. En cualquier caso, el uso frecuente de tales disfraces suscita las protestas de los severos catones, desde Ribera a Camargo, entre los jesuitas, y las de otros muchos, religiosos o no, como el jurista Ramos del Manzano. Menudean también las prohibiciones: así, las *Ordenanzas* de 1615 dicen tajantemente: «que las mujeres no representen en hábito de hombres ni hagan papeles de tales, ni los hombres, aunque sean muchachos, de mujeres». Ante el frecuente incumplimiento de lo aquí ordenado, la prohibición se trueca en moderación desde 1641 con D. Antonio de Contreras. ¡Y qué moderación! Debe tenerse muy en cuenta, para darnos idea de cómo salían al escenario, lo que se manda en 1653: que, en el caso de que fuese preciso que hagan tales papeles, «sea con traje tan ajustado y modesto, que de ninguna manera se les descubran las piernas ni los pies, sino que esto esté siempre cubierto con los vestidos o trajes que ordinariamente usan, o con alguna sotana, de manera que sólo se diferencie el traje de la cintura arriba». Ni se piense que las cosas cambiaron con los años; en 1725 se repite «que, si fuere necesario que las mujeres representen papel de hombre, salgan con basquiña que caiga hasta el zapato o empeine del pie»; y en 1753 se insiste: «sin permitir representen vestidas de hombre, si no es de medio cuerpo arriba». Por si fuese poco, todavía en el cerco del tablado iba «un listón o tabla de altura de una tercia para embarazar por ese medio que se registren los pies de las cómicas al tiempo que representan». No sé desde cuándo empezó a usarse semejante listón; su uso se ordena en 1725 y se mantiene en 1753. Quizás se trate de una innovación borbónica.

Como complemento de cuanto va dicho es muy importante la observación de Bravo Villasante sobre la corta edad de las que se vestían de hombre. Lo demuestra con buenas razones, sacadas de los textos de varias comedias; y concluye: «Teniendo en cuenta esta juventud y la delgadez de las españolas de la época —recuérdese el retrato de la esbelta *Venus del espejo*, de Velázquez—, es decididamente posible que una mujer de esa edad pueda disfrazarse sin ser reconocida» (p.218-19). Cabría objetar: ¿y la voz? De todas maneras, no le falta razón; y, por supuesto, la hay más que sobrada para tener por ridículas las críticas de Luzán, Clavijo Fajardo y sus colegas neoclásicos, que censuran esas comedias por su inverosimilitud.

Los asistentes

Se discute a menudo sobre si la asistencia a las comedias, tal cual se representaban, era o no pecado mortal. Como es lógico, la respuesta está en consonancia con el criterio de cada uno sobre la licitud o la ilicitud. Para unos, como el franciscano Fr. Francisco Alcocer en su *Tratado de juego* (Salamanca 1558), no es pecado mortal, «como no se saquen cosas tan deshonestas, que sean, de suyo, provocativas de lujuria», porque entonces lo son según algunos (C. C., p.55b). Para otros, como D. Luis Crespi de Borja (1649), no es menester tanto, «pues pueden serlo sin llegar al grado superlativo» (C. C., p.197b). Quien hizo la distinción con más acierto, poniendo el acento en lo subjetivo —aunque en el fondo coincida con Alcocer—, fue el jesuita P. Tomás Sánchez: «Cuando las cosas que se representan son torpes o lo es el modo de representarlas, habrá pecado mortal; no cuando se oyen sólo por una curiosidad, sino cuando se busca el deleite nacido en ellas, con consentimiento o con peligro probable de caer» (*De Matrimonio* [Venecia 1625] p.326a). La probabilidad de esta sentencia, que levantó al principio protestas, la reconoce Crespi por la autoridad de los doctores que la siguen, recogidos por Diana. El P. Camargo (1689) piensa, sin embargo, que el estado de las comedias era tal, que, según él, las comedias —así, sin distinguir— «que se representan hoy en España, son tan claramente deshonestas, que *per se* ocasionan pecado mortal, pues el peligro de caer es tan general, que no ve cómo puede ser no lo haya para alguno» (p.149).

Además, tanto Crespi como Camargo insisten, con Hurtado y Diana, en que pecan mortalmente los asistentes por otro concepto: porque cooperan a una obra mala, cuales son para ellos las comedias al uso, ya que el comediante no empieza a representar hasta que tiene número competente. Si no había oyentes suficientes, no había comedia.

Caso particular es el de los eclesiásticos y religiosos. Hay que distinguir la asistencia a los teatros públicos y a las representaciones hechas por farsantes de oficio en las casas religiosas. Durante el Renacimiento, con el ejemplo de la Curia papal, había una mayor libertad. A esa mentalidad responde todavía la opinión particular de Fr. Adolfo de Mendoza (*Quaestiones quodlibeticae*, Salamanca 1588): «que no indebidamente se ha introducido la costumbre de asistir a las comedias varones nobles, y aun clérigos y frailes, por cuanto no hay escándalo» (C. C., p.467a).

De que existía esta costumbre dan testimonio Pedro de Saldaña y Jerónimo Velázquez, autores de comedias, los cuales, entre las personas que acuden a los corrales, cuentan los «eclesiásticos; no solamente clérigos e personas graves, pero frailes, e para un poco de descanso, después de haber cumplido sus obligaciones, huelgan de oír una comedia» (SÁNCHEZ ARJONA, p.50). La junta de teólogos de 1600, al contrario, opinó «que no asistiesen a las comedias ni clérigos, ni frailes, ni prelados, imponiendo penas a los representantes si los admitían en los teatros públicos» (PELLICER, p.110).

Otra era, sin embargo, la práctica; por lo cual, pocos años después, el P. Sánchez piensa que, siendo frecuentísima la presencia de clérigos en las comedias, cesaba el escándalo; y no habiéndolo, no existía razón para diferenciarlos de los laicos. Hurtado de Mendoza se ve forzado a admitir que se daba tal frecuencia, pero protesta contra ellos, como lo hicieron Pineda y Mariana anteriormente. La costumbre es general y generalmente admitida o tolerada en todas las diócesis. Hay, con todo, algunas excepciones: el obispo de Puebla, el conocido D. Juan de Palafox, en 1645 prohibió terminantemente a los clérigos asistir a las comedias. Con anterioridad, en 1602, el cardenal Guevara, arzobispo de Sevilla, había prohibido a los clérigos de su archidiócesis la asistencia a las comedias bajo penas pecuniarias y de cárcel, aunque añadía que no era su mente comprender al Cabildo, pero suplicaba a los capitulares que se abstuviesen de ir, y avisaba a los prelados que hiciesen lo mismo con sus frailes (SÁNCHEZ ARJONA, p.109).

Respecto a los frailes existe un mayor rigor, las prohibiciones se repiten: en las *Ordenanzas* de 1608 se ordena a los comisarios de semana «que no consientan que fraile alguno entre en los dichos corrales de comedias, como antes de ahora está mandado». Esto no obstante, continuaron acudiendo los frailes en lugar menos visible, como era el llamado la *tertulia*. Y en algunas partes, bien en público, como dice Ortiz (*Apología en defensa de las comedias*, 1614), que en Salamanca «las oyen públicamente frailes de todas las órdenes, doctores de todas las facultades y catedráticos de cátedras muy graves» (C. C., p.492b). El agustino Fr. Gaspar de Villarroel, arzobispo *de Lima (Gobierno eclesiástico pacífico y unión de los dos cuchillos pontificio y regio...*, Madrid 1656), nos habla de las representaciones que se tuvieron en San Felipe el Real con motivo de su consagración episcopal, a las que asistieron las dos «santas comunidades de agustinos calzados y descalzos».

En cuanto a los obispos, opina que no se excusan de pecado mortal viendo comedias en el teatro público; no así si las ven «en lugares decentes, como son sus casas, o en las de los grandes, o en conventos de religiosos».

Por lo que atañe a las representaciones de farsantes en los conventos, se ordenaba en 1603 que «en ninguna manera permita que en ningún tiempo del año se representen comedias en monasterios de frailes ni monjas» (C. C., p.621a). En 1615 se mitigaba algo la prohibición: que las compañías «no representen en iglesia o monasterio, si no fuere cuando la comedia fuere puramente ordenada a devoción». Ateniéndose, más o menos, a esta condición, seguíanse teniendo comedias en los conventos. Don Tomás de Guzmán escribía en 1683: «Muchas religiones, así calzadas como descalzas de Madrid, para tomar algún alivio de su continuo rigor y aspereza suelen los días de Navidad llamar comediantes para que les representen una o dos comedias, y se las pagan, y, además de esto, les regalan...; esta comunidad doctísima del Colegio Imperial los suele llevar para dos días de entre Pascua dos veces, y por cada una les dan 250 reales, que en las dos montan 500» (C. C., p.351b).

Por cuanto llevamos expuesto es manifiesta la proliferación de medidas adoptadas para reprimir los continuos abusos que se iban introduciendo o repitiendo en los teatros. Estas medidas pueden dividirse en persuasivas y coercitivas. De las últimas ya hemos visto varias; quédanos la censura. Entre las primeras, además de los escritos, de los cuales nos hemos ocupado antes, y de cuya difusión e importancia podríamos dar más amplia noticia, podemos distinguir la predicación y el confesonario, que tienen un carácter exclusivamente eclesiástico. Trataremos de valorarlos por sus efectos.

La predicación

En aquella sociedad en que se leía tan poco, tenían más importancia que los libros los sermones. Refiriéndose Fr. Manuel Guerra al año 1682, en el que salió su aprobación a las comedias de Calderón, escribía que «el pretendido daño de las comedias se ha reducido en estos tiempos más a voces que a escritos, hombres muy sabios y de virtud muy ceñida predican y publican gravísimos daños de las comedias». ¿Eran frecuentes estos ataques al teatro en los predicadores? Si hemos de creer al P. Camargo (1689), no lo eran. A propósito de si es pecado mortal asistir a las comedias, se lamenta: «los predicadores no lo reprueban, los confesores no lo condenan, los que pudieran y debieran impedirlo no lo hazen; y, consiguientemente, todos parece que las aprueban, por lo menos tácitamente» (p.162). Sin embargo, páginas adelante concede que «en ningún tiempo han faltado predicadores fervorosos que sean perros fieles de la casa del Señor y ladren contra los theatros» (p.177). No faltan testimonios en contrario: Cascales, en sus *Cartas philológicas*, se queja de la persecución que padecía el teatro en Murcia en aquel entonces (1627) por la predicación contra las representaciones (C. C., p.143a), y Fr. Acacio March de Velasco, obispo de Orihuela, en sus *Resoluciones morales* (Valencia 1656-58), muestra su desaprobación por la guerra que los predicadores hacían en general al teatro, considerando su existencia como pecado mortal, ocasionando así el retraimiento de muchos a una diversión honesta y con el consiguiente perjuicio de los hospitales (C. C., p.429b).

Como ya dijimos, solamente al final del XVII, con los misioneros populares al estilo del P. Tirso González, la predicación contra las comedias fue eficaz. Los efectos espectaculares de estos sermones misionales en pueblos y ciudades —denunciados por Nicolás Fernández Moratín: «los predicadores no se cansan de predicar contra ellas»— pertenecen ya al siglo XVIII.

Los confesores

Según el obispo de Segovia D. Francisco de Araujo, los confesores tocaban por experiencia la ruina espiritual que para «muchos y casi infinitos jóvenes y mozos» suponían las comedias, y Fr. José de Jesús María advertía que, si algunos teólogos que defienden las comedias «fueran confesores, no dijeran que las ocasiones eran accidentales y remotas» (C. C., p.383b). Hablando en general y prescindiendo del caso particular de cada penitente, interesa consignar, a fin de formarnos una idea de la conducta de los confesores en materia tan secreta como la confesión, que el confesor, para formar su juicio, sabía que tanto la sentencia a favor como la contraria eran ambas probables. Así lo reconocía —como hemos dicho— Ramos del Manzano, no obstante tener él por más probable y segura la sentencia contraria a las comedias y lo declaró públicamente el Santo Oficio. Hay que reconocer que el libro de Ramos del Manzano es de 1678, y la declaración de la Inquisición, de principios del XVIII. Años antes, la posición de los defensores de las comedias posiblemente fuese menos firme, si se da por verdadero lo que dijo la Junta formada por orden de la reina en 1662 a petición del marqués de Montealegre: «ya son muy pocos los escritores teólogos» que sostienen la licitud de las comedias. No se debe olvidar que, para la Junta, tal mayoría —real o no— era argumento poderoso para la defensa de su dictamen contrario a las comedias. En cualquier caso, nunca faltaron teólogos en número suficiente para mantener la probabilidad de la doctrina favorable a la licitud de las comedias. Prueba de ello es la queja del P. Camargo: «todos buscan y hallan confesores que los absuelvan» (p.180). Camargo se ve obligado a reconocer que la tolerancia de las comedias era costumbre y universal estilo tan recibido en toda España: «Los presentes se defienden con los pasados, y éstos con los que les precedieron; los predicadores, con los confesores, y éstos, con los predicadores; los seglares, con los eclesiásticos graves, y éstos, con los seglares autorizados y prudentes. De esta suerte, se sustenta esta gran máquina de las comedias como las piedras de un arco, que se mantienen mutuamente unas a otras» (p.187). Y termina así su diatriba contra penitentes y confesores: «se contentan los hombres con el dicho de cualquiera confesor que les da el dictamen a su gusto; y los confesores resuelven alegremente un punto de tanta monta sin más estudio y examen que la común aprehensión de la costumbre y del estilo común» (p.191-92).

La censura previa

El control de la Iglesia en las actividades culturales con ella relacionadas se hace sentir particularmente desde Trento. Los concilios provinciales, los sínodos y los ordinarios en su diócesis, dentro de su misión de urgir el cumplimiento de los decretos tridentinos, descienden a detalles, dando disposiciones relativas a las representaciones. Así, en el concilio provincial compostelano celebrado en Salamanca en 1565, se dispone que el texto de los autos, representaciones y bailes deberá ser sometido a la aprobación de la autoridad episcopal con un mes de antelación a la fiesta del Corpus. En el sínodo de Sevilla de 1575 se manda a los vicarios y curas que para tener representaciones o farsas en las iglesias, monasterios, hospitales u otros lugares píos ha de ser con expresa licencia del ordinario o del provisor. En 1591, D. Juan Dimas Loris, obispo de Barcelona, dio un edicto en catalán prohibiendo en su diócesis la representación de farsas tomadas de la sagrada Escritura, vidas de santos «o altres vulgarmente ditas al divino». Como no estuviese satisfecho de su cumplimiento, dio otro más enérgico en 1597. Antes de tomar esa disposición, el obispo había mandado a varios clérigos que asistiesen a las representaciones para informarle (C. C., p.417b).

No sólo la jerarquía; también los particulares, unidos o aislados, subrayan por estos años la necesidad de un censor para las comedias. La junta de teólogos reunida por Lerma (1600) opinaba que antes que se representasen las comedias y entremeses fuesen examinados por algunas personas doctas —entre ellas, un teólogo por lo menos— que las viesen representar antes de su representación en los teatros. Cuatro años antes, López Pinciano, en su *Philosophía antigua y poética* (1596), escribía: «Si tuviera autoridad en la administración de la república, yo proveyera de un comisario que viera todas las representaciones antes que salieran en plaza pública». No menos autoritario y terminante se muestra Cervantes en el *Quijote* (1605): después de dar su visión del estado de las comedias en su tiempo, añade: «todos estos inconvenientes cesarían, y aun otros muchos más que no digo, con que hubiese en la Corte una persona inteligente y discreta que examinase todas las comedias antes de que se representasen; no sólo aquellas que se hiciesen en la Corte, sino todas las que se quisiesen representar en España, sin la cual aprobación, sello y firma, ninguna justicia en su lugar dejase representar comedia alguna» (C.48 de la p.1.ª).

Con tales antecedentes, bien se ve por cuán faltas de razón han de ser tenidas las protestas —del XIX para acá— contra la intransigencia de la Inquisición y de la Iglesia por la censura previa. La aprobación de las comedias correspondía en Madrid al Consejo, y sus disposiciones obligaban en toda España. Las *Ordenanzas* de 1615 llevan este título: «Reformación de comedias mandada hacer por el Consejo para que se guarde así en esta Corte como en todo el reino» (8-4-1615). Por esta causa me detendré particularmente en ellas. En las *Ordenanzas* de 1608 se determina «que dos días antes que hayan de representar la comedia, cantar o entremés, lo lleven al señor del Consejo para que lo mande ver y examinar, y hasta que les haya dado licencia no lo den a los compañeros a estudiar» (C. C., p.62 2b). Al parecer, los abusos, más que en las comedias, se daban en los cantares y bailes; por eso en 1615 se insiste en que, «cualesquiera que hubiere de cantar y bailar, sea con aprobación del señor del Consejo..., el cual las censure, y con su censura dé licencia, firmada de su nombre, para que se puedan hacer y representar; y sin esta licencia no se represente ni se haga» (C. C., p.627a). Obligación tan encarecida indica bien su importancia. Tanto que Ramos del Manzano preferiría que a este consejero se le diese el nombre de censor más que el de protector de comedias (p.314a).

En 1648, Felipe IV consulta al Consejo sobre si deberán continuar cerrados los teatros, que llevaban así cuatro años. Los consejeros más benévolos —fueron mayoría los que no creyeron conveniente la apertura— pusieron una serie de condiciones. A las transcritas en 1608 y 1615 agregan otra, que en la práctica no era nueva: «Que asistiese un alcalde a la comedia, en la forma que se acostumbraba; con asistencia tan precisa, que no faltase a ninguna, aunque se repitiesen muchos días» (PELLICER, p.151). Esta última medida muestra la desconfianza de que los farsantes, en el momento de actuar, no se atuviesen al texto aprobado. Eran natural que así sucediese, y lo confirman las quejas de *Bisbe y Vidal* (P. Juan Ferrer) de «que los representantes no se atienen al texto corregido; además hay glosas que se hacen de repente a los pies que les dan en el tablado. Ni las penas valen, pues ni se ha visto hasta hoy que hayan los jueces castigado a ninguno de estos comediantes» *(Tratado de las comedias* [Barcelona 1618]: C. C., p.257b). A fines de 1666 es la Reina Gobernadora la que remite al Consejo el memorial de la villa de Madrid pidiendo cesase la suspensión de las representaciones, cumplido ya el año y dos meses de luto desde el fallecimiento de Felipe IV. También entonces, como en 1648, las opiniones estuvieron divididas; pero esta vez prevaleció la opinión favorable a la reapertura. Una de las razones a favor alegada por los consejeros era la situación de la censura de plena garantía: una obra, antes de ser representada en público, lo era delante del protector; éste la remitía al censor, el cual quitaba los versos indecentes y borraba los pasos que no eran para representados, y hasta que no estaban quitados no se daba licencia para representarlos; luego, el primer día de la comedia nueva asistían el censor y el fiscal para comprobar si se decía algo de lo borrado. Con razón encarecía Bances Candamo (1690) que el Consejo tenía todo un tribunal —juez, fiscal, censor y revisor— destinado a la censura.

En cuanto a la eficacia de la censura hay diversidad de pareceres: D. Diego de Vich (1650) se mostraba partidario de las comedias, con tal que se tenga cuidado en la elección de los censores, que sean «personas que lo examinen todo, no por ceremonia, como hasta agora, sino por oficio» (C. C., p.591a). También D. Luis de Ulloa, en un opúsculo cuya composición fecha Cotarelo en 1649, opina que debe nombrarse un censor de autoridad que borre «con más severidad que hasta ahora se ha hecho» (C. C., p.575b). Y el jesuita P. José Tamayo se lamenta en 1679 de que, «condescendiendo los censores con el gusto del pueblo, han llegado a tener las comedias el mismo estado de perniciosas que cuando se prohibieron» (C. C., p.561b). En cambio, D. Tomás de Guzmán (1683) se mostraba satisfecho de los censores, «del riguroso examen a que se somete el texto, donde el verso menos decente se borra al punto; esto es cierto y se practica con toda fidelidad». Sin embargo, el agustino Fr. Juan Vázquez, en *El gobernador christiano* (1612) —obra impresa repetidas veces en Salamanca y traducida al francés e italiano—, desconfiaba de los censores, y creía más en la actuación de los magistrados para atajar los daños producidos por las comedias. «Y si se dice que son ellos (los magistrados) los primeros que gustan de las comedias, ¿quién asegurará que no hacían otro tanto los censores?» Pone, además, otro motivo en contra: el económico, por lo cual no cree que «sea necesario un medio de tanta costa y dificultad como resucitar el oficio de los censores» (C. C., p.437b). Para solucionar la cuestión económica piensa Cristóbal de Santiago Ortiz (a quien Pellicer cree, equivocadamente, cómico) que las compañías autorizadas habrían de costear el salario del censor (C. C., p.544b). Así pensaba Ortiz hacia 1649; a finales del siglo (1692-94), Bances Candamo sospecha que aquellos a quienes el Consejo comete la censura, «no teniendo salario bastante para ser los hombres que deben los que la ejercen..., den, quizá, licencia para la comedia que no deben» (p.52). Frente a esas sospechas de Candamo sorprende, por ingenua, la confianza que muestra una disposición dada el 22-3-1763 por Carlos III; en ella se quitaba el salario señalado a los censores por exorbitante; en adelante deberán ejecutar su comisión de balde, bastándoles el honor que recibían con el nombramiento, no obstante que se les remunere con un ejemplar» (A. ROMEU DE ARMAS, *Historia de la censura literaria gubernativa en España* [Madrid 1940] p.52).

Del contraste de estas diferentes opiniones puede deducirse que una cosa era lo preceptuado sobre la censura en las *Ordenanzas* del Consejo y otra la realidad [5]. Señala también Candamo una única excepción: «no tienen aquellas obras (que se representaban ante el rey en palacio) censura alguna antes de ejecutarse» (p.93). ¿Desde cuándo existió tal privilegio? No lo dice Candamo; es posible que fuese unido al nombramiento real —de hacia 1687— por el cual Carlos II le designaba «para escribir sus festejos, cuyo honor por decreto, ninguno hasta hoy ha tenido». Por esto se creería Candamo con justísimo título para aprobar o condenar las comedias de su tiempo, mientras negaba tal título o preparación a los teólogos, como el P. Camargo.

Todo lo dicho hasta aquí se refiere a la censura previa a la representación; para la impresión era necesaria otra licencia, que correspondió

---

[5] La realidad era que, como suele ocurrir, unas veces se urgía el cumplimiento de lo mandado y otras se descuidaba. De ese cumplimiento quedan frecuentes testimonios en los ejemplares manuscritos de comedias, en los cuales aparecen las aprobaciones del censor y del fiscal que las examinaron (p.ej.: en *El blasón de los Chaves* [Lope], 1601; *La judía de Toledo* [Mira], 1615; *El mayor monstruo, los celos* [Calderón], 1667; *El parecido en la Corte* [Moreto], 1669). Suelen encontrarse, además, licencias posteriores para representar en tal o cual ciudad, sacadas por los autores de compañías. Hay que advertir que, a veces, estos cortes del texto no son del censor, sino de los dichos autores, los cuales, una vez comprada la comedia al poeta, se consideraban con derecho a modificar o acortar el texto, según les convenía para la representación.

desde 1502, por disposición de los Reyes Católicos, al Consejo Real, salvo Valladolid y Granada, donde era competencia del presidente de la audiencia, y en Toledo y Sevilla, del arzobispo, y del obispo en Burgos, Salamanca y Zamora. En 1558 se urge el cumplimiento de la censura; la legislación desde entonces sigue en vigor en Castilla durante siglos.

La Inquisición

Al Santo Oficio le tocaba velar por la conservación y pureza de la fe; a este fin ejercía la censura sobre los escritos impresos. La censura previa solamente podía ejercerla sobre sus propias publicaciones, según lo legislado el año 1558. Como se hubiese entrometido alguna vez la Inquisición en la aprobación de libros, protestó el Consejo, celoso de sus derechos; en 1571. Ante la eficaz actuación del Santo Oficio, se lamentaban Ribera y Ferrer de que no interviniese en la censura de las representaciones. «¿No veis lo que pasa en materia de religión —escribía Ferrer—, que nadie se permite en los reinos de esta Corona un átomo en materia de fe, que luego entra el cuchillo de fuego de la Inquisición, que adoquiera que llega hace empolla (*sic*)?» (C. C., p.217b). En literatura, sin embargo, los inquisidores se atuvieron al criterio amplio que recomienda Zurita en un papel sin fecha: «en fin, algunos libros han de quedar para ocupar la gente sensual, que, no sabiendo ocuparse en cosas más altas, por fuerza ha de tener algunos manjares gruesos en que se entretenga». Ni siquiera en el *Indice* de Quiroga (1583-84), en el que tanta intervención tuvo el P. Mariana, consiguió éste con su rigorismo cambiar el criterio de los censores inquisitoriales. Con todo, en los *Indices* del XVI ya fueron incluidos Torres Naharro y Gil Vicente; en el de Valdés (1559) se encuentra *La Propaladia*. Es en el XVII cuando la lenidad de la Inquisición se hace más patente en el teatro. Sin duda porque confiaba en la censura previa que ejercía el Consejo en las representaciones, con lo cual los textos, cuando llegaban a imprimirse, ya habían sido cernidos en el cedazo de los censores. Así, Calderón, en su aprobación de la *Parte veinte y tres de comedias nuevas y escogidas de los mejores ingenios de España* (Madrid 1666), decía: «auiéndolas visto representadas en esta Corte con aprobación de sus censores y leídolas de nuevo con toda atención y cuydado, no hallo, a mi corto juizio, inconueniente para que no se impriman. Salvo mejor parecer». Por eso, ese mismo año a 16-12-1666, respondiendo a un memorial de la villa remitido por la reina, hacían constar los consejeros con satisfacción que, de no considerar las comedias como lícitas, «no hubieran dado licencia para imprimirlas, pudiendo causar más daño con leerlas como con oírlas, sin que se haya visto hasta ahora que ningún libro sea expurgado, argumento claro de que con ellos no ha habido escándalo» (C. C., p.174b). En efecto, si recorremos el *Index* de 1707, no encontramos los nombres de los grandes dramaturgos del siglo XVII: Lope, Tirso, Mira, Vélez de Guevara, Godínez, Calderón, Moreto... Tan sólo una ligera corrección en *La mayor confusión*, de Pérez de Montalbán; pero se trata de una novela; ni siquiera las comedias del heresiarca Enríquez Gómez —del que se condenan otras obras—, salvo su comedia de *El capellán de la Virgen, San Ildefonso,* que aparece con el nombre de Fernando de Zárate, aunque se añade «que es Antonio Henríquez Gómez»; en cambio, siguen apareciendo en los *Indices* del XVIII Cervantes, Espinel, Quevedo, etcétera.

Pese a ser las cosas como hemos dicho, no falta un Tomás S. Tomov que nos diga que «los últimos años de la carrera dramática de Lope de Vega fueron entristecidos por los éxitos de sus competidores (por Calderón de la Barca, entre otros) y por la censura rigurosa por parte de la Inquisición» (*Actas del I C. I. de Hispanistas* [Oxford 1946] p.476). Hay que esperar más de siglo y medio después de la muerte de Lope, hasta el *Indice* de 1844, para encontrar la primera comedia suya: *La fianza satisfecha,* condenada por edicto del 18-3-1801. También aparece, sin nombre de autor, *La gitana de Menfis, Santa María Egipcíaca,* por edicto del 12-3-1796. La comedia es de Pérez de Montalbán.

En casos particulares intervenía la Inquisición por alguna denuncia recibida. Tal sucedió con el auto *Las pruebas del segundo Adán,* de Calderón, en 1662. Negóse Calderón a admitir la modificación más extensa propuesta por los inquisidores; el auto no se representó hasta once años después, y entonces según el texto presentado por el poeta en 1662. También refiere Barrionuevo (30-10-1655) de la comedia *Vida y muerte de San Cayetano,* de seis ingenios (Diamante, Villaviciosa, Avellaneda, Matos, Arce y Moreto) que, «estando para hacerse, la recogió la Inquisición». Había grande expectación por ella: «La reina se muere por verla y las mujeres dicen locuras», por lo cual debieron de darse prisa los inquisidores, pues a los cuatro días (3-11-1655) dice: «A instancias de la reina, se ha comenzado a hacer la comedia de *San Gaetano,* habiéndola primero escudriñado muy bien la Inquisición, que se ha abreviado por darle gusto» *(Avisos).* Estos son casos excepcionales que confirman el modo de proceder habitual de la Inquisición en materia teatral.

Al llegar a este punto, como complemento del cuadro trazado hasta aquí, y para una mayor inteligencia del mismo, parece conveniente añadir, en breve resumen, el pensamiento y la conducta de unos y de otros en el siglo siguiente, consecuencia, por una parte, de las circunstancias reseñadas del anterior y, por otra, de las nuevas orientaciones de la Ilustración.

Relaciones entre Iglesia y teatro en el siglo XVIII

Contrasta con la abundancia de escritos doctrinales de los últimos decenios del XVII la ausencia de los mismos que se advierte hasta bien entrado el XVIII. El primero importante es la *Consulta theológica...,* del jesuita Gaspar Díaz, impresa en Cádiz, 1742. La *Respuesta...* Diola a luz en Zaragoza, 1743, el autor de comedias Manuel Guerrero. Refutando, con machacona verbosidad, el hiriente Prólogo, antepuesto por Nasarre a su edición del teatro de Cervantes (1749), publicó el marqués de Olmeda, D. Ignacio Oyanguren, su *Discurso crítico...* 1750, bajo el seudónimo de Erauso Zabaleta. Del año siguiente es el *Triunfo sagrado de la conciencia*, 1751, del jesuita P. Francisco Moya y Correa, con el anagrama de D. Ramiro Cayorc de Fonseca; como en él volviese el P. Moya sobre los argumentos de la famosa «Aprobación» de Fr. Manuel Guerra, dio ocasión para que el íntimo amigo de Guerra D. Gonzalo Xaraba publicase el extenso complemento que dejara inacabado el trinitario, con el desmesurado título de *Apelación al Tribunal de los doctos, Justa defensa de la Aprobación...*, que —todavía abreviado— puede verse en la Bibliografía.

De 1753 son las *Precauciones* dadas por Fernando VI, fruto de la intervención del P. Calatayud, autor del *Discurso práctico sobre las comedias*, publicado en el tomo III de sus *Opúsculos y doctrinas prácticas*, Logroño, 1754. Defendiéndose de las acusaciones proferidas contra los comediantes en un sermón del dominico P. Pinedo, envían éstos, en 1756, un *Memorial de los cómicos de Madrid al Párroco de San Sebastián*, como a su superior eclesiástico inmediato en la corte, ya que la mayoría de los representantes eran feligreses suyos. Los ataques contra los autos sacramentales de Clavijo y Fajardo comenzaron a salir en *El Pensador* en 1762, y los de Nicolás Fernández de Moratín contra el teatro tradicional, en sus *Desengaños al teatro español*, 1763. Replican Romea y Tapia, los días 3, 10 y 17 de mayo de 1763, y Francisco Mariano Nifo, en *La Nación española defendida de los insultos del Pensador y sus sequazes*, 1764. Pero ni la apología de nuestro teatro en comparación del extranjero de Nifo, ni la respuesta directa a los argumentos de Tapia valieron —si llegó a leerlos el rey— para detener el decreto de supresión de los autos en 1765. El último y principal escrito es el de D. Simón López —perteneciente como Belluga al Oratorio y obispo de Orihuela desde 1816—, titulado *Pantoja o resolución histórica, teológica de un caso de Moral sobre Comedias...* escrito, según Cotarelo, antes de 1789 y publicado en Murcia, 1814. En él defiende el oratoriano las opiniones más rigoristas sostenidas en los dos siglos que duran las controversias sobre el teatro.

Durante el XVIII, las suspensiones generales de las comedias son poco frecuentes y suelen ser breves. Por ejemplo, duran unos cinco meses entre 1720 y 1721 por la peste de Marsella, y poco más de cuatro el luto por la muerte de Felipe V (9-VII-1746). Pero mientras en los corrales madrileños los cierres son escasos, hay provincias en las que los teatros permanecen cerrados años y años. En parte puede ser debido a lo dispuesto por Felipe V en 1725: «que las comedias sean vistas, leídas, examinadas y aprobadas por el Ordinario» (C. C., 640b), ordenación reiterada por Fernando VI en 1753. Entre los obispos que, antes y después de 1725, mostraron su preocupación por las representaciones teatrales, recordemos al cardenal Belluga en Cartagena, D. Francisco Valero en Toledo, D. Juan Camargo en Pamplona, D. Francisco Pérez de Prado en Teruel, D. Andrés Mayoral en Valencia, D. Juan Eulate en Málaga y D. Gregorio Galindo en Lérida (C. C., p.29).

En esta pugna en contra de los teatros, los obispos se veían, generalmente, secundados por los capitulares; pues tanto los cabildos eclesiásticos como los civiles llegaban por presiones de los misioneros a comprometerse bajo juramento a no permitir la entrada de farsantes en las poblaciones de su jurisdicción. Tal sucedió en Tudela en 1715 por la predicación del P. Dutari. Distinto fue el caso de Pamplona: consiguió la ciudad en 1725 un breve pontificio dispensándola del voto hecho en 1721, pero el obispo Camargo se negó a admitir el breve por considerar que había sido subrepticia la obtención. Más ejemplos de la actuación de los misioneros: Otro jesuita —navarro como Dutari— el P. Pedro de Calatayud, no contento con que se cerrasen los corrales de Madrid durante su misión en el otoño de 1753, logró de Fernando VI las 25 *Precauciones* arriba citadas, urgidas por su sucesor en 1763. Después de la expulsión de los jesuitas por Carlos III, quien más sobresale, con mucho, en los ataques a las comedias es el misionero capuchino Beato Diego José de Cádiz. En carta del 23-9-1783, dice de Carlos III «que se le nota el disgusto con que las tolera y la propensión de su real ánimo a exterminarlas». Enumera, luego, las ciudades que hicieron voto de no admitir las comedias, Sevilla, Córdoba, Granada, etc., y hace mención de aquellas que como Toledo, Jerez, Ecija, Puerto de Santa María, Jaén, Andújar, Ubeda, Baena, con otros muchísimos pueblos, que en nuestra Andalucía y fuera de ella han acordado desterrarlas para siempre (C. C., 108b y 110 y b).

Un nuevo refuerzo entra ahora en la liza, el de los literatos de la Ilustración. Aunque los que no son nuevos, sino repetición de los del siglo anterior, son los motivos de sus censuras. En la campaña antiteatral, las «objeciones del puritanismo moral —observa Bataillon— pesaron más todavía que las del puritanismo literario» (p.477). Aquellos adalides del neoclasicismo: Nasarre, Nicolás F. de Moratín, Clavijo, etc. [6], superan en rigor a un Crespi o a un Camargo; pues, como escribe Caro Baroja: «El neoclásico metido a teólogo es rigorista, como el hombre del barroco laxista» (p.233). Se erigen en defensores de la moralidad pública tachando de corruptores a Calderón y a Lope. Apelan, con resabios jansenistas, al respeto y reverencia debidos a los misterios y al Sacramento, y, explotando la fuerza de este argumento en el ánimo religioso de los borbones, consiguen, todavía en vida de Fernando VI († 1759) —no hallo precisada la fecha— que se prohíba la representación de las comedias de santos. La enemiga contra el teatro religioso culmina con el decreto de Carlos III del 9-6-1765, en el cual se decía: «se ha servido S.M. de mandar prohibir absolutamente la representación de los

---

[6] La polémica de los neoclásicos en torno al teatro tradicional ha sido tratada, desde su base estética, amplia y doctamente por Menéndez Pelayo, en su *Historia de las ideas estéticas en España*, Edic. Nac. t.III, p.187 y ss. Desde un punto de vista actual, con amplitud, detalle y erudición, la ha estudiado, recientemente, René Andioc en su tesis doctoral, *Sur la querelle du théâtre au temps de Leandro Fernández de Moratín* (Burdeos 1970). Hay texto, abreviado, en español, con el título, *Teatro y Sociedad en el Madrid del siglo XVIII* (Madrid 1976).

La obra citada de J. CARO BAROJA es *Teatro popular y magia* (Madrid 1974).

autos sacramentales y renovar la prohibición de comedias de santos y de asuntos sagrados bajo título alguno».

En el momento de su desaparición, los autos seguían gozando de gran popularidad, no sólo en las plazas, sino también en los corrales. Clavijo, reconociendo el hecho mal de su grado, pretendía desacreditarlos añadiendo algunas circunstancias, que decía se daban en su representación en los corrales: según él, la gente, particularmente la de cierto tono, charlaba o dejaba las lunetas y aposentos mientras duraba el auto y asistía sólo al entremés y saynete; únicamente «el pobre Pueblo, que ha comprado el derecho de estar tres o quatro horas dentro del Corral y no quiere perder su acción, ni el lugar en que ha logrado colocarse, sufre el Auto, que entiende como si estubiese en griego». Quisiera él ver los que acudirían si no hubiese sainetes, música, galas ni decoraciones. Contra esto arguye, muy oportunamente, Romea y Tapia: «¿Hay alguna representación en todo el año tan concurrida como los Autos, en más mal tiempo por razón del calor o molestas apreturas? Sin duda que no. Las decoraciones, la música, las galas y los saynetes, ¿no son comunes a todas las Comedias que llaman de Teatro? Es claro: luego este exceso, que se nota en el concurso a los Autos, lo hemos de atribuir a los Autos mismos» (*El escritor sin título* [1763] p.167).

Pese a tales prohibiciones —con las cuales se redujo notablemente el repertorio del teatro religioso— todavía el público siguió con su afición a estas comedias. Valgan como prueba los datos aportados por F. Aguilar Piñal en su documentado estudio sobre *Sevilla y el teatro en el siglo XVIII* (Oviedo 1974) p.126-27. Examina en él las obras —412 en total— representadas en Sevilla desde 1767, en que tras largos años de cierre se abre, con Olavide, el teatro, hasta 1778; y tratando de las preferencias del público, dice que, después de las de magia, el segundo lugar lo ocupan —aun habiéndose reducido tanto su número— las comedias religiosas, las bíblicas particularmente. Sin duda —creo yo— que por no estar incluidas nominalmente en las prohibiciones —siquiera en la de Carlos III de 1765 se prohibiesen todas las de «asuntos sagrados»—; y lo que es más, no faltan algunas propiamente de santos, de títulos, eso sí, algo velados. También, refiriéndose al Valladolid de la Ilustración, escribe Almuiña Fernández que en las preferencias del público, desde un punto de vista meramente cuantitativo, el primer puesto lo ocupan las obras sentimentales y sentimentaloides; el segundo, las de tipo religioso, y detrás de éstas, las trágicas y de magia [7].

En el último decenio del siglo —la *Memoria* de Jovellanos está firmada el 29-12-1790—, hubo empeño repetido de reformar el teatro. A juicio de Jovellanos, «la reforma de nuestro teatro debe empezar por el destierro de casi todos los dramas que están sobre la escena», no sólo los que, por aquellas fechas, «abortaba una cuadrilla de hambrientos e ignorantes poetucos», sino también los de nuestros mejores dramatur-

---

[7] C. ALMUIÑA FERNÁNDEZ, *Teatro y cultura en el Valladolid de la Ilustración. Los medios de difusión en la segunda mitad del XVIII* (Valladolid 1974), p.99.

gos. Jovellanos, fiel a los prejuicios de los neoclásicos que le precedieron, juzgaba que tales obras debían desaparecer por darse en ellas «ejemplos capaces de corromper la inocencia del pueblo más virtuoso». Lamentaba la decadencia a la que habían llevado a la escena diversas causas concurrentes en el reinado de Carlos III, y añadía que «acaso estaba reservada la gloria de reformarla al augusto Carlos IV» [8].

Al fin, por R.O. del 21-11-1799 se aprobó la *Idea de una reforma de los teatros de Madrid,* del censor de comedias D. Santos Díez González, y para su ejecución se nombró una Junta cuyo director era D. Leandro F. de Moratín y censor D. Santos. Duró solamente unos pocos años: el fracaso fue debido particularmente a que, siguiendo una idea de Jovellanos, se desposeía a la jurisdicción municipal en beneficio de la real del gobierno de los teatros, y con esto se privaba al Ayuntamiento madrileño de la gran ayuda que en ellos tenía para el sostenimiento de los hospitales.

Coincidente con el pensamiento de Jovellanos sobre la decadencia de la escena es la conclusión a la que llega Cotarelo en sus *Controversias;* si bien Cotarelo es más completo en enumerar los motivos. Opina Cotarelo que una de las principales causas de la decadencia del teatro español en el siglo XVIII estuvo en «esta guerra sin cuartel ni tregua que se le hizo en nombre de la moral, en el púlpito, en el confesonario, en la tertulia, en libros, folletos, acuerdos de ayuntamientos, censuras episcopales y añagazas de todo género, empleados por los poderosos para tener casi siempre cerrados los edificios de los teatros» (p.28-29).

Después de cuanto llevamos dicho no se puede negar su parte de verdad a la afirmación de Cotarelo. Pienso, sin embargo, que la causa principal de la decadencia estuvo en la falta creciente de dramaturgos de valer. En el tránsito al XVIII todavía dramáticos, como Cañizares, Lanini, Zamora, Osorio de Castro, Zárate... cuentan en su repertorio con abundantes comedias de santos; comparten éstas después las preferencias del público con las comedias de magia, *Juana la Rabicortona, El anillo de Ciges, El mágico de Salerno,* etc., en cuyo triunfo tanta parte le cupo a la complicada puesta en escena y a la música. En la segunda mitad del siglo logran con dificultad los neoclásicos introducir el nuevo teatro mediante traducciones del italiano y del francés; puede decirse que apenas hay en este sector escritores de talento dramático fuera de Leandro F. de Moratín y García de la Huerta, los cuales se dividen la escena con los sainetes de corte tradicional de D. Ramón de la Cruz, con las comedias de Moncín, Valladares y Comella y de aquellos que denomina Jovellanos «ignorantes *poetucos...* a quienes en nuestros días se da una necia y bárbara preferencia».

Pero donde más patente resulta la ausencia de prestigiosas figuras es entre los comediógrafos eclesiásticos. Frente a la brillante pléyade de sacerdotes dramaturgos que hemos visto en el XVII no aparece en

---

[8] *Memoria para el arreglo de la policía de los espectáculos y diversiones públicas y sobre su origen en España.* Cito por la edición de B.A.E. t.46, p.495b, 496a y 490b.

el XVIII más que Añorbe y Corregel —que no pasa de mediocre—, y junto a él otros tan desconocidos como Cantón de Salazar, Pomares o Serra y Palos, que componen alguna que otra comedia de circunstancias. Entre los conocidos, consigue Cándido M.ª Trigueros algún éxito con sus refundiciones de Lope; con todo, de los sacerdotes, que ya en el paso al XIX gozan fama de poetas, Arjona, Roldán, Reinoso, Blanco-White, Lista, ninguno cultiva el teatro.

IV. INFLUJO SOCIAL DEL TEATRO RELIGIOSO

Pensaba Nicolás Fernández de Moratín que, después del púlpito, era el teatro el que podía ejercer mayor influencia en las masas. Persuadidos de ello, los neoclásicos trataron de orientar el teatro hacia sus ideas, combatiendo sin tregua el teatro religioso de su tiempo hasta conseguir la prohibición de los autos sacramentales en 1765, y años antes, la de las comedias de santos en vida de Fernando VI († 10-8-1759).

Tratar de valorar en profundidad el influjo del teatro religioso es poco menos que imposible por falta de datos y puntos de apoyo para cualquier inducción; en cambio, sí es posible y conveniente procurar hacerlo en extensión.

Partimos de un hecho reflejado repetidas veces en los relatos de los viajeros franceses que visitaron España en el siglo XVII: la enorme afición del pueblo español a las representaciones teatrales tanto en las ciudades como en las villas y aldeas. Afición en general, y en particular al teatro religioso, que comprende, además de los teatros públicos, las representaciones en colegios y conventos y al aire libre de los autos sacramentales.

En los pueblos y villas de poca importancia se tenían representaciones por cómicos de la lengua y por aficionados. Como se refiere en *El viaje entretenido*, desde la gangarilla, que hacía el auto de *La oveja perdida*, hasta la farándula —víspera de compañía, en expresión de Rojas—, que iba ya a buenos pueblos, todos llevaban dos, tres o cuatro autos con otros tantos entremeses, porque el auto, aun en esta forma elemental, iba siempre acompañado del entremés, lo serio con lo jocoso. Además de estos comediantes venales, cuya venida era con frecuencia aleatoria, solía haber en los pueblos representaciones de aficionados en días fijos (el Corpus, el Rosario). A estos aficionados encomia Pineda en su *Agricultura christiana* (1589), «porque los que por pasatiempo representan en sus pueblos, como se usa en las fiestas del *Corpus Christi*, no son aquí condenados, sino los que como chocarreros se alquilan para representar, indiferentemente, bueno y malo, honesto y deshonesto».

También el regidor —el otro interlocutor es el teólogo— en los *Diálogos de las comedias* (1620) dice que, en villas y lugares grandes, los vecinos del lugar hacen muy buenas comedias los días del Corpus y del Rosario; «que hemos ido a vellas muchos de la ciudad que estábamos hechos a las de los farsantes, y nos han parecido muy mejores» (C. C., p.220b-221a).

En cuanto a los farsantes de profesión, en los pueblos mayores se pagaba a la farándula por el contrato para el Corpus hasta 200 ducados; indicio claro de la importancia que se daba a esta representación. En los pueblos que estaban próximos a las ciudades importantes, se permitían el lujo de traer en los días de la infraoctava a la compañía que había representado desde el jueves en la ciudad. Así, las que actuaban en Madrid y Toledo acostumbraban a ir a localidades próximas: Arganda, Morata, Colmenar Viejo, Carabanchel de Arriba, Barajas, Valdemoro, Valdemorillo y Pinto, de la provincia de Madrid; y a Illescas, Sonseca, Tembleque, Yébenes, Colmenar de Oreja y Esquivias, en la de Toledo. Con tales desplazamientos redondeaban las compañías sus ingresos, no pequeños, de la fiesta del Corpus, a la vez que aumentaba el público que presenciaba los autos.

A estas representaciones hay que agregar las que se tenían en los colegios, principalmente en los de la Compañía, tan numerosos en la España del seiscientos. En la segunda mitad del quinientos se da la circunstancia de que, mientras el teatro universitario languidece en franca decadencia, el de los colegios jesuíticos alcanza verdadero auge, logran conquistarse un público adicto, integrado en los pueblos y ciudades poco populosas —como Ocaña, Monforte, Gandía, Jerez, Plasencia, Burgos, Avila, Medina del Campo— por los familiares y amigos de los colegiales y una masa de gente sencilla: artesanos, comerciantes, pequeños funcionarios, campesinos. En las grandes ciudades —Madrid, Sevilla, Barcelona, Valencia, Valladolid, Zaragoza—, aunque el público fuese menos popular, los contactos de los jesuitas con las clases elevadas y cultas y el número crecido de alumnos con sus familias aseguraba la concurrencia. De aquí el importante influjo social de ese teatro en tantos miles de alumnos de todas clases sociales —la enseñanza era gratuita— y en el público heterogéneo que asistía a las representaciones. Influjo moral y religioso, ya que, siguiendo el precepto de la *Ratio,* los temas de las comedias pertenecían al ciclo bíblico o al hagiográfico, y, si profanos, a héroes mitológicos e históricos, vistos bajo su aspecto moralizador o *a lo divino.* El P. Martín de Roa escribe del P. Acevedo que «trocó los teatros en púlpitos, y despidió a los hombres de sus representaciones más corregidos y contritos que los excelentes predicadores de sus sermones» (*Historia de la Provincia de Andalucía* c.5).

Añádase en los días de Navidad, como hemos visto antes, la costumbre de que los farsantes hiciesen representaciones en las casas religiosas, lo cual se continúa durante todo el siglo XVII.

A estas comedias tenidas en monasterios y conventos —aunque no siempre fueran ordenadas puramente a devoción, como preceptuaban las *Ordenanzas* de 1615— se deben agregar otras muchas de tema religioso que se representaban en los corrales públicos con gran concurso de espectadores. El teólogo que ya conocemos subrayaba en 1620 «la multitud de gentes que acude a una comedia de devoción, pues he visto que se representó seis veces en un mesmo teatro en Valladolid, y el postrer día había más gente que el primero»; y da por razón de hecho «que desde que se frecuentan los sacramentos está muy diferente el vulgo de lo que solía». Con los años la situación no varió. Haciendo unas catas en las listas de representaciones tenidas en Valladolid en el decenio 1686-96 fuera de los autos del Corpus, publicadas por N. Alonso Cortés, hallamos que en mayo de 1886 hubo ocho días comedia devota —y no se solía tener comedias todos los días—; en 1693, en abril, trece de tema religioso; la más repetida, la de Santa Teresa, que duró cuatro días; en mayo de 1694 hubo comedia catorce días; de ellos, cinco de devoción; en noviembre, diez de quince, y en mayo del 96, la proporción es de ocho religiosas en un total de diecisiete. Esto demuestra bien claro las preferencias del público y que los autores de compañías, que las conocían, llevaban buen repertorio de ellas.

Como se ve, los últimos datos barajados se refieren no al teatro escolar o a las representaciones particulares en conventos o monasterios, sino a las comedias de devoción representadas en los corrales. Calcular su número siguiendo los títulos no es tarea fácil, por no deducirse de éstos, en algunos casos, el tema de la obra. Intentaré, con todo, numerarlos. Desechados los títulos dudosos y limitándonos a las listas del *Catálogo* de La Barrera, pueden contabilizarse, aproximadamente, unas 813 comedias de tema religioso. Sumadas éstas a los 483 autos sacramentales registrados en dicho *Catálogo,* dan un total de 1.296. A la vista de este número, podremos ver cómo minimiza y desvirtúa J. A. Maravall la importancia del teatro religioso español al afirmar de nuestro teatro de la época barroca que «es mínima la parte que en él se ocupa del tema religioso» (p.31).

Veamos si es así. Ateniéndonos al mismo *Catálogo,* se cuentan unos 3.956 títulos de obras profanas; la proporción de éstos con los 1.300 (1.296) de obras religiosas dan un 32,86 por 100; en números redondos teatrales haría subir bastante la cifra de 1.300. Con la particularidad de que las comedias de devoción, por ser generalmente de encargo en 867 en el *Catálogo* preparado por J. Alenda y Mira y publicado por Paz y Melia (BRAE, 1923), que son 384 más. Aunque no pueda pensarse en un aumento proporcional en las comedias de devoción, sin duda, un recuento en las listas de títulos conocidas y la rebusca en fondos teatrales haría subir bastante la cifra de 1.300. Con la particularidad de que las comedias de devoción, por ser generalmente de encargo para la fiesta de algún santo, fueron representadas casi en su totalidad, cosa que no puede afirmarse de las profanas. Y con esto tocamos otro punto muy importante. Calcular la importancia social del teatro —que es el punto de vista de Maravall en esta obra suya— a base de títulos de obras es sumamente falaz; el cómputo debe hacerse a base del número de representaciones y, a ser posible, del número de asistentes. El número absoluto ya se ve que no es factible hallarlo por falta de datos; sí los hay para conocer el relativo, la frecuencia y la asistencia aproximadas.

Comencemos por los autos sacramentales, fenómeno único, espectáculo multitudinario al aire libre. En Madrid, en la primera mitad del siglo XVII, se tenían cuatro autos el jueves por la tarde a la familia real; entre la noche del jueves y todo el día del viernes y a veces el sábado, todos, o divididos en dos, a los consejos, a la villa, al presidente de Castilla, delante de las casas respectivas, con participación popular; y al pueblo en la plaza de Guadalajara. En Toledo se representaba una serie de cinco autos el día del Corpus: dos por la mañana y tres después de mediodía, en la catedral entre los dos coros, delante de las gradas de la villa, bajo las ventanas del arcediano, en la tripería, en la cerería, en la plaza Mayor y Zocodover. Además, el jueves de la octava otra serie de dos, entre los dos coros, delante del tablado de la ciudad, en la plaza del ayuntamiento y en las cuatro calles. En Sevilla, en el último tercio del XVI se tuvieron algunos años hasta siete autos —téngase en cuenta que el auto era más breve que lo fue después—; en el XVII eran cuatro; se tenían por la mañana a continuación de la procesión, delante de la catedral, frente a la puerta del Perdón, para los dos cabildos, eclesiástico y civil; la segunda representación, delante de la Audiencia Real; la tercera, en la plaza de Contratación, y la cuarta, para el alguacil mayor. En otras ciudades, la solemnidad era menor; puede servir de ejemplo Segovia, con dos autos, representados primero en la plaza Mayor y luego un carro en el Azoguejo, y el otro en Santa Eulalia. No hay que olvidar las representaciones que se tenían en los pueblos durante la octava del Corpus. El concurso a unas y otras, dado su carácter gratuito y la atracción del espectáculo, era, indudablemente, grande. De ello se lamentan los autores de compañías Escamilla y Vallejo —en una petición de Madrid, 1-6-1672— suplicando se les aumente la asignación de los autos del Corpus; entre otras cosas porque «después de tanta representación en público no dan resultado las que se hacen en los corrales».

Sería, sin embargo, equivocado deducir de este dato que la asistencia a los autos en los corrales era escasa. En realidad es difícil realizar el cómputo de los asistentes partiendo de las recaudaciones globales, pese a la abundancia de datos conocidos gracias a la diligencia de N. D. Shergold y J. E. Varey; puesto que por ellos no se llega a fijar con exactitud el número de localidades. Esto, con todo, es factible más tarde, en el siglo XVIII, merced a los datos suministrados por R. Andioc; el cual, a pesar de mostrarse poco inclinado a interpretaciones benévolas de los datos que maneja, reconoce que «los autos suelen mantenerse, por lo común, alrededor de unas tres semanas: es decir, que forman parte de las pocas obras que se avecinan al máximo observable en toda época» (p.348). Y auto hubo, como *Lo que va del hombre a Dios*, de Calderón, que llegó a 31 representaciones, cifra nunca superada por una comedia profana. Para justipreciar este juicio hay que tener en cuenta que a los autos, por la complicación de las apariencias, se les consideraba como comedias de teatro, cuyas entradas eran más caras que las ordinarias. Además, la asistencia a los teatros se reducía mucho con el calor; tanto que con frecuencia quedaba abierto sólo uno de los dos corrales de Madrid; en cambio, los autos se representaban en los dos. Así hasta el último año, 1764, en el cual alcanzó Hidalgo, en la Cruz, 24 representaciones, si bien la media de lo recaudado bajó a 2.770 reales, que llegaba al 50 por 100 del total recaudado; la compañía de Ladvenant, que era mejor, obtuvo, en el Príncipe, 3.560 de media, en un total de 6.130. Aún parece más patente la preferencia del público por los autos comparando su duración con las comedias, ya que la permanencia en cartelera de una obra oscila alrededor de cuatro días. Si pasaba de la semana, podía considerarse como un éxito.

Ante estos datos, se ve cuán equivocado es repetir, como se hace a veces, la frase de Mariscal de Gante: el decreto de 1765 «no fue el decreto de muerte; hacía largo tiempo que habían muerto ya; fue... la orden del Registro Civil autorizando el entierro» (p.329).

El caso de las comedias de santos es muy semejante al de los autos. Su prohibición no obedece a que hubiese decaído la afición popular por dichas comedias. En el siglo XVIII comparten el favor del pueblo con las comedias de magia. En ambas, lo que atrae al público es lo espectacular, las mutaciones variadas, las tramoyas aparatosas, la compleja maquinaria mediante la cual los personajes suben, bajan, vuelan, aparecen y desaparecen, generando lo milagroso, lo maravilloso; cumpliéndose en el teatro el dicho popular: «Hágase el milagro, y hágalo el diablo». Existe un paralelismo de títulos; de una parte, *El prodigio de Etiopía, Santa Teodora* (Lope), *El prodigio de los montes y mártir del cielo, Santa Bárbara* (tal vez, de Lope o de Guillén de Castro), *El prodigio de la Sagra, Santa Juana de la Cruz* (Cañizares), *El prodigio de la fe y más feliz renegado* (Lanini). De otra, *El asombro de Turquía y valiente toledano, Francisco de Ribera* (Luis Vélez de Guevara), *El asombro de Francia: Marta la Romarantina,* de la que se escribieron hasta cuatro partes, la primera y la segunda de Cañizares; *El asombro de Jerez y terror de Andalucía* (Agustín Florencio). La primera serie tiene más arraigo en el XVII; la segunda, en el XVIII. Adviértase que ya en el mismo título se subraya la diferencia entre el taumaturgo y el mago. Para significar la notoriedad del primero se emplea la palabra *prodigio;* para la del segundo, *asombro.* El espectador distinguía bien la acción de Dios, del santo y la acción diabólica, del mago, pese a la aparente similitud de los efectos.

Por otra parte, quienes atacaban a las comedias de santos eran los mismos (Clavijo, Nicolás F. Moratín, Nasarre) que, llevados de un puritanismo farisaico, censuraban como inmorales las comedias clásicas de capa y espada, en particular las de Calderón. Señala, con acierto, Andioc la finalidad política perseguida, como última conquista por estos críticos: «Lo que desean, pues, un Clavijo, un Moratín padre y los demás detractores del auto o de las comedias de santos... es una religión concebida *para* el pueblo; pero, por lo mismo, *sin el pueblo,* despopularizada, es decir, situada en una esfera desde la cual, sin dejar de encauzar el comportamiento de los hombres, se impongan más a ellos en la medida en que esté a su alcance; pues, considerando su enorme influencia sobre las masas, se la quiere convertir en un auxiliar del poder omnímodo, capaz de preparar mejor a los fieles a su papel de subditos» (p.371-72).

Por lo tocante a la asistencia, en los días de Navidad —en que la gente iba más al teatro—, en 1757-58, las más concurridas fueron dos comedias bíblicas: *Las tablas de Moisés* y *La fe de Abraham;* tanto que algún día se llegó al 83 por 100 del máximo realizable de entradas. Detrás, con buena entrada, pero inferior, dos de magia: *Juana la Rabicortona* —que era nueva aquel año— y *Pedro Vayalarde,* que fue tan popular, que su autor (Salvo y Vela) escribió cuatro continuaciones. En 1786-87, una comedia de santos, *El tyrano de Hungría (Santa Isabel),* se mantiene diecisiete días, con una media de 5.740 reales. Todavía el año siguiente, 1788, se representa del 1 al 9 de enero, con 5.194 reales de media. Recordemos que la máxima recaudación era de 6.150 en estas comedias de teatro.

Cabría objetar que todos los datos aducidos pertenecen al siglo XVIII. La objeción carece de valor, ya que, lógicamente —más aún *a fortiori*—, puede decirse lo mismo de la época de máximo esplendor de los autos y comedias sacras, que es el XVII.

No faltan algunos datos del XVII: en un pleito de 1660, el testigo Francisco de Villegas declaró que, «siendo las compañías buenas, tienen grande utilidad los arrendadores» por los autos representados en los corrales. En el Corpus de 1659, la compañía de Vallejo —que era mediocre— del 1 al 19 de junio (el 20 tuvo que marchar la compañía a Avila) representó *El diablo mudo,* de Calderón, proporcionando de ganancia al arrendador 5.548 reales. Mientras que con diversas comedias, en más de un mes, del 23 de abril al 26 de mayo, no se sacaron más que 3.694, a pesar de ser algunas nuevas y, en general, de autores célebres (Calderón, Moreto, Rojas, Zabaleta).

Otro dato que manifiesta las preferencias del público por el teatro religioso —ahora se trata de comedias, no de autos, como en el anterior— es lo dicho antes sobre Valladolid por los años 1686 a 1696, con predominio de las comedias de santos, que son las que se mantienen en el cartel varios días, mientras que las profanas rara es la que logra repetirse. Algunas de estas comedias sacras puede ser que fuesen nuevas en Valladolid; pero, en general, se trata de reposiciones de obras antiguas, alguna tanto como *El esclavo del demonio,* de 1612.

También en la famosa *Aprobación* de 1682 al tomo quinto de las comedias de Calderón, confirma Fr. Manuel Guerra la abundancia —que subraya— de comedias devotas y el fruto que de ellas se seguía: «A algunos mueve la comedia a facilidad, pues a otros mueve a devoción. Muchos me aseguran que en una comedia de la Virgen Santísima o de santo *(que son muchas)* se llenan de lágrimas. Personas (bien discretas por cierto) me han jurado que las mueve más una comedia de éstas que un sermón». Era, pues, en muchos casos, la devoción, el espíritu religioso, el que privaba sobre otros motivos a la hora de elegir las representaciones.

Por todo lo dicho, pienso que queda suficientemente demostrado el importante influjo que tuvo el teatro religioso en la configuración de aquella sociedad —objeto de tan diversas interpretaciones— de la España de los tres últimos Austrias.

V. Imagen del teatro barroco religioso español

En el año 1962, el marqués de Lozoya y Chueca Goitia trataron en sendos artículos de la distinción entre el Barroco europeo y el español. Chueca, más en la línea de Focillon; Lozoya, más próximo a E. D'Ors; ambos, como es lógico, coinciden en varias de las características y circunstancias que los distinguen. La raíz de la distinción —señalan,— está en el aislamiento: «A partir del siglo XVII —escribe Lozoya—, época en la cual España, en pugna con la mayor parte de Europa, se concentraba en sus propias esencias, el Barroco en la Península se diversifica de tal manera, que viene a constituir un mundo totalmente diverso» (p.305). El Barroco europeo, en cambio, es un arte académico: «Es esencial al Barroco —dice Chueca, apoyándose en E. Battisti— la aceptación de formas consagradas, y en esto radica su academicismo» (p.274).

El barroco europeo sigue fiel a los modelos griegos y romanos, infundiéndoles ampulosidad, patetismo y movimiento, recalca Lozoya. ¿Sucede lo mismo en el teatro? Desde el triunfo de la nueva comedia con Lope y su escuela, el teatro es eminentemente español; no hay, pues, lugar al Barroco europeo. Sin embargo, en Madrid, sobre todo desde la creación del coliseo del Buen Retiro (1641) —y ya antes en diversos salones de Palacio y del Retiro—, existía un teatro cortesano, con todos los adelantos escenográficos, traídos de Italia por los arquitectos y tramoyistas Fontana, Lotti, Vaggio del Bianco, Antonozzi y Rizi. En este lujoso escenario, técnicamente tan adelantado, se tuvieron las grandes fiestas palatinas; la mayoría, con comedias calderonianas. Si bien Calderón desde 1622 compuso no pocas piezas para Palacio, a partir de su ordenación sacerdotal en 1651 dejó de escribir para los corrales; su teatro profano fue exclusivamente para cumplir los compromisos regios. Fueron los años del enorme derroche en los festejos organizados por el marqués de Eliche, de que habla Barrionuevo en sus *Avisos:* el 8-2-1658 se tendrá «la comedia grande —debe de referirse a *Afectos de odio y amor*, de Calderón—, que costará 50.000 ducados, de tramoyas nunca vistas y oídas. Entran en ella 132 personas, siendo las 42 de ellas mujeres músicas, que han traído de toda España» (IV p.34). Este último dato confirma la creciente importancia de la música en aquella representación, en las que el lujo fastuoso de la Corte parecía oscurecer la prestancia poética del autor. Como observa N. B. Shergold, «aun el genio de Calderón se marchita cuando se ve confinado desde 1651 al teatro cortesano, y solamente continúa floreciente en los autos sacramentales» (p.550).

Por eso, no comparto —ni aun en la forma dudosa de un «tal vez»— el pensamiento de Wilson-Moir: «Tal vez haya que lamentar que Lope muriese cinco años antes de la inauguración del coliseo... Lope de Vega no tuvo la oportunidad, como la tuvo Calderón, de desarrollar plenamente sus habilidades para el teatro cortesano en el escenario del coliseo» (p.122).

No hay que lamentarlo. El gran genio de Lope —popular si los ha habido— se desarrolla plenamente en el teatro de los corrales, en donde se da —como ha señalado Arróniz— un singular empecinamiento en formas tradicionales de actuación y de puesta en escena. No se puede decir, en consecuencia —como han afirmado algunos—, que, «a partir de la tercera década del siglo XVII, la más importante característica del teatro español fue el rápido desarrollo de la comedia de tramoyas» (p.220). La afirmación, si se quiere, es verdadera respecto al teatro cortesano, pero éste no representa el genuino teatro español del seiscientos; el teatro barroco español es el de los corrales, el de los autos sacramentales. «El barroquismo es, ante todo, un movimiento popular» (CHUECA). Así, en general, de todo barroquismo, y mucho más se cumple en el Barroco español, arte popular por excelencia. Y dentro ya del teatro, en el teatro religioso es donde se alcanzan las más altas cotas de popularidad.

En él se repite también la paradoja: pobreza-magnificencia, que, en sentir de Lozoya, es una de las características del Barroco hispánico, cuya arquitectura —en contraposición a la sillería, los mármoles y bronces del Barroco europeo—, hecha con pobres materiales: mampostería, ladrillo y aun tapial de barro..., se cubre de hojarasca moldeada en el yeso o tallada en la madera. Se obtienen de este modo escenografías sorprendentes, pues estos materiales humildes se prestan más a la profusión ornamental que las piedras duras o los metales» (p.303). Ejemplo elocuente de esta pobreza-magnificencia en el teatro lo tenemos en el auto sacramental *Siquis y Cupido,* en cuyo segundo carro aparecía un aparador, «el cual —especifica Calderón— ha de ser lo más enriquecido que se pueda de fuentes, aguamaniles, jarrones, salvas y tazas de plata que pueden hacerse de pasta» (PÉREZ PASTOR, p.313). A buen seguro que en la comedia *Siquis y Cupido,* anterior al auto —representada en el salón del Retiro en enero de 1662—, estos mismos objetos serían de plata auténtica, no de pasta. Tal era la costumbre: para la comedia del Retiro del 27-2-1656 —refiere Barrionuevo— «se llevó una araña de plata de Nuestra Señora de Atocha, para que luciese y adornase más el coliseo». Tenemos, pues, el juego completo de ambos Barrocos: pobreza real y magnificencia aparente, propios del Barroco español en el teatro religioso popular, y la riqueza real del Barroco europeo en el teatro cortesano.

No se crea por lo dicho que el teatro cortesano tuviese un carácter enteramente europeo. No era así. En la misma disposición del coliseo, de traza italiana, no faltaba algún reflejo de los corrales, tan gratos al rey y a la reina; y las más brillantes de aquellas comedias, después de representadas a los reyes, a los consejos y a la nobleza, se repetían para el pueblo varios días, pues la concurrencia era muy grande; tanto «que a las siete de la mañana no cabe un hombre ni mujer» (12-6-1658); proporcionando a la vez, por ser las entradas caras, una ayuda nada despreciable para aliviar los cuantiosos dispendios en tales fiestas. Algo parecido sucedía con el teatro de colegio de los jesuitas españoles. Fuera de algunos casos excepcionales —como la comedia *La gloria del mejor siglo,* que se tuvo en el Imperial en 1640, con escenografía de Cosme Lotti—, el teatro jesuítico español tuvo un carácter más popular que el francés, más fastuoso y mundano, especialmente en algunos *ballets,* en los cuales se encubría —se descubría— a Luis XIV bajo un mito enaltecedor: *Ballet des travaux d'Hercule* y de *La guerre des geants contre Jupiter.* Estos *ballets* de los colegios de los jesuitas franceses eran un reflejo de la imagen de Luis XIV «evolucionando entre los danzarines de su teatro de Versalles con el traje de Rey y Sol»; la cual, añade Roman Goldron, «queda como uno de los símbolos más elocuentes del hombre del Barroco». Del Barroco europeo, habría que rectificar para ser exactos.

Con todo, esta imagen del Rey-Sol resulta muy apta para iluminar, contraponiéndola, la otra imagen del teatro religioso, el de las comedias de santos, el de los autos sacramentales, como la representación más auténtica del teatro barroco español, que he pretendido encerrar en breves rasgos.

A las características señaladas habría que añadir otra propia del Barroco literario: el desengaño, tan profundamente español, que, a la par de en la lírica, tiene, tal vez, en el teatro, especialmente en el religioso, la expresión más viva y penetrante. Cerremos la visión de nuestro teatro, unido tan íntimamente al sentimiento religioso español en los siglos de oro, con la lección de desengaño con que finaliza Orozco Díaz su luminoso libro *El teatro y la teatralidad del Barroco:* Calderón «nos está diciendo no sólo que esta vida es lo mismo que un sueño, sino también que en ella *todo es verdad y todo es mentira;* y que la gran verdad, paradójicamente, es que no somos los seres reales que creemos ser, sino personajes en *el gran teatro del mundo».*

CAPÍTULO III

SOR MARIA DE AGREDA Y FELIPE IV: UN EPISTOLARIO EN SU TIEMPO

Por JOAQUÍN PÉREZ VILLANUEVA

SELECCION BIBLIOGRAFICA

SILVELA, Francisco, *Cartas de la Venerable Madre sor María de Agreda y el rey Felipe IV* Madrid 1885).

Epistolario español. Cartas de sor María de Jesús de Agreda y de Felipe IV. Ed. y estudio preliminar de Carlos Seco Serrano: BAE t.108 y 109.

SECO SERRANO C., *Perfil histórico de sor María de Agreda* (Madrid 1958).

SÁNCHEZ DE TOCA, Joaquín, *Felipe IV y sor María de Agreda*. Estudio crítico (Madrid 1887).

CAMPOS, Julio, *Para la historia interna de la «Mística ciudad de Dios»: Fray Andrés de Fuenmayor, director espiritual de la M. Agreda:* Hispania n.12 (1958).

— *Para la historia externa de la «Mística ciudad de Dios»: Fray José Salces, procurador de los libros de la M. Agreda:* Salmanticensis vol.16 (1969).

— *Cartas inéditas de la Venerable sor María de Jesús Agreda:* Salmanticensis vol.16 (1969) y Archivo Ibero-Americano 119 (1970).

ESPINOSA RODRÍGUEZ, *Fray Antonio de Sotomayor y su correspondencia con Felipe IV* (Vigo, s.a.).

EZQUERRA DEL BAYO, F., *La conspiración del duque de Híjar* (Madrid 1934).

FÈBRE, L., *Le problème de l'incroyence au XVI siècle. La religion de Rabelais* (París 1947).

HALZFELD, Helmut, *Estudios literarios sobre mística española* (Madrid 1955).

HERRERO GARCÍA, M., *Ideas de los españoles del siglo XVII* (Madrid; 2.ª ed. 1966).

IVARS, Andrés, O.F.M., *Expediente relativo a los escritos de la Venerable Madre Sor María de Jesús de Agreda:* Archivo Ibero-Américano (1917).

ROYO, Eduardo, *Autenticidad de la «Mística ciudad de Dios». Sor María, autora. Vida de sor María,* vol.5 de una obra en seis (Juan Gili. Barcelona 1914).

MARAVALL, José Antonio, *Estado moderno y mentalidad social. Siglos XV a XVII:* Revista de Occidente, 2 vols. (1972).

— *Teoría española del Estado en el siglo XVII* (Instituto de Estudios Políticos, 1944).

ALDEA, Quintín, *Iglesia y Estado en la España del siglo XVII.*

MERRIMAN, R. B., *Six Contemporaneous Revolutions* (en la mitad del siglo XVII) (Oxford 1938).

MESEGUER, P. Juan, O.F.N., *La Real Junta de la Inmaculada (1616-1817):* Archivo Ibero-Americano, vol. conmemorativo.

Mística ciudad de Dios, intr., notas y ed. por Celestino Solaguren y otros. Ed. del centenario (Madrid 1970).

PÉREZ-RIOJA, J. A., *Proyección de la Venerable María de Agreda*. Ensayo para una bibliografía de fuentes impresas (Centro de Estudios Sorianos, Soria 1965).

Relación breve de la vida y muerte de Fr. Francisco Coronel, de la Madre sor Catalina, por sor María: BAE t.109 apénd.1.

Royo Campos, Zótico, *Agredistas y antiagredistas.* Estudio histórico-apologético (Totana 1929).

Serrano y Sanz, Manuel, *Apuntes para una biblioteca de autores españoles.*

Staehlin, *Carlos María, S.I., Apariciones* (Madrid 1954).

Uribe, P. Angel, *La Inmaculada en la literatura franciscano-española:* Archivo Ibero-Americano, vol. commemorativo (1954).

Ximénez Samaniego, José, *Vida de sor María de Agreda,* como «Prólogo galeato» a la *Mística ciudad de Dios.* La primera ed. constituye el vol.9 de la primera ed. de la *Mística* (Madrid 1750), publ. en BAE vol. 109.

Revistas: «Archivo Agredano», «Archivo Ibero-Americano»; «Estudios Franciscanos».

Se aborda aquí un tema que, habiendo merecido atención reiterada, lo ha sido desde ángulos muy diversos. La larga correspondencia entre la religiosa franciscana sor María de Jesús de Agreda y el rey Felipe IV ha producido bibliografía abundante, no siempre de primera mano. Quiere decirse que, más que a la lectura atenta del epistolario y a una interpretación objetiva de su significación y contenido, ha solido recurrirse a la repetición de tópicos fáciles, en los que la tan famosa decadencia española encontraba cómodos argumentos en que apoyarse. En momentos de grave crisis de la Monarquía española, el centro de las decisiones estaría en la celda de un convento, desde donde una religiosa, escritora y aguda, vertería consejos y sugerencias sobre su confiado corresponsal, que influirían decisivamente sobre las cuestiones más importantes del gobierno y de la política.

Lo cierto es que la lectura del interesante epistolario no autoriza a seguir manteniendo interpretación tan vulnerable. Ciertamente que amistad tan sostenida entre una apartada religiosa franciscana y el rey más poderoso de aquel tiempo puede despertar inaudita curiosidad y prestarse a interpretaciones caprichosas. La debilidad temperamental del rey, el quebranto de la corona que encarna, el clima «alucinado» de una España vertida hacia un tipo de religiosidad peculiar y la primacía de convicciones luego superadas rodearían a esta amistad tan desusada de un halo de insólita significación que permitiría todas las deducciones.

En todo caso, estamos ante un fenómeno conmovedor que merece un esfuerzo de comprensión y una buena dosis de respeto. El clima moral en que el epistolario se mueve, la digna y confiada actitud de los dos interlocutores y el alto nivel de espiritualidad en que se sitúa, por lo mismo que no es normal hoy, exige de nosotros un esfuerzo de comprensión y una actitud de entendimiento. El intento de acercarnos a comprender las corrientes de espiritualidad, y los cauces por donde la devoción transcurre en el siglo XVII, encuentran en este epistolario, en la figura poco común de sor María y en la actitud humana y religiosa de Felipe IV, posiciones y actitudes grandemente esclarecedoras. No se trata tanto de las relaciones entre la Iglesia y el Estado, en un momento dado, como del diálogo sincero, a corazón abierto, entre dos seres que comparten un común sentir religioso, aceptan una transcendencia sin fronteras de la experiencia vital entre el mundo real y mundo soñado y comparten convicciones que lindan asiduamente con el prodigio y la vida ultrahumana. Un clima maravillosista, aceptado desde actitudes normales y persuadidas, que testimonian de una mentalidad religiosa que hoy puede sorprendernos, pero no dejarnos insensibles. La frecuencia del hecho místico y a veces prodigioso, el relato normal de apariciones y coloquios milagrosos, fluye habitualmente por la pluma de sor María y encuentra el ánimo dispuesto del rey para la aceptación y la ejemplaridad moral de que precisa. Un análisis acucioso de la devoción y la creencia religiosa del siglo XVII pasa necesariamente por este singular epistolario, que tan al descubierto nos muestra los modos íntimos de un sentir religioso y de una creencia espiritual que hoy puede sernos desusada, pero que entonces se nos ofrece como aceptada y compartida. Para la historia del sentimiento religioso en España, los escritos de sor María y su experiencia mística, así como los altos niveles de su vivencia y la tensión espiritual de su vida religiosa, son un capítulo esencial que justifican el eco que alcanzó en su tiempo y la huella que dejó hasta nuestros días.

Hoy, una actitud crítica puede formularse preguntas de difícil respuesta. La poco conocida formación intelectual de sor María, como apoyo mal conocido de su copiosa producción literaria. Su parva experiencia personal, atenida toda su vida a un aislamiento conventual sin salidas ni contactos sociales, sin contrastes ajenos a su tensa vida introvertida y solitaria. Los quebrantos de una salud siempre precaria, su estado febril casi permanente, sus tremendas tensiones entre cuerpo débil y espíritu ardiente, que el aislamiento conventual, las incomodidades y renunciamientos exacerbaban, la sincera elocuencia con que sor María nos ha descrito su propia vida religiosa, no nos permiten dudar de su condición excepcional. Su experiencia mística nos produce asombro; su testimonio escrito nos aporta elementos insuperables para reconstruir un capítulo importante de la vida religiosa española en un momento dado.

LAS CIRCUNSTANCIAS HISTÓRICAS. EL VALOR MORAL

Se trata de una correspondencia única por la calidad excepcional de sus autores, por el tono y el alto interés mantenidos en todo momento, por el valor que ofrece como expresivo de un ambiente y por la abundancia de noticias de muy variado carácter. Dos seres notables se intercambian sus noticias, sus afectos y sentimientos durante veinte años. Un rey sincero y humano se corresponde, en niveles de sinceridad poco habituales, con una monja sensible, exaltada y buena escritora. Es una relación insólita, a lo largo de veintidós años de vida española, llenos de interés y de dramatismo, que se inicia cuando acaba de producirse la grave crisis de 1640 y pasa por sucesos tan importantes como Rocroy, Westfalia y la paz de los Pirineos, por no hablar de tantos otros muy significativos y dramáticos para la Monarquía española. Son 614 las cartas que han llegado hasta nosotros; 218 autógrafas, 361 en copia, de mano de sor María, y las restantes, copias de mano ajena, del tiempo.

Durante el período que va de 1643 a 1665, el correo iba y venía con su carga de confidencias entre el rey y la religiosa franciscana. Desde Agreda, «puerto seco» en la frontera aragonesa, en la zona de los «puertos altos», un correo invertía de dos a tres días para llegar a Madrid. En una semana solía ser habitual que la respuesta estuviese de vuelta en manos de Felipe IV.

El primer encuentro entre el rey y la religiosa había tenido lugar en el convento de Agreda el 10 de junio de 1643. «Pasó por este lugar —dice sor María— y entró en este Convento el rey nuestro señor, y dejóme mandado que le escribiese». Felipe IV, contra sus gustos, había decidido acercarse a la guerra, que se batía en el Segre, contra franceses y catalanes. Desde Carlos V ningún otro rey español, en casi un siglo, había estado en la línea de combate. Mucho pesarían en el ánimo de Felipe IV no sólo los fueros de Aragón, que obligaban al rey a ir en cabeza si se solicitaba la participación guerrera de los naturales, sino la gravedad extremada de la situación, con la guerra en las fronteras del reino, Lérida cercada y Zaragoza en peligro. No le faltaban al rey tampoco estímulos literarios para ello. Quevedo, después de enumerar los triunfos pasados de las armas españolas, animaba al rey con la seguridad de nuevas victorias, «pues con la presencia de Vuestra Majestad, ¿quién duda que, siendo los mismos soldados, repitan lo mismo?» O: «En vos solo está la victoria» [1].

Sor María, en sus cuarenta años cumplidos, gozaba ya de amplia fama por sus escritos y por la aureola maravillosa que le daban sus éxtasis, visiones prodigiosas y experiencias místicas. Felipe IV se desviaba de su ruta a Zaragoza para aliviar sus graves preocupaciones; y ya que, meses antes, había prescindido del Conde-Duque, su consejero habitual y su valido durante más de veinte años, venía ahora a buscar en sor María el consejo espiritual y el alivio confidente que tanto necesitaba en aquellos momentos críticos. En una primera entrevista, en el convento agredano, quedaba sellada una amistad y concertado un diálogo que duraría tanto como la vida de los dos nuevos amigos. Buena falta hacía al rey aquel asidero amistoso con su apoyo moral y su consejo. «Salí de Madrid —escribe el rey— desvalido, sin medios humanos, fiando sólo en los divinos...; fío muy poco de mí — se confiesa contrito—, porque es mucho lo que he ofendido a Dios y le ofendo, y así acudo a vos para que me cumpláis la palabra que me disteis de clamar a Dios por mí» [2]. Se iniciaba la correspondencia con arreglo a una propuesta regia, que hoy es una suerte para el lector que desee seguir el intercambio. «Escríboos a medio margen, por que la respuesta venga en el mismo papel, y os encargo y mando que esto no pase de vos a na-

[1] FRANCISCO DE QUEVEDO, *Panegírico a la magestad del rey y nuestro señor D. Felipe IV.*
[2] Carta del rey a sor María, octubre de 1643.

die» [3]. Así se hizo en todo momento. La carta del rey, autógrafa siempre, lleva amplio margen, que utiliza la religiosa, así como el reverso, para dar respuesta puntual a su contenido. Año tras año, con puntualidad sólo interrumpida por ausencias del rey o sucesos familiares o políticos, usarían ambos corresponsales de un medio de comunicación, la carta, que tan al uso se encontraba en la España de entonces. De Quevedo, contemporáneo riguroso, nos han llegado casi 300 cartas; por aquellos días, Gracián aconsejaba, prudente: «Hay que tratar con quien se puede aprender y saber escuchar a quien sabe» [4]. Por aquellos años el gran jesuita daba a la estampa sus obras esenciales: el *Oráculo* (1647), el *Discreto* (1646) y el *Criticón* (1648). En esta obra escribía Gracián páginas que podían haber tenido muy presente nuestros dos corresponsales. En su *Arte de escribir cartas* anotaba: «Tener el arte de conversar; en que se hace muestra de ser persona. En ningún servicio humano se requiere más la atención, por ser el más ordinario del vivir. Aquí es el perderse o el ganarse, que sí es necesaria la advertencia para escribir una carta, por ser conversación de pensada y por escrito...»

Los dos interlocutores estaban bien dotados para seguir el consejo. De mano de sor María habían salido ya cartas numerosas y escritos varios; de Felipe IV, de su formación intelectual, de su manejo de lenguas, de su gusto por la pluma, nos quedan no sólo este epistolario excepcional, sino sus propias noticias autobiográficas en el epílogo a la traducción de la *Historia de Italia,* de Guicciardini, y muchas cartas más, de las cuales algunas se estudian brevemente en estas páginas.

Un epistolario escrito con llaneza y dignidad, con decoro ante la vida y entereza en el trance de la muerte. Pocas veces alcanzan estos sentimientos la grandeza moral de que se da muestra con motivo de la muerte del príncipe Baltasar Carlos. Unico varón y heredero de la Monarquía, esperanza del rey y del reino en momentos dramáticos, su desaparición sumía a Felipe IV en una amargura profunda, que sabe expresar con un temple moral y una dignidad admirables. «Tengo a mi hijo muy apretado de una gran calentura», dice a sor María, desde Zaragoza, el 7 de octubre de 1646, «con grandes dolores del cuerpo, y hoy está delirando todo el día; deseamos que pare en viruelas esta borrasca». Con la grave situación afloran en el rey, pecador arrepentido y reincidente, sentimientos de una admirable sinceridad que le son habituales. «...Yo merezco graves castigos, que serán cortos para satisfacer mis pecados; así, os encargo que me ayudéis, sor María, en esta ocasión. Ahora es tiempo de que se luzca la amistad...; pero, si acaso la divina justicia ha dado ya la sentencia, os pido que en este lance ayudéis a mi hijo». El diálogo cobra acentos de emocionada sinceridad. Al día siguiente contesta sor María, con frases de consuelo y expresiones de conmovedor afecto entre amigos que se confortan en trance amargo: «El justo dolor de Vuestra Majestad me deja traspasado el corazón y

---

[3] Carta de Felipe IV, 6 de octubre de 1643.
[4] BALTASAR GRACIÁN, *Oráculo.*

llena de amargura y lágrimas. Suplico a Vuestra Majestad que se aliente y anime». Pero el drama temible se produce. La víspera del día fatal había escrito el rey: «Me tiene nuestro Señor —con la enfermedad de mi hijo—, que hago mucho en estar vivo». Y días después, al comentar la desgracia, escribe: «Las oraciones no movieron el ánimo de nuestro Señor por la salud de mi hijo, que ya goza de su gloria. No le debió de convenir a él ni a nosotros otra cosa. Yo quedo en el estado que podéis juzgar, pues he perdido un solo hijo que tenía, tal que vos le visteis, que verdaderamente me alentaba mucho el verle en medio de todos mis cuidados. Consuélome que... por medio de tantos trabajos quiere nuestro Señor salvarme. Y así he ofrecido a Dios este golpe, que os confieso me tiene traspasado el corazón y en estado que *no sé si es sueño o verdad lo que pasa por mí*».

Sin acudir a resonancias calderonianas, tan evidentes razones tenía el rey para templar el ánimo en tantas ocasiones como la desgracia vino a abatirse sobre su familia. Del primer matrimonio con Isabel de Borbón, y de los siete hijos habidos, no quedaba entonces más que María Teresa, casada años después, en 1659, con Luis XIV de Francia. Y de los seis nacidos de su segunda esposa y sobrina, Mariana de Austria, no le sobrevirían, muerto su otro vástago varón, el principito Felipe Próspero, más que, con Margarita María, luego emperatriz de Austria, el desgraciado Carlos II.

Por ello y por tantos otros motivos personales, familiares y políticos, la correspondencia no está llena precisamente de noticias alegres. En las cartas afloran constantemente contrariedades y preocupaciones por tantos problemas como se acumulan en aquellos años. Las guerras de Cataluña y Portugal, la intervención española en la de los Treinta Años, la ruptura con Francia en 1635, la constante preocupación por los Países Bajos, las agitaciones de Nápoles y Sicilia, el malestar social en extensas zonas españolas, especialmente en Andalucía.

ENFERMEDAD Y MUERTE: DOS CONSTANTES EN EL EPISTOLARIO

La presencia constante de la enfermedad y la familiaridad con la muerte están presentes siempre en las cartas, que es decir en la vida de sus autores. Los historiadores de la medicina tienen aquí copiosos testimonios, no sólo para describir y analizar las biografías del rey y de la monja, sino para un estudio pormenorizado de enfermedades más frecuentes y de remedios más habituales. En lo que respecta a sor María, disponemos de un abundante material, sumamente expresivo, para trazar la trayectoria de su salud como apoyatura de su comportamiento humano, y acaso, en un orden meramente positivo, de alguna de sus expresiones espirituales y de sus manifestaciones religiosas. No es ocasión de entrar ahora en campo tan interesante y significativo como espinoso y difícil. Por lo pronto, convendrá anotar, sin sacar mayores consecuencias, que la mayor acumulación de sus más graves dolencias en sus años de juventud coincide, según su propia y reiterada confesión, con el período de mayor tensión espiritual, de más frecuentes exaltaciones místicas y de «exterioridades»; el período de juventud, en el que ella misma, en años de madurez, situará tantas actitudes y prodigios que la dieron fama y transcendencia fuera del convento, que ella quería ahora ver superados. Uno de sus más puntuales biógrafos escribió: «Un continuo malestar físico a que estuvo sujeta la venerable Madre por diversas enfermedades, que no la abandonaron desde su niñez hasta los últimos años de su vida, que fue una de sus mayores cruces» [5]. Padeció grandes enfermedades y trabajos en sus años mozos. Ella misma lo cuenta: «En aquellos años —dice—, me parecía peregrina en este valle de lágrimas...; los entretenimientos me entristecían mucho, las conversaciones ociosas me enmudecían y las risas vanas me parecían inoportunas; todo me parecía contemptible en el mundo»; «me sobrevinieron en aquellos años —nos dice— grandes dolores, muchas enfermedades, ardientes calenturas», que me «pusieron extenuada, sin que los médicos saliesen de su asombro de verme sobrellevar tan crueles males con fuerzas tan débiles.» Es la época de los maravillosismos, de las «exterioridades», de los hechos prodigiosos. Entre los dieciocho y los veinte años crecieron las enfermedades, hasta llegar a tenerla tullida (como Santa Teresa de Jesús, dicho sea de paso, por los mismos años de su edad), de tal modo, dice su biógrafo Samaniego, que su curación sólo podía esperarse de milagro y que de milagro vivía.

A través de escritos y cartas estremece el relato constante, de rey y monja, de agobios y dolores, de quebrantos de salud, de enfermedades y temores. Se diría que hay una presencia constante del dolor y una familiaridad confesada con la muerte. En muchos años y ocasiones de su vida, sor María podía hacer suyas las palabras de su contemporáneo Quevedo: «Pregúntame vuestra merced cuál es mi enfermedad; más fácil me sería cuál no lo es» (carta de 14 de noviembre de 1644). Comentando Silvela una carta de sor María, de febrero de 1660, hace una cuenta de setenta y una sangrías en un período de catorce años. Otras muchas se relatan también por lo que respecta al rey y a la real familia. Humores, corrimientos y tercianas, viruelas, catarros malignos, opilaciones, mal de hijada. Un relato constante, una presencia de la enfermedad que no cesa. Las sangrías. Cuando relata la enfermedad de su hijo, el rey confiesa, poniendo en duda la eficacia del remedio, tan socorrido y frecuente: «Las sangrías me parecen hartas cuatro, y a más temo e enflaquezcan demasiado»; pero otras veces parece creer en su eficacia: «Traigo la salud quebrantada estos días —escribe el rey, que anda de viaje, el 21 de junio de 1647—, aunque las sangrías me han dado algún alivio». Unos meses después, la confidencia con sor María: «Nuestro Señor me ha querido aún abrir más los ojos y librarme de algunos tropiezos en que andaba». La enfermedad y el arrepentimiento, dos constantes en las cartas del rey, que alcanzan su tono más sincero y confidencial. Cuando no hay calentura, las sangrías se prestigian, y mu-

[5] IVARS, Archivo Ibero-Américano (1916).

cho más cuando el proceso se aclara y resuelve en el mal menor de las viruelas. Cuando la enfermedad insiste con sor María, se expansionan los buenos sentimientos de su amigo. «Me faltaban vuestras cartas —se duele el rey en mayo de 1650—, y no quisiera perderos. Así celebro que esté ya más aliviada, porque «deseo teneros por ahora en esta vida, porque es grande el alivio que siento con lo que me decís en vuestras cartas». La enfermedad constante y el peligro unían aún más en sentimientos compartidos a los dos confidentes. A lo largo de todo el epistolario resulta emocionante el comprobarlo. Cuando pasan las «borrascas» —palabra que el rey usa a menudo—, se desahoga el sentimiento mutuo, ya que el peligro es constante y el temor acecha. «En la inconstancia de mi salud —dice sor María en agosto de 1651, y aún le quedaban catorce años de vida— no hay hora segura, porque me asaltan las enfermedades cuando menos pienso. Estos días han sido de grandes calenturas y dolores tan vehementes, que temí si era llegada la hora...; sangráronme tres veces, y quedé con algún alivio». No hay hora segura, la muerte acecha, y este temor se expresa con frecuencia en el ánimo del rey. Sor María acaba de salir en diciembre de 1654 de «una inflamación al pecho penosa y peligrosa que han abierto los cirujanos». Felipe, al saberlo, la conforta y anima; la pide que no se vaya: «Si me faltaseis, carecería de vuestra correspondencia y de las santas doctrinas que me dais».

Es un intercambio constante de achaques y quebrantos. Si la monja habla de un «dolor de costado», el rey le anuncia un «mal de hijada». Si el rey se duele de que al pobre Felipito Próspero le han abierto una postema y «aplicado un botón de fuego», sor María, por su parte, anuncia «un tumorcillo a la mano derecha de mala calidad» que la dificulta el escribir, dolorosamente.

A veces, cuando no es la enfermedad física, se trata para el rey de otros males, estos morales, de los que se duele: «estamos buenos —como le dice a sor María el 5 de agosto de 1659, cumplidos ya los cincuenta y cuatro años—, aunque yo temo, sor María, que no lo soy». Calenturas tercianas, camarillas, tumores y viruelas. Y cosas más graves. El 19 de noviembre de 1660 —sor María tenía entonces cincuenta y ocho años— ha «padecido una grave enfermedad y ha echado mucha sangre por la boca». Razón tenía el rey: «Siempre que hay alguna dilación en vuestra cartas, temo que sea por falta de salud.»

Sin contar las noticias de enfermedades en la familia real, que so tan frecuentes y tantas veces con triste desenlace. Aquellos infantitos halagados por el rey con lindas frases y tiernas expresiones, no acababa casi nunca de lograrse. Aquellos «chiquitos famosos y lucidos, sanicos lindos y bien dispuestos», no llegaban casi nunca a sazón, y sor Marí iba, una y otra vez, confortando al rey por muertes tan reiteradas. E los años finales, sor María llevaba varios años impedida del brazo dere cho, y se excusaba con el rey por no poder escribir y tener que hacerl con mano ajena. Pero nunca se veía privada de las frases confortadora y de las palabras de alivio que el rey le prodiga.

Las cartas, al final, se van espaciando. Los meses últimos de 1664 son más parcos en escritura de una y otra parte. Las cartas entonces cobran una especial melancolía. Se acerca el fin de los dos interlocutores. El 21 de febrero de 1665, sor María todavía quiere olvidarse de sus enfermedades para dolerse de las del rey. «Compadézcome cuanto puedo y debo de los achaques de Vuestra Majestad y me llegan al alma». Y un consejo conmovido: «Dilate Vuestra Majestad el ánimo y no se aflija».

Sólo faltaba una carta, la última, el 27 de marzo de 1665. «Quiero servir y obedecer a Vuestra Majestad con título de esclava y sierva cuanto la vida me durara». Los dos amigos se sentían cansados y enfermos. El fin para los dos se hallaba próximo. El último aliento de sor María era para alegrarse del alivio pasajero del rey y darle, con el adiós, ánimos y consuelo. Sus últimas palabras, para quien más de veinte años ha sido su amigo y confidente: «Vuestra Majestad resígnese, pero yo clamaré con todo conato por la salud y vida de Vuestra Majestad». Poca vida ya. Fiel a una amistad sin tacha, el rey moría, siguiendo el camino de su buena amiga, apenas unos meses después de su trance.

Hoy, el atento lector de la literatura del tiempo puede disponer de abundante cosecha de testimonios de este vivir desvivido, de esta normal presencia de la muerte, de este siempre previsto tránsito. Muchos ejemplos literarios tenían a mano la religiosa y el rey para dar este tratamiento habitual a lo que era parte esencial de un vivir como provisional e inseguro, de una muerte habitual y próxima, aceptada.

Quevedo, que al salir de su prisión de San Marcos, de León, en 1643 se duele, al pasar por Madrid, de la desaparición entretanto de amigos queridos como Alarcón, Jáuregui o Vélez de Guevara, se refugia en la Torre de Juan Abad en busca de reposo para el cuerpo, tan maltrecho, y el espíritu, y allí escribe: «Yo vine a tal, que... me tuvieron por muerto, y llegué a esta villa con más señales de difunto que de vivo; voy mejorando —añade—; pero mire vuesa merced cuál debí de venir, pues cuando le digo que tengo mejoría, me duele la habla y me pesa la sombra» [6]. El mismo Quevedo [7], al dolerse de la muerte de la duquesa de Medinaceli en plena juventud, con «mocedad tan robusta que parecía tener inhibitoria de la salud contra la enfermedad», se pone a sí mismo por contraste, «que, habitado todo mi cuerpo de muerte, aún vivo, lo que me tiene en horror y lástima».

AMISTAD Y BUENA DOCTRINA

Una lectura atenta de las cartas, completada con la de los muy elocuentes escritos de sor María, nos introduce de lleno en el mundo espiritual en que esta relación se desarrolla.

El encuentro de quienes van a ser amigos de por vida se produce con ocasión de acercarse el rey a la guerra en la frontera catalana. Desoyendo los consejos que entonces se le daban de quedarse en Madrid

---

[6] Cit. por ASTRANA MARÍN, *Quevedo. Epistolario*, carta 209.
[7] Carta a Fernando de Oviedo desde Villanueva de los Infantes.

—«Que Dios puso el árbol de la vida en medio de su paraíso, y el sol en medio del cielo»—, el rey salía hacia el campo de batalla. «Entró el rey a caballo en Alcalá de Henares con las pistolas en el arzón...; y la gente se animaba a alistarse, diciendo: 'Vámosle siguiendo'». Matías de Novoa comenta [8]: «Un rey caminando de aquella forma hacía años que no se había visto en España; y a otros enternecía que las cosas se hubiesen puesto en estado que obligase a los reyes a semejantes novedades».

En su primera experiencia guerrera, el estado de ánimo del rey necesitaba de fuertes asideros espirituales y de estímulos. Con esa necesidad, desviaba Felipe IV su camino para acercarse a Agreda y visitar a sor María, ya entonces prestigiada de aureola mística y de virtudes no comunes. La visita, y se conocen. En aquella primera entrevista, el rey debió de recibir los consuelos que buscaba; y la amistad quedó ya firmemente establecida. El rey pedía consejos para el mejor servicio de Dios y para su mayor aliento y advertencia. Y sor María comenzaba, «con admirable prudencia [9], a exhortarle por cartas al más conveniente ajuste de su vida, al más cristiano gobierno de sus Estados y a la reformación de las costumbres de sus súbditos y reinos». Y así, cuantas veces pudo, el rey «dirigió sus jornadas por Agreda con el agrado de si hablara con una hermana y con la veneración que si fuese su madre natural». De tal manera que cuando, por enfermedad de sor María, la carta se retrasaba, el rey notaba su falta y «se melancolizaba».

Por las cartas corren comentarios y noticias de sucesos humanos, de política y de guerra, de paces y guerras, y muchas, sobre todo, de fe y de vida espiritual. Todo un cuerpo de doctrina y creencias, articulado y vivo, exponente de un modo de pensar y de sentir la vivencia religiosa y la vida del espíritu. La fe, dirá sor María, es fundamento de todo conocimiento y de toda acción. La fe es, a manera del sol, lo que nos da certeza de las cosas y lo que purifica la atmósfera y el aire. La fe mueve el alma y el mundo, ayudada por la gracia, con que Dios los previene con pensamientos y obras.

El rey asumía aquel lenguaje benéfico con agradecido propósito y benigna actitud de ánimo. Y sus respuestas están impregnadas de nuevos proyectos de conducta moral y de renovados planes en el orden personal y en el político.

El sacrificio, le decía sor María, es una gran fuente de merecimientos; así es como los trabajos sufridos con paciencia son siempre señal de predestinación. Por eso, añadía, las lágrimas vencen al Invencible y rinden al Omnipotente. El rey se sentía confortado con lenguaje tan animoso, de tal modo que, pese a la grave situación de la Monarquía, recobraba la esperanza para escribir: «Aunque el agua llegue a la garganta y parezca que España se anegue, no hemos de perder el ánimo». Las cartas, en su ir y venir, aportaban al ánimo del rey esta lluvia benéfica

---

[8] MATÍAS DE NOVOA, *Historia de Felipe IV*, en *Documentos inéditos para la historia de España* t.76 p.21.
[9] FRAY JOSÉ DE SAMANIEGO, *Relación de la vida de la Venerable Madre sor María de Jesús* (ed. 1750) p.276-79.

de optimismo, casi siempre pasajero, y de esperanza. Después de las primeras cartas entrecruzadas, el esquema, de parte de la monja, quedaba establecido. Una primera parte servía para establecer la buena doctrina, sirviéndose para ello de alusiones a lecturas piadosas y a citas y referencias espirituales. La parte segunda venía siempre dedicada a comentar los sucesos políticos, los hechos militares y los problemas de gobierno, desde un ángulo general y deliberadamente respetuoso con las instancias políticas. La tercera parte comentaba los sucesos y noticias familiares, nacimientos y enfermedades reales, bodas, muertes e incidencias personales. Todo venía envuelto en la mejor doctrina que podía convenir al rey, sumido en tal cúmulo de problemas y preocupaciones.

La prudencia, persistía sor María en su piadosa tarea adoctrinante, es la primera de las virtudes cardinales. Y la justicia brinda ocasión para definir, intemporalmente, las buenas cualidades del gobernante. La justicia hay que procurarla en los ministros, de suerte que «ni los ruegos les ablanden, ni las lágrimas les enternezcan, ni dones les corrompan, ni amenazas les espanten, ni ira les venza, ni odio les turbe, ni afición les engañe». Con la justicia, la templanza es virtud necesaria. «Vernos ceniza —escribe misteriosa e intencionada sor María— y resistirnos como diamantes, es notoria deformidad y patente locura».

Con el amor se cierra este proceso doctrinal definitorio de sor María. «Afición voluntaria que goza del bien de quien ama y se recrea en las felicidades del objeto querido». Un amor que tiene, para sor María, una penosa limitación cuando se refiere al rey, al no poder darle ni riquezas para las guerras ni gente que venza.

Este adoctrinante coloquio, sin parangón, se apacigua en excusas que la monja formula: «Discúlpeme Su Majestad que me tome esta licencia para censurar y reprender..., y por ello bien puede Vuestra Majestad arrojarme de su gracia por importuna, pero no podré dejar de serlo en solicitarle su vida eterna». La respuesta del rey, prodigada generosamente a los largo del epistolario, y en términos siempre de cumplido caballero, servía de sedante y estímulo para sor María: «Fácil será de alcanzar el perdón que me pedís de vuestros atrevimientos, pues antes os lo agradezco mucho» [10].

«En todas las cartas que me escribís hallo mucho consuelo», escribe al rey el 3 de abril de 1647. Y con mucha insistencia demanda a sor María su consuelo y su ayuda, como intermediaria con la voluntad de Dios. «Os vuelvo a interrogar que, siempre que se os permitiere, me digáis cuál es la voluntad de Dios, para que yo la ejecute, y juntamente, si os parece que voy contra ella, pues sabe Su Divina Majestad que deseo cumplir en todo con lo que fuere su mayor servicio». A estas instancias responde tantas y tantas veces sor María con palabras de aliento, consejos y estímulos morales, animándolo en la defensa de la fe y en sus «propósitos de reformar los vicios de esta Monarquía». En ocasiones,

---

[10] *Documentos escogidos del archivo de la casa de Alba* por la duquesa de Berwich y de Alba (Madrid 1891).

la expresión de sor María cobra tonos de solidaridad muy encendidos: «¡Si yo pudiera juntar el ejército para llevar socorro y animarse contra el enemigo!»

Las noticias de la guerra, las preocupaciones del gobierno, el estado de la hacienda y las inquietudes sociales se mezclan tantas veces con el dolor moral por la pérdida de seres queridos. En noviembre de 1664 ha muerto la reina Isabel, y el dolor del rey encuentra lenitivo en la amistad solidaria de la religiosa. «Y me veo —escribe el rey el 15 de noviembre— en el estado más apretado de dolor que puede ser, pues perdí en un solo sujeto cuanto se puede perder en esta vida... Confieso que ha habido menester mucha ayuda divina para conformarme con este golpe... que hallo dolor, pena, congoja y ternura, ocasionada de la mayor pérdida que podía haber». Las palabras de sor María le alientan en tan duro trance y le estimulan a la reforma moral de vida. Lo que más me aflige en tan duro trance, confiesa el rey, «es juzgar que está enojado nuestro Señor, pues los castigos son tan rigurosos». Ya que, «si Dios no me ayuda, soy tan frágil, que nunca saldré de los embarazos del pecado», declara contrito el rey, mientras asume, en descargo de sus culpas y divino castigo, los reveses y contrariedades de la guerra de Cataluña, que tiene una presencia viva, como preocupación primordial, a lo largo de toda la primera parte del epistolario. La monja, suplicando al rey solicitud activa en la recuperación militar de zona tan querida; Felipe IV, urgido en sus arrepentimientos, espera ayudas de lo Alto en momentos tan críticos para el reino. «Dios se ha de doler de nosotros —escribe en junio de 1645— y no ha de permitir que una Monarquía que le ha hecho tan grandes servicios y que se ha empleado siempre en defender la religión católica acabe de destruirse. Clamo al Todopoderoso, suplicándole se duela de esta Monarquía». Nunca le falta la palabra animosa de sor María en tales desalientos: «¡Ea, señor mío —le escribe por esos días—, anímese y dilate Vuestra Majestad el ánimo para procurar los triunfos y victorias de Dios!»

De la lucha actual, pensaba con firmeza Felipe IV, no es España la culpable. Del «rompimiento» de esta guerra con Francia desde 1635 «no me hallo —dice el rey— en escrúpulo de haber sido yo la causa, pues, aun sin notificármela (como suele ser costumbre), me la rompió el rey de Francia entrando en Flandes». Aquí y en otros muchos momentos del epistolario afloraban todos los argumentos de la gran polémica hispano-francesa de 1635 [11]. España en justa defensa contra la agresión francesa. Las armas y las plumas nuestras frente a la sinrazón del injusto ataque francés. Y la conciencia de la gravedad del momento en una actitud solidaria que expresan todas las plumas españolas con Gracián y Saavedra Fajardo, junto al rey para detener la *ruina* de la Monarquía. Por eso, el deseo de la paz como alivio de tal peligro. En los años que preceden a Westfalia y luego a la paz de los Pirineos, los cla-

---

[11] JOVER, José María, *1653. Historia de una polémica y semblanza de una generación* (Madrid 1949).

mores por la paz se hacen constantes en las cartas de sor María y en las respuestas de Felipe IV. «La deseo tanto —dice el rey ya desde julio del 1645—, que, aunque sea perdiendo algo, vendré en ella..., y si fuera mi vida necesaria, la sacrificaría de muy buena gana para ello».

Los temas guerreros, las urgencias de la defensa del país invadido, preocupación dominante en la correspondencia, se mezclan constantemente con las solicitudes amistosas por la salud y el bienestar de la real familia y por las instancias y coloquios espirituales. Los escritos de devoción que la religiosa envía y la redacción en curso de la *Mística ciudad de Dios,* que el rey va leyendo y comentando a lo largo de sus cartas.

Las impaciencias de la guerra mueven tantas veces al rey a solicitar de la religiosa un suplemento de inspiración, una más acuciosa demanda de la voluntad divina. Había fracasado en socorro de Balaguer, «y os he de confesar —escribe el rey— que del modo que vos me escribís en esta parte, juzgo que no se os ha dado a entender que haya de haber buen suceso en este socorro. Así, os pido que *apretéis,* así para lo que toca a este socorro como para lo demás. Esta demanda confiada, más bien acuciosa, mueve a sor María a una declaración explícita, que nos sirve de modelo aclaratorio del clima espiritual en que la relación epistolar se mueve: «Mi mayor cuidado siempre consiste en que reciba Vuestra Majestad la divina luz con tanta plenitud, que nada ignore de lo que es voluntad de Dios. En este caso de Balaguer nada me ha declarado el Señor, pero tampoco me ha dicho lo contrario ni he entendido, con que he padecido más excesiva pena; y como no me toca a mí otro oficio, no me atrevo a inquirir más de lo que su dignación divina declara».

Cualquier comentario resultaría ocioso. En ese nivel de comunicación altísima se mueve la acción espiritual de sor María, y por esos cauces de participación creyente se desarrolla esta correspondencia insólita entre una religiosa en su clausura y el rey de la más poderosa Monarquía de su tiempo. Y así, a tan explícita declaración de la religiosa, el rey replica, sin quebrantos, desde sus confiadas seguridades de fe: «Aunque no se os ha dado a entender nada sobre el suceso de Balaguer, quiere Dios que le roguemos, pues parece señal que quiere favorecernos». Y aún confirma su esperanzada actitud con esta confesión aliviada: »Me hace gran confusión ver que cuanto más ofendo a Dios, más me favorezca». Los otoños, con las lluvias y el mal tiempo, abrían siempre un período de sosiego en la guerra y en los temores de nuevos reveses. Tiempo también de reflexión sobre el sombrío porvenir de los asuntos públicos. En noviembre de 1645 se encuentra el rey en Valencia, reuniendo Cortes y pidiendo solidaridad y ayudas de los valencianos. El rey, temeroso del porvenir, escribe: «Se puede temer en todas partes que el año que viene será la ruina de esta Monarquía». El año siguiente, el 1646, se abría bajo malos auspicios. «Este año —escribe el rey en febrero desde Madrid—, nuestros enemigos acabarán con todo». Sor María le anima y le conforta, y vuelve a insistirle en la conveniencia de gobernar con justicia y promover ésta y la equidad entre los españoles. El rey toma buena nota para asegurar a sor María que ya ha dado instrucciones a todos los ministros para que obren como deben; irá a Navarra, para ver y favorecer aquel reino, y tomará las medidas que propicien un mejor gobierno. El rey, tantas veces persuadido de sus propios buenos propósitos y de la eficacia de los consejos de su amiga, se siente de nuevo asegurado: «Aunque llegue el agua a la garganta y parezca que esta navecilla de España se anega, no hemos de desconfiar pues la fe hizo a muchos salvos. Aunque muy irritada tienen nuestros pecados la ira de Dios». En esa convicción le confirma sor María, en espera de las ayudas divinas, que, por su intercesión y demanda, espera no han de faltar. «Yo, señor mío, conozco en esta causa más de lo que digo y mi cuidado y atención será conforme al conocimiento que me dé el Altísimo». Tal como Felipe IV le demandaba con insistencia: «Os vuelvo a encargar que, siempre que se os permitiere, me digáis cuál es la voluntad de nuestro Señor, para que yo la ejecute». En último término, las ayudas de Dios son ayudas a su causa, que es la que España encarna y defiende. «Sor María —clama el rey el 6 de noviembre de 1647—, pedidle que se duela de nosotros, pues, aunque malos cristianos, somos los hijos más católicos que tiene».

Una lectura atenta del epistolario obliga, sin duda, a mitigar, en gran parte, los improvisados comentarios que con tanta insistencia han venido circulando. Es más fácil decir que la monja gobernaba la Monarquía desde su celda que demostrarlo con textos que lo apoyen. Porque lo cierto es que, más que consejos políticos precisos, lo que sor María prodiga son estímulos morales, peticiones de confianza en la ayuda divina e invitaciones a la justicia del gobierno, al equilibrio social y, por supuesto, a la reforma moral de la conducta regia. Es difícil encontrar en el epistolario consejos que se sustancien en decisiones de gobierno. Lo que el rey pide y la monja prodiga es confianza mutua en la causa de Dios, identificada con la de España; apoyo moral en sus resoluciones y refuerzos a la vacilante voluntad del rey.

SOR MARÍA, ESCRITORA

Desde el comienzo de su relación epistolar, sor María escribe al rey en términos de humilde contención, de disculpa y de confesada modestia. «Yo temo ser molesta a Vuestra Majestad y el desacierto en lo que escribo, por ser mujer ignorante y hacerlo sin consejo humano» (14 de junio de 1645). No será ésta la única vez que sor María hace protestas de insignificancia intelectual y se confiesa indotada para abordar tareas literarias. Es una constante fácil de detectar a través de sus cartas y escritos, aunque quepa pensar que se trata, más bien, de una actitud que de una disposición intelectual profunda. Por el contrario, su experiencia intelectual revela en todo momento no sólo un levantado tono de vivencia del espíritu, sino un tenso instrumento literario para expresarlo. Los contactos maravillosos, las subidas experiencias, las transposiciones místicas, impregnan todo su vivir religioso, y se expresan en un lenguaje de alta tensión, en el que, si hay préstamos abundantes de libros leídos, de fórmulas ajenas y conocidas, mantiene, sin embargo, tersura verbal y poder persuasivo, sincero y contagioso en todo momento. Su propia declaración al comienzo de su libro más conocido [11*] no resta quilates a la eficacia de su pluma. No sólo vuelve a declararse «mujer ignorante», sino que añade: «Me valgo de lo que he oído». Y, sin embargo, su estilo se eleva muchas veces a zonas de expresión mística pocas veces frecuentadas. «Bendito seas, Rey magnífico, porque te dignaste demostrar a esta tu esclava y vil gusanillo grandes sacramentos y altísimos misterios gravitando mi habitación y suspendiendo mi espíritu a donde vi lo que no sabré decir» [12]. La prosa de sor María se puebla, junto a préstamos de formas expresivas habituales, tomadas de una literatura espiritual al uso —«ya no vivo yo, pero Cristo vive en mí»—, de recursos propios a tono con la altísima experiencia mística que define su vida espiritual. Tras una mudanza eficaz, inundada por luz abundantísima, nos dice, llegaba al conocimiento de Dios, aniquilándome en un dolor vehementísimo, de modo que «quedaba desfallecida, y el mayor dolor era consuelo, y el morir, vivir».

Las evocaciones teresianas son aquí evidentes en testimonio de unas lecturas ciertas y de unas formas de vivencia espiritual ya acuñadas por la Santa abulense. De esta vecindad entre las dos escritoras tuvieron conciencia sus contemporáneos y fue evocada con frecuencia por escritores diversos. Ya Quevedo ponía en parangón a las dos religiosas [13], al tiempo que San Alfonso Rodríguez elogiaba grandemente a sor María como escritora mística; como harían después el P. Ocerín de Jáuregui [14] y el P. Enrique Flórez [15]. En su edición del *Diccionario* de 1726, la Real Academia de la Lengua incluye ya a sor María entre las autoridades de la lengua. Vicente Lafuente [16] la elogia sobremanera por sus virtudes y por su calidad literaria, «muy lejos de ser confundida con las otras ilusas de su tiempo».

Doña Emilia Pardo Bazán la ponderaba no sólo como un clásico de la lengua, sino como mujer dotada de infusos saberes sobrenaturales e iluminada por luz extraordinaria [17].

El arte, en apoyo de sor María

Con tanta frecuencia recurre sor María en sus escritos a expresiones gráficas, que nos hacen evocar las fórmulas plásticas, pintura y escultura, tan en boga en el ambiente artístico religioso de su tiempo. «La Madre de Dios y la piedad me vestía una vestidura más blanca que la nieve y resplandeciente como el sol». Todo un lenguaje descriptivo de intención colorista: esposa y paloma mía, flechas de dulce amor, foso de

[11*] *Mística ciudad de Dios* I 58.
[12] *Mística...* I 60-61.
[13] Quevedo, F., *Memorial por el patronato de Santiago:* BAE vol.23 p.231.
[14] Ocerín de Jáuregui, *La venerada Madre sor María de Jesús* c.8 p.57ss.
[15] *España sagrada* c.37 p.296.
[16] Vicente Lafuente, *Historia eclesiástica de España* t.4 p.168.
[17] E. Pardo Bazán, *San Francisco* (1886).

leones, dorada habitación en lo alto, altas escalas misteriosas, caminos ocultos, globos luminosos, como apoyos gráficos y descriptivos de unas experiencias místicas en las que sor María transciende imágenes vistas, lecturas y vivencias conocidas. No parece dudoso que muchas veces tenga presentes en sus descripciones temas iconográficos que estaban en el ambiente y que en modo artístico fijaban escenas y representaciones que formaban el sentir religioso del tiempo. La gran pintura española está entonces en su apogeo. La biografía de sor María coincide con la de los grandes del arte español del siglo de oro. Apenas se esboza aquí el tema, muy rico en sugerencias, de lo que podía ser una correlación, fácil de establecer, entre el estilo, tan descriptivo y a veces casi pictórico de sor María, con cuadros y representaciones gráficas, escultura incluida, muy en boga en su tiempo. Cuando la religiosa nos describe una visión de la Virgen en estos términos: «Se me apareció la Reina de los ángeles muy bella y hermosa, lindamente adornada», podemos evocar o la *Coronación de la Virgen,* de Velázquez, en el Prado, o la *Inmaculada* de Londres, tal como la vio el propio pintor sevillano y había representado en la escultura su paisano Martínez Montañés. Velázquez mismo nos ofrece en su *San Juan Evangelista en Patmos,* de la National Gallery, de Londres, la escena, que tantas veces nos describe sor María, de la propia experiencia mística del escribir, por inspiración divina, entre realidad terrena y ensoñación mística.

De sor María dice su biógrafo Samaniego: «Escribió, dictándole o inspirándole su divino Esposo, un admirable tratado: las *Leyes de la esposa».* En la misma actitud que Velázquez, representa a San Juan escribiendo al dictado de un Cristo entre cielos y nubes rosadas en lejanía. También Velázquez, en su impresionante retrato del Prado que representa a la Madre Jerónima de la Fuente, franciscana también, misionera y mística, trasunto de austeridades, en tan gran medida puede recordarnos lo que debió de ser la estructura corporal y el ardor interior de sor María. Un hábito de San Francisco cubriendo carnes enjutas y maceradas, que se avivan por una mirada febril de tensiones interiores.

Es forzoso pensar en un obligado paralelo entre la escritora agredana y el mundo artístico de su tiempo. La Virgen se le aparece un día muy «bella y hermosa, lindamente adornada. Me arrodillé. Levantóme y el Niño me abrazó». En esta escena, ¿cómo no recordar al *Cristo y el alma cristiana* velazqueño de Londres? Un mundo común compartido. Imágenes transferidas del pincel a la pluma, o a la inversa. «Díjome el Señor: 'Advierte y mira'; hícelo, y vi una escala con grande número de ángeles». La misma escala por la que tantas veces Zurbarán invita a sus criaturas a penetrar en las celestes regiones del ensueño. Con frecuencia, nuestra pintura hace dialogar a santos, vírgenes y elegidos con ángeles. El éxtasis de San Francisco, tal como lo ve Ribalta en su cuadro del Prado, con ángeles músicos, entre sueño y realidad, define un simbolismo místico tántas veces descrito por la monja agredana. Sor María vive, con tensión suprema, el gran dogma de la Inmaculada. La encendida profesión de fe española que en el siglo XVII van a servir, con ardor nacional, escritores, teólogos y artistas. Las descripciones místicas de sor María, sus apariciones de la Virgen, tienen un parangón muy apretado e insistente en el arte de su tiempo. Leer en sor María sus descripciones de la Virgen no puede hacerse sin evocar las Inmaculadas de pincel, que centraban la devoción de los creyentes españoles por aquellos días. Murillo vierte en pintura y crea la imagen de lo que al tiempo viven, en exaltada visión, espíritus tensos o plumas vibrantes, entre las que sor María constituye un exponente tan significativo.

La devoción y la creencia religiosa y su modo de expresarse artísticamente tienen entre sí préstamos bien frecuentes. Los ascensos del espíritu suponen el desprecio de lo que el mundo ofrece. «Esta Sodoma y Babilonia en que vivimos», al decir de sor María, son las mismas tentaciones del mundo, que no sólo Valdés Leal, el más conocido, sino otros pintores de su tiempo, nos invitan a desdeñar en sus cuadros. Por no acudir a los más grandes del arte, bastará quedarnos, como más significativo, con un pintor como Antonio de Pereda, riguroso contemporáneo de sor María y calificado pintor de devociones. Las mismas devociones que forman el mundo espiritual de la religiosa: Cristo sufriente, San Francisco, el Salvador, la Anunciación y, sobre todo, la Virgen Inmaculada, en representaciones múltiples, que forman, sin duda, la colección más completa de un tema que centra la religiosidad del tiempo. Junto a ello, y como bien significativo de un clima espiritual al que sor María responde de modo tan evidente, el desprecio del mundo, el sueño del caballero, la vanidad y las tentaciones de la carne. Estrecha similitud de un mundo compartido.

Las apariciones celestes, tan entrañadas en el mundo espiritual de sor María, son tantas veces tema central en muchos cuadros de pintores del tiempo. La *Aparición de Cristo al P. Salmerón*, de Zurbarán, en la sacristía de Guadalupe, o la *Aparición de la Virgen a San Bernardo*, de Murillo, en el Prado, evocan de manera fiel el lenguaje de sor María para describir escenas y apariciones semejantes, que forman parte esencial de su experiencia mística.

La familiaridad con la muerte, la calavera, y, en general, los huesos humanos, como tema de meditación cristiana, tan presente en la pintura del tiempo; tal, por ejemplo, en el propio Zurbarán.

En 1624 escribe sor María —con veintidós años— a la Madre sor Ana de San Antonio, del convento de concepcionistas descalzas del Caballero de Gracia, de Madrid, y le dice: «Sólo escribo para enviarle a mi carísima Madre un hueso que yo estimaba mucho, y la cabeza de su cuerpo tengo en la celda yo. Es muy lindo, y, aunque está con tierra y no tan blanco como los demás, no repare V. R. en eso, porque a mi petición le han sacado del sepulcro poco ha, y no está lavado como los demás, que todos lo están, y éste no he querido lo laven»; y añade: «todos los tres huesos son unos; yo no lo he partido. Tal estoy de ocupaciones y falta de salud, que no he tenido lugar de quebrarle, porque yo quisiera enviar para todas las religiosas. V. R. les dé, aunque sea poquito, y que lo guarden».

El tema sería de largo desarrollo y de muy ricas deducciones para la definición del mundo que tratamos de caracterizar. Se trataría de analizar no sólo el culto a las reliquias, tan expresivo de la religiosidad del tiempo, sino de este frecuente trato con el hueso humano como tema de meditación piadosa y de habitual vecindad y presencia. No puede entrarse aquí a mostrar lo que representa la calavera como tema habitual, receta iconográfica consabida, en la pintura española del siglo XVII. Como tema de cristiana reflexión, y no sólo en los cuadros habituales, donde el tema es la *vanitas* humana y el desprecio del mundo, como el espléndido cuadro de este título en el Museo de Viena, abundante en calaveras en situaciones diversas, pero siempre tratadas con preferencia, sino en otros muchos cuadros del propio Pereda y otros pintores españoles contemporáneos. Por los años en que escribe sor María, se trataba de un tema habitual. Pereda mismo representa al *Niño Jesús triunfante* en la iglesia de las Maravillas, de Madrid, sosteniendo la cruz, apoyada sobre un conjunto de cabezas de ángeles y de descarnadas calaveras. En el *Sueño del caballero,* del mismo artista, en la Academia de Bellas Artes de San Fernando, de Madrid, conviven joyas, riquezas, libros y calaveras en revuelto desorden y segura advertencia de condición perecedera. Calavera en apoyo de devoción en el *San Guillermo de Aquitania,* del propio Pereda, o como tema central, solitario a veces, en muchos cuadros del pintor y en no pocos de sus contemporáneos, en «naturalezas muertas» y, en ocasiones, como tanteo y estudio del tema.

Los párrafos tan expresivos que copiábamos arriba no denotan sólo una actitud espiritual en sor María, sino, lo que es más significativo, una expresiva participación en una creencia y un sentir que son los de su tiempo. Es el *Finis gloriae mundi* del conocido cuadro de la Caridad, de Sevilla, o en *In ictu oculi,* del otro gemelo, de Valdés Leal, que representa, de manera tan realista, las postrimerías de la vida y el desprecio cristiano del mundo.

«La muerte es el camino del cielo y la puerta para ver a Dios», escribía sor María. Una puerta, entreabierta siempre, que permite una segura y normal familiaridad con los que ya se fueron.

El 18 de noviembre de 1631 había muerto sor Catalina de Arana, madre de sor María. Treinta y cuatro años después, sus hijas del convento, que no habían interrumpido su relación amistosa con ella en una vida peculiar de convivencia en el mundo de la clausura, anotaban: «Está su cuerpo entero, sin faltarle nada; sólo el rostro tiene gastado, y las religiosas la ven y la han puesto en pie, y se tiene» [17*].

[17*] Trescientos años después, el visitante de la clausura de Agreda puede ver, con emoción, los cuerpos de ambas, de sor María y de su madre sor Catalina, bien conservados, en la familiar amistad y devoción de las religiosas. Más el cráneo, éste descarnado, de su esposo; que, tras el fin de su vida franciscana, vino a reintegrarse al seno familiar de su hogar agredano. Como en los relatos del tiempo, como en las pinturas de la época.

LA «MÍSTICA CIUDAD DE DIOS». SU HISTORIA AGITADA

El prestigioso erudito soriano José Antonio Pérez-Rioja prestó un notable servicio a los estudios agredistas con la publicación en 1965 de su laborioso índice bibliográfico sobre la figura de sor María y sobre las diversas ediciones de sus obras [18].

Ya entonces podían anotarse 222 ediciones, en los más diversos idiomas, y más de 267 estudios críticos y biográficos en torno a su figura, a su tiempo y a su obra.

De la pluma de sor María salieron no sólo las famosas cartas que aquí se estudian, sino varios otros libros de espiritualidad, que sitúan su nombre en un destacado nivel de la mística ·española. Además de la *Mística ciudad de Dios*, son obras suyas una *Vida de la Virgen*, la *Escala para subir a la perfección*, un *Ejercicio cuotidiano*, los *Ejercicios espirituales* y las *Leyes de la esposa*. De todas ellas registra Pérez-Rioja las diversas ediciones de que fueron objeto, en lenguas y países diferentes.

La más notoria, la más saliente y la más famosa por el eco que obtuvo durante tanto tiempo y por las polémicas que suscitó es, sin duda, la *Mística ciudad de Dios*, de la que vamos a ocuparnos.

La obra de sor María tiene una elaboración accidentada y una vida movida, en la que no faltaron prohibiciones inquisitoriales, censuras romanas, discusiones universitarias, tomas de posición favorables y adversas.

Si seguimos al P. Ivars [19], la primera redacción de la *Mística* debió de hacerse entre 1643 y 1645. Aquejada de escrúpulos y temores sobre su doctrina y aconsejada por su confesor, sor María debió de quemar este primer original en 1649, es de presumir que como medida de precaución antes de ser visitada por el Santo Oficio. Eduardo Royo estimaba, por el contrario [20], que la primera redacción de la *Mística* estaba terminada en 1643 —andaba entonces sor María por los cuarenta años—, y fue destruida en 1645 por orden de su confesor provisional, en ausencia de su titular. Cuando éste, el P. Torres, regresa, le aconseja escribirla de nuevo, y sería el ejemplar que sor María recobraría a la muerte de aquél. Un ejemplar de la primera redacción se hallaba en poder del rey, según se refleja en la correspondencia de esos años. En ella y en otros lugares consta el interés compartido de que la obra no saliese a luz en vida de su autora. En carta de sor María a Francisco de Borga, capellán de las Descalzas Reales de Madrid, en 26 de febrero de 1649 le comunica «haber quemado gran cantidad de papeles», pero no la *Mística*, puesto que el rey tenía una copia, cuya lectura comenta por entonces en varias de sus cartas. Debió, pues, de quemarse en 1649, en el clima de temor que suscita su relación epistolar con el duque de

---

[18] PÉREZ-RIOJA, José Antonio, *Proyección de la Venerable María de Agreda*. Ensayo para una bibliografía de fuentes impresas (Soria 1965).

[19] IVARS, Andrés, O.F.M., *Expedientes relativos a los escritos de la Venerable Madre sor María de Jesús Agreda*: Archivo Ibero-Americano (1917).

[20] ROYO, Eduardo, *Autenticidad de la «Mística ciudad de Dios». Sor María, autora de la «Vida»* vol.5 (Samuel Gili, Barcelona 1914).

Híjar, entonces en grave entredicho, y poco antes de la visita inquisitorial de enero de 1650. Así parece desprenderse de la correspondencia de sor María. Su carta de 26 de febrero de 1650, al dar cuenta al rey de la visita de los inquisidores, anota: «De la historia de la Reina del cielo no han dicho nada; no lo deben saber. Hasta que se aquiete esta tormenta, mejor está oculta». Un ejemplar estaba, efectivamente, en Palacio, en manos del rey y del P. Manero, quien, tras la lectura de la primera parte, la tenía, según dice al rey, «por cosa grande», pero opinaban ambos que sería mejor que volviese a sor María a «reconocerla y firmarla de su mano», ya que, aunque ahora no ha de publicarse, «como vos decís, y a él y a mí nos parece», de forma que, cuando «llegue el plazo en que haya de salir a luz», no se encuentre reparo en «esta obra tan digna de que con el tiempo salga» [21]. La copia en poder de Felipe IV la recobraría el P. Manero después de la muerte del rey y sería quemada en 1682, cuando pendía sobre la obra una prohibición expresa del Santo Oficio.

Gracias a muy acuciosas investigaciones recientes [22], podemos seguir de cerca todos los conmovedores vaivenes de esta obra, escrita, quemada, vuelta a escribir, publicada, al fin, muerta su autora, prohibida por la Inquisición y autorizada luego hasta alcanzar la asombrosa cifra de 168 ediciones en castellano y en otros idiomas, en España y en el extranjero, entre los siglos XVII al XX.

Pieza clave en el relato de estas alternativas lo fue el P. Manero, obispo luego de Tarazona, seguidor puntual del proceso de redacción y de sus variadas alternativas. Así, en 3 de febrero de 1657 visitaba a sor María para instarla a que concluyese la obra, y lo mismo su confesor Fuenmayor, estímulo constante de sor María, para que diese cima a la nueva redacción.

En momentos de conflictividad ideológica, todo celo era comprensible en materias de fe. En 1648 se reunía una junta de teólogos por encargo de Felipe IV, y, a su vez, una comisión de canónigos hacía lo mismo a raíz de la muerte de sor María. Por su parte, la Orden franciscana, por encargo de su general, Fr. José de Salizares, nombraba una comisión para que examinase expresamente la *Mística* y decidiese sobre su publicación, cumplido el expreso deseo de la autora de no hacerlo en su vida. La reina viuda Mariana de Austria, a su vez, decretaba la reunión de una junta de calificadores para estudiar las obras de sor María. Revisados estos acuerdos por el inquisidor general, obispo de Plasencia, y con el asesoramiento de Fuenmayor, último confesor de sor María, se acordó la publicación de la *Mística,* que apareció en Madrid, en su primera edición por Bernardo de Villadiego, en 1670. Los originales que sirvieron para ella fueron devueltos a Agreda, en cuyo convento fueron

---

[21] Cartas del Rey y de sor María, de febrero de 1650.
[22] CAMPOS, Julio. En la revista «Salmanticensis» 6 (1959) y en «Hispania» n.4 XLI (1958) ha publicado un estudio muy meritorio sobre la «Historia externa» y sobre la «Historia interna» de la *Mística* en torno a las figuras de Fr. José Salces, procurador de los libros de sor María, y de Fr. Andrés de Fuenmayor, director espiritual de la Venerable.

depositados en un arca, donde hoy están junto a la copia de las cartas cruzadas con Felipe IV.

Se terminaba así un largo proceso, cuyos detalles conocemos hoy bien gracias a una indagación acuciosa y benemérita, mucha de ella reciente, en que participaron notables historiadores, en gran parte franciscanos.

Ya en 1671, al año siguiente de su publicación, se denunciaba la obra al tribunal inquisitorial de España y a la Curia romana. Señalaban los denunciantes que sor María en la doctrina se mostraba discípula de Escoto; grave cosa al decir de los delatores, en momentos en que el espíritu de escuela lo invade todo. Mandada, pues, recoger por la Inquisición española, era prohibida, igualmente, por decreto del tribunal romano, que vedaba su circulación y lectura. Las diversas censuras, denuncias de los delatores, calificaciones de los teólogos, defensas de la Orden franciscana, acuerdos y discrepancias a lo largo de las 57 juntas celebradas movieron en principio a la Suprema a prohibir la lectura y circulación del discutido libro.

Las apelaciones a Roma de la Orden franciscana y de la corte española obtuvieron años después, y no sin esfuerzo, el levantamiento de la prohibición romana. Por su parte, el Santo Oficio español, que «por evitar todo escándalo y como medida de prevención» había mandado secuestrar todos los ejemplares en 1672, se decidía por levantar, al fin, la prohibición en 3 de julio de 1686, dejando circular la edición de Madrid de 1670, pero mandando a los tribunales de provincias que vigilasen la entrada en España de ediciones extranjeras, que no debían dejarse libres mientras no se cotejasen con la edición española, única autorizada [23].

Pero, mientras tanto, ardía la polémica en Europa, donde la Universidad de la Sorbona llegó a censurar el libro por acuerdos, muy precedidos de polémica, de 17 de septiembre de 1696. De igual modo, y por razones contrarias y de solidaridad con el espíritu concepcionista que inspiraba en toda su esencia el libro de sor María, las grandes universidades españolas habían tomado, a su vez, acuerdos favorables a la *Mística* [24].

La polémica en torno a sor María se alimentaba con la muy viva entonces sobre la Inmaculada Concepción. En todo tiempo, la Orden franciscana había sido su defensora en polémicas que ya se vieron en los últimos siglos medievales. Trento se había mostrado favorable a la Inmaculada; pero sobre todo es a fines del siglo XVI y durante el siglo XVII cuando el tema se hizo presente, con discusiones favorables y adversas, en la creencia religiosa [25].

---

[23] Archivo Histórico Nacional, Sección de Inquisición, l.364 fol.220, carta Acordada del Consejo de las Supremas sobre «Desembargo de las obras de sor María».

[24] Biblioteca Universitaria de Salamanca, M.350, *Defensorio de la obra de sor María de Jesús de Agreda titulada Mística ciudad de Dios;* ID., Ms.22 vol.172v, *Descripción del claustro sobre las obras de sor María de Agreda.*

[25] El vol.15 del «Archivo Ibero-Americano» está dedicado íntegramente al tema de la Inmaculada Concepción al celebrarse en 1954 el Año Mariano, con motivo de cumplirse el

Andalucía tomaba la vanguardia, y el tema se hizo vivo en torno a 1615 y 1617. Diversas universidades europeas habían adoptado el juramento de fidelidad a la Inmaculada, y en 1617 lo hicieron solemnemente Salamanca y Alcalá, y luego todas las restantes españolas con Zaragoza y Oñate, que cerraban un denso ciclo, en 1619.

Por su parte, el libro no dejaba de provocar recelos. Un expediente ante la Inquisición de Logroño era abierto ante la comparecencia de Juan López de Cuéllar, quien mostraba una hoja suelta de la *Mística* que había pertenecido al ejemplar poseído por Felipe IV, y que había sido quemado en 1682 en cumplimiento de la prohibición inquisitorial sobre la obra, entonces vigente. La hoja en cuestión era la primera del ejemplar real y lleva una nota autógrafa de sor María, que por su interés significativo vale la pena transcribir: «Este libro se ha de quemar porque no está ajustado al original que se escribió segunda vez, comenzando en 8 de diciembre año 1655... Que consta de ocho tomos que tengo escritos y añadidos. Este lo cobró de Su Majestad el Revdo. Manero. Sor María de Jesús». Quiere decirse que para la autora, la primera versión era un libro inmaduro y censurable que debía ser sustituido por la segunda, que respondía al espíritu de sor María más por entero. Declaración bien significativa.

A fines de siglo, la polémica se reanudaba, como réplica al acuerdo de la Sorbona. Carlos II, muy franciscano, entusiasta de sor María, ordenaba en 29 de agosto de 1697 que las principales universidades españolas celebrasen juntas para tomar postura en el tema de la *Mística*. En efecto, las facultades de teología de Salamanca y de Alcalá se pronunciaron en 2 de marzo, 27 de junio y 10 de septiembre de 1699 contra el acuerdo de la Sorbona, en el que Bossuet había tenido papel importante, y en favor del discutido libro [26].

Por su parte, Carlos II había presionado mucho sobre Inocencio XII en pro de la *Mística* y a favor de la beatificación, que fueron siempre dos temas conexos. El libro sería aprobado por los cardenales en 1690. Pero la Causa de Beatificación fue gravemente dificultada por las alternativas polémicas en torno a los escritos de sor María. Todavía Benedicto XIV (1740-58) se pronunciaba contra la doctrina de sor María; en 1773, el dictamen de la Sagrada Congregación de Ritos movió a Clemente XIV en el mismo año a decretar el «silencio perpetuo» de la causa, pese a las gestiones de Floridablanca —con escasa simpatía de Aranda, Roda y Campomanes— cerca de la Curia romana por impulso de Carlos III, movido a ello con insistencia por su confesor, Fr. Joaquín de Eleta, obispo de Osma y franciscano de hábito.

Todavía bajo Pío IX, León XIII y Pío XI se hicieron altísimas gestiones, sin resultado. Aunque ello no haya impedido ni la popularidad ni el eco de sor María y su presencia, así como la abundante literatura

centenario de la proclamación dogmática. Pueden leerse notables estudios históricos y doctrinales.

[26] GÓMEZ, Odilio, *Juramento concepcionista de las universidades españolas:* Archivo Ibero-Americano vol.15 (1954) p.867-1045.

apologética que su figura y su obra han suscitado y siguen suscitando en todo tiempo.

La causa de la beatificación de sor María ha caminado siempre pareja con las discusiones en torno a la autenticidad primero y al contenido doctrinal de la *Mística*, su importante, significativa y discutida obra. El alza o baja del clima propicio a la beatificación ha venido siempre unido, positiva o negativamente, con los aires que durante trescientos años han corrido en torno a la famosa obra, que aún conoce ediciones muy recientes.

LA INQUISICIÓN Y SOR MARÍA

«Una santa y una sabia como sor María no podía pasar inadvertida a la sagrada Inquisición», afirmaba, ya en 1914, Eduardo Royo en su *Vida de sor María* al relatar las incidencias de sus contactos con el Santo Oficio [27].

Pero antes, Silvela, cuando dio a conocer el epistolario de la Venerable, se había referido a este episodio, que después ha sido tratado por autores diversos desde ángulos diferentes. Silvela afirmaba haber visto en el archivo de la casa de Gor lo que el llamó «el proceso de inquisición» instruido con ocasión de los rumores que circulaban sobre los favores con que Dios distinguía a la Venerable Madre, a los hechos maravillosos que se le atribuían, así como con otras cuestiones extraordinarias en torno a su figura. El llamado proceso a que se refiere Silvela no ha sido posible localizarlo ahora en su original, pero tenemos otras referencias que nos permiten reconstruir los hechos.

Desde muy temprano había comenzado sor María, con precocidad sorprendente, a ser objeto de raptos, visiones y hechos maravillosos, que fueron creando en torno a ella, primero en el convento y pronto en la calle, una atmósfera de religiosidad sorprendente, poblada de prodigios. En 1620, cuando sor María tiene apenas dieciocho años, lleva a cabo su profesión religiosa, y, según su propia confesión, es entonces cuando experimenta el primero de sus éxtasis, principio de una larga serie de arrobos y visiones celestiales, años «ruidosos» que culminaron en el prodigio de la presunta evangelización por sor María de ciertas regiones de la Nueva España. Fenómeno de bilocación que, al extenderse, difundió la fama milagrera de la religiosa y creó en torno a ella un ambiente de maravilla y prodigio. Visiones de Dios le habrían mostrado a aquellas criaturas en buena disposición para convertirse y más merecedoras de ese don entre todas las gentes de Nuevo Méjico. Más tarde, cuando el Santo Oficio la sometiera a interrogatorio en 1650, esta famosa predicación a distancia en América sería uno de los puntos esenciales de la causa.

La atmósfera, muy extendida, en torno a sor María justificaba el

---

[27] ROYO, Eduardo, *Autenticidad de la «Mística ciudad de Dios». Sor María, autora. Vida de sor María*. Vol.5 de una obra en 6 (Juan Gili, Barcelona 1914).

interés de la Inquisición por poner en claro tanto prodigio como se le atribuía. Por otra parte, el ambiente de España en esos momentos y la abundancia de «maravillosismos» aumentaban la alarma. Por España circulaba entonces un sinfín de noticias y hechos prodigiosos, muchas veces protagonizados por personas religiosas, conventos y gentes espirituales. Mucho trabajo tuvo en esos años la Inquisición para poner en claro tanto supuesto prodigio, que muchas veces lindaba con la hechicería y la superstición. «Es preciso reconocer —escribió Marañón [28]— la enorme superioridad del Tribunal de la Inquisición en estos asuntos frente al sentir popular. Con verdadera severidad perseguía tales ridiculeces y fanatismos, e hizo en este sentido un innegable bien al alma nacional». Muy grave era entonces la facilidad con que, al lado de la verdadera fe religiosa, se daban todas las supersticiones, milagrerías y alucinaciones.

Angela Carranza, mística famosa por sus milagros, éxtasis y revelaciones había sido procesada en Perú, ya a comienzos del siglo XVII, después de quince años de actuaciones dudosas y de portentos. En 1622, en España se producía el episodio de la famosa Leonorilla, que decía administrar filtros eróticos, en los que la maledicencia política quiso complicar al propio Conde-Duque. También con Olivares se quiso ver mezclado al famoso Jerónimo de Liébana, condenado a galeras por el Tribunal de Cuenca en 1631, tras haber prevenido al valido de ciertas maquinaciones para arrojarle del poder. Y convendrá recordar que al propio Conde-Duque se le abrió un proceso, después de su caída, en 1645, que por fortuna quedó sin resolver por la benévola actitud dilatoria del inquisidor general, Arce, y por la muerte del acusado. El supuesto contagio de posesión diabólica o las noticias de revelaciones divinas eran entonces frecuentísimas. Recuérdese el conocido episodio de las monjas de San Plácido [29]. A partir de 1628, en torno al convento de San Plácido, de Madrid, se había creado una atmósfera de interés, en parte morboso, que alimentaba las supuestas virtudes adivinatorias de que estaba dotada la priora, D.ª Teresa de la Cerda, que fue sometida luego a un proceso de inquisición para poner en claro determinados sucesos en los que estaba implicado el afán sucesorio del Conde-Duque, que con determinados exorcismos se pretendía propiciar. Por aquellos años, en Madrid dieron mucho que hablar los sucesos de San Plácido y otros semejantes. Un crucifijo del convento de San Jerónimo se decía que sudaba sangre [30]; asimismo, por entonces, Valladolid vivía pendiente de los prodigios que se contaban de Marina de Escobar, endemoniada para unos, pretendida santa para otros, y cuya muerte, en circunstancias maravillosas, relataba el P. Miguel Oreña, su confesor, rector del colegio de San Ambrosio, de aquella ciudad [31]. Durante la última enfermedad

---

[28] MARAÑÓN, Gregorio, _El conde-duque de Olivares_ (Espasa Calpe, S.A., Madrid 1945).
[29] MARAÑÓN, Gregorio, _El convento de San Plácido_, en _Jubileo del profesor Martinenche_ (París 1939).
[30] _Cartas de jesuitas_, abril de 1634.
[31] MARAÑÓN, o.c., apénd.25.

se la vio «suspenderse en rapto» y recibió la singular merced de «estar en estrecha relación con Dios y en altas revelaciones y visiones». Era entonces un lenguaje habitual y un ambiente colectivo. Por aquellos mismo días, la hermana Luisa de Simancas pretendía conocer el porvenir, y todo el mundo acudía a consultarla. «No había —nos dice el jesuita P. Chacón— señor ni señora, oidor ni oidora, grave y no grave, que no fuese a verla».

Al Conde-Duque se le tuvo por hechicero y captador de la voluntad real, y como tal, como se dice antes, fue denunciado, cuando ya estaba caído, a la Inquisición.

Los testimonios abundan para informarnos de un común sentir transcendido a lo maravilloso y aun de una vida reglada por designios, y no de razón ni de creencia, sino de fortuna. Así, el conde de la Roca, defensor del Conde-Duque, escribía: «El albedrío del hombre es libre, pero las disposiciones de las estrellas razonan las circunstancias, de tal modo que de nuestra voluntad obramos contra nuestra voluntad». Por los mismos años en que se interrogaba a sor María, se daba sentencia en el largo proceso de Jerónimo de Villanueva. Apresado en agosto de 1644 acusado de hechicería [32], fue condenado de manera benigna; a pesar de ello, Villanueva recurrió a la Santa Sede, y obtuvo resolución favorable, declarándose el proceso defectuoso. Los ejemplos abundaban en una sociedad predispuesta para lo prodigioso y deformada por la creencia insólita. Sor Luisa de Carrión, mujer buena, con extremos de visionaria y taumaturga, repartía cruces milagrosas, que la Inquisición optó por recoger y prohibir [33].

De igual modo, la presencia y familiaridad con las profecías. Bastará citar la frecuencia con que la palabra aparece en la correspondencia con el rey de Fr. Antonio de Sotomayor. El 30 de octubre de 1643, el rey está ausente, en el frente de guerra, y el inquisidor general le escribe: «Aquí andan gran número de profecías, que yo no creo, ni a los profetas que las inventan, porque sueñan los que quieren en enfermedades que ya las hubo otra vez en la Iglesia». La alusión a otras desviaciones —¿alumbrados?— anteriores en la Iglesia española confiere interés a esta referencia de personajes tan notorios, que al tiempo se tranquiliza de pensar que estas falsas creencias encuentran al rey inmune, «por lo que —añade— doy gracias a nuestro Señor porque estas imaginaciones no hallen entrada en su real pecho». Todo era propicio para la profecía y la interpretación maravillosa de cualquier suceso. Si la condesa de Olivares abandona, por fin, Palacio para unirse a su esposo en el retiro de Loeches, «muchas cosas proféticas desatinan a las gentes». «Los cuerdos y los sabios —dice Sotomayor— las abominan y los autores de ellas son abominables. Dios nos remedie —clama el dominico inquisidor—, así entiendo que Vuestra Majestad no las admite, y hace como buen católico». El rey, una vez más, da muestras de su templanza tolerante al

[32] Id., ibid., p.209.
[33] Llorente creyó en su buena fe. cf. *Historia crítica de la Inquisición española* (Barcelona 1836).

responder comprensivo: «El pueblo discurre siempre sobre todo muy variamente». Achaque no exclusivo de los españoles. Por el mismo tiempo, y baste este ejemplo, Rechelieu pedía a la Madre Margarita del Santo Sacramento, del Carmelo de París, revelaciones sobre el porvenir, y ella le anunciaba la derrota de los ingleses.

Bajo Carlos II, supersticiones y hechicerías encontrarían clima propicio, extensión notoria. Recordemos el episodio de la supuesta monja causante de los males del rey. Un miembro de la Suprema, Froilán Díaz, protege y justifica sus éxtasis y revelaciones. El inquisidor general, Mendoza y Sandoval, le procesa, aunque luego la causa había de ser sobreseída, y Froilán repuesto en 1705.

En todo caso, como se ha querido mostrar con estos ejemplos indicativos, en la España de entonces constituía un grave problema la facilidad con que, junto a la verdadera fe religiosa, se daban las supersticiones, milagrerías y alucinaciones, que testimonian un clima colectivo y que obligaban a la Inquisición a permanecer en alerta.

Es en este contexto en el que hay que situar las intervenciones de la Inquisición en torno a sor María, que no llegaron a constituir proceso, sino sólo indagaciones e instrucciones previas que no acarrearon ni intervención fiscal ni menos detención, y que se sustanciaron en archivo de las declaraciones después del dictamen absolutorio de los calificadores.

Las primeras actuaciones tienen lugar en Agreda en 1631, en torno a la supuesta intervención de sor María en las milagrosas conversiones de Méjico, y con este motivo se redacta un *Memorial*, que no tuvo mayores consecuencias.

Poco después, en 1635, se reabre la indagatoria y se toma declaración a varias personas: Francisco González de Alvaro, teniente receptor del Santo Oficio y guardián de San Francisco, de Logrosán; Fr. Juan Bautista de Santa María, P. Vitores Díaz, guardián de los Recoletos de Nalda; Fr. Francisco Andrés de la Torre, calificador del Santo Oficio y confesor de sor María, y Fr. Juan de Oro, definidor de la Orden de Menores y calificador del Santo Oficio.

El examen versó sobre los escritos de sor María y sobre los hechos prodigiosos de su vida espiritual. La indagación no hubo de producir resultados sancionables, ya que las actuaciones quedaron archivadas. La causa fue removida en 1649, y sin duda la razón que lo motiva es el proceso del duque de Híjar y de los supuestos participantes en el complot. Sin duda, una denuncia había hecho saber las relaciones epistolares de Híjar con sor María, y ello movía al Tribunal de Madrid a ordenar una nueva indagación, actualizando la de años antes. Una disposición de la Suprema, de septiembre de aquel año, ordenaba completar el sumario con nuevos interrogatorios de la religiosa, ampliado a las cartas del duque de Híjar, «verdadero motivo —cree también Silvela— que puso, sin duda, en movimiento el dormido proceso» [34].

34 EZQUERRA DEL BAYO, F., *La conspiración del duque de Híjar* (Madrid 1934).

La discrepancia habida entre los calificadores madrileños movió al obispo de Plasencia, inquisidor general, a ordenar a la Inquisición de Navarra que dispusiese el envío a Agreda de un calificador que, ante notario del Santo Oficio, interrogase a sor María sobre cuestiones muy varias.

En la sesión de la Suprema se habían visto todos los papeles que formaban el sumario, se pidió dictamen sobre ellos a varios calificadores y se oyó a testigos que, además de los antecedentes, deberían analizar los papeles tocantes a la vida y escritos de sor María que presentaba el P. Andrés de la Torre, su confesor, el 8 de enero de 1649. Estaban presentes el P. Isidoro de San Vicente, del Consejo de Inquisición; el P. Pedro Pimentel, S.I.; Fr. Gabriel López y Fr. Alonso de Herrera, de la Orden de San Agustín, que actuaban como calificadores del Santo Oficio, «para ello llamados».

Se comenzó por leer el proceso anterior seguido ante la Inquisición de Navarra, con las deposiciones de sor María, y en sesión del 13 del mismo mes y oído todo, «hallaban muchas dificultades a persuadirse a que sea obra de Dios y no ilusión pasiva o activa, o todo junto, y una ligera credulidad de los que la han gobernado». Se estima que para poder fallar deberán aportarse los originales de los papeles insertos en el proceso «y se tome su dicho a la dicha rea», y que conviene que la persona que tome esta información sea docta y experimentada, para que sepa hacerle las preguntas habituales», porque en «las cosas contenidas en este hecho hay muchas inverosímiles». Convendrá seguir el proceso con alguna puntualidad.

Buscados los originales, entre los que figuraban los escritos salidos de la pluma de sor María, se pidió que dictaminasen tres calificadores. El primer informe fue emitido el 5 de julio de 1649 por el P. Lucas Grandín, que se inclinaba por creer que no había elementos suficientes para un juicio «ultimado de si es bueno o malo su espíritu; sólo lo hay para mucho recelo y sospechas de que en su camino no es seguro su espíritu»; los arrobos son sospechosos, opinaba, y lo mismo las letanías que compuso. Sospecha, igualmente, de lo de los indios, se extiende en un juicio crítico sobre sus escritos y critica igualmente los calificativos que sor María da a Dios y recomienda que se le aconseje que utilice los términos usados y habituales. Apuraba el P. Grandín su examen punto por punto, y concluía afirmando que, no habiendo base para dudar del espíritu de sor María, «tiene, sin embargo, muchas ilusiones del demonio o con culpa o sin culpa suya». Opinaba también que convenía que una persona docta la interrogase, siempre que fuera de Orden diferente de la de la religiosa. Asimismo, que el Santo Oficio la señale confesor y no el ordinario; que su Orden no pueda ponerle ni quitarle confesor y que éstos guarden secreto sobre «los favores» de sus hijas, así como que «ellas vivan persuadidas a que no ha de haber en el mundo quien se acuerde de ellas», ni celebre, podría añadirse, ni se interese por sus hechos prodigiosos.

El otro calificador, Fr. Alonso de Herrera, de la Orden de San

Francisco de Paula, se mostraba prudente, y opinaba que no se podía hacer «juicio ajustado» mientras no se le hicieran particulares «repreguntas». Entre tanto, opinaba, «todo se puede atribuir a fuerza de la imaginación o a artes del demonio», y que sor María, por la vehemencia del deseo de algo, llega a imaginar que Dios se lo concede. El demonio, añadía, también puede haberle entrado, embarazándole el uso de los sentidos exteriores, y así, concluía, «podrá estar *ilusa pasiva*».

El tercer dictamen lo suscribía Fr. Tomás de Herrera, de la Orden de San Agustín, quien, tras referirse a la sesión de 13 de enero de 1649, solicitaba las diligencias que se acordaron, señalaba las nuevas preguntas que debían hacérsele, para terminar opinando «que estas visiones y revelaciones no son de Dios, y sostienen, por el contrario, ilusión pasiva del demonio y también de su propia imaginación, por lo que procede que se haga más apurado examen y averiguación, con lo que, si son cosas de Dios, Dios lo manifestará».

La providencia inquisitorial dictada, dos meses después, por el obispo de Plasencia, inquisidor general, ordenaba que un calificador docto fuese a Agreda y, ante notario del Santo Oficio, tomase puntual declaración a sor María. Así lo proveyó la Inquisición de Logroño en 10 de enero de 1650 al nombrar a Fr. Antonio González del Moral, de la Orden de la Santísima Trinidad, con encargo de examinar a sor María de diversas cuestiones, muy especialmente sobre el *Memorial* sobre los indios de Méjico, sobre la letanía de la Virgen, que había compuesto, y sobre el expediente que con este motivo se había aprobado, amén de otras muchas cuestiones.

Calificador y notario llegan a Agreda el 18 de enero de 1650. A la una de la tarde se personan en el convento «con el disimulo y recato acostumbrado» y demandan por sor María, que se encuentra «enferma, sangrada y en la cama». Vencida la sospecha de que pueda tratarse de un ardid, y advertida sor María por sus hermanas y por su propia convicción, comparece en el locutorio, y, al saber de qué se trata, se pone a disposición de los visitantes, y tras jurar, bajo excomunión, decir la verdad, se apresta al interrogatorio, que versaría sobre ochenta preguntas varias, en sesiones de mañana y tarde, durante diez largos días en la comulgatoría del convento.

Se la volvía a interrogar sobre la conversión de los indios, sobre cruces y cuentas milagrosas que los fieles se disputaban, sobre los favores del Señor y sobre el empleo de su vida. Una de las preguntas versaba también sobre sus relaciones con el duque de Híjar. Silvela y Royo, que tuvieron a la vista el «proceso», nos dieron, sobre todo el segundo, un extracto pormenorizado de su desarrollo.

A la pregunta de los indios respondía sor María refiriéndose a las visiones que tuvo: *intelectuales, imaginarias* y de *presencia* [35]. Que siempre ha querido decir la verdad y no incurrir en censuras tan graves como las del Santo Oficio, lo que la obliga a hablar con toda templanza, por-

---

[35] Sobre este lenguaje y su sentido, y, en general, sobre el mundo de lo maravilloso, cf. CARLOS MARÍA STAEHLIN, S.I., *Apariciones* (Madrid 1954).

que está segura de que en lo dicho y sucedido no ha intervenido el demonio, «porque siempre le he aborrecido».

Cuando la preguntan por sus contactos con los ángeles, vuelve a distinguir las tres suertes de visiones, y, al interrogársele sobre si ha visto a Dios, responde que la luz que el Señor le ha dado ha crecido más después que se le quitaron «las exterioridades» que tuvo en sus primeros años de religiosa, las exterioridades que ha recibido del Señor han sido intelectuales, otras veces imaginarias, y muy pocas veces corporales. Por eso, confiesa, sus confesores le aconsejaron que escribiese la vida de nuestra Señora, que vieron su confesor y otras personas doctas, que le aseguraron que la doctrina era santa. No obstante, por «continuos temores» quemó el original, pero obedeció cuando la mandaron volverlo a escribir. Luego se le «levantaron muchas tribulaciones con lo del duque de Híjar por una carta que le escribió». Dejó entonces todo y quemó lo que tenía. Luego ha escrito poco, porque se siente sola, y ahora entrega al Santo Oficio todo lo que tiene. A preguntas graves que se le formulan y de serio compromiso, como «¿Ha visto a Dios?», responde en términos que conllevan transparencia y precisión ejemplares: «No descubriéndose el Señor en sí mismo, sino mediatamente al entendimiento con presencia intelectual, especie de visión intuitiva. Que no enseña la presencia real, aunque la contiene, y así es fácil que la criatura y el Padre espiritual a quien se comunica esta visión se engañen y se piense que eso es ver la divinidad, cuando eso es propio sólo de los bienaventurados».

Interrogada por sus lecturas, confiesa que conoce las Escrituras y otros libros de devoción, y que, aunque no conoce bien el latín, lo entiende cuando reza. Que compuso hace años una letanía sólo para el uso de las religiosas, pero que fue impresa en Zaragoza sin su consentimiento. Preguntada de dónde sacó los elogios desusados que en ella hace de la Virgen, responde que los tuvo por *inteligencia* y por las Sagradas Escrituras, y así va respondiendo y explicando el alcance de cada jaculatoria.

Sor María concluía el largo interrogatorio declarando que hace tantos años de muchas de las cosas que le preguntan, que puede fallar su memoria, pero que, en todo caso, quiere cumplir con la obediencia al Santo Tribunal, «a quien respeta y venera». Desea someterse en todo a la censura de la Iglesia y agradece al Tribunal lo mucho que le ha enseñado y que tanto necesita, porque «me hallo sola por haber muerto quienes sabían mi interior». Los ministros del Santo Oficio quedaron, según declaran, «admirados y satisfechos» y pidieron cruces y alhajas de recuerdo a sor María.

El dictamen del calificador no podía ser más favorable: «He reconocido en ella mucha virtud y grande inteligencia en cosas de la Sagrada Escritura, más adquiridas con oración, trato continuo e interior con Dios que con estudios»; el interrogatorio satisface y desvanece toda sospecha, critica a los que testificaron en el *Memorial* de 1631 sobre Nuevo Méjico, porque «añadieron mucho y supusieron más», queriendo persuadirla de lo que no tenía fundamento, y que ella firmó por obediencia; una «indiscreta obediencia», se añade, cosa disculpable, dice el calificador, por «ser a la sazón de poca edad y niña».

El dictamen calificador terminaba de esta manera: «Es católica y fiel cristiana, bien fundada en nuestra santa fe, sin ningún género de ficción ni embeleco del demonio».

El inquisidor general, después de «examinado detenidamente el proceso y oído el parecer del fiscal, corroboró con su voto y dictamen la aprobación de los censores». Concluida la información, que no proceso, porque, contra el parecer de Silvela y de otros autores, éste no llegó a incoarse, se daba cuenta al rey, quien, a su vez, escribía a sor María felicitándola.

No deben sorprendernos estas cautelas inquisitoriales, si tenemos en cuenta el ambiente de la época y las frecuentes desviaciones en materia de fe. Era grave entonces la facilidad con que, al lado de la fe verdadera, se daban supersticiones, alucinaciones y milagrerías, incluido el contagio generalizado por la presencia diabólica y las supuestas revelaciones divinas y de santos.

El clima creado en torno a sor María, a sus relaciones, escritos y milagros, explica el tacto con que la Inquisición quiso seguir de cerca el fenómeno.

Así se produce la causa indagatoria que acabamos de referir [36] y las que van a tener lugar después de su muerte. Como las gentes acudían numerosas a venerarla, el Santo Oficio ordenó abrir un proceso sobre la vida y obras de la religiosa [10], que se inició en 1666, año siguiente al de su muerte, incoado por el diocesano Miguel de Escartín, que es el llamado proceso ordinario o apostólico, que años después, en 1671, sería aprobado por la Congregación de Ritos como paso previo a un posible proceso de canonización. Al mismo designio obedece el instruido de 1675 a 1678 y declarado válido por la Congregación mucho después, en 1750.

Todavía en 1693, como decimos en otro lugar, casi veinte años después de la muerte de sor María, la Inquisición de Logroño incoa otro expediente a la vista de una carta que presenta un Juan López de Cuéllar, alcalde real de Navarra, con una hoja autógrafa de sor María que debió de pertenecer a una de las redacciones de la *Mística ciudad de Dios,* que por entonces estaba retirada de la circulación por decreto de la Suprema de 1672.

[36] Royo (o.c., p.16) afirma haber tenido esta causa a la vista. La misma que Silvela llama «proceso» y declara haber visto en el archivo de la casa de Gor, que debió de pasar, según parece, a la Fundación March, donde no figura ahora, según información que debo a D. Antonio Márquez.

[10] Cit. por Serrano y Sanz, *Apuntes para una biblioteca de autoras españolas* I. p.573 (Madrid 1903).

Añibarro, Víctor, O.F.M., *El sepulcro de la Madre Agreda y un breve de Inocencio XI:* Archivo Ibero-Americano (1945) p.438-43, nos informa de haber visto este proceso en la Biblioteca Nacional de Madrid y proporciona su referencia.

SU REFLEJO EN EL EPISTOLARIO

La visita de la Inquisición a sor María se reflejaba pronto en las cartas. Y la verdad es que en pocas ocasiones alcanzan las relaciones entre el rey y la religiosa un tono tal de confiada sinceridad y de amistosa confidencia como el que utiliza sor María en el momento de aprestarse a comentar con el rey los interrogatorios recientes. «Señor mío carísimo, no he de tener secreto reservado para Vuestra Majestad, por lo que le hablo y estimo y por la confianza que de Vuestra Majestad tengo más que de criatura humana» [37]. Y pasaba a darle cuenta del importante suceso reciente. «Después de mi enfermedad —le dice— vinieron de parte de la Inquisición a ordenarme que declarase si una *letanía de nuestra Señora* la había hecho yo. Respondí que sí, y declaré y comenté algunos versos, y 'me examinaron de otros sucesos que tuve en mis principios'; declaré la verdad —continúa—, y era menester hacerlo, porque la variedad de prelados y confesores que he tenido, informándose unos a otros y haciendo caso de lo que oían a las religiosas, 'han añadido y quitado mucho'. Han procedido los inquisidores 'con gran piedad y secreto', y es tanto —añade— lo que deseo la seguridad de mi conciencia, que pasara por mayores dificultades si preciso fuera; antes bien, ahora 'he quedado aficionadísima al Santo Tribunal y a su pureza de proceder'».

Terminaba sor María tan interesante relato con una alusión a la *Historia de la Virgen,* que en su lugar comentamos.

La respuesta del rey [38] se producía una semana después, exactamente lo que tardaba un viaje de ida y vuelta entre Agreda y Madrid. «Agradézcoos mucho el secreto que me fiáis y siento estos trabajos que Dios os da, pero la verdad nunca quiebra, y todos estos nublados han de ser para que salga más clara luz de vuestra virtud». Los comentarios del rey recaían en seguida sobre la *Historia,* que había comentado el P. Manero para recomendar a sor María que volviese a revisarla a fin de que, aunque entonces no hubiese de publicarse, según parecía a ambos, nadie pueda oscurecer el mérito de «obra tan digna de que con el tiempo salga a la luz».

Semanas después [38*] volvía sor María al tema de la Inquisición. Se complacía de que no hubiese desde entonces novedad y tornaba a sus confidencias, tan sustanciosas para el lector actual, en punto al conocimiento íntimo de la entidad moral de la religiosa. «Cuando me vino aquella visita, me hallé tan sola y sin consejo —sola durante ocho días en largos interrogatorios en la comulgatoría de la iglesia, en el crudo frío de enero—, que me pareció forzoso acudir al amparo del prelado, que es el P. Manero». «Me vino este trabajo —añade— cuando no tenía confesor ni religioso que conociese 'mi interior', por haberse muerto los que antes me conocían y habían aconsejado. Si quieren que padezca, go-

[37] Carta de sor María al rey, 18 de febrero de 1650.
[38] Del rey a sor María, 26 de febrero de 1650.
[38*] De Sor María al rey, 11 de marzo de 1650.

zocísima abrazaré la cruz. Por lo que a Vuestra Majestad estimo y amo, le quiero declarar que, por sola bondad de Dios, me hallo libre la conciencia y voluntad en las materias espirituales, aunque no sin temor de si he errado como mujer ignorante y por haber comenzado el camino de la virtud y a señalarse la misericordia de Dios conmigo siendo muy niña». Sor María pone con frecuencia el acento de su defensa en esta consideración de que las cosas sobre que la interrogan —exterioridades, prodigios, apariciones y ciertos escritos— corresponden a su primera juventud, hasta que, más madura intelectualmente y más reposada en el espíritu, se inició en el actual sosiego de pensamiento y voluntad.

El rey, como tantas otras veces a lo largo de estos veinte años de amistosa relación, le responde bondadoso: «Yo no había menester la declaración que me hacéis para creer estáis inocente, pues os he tratado y comunicado y sé lo que sois. Y así, no dudo que la verdad ha de prevalecer siempre». La verdad, en efecto, prevaleció, y el Consejo Supremo de la Inquisición se dio por satisfecho del interrogatorio y declaró archivado el expediente, sin pasar adelante. Pero el estudioso de los mecanismos inquisitoriales y de la relaciones entre la Inquisición y la Corona no dejará de anotar este respeto de una esfera hacia otra, esta expectación en que el rey asiste al examen, con sus riesgos, de persona tan estimada, sin el menor asomo de interferencia ni participación favorable. Se informa, expectante, de la situación y se alegra cuando el exento Tribunal ha dicho su palabra favorable.

Informaciones y noticias. Consejos y experiencias místicas

«Si algo eficaz puede esperarse de mis consejos —dice en una ocasión sor María a Francisco de Borja—, es manteniéndolos desinteresados». Una lectura atenta del epistolario nos confirma en la fidelidad con que la religiosa se mantiene en todo momento atenida a esta norma de conducta. Todos los temas, los más variados, pasan por la pluma de la religiosa casi siempre en respuesta a las demandas de consejo que el rey constantemente le formula. Y a veces por propia iniciativa; para transmitir a su regio amigo sus propias experiencias espirituales en beneficio de lo que al rey preocupa en el orden del gobierno y de su personal conducta. Propósitos de reformar los vicios de la Monarquía, alcanzar la paz en cuanto sea posible, disponer lo necesario para encontrar remedio a los daños que causan las levas, a fin de que no todo «cargue en la sangre de los pobres». Nunca transpone sor María los límites de una discreta actitud. El 7 de junio de 1647 escribe el rey su preocupación por el cerco de Lérida y consulta a sor María sus dudas sobre si volver o no a Aragón para ponerse al frente de las tropas. «Si esto se pudiera conseguir sin que Vuestra Majestad volviera a Aragón, fuera mejor, porque el tiempo está muy adelante, y los calores son grandes, y el peligro de mudar temple de tierra y caminar tanto es evidente. Esto digo —añade la monja— con sólo el natural discurso y afecto..., y así pediré al Señor con todas veras que me dé luz o conocimiento de la mayor conveniencia, y si fuere servido declarármelo, avisaré a Vuestra Majestad».

Unas veces son, como aquí y muchas más, consejos de guerra, en los que sor María, como es natural, no podía entrar, sino sólo asegurar al rey de su mediación espiritual para propiciar la voluntad de Dios y demandar el consejo oportuno. Para la reforma de costumbres y trajes, para mejorar la administración de justicia, para el logro de un buen gobierno que evite el malestar de las clases populares.

Por razones de brevedad, eludimos dar pormenores sobre la frecuencia con que por el epistolario cruzan tantos problemas y cuestiones indicativos de la vida del país en cada momento. En una misma carta se refiere el rey a cuestiones varias, que dan la medida del grado de sinceridad en que la relación epistolar transcurre: el placer que le causa la correspondencia, el gran bien que le produce ayudándole a conocer el benéfico estado del alma libre de pecado, la preocupación por las pestes que en ese momento padecen Valencia, Murcia y Andalucía [39]. Con sólo el epistolario pueden seguirse y situarse la aparición y la frecuencia de epidemias y pestes a lo largo de los veinte años largos en que se mantiene. La constante preocupación por la falta de caudales necesarios para la guerra y habituales noticias familiares, que en un momento se centran en la esperada llegada a España de D.ª Mariana de Austria, sobrina de Felipe IV, que viene a ser su segunda esposa. Y, por supuesto, la preocupación por Cataluña, motivo constante de referencias e inquietudes. «Questa guerra di Catalugna è il maggior contrappeso ch'abbi la potenza spagnola. Questa guerra di Catalogne è un veneno che rode le viscere agli spagnoli» [40].

El historiador atento puede seguir muchas incidencias de la vida española con la lectura del epistolario. Los viajes y estancias, por ejemplo, de Felipe IV durante los veinte últimos años de su vida. Con las cartas de sor María y con las que el rey responde, podemos rehacer los movimientos del rey durante un cuarto de siglo. Durante el año 1643, por ejemplo, Felipe IV pasa los meses del otoño en Zaragoza y regresa a fin de año a Madrid. En marzo del año siguiente se encuentra de nuevo en Zaragoza, para regresar en noviembre a la corte. La primavera del año 1645 encuentra otra vez al rey en Zaragoza, donde permanece hasta octubre, para regresar por Valencia a Madrid el 15 de diciembre. El 19 de abril de 1646 pasa el rey por Agreda para visitar de nuevo a sor María, y desde allí por Pamplona y Tudela hasta Zaragoza de nuevo. Triste estancia la que esperaba esta vez al rey de Zaragoza. El 7 de octubre recaía el príncipe Baltasar Carlos de una grave enfermedad, ya mostrada en Navarra, y tres días después moría el heredero de la Co-

[39] BENASSAR, B., *Recherches sur les grandes épidémies dans le nord de l'Espagne à la fin du XVI siècle* (París 1969).

[40] Relaciones del embajador veneciano Giustiniani. En SOLDEVILA, *Historia de Cataluña* III 1040.

rona. De regreso a Madrid, el rey pasaba de nuevo por Agreda el 5 de noviembre para recibir de sor María los consuelos que su estado de ánimo, ante la pérdida de su único hijo varón, venía a demandar de su consejera y amiga.

Los viajes del rey se centran, a partir de entonces, en el círculo habitual en que la corte se mueve: Aranjuez, El Escorial, El Pardo y Madrid, con un calendario repetido y sin sorpresas.

De todo hay noticias en el epistolario: bodas reales en Navalcanero, en octubre de 1649; alegrías familiares, temores de salud, nacimientos y, tantas veces, muertes y contrariedades, preocupaciones e inquietudes políticas. En todos estos años finales, una sola vez deja el rey la corte para un viaje a la frontera francesa, que es el último de su vida. El viaje tenía por objeto la isla de los Faisanes, donde Felipe IV volvería a ver a su hermana Ana, reina de Francia, después de tantos años de separación. El encuentro sellaba la paz con Francia, pero Felipe IV pasaba por la amargura de separarse de su muy querida hija María Teresa, entregada como esposa de Luis XIV.

Todo se refleja en el epistolario, y siempre en un tono de dignidad moral y limpia confidencia. La sincera amistad salvaba la diferencia social y establecía un diálogo desusado, por su digna franqueza. El 19 de marzo de 1647 escribe el rey, necesitado, como tantas veces, de descargar en la amistad de sor María sus graves preocupaciones. «Grande es la borrasca que hoy padece la navecilla de la Iglesia, y, sin duda, nuestros pecados tienen dormida la divina Misericordia». Todo anda mal, y las peores noticias vienen ahora de Italia. «Yo no puedo embarcarme personalmente en la armada para acudir a las cosas de allá, y así he resuelto que vaya en ella un hijo que produjeron los *descuidos de mi mocedad*». Don Juan José de Austria tiene entonces dieciocho años y «buenas partes», según declara su padre. Muy significativa la respuesta que escribe sor María. «Mucho elogio merece Vuestra Majestad por entregar al peligro» prendas tan propias como su hijo, pero la edad es buena y resulta loable que tan temprano se eduque y emplee en empresa tan justa como en la que el rey recibirá el alivio merecido por su gesto. Y en aquella misma carta sor María comunicaba al rey su pesar por la muerte de su confesor: «Padre de veinticuatro años, docto, desengañado y espiritual, que eran prendas de mucha estima».

COMUNICACIONES DIVINAS Y PRODIGIOS

Sería difícil resumir con eficacia el mundo espiritual de sor María tal como ella misma nos lo explica en cartas, escritos y confidencias. Todo un mundo de tensiones espirituales y de experiencias altísimas. Desde muy pronto, en su primera juventud tuvo sor María, como escribirá después, «inteligencias sobrenaturales», que compartía con su madre, religiosa, como ella, en la primera experiencia conventual. Buena escuela hubo de tener sor María en su madre, que ya veía en la hostia al Altísimo; unas veces, como niño; «otras, todo el altar lleno de resplandor». Cuando sor María en su madurez escribe su vida y compone la *Historia de la Virgen,* evocará estas experiencias primeras y nos contará con elocuencia toda una serie de prodigios. «Bendito seas, Rey Magnífico —exclama—, porque te dignaste demostrar a esta tu esclava y vil gusanillo grandes sacramentos y *altísimos misterios,* levantando mi habitación y suspendiendo mi espíritu a donde vi lo que no sabré decir». En otra ocasión declara: «Vi al Altísimo con el entendimiento», y muy pocas páginas antes nos había confesado que «el Señor es espejo voluntario, de modo que ya no vivo yo, pero Cristo vive en mí». El tono de la Venerable alcanza una gran tensión. «El Altísimo me admitió por su esposa... y sentí en lo interior una mudanza eficaz con la abundantísima luz que me llevaba suavemente el conocimiento de Dios... de modo que aniquilándome y pegándome con el polvo, de manera que se deshacía mi ser y sentía dolor vehementísimo». Hoy el lector se esfuerza por sintonizar su sensibilidad y su creencia con tales modos, tan tensos y escondidos, de vida religiosa, y tiene presente, al tiempo, otras experiencias místicas expresadas en lenguaje muy semejante. «En estos efectos quedaba desfallecida —¡oh Teresa de Jesús!—, *y el mayor dolor era consuelo, y el morir vivir».* Samaniego, biógrafo de la Venerable, movido de afanes hagiográficos, escribirá más tarde: «Cuando acababa de comulgar era arrebatada por el Señor, dejando el cuerpo notoriamente sin ningún sentido..., algo elevado, sin descubrirse la tierra, y tan aligerado de su propio peso, que con un pequeño soplo lo movían como hoja de árbol o ligera pluma». En el trance, el rostro —añade— se mostraba, más hermoso, «aclarándosele el color natural, que declinaba a moreno».

La propia sor María fue elocuente al comunicarnos tan prodigiosas apariciones y experiencias. «Esta duda —nos dice— propuse con humildad al Señor, que Su Majestad se dignó responderme a ella dándome una inteligencia y luz muy grande, y fueron muchas las palabras que me respondió el Señor, que son éstas: 'esposa y paloma mía'». No puede cabernos duda ni sobre el mundo en que sor María se mueve ni sobre las vivencias que quiere transmitirnos. «Todo esto me respondió el Altísimo»; o: Habla, Señor, que tu sierva oye. Habló, pues, el Altísimo y el dador de los sabios».

«Cuya inteligencia me dio el Altísimo» *(Mística* I 82-83). Estas visiones y revelaciones que tuvo fueron tantas y tan llenas de celestial doctrina, en tanto que «padecía enfermedades muy penosas», como nos relata Samaniego al jerarquizar, con expresos matices de palabras, los escalones místicos de la experiencia de sor María: «Continuáronse con frecuencia los ímpetus, pasaron a vuelos de espíritu y llegaron a manifiestos arrobos» (SAMANIEGO, p.75).

Con flechas de dulce amor, dice sor María, y diciéndola «paloma mía» y «hechura de mis manos», Dios la levantaba por una «escala con grande número de ángeles... aquella escala de Jacob misteriosa».

Samaniego se esforzó en describirnos los «ascensos del espíritu» de sor María, que ella nos relata con uso de una terminología que sólo los muy familiarizados con esta vida religiosa podrán interpretar teniendo muy en cuenta la expresión «ciencia infusa» que la propia sor María emplea con tan sincera frecuencia. «Dos veces me ha dado la divina Majestad luz y conocimiento de todo lo creado: la primera, a las primeras operaciones del discurrir; la segunda, cuando me dispusieron con *ciencia infusa* para escribir la vida de la Reina del cielo María Santísima».

Una vida espiritual intensa, apoyada en cuerpo de salud vacilante y siempre precaria. Ya en su juventud «se contristaba y afligía mirándose cercada de peligros, llena de miseria. Se acobardaba en la presencia de cualquiera, huía de las criaturas o íbase a los lugares ocultos». Habla su biógrafo de los años de juventud, y nos brinda el precioso dato que nos faltaba para definir su carácter: «Los entretenimientos terrenos, aunque fueran lícitos, *la melancolizaban*. Vivía en un perpetuo abatimiento, con molestas y casi continuas enfermedades, y aun en el alivio, con salud muy quebrada». Grandes dolores en fin, muchas enfermedades y ardientes calenturas; «sus primeras apariciones —una hermosísima paloma, Cristo llagado, globos de luz— no aplacaban sus crueles tormentos, extremada flaqueza y debilidad de su cuerpo».

Por el «camino oculto» discurre la vida de sor María desde su juventud primera, que ella, en la madurez, analiza para dar explicación cumplida a aquellos fenómenos sorprendentes, que ya considera alejados en su vida y en su experiencia mayor.

En esa edad madura, el rey y la monja se consuelan y confortan en una relación epistolar que, en su final melancólico, alcanza tonos de emoción sincera. La última carta del rey es de 3 de marzo de 1665 y está impregnada de apenados sentires por los dolores físicos y de tierno afecto por su amiga de tantos años. «Conozco los efectos del amor que me tenéis y del ferviente deseo que os asiste, encaminado a mi salvación y a la mejor dirección de lo que debo disponer...; y así, nuestro Señor me asista para obrar con acierto». Cuido mi salud, dice enternecido el rey, «pero puedo aseguraros que sólo quiero lo que sea mayor servicio de Dios y no más salud ni otra cosa, sino que se ejecute en mí su santa voluntad, y esto es lo que habéis de suplicar por mi salvación, que es lo que más importa».

A este tono de resignación y de aceptación cristiana de un fin próximo, responde sor María con su última carta el 27 de marzo de 1665, dos meses antes de morir, fiel a una amistad de más de veinte años. «Deseo servir a Vuestra Majestad con título de esclava y sierva cuanto la vida me durare; y así quedo consolada y enternecida de ver la resignada actitud de Vuestra Majestad. Vuestra Majestad resígnese, pero yo clamaré con todo conato y veras por la salud y vida de Vuestra Majestad, porque sé cuánto importan». Con un «El Altísimo le guarde y prospere felices años» se despide por última vez sor María. Quien muchos años antes había escrito: «Encomendadme muy de veras, sor María, a nuestro Señor, que me veo afligido, y he menester consuelo», quedaba ahora solitario por unos meses, sin asidero; antes de dar, solo ya, el paso definitivo.

EL MUNDO DE LO MARAVILLOSO

María Coronel había nacido en Agreda en 1602 y moriría, en el mismo lugar, en 1665. Hija de Francisco Coronel [41] y de Catalina de Arana, hidalgos pobres que ejemplifican esas tensiones espirituales en que viven las gentes españolas por aquellos años. La madre, después de tener once hijos, de los cuales subsistieron cuatro, mujer de carácter, dispone de las cosas, en un momento dado, de modo que ella y sus dos hijas, de trece y nueve años, entren en religión, convirtiendo en convento su propia casa, con la regla concepcionista, que nutre con un grupo de tres religiosas venidas de Burgos, y que constituyen la levadura de la nueva comunidad. Su padre, no sin resistencia, que nos relata sor María, acepta la propuesta de la esposa: entrar él en un convento de regla franciscana, lo mismo que sus dos hijos varones, que, tras tomar el hábito, vivieron vida religiosa de vario carácter. El convento agredano estaba en marcha a partir de 1618, y desde ese tiempo —María cumplía poco después los quince años— comienzan para ella los éxtasis, las visiones prodigiosas, los celestiales arrobos, que pronto la hacen famosa. Lectora mística seguramente de San Juan de la Cruz y de Santa Teresa, compone pronto una *Escala mística* y es objeto en seguida de fama creciente por sus hechos prodigiosos, en especial el que se refiere a una pretendida evangelización por su intervención a distancia de ciertos indios de Nueva España. Prelada de su convento desde 1627 y, salvo un trienio, durante veintisiete años, sor María va a vivir un tenso «misticismo maravillosista», una entera cadena de continuas visiones que al propagarse rodean su figura de venerada atención y de fama muy divulgada. Los prodigios que se le atribuyen y los escritos no cesan. «En los videntes que marchan por el camino *deslumbrante* del 'misticismo maravillosista', se dan con frecuencia —ha escrito Staehlin— 'secretos', 'visiones' y mensajes que impulsan a las videntes a escribir sin tasa» [42].

La propia sor María nos ha relatado por menudo su *ambiente* familiar y los caminos y decisiones que les llevaron a una vida religiosa. Gentes hidalgas, de modesta riqueza, que padecen, como tantas otras, del quebranto y de los cambios de la vida económica del momento. La hacienda familiar «padeció naufragio», y hubo que vivir ajustadamente,

---

[41] J. Caro Baroja (*Los judíos en la España moderna y contemporánea* t.2 p.225; t.1 p.80.178 y 294) da noticias de los Coronel como conversos. Abraham Senior, de Segovia, se convierte y adopta el nombre de Fernán Pérez Coronel.
A. Domínguez Ortiz (*La clase social de los conventos* p.27) se ocupó de este personaje, cabeza del linaje converso de los Coronel. Nieta de Senior fue María Coronel, esposa del comunero Juan Bravo.
H. CH. LEA, *A history of the Inquisition of Spain* I p.131-38.
«A veces —dice Caro (t.1 p.294)—, los conversos tomaban apellidos de linajes antiguos casi desaparecidos». No estamos ahora en condiciones de profundizar más sobre el apellido y sobre la posible estirpe conversa del Coronel de sor María.
Juan de Vallejo, en su famoso *Memorial*, cit. por Bataillon (*Erasmo* p.24), cita a un maestro Coronel que interviene en la redacción de la *Políglota*, «burgués de Alcalá, católico cristiano, *convertido del judaísmo* y muy docto en lenguas hebraica y caldea».
[42] Cf. STAEHLIN, O. C.

aunque pudieron «librarse sus dos tías de ricos casamientos y poca limpieza de sangre». Economía familiar, pues, ajustada, alarde —cosa obligada— de sangre limpia y vida religiosa tensa. Once hijos, de los cuales —achaque habitual del tiempo— siete murieron pronto. Impulsados por la decidida voluntad de la madre, Catalina de Arana, de los cuatro supervivientes, dos serán frailes, y las dos hijas monjas, además de la madre, y en el mismo hábito y convento de San Francisco. «Mi padre al principio —dice sor María— extrañó la novedad», pero Dios redujo la voluntad de todos, y también la del padre, que a sus sesenta años entraría, a su vez, en religión. Los principios fueron pronto seguros contra las censuras y críticas de las gentes. Pronto la madre recibiría «inteligencias sobrenaturales», voces de lo Alto, apariciones de Santa Clara. Un «globo de luz» quería manifestar una voluntad excelsa de que el convento fuese bajo la advocación de la Purísima. La fundación, en la propia casa familiar, estaba creada. Llegaron tres monjas del convento de San Luis, de Burgos, sustituidas luego por otras del convento del Caballero de Gracia, de Madrid, y el 13 de enero de 1619 quedaban cerradas las madres en el convento, que luego de 1630 a 1633 se cambiaría al de nueva construcción que hoy permanece.

Pronto aquellas paredes serían testigos de hechos maravillosos, que la propia sor María se encargó de relatarnos. «Levantóme el Todopoderoso del polvo de la tierra y el dedo de Dios eterno señaló y dijo que mirase». Debió de ser esto, recuerda sor María mucho más tarde «al tiempo que principió el uso de razón. Vi lo que no sabré decir y conocí lo que no son bastantes a explicar todos los términos de que usamos, mostrándome tantos misterios y dándome capacidad para conocerlos y penetrarlos... Miré y reconocí los elementos, fuego, aire, agua y tierra, y la conexión que tienen estos elementos unos con otros para la conservación del universo».

Aunque sabemos mucho de sor María, nos falta, sin embargo, información sobre sus lecturas primeras, sobre su formación intelectual y literaria. Ni en la correspondencia con el rey, ni en sus escritos, es nunca explícita en este punto. Pero a veces nos llegan, a través de su pluma, ecos de lo que debieron de ser sus lecturas habituales. Fray Luis de León, por ejemplo, está presente en su descripción de las «esferas», así como lo están muchas veces imágenes que nos recuerdan a San Juan de la Cruz. «Dos veces me ha dado la divina Majestad luz y conocimiento de todo lo criado: la primera, a las primeras operaciones del discurrir; la segunda, cuando me dispusieron con ciencia infusa para escribir la vida de la Reina de cielo». «Ninguna otra nación del mundo cristiano —escribió Pfandl— entró nunca en relaciones tan familiares con lo celestial».

Asistimos a un emocionante espectáculo interior de difícil repetición, que exige en el lector de hoy esfuerzos de creencia y de comprensión para introducirse en aquel ambiente de tensión espiritual y para acertar a darle la interpretación adecuada. De improviso, nos confiesa sor María, que andaba por sus veinte años, «pasé de la ignorancia de todas las cosas a la sabiduría de ellas». Y una declaración conmovedora: «En todo procedía con sinceridad colombina y el entendimiento era más adelantado que la edad». Son años de tensiones, de desalientos y también de enfermedades. «Todos estos trabajos postraron mucho a mi naturaleza e inmutaron los humores y se inficionaron, con que me sobrevinieron grandes dolores, muchas enfermedades, ardientes calenturas».

Son años de adolescencia, que para sor María estuvieron cargados de tensiones espirituales, luchas interiores y dolores físicos. «Me iba a lugares solitarios, huía de las criaturas y parecía peregrina en este valle de lágrimas».

Se asiste a una serie de fenómenos extraordinarios, hechos maravillosos y casos carismáticos, de que han hablado los biógrafos de sor María [43]. Que concuerda, por otra parte, y muy fielmente, con el clima de prodigio y de sorpresa en que vive la España de aquel tiempo, y que sin duda, impregnó a sor María y la familiarizó con el prodigio y con la creencia habitual en lo maravilloso. Estaba en el ambiente.

Barrionuevo (c.8 p.217), al relatar la llegada a Aranjuez de una partida de pájaros canarios que cantaban de manera prodigiosa, comenta: «Todo lo que en España se ve hoy es encanto de canto». Por aquellos mismos días, el Conde-Duque declaraba a su confesor haber visto como dos mil soldados nuestros atacando Salses, en el Rosellón, y sobre sus picas y espadas brillaba «una estrella o cosa parecida» que les habría dado ánimos para conquistar toda Francia [44]. Años antes, en 1634, un crucifijo en el convento madrileño de San Jerónimo había sudado sangre durante veintinueve horas [45]. En septiembre de 1643, Pellicer se hacía eco de otros prodigios que todo Madrid se transmitía conmovido: Una imagen de pincel de Nuestra Señora del Pópulo, de Roma, movía alegre las manos, acompañando a una sirvienta gallega que cantaba y bailaba en su presencia. En todos estos años, los de la vida de sor María, se viven constantes prodigios y maravillas. En 1647, un caballero de Madrid mata a otro en un lance de amor. Arrepentido, acude al más cercano convento franciscano y reza por el muerto, encargando a la vez misas por su salvación. Poco después, el matador se ve en trance difícil al ser atacado por varios más fuertemente armados, y se salva por la intercesión de un desconocido, que viene a ser el muerto, que así agradecía el haberle aliviado sus penas del purgatorio.

Por aquellos días, en la catedral de Huesca, mientras se decía misa ante el Cristo de los Milagros, cayeron gotas de sangre sobre el cáliz y el Cristo sudó. Barrionuevo [46], al comentarlo, resumía: «Todos son prodigios».

En Toledo, el corregidor y sus ministros ven, atónitos, sacar un te-

[43] CAMPOS, Julio, *Para la historia interna de la «Mística ciudad de Dios»:* Hispania n.41 (1958). El propio autor lo es también de otros trabajos muy calificados sobre la historia externa de la *Mística* y sobre cartas, hasta él inéditas, de sor María en «Salmanticensis» (1959 y 1969).
[44] *Cartas de jesuitas*, 8 de noviembre de 1639.
[45] ID., ibid., I p.32.
[46] ID., ibid., I p.375.

soro que hay en la muralla sobre el río, y que «está allí desde la pérdid
de España». «Todo este año —dice Barrionuevo al contarlo el 6 de se
tiembre de 1656— va de tesoros. Plegue a Dios no se vuelvan due
des». «Todo es verdad», dice en otra ocasión el mismo Barrionuevo
relatar el vaticinio de un español moribundo en París de que Espa
perdería su flota, como en efecto se perdieron aquel año los galeone
Unos ejércitos aparecían sobre Badajoz, luchando en el aire con gra
ruido de cajas, trompetas y mosquetería. Y por aquellos mismos días, e
medio de la región del aire, un gran globo de fuego, que oscureció
luna, pasó por Madrid, encima de Palacio, y fue a rematar en El Esc
rial. Al comentarlo, Barrionuevo (19 de julio de 1656), después de d
cirnos, como acostumbra, que «es cosa cierta», añadía: «Téngase por au
gurio afortunado, mostrando el cielo sus luces a nuestro gran m
narca». Los mismos agüeros favorables que sor María, en tantas de su
cartas, propiciaba al rey, su amigo, con iluminaciones prodigiosas y col
quios con lo Alto.

En 1656, por ejemplo, los asuntos políticos no iban bien para E
paña. La guerra no avanzaba, y las esperanzas sólo había que ponerl
en la paz. «Por la paz —decía el rey a sor María—, todo por la paz,
perder es ganar».

Pero no sólo los medios humanos bastaban para lograrla. «Claro est
—se confiaban mutuamente rey y monja— que, *si no es con milagros, n
nos podemos defender*». A veces si no bastaban los auxilios divino
podía recurrirse a los astrólogos. «El 17 de septiembre habrá —deci
Barrionuevo— conjunción magna en el signo de Virgo de todos lo
planetas. Prométense grandes portentos no habidos desde la creació
del universo» (Barrionuevo, septiembre de 1656).

Adivinaciones, hechizos y prodigios. Por aquellos días se comentab
en Madrid un hechizo puesto al rey en un espejo donde al pasar s
miraba. O los ruidos que se oían en Palacio desde media noche hasta e
amanecer. «Parecen presagios no buenos —comentaba Barrionuevo—
Dios sabe lo que es, porque lo que aquí refiero es la misma verdad». S
pronosticaban grandes males, se hablaba de demonios como cosa ciert
se contaban, esperaban y temían siempre hechos y prodigios desusado
Una España, en fin, alucinante y creyente en la alucinación y en l
extraordinario como hecho habitual y corriente.

No parece dudoso ver en sor María el eco, testimonio excepciona
de este clima, compensador de desviaciones con cálidas ortodoxias [47].

---

[47] CAMPOS, Julio, *Otras cartas inéditas de la Venerable Sor María de Jesús de Agreda*: A
chivo Ibero-Americano (1970) p.337-66. Publica la única descripción física que conozco d
sor María. Extraída del archivo del convento de Agreda; es de letra del siglo XVII
parece de mano de religiosa que convivió con ella. La muy conmovedora visita hoy
convento depara, entre otras emociones, la contemplación del cuerpo momificado de so
María y la evocación de su figura en el interior de una casa guardada amorosamente po
las actuales religiosas, en admirable identificación con sor María y en ejemplar modelo d
alegre fe y prácticas franciscanas.

LA LENGUA Y EL MEDIO DE EXPRESIÓN

Habrá que anotar que se trata de un lenguaje muy expresivo el usado en correspondencia tan singular. No se trata de hacer los comentarios que pueden señalar el uso de la doble *s*, de la *h* vacilante, de la indeterminación entre *g* y *j*, como entre *b* y *v*, *x* por *s*, o a la inversa, o *b* por *v*; el uso de formas latinas no usuales hoy, cacofonías o contracciones, así como lo relativo al uso de las puntuaciones, los modismos regionales y los ecos de la lengua literaria al uso.

Importaría mucho analizar el estilo en que estas cartas están escritas y, sobre todo, poner de relieve el fácil uso en ellas de una lengua dúctil y expresiva. En el rey puede sorprender menos. Su gusto por la lectura, su formación intelectual y su facilidad para el uso de la pluma, no nos deparan hoy sorpresas. En la monja podría extrañarnos en mayor medida por el aislamiento de su vida, por su carencia de estudios conocidos, por lo poco que sabemos de sus lecturas. Sor María, como es sabido, no salió jamás de Agreda. Vivió en su casa, transformada pronto en convento, y el resto de su vida, una vida de sesenta y tres años, transcurrió en el convento aledaño, de nueva planta, sin más contacto con el mundo que las cartas que iban y venían, visitas y contactos espirituales, relación con sus confesores. Autora sor María de una copiosa producción literaria, servida por una pluma fácil para la comunicación a través de una prosa levantada y expresiva. Con una lengua dócil, flexible, vivida desde dentro, como fácil instrumento de comunicación.

Estaba, sin duda, en el ambiente. En estas páginas se comentan otros dos epistolarios. Uno de ellos, sobre todo, nos permite un útil parangón con el de sor María. La religiosa carmelita sor Luisa Enríquez mantiene también una larga correspondencia con Felipe IV. Se trata, pues, de dos religiosas: franciscana la una, carmelita la otra. Hidalga modesta la una, noble encumbrada la otra. Hermanadas ambas por la misma facilidad comunicativa con el rey de España. Más levantado el estilo de sor María, más pretencioso, más adoctrinante, más, si se quiere, engolado y erudito. Más llano y familiar el de sor Luisa, por la misma transcendencia, menor también, de los asuntos que se tratan. En un caso, graves preocupaciones de gobierno, de guerra y de política; en el otro, noticias familiares, comentarios amistosos, cordiales afectos y, a veces también, consejos morales. En los dos casos y en el mismo ejemplo de ambas mujeres, una idéntica tensión espiritual, que en sor María tiene acentos místicos, como en la *Escala, para subir a la perfección*, en los *Ejercicios espirituales* y en las *Leyes de la esposa*. En tanto que la religiosa carmelita expresaba su vivencia religiosa en un *Año santo* que regía, y aún rige, la vida espiritual de sus hijas de hábito en el convento de Malagón, fundación teresiana, donde fue abadesa y donde pervive su recuerdo.

En ambos casos, la lengua adopta tonos de una dúctil sencillez, muy lejana de los términos culteranos del tiempo y del complejo conceptismo de las ideas en años barrocos, de tan densa vida literaria. Ellas y el rey hacen uso, fuera de la «receta» en que se movía la vida cultural de su tiempo, de una llaneza y sencillez de estilo muy notorias.

Cuando nuestros tres personajes nacen, acaban de morir, en los f nes del siglo anterior, Santa Teresa y Fr. Luis, que han fijado una len gua llana y tersa, que debía de ser la usual, fuera de las tensiones lite rarias, que no tienen cabida en las cartas que comentamos. Después d los grandes escritores del siglo XVI, la lengua ha quedado fijada, y és es la que usan. Siendo niños, se publica el *Quijote*, que acuña esa lengu fluida y llana que vemos asimilada por nuestros corresponsales. En e rey y en sus amigas hay esa misma naturalidad y llaneza expresiva ta habitual en un tiempo en que la lengua es un instrumento disponibl para expresar ideas. Tiempo ilustre el que les tocó vivir. Góngor muere en 1627 y Lope en 1635. El tiempo de nuestros amigos conoc dos parejas ilustres en plena producción: Quevedo, que desaparece e 1643, y Saavedra Fajardo, que muere en 1648. La otra es la genia mente barroca formada por Gracián (1658) y Calderón de la Barc (1681), que muere cuando ya han desaparecido de la escena el rey y su dos amigas religiosas.

Por entre una selva conceptuosa discurre la vena, popular diríamos de esta correspondencia singular, por la que llega hasta nosotros el sen tir personal y la expresión religiosa de unas gentes a quienes ha tocad vivir un período crítico de nuestra historia. En el que, tras una fachad brillante que decoran Velázquez, Murillo y Zurbarán, se ocultan males que también afloran, y que empiezan a empañar sueños de grandeza d siglo y medio de predominio. Una monja exaltada de ardores místico que con remedios espirituales trataba de contener la ruina que ame naza a la Monarquía. Y un rey caballeroso, refinado, débil de voluntad y quejoso de conciencia, incapaz de contener lo que muy visiblemente se derrumba.

FELIPE IV, ESCRITOR, INTELECTUAL, HOMBRE CULTO

«Los más graves escollos en que peligran los reyes y príncipes es en la parte más sagrada, que es la enseñanza e instrucción». Así inicia Felipe IV su autosemblanza literaria, que pone como epílogo a su traducción directa del italiano de los libros octavo y noveno de la *Historia de Italia*, de Guicciardini [47*]. Por esas páginas sabemos de su formación intelectual, de sus lecturas, de su conocimiento de lenguas, de su gustoso cultivo de las letras, que denotan en el rey una exquisita calidad de hombre culto, que tiene sentido crítico de su afición y de sus limitaciones: «No puedo decir que sé, sino que voy sabiendo».

Cuando leemos, no sólo la traducción aludida, sino tantas cartas, anotaciones y despachos que han llegado a nosotros, sabemos bien a qué atenernos sobre su calidad intelectual, que se expresa por una pluma suelta, ajustada, expresiva, que discurre por un lenguaje llano,

[47*] Recientemente, Julián Marías, en dos excelentes artículos —*Ya*, 27 y 30 de marzo de 1979—, ha comentado, con acierto, este aspecto tan interesante de la personalidad de Felipe IV, que ya había sido destacado por el fino sentido histórico de D. Antonio Cánovas del Castillo.

sin afectación ni engolamiento. Muy en contraste con la lengua oficial de su tiempo; bastaría para ello compararla con la muy abstrusa del Conde-Duque [48] en punto a llaneza, naturalidad y eficacia expresiva.

Resulta conmovedor, en este hombre exquisito y blando de carácter que fue Felipe IV, verle llevar sus dudas de conciencia hasta plantearse la licitud de sus tareas literarias y disculparse de las horas que con ello sustrae a sus trabajos y obligaciones de gobierno. Páginas llenas de interés humano las que el rey pone al frente de su traducción italiana y copiosa muestra de rasgos, bien caracterizados, de una mentalidad y de un modo de ser. Su formación en el oficio de rey, «teniendo siempre los oídos abiertos para todos los que me quisieran hablar». Sus lecturas en historiadores latinos, como Salustio, Tácito, Tito Livio y Lucano, y españoles, crónicas francesas, inglesas, alemanas. «Diversos libros de todas lenguas y traducciones que despertaron y saborearon el gusto de las buenas letras» y «me pusieron en estado —nos dice el rey— de poder discurrir sobre todo lo universal con gran prontitud».

Para asegurar esa fácil comunicación con las personas y los libros, importa el estudio de las lenguas. Empezando por las lenguas de las provincias de donde son sus súbditos. A fin de no «obligarles a aprender otra para dárseme a entender —anota generosamente el rey—, quise yo tomar el trabajo de aprender las suyas, para que ellos no tuviesen que aprender la mía»; y así «aprendí y supe bien la lengua de España, la mía; la aragonesa, catalana y portuguesa. Traté —añade— de saber la lengua francesa, haciendo que me hablasen en familia continuamente en ella». No poco contribuiría a este aprendizaje su propia esposa la reina Isabel, francesa de nación, y sus vínculos presentes y futuros con la nación vecina: su hermana Ana, esposa de Luis XIII, y su hija María Teresa, esposa, años después, de Luis XIV.

El francés y otras lenguas; pero, sobre todas, la italiana. «En hablar bien la italiana puse mayor fuerza», y nos da sus razones. Aquella parte de Europa, Italia, es tan ilustre como se sabe, y de ella han salido «tan grandes sujetos en todas profesiones», y también por ser la más usada y casi vulgar en Alemania y sus Estados hereditarios que «por tantas razones me tocan» [48*]. Aunque esas razones no hubiera, «por sólo entender los libros italianos se pudiera aprender esa lengua con gran cuidado».

Sobre la entidad moral e intelectual del rey y sobre la original signi-

---

[48] Elliot y F. de la Peña acaban de dar a la estampa una primera e interesante entrega de los escritos del valido: JOHN H. ELLIOT y JOSÉ F. DE LA PEÑA, *Memoriales y cartas del Conde-duque de Olivares* (Alfaguara, 1978). Muy curioso sería un estudio comparativo del estilo literario y de la lengua en ambos personajes.

[48*] El testimonio de Felipe IV deberá ser aportado a los estudios ya publicados sobre el italiano como «lingua franca» en la Europa del siglo XVII. Francisco Márquez Villanueva (*Personajes y temas del «Quijote»*, Taurus, 1975) se refiere a este tema al relatar —capítulo «El morisco Ricote o la hispana razón de Estado»— el encuentro de Sancho y el morisco, que regresa de Alemania hablando con sus compañeros tudescos de viaje en un italiano bastardo que sirve como lengua internacional al uso. Sobre el italiano, «lingua franca», «jerga como lengua internacional de la cordialidad», comenta L. SPITZER en *Lingüística e historia literaria* (Ed. Gredos, Madrid 1965, p.155-56).

ficación de la Monarquía española y su bien trabado equilibrio de países y lenguas diferentes, formula Julián Marías unos juicios atinados (cf. nota *supra).*

A este consciente gusto por letras y lenguas añádase una necesidad de justificación, que le lleva a pensar que el tiempo dedicado a este trabajo y sustraído al gobierno no habrá sido superfluo, no sólo por gusto personal, no dañoso a las obligaciones de su oficio, sino por lo que esta afición literaria y su connotación política pueda servir como «vivo ejemplo y consejo práctico» a su hijo y sucesores.

Consejos morales y preocupación social

Para un retrato moral de Felipe IV, bien pueden servir estas confesiones, como habían de ayudarle, en grado diverso y no sólo político, los consejos que, con tanta reiteración como tacto, le dispensaba sor María durante más de dos décadas a lo largo de su correspondencia. «Señor —le dice, de un modo u otro, en más de una ocasión—, no es rey el que no es rey de sí mismo e impera y tiene dominio sobre sus apetitos y pasiones». Y para que no tuviese duda, le añadía: «El que se vence, vence»; si bien, añadiendo en otra ocasión, para dejar las cosas en su tono moral adecuado: «El vencer las dificultades corre por cuenta de Dios, y el aplicar los medios para conseguirlo, por cuenta del rey» [49].

Muy bien podía intentarse un análisis doctrinal de las ideas de sor María a través de sus cartas. En algunas ocasiones, sus dichos tienen un claro alcance político de circunstancias, como cuando, afinando sus ideas sobre el concepto de rey, afirma: «El rey tiene misión de Dios para el gobierno, y así se opone a los validos, y debe gobernar con suavidad y fortaleza, edificando y no destruyendo, corrigiendo y no acabando» [50].

Sor María aguza los conceptos cuando se dirige al rey para decirle: «Para lo justo, Dios dispone los ánimos; para lo injusto, agrava e irrita», y por eso es preciso que el rey atienda el clamor de los que están muy abajo. «Oiga Vuestra Majestad y se informe de los que, oprimidos del trabajo, dan muchas voces, para las cuales los oídos de Vuestra Majestad han de estar preparados». No es ésta la sola vez en que sor María muestra su inquietud social y su preocupación por las alteraciones del tiempo. Tiempo menos calmo y más movido de lo que veníamos creyendo para España y para Europa [51], según va mostrando la historiografía reciente.

[49] De sor María al rey. Citado y comentado por Silvela (t.2 p.206-14).
[50] Sobre la doctrina del derecho divino de los reyes cf. J.A. MARAVALL, *Estado moderno y mentalidad social,* esp. t.1 p.2 c.1.
[51] DOMÍNGUEZ ORTIZ, A., *Alteraciones andaluzas* (Bitácora, Madrid 1973); DÍAZ DE MORAL, *Historia de las agitaciones campesinas andaluzas* 2.ª ed. (Madrid 1967); PORCHNEV, *Les soulèvements populaires en France de 1623 à 1648* (París 1963); ELLIOT, J.P., *Revoluciones y rebeliones en la Europa moderna* (Alianza Universidad, 1970); MOUSNIER, Rolan, *Furore campesinos. Los campesinos en las revueltas del siglo XVII* (Siglo XXI, Madrid 1976).

En carta de 24 de mayo de 1652 mostraba el rey su cuidado por el alboroto de Córdoba, apaciguado días después, aunque reproducido en Sevilla «con gran furia» hasta obtener que se cambiase el valor de la moneda y bajasen los tributos, según añadía el rey en carta del día 29. Estas noticias graves [52] serán comentadas por sor María con preocupación y tino, que nos muestra un matiz, no desdeñable, de la religiosa. «No hay cosa que más me aflija que los amagos de discordia y guerra civil entre nosotros».

Una común preocupación social se apunta en los graves síntomas de alteración social del momento. «Por amor de Dios —clamaba sor María [53]—, que lo menos que se pueda se innoven las cosas y se evite la opresión de los pobres, por que, afligidos, no se alboroten, ya que para mejorar la hacienda es preciso adoptar medios que sean los más suaves, de manera que concurran también los ricos y poderosos; que, siendo la carga general, no pesará ni irritará tanto» [54].

La preocupación por los sucesos del pueblo, por la paz social, está presente con reiteración en el epistolario. El vecino Aragón causa inquietud no pocas veces. El 17 de febrero de 1656, sor María se alarma al saber que «algunos de las plebe y gente ordinaria se han turbado y dicho palabras ordinarias». Sor María no vacila al mostrar su preocupación e inclinarse por la moderación a la hora de reprimirla, y no sólo porque en la grave situación del reino no conviene que se multipliquen enemigos», sino porque lo mejor es que los «ministros templen el rigor y suavicen la severidad». No faltaban motivos de preocupación. Hechos graves que el epistolario acusa, y que hoy conocemos mejor en toda su real significación. En 1652, en Córdoba y en otros lugares del Campo andaluz o en otras ciudades, como Bujalance, estallan rebeliones sucesivas en las que se discutía «si se gobernaba bien o no», y en las que se pretendía abiertamente «hacerse dueños del gobierno». Algo parecido y simultáneo se ve en otros lugares: Portugal, los Países Bajos y Cataluña [55]; agitaciones simultáneas que son fruto del tiempo movido. En Sicilia [56] y Nápoles [57], donde, al decir del contempoáneo Landinas, los sucesos los movía «el desordenado apetito de no obedecer de los que quieren libertad de ley y razón y quieren vivir en libertad». Tiempos de inquietud que producen la Fronda en Francia y la revolución en Inglaterra, que lleva al patíbulo a Carlos I.

Muy pocas veces vemos alterarse el moderado equilibrio de sor María y su cristiana prudencia. Sólo ante las graves noticias de Inglaterra parece cambiar el tono; en la figura de Cromwell cifra enconos desusados: «Es la única persona —nos confiesa sor María— cuya muerte he

---

[52] Que han sido estudiados por DOMÍNGUEZ ORTIZ, o.c.
[53] Carta al rey, 1.º de junio de 1652.
[54] Sor María al rey, 1.º de junio de 1652.
[55] ELLIOT, *The Revolt of the catalans. A study in the Declin of Spain (1593-1640)* (Cambridge 1963).
[56] Un testimonio contemporáneo sobre las agitaciones sicilianas: JUAN ALFONSO DE LANCINA, *Historia de las revoluciones del Senado de Mesina* (Madrid 1692).
[57] Muy reciente y completo el estudio de R. VILLARI, *La rivolta antispagnola a Napoli. Le origini (1585-1647)*.

deseado y pedido a Dios para que acorte los días de aquel enemigo de nuestra fe y nuestra Corona».

Había motivos para la alarma, y el epistolario se hace eco frecuente de esta inquietud ambiente que agrava los problemas esenciales de la Monarquía y suscita, a la vez, una preocupación sincera por los humildes. Muy pronto tienen cabida en las cartas una y otra. La guerra agrava la situación de los pobres, amenaza el orden establecido y pide formas de gobierno bien inspiradas. «Hay que poner algún remedio —dice sor María al rey en agosto de 1645— en los daños que se hacen en las levas de soldados, porque todo se carga en la sangre de los pobres». Daños que lamenta el rey en su respuesta, y es cuestión que le quita «muchas horas de sueño» y está tratando de remediar, no sólo por lo que «padecen los pobres», sino por el «poco fruto que mi servicio viene a lograr, que apenas llega gente a mis ejércitos, y la que viene es la peor y más inútil de la república». Sor María, por su parte, no dejaba de insistir una y otra vez en su preocupación por los humildes, mientras el rey compartía el mismo sentir y trataba de tranquilizarla. «Bien me parece [58] que os entiendo en la parte que apuntáis del daño del prójimo. Estoy sobre aviso en la materia y no me descuidaré en poner remedio». No bastaba con ello a calmar la insistencia de la religiosa, que repetía un mes después [59]: «Para el año que viene no consienta Vuestra Majestad que la guerra se haga sólo con los pobres y sin obligaciones, pues la tienen tan estrecha los demás poderosos y ricos». Acorde el rey en tan buen criterio, no sólo aseguraba que a la campaña próxima saldría la «gente rica y noble», sino que prometía a la monja una reforma moral con «propósito de procurar ajustar su vida y mudarla totalmente», lo que procuraba responder a los estímulos constantes de sor María y a su preocupación no sólo por la mejora moral de la conducta regia, sino por el socorro debido a los «pobres soldados». Esos pobres vasallos que aseguraba el rey «querer como si fueran mis hijos» y a quienes procurará librar, si no de todas las contribuciones, «ya que esto no es posible», sí, al menos, pedírselas con «cuanta suavidad se pudiese».

Se asiste a un diálogo de buenas intenciones, de nobles propósitos, en el que lo más importante no es tanto el resultado político efectivo como la luz que nos brinda sobre el tono moral del diálogo, en el que no faltan admoniciones, no exentas de alcance político, como cuando en agosto de 1647, refiriéndose a los alborotos de Nápoles y Sicilia, advierte sor María que «estos desacatos y los antecedentes de otras provincias no son movidos tanto contra Vuestra Majestad ni sus tributos como contra las sobrecargas que agravan y echan los ministros, que para cobrar dos hacen gastar cuatro, y lo injusto irrita». Estas admoniciones sociales despertaban al rey inquietudes y promesas llenas de buenas intenciones, entre las que figuran [60] «no sólo obrar con amor y blandura, sino el igualar los ricos con los pobres», que «sin duda, es muy conve-

---

[58] Carta del rey, 24 de septiembre de 1645.
[59] De sor María al rey, 12 de octubre de 1645.
[60] Maravall, en su obra *La oposición política bajo los Austrias* (Ariel, 1974), ha intentado

niente» [61], añadía el buen rey, tranquilizador y sosegado. En general, el tono de la monja en este punto de preocupación solía ser más acuciante y exigente y más directo y grave. «Señor mío —clama en carta de 5 de diciembre de 1659—, muchos pobres veo sin tener qué comer ni qué beber y vestir, afligidos, contristados y despechados —las palabras cobran su valor verdadero— por los muchos tributos que tienen». Y aún: «Los conventos y capellanías que están fundadas con juros, los religiosos las desamparan, por no tener con qué sustentarse, y las misas de las capellanías se dejan sin decir». Son muchas las cargas, clama sor María, y no están ya justificadas, porque, firmada la paz con Francia [62], es hora de quitar algunas, aliviando justamente a los pueblos, de cuyo malestar creciente llegarían, sin duda, ecos al convento de Agreda.

CATALUÑA: CRISIS DE LA CONCIENCIA ESPAÑOLA

La guerra de Cataluña no sólo era un grave aldabonazo en el ánimo del rey, sino una seria amenaza a la estabilidad de la Monarquía. Un recuento minucioso de la literatura del tiempo pone de relieve esa conciencia de peligro, de «ruina» es la palabra, en que se vive. El siglo se había abierto ya con una conciencia crítica, de la que los arbitristas se hacen eco, en su análisis de «males» y «remedios», para sacar a España adelante de la crisis en que se encuentra [63]. Los graves sucesos políticos y sociales acumulados a partir de 1640 acentúan esa conciencia de peligro en que se vive. Ya Martínez G. de Cellórigo, en 1600, había propuesto remedios «para evitar el común naufragio» de España contra las rocas ocultas a que esta república va a dar. El Conde-Duque, en el poder y fuera del poder, habla con frecuencia de «nave en peligro de la Monarquía» y de «asir el remo» y «meter el hombro» para sacarla adelante.

Hasta la clausura de Agreda llegaba este rumor sombrío. «Esta navecilla de España no ha de naufragar jamás, por más que llegue el agua al cuello». España cercada, España defendida. «Al rey todos le engañan. Señor, esta Monarquía se va acabando, y quien no lo remedie arderá en

analizar los síntomas de un malestar político, de una discrepancia soterrada bajo el aparente vigor y tranquilidad de la Monarquía absoluta.

La resistencia a participar en la guerra y la reposición desigual de las cargas, tal como hemos visto en sor María, ha sido estudiado por A. Domínguez Ortiz (*La movilización de la nobleza castellana en 1640*: AHDE [1955] XXV). Recoge la protesta de Gutiérrez de los Ríos: «Y no vayan a la guerra solos los pobres, como hasta aquí se ha hecho. Mayor obligación tienen los ricos de ir a ella». Se analiza también la resistencia y, en ocasiones, la negativa de los nobles de acudir al llamamiento real.

[61] Del rey a sor María, 21 de junio de 1652.
[62] La de los Pirineos. Sor María escribe meses después de la firma en la isla de los Faisanes. En 5 de diciembre de 1659.
[63] GONZÁLEZ DE CELLÓRIGO, *Memorial de la política necesaria...* (Valladolid 1600); MONCADA, Sancho de, *Restauración política de España* (Madrid 1618); ed. de Jean Vilar (Instituto de Estudios Fiscales, Madrid 1974); CAXA DE LERUELA, Miguel, *Restauración de la abundancia de España;* ed. de JEAN PAUL, Le Flem (ibid., ibid.); MERCADO, Fray Tomás; ed. de Nicolás Sánchez de Albornoz (Instituto de Estudios Fiscales, Madrid 1976); *Suma de tratos y contratos* (Sevilla 1587); VILAR, Jean, *Literatura y economía:* Revista de Occidente (1973), y su esperado libro *Los españoles del siglo de oro ante el declive. El arbitrismo*.

los infiernos» [64]. Porque las cosas de España llevan un sesgo inquietante a los ojos de aquella generación. Barrionuevo advertía por esos días: «Muchos perros cercan a este león; téngale Dios de su mano» [65].

Sor María transcendía a lo moral la apurada situación española, y, una y otra vez, comunicaba al rey su convinción de que aquel rápido descenso era el justo castigo a los pecados colectivos; porque «no es causa natural» que España se haya desmembrado y apurado en tan poco tiempo. Lo mismo que Quevedo había diagnosticado años antes: «Cuando pobres, nosotros los españoles conquistamos riquezas ajenas; ricos, las mismas riquezas nos conquistan» [66].

También la conciencia de que los males eran comunes. Sor María advertía de los males de «tan desdichado siglo» [67] y prevenía contra esta «Sodoma y Babilonia en que vivimos», que había hecho caer aflicciones sin cuento sobre la Iglesia católica y trabajos y padecimientos sobre el pueblo cristiano. «Afligido siglo de los tiempos presentes», añadía con gravedad la religiosa en otra ocasión, y que había de reiterar muchas veces en términos similares. Común sentir que es habitual en escritores y moralistas, sobre todo a partir de la fecha amarga de 1640. «Trabajosos son los tiempos que alcanzamos», resumía Fr. Antonio de Sotomayor, dominico, inquisidor general y confesor real [68].

Ante la quiebra presentida y temida, claman voces por la unanimidad y por la defensa. Se oía el eco de las firmes palabras de Pedro de Rivadeneyra pidiendo concierto de voluntades y ortodoxia: «Nuestra santa religión es como una reina hermosísima que no admite fealdad ni diversidad de opiniones. Así, es imposible que en el mundo espiritual de la Iglesia haya más de una fe y de una religión». Quevedo hablaba de la «paz en la religión», y para guardarla justifica, si es preciso, la guerra santa: «La primera batalla, que fue la de los ángeles, fue contra herejes. Santa batalla, ejemplar principio».

En esta batalla está empeñada la Monarquía española, hija fidelísima de la fe, que por ello no puede permitir error en ninguno de sus miembros [69]. Opinión tan unánime dejaba margen para otras opciones menos hispanocentristas y más abarcadoras. La guerra entre cristianos era nefanda; la paz entre ellos, el bien deseado. «No es decente —escribía F. Ambrosio Bautista en 1636— hacer distinción de naciones; sólo hay una nación, y ésa es cristianos. El francés que ame a Dios es un español; el español que le enoja, un francés» [70]. Los clamores constantes

---

[64] *Avisos*, de PELLICER. Un labrador delante del rey en la procesión de la octava del Santísimo. Cit. por SILVELA, I 43.

[65] *Avisos*, de.BARRIONUEVO, 18 de diciembre de 1655.

[66] FRANCISCO DE QUEVEDO, *La España defendida* (1609).

[67] Henry Kamen *(El siglo de hierro*, Alianza Editorial, 1971) ha puesto de relieve los cambios sociales en Europa en el siglo XVII, con sus secuelas de rebeliones populares, de crisis de subsistencias, de choques sociales, que agitan especialmente el período que se abre en 1640.

[68] Carta de Sotomayor a Felipe IV, noviembre de 1643.

[69] SAMANIEGO, *Relación de la vida de la V. M. sor María de Jesús* (ed. de Madrid 1750) p.273.

[70] Cit. por V. PALACIO ATARD, en el pról. a *¿Una historia de Europa?*, de Bruley y Dance (Leiden 1960).

de sor María por una paz en Cataluña y un arreglo en Europa, y, sobre todo, con franceses, se inspiran en esta deseada concordia entre cristianos.

ARAGÓN EN EL EPISTOLARIO

Las relaciones epistolares entre sor María y el rey son una fuente de informaciones para el historiador; de tal modo que la historia del siglo XVII español no puede hacerse en el orden religioso, ni acaso tampoco en el político, sin acudir, con mirada atenta y objetiva, a las cartas que componen esta correspondencia singular. Todos los temas del vivir español encuentran en las cartas información, referencias o noticias provechosas. Tal, por ejemplo, podrían tomarse otros, en el caso de Aragón.

Un Aragón celoso de sus fueros y prerrogativas, no cerradas aún del todo las heridas de 1590, la sentencia de su justicia y las limitaciones forales de Felipe II, esperaba ahora al rey para servir de base de operaciones en un difícil intento de defensa y reconquista. En grave peligro de invasión, y con la guerra en la línea del Segre y Lérida, cercada por las tropas franco-catalanas.

Matías de Novoa [71] nos da un fiel testimonio de la situación. Antes de entrar en Zaragoza se previno al rey de que no entrase con armas y tropas, «que causarían alboroto y disensiones» por contravenir los fueros. Se argumenta que el rey venía como soldado y que la guerra cercana amenazaba a la propia ciudad y su reino. Se le replicaba que las gentes de armas siguiesen de largo a Cataluña y que sería la propia gente aragonesa la que daría al rey la guarda y seguridad adecuadas. Como, al fin, las tropas reales no habían de alojarse en la ciudad, se convino que lo harían al otro lado del río. «Con lo que se venció este encuentro y entró el rey en Zaragoza a 27 de julio de 1643». Felipe IV, el rey galante, refinado y erudito, venía a conocer la guerra de cerca. Sabía bien que los fueros protegían a los aragoneses de ir a la guerra si el rey por delante no les precedía; y sabía también del desánimo público, que sólo podía estimular un gesto heroico de quien tan poco aficionado era a tenerlos.

El conde-duque de Olivares había cesado meses antes. El rey se sentía, por primera vez, solo ante las responsabilidades del gobierno y de la guerra. Era el verano de Rocroy, y la ocasión pedía un comportamiento real inhabitual, que Quevedo, con pluma eficaz, estimula: «Señor, si los soldados de Vuestra Majestad ven vuestras espaldas, ellos harán que veáis las de vuestros enemigos», ya que los viejos triunfos habrán de repetirse, porque «¿quién duda que, siendo soldados los mismos, habrán de repetir lo mismo?»; y añadía: «En vos sólo está la victoria»; y, puesto que «no podéis resucitar los muertos, que es el mayor milagro, resucitaréis los vivos, que es el más nuevo» [72].

[71] MATÍAS DE NOVOA, *Historia de Felipe IV*, en *Memorial histórico español* t.86 p.51.
[72] QUEVEDO, Francisco de, *Panegírico a la majestad del rey nuestro señor D. Felipe IV en la caída del Conde-Duque»:* Obras completas, ed. Luis Astrana Marín (Aguilar, 1941).

Falta le hacían al rey tamañas seguridades y estímulos. «Salí de Madrid —escribe a sor María, a quien acaba de conocer en su convento de Agreda en 10 de julio de 1643— sin medios humanos, fiando sólo en los divinos»; y añadía desvalido y sincero: «Fío muy poco de mí, porque es mucho lo que he ofendido a Dios y le ofendo. Y así, acudo a vos para que me cumpláis la palabra que disteis de clamar a Dios». Con ello, pedía el cumplimiento de la promesa concertada poco antes, el 10 de julio, en Agreda cuando el rey desviaba su ruta para conocer a sor María, recibir sus consejos y concertar una relación epistolar que duraría más de veinte años, y que sólo se extinguiría con la vida, pocos meses por en medio, de los dos protagonistas.

Más tarde, durante el verano de 1645, los cuidados y preocupaciones se abaten sobre el rey. Los agobios que le produce la guerra próxima con la invasión de tropas extranjeras, que España no conocía en su suelo desde fines del siglo XV cuando la guerra de sucesión de los Reyes Católicos hacía ya muy cerca de dos siglos. Y, sobre la guerra, las preocupaciones políticas.

Se hablaba de Aragón. En las cartas cruzadas entre el rey y monja podemos seguir las incidencias que los fueros entrecruzan en los agobios de la guerra durante aquellos dos veranos decisivos de 1645 y 1646. Segura estaba sor María —1.º de julio del primer año— de que sus vecinos, casi paisanos, habían de acudir al rey, que tan buen ejemplo militar daba a sus vasallos aragoneses «padeciendo tantas incomodidades» en su defensa. Por lo pronto, sor María, que no ahorraba elogios a la ejemplar fidelidad del reino de Castilla, aconsejaba preservar sus fueros a los aragoneses y tratarles con miramientos, «porque los hemos menester y su fidelidad será de grande importancia». El rey había aprendido la lección, y en la campaña siguiente, otra vez en Zaragoza, en 17 de junio de 1646, aseguraba a la monja «contemporizar y disimular con ellos», aunque más «atienden a su beneficio que al común». Dios permitirá «que los tiempos se muden, con que podré hablar más alto; que ahora es fuerza disimulada». Era como un eco lejano del lenguaje y de los consejos del Conde-Duque, que tal modo de ver y esperar aconsejaba en su *Memorial* de 1625 [73].

El rey —carta de 19 de junio— sofrenaba su impaciencia ante las dificultades que oponían aquellos «naturales, a quienes el enemigo común oscurecía la razón», haciéndoles ignorar el peligro y su defensa común. La prudencia, el tacto y la vecindad aragonesa de sor María le inspiraban consejos de moderación y aguante. Nunca su penetración y buen juicio se muestran tan evidentes. Conoce el terreno y calcula los riesgos. «Condescienda Vuestra Majestad con lo que piden —aconseja lúcida—, que, si el Señor quisiere que los tiempos se muden, los podrá Vuestra Majestad moderar y ponerles en más razón que ahora tienen». Pocas veces alcanza el epistolario tonos de tan juiciosa claridad y confidencia. Contesta el rey el 11 de julio: «Soy de la misma opinión que vos,

---

[73] Publicado y comentado por ELLIOT, o.c.

y así, se contemporiza con ellos». A pesar de todo, las dilaciones y evasivas se acumulaban por parte de los aragoneses. Quince días y después escribía el rey, con amargura no disimulada: «No nos han dado un hombre todavía estos naturales. Extrañísima gente, que no hace más caso del riesgo que si el enemigo estuviera en Filipinas». Sin embargo, el rey se conforta en esos días con la lectura del libro tercero de la obra de sor María sobre la Virgen, y supera así la grave preocupación que se le añade por la salud de su único hijo varón, el príncipe Baltasar Carlos, que poco antes ha estado enfermo en Pamplona, y no anda del todo repuesto de la enfermedad que poco después, en octubre del mismo año, había de llevarle al sepulcro en la propia Zaragoza.

Para sor María, lo importante en aquellos momentos críticos era la liberación de Lérida, asediada. A ello había que posponer incluso la tenaz resistencia de los aragoneses, que aún, a fines de julio, no habían decidido su contribución a la guerra, lo que, sin embargo, no movía al rey de su determinación de esperar ocasión más propicia, que por entonces no llegó, para abordar el problemas de los fueros: «Es menester disimular, mientras no permita Dios que estas cosas muden de estado» [74]. El rey transige, haciendo lo posible por «adulzarlos», sufriendo más de lo justo y haciéndoles grandes mercedes, «pues, si he de hablar de verdad —dice resignado y confidente a sor María, que no deja de aconsejarle moderación y transigencia—, casi todos se quieren vender ahora para remate de las Cortes».

El rey, respaldado por su propio carácter y por la moderación de la religiosa, transige mientras puede, y no se presenta, como se presentó, una demanda que choca de frente con la conciencia real. Los aragoneses quieren hacerse con la jurisdicción inquisitorial, salvo en las cosas de la fe. Era la exhumación de un pleito de dos siglos: el de la resistencia aragonesa al tribunal unificador del Santo Oficio y a su implantación en el territorio. Esa demanda aragonesa se convierte ahora en la clave de la negociación. En su carta a sor María de 5 de agosto de ese año, el rey se exalta ante tal demanda y se promete no ceder, usando el grave lenguaje de las ocasiones solemnes. «Aunque aventurase a perder toda mi Monarquía, yo nunca podré venir en ello, y fío de Dios nuestro Señor que mirará por ella si yo miro por su santa fe, pues por ella estoy resuelto a perder una y mil vidas que tuviese». El asunto, bien expresivo en su significado, merecía palabras moderadoras de sor María, que contribuían a reforzar la voluntad del rey de posponer el enojoso pleito. «El negocio de la Inquisición [75] —decía la religiosa— me parece de mucho peso, y se pudiera persuadir a los naturales de ese reino que dieran lugar y tiempo para tomar medio arbitrio después que se ajustara

[74] Carta del rey, de 27 de julio de 1646.
[75] MARAVALL, J. A., *La oposición política bajo los Austrias* (Ariel, 1972).
Ha tratado de mostrar las líneas de resistencia política en los siglos XVI-XVII, por debajo de la aparente unanimidad de la Monarquía absoluta, y ha mencionado a la Inquisición y el ataque a sus procedimientos como una de las manifestaciones más notorias de esta subyacente discrepancia.

todo», ofrecieran gentes para las campaña y se superase la grave ocasión militar presente. La prudencia triunfaba [76]. Los aragoneses suministraban gente de armas, y el rey se daba por satisfecho viendo a las tropas acercarse en socorro de Lérida. El 1.º de octubre escribe a sor María, y parece contento. Pero el día 7 avisa que el príncipe está con gran calentura. Es el fin. Dos días después muere el heredero del trono en la propia Zaragoza. En tan grave trance acude a sor María en busca de consuelo, dándole la triste nueva en términos de dignidad insuperable. La amistad del rey con sor María alcanza ahora unos tonos mejores de nobleza y dignidad. En aquel momento triste, el desamparo real encuentra en la religiosa su alivio y asidero: «Encomendadme muy de veras, sor María, a nuestro Señor, que me veo afligido, y he menester consuelo.

A consolarse, en efecto, va a Agreda, donde, de regreso a Madrid, visita a sor María el 5 de noviembre y recibe la promesa de un nuevo escrito de la religiosa con las premoniciones que había tenido en la enfermedad y muerte del príncipe, así como las confidencias y consejos de éste para el rey desde la otra vida [75].

FRAY ANTONIO DE SOTOMAYOR

Disponemos, al menos, de tres series de correspondencia que acreditan en Felipe IV una pluma fácil, estilo fluido y gusto por la escritura.

Por su persistencia y su contenido confidencial, la más importante, sin duda, es la mantenida con sor María de Agreda.

De menos alcance y contenido, pero igualmente indicativo de una disposición literaria y de una predispuesta comunicabilidad, es la mantenida con Fr. Antonio de Sotomayor [78]. Dominico, arzobispo de Damasco, Inquisidor general [79], comisario general de Cruzada, confesor del rey y de la familia real, titular de la estirpe y dueño del pazo de Santhomé, en Vigo.

[76] La cuestión de los fueros quedaba, sin embargo, latente y se replantearía pocos años después. MAISO GONZÁLEZ, Jesús, *Disputas entre Felipe IV y Zaragoza en 1653*. Estudios del Departamento de Historia Moderna (Universidad de Zaragoza, 1974). Discrepancias sobre el sistema de insaculación de cargos municipales. La ciudad dice al rey en 4 de noviembre de 1653, «que Vuestra Majestad no las disponga tan a solas, porque importa que el cuerpo de esta república respire por su espíritu». Pero el rey ahora ha recuperado Lérida, y se siente seguro. El 25 de noviembre —atrás quedaban los agobios guerreros y la transigencia—, el rey contesta palabras amables primero: «Mi ánimo es y será siempre de mantener y conservar a esa ciudad en la autoridad, estimación ilustre que ha merecido y tenido sus servicios». Pero luego viene una firme y cortés negativa que quiere zanjar la demanda fuerista: ha parecido que no conviene hacer novedad de lo que tengo resuelto en la materia.

[77] El sorprendente documento, con el título *Revelaciones del alma del príncipe Baltasar Carlos a sor María*, aparece publicado en la BAE, *Epistolario español* vol.5 t.109 p.259ss. En *Isabel de Borbón a sor María*.

[78] Publicada por JOSÉ ESPINOSA RODRÍGUEZ, *Fray Antonio de Sotomayor y su correspondencia con Felipe IV* (Vigo, s.a.).

[79] Entre los varios estudios sobre la Inquisición de que carecemos, nos faltan los bio-

Nacido en 1557 y muerto a los noventa y un años, tras una larga carrera de honores, puestos y distinciones, el 3 de septiembre de 1648.

Dominico en San Esteban, de Salamanca, y luego en San Gregorio, de Valladolid. Catedrático de Prima en la Universidad de Santiago. Calificador del Santo Oficio y regente del colegio vallisoletano en tiempo de la corte en aquella ciudad. Regente luego y prior de San Esteban, de Salamanca; prior más tarde de San Pedro el Real, de Toledo; provincial dominico en 1615. Desde 1616 es confesor real, cargo que va a servir durante más de treinta años.

En 1629 accede a los altos puestos del Gobierno: consejero del Tribunal Supremo de la Inquisición; desde ese año es también del Consejo de Estado y de Guerra, comisario general de Cruzada, Abad de Santander y de Alcalá la Real, culmina su carrera en 1631 al ser nombrado inquisidor general.

Debió de gozar de la confianza del Conde-Duque, y, en todo caso, disfrutó de la del rey. Pero no deja de ser significativo que, apenas caído Olivares, recibe el cese papal de la Comisaría de Cruzada en marzo de 1643, implicado, con razón o sin ella, o, en todo caso, criticado, por la venta de oficios de Cruzada.

El escrito que eleva en su defensa debió de ser eficaz, dado que al morir en 3 de septiembre de 1648 conservaba el cargo de comisario general.

Durante la ausencia del rey de Madrid con motivo de su viaje a Aragón para ocuparse de la guerra de Cataluña, Sotomayor queda en Palacio al cuidado espiritual de la familia real y como confidente del rey para los asuntos de la casa.

Se inicia entonces esta correspondencia de la que ahora disponemos, con un total de 64 cartas autógrafas de ambos personajes [80]. La correspondencia se inicia el 3 de julio de 1643 y va a prolongarse durante todo ese año hasta el regreso del rey a Madrid en los primeros meses del siguiente. Paralela en el tiempo con la de sor María Agreda, se inicia pocos días antes del encuentro del rey en Agreda con la monja y obedece al mismo esquema que las que se cruzan con aquélla. Con la diferencia de que aquí es Sotomayor el que escribe, y el rey el que contesta, autógrafo, al margen.

Contraste también de actitudes y de contenido. El rey se explaya con la monja, comenta y confidencia sobre los asuntos más importantes del gobierno y de la guerra. Con el inquisidor se limitaba a saber noticias familiares y sólo se rozan, sin ahondar en ellos, los asuntos que conciernen a los cargos del confesor regio. De su lectura, el interesado en la historia del período puede cosechar, sin embargo, noticias de inte-

gráficos y monográficos sobre los principales inquisidores. El Departamento de Historia Moderna de la Universidad Autónoma de Madrid tiene en preparación varias tesis doctorales dedicadas a algunos muy notorios.

[80] En 1644, octogenario ya Sotomayor, remite, para ser guardado en el pazo familiar de Santhomé, «un libro de cartas mías para el rey, que ningún grande ni título las tiene tales, que son para honrar esas paredes más que ninguno de cuantos favores he tenido»; y añade gozoso: «no son dinero, pero valen más de quanto dinero ay en Hespaña».

rés sobre temas de variado contenido. Relativas a la Inquisición, por ejemplo.

Cuando el epistolario se produce, Sotomayor ha pasado ya los ochenta y seis años. No sorprende que en una de las primeras cartas, fechada el 7 de junio de 1643, el dominico comunique al rey su deseo de abandonar los dos cargos, el de Comisario general de Cruzada y el de inquisidor general. La respuesta del rey es muy adecuada: elogia su actitud, por ejemplar y la celebra, porque así, más libre de ocupaciones, podrá dedicar más tiempo a cuidar de la conciencia del rey y la de los suyos.

Durante los varios meses que dura la correspondencia, apenas varía el esquema de las cartas; el eclesiástico envía al rey noticias del estado de salud de su familia en Palacio, clama de manera monocorde por su vuelta a Madrid y suministra noticias sobre la Inquisición, que, sin duda, interesarán a los estudiosos del tema. Discrepancias con el Consejo Supremo sobre atribuciones concernientes al inquisidor que pretende apropiarse el Consejo, provisión de cargos y de herencias de inquisidores como remedio a la mala situación de la Hacienda real. Ha fallecido el inquisidor de Córdoba, Briones, y Sotomayor comunica al rey que ha dejado una buena herencia, que sugiere pase a la Corona [81]. El rey se apresura a contestar: «Hemos de lograr esta partida siguiendo las instrucciones que os diese la reina».

En julio del mismo año se ha nombrado ya nuevo inquisidor general, y sabemos por Sotomayor que entre los papeles reservados que le entrega figuran los «tocantes a San Plácido». Viejo pleito, que viene de atrás, y en el que estuvo implicado, con supuestas supercherías y prácticas sospechosas, nada menos que el Conde-Duque. El nuevo inquisidor les dedica una de sus primeras visitas «para más honor de aquellas religiosas, que, si son inocentes, se reconocerá más su inocencia».

No podía faltar en esta correspondencia, parca, por otra parte, de noticias políticas, la referencia al estado de la Hacienda. El 30 de julio subrayaba Sotomayor con elogio: «La reina hace imposibles por buscar dineros. También nos aprieta a los de la Inquisición y de la Cruzada..., pero, por la gran penuria que hay en todas partes, no podemos servirla». Alusiones a la guerra, especialmente la de los portugueses, que a él, como gallego, le concierne más directamente al ver invadida la zona de Salvatierra. Hay que esperar buen suceso de las armas, «ya que tenemos la razón de nuestra parte».

Los franceses, se queja al rey otro día, han quitado a los inquisidores de Barcelona y han puesto en su lugar catalanes. Sotomayor se cuida de sugerir al rey se les compense por su buen comportamiento y actitud. Otro día le informa de haber nombrado alguacil mayor de la Inquisición de Sevilla a D. Enrique de Guzmán, al tiempo que se ocupa

---

[81] Nos faltan estudios serios sobre la hacienda inquisitorial —ingresos, sueldos, gastos, incautaciones y sistema de administración—, así como sus conexiones e interdependencia con las finanzas reales. Don José Martínez Millán, del Departamento de Historia Moderna citado, tiene muy avanzado un interesante estudio sobre el tema.

de «hacerle la información de su sangre, que es tan buena, que de puro buena no se conoce; hácese con pocos testigos, y ansí se acabará presto».

Faltan las noticias de altos vuelos; y las respuestas del rey son, en general, parcas, pero corteses, aun cuando respondan a muy gratas noticias familiares que Sotomayor le envía. Como ésta tan simpática que concierne al príncipe Baltasar Carlos y que nos evoca su imagen velazqueña: «El príncipe nuestro señor, Dios le guarde, prosigue en su enemistad contra los conejos, porque hoy no se contenta con los de la Casa de Campo, sino que se abalanza contra los de El Pardo».

El rey acusaba recibo con benevolencia a las reiteradas demandas de Sotomayor, y a su supervivencia económica, una vez cesado de sus dos importantes cargos. Pero, a veces, las referencias a la vida madrileña nos enlazan con temas y preocupaciones del tiempo que no pueden pasar desapercibidas. El 9 de noviembre escribía: «Por acá hay gran copia de prophecías; mucho temo —confiesa desde sus hábitos inquisitoriales— que me han de obligar a examinar esta invención, porque no alcanzo cómo se conchaban con las prophecías de los prophetas de Dios» y es que, añadía, con un común sentir, «son miserables los tiempos que vivimos, que no hay piedra segura, que todo lo desprecian, de lo conocido y aprobado». Pero añadía entre halagador y amable: «Seguro estoy que a Vuestra Majestad no le inquietan por quimeras y sueños». El rey, en efecto, desdeñaba las consejas, recordaba cautela para juzgarlas, porque «yo bien sé —decía— que es menester muchas calificaciones para tenerlas por ciertas».

Nunca alcanza esta correspondencia ni interés subido ni intensidad humana ni política. Pero servirá para aliviar la separación del rey de los suyos. Y da la medida de su calidad humana. En febrero de 1644, a punto de regresar a Madrid y de ponerse, con ello, fin a la correspondencia que comentamos, escribía el rey, agradecido: «Las buenas nuevas que me dais de mi familia son muy necesarias para poder llevar la soledad».

SOR LUISA ENRÍQUEZ, CARMELITA Y CONFIDENTE REAL

En el breve análisis que estas páginas pretenden sobre la vida espiritual y religiosa española del siglo XVII en torno a algunas personas muy significativas, parece oportuno introducir algunas noticias sobre la muy interesante figura de la M. Luisa Magdalena de Jesús, religiosa carmelita descalza en el convento de San José, de Malagón, y en el siglo, D.ª Luisa Enríquez Manrique de Lara, condesa de Paredes de Nava y aya en Palacio de la infanta María Teresa, reina luego de Francia por su matrimonio con Luis XIV.

Su comparación con sor María de Agreda ofrece coincidencias y contrastes muy significativos. Místicas las dos, escritoras ambas, religiosas de subida entonación en su vida espiritual, ejemplares muy notorios de un cierto entendimiento de la experiencia religiosa. Abadesas ambas en sus respectivos conventos, que guardan aún hoy un recuerdo vivo de sus virtudes, y, por añadidura, amigas y corresponsales de Felipe IV, con quien mantuvieron larga relación epistolar [82].

Dos personas de procedencia social distinta, de vida diferente, trayectoria personal muy varia, coinciden, sin embargo, en una misma actitud religiosa, en una muy parecida vivencia, en la que no falta, en el uno y otro caso, el elemento prodigioso, la visión mística, el contacto y la comunicación con lo Alto.

Ambas religiosas, con una actitud muy similar, vocadas ambas a la comunicación con la pluma, con un dominio personal y un sentido real de las cosas muy representativo de una actitud humana, junto a la misma tensión religiosa y contacto con el fenómeno maravillosista que caracteriza la sociedad española del tiempo, carmelita y franciscana ofrecen dos ejemplos muy notorios que ayudan a caracterizar una actitud espiritual y un entendimiento peculiar del fenómeno religioso, y también de la figura, tan humana siempre y de tan fieles afectos, de Felipe IV.

Doña Luisa Enríquez de Lara nace en Nápoles el 25 de septiembre de 1604 y muere en el convento carmelita de Malagón el 18 de octubre de 1660. Su padre, Luis Enríquez, segundón de la casa de los almirantes, y su madre, una hacendada madrileña, Catalina de Luxán.

Luis Enríquez había sido maestre de campo de la infantería de Nápoles, gobernador y capitán general de Galicia, del Consejo de Guerra y Mayordomo de las reinas Margarita e Isabel. De sus hijos, hermanos de Luisa, uno, Fadrique, del hábito de Alcántara, había sido castellano de Milán, Consejero de Indias y de Guerra; y el segundo, Diego, fue capitán de caballos en Milán. La hermana, Francisca, religiosa en Santa Catalina, de Valladolid.

Sor Luisa, figura notable por varios conceptos, no ha tenido, y merece tenerlo, eco merecido en la bibliografía. Por fortuna, algunos sondeos en el Archivo Histórico Nacional permiten apoyar documentalmente la figura de sor Luisa, ayudados por la biografía, más bien hagiográfica y poco conocida, que Fr. Agustín de Jesús María, Provincial que fue y definidor general de los Carmelitas Descalzos, confesor además de la religiosa, escribió a raíz de su muerte y se publicó años después en Madrid, en 1705 [83].

Viuda ilustre entre otras viudas ilustres, que tienen como emblema,

---

[82] Los marqueses de Torreblanca, C. de Travesedo y E. Martín de Sandoval, afortunados descubridores de esta interesante correspondencia entre Felipe IV y la religiosa de Malagón, han publicado recientemente algunas cartas de la infanta María Teresa a la misma Madre, y anuncian la pronta publicación de aquel epistolario real con la condesa de Paredes: *Cartas de la infanta D.ª María Teresa, hija de Felipe IV y reina de Francia, a la condesa de Paredes de Nava (1648-1660):* Moneda y Crédito (1977).

[83] *Vida y muerte de la Venerable Madre Luisa Magdalena de Jesús, religiosa carmelita descalza en el convento de San José, de Malagón...* Obra póstuma del Rdmo. P. Fray Agustín de Jesús María. En Madrid. Por Antonio Reyes. Año 1705. Fray Agustín y su obra aparecen citados en el *Manual del Librero Hispanoamericano* t.7 2.ª ed. (Librería Palau, Barcelona 1954).

dice su biógrafo, un fénix y este lema: «Unica semper avis» (Siempre perseveraré sola).

Doña Luisa había quedado pronto, a los treinta y tres años, viuda, moza y apreciada de lo mejor del reino, pero se encerró en Malagón y prefirió dejarse devorar por el «divino incendio» de Santa Teresa. Y allí vivió en la clausura hasta su muerte», sustentándose sólo, como el fénix, de ver el sol».

De vocación teresiana, antigua amiga y corresponsal de Marina Escobar, la religiosa vallisoletana; rodeada de una aureola de prodigio y santidad, Luisa Enríquez sintió la tentación religiosa desde muy pronto. Santa Teresa «me miró mucho antes de tomar el hábito y me dio nuestro Señor gran deseo de ser monja carmelita descalza». La Venerable Madre María de Jesús, del Convento de San José, de Toledo, sabía de los deseos de D.ª María de entrar en el Carmelo, y la contenía en sus ansias con expresiones como ésta: «En aquel negocio de su monjío no es llegado el tiempo de que sea. Muy bien lo sabrá nuestro Señor hacer y disponer las cosas para el cumplimiento de ellas a su santísima voluntad. Con el afecto que tiene V. S. a nuestra sagrada religión es ya carmelita, y por tal la mira nuestro Señor y nuestra Madre Santa Teresa».

Toda una teoría social empujaba a persona de tal prosapia a entrar en religión. «¿Quién duda que las buenas propiedades del noble simbolizan mucho las del virtuoso? Y así fue el primer beneficio que Dios hizo a D.ª Luisa Manrique hacerla hija de prosapia no sólo clara, sino esclarecida por todo el mundo».

De singular belleza, noble, distinguida y bien dotada; honesta, viva y pronta de entendimiento; dócil y blanda de trato, era, además, de refinado gusto literario, culta y provista de lenguas. Usaba el latín con facilidad y se expresaba con soltura en italiano y español, que usaba «con toda propiedad y perfección, que muestran sus cartas dignas de ser impresas... sin bachillerías que llaman agudezas en escribir». Compuso muchos versos en varios metros y rimas, muchos de los cuales fueron impresos y circularon abundantemente. Lectora asidua de Santa Teresa, muerta ya cincuenta años antes, recibía confidencias de la Santa conteniendo sus afanes de entrar en religión, o consolándola de tenerla ya «por hija suya».

Casada con Manuel Manrique de Lara, conde de Paredes, en quien su hermano mayor había renunciado los estados, vivió en matrimonio apenas seis años, y quedó viuda hacia 1637, con apenas treinta y tres.

Con dos hijas vivas, la mayor casada con Vespasiano Gonzaga, de la Casa de Mantua, y la menor con el marqués de Olías y de Mortara, virrey luego de Cataluña, D.ª Luisa entra en Palacio como señora de honor de la reina Isabel y guarda mayor de Palacio [84], en donde sus virtudes son elogiadas, y su ejemplar comportamiento, modelo de virtudes.

[84] Arch. Hist. Nacional, Consejos, 1.51436 n.3: copia de la instrucción que Su Magestad mandó se diese a la camarera mayor de la Sra. Infanta quando la nombró para tal, poniendo al cargo de la condesa de Paredes la asistencia y regalo della».

En estos años y en ambiente cortesano tan poco propicio, D.ª Luisa vive sus primeras experiencias místicas, apariciones y coloquios, ayunos y abstinencias continuas; sus mortificaciones constantes propician los «muchos favores que Dios nuestro Señor le comunicaba». Un lenguaje ya conocido nos evoca con reiteración, y en ambiente tan distinto, las mismas experiencias que por entonces en Agreda está viviendo sor María. «El alto grado de comunicación con Dios a que había subido el alma de la condesa» y los «mensajes y visiones» que para D.ª Luisa le transmitía Marina Escobar, la iluminada de Valladolid, su amiga.

Olores refinados, visión de serafines, don de lágrimas abundantes, juramento renovado de castidad después de viuda y, al fin, abandono de Palacio, dejando sus hijas al cuidado del rey y retirada al convento de Malagón, cumpliendo su larga aspiración teresiana. Sor Luisa tenía entonces cuarenta años. Como superiora y abadesa ejemplar de aquel convento, viviría dieciséis años más, hasta su muerte el 18 de octubre de 1660.

Siempre «falta de tiempo para hablar con Dios», compuesto, por inspiración suya, el *Año santo* [85], «meditaciones para todo el día del año, sacadas principalmente del venerable padre nuestro Fr. Luis de León y... de otros libros españoles, latinos e italianos».

El ansia escritoria de sor Luisa suscita tomas de actitud, y recelos que, en el caso de sor María, ya conocemos. «Los prelados tienen grande circunspección en que las religiosas, sus súbditas, procuren más, en materia de espíritu, *aprender y callar* que enseñar ni escribir». Y así, sor Luisa, obediente, dispuso dos cosas: declaración expresa de que ella no había hecho más que elegir los autores que le sirvieron de enseñanza y que su nombre no figurase al frente del libro. En efecto, en la primera edición del *Año santo,* que se publica en Madrid por Domingo García Morrás el año 1658, en vida de la autora, aparece como autor un licenciado D. Aquiles Napolitano, clérigo presbítero, comisario del Santo Oficio de la Inquisición, pronto notario apostólico y asistente en el Colegio de Ingleses, de la corte.

Precavida de tales cautelas, defendida por tan seguras instancias, el libro de sor Luisa no correría los riesgos de la *Mística,* de sor María de Agreda, que por aquellos años había sido ya quemada y escrita de nuevo por su autora, ni suscitaría las sospechas y los interrogatorios del Santo Oficio [86].

Una actitud muy alegre, vivaz y expansiva la de sor Luisa en Palacio

[85] *Año Santo. Meditación* para todos los días en la mañana, tarde y noche... Por el Lic. D. Aquiles Napolitano... Por Domingo García Morrás. Año de 1658. En el ejemplar de la Biblioteca Nacional 3/78347, con letra del tiempo, se dice: «Este es nombre supuesto, porque este libro lo escribió la Excma. Sra. Condesa de Paredes, Luisa Magdalena Manrique Lara, que después fue carmelita descalza en Malagón con el nombre de Luisa Magdalena de Jesús, cuya vida heroica escribió su confesor Fr. Agustín de Jesús María, y después D. Anastasio de Santa Teresa, en el tomo 7 de su crónica. De ambos escritores consta ser obra suya este libro; y también de Fr. Marcial de San Juan Bautista B.N.B./ 78347.

[86] Otro ejemplar del *Año santo,* éste a nombre ya de la Madre Luisa Magdalena de Jesús, priora de Malagón, impreso en Madrid, Blas Román. Año 1780. B. N. 6 i 2013.

y en el convento. Un temperamento comunicativo y una alegría expansiva muy teresiana para vivir la experiencia religiosa. «Siendo santa sin ser enfadosa, como Santa Teresa».

Y un vivir las circunstancias de su pueblo. «En estos años pasados, que fueron muy apretados, padeció mucho su compasivo corazón cuando contaba los desconsuelos y apreturas en que se halla por sus extremas necesidades el lugar de Malagón». El mismo sentido social que aflora tan frecuentemente en la monja soriana. Si acaso, con un sentir más alegre y una vida más dispuesta hacia los otros, acaso porque también disponía de salud menos acosada por los quebrantos y enfermedades que agobia el vivir de sor María. En una Navidad «había representado en un entremés el papel de un mesonero con tanta gracia y apareciéndose con tan ridículo traje, que hiciera reír al mismo rey Felipe II».

Sin que faltasen tampoco en su vivir conventual ni «ardientes calenturas» ni «fiebres maliciosas», como aquella «prolijísima enfermedad y molestas cuartanas» que le asaltaron recién entrada en el convento; ni «dolores de costado», como el que puso fin a su vida entre hechos prodigiosos, luces celestes y apariciones vaticinadoras.

Nada nos falta en el vivir y el morir de sor Luisa de lo que envuelve un sentimiento religioso muy caracterizado. Su hija, que está en Barcelona, recibe en sueño la presencia de su madre, que la conforta diciendo: «Hija, no tengas pena, que estoy en el cielo». Más el suave olor a «cuerpo santo» y el lucero hermosísimo sobre su celda que las religiosas vieron en el día de su tránsito.

Dos versiones, con sus matices, de la misma actitud religiosa y de igual sentido vital de transcendencia. Con estos dos notorios ejemplos es todo un ambiente, en sus coincidencias y disparidades, el que se expresa. Y un rey en medio dando pruebas de fiel amistad, confortando su dura experiencia de gobierno, a través de las cartas, con el vivir sublimado de otros modelos espirituales tan concordes y representativos de un clima religioso y de un entendimiento del ser humano justificado en la creencia y en la disponible actitud de entrega a la fe prodigiosa y al milagro habitual.

CAPÍTULO IV

LAS CONTROVERSIAS DOCTRINALES POSTRIDENTINAS HASTA FINALES DEL SIGLO XVII

Por Isaac Vázquez

IDEA DE CONJUNTO

Nos ocuparemos de las controversias sobre la Sagrada Escritura, la teología dogmática, la mariología y la moral desde el concilio de Trento hasta 1700. Históricamente, y desde un punto de vista eclesial, ese período comprende los últimos destellos de la Reforma católica y el primer siglo y medio de la Contrarreforma; en un ámbito cultural más amplio, es el siglo del Barroco. Esas dos expresiones, Contrarreforma y Barroco, hacen sentir fuertemente su influjo en el desarrollo de la ciencia eclesiástica española de este período. La exuberancia barroca se nota en la multiplicación de cátedras universitarias y conventuales y en la inmensa producción literaria en todos los ramos de la ciencia y de la vida de la Iglesia. En este período nace, además, la teología moral como ciencia autónoma.

El renacimiento teológico español, que, arrancando de Alcalá, caracterizó, bajo el aspecto doctrinal, la Reforma católica, sufrió un duro golpe en 1572 con el proceso contra los hebraístas. Nace la Contrarreforma, dominada por un espíritu cada vez más conservador e intransigente. La fe es considerada no como un don que hay que merecer y compartir, sino como una posesión que se debe conservar y defender. Y no sólo se defiende la fe contra el enemigo exterior —el protestantismo—; se lucha con el mismo ardor por defender la propia opinión contra el vecino de casa que pertenece a otra escuela. Si quisiéramos representar plásticamente esta actitud dominante de la ciencia teológica contrarreformística, nos hubiera servido a tal efecto el célebre cuadro de *La rendición de Breda,* de Velázquez, vulgarmente llamado «el cuadro de las lanzas», si los personajes que figuran en él llevasen en la cabeza, cogullas y birretes, en vez de sombreros, y en la mano, plumas en vez de lanzas.

I. Controversias sobre la Sagrada Escritura

1. **Palabra de Dios y Pueblo de Dios**

A medida que nos adentramos en nuestro período, notamos que se va produciendo un distanciamiento cada vez mayor entre la Palabra de Dios y el pueblo cristiano; se va extinguiendo aquel contacto directo con la Sagrada Escritura como alimento y fermento espiritual que caracterizó muchos movimientos de la reforma española pretridentina. La Iglesia, prohibiendo las traducciones de la Biblia en las lenguas vulgares [1], levantaba una barrera entre el pueblo y la Palabra inspirada. Es cierto que el concilio de Trento impuso en las catedrales la explicación de la Escritura al pueblo cristiano, pero también es cierto que esta medida no consiguió los efectos que se deseaban; la falta de una sólida preparación escriturística hizo que los predicadores derivasen fácilmente hacia sermones moralizadores y hacia las exposiciones bíblicas saturadas de alegorías del peor gusto barroco; a través de todo el siglo XVII, por este camino se llegaría a aquellas exageraciones en la presentación de la Palabra de Dios que justamente fustigará el P. Isla en su *Fray Gerundio de Campazas*.

Al principio de nuestro período encontramos todavía voces autorizadas que gritan contra el peligro que incumbía sobre la piedad cristiana a causa de este progresivo alejamiento de la Palabra de Dios. Estas voces vienen de los últimos representantes del renacimiento teológico español. Entre ellos está un San Juan de Avila, que se bate ya desde 1561 por la fundación de colegios para el estudio de la Sagrada Escritura en orden a la predicación [2]; un F. Furió Ceriol, que, no obstante las reglas prohibitivas del *Index*, continúa defendiendo la conveniencia de la traducción de la Biblia a las lenguas vivas; sin quebrantar las normas pontificias, el franciscano Miguel de Medina proponía en 1564 la celebración paralitúrgica de la Palabra de Dios, sobre todo del Nuevo Testamento: «deseamos, y lo deseamos vivamente, que el papa y los obispos instituyan de nuevo en la Iglesia el oficio de la lección pública, como se celebraba entre los judíos, cada sábado, y más habitualmente, también entre los cristianos de la primitiva Iglesia» [3]; debía tenerse en cada iglesia, al menos, los domingos y días festivos en que no hubiera sermón; bajo la dirección de un clérigo revestido del orden menor del lectorado o, preferiblemente, de un ministro más preparado, se iniciaría la celebración con la lectura de una parte de la Sagrada Escritura, a la que seguiría una explicación sencilla del sentido solamente literal e histórico de la parte leída. Pero la Contrarreforma no podía ver con buenos ojos un proyecto que constituía la base primordial de la nueva liturgia protestante.

[1] P.G. Duncker, *La Chiesa e le versioni della S. Scrittura in lingua volgare:* Angelicum 24 (1974) 140-67.
[2] T.Herrero del Collado, *El Beato Maestro Juan de Avila y la formación bíblica del sacerdote católico:* Archivo Teológico Granadino (ATG) 18 (1955) 133-63.
[3] M. de Medina, *Christiana paraenesis sive de recta in Deum fide* (Venecia 1564) 245rv.

La Sagrada Escritura pierde, pues, influjo como Palabra de vida en la piedad del pueblo, pero en compensación adquiere una importancia máxima en la tarea científica de la teología. Bajo el influjo del humanismo, nuestros teólogos, como Luis de Carvajal, Andrés de Vega y especialmente Melchor Cano en su obra clásica, la consideran como el «primus locus theologicus»; de ahí crece el interés hacia todos los problemas exegéticos y hermenéuticos, de cuya solución se pueda recabar una siempre mayor validez de este lugar teológico. Se tratan las cuestiones de la inspiración, de la integridad del texto, de los múltiples sentidos literarios, de la geografía e historia bíblicas.

2. La Poliglota de Amberes, último monumento del renacimiento teológico español (1568-72)

Monumento español, porque fue levantado en el Flandes español, porque fue dirigido y casi exclusivamente labrado por un sabio español, porque fue costeado íntegramente por un monarca español. Biblias Poliglotas propiamente tales, es decir, que ofrezcan los textos escriturarios en las lenguas originales, se conocen solamente cuatro; y corresponde también a España el honor de haber comenzado la serie con la edición de la Poliglota de Alcalá (1514-17), en seis volúmenes y cuatro lenguas —latín, griego, hebreo y arameo—. Con la Poliglota Complutense y la fundación de la Universidad homónima, el gran cardenal Cisneros dejaba puestas las bases del Humanismo teológico español.

La Poliglota Complutense tuvo éxito, y, a la vuelta de medio siglo, sus ejemplares no se encontraban a la venta y eran raros en las bibliotecas. Sacarlos de nuevo a luz podía ser una empresa audaz, pero prometedora. Se dio cuenta de ello un ambicioso y afortunado tipógrafo de Amberes, Cristóbal Plantino, quien ya en 1565 propone a su amigo y sabio orientalista Andreas Masius la idea de reeditar la Poliglota de Alcalá, introduciendo, al máximo, secundarias correcciones y alguna que otra adición. Pero las revueltas político-religiosas que los calvinistas provocaron en los Países Bajos en aquellos días, y que durarán hasta la primavera de 1567, obligaron a Plantino, en un primer momento, a suspender el proyecto editorial y más tarde a encauzarlo por derroteros que él mismo no se había imaginado. Fue, pues, el caso que el tipógrafo antuerpiense tenía fundados temores, i no por sus ideas políticas, sí, en cambio, por sus relaciones profesionales, de que su nombre fuese a parar a la lista de los fichados por las autoridades españolas como antigubernamentales y filocalvinistas; con el fin de librarse de estos temores y disipar las sospechas, se dirige a un antiguo conocido suyo y a la sazón influyente secretario de Felipe II, Gabriel de Zayas, con la esperanza de introducirse por el servidor en el favor del señor. Si ésta era la finalidad de la nutrida correspondencia que se inicia en noviembre de 1566, el motivo o pretexto oficial tenía que ser otro. ¿Y qué otro mejor que el de halagar a la corte de Madrid con el proyecto de reeditar en Amberes

la Poliglota de Alcalá, monumento literario del imperio español? No
cabe duda de que Plantino supo jugar con habilidad y con éxito. Después de un año de febril incertidumbre, su ánimo se ensancha de repente para acoger la gratísima noticia que Zayas le comunica a fines de
septiembre de 1567: el rey de España había apreciado altamente el proyecto y se interesaba enormemente. Finalmente, el 25 de marzo de
1568, con la firma del rey, inicia la operación Poliglota de Amberes: la
financiación total será por cuenta del real erario. Pero Felipe, prudente
siempre en lanzar o acoger proyectos, es escrupuloso también en exigir
que se realicen puntualmente y a su gusto. Por eso quiere que a este
cometido asista un hombre de su confianza. Es el extremeño Benito
Arias, llamado Montano, de la Montaña, en recuerdo del lugar de su
nacimiento, Fregenal de la Sierra. Deja Madrid el 30 de marzo de 1568
y después de largo periplo llega a Amberes el 17 de mayo. Llevaba
consigo, amén de sus cuarenta y un años, un título, el de capellán real;
un bagaje, el de su inmensa erudición teológica y orientalista adquirida
en las aulas complutenses; una misión, la dirección científica de la empresa plantiniana. Desde el primer momento se gana la amistad del im-
presor, con el cual condividirá también unos mismos ideales religiosos.
Se sabe hoy que ambos pertenecían a un movimiento espiritual denominado Familia de la Caridad. Lo que no acepta Arias Montano es el
primitivo proyecto; hizo saber inmediatamente que él pensaba en algo
mucho más importante y grandioso que una simple revisión de la Biblia
de Alcalá; por supuesto, no era la grandiosidad —que no podía por
menos de halagar su ambición de tipógrafo— la que constituía inicialmente una rémora para la aceptación por parte de Plantino;
era, más bien, el presupuesto, meticulosamente fijado por el rey
en 12.000 florines (unos 15 millones de pesetas). Pero Arias Montano
intercede ante la corte de Madrid, y el presupuesto del comienzo viene
elevado a 21.000 florines (como 25 millones de pesetas).

Así, Arias Montano se pone al trabajo, que no abandonará hasta el
final, cuatro años más tarde; trabajaba hasta once horas diarias, domingos y días de fiesta incluidos. Idealizador del nuevo plan, negociador
del nuevo presupuesto, terminará siendo autor, casi exclusivo, de toda la
obra: decide los textos que se debían reproducir, traduce personalmente gran número de textos orientales y redacta la mayor parte de los
tratados que constituyen el *Apparatus*. Lo demás se debe a tres colaboradores también conocedores de las lenguas orientales: Francisco Ra-
phelengius, yerno de Plantino, y los dos hermanos franceses Guy y Nicolás
Le Fèbvre de la Boderie.

La Poliglota de Amberes, editada en cinco lenguas (a las cuatro de
Alcalá se añadió ahora la siríaca), consta de ocho volúmenes, de cuyo
denso contenido ofrecemos ahora una rápida descripción. Los cuatro
primeros volúmenes comprenden los testimonios textuales del A. T.
proto y deuterocanónicos siguientes: *a)* texto hebreo; *b)* texto griego de
la versión de los LXX con traducción latina del mismo; *c)* versión ara-
mea, o Targum, de casi todos los libros del A. T., no sólo de los del

Pentateuco, como en la Complutense; esta versión targúmica va acompañada de una traducción latina, que en el Pentateuco procede de la que se usó en la Complutense, pero personalmente revisada y corregida por Arias Montano; para el Targum del resto del A. T. se utilizó la traducción que de él hicieran los conversos de Alcalá por orden del cardenal Cisneros, pero corregida también por Arias Montano, el cual tradujo además, directamente del arameo, algunos libros bíblicos del Targum.

El volumen V es el dedicado al N. T., y se compone de los siguientes elementos: texto griego; texto de la Vulgata; versión siríaca Peshitta en caracteres siríacos y en caracteres hebreos vocalizados, con la traducción latina de esta versión siríaca, obra de Guy Le Fèbvre de la Boderie.

Los tres volúmenes últimos, es decir, el VI, VII y VIII, constituyen lo que Arias Montano denominó *Apparatus*. El VI va dividido en dos partes; la primera contiene un N. T. griego con su traducción latina interlineal de la Vulgata; pero, cuando la Vulgata no resulta traducción literal del griego, su texto pasa al margen y es sustituido por otra traducción literal latina de Arias Montano; la segunda parte contiene de nuevo el A. T. hebreo, esta vez interlinealmente acompañado por la traducción latina de Santes Pagnino.

El volumen VII comprende: léxico y gramática griegos; léxico y gramática siríacos, de Andreas Masius; léxico siro-arameo, de Guy Le Fèbvre de la Boderie; *Thesaurus hebraicae linguae*, de Santes Pagnino.

Por último, el volumen VIII se compone de dieciocho tratados de contenido filológico y arqueológico, debidos, en gran parte, a Arias Montano. Aparte de todo lo indicado, el estudioso puede encontrar, repartidos por los diversos volúmenes, numerosos prefacios de Arias Montano, prólogos de San Jerónimo, cartas de Felipe II y del duque de Alba, censuras de Arias Montano a las distintas partes de la Biblia, grabados simbólicos y bíblicos de Pedro Huye, Juan Wiericz, Pedro van der Heyden y Felipe Galle.

La Poliglota de Amberes es obra nueva y grandiosa, superior en extensión y en erudición a la de Alcalá; sin embargo, hay que decir que sin la obra cisneriana no se concibe la obra de Arias Montano; es él mismo a reconocerlo: «De la Universidad y Biblia de Alcalá es necesario hacer honorífica mención por haber allí sido el origen de esta obra» [4]. Entre las dos Biblias Poliglotas median exactamente cincuenta años: el arco de tiempo bajo el cual fluye el renacimiento teológico español, que tiene sus orígenes en Alcalá y sus últimos destellos en Amberes. La Poliglota de Amberes o también Biblia Regia —como se la llama en recuerdo de su regio mecenas— fue aprobada por Gregorio XIII, convirtiéndose así en una Biblia para toda la cristiandad. Su influjo fue grande en las ediciones bíblicas posteriores, sobre todo en las dos importantes Poliglotas europeas del siglo XVII: la de Le Jay o de París (1645) y la Walton o de Londres (1657).

---

[4] Carta de 6 de abril de 1569; cf. F.Pérez Castro-L. Voet, *La Biblia Poliglota de Amberes* (Madrid 1973) 6.

3. La Vulgata: controversias en torno a su valor

La problemática religiosa del siglo XVI, observada en profundidad, se polariza sobre un solo punto: la Palabra de Dios. Qué es lo que Dios comunicó a la humanidad y en dónde se conserva ese mensaje. Ese punto focal ponía sobre el tapete otra cuestión fundamental: la de las fuentes. Tal fue la metodología que el concilio de Trento se propuso seguir en su tarea de esclarecer la mente de los católicos y de responder a los ataques de los protestantes sobre los problemas soteriológicos. Para la Iglesia, no había duda que la Palabra de Dios se transmite a los hombres de todos los tiempos mediante el testimonio oral de la tradición y mediante el texto de los libros inspirados y reconocidos como tales por la Iglesia, el conjunto de los cuales constituye la Sagrada Escritura o la Biblia. A propósito de ésta, el 8 de abril de 1546 el concilio comenzó por emanar el decreto *Sacrosancta,* el primero de los dogmáticos, por el que aceptaba las tradiciones apostólicas y los libros sagrados, sancionando, una vez más, la lista o canon de estos libros. Simultáneamente, los Padres se propusieron extirpar ciertos abusos, bajo el aspecto disciplinar, relativos al uso de los libros sagrados. Limitándose a la sola Iglesia latina, el primer abuso que notaron fue el que derivaba de las innumerables versiones de la Biblia, las cuales no sólo discrepaban entre sí, sino también con los textos originales. Para evitar la confusión que de las citas de textos diversos se podía originar, y de hecho se originaba, entre los fieles y entre los mismos teólogos y exegetas, el concilio se vio en la necesidad de tomar una solución práctica, eligiendo, de entre las muchas versiones latinas, una que fuera considerada como oficial; y así, por el decreto *Insuper,* de la misma fecha que el anterior, pero de carácter meramente disciplinar, declaró auténtica la antigua versión latina, conocida como la edición vulgar o simplemente «la Vulgata»; los Padres declaran explícitamente que su opción en favor de esta versión quedaba justificada por el uso antiguo y constante que la Iglesia latina había hecho de la misma, y que, por consiguiente, la constituía teológicamente segura y conforme en lo sustancial a los textos originales. Pero los Padres sabían muy bien —como consta por las actas de los trabajos preparatorios de este segundo decreto— que también en la Vulgata existían notables variantes de edición a edición, frecuentes omisiones y traducciones menos exactas respecto de los textos originales. En todo esto vieron ellos el segundo grande abuso que había que remediar. Pero ¿cómo? Naturalmente, preparando una edición más cuidada, en que se eliminasen todos los defectos apuntados. Pero, no siendo propio de un concilio obviamente la publicación de libros, optaron los Padres por remitir al papa la preparación y la publicación de una edición mejorada de la Vulgata. Fue éste uno de los varios cometidos que tuvieron ocupados a los primeros papas del posconcilio; la envergadura de la empresa y la interferencia de otros asuntos considerados como de mayor urgencia impidieron que la nueva edición de la Vulgata se realizase con la rapidez que muchos hubieran deseado; pero también es cierto que los romanos pontífices no perdieron nunca de vista este importante objetivo, como lo prueban las comisiones pro Vulgata que eran creadas o renovadas al comienzo de cada pontificado. Entre los miembros de estas comisiones pontificias figuraron ilustres teólogos y biblistas españoles, como los orientalistas Pedro Chacón y Bartolomé Valverde Gandía; los dominicos Tomás Manrique y Bartolomé Miranda, en su calidad de maestros del Sacro Palacio; los jesuitas Manuel Sa, Pedro Parra y Francisco Toledo, el más destacado de todos. El lento y arduo proceso de elaboración fue finalmente coronado por el éxito: la Vulgata, declarada auténtica por el concilio de Trento, fue impresa bajo Sixto V y editada bajo Clemente VIII. Es la llamada edición sixtino-clementina.

La actitud de Trento en favor de la Vulgata es importante, no sólo porque ha influido de modo decisivo en los estudios exegético-teológicos posteriores, sino, sobre todo, porque dio origen, en la segunda mitad de aquel siglo, a una estrepitosa polémica sobre el valor de la Vulgata. Por el lugar en donde se desarrolló y por el calor con que se sostuvo, esta polémica la consideran varios autores extranjeros como una controversia típicamente española. Y lo fue realmente. No hubo sangre, pero corrieron las lágrimas y algunas víctimas terminaron sus días en la cárcel. Interesa, pues, resumir aquí las incidencias de esta contienda.

El decreto dogmático *Sacrosancta* terminaba lanzando anatema contra los que no aceptasen como sagrados y canónicos los libros íntegros con todas sus partes, tales y como se contenían en la vieja versión latina Vulgata. En el segundo decreto *Insuper,* de carácter disciplinar, el concilio, «considerando que sería no de poca utilidad para la Iglesia si se determinase cuál de entre todas las versiones latinas de los libros sagrados que estaban en uso había de ser tenida por auténtica, establece y declara que se tenga por auténtica, en las lecciones públicas, en las disputas, en la predicación y en la interpretación, la vieja y vulgar edición, consagrada por el uso antiguo de la Iglesia, y que nadie se atreva a rechazarla bajo pretexto alguno» («et quod nemo illam reicere quovis praetextu audeat vel praesumat»).

Esta declaración de autenticidad, ¿qué valor confería a la Vulgata en sí misma? ¿En qué posición la colocaba respecto de las demás versiones latinas y, sobre todo, respecto de los textos originales? ¿Era lícito el recurso a otros textos, sobre todo a los originales de la Biblia, sin que por ello se corriese el peligro de rechazar la Vulgata?

Las diversas respuestas enfrentaron a los teólogos y exegetas españoles y no españoles de la segunda mitad del siglo XVI en dos bandos irreductibles: el de los hebraístas y el de los teólogos escolásticos, aunque no pocos de éstos, como Vega, Laínez, Salmerón, Mariana, seguían el parecer de aquéllos. Las respuestas de los hebraístas pueden resumirse así: el decreto *Insuper* concede a la Vulgata un lugar de preferencia, pero no de exclusividad, respecto de las demás versiones latinas; consta, por lo demás, que tanto los códices como las ediciones de la Vulgata contienen errores y omisiones; al traducir palabras de doble significado, no siempre la Vulgata escogió el mejor; cuando la Vulgata discrepa del griego y del hebreo, no siempre se le debe hacer caso; no prohibiendo el decreto conciliar el recurso a los textos originales, dicho recurso es no sólo lícito, sino, a veces, también necesario para esclarecer el verdadero sentido escriturario de un texto; corregir la Vulgata no significa rechazarla.

Desde posiciones diametralmente opuestas rebatían los defensores de la Vulgata: el decreto conciliar es de carácter dogmático; la Vulgata es definida auténtica, es decir, inspirada toda ella y cada una de sus partes y conforme en todo con la Palabra de Dios; desde el momento en que no se la puede rechazar bajo pretexto alguno, reviste carácter de exclusividad respecto de las demás versiones y de los mismos textos originales, a los cuales, por consiguiente, no será lícito hacer recurso en ningún caso. Portaestandarte de esta aguerrida corriente fue el profesor salmantino León de Castro, quien llevó tan adelante su defensa, que consideraba inspiradas hasta las mismas variantes que se notaban entre las diversas ediciones de la Vulgata, fundando en eso su tesis de la existencia de la multiplicidad de sentidos literales en la Escritura [5].

El argumento de más peso que estos vulgatistas a ultranza podían esgrimir a su favor se fundaba en los mismos decretos tridentinos, los cuales, a la verdad, no fueron formulados con absoluta precisión; así, por ejemplo, el decreto dogmático *Sacrosancta* sanciona como inspirados y canónicos los libros de la Escritura tales y como se hallan contenidos en la Vulgata; y en cuanto al segundo decreto *Insuper,* el alcance de los términos «autenticidad» y «rechazar» podía ser interpretado diversamente, sobre todo si se tiene en cuenta que en el momento de la polémica no se conocían las actas de los trabajos preparatorios de los decretos conciliares [6].

Pero no era este argumento, con visos de mayor o menor firmeza, el que impulsaba a los vulgatistas a la lucha. Había otros motivos o pretextos más fuertes que afincaban sus raíces en el *humus* cultural y espiritual de la España de aquel tiempo. Ante todo, motivos culturales; los vulgatistas eran hombres formados en la teología escolástica, pero cerrados a los valores del humanismo que el Renacimiento del mundo clásico había puesto a disposición; por lo general ignoraban las lenguas antiguas, sobre todo el hebreo. Entre las deposiciones hechas a propósito del proceso del más ilustre de los hebraístas, Fr. Luis de León, se encuentran confesiones muy significativas, como la de Antonio de Arce, uno de los censores inquisitoriales de sus proposiciones sobre la Vulgata: «En los libros escritos en hebreo no puedo decir, porque nunca lo estudié, aunque se me han ofrecido hartas y buenas ocasiones, pareciendo había

[5] F. López López, *La multiplicidad de sentidos literales en la Escritura según los autores españoles (1550-1650):* ATG 10 (1947) 395-419.
[6] S. Muñoz Iglesias, *El decreto tridentino sobre la Vulgata y su interpretación por los teólogos del siglo XVI:* Estudios Bíblicos 5 (1946) 137-69.

mucho que estudiar y saber en latín, según la vida y salud es corta» [7]; o la de aquel grupo de teólogos sevillanos «determinados de no dar crédito al hebreo ni griego, en poco ni mucho, en comparación de la Vulgata» [8]; del mismo parecer era el racionero de la catedral de Sevilla, Isidro de la Cueva, quien manifestaba «que no quiero saber más de lo de Santo Tomás y los santos y mis maestros Soto y Cano, y no novedades» [9].

A esta mentalidad netamente escolástica y antihumanística se añadía un falso prejuicio sobre el valor del texto hebreo, que consistía en la creencia, largamente difundida en la Iglesia, de que los códices hebraicos de la Biblia, en un cierto momento, habían sido intencionadamente falsificados por los rabinos. Esta misma creencia fue también cobrando cuerpo en relación al texto de los LXX.

Con estas posiciones culturales corrían parejas las actitudes espirituales típicamente antirreformistas de estos hombres. Ceder en la Vulgata les parecía darse la mano con los protestantes, que, por supuesto, rechazaban aquélla en bloque, exagerando los defectos que en realidad contenía. Recurrir al texto hebraico o a los LXX era exponerse al peligro de contagiar el texto auténtico de la Vulgata con los presuntos errores anticristianos de los judíos.

Desde este momento, el valor de la Vulgata no es objeto de una polémica científica, sino santo y seña de la fe. Los hebraístas eran considerados como judaizantes o luteranizantes, dos peligros que en la España de aquellos días traían en constante estado de alerta a los lebreles de la ortodoxia; sus argumentos en defensa de los textos originales no venían examinados y discutidos, sino que eran juzgados como piezas de un proceso. Así procedía aquel Antonio de Arce, que nunca estudiara hebreo, al censurar cuatro proposiciones de Fr. Luis en defensa de la integridad del texto hebraico: «Y aunque estas cuatro proposiciones, tomadas cada una por sí, no se hayan de calificar con más rigor del que he dicho; mas todas juntas y eslabonadas hacen una cadena, y se pueden tener por sospechosas, porque van a inferior, y de ellas se sigue evidentemente, que agora se ha de acudir a los libros hebreos para corregir los latinos... Y esto es abrir una puerta perniciosísima..., pues los que esto afirman dicen juntamente que la edición Vulgata en muchas partes difiere de la hebrea; antes los doctores católicos afirman que agora la hebrea y griega se ha de enmendar por la latina Vulgata, como más pura y verdadera» [10].

Por haber querido mantener abierta la puerta ancha del renacimiento teológico español, en la primavera de 1572 entraron por la puerta estrecha de las cárceles inquisitoriales de Valladolid Fr. Luis de León, Gaspar de Grajal, Martín Martínez de Cantalapiedra, catedráticos

---

[7] Proceso de Fr. Luis de León, en *Colección de documentos inéditos para la historia de España* (= CODOIN), ed. por M. SALVÁ Y P. SAINZ DE BARANDA, vol.10 (Madrid 1847) 560.

[8] CODOIN, 10,36.

[9] CODOIN, 10,38.

[10] CODOIN, 10,115.

de Salamanca, y Alonso Gudiel, catedrático de Osuna [11]; en otoño de ese mismo año correría la misma suerte en la Inquisición de Toledo Fr. Miguel de Medina, antiguo teólogo de Trento, entre otras cosas, porque «tenía prevención contra la teología escolástica» y porque, después de breve permanencia en Salamanca, «trajo mucha afición a la manera de estudio que decía tener Fr. Luis de León» [12].

Mientras estos hebraístas entraban en la cárcel, salía a luz pública la Poliglota de Amberes, la cual, como queda dicho, contenía, junto con la Vulgata, otras varias versiones latinas del Viejo y Nuevo Testamento. Esto fue suficiente para que León de Castro arremetiese contra ella: la delata a la Inquisición española y trata de prevenir también a las autoridades romanas. Con grande amargura, Arias Montano se lamenta de las intemperancias de este hombre en carta a Felipe II [13].

> «V. Mgd. ha hecho un servicio a Dios y provecho de la Iglesia católica de los mayores que príncipe alguno haya hecho desde el principio del cristianismo hasta ahora, en mandar imprimir la Biblia quinquelingüe, que con tanto gasto, trabajo y negocio se acabó en Anvers. Y esto reconocen y confiesan cuantos la han visto de todas las naciones... Solamente en España ha habido un profesor de gramática y lengua latina, que se llama el maestro León de Castro, en Salamanca, el cual ha levantado a decir mal y poner mal nombre y mala sospecha en esta santa obra, movido de un afecto que él dice ser zelo... Yo había oído decir muchas cosas de sus bramidos cuando estaba en Flandes, porque hasta allá sonaron y rugieron..., empero, nunca creí que se pasaba tan adelante su furia como me decían... Procuraba con grande diligencia hacer aquí [= en Roma] lo mismo, y que, no pudiendo conseguir allá [= en Madrid] lo que pretendía..., tenía aquí inteligencias y personas por medio de las cuales derramaba aquí la misma ponzoña..., de manera que toda Roma está llena deste ruido de sus bramidos...»

El sólido monumento de erudición bíblica constituido por la Poliglota de Amberes resistió inconmovible al borrascoso vendaval; lo protegían, además, la aprobación expresa de Gregorio XIII y la sombra de Felipe II. Pero los «bramidos» de León de Castro y de sus fanáticos seguidores no pudieron por menos de crear un clima pernicioso para el progreso de los estudios escriturísticos en España. El P. Juan de Mariana, quien con su censura oficial contribuyó a la aprobación por parte de la Inquisición de la Poliglota regia, refiriéndose a los ruidosos procesos contra los hebraístas, comenta con no velada tristeza: «Fue un asunto que del todo desalentó a muchos, al considerar en el peligro ajeno las tormentas que amenazaban a los que con libertad afirmasen lo que sentían. De este modo, o pasaban en gran número al campo de los otros, o juzgaban deber plegarse a las circunstancias. Los más, del lado de la creencia más ordinaria, con gusto se mantenían firmes en la opi-

---

[11] M. DE LA PINTA LLORENTE, *Causa criminal contra el biblista Alonso Gudiel, catedrático de la Universidad de Osuna* (Madrid 1942); ID., *Proceso criminal contra el hebraísta salmantino Martín Martínez de Cantalapiedra* (Madrid 1946).

[12] Testificación jurada de Fr. Pedro de Cascales, Toledo 24 de octubre de 1572; AHN, Inquisición, leg.217 n.13.

[13] Carta de 12 de agosto de 1575; cf. F. PÉREZ CASTRO-L. VOET, o.c., 31-32.

nión, apoyando aquel parecer en el que menos peligro había, sin gran cuidado por la verdad». Y concluye: «Con este ejemplo, necesariamente se habían de retardar los magníficos impulsos de muchos, se habían de debilitar y del todo perder las fuerzas» [14]. Pero si el fanatismo de los unos y la pusilanimidad de los otros pudieron retardar los magníficos impulsos de los hebraístas presos del siglo XVI, no pudieron, en cambio, sofocarlos: en su encíclica *Divino afflante* (1943), Pío XII los aceptó y canonizó plenamente.

II. CONTROVERSIAS TEOLÓGICAS

1. Universidades y cátedras de teología

Una visión panorámica de la teología española postridentina no puede prescindir de la consideración del cuadro que ofrecen sus centros de enseñanza. A falta de una historia de las instituciones teológicas oficiales y privadas en España, M. Andrés ha allegado valiosos datos en su reciente *Historia de la teología en el siglo XVI*. En la época que nos corresponde estudiar, llama poderosamente la atención el desenfrenado multiplicarse de los centros de teología. En 1619, Pedro Hernández Navarrete cuenta 32 universidades en la Península, todas con sus facultades teológicas. Entre ellas se llevan la palma Salamanca y Alcalá. Salamanca entra en la Edad Moderna con la estructura teológica que traía de la Edad Media. A sus dos cátedras fundamentales de teología, la de Prima y la de Vísperas, incorpora en 1505 las dos que venían funcionando desde el siglo XIV en los conventos de dominicos y franciscanos; en una se enseñará ahora la doctrina de Santo Tomás, y en la otra, la doctrina de Escoto; en 1508 introduce una nueva cátedra para enseñar la doctrina de los nominales. Mientras en las dos cátedras fundamentales de Prima y Vísperas se exponía al Maestro de las Sentencias, en las tres últimas, llamadas cátedras menores, se enseñaba la teología que respondía a cada una de las escuelas.

Alcalá, universidad creada en pleno renacimiento, inicia un nuevo tipo de enseñanza. Abre tres cátedras de teología, todas fundamentales y con igualdad de derechos, dedicadas a cada una de las tres vías: la de Santo Tomás, la de Escoto y la de Nominales. A estas tres cátedras, que funcionan por la mañana, corresponderán, desde 1536, otras tantas cátedras menores o «catedrillas», que se daban por la tarde.

En el siglo XVII, en ambas Universidades se abren otras cátedras de Prima y de Vísperas «pro Religione»: de dominicos, de jesuitas, de benedictinos. En 1695 hay en Salamanca 14 cátedras de teología y hubiera habido 16 si en 1682 no se hubiera denegado a los franciscanos la instancia de instituir también las dos para su Orden. Comparables a las de

[14] J. MARIANA, *Pro editione Vulgatae*, en *Tractatus VII* (Colonia 1609) 34-35. Cf. F. ASENSIO, *Juan de Mariana y la Políglota de Amberes:* Gregorianum 36 (1955) 50-80; ID., *Juan de Mariana ante el binomio Vulgata-decreto tridentino:* Estudios Bíblicos 17 (1958) 275-88.

las universidades eran las cátedras que funcionaban en los numerosos colegios de la Compañía de Jesús, abiertos al público y con facultad de dar grados. Por su parte, las demás órdenes religiosas, vitalizadas gracias a las reformas del siglo XV y de la primera mitad del XVI, se lanzan de nuevo por los estudios con un afán tan competitivo, que pronto les hizo olvidar el fervor inicial de las precedentes reformas regulares.

Si, por una parte, la proliferación de cátedras y centros privados de estudio de la teología había de llevar al escuelismo, con las consecuencias que veremos, contribuyó, por otra, a crear una vastísima literatura teológica, no igualada, tal vez, en ninguna otra época de la historia de la Iglesia. Mientras los profesores publicaban sus «comentarios», «compendios» y «tratados», los alumnos nos dejaron los apuntes de las lecciones que les venían «dictadas», y que forman hoy el género literario de las llamadas *reportata*. Melquiades Andrés nos proporciona unas cifras muy instructivas, tomadas del *Nomenclator* de Hurter: mientras que para los siglos XIII-XV se citan 80 teólogos españoles, para el siglo XVI se cuentan 336, y para el siglo XVII, 623 [15]. ¡Naturalmente, no siempre la calidad crece en las mismas proporciones de la cantidad!

2. Primicias de un renacimiento teológico integral

España había entrado en el siglo XVI con iniciativas esperanzadoras de renovación teológica. Escribe M. Andrés: «La renovación de la teología acaecida en España en ese siglo (1470-1570) se caracteriza por el retorno a las fuentes de la ciencia divina y por la aplicación de la razón, iluminada por la fe, a los problemas de la persona humana, de la sociedad civil y religiosa, enmarcado todo ello en la concepción filosófica y en el lenguaje literario de los hombres de su tiempo» [16]. Esa renovación, que a principios del siglo XVI no era aún un hecho, sino una tarea, encontraba en Alcalá de Henares, por voluntad de Cisneros, amplia acogida e impulso decidido. El gran Cardenal quiso que la teología, ciencia de Dios, se cimentase directamente en la revelación, y para eso editó los textos sagrados, originales y depurados; y para que todos pudiesen comprender esos textos originales, impuso el estudio de las lenguas y mandó publicar gramáticas y diccionarios; deseó que el teólogo fuese no sólo maestro de ciencia teológica, sino también hombre de vida espiritual, y para ello le proporcionó una rica biblioteca de obras ascéticas; tampoco la razón podía quedar excluida del quehacer teológico, como pretendiera L. Valla; pero tampoco era recomendable que

[15] No pudiendo citar en nuestra exposición, por falta de espacio, ni siquiera los nombres de los autores más representativos, remitimos el lector a H. HURTER, *Nomenclator litterarius theologiae catholicae* t.3 (Innsbruck 1903); M. MENÉNDEZ PELAYO, *La ciencia española* t.3 (Santander 1954); G. FRAILE, *Historia de la filosofía española*. I: *Desde la época romana hasta fines del siglo XVII* (Madrid 1971) (a pesar del título, se incluyen también los teólogos). Abundante bibliografía moderna sobre los autores de nuestro período en *Archivo Teológico Granadino* (= ATG) (Granada 1938...).
[16] M. ANDRÉS, *La teología española en el siglo XVI* t.1 (Madrid 1976) 303.

ella se encerrara dentro de un determinado sistema filosófico hermético; por eso Cisneros implanta en su Universidad las tres concepciones filosóficas más importantes de entonces, echándolas a correr, en diálogo, por las «tres vías»: «via s. Thomae», «via Scoti», «via Gabrielis seu Nominalium». En cada una de las vías se debía seguir como texto, respectivamente, la *Summa theologica* de Santo Tomás, las *Reportata* de Duns Escoto y el *Comentario al Maestro de las Sentencias*, de Gabriel Biel. Las *Sentencias*, de Pedro Lombardo, libro venerando en las escuelas durante cuatro siglos, no fueron suprimidas, sino puestas como materia de exposición para los ejercicios de graduandos. Así, pues, el templo del renacimiento teológico integral ideado por Cisneros debía alzarse sobre estas cuatro columnas: contacto directo con los textos sagrados, santidad de vida, especulación racional abierta, estilo culto y elegante.

El programa cisneriano pareció que iba a tener éxito aun fuera de las aulas complutenses. Salamanca, la añosa universidad anclada en estructuras y mentalidad medievales, sintió la urgencia de imitar el modelo complutense. Si no por convencimiento, al menos por táctica, y para evitar que «el estudio se despueble» [17], abre sus puertas tímidamente al nominalismo, y trata de atraerse humanistas de dentro y fuera de España. El largo magisterio de Francisco de Vitoria desde la cátedra de Prima (1526-46) pudo haber marcado el momento de la apertura de Salamanca a la modernidad. Vitoria escribió poco y publicó menos durante su vida, pero fue un maestro insuperable, el Sócrates de su tiempo. Formado en París en ambiente nominalista, supo armonizar la teología positiva y la racional con equilibrio y moderación; por sus pocos escritos no se le puede considerar un humanista en sentido técnico, pero lo fue, sin embargo, en sentido etimológico por el interés que dedicó desde su cátedra a los problemas del hombre y de la sociedad de su tiempo; también él introdujo la *Suma teológica* como texto, pero sin jurar jamás en la palabra de Santo Tomás y manifestándose siempre dispuesto a aceptar la opinión de otros cuando la consideraba más acertada. Fue el hombre de la apertura y del diálogo [18].

Por una teología renovada, en la línea cisneriana y vitoriana, no podía menos de manifestarse la Compañía de Jesús, como Orden que sintió mecer su cuna en auras de humanismo; en la parte IV, capítulo 14, de sus *Constituciones* se aboga por una teología «más acomodada a estos tiempos nuestros». Por aquí y por allí van apareciendo metodologías que incorporan al campo teológico los consejos humanísticos de Erasmo, de Luis Vives, de Cornelio Agripa y de otros muchos. Luis de Carvajal nos da su *De restituta theologia* (Colonia 1545); Melchor Cano, O.P. († 1560), discípulo digno de Vitoria, recogiendo todo lo que otros

---

[17] V. BELTRÁN DE HEREDIA, *Accidentada y efímera aparición del nominalismo en Salamanca:* Miscelánea Beltrán de Heredia t.1 (Salamanca 1972) 502; «La Academia salmantina emprendió en este momento una carrera galopante de modernización, que no tardó en resultar inviable y vana» (J. GARCÍA ORO, *Cisneros y la Universidad de Salamanca* [Roma 1978] 59).

[18] R. GARCÍA-VILLOSLADA, *La Universidad de París durante los estudios de Francisco de Vitoria* (Roma 1938).

habían dicho y practicado sobre el nuevo método, nos ofrece su clásica obra *De locis theologicis libri duodecim* (Salamanca 1563); Lorenzo de Villavicencio, OSA. († 1583), *De recte formando Theologiae studio* (Amberes 1565). La nueva ciencia inspira la apología del profesor alcalaíno Alfonso García Matamoros († 1572) *De adserenda hispanorum eruditione* (Alcalá 1553), que M. Menéndez Pelayo califica de «himno triunfal del renacimiento español» [19]; cinco años más tarde, desde la misma renacentista Alcalá, exclamaba un joven teólogo [20]: «Pasaron ya los siglos de la barbarie; ya no se estila entablar disputas de partido en torno a un término de la escolástica cuando se expone la Sagrada Escritura; cesaron ya los tiempos ubérrimos de los gingolfos; no se dice ya, acerca de un texto, 'quaeritur'..., ni se escriben ya horribles tratados para discutir cuestiones como éstas: ¿Puede ser objeto de fe algo visto? ¿En qué parte del alma está la fe como en su sujeto? La fe informe, ¿se distingue de los dones del Espíritu Santo? La fe informe y la fe formada, ¿son una misma cosa numéricamente?... Todas estas cosas fueron desterradas por los doctos y condenadas a perpetuo ostracismo en los comentarios de la Escritura santa». Si un renacimiento teológico todavía en flor logró despertar semejante llamarada de entusiasmo, es fácil imaginarse cuán grande será el desengaño cuando se constate que sus frutos no llegan a granazón.

3. Vuelta a la escolástica: ¿progreso o involución?

Al entrar en la segunda mitad del siglo XVI, como si estuviera doblando un cabo de las tormentas, el renacimiento teológico español tiene que amainar sus velas. Vientos contrarios impiden su marcha, que muchos prematuramente habían considerado triunfal. Como teología positiva, ve paralizada su marcha hacia las fuentes bíblicas y patrísticas; como teología especulativa, su diálogo racional entre tres queda reducido a un monólogo.

Las causas que provocaron este viraje son ciertamente complejas, y resulta difícil, en una visión panorámica, enumerarlas todas; pero podríamos decir, sin peligro de simplificar demasiado la historia, que la culpa de todo estaba «en la malicia de los tiempos». ¡Los tiempos!: es una frase con la que todos manifestaban la apreciación del momento histórico en que vivían. La herejía luterana contribuyó a que la segunda mitad del siglo XVI se iniciase con unos tiempos especialmente «amarañados» y «nublados» [21]; los españoles nunca habían sentido tan fuerte y tan vecina como entonces la amenaza de esa nube. Pero mientras en

---

[19] G. FRAILE, *Historia de la filosofía española* t.1 p.222.
[20] MIGUEL DE MEDINA, *Apologia Ioannis adversus Dominicum Soto* (Alcalá 1558) fol.29v; es una respuesta a D. SOTO, *Annotationes in Commentarios Ioannis Feri moguntinensis super Evangelium Ioannis* (Salamanca 1554).
[21] Carta de Fr. Domingo de Soto, de 23 de junio 1559, al arzobispo Bartolomé de Carranza; cf. BELTRÁN DE HEREDIA, *Domingo de Soto. Estudio biográfico documentado* (Salamanca 1960) p.719; sobre «los tiempos», cf. J. I. TELLECHEA IDÍGORAS, *El arzobispo Carranza y su tiempo* t.2 (Madrid 1968) 256-57.

Europa la Contrarreforma surge en forma de contrataque, en España se manifiesta, más bien, como repliegue. La presencia, verdadera o supuesta, del enemigo en el propio campo produce espanto y aconseja la huida. Los «casos» de Valladolid, de Sevilla, del arzobispo Carranza y otros varios hablan del peligro de contagio y de la necesidad de alejarse. El tribunal de la Inquisición es víctima también de este miedo, y con sus drásticas actuaciones contribuye a intensificarlo y a generalizarlo. Se instaura así una mentalidad colectiva de sospecha hacia todo aquello que pueda oler a luteranismo, aunque nada más fuera que por el uso de un mismo lenguaje o por la insistencia en ciertos temas preferidos por los protestantes. Los temas sobre la fe, la certeza de la gracia, el valor de la oración, la confianza en los méritos de Cristo, la gratuidad de la gracia, la plenitud de la redención, etc., resultaban peligrosos en sí mismos, sobre todo si eran expuestos sólo a base de textos de la Sagrada Escritura o de los Padres. Para no coincidir con los protestantes ni siquiera en el lenguaje, los textos escriturísticos y patrísticos había que someterlos al tamiz de la terminología escolástica. Se considera que el lenguaje escolástico es más preciso y ordenado, y, por ende, más recomendable para los tiempos que corren. La Escritura y los Padres ceden el puesto a la escolástica. En honor de la ciencia escolástica y de sus ventajas para el estudio de la teología, se tejen los mayores elogios, con los que se pudiera formar un nutrido florilegio; pero basta citar algunos ejemplos revelaciones: así, en 1561-62, Pedro de Sotomayor, O.P. († 1564), pregona desde su cátedra de Prima de Salamanca que, «con la ayuda de la teología escolástica, en poco tiempo aprendemos más que si durante mil años nos dedicamos al estudio de la Sagrada Escritura prescindiendo de la escolástica» [22]; su sucesor en la cátedra, Mancio de Corpus Christi, O.P. († 1576), va todavía más adelante en la defensa de un rancio escolasticismo. Para él no existe otra teología fuera de la escolástica; «esta misma teología se encuentra ya en los Padres, pero dispersa y confusa»; en cambio, en Santo Tomás y en otros escolásticos se halla admirablemente ordenada y expuesta con toda claridad; de ahí que «con la teología escolástica es como mejor se puede combatir a los herejes»; y, por el contrario, «quien estudia, sin ella, la Sagrada Escritura, se pone en peligro»; además, «¿quién osaría oír confesiones o resolver casos de conciencia con sólo el estudio de los Padres? [23] Y Antonio de Córdoba, O.F.M. († 1578), teniendo presente «la amarga expe-

---

[22] «Ideo sicut ego semper credidi, nec unquam potui dubitare, per hanc sacram disciplinam, brevi tempore plus discimus, quam si per mille annos Sacrae Scripturae sine illa operam daremus» (PEDRO DE SOTOMAYOR, *In Primam Partem divi Thomae q.1:* Biblioteca Univ. de Salamanca, 709 fol. 10rv; ed. L. MARTÍNEZ FERNÁNDEZ, *Fuentes para la historia del método teológico en la escuela de Salamanca* t.2 [Granada 1973] p.46).

[23] «Doctrina scholastica apud Augustinum, Hieronymum, etc., sparse et confusa est...; ipse [d. Thomas] tamen miro ordine collegit...; quae facit potenter redarguere eos qui contradicunt, doctrina est scholastica. Et qui sine hac ad Scripturam committunt, periclitantur... Quis enim audeat vel confessiones audire, vel ad casus conscientiae respondere contentus sola antiquorum lectione?» (MANCIO DE CORPUS CHRISTI, *In Primam Partem divi Thomae q.1:* Biblioteca Vaticana, Ottob. lat. 1058, fol.4rv; ed. MARTÍNEZ FERNÁNDEZ, o.c., p.112-14).

riencia de nuestro tiempo», advierte severo: «todos los que despreciaron a los escolásticos cayeron en diversos errores»; «de no seguir, pues, las reglas de la argumentación escolástica en la lectura de la Biblia y de los Padres, fácilmente puede uno alejarse de la verdad» [24]. Nótese bien que estas cautelosas recomendaciones se daban en relación con la lectura de la Biblia en cualquier versión, y, por supuesto, también de la misma Vulgata. Pero ¿qué decir de aquellos teólogos que pretendían ir directamente a los textos originales? Estos «nuevos teólogos» no hacían sino «buscar cinco pies al gato y caer en mil errores, como lo hemos visto en nuestros días», escribía el agustino Jerónimo Román en sus *Repúblicas del mundo* (1575) [25]. Tres años antes había tenido lugar el ramalazo contra los hebraístas. Para no caer en los «mil errores» y para no exponerse, consiguientemente, al rasguño de la omnipotente Inquisición, nuestros teólogos se refugian «prudentemente» en la escolástica. La Palabra de Dios y la tradición pierden su fuerza fontal, para convertirse en sendos argumentos o «lugares» del discurso teológico. La teología deja de ser «inteligencia de la fe», para ser «ciencia de las conclusiones» [26].

Rehuyendo de las fuentes bíblicas y patrísticas y buscando posiciones «seguras», la teología postridentina se da cita con el tomismo. La magnífica construcción de la *Summa theologica* ofrece una temática exhaustiva y ordenada, unas definiciones claras, casi boecianas, y una base sólida en la metafísica aristotélica, la cual precisamente en este tiempo, suplantando la dialéctica del siglo XV, comienza a ser enseñada en algunas universidades españolas, como en la de Valencia [27]. Los otros compañeros del tomismo, el nominalismo y el escotismo, que habían comenzado a caminar juntos a principios de siglo, no acudieron a la cita por diversos motivos que conviene apuntar aquí. El nominalismo, que era algo nuevo y contenía, además, poca metafísica, no arraigó como sistema teológico en nuestras universidades, si bien, como mentalidad, continuará ejerciendo notable influjo en la moral, en la filosofía moderna y en las mismas ciencias experimentales.

En cuanto al escotismo, es verdad que el contenido de las *Reportata* no era tan completo y armónico como el de la *Summa,* ni el lenguaje del Doctor Sutil tan sencillo como el del Angélico; pero se equivoca quien quiera buscar ahí la explicación satisfactoria de las vicisitudes del escotismo en la época moderna. Si el escotismo llegó con retraso a la cita con la teología postridentina, se lo debe sencillamente a los suyos. Los suyos, los franciscanos, que habían sostenido holgadamente su doctrina frente al tomismo durante todo el siglo XIV, al principio del siglo XV

[24] Antonio de Córdoba, *Opera* (Venecia 1569), epist. dedicatoria.
[25] F. Villarroel, *Jerónimo Román, historiador del siglo de oro:* Estudio Agustiniano 9 (1974) 445-6.
[26] Sobre las relaciones de estas dos metodologías teológicas y la progresiva prevalencia de la segunda sobre la primera en la así llamada «escuela de Salamanca», véase C. Pozo, *De sacra doctrina, in 1 P., q.1, de Melchor Cano:* ATG 22 (1959) 150-51.
[27] J. Gallego Salvadores, *La enseñanza de la metafísica en la Universidad de Valencia durante el siglo XVI:* Analecta Sacra Tarraconensia 45 (1972) 137-72.

optan por sacrificarla sobre el ara de una mal entendida reforma, renunciando solemnemente a los grados académicos y a la enseñanza universitaria, la cual durante ese tiempo habían venido compartiendo con los dominicos en Salamanca. Es significativo el hecho de que, a partir del año 1416 hasta los tiempos de Felipe III, la cátedra de Prima de Salamanca fuese regentada por dominicos, salvo los años en que la ocupó Pedro Martínez de Osma [28]. Cuando, en los albores del siglo XVI, en las universidades españolas se instituye la cátedra de escotismo —junto con el tomismo y el nominalismo—, Escoto tuvo un púlpito, pero le faltó predicador adecuado. Ningún franciscano ocupa esa cátedra en Salamanca. En Alcalá se necesitó la energía de Cisneros para poner como primer catedrático de Escoto a un hermano suyo de hábito: Fr. Clemente Ramírez; pero luego hay que esperar al trienio 1567-70 para ver subir a la misma cátedra al segundo y último franciscano: Fr. Hernando Páez [29]. Por supuesto, siendo retribuida como las demás, la cátedra estuvo siempre cubierta, pero por profesores que ni habían estudiado a Escoto ni se tomaban la molestia de exponerlo, como prescribían las constituciones de la Universidad; a finales del siglo XVI se da el caso de que tres dominicos pasaron por la cátedra de Escoto. Pero ni el abandono por parte de los suyos ni el desconocimiento por parte de los extraños fueron capaces de acabar del todo con la cátedra de Escoto; en 1552, el claustro de la Universidad de Salamanca rechaza la propuesta de algunos de cerrar dicha cátedra, y alega que la doctrina de Escoto cede en «decoro y provecho de la Universidad», y, además, que «en todas las universidades se lee» [30]. Sin embargo, desde que en los estatutos de 1561 se introdujo, no obstante la protesta de la Universidad, la *Summa theologica* como texto oficial, la cátedra de Escoto quedó como mero trampolín de nuevos ascensos.

Solo en el campo, el tomismo da el tono a toda la teología de la Contrarreforma, que es llamada la segunda escolástica. En las aulas universitarias, todos escuchan las exposiciones de la *Summa theologica:* sacerdotes del clero secular, benedictinos, jerónimos, carmelitas, mercedarios, agustinos, dominicos, jesuitas,...; regresando a sus seminarios o colegios religiosos, la continuarán exponiendo a sus discípulos. Santo Tomás es realmente el «doctor communis». En torno a la *Summa* se escriben, con exuberancia barroca, exposiciones, comentarios, cursos, instituciones. Pero no todos los autores se mostraban igualmente fieles al Maestro que les servía de trujamán cómodo y oficial; no todos sentían la necesidad de regoldar tomismo —«Thomam eructamus»— como los carmelitas descalzos, autores del famoso *Cursus Theologicus Salmanticensis* [31]; algunos, como los jesuitas, lo seguían sólo «cuando era necesa-

---

[28] C. Pozo, en *Salmantizenser:* LThK t.9 col.268-69.
[29] I. Vázquez, *La enseñanza del escotismo en España:* De doctrina Ioannis Duns Scoti. Vol.4: «Scotismus decursu saeculorum» (Roma 1968) 191-220.
[30] M. Andrés, o.c., 64.
[31] «Thomam imbibimus, Thomam scribimus, Thomam eructamus» *(Cursus Theologicus Salmanticensis* t.10 [Colonia 1691] prooemium).

rio» [32]; era de temer que el tomismo se desvirtuase con la expansión; más todavía, se desviase.

Este peligro apareció ya amenazador desde el principio a los catedráticos de Prima de Salamanca, custodios natos de la ortodoxia tomista; y para evitarlo imponen una interpretación rígida del tomismo. Esta línea intransigente, recurriendo falsamente al magisterio de Vitoria, empobreció la rica tradición tomista, convirtiéndola en una material transmisión de conocimientos estereotipados. Llegó a tal extremo este afán conservadurista, que parece estar comprobado tratarse de una costumbre el que los profesores pasasen unos a otros los apuntes de clase; se sabe, por ejemplo, que Melchor Cano leía en clase los apuntes de Vitoria y de Domingo de Soto; Diego de Chaves, O.P. († 1592), leía por los de Cano; Bartolomé de Medina, O.P. († 1580), se muestra un gran compilador de los apuntes de la escuela en su *Expositio* de Santo Tomás [33].

Pero era empresa vana pretender que aquella gama variopinta de sotanas y hábitos entrase por la vía estrecha de un tomismo rígido. El contraste de interpretaciones llevó, inevitablemente, a la clamorosa controversia *de auxiliis* —que vamos a ver en breve— y provocó la formación de diversas escuelas en el seno de las diferentes congregaciones. En 1667, los jesuitas obtienen dos cátedras de teología, una de Prima y otra de Vísperas, en la Universidad de Alcalá; al año siguiente se posesionan de las mismas cátedras en Salamanca; en 1692, aquí se abren, asimismo, otras dos cátedras de teología, de Prima y de Vísperas, para los benedictinos; y al año siguiente, otra dedicada a San Anselmo.

El escuelismo tomista provocó también, por la ley de los contrastes, la reviviscencia del escotismo. En una congregación general celebrada en Medina del Campo en 1560, «se manda» que en todos los colegios de artes de la Observancia se siga «la vía de Escoto y Nominales, pues que son nuestros doctores» [34]; la vía se va estrechando siempre más, y así, en las constituciones aprobadas en Toledo en 1583 se prescribe que los lectores de teología «*solamente* leerán los cuatro libros de Escoto» [35]; en las constituciones de Segovia de 1631 se ordena que «*todos* los lectores», indistintamente, «se esfuercen por enseñar la doctrina del Doctor Sutil, por defender sus opiniones y por aclarar su pensamiento cuidadosamente» [36]. Después que L. Waddingo editó las *Opera omnia* de Escoto crece tanto el fervor por el Maestro, que, al decir de Caramuel, en su tiempo «Scoti schola maior est omnibus aliis simul sumptis». Llevados del entusiasmo doméstico, los franciscanos españoles, queriendo rectificar el mal paso dado en el siglo XV, deciden, en el capítulo general de Toledo de 1682, volver a los grados académicos para poder enseñar desde las cátedras universitarias la doctrina del Maestro. De hecho soli-

---

[32] Ratio studiorum c.9.
[33] E. Moore, *Principios constitutivos de la materia leve:* ATG 18 (1955) 38-39.
[34] L. Rebolledo, *Libro de la Regla* (Sevilla 1610) fol.109v.
[35] L. Rebolledo. o.c. fol.63v.
[36] M. Brlek, *Legislatio Ordinis fratrum Minorum de Doctore Inmaculatae Conceptionis B. M. Virginis:* Antonianum 29 (1954) 514.

citaron la entrada en la Universidad de Salamanca; pero, a pesar de tener de su parte a los jesuitas, el claustro reunido el 14 de diciembre de 1682 les cerró por entonces la puerta [37]. El recobrar posiciones perdidas resulta siempre más difícil que el conservarlas para que no se pierdan.

La historia de la segunda escolástica siguió el mismo destino reservado a la primera. La escolástica del siglo XIII se perdió en el siglo XV en los meandros de una inútil y enfarragosa dialéctica, incapaz de dialogar con el humanismo. La segunda escolástica, consumida por las guerras metafísicas del siglo XVII, llegó al siglo XVIII sin fuerzas para poder enfrentarse con la física moderna.

4. Las controversias «de auxiliis»

A medida que el tomismo de la Contrarreforma se iba atomizando en corrientes y escuelas, iban aumentando las divergencias entre los mismos seguidores de Santo Tomás. Ciertamente, mientras se trataba de cuestiones metafísicas (por ejemplo, concepto de persona, relación entre esencia y personas divinas, naturaleza de la beatitud, etc.), las discusiones se reducían a meros malabarismos dialécticos. Pero la cosa era diversa cuando estaban de por medio el hombre concreto y el problema de su salvación. Y es precisamente en este campo de la antropología sobrenatural donde se libró, a finales del siglo XVI y comienzos del XVII, una de las batallas más violentas que haya conocido la historia de la teología. Sencillamente, el problema se planteó en estos términos: qué parte tiene la gracia y qué parte tiene el hombre en la obra de la justificación y de la salvación. El concilio de Trento en su sesión VI no resolvió el problema, contentándose con afirmar de una forma general, por una parte, la existencia y la realidad del libre arbitrio y, por otra, la necesidad de la gracia para toda obra buena. Las soluciones aportadas a este problema durante el período postridentino fueron causa de un choque frontal y ruidoso entre dominicos y jesuitas [38].

Los teólogos dominicos, apelando a San Agustín y haciéndose intérpretes del pensamiento de Santo Tomás, exaltan el influjo de la gracia, reduciendo el margen de acción del hombre. En la posición dominicana hay que tener en cuenta tres ideas capitales: la de la *predestinación gratuita*, por la que Dios predestina los hombres a la salvación por un decreto absoluto de su omnipotencia; la de la *gracia eficaz*, que por sí misma produce infaliblemente el efecto; y, por fin, la de la *premoción física*, que expresa el modo como Dios concurre con el hombre, a fin de que éste, libre, pero necesariamente, realice el acto bueno. Como es

---

[37] I. VÁZQUEZ, *Un franciscano al servicio de los Habsburgos en la Curia romana: Francisco Díaz de San Buenaventura:* AIA 23 (1963) 19-40.

[38] Existen dos historias clásicas; J. J. SERRY, *Historia congregationum de auxiliis divinae gratiae sub Summis Pontificibus Clemente VIII et Paulo V in quatuor libros distributa* (Venecia 1740) (en sentido bañeciano); L. DE MEYER, *Historia controversiarum de divinae gratiae auxiliis sub Summis Pontificibus Sixto V, Clemente VIII et Paulo V libri sex* (Venecia 1742) (en sentido molinista).

sabido, los reformadores del siglo XVI, Lutero y Calvino, también en la línea agustiniana, exaltaron la omnipotencia de la gracia divina hasta el extremo de excluir la libertad humana.

La Compañía de Jesús, humanista de nacimiento y antiprotestante por vocación, se declara por los fueros de la libertad desde el primer momento. Ya Diego Laínez en Trento consideró exagerados los términos del canon cuarto de la sesión VI, por los que se afirma que el libre arbitrio, «movido y excitado» por Dios, continúa, sin embargo, libre; y hubiera preferido que se indicase que esa moción consistía en una simple iluminación. Algunos Padres reaccionaron violentamente y acusaron a Laínez de pelagianismo. Este hecho es simplemente revelador de la línea que iba a seguir la Compañía y de la oposición que iba a encontrar en este problema de la gracia.

En 1588, el jesuita conquense Luis de Molina († 1600) lanza a la luz en Lisboa un voluminoso infolio (512 páginas) que lleva por título *Concordia liberi arbitrii cum gratiae donis, divina praescientia, providentia, praedestinatione et reprobatione* [39]. Ideas claves del libro de Molina, aunque no originales, son las siguientes: la predestinación *post paevisa merita*; a través de la *ciencia media*, Dios conoce lo que haría cualquier voluntad libre en todas las circunstancias posibles; el *concurso simultáneo* de Dios con la creatura al acto saludable; Dios da a todos la *gracia suficiente* para obrar el bien, pero es *eficaz*, es decir, consigue su efecto, sólo desde el momento en que la voluntad presta su libre consentimiento. De este modo, la omnipotencia de la causalidad divina dejaba perfectamente a salvo la libertad y la plena responsabilidad del hombre en el quehacer de la salvación.

Aunque estas ideas venían siendo profesadas ya antes sustancialmente en la Compañía e incluso habían sido introducidas en la primera redacción de la *Ratio studiorum* (1586) [40], sin embargo, la *Concordia* de Molina será, en adelante, santo y seña de la discordia; y la doctrina de la Compañía sobre la gracia recibirá el nombre, aunque no enteramente justo, de molinismo. Presentándose como una interpretación nueva del pensamiento de San Agustín y de Santo Tomás, la *Concordia* no podía por menos de despertar los recelos de los defensores oficiales del tomismo.

Precisamente, los destinos del tomismo hispano están en ese momento en manos de Domingo Báñez, O.P. († 1604), catedrático de Prima en Salamanca desde el año de 1581 hasta el de su muerte. Continuador y promotor del tomismo de vía estrecha, Báñez subió a la cátedra jurando seguir en todo y por todo la doctrina de Santo Tomás:

[39] *Ludovici de Molina liberi arbitrii cum gratiae donis, divina praescientia, providentia, praedestinatione et reprobatione concordia*, ed. crítica por IOHANNES RABENECK (Oña 1953), XVI + 90 + 768 págs.

[40] *Ratio atque institutio studiorum* (Roma 1586). Este mismo año, la Inquisición de Valladolid la dio a examinar a varios censores; una de las proposiciones «dignas de ser notadas» era ésta: «Fieri potest ut aequalis gratia duobus collata sit efficax in uno et inefficax in altero, qui non vult consentire, licet possit per sufficientem gratiam, sive novo augmento gratiae. Habetur fol.316 prop.12» (Madrid, AHN, Inq. leg.4436 n.1[6]).

«Ego statui per omnia et in omnibus sequi doctrinam sancti Thomae» [41]. Se había opuesto a que el libro de Molina viese la luz, y continuó después combatiéndolo con todo el peso de su saber, de su prestigio y de su intemperancia. De él, la corriente intransigente del tomismo recibirá el nombre de bañecianismo.

El libro de Molina se hace objeto de creciente atención dentro y fuera de las aulas universitarias; se discute de él en Salamanca, en Alcalá, en Valladolid, en los colegios de jesuitas y dominicos, en capítulos generales, como en el de los franciscanos en 1593, y también desde el púlpito. Y, a decir verdad, la nueva doctrina no encontró buena prensa. Se la veía con recelo por todas partes, y sus mayores adversarios, Báñez y el general de los mercedarios, F. Zumel, la combatían sin piedad [42]. El caso fue que la *Concordia* fue a parar a la Inquisición. Y, a juzgar por las circunstancias, el éxito no podría ser nunca muy airoso. Este era el temor que abrigaba también Francisco Suárez, a la sazón profesor en el colegio de jesuitas de Salamanca; en carta de 14 de junio de 1594 al P. Francisco Toledo, recién creado cardenal, le hablaba del «escándalo general» y de la «gran pasión» que agita los ánimos; y que, si esta controversia continúa discutiéndose en España, es decir, en la Inquisición española, «hay gran peligro no se haga algún gran borrón»; y termina insinuándole que «lo que acá se desea es que por orden de Su Santidad se examinasen ahí estas doctrinas» [43].

El deseo de Suárez tuvo efecto inmediato. El 15 de agosto de 1594, el nuncio en España, Camilo Gaetano, comunicaba a los superiores de dominicos y jesuitas, por orden de Clemente VIII, que la causa del libro de Luis de Molina era avocada a la Santa Sede; que las dos partes enviasen a Roma las informaciones que considerasen pertinentes; y que, mientras tanto, en España se abstuviesen todos de emitir juicios en una u otra forma sobre la cuestión de la gracia.

Comenzaba así el *iter* romano de la *Concordia*. Suárez —con los demás que ciertamente apoyaban su mismo deseo— había evitado, sin duda, un «borrón» sobre un libro particular en España; pero abría, sin pretenderlo, una pesada cuenta, a cargo de toda la Compañía, en Roma; y es que, en adelante, «embarcándose y empeñándose» oficialmente la Compañía en esta causa, habránse de originar de ahí —calcula entonces el P. Juan de Mariana, S.I.— «muchos millares de inquietudes de muchos años» [44] dentro y fuera del Instituto; dentro, porque muchos de los teólogos jesuitas —por ejemplo, Roberto Belarmino, Enrique Enríquez y, más tarde, el mismo Suárez [45]— no estaban dispuestos a fir-

[41] D. Báñez, *In 2.2 q.24 a.6:* Miscelánea Beltrán de Heredia t.3 p.160.
[42] V. Beltrán de Heredia, *Domingo Báñez y las controversias sobre la gracia. Textos y documentos* (Madrid 1968); V. Muñoz, *Zumel y el molinismo. Informe del P. Francisco Zumel, mercedario, sobre las doctrinas del P. Luis de Molina, S.I., presentado en julio de 1595* (Madrid 1953).
[43] J. Iturriaga, *Suárez ante la Inquisición* (1594-1595): Estudios de Deusto 24 (1976) 253-301; concretamente, p.258.
[44] *Discurso del P. Mariana, de la Compañía de Jesús sobre la reformación que se deve hazer en su religión:* Roma, archivo general O.P. (Santa Sabina) ser.34 vol.257 s.f.
[45] B. Llorca, *El P. Suárez y la Inquisición española. Memorial del mismo sobre la cuestión*

mar todas las tesis de Molina, y algunos de ellos —como Fernando de la Bastida y Juan de Cartagena— abandonarán por este motivo la Compañía; fuera, porque no eran pocos los que en la Iglesia se preocupaban seriamente al ver que aquello estaba resultando un verdadero proceso a toda una Orden que, por lo demás, no ocupaba el último puesto en el quehacer de la ciencia sagrada.

No está hecha todavía la historia serena y exhaustiva de las congregaciones *de auxiliis*; cuando se haga, se deberán valorar y conjugar los elementos más variados: desde los sublimes conceptos de la metafísica, a los irrefrenables ímpetus del corazón humano; desde los vastos caudales de la erudición patrística, hasta los hilos sutiles de la diplomacia. Por supuesto, no vamos a ocuparnos de ello en este aséptico y brevísimo balance.

Por el mes de octubre de 1597, el papa Clemente VIII encarga a una comisión de diez teólogos, presidida por el cardenal Madruzzo, el examen y calificación de la doctrina de la *Concordia* de Molina, reservándose él personalmente el dar el juicio definitivo. Después de once sesiones, la comisión emitió voto contrario al libro el 13 de marzo de 1598. Pero entonces llegan las informaciones de España. El papa convoca de nuevo la comisión romana para que revise su voto a base de los informes españoles. El dictamen es igualmente negativo. La sentencia parecía que no podía demorarse ya. Los rumores de una próxima condenación corren por España. Los adversarios de Molina celebran ya el triunfo. Pero sus defensores, si nunca habían dormido sobre las armas, multiplican más ahora sus esfuerzos. Estaba comprometido no sólo el honor de un teólogo particular, sino el de toda la Compañía. Se protesta contra el informe de los censores, se exige oír la otra parte, se interponen recomendaciones potentes.

El papa prefiere tomar largas en el asunto, y provoca un careo entre las partes contendientes. Las dos Ordenes, dominicos y jesuitas, debían discutir entre sí el problema, bajo la presidencia de Madruzzo y actuando de árbitros el cardenal Belarmino, S.I., y el cardenal Vernerio, O.P. Por todo el año 1599 hasta el mes de abril del año siguiente se prolonga el debate. Pero el juego quedaba siempre en tablas. San Agustín, a quien recurrían los unos y los tros, era como un armero: proporcionaba armas a todos, tanto a los que defendían la omnipotencia de la gracia como a los que se debatían por los fueros del libre albedrío [46].

Ante el fracaso de todo intento de transacción pacífica entre los litigantes, Clemente VIII vuelve a poner en marcha la comisión, con el siguiente programa: 1) que se realice un nuevo examen (era ya el tercero); 2) que se reduzcan las tesis condenables al menor número de proposiciones; 3) el texto de éstas deberá ser expresado fielmente con las mismas palabras de la *Concordia*; 4) cada consultor deberá firmar de

»*de auxiliis divinae gratiae*»: Gregorianum 17 (1936) 3-52; E. ELORDUY, *Suárez en las controversias sobre la gracia:* ATG 11 (1948) 117-93.
[46] C. CREVOLA, *La interpretación dada a San Agustín en las disputas* «*de auxiliis*»*:* ATG 13 (1950) 5-171.

su propio puño cada una de las proposiciones. En veinte sesiones, desde abril a julio de 1600, la comisión dio cima a su labor. El 12 de octubre, los resultados eran sometidos al papa; las 61 proposiciones incriminadas en el primer examen quedaron reducidas primeramente a 42 y, por fin, a 20, las cuales fueron calificadas y reprobadas por ocho consultores de diez que componían la comisión. Ahora, ¿qué hará el atormentado pontífice?

Ante las reclamaciones de los jesuitas, se procede a un ulterior examen, que no habrá de ser el último; pero esta vez con una nueva modalidad. Las 20 proposiciones censuradas son pasadas a dos teólogos jesuitas y a otros dos dominicos, que deben emitir su parecer sobre ellas delante de la comisión. Esta delibera luego. Así todo el año 1601. Excusado decir que el resultado es el de siempre: los jesuitas rechazan la censura, los dominicos la aceptan y los censores ratifican su juicio.

A estas alturas, hay que observar que la inusitada controversia no constituía sólo un fenómeno particular de animosidad entre dos órdenes rivales; había contagiado ya a las demás órdenes, al clero secular y, en general, a toda la Iglesia; unos más y otros menos, todos se sentían llamados a opinar [47]; y, a la verdad, tirando todos a ganar, pocos hacían el nombre de Molina; en este sentido hay que señalar, como caso típico, que en esta ocasión se dan la mano con el rígido tomismo bañecista representantes del escotismo, como Juan de Rada († 1608), uno de los más acérrimos antimolinistas de la comisión pontificia a partir de 1601; Francisco de Herrera († c.1609), Fernando de Campo († 1635) y, más que nadie, Juan de Cartagena († 1618), anteriormente jesuita [48]. En medio de tanto acaloramiento y agresividad, merece la pena recordar la figura serena y pacifista de Fr. Francisco de Arriba, O.F.M. († 1622), futuro confesor de la reina de Francia, D.ª Ana de Austria, y después obispo de Ciudad Rodrigo. Ya siendo profesor de teología en Valladolid había participado como árbitro en las célebres disputas de 1594 entre jesuitas y dominicos; desde entonces continuó estudiando el problema de la gracia, y en 1600, asistiendo en Roma al capítulo general de su Orden, presentó al papa una apología de reconciliación (*Opus conciliatorium*, publicado más tarde, París 1622). Debióla recibir con interés el anciano y atormentado pontífice; prueba de ello es que nombró una comisión de cardenales neutrales para hacerla examinar y proponerla,

---

[47] Tirso de Molina se hace eco de esta polémica en su *El condenado por desconfiado*; la interpretación de este famoso drama dio origen a otra pequeña polémica literaria; cf. M. ORTÚZAR, «*El condenado por desconfiado» depende teológicamente de Zumel:* Estudios 4 (1948) 7-41; 5 (1949) 321-26; R. MARÍA DE HORNEDO, *La tesis escolástico-teológica de «El condenado por desconfiado»:* Razón y Fe 138 (1948) 653-48.

[48] I. VÁZQUEZ, *El arzobispo Juan de Rada y el molinismo. Sus votos en las controversias «de auxiliis»:* Verdad y Vida 20 (1962) 351-96; ID., *Tres inéditos de Fr. Juan de Cartagena sobre las controversias «de auxiliis:* ibid., 22 (1964) 189-231; ID., *Voto inédito de Fr. Fernando de Campo, O.F.M., sobre las controversias «de auxiliis»:* ibid., 22 (1974) 525-40; ID., *Fr. Francisco de Herrera OFM., y sus votos en las controversias «de auxiliis»:* ibid., 23 (1965) 271-319; ID., *Fr. Francisco de Arriba, O.F.M., en las controversias «de auxiliis»:* ibid., 23 (1965) 463-508; ID., *Nuevo documento de Fr. Juan de Cartagena, O.F.M., sobre las controversias «de auxiliis»:* Antonianum 40 (1965) 320-25.

eventualmente, a las partes beligerantes como base de reconciliación; pero era inútil hablar de reconciliación a quien se creía seguro de la victoria. Y tal se sentía entonces el paladín de los bañecistas, Tomás de Lemos († 1629), quien se dirigió al papa para denunciar, desdeñosamente, «la fútil e insulsa conciliación» del buen franciscano.

Descartada la posibilidad de una mediación, el drama continúa desarrollándose en un *crescendo* cada vez más apasionante, entre nuevos actos e imprevistos golpes de escena. Clemente VIII entra personalmente en escena. Abre una nueva serie de sesiones, que él mismo preside; convoca a todos los cardenales de la Inquisición, aumenta el número de consultores, obispos y teólogos, y nombra dos secretarios. Un sínodo universal no hubiera revestido tanta solemnidad. El mismo papa señala las cuestiones a discutir. San Agustín, el doctor tan traído y llevado en estas controversias, es constituido en árbitro y guía. El pontífice resume en quince puntos la doctrina agustiniana sobre la gracia, que son la piedra de toque con que se han de confrontar las proposiciones de Molina. ¿En qué discrepa de San Agustín? ¿En qué concuerda con Casiano y los pelagianos?

Toda la Iglesia estaba pendiente de estas discusiones, que se prolongan en 68 largas sesiones, desde principios de 1602 hasta 1605. Es, tal vez, el período más dramático de la lucha, y también el más angustioso para los defensores de Molina.

Primer golpe de escena. El 3 de marzo de 1605 muere Clemente VIII. Después de los 27 días de pontificado de León XI fue elegido papa, con el nombre de Pablo V, Camilo Borghese. Se dice que durante el conclave se comprometió seriamente a dirimir la controversia *de auxiliis*. Lo cierto es que la puso en primer puesto en la agenda de su pontificado. De hecho continuó celebrando sesiones, que él mismo preside, como lo había hecho Clemente VIII; pide informes por escrito sobre cada cuestión debatida en público, manda redactar el texto de la que debiera ser la bula definitiva y cuenta ya con las observaciones de cada consultor sobre la misma...

Nuevo golpe de escena. Conflicto entre la Santa Sede y Venecia. En respuesta a la violación de ciertos derechos eclesiásticos, Pablo V en 1606 pone en entredicho la Serenísima y todo el Estado véneto. El Senado, asesorado por teólogos impregnados de ideas jurisdiccionalistas, declara nulo el entredicho y obliga a todos los eclesiásticos y religiosos a reconocerlo como tal, so pena de expulsión inmediata del territorio y de confiscación de todos sus bienes. Los teólogos —especialmente los más interesados en la controversia *de auxiliis*— compiten entre sí por ver quién llega antes a poner su pluma —su espada, diría Quevedo— en defensa de las prerrogativas pontificias. El dominico Tomás de Lemos, los franciscanos Francisco de Sosa y Juan de Cartagena, los jesuitas Suárez y Fernando de la Bastida, el arzobispo Juan Beltrán de Guevara, por citar sólo algunos de los españoles, redactaron sus respectivas apologías, que constituyen un capítulo interesante —todavía por estudiar— de la teoría acerca del poder del papa sobre lo temporal. Pero lo que menos necesitaba Pablo V en aquellos momentos eran justificaciones teóricas de su conducta; había comprometido su autoridad en lo que él consideraba ser «causa de Dios», y exigía adhesiones prácticas, sobre todo por parte de los eclesiásticos y religiosos de Venecia: «Piuttosto si deve morire —declara el papa al procurador de la Compañía— [che] cometere un pecatto mortale. Noi habiamo posto l'interdetto et voliamo che si oservi...; questa è causa di Dio, per la quale noi siamo aparechiati a spargere il sangue, se bisogna». Los jesuitas venecianos se encuentran de frente a una dura prueba; en un primer momento dudan; pero, ante las órdenes tajantes del general Acquaviva, se niegan a obedecer al Senado, viéndose, consiguientemente, obligados a abandonar el país y a perder sus bienes. Conducta, por cierto, bien heroica para que pudiera quedar sin elogio y sin recompensa: «Noi saremo vostri acerrimi difensori», manifestó Pablo V al procurador jesuita, añadiendo que por este gesto «avea la Compagnia dentro *in visceribus*» [49].

¿Qué hará ahora Pablo V? Aprovechando hábilmente el pequeño cambio de temperatura que el torbellino veneciano había producido en el ambiente romano, el 28 de agosto de 1607 convocó a todos los miembros de la congregación *de auxiliis* y, después de cambiar con ellos algunas impresiones, les comunicó lo siguiente: 1) que podían marcharse cada uno a su destino; 2) que, a su debido tiempo, él hará pública la decisión; 3) y que mientras tanto queda severamente prohibido el que, al tratar de las cuestiones de la gracia, alguien se atreva a censurar la parte contraria.

Ni vencedores ni vencidos, pero todos regresaban, como los soldados que vuelven de la guerra, haciéndose lenguas de sus propias proezas; algunos, los más destacados, como Juan de Rada y, más tarde, Diego Alvarez, O.P., se fueron a tomar posesión de sus obispados, que obtuvieron como premio de consolación; Tomás de Lemos, el enardecido campeón tomista, se quedó en Roma, recogiendo las espadas rotas, dejadas en el campo, para colocarlas en su armería, en su *Panoplia gratiae*; había, tal vez, comprendido que aquello no era una paz; era apenas una tregua...

5. España y el jansenismo en el siglo XVII

Los que han escrito hasta ahora sobre el jansenismo español se han fijado casi exclusivamente en el llamado «segundo jansenismo» [50], que aparece entre nosotros en la segunda mitad del siglo XVIII y desaparece en la primera mitad del siglo siguiente, y han silenciado, por consi-

[49] P. PIRRI, S.I., *L'interdetto di Venezia del 1606 e i gesuiti* (Roma 1959) p.19 y 25.
[50] M. MENÉNDEZ PELAYO, *El jansenismo regalista en el siglo XVIII*, en *Historia de los heterodoxos españoles* vol.2 (Madrid 1956) 473-558; M. MIGUÉLEZ, *Jansenismo y regalismo en España* (Valladolid 1896); E. APPOLIS, *Les jansénistes espagnoles* (Bordeaux 1966); A. MESTRE, *El jansenismo español en el siglo XVIII. Estado actual de la investigación:* Divus Thomas 78 (Piacenza 1975) 407-30; J. SAUGNIEUX, *Le jansénisme espagnol; ses composantes et ses sources au XVIIIe siècle* (Oviedo 1975).

guiente, las relaciones de España con el «primer jansenismo», el del siglo XVII. Sin embargo, los resultados de las investigaciones realizadas durante los últimos cuarenta años por L. Ceyssens, J. Orcibal y otros [51], nos permiten afirmar que España desempeña en el jansenismo del siglo XVII un papel ciertamente más importante que el que le corresponde en relación con el jansenismo del siglo XVIII: aquí España sufre un influjo, allí lo ejerce.

El «jansenismo histórico», del que nos ocuparemos, más amplio y más real que el jansenismo de las cinco proposiciones (1653), es también anterior a éstas, e incluso al *Augustinus* (1640), de Cornelio Jansenio. Desciende directamente de las controversias *de auxiliis* que acabamos de estudiar. En un cierto momento, los defensores de la gracia intrínsecamente eficaz se convierten en jansenistas; sus contrarios, en antijansenistas, si bien entre ellos se entrecruzan —familiarmente— los epítetos de calvinistas y bayanistas, por una parte, y de pelagianos y semipelagianos, por otra. Durante el siglo XVII, jansenismo y antijansenismo —estos «hermanos siameses», en expresión de L. Ceyssens— constituyen dos realidades históricas tan íntimamente relacionadas entre sí, que no es posible comprender la una sin la otra. Cada una encuentra en su contraria la razón de ser de su existencia.

Jansenio en España. Juramento agustiniano-tomista

Al abandonar definitivamente las sesiones *de auxiliis*, los bañecianos habían perdido la batalla, pero no la esperanza de la victoria; el papa les había prometido que pronunciaría, a su tiempo, la sentencia, y ésta, pensaban ellos, no podría por menos de serles favorable. Al ver que la sentencia se iba retrasando, los dominicos insisten. El P. Mtro. Fr. Jerónimo Baptista de Lanuza († 1624), a la sazón profesor de Sagrada Escritura en Zaragoza, redactó un Memorial (1611), que envió a Pablo V, «en el que se escriben los motivos y razones por los cuales Su Santidad debe servirse definir y concluir la causa de los auxilios divinos [52]; mayores esfuerzos se hicieron en los años siguientes ante Felipe III, a través de su influyente confesor P. Luis de Aliaga, O.P., para que aquél solicitase de Roma la prometida y ansiada definición [53]. Pero ésta no vendrá nunca. Y también aquí se perdió la esperanza. Pero no el ardor y el gusto por la lucha. Y ya que de arriba no venía el apoyo, había que organizarse desde abajo: mantener compacto el tomismo, cerrar la puerta de las universidades a las nuevas interpretaciones de los jesuitas

---

[51] L. CEYSSENS, *Sources relatives à l'histoire du jansénisme et de l'antijansénisme des années 1640-1682*, 9 vols. (Bruselas-Lovaina 1957-74) (cada vol. lleva un título diverso); ID., *Jansenistica, Études relatives à l'histoire du jansénisme*, 4 vols. (Malinas 1950-62); ID., *Jansenistica minora. Extraits d'articles*, 13 vols. (Malinas-Amsterdam 1951-78); J. ORCIBAL, *Correspondance de Jansénius. Les origines du jansénisme* 1 (Lovaina-París 1947); L. COGNET, *Le jansénisme* (París 1961).

[52] *Memorial que el P. Mtro. Fr. Hierónymo Baptista de Lanuza hizo...*: Roma, Arch. general O.P. (Santa Sabina) ser.24 vol.257 s.f.

[53] L. LOPETEGUI, *Renovación y fracaso de las tentativas para obtener una definición en la controversia «de auxiliis». 1607-1614:* ATG 37(1974) 45-81.

e impedir que éstos pudiesen dar grados dentro de sus colegios. En la realización de este plan, los tomistas españoles van a encontrar unos válidos y entrenados aliados en los profesores de la Universidad de Lovaina. Aquí, los contrastes entre la Universidad y la Compañía comenzaron con la llegada de los jesuitas para fundar su colegio en aquella villa con pretensión de conceder grados en él; pero aumentaron en los años en que el famoso Leonardo Lessius, S.I († 1623), enseñó teología en dicho colegio; ya antes de que apareciera la *Concordia* de Molina, Lessius exponía los principios de la gracia suficiente y de la ciencia media en términos tan exagerados, que no habían de gustar ni siquiera a su amigo y protector Roberto Belarmino; y menos todavía a los profesores lovanienses. Estos, a la sazón, estaban viviendo un clima de grande fervor agustiniano, favorecido por la edición —la más crítica entonces— de las obras de San Agustín, realizada por un grupo de dichos profesores e impresa por Plantino (1576-77). Por defender su agustinismo tradicional, los lovanienses no tendrán empacho, en un cierto momento, en tomar una actitud crítica respecto de las discutidas interpretaciones agustinianas de uno de sus venerados maestros, Miguel Bayo, como tampoco, y a mayor razón, en oponerse más enérgicamente a las innovaciones doctrinales de Lessius. Y en efecto, los doctores lovanienses firman en 1587 un extenso escrito intitulado *Censura lovaniensis,* en la que critican duramente la doctrina de Lessius sobre la gracia eficaz y la predestinación gratuita. Este documento, con una defensa del mismo del año siguiente *(Iustificatio censurae),* constituirá en lo sucesivo el santo y seña de la escuela lovaniense. Por eso, no tiene nada de extraño que también los lovanienses siguiesen con especial interés las congregaciones *de auxiliis,* de cuyo desarrollo estaban puntualmente al día gracias a las informaciones de su representante en las mismas, el irlandés Pedro Lombardo, arzobispo de Armagh. En cuanto a las cátedras y a los grados, la Universidad, celosa de sus prerrogativas, se opuso siempre a las pretensiones de los jesuitas. Pero en marzo de 1624, los jesuitas, con el apoyo de la corte de Bruselas y de los Estados Generales de Brabante, estaban a punto de obtener un buen número de cátedras. El *alma mater* se decide a perorar la causa directamente en la corte de Madrid. A principios del otoño de 1624, enviado y subvencionado por la Universidad, uno de sus profesores, Cornelio Jansenio, parte para España, de donde regresará a principios de la primavera del año siguiente; desde principios del verano de 1626 hasta la primavera de 1627 realizará un segundo viaje a España: dos viajes —como le encargó la Universidad— para librar una guerra «pro aris et focis» [54]. De las dos veces, no se contentó Jansenio con exponer su causa ante el rey y ante

[54] J. ORCIBAL, *Correspondance de Janséntus* p.295. Véanse R. DE SCORRAILLE, *Jansénius en Espagne:* Recherches de Science Religieuse 8 (1917) 187-254; A. PÉREZ GOYENA, *Un episodio de la historia de la teología española:* Razón y Fe 34 (1912) 434-44: ID., *Jansenio en España:* ibid., 56 (1920) 172-88.451-65; 57 (1920) 181-97.318-33; ID., *El juramento de la Universidad de Salamanca de seguir a San Agustín y a Santo Tomás:* ibid., 67 (1923) 434-51; 68 (1924) 273-89; 69 (1924) 48-58; F. CLAEYS BOUUAERT, *Jansénius en Espagne:* Hommage à dom Ursmer Berlière (Bruselas 1931) 73-98.

el consejo de Flandes, en donde su presidente, Iñigo de Brizuela, O.P., obispo de Segovia, le reservó siempre amplia acogida. Visitó también varias Universidades, como la de Salamanca, Alcalá y Valladolid. A Salamanca y a Alcalá llegaba precisamente en un momento de graves preocupaciones. En Salamanca, dominicos y agustinos se lamentaban de que, a causa de la libertad de enseñanza, cualquier imberbe «estudiantillo se atrevía a dezir: *Transeat Augustinus! Transeat divus Thomas!*, porque ansí lo oía dezir a sus maestros» [55]; a su vez, la Universidad de Alcalá estaba en estado de alarma, porque los jesuitas andaban tramitando la obtención de grados académicos para el célebre colegio de Madrid, fundado por la emperatriz D.ª María de Austria, y llamado por eso Colegio Imperial. Se explica, pues, que Jansenio fuese recibido «casi como bajado del cielo providencialmente» [56] en esas dos Universidades; se le acogió en ambas por todo el claustro reunido; en Salamanca habló durante una hora; por una y otra parte se entrecruzaban consignas, se compartían anhelos; no se llegó a proponer una confederación de universidades en sentido formal y jurídico —como, al parecer, soñaba Jansenio—, pero todos prometieron prestarse mutuamente apoyo moral ante las cortes de Madrid, Bruselas y Roma. La visita contribuyó a infundir, más que nada, entusiasmo en los ánimos.

Y fue, sin duda, este entusiasmo del momento lo que movió a la Universidad de Salamanca a decidirse a dar un paso transcendente, que el mismo Domingo Báñez no se hubiera nunca imaginado: en claustro pleno se aprobó un Estatuto por el que todos los profesores de teología debían comprometerse en adelante, con juramento, a enseñar la doctrina de San Agustín y de Santo Tomás única y exclusivamente [57]. El agustinismo de Lovaina y el tomismo de Salamanca se daban la mano. San Agustín quedaba reconocido como «capitán general» y «el mayor de los theólogos escolásticos», y Santo Tomás como «tan gran discípulo de San Agustín, que le podemos llamar Agustino segundo» [58]. El Estatuto fue presentado al Consejo para su confirmación y validez. Pero resultó que los jesuitas, a los que esta vez se unieron los franciscanos [59], recurrieron también al Consejo, y éste no dará jamás tamaña aprobación. Por supuesto, se podría continuar observando la doctrina de San Agustín y de Santo Tomás, pero sin voto.

También en Alcalá los entusiasmos suscitados por la «providencial» visita debieron de enfriarse bastante después que el Colegio Imperial obtuvo el reconocimiento como universidad en 1628.

De regreso a su patria, Jansenio visitó Valladolid. Después que él

[55] *Por la Universidad de Salamanca y las sagradas Religiones de Santo Domingo y San Agustín. Sobre la confirmación del Estatuto y juramento de enseñar y leer las doctrinas de San Agustín y Santo Tomás, y no contra ellas* (Barcelona 1627) p.31.

[56] «... ita ab eis auditus fui quasi de caelo ex divina providentia delapsus» (carta de Jansenio, 1.º abril 1627; cf. ORCIBAL, o.c., p. 373).

[57] Texto del Juramento en *Por la Universidad de Salamanca* p.8-9.

[58] *Por la Universidad de Salamanca* p.21-22.

[59] *Memorial por la Religión de San Francisco en defensa de las doctrinas del seráfico Doctor San Buenaventura, del sutilíssimo Doctor Escoto y otros Doctores clássicos de la misma Religión. Sobre el juramento que hizo la Universidad de Salamanca...* (Madrid 1628).

habló en la Universidad, por cierto con mucha prudencia y circunspección, el P. Lucas Wadding, S.I. († 1650), en carta de 10 de marzo de 1627, informa a su hermano Pedro, también jesuita, profesor de teología en Lovaina: «Nosotros aquí hemos combatido con vehemencia sus manejos. Hemos dicho de él que era holandés y sospechoso de espíritu poco católico en sus pretensiones... Esta misma noche, [la Inquisición] envió una orden a Salamanca para que se averigüe jurídicamente si habló allí contra la Compañía o su doctrina, de lo cual, teniendo en cuenta la nación infecta y las circunstancias personales y las de la causa que defiende, se pueda mínimamente coligir o dudar si sea en realidad católico...» [60]. Nos parecen unas indicaciones sumamente interesantes. Diríase que trece años antes del *Augustinus* estaba naciendo el jansenismo en la mente y en la pluma del antijansenismo.

España y el «Augustinus», de Cornelio Jansenio

Al licenciar a los teólogos de las controversias *de auxiliis,* Pablo V había ordenado severamente que, al escribir sobre la gracia, nadie censurase la opinión contraria; en 1611, por un decreto del Santo Oficio, prohibió que nadie escribiese sobre esa materia sin permiso de la Inquisición romana; el mismo decreto del Santo Oficio fue renovado en 1623 y 1625 bajo Urbano VIII. Esta insistencia demuestra que los preceptos romanos no se observaban; pero no siempre se trataba de desobediencia formal; muchas veces era cuestión de ignorancia de las prescripciones pontificias, ya que éstas, transmitidas a los nuncios de los diversos países a través de la Secretaría de Estado, no siempre llegaban a conocimiento de los interesados. Pero fuera por desobediencia o por ignorancia, lo cierto es que la polémica sobre la gracia continuó en primer plano aun después de las congregaciones *de auxiliis* y no obstante los preceptos romanos; las bibliotecas conservan abundantes escritos polémicos inéditos sobre la materia; otros salieron a luz; baste citar los tratados de los jesuitas J. de Mariana, Pedro de Arrubal, Valentín de Herice († 1626), Diego Ruiz de Montoya († 1632); de los dominicos Blas Verdú y Sanz, Juan Biescas († 1640), Diego Alvarez, Juan de Santo Tomás; del carmelita Antonio de la Madre de Dios; del franciscano Francisco de Arriba.

En este clima apasionado, se preocupó también del problema Cornelio Jansenio, el cual, ciertamente, tenía más preparación teológica que diplomática. Bajó a la arena no para mediar en favor de una u otra sentencia en lucha, sino para estudiar a fondo la verdadera mente de San Agustín, a quien Clemente VIII había puesto como guía y árbitro en las discusiones sobre la gracia. Nombrado obispo de Yprés mientras tanto (1635), supo conjugar esta tarea con sus ineludibles deberes pastorales. Los frutos de más de veinte años de estudio y de meditación los recogió en un grueso volumen que, bajo el título de *Augustinus,* se dis-

---

[60] J. Orcibal, o.c., p.370.

ponía a publicar cuando le sobrevino la muerte (6 mayo 1638). Dos años más tarde, en 1640, la obra veía la luz pública en Lovaina. Una luz siniestra, que había comenzado a marcar esta creatura huérfana aun antes de nacer. En efecto, la tendencia antimolinista del autor —manifestada ya en sus anteriores gestiones diplomáticas— y la materia espinosa de la gracia fueron suficientes para que los jesuitas de Lovaina se pusiesen alerta; enterados, además, de que el libro se estaba imprimiendo, sí con licencia eclesiástica, pero sin la autorización de Roma, pretenden por todos los medios que la impresión sea suspendida en virtud de los preceptos pontificios. Esto no obstante, el libro fue estampado y comenzó a venderse en las librerías, con grande aceptación del público. Los jesuitas, no habiendo podido impedir su publicación con argumentos disciplinares, tratan ahora de oponerse a su difusión con razones doctrinales; preparan unas _Theses theologicae de gratia_, y, saltando por encima de los preceptos pontificios que antes invocaban contra el _Augustinus_, las publican, _cum permissu superiorum_, en un infolio de 130 páginas (Amberes 1641); en ellas, la doctrina de Jansenio es atacada como doctrina de Miguel Bayo, ya condenada setenta años atrás. Está naciendo la controversia jansenista propiamente dicha. Ante el ambiente manifiestamente hostil de Lovaina, los jesuitas piden refuerzos a Bruselas, a Amberes, a Lieja..., a Roma, a París, a Madrid. La controversia jansenista se convierte en fenómeno europeo. Por supuesto, nosotros tenemos que ceñirnos, y muy brevemente, a la participación española. Ciertamente, al jesuita español P. Pedro de Vivero († 1656) cabe el honor de ser el primero, o uno de los primeros, en contribuir a la tarea de internacionalización de la controversia jansenista. Confesor y predicador a la sazón en la corte de Bruselas, el P. Vivero se vale de su posición y de su prestigio para hacer intervenir a la Inquisición romana y española. Su pensamiento sobre el jansenismo lo expuso en una serie de «memoriales» que imprimió, y que dirigió, en la mayor parte, a su gran amigo el influyente cardenal español Alfonso de la Cueva, más conocido por su título nobiliario de marqués de Bédmar, que en aquellos momentos era miembro del Santo Oficio de Roma. Pero una sorpresa les aguardaba en Roma a Vivero y a sus colegas belgas. El 1.º de agosto de 1641 fue publicado un decreto, emanado por el mismo Santo Oficio, en el que, después de confirmar los anteriores decretos acerca de la materia _de auxiliis_, se prohíben de nuevo y expresamente el _Augustinus_, las _Theses_ y «otros escritos que irán al final del decreto», publicados no sólo en contravención de los citados decretos, sino también «con grave escándalo y ofensa de la Iglesia». En la lista que va al final del decreto aparecen, efectivamente, los «memoriales» con el nombre de su autor P. Vivero. Pero la sorpresa fue relativa, pues el decreto ni en Bélgica fue puesto en práctica por ninguna de las partes, ni en Roma fue considerado como definitivo. Los alguacilados alguaciles, no contentos con este primer mortificante empate, van al desquite, y esta vez será con mayor éxito. El día 6 de marzo de 1642 es firmada la bula _In eminenti_, aunque en realidad no será publicada en Roma sino dieciséis meses después, el

19 de junio de 1643. En ella se renovaban las bulas de Pío V y Gregorio XIII contra Bayo, los decretos dados acerca de la materia *de auxiliis,* incluso el de 1641, y se condena después expresamente el *Augustinus,* del cual se dice que contiene muchas proposiciones condenadas por Pío V y Gregorio XIII y que las defiende no sin grande escándalo de los católicos y no sin menosprecio de la autoridad pontificia. En los orígenes y en la confección de esta famosa bula de Urbano VIII tampoco faltó la participación española. Aparte de los dos artífices principales de la misma, el cardenal Francisco Barberini, nepote del papa, y Francisco Albizzi, asesor del Santo Oficio, hay que destacar dos figuras españolas de grande relieve: el ya citado cardenal de la Cueva y especialmente el P. Juan de Lugo, S.I. (†1660); este célebre profesor del Colegio Romano, aunque no había publicado todavía todas sus numerosas obras, era tenido ya como «el oráculo de Roma» y gozaba de gran prestigio ante Urbano VIII, de cuyo «consejo de conciencia» formaba parte; cinco meses después de la publicación de la bula *In eminenti,* el anciano pontífice lo premiará con la púrpura cardenalicia. En la condenación del *Augustinus,* el P. Lugo no sólo desempeñó el papel de «denunciante» («personam accusatoris») y de «fiscal» («actor») que él mismo se atribuye [61], sino que él fue quien sugirió pasar de un simple decreto disciplinar a una bula dogmática; y su consigna a los amigos belgas, del 13 de septiembre de 1641, de que nunca mencionasen a Jansenio, sino a Bayo solo («nunquam tamen nominare Jansenium..., sed solum Baium et eius doctrinam ut Baii impugnare») [62], había de encontrar perfecta resonancia en la bula condenatoria. En cuanto a ésta, digamos, de pasada, que tanto su insólita gestación de dieciséis meses como otras graves anomalías que acompañaron su nacimiento no eran sino triste presagio de las tempestades de sospechas y ataques que se iban a desencadenar contra su legitimidad y no sólo en el campo jansenista. El mismo nuncio de París, Grimaldi, la tuvo, algún tiempo, por falsa.

Pero veamos la reacción antijansenista en España. Las denuncias del P. Pedro Vivero desde Bruselas encontraron acogida en el Colegio Imperial de Madrid. El 18 de septiembre de 1641, los profesores Pedro González de Mendoza, Lucas Rangel, Juan de Robledo, Francisco de Parejas, Agustín de Castro, Alfonso de Castro, Juan Bautista Dávila y Juan Martínez de Ripalda firmaban un escrito de 48 páginas que contenía la *Censura de los calificadores del Colegio de la Compañía de Jesús de los escritos de Cornelio Jansenio* [63]. Esta *Censura* no parece haya tenido mucho influjo en la Inquisición española, la cual durante estos primeros años se mostraría muy remisa en el asunto de Jansenio, o porque el *Augustinus* no corría todavía por España, o porque ella, la Inquisición, no era

[61] Cartas de Lugo, 1.º de agosto y 4 de septiembre de 1641; cf. L. CEYSSENS, *L'origine romaine de la bulle «In eminenti»:* Jansenistica t.3 (Malinas 1957) p.54 y 58; otras cartas de Lugo, CEYSSENS, *Sources... 1640-1643* (Lovaina 1957).

[62] CEYSSENS, *Sources... 1640-1644* p.201; *L'origine romaine* p.54.

[63] Madrid, AHN, Inq., leg.4455/3; CEYSSENS, *Sources espagnoles relatives à la publication de la bulle «In eminenti» en Belgique (1643-1653):*Bulletin de la Commission Royale d'Histoire 116 (1951) 201-43 *(Jansenistica minora* t.5 fasc.48).

competente en los negocios de Flandes. De hecho, a partir del 11 de noviembre de 1645 hasta finales del siglo XVII, todo lo referente a la controversia jansenista será tramitado por una Junta especial, presidida por el inquisidor general: «La junta en la posada del inquisidor».

El P. Juan Martínez de Ripalda († 1648) no merece ocupar el último puesto entre los firmantes de la *Censura.* Por su celebrada obra *De ente supernaturali disputationes in universam Theologiam,* en dos tomos (*tomus prior,* Burdeos 1634; *tomus posterior,* Lyón 1645), cierra, junto con Juan de Lugo, la serie de grandes teólogos de la escolástica postridentina; y por un grueso volumen que figura como apéndice y tercer tomo del *De ente,* se aseguró, igual que Lugo, una cierta notoriedad en la polémica jansenista. En una correspondencia de 26 de marzo de 1642 se lee: «El P. Juan Martínez de Ripalda tiene su segundo tomo en prensa en Lyón: prepara el tercero, en el que impugnará a Bayo y, sin citarlo, a Jansenio, su seguidor» [64]. Esta obra no saldrá a luz sino en 1648, muerto ya su autor, con el título —inspirado, sin duda, en la consigna dada por Lugo unos años antes— *Adversus Baium et Baianos,* aunque en realidad va contra Jansenio y los jansenistas. En ella, el autor hace, a base de grande erudición patrística, la apología de todas las bulas y decretos sobre la gracia que fueron publicados desde Pío V hasta Urbano VIII, reivindicando su derecho y legitimidad. Sin embargo, sus editores, los jesuitas belgas, dieron prueba de no respetar mucho estas bulas al hacer publicar la obra sin las licencias requeridas y en un lugar que no fue ciertamente Colonia, como se indica en el frontispicio, sino, probablemente, Amsterdam, en las prensas del protestante Juan Blaeu. A estos lances se refiere el título *Vulpes capta,* con que comienza la réplica, que, por parte de la Facultad de Teología de la Universidad de Lovaina, fue publicada en 1649, y que hizo que el nombre de Ripalda se divulgase entre los medios jansenistas europeos. Pero más que fijarse en estas irregularidades legales —a las que, por lo demás, cedían también ellos con harta frecuencia—, los jansenistas dirigen sus críticas —y no siempre sin fundamento— contra el valor científico del voluminoso libro de Ripalda. Pero, con todas sus limitaciones, el *Adversus Baium et Baianos* constituye, sin duda, la aportación literaria y científica más relevante del antijansenismo español en el campo doctrinal durante todo el siglo XVII [65].

Para terminar este apartado, hablemos también de la actitud de la diplomacia española ante la bula *In eminenti.* La práctica del *placet,* o de visar los documentos pontificios de carácter administrativo que entraban tanto en España o en sus dominios como en los Países Bajos, venía siendo ejercitada desde tiempo atrás, sin mayores complicaciones; en el siglo XVII, esa costumbre circulaba como doctrina segura en las obras

[64] Bruselas, Bibl. Real, ms.II 1220-30.
[65] L. CEYSSENS, *Juan Martínez de Ripalda et le troisième volume de son «De ente supernaturali» (1648):* De Gulden Passer 33 (1955) 1-26 (*Jansenistica minora* t.4 fasc.30); A. ARBELOA EGÜÉS, *La doctrina de la predestinación y de la gracia eficaz en Juan Martínez de Ripalda* (Pamplona 1950).

de los mayores teóricos del regalismo austríaco, como Diego de Covarrubias († 1577), obispo de Segovia; Francisco Salgado de Somoza († 1644) y Juan de Solórzano Pereira († 1655). Fundándose en ella, las autoridades civiles de Flandes estaban dispuestas a conceder el *placet,* siempre que fuera solicitado, pero no a permitir que se saltase por encima de él, en la promulgación de la bula *In eminenti,* la cual, si bien de carácter doctrinal, comportaba serias consecuencias prácticas y económicas, sobre todo para el tipógrafo y para los editores y libreros. Por su parte, los representantes pontificios no se dignaban pedir el *placet* regio, fundándose en el principio de la validez universal de la publicación romana del documento, principio expresado, con insólita y machacona insistencia, al final de la bula. En la práctica, esta cuestión de principios era agravada por las relaciones tensas entre España y el pontificado de Urbano VIII. Ahora bien, si la bula no estaba oficialmente promulgada en los Países Bajos, tampoco obligaba de derecho, y muchos no sentían un deber de conciencia aceptarla; en este estado de cosas, las polémicas en torno al *Augustinus* aumentan cada día; unos urgen su supresión, otros piden que sea examinada de nuevo su doctrina por una junta de teólogos competentes; se envían diputados a Madrid para ventilar cada cual su propia causa, se buscan adhesiones en el país, se hacen encuestas, se redactan memoriales; los ánimos están encendidos, y la paz religiosa de los Países Bajos se veía seriamente comprometida. Se imponía tomar alguna medida. Afortunadamente, con el nuevo papa Inocencio X, antiguo nuncio en Madrid, las diferencias con Roma se habían compuesto, y Felipe IV, requerido por el gobernador de los Países Bajos, se decide, finalmente, a tomar una resolución. En carta de 14 de julio de 1650 comunica al archiduque Leopoldo-Guillermo que autorice la publicación de la bula, y después de esto, él, el rey, pedirá al papa que haga examinar de nuevo el *Augustinus:*

> «He querido decir a V. A. que, después de ejecutada la bula y no antes, escribiré a mi embajador en Roma suplique a Su Santidad, en mi nombre, mande ver dicho libro, para que, si tuviere errores, se expurgue y corra libre dellos...; y esto se conseguirá más fácilmente viendo Su Santidad que está obedecida y ejecutada la bula» [66].

El rey pensaba que, resolviendo primero el problema jurídico del *placet* y luego el problema teológico de la revisión del *Augustinus,* dejaría contentas a ambas partes y se restablecería la paz. El primer problema fue resuelto, finalmente, en 1651 con la publicación oficial, por parte del archiduque, de la bula *In eminenti.* Pero cuando, a principios de 1653, el embajador español se presenta en el Vaticano para proponer, en nombre del rey, la revisión y, eventualmente, la corrección del *Augustinus,* encontró al papa tan irritado, que renunció a tratar la cuestión. Unos meses después, el 31 de mayo de 1653, se publicaba la bula *Cum occasione,* que condenaba como heréticas las cinco proposiciones.

[66] Ed. por L. CEYSSENS, *Jean Recht en mission à Madrid pour l'«Augustinus» et l'augustinisme:* Augustiniana 1 (1951) 58-59 *(Jansenistica minora* t.2 fasc.12).

Felipe IV, con sus medidas de compromiso, no había obtenido la paz. Pero ¿se terminaría la guerra con la aplastante victoria de la bula *Cum occasione?* ¿Quedarán todavía en el campo verdaderos jansenistas, es decir, seguidores de la doctrina herética de las cinco proposiciones? ¿O no será ese jansenismo doctrinal un fantasma, como sostuvieron siempre los escritores de Port-Royal? Por lo que a España se refiere, difícilmente se podrá probar la existencia de jansenistas doctrinales; ni como tal podrá ser considerado el superior de los clérigos regulares, Antonio González de Rosende, el biógrafo del controvertido obispo Juan de Palafox; a juzgar por una de sus cartas [67], es un típico batallador ibérico que en 1649 no conocía aún la bula *In eminenti,* pero ya se oponía a ella; su jansenismo se reduce a un exaltado entusiasmo por Jansenio y a un exacerbado rencor contra los jesuitas.

Pero sea que se trate de jansenistas verdaderos o falsos, la guerra contra ellos continúa en todo lo que resta de siglo. Y España ofrece, sin menguar, intrépidos guerreros. Apoyado por el rey, por el Consejo y, sobre todo, por la junta especial «en la posada del inquisidor», nuestro antijansenismo se mostrará activo hasta finales de siglo. En la imposibilidad de seguirlo en todos los frentes, vamos a reseñar sólo dos de sus campañas, que se refieren muy especialmente a la historia de la teología.

La condenación de las 31 proposiciones jansenistas

En 1679, una comisión de profesores de Lovaina obtenía un decreto del Santo Oficio por el que se condenaban 65 proposiciones laxistas, extractadas de libros de antijansenistas. Estos reaccionaron prontamente. Envían a Roma 238 proposiciones jansenistas para hacerlas condenar por el Santo Oficio; poco después, otro fardo de 356 proposiciones es enviado a Madrid con intención de hacerlas examinar y censurar por la Inquisición española. Cuando el portador de las proposiciones, P. Patricio Duffy, estaba dando sus primeros pasos en la corte [68], entra en escena el P. Tirso González de Santalla, S.I. (†1705), natural de las tierras bercianas, gran predicador, desde 1687 prepósito general de la Compañía y a la sazón catedrático de Prima en Salamanca; este acérrimo antiprobabilista —como veremos— fue también un ferviente antijansenista, y lo comenzó a demostrar cuando en la primavera de 1681 se presentó en la corte y entró en contacto con Duffy: «Dios, sin duda, me llevó allá para ayudarle, porque lo hice con esfuerzo» [69]. Y, efecti-

[67] Carta a J. Recht, Madrid, 9 de agosto de 1649; cf. L. CEYSSENS, *Correspondance de deux jansénistes belges à Madrid (1649-1653):* Handelingen der maatschappij voor geschiedenis en oudheidkunde te Gent 12 (1958) 76 (*Jansenistica minora* t.5 fasc.44); A. PÉREZ GOYENA, *Un jansenista español desconocido:* Razón y Fe 90 (1930) 24-40; A. MESTRE, *Jansenismo español:* DHEE t.2 col.1224.
[68] L. CEYSSENS, *P. Patrice Duffy, O.F.M., et sa mission antijanséniste:* Catholic Survey 1 (1951-52) 76-112.228-66.
[69] E. REYERO, *Misiones del M. R. P. Tirso González de Santalla* (Santiago de Compostela 1913).

vamente, se debe a los esfuerzos de González el que las cosas tomasen otro rumbo: las proposiciones fueron enviadas a Roma para ser examinadas con las de la otra lista, y el antijansenista Duffy las acompañó con el título y estipendio de teólogo del rey de España. Tras muchas dificultades, fueron censuradas algunas de las proposiciones, pero pasaron años y la censura no se veía; la causa pasó entonces a manos de un paisano y grande amigo de González, el franciscano Francisco Díaz de San Buenaventura, lector jubilado de teología y agente de Carlos II en Roma; dinámico diplomático —más que teólogo—, el P. Díaz obtuvo, finalmente, el decreto del Santo Oficio de 7 de diciembre de 1690. Tirso González, exultante, confiesa que «Fr. Francisco Díaz fue el que obtuvo este triunfo con infinitos pasos y fatigas..., y, sin duda, no se hubiera obtenido esta victoria tan importante si no fuera por la actividad, mano y destreza de Fr. Francisco Díaz» [70]. Sin embargo, el «triunfo» fue más bien escaso, si se tiene en cuenta que de las 594 proposiciones jansenistas denunciadas inicialmente, el Santo Oficio censuró sólo 31, y hubiera podido hacer una tala más radical, pues hoy se sabe que de las 31 proposiciones censuradas, una está totalmente falseada y otras pueden interpretarse rectamente en el contexto de los escritos originales de los que fueran desgajadas [71].

Animados por esta «victoria», los dos antijansenistas bercianos continúan vigilando para que en el campo no salgan brotes de herejía jansenista. En los primeros meses de 1692, Díaz delata al Santo Oficio dos series de proposiciones jansenistas: una de 55 proposiciones, sacadas de las obras de un profesor de Lovaina, G. Huygens; otra de 18 proposiciones, tomadas de la *Historia Pelagiana*, del agustino italiano Enrique Noris. A partir de este año y en los sucesivos, Díaz, siempre como teólogo regio, y González, como prepósito general de la Compañía, ejercerán todo su influjo en la Curia romana para que fuese permitida la introducción, en las diócesis de los Países Bajos, del *Formulario* antijansenista de Alejandro VII, pero incrementado con nuevas cláusulas, como lo deseaba el exaltado antijansenista Humberto Guillermo de Precipiano, arzobispo de Malinas.

Pero esta vez el éxito fue todavía más menguado. En cuanto a las proposiciones de Huygens, el mismo Santo Oficio tuvo el delicado gesto —inconcebible en los tiempos de Albizzi y de los Barberini— de pedir a la Universidad de Lovaina que enviase un buen teólogo que replicase a las acusaciones de Díaz, «para mejor información de la Congregación y en bien de la *deseada paz* de esa escuela teológica» [72]. No sabemos si el

---

[70] Arch. Romano S.I., Epp. NN., vol.42 fol.184, González a J. de Palazol, 26 de julio de 1698; I. VÁZQUEZ, *Tirso González, S.I., y Francisco Díaz de San Buenaventura,O.F.M., frente al jansenismo belga a finales del siglo XVII:* Miscellanea Jansenistica offerts à Lucien Ceyssens (Hérvelée-Louvain 1963) 307-41.

[71] L. CEYSSENS, *La vingt-quatrième des trente-et-une propositions jansénistes condamnées en 1690:* Antonianum 32 (1957) 47-70 *(Jansenistica minora* t.4 fasc.34); S. PERA, *Historical notes concerning ten of the thyrty one rigoristic Propositions condanned by Alexander VIII (1690):* Franciscan Studies (New York) 20 (1960) 19-95.

[72] Bruselas, *Archives du Royaume, Acta Universitatis* vol.389; ed. I. VÁZQUEZ, o.c., p.327.

teólogo llegó a desplazarse a Roma. Lo cierto es que los calificadores romanos, por su cuenta, en el primer examen comenzaron por descartar 38 de las 55 proposiciones, por «no censurables»; sobre las 17 restantes no se sabe que haya sido publicada ninguna censura. Tampoco las 18 proposiciones de Noris, acusadas de bayanismo y de jansenismo, fueron obstáculo para que su autor, de simple fraile, hiciera carrera en la Curia: calificador y después consultor del Santo Oficio, prefecto de la Biblioteca Vaticana, cardenal y bibliotecario de la Santa Iglesia Romana. Finalmente, tampoco las cláusulas pudieron ser jamás añadidas al antiguo *Formulario,* como pedían De Precipiano y sus agentes y amigos romanos.

La «Censura lovaniensis» cien años después

La *Censura lovaniensis* y la *Iustificatio censurae,* dadas contra Leonardo Lessius, S.I., en 1587, son dos documentos que constituyeron desde entonces la base doctrinal de la enseñanza de la Universidad de Lovaina. De ahí se explica el interés que siempre pusieron los profesores lovanienses por salvaguardar su ortodoxia, haciéndola reconocer así por la Santa Sede. En 1679, los dos delegados de la Universidad que se encontraban en Roma para la condenación de las 65 proposiciones comunicaron a Lovaina que el Santo Oficio, a ruego de los mismos, había examinado la *Censura* y la *Iustificatio* y que las había considerado inmunes de error. Pero no les dio ningún atestado escrito. Esto fue motivo para que los antijansenistas tuviesen por falso el testimonio de los lovanienses y para que continuasen afirmando que la *Censura* y la *Justificación* estaban prohibidas por la Iglesia, por contener doctrinas bayanistas. El 7 de marzo de 1693, la Facultad de Teología de Lovaina escribe una carta directamente al papa Inocencio XII pidiéndole una autorización expresa para continuar explicando la propia doctrina. Encargan de la causa en Roma a un hábil agente de la Universidad: Juan-Liberato Hennebel. Hennebel inicia sus gestiones. Pero los defensores de Lessius tratan de contrarrestarlas atacando. Tirso González dirige directamente las operaciones, pues se trataba de salvar el honor de la Compañía y su doctrina. Por supuesto, cuenta siempre con la ayuda de Díaz y de otros Padres de la Compañía. El 30 de abril presenta una protesta por escrito al papa y le habla además detenidamente sobre la maniobra oculta de los jansenistas; pretender que se declare que está aprobada la doctrina de la *Censura* «fuera lo mismo que aprobar la doctrina de Jansenio» [73]. Tres años más tarde, González continúa repitiendo lo mismo: «La *Censura lovaniensis* tiene proposiciones y principios de los cuales *con evidencia* se infieren las cinco proposiciones heréticas de Jansenio». Y pide al papa que la condene. «Y espero conseguirlo» [74]. La esperanza no le impedía a González ver que había obstáculos en el mismo Santo Ofi-

---

[73] Arch. Romano S.I., Epp. NN., v.41 fol.291, González a Díaz, 2 de mayo de 1693.
[74] Ibid., v.42 fol.74, González a Gregorio Sarmiento, S.I., 24 de marzo de 1696.

cio. «El obstáculo es el escudo que tienen los jansenistas en los PP. Dominicos». Y es siempre González quien cree que a los jansenistas «favorecen o no desfavorecen los predeterminantes, porque consideran que su sentencia es un antemural para mantener el muro de la predestinación, y temen que, roto el antemural, no bata la artillería su muro» [75]. Contra estos muros y antemurales van a golpear en vano las catapultas del antijansenismo en los dos últimos años del siglo XVII.

El jansenismo, ¿un fantasma?

Pero detrás de aquellos muros y antemurales, ¿no sería que existían sólo fantasmas? Que así fuese parecería darlo a entender la indiferencia con que la Curia romana tomaba las cosas del jansenismo en el atardecer del siglo XVII. Pero los antijansenistas en manera alguna podían dar crédito a esta terrible sospecha, y, menos que nadie, Tirso González, quien, después de haber reñido tantas batallas, confesaba en 1698 que en defensa de la misma causa «derramaré de buena gana la sangre y daré la vida» [76]. Por eso, se apresura a escribir a un Padre de Madrid, Juan de Palazol, para que, de orden suya y bajo su autoridad, suplique al rey Carlos II se digne mandar averiguar si en el «País Baxo Cathólico» existen o no existen jansenistas. La encuesta no se llevó a cabo, porque el *Memorial* en que Palazol la pedía fue a parar a la Inquisición española y luego a la romana. Pero, de todos modos, una cosa resulta evidente: que a los antijansenistas del siglo de Don Quijote les interesaba continuar creyendo que aquéllos existían.

III. LAS CONTROVERSIAS MARIOLÓGICAS

El tratado de mariología constituye un capítulo glorioso en nuestra historia de la teología; esa ciencia conoció en el siglo XVII su época clásica, y en España encontró el campo propicio para su desarrollo. Después de indicar apenas los temas de la problemática teológico-mariana, delinearemos, también a grandes rasgos, la historia de la causa inmaculista, que, indudablemente, ocupó el primer puesto en el escenario de las controversias teológicas de aquella centuria. De todos sus múltiples aspectos, fijaremos la atención, casi exclusivamente, sobre el de las vistosas embajadas y el de las insistentes peticiones a Roma en orden a obtener la definición dogmática de este misterio mariano.

1. La problemática teológica de la mariología clásica

La importancia de nuestra mariología del siglo XVII ha sido puesta de relieve durante el renacimiento mariológico que se produjo en torno

---

[75] Ibid., fol.71 y 78, González a Díaz y a Sarmiento, 16 de marzo y 5 de mayo de 1696.

[76] Ibid., fol.211, González a Díaz, 30 de noviembre de 1698.

a los dos acontecimientos marianos más destacados de nuestro siglo: la definición dogmática de la Asunción (1950) y el primer centenario de la definición de la Inmaculada Concepción (1954). El examen de la ingente literatura mariológica actual [77] confirma que se trata, efectivamente, de un renacimiento, es decir, de una vuelta a los autores clásicos. Y clásicos son aquí los autores del siglo XVII, en su mayoría españoles. Los mariólogos actuales no tienen empacho en reconocer que la ciencia mariana elaborada por aquellos sus predecesores deja todavía hoy poco margen a novedades en lo que se refiere a profundidad teológica y, sobre todo, a riqueza de contenido. Apenas existe tema que no haya sido tratado por ellos.

Veamos ahora de elencar algunos de esos capítulos de la mariología clásica. Doctrinalmente, nuestros autores asientan un principio básico de toda la mariología: el de la divina maternidad de María; todos los demás privilegios y misterios de la Virgen confluyen hacia él o derivan de él; hacia él se orientan el principio fontal de su predestinación y el privilegio sin par de su Inmaculada Concepción; de él derivan los demás privilegios: virginidad perpetua, maternidad espiritual, corredención, asunción, realeza, mediación. En torno a esos principios, nuestros teólogos elaboran una rica doctrina sobre otros muchos aspectos: pertenencia al orden hipostático, valor santificante de la divina maternidad, concepto de justicia original, merecimiento *de congruo* o *de condigno* en la obra de la redención, muerte o no de la Virgen, etc.

Pero, si queremos contemplar el desarrollo de la mariología clásica española bajo el aspecto histórico, tenemos que adoptar otro punto de vista: el de la Inmaculada Concepción. De aquí arranca, en efecto, el discurso de nuestros autores sobre las restantes prerrogativas marianas. El problema de la Concepción Inmaculada de María, desde que en el siglo XIV Juan Duns Escoto lo propuso en forma de «piadosa opinión», venía debatiéndose entre maculistas e inmaculistas en términos bastante claros: inclusión en la universalidad del pecado y necesidad de la redención, por una parte, y preservación del pecado por su predestinación absoluta a ser Madre del Verbo encarnado, por otra.

A principios del siglo XVII, a las luchas entre maculistas e inmaculistas, que no se conceden tregua, vienen a sumarse ahora en el campo inmaculista nuevos alborotos con motivo de la cuestión del «débito del pecado». Sí, María fue concebida sin pecado. Pero ¿qué deuda u obligación tenía hacia él? ¿Ninguna? ¿Próxima? ¿Remota? La cuestión surgió cuando, a finales de 1615, un franciscano de San Juan de los Reyes, de Toledo, fijó, según la usanza de la época, el anuncio de una tesis concebida en el tenor siguiente: «¿Contrajo la Santísima Virgen la obligación *(debitum)* de incurrir en el pecado original? La conclusión es nega-

[77] La bibliografía es inmensa; es necesario consultar: *Bibliografía mariana 1948-1966*, ed. G. M. BESUTTI, 4 vols. (Roma 1950-68); *Ephemerides Mariologicae* (Madrid 1950...); *Estudios Marianos* (EM) (Madrid 1942...); J. B. CAROL, *A history of the controversy over the «debitum peccati»* (New York 1978); O. CASADO, *Mariología clásica española. I: La Inmaculada Concepción en su problemática teológica* (Madrid 1958); información útil, N. Pérez, *La Inmaculada y España* (Santander 1954).

tiva». Fue denunciado a la Inquisición de Toledo, y ésta transmitió el asunto al Supremo Tribunal de Madrid. Y éste, después de haber consultado las principales universidades, declaró que se podía sustentar esta tesis (22 enero 1611). Pero la cuestión apasionó a los teólogos de tal manera, que no hay escritor inmaculista de la época que no se la proponga y trate de resolverla. Unos se declaran por la exclusión del débito próximo; otros, del remoto; otros, en fin, de todo débito. De las 6.485 obras, folletos o tesis inmaculistas para el período 1600-99 que elencó Roskovany, J.F. Bonnefoy, después de un examen no completo, ha podido concluir que 200 autores negaron todo débito, entre ellos 80 jesuitas y 50 franciscanos [78]. La lista de autores con sus respectivas posiciones puede verse en la bella historia de estas controversias que acaba de publicar J.B. Carol.

Pero lo más característico de estas controversias inmaculistas tal vez no se encuentre tanto en la profunda especulación teológica cuanto en la activa y apasionada participación del pueblo. El «fenómeno inmaculista» constituye, desde luego, un caso típico de la exaltación religiosa de la España del siglo XVII. Se hacen votos de defender la Inmaculada en universidades, cabildos, órdenes religiosas; se erigen cofradías y santuarios bajo la advocación inmaculista; se saluda invocando a la Virgen purísima. Varios son los factores que habría que tener en cuenta para comprender este ardor mariano: la tradición mariana española, que lo prepara; la rivalidad entre escuelas y órdenes religiosas, que lo aviva; los artistas, poetas líricos y dramaturgos, que lo reflejan y cantan; los oradores sagrados, que lo exaltan y propalan; el pueblo, que lo vive al modo barroco; en fin, la generosidad de los monarcas, que lo sostiene, como vamos a ver.

2. Las embajadas inmaculistas a Roma. Hacia la definición dogmática

Al comenzar el siglo XVII, la controversia inmaculista no se hallaba, ciertamente, en mantillas. Ya Sixto IV en 1483 había tenido que intervenir para imponer la paz entre las partes, conminando severas penas a los que tratasen a los contrarios de herejes. En 1570, el papa dominico San Pío V prohíbe de nuevo los altercados en los sermones sobre la cuestión inmaculista, a no ser que el sermón o la disputa se tenga delante de personas doctas, versadas en materias teológicas; impone, además, el silencio sobre esta cuestión en los libros que se escribiesen en lengua vulgar.

Pero los decretos del papa dominico van a correr la misma suerte que los del papa franciscano: la de no ser escuchados. En los años finales del siglo XVI, autores como los franciscanos Cristóbal Moreno, Antonio Álvarez y Felipe Díez, interpretando a su modo los decretos pontificios, publicaban libros marianos en lengua vulgar. A su lado se ponen

---

[78] J. F. BONNEFOY, *La negación del «debitum peccati» en María. Síntesis histórica:* Verdad y vida 12 (1954) 143.

los jesuitas, quienes en la Congregación general de 1593 se habían declarado oficialmente por la opinión piadosa. Pero lo más notable de esta controversia no es que entren otros cuantitativos a reforzar las filas de los combatientes, sino que la novedad está en que, con el siglo XVII, la polémica transciende del campo de las ideas más abstractas al plano de los hechos; las discusiones se extienden al pueblo, degenerando así en tumultos callejeros.

La cosa sucedió en Sevilla en 1613. Un predicador dominico se permitió hablar contra la opinión piadosa desde el púlpito de su convento. Se ve que no se trataba del caso de un público selecto, como preveía el decreto de San Pío V. Lo cierto es que se produjo un escándalo inmenso. En desagravio se organizaron novenas, octavarios, procesiones y, en fin, una serie ininterrumpida de festejos que se prolongaron por todo el año 1614 y 1615. Predicadores inmaculistas, especialmente franciscanos y jesuitas, se encargaban de avivar el natural ardor de los sevillanos. El éxito había sido grande; pero convenía afianzarlo. Un grupo de entusiastas, provistos de cartas de recomendación del arzobispo de Sevilla, emprenden el viaje a Madrid con ánimo de rogar a Felipe III que pida al papa la definición del privilegio mariano. No faltaron dificultades en la corte, y los contrarios tenían un buen apoyo en el confesor del rey, P. Luis Aliaga, O.P. Tampoco el nuncio en Madrid es favorable a la entusiasta petición de los sevillanos. Pero, por fin, Felipe III la somete al examen de una *Junta de Prelados*. Esta Junta será la primera piedra de la llamada *Real Junta de la Inmaculada*, que por más de dos siglos desempeñará un papel de primer orden en la causa inmaculista [79]. También en la Junta de Prelados hubo oposición. Pero la constancia de los sevillanos terminó por triunfar. Felipe III se determinó a enviar a Roma una embajada para suplicar al papa definiese con la mayor brevedad que la Santísima Virgen no había contraído el pecado original; y a falta de una definición, que impusiese, al menos, silencio perpetuo a los de la opinión contraria. A últimos de octubre de 1616, el antiguo abad benedictino P. Plácido Tosantos, encargado del difícil cometido, abandona Madrid camino de Roma. Desde este momento, el nombre de los reyes de España quedaba empeñado en una empresa que, en buen sentido, se puede considerar justamente como «negocio de Estado» [80].

Como era de suponer, la insólita embajada inmaculista no podía menos de causar extrañeza en Roma, aun en el ánimo de los más favorables. La prueba está en que el mismo cardenal Roberto Belarmino,

[79] J. MESEGUER FERNÁNDEZ, *La Real Junta de la Inmaculada Concepción (1616-1817/20)*: AIA 15 (1955) 621-866.

[80] J. M. POU y MARTÍ, *Embajadas de Felipe III a Roma pidiendo la definición de la Inmaculada Concepción de María*: AIA 34 (1931) 371-417.508-54; 35 (1932) 72-88,424-34.482-525; 36 (1933) 5-48; C. ABAD, *Preparando la embajada concepcionista de 1656. Estudio sobre cartas inéditas a Felipe IV y Alejandro VII*: Miscelánea Comillas 20 (1953) 25-63; C. GUTIÉRREZ, *España por el dogma de la Inmaculada. La embajada a Roma de 1659 y la bula «Sollicitudo», de Alejandro VII*: Miscelánea Comillas 24 (1955) 1-480; I. VÁZQUEZ, *Las negociaciones inmaculistas en la Curia romana durante el reinado de Carlos II (1665-1700)* (Madrid 1957); ID., *Galicia en favor de la definición de la Inmaculada en 1732*: Liceo Franciscano 29 (1976) 5-20.

que había prometido su apoyo a la causa, no pudo llegar a sostener, como teólogo, que se pudiera pretender una definición dogmática. El embajador benedictino hubo de contentarse con un decreto del Santo Oficio, de 12 de septiembre de 1617, por el que se permite a los inmaculistas sostener su parecer en público, pero sin atacar a los maculistas; a éstos, en cambio, sin que se pretenda perjudicar sus ideas, se les prohíbe exponerlas en público.

Aunque con limitaciones, el decreto daba evidente ventaja a los inmaculistas, pero no la suficiente como para tapar la boca a los contrarios. Aprovechándose, pues, del entusiasmo del momento, convencen al piadoso monarca que nombre otra embajada. Y designa para presidirla al antiguo general de los franciscanos y a la sazón obispo de Osma, Francisco de Sosa, pero éste murió antes de emprender el viaje. Las cartas credenciales pasaron entonces a manos de otro ilustre franciscano, Antonio de Trejo, vicario general de la Orden y preconizado obispo de Cartagena.

En su viaje a Roma —que efectuó en los últimos meses de 1618— llevaba consigo las súplicas en favor de la definición recogidas por todos los ángulos de la Península y los testimonios auténticos de los famosos votos y juramentos inmaculistas que con toda solemnidad emitían entonces diócesis, universidades, ciudades y órdenes religiosas. Después de dos años de intensa actividad romana, el embajador hubo de regresar a su diócesis, sin haber podido recoger el menor fruto de sus sudores. Dejaba, sin embargo, el camino preparado doctrinalmente para la publicación de un nuevo documento pontificio, el decreto *Sanctissimus*, del 4 de junio de 1622, emanado por orden de Gregorio XV; en él se daba un paso más en el progreso de la causa: en adelante quedaba prohibido defender la sentencia maculista no sólo en público, sino también en privado.

Este nuevo decreto no lo recibió ya Felipe III, sino su hijo Felipe IV, que le había sucedido en 1621. Este primer triunfo de su reinado y más tarde los consejos de su gran confidente sor María de Jesús de Agreda, convirtieron a este monarca en un cruzado de la causa inmaculista; L. Frías enumera, al menos, 15 embajadores suyos que trataron de esta causa en Roma [81]. Pero le tocaron malos tiempos. El largo pontificado de Urbano VIII (1623-44) señala un período de relaciones muy tensas, cuando no rotas, entre España y la Santa Sede. Había de afectar también a la causa inmaculista, la cual conoce relativos triunfos de los contrarios. Después de un prolongado compás de espera, Felipe IV pudo soltar de nuevo las riendas de su fervor inmaculista al subir al trono pontificio Alejandro VII (1655-66). De él obtiene, mediante los buenos oficios de D. Luis Crespi de Borja, obispo de Plasencia, la bula *Sollicitudo omnium ecclesiarum*, despachada el día de la Inmaculada de 1661. Se trata, ciertamente, del documento doctrinalmente más importante antes de la bula *Ineffabilis*, de Pío IX. Se declara auténticamente,

---

[81] L. Frías, *Devoción de los reyes de España a la Inmaculada:* Razón y Fe 53 (1919) 16.

terminantemente, que la Santísima Virgen María fue preservada de la mancha de pecado original en el primer instante de su concepción; que esta preservación constituye el objeto de la creencia, del culto y de la fiesta de este singular privilegio; que en este sentido se deben interpretar los decretos pontificios anteriores.

Es el gran momento inmaculista. Los grandes teólogos de la mariología clásica habían producido ya sus mejores obras. En este momento, Pedro de Alva y Astorga, uno de los escritores inmaculistas más fecundos de todos los siglos, recopila sus famosos *Monumenta*.

Al morir Felipe IV y sucederle Carlos II, la monarquía española se va desmoronando visiblemente, pero no el fervor inmaculista. Bajo el reinado del último de los Austrias, las peticiones de la definición continúan llegando a Roma, si bien desprovistas, naturalmente, de las recomendaciones de suntuosas embajadas como en el pasado. Desde 1669 hasta el de 1681, en que murió, el jesuita Juan Everardo Nithard, cardenal desde 1672, se encargará de velar en Roma por los intereses de la causa inmaculista; su celo se concentró, sobre todo, en la defensa del juramento inmaculista en la Universidad de Nápoles. Durante los últimos quince años de Carlos II y de la monarquía austríaca, los asuntos inmaculistas en la Curia romana estuvieron a cargo del dinámico teólogo regio Francisco Díaz de San Buenaventura, ya conocido. A él se debe, sobre todo, la publicación del breve *In excelsa* (1696), por el cual se mandaba celebrar la festividad de la Inmaculada Concepción con rito doble de segunda clase y con octava en la Iglesia universal, como se venían celebrando las otras dos festividades más solemnes de la Virgen: la Natividad y la Asunción. Al anunciar al rey este nuevo paso y hablarle del estado en que quedaba la causa, le dice que tal vez «es el inmediato a la definición, que quizá ha resuelto el cielo para el glorioso reinado de V. M.» [82]. Pero Carlos II no tuvo esta dicha. Como tampoco la tendrá su sucesor, a quien dejó encargo de que prosiguiese insistiendo por la definición. Felipe V, aunque preocupado más por otros problemas temporales, siguió en esto fiel a la «obligación heredada y contraída», y así, en 1732 envió, con la suya personal, más de doscientas súplicas de la Iglesia española, que el cardenal L. Belluga se encargaría de presentar a Clemente XII, en favor de la inmediata definición dogmática del dogma de la Inmaculada Concepción. Pero había de pasar todavía más de un siglo antes de que esto sucediese.

En Roma, en la plaza de España, y frente a la Embajada española ante la Santa Sede, se yergue un monumento con la estatua de la Inmaculada, que el 8 de diciembre de cada año se cubre de flores. Monumento y homenaje a un dogma y a una historia.

[82] Madrid, AHN, Consejos 51680, Díaz al rey, 26 de agosto de 1696.

IV. CONTROVERSIAS MORALES

1. La teología moral, ciencia autónoma

Durante siglos, la moral va junto con la dogmática; ambas constituyen el objeto de la *lectio sacra*; el hecho de que la moral estuviera unida entonces a la dogmática, no quiere decir que la moral fuese considerada como de poca importancia, sino que significa que la moral necesita de la dogmática como justificación de su propia existencia; en esta perspectiva teológica, Pedro Lombardo expuso los temas de moral a lo largo de los cuatro libros de sus *Sentencias*; igual método siguieron los demás escolásticos que comentaron dichas *Sentencias*. La *Summa theologiae*, de Santo Tomás, nos ofrece, a través de sus tres partes, la concepción más perfecta del entronque teológico y del carácter positivo de la moral: la Primera Parte trata del conocimiento de Dios, que es el modelo al cual el hombre debe intentar asemejarse en su vida y en sus acciones; la I-II^{ae} está dedicada al estudio de las condiciones generales de la vida moral: fin último, pasiones, virtud, pecado, ley, gracia; la II-II^{ae} resume la vida cristiana en el ejercicio de las tres virtudes teologales y de las cuatro virtudes cardinales; pero como el hombre no puede realizar, con solas sus fuerzas, semejante programa, la Tercera Parte desarrolla la doctrina sobre Cristo y los sacramentos. Así, pues, en esta perspectiva teocéntrinca tomista, lo mismo que en la visión cristocéntrica preferida por otros escolásticos, la moral natural de Aristóteles y los principios de la revelación se daban la mano para fundirse en apretada y luminosa síntesis.

Después de Trento se produce un hecho sorprendente en la ciencia sagrada. La moral se desgaja de la dogmática, y comienza a enseñarse como disciplina autónoma. Nacen así los tratados de teología moral, como nuevo género literario. Es más: sin salirnos de nuestro período, la nueva ciencia de la teología moral conoció un desarrollo tan rápido y deslumbrante, que su primer siglo de existencia coincide con su época clásica [83].

¿Por qué surge en este período la ciencia moral autónoma? ¿Qué consecuencias se siguen de la desvinculación de la moral de la dogmática? La primera cuestión nos pone en la necesidad de individuar las causas del hecho; la respuesta a la segunda pregunta nos permitirá valorar la importancia del mismo.

Si la existencia de una ciencia moral emancipada del dominio directo del dogma resulta un hecho incuestionable, a finales del siglo XVI, la determinación de sus causas constituye un problema más difícil de resolver. Indicaremos las que nos parecen más importantes; son las siguientes:

1. *El concilio de Trento.*—El concilio de Trento está presente de

---

[83] I. DÖLLINGER-H. REUCH, *Geschichte der Moralstreitigkeiten in der römisch-katholischen Kirchen*, 2 vols. (Nördilingen 1889); J. BUND, *Catalogus auctorum qui scripserunt de theologia morali et practica* (Rothomagi 1900); E. MOORE, *La moral en el siglo XVI y primera mitad del XVII. Ensayo de síntesis histórica y estudio de algunos autores* (Granada 1956).

modo determinante en la vida y en la doctrina de la Iglesia de la Contrarreforma. Su influjo en la teología dogmática posterior ha sido reconocido en todo momento; su huella en la acción pastoral está siendo cada vez más valorada después de los estudios de H. Jedin; recientemente, L. Vereecke ha puesto de relieve la importancia de la legislación tridentina en el nacimiento y desarrollo de la nueva ciencia de la teología moral: «En la historia de la teología moral —dice este autor— el concilio de Trento constituye ese momento privilegiado en que se elabora la moral moderna» [84]. Son muchos los decretos conciliares de carácter dogmático o simplemente disciplinar que encierran en sí valiosos elementos de moral; pero entre ellos hay que destacar dos de importancia capital. El primero comprende la doctrina relativa al sacramento de la penitencia (ses.14). Los Padres se mostraban realistas cuando veían en la saludable recepción de este sacramento el resorte más eficaz para la reforma de las costumbres. Saludable recepción que comportaba, por parte del penitente, la contrición, la confesión y satisfacción. Sobre todo, se insiste en la integridad de la confesión (c.5): «Todos y cada uno de los pecados mortales, aun de pensamiento..., las circunstancias que mudan la especie del pecado...»; la confesión de los pecados veniales se recomienda también como útil y conveniente. Hay aquí todo un programa: para el penitente y, sobre todo, para el sacerdote, ministro de la penitencia, que tenía que saber juzgar sobre la variedad y gravedad de los pecados y saber formar la conciencia de los fieles. De ahí la importancia del segundo decreto, el de la creación de los seminarios (ses.23 c.18). En esos planteles, los jóvenes aspirantes al sacerdocio se formarán moral y espiritualmente y se prepararán intelectualmente, siguiendo un detallado programa: «Estudiarán la Sagrada Escritura, las obras de la ciencia eclesiástica, las homilías de los santos, *todo lo que se juzgare oportuno para administrar los sacramentos, especialmente para oír las confesiones...*» El influjo de estas normas en la reforma postridentina será inmenso.

2. *La «Ratio studiorum».*—Ordinariamente, se tiene la idea de que los decretos de reforma tridentinos comenzaron a surtir su efecto casi automáticamente. Nada más antihistórico. Si esos decretos no quedaron en letra muerta, como pasó con los decretos de otros muchos concilios, se debe a una serie de instituciones y personajes que se esforzaron por traducirlos en realidad. Después del papado postridentino, fue la Compañía de Jesús la institución que más se distinguió en la aplicación del programa de reforma trazado en el concilio. Su acción se centró, más que nada, en la enseñanza que impartía a propios y extraños en sus colegios o en los seminarios que muchos obispos ponían en sus manos. La famosa *Ratio studiorum*, redactada por primera vez en 1586, pero que codifica programas y métodos de estudio introducidos anteriormente en el Colegio Romano, sanciona diversas medidas que influirán decididamente en el desarrollo de la moral. La primera se refiere al número de años de la carrera teológica; mientras en la Edad Media quien aspirase

[84] L. Vereecke, *Le concile de Trente et l'enseignement de la Théologie morale:* Divinitas 5 (Roma 1961) 361-74, esp. p.374.

a un doctorado en teología debía pasarse sus doce o catorce años de universidad, ahora con cuatro años uno cursaba toda la teología después de haber estudiado las humanidades y la filosofía. De esta medida nació una modificación metodológica de capital importancia. Al no poder explicar el comentador de Santo Tomás toda la materia de la *Suma teológica* —adoptada como libro de texto— en el ciclo cuatrienal, se tomó la resolución de dividirla entre dos profesores: uno para la teología sistemática y especulativa, otro para la teología práctica y moral. Se inicia de este modo la enseñanza universitaria autónoma de la teología moral; el profesor publicará sus lecciones, y tendremos las *Institutiones theologiae moralis;* como iniciador de este nuevo género literario pasa el español Juan Azor, uno de los que colaboró en la redacción de la *Ratio studiorum.*

Naturalmente, no todos reunían las condiciones intelectuales para seguir los cursos completos de teología, amén de los tres años de filosofía. Para los menos capacitados, la *Ratio* prescribía, después de los estudios humanísticos, sólo dos años de «casos de conciencia», sin tener que cursar la filosofía ni la teología. Como se ve, aun en este caso, la moral no sólo se independiza, sino que pasa al primer plano [85].

3. *El nominalismo.*—Mientras las dos causas anteriores son de carácter eclesial, la tercera causa que influye en el desarrollo de la moral es de tipo cultural. La «vía moderna», que así se llamaba el sistema de Ockham y de sus discípulos G. Biel, Almayn y otros, llegó a dominar totalmente en el terreno de la filosofía y de la teología en los albores de la época moderna. Sus vestigios en nuestros teólogos del siglo XVI son mucho más profundos de lo que a primera vista hace creer su efímera aparición como sistema en las universidades españolas. Su influjo se deja sentir de una manera decisiva especialmente en el campo de la moral. Francisco de Vitoria, que se había formado en París en ambiente nominalista, pone como texto la *Suma* de Santo Tomás en llegando a Salamanca; pero sus preferencias van por la *Secunda Secundae,* que abunda en cuestiones morales: la edita en 1512 como libro independiente («liber nomine Secunda Secundae, at meritis facile primus») y la expone siete veces en los catorce cursos que dictó desde 1526 a 1540.

El nominalismo no sólo fomentó un mayor interés por la moral, sino que caracterizó enormemente su nueva dirección [86]. Descartando toda metafísica y exaltando como única realidad el singular, el nominalismo hace consistir la vida moral en una serie de actos singulares, sin que éstos lleguen a constituir una categoría estable, un hábito. El mismo bien, objeto del acto libre y moral, no está en las cosas como forma intrínseca, sino que depende de un acto libre y arbitrario: un acto es bueno porque está mandado; malo porque está prohibido. La moral de las virtudes —hábitos— se convierte en moral de los preceptos, que se

---

[85] U. López, *Il metodo e la dottrina morale nei classici della Compagnia di Gesù:* la Compagnia di Gesù e le scienze sacre (Roma 1942) 83-113.

[86] B. Haering-L. Vereecke, *La Théologie morale de S. Thomas d'Aquin à S. Alphonse de Liguori:* Nouvelle Revue Théologique 77 (1955) 673-92.

observan o se quebrantan mediante actos concretos. Este legalismo hace
que la moral entre siempre más en la órbita del derecho, del derecho
positivo, como también del derecho natural, pero entendido éste no como manifestación de la ley eterna impresa en todos los hombres, sino
como dictamen de la recta razón, autónoma de la fe. Se llegó así a la
admisión del llamado «pecado filosófico», que provocó la reacción de
Tirso González y la condena de la Iglesia [87]. En la línea legalista de la
moral hay que situar la *Relectio de Indis*, de Vitoria; el *De potestate legis
poenalis*, de Alfonso de Castro; los tratados *De iustitia et iure*, de Domingo de Soto, Luis de Molina y Lugo, y los *De contractibus*, de Tomás
Mercado, y tantos otros.

2. **Moral casuística**

Al lado de las *Institutiones*, o explicaciones científicas de la moral im-
partidas durante los cursos completos de la carrera eclesiástica, florecen
en esta época los manuales o sumas de casos. Encontraban su razón de
ser en la necesidad de formar a los jóvenes menos dotados que no pasaban a los cursos superiores y, sobre todo, en la urgencia de ayudar a
los sacerdotes ya con cura de almas, poniendo en sus manos los conocimientos más indispensables para el conveniente desempeño de su ministerio. Estas sumas, en efecto, no contenían más que soluciones de
casos concretos, sin abordar los problemas fundamentales de la moral.
En un primer momento, inmediatamente después de Trento circulan
todavía con gran aceptación las clásicas sumas medievales: la *Suma Aste-
sana*, de Astesanus da Asti (1317); la *Pisanella*, de Bartolomé de Pisa,
O.P. (1338); la *Summa Angelica*, de Angelo da Clavasio, O.F.M. (1486);
la *Rosella casuum*, de J.B. Trovamala (1484), y, sobre todo, la *Summa
Antonina*, de San Antonino de Florencia (1389-1459). Pero poco a poco se
imponen las sumas de autores contemporáneos. El *Enchiridion seu Manuale confessariorum et poenitentium* (Lyón 1575), de Martín de Azpilcueta,
el Doctor Navarro († 1586), que conoció 29 ediciones latinas y muchísimas en castellano y en otras lenguas; la *Suma de casos de conciencia*
(Salamanca 1594), de Manuel Rodríguez, O.F.M. († 1613), de la que
aparecieron en los treinta años siguientes 31 ediciones en castellano,
latín e italiano. El *De instructione sacerdotum* (Lyón 1599), de Francisco de
Toledo, S.I. († 1596), del que también se hicieron repetidas ediciones.
En estos autores, la solución de cada caso va acompañada de las respectivas pruebas teológicas, lo cual contribuía a que estos manuales resulta-
sen prácticos y, a la vez, instructivos. Pero con el tiempo, mientras aumentan los casos, disminuyen los argumentos teológicos, convirtiéndose
así las sumas de casos en inmensos recetarios morales. Semejante tendencia de la casuística no pudo menos de acarrear el máximo descrédito sobre la teología moral en general y sobre los principios reflejos en
que se apoyaba.

[87] DB n.1290; L. Ceyssens, *Autour du péché philosophique:* Augustiniana 14 (1964) 378-
428 (*Jansenistica minora* t.9 fasc.71).

3. **Sistemas morales: Probabilismo.**
Laxismo. Probabiliorismo

Con la casuística se desarrollan en este tiempo los llamados sistemas morales o principios generales que los moralistas aplicaban para la solución del «caso». El sistema que estuvo más en boga fue, sin duda, el del probabilismo, el cual sostiene que, en caso de duda de la licitud de una acción, se puede seguir toda opinión favorable a la libertad, siempre que sea seriamente probable, aunque la opinión contraria sea más probable. Bartolomé de Medina, O.P. († 1580), expuso sistemáticamente el probabilismo en su *Expositio in Primam Secundae Angelici Doctoris D. Thomae Aquinatis* (Salamanca 1577); en este sentido, se le considera como el primer teorizador del sistema [88], aunque el principio sobre el que se funda el probabilismo era ya conocido anteriormente y, en general, aceptado por los teólogos moralistas; prueba de su existencia es que ya hacia 1567 lo combate abiertamente el moralista Antonio de Córdoba, O.F.M. († 1578)[89], y, en cambio, lo defiende, por el mismo tiempo, otro dominico: Tomás de Mercado († 1575), en su *Summa de tratos y contratos* (Salamanca 1569); he aquí un texto significativo y poco citado de este autor:

«Y aun el que oye de penitencia al mercader, le podría yo también de gracia dar un buen aviso, que le dará muchas vezes gran libertad y aun authoridad. Y es que, dado tenga una opinión y la defienda, no regle por ella el penitente, si no quiere ser reglado; ni seguilla, si la que sigue es provable y tiene sus razones, fundamentos y authores. Basta aconsejarle lo que tiene por más cierto o más le agrada; pero, si al penitente le desagrada y lo que hace se puede hazer y lo aprueban muchos authores aprobados, gran terquedad y arrogancia sería, porque él lo ripruebe, no absolvelle, si no desiste dello. Aviendo en un contracto, por una parte y por otra, opiniones buenas entre doctos, cada uno es libre para seguir la que escogiere. Lo mismo en substancia entiendo quando fuera de confessión se propone al theólogo un negocio. Que si por entrambas partes ay opiniones, y lo uno y lo otro se puede hazer y seguir sin peligro (dado que él aya escogido una dellas por más probable), no deve atar con ella al que pregunta, sino dezir de plano su parescer, avisándole que, haziendo lo contrario, no es peccado, porque ay muchos doctores que lo tienen lícito» [90].

El probabilismo estuvo en pleno auge en la época áurea de la teología moral, o sea, desde 1577 hasta 1655; en esos tres cuartos de siglo, si hemos de creer al acérrimo antiprobabilista Tirso González, «esa doctrina penetró en las universidades mas célebres del orbe católico: en la de París, Salamanca, Lovaina, Alcalá y en otras; penetró en todas las órdenes religiosas...; e invadió las tres escuelas más florecientes, que son la tomista, la escotista y la jesuítica» [91].

[88] J. De Blic, *Barthélemy de Medina et le probabilisme:* Ephemerides Theologicae Lovanienses 7 (1930) 46-83.264-91.
[89] S. Piatti, *Doctrina Antonii Cordubensis de Conscientia cum speciali relatione ad probabilismum* (Trento 1952).
[90] T. Mercado, *Summa de tratos y contratos* (Salamanca 1569) l.2 c.5 fol.30rv.
[91] T. González, *Tractatus historico-theologicus de ortu et origine moderni probabilismi:* Bibl. Casanatense (Roma) ms.1361 fol.137.

En la valoración de las opiniones probables cabía una gama casi infinita de posiciones; nunca faltarían argumentos para dar cierta apariencia de sólida probabilidad al menos, a cualquier opinión, por muy débil que fuera. Y, efectivamente, se llegó bien pronto al laxismo moral caminando por el terreno movedizo del probabilismo. El laxismo no es un sistema, sino una mentalidad, un estilo que, llevando las opiniones verdaderamente probables más allá de lo debido o elevando a rango de probables teorías muy inconsistentes, encontraba en el probabilismo la justificación doctrinal de las soluciones más extrañas. Entre malabarismos de *quaeres y distingues,* los probabilistas laxos habían logrado reducir al mínimo el dominio del pecado; el cielo lo vendían a buen precio.

El famoso y polifacético Juan Caramuel de Loblokowitz, OCist. († 1682), nacido y educado en España, fue calificado por San Alfonso como el «príncipe de los laxistas»; no le iba a la zaga el clérigo regular italiano Antonio Diana († 1663), autor de unos 30.000 casos, del cual, según asegura el mismo Caramuel, se decía que era un «Agnus Dei qui tollit peccata mundi» [92]. Laxistas entre nosotros no faltaron, y en la carta 5 de las *Provinciales,* de Pascal, se encuentran nombres de laxistas pertenecientes a diversas familias religiosas. Pero, siendo la Compañía de Jesús la que cuenta en este tiempo con mayor número de moralistas que profesaban el probabilismo, no es nada extraño que de sus filas saliesen también la mayor parte de los laxistas; Miguel de Elizalde, S.I. († 1678), nos informa que muchos jesuitas de su tiempo «caramuelizaban»; entre los laxistas, sin embargo, no incluiría yo a Gabriel Vázquez, S.I. († 1604), como hace G. Martina, S.I. [93]

Hacia la mitad del siglo XVII, el sistema moral del probabilismo termina su época clásica e incia un largo y penoso período de crisis [94]. Desacreditado por la comprometedora vinculación con el laxismo y con el casuismo exagerado, apenas podrá resistir la dura prueba que le espera. Sabido es que entre sus más enconados enemigos se encuentran los jansenistas; claro está que el móvil que impulsaba a éstos no eran sólo sus ideas rigoristas, sino, sobre todo, el ansia de desquite contra los jesuitas, a quienes consideraban los principales artífices de la condenación del *Augustinus,* de Jansenio. La Compañía de Jesús, que estaba comenzando con renovado brío su segundo siglo de vida, recogió sin desaliento el desafío y trató de defenderse; a los ataques de A. Arnauld, de Pascal y de Nicole respondieron J. Pirot y el fogoso polemista T. Raynaud, entre otros muchos. En España, estas críticas jansenistas contra el probabilismo apenas encontraron eco literario, como no fuera en la obra *Adversus quorundam expostulationes contra nonnullas Iesuitarum opiniones morales* (Palermo 1657), que publicó Mateo Moya, S.I., bajo el pseudónimo de Amadeo Guimenio.

Pero la moral laxista de los probabilistas no sólo era atacada por los

[92] J. CARAMUEL, *Theologia fundamentalis* pars 10 tract.13 res.29.
[93] G. MARTINA, *La Chiesa nell'età dell'Assolutismo, del Liberalismo, del Totalitarismo* (Brescia 1970) 322.
[94] A. SCHMITT, *Zur Geschichte des Probabilismus. Historish-kritische Untersuchung über die ersten 50 Jahre desselben* (Innsbruck 1904).

jansenistas, sino que terminó por preocupar también a la Iglesia. Ya antes de 1646, la Santa Sede había puesto en guardia a la Compañía de Jesús contra cierta tendencia a introducir novedades en materias morales [95]; el mismo aviso fue dado diez años más tarde a los PP. Dominicos, reunidos en capítulo general; y hasta se dijo que Alejandro VII tenía intención de publicar una bula contra el probabilismo laxo, de cuyo intento fue disuadido por su gran amigo el cardenal jesuita Sforza Pallavicini, el historiador del concilio de Trento [96]. Pero, si no con bula, al menos con decretos del Santo Oficio de 1665 y 1666 hizo condenar dos series de proposiciones laxistas; y unos años más tarde, en 1679, Inocencio XI, siguiendo la misma línea de su antecesor, mandó condenar, con decreto del Santo Oficio, 65 proposiciones.

Hay que destacar, asimismo, la fuerte reacción que se produjo en el seno mismo de la Compañía contra el laxismo de las opiniones probables en esta segunda parte del siglo XVII. El citado Pallavicini, abandonando el probabilismo, se pasó al probabiliorismo y protegió a Miguel de Elizalde, quien en su *De recta doctrina morum* (Lyón 1670) combate abiertamente las doctrinas seguidas por gran número de doctores de la Compañía. En la Comisión pontificia encargada de calificar las 65 proposiciones laxistas fuguraba el español Martín de Esparza, S.I († 1689).

Pero el campeón del rigorismo contra el probabilismo va a ser, durante los últimos decenios del siglo XVII, el ya citado P. Tirso González de Santalla. Desde tiempo atrás venía lamentándose de que la Compañía fuera objeto de tantas calumnias, por seguir empeñados sus teólogos en defender los principios del probabilismo; principios que él consideraba, por la grande experiencia que había alcanzado a través de las misiones populares, como la ocasión, si no como la causa, de donde provenía tanta relajación en los fieles y en sus pastores. Cuando llegó a su noticia el decreto de Inocencio XI que condenaba las 65 proposiciones laxistas (1679), no pudiendo contener el gozo, escribió una larga carta al papa, en que le decía entre otras cosas:

> «Un humilde hijo de la Iglesia, Tirso González, se postra humildemente en espíritu a los sagrados pies de V. S., manifestándole el grande gozo de que le llena la bula que V. S. expidió contra las opiniones laxas. Esta bula me ha infundido valor para presentar a los pies de V. S. un principio que, si se graba en la mente de los fieles, corregirá, según espero, el abuso en el opinar... Para que V. S. conozca quién es el que esto escribe, digo que soy religioso profeso de la Compañía de Jesús, que después de enseñar diez años teología escolástica públicamente en esta Universidad de Salamanca, fui llamado, por gran misericordia de Dios, a la inmediata conversión de las almas...; desde hace tres años fui llamado de las misiones por mis superiores, y, habiéndome promovido solemnemente, según la costumbre de esta Universidad, al público doctorado y magisterio, fui señalado para suceder al P. Barbiano» [97] en la cátedra de Prima de teología.

[95] *Acta in Cong. Gen. VIII* (1646): M. PETROCCHI, *Il problema del lassismo nel secolo XVII* (Roma 1953).
[96] DÖLLINGER-REUSCH, *Geschichte der Moralstreitigkeiten* t.1 p.38.
[97] A. ASTRAIN, *Historia de la Compañía de Jesús en la Asistencia de España* t.6 (Madrid 1920) 204.

Desde la cátedra salmantina emprendió, pues, el P. Tirso la tarea de desarraigar de la Compañía las opiniones probables o, cuando menos, de conseguir que se concediese libertad dentro de la Compañía para poder separarse del probabilismo. En 1681 envía directamente al papa, para la aprobación, el manuscrito de una obra que había compuesto ya en 1670-1672 y retocado en 1680, que llevaba por título *Fundamentum theologiae moralis.* Después de muchos compases de espera, González no pudo satisfacer su deseo de recibir en Salamanca la aprobación de su libro; pero, sin embargo, pronto pudo comprobar que sus esfuerzos no habían sido del todo inútiles. En 1687 estaba para ser elegido un nuevo general de la Compañía, e Inocencio XI, que condividía las ideas rigoristas del catedrático salmantino, sugirió a los electores el nombre del P. Tirso como su candidato preferido. Y, efectivamente, fue elegido el padre Tirso González. Y, considerando que había sido elegido precisamente «para impedir aquella calamidad de que la sentencia sobre el uso lícito de la opinión menos probable y menos segura se hiciese propia de la Compañía», el nuevo general prometió al papa en la primera audiencia «que trabajaría con todas mis fuerzas y procuraría satisfacer a los deseos de Su Santidad». Y así lo hará, poniendo en la empresa entusiasmo, constancia y no poca terquedad. Comenzó por exigir que la misma Congregación general votase un decreto por el que se declaraba que «la Compañía ni ha prohibido ni prohíbe el que puedan defender la opinión contraria los que la tuvieren por más probable» [98]. En otras palabras, se daba libertad de seguir el probabiliorismo. Pero González no podía contentarse con esto: quería que fuese combatido directamente el probabilismo. Concibió entonces la idea de publicar su *Fundamentum theologiae moralis,* que tiempo atrás había sido revisado en Roma por orden del papa; así, pues, manda secretamente a Dilinga el manuscrito, refundido y más limado, el cual fue impreso durante los meses de agosto-septiembre de 1691 con el título *Tractatus succinctus de recto usu opinionum probabilium.* En diez disertaciones expone el autor no sólo sus ideas sobre el fundamento del probabiliorismo, sino también las razones que le movían para combatir el probabilismo y desterrarlo, si pudiera, de la Compañía. González habla aquí de un probabilismo que está expuesto a un laxismo pernicioso, fomenta la licencia de costumbres, enerva la predicación evangélica, da ocasión a innumerables pecados, es contrario a la inclinación y opinión que han mostrado los sumos pontífices, será probablemente condenado muy pronto por la Iglesia, etc.

Los asistentes generales, que poco a poco se fueron poniendo al corriente del contenido del libro y de su impresión, no podían ver de buen grado que un general, aparte el hecho de defender sus personales ideas doctrinales, se permitiese formular, con el aval de su autoridad, unas apreciaciones históricas que resultaban injustas hacia un gran número de los doctores de la Compañía. Según los asistentes, el libro no debía salir a luz; y los asistentes insisten una y otra vez ante el general

[98] *Acta Congr. Gen. XIII* (1687): Petrocchi, o.c., 87-89.

para conseguirlo; luego procuran atraer a su bando a los hombres más representativos de la Compañía, como el famoso predicador P. Segneri; y, no contentos con todo esto, llegan hasta el extremo de mover a su favor al emperador Leopoldo I, al rey de España Carlos II y, por supuesto, al papa Inocencio XII. La tensión llegó al rojo vivo cuando la Congregación de procuradores, reunida en noviembre de 1692, pasó a votar sobre si convocar la Congregación general, única que podía deponer al general presente y elegir uno nuevo; la decisión quedó en tablas, porque a la parte favorable a la convocación le faltaba medio voto para obtener la mayoría, según los ingeniosos cálculos del secretario, Egidio Estrix, partidario del general.

Pero no arredraban al impertérrito Tirso González las presiones de todo tipo, con tal de que él saliera airoso en su propósito. Y por fin salió. Corrigió algunas cuestiones, suprimió algunas otras y, con la aprobación de los censores, designados directamente por Inocencio XII, mandó de nuevo el libro a la imprenta. Esta vez no en Dilinga, sino en la misma Roma. A principios de febrero de 1694 veía la luz pública bajo el título *Fundamentum theologiae moralis, id est, Tractatus de recto usu opinionum probabilium.* El éxito fue extraordinario. En varias partes de Europa se hicieron en el mismo año nada menos que doce ediciones [99].

Durante la dura batalla, el P. Tirso González pudo contar con el válido e incondicional apoyo de su amigo Francisco Díaz de San Buenaventura, O.F.M., que ya conocemos. Al final de sus días confesaba González: «A este hombre soy deudor del feliz éxito que tuvo la Compañía, la cual se vio libre, gracias a la edición de mi libro, de la envidia y de la fama laxista». Por su parte, el P. Díaz, ganado por González para la causa del probabiliorismo, no sólo defendió esta doctrina en varios de sus libros, sino que fue el primero en introducirla en su propia Orden: en unos estatutos de 1686 redactados por él y aprobados por Inocencio XI, se prescribe que todos los franciscanos «enseñen siempre y abracen las doctrinas más seguras y más probables *(tutiores et probabiliores)*»; cuando en pleno siglo XVIII arrecie la persecución contra la Compañía de Jesús como fautora del probabilismo, la Orden franciscana se refugiará a la sombra de este decreto de Díaz y lo promulgará solemnemente en el capítulo general celebrado en Mantua en 1762 [100].

4. Moral sacramentaria. Penitencia y comunión

El concilio de Trento coloca los fundamentos de la pastoral en la misión que Cristo dio a los apóstoles: «Id y predicad»; basándose en este precepto y en la rica tradición teológica y canónica el concilio explicita, asimismo, los dos elementos principales que contiene el mensaje de Cristo: la predicación y los sacramentos. Primero, la predicación; en la

---

[99] A. ASTRÁIN (o.c., 226-316) describe las vicisitudes de esta controversia. Hay que notar, sin embargo, que Astrain se equivoca cuando afirma (p.260) que fue González el primero en procurarse el apoyo del emperador y del rey de España.

[100] I. VÁZQUEZ, *Fr. Francisco Díaz de San Buenaventura, O.F.M. y las luchas contra el probabilismo en el siglo XVII* (Santiago de Compostela 1961).

sesión V la considera «el principal oficio de los obispos»; y en la sesión XXIII, can. 1, impone a los que tienen cura de almas la obligación, entre otras, de apacentar a sus fieles «con la administración de la Palabra de Dios y de los sacramentos». Así, pues, para el concilio, lo primero es la evangelización, luego la sacramentalización.

En la Contrarreforma sucede un caso curioso. La pastoral no sólo invierte el orden de estos elementos, poniendo la administración de los sacramentos en primer lugar, sino que tiende a considerar este elemento como tarea única de los pastores de almas. El canonista A. Barbosa († 1649) resumía así el pensamiento —y la práctica— de sus contemporáneos: «La cura de almas no es más que la potestad de administrar los sacramentos» [101]. No es propio de este lugar exponer en qué medida y por cuáles motivos la predicación perdió su puesto preferencial en la pastoral de la Contrarreforma. Lo que importa aquí es destacar que esa nueva tendencia de la pastoral hacia la sacramentalización no pudo menos de ejercer un influjo enorme en la moral sacramentaria.

Los teólogos se ocupan de los sacramentos al comentar el cuarto libro de las *Sentencias,* de Pedro Lombardo, o la Tercera Parte de la *Suma,* de Santo Tomás; en general, se conservan en un plano escolástico y especulativo; en cambio, los moralistas casuistas les dedican tratados especiales; sería arduo y no menos enojoso el pretender elencar los numerosos tratados que se publicaron en esta época; pero no sólo abundaban en número, sino también en extensión; de ahí que se redactasen también sumas o compendios de sacramentos para facilitar la labor de los pastores de almas. Se estudian y exponen la materia y forma de los sacramentos, la potestad de administrarlos válida y lícitamente, las cualidades que debe reunir el sujeto que los recibe y, en fin, los frutos que cada sacramento produce. En una moral independizada de la dogmática, se comprende que los sacramentos sean presentados también más como realidades en sí mismas que en conexión con el misterio de Cristo y de la Iglesia. Se acentúa asimismo, tal vez en una visión antiprotestante, la eficacia de los sacramentos en orden a la gracia *ex opere operato;* esta circunstancia y la falta de una catequesis o predicación sacramentaria adecuada contribuyeron, tal vez, a que a lo largo de la Contrarreforma se fuera formando una concepción demasiado ritualística de los sacramentos.

De los siete sacramentos, los que atraen menos la atención de los moralistas son los primeros y el último; en una sociedad cristiana homogénea, la Iglesia recibía a los fieles con los sacramentos de la iniciación y los despedía con la extrema unción; tampoco el orden, sacramento limitado a una parte exigua de la comunidad cristiana, ocupa espacio relevante en los tratados de moral; éstos en cambio, dan mayor realce al sacramento del matrimonio, por sus repercusiones sociales, in-

---

[101] «Cura autem animarum nihil aliud est quam potestas sacramentorum administrandi» (A. BARBOSA, *Pastoralis sollicitudinis sive de officio et potestate Parochi* [Lyón 1688] p.1.ª c.1 n.47 p.8).

dudablemente más amplias; es clásica en este aspecto la obra *De sancto matrimonio* (Madrid 1602), de Tomás Sánchez, S.I. († 1610).

Pero los dos sacramentos que polarizan la atención de los moralistas son el de la penitencia y el de la comunión. La máxima preocupación de la pastoral postridentina era la de mantener a los fieles en estado de gracia; y, cuando ésta se había perdido a causa de un pecado mortal, se recuperaba mediante la confesión sacramental; y la comunión era «remedio y amparo para evitar nuevos pecados y perseverar en la gracia y amor divino» [102].

El sacramento de la penitencia es, indudablemente, el eje en torno al cual gira toda la actividad pastoral de la Contrarreforma. Hemos visto ya cómo el concilio de Trento señalaba el oír las confesiones como una de las finalidades predominantes de la formación sacerdotal. Y los moralistas se dedican a preparar no sólo a los confesores que deben recibir las confesiones, sino también a los fieles que deben hacerlas. A esa exigencia responden los amplios y minuciosos tratados sobre la conciencia y sobre los preceptos; y, más en concreto, se examinan los muchos casos que se relacionan con los llamados actos del penitente —dolor, confesión, satisfacción— y con la forma del sacramento de la penitencia, constituida por la absolución del sacerdote. Junto a una sana moral pastoral que en el sacramento de la penitencia veía un resorte eficacísimo para elevar la vida espiritual y las costumbres del pueblo cristiano, encontramos aquí las dos opuestas tendencias del rigorismo y del laxismo en torno a este sacramento: una que hace difícil, casi imposible, su práctica; otra que minimiza de tal manera su esencia, que lo hace casi del todo inútil. Indudablemente, la opinión más generalizada en España durante este tiempo es la que lleva hacia un probabilismo laxista; así, en materia de dolor, frente al contricionismo que exigían los rigoristas, todos nuestros autores se contentan con admitir —como, por lo demás, lo había hecho también el concilio de Trento— que para una buena confesión es suficiente el simple dolor de atrición, que se funda en motivos de temor, pero siempre sobrenaturales; algunos, sin embargo, pasaron más adelante, y afirmaron que bastaba una atrición natural; proposición que fue condenada por el Santo Oficio en 1679 (n.57); así como también fue condenada esta otra proposición (n.58), relativa a la integridad de la confesión, cuyo sentido es que el penitente puede callarse la circunstancia de la reincidencia si cree probable que, confesándola, el sacerdote no le daría la absolución. Así opinaban, por citar sólo dos, Juan Sánchez y Mateo de Moya. Se trata aquí de la aplicación del principio de la restricción mental, que tantos moralistas justificaban en el campo de las relaciones sociales al sacramento de la penitencia. A este propósito es interesante notar el contraste evidente que se verifica en el seno de la teología moral: mientras, por una parte, la casuística se complacía en descubrir y clasificar pecados en su número, en su especie, en su gravedad, convirtiéndose así en una «moral de pecado», el probabi-

---

[102] PEDRO CAÑEDO, O.F.M., *Que sea loable y no vituperable frequentar el santíssimo sacramento del altar cada día* (a.1590): Madrid, AHN, Inq. leg.4436 n.23 (apología inédita).

lismo laxista, por su parte, disfrutaba igualmente buscando paliativos para cubrir esos pecados, mereciendo que se le pueda considerar por ello como una «moral de la misericordia». En este último sentido abundan los moralistas que son partidarios de que no conviene negar o dilatar la absolución sacramental; al fin y al cabo, no eran demasiado exigentes las condiciones que se pedían para darla o recibirla, a juzgar por las seis últimas proposiciones condenadas en 1679. Lo importante era que la gente se confesase, aunque viviese «gentiliter», es decir, al estilo pagano (prop.56).

En cuanto a la comunión, el problema más agitado versa sobre su frecuencia. El concilio de Trento había impuesto como obligatorias la confesión y la comunión una vez al año; asimismo, también había recomendado recibir una y otra por devoción en períodos más breves. Dejando aparte las dos posiciones extremas y contrapuestas del rigorismo y del laxismo que ya conocemos, y fijándonos sólo en la posición intermedia, nos parece poder descubrir, en cuanto a la eucaristía, dos tendencias, bien diferenciadas a su vez: una propugna el uso frecuente y hasta diario por parte de cualquier fiel; otra, en cambio, está por una frecuencia no inferior a ocho días aun tratándose de religiosos. La segunda tendencia se fijaba en la excelencia y dignidad del sacramento, y para recibirlo dignamente presuponía un desapego de las cosas temporales, que los seglares ordinarios no podían alcanzar, y menos los casados; y en cuanto a los religiosos o personas devotas, había que evitar que la frecuencia excesiva les llevase, en fuerza de la rutina, a familiarizarse demasiado con este altísimo sacramento, con menoscabo de una sólida preparación y de una debida estima. El período de frecuencia podía, pues, variar entre los treinta, quince o, al máximo, ocho días. Se trata de un rigorismo mitigado. En cambio, en la primera tendencia, favorable a la comunión —a ser posible diaria—, se propone, ante todo, el problema de la reforma de la vida cristiana, y ve en el sacramento de la eucaristía el mejor estímulo para lograrla; a diferencia de los laxistas, los partidarios de esta tendencia no consideran la comunión algo así como un rito mágico que por sí mismo asegura la salvación, sino que la consideran como un sacramento que exige una seria preparación, y que, una vez recibido, corrobora nuestra fuerzas espirituales para que «podamos resistir varonilmente a las tentaciones de nuestro adversario» [103].

En la imposibilidad de citar aquí toda la literatura acerca de la comunión, nos contentaremos con indicar algunos nombres en favor de una y otra sentencia. El jesuita Cristóbal de Madrid escribió *De frequenti usu sacramenti Eucharistiae libellus* (Nápoles 1555), que conoció unas ocho ediciones en el siglo XVI; este autor es partidario del uso cotidiano de la comunión, y es bien sabido que también San Ignacio y sus primeros discípulos compartían esta misma opinión y la predicaban; pero unos años más tarde, tal vez a consecuencia de la reacción contra el fenó-

[103] Ibid.

meno de los alumbrados, la Compañía de Jesús emanó normas un poco más severas en favor de un cierto rigorismo, las cuales no dejaron de ejercer su influjo en los teólogos de dicha Orden. Como libros destinados a la preparación de los fieles para la comunión, vale la pena de citar el *Directorio espiritual de los sacramentos de confesión y comunión* (Sevilla 1625), del P. Luis de la Puente († 1624), y *El comulgatorio*, de Baltasar Gracián († 1658); en sustitución de la comunión sacramental se desarrolló la devoción de la comunión espiritual; el P. Pedro de Moncada, S.I., escribió *Práctica de la comunión puramente espiritual* (Madrid 1690).

El uso frecuente y cotidiano, en la línea de Cristóbal de Madrid, encontró mayores defensores fuera de la Compañía. Así, por ejemplo, Domingo de Valtanás, O.P., *Apología de la frequentación de la sacrosancta eucharistía y comunión* (Sevilla 1558); Pedro Cañedo, O.F.M., autor de un *Compendiolum de sacramentis* (Salamanca 1592), escribió la *Apología* ya citada para probar «que sea loable y no vituperable frequentar el sanctíssimo sacramento del altar cada día»; José de Santa María, O.F.M., *Apología de la frecuencia de la sagrada comunión* (1616); la *Instrucción de sacerdotes,* del cartujo Antonio de Molina († 1619), tuvo grande difusión en el siglo XVII y fue objeto de la impugnación de Antonio Arnauld en su *De la fréquente communion;* en este mismo siglo abundan las apologías en favor del uso frecuente y cotidiano; Antonio Bernaldo de Braojos, cura de San Martín de la Vega, escribió *Epílogo o Recopilación de los fundamentos y razones más principales que ay para persuadir a los fieles la comunión de cada día, a imitación de la primitiva Iglesia* (Alcalá 1644, Madrid 1878); *Apología escolástica y moral de la frecuente y cotidiana comunión, hecha por el convento de San Antonio de Padua..., en la ciudad de Sevilla* (Sevilla 1646); Juan Falconi de Bustamante O. de M. († 1638), *El Pan nuestro de cada día, esto es, el SS. Sacramento del Altar* (Madrid 1661); en sentido del todo ortodoxo hay que considerar el *Breve tratado de la comunión cotidiana* (Roma 1675), del quietista Miguel de Molinos († c.1696). Por este tiempo cunde por varias diócesis la doctrina que sostenía ser la comunión diaria de derecho divino. El 12 o el 15 de febrero de 1679 intervino la Congregación del concilio para poner coto a esta proposición doctrinal, pero sin limitar la práctica de la comunión, siempre que fuese acompañada de la debida preparación; comentó este decreto Antonio Núñez, S.I., *Explicación literal y sumaria al decreto de...12 de febrero de 1679... contra algunos abusos... en el uso laudabilíssimo de la frequente comunión* (Lyón 1687) [104].

Concluyendo, hay que decir que si la confesión constituye el resorte más eficaz de la reforma de las costumbres en España durante la Contrarreforma, la eucaristía ocupa el centro de la piedad de los fieles; a

---

[104] Véase el decreto en C. DU PLESSIS D'ARGENTRÉ, *Collectio iudiciorum de novis erroribus* (París 1736) t.3 p.346-47, en donde se dice que el decreto es del 15 de febrero; J. DUHR (*Communion fréquente:* DS t.2 col. 1274) da a entender que se trata de diócesis de España, pero del decreto no se deduce tal cosa.

ello contribuyeron múltiples factores, como la predicación, las obras de nuestro teatro religioso, las solemnes procesiones del Corpus Christi, las innumerables cofradías del Santísimo Sacramento, la devoción de las Cuarenta Horas, el habitual saludo de los predicadores al comienzo de cada sermón: «Bendito y alabado sea el Santísimo Sacramento del altar»... Esta piedad y práctica eucarística encontrará su confirmación oficial en el decreto de 20 de febrero de 1905 de San Pío X.

CAPÍTULO V

MOLINOS Y EL QUIETISMO ESPAÑOL

Por José Ignacio Tellechea

FUENTES

1. Obras escritas de Molinos: a) *Guía espiritual* (Roma 1675). Ediciones modernas asequibles, con introducciones: Barcelona, Barral Editores (1974), por A. Valencia; Madrid, Ed. Júcar (1974), por C. Lendínez; Madrid, Fundación Universitaria Española (1976), por J. I. Tellechea; Madrid, Editora Nacional (1977), por S. González Noriega. Valente reproduce la primera edición romana; González reproduce correctamente la madrileña de 1676; Lendínez dice reproducir esta misma, pero sigue las de Ovejero y Entrambasaguas, con centenares de errores. Mi edición crítica sigue el texto de la romana, con centenares de variantes de los dos códices originales de la obra, correspondientes a dos redacciones sucesivas, que llamo A y B. El primer códice fue descubierto por Dudon, aunque le prestó poca atención; el segundo, por mí. Este último presenta el texto que fue a la imprenta y lleva la aprobación autógrafa del maestro del Sacro Palacio. Sobre los problemas redaccionales y textuales, remito a la «Introducción» de mi edición y a mi conferencia *La edición crítica de la «Guía espiritual»*, de Molinos, publicada por la misma Fundación (Madrid 1976), 55 págs. Existen recientes ediciones de la *Guía* en francés, por Grenier (París 1970), y en italiano, por G. Marone (Torino 1957).

b) *Breve tratado de la comunión cuotidiana* (Roma 1675).

c) *Cartas escritas a un caballero español desengañado para animarle a tener oración mental, dándole modo para ejercitarla*. Aparece como un añadido en algunas ediciones italianas de la *Guía*.

d) Epistolario entre Molinos y el general P. Oliva, S.I., y entre Molinos y el párroco de Pomigliano, en M. Martín Robles, *Del epistolario de Molinos:* Cuadernos de la Escuela Española de Arqueología e Historia en Roma 1 (1912) 61-79.

e) Dos cartas a D. Sancho Losada, publicadas por M. de la Pinta Llorente, *Estudios de cultura española* (Madrid 1964) 210-14.

f) *Defensa de la contemplación*. En la edición de la *Guía*, de A. Valente, se editan algunos fragmentos, p.255-324. Tiene anunciada su edición crítica el P. Eulogio Pacho, en la colección «Espirituales Españoles».

g) Sus numerosas cartas fueron destruidas con el proceso; con él desapareció un libro sobre la Virgen que consta que escribió en la cárcel los últimos años de su vida. Es posible que aún queden piezas inéditas de Molinos.

2. La *Vida del Dr. Miguel Molinos...*, ampliamente utilizada por los estudiosos de Molinos como manuscrita y anónima, ha sido editada por J. Fernández, *Una biografía inédita de Miguel Molinos:* Anthologica Annua 12 (1964) 293-321. Es coetánea, así como la de F. A. Montalvo, que plagia a la anterior y que la publiqué recientemente; *Miguel Molinos en la obra inédita de Francisco A. Montalvo «Historia de los quietistas:* Salmaticensis 21 (1974) 69-126. Por Montalvo sabemos que el

autor de la *Vida* anterior, siempre citada como anónima, es el sacerdote español residente en Roma D. Alonso de San Juan.

3. En algunos de los estudios que citamos a continuación se editan o utilizan ampliamente documentos y fuentes relacionadas con Molinos y con su época y ambiente.

ESTUDIOS*

REUSCH, H., *Der Index der verbotenen Bücher* (Bonn 1865) II p.610-28.

MENÉNDEZ PELAYO, M., *Historia de los heterodoxos españoles* (1880), Ed. Nacional (Santander 1947) IV p.253-73.

HILGERS, J., *Der Index der verbotenen Bücher* (Freiburg 1904).

LEA, H. Ch., *Molinos ad the Italian Mystics:* The american Historical Review 11 (1906) 243-62.

HILGERS, J., *Zur Bibliographie des Quietismus:* Zentralblatt für Bibliothekswesen (1908) 583-93.

PAQUIER, J., art. *Molinos,* en DTC, X 2187-92.

POURRAT, P., *La spiritualité chrétienne* (ed. París 1947) IV p.201-20.

DUDON, P., *Le quietiste espagnol Michel Molinos* (París 1921).

SAINZ RODRIGUEZ, P., *Introducción a la historia de la literatura mística en España* (Madrid 1927) p.251-56.

CLAUDIO DE JESÚS CRUCIFICADO, *Influencia y desarrollo de la autoridad de San Juan de la Cruz hasta las controversias quietistas:* Homenaje a San Juan de la Cruz (Segovia 1928) 240-80.

LUCCA G. de., *Papiers sur le quiétisme:* Rev. d'Ascétique et Mystique 14 (1933) 306-14.

BARRERA, P., *Una fuga dalle prigioni del Sant'Uffizio* (Milano 1934).

BANDINI, G., *La lotta contro il quietismo in Italia:* Il Dirito ecclesiastico 59 (1947) 26-50.

PETROCCHI, M., *Il quietismo italiano del Seicento* (Roma 1948).

ROMÁN DE LA INMACULADA, *¿Es quietista la contemplación enseñada por San Juan de la Cruz?:* Revista de Espiritualidad 8 (1949) 127-55.

KNOX, R. A., *Enthusiasm. A chapter in the History of Religion* (Oxford 1950) 231-318.

MATÍAS DEL NIÑO JESÚS, *El P. Antonio de Jesús María, O.C.D., primer delator de la «Guía espiritual»:* Revista de Espiritualidad 9 (1950) 180-91.

GUARNIERI, R., *Il quietismo in otto manoscritti chigiani:* Rivista di Storia della Chiesa in Italia 5 (1951) 381-412.

DEBROGNE, P., *L'inquiétante mystique de Michel Molinos:* Études Carmélitaines: Mystique et continence (1952) 152-69.

ORCIBAL. J., *Louis XIV entre Innocent XI* (París 1949).

ELLACURÍA BEASCOECHEA, J., *Reacción española contra las ideas de Miguel Molinos. Proceso de la Inquisición y refutación de los teólogos* (Bilbao 1956).

GÓMEZ, E., *Fray Juan Falconi de Bustamante, teólogo y asceta* (Madrid 1956).

NICOLINI, F., *Su Miguel Molinos, Pier Matteo Petrucci e altri quietisti. Ragguagli bibliografici* (Napoli 1958); ID., *Su Miguel Molinos e taluni quietisti italiani. Notizie, appunti, documenti* (Napoli 1959).

GRANERO, J. M., *El Rosario y los errores de Molinos:* Manresa 31 (1959) 211-24.

---

* Remitiéndome a la información bibliográfica más completa de mi «Introducción» a la *Guía,* voy a limitarme aquí a obras que tratan directamente de Molinos, a las más principales y por orden cronológico, dejando de lado la bibliografía general sobre el quietismo o la referida al ambiente francés e italiano. Igualmente, omito la mención de las introducciones de las ediciones citadas

TELLECHEA IDÍGORAS, J.I., *Dos originales manuscritos de la «Guía espiritual»*, de Molinos. *Nota para una edición crítica;* Anthologica Annua 8 (1960) 495-512.

BENDISCIOLI, M., *El quietismo a Roma e in Italia:* Studi Romani 11 (1961) 168-79.

EULOGIO DE LA VIRGEN DEL CARMEN [E. Pacho], *El quietismo frente al magisterio sanjuanista:* Ephaemerides Carmeliticae 13 (1962) 353-426.

GÓMEZ, E., *Estudios falconianos. Dos cartas históricas* (Madrid 1965).

SÁNCHEZ CASTAÑER, F., *Miguel de Molinos en Valencia y Roma. Nuevos datos biográficos* (Valencia 1965); ID., *Más sobre Miguel Molinos:* Homenaje al Profesor Alarcos (Valladolid 1966) II p.449-53.

KOLAKOWSKI, L., *Chrétiens sans Église,* trad. francesa (París 1969) p.492-566.

EULOGIO DE LA VIRGEN DEL CARMEN, *Literatura espiritual del Barroco y de la Ilustración,* en *Historia de la espiritualidad,* dirigida por B. Jiménez Duque (Barcelona 1969) II p.277-381.

ROBRES LLUCH, R., *En torno a Miguel Molinos y los orígenes de su doctrina. Aspectos de la piedad barroca en Valencia:* Anthologica Annua 18 (1971) 353-465.

MOLINER, J.M., *Historia de la espiritualidad* (Burgos 1972) p.401-5.

ARMOGATHE, J.R., *Le quiétisme* (París 1972).

TELLECHEA IDÍGORAS, J.I., *Miguel Molinos en la obra inédita de F.A. Montalvo «Historia de los quietistas»:* Salmanticensis 21 (1974) 69-126.

COLOSIO, I., *La voce «Molinos» nel' «Dizionario di spiritualità»* del *P. Ancilli:* La nuova rivista di Ascetica e Mistica 2 (1974) 77-85.

TELLECHEA IDÍGORAS, J.I., *Hacia una edición crítica de la «Guía espiritual»*, de Molinos: Scriptorium Victoriense 22 (1975) 310-28.

AVILÉS, M., *La doctrina del recogimiento en los autores espirituales del clero secular,* en *Los recogidos. Nueva visión de la mística española.* Obra elaborada en el Seminario «Suárez», de la Fundación Universitaria, bajo la dirección de M. Andrés Martín (Madrid 1975) p.703-29.

REY TEJERINA, A., *Miguel de Molinos: crepúsculo de la Mística:* Arbor 91 (1975) 359-72.

RICARD, R., *Le retour de Molinos:* Cahiers du Monde Hispanique et Luso-Brésilien (1976) 231-37.

TELLECHEA IDÍGORAS. *Corrientes quietistas en Sevilla en el siglo XVIII:* Anthologica Annua 22-3 (1975-6) 667-89.

TELLECHEA IDÍGORAS, J.I., *El Arzobispo D. Jaime Palafox y la edición sevillana de la «Guía espiritual» de Molinos:* Revista Española de Teología 37 (1977) 169-74.

HUERGA, A., *El antimolinosismo del beato Posadas:* ibid., 85-110.

TELLECHEA IDÍGORAS, J.I., *Polémica Molinosista en Sevilla. Documentos sobre el quietismo sevillano:* Bol. Real Ac. de la Historia 176 (1979) 97-137.

En los manuales de historia de la Iglesia, Molinos suele aparecer con breves páginas de letra menuda, como apéndice inevitable de los grandes conflictos del siglo XVII, pero como anegado por los problemas contemporáneos del jansenismo y del regalismo. En el siglo de la paz de Westfalia, su causa parece poseer escaso relieve, si bien es cierto que aparece ligada a un -*ismo*, que no es otro que el quietismo, y como representante máximo. La ruidosa condenación inquisitorial de Molinos, la inclusión de su obra escrita en el *Index* y la proscripción explícita de 68 proposiciones doctrinales por expresa bula papal, otorgan al episodio un relieve, al menos por razones extrínsecas, difícil de obviar en una historiografía sensible a la actuación del pontificado. La desgracia de Molinos va vinculada a la condena romana. Mas también su éxito y su fama están unidas a su presencia y actuación en Roma. Molinos constituye un episodio de la historia del papado o de la historia de la Iglesia en Italia. Si además se le considera como planta exótica en la tradición espiritual hispana y con influjo nulo en su patria nativa (Menéndez Pelayo, Pfandl), estamos en la obligación de justificar la inserción del capítulo presente en esta HISTORIA DE LA IGLESIA EN ESPAÑA.

Pues bien, este aragonés tempranamente inserto en ambiente valenciano es español de resonancia europea. Vivió hasta sus primeros treinta y cinco años en España, impregnándose más de lo que se pensaba del clima espiritual valenciano. En tercer lugar, entronca inequívocamente con la tradición espiritual hispana, formada por muy diversas corrientes y expresada en una auténtica selva literaria, cuyo estudio, fuera de las figuras estelares, comienza ahora a producirse con alguna solidez. Por último, Molinos influyó en España, suscitando seguidores o adversarios. Estas cuatro razones explican suficientemente que le dediquemos aquí estas páginas.

IRRADIACIÓN EUROPEA: RESURGIR MODERNO DE MOLINOS

Molinos fue un español de singular irradiación europea; basta a demostrarlo el hecho de que en un cuarto de siglo se hubiesen hecho unas veinte ediciones de su *Guía espiritual* en español, italiano, francés, latín, inglés, holandés y alemán. Tras el triunfo inicial vino la desgracia, y Molinos fue cubierto en Europa de vilipendio en gacetas, cartas, libros y caricaturas gráficas. Se convirtió en símbolo y paradigma del quietismo, en su punto de referencia, no por su *Guía,* sino por la supuesta cristalización de su doctrina en las 68 proposiciones condenadas. Entonces, y aun ahora, se diserta sobre el molinosismo, citando simple y toscamente esas frases sacadas de todo contexto. El parece asumir, compendiar y extremar las máximas del quietismo como un pensador solitario y aislado, sin genealogía. Precisamente por ello —la tentación viene de su tiempo— se pretende buscar la filiación de su doctrina en el budismo y el confucianismo, en los gnósticos, en los beguardos, en los alumbrados. Afinidad no quiere decir dependencia. Existen, sobre todo en el árbol genealógico del quietismo, generaciones inmediatas que, sin duda, hacen innecesario el recurso a tan lejanos padres.

Marcado a fuego con el estigma de «heterodoxo», su nombre fue silenciado, como no fuera para combatirlo y denigrarlo. Los ejemplares de sus múltiples ediciones desaparecieron o se hicieron rarísimos: no existe siquiera un ejemplar en la gran biblioteca de la universidad de Salamanca. Menéndez Pelayo no pudo saborear su texto castellano, aunque barruntara su belleza a través de traducciones. En la medida en que la producción editorial denota un cierto interés, podemos hablar de un resurgir de Molinos en el siglo XX. La *Guía* se reeditó en París, en 1905; en Londres (1907,1909, 1928); en Italia, por obra de Amendola (1909) y luego de Marone (1931,1942,1957). En España rompió el fuego R. Urbano hacia 1911, siguiéndole Ovejero y Entrambasaguas en 1935. En 1974, A. Valente reedita por primera vez el texto de la edición *princeps* romana, mientras Lendínez sigue el texto de la edición de Madrid (1676), aunque se ajusta al trasegado por Urbano, Ovejero y

Entrambasaguas con sus centenares de erratas. En 1976 apareció mi edición crítica de la *Guía*, y en 1977, la de González Noriega, quien reproduce correctamente la de 1676. Naturalmente, todas ellas llevan el correspondiente prólogo introductorio, con las interpretaciones más variadas acerca de Molinos.

INVESTIGACIONES MODERNAS EN TORNO A MOLINOS

No ha sido tan afortunado el aragonés en investigaciones acerca de su vida y pensamiento. A las inevitables páginas de Menéndez Pelayo en los *Heterodoxos* se suman un artículo de Ch. Lea (1906), el que le dedicara Paquier en el DTC (1910) y la edición de unas cartas por Martín Robles (1912). El verdadero pionero y serio investigador del molinosismo fue el jesuita P. Paul Dudon, quien en 1911 abrió una larga serie de artículos con el dedicado al hallazgo de la edición original de la *Guía*. Su docena de eruditos trabajos desembocó en el libro *Le quiétiste espagnol Michel Molinos* (París 1921). La notoria animosidad de Dudon contra Molinos sólo empaña el mérito indiscutible de esta monografía de más de 300 páginas, cimentada sobre amplia y sistemática información, recopilada de fuentes impresas y manuscritas dispersas por archivos y bibliotecas de Europa. Ninguna obra de conjunto suplanta todavía hoy el esfuerzo de Dudon en punto a información, aunque sean discutibles sus puntos de vista y susceptibles de rectificación y de ulterior documentación.

Entre las aportaciones más notables posteriores a Dudon merecen especial mención los estudios de F. Nicolini sobre Molinos, Petrucci y el quietismo napolitano, la monografía de Petrocchi sobre el quietismo italiano anterior a Molinos y algunos artículos sobre el mismo tema de Pirri, Lucca, Guarnieri, Bandini, Bendiscioli, etc., por lo que respecta al contexto italiano. El inglés R.A. Knox dedica unas páginas interesantes a Molinos, enmarcándolo en el fenómeno general religioso del *Enthusiasm*, mientras L. Kolakowski lo hace en el de los que llama *chrétiens sans Église* (trad. francesa, París 1969). Lo que cómodamente se designa como prequietismo francés ha sido objeto de estudios analíticos pormenorizados, sobre todo en torno a la controversia Bossuet-Fénelon, Madame Guyon; mas también acerca de autores anteriores a Molinos, como Canfeld, Lallement, Surin, Binet, Bérulle, Piny, Malaval, etc. Los nombres de Pourrat, Brémond, Orcibal, Cognet, Veghel, Gore, Armogathe, Ricard, etc., pueden ser los más representativos. Dentro del área francesa habría que incluir la edición de la obra *Holy wisdom*, en versión francesa *La sainte Sapience*, de don Agustín Backer.

Entre la bibliografía española merecen especial mención la monografía de J. Ellacuría, los estudios falconianos del P.E. Gómez, la edición de la breve *Vida* de Molinos, socorrida fuente de todos los biógrafos, por J. Fernández; los eruditos estudios de Sánchez Castañer, el importante trabajo de R. Robres sobre el contexto valenciano y la actitud revisionista de E. Pacho (Eulogio de la Virgen del Carmen) en su artículo *El quietismo frente al magisterio sanjuanista*. La obra en equipo, capitaneada por M. Andrés Martín, *Los recogidos* (Madrid 1975), es una última aportación fundamental para situar a Molinos dentro de la tradición hispana.

¿UN HEREJE EN REVISIÓN?

Todo esto permite calificar el caso de Molinos como un capítulo nuevamente abierto a la curiosidad investigadora: ¿un hereje en revisión? Los clisés estereotipados de diccionarios, enciclopedias y manuales resultan pobres e inservibles. En trance de etiquetarlo de nuevo, los pareceres no pueden ser más dispares: Molinos es la víctima de una persecución fanática e intolerante de una Iglesia que ahoga a la mística; es el pionero del libre pensamiento y padre del racionalismo moderno; es un teósofo emparentado con el Oriente y que poco tiene que ver con la Iglesia católica; es la cima de la mística española; y representa «un modo aragonés de ser hereje»; significa la exaltación del individualismo religioso, que hace innecesaria la mediación de la Iglesia institucional; conduce al nihilismo extático, se salta la ascética; quiere introducir a todos en la contemplación infusa y no la distingue de la adquirida; es original y representa «la última gran manifestación de la mística cristiana»; es un autor que entronca perfectamente con la tradición hispana, intérprete justo o equivocado de la misma, gran catalizador de corrientes europeas anteriores a él, víctima de una suspicacia antiquietista que fácilmente pasa a ser antimística, etc.

Abrirse paso en esa maraña de juicios contradictorios no es tarea fácil, y menos en el corto espacio de unas páginas. Tras años de estudio y reflexión, me encuentro todavía más cerca del estadio de revisión de tópicos que en el de asentamiento de conclusiones definitivas. No es poco abrir unas brechas en los muros compactos de las valoraciones molinosianas. Aún queda mucho por descubrir y, en consecuencia, por decir. Conviene olvidar las famosas 68 proposiciones condenadas y otorgar a Molinos la gracia de escucharle, de leerlo directa y enteramente y de situarlo en su época. Molinos objetivó su pensamiento en su *Guía espiritual* y en algunos escritos inéditos. La irradiación de su magisterio no terminó ahí. Si Molinos fuese la *Guía*, todo sería más fácil. Mas Molinos desplegó su magisterio en la intimidad y en la ocultación en forma de cartas, máximas, consejos, directrices. Justamente de lo que más nos escapa nació su desgracia, cristalizada en un proceso inquisitorial hoy perdido. Todo está trabado, aunque convenga separarlo: la psicología de Molinos, sus modos de actuar, su doctrina pública *(Guía)* o reservada, la aplicación que él hacía de la misma, sus efectos buscados o imprevistos, el contexto doctrinal de la época, momento de la alarma aguda antiquietista y sus motivaciones reales, el desencadenamiento de la misma y sus tremendos resultados, etc. Ante un capítulo cerrado y olvidado, todo esto pudiera parecer curiosidad estéril, arqueologismo puro, si en nuestros días no reverdeciese su interés a la luz de la difusión en Occidente de técnicas orientales de recogimiento y oración, de meditación transcendental, de iluminación, que ciertamente no son herederas, pero sí son afines a algunas ideas de Molinos y de una vasta tradición occidental harto olvidada. Molinos exalta la intuición y la experiencia como vías de acceso al Espíritu y exige los más radicales despojamientos para subir al misterioso monte. Acaso tenga algo que decir a nuestro mundo, enfermo de racionalismo, ávido de experiencias y buscador inconfeso de interioridad y de paz.

MOLINOS EN ESPAÑA. EL AMBIENTE VALENCIANO

Es muy escaso lo que sabemos de la vida de Molinos en la actualidad y escandalosamente poco lo que se sabía a principios de este siglo. Con razón le llamó Menéndez Pelayo «clérigo oscuro». Su desgracia final proyectó sobre su pasado sombras de condena, tiñéndola implacablemente de vilipendio, trampa en la que ha caído algún estudioso moderno. Sánchez Castañer y Robres han contribuido eficazmente a modelar una imagen documentada y más rica en detalles en lo que se refiere a su estancia en España, el período más desconocido de su vida. Su propia trayectoria obliga a distinguir en ella dos períodos: el español y el romano. En cualquiera de los dos gravitan sobre el estudioso dos cometidos: el de fijar su cuadrícula fundamental y su comportamiento exterior, y el de despejar incógnitas sobre un posible comportamiento íntimo y reservado, que escapa a la observación exterior y en su caso tiene especial significado. Vayamos por partes.

Miguel Molinos nació en Muniesa, villa a mitad de camino entre Zaragoza y Teruel. Dudon disipó definitivamente la incertidumbre, y aun el error bastante generalizado en enciclopedias y diccionarios, respecto a la fecha de su nacimiento (1640), haciendo pública su partida de bautismo: Mosén Juan Royó bautizó a Miguel, hijo de Pedro Molinos y María Ana Zujía, el 29 de junio de 1628. Se le impuso el nombre de su abuelo paterno y no el de su padre o el de San Pedro, en cuya festividad fue bautizado. Su familia era modesta, y no deja otro rastro que el de su presencia en las cofradías de la parroquia. En 1639, Miguel aparece inscrito en la del Santísimo Sacramento.

Molinos es aragonés, pero ya a los dieciocho años lo encontramos en Valencia gozando de un beneficio de la iglesia de San Andrés, al que por fundación tenían especial derecho los muniesanos parientes del fundador. El mismo evocará más tarde sus estudios en el colegio de San Pablo, de los jesuitas, y el haberse acogido a su dirección espiritual; por su consejo practicó la comunión frecuente, de la que más tarde escribiría un libro. Su opción clerical va marcada con el acceso a las órdenes mayores: subdiaconado (1649), diaconado (1651), presbiterado (1652). Dos veces opositó a una penitenciaría del colegio del Corpus Christi, fundado por San Juan de Ribera, y en ambas fracasó (1655 y 1660).

En este tiempo debió de obtener su título de doctor, aunque todavía no se ha sabido dónde, siendo probable lo lograra en el citado colegio jesuítico, que, con fuerte oposición por parte de la universidad, impartía grados. De sus actividades apostólicas en la ciudad del Turia sólo sabemos que predicó algunas misiones y que fue confesor de un convento de monjas, donde tenía una hermana. Cultivaba la reunión con sacerdotes de crédito e ingresó en la asociación llamada *Escuela de Cristo*, fundada en Valencia en 1662. La posterior significación de Molinos ha servido de pretexto para arrojar sobre esta asociación la tacha de conventículo prequietista. J. Entrambasaguas ha sido el más explícito en la acusación, calificando a la Escuela de Cristo de Roma, a la que también perteneció Molinos, de «cofradía quietista que aparentaba ser de ascetismo español». Sánchez Castañer ha dedicado documentadas investigaciones a esclarecer la historia de esta hermandad, surgida en Madrid en 1646 y multiplicada rápidamente en España y América con más de 400 grupos. Sus *Constituciones*, editadas más de veinticinco veces, fueron aprobadas por Alejandro VII (1665) y Clemente IX (1669). En su gremio, presente en Soria, Aranda, Roa, Zaragoza, Orduña, Sevilla, etc., durante siglos, figuran gentes canonizadas, como el obispo Claret, San Andrés Fournier, los Beatos Diego José de Cádiz y Nicolás Alberca; sujetos que llegaron a obispos, canónigos, religiosos de diversas órdenes, sacerdotes, seglares de varias clases.

La *Escuela* valenciana fue fundada en 1662, y conocemos los nombres de todos sus fundadores; su sede estuvo en el colegio del Corpus Christi. Dos meses después de su fundación ingresó en ella Molinos, cuyo nombre figura en sus actas el 4 de junio de 1662. Cuando, al ser condenado por hereje, se borre cuidadosamente su nombre de las listas, a modo de disculpa se escribió: «Cuando fue admitido a ella era tenido, en juicio de todos, por varón de singular virtud». Dado el carácter selectivo de la asociación, el hecho de su admisión y los sucesivos cargos que inmediatamente se le fueron confiriendo dentro de ella (segundo nuncio de altar, segundo diputado eclesiástico), abonan el prestigio espiritual de Molinos. Sánchez Castañer sigue los pasos de Molinos en las juntas directivas a las que le correspondió asistir. Era lógico que, al pasar a Roma, Molinos ingresara en la similar asociación romana, hermanada con la de Valencia.

Sobre el ambiente valenciano en que vivió Molinos es de extraordinario interés la investigación de J. Ramón Robres, verdaderamente positiva en su rica documentación, aunque discutible en la facilidad con que califica de prequietistas, menos seguras y heterodoxas las doctrinas en curso. El fanático conflicto nacido en torno a la figura de Simó († 1612), cuya causa de beatificación llevaría a Molinos a Roma, denota un ambiente de signo espiritual muy perfilado por la presencia de la beata Francisca López —citada por Molinos en su *Guía*—, por la relación con los medios de la cartuja de Porta Coeli, por la línea seguida por el P. Sobrino y por las carmelitas descalzas, por la influencia de las obras del carmelita Juan Sanz y del mercedario Falconi, y por el clima del Oratorio y de la citada Escuela de Cristo. Molinos era beneficiado de la parroquia de San Andrés, con la que tuvieron especial vinculación Simó y Francisca López.

Pues bien, en la atmosfera espiritual descrita por Robres aletean un sinnúmero de temas que florecen en la espiritualidad molinosista como las reglas de oro del P. Sobrino, «vivir apartado de las criaturas, soledad de sí mismo y soledad de todo interés y gusto», o su insistencia en renunciar al premio, en la desnudez espiritual, en el amor puro; el desamparo y la tiniebla, la cruz y sequedad, el amor puro, que aparecen en las cartas de carmelitas; el ocio santo, la simple vista de fe, la propia nada y la aniquilación, flores de los escritos del carmelita Sanz; muchas ideas de las obras del P. Falconi, editado en Valencia en 1662 y citado por Molinos; la edición valenciana (1675) de la *Escala mística*, del franciscano fray Antonio Panes, remitida por el autor a Molinos y citada por éste, etc. Todo nos sitúa perfectamente en el humus nativo del sistema molinosista sin tener que recurrir a influjos del lejano Oriente o a fantásticas patentes de originalidad personal en la materia. En realidad, Valencia representa un caso típico de una corriente generalizada más amplia que, con diversos matices y no sin polémicas, invade a toda España, como lo muestra el notable libro de M. Andrés sobre *Los recogidos*. La inmediata inspiración y raíz hispana de Molinos aparece cada vez con mayor claridad. Y no solamente la raíz, sino la difusión de un estilo espiritual cuyo marchamo ciertamente no lo monopoliza Molinos. Para que nade falte del marco valenciano, Robres nos informa de la difusión del quietismo en Játiva y en conventos de monjas —«seguían todas la oración de quiete»— y de la campaña iniciada desde el púlpito por el venerable Agustín Antonio Pasqual contra el quietismo y la «ociosidad impertinente» del mismo, cuando todavía triunfaban por Europa los escritos de Molinos, sin dejar adivinar su fulminante desgracia. El tópico, propio de manuales, que pretende convertir a Molinos en el original inventor del sistema, en su cenit y expresión definitiva, en una especie de aerolito, desarraigado de España, que irrumpe en el cielo romano, y hasta en el último de los místicos, es una simpleza y una falsedad histórica. Con todo y en medio de este ambiente, Molinos no llega a asumir en Valencia protagonismo alguno que resulte premonitorio o significativo. Esto ocurriría en Roma, adonde le llevan circunstancias más o menos fortuitas. En realidad, el Molinos de la historia nace, vive y muere en Roma.

El motivo fundamental de su viaje es conocido: en julio de 1663, la Diputación del Reino de Valencia nombraba a Molinos agente y postulador en Roma de la causa de beatificación del discutido Simó, otorgándole las instrucciones y poderes necesarios. Probablemente pertenecía al bando simonista, y en todo caso era clérigo de San Andrés y heredero del mismo beneficio que poseyera el beatificando. Es verdad que sus gestiones fracasaron, como fracasaron en el mismo empeño quienes le antecedieron y siguieron, a pesar del interés mostrado en la causa por Felipe IV y el cardenal-archiduque. Molinos fue exonerado de su misión (1675), pero para entonces ya pisaba fuerte en Roma y había hecho de la Ciudad Eterna su morada estable y ámbito de su sementera y dirección espiritual. En cambio, le tocó declarar como testigo en el proceso de beatificación del arzobispo-patriarca, hoy San Juan de Ribera. Lo hizo el 31 de marzo de 1675. La noticia, exhumada por S. Castañer, procede de una carta de Juan Martínez Lárraga, rector de Montserrat, en Madrid, y prior de la nación española en Roma, quien celebra la modestia y buen celo de Molinos, a quien llama «ejemplar varón». Otro motivo, acaso sobreañadido, del traslado de Molinos a Roma fue el de sustituir al arzobispo de Valencia en el cumplimiento de su deber de hacer la visita *ad limina*.

El arzobispo López de Hontiveros requirió a los canónigos y a otros sacerdotes de ambos cleros. Ante la inhibición de todos, encomendó tal función al Dr. Molinos, quien de esta suerte iba a Roma investido de dos funciones, ambas honoríficas. A mediados de noviembre de 1663 dejaba Valencia, para no volver más a ella; en diciembre ya estaba en Roma, de donde jamás saldría. Llevaba un crédito inicial de 500 libras, que pronto sería incrementado, y cartas de recomendación para los cardenales Aragón y Albizzi.

MOLINOS EN ROMA

Pronto pudo evacuar la misión confiada por el arzobispo: el 8 de marzo de 1664, la Sagrada Congregación del Concilio daba por finiquitada la visita *ad limina*. Las gestiones para la beatificación de Simó se presentaban más laboriosas: había que informar al papa, buscar documentación perdida, distribuir regalos, llevar puntualmente los gastos de administración. Conocemos los que hizo en 1664-65, y por ellos nos consta que Molinos comenzó por proveerse de papel, tinta y recado de escribir. Robres cree haber identificado un memorial redactado por Molinos en relación con la causa. Con todo, la celebridad de Molinos nacería por otras directrices tomadas por su pluma, sobre todo con la publicación de la *Guía espiritual* en 1675. ¿Qué hizo en Roma esos once años anteriores?

Sobre este primer período romano de su existencia, envuelto en brumas, todos los autores, desde Menéndez Pelayo a Dudon, acuden a una *Vida* anónima, editada recientemente por J. Fernández Alonso y cuyo autor ha conseguido desvelar: es el sacerdote español D. Alonso de San Juan, residente en Roma. Esta *Vida,* escrita después de la condenación de Molinos con notorio afán adverso y desacreditativo, ha dado pie para todas las recomposiciones literarias de la biografía de Molinos. En el siglo XVIII fue en gran parte plagiada por el monje Francisco Antonio de Montalvo en su inédita *Historia de los quietistas,* cuya patógena aversión a Molinos le llevó a afirmaciones teóricas que merecieron la condenación de la Inquisición española. Son dos piezas fundamentales que es preciso leer con cautela. En ellas abundan datos indiferentes, episodios adobados y juicios peyorativos; es menester deslindar los hechos desnudos de sus interpretaciones y, sobre todo, de la carga pasional de este proceso reinterpretativo de intenciones del pasado.

Montalvo, descarado plagiario, sólo vio a Molinos en el cadalso de la ignominia; en cambio, San Juan lo conoció a los pocos días de haber llegado a Roma tras desembarcar en Liorna. Se había instalado en el Corso, cerca del arco de Portugal. Según él, iba a menudo a pasearse por los prados y jardines de Roma, y aun gozaba de Frascati y villas próximas a Roma. Obsesionado con su salud, abandonó a los pocos meses aquella casa, para pasar a la calle de la Vite, donde vivió algunos años. Durante este tiempo fue admitido en la Escuela de Cristo de Roma. Sánchez Castañer ha documentado tal adscripción ya desde 1671, aunque supone que debió de ser anterior y por la vía de admisión directa. La asociación tenía su sede en San Lorenzo in Lucina, de clérigos regulares menores; de allí pasó a Santa Ana de Montecavallo, hospicio de carmelitas descalzos españoles, quienes procuraron desembarazarse de aquella servidumbre. A instancias del cardenal De Aragón logró un aposento en el palacio contiguo a San Marcelo al Corso. El dueño le negó alquiler estable, y entonces se acogió a la liberalidad del general de la Compañía, P. Oliva, quien le ofreció un bajo en la casa profesa. Al fin, tras dos años y medio, pasó la Escuela a local propio, bajo la iglesia de San Alfonso, de los agustinos descalzos españoles. El 6 de abril de 1675, Molinos participaba a la Escuela de Valencia que el P. Oliva, «después de haber coadyuvado a la Escuela de Roma en las tribulaciones que se halló por los inconvenientes que representaron los poco afectos, dándole sitio a dicha Escuela por espacio de ocho años en la casa profesa; y, después de pasada a su oratorio [de San Ildefonso], la premió con una limosna de diez misas por cada hermano que muriese en dicha Escuela y a todos los que tuviesen hermandad en ella por discurso de su vida». En correspondencia, la Escuela agradeció el gesto y admitió como hermano al P. Oliva, con todas las gracias correspondientes así en vida como en muerte. Molinos alcanzó en la Escuela el grado supremo de obediencia o superior. El biógrafo San Juan carga las tintas sobre la actuación de Molinos al frente de la Escuela, diciendo que se hizo confirmar más de cuarenta veces en el cargo —se reelegía cada cuatro meses—, que distribuía todos los oficios en los de su bando; que echó de la Escuela más de cien hermanos —su número máximo era de 72—, desacreditándolos ante otras Escuelas hermanadas. Con su agitado cacicato contribuyó, según este biógrafo, a reducir la Escuela a casi nada. En 1678 su penuria económica les obligó a solicitar ayuda a la Escuela de Madrid, porque la pobreza les impedía pagar los portes de las cartas de comunicación con otras Escuelas. Convertido en «señor absoluto de la Escuela», Molinos suscitó espíritu de bandería, no sin queja de hermanos muy ancianos.

Sánchez Castañer recusa la tacha de foco de quietismo que se ha arrojado sobre la Escuela de Cristo de Roma. Acepta que fomentaban la

oración mental sobre los evangelios del año o sobre la pasión en cuaresma —los de Valencia leían al P. La Puente—; pero se resiste, en base
a las Constituciones (¡), a admitir influjos personalistas de Molinos en su
seno. Cierto es que, cuando suena la hora de su desgracia, la Escuela de
Valencia borra el nombre de Molinos de sus listas.

Sin embargo, el ámbito de irradiación de Molinos era para entonces
mucho más amplio. Sus enconados biógrafos descubrirán sinuosas intenciones y procedimientos de atracción en Molinos, mas indirectamente vienen a reconocer su imparable éxito. Su fama penetraba en los
medios romanos y suscitaba mera curiosidad en unos y atractivo espiritual en otros. Molinos se hacía desear, mantenía a distancia a sus admiradores y, sobre todo, admiradoras, vendía muy cara su dirección
espiritual, con lo que los beneficiarios afortunados se le rendían plenamente. Su casa era centro de visitas. Contra eventuales murmuraciones,
adoptaba cautelas que disipasen la sospecha de reuniones y conventículos. La visita de nobles damas en carroza rompía los moldes de la necesaria discreción. Esto le indujo a mudar de casa y a trasladarse cerca de
San Lorenzo in Panisperma, junto a las monjas franciscanas, donde vivió hasta que fue preso.

El acceso a su persona podía ser más fácil cuando salía a decir misa,
lo que hacía diariamente. Muchos, especialmente mujeres, le esperaban
para verle y hablarle. El entorno de admiradores, el hecho de que los
comulgase sin confesar, las pláticas semisecretas, acababan siempre suscitando molestias, cuando no sospechas. Molinos cambiaba de iglesias:
San Juanino, de los mercedarios descalzos españoles; San Claudio, de
los borgoñones; la casa profesa de la Compañía; en la Iglesia jesuítica
de San Andrés acabaron por mostrarle su disgusto por sus pláticas con
mujeres. Comenzó a frecuentar la iglesia de las capuchinas, próxima a
San Francisco de Paula, que por su apartamiento facilitó el acceso del
enjambre de mujeres y señoras principales, dando lugar a murmuraciones y a que se le cerrasen las puertas. Luego le tocó el turno a Trinità
dei Monti, donde se veneraba la preciosa pintura de la Virgen considerada milagrosa, y más tarde a San Lorenzo in Fonte. Aquí, tras la misa,
se sentaba en un banco y disertaba durante horas ante el mujerío sentado en el suelo. También frecuentó la iglesia de las monjas de la Purificación, la de los canónigos regulares de San Pietro in Vincoli, la de los
teatinos de San Silvestro. «Iba siempre mudando iglesias por sus fines
extravagantes, por no ser descubierto, porque le debía remorder la conciencia», es la glosa del biógrafo que le conoció de cerca. Celebraba con
pausa y ceremoniosidad, pero no se preparaba ni daba gracias.

Su enconado denostador Montalvo introduce finos matices en la
descripción del cortejo molinosista: unos le trataron con pura candidez,
solicitados de su aparente virtud y deseosos de su aprovechamiento; entre ellos no faltaban poderosos, que lo protegieron contra quienes le
delataban. A religiosos y hombres de letras los indujo la curiosidad por
comprobar si era tan docto y tan versado en doctrina mística; sus elogios desmedidos acrecentaron la fama de Molinos. Otros se interesaron

por él por política, que «en Roma es de gran interés su profesión, con que todos la estudian». Montalvo reconoce a este propósito que Molinos tenía influencia para introducir en la Curia y hacer lograr mitras y prebendas. Estos interesados y ambiciosos «más eran discípulos de su engaño que de su oración». Otros lo seguían por cobrar fama de espirituales. Montalvo añade con desenfado: «En España se han elevado en este siglo a varios sujetos a las primeras dignidades sin otros méritos que confesar beatas y predicar en alfombras». Montalvo reconoce que entre los seguidores no faltaba gente ilustre, esto es, de altas estirpes, movidos por la magia atractiva de la santidad, por los enigmas del espíritu o por la golosina de profecías de futuro; y no se deja en el tintero el comentario de «uno de los príncipes más calificados» en el momento de la condenación de Molinos: «Me falta un espía por cuyo med‥o penetraba los más íntimos secretos de Corte».

Bajo tal palabra se esconde el mundo complejo de la Curia romana, donde Molinos obtuvo no escaso influjo y poderosos protectores. Montalvo reconoce el hecho; «comunicáronle diversos eclesiásticos de la primera estimación en Italia por sus virtudes y letras»; y lo interpreta: «procuraba Molinos la seguridad de la sombra de ellos para crédito de su doctrina». La discreción, el respeto o acaso la indignación fuerzan a Montalvo a desdibujar una realidad evidente: dejando de lado a las personalidades que dieron su aprobación escrita a la *Guía*, es absolutamente cierto que tuvieron en estimación a Molinos curiales como Casoni, Favoriti, Capizucchi —más tarde cardenal—, Petrucci, los cardenales Lauria, Ricci y Azzolini y hasta el propio Inocencio XI. Más tarde cambiarían de opinión, como lo hizo D. Jaime de Palafox, arzobispo de Palermo y luego de Sevilla, quien fue conquistado por Molinos en Roma, convirtiéndose en uno de sus decididos apologistas ante el papa. Naturalmente, estas adhesiones se fueron produciendo a lo largo de los años; mas demuestran el gran ascendiente del aragonés en los medios romanos.

Junto a este relevante efecto exterior de Molinos, hemos de interesarnos por adentrarnos en su intimidad y en sus modos de actuar en el contacto íntimo con sus discípulos. En este punto nos movemos en terreno más movedizo. ¿Podemos aceptar la caracterización de la actuación de Molinos que nos da su biógrafo San Juan, ignorando si es testigo personal de lo que dice o, más bien, se hace eco de noticias difundidas a raíz del proceso y condenación? En el primer caso, su testimonio podría ser más atendible; en el segundo, traspasa las reservas críticas a la atendibilidad del proceso mismo. Según San Juan, una vez que Molinos se dignaba recibir bajo su dirección a alguien, comenzaba por despegarle de devociones y oraciones vocales y le disuadía de la lectura de obras sobre oración, porque éstas se movían en un plano teórico, mientras él aplicaba a cada uno tal doctrina a tenor de su estado personal. Presentaba la confesión como acto apropiado para los que trataban de convertirse a Dios o por cumplir, sin dar escándalo, con el precepto de la Iglesia, mas no como práctica habitual de almas que aspiraban a la

488 José Ignacio Tellechea

perfección. Hacía a menos el culto a las reliquias, en beneficio del culto al Santísimo Sacramento. Exigía absoluta transparencia en sus dirigidos y pasaba por adivino inspirado por Dios en el conocimiento de la interioridad. Tendía a endosar al demonio y sus violencias las responsabilidades morales de defectos y pecados. Sobre todo, iniciaba a los suyos en nuevas vías de oración, facilitando, con gran rapidez y afán, el paso a la contemplación a cuantos experimentaban la menor dificultad en la meditación. Recomendaba la lección de escritos de Falconi y la vida del contemplativo Gregorio López, especie de Foucauld hispano que vivió eremíticamente en México.

Tales criterios pudieran ser, en buena parte, cohonestados en teoría con la más pura ortodoxia, aunque no podríamos prescindir en tal dictamen del enjuiciamiento de la aplicación concreta de Molinos, pues en ello estribó gran parte de su error. Molinos repetía que su doctrina no la podían entender cuantos no tenían luz ni espíritu. No era el primero ni el último que repitiese esta frase, común en la más genuina literatura mística. El efecto de la misma en sus seguidores era la soberbia y presunción, la desmesurada autoestima y el menosprecio por los que consideraban ignorantes, ciegos y sin espíritu. La clandestinidad, como dato externo, y el engolamiento espiritual y espíritu de gueto, como dato interno, forman la atmósfera indudable de los círculos molinosistas; ambas características fueron directamente potenciadas por el propio Molinos, altamente poseído de su inspiración divina y de su papel de «hombre de Dios».

Si hasta aquí nos movemos en base a suposiciones provisionales, que tampoco tienen por qué ser infundadas plenamente, llega el momento de investigar a plena luz y sobre terreno firme, esto es, en base a la explicación pública y en letra impresa de la hasta entonces esotérica doctrina de Molinos; nos referimos, claro está, al estudio de su obra fundamental: la *Guía espiritual*. Es verdad que a la vez publicó Molinos un tratado sobre la comunión frecuente. La malevolencia del biógrafo supone que estaba escrito con el fin de acreditar a sus secuaces de espirituales y perfectos con aquel acto externo de la comunión. En realidad, la obra es un eslabón más de una amplia cadena de libros sobre el tema, defiende principios justos y ampliamente admitidos y entronca con una experiencia personal de frecuente comunión en sus años mozos valencianos, aconsejado por jesuitas. No vamos a ocuparnos de este libro, sino del que ha dado celebridad histórica al doctor aragonés: la *Guía espiritual, que desembaraza al alma y la conduce por el interior camino para alcanzar la perfecta contemplación y el rico tesoro de la interior paz.*

LA «GUÍA ESPIRITUAL»

Sobre el hecho mismo de la composición de la *Guía* poseemos dos versiones altamente contrapuestas. En tal contraste reparó Nicolini con sentido crítico, aventurando su propia hipótesis intermedia. La primera versión es de Fr. Juan de Santa María, español afincado en Nápoles y aragonés como Molinos, estudiante en Valencia, Zaragoza y en la Universidad de Huesca, trasplantado a Italia en 1662, protegido del cardenal Aragón, virrey de Nápoles, secretario de uno de los presidentes de la Regia Cámera napolitana, franciscano tardío, promotor de la reforma y provincial, patrocinador del quietismo y al mismo tiempo y, sobre todo más tarde, hábil intrigante en la Curia romana y en medios diplomáticos europeos; y, finalmente, obispo de Solsona (1693) y de Lérida (donde murió en 1700). Aunque se escabullese en la hora de la desgracia, su presencia fue muy activa en el momento del triunfo.

El aparece como patrocinador de la edición de la *Guía*. No podía esperarse menos de quien en la carta que antecede al libro de Molinos, bajo expreso título de «el que lo saca a la luz», no se cansa de elogiar la obra y a su autor. De la primera dice que sus palabras son «antorcha inextinguible y fanal siempre ardiente», que «su doctrina es práctica, su luz es pura, su estilo es sencillo, elevado, y su inteligencia, clara, aunque profunda». Del libro rebosa «indeficiente y divina luz». El camino que enseña es «de equidad, de juicio y justicia..., de sabiduría, paz y fortaleza..., de quietud, luz y consejo..., el camino de la verdadera latitud del corazón y de la real libertad de los hijos de Dios..., el santo e inmaculado camino que seguro y derechamente conduce a la vida eterna; y sin peligros y embarazos ni ofensas guía a las altas y serenas cumbres del monte y de la cristiana perfección». El libro es fruto del «corazón profundo y lleno de luz de un varón bueno», quien lo escribió «inspirado y aun impelido del Padre de los eternos resplandores». No tuvieron parte en su composición y publicación la ambición de vanísima alabanza u otro motivo humano, sino «sólo el puro amor del aumento de la divina gloria, el limpio y ardiente deseo de promover la perfección cristiana». El autor de tan «fiel y luminosa *Guía*» es hombre «continuamente ocupado en el consuelo y gobierno de almas sin número que Dios le fía, sin buscar ninguna por estarse en su soledad y despego, que es el que anhela». Nos dirá que Molinos «escribió con *pluma velocísima* este tratado, sin más enseñanza que la de la santa oración, sin más lección y estudio que el interior tormento..., sin más artificio que el interior impulso».

Persuadido de que el Padre de familias «no enciende tales antorchas para que estén inútilmente encendidas», Fr. Juan de Santa María se empeñó en la publicación de la inspirada obra. Hubo de vencer la resistencia de Molinos: «intenté repetidas veces que el autor me lo entregase, y, no pudiendo conseguirlo, me valí de su espiritual Guía, el cual habiéndoselo pedido y leído, me lo entregó». Este ratero intelectual confiesa que él solicitó la impresión y aun allanó algunas dificultades que se ofrecieron. ¿Alude, como quiere Nicolini, a la obtención de la aprobación del maestro del Sacro Palacio, el dominico y futuro cardenal Fr. Raimundo Capizucchi? No daba por vanos sus afanes en atención a la utilidad que reportaría «a los verdaderos espirituales y puramente místicos», pues no basta escribir de la contemplación pasiva, como muchos altamente lo han hecho, si no se desembaraza el camino y se descubren al alma las dificultades que pasan dentro de sí misma, que *tal* es el intento exclusivo del autor, con singular acierto logrado. ¿Quién diría que tal libro sería, diez años más tarde, abominado y condenado?

Escuchemos otra música atendiendo a lo que dice su biógrafo usual, harto menos inclinado al maravillosismo y al entusiasmo sin tasa: «Estampó después su *Guía*, y antes que la publicase manifestó claramente su ánimo. Estuvo más de *tres años* a disponerla, *copiando* de diversos autores, enmendándola y *corrigiendo* tantas veces, que daba molestia a muchos. Finalmente, dispuso un *librito* pequeño, y, habiéndole mostrado a un religioso amigo suyo, le dijo que le agradaba, pero que estaba *pobre de autoridades de santos*, y le dio algunas que tenía anotadas para su uso propio. Con esto volvió a hacer el libro mayor. Y se enamoró tanto de él, que le parecía no había cosa más preciosa en el mundo; y, deseoso que fuese visto su manuscrito, lo presentaba a algunos para leerlo, y luego temía de que se lo copiasen. Sucedió que, estando en las manos del religioso que le dio las dichas autoridades, creyendo que antes que lo estampase su autor se volvería a España, se lo cogió y comenzó a traducirlo al italiano para darlo después a la luz en su nombre. Habiéndolo penetrado Molinos, no es ponderable el sentimiento que mostró; como el hombre más profundo y escandaloso, se descompuso, y entre otras cosas, clamando, dijo: «Yo debo ser algún maldito de Dios, pues me suceden estas cosas»... Ciego de cólera, le escribió pidiéndole le volviese luego su original, la copia que había hecho sin su licencia y la traducción; y lo trató de infiel, traidor y ladrón. Leída la carta por el dicho religioso, en desprecio de su autor la arrojó en tierra y la pisoteó, lamentándose de su modo de tratar. Y, habiéndole restituido el libro, *me* dijo después Molinos si me había escandalizado de lo que había dicho y hecho en esta ocasión. Respondíle que no sabía, pero es cierto que me admiré de su poca virtud y paciencia; y también el religioso, el cual fue a visitar a Molinos para pacificarse, pero fue en vano, y nunca más se trataron, teniéndose por enemigos. Y, aunque Molinos escribió al religioso una carta llena de humillación, pero fue una ficción: cada uno se justificaba en lo que había hecho, y no hay duda que el religioso tenía la mayor culpa. De este género son los perfectos contemplativos de estos nuestros tiempos, que Dios nos libre de ellos»...

La glosa final no desvirtúa la precisión de detalles aportados por San Juan, algunos de los cuales hemos subrayado. Demasiado alegremente, Nicolini endosa a la malevolencia del biógrafo inverosimilitudes, incongruencias y contradicciones de este relato que yo no acierto a ver. La redacción velocísima y cuasi carismática de la *Guía* es falsa; abonan la hipótesis de D. Alonso San Juan las dos redacciones originales que se conservan en la Biblioteca Vaticana, que me han servido para la edición crítica. La arquitectura general de la obra, la transposición, supresión o adición de párrafos y aun de capítulos enteros, los centenares de pequeñas correcciones y tantas otras cosas, muestran con claridad que la redacción fue laboriosa y cuidada, y, posiblemente, ninguna de estas dos es la primigenia del «librito pequeño» y con escasas autoridades mencionado. ¿Quién era el religioso que le proporcionó las autoridades y se resarció más tarde con propósitos piratescos? Era español, puesto que se proponía volver a España y al mismo tiempo era capaz de traducirlo al italiano. Queda descartado Fr. Juan de Santa María, cuyo entusiasmo mal se aviene con el odio incurable que debió de aquejar a Molinos y a su amigo, convertido en ladrón y traidor. El episodio en que se desató la cólera de Molinos, menos despegado de su libro de lo que pudiera esperarse de su doctrina y benévolo aceptador de los desmesurados ditirambos de Fr. Juan, que mal se avienen con sus histéricos afanes de humildad y aniquilación, no resulta en absoluto improbable. El plagiario Montalvo añade de su cosecha que la escena violenta tuvo lugar ante D. Francisco de San Juan, hermano del autor de la *Vida*. Por ésta nos consta que las excusas presentadas por Molinos por el escándalo que había podido producir su conducta, lo fueron al propio autor del relato («*me* dijo»).

San Juan no oculta su manifiesta aversión a Molinos, pero no inventa cosas de las que muy bien pudo ser testigo. Una muestra la tenemos en el párrafo siguiente: «Después de algunos meses, habiendo Molinos dispuesto *su libro de otra forma*, quitando y poniendo muchas cosas —¿se trata de la redacción A y B de mi edición crítica?—, lo prestó para ver a una persona de mucha virtud y doctrina, que es el autor de la *Bibliotheca hispana*, escrita en Roma, y con la ocasión que fui *con él* al convento de los PP. Cartujos, caminando por aquel su gran claustro, *me dijo* con ánimo turbado que su libro estaba en el mismo peligro que antes, porque, habiéndolo dado por dos o tres días, eran ya ocho que no se le había restituido; y teniendo el dicho sujeto muchos escritores, se lo podían copiar fácilmente. A esto *le respondí* con mucha seriedad: 'Si este su libro fuera mío, para librarme de inquietudes y disgustos lo quemaría o echaría al río'. Y, entendiendo que había dicho merecía su libro se quemase o se arrojase al río, tuvo tanto disgusto, que me lo mostraba a menudo; y dio en tales excesos, que fue necesario apartarme de él, y fue disposición divina para el bien de mi alma». No hay que decir que el protagonista de esta soñada amenaza que Molinos vio cernerse sobre su obra fue nada menos que Nicolás Antonio; el rudo aventador de celotipias, egolatrías y fantasmas era el propio D. Alonso de San Juan. Me rindo ante su testimonio, harto revelador de la psicología de Molinos, quien, por fin, dio a luz pública su «parto de los montes», asegurando su paternidad y rompiendo con ello con alguna parte del misterio que rodeaba su persona. Era la hora cenital del Dr. Miguel de Molinos, harto peligrosa para el infatigable predicador de la quietud y de la nada, que se dejó acunar golosamente por el éxito.

LA HORA DEL TRIUNFO

Nada tiene de improbable la aseveración de su biógrafo: «Cuando dio a la estampa su *Guía* en lengua española e italiana [1675], comenzó a ser más conocido y se desvaneció, de manera que le parecía era debida toda estimación a su virtud. Lo veneraban todos sus secuaces, particularmente algunos españoles que tenía cerca de sí, y permitió Dios que no sólo no le advirtiesen sus faltas como debían, sino que lo adulaban y aprobaban todas sus acciones, y sus palabras y errores los tenían por oráculos divinos, y así fomentaban sus maldades. Le ayudó también mucho a dilatar sus errores un religioso descalzo —éste sí puede ser Fr. Juan de Santa María— que, por el crédito que le daba su hábito, tenía fácil entrada por las antecámaras de príncipes. Este, con sus alabanzas y elogios, hizo que fuese deseado de todos como un hombre divino y único en el mundo, y, aunque con trabajo, lo conseguía, en la forma que dije más arriba. Los discípulos de Molinos se hacían pregoneros de las virtudes de su maestro, y se servía de ellos como de red para prender a otros».

Cuando se es discípulo atento de la vida tanto como de los secos documentos, las palabras de D. Alonso de San Juan cobran sabor auténtico. La fama incrementada, la veneración idolátrica de los seguidores, la adulación constante, la curiosidad general por conocer al hombre «divino y único en el mundo», desvanecen a cualquiera que no sea un auténtico hombre de Dios, y no se cura tal desvanecimiento con unas gotas de acíbar de histriónicas afirmaciones sobre la propia nada y vileza. Molinos se transforma en espectáculo en los medios romanos, y acuden a su cebo espirituales auténticos, curiosos simples, vanidosos e interesados. El cortejo romano de Molinos es inseparable de la total comprensión de su caso. En tales situaciones, la distancia suele interpretarse como una injuria; las adhesiones, como marchamo de espiritualidad y cordura. La atracción de nuevos adeptos, garantía de verdad; el rechazo, motivo de descalificación. En la carrera de la vanidad, una mínima carencia de aceptación universal equivale a una herida. Sólo el auténtico despego sabe curarla. Es el caso que los discípulos fervientes de Molinos quisieron atraer hacia su maestro a D. Francisco de Valladolid, agente en Roma de la causa de Santo Toribio de Mogrovejo, miembro de la congregación particular para el gobierno de la iglesia y hospital de Santiago de los Españoles, hombre de «muchas prendas..., de rara humildad y modestia», según San Juan. Le loaron las calidades del maestro, las ventajas que le reportaría su trato con él; le invitaron a escuchar sus pláticas en la Escuela de Cristo. Valladolid les atajó con su laconismo habitual: «Yo no me quiero condenar». La áspera respuesta fue motivo de chacota por parte de los seguidores de Molinos, motivo de admiración para San Juan. Constituía una quiebra en la universal aceptación de Molinos, cuyos motivos íntimos desconocemos. No sería la única.

Sea lo que fuere de los orígenes carismáticos, o menos, de la *Guía*, ésta apareció en español, en Roma, en las prensas de Miguel Hércules *(sic)*. El primer hecho que sorprende a quien abre sus páginas es el de sus numerosos y calificados valedores o aprobadores. No cabe disimular la paradoja flagrante: la obrita considerada más tarde como quintaesencia del quietismo es aprobada por las más variadas y eminentes figuras, que, lejos de olfatear el oculto veneno, se extienden sin tasa en sus elogios. Aun con todas las concesiones al barroquismo de la época en número e hinchazón de aprobaciones, costumbre que denunciaría con sarcasmo el P. Isla en su *Fray Gerundio,* este aparato protector de la *Guía* no deja de intrigar al historiador del quietismo.

No se trata de la bobática admiración de beatas sin cultura. Se trata de prelados, teólogos, rectores; de una flora variopinta de órdenes religiosas; sobre todo, en su mayoría, de calificadores antiguos o en activo de la Inquisición romana o española, esto es, de supuestos sabuesos de la herejía, que dejan malparado el radical antagonismo entre Inquisición y mística que dan por sentado no pocos de los que disertan sobre el quietismo.

Conviene repasar morosamente la impresionante nómina y sus arreos espectaculares: el arzobispo Fr. Martín Ibáñez, trinitario calzado, calificador de la Inquisición española, doctor por Alcalá y antiguo catedrático de Escoto en la misma universidad; el general de los franciscanos, Fr. Francisco de Bolonia, calificador del Santo Oficio y consultor de varias Congregaciones romanas; el ex general de los carmelitas Fr. Domingo de la Santísima Trinidad, calificador de la Inquisición romana, rector del seminario de Misiones de San Pancracio y autor de una imponente *Bibliotheca Theologica* en seis volúmenes por aquellos mismos años (1666-76); Fr. Francisco de Jerez, predicador real, examinador sinodal en Sevilla, tres veces provincial de los capuchinos de Andalucía y definidor general de la orden; el jesuita P. Martín de Esparza, catedrático de teología en Salamanca y en el Colegio Romano, calificador de la Inquisición de Valladolid y más tarde del Santo Oficio; el trinitario descalzo Fr. Diego de Jesús, procurador general de la Provincia de España y ministro del convento romano de San Carlos. Como broche de oro, aprobó la obra con su firma autógrafa y le otorgó el *imprimatur* el teólogo pontificio o maestro del Sacro Palacio, Fr. Raimundo Capizucchi, dominico, y pronto cardenal.

Tan sesudos varones no se limitaron a tejer elogios hueros, sin sustancia y de mero protocolo, sino que se comprometieron profundamente en los mismos. Si el lector tuviese la curiosidad y la paciencia de leerlos, comprobaría conceptos muy destacables. Para el arzobispo Rojas, la obra de Molinos abraza «la doctrina *común* al sentir de los Santos Padres y *muy común* a los místicos... sigue las pisadas de los *antiguos,* apoyado siempre en sus principios». Según el general de los franciscanos, «declara doctrina sana y conforme a los dichos de los santos, realza con espirituales reglas la ciencia mística... toca el ápice de la contemplación». El sabio Fr. Domingo de la Trinidad encontró en el libro «bellísimos documentos espirituales, proporcionados al precioso fin del autor». El predicador capuchino Fr. Francisco de Jerez encuentra en la *Guía* «sólida y utilísima doctrina, muy conforme a la de los Santos Padres y doctores sacros»; el alma que la ponga en práctica «subirá sin riesgo al sagrado monte de la divina contemplación». El jesuita Esparza estima «muy loable y digno de singular estima el conato de este libro, como empleado en la trabajosa y profunda explicación de la contemplación divina y porque encamina a ella hasta su cumbre y última perfección», y cree «será de mucha utilidad y provecho de las almas salga a luz pública y se comunique a todos». Con gusto y edificación la leyó Fr. Diego de Jesús, encontrando su «doctrina sana y segura».

En la edición madrileña de la *Guía* (1676), el Dr. Lozano alaba «la *seguridad* de su doctrina, conforme en todo a la de los Santos Padres, decretos de los concilios e integridad de las costumbres», mientras Fr. Alonso de los Santos recalca su fuerza persuasiva y enfervorizante. A todos batió en entusiasmo el arzobispo de Palermo, D. Jaime de Palafox, quien patrocinó la edición italiana de la *Guía* en su ciudad y le antepuso un prólogo encomiástico, en que recomendaba la obra a todas las monjas contemplativas de su archidiócesis, gesto reduplicado que repetiría años más tarde en su nueva sede de Sevilla.

Evidentemente, este hecho plantea numerosas preguntas, con tal de que no descalifiquemos previamente el peso de estas aprobaciones y elogios con fácil recurso a la simpatía, a la ignorancia, al engaño o a la lectura «por poderes», que diría Isla; ni siquiera la belleza literaria de la obra, reconocida por Menéndez Pelayo, podía engatusar a tan perspicaces calificadores profesionales. ¿Tan romos anduvieron todos ellos o tan prodigioso disimulo encubre en la *Guía* sus errores? ¿Es concebible que ideas supuestamente malignas, novísimas o deletéreas sean, paradójicamente, calificadas de doctrina sólida y sana, común al sentir de los Padres y muy común a los místicos? ¿De útil, provechosa, segura y sin riesgos? ¿Dónde queda el antagonismo radical entre Iglesia y mística?

La explicación más pertinente de esta clamorosa aprobación inicial de la *Guía* la aventuró hace años el P. Eulogio Pacho: «Ni el maestro del Sacro Palacio ni los censores diputados hallaron nada que se opusiese a la publicación de la *Guía;* no porque simpatizasen con el quietismo, sino porque la doctrina del libro, sin otros elementos de juicio sobre el autor y sus intenciones, puede entenderse rectamente lo mismo que puede interpretarse en sentido herético y escandaloso». La justa prevención contra los procesos de intenciones en el campo jurídico no debe atajar al historiador en la investigación del sentido subjetivo que ocultan las palabras. En la Iglesia y fuera de ella, la historia ofrece numerosos ejemplos de enconados debates donde bajo las mismas palabras laten contenidos muy diversos. Pacho pisa firme cuando afirma que nada encontraron los censores de reprobable en la *Guía* y da una explicación razonable cuando añade que la doctrina del libro puede entenderse rectamente; deja abierto el resquicio a la posible herejía y escándalo en una lectura críptica de la obra con los ojos puestos en el autor y sus intenciones. Con ello abre una perspectiva nueva y difícil, a mi juicio esencial para la comprensión histórica correcta del quietismo, al menos en amplios márgenes del fenómeno que se produce en el seno de la Iglesia católica: una perspectiva que escandalizará a los habituados a contemplar la *Guía* como obra reprobable, y aún más a los empeñados en convertirla en teoría original y personalísima de Molinos, en radical herejía, en la cima y último eslabón de la mística española, y hasta en «un modo aragonés de ser hereje», hipótesis esta última que suplanta y contradice al afán de Menéndez Pelayo por considerar al quietismo como planta exógena y de importación en los pagos de la mística hispana. Como se ve, se puede azuzar el patriotismo, y aun el provincianismo, desde ángulos muy diversos y contrapuestos. ¿Habrá Pirineos para el quietismo?

EL LLAMADO «QUIETISMO»

Si algo está claro en la actualidad para quien quiera informarse, es que Molinos no es el pionero de un movimiento, sino, todo lo más, el catalizador del mismo. Por lo que respecta a España, algo hemos recogido anteriormente sobre el ambiente valenciano en el que inicialmente se movió Molinos. Mejor estudiados están los luminares mayores del siglo XVI (Santa Teresa, San Juan de la Cruz, San Ignacio, San Juan de Avila), y no poco se viene escribiendo sobre el fenómeno de los alumbrados, con sus diversas etapas y manifestaciones varias y con afinidades, si no consanguinidades, con algunas manifestaciones y afirmaciones consideradas quietistas. Entre estos dos polos se halla una frondosísima literatura espiritual intermedia, apenas estudiada, y de la que ha dado abundante cuenta Melquiades Andrés en una amplia obra, que, entre otras cosas, presenta un abundante florilegio de textos. Si uno se familiariza con ellos, encontrará incesantemente su eco al leer la *Guía*, harto menos novedosa de lo que algunos quieren. Un análisis del léxico de Molinos, así como el inventario de su repertorio típico de conceptos, poco descubrirá de nuevo cotejado con esta tradición previa, muchas veces clasificada, con harta ligereza, como prequietista. Los problemas inherentes al tránsito de la oración discursiva o meditación a la contemplativa, la fijación del momento oportuno y sus señales, los perjuicios del inconmovible encapsulamiento en la meditación, los beneficios de la contemplación, la fecundidad de un aparente ocio que no es tal, el énfasis puesto en la experiencia como fuente de gracias y como piedra de toque para la comprensión del tema, las exigencias de resignación y aniquilación, las loas de la nada: absolutamente todo está dicho antes de Molinos en la tradición hispana, que ha acuñado, antes que él, las mágicas palabras que pasan por santo y seña del quietismo.

Decíamos líneas más arriba que para el quietismo no hubo Pirineos, utilizando el término de *quietismo* en el sentido vulgar en el que se maneja. Pudiéramos dispensarnos de hablar de Francia, en beneficio de Italia, que es donde germinó y bulló el molinosismo. Mas conviene mencionar, aunque sea de pasada, algunas de las voces que engrosan lo que se ha llamado «invasión mística» en el gran siglo XVII francés, tan ampliamente estudiado por Brémond. Muchos de los temas que acabamos de reseñar respecto a la tradición hispana —a veces en directa dependencia de ella— resuenan en la tradición carmelitana francesa, en el Bérulle de juventud, en páginas de San Francisco de Sales o en cartas de la Madre Chantal. Incluiríamos entre las voces afines las de los jesuitas Binet, Lallement y Surin, para asombro de los que, con ideas muy sumarias acerca del ignacianismo y de la variada tradición jesuítica del XVII, presentan a Loyola y a Molinos como los antitipos de una tensión irremediable. El capuchino Canfeld, su hermano de hábito Poitiers y el dominico Piny son anteriores al marsellés Malaval, a quien se empareja más fácilmente con Molinos. El converso inglés y luego benedictino don Agustín Baker anticipa igualmente muchas melodías clásicas molinosistas en su voluminosa obra *Holy Wisdom* (1657).

En el marco italiano, Molinos ha podido seducir la atención de los estudiosos como punto focal en el que el quietismo alcanza su esplendor y expresión máximas; en realidad contaba con una historia más o menos subterránea anterior a la aparición de la *Guía* y aun a la llegada de Molinos a Italia. Petrocchi y Nicolini han reseñado libros clasificables como prequietistas: el *Spechio spirituale,* de Elli (1618); *Vie della contemplatione,* de Cucchi (1622); el *Paradiso interiore,* de Paolo Menassei da Terni († 1620), repetidamente editado en traducción alemana; *Teopiste ammaestrada* (1648), de G.A.Alberti; *Riflessi dell'uomo interiore* (1665); el *Tesoro dell'anima,* a nombre de G.M. Gramaldi. El mismo año que Molinos, Pietro Battista de Perugia publicó en Macerata su *Scala dell'anima per arrivare in breve alla contemplatione, perfettione et unione con Dio.* Hemos dejado de lado el *Breve compendio,* del jesuita Achille Gagliardi, vinculado a la «dama milanese» Bellinzaga, traducido con éxito al francés, como lo fuera el librito de Rojas, citado por Molinos, y con mayor entusiasmo por el mencionado Backer. Rojas, el P. Caldera, el mercedario Falconi, engrosaron, en sendas traducciones italianas, el acervo libresco, clasificado como prequietista simplemente porque se sitúa delante del corifeo mayor, nuestro Dr. Molinos.

En Italia más que en Francia, el llamado quietismo no se redujo a libros, sino a numerosos focos, inspirados en muy variadas fuentes que salpican todo el siglo y toda la geografía italiana. Tres años antes de la desgracia de Molinos, en un informe presentado al Santo Oficio por el cardenal Albizzi (1682), y del que hablaremos más tarde, se delinea una historia del quietismo italiano llena de sorpresas. La oración de quietud, o «di quiete» como dicen los italianos, era golosina suspirada en los conventículos de Santa Pelagia, de Milán; de Val Camonica y de Brescia. El sacerdote Lambardi conocerá las cárceles inquisitoriales de Spoleto por su acérrima defensa de la oración de quietud y sus ataques a la oración vocal; doce de sus secuaces tuvieron que abjurar de sus doctrinas en San Pedro de Roma justamente en 1675. El médico francés Gigardi o Guyard, inspirado en el libro *Stati dell'oratione mentale,* de sor María Bon de la Encarnación, publicado en 1674 (y condenado el mismo año), difundía máximas quietistas en el oratorio de disciplinantes de Turín a hombres y mujeres. Su discípulo el conde Scarampi las propagará en Turín y en Génova, viéndose envuelto en un proceso inquisitorial (1675), en el que acusará al obispo de Savona por prohibir en su diócesis la oración de quietud, enseñada «por los mayores santos». Los hermanos Leoni, sacerdote uno y seglar otro, serán los más audaces en afirmaciones doctrinales de las más deletéreas consecuencias prácticas. Cundía la alarma en Piamonte, Córcega, Monferrato, mientras hacían furor obras manuscritas extrañas como *La Sunamitide*. El cardenal Caracciolo, desde Nápoles, mostraría al papa su inquietud en 1682 por el incremento de quienes, tomando el nombre de quietistas, gustaban de estar sumidos en quietud y silencio, excluyendo todo género de consideraciones, reglas, métodos y lecturas, esperando mágicamente sublimes grados de oración, mientras desatendían sus defectos y pasiones y aborrecían la oración vocal, las imágenes, la confesión y la sumisión a cualquier ley.

Justamente este abigarrado panorama es el que nos devuelve a la cuestión antes suscitada: ¿hemos de medir por el mismo rasero a los maestros teóricos del llamado quietismo y a estos grupos innominados de llamados quietistas? ¿Son de recibo las doctrinas de aquéllos sobre la oración de quietud y lo es menos su deficiente puesta en práctica, su aplicación indiscriminada a no sabemos qué especie de personas? ¿Son igualmente sospechosos todos y cada uno de los principios clásicos expuestos por los escritores? ¿Llevan en su dinamismo concreto determinadas consecuencias, o éstas son frutos espúreos de aquellas doctrinas? ¿Nos encontramos ante una misteriosa literatura críptica o ante unas exposiciones honestas? ¿No cabrá clasificar fríamente el valor de cada obra escrita, sopesar bien sus matices, comprobar si su aplicación es correcta y controlar hasta qué punto y por quiénes se utilizó como tapadera o pretexto para exageraciones, demasías u orgías, jamás propiciadas por los grandes mentores intelectuales? No es fácil dar respuesta a todas estas cuestiones. Con todo, alimentada la sospecha y la cautela, habremos de entrar con pies de plomo en el análisis de ese enmarañado problema del quietismo. Y en este momento en el examen sereno de la *Guía espiritual*, de Molinos.

Intento de la «Guía»: lo que es y lo que no es

La *Guía* representa, cuando menos, el estado público de la doctrina de Molinos. En ella está objetivado su pensamiento. Olvidémonos de su autor, de sus gracias y desgracias, de sus eventuales ocultas intenciones. Leámosla sin prevención alguna; pero leámosla real y enteramente, sin descuidar su prólogo. En él se registran cosas muy importantes. La primera de todas, la cautela. Molinos es consciente de que su manjar es desabrido «por místico»; aunque añada que también por «mal guisado», nos perdonará que veamos en ello una figura retórica, por lo demás mal avenida con la altísima estimación que, según dicen los que le conocieron, tenía de su obra. Teme la censura, como y por las mismas razones por que la han temido quienes han tratado estas materias. «La ciencia mística —dice— no es de ingenio, sino de experiencia; no es inventada, sino probada; no leída, sino recibida». No entra en el alma por los oídos ni por la lección de libros, sino por la infusión de lo alto. Hay doctos que no han leído jamás estas materias, y espirituales que no las han gustado. Son proclives a condenarlas; aquéllos por ignorancia, éstos por inexperiencia. La mística causa escándalo; sus maravillas ponen a prueba nuestra fe en Dios, sobre todo porque llama a ella a los más flacos y miserables. La experiencia sobrepuja a la más despierta especulativa. Quien condene la doctrina de la *Guía*, mostrará que no tiene práctica ni experiencia de la mística; además, que no ha frecuentado a los grandes maestros y doctores aprobados por la Iglesia.

Algunos ven en estas descalificaciones de eventuales censores un recurso sinuoso para protegerse contra posibles ataques al marcarlos con la nota de la inexperiencia o ignorancia. El razonamiento de Molinos es absolutamente normal y usual en semejantes casos y podría ser cotejado con pasajes similares de muchos autores.

En segundo lugar, Molinos alude expresamente a los destinatarios o beneficiarios de su libro. Contra el tópico rutinario de que quiere introducir a todos sin distinción en las cimas de la contemplación, nos dice que la doctrina de su libro «no instruye a todo género de personas, sino solamente a aquellas que tienen bien mortificados los sentidos y pasiones y que están ya aprovechadas y encaminadas a la oración y llamadas de Dios al interior camino». Presupone, por tanto, determinados niveles ascéticos y cierta consistencia en los mismos e introduce un elemento esencial en tal plano de situación: una llamada de Dios que sigue al aprovechamiento de la oración. Molinos podía pretender desempeñar personalmente —o guiar a otros directores— la función de árbitro de tal llamada, y en tal delicado oficio creo que falló lamentablemente. Sus presupuestos y exigencias previas son justos; sus dictámenes personales no creo que lo fueron en muchos casos. Lo segundo no desvirtúa lo primero.

En tercer lugar se afirma lo que no es el libro: «No ha sido jamás mi intento tratar de la contemplación ni de su defensa, como muchos que docta y especulativamente han publicado enteros libros llenos de eficaces razones, de doctrinas y autoridades de los santos y de la sagrada Escritura para desvanecer la opinión de los que la han condenado y condenan por no haberla experimentado ni aun especulativamente entendido». Molinos apunta certeramente al debate acerca de la contemplación, anterior y en cierto modo exterior al fenómeno quietista. Sabe que hay quienes la condenan, sea por no haberla gustado, sea por no haberla, al menos, estudiado y entendido. Molinos no va a defender la contemplación; eso lo han hecho sabiamente otros. La da por supuesta. Ello significa que no se propone escribir un amplio tratado específico sobre el tema; mucho menos, una exposición global de doctrina espiritual ascético-mística. Este propósito expreso nos explica que a la *Guía* le falten contrapesos útiles de tono ascético o deseables ampliaciones propias del terreno místico.

En cuarto lugar se explica diáfanamente el propósito concreto del libro, apuntado claramente en su mismo título: «Guía espiritual, que desembaraza al alma y la conduce por el interior camino para alcanzar la perfecta contemplación y el rico tesoro de la interior paz». Desembaraza, conduce, alcanza. La meta es la perfecta contemplación y la interior paz. La fuerza conductora y el alcance pleno corresponden a Dios. En realidad, a Molinos le obsesiona el desembarazar de cuanto por parte nuestra impide tales logros, y esta obsesión es un fruto de su experiencia como director. El libro es así fruto de una experiencia pastoral, madurada en su interior con claridades que cree inspiradas y enseñadas por Dios: «La experiencia de largos años —por las muchas almas que se han fiado de mi insuficiencia para la conducción del interior camino a que han sido llamadas— me ha enseñado la grande necesidad que hay de quitarlas los embarazos, inclinaciones, afectos y apegos que totalmente las impiden el paso y el camino a la perfecta contemplación. Todo este práctico libro se dirige a este *principal intento;* porque no basta asegurar el interior camino de la contemplación contra los que la contradicen si no se les quita a las almas llamadas y aseguradas los embarazos que las estorban el paso y espiritual vuelo, para cuyo fin me he valido más de lo que Dios por su infinita misericordia me ha inspirado y enseñado que de lo que la especulativa lección de los libros me ha administrado e instruido». Las almas *son* llamadas a la contemplación, no las llama Molinos; pero se atascan en su progreso espiritual por causas que a ellas afectan. Molinos deja de lado la batalla teórica en torno a la contemplación, para ocuparse de las dificultades usuales que la hacen difícil o imposible. Veremos cuáles son esas dificultades habituales que le ha revelado su experiencia de director. El objetivo primordial a que apunta su obra es recalcado: «no asegurar el interior camino, sino desembarazarlo».

Realzadas la experiencia y la inspiración de Dios como fuentes primordiales de sus convicciones personales, alude después a su sobriedad en la cita de autores consagrados. El acopio de las mismas, para el que contó con alguna ayuda ajena, tenía una finalidad de cobertura, pero al mismo tiempo denota patrones de identificación. Por tales autoridades se entenderá «que no es singular ni rara la doctrina que aquí se enseña». De cara al público, Molinos se cura en salud de la tacha de novedad y se aferra al marchamo de la tradición más autorizada. A lo largo de su obra hallaremos esparcidas tales autoridades y nos será factible controlar la validez de la cobertura buscada por Molinos.

Finalmente, Molinos insinúa dos tipos de lectores aprovechados de su obra: almas directamente interesadas en la problemática expuesta y directores espirituales necesitados de instrucción «para que no estorben el curso a las almas llamadas por estas secretas sendas». Cualquier clásico de la espiritualidad podría suscribir estas frases.

Cabe todavía formular una pregunta: ¿Es la *Guía* una obra teórica doctrinal, o hay que inscribirla en la literatura personalista y experimental? Sin que con ello prejuzguemos el misterio íntimo de la espiritualidad personal de Molinos y de sus posibles altos niveles, el tono general de la obra es, sin duda, doctrinal. Habría que adivinar en la malla de sus máximas las dosis de experiencia personal que ocultan. Por otra parte, el propósito específico de la obra, muy limitado y circunscrito, apunta a un campo privilegiado y preciso de experiencia —¿personal o más bien pastoral?—: al de las dificultades que habitualmente impiden el tránsito pacífico hacia la contemplación.

LAS CUATRO ADVERTENCIAS

Delante del texto de los tres libros de que se compone la *Guía*, nos encontramos con un proemio con cuatro advertencias. Personalmente, juzgo que son algo postizo y añadido, lo cual no le priva de importancia, sino que la acrecienta. El verdadero comienzo del libro y de los propósitos manifestados por el autor aparece con garbo desde el primer párrafo del capítulo I, y aun desde el título mismo del libro I: «De las tinieblas sequedades y tentaciones con que Dios purga a las almas y del recogimiento interior o contemplación adquirida». El autor nos dijo que no intentaba entablar una defensa de la contemplación; la suponía debidamente justificada. Como pequeña apoyatura esquemática de esta suposición, antepone a la obra, a título de advertencias, una docena de páginas muy esquemáticas y bastante provistas de autoridades. ¿Podríamos ver en ellas el influjo del amigo que le ayudó precisamente en tal menester? En cualquier caso son páginas-clave para la inteligencia total de la obra, ya que en ellas aparece uno de los caballos de batalla de un debate que desborda las fronteras del quietismo y pertenece al área común de la teología espiritual de la época: el contraste entre meditación y contemplación, esencial para entender el punto de arranque del molinosismo. Tal contraste no es invento de Molinos, sino doctrina común en la literatura espiritual, aceptada por teólogos especulativos como Suárez, por poner un ejemplo, curiosamente no olvidado por el propio Molinos.

Meditación y contemplación son dos modos de ir a Dios. Molinos los caracteriza así en su advertencia primera y segunda:

Meditación: Por consideración y discurso; modo de principiantes y sensible; obra con trabajo y fruto; siembra y busca; rumia el manjar,

ADQUIRIDA contemplación o recogimiento interior: por pureza de fe, noticia indistinta, general y confusa; modo de aprovechados, más desnudo, puro e interior; obra sin trabajo, con sosiego, paz y deleite y mucho mayor fruto; recoge y halla, gusta y se sustenta del manjar.

Nótese que no habla de la infusa, sino de la adquirida, término propiciado, sobre todo, por la tradición carmelita, muy viva en el siglo XVII y que se prestaba a discusión. Al calificar la meditación como modo de principiantes y sensible, entraba en liza con las escuelas que lo defendían como modo válido para todo el proceso espiritual y que defendían que la santidad más heroica no tenía por qué ir vinculada a la contemplación.

Molinos da un paso más cuando registra un hecho de experiencia normal: al alma habituada a discurrir en los misterios, Dios la suele llevar de la mano, «y, haciendo que deje atrás el entendimiento todas las consideraciones y discursos, la adelanta y saca de aquel estado sensible y material, y hace que, debajo de una simple y oscura noticia de fe, aspire sólo con las alas del amor a su esposo, sin que tenga ya necesidad del entendimiento». «El alma ya ha adquirido la noticia que le pueden dar todas las meditaciones e imágenes corporales de las criaturas; si ya el Señor la saca de ese estado, privándola del discurso, dejándola en la divina tiniebla para que camine por el camino derecho y fe pura, déjese guiar... Debe pasar adelante con su amor, dejándose atrás todo su entender». No debe violentarse volviendo al discurso, sino dejar obrar a Dios. «Si bien le parecerá ociosidad, es sólo de su sensible y material actividad, no de la de Dios». Dirán que la voluntad estará ociosa si no le suministra conceptos el discurso; mas el entendimiento conoce «por la fe oscura, general y confusa, con un más claro y perfecto conocimiento de Dios, que engendrará más amor». Todo esto ocurre normalmente en almas ya habituadas a la meditación; excepcionalmente, Dios puede llamar a los principios e introducir sin discursos por el camino de la pura fe. Molinos sintetiza y se hace eco de la doctrina de San Juan de la Cruz, justamente el autor sorprendentemente silenciado a lo largo de toda la *Guía*. La doctrina es correcta y generalizada. La aplicación de la misma que hiciera Molinos no debió de ser así; fue demasiado proclive y facilón en detectar almas en tal estado, sobre todo en las supuestamente llamadas «a los principios», y en ello estribó en buena parte su desgracia personal.

En la oración, «amigable trato con Dios», no queda desterrada la meditación, sino relegada al abandono cuando *Dios* introduce en la contemplación. Molinos o sus amaestrados directores debieran ser los árbitros perspicaces en dictaminar sobre este divino designio, que se muestra en determinadas señales y que anuncia una nueva fase, descrita con morosidad por Molinos: sin necesidad de nuevos discursos, el alma fija su mirada en una verdad ya conocida, intuitiva y globalmente entrañada. El entendimiento mira «sencillamente, con quietud, sosiego y silencio»; la voluntad ama, admira y goza. El alma en tal situación «debe recogerse toda dentro de sí misma en su puro fondo y centro, donde está la imagen de Dios. Allí la atención amorosa, el silencio, el olvido de todas las cosas, la aplicación de la voluntad con perfecta resignación, escuchando y tratando con él tan a solas como si en todo el mundo no hubiese más que los dos».

Aplicando la dialéctica del fin y los medios, Molinos desemboca en una conclusión: alcanzado el fin, cesan los medios, como cesa la navegación llegados a puerto. Tras la *fatiga* de la meditación, se llega a la quietud, sosiego y reposo de la contemplación. Cercene discursos, repose quieta con una atención amorosa y sencilla vista de Dios, deseche con suavidad imaginaciones, quiete el entendimiento, recoja la memoria y fíjela en el conocimiento general y confuso de fe, aplique la voluntad a amar. Inspirado, acaso, en este párrafo, el primer adversario doctrinal de Molinos, el jesuita Segneri, escribió su *Concordia tra la fatica e la quiete*. En ella nos desveló, con sorpresa, que el párrafo de Molinos es copia casi exacta de otro de San Pedro de Alcántara, a quien no cita.

También la tercera advertencia merece su glosa pertinente. Contra los que acusan a Molinos de no distinguir entre la contemplación infusa y la adquirida o de pretender introducir a todos en aquélla, la *Guía* distingue perfectamente entre ambas, disertanto, sobre todo, acerca de la primera. La primera, «imperfecta, activa y adquirida..., se puede alcanzar con nuestra diligencia, ayudados de la divina gracia, recogiendo las potencias y sentidos, preparándonos para todo lo que Dios quisiere». Sólo de ella venía hablando hasta ahora, y de ella hablan el ya citado Rojas, el jesuita Arnaya, San Bernardo y Santo Tomás. El hecho de que podamos, con ayuda de Dios, introducirnos en la contemplación adquirida, no autoriza a nadie a atravesar la frontera: «nadie de su motivo se ha de atrever a pasar del estado de la meditación a éste». Un experimentado director dictaminará con claridad si *Dios* llama a este estado; o, en su defecto, la misma alma podrá percatarse de ello guiada por algún libro adecuado que le aclare su propio estado y las señales usuales que marcan el punto del tránsito. La primera de todas, el no poder meditar, siempre que tal situación no provenga de indisposición del cuerpo, de desazón natural, de humor de melancolía o de sequedad nacida de la falta de preparación.

Brevísimamente se referirá a la contemplación infusa y pasiva o perfecta, sirviéndose de un largo párrafo del *Camino de perfección*, de Santa Teresa (c.25), recalcando que Dios la da graciosamente a quien quiere. El interés fundamental de Molinos se centra en la adquirida y en hacer factible el acceso a ella despejando dificultades. Olvidando una de las más frecuentes, la incertidumbre, parece enfrentarse con otra más radical y profunda en su densa cuarta advertencia: «Asunto de este libro, que es desarraigar la rebeldía de nuestra propia voluntad para alcanzar la interior paz».

La adquisición de la paz interior es el eje y nervio de la obra de Molinos. Tal intención va enmarcada en una concepción más amplia, suficientemente expresada al inicio del capítulo I de la obra. Remeda el símbolo teresiano del castillo, expresado en las *Moradas:* «Has de saber que es tu alma el centro, la morada y reino de Dios; pero para que el gran Rey descanse en ese trono de tu alma has de procurar tenerla limpia, quieta, vacía y pacífica. Limpia de culpas y defectos, quieta de temores, vacía de afectos, deseos y pensamientos, y pacífica en las tentaciones y tribulaciones». Pacificar el trono del corazón ha de ser el continuo ejercicio, obrando pura y rectamente, acatando sin alteración cuanto nos sobreviene, incluidas las tentaciones, tribulaciones y persecuciones, entrando en la fortaleza inexpugnable de nuestra interioridad. Dentro de nosotros hay un terrible enemigo: nuestra rebeldía a acatar la voluntad de Dios, causa de una vida amarga y desabrida, de inquietud y alteración permanentes, de pérdida del norte para alcanzar la paz interior. Sólo la perfecta paz es causa de la inalterable felicidad. Rendir nuestra voluntad a la divina es el secreto de la paz. «Este ha de ser el asunto de este libro».

ARTICULACIÓN DE LA «GUÍA»

Dominar la rebeldía de nuestra voluntad pudiera ser el eje de cualquier tratado ascético; mas Molinos no olvida el destino específico de su obra: trata de pacificar el corazón de almas ya avezadas en la vida espiritual y que son llamadas a la contemplación, y por ello se ocupará de las diversas turbaciones que les pueden sobrevenir. En esta tarea se ocupará en el libro I. Los inicios de la contemplación adquirida suelen ir acompañados de ciertos síntomas perturbadores. La carencia, padecida y aceptada voluntariamente, de discurso, causa confusión y dudas, sensación de impotencia y de desamparo, sequedades y tinieblas. No ha de dejar la empresa de la oración, aunque no discurra; tampoco volver atrás, esto es, al discurso. «Calla y cree, sufre y ten paciencia, confía y camina», es la consigna de Molinos; aunque el alma crea que no hace falta y está ociosa, es grande su fruto. Ante tal situación, es verdad que algunos autores permiten reanudar el hilo del discurso, abierto siempre a la contemplación, que sería la que efectivamente lo desvanece; y acaso Molinos exagera al cerrar todo portillo al discurso y aconsejar «caminar a ciegas, vendada, sin pensar ni discurrir». No se arredra ante ese «no pensar en nada», que trata de autorizar con un texto de San Buenaventura y que pertenece a la tradición franciscana del recogimiento (Osuna, Laredo, etc.). Se compadece de quienes emplean toda su vida «haciéndose violencia para discurrir, aunque Dios las prive del discurso para pasar a otro estado». Aún se muestra más radical cuando establece, como «común sentir de los santos que han tratado de espíritu y de todos los maestros místicos, que no puede el alma llegar a la perfección y unión con Dios por medio de la meditación y discurso, porque sólo aprovecha para comenzar el camino». Segneri le atacará especialmente por estos flancos.

Las amenazas usuales que se ciernen sobre estos incipientes contemplativos son objeto de análisis en los capítulos 4-12 de este libro: sequedades, tinieblas, tentaciones. La sequedad peculiar del contemplativo, para la que presenta un tratamiento específico (c.4), apunta a la pérdida del fervor sensible, considerada por Molinos como golosina de principiantes, propia de niños y más propia del animal, que se mueve por gusto. La oración «seca, desolada, tentada y tenebrosa», es propia de aprovechados y perfectos; de varones fuertes, de hombres. Otros autores, cautelosos ante el engaño de la devoción sensible, advertirán su peligro, pero no se cerrarán tan drásticamente a ella, por considerarla dádiva de Dios y ayuda para no desfallecer. Molinos es más tajante en la exigencia de total renuncia a la sensibilidad, instrumento de Dios para múltiples fines y fuente de inagotables frutos, a veces no percibidos reflejamente por el alma. Siguiendo la pauta tomista y suareciana, va a la esencia de la devoción —«prontitud de ánimo para bien obrar»—, despojándola sin miramientos de sus accidentales consuelos sensibles. La «devoción verdadera y esencial» debe ser la meta; la devoción y gusto sensible es «cebo de la naturaleza» que se debe despreciar. La sensación subjetiva de no hacer nada o estar ociosa obedece más a la apariencia que a la realidad: obra en ella el Espíritu Santo y obra ella misma «espiritual, sencilla e íntimamente». Estar atenta, seguir las inspiraciones de Dios, recibir sus influencia, adorar y venerar a Dios, desechar fantásticas imaginaciones y vencer con suavidad tentaciones, «son verdaderos actos, aunque sencillos y totalmente espirituales, y casi imperceptibles, por la tranquilidad grande con que el alma los produce». Todas son finas ideas, perfectamente concordantes con las de otros muchos clásicos espirituales, y cosa que olvidan frecuentemente los exegetas de Molinos.

A la sequedad sigue la tiniebla; no la que nace del pecado, sino la que infunde Dios. Es camino que aprovecha, el más perfecto y seguro; por ella crece la luz sobrenatural, se engendra sabiduría y amor, se aniquila el alma, se purifican sentidos y sensibilidades, es pórtico de la contemplación. La consigna es perseverar, abrazarla con paz y resignación, identificarse con el divino beneplácito. Al esfuerzo purgativo personal acompaña la acción de Dios para purgar las malas inclinaciones, desordenados apetitos, propia estima y otros ocultos vicios. Nunca llegamos a purgación perfecta por mucho que nos fatiguemos en ejercicios exteriores de mortificación y resignación. Perseverando, Dios nos purgará de afectos y apegos a bienes naturales, y, «a su tiempo», también de los sobrenaturales y sublimes. Es preciso resignarse con quietud a las divinas operaciones; preparar el corazón «a manera de un blanco papel». Será gran obra para el alma «estar en la oración horas enteras muda, resignada y humillada, sin hacer, sin saber ni querer entender nada». Es perceptible el eco de San Juan de la Cruz en estas palabras, que, groseramente interpretadas, nos dan la imagen pública de las colmenas quietistas, fieles cumplidoras materiales del no hacer, saber ni entender nada.

El esfuerzo propio está primordialmente en el consentir o aceptar una nueva situación de labra y purificación por parte de Dios de caracteres muy sombríos, ya que consiste en desamparo de criaturas y amigos, agostamiento del entendimiento y silencio del cielo, que producirán sensación de tibieza y tedio de las cosas de Dios, oscuridad en el entendimiento, pusilanimidad, confusión y apretura del corazón, frialdad y flaqueza de la voluntad, suscitadas por la persecución de enemigos invisibles con escrúpulos, sugestiones libidinosas y pensamientos inmundos, incentivos de impaciencia, soberbia, rabia, maldición y blasfemia del nombre de Dios, de sus sacramentos y santos misterios. Estas últimas expresiones no son inusitadas en la literatura mística, como tampoco las realidades que describen, magnificadas por Molinos hasta extremos sin límite: «te parecerá que para ti ya no hay Dios y que estás imposibilitada de tener un buen deseo». La angustia de la apretura es tanto mayor cuanto se desvanece la esperanza de salir de «tan tremenda opresión». Podemos preguntarnos: ¿En la literatura mística, se inscriben tales pruebas en la fase de incipientes contemplativos o introduce Molinos fuera de tiempo síntomas que se suelen describir como propios de más altos estadios? Anotemos, de pasada, el vigor de las tentaciones malignas, ya que la tesis de las «violencias diabólicas», ampliamente utilizada en la praxis molinosista, será particular motivo de alarma y condenación tanto en su teoría como, sobre todo, en sus laxas aplicaciones.

La consigna de Molinos para tales circunstancias es clara: «No temas, que todo esto es necesario para purgar tu alma y darla a conocer su miseria, tocando con las manos la aniquilación de todas las pasiones y desordenados apetitos con que ella se alegraba». Hasta que Dios consume su labra, no lograremos arrojar «el Jonás del sentido en el mar», por mucho que nos empeñemos en exteriores ejercicios y mortificaciones. Esto pasa por verdad en teología mística; mas en la práctica molinosista inducía fácilmente al abandono de tales ejercicios. No precisamente por el consejo, no inusual, de despreciar tentaciones y pensamientos «con una sosegada disimulación», sino por la apaciguante cobertura diabólica o de inhibición de la voluntad con que en los círculos molinosistas se explicaban las más burdas concesiones a ellas. Molinos, que ensalza justamente el valor purificativo de la tentación y sus virtualidades en orden a un profundo conocimiento de nosotros mismos, que la estima como singular oportunidad de fidelidad y fecundidad —«nunca ama ni cree más el alma»—, que llega a afirmar que «la mayor tentación es estar sin tentación», comprobó demasiado tarde que, prometiéndose victorias fructíferas, cosechó estrepitosas derrotas.

Todos los capítulos del resto del libro se centran en torno al aspecto positivo del problema en cuestión: el recogimiento interior y la adquirida contemplación. Su léxico descriptivo es el común: «fe y silencio en la presencia de Dios», «atención amorosa», «atención y vista sencilla», resignación, fe pura, perseverancia, amor que no hace, sino padece. Esta actitud de espera tensa lleva connotaciones negativas, que acrecientan la tensión interior, y que Molinos expresa con rotundidad: «sin hacer reflexión a ti misma ni aun a la misma perfección», sin imágenes, especies ni discursos, sin reflexión sobre cosas distintas, despreciando, más que resistiendo, los propios pensamientos, sin ceder a la «declarada tentación» de usar de la oración vocal. La sequedad, la aparente esterilidad, son efectos de una batalla campal contra el amor propio, la naturaleza y enemigos invisibles. A la manida acusación de inoperancia y ociosidad —de la que tratan todos los espirituales—, Molinos da una respuesta, donde sus palabras alcanzan gran primor expresivo, no sin acogerse al magisterio de Santa Teresa —«el estar allí sin sacar nada no es tiempo perdido»— y de la valenciana Francisca López, la beata vinculada a la parroquia de San Andrés de su juventud. Molinos nada inventa: todo lo más exagera, no es flexible. Defiende al milímetro cada paso de avance, dejando definitivamente cosas atrás, desconociendo la porosidad entre diversas fases y momentos de la vida espiritual, sin humildad para permitirse reiniciar, desde más abajo de la línea alcanzada, el alternante camino del espíritu.

El mismo radicalismo despliega cuando se refiere a la esfera de la voluntad. Inspirándose directamente en Falconi, concibe la entrega en las divinas manos como acto único y transcendental, con virtualidad para animar el día, el año y aun la vida entera. La expresión de Molinos no es feliz, porque habla de «continuar... en aquel primer acto de contemplación por fe y amor». Muchos se alarmarán ante este *acto* continuado de contemplación; todavía más, interpretando, erróneamente, que se habla de contemplación infusa. Se trata, más bien, de una disposición más o menos habitual, una actitud de fondo reacia a la multiplicación de actos explícitos. Molinos cita atinadamente un texto de Santa Juana Francisca de Chantal en que describe tal estado de ánimo, y que mereció la aprobación de San Francisco de Sales; pero transforma en norma general irrevocable una experiencia que puede ser transitoria: prohíbe la repetición de actos, descubriendo en ella una concesión a la sensibilidad, una ruptura del hondo silencio, un activismo innecesario. La teoría de la virtualidad de la actitud de fondo, mientras no sea expresamente retractada, la extiende Molinos al terreno de la vida entera y común del contemplativo; al hablarnos de los ejercicios cotidianos de vocación, obligación y estado, ocupaciones de oficio, deja en claro que el contemplativo molinosista no es necesariamente una persona enclaustrada o un ser extraño totalmente desvinculado de quehaceres mundanos, punto este olvidado por sus exegetas.

Tras un curioso capítulo (c.16) en que trata de la humanidad de Cristo, de vibrantes acentos cristocentristas y no sin influjos teresianos, Molinos cierra su primer libro con un bello capítulo sobre el silencio interno y místico, de extraordinaria belleza. El silencio abarca palabras, deseos y pensamientos. La perfección no consiste en pensar o hablar, en actos amorosos. El silencio está poblado de fe, esperanza y caridad. Dios intuye en nuestro fondo sin necesidad de que se lo expresemos. El ejemplo vivo de este silencio contemplativo lo ve Molinos en el extático Gregorio López, que sin decir nada, vivió y gustó toda su vida del «Hágase tu voluntad en el tiempo y en la eternidad».

No disponemos de espacio suficiente para ir analizando, aunque sea someramente, la *Guía espiritual,* tan poco leída como mal interpretada. Algo hemos de decir de los libros II y III. Para los que quieren ver en la mística la exaltación del individualismo y la radical supresión de toda mediación —Kolokowski ha escrito: «La contemplación suprime la Iglesia»»—, el libro II resulta incómodo. Molinos concuerda con toda la tradición más ortodoxa al decir sin ambages: «De todas maneras, conviene elegir un maestro experimentado en la vía interior». Tal sombra mediadora es necesaria; sólo excepcionalmente se dan casos en contrario. Es un principio evidente para Molinos, que quiso ser exactamente eso. Ensalza sus ventajas, bien apoyado en la tradición espiritual más clásica. Extrema las cautelas para asumir tan delicada misión, legitimada por una auténtica «gracia de vocación» que cierra el paso a los intrusos.

Creo que a Molinos le alcanzaron algunos de los peligros que advierte en tal ministerio: «te cegará, te perderá y engañará el amor propio»; se llenó «de tierra, de paja y de estimación propia». Si estas motas aparecen en su vida, no es porque no las hubiera denunciado en unos finos avisos a confesores y guías espirituales (c.6), llenos de discreción y de no escaso conocimiento de la psicología humana. Cabría preguntarse si los práctico todos debidamente, sin ceder a la «vana complacencia», a la liviandad de corazón aprobando todos los espíritus, aceptando los embelecos de sus dirigidos y no previendo las consecuencias de ese difícil silencio de las mujeres sobre lo que el director ordena; si estuvo libre de estimación propia, de deseo de crédito, de presumir ser solo y pensar que lo sabía todo. Razón lleva cuando afirma que el director ha de ser despegado y, sobre todo, experimentado. En esa línea se inscribe una frase dicha, que se aireará en el proceso y en la sentencia: «para conocer a un santo hay que ser santísimo». Difícilmente se esquiva la sospecha de que él se creía tal.

Por lo demás, la obediencia al director que recaba Molinos no puede ser más absoluta (c.9-12), exigiendo el sacrificio del juicio propio.» ¿Qué importa que tengas el mejor director del mundo si no tienes verdadero rendimiento?» Su doctrina, expresamente propuesta como «común de todos los santos, de todos los doctores y maestros de espíritu», lleva una amplia apoyatura de reflexiones y de autoridades de la Biblia y de escritores espirituales. En tal punto, Molinos se mostrará profundamente institucional. Como parcelas en las que director y dirigido han de procurar discreción, vienen expuestas en los capítulos siguientes (13-18) la de las penitencias exteriores e interiores, la del desánimo en las caídas y defectos, y la de la práctica frecuente de la comunión. Lejos de todo resabio jansenista, Molinos anima a la comunión frecuente y aun diaria, con licencia del confesor. Molinos disipa prevenciones escrupulosas y ensalza las maravillas del sacramento en que «se une Cristo con el alma y se hace una misma cosa con ella». Siendo correcta su teoría, los hechos parecen demostrar que en su aplicación fue excesivamente condescendiente el ingenuo Molinos. Así y todo, y precisamente por ello, dista tanto de esa especie de *guru* oriental y predicador de etéreos nirvanas en que algunos se empeñan en convertirlo. Molinos es una rama, buena o mala, del tronco de la Iglesia católica; un sacerdote que celebra la misa todos los días, un cristiano que aconseja la comunión frecuente.

Tras esta especie de paréntesis del libro II, Molinos reanuda el hilo de su discurso, acaso con reiteraciones, para desarrollar el tema del hombre interior, de la necesaria estrategia contra el amor propio y de los martirios espirituales a los que será sometida el alma. Va depurando sus ideas sobre la resignación perfecta, la humildad verdadera, la sencillez de corazón, la soledad interior. A partir del capítulo 13 inicia su exposición de la contemplación infusa, descrita en términos de la más pura ortodoxia y recalcando su condición de don gratuito de Dios «a quien quiere, como quiere y cuando quiere y por el tiempo que quiere». Ni está al alcance de todos a voluntad ni es permanente. La posición teórica de Molinos es, una vez más, correcta. El gusto y el deseo, la consecución de la paz y el silencio interiores, el adelanto en la virtud e interior mortificación, son disposiciones que dejan a salvo la libérrima voluntad de Dios, a quien nadie puede poner regla ni tasa. Podemos solamente disponernos, pero evitando escrupulosamente el apego a la misma contemplación y a los efectos que obra en el alma. Si pocos llegan a tal cima, es porque pocos son los capaces de las divinas influencias «con total desnudez y muerte de su propia actividad y potencias».

Molinos se explaya describiendo las señales del hombre interior y del ánimo purgado y de los efectos del íntimo amor (c.16). Acomete a continuación con brío y galanura la descripción de las cimas de la divina sabiduría participada por el alma, con fuertes reservas para los «hombres puramente escolásticos», que condenan lo que ignoran y predican lo que no sienten. El frontal ataque suscitaría las lógicas respuestas del gremio atacado. Molinos no es un antiintelectualista cerrado, como alguien ha dicho. Para él, ciencia escolástica y divina sabiduría «hacen un admirable compuesto cuando entrambas van unidas». Por ello «son dignos de veneración y alabanza en la religión los varones doctos que, por la misericordia del Señor, llegaron a ser místicos». Los doctos no son incapaces de la ciencia mística sino porque se buscan a sí mismos; como el estudio no es en sí malo, sino «por el viento de la soberbia que engendra». La verdadera y perfecta aniquilación —desestima de sí y estima de Dios— pone en juego toda la capacidad descriptiva de Molinos, quien ignora o silencia la estupenda literatura espiritual francesa de la época sobre el tema (*anéantissement*). El canto de la *nada* como atajo para la pureza del alma, y para la perfecta contemplación e interior paz, posee indudables ecos sanjuanistas y persistentes reiteraciones; «eres nada... puedes nada... vales nada». «No mires nada, no desees nada, no quieras nada ni solicites saber nada». «Camina, camina por esta segura senda»... Es el lenguaje de los místicos, pero que tiene su complemento: «Vístete de esa nada y de esa miseria y procura que esa miseria y esa nada sea tu continuo sustento y morada hasta profundarte en ella: yo te aseguro que, siendo tú *de esta manera* la *nada*, sea el Señor el *todo* en tu alma».

Tras el pórtico de la nada está la cima de la ⸱uma felicidad e interior paz, la inflamación e iluminación del verdadero sol, la quietud, el monte de la tranquilidad, la serenidad y el sosiego; la luz sobre los misterios de nuestra fe, las virtudes perfectas, la alegre simplicidad, la celestial indiferencia, la perfectísima interior paz, la bienaventuranza en la tierra. Tal estado «redunda en lo exterior un resabio y vislumbres de Dios». Tales almas son «columnas fuertes que sustentan *La Iglesia*». ¿Cómo no evocar las glosas sanjuanistas a las «lámparas de fuego»?

Como broche de oro, Molinos prorrumpe en una «Exclamación amorosa y gemido lamentable con Dios por las pocas almas que llegan a la perfección, a la amorosa unión y divina transformación», repitiendo como un estribillo «¡Qué pocas almas.»... hasta trece veces. Más razón tenía que cuando otorgó alegremente patente de místicas a muchas de las que le rodearon en Roma. Es una bellísima página encendida entre la muchas bellas páginas de su prosa. En las cenizas de esta brillante falla valenciana nos espera un mensaje: «Todo lo sujeto, humildemente postrado a la corrección de la santa Iglesia católica romana». ¿Por qué condenó ésta la *Guía*?

EXITO Y POLÉMICA

La condena estuvo precedida del éxito, y más tarde de la discusión. Es preciso reconocerlo. El pequeño librito de Molinos conoció un asombroso éxito editorial. Su texto original español fue reproducido en Madrid (1676), en Zaragoza (1677) y en Sevilla (1685); en esta última ciudad, a iniciativa y expensas de su arzobispo. La edición simultánea de la traducción italiana, que apareció en Roma a la vez que la española (1675), fue repetida por el mismo editor en 1677 y 1681, a quien hizo la competencia, desde Venecia, Giacomo Nertz (1677, 1678, 1683, 1685), y Pietro Coppola en Palermo (1681), animado por el arzobispo de la ciudad, que luego repetiría el gesto en Sevilla. El proceso y condenación de Molinos (1687) tuvo no despreciable eco en Europa. Se ocuparon del asunto las célebres *Acta Lipsiensia,* provocando la reacción del pietismo alemán y la versión de la *Guía* al latín por obra nada menos que de H. Francke (Leipzig 1677). Las cartas de G. Burnet y el *Recueil de diverses pièces concernant le quiétisme et les quiétistes,* de Cornand de la Croze, aparecidas en Rotterdam y Amsterdam, respectivamente, en 1688, airearon el tema en otras áreas religiosas, lingüísticas y culturales, provocando las traducciones de la *Guía* al francés (Amsterdam 1688), al holandés (Rotterdam 1688), al inglés (1688 y 1699) y al alemán (Franckfurt 1699), justamente en los años de la desgracia y la prohibición de Molinos en el campo católico. En 1784 se tradujo al ruso. A fines del XIX, determinados movimientos protestantes se interesaron nuevamente por la *Guía*, reeditada en Glasgow y Philadelphia (1885). Nada tiene de extraño que se interesara por ella Wesley. Un relato novelesco, el *John Inglesant,* popularizaría el quietismo, desfigurándolo asombrosamente. J. Bigelow convertía al olvidado clérigo muniesano en adversario del clericalismo y oscurantismo, en adalid de la libertad de pensamiento y en pionero del racionalismo moderno. Como se ve, el proceso no fue la única desgracia de Molinos y el temible Santo Oficio no tiene el monopolio de la falta de respeto al pobre reo.

Pero volvamos a las horas de las mieles, en que la *Guía* se difundía entusiastamente por Italia y España, y Molinos, «sin temor de escollos, caminaba con viento próspero, con suma estimación de los grandes, por el mar de esta Corte», como reconoce San Juan, refiriéndose a Roma. Las pautas molinosistas ganaron a Roma, sobre todo a los monasterios femeninos, que comenzaron a poner dificultades a los directores jesuitas con su ascetismo riguroso. Los efectos de la actuación de Molinos se dejaban sentir y comenzaban a suscitar alarmas. El mismo sale al paso de posibles infundios, publicando las *Cartas a un caballero español desen-*

gañado para animarle a tener oración mental, dándole modo para ejercitarla (Roma 1676). El jesuita Bell'huomo publica en Módena un amplio tratado sobre la oración (1678), en que, sin citarlo, puntualiza algunas cosas de Molinos y quiere devolver la confianza en la meditación y en los ejercicios ordinarios sobre todo a las mujeres, peligrosamente embriagadas con nuevas doctrinas. Las finas y diplomáticas cartas que se cruzan Molinos y el P. Oliva, general de la Compañía, señalan por dónde viene la tormenta, y tratan de clarificar ideas y situaciones. Por la misma fecha (1680), Molinos redacta una *Defensa de la contemplación* —en curso de edición en estos momentos—, en la que apuntala con gran erudición sus puntos de vista, inclusive citando a San Juan de la Cruz, beatificado por la Iglesia. Posiblemente redacta un *Scioglimento* o resolución de dificultades que se le oponían. Ambos escritos son sumamente interesantes e importantes para clarificar la posición de Molinos, que se vería pronto atacado por el jesuita Segneri y defendido por Petrucci, el obispo de Iesi y más tarde cardenal, envuelto en otro ruidoso proceso por quietismo. Asombrosamente, Bell'huomo y Segneri eran condenados por el Santo Oficio, donde Molinos contaba con valedores, mientras el defensor Petrucci era ensalzado al episcopado y luego a la púrpura.

No disponemos de espacio para adentrarnos en los vericuetos de esta polémica doctrinal, verdaderamente interesante. En este momento, el quietismo no es una discusión libresca o de mesa de estudio, sino un problema vivido cada día y con infinidad de matices personales que no figuran en los libros. La *Guía* es el único flanco público del corifeo de tal movimiento; su actuación concreta sólo la conocen muchedumbre de personas que en persona o por carta siguen los consejos íntimos del aragonés. Segneri lee la *Guía* desde su experiencia romana: por combatir sus *efectos*, se encona en punto a principios, a veces sin razón. Domina en él cierto tono de desconfianza hacia la mística, un cerrado ascetismo. Realmente no dialoga. Quiere buscar en la *Guía* principios equivocados que expliquen cierto malestar ambiental preocupante.

La discusión desembocaba en letra impresa o manuscrita; el incipiente malestar seguía también otros cauces. De creer a D. Alonso San Juan, muchos procuraron hablar a Molinos del mal que causaban sus doctrinas, y no los quería oír; le escribían, pero no quería recibir sus cartas. Un religioso acudió al cardenal vicario de Roma en demanda de luz y aclaración, y éste emplazó a Molinos a presentarse; tardó en venir, y, cuando vino, lo hizo con displicencia y desgana: no tenía por qué dar explicaciones sobre su libro, aprobado por la Sede Apostólica, y estaba harto ocupado con miles de dirigidos de conciencia. Cinco años antes de la estruendosa prisión de Molinos fue llamado al Santo Oficio a raíz de una carta que escribiera a un cura de Nápoles. Sus valedores lo protegieron, y el hecho no tuvo consecuencias, aunque constituía un primer aviso; no en vano había transmitido tal carta al Santo Oficio el cardenal Caracciolo desde Nápoles, quien más tarde comunicaría sus alarmas ante el invadente fenómeno quietista.

Hoy conocemos el texto de esta misteriosa carta, que fue dirigida al párroco de Pomigliano, Giovanni Giacomo Maiella, en respuesta a la que le escribiera éste. Ambas las editó Martín Robles en 1912 y merecen una glosa, ya que se trata de una documentación extraprocesal y anterior al proceso, en la cual contemplamos a Molinos en acción. Su intervención se debió a los informes poco edificantes que le enviara el modesto párroco acerca de una feligresa suya, Teresa Spena, dirigida del aragonés, a la que tuvo por «santita» *(santarella)* hasta que un buen día cambió de opinión a raíz de dos ruidosos altercados que protagonizó la quietista sor Teresa, en que no faltaron injurias y palabrotas de la mejor y más sabrosa estirpe napolitana. Ante tal escándalo público, el asombrado párroco le negó la comunión si antes no se reconciliaba por la confesión y con el prójimo. El debate cambió de tercio y se entabló entre párroco y feligresa, la que al fin desembuchó inesperados argumentos: ella no podía confesarse porque tenía orden de su director de no confesarse. El vivo diálogo entre ambos no tiene pérdida y forzó al sensato párroco a desvelar las cosas al director Molinos, no sin cierta ironía y con harta lógica, al encomendarle el trabajo de juzgar si con aquella suelta lengua podía estar la vivaz Teresa en el estado de perfección que aparentaba en sus cartas a Molinos. Las dudas del equilibrado párroco al respecto eran más que fundadas: advertía en su feligresa amor propio, oculta soberbia, espíritu de gueto, en el que nadie entraba; su vida le impedía recitar oraciones vocales, pero no le impedía —dice el párroco socarrón— decir palabrotas. Harto más sensible para Molinos pudiera ser la andanada siguiente del insobornable párroco: «Escribe a V. S. que ella tiene martirios, desolaciones, aflicciones internas y externas, pero yo no creo cosa alguna; lo hace por ser tenida por V. S. en concepto de santa, y dice esto porque ha oído de labios del señor D. Andrés y del P. Fr. Manuel que quien ha llegado a tal perfección padece estas cosas». La humildad está en las acciones, no en las palabras, sentencia el viejo cura, que no quiere difamar, sino simplemente informar al lejano director sobre la condición de su dirigida, «porque, en sustancia —concluye—, V. S. responde conforme a lo que se le escribe, y conforme a tal manda su remedio».

La franqueza y buen sentido de D. Maiella no relucen en la respuesta de Molinos, empeñado empalagosamente en salvar el pico caliente de su dirigida a cuenta de las blasfemias de Job, de la distancia entre lo exterior y lo interior, de la certeza personal que abrigaba acerca de su santidad, de la necesidad de elevadísimo espíritu para juzgar tales casos y otras dulces zarandajas, salpicadas de citas bíblicas, de autoestima rayana en la infalibilidad mezclada con huecas afirmaciones de humildad: yo soy la misma ignorancia». Unas semanas más tarde, y en nueva respuesta al desconcertado párroco, Molinos sigue pensando en las violencias diabólicas que padeció sor Teresa, impenetrables para la teología moral y escolástica y sólo perceptibles «con superior y actual luz» (de la que, naturalmente, él gozaba a cientos de kilómetros de distancia). Envasar la teología de la rebelión de Job en el prosaico reci-

piente de un altercado femenil sideralmente alejado de las aniquila-
ciones sustentadas en bellas teorías, es una debilidad y una torpeza por
parte de Molinos, quien, en vez de abrir los ojos a la luz natural, los
cerraba para regularse por indefectibles luces superiores. Este caso, documentado, es espécimen y paradigma de otros que llegarán al proceso
y que no podemos documentar igualmente. Decididamente, la praxis no
está a la altura de la teoría. La *Guía* es una obra bella; el guía, un
iluminado que acaba cegándose de puro sobrenatural e infalible. El fenómeno llamado quietismo lo abarca todo; la aversión que suscitó contra la praxis, arremetió indiscriminadamente contra la teoría. Al margen
de su eventual relación causal, eran inseparables en la compleja realidad
sociológica. Molinos no era el único responsable; ni siquiera fue, como
se dice, el único «chivo expiatorio» de la represión.

EL INFORME DEL CARDENAL ALBIZZI

La alarma tomó cuerpo consistente ya para 1682, tres años antes de
la prisión de Molinos. El cardenal Albizzi presentó ante el Santo Oficio
un documentado informe sobre las ramificaciones del quietismo del
norte al sur de Italia ya desde viejos tiempos. Lo ha publicado recientemente Petrocchi, pero fue utilizado y copiado por Montalvo en su
Historia de los quietistas, a principios del XVIII. Molinos aparece en él
como un eslabón más de una larga cadena. Tres años antes (!) de su
prisión, se dice de él que era «hombre ciego y de pocas letras y medio-
cres costumbres». Además, se desvela que, a raíz del debate Molinos-
Segneri, Inocencio XI había nombrado una congregación particular
para ver si era oportuno tolerar el nuevo modo de orar o contemplar, o
era preciso poner remedio a los abusos introducidos en Roma y en Italia, que podían degenerar en los viejos errores de beguardos alemanes,
de alumbrados españoles, de pelagianos en Italia. Nada se hizo por entonces, aunque Albizzi propuso medidas prácticas, como la de prohibir
libros sobre la materia en francés, italiano y español, o la de alertar a los
obispos para que previniesen a confesores y directores que no admitiesen
al uso de tal contemplación *sino* a «almas perfectas y totalmente segrega-
das de los negocios del siglo, y a aquellas que, por especial gracia de
Dios, se deduzca que nuestro Señor les ha concedido aquella gracia infusa que difícilmente puede adquirirse». Contra los que suponen en el
Santo Oficio una aversión indiscriminada contra la contemplación, Albizzi dice con claridad meridiana que el Santo Oficio, «si bien *no ha
condenado la mística contemplación,* sin embargo, ha desaprobado siempre
el *modo* introducido por los *desórdenes* que provienen de ella, como se
verá en la infrascrita carta del cardenal Caraccioli». La inquietud estaba
justificada; no contra la contemplación en sí, sino contra los nuevos
modos introducidos y contra los desórdenes que producía, y que todavía se conocían de modo superficial.

Que interviniera en la precipitación de la desgracia de Molinos la política francesa y el cardenal d'Estrés; que éste quisiera atacar al bando filohispano de los protectores y protegidos de Molinos; que el parlamentario Talón, en plena tensión entre Luis XIV e Inocencio XI, azuzara el fuego acusando al papa de protector de los herejes quietistas, enmaraña el asunto, pero no altera su planteamiento fundamental. Es un elemento extrínseco, digno de estudio y todo lo repudiable que se quiera, mas que no incide en el meollo del problema.

LA PRISIÓN DE MOLINOS: PROCESO Y CONDENA

El problema adquirió estado público resonante cuando Molinos fue apresado por corchetes del Santo Oficio el 18 de julio de 1685. Simultáneamente se hizo una amplia redada de molinosistas. El pasmo de Roma fue descomunal: «No es creíble la admiración que causó esta prisión». Sus devotos clamaban contra la injusticia, porque le veneraban como santo. Pedro Peña, su fiel criado aragonés, que vivió con él desde que vino a Roma, decía que su amo merecía que le pusiesen en un altar. Su amanuense aventuraba juicios proféticos, diciendo que las paredes de su casa serían veneradas un día por la santidad de quien las habitó. Los centenares de apresados, sobre todo mujeres, y entre ella una nobilísima dama —¿la princesa Ludovisi o la Borghese?—, depusieron ante el Santo Oficio cuitas y pesares, recuerdos de Molinos, y en algunos casos atrocidades. La causa se vio engrosada con el secuestro de numerosísimas cartas de Molinos —¿millares?—. Viejos episodios, sus antiguos consejos, las cartas, fueron la principal base de los cargos.

Desgraciadamente, este material importantísimo fue destruido a principio del siglo XIX. Con ello perdimos una fuente fundamental para el conocimiento de su causa y, con las cautelas debidas, una fuente básica para el conocimiento del encausado y de sus modos concretos de actuación. No todo está perdido. Se conserva un sumario del proceso de más de 200 páginas, presentado probablemente a los cardenales para la firma de la sentencia. Nicolini ha sabido extraer su jugo. Constan 75 eventuales testigos, de los cuales sólo 23 fueron llamados a deponer oficialmente. La hojita donde se descifraban sus nombres ha desaparecido, pero el erudito investigador italiano logra identificar con seguridad una docena y algunos más por conjeturas. Están representadas las colonias de quietistas de Poggio Mirteto, Nápoles y Roma. Hay sacerdotes y seglares, muchas mujeres, monjas, dirigidos o destinatarios de cartas de Molinos, el ya conocido párroco de Pomigliano, etc. —Muchos renegaron de su venerado maestro. Molinos, ya en el banquillo, redescubrirá su amada clientela variopinta, que se retrataba a sí misma al darnos el perfil de su director, endosándole un pasado: cartas, consejos, ancha cobertura de sus pecados sensuales. Dos testigos inculparán al propio Molinos de obscenidades; de una de ellas diría él que «pativa assai d'immaginativa». ¿Cómo desmadejar el hilo de la verdad pura y simple? Tan erróneo puede ser rechazarlo todo como un montaje artificial, como creerlo a pie juntillas. El avisado director espiritual aplicó con excesiva condescendencia su obsesiva doctrina sobre las violencias diabólicas de altos místicos a gentes ramplonas para tranquilizarlas de sus prácticas onanísticas. Pecado de candidez, más que de malicia, cometió Molinos con Domenico Agnesi, encarcelado meses antes que su maestro y paje del cardenal Ricci. Molinos no sabía que este ladino, a quien en 1682 calificó, por inspiración divina, de «alma en estado muy alto y sublime», «non era huomo», se convirtió en un auténtico «Don Juan de basura», como lo llama Nicolini; degenerado hasta la bestialidad, blasfemo, maníaco digno de una casa de salud, figura de pseudoquietista exaltado que perseguía doncellas y casadas bajo pretexto de que «no era él el que hacía aquellas cosas, sino el demonio». Pues bien, Agnesi, condenado a cárcel perpetua en 1689, no fue siquiera llamado a deponer oficialmente contra Molinos. Un encarcelado evoca con amargura algo que antes había oído decir de Molinos: «Hacía volar los espíritus sin alas».

Los resultados de tan ilusoria intención se volvían ahora contra él. La acusación tomó cuerpo en 263 proposiciones, basadas en cartas y en delaciones. Luego se redujo el número. No proceden de la *Guía*. El biógrafo Montalvo, extrañamente bien informado sobre la marcha del proceso, aporta muchas noticias dignas de considerarse, no sólo sobre las acusaciones y su base testifical, sino sobre las respuestas de Molinos. A veces, la formulación del cargo resulta un tanto burda; sobre todo, la lectura del mismo que se adivina en los jueces. La exégesis de Molinos niega algunas cosas, explica o matiza otras. En línea doctrinal se desenvuelve con tino. Era un debate con sordos, muy condicionado por las consecuencias que se derivaron de aquellas doctrinas. Molinos no podía «sanear» tantas inculpaciones y se abandonó a su destino. Renunció a la repetición de testigos sobre los puntos por él negados, y también a nuevas confesiones y defensas; se dispuso a abjurar de lo que se le ordenase y se remitió a la misericordia del tribunal, aunque el Santo Oficio mandó que lo defendiese un abogado de oficio.

El 28 de agosto de 1687 se concluía la larga sentencia, trasunto de los cargos del sumario, tan citada como poco leída. Lo más aireado, entonces y ahora, ha sido el capítulo de inculpaciones morales, que marcaron la figura pública de Molinos con el estigma de inmoralidad a lo largo y ancho de Europa. Quizá hubo más que «quelque petit enfantillage», como quiere Nicolini; de ahí a convertirlo en «uno de los mayores criminales» hay gran distancia. Lo más extensamente tratado en la sentencia es el supuesto *corpus* doctrinal de Molinos, reflejado en sus cartas y actuaciones. Molinos era condenado a cárcel perpetua y su libro pasaba al *Indice*. Pero era preciso condenar públicamente el quietismo, atajar su difusión.

Meses antes, el cardenal Cibo había firmado una circular a todos los obispos de Italia poniéndolos en guardia contra los grupos disimulados de quietistas, que, bajo aparatosas máximas de gran perfección, «de ciertos principios mal entendidos y peor practicados, van insensiblemente infundiendo en la mente de los ignorantes diversos, gravísimos y perniciosísimos errores, que después abortan, por último, en manifiestas herejías y abominables torpezas, con pérdidas irreparables de aquellas almas que sólo por celo de servir bien a Dios se ponen en manos de semejantes directores».

La condena cobraría notoriedad pública con el solemne auto de fe celebrado en la iglesia de la Minerva, en que, ante la hiriente impasibilidad de Molinos, se dio lectura a la sentencia. El aparato exterior del acto ha quedado fijado en láminas de época. Se leyeron las 68 proposiciones censuradas, además del resumen de los cargos. Molinos, de rodillas, pidió perdón y leyó su abjuración. Recibió la absolución y subió al estrado con el ropón de penitente. Recayó sobre él la pena de cárcel perpetua. Podría confesarse cuatro veces al año, comulgaría a tenor de lo que le autorizase su confesor, recitaría diariamente el credo y el rosario; ¡las humildes y humillantes oraciones vocales! Fue llevado a la cárcel rodeado de un populacho enfurecido que lo quería arrojar al Tíber.

El papa hubo de ceder a la presión de los jueces, y meses después publicaría la bula *Caelestis Pastor,* en que se condenan solemnemente las 68 proposiciones de Molinos. La bula tendrá la gracia y la desgracia de pasar a ser el *enchiridion* oficial del molinosismo y única fuente de información y apoyo para las falanges de escritores que luego escriban contra Molinos. Después vendría el proceso, retractación y condena formal y nominal del cardenal Petrucci y de otros corifeos del quietismo, como los hermanos Leoni. Se persiguió, sobre todo, las cabezas responsables, se fue mucho más indulgente con los seguidores.

PAROXISMO ANTIQUIETISTA. LA MUERTE DE MOLINOS

En el paroxismo antiquietista se aplicó implacablemente el hacha a la literatura espiritual sobre el tema de la oración. En 1688-89, el Santo Oficio incluyó en el *Indice* una decena de libros de Petrucci, tres del oratoriano Biscia, varios del dominico Menghini y otros de Malaval. Cayeron en la rigurosa tala las obras del Venerable Falconi, que iba camino de la beatificación; la de Antonio de Rojas, que llevaba medio siglo de pacífica difusión, y otras muchas obras menores. En 1699 se condenarían las *Maximes de saints,* de Fénelon, tras el enfrentamiento de éste con Bossuet a propósito de Madame Guyon. El siglo se cerraba con el mayor descrédito de la mística, traída y llevada en las gacetas de Europa y puesta en la picota por La Bruyère en su *Dialogue sur le quiétisme* (1699). Se reeditaban triunfalmente los libros de Segneri y Bell'huomo y nacían con viento propicio libros de censura contra Molinos, fosilizado en las 68 proposiciones por obra de Posadas, Arbiol, Calatayud, Nicole, Massoulié, Ricci, Matteucci y tantos otros más.

¿Suponía eso la ruptura de la Iglesia con la mística (Ch. Lea), el frenazo del mayor movimiento místico que conoció Europa en el siglo XVII» (J. R. Armogathe), el «crepúsculo de los místicos»? (L. Cognet). Fue, ciertamente, la muerte del quietismo y el descrédito de la mística, teñida de sospecha y de ridículo. Los tratadistas se reharían lentamente del descalabro, distinguiendo cautelosamente el trigo de la paja y no renunciando a la caudalosa tradición espiritual del siglo XVII. La *Lucerna mystica*, de López Ezquerra, escrita en 1690, es una buena muestra. Como si cumpliese anhelos reiteradamente expresados, Molinos quedó reducido a la nada; D. Juan de Lárraga, prior de la nación española en Roma, diría tiempo más tarde: «El Dr. Molinos continúa en el Santo Oficio, sin hablarse más de su negocio y como si tal cosa no hubiera en el mundo». La *Gazette de France* dio la noticia de la muerte de Molinos al mes de haberse producido, asegurando que murió arrepentido. Bernini, en su *Historia de todas las herejías* (Roma 1709), insiste en que vivió en su pequeña celda diez años con todas las apariencias de arrepentimiento y que murió el 28 de diciembre de 1696, el día de los Santos Inocentes. Verdadera o mentirosa, cualquiera interpretaría esta conversión final como el último triunfo del poder sobre el rebelde. Todas las hipótesis se pueden amparar en el absoluto silencio que cayó, como una losa sepulcral, sobre los últimos años de vida del desgraciado maestro.

Aunque casi nadie se haya enterado de ello, ese silencio fue roto hace años al hacerse públicas las memorias de un compañero de prisión de Molinos llamado Pignata, que logró fugarse de la cárcel. I. Colosio ha exhumado estas páginas, publicadas ya en 1934. Molinos se entretuvo muchas veces con Pignata y le alababa su resignación. No sin cierta emoción, el fugitivo le dedica este recuerdo sumamente sugestivo:

«No hay que callar la verdad; no se puede alabar suficientemente la buena y santa vida que hacía en la prisión. Parecía tan arrepentido de sus errores, que no dejaba pasar un momento sin detestar los que se habían divulgado como dogmas suyos. Vivía en continua penitencia, exhortando a los presos a alabar a Dios en sus tribulaciones; y cuando nos hacía estas advertencias (hasta que se lo prohibieron, porque luego, efectivamente, le fue prohibido), lo hacía con tal fervor de espíritu, que se le veía brillar la alegría en el rostro. Jamás le vencía el cansancio y gritaba frecuentemente: *Peccavi, Domine. Miserere mei.* Cuando se le prohibió hablar a los presos, comenzó a escribirme billetes y me los ponía hábilmente en la mano cuando íbamos a misa, y yo le devolvía otros. No contenían sino buenas exhortaciones para sufrir con constancia la prisión y ejemplos de santos que pasaron por las pruebas de la adversidad. El buen viejo buscaba animarse con esta santa filosofía para que no me dejase abatir en las aflicciones. Dos meses antes de mi fuga, me pidió un poco de papel de escribir por medio de un billete, para terminar un libro que componía en honor de la Virgen, y también un poco de hilo negro y una aguja para remendar sus calzas de lana, que estaban descosidas. Preparé todo para el domingo siguiente y puse todo en la manga de mi vestido de cuarto. Cuando le di todo junto con un billete, él me dio otro que tenía preparado. Lo leí en cuanto llegué a mi celda, y fue grande mi sorpresa cuando me encontré con estas palabras: 'Habéis querido consolarme con mucha bondad por lo que os pedí. Yo, a mi vez, también quiero consolaros, y el consuelo que os quiero dar es deciros que en breve seréis liberado de estas miserias y gozaréis de la libertad'».

El relato rezuma humanidad y nos deja entrever un Molinos resignado y profundamente arrepentido, que asistía obligatoriamente a misa, pero que componía libremente un libro sobre la Virgen. Muchos esquemas prefabricados saltan hechos añicos con estos datos innegables. ¡Lástima que no poseamos tan precioso manuscrito o un libro de maduras memorias del desengañado Molinos!

ECOS EN ESPAÑA

Aunque Molinos cruzara el cielo romano como un meteoro hasta su desintegración, hay títulos para que figure en nuestra HISTORIA DE LA IGLESIA EN ESPAÑA. No sólo porque fuera español y en España se hicieran tres ediciones de su *Guía*, sino por otros hechos más incrustados en nuestra historia. *La reacción española contra las ideas de Miguel de Molinos* es el título de una monografía de J. Ellacuría (Bilbao 1956), dedicada a estudiar tanto el proceso inquisitorial como las refutaciones escritas de algunos teólogos. Los tribunales de Zaragoza, Sicilia, Sevilla, Toledo y el mismo Tribunal Supremo se ocuparon del asunto. Muchas de las acusaciones nos parecen lamentables. Lo más asombroso es que en las largas sesiones de la Junta de Calificadores en otoño de 1685, con Molinos ya preso, pero no sentenciado, muchas de las proposiciones delatadas de la *Guía* fueron consideradas como de «doctrina corriente». El valedor más decidido de la doctrina de Molinos parece ser Fr. Alejo de Foronda, dominico, catedrático de la universidad de Santiago, quien mantuvo sus posiciones hasta el punto mismo de la sentencia. Esta, por mayoría, fue adversa y condenó la *Guía* dos años antes que lo fuera en Roma. Foronda discrepó, y sostuvo que «no contiene, a su parecer, proposición ninguna que tenga calidad de oficio».

A pesar de la condenación que figura en la sentencia, el acento de la censura es menos grave que el de la condena romana, que vendría dos años después. El libro era prohibido *in totum* «por contener doctrinas peligrosas, proposiciones malsonantes, *piarum aurium* ofensivas, *sapientes haeresim* y alguna errónea, y, por lo general, ser un libro peligroso por estar en lengua vulgar para las personas ignorantes, aunque deseen entrar en la vida espiritual; y no corresponder el título del libro al asunto de él, pues, dando en él documentos sobre la vida contemplativa y unitiva, le llama *Guía espiritual,* que contiene todas las tres vías: purgativa, iluminativa y unitiva, y da ocasión para que el que quiere entrar en el camino del espíritu piense que con sólo la unitiva, sin emplear las demás, puede conseguir su deseo, que, según lo regular, es error».

Muy pronto comenzó a correr en España una obra anónima en defensa de la *Guía* con el título de *Respuesta a unos errores...* La Inquisición de Zaragoza la calificó en diciembre de 1685 y la envió a la Suprema. Los censores calificadores de ésta pasaron el librito y entregaron su censura adversa en enero del año siguiente. Además de haberse impreso ilegalmente, sin licencia, lugar, fecha y autor, el libro era injurioso al Santo Oficio, al par que ensalzaba a Molinos como «varón insigne, ilustrado y maestro de la fe», discutiendo algunos puntos clásicos del quietismo. A pesar de la nueva discrepancia de Fr. Alejo Foronda, el escrito fue prohibido. Fueron igualmente prohibidos la carta pastoral del arzobispo de Sevilla en favor de Molinos y el libro sobre la comunión frecuente de éste. Tras la sentencia romana, la Suprema mandó publicar las 68 proposiciones condenadas por aquélla.

El trueno de la condenación romana hizo que rompiesen las nubes de los impugnadores. El primero de todos fue el cura de San Ginés, de Madrid, quien compuso un librito titulado *La verdad en su centro*. En su afán divulgativo, tradujo las proposiciones condenadas y las refutó de modo sencillo. Estaban tiradas ocho hojas del libro cuando intervino la Inquisición para secuestrarlas e impedir su aparición, a pesar de contar con aprobación y licencias. Don José Martínez de las Casas, que así se llamaba el autor, se excusó ante el tribunal, alegando su buena intención e insistiendo en que se le autorizase su impresión. El 30 de octubre dictaminaban los calificadores en sentido negativo; la razón confesada de esta medida es: «tiene más fuerza y autoridad la misma prohibición y porque el mismo decreto de Su Santidad da a entender que estas proposiciones y doctrinas no se controviertan y que se sepulte su memoria y la de su autor».

Probablemente pasados unos años, se abrió la mano, ya que en 1691 aparecían los *Discursos philosóphicos, theológicos, morales y mysticos contra las proposiciones del Dr. Miguel de Molinos* (Madrid 1691), de Francisco Barambio. Siete años más tarde veía la luz la obra del dominico Francisco Posadas *Triumphos de la castidad contra la luxuria diabólica de Molinos* (Córdoba 1698). Ya en el siglo XVIII aparecen los *Desengaños místicos*, del franciscano Antonio Arbiol; las *Quodlibeta D. Thomae... ad mysticas doctrinas applicata* (Sevilla 1719) y la obra en cinco tomos, del oratoriano Vicente Calatayud, *Divus Thomas...* (Valencia 1752) y su *Opusculum mystico-dogmaticum pseudo-mysticorum anathematizatas propositiones confodiens...* (Valencia 1756). Su contenido y densidad doctrinal han sido analizados ampliamente por J. Ellacuría. En realidad no representan un diálogo o debate abierto con Molinos, sino una apología de la condenación de Molinos, convertido para mucho tiempo en el clisé abstracto de las proposiciones condenadas, contra las que se despliega una fría dialéctica, con escasa atención a su contenido histórico, no abstracto, y tratándolas siempre fuera de contexto.

El mismo Ellacuría da por perdidos otros escritos, como el *Antídoto*, del carmelita Fr. Antonio de Jesús María, o el *Lydius theologicus*, del cartujo Pérez de Nagore; la obra, que da por perdida, de Francisco Antonio Montalvo no es otra que su *Historia de los quietistas*, que la descubrí hace años y de la que he publicado bastantes capítulos. En el encono antimolinosista no era difícil traspasar fronteras y echar por la borda el trigo con la paja. Esto le ocurrió a Montalvo, que vio, no sin asombro, que el «areópago de la fe», como él llamaba a la Inquisición, prohibía su obra por sus contraexcesos doctrinales.

MOLINOSISMO EN SEVILLA

Con todo, el molinosismo español no se redujo a mero debate literario y de consumo con las cartas marcadas. Hubo conexiones e infiltraciones, de la que resulta tímida muestra la ya citada *Respuesta a unos errores,* en la que se quiso ver la mano de Molinos o de algún ferviente admirador. De Italia y de un hombre *au-dessus de la mélée* proviene la noticia de que Molinos mantuvo correspondencia con Cataluña y Valencia. Vimos que en Játiva se desató cierta inquietud antiquietista. Podríamos preguntarnos por el paradero de las ediciones de la *Guía* hechas en Madrid, Zaragoza y Sevilla, esta última patrocinada por el arzobispo. En realidad, sabemos bastante poco del eventual quietismo molinosista español de fines del XVII. Algo he conseguido desvelar sobre el foco sevillano en dos investigaciones que aquí resumo.

Del brote sevillano habla largamente, y con la natural aversión, el conocido Montalvo, quien parece haber estado en la ciudad del Guadalquivir. Según él, la *Guía* se difundió «entre mujeres livianas y confesores idiotas». Dejando de lado calificativos, diremos que el primer y fundamental patrocinador fue el arzobispo Palafox y Cardona, recién entrado en Sevilla (abril 1687). Editó la *Guía* con elogioso prólogo personal, la regaló al cabildo y la difundió por conventos; alertada la Inquisición, pudo decomisar buena parte de la edición. Mas no terminó todo ahí. El fogoso arzobispo llegó a predicar aireando en una mano la *Guía* y en otra un libro de San Juan de la Cruz, diciendo que eran gemelas: «Accionó bien y predicó mal», sentencia Montalvo. Por otra parte, las misiones populares patrocinadas por el arzobispo fueron la ocasión externa de cierta sementera quietista, ya que sus predicadores inculcaban ideas molinosistas acerca de la oración. El brote quietista prendió con alguna fuerza en monasterios y en grupos de mujeres. Los protagonistas de todo fueron D. Francisco de Lasarte, D. Antonio Pazos, Bustos, Chavero, Jerónimo Timonel. Pronto aparecerá la nutrida correspondencia del Tribunal Supremo con la Inquisición de Sevilla. De ella se deduce con claridad que hubo procesos que se incoaron despacio y llenaron centenares de folios, hubo apresamientos y vigilancia, hubo sentencias. El 25 de octubre de 1687, Lasarte escuchaba, durante más de una hora, las acusaciones formuladas contra él en base a proposiciones predicadas en diversos conventos. Aisladas de contexto, caricaturescas las más, insustanciales y grotescas no pocas, nos dan un imagen de un quietismo folklórico y degenerado, que sólo guarda el atractivo histórico de lo pintoresco. Muchos de los inculpados notables eran servidores y familiares del arzobispo. Alguno de ellos murió en la cárcel. Otros padecieron penas de confinamiento y destierro, amén de privárseles de toda actuación en los conventos, pagos privilegiados del quietismo. Consta que se llegó a incoar un proceso contra el propio arzobispo y no parece que se llegó a más de amargar los últimos años de vida de este ferviente admirador de Molinos. Tuvo que escribir una carta de retractación al papa y publicar su contra-carta pastoral, en la que, interesada o desinteresadamente, cubre a Molinos con toda suerte de improperios. Tales hechos no constituyen más que indicios y atestiguan la presencia de las ideas de Molinos en Sevilla. En la medida en que da consistencia a un tema absolutamente ignorado, incita a ulteriores investigaciones.

Fenómenos como el sevillano malamente podían prestigiar un magisterio ya marcado con la más severa y alta condenación. El siglo XVII se cerraba con los más negros nubarrones sobre la mística y sobre la literatura oracional. No todo estaba perdido. Se necesitaba paciencia para que posasen las aguas revueltas tras la riada y para que recobrasen su primitiva limpieza. En este «crepúsculo de los místicos», en el pórtico del siglo de las luces, brillaba un rayo de luz de esperanza. Ellacuría da por perdido un manuscrito del cartujo zaragozano Agustín Pérez de Nagore titulado *Lydius theologicus*. En la *Historia de la espiritualidad*, editada por Flors (II p.395), se insinúa que este cartujo utilizó el pseudónimo de López Ezquerra, en edición italiana hecha sobre un manuscrito (Bassano 1782). Su prólogo está firmado en 1690, y las varias aprobaciones, en 1691. La obra está dedicada a San Ignacio y San Francisco Javier, que llenan de honor «Cantabriam nostram». Su autor firma el prólogo «Apud Flaviobrigam Cantabriae» (¿Bilbao?). En las aprobaciones se le designa como «Presbytero Cantabro Aesopolensi», lo que para un donostiarra suena a Easo. El editor italiano añade que el autor proviene de las peñas de Vasconia: «Auctor a bonis siluit, ut melius postea verbum eruperet».

Pues bien, este sólido autor, empeñado en dar una visión orgánica de la mística y con fuerte armazón teológica escolástica, muestra desde sus prolegómenos cierta alarma contra «nuevas vías, desacostumbrados pasos y erróneos precipicios»; denuncia a pseudoquietistas (?), pero defiende sólidamente los fueros de la contemplación, de la infusa y de la adquirida, bien pertrechado de Padres y autores espirituales. Sigue a Segneri en el deseo de evitar extremosidades —«semper meditari, semper meditionem relinquere»—, pero dice sin temblor, amparado en San Juan de la Cruz, que es preciso meditar hasta que se exciten los afectos para reposar en el fin o término de la contemplación, en la que hay que cesar de ulteriores discursos, como enseñan comúnmente todos». La contemplación adquirida o activa, u oración de fe, la defiende con interminable lista de autoridades, y recalca sus requisitos así como las señales que sirven al director para detectar el momento del tránsito de la meditación a la contemplación. Veladamente tacha a los censores que ponen reservas a la oración llamada de fe. Y, acogiéndose a frase ajena, concluye así: «Licet perfidus Molinos suam perfidam orationem mentalem vocet orationem fidei et contemplationem acquisitam, non videtur vitiandam esse per suum pestilentem anhelitum veram orationem fidei, quae in optima et catholica intelligentia exercetur». El defiende la contemplación enseñada por Padres antiguos, por San Buenaventura y Santo Tomás, los victorinos, Gersón y el Cartujano, Taulero y Susón, Herp, los santos Juan de la Cruz y Francisco de Sales, Suárez, Alvarez de Paz, Valgornera y los carmelitas Tomás de Jesús, Antonio del Espíritu Santo, Juan de Jesús María, y tantos otros.

No estaban cegadas todas las vías. Era preciso recuperar y defender la tradición, distinguir, para escoger: discernimiento. Justamente lo que hace falta para adentrarse en la selva espesa de la tradición espiritual y descubrir la adherencia —doctrina y praxis— del llamado quietismo. Aún estamos lejos de su plena comprensión histórica.

CAPÍTULO VI

LA FORMACION DEL CLERO EN LOS SIGLOS XVII Y XVIII

Por Francisco Martín Hernández

FUENTES Y BIBLIOGRAFIA

Las fuentes principales sobre los seminarios españoles: actas de fundación, constituciones, reglamentos y ceremonias de los mismos seminarios; constituciones sinodales, documentos pontificios, expedientes que obran en el Archivo Histórico Nacional de Madrid y en los archivos diocesanos, etc., que a ellos hacen referencia, las tenemos recogidas, a modo de apéndices, en nuestras obras *Los seminarios españoles. Historia y pedagogía. 1563-1700* (Salamanca 1964) p.341-79 y *Los seminarios españoles en la época de la Ilustración. Ensayo de una pedagogía eclesiástica en el siglo XVIII* (Madrid, C. S. I. C., 1973) p.187-202. Por orden alfabético damos lo referente a cada seminario, incluyendo las fuentes que han publicado anteriormente otros autores.

En cuanto a la *Bibliografía general*, la dividimos en los siguientes apartados:

a) Preseminario español y demás centros de formación religiosa: V. DE LA FUENTE, *Historia de las universidades, colegios y demás establecimientos de enseñanza en España*, 4 vols. (Madrid 1884-89); A. THEINER, *Histoire des institutions d'éducation ecclésiastiques* (París 1941); L. SALA-F. MARTÍN HERNÁNDEZ, *La formación sacerdotal en la Iglesia* (Barcelona 1966); U. DOMÍNGUEZ DEL VAL, *El candidato al sacerdocio en los concilios de Toledo:* La Ciudad de Dios 155 (1943) 261-90; S. GONZÁLEZ, *La formación del clero en la España visigoda:* Miscelánea Comillas 1 (1943) 373-93; J. FERNÁNDEZ ALONSO, *La cura pastoral en la España visigoda* (Madrid 1955); F. MARTÍN HERNÁNDEZ, *Escuelas de formación del clero en la España visigoda:* Actas de la XXVII Semana Esp. de Teología (Madrid 1970) 65-98; ID., *Precedentes históricos del canon 18 sobre la fundación de los seminarios:* Seminarium (Roma) 3 (1963) 376-95; V. BELTRÁN DE HEREDIA, *La formación intelectual del clero según nuestra antigua legislación canónica, siglos XI-XVI:* Escorial 3 (1941) 289-98; ID., *La formación intelectual del clero en España durante los siglos XII, XIII y XIV:* Revista Española de Teología 6 (1946) 313-537; L. SALA, *En torno al Maestro Avila y su escuela sacerdotal:* Surge (Vitoria) 8 (1950) 195-99; F. MARTÍN HERNÁNDEZ, *La formación clerical en los colegios universitarios españoles, 1371-1560* (Vitoria 1961); ID., *Colegios Mayores y Menores:* Dicc. Hist. Eclesiástica de España (Madrid 1972) 1.454-460; ID., *Origen de los seminarios españoles:* Seminarios (Salamanca) 6 (1960) 75-89; ID., *Un seminario español pretridentino: el Real Colegio Eclesiástico de Granada* (Valladolid, C. S. I. C., 1960); ID., *La Iglesia y la formación sacerdotal:* Comentarios al decreto *Optatam totius* (Madrid, BAC, 1970) p.73-121.

b) Seminario tridentino: T. POUAN, *De seminariis clericorum* (Lovaina 1874); F. TIRAPU, *La Iglesia de España y los seminarios clericales* (Pamplona 1891); M. BARBERÁ, *L'origine dei seminari a norma del concilio di Trento:* La Civiltà Cattolica (Roma) 91 (1940) 215-21; C. SÁNCHEZ ALISEDA, *La doctrina de la Iglesia sobre seminarios desde Trento hasta nuestros días* (Granada 1942); ID., *Los seminarios triden-*

tinos: Razón y Fe 131 (1945) 189-201; M. FERNÁNDEZ CONDE, *España y los seminarios tridentinos* (Madrid 1948); J. O'DONOHOE, *Tridentine Seminary Legislation. Its sources and Its Formation* (Lovaina 1957); L. SALA, *Formación en los seminarios:* Seminarios (Salamanca) 12 (1960) 190-210; F. MARTÍN HERNÁNDEZ, *Seminarios:* Dicc. Hist. Eclesiástica de España (Madrid 1975) 4, 2422-29; ID., *Fuentes y bibliografía para el estudio de los seminarios españoles:* Salmanticensis (Salamanca) 10 (1963) 657-94; ID., *Lo que el decreto «Pro Seminariis» supuso en la formación clerical española:* Lumen (Vitoria) 12 (1963) 418-37; ID., *Fundación de los seminarios españoles:* Hispania Sacra 16 (1963) 5-24; ID., *Origen de los seminarios tridentinos:* Seminarios (Salamanca) 6 (1960) 75-89; ID., *Desarrollo de la vida espiritual en los seminarios españoles:* Seminarios (Salamanca) 22 (1964) 37-55; ID., *Pedagogía de los primeros seminarios españoles:* Revista Calasancia (Madrid) 38 (1964) 183-210.

c) El seminario español en el siglo XVIII: F. MARTÍN HERNÁNDEZ, *Los seminarios españoles en la época de los primeros Borbones:* Hispania Sacra 12 (1959) 357-420; ID., *Los sacerdotes píos operarios, formadores del clero español· en el siglo XVIII:* Seminarios (Salamanca) 6 (1960) 91-126; ID., *El seminario de la Ilustración. Notas sobre una pedagogía con signo de reforma:* Seminarios (Salamanca) 54 (1975) 385-404; ID., *Presencia del pensamiento europeo en los estudios eclesiásticos españoles del siglo XVIII:* Cuadernos salmantinos de Filosofía (Salamanca) 3 (1976)273-90.

d) Varios: V. DE LA FUENTE, *Historia eclesiástica de España,* 4 vols. (Madrid 1855-75); A. GIL Y ZÁRATE, *De la instrucción pública en España,* 3 vols. (Madrid 1855); M. DE CASTRO, *Enseñanza religiosa en España* (Valladolid 1898); G. DESDEVISES DU DÉZERT, *L'Espagne de l'Ancien Régime* (París 1897); ID., *L'enseignement publique en Espagne au XVIIIᵉ siècle* (Clermont-Ferrand 1901); ID., *La société espagnola au XVIIIᵉ siècle.* (Nueva York-París 1928); M. MENÉNDEZ PELAYO, *Los heterodoxos españoles,* Edit. Nac., vol.5 (Madrid 1947); ID., *Historia de España* (Madrid 1946); A. DOMÍNGUEZ ORTIZ, *La sociedad española en el siglo XVIII* I (Madrid, C. S. I. C., 1956); J. SARRAILH, *La España ilustrada de la segunda mitad del siglo XVIII* (México 1957); R. HERR, *España y la revolución del siglo XVIII* (Jerez de la Frontera 1964); M. GRABMANN, *Historia de la teología católica* (Madrid 1940); M. PESET-J.L. PESET, *La universidad española (siglos XVIII y XIX)* (Madrid 1974); M. ANDRÉS, *La teología española en el siglo XVI* I (Madrid, BAC, 1976).

Para mejor conocimiento de la formación de nuestro clero en los siglos XVII y XVIII conviene que tengamos en cuenta lo que en este aspecto se vino haciendo antes en España desde la fundación de los primeros seminarios tridentinos. Lo exponemos en los siguientes apartados.

I. El seminario del concilio de Trento

Como acontece en toda la Iglesia, también en España se había venido impartiendo, desde la época visigoda, una formación a los aspirantes al sacerdocio, más o menos eficiente según los tiempos y las circunstancias. Es ahora, a partir del concilio de Trento, cuando se dan unas normas generales y se fijan unos criterios de selección y de formación, que atañen de manera directa a los candidatos del clero secular. Nos referimos a la institución de los *seminarios conciliares* para todas las diócesis del orbe católico a tenor del decreto conciliar *Pro seminariis,* de 15 de julio de 1563 ¹.

¹ *Concilium Tridentinum* (ed. Görres) IX 628-30; *Ench. Cleric.* (Roma 1975) n.97-103.

Era de esperar que los prelados españoles, que con tanto empeño habían defendido la creación de los seminarios en el concilio, no se volvieran remisos a este respecto. Sin embargo, a veces no mostraron el esperado entusiasmo, por lo que la fundación de tales centros se fue alargando insensiblemente hasta bien entrado el siglo XIX. No es que faltara interés en un primer momento, y de ello dan prueba las numerosas fundaciones que se llevan a cabo a seguido mismo del Concilio; pero pronto obraron intereses creados, y, más que todo, épocas de incuria y de decadencia, que no dejaron de influir notablemente en la formación del clero diocesano. Algo parecido ocurre con los religiosos. Estos contaban con una larga tradición, expresada en sus reglas y constituciones; pero lo mismo que se aprovechan de las reformas tridentinas, también se ven afectados más tarde por aquel ambiente de cansancio y de dejadez que se hace sentir por España a mediados del siglo XVII. Luego hablaremos de ellos. Quedémonos ahora con los primeros seminarios, de los que, para mejor situarnos, damos la siguiente enumeración.

Desde 1563, fecha del decreto tridentino, hasta finales del siglo XVI se fundan en España veinte seminarios: los de Avila (1591-94), Barcelona (1593), Burgos (1565), Cádiz (1598), Córdoba (1583), Cuenca (1584), Gerona (1589), Granada (1564-65), Guadix (1595), Huesca (1580), Lugo (1593-99), Málaga (1597), Mondoñedo (1565-73), Murcia (1592), Osma (1594), Palencia (1584), Tarazona (1593), Tarragona (1568-72), Urgel (1592) y Valladolid (1588-98). Se discute cuál sea el primero de todos ellos; pero, de atenernos a su acta fundacional, hemos de admitir que fuera el de Burgos, establecido en 1565 [2].

En el siglo XVII, cuando se inicia la primera decadencia, se fundan solamente ocho: los de Almería (1610), Badajoz (1664), Coria (1603), Jaén (1660), León (1606), Plasencia (1670), Sigüenza (1670) y Vich (1635).

Otros dieciocho corresponden al siglo siguiente: los de Astorga (1766), Barbastro (1759), Calahorra-Logroño (1776), Canarias (1777), Ciudad Rodrigo (1769), Ibiza (1794), Jaca (1747), Lérida (1722), Mallorca (1700), Orihuela (1742), Pamplona (1777), Salamanca (1779), Segorbe (1771), Segovia (1781), Teruel (1777), Valencia (1790-93), Zamora (1797) y Zaragoza (1788).

Veinte más se fundan desde principios del siglo XIX hasta nuestros días; los de Albacete, Bilbao, Ciudad Real, Huelva, Madrid, Menorca, Orense, Oviedo, San Sebastián, Santander, Santiago, Sevilla, Solsona, Tenerife, Toledo, Tortosa, Tudela, Tuy, Valencia y Vitoria.

---

[2] Cf. D. MANSILLA, *El seminario conciliar de San Jerónimo, de Burgos:* Hispania Sacra 7 (1954) 2-44.359-98. En Granada venía funcionando de años anteriores el colegio eclesiástico de San Cecilio, que en adelante se convertiría en seminario diocesano. Es de suponer que lo elevara a esta categoría el arzobispo D. Pedro Guerrero a su vuelta del concilio en 1563; pero sobre esto no hemos encontrado suficiente documentación. Cf. F. MARTÍN HERNÁNDEZ, *Un seminario español pretridentino:* o.c., p.7s.

1. Primeras experiencias

a) El seminario, obra de interés nacional

Serias dificultades se presentan en un principio para la implantación de los seminarios en España. La abundancia que había de colegios universitarios, de los que suelen salir la mayoría de los obispos, hace que éstos los sigan considerando todavía como centros adecuados y suficientes para la formación de sus clérigos [3]. De otro lado, tanto elementos eclesiásticos como autoridades civiles no dejaban de manifestar una fuerte oposición, por pensar que el nuevo seminario iba a perjudicar a los colegios y universidades que existían en sus propias ciudades. También influía la pobreza de medios en que se encontraban no pocas diócesis, argumento que suelen blandir ante Roma los obispos para disculparse de no haber cumplido aún las disposiciones del concilio.

A veces son los cabildos quienes se oponen, por aquello de que los seminarios, de alguna manera, habían de ser mantenidos por ellos. Es curioso y a la vez lamentable el cúmulo de pleitos, memoriales y pretendidos derechos que van presentando en algunas diócesis cada vez que a un prelado se le viene a la mente la fundación del seminario. Para nada valen las quejas que éstos hacen llegar a Roma ante la intransigencia y los descomedidos privilegios de los capitulares. Hasta finales del XVIII o principios del XIX no se pudieron establecer seminarios en buena parte de las sedes metropolitanas y en otras de gran importancia, como las de Toledo, Sevilla, Santiago, Zaragoza, Salamanca, etc.

Con todo, la obra interesa desde el primer momento, y durante años, y ante las insinuaciones de Roma, sería motivo de preocupación para nuestros monarcas. Primeramente, de Felipe II. «El rey nuestro señor tiene tanto celo y cuidado de que se hagan los seminarios, según ordenó el concilio Tridentino, que siempre nos pide cuenta a los obispos de lo que en esto hacemos», decía en una carta el obispo de Jaén a nuestro embajador en Roma en 1588. El mismo Felipe se lo repetía a los obispos reunidos en el concilio de Granada de 1565: «En lo de los seminarios, entendemos bien cuánto en este reino y provincia, más que en otra parte, sean necesarios»... «Nos muy de veras deseamos ayudar y favorecer esta santa obra». Cierto que a veces se muestra receloso por lo que tocaba a beneficios; pero ello entraba en su política, harto meticulosa. Lo mismo hacen sus sucesores, luego los Borbones y aun los gobiernos progresistas del siglo XIX. Cuando algún obispo trata de la

---

[3] Sobre el número y el carácter clerical que tienen estos colegios (de los 47 que existen en España hasta 1563, 17 se fundan expresamente para formación de clérigos) puede verse nuestra obra citada *La formación clerical en los colegios universitarios españoles* y el artículo *Colegios mayores y menores*, en el Dicc. Hist. Ecles. de España. Igualmente: L. SALA, *Constituciones, estatutos y ceremonias de los antiguos colegios seculares de la universidad de Salamanca*, 4 vols. (Salamanca 1962-64). Otros colegios se establecen después en diversas diócesis, fuera de los seminarios; pero de ordinario siguen las líneas pedagógicas de éstos. Como ejemplo, cf. V. CÁRCEL ORTÍ, *Notas sobre la formación sacerdotal en Valencia*: Hispania Sacra 27 (1974) 151-199.

fundación de su seminario, sabe que puede recurrir a la Corona en demanda de dotaciones, terrenos o edificios y exenciones [4].

b) Pedagogía y formación

Los seminarios se llaman conciliares porque fueron instituidos según la mente del concilio Tridentino, es decir, con internado y enseñanza propios y un régimen especial de disciplina y de piedad bajo la dirección del prelado, con la colaboración del rector y de los demás superiores. En un principio se presentan más como centros de mera educación que de formación literaria o científica especializada. Lo que más importaba entonces era recoger a la juventud clerical en casas de recogimiento y en vida de familia, por lo que no es raro que copien en sus constituciones las viejas reglas de los colegios universitarios (que de alguna manera buscaban la misma finalidad) [5], con que dan un tono marcadamente español a sus primeras manifestaciones. El seminario cuenta de ordinario con un rector, un vicerrector, un mayordomo y varios maestros, que atienden a las clases y vigilan en los estudios; no se habla todavía del padre espiritual. Los alumnos, no menos de doce años cuando entran ni con más de veinte, han de ser hijos legítimos, de buena fama y buena disposición para el estudio, con suficiente voz para cantar en el coro de la catedral. Se dividen en nuevos y antiguos, y de entre éstos se nombran varios «consiliarios» y un maestro de ceremonias, al igual que se hacía en los restantes colegios. Las becas, de 30 a 40 regularmente, se dan a aquellos «que no puedan pagar con comodidad sus estudios ni tengan persona forzosa que se lo pueda pagar». Hay también porcionistas y numerosos externos, aun seglares, que acuden a las clases y a otros actos del seminario.

El hábito, a veces pardo, «como los de San Bartolomé, de Salamanca»; la cámara o celda; el porte sobrio, «sin mundanidades en el vestido; el cabello, bajo, y la barba, a punta de tijera»; la clausura y el recogimiento exterior, junto con largas horas de silencio configuran, desde el primer año de carrera —que suele durar de ocho a nueve años—, la vida del seminarista. Bajo un singular juramento, éste se compromete a una auténtica vida de familia ante la mirada entre paternal e inquisidora del rector, quien ha de esforzarse por ser «clemente y piadoso, amigo de honrar a todos, gobernando por amor y mansedumbre, no por fuerza ni imperio»; «más con ejemplo de su vida que con solas palabras». «Todos los que en este colegio vivieren —leemos en otra parte— estén tan unidos por caridad y conformes a las voluntades, que, no teniéndola ninguno propia, sea una la de todos; y que dentro del colegio y fuera miren por la honra de cada uno como la suya propia; y que entre sí guarden las reglas de buena policía, respetándose y reconociéndose superioridad, al menos, al más antiguo».

[4] Más noticias y documentos en F. MARTÍN HERNÁNDEZ, *Los seminarios españoles. Historia:* o.c., p.146s; M. FERNÁNDEZ CONDE, *España y los seminarios tridentinos:* o.c., p.6s
[5] F. MARTÍN HERNÁNDEZ, *La formación clerical en los colegios:* o.c., p.177s.

El horario es duro y estrecha la vigilancia; cada semana se solían nombrar «celadores» o «acusadores» que llevaran cuenta de las faltas de sus compañeros. Menudean los castigos —a veces, a pan y agua; con prisión y cepo, al uso de aquellos tiempos—, si bien se amonesta que se trate a los alumnos «con amor y benignidad y exhortando a la virtud, más que con rigor y aspereza, de modo que amen (al rector) como a padre y no que por miedo le obedezcan». Se prohíbe todo trato y charla con mujeres, llevar armas, entretenerse en juegos livianos, salir a destiempo del seminario, faltar a cualquier acto de comunidad, convidar a familiares o amigos dentro de la casa, tener instrumentos músicos, etc. Un número exagerado de «ceremonias», copiadas de los colegios universitarios, reducen la vida del seminarista a un juego demasiado estrecho de etiquetas y protocolos.

Mucho se dice en las constituciones acerca de la vida de piedad. «El principal cuidado que se ha de tener en el gobierno de este colegio es que los colegiales se críen en recogimiento y ejercicio de virtud, como gente dedicada para el servicio de Dios y de su Iglesia; y porque en ningún acto se ejercitan más virtudes que en el de la oración mental y son innumerables los provechos que de ella resultan, mandamos que inviolablemente se haga todos los días a la primera hora de la mañana». A diario tienen misa, el rezo del *Angelus* y del rosario, numerosos responsos y otras devociones. Los alumnos se confiesan cada semana, y, luego de escuchar una plática espiritual, se acercan en filas a comulgar. Si alguno falta a estas prescripciones, «por la primera vez se le tendrá cuatro días en prisión, dos de ellos a pan y agua; el doble si reincide, y a la tercera se ha de dar cuenta al obispo, y, de ser necesario, se le expulsa del colegio».

Toda la vida espiritual del seminario corre a cargo del rector o de los vicerrectores, sin que pueda decirse que éstos hagan el oficio de padres espirituales. En el concilio no se había hablado de este cargo, aunque sabemos que ya se usaba en los colegios de la Compañía, y concretamente en el Germánico, de Roma. San Carlos Borromeo había establecido que todos los seminaristas se confesaran con un solo sacerdote sin que por ello aclarara del todo la cuestión. En nuestros seminarios se preocupan de buscar confesores para la comunidad y de vez en cuando hacen que venga algún religioso para que dé pláticas espirituales a los alumnos o los ejercicios espirituales de principios de curso. No vemos que se abran nuevos horizontes, p.ej., en lo relativo a la futura vida pastoral o a una pujante vida litúrgica. Sólo la asistencia diaria del seminarista al coro de la catedral pretendía llenar de alguna manera estas aspiraciones de modo menguado y aun contraproducente, como en seguida veremos. Desde que entra, el alumno es considerado como una especie de «religioso converso», y lo que más importa es que lleve una vida de renuncia y de recogimiento dentro de la gran familia del seminario.

Por lo que mira a los estudios, la vida de éste discurre dentro de la medianía que ya se nota, sobre todo a partir del siglo XVII, en los demás colegios y aun en las mismas universidades. Se unía también la falta de medios. A veces es sólo el rector, con algunos pasantes, quien se encarga de toda la vida disciplinar y académica de los alumnos. El seminario no puede impartir estudios superiores, por lo que de ordinario queda reducido a una simple escuela de gramática, donde unos jóvenes, divididos en menores, medianos y mayores, y a golpe de palmeta, aprenden de memoria la gramática de Nebrija, algunos textos de clásicos latinos, de la Biblia y de los Padres de la Iglesia. Su primera formación es marcadamente humanista, sin que se conceda espacio para las ciencias positivas, que en número reducido darían más tarde al estudiar artes o filosofía. A veces se les daba un poco de formación religiosa: una plática los sábados «declarándoles por el discurso del año los artículos de nuestra santa fe, que contiene el *credo*, y los diez mandamientos del decálogo y los cinco de la Iglesia y cómo se han de confesar; procurando que todos sepan la doctrina cristiana de memoria y ayudar a misa y cosas tocantes a buenas costumbres»; o sea, lo que más tarde se les iba a exigir para el ingreso en el seminario.

A falta de profesores, los seminaristas acuden a los conventos de la ciudad o a las universidades, donde las había, para cursar los estudios superiores. Era obligado que desde el primer momento se adscribieran a una de las clásicas escuelas de entonces: tomista, suareciana, escotista o nominalista. La lógica la daban siguiendo el texto de las *Súmulas*, de los *Comentarios* a Porfirio o de los dedicados al *Organon*, de Aristóteles [6]. La filosofía solía dividirse en moral y natural y se estudiaba durante tres años. En teología iban a las clases de prima y de vísperas atiborrados de textos de Santo Tomás, Escoto, Durando, Suárez, Melchor Cano o Vázquez, y se mezclaban en las innumerables discusiones de probabilistas, probabilioristas, tucioristas, predestinacionistas, partidarios de la ciencia media, escotistas y nominalistas, que tanto ayudaron a enturbiar las serenas fuentes de la teología del siglo anterior y no menos de la moral humana y evangélica.

Fuera de esas escuelas, se echa de menos toda excursión que pudieran tener al campo de las ciencias positivas y aun de las pastorales y de formación espiritual, de que tanto se quejarían más tarde los reformadores del siglo XVIII. Los seminaristas, como otros tantos universitarios, podían salir con un gran dominio de los «ergos» y de los «contras», pero con preparación poco adecuada para el humilde campo a que los iba a destinar la Iglesia, o sea, «para bien administrar la cura de almas», como rezan algunas constituciones. El esfuerzo que pudo darse en un primer momento tampoco llegaba al gran número de jóvenes diocesanos que se preparaban para el sacerdocio. En 1619, Fernández de Navarrete se quejaba de la gran cantidad de escuelas de gramática que había en España y de la menguada preparación que en ellas se recibía; por lo que, «siendo muchos los que se quedan en solos los principios de gramática, con ellos tienen ánimos de aspirar al sacerdocio, y algunos

---

[6] V. MUÑOZ, *La enseñanza de la lógica en Salamanca durante el siglo XVI*: Salmanticensis 1 (1954) 133-67.

que no pueden llegar a conseguir las órdenes, se quedan en estado de
vagabundos, unos a título de estudiantes y otros fingiendo ser sacerdotes; y de este género de gentes se ven en la república graves y enormes
delitos» [7].

Gran número de los que se ordenaban de sacerdotes no pasaban,
pues, por el seminario. Tampoco eran muchas las becas que éste tenía,
y a veces ni llegaron a ocuparse del todo: en la primera mitad del siglo XVII, el número de internos no pasa en algunos lugares de doce
o quince; y, por si fuera poco, algunos seminarios hubieron de cerrarse
durante varios años a causa de guerras y carestías [8].

c) **Indicios de decadencia**

Con este signo van a adentrarse nuestros seminarios en el siglo de
las grandes reformas, el XVIII, y para mejor comprenderlos hemos de
tener en cuenta toda la problemática del siglo anterior tanto en lo que
se refiere a la decadencia que se hace sentir por toda España como a la
estructura interna que llevan los mismos centros.

A los seminarios era muy poco lo que entonces les llegaba de Roma,
por lo que todo en él quedaba a merced del individualismo diocesano,
sin una dirección común que aunara esfuerzos o advirtiera de las deficiencias. Por otra parte, pobres seguían siendo las dotaciones, pobres y
destartalados los edificios, más pobres todavía los estudios por falta de
buen profesorado y, finalmente, pobre también la mentalidad que se
sigue teniendo de la formación y preparación seminarísticas. Poco
se preocupan ya los obispos del seminario, y menos aún los canónigos,
quienes en algunos casos tratan de rebajarlo y aun de esclavizarlo, abu-
sando de la obligación —prescrita también por el concilio— que tenían
los seminaristas de asistir diariamente al coro de la catedral. Si buena
era la idea —«para que (éstos) se inclinaran mejor a las cosas eclesiásticas»—, pronto dio lugar a serios inconvenientes cuando los seminaristas, considerados por los canónigos como simples acólitos o monaguillos
de la catedral, se dieron a promover altercados y turbulencias, como
sabemos que ocurrió en Granada, Málaga, Cádiz y Córdoba [9]. Todo ello
produjo un ambiente de indisciplina, que vino a aumentar la ignorancia
de los alumnos en momentos en que el estudio de las ciencias sagradas entraba en un período de franca decadencia.

Refiriéndose a los estudios, dicen autores posteriores que «todo se
resolvía en luchas de escuelas, con una tremenda cargazón de ergotis-
mos y silogismos y de teorías de esas diversas escuelas. De la ciencia
positiva, casi ni idea, y menos de algo nuevo que sonara a pastoral y a
una preparación directa para el apostolado». «Los libros latinos, apren-
didos de memoria, mal comprendidos y a veces incomprensibles...,

---

[7] P. Fernández de Navarrete, *Conservación de monarquías:* Bibl. Autores Españoles
vol.25 p.457. Habla de 32 universidades y de más de 4.000 estudiantes de gramática,
«daño que va cada día cundiendo».
[8] F. Martín Hernández, *Los seminarios españoles. Historia:* o.c., p.177s.264.
[9] Ibid., p.321s; Id., *Un seminario español pretridentino:* o.c., p.35s.

acompañan el bagaje de los más sabios, que habían estudiado en los seminarios y universidades. No tenían idea, ni aun vaga y confusa, de la astronomía, ni de las ciencias naturales, geografía, historia o filosofía moderna... Si así andaban los sabios, nos preguntamos cómo andarían los menos listos». La filosofía que se enseñaba era «mala dialéctica, llena de cavilaciones y sutilezas impertinentes, que estragaban el gusto de los jóvenes y de nada servían a los teólogos; cuánto menos a los canonistas». Peor andaban, si cabe, los estudios de teología. «Las cuestiones de la gracia (Bayo, Molinos...) convirtieron nuestras escuelas en verdaderos campos de Agramante. Las ciencias eclesiásticas estaban llenas de vanidad, oscuridad, hinchazón, redundancia y litigiosidad. Había gongorismo en teología como en poesía. Los claustros se convirtieron en verdaderos reñideros escolásticos; de ciencias, ni hablar: era pecado... Todo era un caos de sutilezas, disputadas con tal acrimonia y exasperación, que las diversas escuelas se profesaban entre sí un odio cual pudieran tenerlo a los herejes. Dicterios, bufonadas, calumnias: todo se creía lícito para contrarrestar a la escuela contraria» [10].

Quizás exageraron estos autores desde su postura un tanto negativa del siglo XIX, pues de todos es conocida la abundancia de teólogos, moralistas e historiadores eclesiásticos que se dieron en España a lo largo del siglo XVII, y de los que, naturalmente, habrían de beneficiarse los alumnos de nuestros seminarios y universidades. Más objetivos fueron los obispos reformadores del siglo siguiente, cuya obra veremos en adelante. Es verdad que se lamentan de lo mal que andaban los estudios de teología y de moral, de la manía de las discusiones y de las ridículas luchas de escuela; pero más que todo apuntan a otro de los males que tomaba entonces caracteres verdaderamente alarmantes: a la moda, tan extendida, de dejar atrás el estudio directo de la sagrada Escritura, de los Padres, de los concilios y de la teología positiva, para encerrarse en meros raciocinios y enmarañadas cuestiones de escuela. «El prurito de silogizar —como apunta el sabio obispo de Segorbe Fr. Alonso Cano (1770-80)— y de rebatir cada partido su contrario, que transcendió a la teología moral, llenándola de dudas, cuestiones y disputas interminables; de problemas, paralelogismos y probabilidades, con el lamentable perjuicio de las costumbres», iba unido al afán de muchos españoles, que, en opinión del prelado barcelonés D. José Climent (1766-65), «viendo a esta provincia limpia de herejías, creyeron que no era conveniente estudiar la teología dogmática, y algunos se atrevieron a proferir que su estudio sería más dañoso que útil. Así, dejaron la sagrada Escritura, los concilios y los Padres... e inventaron una nueva teología (la moral), si merece este nombre... Suscitaron cuestiones inútiles, y, dejando a los herejes, únicamente se ocuparon en impugnar con raciocinios las opiniones de los otros»; de donde se sigue, «con la ingenuidad que corresponde a nuestro carácter, como se lamentaba el cardenal

[10] V. LA FUENTE, *Historia eclesiástica de España:* o.c., IV p.304s; G. DESDEVISES DU DÉZERT, *L'Espagne de l'Ancien Régime:* o.c., p.XVIII.

Aguirre, que hayamos empleado la mayor parte de nuestra vida en un estudio estéril» [11].

A todo ello se une, también en este tiempo, una falta de seriedad en la vida comunitaria. Los seminaristas rompen la clausura, no asisten a los actos de piedad, promueven alborotos y divisiones, se dan al juego, al trato de mujeres, etc. Todavía en el siglo XVIII, un obispo de Cádiz se queja del «abandono que de tiempo inmemorial ha padecido el colegio...; de la relajación y libertad a que han declinado (los colegiales), descaecidos de la antigua observancia de su instituto, originándose el que se queden los muchachos tan cerriles e incultos como el día que vienen de sus lugares y campos, no adelantando en la moral, nada en la gramática y muy poco en la doctrina cristiana» [12]. Se imponían, pues, serias medidas de reforma.

2. EN LAS ÓRDENES RELIGIOSAS

Los noviciados y postulantados religiosos siguen llevando su línea tradicional conforme a los respectivos reglamentos o constituciones. De importancia es la vertiente humanista que los jesuitas dan a los estudios debido al interés que muestran por asegurar la formación de sus candidatos, e igualmente a la benevolencia con que San Ignacio acogió siempre al sano humanismo. Esto hace que los jesuitas se pongan pronto a la cabeza de la enseñanza pedagógica de la época. «A una mano quiere (San Ignacio) que todos se funden en la gramática y letras de humanidad, en especial si ayuda a la edad y a la inclinación. Después no desecha ningún género de doctrina aprobada: ni poesía, ni retórica, ni lógica, ni filosofía natural, ni moral, ni metafísica, ni matemáticas, ni historia». Y luego el P. Polanco en su tratado *De constitutionibus collegiorum:* «Primeramente, las facultades en que deben estudiar las personas que se envíen a los colegios ordinarios son éstas, a saber: letras de humanidad, lógica, filosofía natural y moral, metafísica y teología escolástica y la Escritura; y, si sobrase tiempo, algo de *positivo,* como concilios, decretos, santos doctores y otras cosas morales que para ayudar al prójimo son más necesarias, aunque esta parte, salidos del colegio, podrían verla» [13].

La preocupación pastoral que denotan estas últimas palabras coincide con la que en su tiempo mostraba también San Juan de Avila al

---

[11] Lo citamos en *Los seminarios españoles. Historia:* o.c., p.332. Caso curioso fue el de la universidad de Sevilla, que en 8 de junio de 1700 dirigió una carta al claustro de la de Osuna en la cual denunciaba los avances de la filosofía moderna contra el Peripato, a la vez que presentaba a la química y a las ciencias experimentales como cosa de herejía y perjudiciales al catolicismo. Le pide que venga en su socorro «para hacer desaparecer tales doctrinas modernas, cartesianas, parafísicas y de otros holandeses e ingleses» (V. DE LA FUENTE, *Historia eclesiástica:* o.c., III p.284).

[12] Era el obispo Fr. Tomás del Valle *(Constituciones del seminario,* de 1741, cit. en F. MARTÍN, *Los seminarios españoles. Historia:* o.c., p.337).

[13] P. LETURIA, *Perchè la Compagnia di Gesù divienne un Ordine insegnante:* Gregorianum 21 (1940) 350-82; ID., *La pedagogía humanística de San Ignacio y la España imperial de su época:* Estudios Ignacianos 1 (Roma 1957) 233; ID., *De «Constitutionibus Collegiorum» P. Joannis A. de Polanco ac de eorum influxu in Constitutiones Societatis Iesu:* ibid., p.355-87.

fundar la universidad de Baeza (1546-64). Junto a la cátedra de «Positivo», también llamada de «Escritura» o de «Biblia», establece otra de «Escolástico»; y como sólo mira a los aspirantes al sacerdocio, deja tan sólo artes y teología y no las otras ciencias humanas, como leyes, medicina y cánones [14]. La cátedra de «Positivo» resulta sorprendentemente nueva por haber sido creada cuando la división de la teología en positiva y escolástica no era aún común en las escuelas. Lo mismo hicieron los jesuitas en Gandía, donde al estudio de la Biblia y de los Santos Padres añadían una orientación ascética, práctica, algo pastoral y kerigmática.

Acabadas las humanidades en sus propios centros, los religiosos pasan, de ordinario, a la universidad, no pocas de cuyas cátedras estaban en manos de dominicos, franciscanos, jesuitas, benedictinos, etc., siguiendo cada cual su propia escuela. Este hecho, unido a otra serie de factores, como la emancipación que va tomando la filosofía, el desarrollo de las ciencias experimentales, del que va quedando ajena la escolástica; la fragmentación que sufre la misma teología, en que predomina la casuística y la emulación de escuelas y banderías, constituyó una rémora y un derroche inútil y decadente que dificultó, por no decir que imposibilitó, el mantenimiento de un alto nivel científico, necesario para la adecuada formación de los alumnos.

Otra cosa digamos de la teología espiritual y de las consecuencias que de su estudio pudieran derivarse. Los teólogos de las órdenes mendicantes y de la Compañía de Jesús rivalizan por este tiempo en sus deseos de hacer asequible a todos los niveles la teología espiritual de la época anterior. Del *cursus* completo de teología se desgaja una teología ascético-mística independiente, que da motivo a una especie de teologización de la espiritualidad. Se acumulan sentencias y pareceres de escritores de la misma orden para formar léxicos o cadenas que demuestren la uniformidad y constancia en el pensar de sus propios autores. Ejemplo típico es la *Cadena mística,* del carmelita José del Espíritu Santo († 1674). En manos de los alumnos andan numerosos tratados de oración y de perfección religiosa (del P. Alfonso Rodríguez, Nieremberg, Luis de la Palma, Luis de la Puente, Diego Murillo, etc.) y otras obras de carácter sacerdotal, bajo la influencia de la escuela sacerdotal francesa de este tiempo: Bérulle, Olier, San Vicente de Paúl... Por entonces se hace célebre una *Instrucción de sacerdotes,* del cartujano Antonio de Molina († 1612), así como otras sobre el mismo tema de franciscanos, dominicos, jesuitas y aun de clérigos seculares, como *El buen pastor, espejo de curas y sacerdotes,* de Cristóbal de Lozano (Tortosa 1614), o el *Espejo de sacerdotes,* de Andrés de Barrionuevo (Sevilla 1625) [15].

Tales corrientes llenaban, de alguna manera, el período de decadencia que caracteriza a la segunda mitad del siglo XVII.

[14] SAN JUAN DE AVILA, *Obras completas,* ed. L. SALA-F. MARTÍN HERNÁNDEZ, 1 (Madrid, BAC, 1970) p.99s; F. MARTÍN, *La formación clerical:* o.c., p.46s; cf. M. ANDRÉS, *La teología española:* o.c., p.25s.
[15] DE GUIBERT, *Lecciones de teología espiritual* (Madrid 1953) p.53s; J.M. MOLINER, *Historia de la espiritualidad* (Burgos 1971) p.361s.

II. Las primeras reformas

Si la Iglesia española ha conocido momentos de auténtica renovación —que los ha tenido, y muchos—, quizás los del siglo XVIII sean de los más sobresalientes, sobre todo si miramos al seminario cuando, a medio hacer la universidad moderna y medio derrumbados los antiguos colegios universitarios, llega éste a ocupar un primer plano en la vida educativa de la nación. Por el seminario pasan numerosos jóvenes españoles, y las mentes «ilustradas» de la época —eclesiásticos y seglares— lo utilizan como campo de experiencias en su fervor pedagógico. También interesa a los monarcas; de ahí que se interfieran en sus asuntos, no sin el consentimiento y aun la complacencia de los mismos obispos. En fin de cuentas, los reyes «católicos» españoles se siguen considerando patronos del concilio de Trento, donde se había decretado la fundación de los seminarios, y árbitros, por el Patronato Regio, de no pocas decisiones eclesiales en España.

Los seminarios ganan y a la vez pierden con este sistema proteccionista. Es cierto que se abre para ellos una era de sano humanismo y de nueva valoración del sacerdocio; pero no es menos cierto que todo se rodea a veces de una fuerte marejada de galicanismo y de jansenismo, que vino a deslucir, en parte, los mejores propósitos. Cuando llegan los Borbones a principios de siglo, nos llega también la moda francesa, que iba a chocar muy pronto con lo que de tradicional y hasta de democrático teníamos en nuestras instituciones. Viene luego el *despotismo ilustrado*. Nuestros reyes siguen siendo católicos y hasta religiosos; pero tanto ellos como sus ministros conciben el catolicismo a su manera: dentro de una Iglesia nacional que creen pertenecerles y a la que se creen en la obligación de dirigir.

Este nuevo cesaropapismo, apoyado y aun aplaudido por los obispos, lo mismo que pretende reformar a la Iglesia, busca adaptar los estudios y la formación eclesiástica que se daba en la universidad, en los conventos y seminarios a las nuevas corrientes que llegaban del extranjero. Es cuando entran en juego, diferenciándose y a veces entrelazándose, dos fuerzas paralelas: una, del Estado, a quien le interesa, más que todo, un clero «ilustrado» y ciudadano; y otra de la Iglesia, que, aunque quiere renovarse, permanece todavía amarrada a la tradición y aún le sigue gustando la clásica figura del sacerdote.

En una *Instrucción reservada* que Carlos III manda a la Junta de Estado en 1787, y cuya redacción han atribuido algunos a Floridablanca, se dice a este particular: «La ilustración del clero es muy necesaria para estas importantes ideas. En esta parte tiene mucho que trabajar el celo de la Junta. El clero secular y regular, educado con buenos estudios, conoce fundamentalmente los límites de las potestades eclesiástica y real y sabe dar a ésta y al bien público toda la extensión que corresponde... Debe promoverse, así en la universidad como en los seminarios y en las órdenes religiosas, el estudio de la santa Escritura y de los Padres más célebres de la Iglesia; el de sus concilios generales primitivos en sus fuentes y el de la sana moral. Igualmente conviene que el clero secular y regular no se abstenga de estudiar y cultivar el derecho público y de gentes, al que llaman político y económico, y las ciencias exactas: las matemáticas, la astronomía, geometría, física experimental, historia natural y otras semejantes» [16]. Conocimiento, pues, de las ciencias, de una teología más positiva y del derecho —que no menos les importaba— de la regalía.

También colaboran los obispos, que ahora empiezan a interesarse por la elevación moral y social del pueblo. No dejan de apoyar los derechos del rey de España en contra de las «intromisiones del Papado», pero tienen una elevada idea de su sacerdocio y de sus sacerdotes, lo que hace que se muevan decididamente para dar a éstos una mejor formación y preparación apostólica. El tener que haberse con las viejas estructuras hará que tengan que enfrentarse —como ocurre con los «ilustrados» y los ministros de la Corona— con no pocas discrepancias y dificultades.

1. DOS TENSIONES OPUESTAS. SOLUCIONES

Al que estudia nuestro siglo de oro, el XVIII puede darle sensación de ser una época de decadencia y hasta de desorientación; de otro modo ha de juzgarle quien quiera buscar en él las raíces de la época contemporánea. Baste el ejemplo de la pedagogía posterior: «Sólo a través de este siglo entenderemos cuanto después ocurrió, como lo referente a la legislación sobre enseñanza en las Cortes de Cádiz, el influjo de la universidad napoleónica, la persecución de la educación religiosa, las diatribas de Balmes y Donoso, la Institución Libre de Enseñanza, la obra de Manjón y Poveda» [17].

En la primera época del siglo predomina todavía un tradicionalismo inerte, motivado por condicionamientos sociológicos; también por insuficiencias económicas, y no poco por el hecho de continuar aislados todavía de Europa. Las nuevas ideas se concretan en torno a cuestiones teoréticas de física, filosofía y medicina. La acción reformista del Estado, aunque sin dejar de manifestar sus propósitos, no llega a gran cosa, y más bien se concreta a aspectos económico-administrativos.

En la segunda —reinados de Carlos III y Carlos IV— es marcadísima la reforma que viene de arriba. Los «ilustrados», cada vez más numerosos, están convencidos de que en las tareas del Estado deben entrar todas las manifestaciones de la vida intelectual, e ineludiblemente las eclesiásticas; y que tanto unas como otras necesitan abrirse al

---

[16] *Instrucción reservada que la Junta de Estado, creada formalmente por mi decreto de ... 8 de junio de 1787, deberá observar*, en ANDRÉS MURIEL, *Historia de Carlos IV:* Bibl. Aut. Esp. 2 (Madrid 1959) p.308s. Desde el advenimiento de Carlos III en 1759 se hizo oficial en las escuelas el texto de D. Pedro Rodríguez Campomanes, *Tratado de la regalía de amortización...* (Madrid 1756), que en el fondo era un fuerte alegato contra los derechos de la Iglesia.

[17] MARIA A. GALINO, *Tres hombres y un problema: Feijoo, Sarmiento y Jovellanos ante la educación moderna* (Madrid, C. S. I. C., 1953) p.17.

exterior para airearse y rejuvenecerse. Es entonces cuando aparecen esas dos tensiones opuestas, que irán ahondando, hasta el enfrentamiento, la división en el mundo de la cultura.

De un lado, la postura conservadora, adoptada por la gran mayoría. Estos persisten en la rutina y la indiferencia ante la inquietud interior, adormecidos en tradiciones seculares, en principios de autoridad, en corrientes de opinión estática e irreformable, desconfiados ante cualquier crítica o revisión, conformes y satisfechos de su suerte. Es la actitud cómoda e irresponsable, que ya denuncian los mismos contemporáneos. El conde de Campomanes, en su *Discurso sobre la educación popular de los artesanos,* recuerda que, ya en el siglo XVI, Juan de Medina deseaba que no se le acusara del delito de novedad, añadiendo como comentario que «este razonamiento hace ver cuán antiguo es censurar todo lo nuevo en España, por bueno y conveniente que sea». Igualmente, el irlandés Bernardo Ward denuncia el mal detestable de los españoles de querer «mantener las cosas en el pie que las han hallado, calificando de gran prudencia una conducta que sólo sirve de eternizar en el reino los abusos, la inacción, el letargo y la falta de providencias que pide el bien de la monarquía». Aquello de que «lo hicieron así nuestros padres» será la barrera más difícil de salvar. Se piensa que todas las ciencias, —y con más razón las eclesiásticas— han alcanzado su pleno desarrollo, y que éste, definitivo e inalterable, ha de ser transmitido en fórmulas fijas para siempre. El único quehacer es grabarlas en la memoria, aceptándolas ciegamente en fuerza de autoridad. Todavía se habla de «leer», no de «enseñar», la teología, o el derecho, o la medicina; hacer una exégesis cansina y adormecedora de lo ya dicho es la única forma de magisterio. Si alguno se desviaba, era mirado como sospechoso por sus compañeros y denunciado, quizás, a la Inquisición. Pasaban por las aulas y por las ciencias como el hombre del verde gabán que encuentra D. Quijote en su camino, tipo de la sabiduría clásica: sabe que nada puede esperar mejor que aquella armonía del espíritu, del sentido y del corazón; ¿por qué intentar algo distinto? [18]

Por otra parte están los innovadores, que, más que pertenecer a un partido reformista, son lo que se muestran inquietos, con un espíritu en el que participaban, más o menos, algunos pocos de nuestros hombres cultos —obispos entre ellos—, atentos siempre a cuanto se hace en el exterior. Tales minorías hacen de éste un siglo cargado de esperanza,

[18] CAMPOMANES, *Discursos:* 3 (Madrid 1775-77) p.218; B. WARD, *Proyecto económico* (Madrid 1782) p.45 (los citamos en *Los seminarios españoles. Ilustración:* o.c., p.4). El P. Isla satiriza la moda extranjera en su *Fray Gerundio de Campazas:* Bibl. Aut. Esp. 15 p.198; lo mismo el P. Larramendi (*Coreografía* p.184), cit. por DESDEVISES DU DEZERT, *La société espagnole:* o.c., p.340s. Contra aquellos métodos de enseñanza se hizo célebre el dicho del holandés Paulo Merula: «Hispani, felices ingenio, infeliciter discunt», a que añadía nuestro P. Sarmiento: «et infelicissime docent» (*Discurso sobre el método...,* de 1768, publicado en el *Semanario Erudito,* de Valladares [1789] p.268). Cosas parecidas decía Feijoo: «Dicen algunos de nuestros ancianos profesores que no se debe hacer caso de lo que dicen los extranjeros, porque son noveleros. Pero, al mismo tiempo, los extranjeros dicen que no se debe hacer cuenta de lo que defienden los españoles, porque son testarudos, y no hay evidencia, por clara que sea, que pueda apartarles de las opiniones antiguas» (*Teatro crítico* 3 [Madrid 1769] p.55).

que reconocen a España tal como es en sí misma, pero necesitada de unirse cada vez más a Europa. Tienen conciencia —todos ellos— de ser parte de la comunidad humana. Para la industria o el comercio se ponen como modelos a Inglaterra y Holanda; buscan la nueva ciencia literaria en Francia. Como buenos «ilustrados», se cartean y se ponen en contacto con los de fuera, y una muestra de ello es la plaga de libros que nos llegan por todos los caminos, a pesar de la vigilancia que ejerce la Inquisición y a veces el mismo Estado. Nos lo confirma Menéndez Pelayo cuando dice que «no exagero si digo que hoy mismo están inundadas las bibliotecas particulares de España de ejemplares de Voltaire, Rousseau, Volney, Dupuis, la mayor parte de los cuales procede de entonces» [19].

Afortunadamente, poca repercusión tuvo en España el filosofismo de los enciclopedistas, a pesar del estrecho contacto político y cultural que se tiene con Francia. Se podría calificar a la nuestra de Ilustración mitigada, más o menos católica, que no salta las barreras de la fe ni de la revelación cristianas y se somete a las doctrinas y preceptos de la Iglesia. A pesar de las influencias, tuvo algo de original, como lo tuvo también nuestro Renacimiento. El mismo Marañón afirma que el enciclopedismo en España debe ser estudiado «en completa independencia de la trayectoria del enciclopedismo francés», y lo demuestra con el caso de Feijoo, el representante de la crítica enciclopédica, que conserva todas las características ibéricas, y, entre ellas, «la más estricta ortodoxia» [20].

Conviene que todo esto lo tengamos en cuenta a la hora de juzgar las nuevas corrientes de enseñanza y de formación eclesiásticas en la España del siglo XVIII.

2. DE LOS ESTUDIOS ECLESIÁSTICOS

Las tensiones que hemos reseñado aparecen también en el campo de la enseñanza eclesiástica: las de los que viven sin pensar, satisfechos en el disfrute de una inmovilidad que para ellos es sabiduría, y la de los inquietos, que escrutan nuevos horizontes y nuevas verdades, a ocultas a veces y siempre con riesgo.

En 1795 lo descubre con gozo Jovellanos: «Toda la juventud salmantina —escribe— es portroyalista, de la secta pistoyense; Obstraet, Zola y, sobre todo, Tamburini andan en manos de todos; más de 3.000 ejemplares había cuando vino su prohibición: uno solo se entregó. Esto da esperanza de que mejoren los estudios cuando las cátedras y gobierno de la universidad estén en la nueva generación, cuando manden los que obedecen. Cualquier otra forma sería vana, como la de los freiles».

El texto es de un interés extremado, porque demuestra que eran los propios eclesiásticos, deseosos de reformas en el seno de la Iglesia,

[19] *Heterodoxos Españoles*: o.c., p.301s.
[20] G. MARAÑÓN, *Las ideas biológicas de Feijoo* (Madrid 1934) p.140.

quienes sentían su necesidad. El mismo Jovellanos tropieza por ese tiempo en La Robla con tres colegiales benedictinos que pasaban al monasterio de Nájera, y habla con ellos de los estudios y del atraso de la teología entre los de su orden, que hacía que fuera corriente el dicho de que «la teología benedictina es redonda», porque la empezaban por cualquier parte, lo que le hace escribir a seguido: «Sin embargo, presto se reformará este método; hay ya muchos partidarios del Lugdunense y del Gazzaniga, muchos *postroyalistas* y *tamburinistas*. La mudanza está hecha, porque las nuevas y buenas ideas cundieron por los jóvenes: serán viejos, y ellas con ellos» [21].

Comprometidos también en este quehacer de reforma encontramos a obispos de talla, que tienen conciencia de la situación lastimosa en que andaba nuestra teología, «mal general de España», como apunta el «ilustrado» obispo de Barcelona D. José Climent. Que la teología quedaba a veces reducida a meras discusiones de escuela, llenas de «vanidad, oscuridad, hinchazón, redundacia y litigiosidad», lo hemos visto anteriormente. A este propósito, y refiriéndose al estudio de las ciencias sagradas, decía con cierto desenfado Jovellanos a un amigo teólogo y sacerdote que «la bondad de las ideas tiene dos solas medidas: primera, la verdad; segunda, la utilidad. Esta medida en las ciencias sagradas es una sola, porque en ellas lo que no es verdad es peor que nada, y nada es lo que no es útil». Es necesario que se vuelva al estudio de la teología positiva y al uso directo de las fuentes, y para ello le propone el manejo de la obra de Melchor Cano, de las sagradas Escrituras, la colección de concilios españoles de Loaysa y Villanuño, los Padres, las decretales, la historia de la Iglesia. Y, como complemento, el arte de discurrir, el arte de hablar, la lectura de buenos modelos, el buen latín y el francés. «No se me diga —termina diciéndole— que pido mucho, si lo que pido es necesario. ¿De qué sirve a la Iglesia y al Estado estos que llaman teologazos sólo porque son buenos esgrimidores de escolástica?» [22]

Aquella nueva teología que se inventaron —la «moral», en frase del citado obispo barcelonés— quedaba perdida en una exagerada casuística, que daba lugar a un laxismo exasperante o a un extraño positivismo jurídico. Algo pudiera haber remediado la predicación, pero por fuerza ésta había de ser pobre, careciendo, las más de las veces, del dogma, la Escritura y de una sana moral [23]. Resumen de todo ello es el

[21] *Diarios*, ed. J. SOMOZA, 2 (Oviedo 1954) p.20.27.

[22] *Instrucción que dio a un joven teólogo al salir de la universidad sobre el método que había de observar para perfeccionarse en el estudio de esta ciencia:* Bibl. Aut. Esp. 46 p.277s. También aluden a ello los viajeros que por entonces visitan España. El francés N. Caimo, v.gr., observa que en Cervera sólo se tratan cuestiones «inútiles», «abstractas e infructuosas». En una tesis a la que asiste en Valladolid no pudo entender nada: «hasta tal punto estaba erizada de términos aristotélicos y colmada de especulaciones». En Salamanca ve que se defiende otra tesis acerca de cómo pudo andar a gatas Nabucodonosor (*Voyage en Espagne fait en l'anné 1775...* 2 [París 1773] p. 106.123.150).

[23] Baste leer unos títulos de aquellos mamotretos de predicación: *Jerinja*, *Alfalfa divina para los borregos de Cristo*, o los *Ladridos*, del P. Posada; el *Arco iris de paz, cuya cuerda es la contemplación y meditación para rezar el santísimo rosario de nuestra Señora: su aljaba ocupa 170 consideraciones que tira el amor divino a todas las almas.* O los no menos estrafalarios: *Sacratísimo antídoto, el nombre inefable de Dios contra el abuso del agur; Médula entropélica que enseña a*

inefable *Fr. Gerundio*, que nos dejara el ingenio despejado del P. Isla. En *Fr. Gerundio* se hace la descripción más calamitosa de la época: sermones truhanescos, tejido enorme de paradojas y sofisterías, metáforas absurdas, antítesis, cadencias, juegos insulsos de palabras, erudición superficial y pedantesca, aplicación temeraria y necia de los textos sagrados a las circunstancias más triviales. En una palabra, la doctrina de Jesucristo confundida con la torpeza de la superstición gentílica [24].

Uníase a ello el desprecio hacia las ciencias nuevas o positivas que se tenía en buena parte de los sectores intelectuales, desprecio que no dejaría de traer graves implicaciones para el estudio de las ciencias eclesiásticas. Buena culpa se echaba entonces a la escolástica, con su entorno de hijuelas degeneradas: la casuística, el logicismo, el pragmatismo de sentencias y la hueca palabrería de cuestiones inútiles. Hasta el P. Isla se ríe de las ciencias sólo «especulativas», y en particular de la lógica y de la metafísica [25]. Ni queda bienparado Aristóteles, aunque a veces sean considerados medio herejes los que, como Feijoo, rehúyan someterse a su dictamen. El asturiano se duele de que en el extranjero progrese la física, la anatomía, la botánica, la geografía o la histora natural, «mientras nosotros nos quebramos la cabeza sobre si el ente es unívoco o análogo, si trasciende las diferencias, si la relación se distingue del fundamento...» «Ciudadano libre —como se declara— de la república literaria», admira a Bacón y a Newton, y sólo repasar los títulos que pone a algunos de los capítulos de su *Teatro crítico* es suficiente para que veamos en él al inconformista y al reformador: «De lo que conviene quitar en las *Súmulas*»; «De lo que conviene quitar y poner en la lógica y metafísica»; «De lo que sobra y falta a la física»; «Abusos de las disputas verbales»; «Desenredo de sofismas»... [26]. Se iniciaba una época de revisionismo y el juego de unas formas, a veces veladas, de sana crítica; lo que habría de empezar necesariamente por los centros de educación, por conventos, escuelas y seminarios.

3. CORRIENTES DE PENSAMIENTO EUROPEO

Así andaban las cosas entre nosotros cuando por Europa se respiraban aires de renovación tanto en el campo de las ciencias naturales

jugar a las damas con espada y broquel; Antorchas para solteros, de chispas para casados... (cf. MUGUEL DE LA PINTA LLORENTE, *Aspectos históricos del sentimiento religioso en España* [Madrid 1961] p.61s).
[24] J. MARÍAS, *Los españoles* (Madrid 1963) p.76.
[25] Hablando de Fr. Toribio, que enseñaba artes a Fr. Gerundio, dice que «de los nueve meses del curso, gastaba los siete en enseñarles lo que maldita cosa servía...; semejante a un zapatero que por instruir a un aprendiz gastara un mes en enseñarle si la facultad zapateril era arte o ciencia» (*Fray Gerundio*: Bibl. Aut. Esp. 15 p.98).
[26] *Cartas eruditas*: Clásicos Castellanos II 85; XVI 14; *Teatro crítico*: Bibl. Aut. Esp. 83.33 y 67 (1.7 y 8). En 1758 aparece la primera parte del *Fray Gerundio*, donde el P. Isla se ríe de los «sabios modernos». Con esta ocasión dejaron oír su voz los «caballeritos de Azcoitia», de cuyo grupo sale el escrito *Los aldeanos críticos*, del conde de Peñaflorida y sus amigos Narros y Altuna, enciclopedistas a la moda española. Sobre ellos ve M. MENÉNDEZ PELAYO, *Heterodoxos*: o.c., p.267s.

como en el de las eclesiásticas. De una parte, el racionalismo y el positivismo, la idea de la inmanencia, el criticismo histórico; de otra, y con el apremio de una mayor cercanía, el galicanismo y el jansenismo francés, el febronianismo alemán, la crítica histórica de la Iglesia, la nueva exégesis bíblica y los nuevos caminos de la moral. Y, como arropándolo todo, una abierta o solapada reacción contra el Papado y las instituciones eclesiales, que iba a influir seriamente en la nueva formación de los clérigos.

A pesar de que vigila la Inquisición y de que sigue multiplicando sus *Indices* expurgatorios [27], son numerosos los libros de tales tendencias que corren por nuestro país. En 1761, la misma Corte reprueba a los que se han atrevido a publicar la condenación hecha por el papa Clemente XIII del catecismo —*Exposition de la doctrine chrétienne*— de F. F. Mésenguy, un francés jansenista, autor, por otra parte, de gran número de escritos sobre la sagrada Escritura. Siete años más tarde, la Inquisición manda recoger las obras de Elías Dupin y el *De locis theologicis,* de Juan Obstraet, tenido como una autoridad por el clero francés. Por el mismo tiempo, un estudiante de Alcalá es acusado de tener la obra del «pérfido (Pedro) Tamburini», inspirador del sínodo de Pistoya, jansenista y polemista batallador, quien, entre otras obras dogmáticas, escribe la *Vera idea della Santa Sede;* igualmente algunos otros que, junto al *Espíritu de las leyes,* de Montesquieu, leían las *Instituciones eclesiásticas,* del abate Fleury, de sabor igualmente jansenista, y las obras del canonista Eybel, autor de *Quid est Papa,* que como Launci, Van Espen, Zola y Pereiras, arremete contra el poder de la Iglesia y las «usurpaciones pontificias» [28]. Ideas jansenistas rezuman, asimismo, las *Prelecciones teológicas,* del dominico Pedro Gazzaniga, que, junto con las de Tamburini, tan bien sentaban a nuestros eclesiásticos ilustrados, como el canónigo Blasco, el Padre Rosell, cuyo compendio de los Salmanticenses se hizo común en las escuelas; los obispos Climent, de Barcelona; Rubín de Celis, de Murcia; Mayoral, de Valencia, etc.

En la segunda mitad del siglo, Jovellanos recomendaba a los alumnos teólogos del colegio de Calatrava obras del mismo o parecido estilo: que leyeran la Biblia por las *Instituciones bíblicas,* de J.-B. Duhamen, sacerdote († 1706), secretario perpetuo de la Académie des Sciences, y del que hace un gran elogio Fontenelle y alaba su *Philosophia vetus et nova;* el derecho canónico, por las *Inquisiciones eclesiásticas* del galicano Durand de Maillane; la dogmática por el manual del agustino italiano Juan Lorenzo Berti, y la patrología, por la colección del benedictino Remi

[27] Contra esto claman fuertemente los «ilustrados». «El abuso de las prohibiciones de libros, ordenados por el Santo Oficio, es una de las fuentes de la ignorancia que reina en gran parte de la nación», dicen Floridablanca y Campomanes en un informe de 3 de mayo de 1768 (J. A. LLORENTE, *Histoire critique de l'Inquisition d'Espagne* [París 1818] 4 p.484).
[28] El libro, condenado por el papa Clemente XIII en 1761, llevaba por título *Exposition de la doctrine chrétienne ou instructions sur les principales vérités de la religión* (París 1774). Véase DESDEVISES DU DÉZERT, *Notes sur l'Inquisition espagnole au XVIIIᵉ siècle:* Revue Hispanique 6 (1899) 54; A. FERRER DEL RÍO, *Historia del reinado de Carlos III en España* (Madrid 1856) 1 p.387-92; M. MIGUÉLEZ, *Jansenismo y regalismo en España* (Valladolid 1895) p.285s.

Ceillier, denunciado uno por varios prelados franceses y el otro sospechoso de jansenismo. Con los *Lugares teológicos*, de Cano, les pide que utilicen también el *Curso teológico lugdunense*, obra del oratoriano José Valla, puesta en el *Indice* en 1792 por sus tendencias jansenistas y galicanas y ampliamente difundida por Italia. Alemania, España y Portugal; las obras del benedictino Chardon, que no había querido someterse a la bula *Unigenitus*, del papa Clemente XI (1713); las disertaciones sobre dogma e historia eclesiástica del dominico Natal Alejandro, defensor de la Iglesia galicana; los tratados de derecho natural y público de Carlos Antonio Martini, uno de los inspiradores de las reformas cesaropapistas de José II; las obras de Hugo Grocio, Puffendorf, Christian Wolf, etcétera [29].

De todas estas obras, varias de ellas serán admitidas en los planes de estudio de nuestros seminarios. Laudables, a no dudar, sus autores por la labor de crítica histórica y de texto que realizan, el usaje que tienen de las nuevas ciencias, la visión más clara que ofrecen de la verdad revelada y de la moral y las nuevas perspectivas pastorales que presentan, con todo, dejarían sentir en los teólogos y en el clero que sale de conventos y seminarios no pocos influjos galicanos (contra la autoridad del papa) y jansenistas (en lo relativo al dogma y a la sana moral cristiana).

Junto a esta corriente —diríamos que desviacionista— nos llegan otras que parten de los mismos principios analíticos, pero dentro de la más pura ortodoxia. Ya aparecen en el siglo anterior cuando, frente a una teología escolástica y dogmatista se afirman los principios de otra teología histórico-positiva con su acompañamiento de disciplinas y de ciencias afines: historia de la Iglesia y de los concilios, patrología, liturgia, ciencias históricas auxiliares, aplicación a la exégesis de nuevas reglas de hermenéutica, etc. Esta teología florece principalmente en Italia, Francia y Bélgica, con representantes de la Compañía de Jesús, del Oratorio, de los benedictinos de San Mauro y de otros profesores de París y Lovaina. Se intenta en ella someter a rigor científico y crítico la ciencia sagrada para salir al paso tanto de las exposiciones protestantes como de las desviaciones interpretativas de los primeros racionalistas, de galicanos y jansenistas. Nombres como los de Martène, Thomassio, Muratori, Assemani, Hardouin, Du Cange, Baluze, Bollando, Morin, Gartier, etc., son conocidos en nuestros centros académicos, y con todo esfuerzo se pretende seguir su dirección histórico-litúrgica, canónica, exegética y patrística.

A este primer impulso de originalidad sigue una época que pudiéramos llamar «de imitación» en el siglo que historiamos. Ahora se trata de unir los elementos positivos, escolásticos y polémicos en forma breve, por lo que los autores suelen dar a sus obras títulos como los de *Theologia dogmatico-scholastica et polemica*, *Theologia dogmatico-positiva et polemica*,

[29] *Plan de estudios propuesto para el Colegio Imperial de Calatrava:* Bibl. Aut. Esp. 46 p.210. Sobre la influencia francesa en la España de este tiempo: P. MÉRIMÉE, *L'influence française en Espagne au XVIIIᵉ siècle* (París 1936).

etcétera, añadiendo con frecuencia, en uno y otro caso, el término *moralis*. Se sigue con la seriedad científica y con el empeño de llevar a la *praxis* los postulados del dogma; pero pronto se deteriora el método al caer en la rutina de los simples manuales de escuela sobre todas las ramas de la ciencia sagrada. Como en el período precedente, florecen en Francia los estudios de teología histórica, mientras que los españoles prefieren continuar con la teología especulativa, cada vez más desacreditada al quedarse en cuestiones de poco o ningún interés. Luego, el cetro de la verdadera ciencia teológica, que ha de servirse de ambos elementos, histórico y positivo, pasa decididamente a Italia, donde surge un gran número de escritores, teólogos y eruditos a la vez, en constante lucha contra el jansenismo y el galicanismo [30], y que pronto son conocidos en nuestros centros de formación eclesiástica: Billuart, Gotti, Daniel Concina, De Rossi o de Rubeis...

Cuando llega la Ilustración, esta teología sufre también el impacto del nuevo «filosofismo», que tiene sus orígenes en la filosofía de los escritores ingleses Toland, Collins y Tindal; de los franceses Bayle, Voltaire, Rousseau y los enciclopedistas, y en el racionalismo de Leibniz y de Wolf. El mismo Kant, aunque no puede ser incluido entre los representantes de la filosofía de la Ilustración, entendiendo por tal la de los deístas ingleses, deja también huella con su criticismo, su moralismo y su filosofía de la religión, esencialmente incompatibles con la afirmación del carácter sobrenatural del cristianismo.

Lo más atractivo de ese «filosofismo» es el ansia que tiene del ideal de la humanidad, que tanto impresiona a nuestros noveles teólogos cuando ven que la filosofía escolástica, preliminar indispensable de toda formación teológica, no tiene ya aquella energía y valor espiritual de la escolástica del siglo XIII y de la teología española de los siglos XVI y XVII. Desconectada de las ciencias exactas, físicas y naturales, se hallaba incapacitada para poder conquistar las modernas escuelas filosóficas, que reciben sus elementos de la filosofía de Descartes, Leibniz, Wolff y otros pensadores: había perdido su índole propia, dejando de ser para ellos el instrumento eficaz para el estudio de la teología especulativa. En cuanto a ésta, «era tan profundo el descrédito en que había caído la forma tradicional de la teología, que se consideraba ineficaz para combatir con esperanza de victoria la incredulidad moderna» [31].

En España participamos de uno y otro momento, siquiera sea a nivel intelectual: teólogos como Quirós, Miguel y Diego de Avendaño, Martín de Esparza, el cardenal Alvarez Cienfuegos, Juan Bautista Gener, quien idea la composición de una enciclopedia teológica; historiadores críticos, como el cardenal Aguirre, el agustino Enrique Flórez, Gregorio Mayáns y Síscar, etc. Por otra parte, y como ya hemos indicado, tanto a los reyes como a sus ministros, a los obispos y seglares «ilustrados», les inte-

---

[30] Cf. M. GRABMANN, *Historia de la teología católica*: o.c., p.247.
[31] Ibid., p.267. Buena culpa tenían también las doctrinas galicanas, que de alguna manera patrocinaban tal «filosofismo», así como la tendencia racionalista de algunos teólogos, especialmente alemanes.

resa que los clérigos conozcan las ciencias positivas, los concilios nacionales y la historia de la Iglesia, los nuevos aspectos de la filosofía y de la moral... Aunque se rechaza el racionalismo y todo lo que pudiera dar lugar a un enfrentamiento con las verdades dogmáticas, algo queda de aquellas ideologías de tipo galicano (regalismo español) y jansenista. Cuando Jovellanos, en su plan de estudios para el Colegio Imperial de Calatrava de 1790, propone a los colegiales el *Curso teológico lugdunense,* es por considerarlo más apto para luchar contra los «deístas y materialistas» que la obra clásica de Melchor Cano. Si luego recomienda a Grocio, Puffendorf o Wolff, pide a los regentes que adviertan a los alumnos de «los errores en que han incurrido y los vicios que se conocen en su doctrina, que... es en algunos puntos poco conforme a nuestra creencia y a la moral cristiana». Sin embargo, no deja de señalar, para el estudio de la filosofía, las obras del alemán Brucker, con el resumen que hace de ellas Forney, y los escritos de Sévérien; para la ética, junto al curso de Jacquier, «el sistema de filosofía moral del irlandés Hutcheson»; para el derecho natural, el tratado de Martini, uno de los iniciadores del *Aufklärung,* publicado en 1762 y luego completado por Wolff; y para el derecho público, del mismo Martini, sus *Positiones de iure civitatis* [32].

4. Se inician los primeros cambios

Ya en 1703, un decreto emanado por el Consejo de Castilla, *Sobre los malos estudios en teología,* aconsejaba el acercamiento a las «fuentes primitivas», la sagrada Biblia y los Santos Padres [33]. No acababan de acomodarse a ello los textos que entonces se daban, v.gr., en los seminarios: para la filosofía, el curso de Goudin [34] y los de Peinado y Bayona; para

---

[32] *Reglamento literario e instituciones del Colegio Imperial de Calatrava:* Bibl. Aut. Esp. 46 p.205.210s. Para la física, a cambio del Estagirita, propone los textos de Musschenbroeck, del abate Nollet, de Fourcroy o Lavoisier (*Noticia del Real Instituto Asturiano,* apéndices, ibid., 50 p.392s). También los «artistas» de Alcalá piden el texto de Musschenbroeck, y para la filosofía, en vez de Brescia, del Jacquier o del Corsini, las *Institutiones philosophicae,* del francés y semijansenista Leridan (*Real Provisión, Plan de estudios... universidad de Alcalá;* cita de J. SARRAILH, *La España ilustrada:* o.c., p.148).

[33] V. LA FUENTE, *Historia de las universidades:* o.c., 4 p.17. Cuando se trata de reformar la universidad de Granada, luego de invocar «el pensamiento del gran Cisneros», se pide que se sigan estudiando «los teólogos españoles del siglo XVI, cuyas obras merecen no ser olvidadas» (cita de J. SEMPERE Y GUARINOS, *Ensayo de una bibliografía española de los mejores escritores del reinado de Carlos III* [Madrid 1785-89] 4 p.231s).

Recordemos el gesto de Jovellanos cuando en el colegio de San Marcos, de León, toma en sus manos, con una gran delicadeza, la Biblia de Arias Montano (J. SARRAILH, *La España ilustrada:* o.c., p.683). «Si la primera fuente teológica es la Escritura —afirma el mismo Jovellanos—, el primer estudio del teólogo habrá de ser la Biblia... Y si ella es el libro de todo cristiano, ¿cómo no lo será para el teólogo?... Todo lo que en la teología se estudia fuera de la Biblia es casi o enteramente inútil» (*Instrucción que dio a un joven teólogo:* o.c., p.227.258).

[34] Contra éste se revuelve airadamente Jovellanos. «¿No podría destronar algún día a la de Goudin, tan fuertemente implantada en todas las aulas? Allá se lo haya la universidad de Oviedo si quiere seguir «explicando» a Goudin; el Instituto de Gijón prefiere ciertamente a Musschenbroeck, y mejor aún a Chabaneau, a Fourcroy y, sobre todo, a Lavoisier» (*Noticia del Real Instituto Asturiano:* o.c., p.392).

el dogma, el *Clypeus theologiae thomisticae,* de Gonet, y para moral, los textos de Concina, del jesuita Tamburinus, del teatino Bonacina y el extendidísimo *Promptuario,* del P. Lárraga.

Propiamente, la reforma se inicia con el reinado de Carlos III (1759-88). El y sus ministros se preocupan, como hemos indicado, de la educación y enseñanza de los clérigos; también los obispos, que, como Jovellanos, pedían una mayor claridad y utilidad en los estudios. Cuando en 1777, v.gr., el obispo de Pamplona, D. Juan Lorenzo de Irigoyen, pide licencia al rey para fundar su seminario, le asegura que, «aunque es verdad había en este reino [de Navarra] estudios abiertos de filosofía y teología, escolástica y moral, no estaban exentos de las preocupaciones e inútiles controversias, ni del espíritu de partido y parcialidad que tantos males originan...; [por lo que] los clérigos aspiraban a curatos y sagradas órdenes con este superficial conocimiento y con sola la preparación de una latinidad mal estudiada». Los más señalados de estos obispos, a la vez de «ilustrados» y algunos con tendencias regalistas y hasta jansenistas, fueron los reformadores o los fundadores de los mejores seminarios de entonces, siempre con ayuda del monarca y de su Consejo de Estado, a quienes recurrían en busca de ayuda tanto para la dotación de los edificios como para la implantación de los nuevos planes de estudios [35]. En 1767, con motivo de la expulsión de los jesuitas y de la real cédula que extiende Carlos III al año siguiente sobre *Erección de seminarios conciliares para la educación del clero* [36], éstos pueden beneficiarse de una serie de normas que en ella se daban, p.ej.: que se enseñe en adelante «la doctrina pura de la Iglesia» por San Agustín y Santo Tomás; que se prescinda de otros comentarios «en que directa o indirectamente se oigan máximas contrarias o se lisonjeen las pasiones con pretexto de probabilidades o doctrinas nuevas»; que «no se adopten sistemas particulares que formen secta o espíritu de escuela» y «se reduzcan a un justo límite de sutilezas escolásticas, desterrando el laxo modo de opinar en lo moral y cimentando a los jóvenes en la inteligencia de la sagrada Biblia, conocimiento del dogma y de los errores condenados, de las reglas eclesiásticas, de la jerarquía y disciplina y de los

---

[35] *Auto en que... D. Agustín de Lezo y Palomeque, obispo de Pamplona, publica el plan de estudios y constituciones de su colegio-seminario...* (Pamplona 1780) p.164 (lo citamos en *Los seminarios españoles:* Ilustración p.124). De «espíritu de partido..., sutilezas que han sustituido a la solidez..., una teología llena de dudas, cuestiones y disputas interminables; de paralogismos y probabilidades», habla, a su vez, el sabio pariente de Melchor Cano y obispo de Segorbe, Fr. Alonso Cano (cita de A. GIL Y ZÁRATE, *De la instrucción pública:* o.c., p.137). El obispo de Cádiz D. José Escalzo y Miguel declara en la introducción a los estatutos que da a su seminario en 1787: «Es preciso confesar que si este seminario no ha producido a la Iglesia de Cádiz toda aquella utilidad que se propuso el concilio..., ha sido porque nuestros mayores no han puesto, por lo general, en estos establecimientos aquel cuidado que merecen. Pero como con el celo y providencias de nuestro píísimo monarca y de su Consejo excusan tanto a el de los obispos para que se establezcan seminarios conciliares donde no los hay y se lleven a la debida perfección los existentes, no debemos dudar que el de Cádiz logrará la mayor en lo sucesivo» *(Estatutos y plan de estudios del seminario episcopal de San Bartholomé, de esta ciudad* [Cádiz 1787] p.16; lo citamos en *Los seminarios españoles:* Ilustración p.127s).
[36] El texto en *Novísima recopilación de las leyes de España* 3 1.8 tít.1 ley 1.

ritos, con la progresión de la liturgia y un resumen de la historia eclesiástica».

En adelante, los estudios eclesiásticos se extienden a siete años: en el primero ven los lugares teológicos; en los cuatro siguientes, suprimidas las cátedras de Prima y de Vísperas, que llevaban el nombre de Durando, Escoto y Santo Tomás, se dan tres cursos de teología escolástica, siguiendo exclusivamente la doctrina del Angélico; en el quinto, Escritura y teología moral, historia eclesiástica y disciplina de la Iglesia; el sexto y séptimo, en fin, lo dedican a la explicación de los concilios, tanto generales como nacionales, haciendo hincapié en «los derechos, costumbres y regalías de España por lo que se refiere a protección, jurisdicción e independencia de la autoridad civil en lo temporal, recurriendo a los concilios nacionales y provinciales, a los sínodos, a nuestras leyes y costumbres y a los privilegios y casos decididos». Como textos se señalan el *De locis theologicis*, de Cano; la *Suma* y la Biblia, el *Aparato* bíblico del oratoriano Bernardo Lamy, la moral e historia del galicano Natal Alejandro y la *Suma* de Carranza para los concilios [37].

Tres años más tarde, en 1771, a petición de ilustrados como Olavide o Jovellanos [38], se prepara un nuevo plan de estudios para las universidades, que han perdido ya su autonomía secular y han quedado subordinadas al Estado, y que había de hacerse extensivo también a los seminarios; pero ahora vemos cómo se levanta, entre airada y despechada, la oposición. De Salamanca contestan los teólogos que «no pueden separarse del sistema peripatético, pues los principios de Newton y Gassendi no pueden formar buenos lógicos y metafísicos y que Descartes no tiene afinidad tan pronunciada con las verdades reveladas como Aristóteles». «Parécenos —siguen diciendo— que a las universidades católicas, principalmente a la nuestra, van dirigidas estas palabras: *Non erit in te deus recens, neque adoraveris deum alienum*». También los artistas rechazan cualquier forma de física moderna; y los de derecho, al igual que los teólogos de Alcalá, van todavía más lejos. «Ningún doctor de Salamanca —dicen los primeros— para ser profesor de derecho tiene necesidad de servirse de obras de otros»; y los segundos: «Nosotros no tenemos necesidad de mendigar cosa alguna en materia teológica a las demás naciones de Europa» [39].

---

[37] *Real orden por la que se extiende lo hecho en Salamanca a las demás universidades del reino* (la citamos en *Los seminarios españoles:* Ilustración, p.132). Cf. M. CASTRO ALONSO, *Enseñanza religiosa en España:* o.c., p.74s; M. PESET-J. L. PESET, *El reformismo de Carlos III y la universidad de Salamanca...* (Salamanca 1969) p.66s.

[38] Olavide lo pide en 1769 para la de Sevilla, dado que «el carácter escolástico de los estudios hacía perder el tiempo en necedades frívolas» (A. FERRER DEL RÍO, *Historia del reinado de Carlos III:* o.c., 3 p.188). A este respecto escribe también Jovellanos: «Los estudiantes se han multiplicado a medida que se desprecian los estudios y al modo de unos ciertos insectos que viven de la podredumbre y no valen más que para propagarla. Los escolásticos, los pragmáticos, los casuistas y todos los malos profesores de facultades intelectuales han arrastrado en su corrupción los principios, la estima y hasta la memoria de las ciencias útiles» (cita de G. DESDEVISES DU DEZERT, *Les colegios mayores et leur réforme en 1771:* Revue Hispanique 7 [1900] 29).

[39] Ordenanzas de 1769, 1770 y 1771, que recogen DESDEVISES y MENÉNDEZ PELAYO (*Los colegios:* o.c., p.36 y *Heterodoxos:* o.c., p.196). A decir de este último, la universidad de

Estas discrepancias llevarían, a veces, a situaciones enojosas, como ocurre, v.gr., en Murcia. De todos era conocido el sesgo marcadamente jansenista y regalista que había tomado por estos años su seminario de San Fulgencio, en el que el cardenal Belluga había establecido en 1707 una cátedra de derecho civil, motivo este para que sus alumnos adolecieran de cierto seglarismo. En 1774, el obispo D. Manuel Rubín de Celis hace un arreglo bastante bueno de los estudios de filosofía, pero no tanto de los de teología, por su acusada tendencia jansenista. Llega sustituir a Cano por el tendencioso Gaspar Juenin († 1727), cuyas *Instituciones* de teología habían sido puestas en el *Indice;* pone otros textos de Berti, Bucio, Andrés de Vauls, Selvaggio, etc., de la misma escuela y doctrina; instituye dos nuevas cátedras de derecho y hace que el rey reconozca al seminario como universidad. Los colegiales adquirirían en adelante fama declarada de jansenistas, por lo que, todavía en 1882, los «fulgentinos» serían mal mirados en Alcalá, al igual que los «pelagianos» de Córdoba o los del seminario de Osma.

A finales de siglo, el nuevo obispo, D. José Ximénez, puede suprimir la cátedra de leyes, pero el jansenismo cobra nueva fuerza bajo su sucesor, D. Valeriano López Gonzalo, quien en 1800 presenta a la Cámara de Castilla la aprobación de unas nuevas constituciones. Desde Madrid le hacen ver los «defectos sustanciales» que éstas contenían: por no tratar como se debe a la teología, despreciar a los teólogos españoles y poner a autores como Juenin, «que se decide por todas las doctrinas y opiniones del clero galicano sobre la autoridad del romano pontífice», o como Calavaris, siempre en contra de la Iglesia romana. «Quisiera yo —dice en su respuesta el obispo— que nunca se oyera hablar de teólogo español, de juventud española, sino de teólogo cristiano, de juventud cristiana». Al fin llegan las nuevas constituciones a Murcia, pero es tal el revuelo y los tumultos que provocan en los externos y manteístas, que tienen que intervenir las fuerzas del corregidor [40].

A pesar de estos y parecidos incidentes, en los seminarios se sigue el proceso de reforma. En el de Salamanca, del que luego irán copiando casi todos los demás, su fundador, el buen humanista D. Felipe Bertrán, deja un programa bastante completo de humanidades (gramática, rudimentos y sintaxis, propiedad literaria a base de autores clásicos, retórica y poética, prosodia, lengua griega y hebrea, ejercicios de escribir y canto llano); en filosofía, a la lógica y a la metafísica une el estudio de la aritmética, la geometría, álgebra, física y filosofía moral; en teología añade la liturgia, la oratoria, ritos y homilías [41]. Por los seminarios, junto a la Biblia y la *Suma,* los textos de Cano, Gonet, Goudin o Lá-

---

Granada «se desató contra la escolástica» y la de Valencia «se inclinó al galicanismo». No obstante, los «artistas» de Alcalá piden que se provea la cátedrá de griego, vacante desde hacía tiempo, por ser «tan necesaria para la buena inteligencia de la Escritura, de los concilios y de los Padres» (ibid.).

[40] Decretos, reales provisiones, expedientes y constituciones de 1799 y 1803, que citamos en *Los seminarios españoles: Ilustración:* o.c., p.168s.

[41] *Constituciones del Real Seminario de San Carlos, de la ciudad de Salamanca* (Madrid 1783) p.120s (cit. ibid., p.147s).

rraga, aparecen repetidos los de Natal Alejandro, Altieri, Selvaggio, Lamy, Berti, Juenin, Calmet, Duhamel, Muratori, Francolino, Jacquier, Cunniliati, etc., todos ellos franceses o italianos. De gran importancia es el *Aparato bíblico,* de Lamy, que supone un gran avance en el estudio de la Escritura al proponer los principios fundamentales de su hermenéutica, exégesis e interpretación; igualmente, las *Instituciones bíblicas,* del citado Duhamel, y las obras del sabio escriturista y benedictino el francés Calmet. En éste y en Lamy, manifiesta Jovellanos a sus colegiales de Calatrava, pueden aclarar «todas las alusiones del texto sagrado a la historia de los pueblos y naciones de Oriente, del Mediodía y de aquellos con quienes el pueblo de Dios tuvo relaciones militares o políticas; las artes, los ritos, los usos y costumbres de unos y otros» [42].

Pasados unos años se implanta en las universidades el plan de estudios del ministro Caballero, quien lo hace a ruegos de la de Salamanca. Es el primero que merece este nombre por su amplitud y sus indudables aciertos, a pesar de las ideas regalistas y jansenistas que contiene. Los teólogos inician sus estudios con un curso de matemática elemental, otro de lógica y metafísica y un tercero de filosofía moral. Por primera vez se abandona la línea de la filosofía aristotélica. En el cuarto se estudian las instituciones eclesiásticas por Gazzaniga, de orientación jansenista; en el quinto, la Escritura por Lamy y Wouters; la historia y la disciplina eclesiástica, en el sexto, por el español Félix Amat; la moral queda para el séptimo, a base del compendio de los Salmanticenses del dominico italiano Salvador Roselli; en el octavo, los concilios por Luis Bailly. O sea, textos todos extranjeros, fuera del de Amat, conocido también como jansenista [43].

5. REFORMA Y FUNDACIÓN DE NUEVOS SEMINARIOS

A principios del siglo XVIII andaban también mal los seminarios por lo que se refiere a su vida de internado. La escasez de rentas dificultaba la entrada de nuevos alumnos —de 12 a 15 el término medio de matrícula—, y no era gran cosa lo que podía ofrecerse a los agraciados con una beca. Frío, silencio, oscuridad y desgana en unos centros que nacieron con ilusión de reforma, de vida de familia, de sana disciplina y de piedad. Los seminaristas estaban casi solos y expuestos a peligros y desviaciones de todo género; los superiores, o no atienden a la comunidad o, si lo hacen, poco entienden de ello; los profesores, pocos y sin una suficiente preparación, atentos solamente a que los alumnos aprendan de memoria unos textos que pocas veces entienden, pero de los que separarse era considerado, más o menos, como herejía.

---

[42] *Reglamento literario e institucional del Colegio Imperial de Calatrava:* o.c., p.178. En 1789, finalmente, la Inquisición daba licencia para publicar la Biblia en castellano, lo que ayudó grandemente a su estudio y conocimiento.
[43] J. VICÉNS VIVES, *Historia de España y América* (Barcelona 1961) 6 p.282s; M. CASTRO ALONSO, *La enseñanza religiosa en España:* o.c., p.77.

La mayoría de los que se ordenan, o provienen de las escuelas de latinidad —«ángeles» los llama Torres y Villarroel [44]—, diseminadas a la buena de Dios por las poblaciones rurales; o se han formado a la sombra de algún convento, adonde llegan hijos de labradores ansiosos de evadirse de los trabajos del campo. De esto se queja también Jovellanos: «¡Tantas cátedras de latinidad y de añeja y absurda filosofía como hay establecidas en todas partes!... ¡Tantas cátedras que no son más que un cebo para llamar a las carreras literarias a la juventud, destinada, por la naturaleza y la buena política, a las artes útiles, y para amontonarla y sepultarla en las clases estériles, robándola a las productivas!» [45] Alude a la abundancia exagerada de clérigos que había en el país —unos 88.000 del clero secular, con cerca de 60.000 religiosos a mediados del siglo XVIII—, clérigos «toscos y bravíos», «que ignoran los elementos de Antonio de Nebrija», «que roen de la Iglesia sin servirla en nada» y «pasan la vida sin acordarse de sacramento alguno»; «andarines como mula de alquiler, tragones de leguas y mendrugos», «mazorrales», «avaros y chabacanos», «que dicen la misa deprisa, sin comprender para nada el sentido de las ceremonias», como dicen los autores de la época [46]. En el concilio provincial de Tarragona de 1717 se habla de «los muchos sacerdotes faltos de esta ciencia» de la teología; pero, cuando se trata de buscar remedio, no se pide otra cosa a los que aspiran a las órdenes sagradas sino «lo necesario para la salvación y la recta administración de los sacramentos».

Urgía, pues, poner un remedio inmediato; y no podía ser otro que la recta y sana formación de los seminaristas. Para conseguirla se reforman casi todas las constituciones anteriores en la primera mitad del siglo; se corrigen abusos y se consigue, por medio de la bula *Apostolici ministerii*, de 1723, que los seminaristas acudan al coro de la catedral solamente los domingos y días festivos, ya que, de «ocuparse todos los días en este servicio, no se pueden instruir ni en la lengua latina ni en el estudio de las demás ciencias» [47].

Igualmente, se fundan nuevos seminarios —los de Mallorca, Lérida, Jaca, Orihuela y Barbastro—, y tanto éstos como los demás se benefician de una institución que surge entonces en España, cuyos miembros, los píos operarios evangélicos, a más de dedicarse a las misiones populares, se preocupan de la formación de los clérigos, volviendo al antiguo ambiente familiar, a las prácticas piadosas, al estudio sereno de la voca-

[44] *Vida y aventuras* (Madrid 1948) p.37.
[45] *La ley agraria:* Bibl. Aut. Esp. 50 p.124. Bernardo Ward, por el 1760, piensa también que una de las causas de la poca densidad de población en España reside en «la facultad que hay de entrarse cualquiera en el estado eclesiástico, secular y regular», pues de esa manera «quedan inutilizados muchos hijos de labradores, que no sirven sino de carga a la Iglesia y al Estado» *(Proyecto económico:* o.c., p.87; cit. en *Los seminarios españoles: Ilustración* p.35s).
[46] TORRES Y VILLARROEL, *Vida:* o.c., p.103.131-33; *Fray Gerundio de Campazas:* o.c., p.61.140.176.214. Cf. J. SARRAILH, *La España ilustrada:* o.c., cap. *La crítica de la Iglesia* p.612-59; DESDEVISES DU DEZERT, *L'Espagne de l'Ancien Régime:* o.c., 1 p.81s; R. HERR, *España y la revolución del siglo XVIII:* o.c., p.27s.
[47] La citamos en *Los seminarios: Ilustración:* o.c., p.39.46s.

ción, dirección espiritual, sano humanismo y nueva vida de recogimiento y de disciplina.

Fundados por el clérigo de la diócesis de Barbastro D. Francisco Ferrer por el año 1718 en el seminario de Nuestra Señora de la Bella, cerca de aquella ciudad, desde un principio se proponen alcanzar «la mayor gloria de Dios, formar idóneos ministros del Altísimo, ayudar a los obispos y promover ministros con santidad, ciencia y sabiduría» [48]. Sacerdotes seculares, viven bajo la obediencia del obispo en cuya diócesis trabajan y la del presidente o superior de la casa. Recorren las diócesis, ayudan a los párrocos y dan misiones populares; y «para seguir su ejemplo [de Jesús] y siguiendo a la vez lo que sobre seminarios tiene establecido el concilio de Trento, si ocurriere que alguno de estos colegios eclesiásticos de niños seminaristas nos fuere encomendado para su cuidado, instrucción y erudición, y ordenándolo el obispo, no los rehusaremos, para de este modo procurar mejor la salvación de las almas y el incremento de la Iglesia». Todo respira reforma en estos nuevos operarios, que tanto parecido tienen con aquellos otros que agrupara Juan de Avila en su apostolado de Andalucía. Machaconamente insisten en la oración mental, en la recta celebración de la liturgia, en la frecuencia de sacramentos, en el silencio, el recogimiento, la humildad y la obediencia. Parece como si se empeñaran en hacer de nuevo del seminario una casa conventual, aunque en medio de tanta disciplina no dejan de promover aquella vida de familia de que los jóvenes andaban tan necesitados.

Cuando el obispo de Orihuela D. Juan Elías Gómez de Terán decide establecer su propio seminario diocesano en 1742, llama a los operarios para que se encarguen de la dirección y a la vez pongan en un ala del nuevo edificio la sede de su instituto [49]. El mismo escribe las constituciones, y en ellas añade algunas notas particulares que completan la recia espiritualidad que mostraban los operarios.

En principio hace que la carrera seminarística dure los doce años, consiguiendo de este modo un armazón escolar que más tarde se repetiría en los tres años de humanidades, tres de filosofía, cuatro de teología escolástica y dos de moral, rúbricas, historia eclesiástica y predicación. Más importante es la dirección que pretende dar al seminario. «Tengan siempre muy presente —indica a sus directores— que el gobierno de niños necesita de singular providencia... Es muy conveniente

---

[48] Aprueba sus constituciones el papa Clemente XII mediante el breve *Militantis Ecclesiae*, de 6 de noviembre de 1731. Dimos a conocer esta institución en nuestro artículo *Los sacerdotes píos operarios, formadores del clero español en el siglo XVIII*: o.c., de donde, así como de *Los seminarios españoles:* Ilustración: o.c., recogemos las noticias que siguen.

[49] «Nos ha parecido que juntos en un colegio los dos seminarios, el de jóvenes y el de sacerdotes operarios del Santo Evangelio, donde, viviendo todos... formemos un total complemento de la voluntad y mandato del sagrado concilio de Trento... Quedando el seminario de niños, como de nuevas plantas en el jardín de la Iglesia, apoyadas de las sólidas guías de los sacerdotes operarios, con que se asegura del mayor modo posible a nuestra flaqueza el logro de todo el fin que la inspiración del Espíritu Santo dictó a aquellos Padres, del que tan maravillosos efectos ha experimentado la Santa Iglesia» (ibid., p.73s).

les impongan que en todo obren como racionales, en modo que no desdigan del fin para el que Dios los ha criado... Y para lograr esto han de desear en lo que se recreen, en lo que estudien, en lo que recen y en todo lo que hagan bueno tener el mismo fin que Dios quiere que tengan... La dirección de los colegiales no pide sea como la de los novicios cartujos, porque éstos toda su vida es de silencio, contemplación y canto; pero los colegiales, que han de ordenar la suya también a otros empleos y ministerios, necesitan estudiar y habilitarse para saber hablar, argüir, predicar y tratar con las gentes, a fin de hacerse uno para cada uno de sus prójimos y todo para todos, para ganarles todos para Dios; todo lo cual pide distinto gobierno y enseñanza... También cuidarán los padres de que se eviten singularidades aun en lo espiritual, porque pueden ser índices de grandes ruinas».

Con estas ideas, que el sabio obispo irá completando con otras disposiciones, se abrían nuevos horizontes de pedagogía. A los directores les pide que hagan vida común con los seminaristas, y, más que todo, en las horas de oración, «porque no tenemos por maestro apto para enseñar a nuestros seminaristas, por eminente eclesiástico que sea, al que, siendo eclesiástico, no pueda tolerar o tener una hora de oración al día entre mañana y tarde».

En las clases, aunque todavía se sigue con el memorialismo tradicional, busca aligerar la enseñanza de las engorrosas cuestiones de escuela: promueve la formación humanística y hace que se tengan con toda seriedad las academias, conferencias y conclusiones, así como los exámenes, a los que él mismo solía asistir. Como textos, señala para los gramáticos el arte de Nebrija y los clásicos latinos; para los retóricos, los manuales del P. Pomey, del P. Coloma o del P. Legay; los filósofos han de seguir a Santo Tomás o a Suárez por los cursos del P. Peinado o del P. Bayona y por las *Súmulas* de Froylan y del P. Alfonso; en teología escolástica, los tomistas deben leer el texto del P. Gonet, y los suarecianos el del riojano P. Juan Marín, S.I.; para la moral puede servirles de base el *Promptuario* del dominico Francisco Lárraga.

No anda muy adelantado en lo que se refiere a otras actividades y a recreación de los alumnos; y no ha de extrañarnos gran cosa si tenemos en cuenta lo que entonces se usaba. Todavía impera el miedo a toda expansión corporal y a lo que pudiera dar gusto a los sentidos. Al juego se le considera peligroso, lo que hace que los alumnos pasen gran parte de los recreos en alguna sala, entreteniéndose, como apunta en las constituciones, en conversaciones provechosas o escuchando los consejos y advertencias de los superiores. «Traten y conversen cosas decentes y honestas con reflexión, prudencia y quietud, sin risadas, ni alborotos, ni otras descomposturas impropias de la buena crianza y modestia cristiana...; y particularmente que en la media hora después de comer estén sentados los colegiales, o quietos, para sosegar ese rato de comida; y en el resto de la recreación se les permitirá, cuando le parezca al Padre Rector, alguna diversión de juego de damas o de ajedrez, como no jueguen cosas de interés personal».

Cada año y por diez días, al principio de curso hacen los ejercicios espirituales «según la norma establecida por San Ignacio». A la liturgia le dan un papel preponderante, y como característica celebran con toda solemnidad y boato tanto la novena como la fiesta del Sagrado Corazón. Asimismo, si la vigilancia es densa y se multiplican los castigos, no son despreciables tampoco los primeros gesto humanitarios que encontramos. Con los pequeños, v.gr., y «por cuanto el aprender suele consistir en temer», se han de mostrar los maestros con toda seriedad y gravedad. No obstante, «sólo han de usar del instrumento común de las disciplinas de cáñamo y correa; y por la honestidad recibirá los azotes sobre un solo lienzo, sin descubrir las carnes; y el de férula o palmeta; y de ésta sólo para dar palmas, pero no para dar golpes en el pecho ni en otra parte del cuerpo; como tampoco le dará puñadas, ni tocará a alguno con sus manos en pellizcos, ni en otro modo alguno. También podrá muchas veces subrogar, en lugar de este castigo, el de la afrenta o sonrojo, haciéndoles poner una corona o carma, o que se sienten en el banquillo llamado Caucana, y que allí les canten versos de mofa y afrenta». Lo mismo cuando luchan los bandos en la clase: al vencido se le da cola y se le sienta en el banquillo para que aguante la cantinela de los vencedores [50]. Métodos estos que, a más de haber llegado casi hasta nuestros días, ya se diferencian de los usados hasta entonces y que aún propugnaba el, por otra parte, liberal Torres de Villarroel, profesor de Salamanca [51].

El programa, no lo dudamos, sigue siendo conservador, pero algo nuevo encontramos en él. Va creciendo el interés por el alumno; junto a la eclesiástica, se busca también su formación humana y cultural, y no dejan de menudear advertencias para un trato más benigno y humanizado en el sistema de educación. El guante lo recogerán en seguida los obispos «ilustrados» del reinado de Carlos III, sobre todo D. Felipe Bertrán, quien va a dar a sus seminaristas de Salamanca unas disposiciones muy parecidas a las que acabamos de ver del seminario de Orihuela.

De la ciudad del Segura los operarios pasan a Murcia, Zaragoza, Barbastro, Huesca, Teruel y Tarazona. En Murcia toman a su cargo el colegio de San Isidoro, que en 1733 había establecido el cardenal Belluga para 45 teólogos al lado del seminario de la ciudad, el célebre de San Fulgencio, cuya fundación databa del siglo XVI y había sido reformado por el mismo Belluga, además de dotarle con sendas cátedras de derecho canónico y civil. En Zaragoza establecen el seminario de San Carlos como casa de ejercicios y de espiritualidad para sacerdotes; y lo mismo van haciendo en otras diócesis; pero, desgraciadamente, pronto desaparecen como institución al irse mezclando poco a poco con el clero diocesano. Todavía en algunas constituciones de seminarios del si-

---

[50] *Descripción, constituciones y ordenanzas para el régimen del gobierno del colegio de dos seminarios fundado en la ciudad de Orihuela...* (Madrid 1744). Las resumimos en *Los seminarios españoles:* Ilustración: o.c., p.75-79.

[51] Aunque a veces se ríe de los métodos antiguos, sostiene todavía que «el palo y el azote tienen más buena gente que los consejos y agasajos» *(Vida:* o.c., p.38).

glo XIX encontramos la denominación de «píos operarios» referida a los padres espirituales.

Las reformas se extienden igualmente a la mayoría de los seminarios, pero todavía quedan por corregir no pocos abusos y deficiencias de la época anterior. Se sigue manteniendo el esquema tradicional, y la pobreza de medios y de instalaciones sigue gravando la vida y los medios de formación de los colegiales. En una *Relación*, v.gr., que a mediados de siglo se manda desde Cádiz al Consejo de Castilla, leemos la siguiente descripción: «En fin, y para que la alta comprensión de V. S. I. comprenda el abandono que de tiempo inmemorial ha padecido el colegio, bastará decir que los seminaristas más felices en él eran sacados para sacristanes menores de algunas iglesias de Cádiz o del obispado. Dejo aparte innumerables que se han empleado en oficios mecánicos, como cortijos, marinería, albañilería, y muchos casados, siendo esto efecto preciso de que, habiendo estado en el colegio seis o más años, se hallaban perdidos y se refugiaban a estos oficios porque el desvalimiento no les proporcionaba más... Esto es lo que de por sí producía el seminario, pues, aunque se encuentra algún otro con la instrucción necesaria ejerciendo el ministerio de cura, es constante que se hicieron capaces fuera del colegio. Y también, como elección para admitirse en el colegio era el metal de la voz, a quien después de mudar le quedaba voz oportuna, se aplicaba al canto llano, y así, ni aun de la latinidad se cuidaba... Su estimación y empleo era la de meros monaguillos». Cuando Fr. Tomás del Valle toma posesión de la diócesis por el 1741, se da cuenta de la «relajación y libertad a que han declinado, descaecidos de la antigua observancia, los colegiales de nuestro colegio seminario..., originándose el que se queden los muchachos tan cerriles e incultos como el día que vienen de sus lugares y campos, no adelantando un paso en lo moral, nada en la gramática y muy poco en la doctrina».

En parecidas condiciones estaban los seminaristas de Mondoñedo. De superiores sólo tienen a un rector, un familiar eclesiástico y un mayordomo lego, a cuyo cargo estaba la administración de las rentas. La capilla y el aula de clases estaban indecentes, pegadas al portal de entrada de la casa. Las habitaciones eran seis aposentos pequeños, donde se hacinaban los alumnos, y estrechas e incómodas las de los maestros, familiares y criados. Falta el agua necesaria para la limpieza «y desahogo de inmundicias, de que resulta a veces intolerable hediondez»; y, lo que era más grave, «por la cortedad de las rentas no se ha podido enseñar en el seminario más que gramática, sin embargo de que, para corresponder a los fines de la fundación, se les debía enseñar también la filosofía y teología, o a lo menos la moral. Acabados los cuatro años que tienen para la gramática, es menester despedirlos para hacer lugar a otros... Todo se malogra por falta de medios para continuar el estudio».

La escasez de rentas pesaba sobre casi todos los seminarios. Sólo en algunos, como en los de Córdoba y Murcia, se pueden instalar cátedras de filosofía, teología y cánones; los demás se reducen a dar los simples y mal acondicionados cursos de gramática. En Málaga se deciden a admitir porcionistas, aun con el riesgo de que «se relajen las costumbres de los colegiales con admitir huéspedes para que estudien en el colegio».

Más curiosa es, si cabe, la medida que toman los de Cádiz: como no hay rentas suficientes, «y por cuanto estamos tocando por la experiencia que muchos de los colegiales más niños, no teniendo voz, no pueden servir de cosa alguna, ni al coro, ni al colegio, ni a la iglesia, porque por ser chicos no pueden actuar ningún ministerio que pida alguna robustez y por falta de voz no cantan, para precaver estos inconvenientes y que la casa no gaste inútilmente en mantener lo que no es debido..., manda que, mientras en la casa haya copia de voces no se nos presente memorial por pretendiente alguno sin que antes sea oído por el sochantre de la catedral, quien dará certificado de su voz y proporción de ella para servir al coro».

A pesar de lo establecido por la bula *Apostolici ministerii*, la asistencia al coro de los seminaristas seguía dando motivos de pleitos y rivalidades a canónigos y seminaristas —en Granada, Málaga, Cádiz, Córdoba, etcétera—, si bien en las constituciones de este último, de 1740, se establezca que «ninguno se exima de obligación tan santa y divertida», porque «donde se han de criar rectores y curas y es como su noviciado el colegio, ¿cuándo se han de instruir en las sagradas ceremonias? ¿Ni qué diversión de más gusto que el canto llano, el del órgano, tan excelentes músicos e instrumentos y bellos sermones? ¡Como que se había de pagar la licencia de entrar en un coro tan entretenido!» Otros abusos seguían enturbiando la vida interna de los seminarios: inasistencia, indisciplina, devaneos exteriores, rebeldías [52]. Y así andaban éstos por aquellos años en que se llevan a cabo una serie de reformas en las que a la labor de los obispos se iba a unir el apoyo o la intervención directa del poder civil.

6. En el campo religioso

También les llega a los religiosos esa ansia de reforma que domina a la sociedad española, aunque, por otra parte, se sigan manteniendo aferrados a sus reglas y constituciones. Siguen siendo conservadores en lo que se refiere a la formación espiritual y disciplinar de sus alumnos; todo depende de la mayor o menor apertura que podía dar el superior al cumplimiento de la «regla».

En cuanto a los estudios, a veces insisten en dar los llamados superiores en sus propias casas, para evitar que los jóvenes religiosos pudieran malograrse por el contacto con los demás estudiantes de la universidad; tuvieron algunos pleitos, como el que se hizo célebre en Alcalá en 1703, pero nada pudieron conseguir. Lo que más les repugnaba era tener que cursar la filosofía fuera del convento, aunque, a decir verdad, poca cosa podían aportar ellos mismos, aquejados como estaban de pa-

[52] F. Martín Hernández, *Los seminarios españoles:* Ilustración: o.c., p.75-79.86-87.90-100.

recidas o iguales deficiencias. Unicamente los jesuitas, que estaban encargados de los cursos de humanidades en las universidades de Zaragoza y Valencia, junto con los franciscanos y escolapios, son los que tienen mayor dedicación a la enseñanza en este tiempo. Los primeros contaban en 1714 con 21 colegios, dos seminarios y un noviciado en la provincia de Toledo, y con 30 colegios y tres seminarios en la de Castilla. A finales del siglo XVII, el colegio de Pamplona era frecuentado por 400 alumnos de gramática latina y 200 de filosofía y teología. Cerca de 900 estudiantes de letras humanas asistían al colegio de Monforte, y otros tantos a los de Villagarcía, Compostela, Burgos, León, etc., hacia el año 1700 [53].

También los escolapios abrieron numerosos colegios en las provincias de Cataluña y Aragón. En ellos se enseñaban las primeras letras, la gramática y humanidades, y en algunos también la filosofía. A partir de 1753, cuando inauguran la nueva provincia de Castilla, se inicia la «edad de oro» de las Escuelas Pías. Zanjado el pleito a su favor en tiempos de Carlos III para la enseñanza del latín, crearon cátedras de filosofía y teología moral. El estudio de humanidades comprendía la retórica, la historia romana, griega y española, la geografía y cronología, las antigüedades romanas, la historia sagrada y el estudio de la lengua patria. Aunque no en todos los colegios, solían darse también algunas nociones de lengua griega. En Cataluña lograron gran renombre con la enseñanza de las matemáticas, y otro tanto en Aragón; en Castilla se hicieron célebres sus academias, a las que solían asistir grandes personajes de la Corte [54]. Es cierto que, como los de los jesuitas, sus colegios iban dirigidos a la juventud en general, pero es natural que se beneficiaran, tanto de sus programas como de su metodología, sus propios novicios y aspirantes.

En este sentido, la enseñanza de los jesuitas alcanzó merecida reputación de ser la más completa y suministrada con métodos pedagógicos más eficaces y atrayentes: no desdeñaban las matemáticas, las ciencias naturales y aun, en ciertos casos, las lenguas vivas, proscritas en otros centros; incluso el latín se enseñaba con mayor gusto, con más sentido de la belleza clásica. «Era una educación que tendía a combinar el ideal cristiano con el humanista y con la preparación necesaria al hombre del mundo. A falta de bibliotecas públicas, las conventuales y episcopales eran las únicas que estaban a disposición de los estudiosos. Deficientes eran, pero no había otras» [55].

Sin embargo, tanto unos como otros no quedaban exentos de los métodos tradicionales. El cartesianismo, que rechazan en un primer momento, pudo servirles de ocasión para completar su programa de estudios, reemplazando la «erudición», en que tan hábiles se mostraban,

[53] R. G. VILLOSLADA, *Jesuitas:* Dicc. Hist. Eclesiástica de España 2 (Madrid 1972) 1234-35.
[54] C. VILA, *Escolapios:* ibid., p.809.
[55] A. DOMÍNGUEZ ORTIZ, *La sociedad española en el siglo XVIII:* o.c., p.154s. Estudia también los mismos aspectos en su obra más reciente *La sociedad española en el siglo XVII.* II: «El estamento eclesiástico» (Madrid, C. S. I. C., 1970).

por las «ciencias» exactas, uniendo a la formación literaria la cultura matemática. Esto explica que no llegaran a dominar del todo el movimiento científico del siglo XVII ni a proseguirlo a partir de 1700. Siguieron demasiado aferrados a las corrientes, inflexibles y conservadoras, de nuestros colegios y universidades [56].

Con la expulsión de los jesuitas en 1767, el cultivo de la teología en España recibe un terrible golpe. Ellos encarnaban entonces una auténtica renovación teológica de cara a las fuentes y a la historia (Gener, Alegre, Hervás y Panduro...), cortada de raíz por el decreto de expulsión. Esto se hará sentir por largo tiempo. También decae la enseñanza de la gramática y humanidades, pues, si bien algunos religiosos conservan las cátedras que tenían en varias universidades o son reemplazados en ellas por los escolapios, no se cuenta ya con el mismo vigor. Otro tanto ocurre en los colegios acreditados que tenían, tales como los de Monforte de Lemos, Calatayud, Tarazona o Huesca.

De lo que más se aprovechan los religiosos —y con ellos también los seculares— es de las nuevas corrientes espirituales que afloran por este tiempo. Se trata de una espiritualidad «ilustrada» que llega ahora a una madurez metodológica, lo mismo que en el siglo anterior había llegado a la cumbre del saber doctrinal. Es una época de recopilaciones y de *sumas*, encuadradas en una estructura ergotística y escolástica, y que da lugar a un enciclopedismo ascético-místico como remedo del enciclopedismo de filósofos y naturalistas. A la ciencia espiritual se le quiere dar un tono erudito que en nada desmerezca de la nueva «edad ilustrada».

Se escriben libros sobre fenómenos místicos y sobre discreción de espíritus, a manera de primeros vagidos de una psicología incipiente aplicada a la vida espiritual. Son numerosas las *Instrucciones de novicios, Educación de la juventud religiosa, Guías del perfecto religioso, Jardines de la vida monástica o Espejo de religiosos* que se ponen en manos de los novicios de las distintas órdenes, en los que cansinamente se viene repitiendo lo mismo. Otros se unen sobre la oración, la humildad y demás virtudes cristianas: estudios monográficos o de conjunto, donde las nuevas corrientes se quieren compaginar con la vieja tradición.

También llegan oleadas de criticismo cartesiano, de jansenismo rigorista o del no menos peligroso quietismo, que invaden los campos de esta espiritualidad. El mismo regalismo engendra una especie de misticismo oficial, donde se ridiculizan la beatería y el falso jesuitismo en libros ascéticos y hasta en obras de teatro. Pensemos, v.gr., en el caso del *Tartufo*.

A pesar de todo, se da gran importancia a la oración mental, aunque los análisis, las divisiones y los prenotandos adolezcan de un exagerado barroquismo, muy a tono con el barroquismo artístico de la época. Esta oración se mueve en un acusado cristocentrismo, en consonancia con las escuelas de espiritualidad francesa —Pedro de Bérulle y sus seguidores— e italiana —San Alfonso María de Ligorio y San Pablo de la

---

[56] Cf. P. MESNARD, *La pédagogie des Jésuites:* Les Grandes Pédagogues (París 1961) p.100s; V. DE LA FUENTE, *Historia de las universidades:* o.c., 4 p.49.

Cruz— del siglo anterior. De éstas se toma, asimismo, un gran aprecio por la perfección sacerdotal cuando por primera vez se empieza a hablar de Cristo sacerdote. Los clérigos siguen leyendo la *Instrucción de sacerdotes,* del cartujano Antonio de Molina, de la que en poco más de un siglo se hicieron más de cien ediciones, y que en algunas diócesis se mandó leer a los sacerdotes bajo pena de suspensión; la *Regula cleri,* de S. Planat (1754), con una estupenda dedicatoria del obispo de Orihuela, D. Juan Elías Gómez de Terán; el *Oratorio de sacerdotes* (1750) y *El sacerdote en el retiro* (1779), de los franciscanos Francisco Romey y Nicolás Eslava; y ya a finales de siglo, *El Eclesiástico perfecto* (1799), del también franciscano Juan de Zamora. Igual de fama tuvo la *Providencia para la instrucción y conducta de los eclesiásticos,* del jesuita Pedro de Calatayud, gran promotor entre el clero de la devoción al Sagrado Corazón de Jesús. Unos y otros servían de alimento y de acicate espiritual a religiosos, novicios, sacerdotes y seminaristas [57].

III. En la segunda mitad del siglo XVIII

Comprendemos en este apartado los reinados de Carlos III y de Carlos IV, durante los cuales se van a llevar a cabo notables reformas en materia de seminarios.

1. Política de Carlos III

Con este monarca, alabado por unos y vilipendiado por otros, el signo pedagógico de nuestros seminarios adquiere, una vez más, gran importancia. Al seminarista se le considera ahora, quizás más que nunca, como a cualquier otro estudiante de la universidad o de los colegios, esto es, lo mismo como clérigo que como ciudadano. El Estado se preocupa, por tanto, de su enseñanza y educación. Corrigiendo abusos en lo tocante a honestidad y buenas costumbres, de la Cámara de Castilla salen numerosas ordenaciones y pragmáticas exigiendo como único y definitivo remedio «la erección de los seminarios conciliares en todas las diócesis al cargo de clérigos ancianos y doctos» por razones «que el espíritu de la Iglesia, el bien del Estado y el mismo decoro del clero piden, para que no se envilezcan con la demasía los ministros del altar».

El rey tiene tras de sí a obispos como D. José Climent, de Barcelona; D. Felipe Bertrán, de Salamanca; D. Manuel Rubín de Celis, de Murcia; D. Manuel Quadrillero y Mota, de León y luego de Ciudad Rodrigo; D. Agustín de Lezo y Palomeque, de Pamplona; Fr. Alonso Cano, de Si-

[57] J. M. Moliner, *Historia de la espiritualidad* (Burgos 1971) p.357s; P. Eulogio de la Virgen del Carmen, *La espiritualidad de la Ilustración y Literatura espiritual del Barroco y de la Ilustración:* Historia de la Espiritualidad 2 (Barcelona 1969) 275-78.279-434; J. M. de Garganta, *Vida monástica y mentalidad ilustrada en la época de Feijoo:* Yermo 2 (1964) 249-57.

güenza, etc., que se preocupan seriamente por mejorar la situación de estos centros de formación: arreglo de edificios, instalaciones de bibliotecas y de gabinetes, más humanismo en la disciplina, nuevos horizontes al estudio de las ciencias, de la filosofía y la teología.

En 1767, cuando la expulsión de los jesuitas, el monarca, aconsejado por estos obispos, decide dar una serie de medidas que iban a señalar un nuevo rumbo a los seminarios españoles. Buena parte de los edificios y de los bienes de aquéllos habían de dedicarse a parroquias pobres, seminarios conciliares, casas de misericordia, etc., añadiendo que «en los pueblos en que hubiese casas de seminarios de educación se proveerá al mismo instante a sustituir los directores o maestros jesuitas con eclesiásticos seculares que no sean de su doctrina, en tanto que con más conocimiento se providencia su régimen». Al año siguiente reciben los obispos la real cédula citada sobre *Erección de seminarios conciliares,* en que se les manifestaba: *a)* que los seminarios habían de ser exclusivamente conciliares; *b)* con superiores de la diócesis y nunca religiosos; *c)* sin que los seminaristas tengan que asistir a diario al coro de la catedral; *d)* que promovieran un nuevo método de estudios, sin escuelas ni partidismos; *e)* con la obligación, por parte de los obispos, de dar cuenta de todo al Consejo de Castilla; *f)* y que en adelante fueran unos seminarios donde brillara aquella ilustración clerical que tanto necesitaban la Iglesia y el Estado.

Por el máximo interés que nos ofrecen, transcribimos a continuación algunos de sus capítulos más importantes:

1. Constitución de los seminarios

«I. Mando, conforme a lo prevenido en el santo concilio de Trento, que en las capitales de mis dominios u otro pueblo numeroso adonde no los hay o en que parezca necesario y conveniente, se erijan seminarios conciliares para la educación y enseñanza del clero, oyendo ante todas cosas sobre ellos a los ordinarios diocesanos.

II. Estos se deberán situar en los edificios vacantes por el extrañamiento de los regulares, cuya anchura y buena disposición facilite el perfecto establecimiento, removiéndose de este modo la dificultad que hasta ahora ha habido de erigirlos, sin duda por no poder desembolsarse las crecidas cantidades que son precisas para la construcción de este género de obras públicas...»

2. Asistencia al coro

«IV. No por esto los alumnos del seminario deberán abstenerse de asistir a los oficios y horas canónicas en los días festivos que se celebren en dichos templos; antes bien, su inmediación les facilitará el ejercitarse en las funciones litúrgicas y aprender prácticamente los ritos de la Iglesia...»

3. **Alumnos y profesores**

«XI. Para todo esto conviene que en los seminarios no sólo haya clases de aquellos ordenandos que se admitan para la educación y enseñanza, sino que también haya alumnos sacerdotes, en número determinado, en calidad de maestros, teniendo preferencia los párrocos, siempre que concurra en ellos igualdad de doctrina y de virtud... Y en defecto de ellos deberán proveerse estos cargos en otros sacerdotes seculares de virtud y letras conocidos, mediante la oposición o informes».

4. **Formación sacerdotal**

«XIII. Habrá una escuela práctica de las obligaciones del sacerdocio y de la perfección a que debe aspirar todo eclesiástico que quiera llenar su vocación. Se perpetuarán en esta especie de congregación clerical el sistema y las rectas ideas que ahora se establezca y en ellos se seguirá el modelo que trataron nuestros concilios y adoptó el de Trento.

XIV. Habiendo considerado que estos seminarios deben ser escuelas del clero secular, y que, por tanto, serán más propios para su gobierno y enseñanza directores del mismo estado..., mando que en ningún tiempo puedan pasar los seminarios a la dirección de los regulares, ni separarse de los gobiernos de los reverendísimos obispos bajo la protección y patronato regio, eligiéndose a concurso el director del seminario, según queda expresado, enviándose terna de opositores a la Cámara con informe del reverendísimo obispo para que yo elija; y los maestros se han de entresacar de los párrocos, como va dicho, si los hubiese de virtud y letras, y darse sólo noticia a la Cámara».

5. **Metodología de la enseñanza**

«XVII. La enseñanza pública de gramática, retórica, geometría y artes deberá permanecer en las escuelas actuales, a menos que en los mismos colegios destinados a seminarios los haya a propósito. A ellos acudan los seminaristas, pero sin que tales escuelas dependan del seminario.

XVIII. Se ha de enseñar la doctrina pura de la Iglesia, siguiendo a la de San Agustín y Santo Tomás... Mando al mismo Consejo haga prohibir todos los comentarios en que directa o indirectamente se oigan máximas contrarias o se lisonjeen las pasiones con pretexto de probabilidades o doctrinas nuevas, ajenas de las sagradas Escrituras y mente de los Padres y concilios de la Iglesia; y encargue a dos prelados, de los que tienen asiento y voto en él, extiendan un plan completo de la distribución y método de estos estudios eclesiásticos..., y se publique y sirva de norma perpetua y autorizada para establecimientos de tanta importancia; y que a este fin, sin adoptar sistemas particulares que formen secta y espíritu de escuela, se reduzca a un justo límite de sutilezas escolásticas, desterrando el laxo modo de opinar en lo moral y cimentando a los jóvenes en el conocimiento de la sagrada Biblia, conocimiento del dogma y de los errores condenados, de la jerarquía y disciplina, y en los ritos, con la progresión de la liturgia, y un resumen de la historia eclesiástica».

6. Gobierno del seminario

«XIX. El gobierno interior de los seminarios, elección y admisión de los seminaristas... y otros puntos no debe ser arbitrario. La ejecución queda a cuidado de los obispos, oyéndose con atención cuanto proponga a mi Consejo en lo que hubiere de causar regla general, para que sobre ello caiga mi aprobación, como patrono y protector.

XX. ... La proposición que deben hacer los reverendísimos obispos a mi Cámara de tres sujetos de su satisfacción, para que por su medio elija yo uno para director del seminario...»

7. Otras disposiciones

«XXI. Consiguiente al patronato y protección inmediata que me pertenece en estos establecimientos, mando que en los seminarios que se erijan se coloquen mis armas reales en lugar preeminente.

XXII. Mando que donde haya ya seminarios establecidos se les dé, para su ensanche, algunas casas de jesuitas y dotación de maestros, en que, sin duda, están defectuosos muchos seminarios de España. Estos sigan las reglas anteriores, para que se vayan haciendo generales las ideas de ilustración clerical y perfeccionando la importante educación del clero, que tanto conduce al bien de la Iglesia y a la tranquilidad del Estado, para infundir principios de probidad en los pueblos.

XXV. ... Erección de seminarios o casas correccionales para eclesiásticos en cada provincia... para recluir a penitencia a clérigos díscolos y criminosos..., bajo de mi soberana aprobación, a consulta de mi Consejo; ...no siendo incompatible que al mismo tiempo se dediquen sus directores y maestros a la enseñanza de la juventud» [58].

A juzgar por esta real cédula, reconocida en seguida como ley de Estado, el monarca se arrogaba unos derechos que a la larga iban a provocar graves y numerosos problemas: el de señalar el plan de estudios de los seminarios, que ordinariamente coincidía con el de las universidades, y el nombramiento de rector de los mismos. Los obispos no protestaron en principio, y sólo después, en 1779, consiguen que puedan por sí mismos elegir a sus propios rectores sin necesidad de recurrir a la Corona. No ocurrió lo mismo en lo referente al programa de estudios, libros de texto y modo de proveer las cátedras por concurso, que quedaron en manos de la misma. Sin embargo, no faltaron otras ventajas; finalmente, se había dado a los estudios la nueva organización

[58] *Novísima recopilación:* d.c.; *Comunicación del Consejo, 5 mayo 1766, Pragmática Sanción, Instrucción de lo que deben executar los comisionados...* y demás datos que siguen, en nuestra obra *Los seminarios españoles:* Ilustración: o.c., p.121.129.133.154.

que tanto se deseaba, eliminando partidismos y engorrosas cuestiones de escuela; se volvía al conocimiento directo de la Biblia, de los Padres y concilios, de la doctrina de Santo Tomás, de la sana moral, de la historia eclesiástica, los ritos, la liturgia, etc.; se daba un tono más elevado a la formación en el seminario y se acentuaba la línea humana y pastoralista en el marco de una serena ilustración.

Por otra real cédula de 11 de marzo de 1771, Carlos III, además de insistir en que «no se enseñe en todas las universidades y estudios del reino la escuela llamada jesuítica, sin que puedan usarse en manera alguna los autores de ella para la enseñanza», con lo que definitivamente desaparecía la cátedra de Suárez y las que hasta entonces venían rigiendo los regulares expulsos, ordena que los cursos de filosofía y teología ganados en conventos, colegios o seminarios, en las facultades de artes, teología u otra cualquiera, no sirvan para recibir grado alguno. Por otra disposición se reconocían los cursos seminarísticos, con la condición de que sus alumnos se sometieran a examen de universidad. De antemano, los obispos habían procurado incorporar sus propios seminarios a las universidades vecinas, por donde sabemos que a finales de siglo habían conseguido ya este objetivo veinte de ellos. Concretamente: el de Córdoba (1773), a la universidad de Sevilla; los de Valladolid, Cuenca y Burgos (1775), a las de Valladolid y Alcalá; los de Cartagena-Murcia y Segorbe (1777), a las de Granada y Valencia; el de Lérida (1778), a la de Huesca; el de Palencia (1779), a la de Valladolid; los de Canarias, Salamanca y Mondoñedo (1780), a las de Sevilla, Salamanca y Santiago; los de Ciudad Rodrigo y Segovia (1784), a las de Salamanca y Valladolid; el de León (1789), a la de Valladolid; el de Zaragoza (1790), a la de Zaragoza; el de Pamplona (1791), a la de Valladolid; el de Badajoz (1793), a la de Salamanca; el de Málaga (1799), a la de Granada, y los de Plasencia y Astorga (1801), a las de Salamanca y Valladolid, respectivamente.

Al alborear el siglo XIX se explican artes o filosofía y teología en 24 facultades teológicas, en 45 seminarios diocesanos, en los Estudios Reales de Madrid, en El Escorial y en un elevado número de estudios generales de los religiosos. Las cátedras continúan siendo aún de prima, vísperas y Biblia en Salamanca.

2. NUEVOS ASPECTOS DE LA PEDAGOGÍA

Durante el reinado de Carlos III se establecen once nuevos seminarios en España. De todos ellos, por la originalidad de sus constituciones nos interesa especialmente el de Salamanca, establecido por el obispo D. Felipe Bertrán en 1779 [59]. De estas constituciones copian tanto los seminarios que se fundan o se reforman en su tiempo como los que van a

---

[59] Las constituciones fueron impresas en Madrid en 1783. Las estractamos en la obra citada anteriormente, p.157-59.

aparecer más tarde a través del siglo XIX. Y nos atreveríamos a decir que, en sus líneas generales, el reglamento del seminario salmantino se ha venido repitiendo en la mayoría de los demás seminarios españoles hasta bien entrado el presente siglo. De ahí el interés que ofrece para nuestro estudio.

Desde el principio nos encontramos con una renovada organización, que se extiende a todos los sectores de la vida del seminario. Los alumnos, convenientemente seleccionados —certificación de párrocos, exámenes reglamentarios, etc.—, se dividen en internos, porcionistas y externos. De una vez para siempre, se suprime la angustia y enojosa división, para ser recibidos en la comunidad, entre cristianos viejos y nuevos, siguiendo las instrucciones que a este respecto llegaban de la Corona [60]. Todos tienen el mismo trato: iguales habitaciones, la misma mesa, idéntico ajuar...; se someten a un horario entre exigente y familiar, que hace que se sientan como en su propia casa, «orgullosos de mirarse recíprocamente entre sí como destinados a tan grande honor de amarse cual hijos de una misma madre». Los superiores vuelven a ser, como señalara en su tiempo el IV concilio de Toledo de 633, «maestros probados y testigos de vida». En ellos debe brillar «la gravedad de costumbres sin aspereza, entrañas de padre, con amor al retiro, a los ejercicios de piedad y singularmente a la oración»; de esta manera «podrá esperarse que prendan pronto en los corazones de los seminaristas a proporción que vean en los sacerdotes del seminario practicadas y enseñadas sin interrupción estas máximas y virtudes».

Más que nunca interesan ahora los padres espirituales: «humildes, modestos, apacibles de trato, fervorosos en la oración, celosos por el bien espiritual de sus alumnos, apartados del bullicio del mundo y de todo negocio que no merezca el nombre de espiritual». Su oficio lo describe maravillosamente el obispo Bertrán cuando les indica el modo como han de enseñar la doctrina y los diversos grados de oración, la dirección espiritual, la recepción más provechosa de los sacramentos...; mostrando su «amor y benignidad con todos los seminaristas, igualmente y sin distinción; su constante disposición a servirles en lo que comprende su ministerio; una santa astucia y sagacidad para explorar su aprovechamiento en la vida espiritual, no sólo observando atentamente sus acciones y movimientos, sino preguntándoles frecuentemente acerca de cada una de las cosas en que les van instruyendo, del modo con que tienen la oración mental, del punto o materia de la última a que hayan asistido...»

La vida de piedad, bien ajustada y definida, cobra nuevo vigor con las siguientes palabras: «Desde el principio, el rector y superiores deben

---

[60] «Uno de los mayores estorbos que ha habido y hay para las conversiones ha sido y es la nota indecente y aun infame que se pone a los convertidos y a sus descendientes y familias; de manera que se castiga la mayor y más santa acción del hombre, que es su conversión a nuestra santa fe, con la misma pena que el mayor delito, que es el de apostatar de ella... Esta conducta, contraria a la santa Escritura y al espíritu de la Iglesia, desdice de la piedad y religión de una nación católica» (en la *Instrucción reservada,* que citamos *supra* nt.16).

tener un singular cuidado de imprimir en los tiernos corazones de los seminaristas el alto fin para que se crían y educan, haciéndoles entender cuán sublime destino es en la Iglesia de Dios el ser cura de almas...: el deseo de servir útilmente a la Iglesia, el celo de ayudar a los prójimos y demás prendas de un sacerdote y de un párroco: todo lo incluye el fin y destino de esta santa casa». Difícilmente se podría expresar mejor el cometido de una educación eclesial en la época, que puede parecernos un tanto pasada, del siglo XVIII.

A la piedad une la idea del estudio y de una sana pedagogía. Aumentan los profesores, y aumenta con ello la plena dedicación a los alumnos. Aquéllos forman parte del equipo del seminario, y se han de dedicar a su tarea con atención y humanidad, enseñando a los alumnos más con el ejemplo, unanimidad y concordia que con la simple explicación de la doctrina. En los programas —como ya indicamos—, a más de la filosofía, teología y moral, se habla de retórica, de física y metafísica, oratoria, exposición de la sagrada Escritura, liturgia, ritos y homilías. Quedan atrás las sutilezas y «el laxo modo de opinar en la moral»; lo que importa sobre todo es la preparación del cura de almas o de los párrocos, como suelen repetir constantemente las constituciones.

A éstos se les quiere, además de espirituales, cultos y educados ciudadanos. Oigamos de nuevo al obispo de Salamanca en un pasaje que bien pudiera pasar a cualquier antología de educación clerical: «Los superiores han de instruir a los seminaristas, al mismo paso que en la virtud, letras y piedad, en las virtudes, digámoslo así, civiles y políticas y en la urbanidad y cortesía. Educándose para párrocos, se verán obligados por su ministerio a tratar con todos sus feligreses, a oír sus quejas y trabajos, a mediar en sus disensiones, a recurrir por ellos a sus superiores, ya sean eclesiásticos, ya seglares; o dirigirles para que ellos lo hagan con acierto y de modo que consigan sus justas pretensiones y el remedio de sus necesidades. Las frecuentes instrucciones de los oficios del hombre hacia su soberano, hacia su patria, hacia sus semejantes; los del sacerdote hacia su Iglesia, hacia sus prelados y hacia su feligresía; los del sabio hacia el ignorante; los del rico hacia el pobre; los del poderoso hacia el desvalido, forman en el corazón manantiales copiosos de amor y de beneficencia; y en el ejercitarlos con limpieza, con decoro, con oportunidad y con soltura consiste muchas veces el precio de la obra.

»Y como tales son regularmente los hombres cual ha sido su educación, podremos esperar que nuestros seminaristas desempeñen plenamente el honroso carácter de padres de los pueblos, que es lo que deseamos, si al aprovechamiento en la virtud acompañare igual progreso en la buena crianza civil, urbanidad y cultura. No por esto pretendemos que nuestros párrocos sean amigos de tramas, intrigas, pretensiones; o que vicien sus corazones con la simulación, dolo y otros efectos bastardos, sino que sean prudentes como las serpientes, sin perder por esto la sencillez de la paloma.

»Estas prendas les conciliarán el amor y respeto de los pueblos cuando sean pastores; y criándose para tan alto destino, no se debe perder ocasión oportuna de imprimirles estas máximas importantes. El modo cortés y atento de tratarse recíprocamente y con los demás del seminario, así superiores como criados; el que observen con las personas de fuera cuando vayan a visitarles, o de otro modo se vean en ocasión de hablarles respectivamente a la condición, carácter y circunstancias de cada uno, podrá ser como un ensayo de esta parte de educación y una continua escuela de esta enseñanza; cuidando mucho los superiores de corregir cualquier falta o exceso que adviertan en ellos, y no menos de inspirarles las sobredichas máximas a proporción de las ocurrencias...

»... Fácil será a los superiores observar el aprovechamiento de los seminaristas, la humildad, modestia, amor al retiro, puntualidad en el cumplimiento de sus obligaciones, obediencia a los superiores, respeto a los mayores, comedimiento a los iguales, amor a los prójimos, sufrimiento en los trabajos, sujeción a las disposiciones de los superiores contra su propia inclinación y dictamen; pruebas que, observadas diligentemente, serán demostrativas y convincentes de su vocación al estado a que aspiran».

Bajo tales orientaciones puede respirarse ahora con más holgura. A las viejas estrecheces y raquitismos sigue una disciplina serena, que nada pierde de su primera exigencia. Situación de equilibrio y de autoridad, donde la idea de los superiores sigue siendo la misma. Los seminaristas aprenden a buscar en ellos a aquellos «padres que les comunican un tesoro mucho más estimable que la vida temporal, como son las ciencias de la salud y vida del alma». «Sean dóciles —se les dice— para dejarse gobernar y dirigir por sus consejos, recibir con gusto y mansedumbre sus correcciones, dando una obediencia ciega y pronta a sus providencias y preceptos». Más que de castigos, se habla ahora de «correcciones», y se destierran definitivamente las penas corporales: «Jamás consentiremos que [el castigo] sea de azotes o que de otro modo alguno se pongan las manos en los seminaristas»; «mejor es amonestarles y darles a entender la santidad del lugar en que viven, de las rentas con que se mantienen y del alto fin para que están en el seminario». Sólo en caso de reincidencia y si después de varios avisos no se quisieran enmendar, se les puede expulsar de la casa.

Normas parecidas encontramos en las constituciones de los demás seminarios. A los alumnos se les recibe cuando tienen once o doce años y no más de dieciséis, «porque los que son de mayor edad se ajustan mal a la modestia que se debe profesar en semejantes colegios y suelen traer algunos resabios y costumbres perniciosas, que con facilidad se pegan a los demás». El mismo día de entrada reciben el hábito o uniforme de la casa. Es el clásico manteo, la beca y el bonete de bayeta negra. Lo usan para salir a la calle y en las ceremonias religiosas y académicas; para dentro de casa: balandranes cerrados o mantos sin beca, o un ropón de paño con collarín, chupa o calzón negros, de paño en invierno y de estameña en verano; se prohíbe cualquier uso de sedas, lujos o profanidades. Con los internos conviven los externos y porcionistas; a veces, algunos hacen de fámulos o criados, ayudándose de ese modo a pagar la beca.

Desde el momento en que entran deben tener muy presente el beneficio que reciben y la gracia que se les ha concedido de la vocación. Para mejor iniciarles ponen a su lado a alguno de los veteranos «que les dirija y enseñe lo que han de ejecutar y a qué horas; lo que practicarán por algunos días hasta que manifiesten estar instruidos en el régimen de vida». Aprenden el horario de la casa, al que saben que van a estar sometidos hasta que a los veinticuatro años dejen el seminario después de la ordenación.

El horario es lleno y meticuloso. Se vienen a levantar a las cinco o cinco y media de la mañana. Media hora de oración, misa, desayuno, y a las ocho empiezan las clases, que duran hasta las once. Todavía no se acostumbra hacer la visita del mediodía. A las once y media la comida, en la que les leen libros de piedad y de formación. En cuaresma suelen salir del refectorio cantando el *Miserere* hasta que llegan a la capilla para dar gracias. Luego un poco de recreo y, a la una, descanso. Una hora más tarde se reanudan las clases hasta las cinco. Merienda, recreo y oración de la tarde por otra media hora, precedida de la lectura espiritual. De seis a ocho, estudio, «sin dormirse ni distraerse»; luego, el rosario, con el consabido responso y la visita de altares, cena y un poco de recreación. A las nueve y media, descanso, y al poco tiempo deben estar todas las luces apagadas.

El horario varía en los días festivos, pero nunca se les dispensa de las horas de estudio ni de oración.

Los alumnos han de manifestar a los superiores «un amor tierno, con que los amen y reconozcan como a padres». Son: el rector, vicerrector, catedráticos y mayordomo; y en Pamplona y Segovia, lo mismo que en Salamanca, el director espiritual o pío operario. Al rector se le conceden todas las atribuciones de derecho, a la vez que todas las cargas y responsabilidades: es «el principal y primer prelado del seminario». Ha de ser de edad madura, de graves modales y probidad acreditada; libre de cargos y con residencia fija en el seminario. En su gobierno tiene que mostrar autoridad, prudencia y discreción; a quien todos obedezcan, aunque a veces deba dar la impresión de que no manda. Alma de la comunidad y tal en su porte, que con sólo su presencia sea bastante para contener a todos en los términos debidos de moderación, respeto y observancia de las reglas.

Colabora con él el vicerrector, quien le ayuda en el gobierno y vigilancia de la casa y en su ausencia asume todas las responsabilidades. Lo mismo hacen los catedráticos para las horas de clase y estudio. También ayudan los pasantes, nombrados de entre los teólogos; y los bedeles, responsables de que se guarde el orden a la hora de entrar en clase.

«Al punto que se levantan —leemos en las constituciones del seminario de Pamplona—, los directores espirituales andarán por los tránsitos y cuartos, celando que no se descuide alguno de los colegiales, y los instruirán en el modo de santificar con piadosas reflexiones estos primeros momentos». Continuamente —es ahora en las de Salamanca— los superiores han de imprimir en los seminaristas «la frecuencia de los santos sacramentos y de la oración, el fervor de los ejercicios de piedad, la modestia y gravedad de costumbres, el desinterés y aun desprecio de los bienes temporales, el amor y caridad recíproca en el trato mutuo». Los padres espirituales han de acompañarles en la oración para que la hagan «con el silencio, recogimiento y devoción debida». Se deja libre la comunión diaria, pero todos están obligados a recibirla, cada mes o cada quince días, en una fecha determinada; el día antes se confiesan y luego se acercan a comulgar en filas y de dos en dos. Todavía se conservaba en Ciudad Rodrigo una disposición de los viejos colegios universitarios por la que, si uno caía enfermo, lo primero que había de preguntarle el físico o médico era si había o no recibido los sacramentos al notar los primeros síntomas de la enfermedad; de no haberlo hecho así y dejara pasar dos o tres días más sin recibirlos, le tenía que dejar sin visitar hasta que cumpliera con este primer requisito.

En los días festivos acuden todos a la catedral para aprender las ceremonias de la liturgia, y de esta materia reciben alguna que otra clase en el seminario. Un maestro de ceremonias cuida de que se guarden las etiquetas debidas en los actos de comunidad: saludos, inclinaciones y reverencias, señaladas profusamente en las constituciones. Además de la misa y de las horas de oración, se señalan otras devociones, como el *Angelus,* que suelen recitar de rodillas; disciplinas algunos días a la semana, ayunos y abstinencias, numerosas oraciones, antífonas e himnos. La devoción a la Virgen ha de ser «uno de los más propios caracteres de la casa»; por ello, «los superiores, con sus instrucciones y ejemplos, imprimirán en los seminaristas estos sentimientos en las festividades de nuestra Señora, enseñándoles cuál es la verdadera devoción que afianza su patrocinio».

El rector suele dar una plática espiritual a los seminaristas todos los domingos, y a veces encontramos en las constituciones un esquema de las principales materias a exponer: conocimiento de la Escritura, acerca de la oración y el examen de conciencia, los misterios de Jesucristo, modo de consultar al confesor, cómo vencer las fuerzas de la naturaleza, sobre la mortificación, el amor al retiro y al silencio, las virtudes sacerdotales, el amor a las almas, la devoción a María, etc. Como signo de reforma y de vida arreglada dentro de la comunidad les ha de inculcar repetidamente «un silencio, quietud y gravedad que den indicio de la santa vida de sus moradores».

Mucho hablan las mismas constituciones del modo en que ha de haberse el seminarista consigo mismo, con los demás y dentro de la vida comunitaria. Todavía rigen los viejos «ceremoniales» universitarios para regular el trato que han de dar a los superiores: cederles el paso, hacerles reverencia cuando se encuentran con ellos, levantarse y descubrirse cuando entran en el patio o pasan a su lado, adelantarse a abrirles la puerta, etc.

«Delante del rector y los demás superiores del colegio han de estar

en pie, quitado el bonete, salvo en el refectorio o en la capilla cuando
les mandare cubrir. Si saliendo de casa toparen con el rector, han de pa-
rarse adondequiera que le vean y retirarse o arrimarse, si hubiere
dónde, hasta que les haga señal de lo que han de hacer. Si sucediere
que, yendo por la calle o por el campo, han de acompañar a algún
prebendado de la iglesia mayor, le llevarán en el medio, y lo mismo si
hubieren de ir juntos con algún caballero o persona principal de cualquier parte que sea, o con los superiores de las religiones y con sus
maestros.

»Si cuando entra el rector en casa estuviere algún colegial en el patio entendiendo en cosas de su oficio o en alguna otra causa justa, pá-
rese hasta que el rector le dé licencia para que prosiga, y, si no estuviere con ocupación legítima, váyase al momento a su aposento, si no es
que le llame...

»Cuando fueren al aposento del rector, llamen tres veces, y, si no les
respondiere, vuélvanse. Y siempre que hablaren de él, aunque sea en su
ausencia, le han de llamar señor rector; y, sobre todo, el principal respeto que le deben es la obediencia, haciendo al punto lo que les mandare con pocas palabras y muchas obras».

Lo mismo se diga del trato con los iguales: no han de tutearlos,
pues de otra suerte «se perderían unos a otros el respeto, se introdu-
cirían particularidades y familiaridades, que, por lo común, son dañosas
y expuestas en toda comunidad». Cuando se encuentran han de salu-
darse y hacerse reverencia; y siempre se han de guardar las «antigüedades» y demás comedimientos.

«En las conversaciones nunca haya tratos ni matracas, porque de las
burlas se suele venir a las veras...; ninguno sea osado a poner manos
en otro, aunque sea menor de edad... Que entre ellos no haya demasiada familiaridad, pues, como dice aquel refrán, *endramenys preu*, y así
procurarán los colegiales tratarse con mucha cortesía entre ellos, así en
público como en secreto.

»No jueguen de manos, que, como dice el proverbio, es juego de
villanos...; no se burlen unos de otros...; en ningún tiempo ni ocasión se
digan nombres impuestos ni apodos, ni se descompongan en palabras ni
hechos...; ni se digan palabras injuriosas, ni con enojo (lo cual Dios no
permita) poner las manos en otros, ni dar golpes o heridas.

»El colegial nuevo siempre tenga respeto al antiguo y le lleve a la
mano derecha con alguna ventaja, y en el hablar en casa y conversar se
le tenga también respeto. Y cuando algún colegial fuere donde están
otros, el que llegare se quite el bonete primero y luego se le quiten a él
los demás. Y el que llega tome su lugar de antigüedad, de mano derecha o izquierda, y el menos antiguo se quite primero el bonete y aparte
un poco del corrillo donde están... El colegial más nuevo vaya a la
mano izquierda y medio paso atrás del más antiguo, siguiéndole dondequiera que fuere... Cuando salen, el más antiguo vaya a la mano derecha, y el más moderno a la izquierda, medio cuerpo atrás».

Otras prescripciones encontramos respecto al aseo, juegos y demas modales que ha de tener el seminarista. Recogemos algunas de las más principales.

«No pueden dejar crecer mucho el cabello, ni criar coma, ni copete, ni cosa que lo parezca, aunque sea un pequeño remolino sobre la frente; no se puede untar ni lavar el rostro o las manos más que con agua sola con evidente necesidad, porque lo demás es abominable vanidad y muy indigna de los que se crían para ser ministros de Dios... Ha de tener el rostro, y los dientes, y las manos muy limpias, cortadas las uñas y peinado el cabello. La postura natural del rostro ha de ser traerle inmediatamente derecho, no cabizbajo; ni tan tieso que incline la cabeza hacia atrás; ni torcerla a un lado, y mostrar de ordinario un semblante templado y amable; no triste ni encapotado, que es indicio de mala condición; ni muy grave e hinchado, que es soberbia; ni muy risueño o ridículo, que es liviandad; sino en todos los meneos y señales del rostro guardar un medio templado entre estos extremos viciosos y huir de toda singularidad.

»El jugar mucho de manos siempre es malo, porque es indicio de liviandad o de autoridad y ostentación demasiada, pero en los mozos es mucho peor, cuando deben estar más lejos de semejantes ostentaciones y abrazar la modestia y humildad. Y así, los colegiales, dentro de casa, han de traer las manos metidas en el balandrán y no sacarlas si no es cuando disputan o cuando hubieren menester para quitar o tener el bonete o para hacer con ellas alguna otra cosa forzosa. Fuera de casa las llevarán sacadas del hábito y recogidas hacia el pecho, pero no entretejidos los dedos... En ninguna manera han de ir braceando, que es muy feo; ni detenerse mucho en llegar al rostro con las manos, así como a fregar los ojos o las mejillas, sino en caso de necesidad; ni bajarse a tomar nada del suelo si no fuere habiéndoseles caído algún libro o papel o cosa que convenga alzar...

»El andar, ora sea dentro de casa, ora sea fuera, no sea despacioso, que es de flojos o relajados; ni tan apresurado que sea casi correr... Cuando se sentaren no han de estar muy arrimados, ni recodados, ni puestas las manos en las mejillas, ni poner un pie sobre otro, y mucho menos una pierna sobre otra estando sanos...» «Acerca del vestido se deben evitar dos extremos viciosos. El uno es la demasiada curiosidad con que algunos se precian de andar galanos... Otro extremo es el demasiado descuido y desaliño en el vestido, de que deben huir los colegiales... No les es lícito estar en su aposento sin hábito o balandrán, que parece muy mal para los eclesiásticos estar en cuerpo; y así, aunque sea estando en la huerta o en los días que se les diere licencia para holgarse dentro de casa, no se ha de consentir que se quiten el hábito...»

Sabias son las siguientes reglas que se dan a los seminaristas de Plasencia sobre el modo de hablar y de conversar unos con otros. «La primera es hablar poco, porque, como dice San Jerónimo, no es de todos, sino de los sabios, el saber cómo y cuándo han de hablar...; la segunda es hablar siempre verdad, porque la mentira es un monstruo tan feo y abominable como el padre que la engendró, que es el diablo, al cual imitan todos los mentirosos...; la tercera es hablar sin perjuicio de nadie, a lo cual nos obliga el precepto de la caridad, que es el mayor de todos, en cuyo cumplimiento consiste la perfección cristiana, particularmente de todas las cosas espirituales...; la cuarta es hablar con modestia, en que se encierran dos virtudes, castidad y humildad». Lo mismo cuando les enseñan buenos modales a la hora de comer: «En la comida conviene mirar mucho por la salud, por la templanza y por la limpieza, y tanto más cuando la edad de los mozos tiene más despierto el apetito del comer y suele ser causa de hacer muchas cosas indecentes si no se van a la mano. Con el juicio de la razón o a lo menos con el temor de la pena, nunca han de comer ni beber como quien engulle o no entiende ser harto, o como quien teme que le han de quitar la comida de delante; ni echarse sobre la comida notablemente, ni afirmar los codos sobre la mesa, que todos son vicios de hombre glotón y goloso, que no sabe enfrentar el apetito de gula...»

En el capítulo de prohibiciones entran todas aquellas que también estaban señaladas en los colegios universitarios, pero llevadas ahora con mayor eficacia; p.ej., las que se refieren a los juegos de naipes, comer fuera de casa, llevar armas ofensivas o defensivas, recibir visitas de personas de otro sexo, tener o leer libros de comedias, novelas, papeles obscenos, satíricos o irreligiosos; entrar en el cuarto de otro, tomar tabaco de hoja en ningún tiempo, y aun el de polvo sin una licencia especial; tener instrumentos músicos en las cámaras, asomarse a las ventanas, hablar con personas extrañas en la calle, etc. En el seminario, el control de las puertas lo lleva siempre el rector, quien ha de asegurarse de que queden cerradas, por la tarde, a seguido del toque de oración. Nadie puede salir de casa sin permiso o sin alguien que le acompañe, pero nunca de noche, a no ser que medie una urgente necesidad; si alguno se atreve a dormir fuera de casa, es expulsado sin remedio.

A los superiores se les pide que estrechen la vigilancia, para que en todo se guarde la más completa disciplina; con cierta frecuencia han de visitar las aulas, los refectorios y la enfermería, los cuartos de los seminaristas y los lugares de recreación, para asegurarse de la conducta, porte e inclinaciones de cada uno. Les acompañan en los paseos y en los días de campo, cuidando que vayan en filas por las calles, en silencio y por los lugares más retirados de la ciudad. Si alguno se desmanda, «sean los castigos el reprenderles públicamente, mandarles poner de rodillas, atrasarles del lugar o asiento que les corresponde por antigüedad, privarles de alguna comida, del recreo, paseo... Estos son los caminos más proporcionados para la corrección de unos niños que deben ser educados por el camino del honor, atento al alto destino para que se crían».

3.   EL ESTUDIO Y LAS CLASES

Por lo que se refiere a los estudios, los profesores, cada cual en su materia, han de procurar el mejor aprovechamiento de los alumnos.

«En la lógica excusarán la multitud de preceptos que deslumbran los tiernos entendimientos de la juventud y omitirán toda cuestión difícil y de intrincada naturaleza, haciendo uso de los más rectos y sencillos principios y poniendo todo su cuidado en acostumbrar a los jóvenes a un exacto raciocinio, sin discursos sofísticos, vanas explicaciones y quimeras». Igualmente cuando enseñen física o metafísica, y con más razón cuando los alumnos cursen teología o moral.

Los alumnos se dividen en gramáticos, retóricos, filósofos o artistas, teólogos y moralistas. Durante doce años han de asistir puntualmente a las clases y demás conferencias y academias. El curso empieza por San Lucas y se alarga hasta finales de julio. En el verano sólo van a su casa los mayores, fuera de los que quedan suspensos, los cortos y negligentes. No sólo interesa el estudio de las asignaturas, sino cualquier otra instrucción que pueda hacer del alumno un eclesiástico ilustrado. «Un alumno sin gusto ni aplicación a las lecturas, aunque sea devoto, será inútil, indiscreto y despreciable; y sin el estudio de la piedad, por más que se dedique al de las bellas artes, será soberbio, arrogante y perjudicial, porque corromperá los buenos con su porte, y el ignorante no sabrá corregir a los malos...», leemos en las constituciones del seminario de Segovia. Y en el de Pamplona, cuando se habla de las distintas disciplinas, se hacen estas interesantes observaciones: «Aprendan oratoria, guardando la gravedad y circunspección que requiere tan sublime ministerio y evitando los gestos ridículos y todo airecillo profano y teatral. Las sagradas Escrituras se estudien con claridad y precisión. Y la moral, con una desviación completa de todo vicio de laxitud y extremo rigor. Aténganse a las cuatro reglas que daba el sabio Gravesos: repudiar las doctrinas que abiertamente van contra las leyes divinas o humanas; dejar aquellas otras que no se prueban ni por la Escritura ni por los Santos Padres, los papas o los cánones; repudiar, a su vez, las que se oponen a la disciplina actual de la Iglesia y a la enseñanza de los papas y, por fin, aceptar las opiniones que con un moderado rigor son recibidas y probadas por los doctores y Padres, especialmente por San Carlos Borromeo».

Los profesores, que forman parte también del equipo del seminario, han de ser para los alumnos como padres amables y accesibles, evitando los excesos entre la demasiada condescendencia y la exagerada severidad. No se les permite tener otro cargo fuera del seminario, pues de lo contrario —leemos en las de Teruel— «la experiencia dará pruebas al público, harto decisivas, de poca pericia y demasiada diligencia». Den sus clases «con atención y humanidad, enseñando a sus discípulos más con el ejemplo, unanimidad y concordia que con la explicación de su doctrina». Para ello busquen un «texto escrito, para que los jóvenes aprendan solamente lo útil y necesario»; lleven listas de las faltas de los alumnos, de sus notas y aplicación; hablen siempre en latín y hagan que lo hablen sus alumnos; imprímanles siempre, además de a la Iglesia, la debida sumisión y respeto al soberano.

Han de hacer lo posible por volver al estudio de Santo Tomás y a nuestros clásicos del siglo XVI: «No se les cargue demasiado de reglas y usen autores de latinidad pura y castiza, principalmente del siglo de oro»; eviten partidismos, «cuestiones inútiles, abstractas e impertinentes, juegos de voces y prolongadas disputas», así como «las sutilezas dialécticas por capricho, casualidad u otras invenciones del amor propio», aunque no por ello hayan de quitar a los alumnos la libertad necesaria para que discutan sobre opiniones dudosas o controvertidas: «A viva voz se expongan las opiniones de los principales escolásticos, si en algo fueren opuestas, pero sin inspirar espíritu de partido».

Tal apertura daba lugar, a veces, a infiltraciones de color jansenista y regalista. En teología moral se siguen haciendo equilibrios entre el laxismo, que se achacaba a la escuela jesuítica, y el rigorismo jansenista, que va tiñendo de algún modo nuestras cátedras. Se insiste en el estudio directo de la sagrada Escritura, y como instrumento de trabajo, el estudio del griego y del hebreo.

Los textos que se usan en los seminarios son parecidos a los que entonces se usaban en las universidades. Por otra parte, se acomodaban a las disposiciones que repetidamente venían de la Corona, con acusado matiz afrancesado y extranjerizante. A este respecto, v.gr., cuando el obispo D. Manuel Quadrillero y Mota pretende reformar los estudios en su seminario de Mondoñedo por el 1780, manda que se explique la teología escolástica por Gonet, con tres horas y media al día, y repone a Melchor Cano, dejando toda la carrera fijada en estos puntos principales: tres años para el estudio de gramática y retórica, dos para filosofía, uno de súmulas y otro de lógica, la cual ha de darse por Jacquier «o el autor que señale el Gobierno»; un año de *Locis* por Melchor Cano, «anteriormente tan recomendado por el Gobierno»; cuatro de teología por la *Suma* o, «si lo tuviere por conveniente el Gobierno, por el Billuart o el compendio de Gonetillo». Durante el quinto curso asisten en la catedral a la cátedra del canónigo lectoral, que les da sagrada Escritura, y en el sexto hacen lo mismo con el penitenciario, que les da teología moral.

En las constituciones vemos repetidos los textos de Nebrija, Goudin y Altieri, para gramática y filosofía; de Cano y Granada, para lugares comunes y oratoria; Gonet, Juenin, Berti o Francolino, para teología dogmática; la *Suma* de Cunniliati y el texto de Muratori, para moral; Selvagio, Cavasucio y Natal Alejandro, para disciplina e historia eclesiástica; el *Aparato bíblico*, de Lamy, para Biblia; los *Concilios*, de Carranza, y el *Catecismo romano*.

También se apunta a la carrera breve cuando se indica que los que no tengan otros medios para seguir la ordinaria puedan dar inmediatamente la moral con el lectoral y penitenciario de la catedral, sin cuya aprobación no pueden acercarse a las órdenes sagradas [61].

<hr>

[61] Recogemos los datos anteriores de las diversas constituciones de los seminarios de Salamanca, Teruel, Plasencia, Pamplona, Córdoba, Barcelona, Burgos, Ciudad Rodrigo, Zaragoza, Palencia, Lugo, Mondoñedo, Segovia, Badajoz, Cuenca, Osma, Vich, etc., y que exponemos en la obra *Los seminarios españoles:* Ilustración: o.c., p.143-61.

4. Algunos sucesos en la vida del seminario

A finales del reinado de Carlos III y durante el de su sucesor Carlor IV, se sigue insistiendo desde Madrid, para las diócesis que todavía no lo hubieran hecho, en la fundación de los seminarios conciliares. Muestra de ello es esta real orden del Consejo de Castilla de 31 de enero 1778, que se hace llegar a todos los obispos de España.

«Ilmo. Sr.: Por la circular que expidió el Consejo en 5 de mayo de 1766 y se comunicó a los M. R. Arzobispos y demás diocesanos del reino para el cumplimiento de las órdenes expedidas por S. M. en 23 de diciembre de 1759 y 26 de abril de 1766, se les recomendó, entre otras particulares, la erección de seminarios conciliares al cargo de clérigos ancianos y doctos y que tomasen todas aquellas medidas que pide el espíritu de la Iglesia, el bien del Estado y el decoro del mismo clero, que fácilmente decae cuando llega a ser excesivo el número de los ministros del altar, acudiendo los reverendos obispos y ordinarios al Consejo para cualquier auxilio que dependiese de él, el cual les suministrará, como protector que es, en nombre de S. M., de la puntual observancia del concilio.

»Enterado el rey, nuestro señor, de no haber tenido esta providencia todo el puntual cumplimiento que exigía la importancia del asunto y deseando S. M. que se verifiquen sus religiosos deseos en el establecimiento de los seminarios que quiso y previno el sagrado concilio de Trento, cuya protección es inseparable de su real vigilancia por los grandes beneficios que de ello resultan a la Iglesia y al bien del Estado, se ha servido comunicar nueva orden al Consejo mandando que a su real nombre se remitan cartas a los prelados del reino, manifestándoles sus soberanos y eficaces deseos, sobre que procedan eficazmente a la erección de seminarios conciliares, y que a este fin proponga cada uno a S. M., por medio del Consejo, las que advierta más propias en su diócesis, para que, auxiliados y protegidos de su soberana autoridad, puedan tener mejor efecto del que han tenido hasta aquí.

»Publicada en el Consejo esta real resolución, acordó su cumplimiento, y para que lo tenga por lo respectivo a la diócesis de V. I. se lo participo de orden del Consejo, esperando del acreditado y pastoral celo de V. I. que promoverá este asunto hasta que se verifiquen las reales intenciones de S. M. y del Consejo. Y del recibo de ésta se servirá darme aviso para pasarle a su superior noticia. Dios guarde a V. I. muchos años» [62].

Como estos avisos, también llegan de la Corte otros numerosos sobre programas de estudios o la marcha misma de los seminarios. Esto nos permite, junto con otros documentos particulares, observar diversos aspectos de la vida y de la formación que en ellos se llevaba. Veamos alguno de ellos.

En el colegio-seminario de Granada, luego de casi un siglo de continuas luchas entre canónigos y seminaristas, habían logrado éstos colo-

---

[62] Ibid., p.137.

carse bajo la protección real, consiguiendo el título de seminario conciliar de la diócesis en vez de mero colegio que hasta entonces tenían, dependiente del cabildo. Con todo, tanto éste como los arzobispos y los demás colegios de la ciudad no acababan de aceptar la nueva situación.

En 1775 llega a la Cámara de Castilla una representación del seminario contra ciertos agravios que, según decían, habían recibido los alumnos de parte del cabildo. Se quejaban de los «oficios sórdidos» a que les querían someter los canónigos, de la asistencia al coro a que todavía les obligaban, en perjuicio de su plena dedicación a los estudios, y de no pocas arbitrariedades que con ellos se venían cometiendo.

El fiscal de la Cámara, Campomanes, toma partido por los seminaristas, y exige del cabildo que les eximan de la asistencia diaria al coro por tenerlo como cosa atrasada y nada a propósito con las directrices que en los nuevos tiempos había de tener una casa de formación sacerdotal. Los canónigos se dirigen directamente al rey, pidiendo que se revise el pleito. Llueven acusaciones a Madrid de una y otra parte, y éstos quedan atemorizados cuando llega a Granada una real cédula, firmada en el Real Sitio de El Pardo el 2 de febrero de 1788, donde el monarca les recrimina su postura, su ambición y autoritarismo y la «delación maliciosa que proyectaba el cabildo para hacer interminable el asunto». «Había oído decir —les dice claramente— que se oprimía a los seminaristas, haciendo que sirviesen a su fausto y ostentación, pues les ocupaban en limpiar las sillas del coro, entonar los órganos, poner y quitar los bancos, manejar los libros, servir de facistol a los canónigos sosteniendo en sus brazos ante éstos los breviarios, encender y apagar las velas, levantar las colas de las capas de los prebendados, vestir y desnudar a éstos en la sacristía...» Más grave era aún la «enemiga irreconciliable que los individuos del cabildo tenían al colegio, de cómo buscaban su ruina y les estorbaban en sus estudios».

Todo esto se lo había hecho saber su Consejo y él mismo se lo había notificado con anterioridad al presidente de la chancillería de Granada y al arzobispo difunto Jorge y Galván († 1787). Para no dilatar más el asunto y mientras no se formaran nuevas constituciones, les ordenaba con toda la fuerza de su deseo «que luego se cese y no se permita que colegial alguno de los porcionistas del seminario conciliar de San Cecilio de esta ciudad asistan en ningún día de fiesta ni de trabajo al coro de la catedral de ella; y sólo del número de los 31, de las tres clases de los colegiales becas, asista la mitad en los días de fiesta de precepto y ninguno en los de estudio, eximiendo enteramente a los que asistieren de todos los oficios sórdidos en que hasta aquí se les ha ocupado: de limpiar las sillas, poner los bancos, llevar los libros de coro y colocarlos en el facistol, servir de atriles a los canónigos, etc., dedicándose únicamente en el coro a ejercitarse en la práctica del canto llano y ritos eclesiásticos».

La cédula es notificada al cabildo por el presidente de la chancillería, y esto hace que aquél se dedique a buscar nuevos acólitos para que sirvieran, en vez de los seminaristas, en los oficios de la catedral.

No acabaron aquí los pleitos, que duran hasta iniciada casi la guerra de la Independencia, cuando el seminario, suprimidos los diezmos y la mayoría de las rentas catedralicias, se vuelve de nuevo a la Corona para pedir ayuda. El 6 de junio de 1807, sus superiores, preocupados por «la presente indigencia» y temiendo que era «llegado el tiempo de su exterminio, principio de la corrupción general, de las licencias de los jóvenes y de la caída de toda disciplina», pedían al rey que «tuviera la piedad de aumentar la dotación de la casa en la cantidad de 300 ó 500 ducados anuales sobre el sobrante decimal de los bienes de la diócesis» [63]. A todo esto había llegado el famoso real colegio eclesiástico de San Cecilio, de Granada, a pesar de haberse acogido a la protección del monarca.

También los seminaristas de Teruel acuden a la Corona para que les resuelva algunos problemas que tenían planteados con sus profesores y superiores. «Los males del seminario —escriben el 22 de octubre de 1777—, aun sin haberlo acabado, son ya de curación muy difícil. El maestro de retórica es un valenciano, gran fanático y descuidado de la enseñanza de los muchachos... Navarrete, segundo maestro de gramática, dejó la sotana al mismo tiempo de la expulsión de los jesuitas. Don Francisco García, maestro de filosofía, fue discípulo de los jesuitas e hijo de la mujer más devota que ellos han tenido; y el que se ha elegido para maestro de teología no tiene la literatura necesaria: pero ¿qué importa, si es fanático famoso?

«Grandes males pueden causar en la enseñanza esos hipócritas literarios, y grandes han causado ya en la crianza y ejemplo de los muchachos. Navarrete y García, maestros de gramática y filosofía, han sido este año el escándalo del seminario y del pueblo, habiendo saltado muchas noches a deshora por un balcón y salido alguna vez por la puerta... Estas salidas y festejos de los maestros han despertado ya las pasiones de los seminaristas, y no ha contribuido poco a esto el estar abierta la puerta del seminario, que fue de los jesuitas...»

También en Badajoz, en tiempos del obispo D. Manuel Pérez Minayo, por cuestiones de coro y riña con los canónigos, los alumnos amenazan con abandonar el seminario «con el fin de no sufrir el sonrojo, que se les figura, en haberlos pospuesto a los monacillos y demás ministros inferiores de la Iglesia». En Madrid se alarman cuando se enteran de que veintitrés seminaristas se habían salido ya y andaban vagabundeando y escandalizando por la ciudad; rápidamente escriben al visitador, D. Fernando Ledesma y Vargas, canónigo de la catedral, para que ponga inmediato remedio.

Sucesos no menos lamentables ocurrían en Cádiz. Cuando sus obispos quieren conseguir para seminario el colegio de los jesuitas expulsos, dan cuenta al rey del estado deplorable en que aquél se encontraba y del dominio que los canónigos ejercían sobre los seminaristas. Don Juan de Servera redacta nuevas constituciones y, obedeciendo órdenes del

[63] Ibid., p.138s.167. Igualmente, F. MARTÍN, *Un seminario español pretridentino:* o.c., p.139s.

fiscal de la Cámara, las da a examinar a dos canónigos y al gobernador de la ciudad, conde de O'Reylli, quienes no quieren oír hablar de reformas en cuanto asistencia al coro. «Esto depende —se queja el obispo— de que el cabildo de esta catedral no ha tenido hasta ahora la idea que de Servera redacta nuevas constituciones y, obedeciendo órdenes del protesta contra «esta injusta esclavitud», que tanto tiempo ha hecho y hace perder a los colegiales.

Cuando muere el obispo, los canónigos se aprovechan de la sede vacante para llevar adelante sus propósitos. El nuevo prelado, D. José Escalzo, toma causa de nuevo por los seminaristas, quienes pueden verse al fin, con ayuda de la Cámara, libres de la dependencia del cabildo. Mientras tanto, el seminario ha ido decayendo lastimosamente. En otro memorial de 1782, el obispo se queja otra vez de los canónigos, que «han tirado a disfrutar del colegio y servidumbre de los colegiales, con entero abandono de su instrucción y crianza»; del propio rector, que vive regaladamente en una casa cómoda —«que no se logra igual en Cádiz por 7.000 reales anuales»— con su familia, criados, criadas y gente de librea, mientras los seminaristas andan medio hambrientos y abandonados a la más triste miseria.

También en el seminario de Málaga andaban a la greña seminaristas y canónigos. Quien mandaba era propiamente el deán, el cual ponía multas a su antojo, admitía o expulsaba a los alumnos arbitrariamente, y a unos y a otros los tenía bajo la más dura servidumbre. Ocasión hubo en que llegó a negar las órdenes mayores a alguno que no había asistido al coro o «por no convenir al cabildo el que hubiera tantos presbíteros». El obispo D. Manuel Ferrer y Figueredo (1785-1899) trata de salvar la situación, pero ha de hacerlo a escondidas de los canónigos: redacta nuevas constituciones, con mejoras de internado y un nuevo plan de estudios, y las manda para su aprobación a la Cámara; cuando el cabildo se entera, hace lo posible para restarles toda eficacia. Durante la sede vacante hay en la diócesis tres vicarios o gobernadores, quienes eligen a tres rectores distintos para el seminario. Los colegiales protestan y mandan un angustioso memorial a Madrid en 1799, en el que se lamentan de haber caído otra vez «en las duras cadenas» con las que han sido oprimidos durante más de dos siglos. La Cámara pide informes, pero en eso queda todo.

La situación es francamente desesperada al año siguiente, y a ello se une la triste situación económica en que se encuentran los seminaristas. Los mismos canónigos, a raíz de los informes que presenta una comisión capitular, han de reconocer que «la situación es la más deplorable e insubsistente» tanto en la parte económica como en la disciplinar. El nuevo obispo, D. José Vicente de Lamadrid, se encuentra con un auténtico simulacro de seminario, como él mismo confiesa al enviar a Roma su relación de visita *ad limina*. Para mayor desgracia, la peste que se desencadena en la ciudad en 1803 hace que los seminaristas huyan a la desbandada, dejando desierto el edificio. Sigue otra sede vacante de verdadero agotamiento, y al fin, el 9 de marzo de 1809, el cabildo clausura el colegio, dedicando sus rentas, para mayor ignominia, a los acólitos de la catedral, oficio del que por tantos años se habían querido ver libres los seminaristas.

Por lo que a Murcia se refiere, ya indicamos la decepción que allí se tiene cuando a principios de siglo llegan las nuevas constituciones del seminario aprobadas en Madrid. Por causas que tal vez no fueran puramente ideológicas, los seminaristas, sobre todo los externos y manteístas, estallan en un ruidoso tumulto, obligando a que intervenga el corregidor con la pequeña fuerza de que disponía. Toda una tarde y una noche estuvo la ciudad alborotada a causa de los seminaristas sublevados, quienes, a gritos de «¡Muera el rector!», fueron rompiendo cristales y farolas y pegando vítores en la casa del corregidor y en las paredes y balcones del seminario. A la mañana siguiente organizan una procesión con músicas y danzas, ante el asombro de los pacíficos ciudadanos, y admiten al fin las constituciones, no sin haber conseguido antes las enmiendas que proponían [64].

Estamos a principios del nuevo siglo, y ya se hacen sentir, en la España convulsionada de aquellos días, nuevos indicios de decadencia en los seminarios. Estos han estado demasiado uncidos al carro del Estado, y no pueden escaparse de aquella vorágine que iba arrollando los diversos estratos de la sociedad española. Cuando se van agotando las arcas de Madrid y las ideas revolucionarias y anticlericales extienden abierta o solapadamente su influencia, una gran sombra se cierne sobre estos centros de formación y amenaza casi con destruirlos. A la falta de medios económicos le siguen, irremediablemente, el desaliento y la desmoralización.

En un informe que por estos años presenta el rector del seminario de Cádiz a su prelado, le da cuenta de la indisciplina en que andaban tanto los alumnos como los profesores. No había puntualidad ni seriedad en las clases; los seminaristas promovían revueltas y alborotos, andaban sueltos por las calles, desenvueltos en el trato y en el modo de llevar los hábitos y faltando a la más elemental decencia y disciplina. Por todo ello suplica a su excelencia que exonere a los superiores de otro cualquier cargo en la ciudad, y aun de las mismas cátedras, para que puedan dedicarse exclusivamente a los alumnos. Es el único medio, a su parecer, para acabar de una vez con tanto desorden. Desde Badajoz se quejan, igualmente, de que «de tantos estudios como hay, se logren pocos sabios por lo mal que los saben ordenar».

Aún se siguen fundando seminarios —el de Valencia (1790-93), el de Ibiza (1794) y el de Zamora (1797)—, pero el número de seminaristas decae notablemente. En 1782 se habían presentado a exámenes en el de Plasencia 16 teólogos, 6 de física y de metafísica y 4 de lógica; en Mondoñedo, en 1806-1807, 11 teólogos, y solamente dos en el curso siguiente; 23 becarios hay en el de Avila en 1800; 15 internos en el de Segovia en 1805, y 17 manteístas; sólo 20 colegiales entran en el de

[64] F. MARTÍN, *Los seminarios españoles:* Ilustración: o.c., p.139s; M. DEL VALLE ZAMUDIO, *Apuntes históricos del seminario de Málaga* (Málaga 1928) p.12s.

Valencia el día de su inauguración... Algunos conservan todavía un número aceptable: 32 teólogos y 51 filósofos en Palencia (1799-1800); 80 becarios en Cuenca (1794), 40 en Astorga (1800), 41 en Zamora (1800), etc., aunque este va cediendo poco a poco según se acerca la fecha de la Independencia [65].

Cierto es que a las nuevas fundaciones se les sigue dando todavía un aire de reforma, pero todo lo echan a perder las calamidades de los tiempos. Fijémonos, v.gr., en dos seminarios que se establecen a finales y a principios de siglo: los de Valencia y Orense.

Por real cédula de 27 de julio de 1792, el rey Carlos IV aprobaba las *Reglas y constituciones* del seminario valentino, que en cierta manera venía ya funcionando desde el 4 de noviembre de 1790. De Roma se consigue una bula de Pío VI en la que se aprobaba la nueva fundación y se establecía como pensión perpetua de la misma la cantidad de «10.000 libras, moneda de plata valenciana, sobre las dos terceras partes de las rentas de esta mitra no pensionadas». El arzobispo D. Francisco Fabián y Fuero elige a veinte jóvenes pobres y diocesanos para primeros alumnos, unos graduados en teología y derecho canónico y otros que cursaban estudios en la universidad; unos y otros habían mostrado sus cualidades intelectuales en los últimos concursos a beneficios curados. Se trataba, pues, de alumnos mayores, próximos a recibir las sagradas órdenes. Cuidan de ellos algunos maestros, dirigidos por el obispo auxiliar, P. Melchor Serrano, nombrado por el arzobispo gobernador general del seminario, quienes han de procurar que los seminaristas se dediquen diariamente a los ejercicios piadosos, principalmente los domingos y días festivos; a escuchar confesiones, enseñar el catecismo, explicar el Evangelio, administrar sacramentos por las parroquias de la ciudad y ejercer, en fin, los demás ministerios pastorales.

En las *Reglas y constituciones* se prescribía un horario rígido y meticuloso. «Desde octubre a abril se levantan a las cinco de la mañana. A las cinco y media acuden en comunidad al oratorio para ofrecer al Señor las primicias del día e implorar la asistencia del Espíritu Santo. Rezan la letanía de los santos, el himno y las preces de *Prima;* dedican media hora a la meditación y después oyen la santa misa sin comulgar, puesto que este precepto sólo obliga dos veces al mes. A continuación estudian en sus habitaciones hasta las siete y media, hora del desayuno. De ocho a nueve prosigue el tiempo de estudio, y después asisten a las cátedras de cánones y disciplina eclesiástica y conciliar, que estudian según las *Instituciones canónicas* y las *Antigüedades cristianas*, de Selvaggio. De diez a once se celebran conferencias de teología dogmática y moral, explicadas en las obras de Genetto, y desde las once se retiran a sus celdas, donde estudian hasta las doce, hora del almuerzo. Sigue un breve descanso, y a las dos de la tarde se reúnen para repasar la lección señalada en el aula de teología dogmática y moral, a la que deben asistir a las tres menos cuarto. De cinco a seis, conferencias, y de seis a ocho tienen dos horas de estudio en privado. A las ocho rezan el santo rosario, escuchan la

[65] F. MARTÍN, *Los seminarios españoles:* Ilustración: o.c., p.144s.

lectura espiritual y practican el examen de conciencia, y a las nueve cenan. Finalmente, a las diez, tras el toque de silencio, se retiran todos a descansar.

«Desde mayo a septiembre se levantan media hora antes, es decir, a las cuatro y media. Pero los demás actos siguen el mismo horario. No se conceden vacaciones veraniegas y durante los meses de julio, agosto y septiembre rige idéntico horario. Solamente de cinco a seis de la tarde se ejercitan en conferenciar unos con otros sobre materias estudiadas en el curso anterior.

«La vida de piedad se reduce a cumplir los actos diarios ya indicados y practicar anualmente los ejercicios espirituales —pero no según el método ignaciano—, en los que deben leerse el *Libro de la oración y meditación* y la *Guía de pecadores,* de Fr. Luis de Granada. Nótese en este punto una reminiscencia antijesuítica, característica de la época, y particularmente del arzobispo Fabián y Fuero, acérrimo defensor de la expulsión» [66].

Con la Independencia todo se viene abajo. Cuando el seminario vuelve a funcionar de nuevo en 1811, las inflexibles condiciones que había puesto Fabián y Fuero para la recepción de alumnos impiden que éstos puedan entrar en número suficiente. A excepción de los porcionistas, sólo podían ser admitidos los que tuvieran veinticuatro años de edad; ello hacía, por otra parte, que el colegio no pudiera ser considerado del todo como seminario conciliar de la diócesis. El arzobispo Fr. Veremundo Arias, que pretende instaurarlo siguiendo la mente del concilio, confiesa en 1819 a la Congregación de Roma que, a pesar de existir en Valencia cuatro colegios eclesiásticos, «ninguno de ellos se acomoda exactamente a la norma prescrita por el sacro concilio Tridentino»; además, que ninguno de ellos estaba sometido directamente al ordinario, por el privilegio de excepción, y en estado tan lamentable, que difícilmente podían recibir alumnos [67].

En Orense ocurren casi las mismas cosas. El obispo de la diócesis y más tarde cardenal, D. Pedro de Quevedo y Quintano, piensa establecer el seminario en el colegio de la Compañía, que acababa de cederle el rey Carlos III. Pronto surgen dificultades, pues se ve obligado a ceder el edificio para hospedaje de los sacerdotes emigrados de Francia, que él mismo mantenía a sus expensas. Cuando éstos vuelven a su patria en 1801, puede imponer la beca a los primeros dieciocho colegiales el 8 de enero de 1804. Un año más tarde daba constituciones al nuevo seminario de San Fernando. Por desgracia, pronto queda desierto a causa de la guerra de la Independencia. Convertido en cuartel de las tropas francesas, se prende fuego y queda enteramente en ruinas; hasta 1817 no podrían entrar de nuevo en él los seminaristas [68].

[66] V. CÁRCEL ORTÍ, *Primera época del seminario conciliar de Valencia. 1790-1844* (Castellón de la Plana 1967) p.9-13, en que resume las constituciones publicadas en Valencia en 1792.
[67] F. MARTÍN HERNÁNDEZ, *Los seminarios españoles:* Historia: o.c., p.120.
[68] Ibid., p.79; cf. E. DURO PEÑA, *El seminario conciliar de San Fernando de Orense:* Hispania Sacra 13 (1960) 97-116.

5. Balance de unas experiencias

Nuestros hombres del siglo XVIII, como creemos que puede deducirse, sueñan con la renovación del seminario partiendo del estudio de una teología que brote de las mismas fuentes, limpia de impuros añadidos, al servicio de una Iglesia clarificada y «razonable» y enseñada al socaire de una pedagogía sana y humanista. En el fondo predomina un espíritu revolucionario, pleno de optimismo y con visos a veces de ingenuidad. La amenaza conservadurista permanecía al acecho; y bastó el simple chispazo de la Independencia —que fue, «tanto como española, una guerra de religión contra las ideas del siglo XVIII, difundidas más universalmente por las legiones napoleónicas»— [69] para que todo o casi todo se viniera abajo.

No obstante, se logró dar con las profundas tendencias (esfuerzo, insatisfacción, adhesión reflexiva) que fueron siempre nuestras, y que aquéllos hicieron despertar de su largo sueño, para luego presentarlas revestidas de un tal vigor, que hizo que los perezosos y olvidadizos hombres de su tiempo las tuvieron como «nuevas» y en cierto sentido peligrosas.

Definitivamente quedaban lejos los estrictos horizontes que hasta fines del siglo XVII marcaron la línea a seguir en nuestros seminarios y demás centros de formación eclesiástica, ingenuamente satisfechos con el mínimum tridentino.

A comienzos del XVIII, la teología se enseña a una con la moral, que antes había sido la única y rudimentaria enseñanza. Asimismo, vemos cómo la Escritura deja de ser una accesoria de la dogmática o la ascética, de las cuales era mera función, con lo que se perdía de vista la economía general de los libros sagrados y de la historia de la salvación. Por ahora ya está definitivamente separada de la teología y de la ascética, estudiándose toda ella en su conjunto y como asignatura independiente.

Como hemos visto, en casi todos los seminarios se sigue el *Aparato bíblico* de Lamy, uno de los miembros más sobresalientes de la congregación del Oratorio. Esto supone un avance considerable, si pensamos que ya existían antes grandes comentadores (Estío, Cornelio a Lápide, Turín), pero en nada vulgarizadores de trabajos modernos, históricos o arqueológicos, referidos a las diversas partes de la Biblia y que tuvieran en cuenta las necesidades concretas de los estudios en conventos y seminarios. En fin, nada parecido a los manuales de Escritura, que empiezan a fines del XVII.

Lamy es quien sigue este camino. Inspirándose en los mejores trabajos de especialistas, resume lo que entonces se conocía sobre los orígenes, la historia del pueblo de Israel, instituciones políticas y religiosas, el fondo, las partes principales, las versiones y las ediciones de textos escriturísticos, las nociones arqueológicas o científicas necesarias para la inteligencia de las sagradas Escrituras.

[69] M. Menéndez Pelayo, *Historia de España:* o.c., p.243.

Sin duda, se va por buen camino, y al final de esta época se notan inquietudes acuciantes, como ocurre en Jovellanos, quien no se conforma con menos que con encontrar «libros textuales, que son la fuente de las ciencias...; p.ej., para la Escritura santa, las poliglotas y las biblias». El mismo es el que, desconfiado de la competencia de la universidad, hace que los alumnos del colegio de Calatrava, una vez que vuelven de sus clases en Salamanca, consulten, además de a Lamy, las *Instituciones bíblicas,* de Duhamel, y las obras del benedictino Calmet, que podrían servirles de la más excelente preparación para el estudio de la Escritura. También recomienda los comentarios de Erasmo para el Nuevo Testamento, que habían sido exceptuados, en lo que se refería a la lectura de la Biblia en lengua romance, por el *Indice* de 1789. Se avanza, pues, en exégesis y se descubre la necesidad de una nueva dimensión con el conocimiento de los medios culturales en que fue escrita y se fue desarrollando la historia de la salvación. A ello se añade el interés por las lenguas orientales —el griego y el hebreo—, que vino a suponer una indiscutible ventaja.

También se propugna una moral que, más que todo, se apoye en la Escritura, en las decisiones de concilios y de romanos pontífices, y quede lejos de aquellos malabarismos de escuela en que desgraciadamente se había venido debatiendo.

De gran importancia es el avance que se quiere dar a las ciencias positivas: matemáticas, geografía, botánica, lenguas...; a los nuevos métodos pedagógicos y a la elevada visión que de alguna manera se va teniendo del educando. Lo mismo digamos de los métodos que se adoptan para su mejor formación humana y espiritual. Aunque todavía abundan los castigos, se abren horizontes de familiaridad y de comprensión; de este modo, por encima de etiquetas y de residuos monacales, al seminarista se le va preparando para que ocupe un puesto más digno y cualificado dentro de la Iglesia y de la sociedad.

Junto a estas ventajas, notemos también algunos inconvenientes. Tal vez faltó tiempo para llevar a cabo un proceso que necesariamente había de ser para largo; sin embargo, a ello se unen otras motivaciones, que insensiblemente iban a impedir el logro de tantos y tan buenos proyectos.

Uno pudo ser el haber creído que bastaban unos métodos o la improvisación de largos programas, por muy avanzados que éstos fueran. Se olvida mentalizar en serio, educar a los hombres que habrían de utilizarlos, y se les deja que continúen sin evolución, deudores de viejos sistemas y rutinas. No bastaba imponer unos planes; era preciso, además, atender a los problemas de la asimilación. Y todavía más grave si se piensa que este movimiento no llegó a calar del todo en el alma popular y en no pocos elementos conservadores.

Otra circunstancia que de algún modo pudo haber hecho sospechosos estos intentos fue el que obraran demasiado los intereses personales y de partido más que el de la propia enseñanza y formación. Predominó aquel espíritu revolucionario, iluminista, demoledor de todo lo antiguo, sin que aquellos que lo iban promoviendo se dieran cuenta a veces de que se hundirían más tarde en sus propias ruinas.

Por fin, el obstáculo que crea todo el ambiente en que se prepara la guerra contra el invasor francés. El atropello de un pueblo extranjero de quien decían venir aquellas reformas, y que, en coincidencia histórica, muestra al mundo los horrores de un pensamiento como el suyo llevado a las últimas consecuencias; pueblo con quien, además, se alía una parte de los reformadores, por lo que, inconscientemente, iban a provocar el repudio de lo que en su principio aparecía como una esperanza. Algunos de los mismos ilustrados habían ya dado marcha atrás, como Floridablanca, y luego Jovellanos y Moratín, después de contemplar tantas cabezas colgando de las picas de la revolución. Para los seminarios pesará todo esto y, además, la dificultad de acordar con lo genuinamente católico cuanto de tendencia heretizante había llegado a dominar sus programas de estudio. Estos se resentían de un abierto jansenismo, si no como doctrina, sí como regalismo antipapal, con su espíritu severo y triste, tan ajeno a la exuberante religiosidad del barroco y como un aliado en la lucha contra el jesuitismo, circunstancia que equivocará a muchos cuando, por esta tendencia, tildan a algunos de los ilustrados de portroyalistas.

Ello influirá también en el talante humano y espiritual que los reformadores quisieron dar al seminarista, recluyéndole en un forzado retiro, en abierta oposición con el mundo. Este se ve cogido entre las ceremonias y etiquetas de los colegios universitarios y la rigidez portroyalista, que los nuevos educadores quieren matizar con visos de elegancia sacerdotal. Todavía los seminarios que se conservan de la época de Carlos III conservan unos muros fuertes, con ventanas enrejadas y patios con olor a vigilancias y silencios. Donde se prohibía toda clase de juegos de naipes, de dados, lo mismo que hacer gastos y regalos, llevar armas, tener instrumentos músicos, leer o poseer libros de comedias o novelas, «ajenos del espíritu y disciplina eclesiástica en que deben criarse los alumnos» y todo cuanto se refiriera a mundanidades, trato con mujeres, salidas a la calle, etc. Es curiosa la obsesión con que se detalla y entretienen todas las constituciones en el apartado del castigo. Cierto que se nota una evolución favorable, pero siempre queda el miedo y la represión.

Todas las garantías que se arbitren para mantener la disciplina son pocas. La mejor, a no dudarlo, el orden establecido, que ha de guardarse inalterablemente. El rector velará por el cumplimiento de las constituciones, y en algunas partes se ordena que los superiores ocupen lugares estratégicos para mejor vigilar y que revisen las celdas y los baúles cuando les parezca... Con el agravante de que este mismo control llega hasta la recepción de los sacramentos.

También esto responde a un momento histórico, a una mentalidad de entonces. Se entiende necesaria esta dura preparación para poder luego sobrevivir en un mundo adverso. Se buscan unas modalidades de perfección en consonancia con personas que han de renunciar completamente a ese mundo que únicamente en sentido peyorativo les refleja el ambiente de perfección de la época, y contra el que han de seguir luchando cuando salgan del seminario.

CONCLUSIÓN

Dejamos la historia de la formación del clero en los siglos XVII y XVIII cuando se abre para España la línea divisoria entre dos épocas y, de alguna manera, también entre dos ideologías. El 2 de mayo de 1808 significa para la Patria una fecha gloriosa, pero no tanto para nuestras viejas instituciones clericales, que con el levantamiento padecen un triste y grave retroceso. Todo se viene abajo: los edificios quedan vacíos o son dedicados a fines militares, los alumnos huyen a la desbandada, alistándose o bien a las guerrillas o bien a los ejércitos nacionales; sólo queda la confusión y el desorden y la paralización casi general de la vida académica.

Con este bagaje de desintegración se van a presentar nuestros seminarios a la lucha del siglo XIX, cargada toda ella de negros horizontes y de funestos presagios. Durante la primera mitad del siglo van a ser sometidos a una verdadera prueba, a merced de unos hombres y de unas ideas, fluctuantes, las más de las veces, entre el sectarismo y la arbitrariedad.

No obstante, aún van a llegar a estos centros de formación los esfuerzos de reforma que se habían venido desarrollando a través de todo un siglo. Hemos visto lo mucho que les ha costado despojarse de unas estructuras que los tenían como aprisionados, mimetizados y casi faltos de vida. La acción de los obispos, por una parte, y la influencia del Estado por otra, hicieron posible esta espléndida renovación.

Cuando termina el siglo, el seminario español da idea de haber tomado conciencia de su responsabilidad y del papel preponderante a que estaba llamado dentro del sacerdocio y de la Iglesia de España. Es verdad que todavía se reconocen en él los impactos de una inveterada ideología, pero esto mismo nos ayuda a comprender con más precisión lo que hasta este momento se vino realizando.

En esta mirada retrospectiva no podemos dejar de admirar el espíritu recio de unos hombres apostólicos —los píos operarios— que ya en su tiempo supieron sentir el problema de una educación sacerdotal más genuina y eficaz, verdadera semilla de tantos movimientos que más tarde se desarrollarían. Con ellos, aquella pléyade de obispos «ilustrados», pero llenos de buena intención, que lograron infundir nueva savia a las viejas instituciones que tenían entre manos. Tuvieron que pasar por la crisis característica de todos los movimientos de reforma, pero no cabe duda de que la hubieran superado a no mediar el terrible aldabonazo de la Independencia.

Si se ha llamado a la época de finales de Trento la era de nuestros seminarios, también se puede decir lo mismo de la que acabamos de exponer. Entonces se dio una marca española a esta institución que acababa de salir de manos de los Padres del concilio. Marca española es la que llevan también nuestros seminarios del XVIII. Bien lo demuestra, a rasgos generales, el detalle de una iniciativa que corresponde de modo exclusivo a nuestros reyes y a nuestros prelados.

CAPÍTULO VII

RELIGION Y CULTURA EN EL SIGLO XVIII ESPAÑOL

Por ANTONIO MESTRE SANCHIS

BIBLIOGRAFIA

AGUILAR PIÑAL, F., *Historia de Sevilla* IV: *El Barroco y la Ilustración* (en colaboración con DOMÍNGUEZ ORTIZ) (Sevilla 1976).
— *La Sevilla de Olavide. 1767-1778* (Sevilla 1966).
— *La universidad de Sevilla en el siglo XVIII* (Sevilla 1969).
APPOLIS, E., *Entre jansénistes et zelanti, le «Tiers Parti» catholique au XVIIIe siècle* (París 1960).
— *Les jansénistes espagnoles* (Burdeos 1966).
Atti del Convegno Internazionale di Studi Muratoriani. Módena 1972 (Florencia 1975).
CEYSSENS, L., *Le jansénisme. Considérations historiques préliminaires à sa notion:* Nuove ricerche storiche sul giansenismo (Roma 1954).
CODIGNOLA, E., *Illuministi, giansenisti e giacobini nella Italia del Settecento* (Florencia 1947).
DAMMIG, J., *Il movimento giansenista a Roma nella seconda metà del secolo XVIII* (Città del Vaticano 1945).
DEFOURNEAUX, M., *L'Inquisition espagnole et les livres français au XVIII siècle* (París 1963).
— *Pablo Olavide ou l'Afrancesado. 1725-1803* (París 1959).
DEMERSON, J., *Don Juan Meléndez Valdés y su tiempo. 1745-1817*, 2 vols. (Madrid 1971).
DEMERSON, P. de, *María Francisca de Sales Portocarrero, condesa de Montijo, una figura de la Ilustración* (Madrid 1975).
FUENTE, V. de la, *Historia eclesiástica de España*, 4 vols. (Barcelona 1855-59). Ampliada en 6 vols. (Madrid 1873-75).
GÓNGORA, M., *Estudios sobre el galicanismo y la «Ilustración católica» en América española:* Revista chilena de Historia y Geografía 125 (1957).
HERR, R., *España y la revolución del siglo XVIII* (Madrid 1964).
JEMOLO, A. C., *Il giansenismo in Italia prima della rivoluzione* (Bari 1928).
— *Il pensiero religioso di L. A. Muratori*, en *Scritti vari di storia religiosa e civile* (Milán 1965).
LABOA, J., *Doctrina canónica del Dr. Villanueva* (Vitoria 1957).
LÓPEZ, F., *Juan Pablo Forner et la crise de la conscience espagnole au XVIII^c siècle* (Burdeos 1976).
MARCH, J., *El Beato José Pignatelli y su tiempo*, 2 vols. (Barcelona 1935).
MARTÍ GILABERT, *La Iglesia en España durante la Revolución francesa* (Pamplona 1971).
MARTÍN HERNÁNDEZ, F., *Los seminarios españoles en la época de la Ilustración* (Madrid 1973).

MARTÍNEZ ALBIACH, A., *Religiosidad hispana y sociedad borbónica* (Burgos 1969).

MENÉNDEZ PELAYO, M., *Historia de los heterodoxos españoles*, 2 vols. (Madrid 1956).

MESTRE, A., *Despotismo e Ilustración en España* (Barcelona 1976).

— *La espiritualidad del siglo de oro en los ilustrados españoles* (II Simposio sobre el P. Feijoo y su siglo, Oviedo, oct. 1976).

— *Historia, fueros y actitudes políticas. Mayáns y la historiografía del XVIII* (Valencia 1970).

— *Ilustración y reforma de la Iglesia. Pensamiento político-religioso de D. Gregorio Mayáns y Síscar. 1699-1781* (Valencia 1968).

— *Influjo erasmiano en la espiritualidad del inquisidor general Felipe Bertrán. 1703-1782:* Anales Valentinos I 2 (1975) 277-96.

— *Muratori y la cultura española:* Atti del Conveg. Intern. Studi Murat. III (1975) 173-220.

— *La reforma de la predicación en el siglo XVIII (A propósito de un tratado de Bolifón):* Anales Valentinos II 3 (1976) 79-119.

MIGUÉLEZ, M. F., *Jansenismo y regalismo. Datos para la historia. Cartas al Sr. Menéndez Pelayo* (Valladolid 1895).

MOREU-REY, *El pensament illustrat a Catalunya* (Barcelona 1966).

OLAECHEA, R., *El anticolegialismo del Gobierno de Carlos III:* Cuadernos de investigación 4 (Logroño 1976) 53-90.

— *Las relaciones hispano-romanas en la segunda mitad del siglo XVIII*, 2 vols. (Zaragoza 1965).

OLAVIDE, P., *Plan de estudios para la universidad de Sevilla* (Barcelona 1949).

PINTA LLORENTE, M. de la, *Aspectos históricos del sentimiento religioso en España. Ortodoxia y heterodoxia* (Madrid 1956).

— *Los caballeritos de Azcoitia. Un problema histórico* (Madrid 1973).

SARRAILH, J., *La España ilustrada de la segunda mitad del siglo XVIII* (México-Buenos Aires 1957).

SAUGNIEUX, J., *Le jansénisme espagnol du XVIIIe siècle, ses composantes et ses sources* (Oviedo 1975).

— *Les jansénistes et le renouveau de la prédication dans l'Espagne de la Seconde moitié du XVIIIe siècle* (Lyon 1976).

— *Un prélat éclairé: D. Antonio Tavira y Almazán (1737-1807). Contribution à l'étude du jansénisme espagnol* (Toulouse 1970).

SIERRA, L., *El episcopado español ante los decretos de matrimonios del ministro Urquijo* (Bilbao 1964).

— *El cardenal Lorenzana y la Ilustración* (Madrid 1975).

STELLA, P., *Il giansenismo in Italia. I Piemonte*, 3 vols. (Zürich 1966-74).

TOMSICH, María García, *El jansenismo español. Estudio sobre las ideas religiosas en la segunda mitad del siglo XVIII* (Madrid 1972).

VILLAPADIERNA, I., *El jansenismo español y las Cortes de Cádiz:* Nuove Ricerche storiche sul giansenismo (Roma 1954) 273-303.

Si el siglo XVIII ha suscitado escaso interés, hasta hace pocos años, entre los historiadores españoles, los aspectos religiosos de nuestra Ilustración no han sido más afortunados. El contraste con el siglo XVI resulta palmario. Mientras en el siglo de oro se conocen los orígenes y evolución doctrinal de las distintas escuelas de espiritualidad, sus defensores y contradictores, sus repercusiones en la poesía y teatro, respecto a la Ilustración andamos en tinieblas. Porque no es ciertamente muy serio reducir toda la problemática religiosa de nuestro XVIII al influjo de Voltaire, de la *Enciclopedia* y del jansenismo regalista o identificar la espiritualidad hispánica de la centuria con los tratados apologéticos de los tradicionalistas.

Explicar el evidente contraste no resultaría muy difícil. Los historiadores de la literatura son, en gran parte, responsables, pues mientras han visto el máximo esplendor de las letras hispanas en el siglo de oro, han despreciado la pobre inspiración de la poesía neoclásica, la au. ncia de novela, la escasa altura del teatro dieciochesco... En consecuencia han descuidado el ensayo o el informe académico, géneros propios de la Ilustración, que no han merecido tanto interés por tratarse de obras que no buscan de manera inmediata una expresión artística.

Además, el siglo de oro, visto a través de los ojos de Menéndez Pelayo, ha pasado a la historia como la mejor expresión del genio hispánico —también en el campo de la teología y de la espiritualidad—, mientras el XVIII ha sido presentado como el siglo afrancesado por excelencia. Más aún, el querer ver en la Ilustración el origen del liberalismo —en un país en que toda postura liberal ha sido considerada como una traición— ha contribuido de manera especial a dividir a los historiadores, que han prejuzgado el siglo según el prisma de sus ideas políticas, evitando el estudio sereno, que hubiera podido clarificar la evolución religiosa de los españoles a lo largo de la centuria.

En fin, sin afán de agotar todas las razones, el siglo XVI tuvo figuras religiosas que alcanzaron sublimes cimas en el campo del pensamiento teológico, de la experiencia mística o de la expresión literaria de su pensar y vivir espirituales: Juan de Avila, Fr. Luis de Granada, Teresa de Avila, Juan de la Cruz, Fr. Luis de León, Arias Montano..., por citar unos pocos. Y el genio —también el religioso— suscita interés. Así, al estudiar su pensamiento, su forma concreta de actuar y vivir dentro de un contexto, los historiadores se han visto obligados a clarificar la evolución de las corrientes de espiritualidad que han cristalizado en esas máximas figuras o que de su persona y actividad surgieron. Una vez más, el contraste. El siglo XVIII, interesado fundamentalmente por los estudios prácticos, económicos, digámoslo con claridad, y muy ajeno a preocupaciones místicas, carece de esas personalidades en el campo religioso que atraigan la atención de los historiadores, por medio de cuyos trabajos hubiera podido desarrollarse el estudio de la religiosidad ilustrada, que transcurre por cauces menos heroicos, pero, aunque oscuros y triviales, no menos interesantes.

Por otra parte, la lectura del libro sexto de la *Historia de los heterodoxos españoles*, que D. Marcelino dedicó al siglo XVIII, resulta, ciertamente, descorazonadora. El regalismo, practicado con anterioridad por los Reyes Católicos y los Habsburgo, aparece como un arma antieclesiástica y anticristiana en manos de los ministros de Carlos III; las nuevas corrientes filosóficas, partiendo de una crítica a la escolástica iniciada por Feijoo, desembocan en un sensismo antimetafísico; los jansenistas, con fuertes ribetes jurisdiccionales e identificados con los principios básicos del regalismo, se manifiestan ayunos de espíritu religioso; el fuerte influjo de la Ilustración gala, con su carácter volteriano y antirreligioso, invade nuestro mundo intelectual, mientras nuestros gobernantes se empeñan en descristianizar al pueblo...

Han transcurrido desde entonces casi cien años, y nadie se atrevería hoy a mantener los planteamientos de Menéndez Pelayo. Su visión de la historia española desde una perspectiva política muy concreta y su interés por estudiar las desviaciones heterodoxas contribuyeron a que sus juicios fueran un tanto unilaterales, dejando al margen aspectos que en una historia de la Iglesia española deben valorarse positivamente. Por lo demás, pese al descuido antes señalado, nuevas investigaciones han venido a clarificar aspectos entonces ignorados o muy confusamente conocidos. El presente volumen constituye, en gran parte, una rectificación de su planteamiento.

Mi trabajo estará dividido en dos grandes partes. En la primera procuro señalar los caracteres de la religiosidad popular española, así como el estado y evolución del clero a lo largo del siglo. En la segunda estudio por separado las dos corrientes que pretendían reformar las manifestaciones religiosas españolas —jansenistas e ilustrados— hasta 1789, para finalizar con un intento de clarificación de las corrientes espirituales durante el reinado de Carlos IV.

La religiosidad popular

Don Marcelino repite con frecuencia que la religiosidad del pueblo no seguía las normas trazadas por sus dirigentes. Valgan estos dos ejemplos. «En Castilla, los ministros de Carlos III se convirtieron en heraldos o en despóticos ejecutores de la revolución impía y la llevaron a término a mano real y contra la voluntad de los pueblos. Las clases privilegiadas se contagiaron dondequiera de volterianismo, mezclado con cierta filantropía sensible y empalagosa...» Dejemos al margen, por ahora, lo de heraldos y ejecutores de «la revolución impía», aplicado a Campomanes, Roda o Floridablanca, y observemos el contraste entre la religión del pueblo y las ideas de sus gobernantes. Contraste que vuelve a surgir en páginas posteriores: «A tan vergonzoso estado de abyección y despotismo ministerial había llegado España en los primeros años del siglo XIX. La centralización francesa había dado sus naturales frutos, pero era sólo ficticia y aparente. La masa del pueblo estaba sana. El contagio vivía sólo en las regiones oficiales. Todo era artificial y pedantesco, remedo y caricatura del jansenismo y del galicanismo francés...» [1]

Pero ¿qué formas concretas toma la religiosidad popular española del XVIII? He aquí uno de los puntos más oscuros de la historiografía sobre la Ilustración. Por de pronto, no contamos con estudios cuantitativos acerca de la mentalidad religiosa. Es bien sabido que los historiadores franceses, sorprendidos por la apostasía general del año segundo de la Revolución, intentaron clarificar las raíces de la descristianización por medio de técnicas cuantitativas que pudieran llevarles a conclusiones firmes sobre las curvas de cumplimiento pascual, asistencia a misa,

[1] MENÉNDEZ PELAYO, II 378.558.

legados píos en testamentos, encargos de misas en la hora de la muerte... Algunos puntos positivos se han conseguido. Así, Vovelle ha podido señalar el inicio de un acusado descenso de las prácticas religiosas durante la década de los cincuenta en Provenza [2]. Pese a ciertas dudas manifestadas por Gusdorf acerca del valor de las técnicas cuantitativas aplicadas a la espiritualidad, tales estudios nos hubieran ayudado a calibrar la fuerza de la religiosidad popular, que ahora sólo podemos conocer por testimonios más o menos individuales e indirectos. Pero, por desgracia, en España carecemos de estudios serios de sociología religiosa aplicada a nuestra historia, y tengo la impresión de que tardaremos en poseerlos [3].

PRÁCTICAS RELIGIOSAS COTIDIANAS

Una lectura atenta de los *Diarios* de Jovellanos nos permite observar el respeto con que el ilustrado gijonés anota su asistencia a misa. Y no sólo los domingos o días de precepto, pues si el día de Pascua, 5 de abril de 1795, señalaba: «Cumplimiento de Iglesia de la capilla de los Remedios», añadía al siguiente: «Nubes, sin agua; buen tiempo. Misa»; y el martes de Pascua: «Correo. Misa». Jovellanos asistía, asimismo, a las festividades litúrgicas de Semana Santa: «Jueves (Santo), 17. A los oficios al convento; luego, a la iglesia; a casa». «Viernes (Santo), 18. Sigue el Nordeste; a los oficios al convento; a casa». Y el Martes Santo había escrito: «Madrugada para ir a la iglesia; confesión con Don Rodrigo Cardín; la comunión, el viejo Don Antonio Menéndez; a casa» [4]. Y dentro de la misma tónica, se puede precisar su asistencia a misa en algunos días laborables. Así, un sábado escribe: «Misa en una capilla privada, que dijo un capellán llamado Don Adrián». Y un detalle curioso; en sus viajes anota: «Fuimos a ver a Don Antonio Benavides y su esposa, y estaban en misa» [5].

Era conveniente precisar estos términos, porque con posterioridad utilizaremos frecuentes textos de Jovellanos contra abusos clericales y manifestaciones religiosas francamente supersticiosas. Desconocemos, sin embargo, si la asistencia diaria a misa era una actitud general del pueblo español, pese a lo que dice Vicente de la Fuente. Ni siquiera aparece anotado con mucha frecuencia en los *Diarios* del ilustrado gijonés. Lo que sí aparece clara es la devoción con que los españoles asisten al celebrante, tanto que sorprendía a los extranjeros. Así lo confesaba el dominico francés Juan Bautista Labat: «Los que ayudan a misa en España,

---

[2] M. Vovelle, *Piété baroque et déchristianisation en Provence au XVIIIᵉ siècle* (ed. Plon, 1973); Id., *Réligion et Revolution: la déchristianisation de l'an II* (ed. Hachette, 1976).
[3] G. Gursdorf, *Dieu, la nature, l'homme au siècle des Lumières* (París 1972). Los trabajos en España que yo conozco son escasos; J. Sáez Marín, *Datos sobre la Iglesia española contemporánea. 1768-1868* (Madrid 1975); se limita a dar el número del clero secular y regular. También Saugnieux confiesa la ausencia de tales estudios en España.
[4] BAE 85,166. Cumplimiento pascual de otro año, ibid., 247.
[5] Ibid., 69-70.

religiosos o seculares, jamás dejan de ayudar al sacerdote a vestirse, y lo hacen con mucho respeto; los más grandes señores se hacen un honor de ello, y, a medida que presentan al sacerdote alguna parte de los ornamentos, le besan la mano. Se ponen de rodillas para dar el agua al sacerdote durante la misa, y después que se ha enjugado sus dedos, aquel que le ha dado el agua, permaneciendo de rodillas, le presenta la palangana vuelta, sobre la cual el sacerdote pone su mano para dejársela besar; al regreso a la sacristía no deja de ayudar al sacerdote a desnudarse, después de lo cual se pone de rodillas para recibir su bendición y besar su mano. La diferencia de esos besos es que antes y durante la misa dan el beso en el dorso de la mano, pero después de la misa presentan la palma» [6].

No era la asistencia a misa la única devoción de los españoles. Mucho arraigo popular tenía, sin duda, el rezo del rosario. Así, en la iglesia de los dominicos en Cádiz se rezaba tres veces al día; por la mañana, una hora antes del mediodía y al anochecer, con mucha asistencia de fieles. Y, sin que alcanzase ese ritmo, era normal el rezo del rosario en todas las parroquias. Valgan, como síntoma, las palabras de Félix Amat al comentar la actividad apostólica, como párroco, de Valero y Losa, más tarde arzobispo de Toledo: «Todos los días tenía oración con sus feligreses en la iglesia por la mañana y rezaba el rosario por la tarde...» [7].

La devoción a la Virgen María, tan presente en la religiosidad de los españoles, tenía otras manifestaciones, entre las que sobresale el rezo del *Angelus*. Por supuesto, no era una devoción reciente, pues en la diócesis de Vich había sido introducida, nada menos que en 1322, por el obispo Berenguer de Guardia, pero continuaba en todo su vigor en el siglo XVIII, como atestiguan los extranjeros que visitan la Península. El silencio producido en el mercado de Cádiz al toque del *Angelus* o la reverencia con que los paseantes de la Corte se descubren y rezan recordando el saludo del ángel, no dejan de ser formas concretas de una religiosidad popular muy arraigada [8].

Un espectador perspicaz como Towsend no podía menos de observar el carácter, externo en muchos casos, de tales devociones. Sus palabras no dejan de ser expresivas: «Si todos los afectos del corazón corresponden a las señales exteriores de piedad y si la conducta moral responde a los afectos del corazón, seguramente este pueblo es el más piadoso y el más virtuoso que haya sobre la tierra». Porque la religiosidad exterior parecía llenar las formas sociales de los españoles: saludos con el nombre de María al entrar en una casa o al despedirse, invocaciones a Jesús al estornudo o alabanzas a Jesús sacramentado al llevar luz

---

[6] J. GARCÍA MERCADAL, *Viajes de extranjeros por España y Portugal* (Madrid 1962) III 118.

[7] Ibid., 115; F. AMAT, *Tratado de la Iglesia de Jesucristo o Historia eclesiástica* (Madrid 1807) XII 110.

[8] E. JUNIENT, *Introducción del toque del «Angelus» en la diócesis de Vich por un decreto episcopal de 1322:* Analecta Sacra Tarraconensia 28 (1955) 265-68; GARCÍA MERCADAL, III 113.1413.

a una habitación... Llamaba la atención, sobre todo, la reverencia con que se atendía al paso del viático por las calles de las ciudades y pueblos de España. En este caso no hay testimonio más fidedigno que la misma *Novísima recopilación:* «Cuando acaeciere que nos, o el príncipe heredero, o infantes nuestros hijos, o otros cualesquier cristianos viéremos que viene por la calle el santo sacramento del cuerpo de nuestro Señor, todos seamos tenidos de lo acompañar hasta la iglesia donde salió, y hincar los hinojos para le hacer reverencia, y estar así hasta que sea pasado; y que nos no podamos excusar de lo así hacer por lodo, ni polvo, ni por otra cosa alguna». Y después de los monarcas, todas las clases sociales, empezando por las más elevadas, que prestaban con gusto sus coches, acompañaban con reverencia al viático [9].

LA MISA DOMINICAL Y LAS HOMILÍAS

Ahora bien, el centro de la vida religiosa española era la misa dominical. Ya vimos con qué meticulosidad anotaba Jovellanos su asistencia regular. Otros testimonios de Mayáns coinciden plenamente en señalar el cumplimiento general. Y los mandatos de las visitas pastorales son muy explícitos, en este particular. El cumplimiento de la asistencia a misa dominical era general, pese a que los agricultores trabajaban muchos domingos. Y, aunque los párrocos dispensaban con facilidad de la ley del descanso para que pudieran recoger las cosechas o atender las necesidades perentorias, muchos campesinos no pedían licencia. De ahí que los obispos insistan en las visitas pastorales sobre el trabajo agrícola en los días de fiesta. En contraste, pocas veces aluden a la necesidad de cumplir con la misa. En algún caso, sin embargo, puede leerse: «y si hubiere omisión en el brazo secular (en echar de la parroquia a algunas mujeres faltas de temor de Dios), lo noticiará al Rvdo. Ordinario para que lo remedie o comunique a la superioridad, practicando lo mismo con el mayor vigor y prudencia para abolir el escándalo o falta de observancia de las fiestas de precepto» [10].

Por lo demás, la misa iba acompañada, en el caso de los sacerdotes más fervorosos, de una breve homilía que explicase a los fieles el alcance y sentido de la festividad o del evangelio del domingo. Las pruebas en este sentido son múltiples y variadas. Felipe Bertrán, obispo de Salamanca e inquisidor general, escribía sus homilías dominicales siendo párroco de Masamagrell y Bétera (Valencia) por los años 1739-40, que todavía hoy se conservan manuscritas [11]. José Climent, más tarde obispo de Barcelona, fue en este sentido más afortunado, pues sus pláticas dominicales pronunciadas cuando era párroco de San Bartolomé de Valencia, fueron publicadas después de su muerte. Y de nuevo las pala-

---

[9] GARCÍA MERCADAL, 1413.882.1359-60. La ley dada por el rey Juan I en Briviesca (1387), y que todavía se incluye en la *Novísima recopilación* (1805) l.1 tít.1 ley 2.
[10] Parroquia de San Roque, de Oliva. Visita pastoral de 1775.
[11] A. MESTRE, *Influjo erasmiano...*

bras de Félix Amat hablando de Valero y Losa como párroco de Villanueva de la Jara: «y todas las fiestas explicaba el evangelio por la mañana, y por la tarde enseñaba el catecismo a los niños y le explicaba a
los mayores» [12]. Pero no debía de ser tan frecuente cuando se presenta
como mérito a resaltar y entre los personajes que lo practican están las
máximas figuras reformistas del siglo. El interés de los obispos por que
se predicara en las parroquias todos los domingos, que dura todo
el siglo, más bien induce a pensar que no siempre se cumplía a la perfección.

LAS FIESTAS Y EL SERMÓN

Es preciso distinguir, sin embargo, la homilía dominical del sermón
de fiestas, que adquiría una importancia social y hasta política desmesurada. Por de pronto hay que señalar el número abundantísimo de fiestas. Aquellas en que la Iglesia obligaba con la asistencia a misa pasaban,
a principios de siglo, de noventa. Resultaba tan exagerado, que el concilio provincial de Tarragona de 1727 redujo las fiestas obligatorias.
Además de los domingos quedaron los días de Navidad, San Esteban,
Circuncisión, Epifanía, lunes de Pascua y de Pentecostés, Ascensión,
Corpus, San Juan Bautista, San Pedro y San Pablo, Santiago, Todos los
Santos y cinco fiestas de la Virgen (Purificación, Anunciación, Asunción, Natividad y Concepción). En las demás fiestas desaparecía la obli-
gatoriedad de asistir a misa o, en todo caso, los fieles podían trabajar.

Estas eran, pues, las solemnidades nacionales que deberían acompa-
ñarse de la homilía. Las fiestas locales, por demás, eran también muy
abundantes: santos patronos, misiones, rogativas..., y en todas ellas el
clásico sermón era elemento esencial.

Porque entre los españoles del XVIII, que carecían, en su inmensa
mayoría, de libros, prensa u otros medios de comunicación, el sermón
constituía la única fuente de contacto con el mundo religioso, cultural o
político. De ahí la importancia social de la oratoria sagrada.

Ahora bien, el predicador, que pretende exponer la palabra de Dios,
forma parte de un mundo concreto, con unas ideas y preocupaciones
que fácilmente pueden desvirtuar el sermón. Dos grandes defectos podemos observar en los oradores sagrados del XVIII: los políticos y los
culturales. En cuanto a la política se refiere, el predicador pretende
identificar sus ideas con el mensaje del Evangelio, tildando de herejes a
cuantos discrepan de su pensamiento. De ahí que frecuentemente los
sermones parezcan más una soflama política que comentario de la palabra de Dios. Todas las guerras del siglo son presentadas como cruzadas
religiosas. En primer lugar, la guerra de Sucesión, que, aparte de sus
implicaciones sociales internas, constituía una intrincada red de intereses dinásticos internacionales y político-militares de las potencias europeas. Los defensores de Felipe V utilizaron el púlpito, identificando su

---

[12] J. CLIMENT, *Pláticas dominicales*, 3 vols. (Barcelona 1819); F. AMAT, XII 110.

postura política con los intereses del Evangelio, y hasta pretendieron condicionar la pervivencia del cristianismo en la Península a la victoria del Borbón. Nada menos que el futuro cardenal Belluga se atrevió a escribir en una pastoral: «Habían de mirar esta guerra, tanto por causa de justa defensa de su rey (Felipe V) y su patria como por causa suya y su misma Religión... la debemos reputar y defender por tal guerra de religión». Lo curioso es que los partidarios del archiduque Carlos utilizan idénticos argumentos, basados en textos bíblicos, en estricto paralelismo con los predicadores proborbónicos. Más aún, sacerdotes y religiosos de la Corona de Aragón quieren ver en la devoción del archiduque a la Virgen una garantía de sus fueros tradicionales [13]. Y no será sólo con motivo de la guerra de Sucesión. El P. Nicolás Gallo, uno de los grandes predicadores del siglo, pedirá la ayuda especial de Dios para los ejércitos de Carlos III, porque España es «la única entre las hijas de la Iglesia que mantenía una guerra continua contra los enemigos de la fe». Se trataba, no obstante, de las implicaciones militares del Pacto de Familia, que nos arrastró a la guerra con Inglaterra. De la guerra contra la Convención francesa, con el mismo carácter de cruzada, hablaremos más adelante.

EL CONCEPTISMO DE LA ORATORIA SAGRADA

Observamos, por tanto, una desviación grave por parte del clero español en su misión de exponer la palabra de Dios. Existe, además, un segundo defecto, en este caso cultural, de no menores consecuencias. Deficiencia, por lo demás, comprensible. Porque si el predicador es permeable a las preocupaciones políticas, no lo es menos al ambiente en que se ha formado y desarrolla su vida intelectual. En consecuencia, mientras los grandes predicadores del XVI vivieron una época cultural floreciente y su expresión oratoria alcanzó las más elevadas cotas de perfección literaria —baste recordar a Juan de Avila, Fr. Luis de Granada...—, el barroquismo decadente de fines del XVII tenía que dejar huella en el sermón popular, que pretendía deslumbrar con su formulismo huero y sus expresiones altisonantes, pero que sólo se quedaba en una palabrería sin sentido. La decadencia, iniciada con la ingeniosidad de Vieira y la afectación de Paravicino, alcanzó el nivel más bajo a lo largo de la primera mitad del siglo XVIII.

Ahora bien, mientras los reformistas ilustrados no dicen nada de las implicaciones políticas de los predicadores coetáneos —quizás el regalismo general les impidiera verlo o no se atrevieran a censurar un abuso que rozaba los intereses del trono—, reservan todas sus críticas contra el sermón barroco. De ahí que poseamos una amplísima colección de testimonios que manifiestan los caracteres generales de una evidente

---

[13] Una serie de textos que confirman estas afirmaciones en MARTÍNEZ ALBIACH, 69-76. También Saugnieux en *Les jansénistes...* 340, ha señalado el carácter regalista de los predicadores españoles del XVIII; cf., asimismo, A. MESTRE, *La reforma de la predicación...*

decadencia. Y la misma descripción que hace el P. Isla marca, dentro de su vena satírica, los defectos básicos de la oratoria sagrada de su tiempo. La ausencia de base doctrinal (sagrada Escritura y Santos Padres), el interés por deslumbrar con la frase más rebuscada, el uso de palabras y expresiones fuera del alcance del oyente y al margen de toda doctrina cristiana..., podrían incluirse entre los defectos básicos señalados por el jesuita. Pero otros testimonios más respetuosos con los predicadores, escritos con método pedagógico y fervor pastoral, coinciden con el diagnóstico.

Empecemos por Feijoo. En el *Discurso sobre las glorias de España* indica la superioridad de los oradores clásicos sobre los modernos. El benedictino confiesa la dificultad de oponerse al modo común de predicar que él mismo reconoce haber practicado siempre en sus sermones, aunque anima a los más generosos a «restituir en España la idea y el gusto de la verdadera elocuencia. Dada la dificultad de predicar con primor, serán pocos los que lo hagan, pero aquellos pocos harán un gran fruto; y a los demás, por mí, déjeseles libertad para seguir el ripio de sus puntos y contrapuntos, sus piques y repiques, sus preguntas y respuestas, sus reparos y soluciones, sus *mases,* sus *por qués,* sus vueltas y revueltas sobre los textos, y lo que es más intolerable que todo lo demás, las alabanzas de sus propios discursos» [14].

Mayáns, más decidido y valiente, no dudó en censurar a Feijoo su debilidad ante el problema. Al lamentar en su *Orador cristiano* que no se oía en los sermones la palabra de Dios, señalaba como una de las causas el afán de exponer ingeniosidades: «Hoy es ya común en las ciudades grandes y pequeñas de España, en lugares y aldeas, ir al sermón para oír novedades y, más expresivamente, ingeniosos delirios. Unos hablan (siempre exceptúo los varones sabios y celosos de la Gloria de Dios), unos hablan a la imaginación con alegorías extrañísimas y descripciones pomposas; otros al entendimiento con agudezas inútiles y sofisterías pueriles; otros al oído con afectadísimo estilo y estudiadas cadencias; pocos al corazón con la palabra de Dios dicha con gravedad y majestad» [15].

El *Orador cristiano* no produjo de inmediato el fruto que merecía, pero las quejas fueron aumentando, y las lacras de los sermones de la época aparecen cada vez con más frecuencia. Burriel, comentando la obra de Mayáns, habla de que en la cátedra sagrada sólo se oían «bagatelas, necedades, blasfemias, abusos de la Escritura, romanzones y jácaras». Abusos que condenan los obispos reformistas. Así Bertrán en su *Carta pastoral,* que envió a D. Gregorio con el mayor afecto y gratitud, como José Climent en el prólogo a la *Retórica eclesiástica,* de Fr. Luis de Granada, donde confiesa deber al *Orador cristiano* el inicio del cambio en su manera de predicar y su antipatía por el sermón barroco... Lamentaciones, asimismo, de Antonio Capmany y de tantos otros. Valgan, sin embargo, dos ejemplos que nos facilita otro seglar, Felipe Bolifón,

[14] BAE 56,216.
[15] G. MAYÁNS, *El orador cristiano* (Valencia 1733), Dedicatoria, V-VI.

humanista napolitano que residía en Alicante, en una Carta a Mayáns en elogio del *Orador cristiano*. Al comentar las palabras del salmista *omnes declinaverunt...*, el predicador desarrolló un elenco de pecados de la humanidad correspondientes a cada uno de los casos de las declinaciones latinas. La curiosidad resulta, como mínimo, impertinente. Pero el afán de novedades rayó en la herejía en el segundo ejemplo. El predicador aseguró que la humanidad era deudora a San José de la mitad de la obra redentora, pues «la redención se hizo en el madero de la cruz, y que ésta se forma con las dos letras iniciales de Jesús y José, que, puestas una encima de la otra, forman la señal de la cruz»[16].

LAS PROCESIONES

Junto al sermón, las procesiones constituían otro elemento esencial de las fiestas. Cualquier ocasión era buena para salir a la calle y que los españoles pudieran manifestar su religiosidad: lluvias, sequías, pestes, terremotos o canonizaciones... presentan la oportunidad deseada. En afirmar su frecuencia coinciden todos los historiadores. Aguilar Piñal, al estudiar la vida religiosa de la Sevilla dieciochesca, una de las ciudades más características, afirma: «Pero las procesiones eran continuas, sin limitarse a estos días de penitencia. Bastaba una sequía, un exceso de lluvia o cualquiera otra calamidad pública para que salieran a la calle las imágenes más populares en pública rogativa». En el mismo sentido se manifiesta el historiador francés Jöel Saugnieux comentando la actividad reformista del obispo Tavira en las Canarias. Las manifestaciones exteriores de religiosidad eran tan aplastantes, que cada miembro del cabildo de la catedral estaba obligado a celebrar 185 misas de aniversario y asistir a 67 procesiones anuales. Los retrasos se acumulaban, y durante la estancia de Tavira en las islas los canónigos llevaban pendientes 323 procesiones a las que debían asistir[17].

En efecto, cualquier estudioso del XVIII español no tiene más remedio que reconocer la abundancia de procesiones a las que tenían que asistir —o tolerar al menos— los fieles cristianos. Algunas eran generales, y bien podemos decir casi nacionales, entre las que sobresalen de manera especial las procesiones de Semana Santa. Su fastuosidad fue proverbial —no han sido instituidas en el siglo XX— y ya tenían entonces un carácter que bien puede parecerse a nuestro actual turismo. Así se expresaba un texto de la época (1759): «Multitud de gente, ya natural, ya forastera, con varios y diversos trajes y vestidos y galas extraordinarias de las damas; sus arreos tan bien prendidos como hay rosas en el garbo y brío sevillano; el esmero y limpieza que en sí tienen pasma el

---

[16] A. MESTRE, *Ilustración...* c.2; ID., *La reforma de la predicación...* También J. SAUGNIEUX, *Les jansénistes...* La actitud de Burriel, que puede seguirse a través de G. MAYÁNS, *Epistolario II, Mayáns y Burriel* (Valencia 1972) ha sido comentada por Saugnieux, así como por L. LOPETEGUI, *Visión de la oratoria sagrada de dos destacados escritores del siglo XVIII: Mayáns y Síscar y Burriel;* Letras de Deusto VII 13 (1977) 85-110.
[17] AGUILAR, *Historia...* 226; SAUGNIEUX, *Un prélat...* 141-42.

juicio, admira el entendimiento y es muy digno de ponderación, y no menor admiración ver la gente que se registra en los balcones y calles a ver pasar las cofradías». No debía de ser sólo en Sevilla, pues el inglés Towsend observaba en su *Viaje* que en Barcelona habría por las calles unas cien mil personas visitando las iglesias durante el miércoles santo en espera de las procesiones callejeras, y si bien la mayor parte eran barceloneses, «también un gran número en esa ocasión venía a Barcelona de los numerosos pueblos adyacentes, y hasta algunos de las provincias lejanas» [18].

La sorpresa que debían de producir en los extranjeros estas procesiones era grande, a juzgar por el interés que manifiestan en describirlas con minuciosidad. Pero tales manifestaciones religiosas adolecían de graves defectos de ligereza y superficialidad. Lo confiesan los extranjeros y lo confirman los españoles. Recuérdese la espléndida descripción que de ellas hace Blanco White en sus *Cartas de España;* y en cuanto a los abusos resulta suficientemente expresiva la prohibición hecha por Carlos III en 1777 de la mascarada de los disciplinantes, celebrada por los obispos reformistas, los ilustrados españoles y los viajeros extranjeros. He aquí un juicio del conjunto de las procesiones de Semana Santa sevillana, en el siglo XVIII: «El vía crucis de la Cruz del Campo, que desde el siglo XVI se solía organizar los viernes de cuaresma, en las fiestas de la Cruz y en tiempos de sequía, epidemias y guerras, se había convertido, en el XVIII, en «verdadera mascarada», con escándalos y desórdenes, «tanto que la indecencia con que se presentaban algunos nazarenos, desnudos bajo las túnicas, asaz cortas y transparentes, como por el bullicio y algazara que con bromas y risas promovían mujeres de moralidad dudosa». Añade el cronista que «la gente acudía a divertirse como en feria o verbena, haciendo su agosto los vendedores de comestibles y bebidas» [19]. Quizás no merecieran tal juicio la inmensa mayoría de los pueblos y aldeas españoles, que no podían montar semejantes manifestaciones ni por economía, ni por medios técnicos y ni siquiera por espectadores.

Además de las procesiones de Semana Santa, adquiría especial esplendor la del Corpus Christi. Los gremios con sus estandartes, las cofradías, el clero secular representando a las parroquias y el regular de numerosas órdenes religiosas, los cabildos..., constituían una amplia base de espectacularidad. Si a eso unimos los gigantones, las carrozas y los danzantes, podemos fácilmente comprender el brillo exterior que acompañaba tales procesiones. También el comulgar de impedidos se celebraba con el máximo esplendor en todas las parroquias, y la proclamación de la bula de la Cruzada permitía el despliegue exterior de las mayores fastuosidades en lugares como Cádiz, minuciosamente descrita por el abate francés Labat [20].

---

[18] AGUILAR, *Historia...* 228-29; GARCÍA MERCADAL, 1359-60.
[19] AGUILAR, *Historia...* 226; la visión de los extranjeros, en GARCÍA MERCADAL 882-83.1570; BLANCO WHITE, *Cartas de España* (Madrid 1972) 174-76.
[20] GARCÍA MERCADAL, 170-72; DOMÍNGUEZ ORTIZ, *La sociedad española del siglo XVIII* (Madrid 1955) c.4.

Por cuanto dan a entender las fuentes documentales, las fiestas marianas gozaron también en el siglo XVIII de un gran predicamento. En Sevilla, p.ej., iniciaron una serie de fiestas en 1709 con motivo de que Clemente XI había declarado festiva la solemnidad de la Inmaculada Concepción. Pero las fiestas más solemnes tuvieron lugar en 1761 cuando Clemente XIII declaró, ante la solicitud de Carlos III, a la Inmaculada Concepción patrona de España y las Indias. «Durante año y medio se sucedieron las fiestas religiosas (en Sevilla), según relación conservada en la Biblioteca Colombina». Fiestas, solemnísimas asimismo, en Gerona, con participación muy activa de los gremios... [21]

Una de las devociones marianas de mayor repercusión social eran, sin duda, los rosarios callejeros. En Sevilla están bien documentados. Comenzaron en 1690, con participación exclusivamente masculina, para establecerse, con asistencia de mujeres, en 1730, adquiriendo tal esplendor, que en 1758 podían contarse 81 rosarios por año con asistencia masculina y 47 exclusivamente femenina. Más aún, también los niños empezaron sus rosarios desde 1735, organizados generalmente por parroquias y conventos. Aguilar Piñal aporta dos textos de los coetáneos. Uno del P. Valderrama, celebrando el piadoso ejercicio, que sirve de refugio a los sevillanos en sus tribulaciones. Otro de Blanco White, lamentando el avasallamiento de la calle que hacían los participantes, puesto que obligaban a todos los transeúntes a permanecer de pie y descubiertos hasta que el estandarte hubiera pasado. Pero no era sólo Sevilla. También Mallorca, Valencia, Cataluña... Los rosarios de cada domingo por la tarde o de la aurora por la mañana han sido tradición hasta tiempos muy recientes. Martí Camps, p.ej., ha podido señalar los solemnes rosarios públicos celebrados en Menorca durante los domingos de mayo y octubre con asistencia del obispo de la diócesis. En realidad, casi todas las parroquias españolas contaban con una cofradía del Rosario, que organizaba las procesiones públicas [22].

Existía, sin embargo, un género de procesiones no programadas y que se organizaban con motivo de circunstancias extraordinarias. De su frecuencia no puede dudarse. Hasta un ilustrado como Mayáns describe con la mayor naturalidad la procesión organizada con la imagen de la Virgen, venerada en Oliva (Valencia) bajo la advocación del Rebollet, como súplica frente a circunstancias climáticas adversas. Y, dentro de esas coordenadas, la reacción más espectacular tuvo lugar en Sevilla con motivo del terremoto de 1755 [23].

Pero el testimonio más clarificador de cuanto significaba para muchos cristianos las procesiones en momentos difíciles me parece la *Diser-*

[21] AGUILAR, *Historia...* 224; L. BATLLE PRATS, *El marianismo en las asociaciones gremiales gerundenses:* Anal. Sac. Tarrac. 30 (1957) 309-28.

[22] AGUILAR, *Historia...* 224-25; F. MARTÍ CAMPS, *Nota histórica acerca de las devociones más populares en Menorca:* Anal. Sac. Tarrac. 28 (1955) 273-78. Un ilustrado como Mayáns solicita del arzobispo Andrés Orbe la concesión de 40 días de indulgencia por rezar una salve a la imagen de la Virgen del Rosario, cuya cofradía había sido fundada en Oliva el año 1651.

[23] AGUILAR PIÑAL, *Conmoción espiritual provocada en Sevilla por el terremoto de 1755:* Archivo Hispalense 171-73 (1973) 37-53.

*tación histórico-dogmática sobre la sagrada reliquia de la santísima faz de nues-
tro Señor Jesucristo, venerada en la ciudad de Alicante,* del P. José Fabiani
(1763). El jesuita intenta demostrar la autenticidad de la reliquia con el
manto en que imprimió Cristo su imagen al serle enjugado el rostro por
la Verónica. Después de una defensa del culto de las reliquias —parece
una réplica a las censuras que de su abuso hiciera Alonso de Valdés—,
Fabiani quiere demostrar históricamente los hechos milagrosos que avalan la tradición. No me interesa si la argumentación tiene fuerza proba-
toria, aunque resulta curiosa su acusación de jansenistas a quienes exigían un mayor rigor crítico para aceptar la autenticidad, y, por tanto, la
conveniencia del culto a tales reliquias. Me limito a exponer las intenciones religiosas del jesuita. Dos puntos intenta resaltar: la conexión entre pecado-castigo de Dios por medio de dificultades climatológicas y
penitencia-gracias temporales del cielo, y, sobre todo, el interés por fomentar la devoción, porque conduce a la práctica de los sacramentos.
«En estos tres días... vosotros sois buenos testigos... con cuánta ansia y
devoción y con qué ejemplo y demostración de fe católica acudía al
magnífico, espacioso templo... Efectos son de estos santos y justos sentimientos ver que muchos ayunan voluntariamente en aquellos días, y
no son pocos los que lo hacen con sólo pan y agua; ver que otros muchos persisten largas horas de rodillas delante de la sagrada reliquia, y
con esta tan sensible imagen de Cristo dolorido y paciente por nuestro
amor, meditan sus penas y se enciende y arde el corazón en afectos de
debida correspondencia a tal Bienhechor, y en sincerísimas protestas de
obedecerle, de servirle y no disgustarle más, y, finalmente, ver que todos o casi todos los habitadores de esta populosa ciudad acuden en esos
días con especialidad al sagrado tribunal del sacramento de la penitencia y al de la sagrada eucaristía, y muchos con confesiones generales,
detestando todos y aborreciendo los pecados, que fueron otras tantas
ingratitudes contra nuestro amorosísimo Redentor». Y quede constancia
de que el P. Fabiani sabía muy bien, y lo dice con claridad, que el culto
exterior debía llevar a la adoración en *espíritu,* es decir, a la práctica de
las virtudes, en que consiste la verdadera imagen de Cristo [24].

LAS COFRADÍAS

Todas estas manifestaciones exteriores de piedad eran posibles gracias a las cofradías, que constituían su base estructural y organizativa.
En este sentido, también Sevilla era la primera ciudad por el número de
cofradías, con sus correspondientes pasos y las procesiones a que estaban obligadas a asistir. Si las cofradías sevillanas estaban sujetas a la
jurisdicción eclesiástica desde 1604, el Consejo de Castilla prohibió en
1783 otras fundaciones sin licencia del monarca, ordenando al mismo
tiempo se redactasen nuevos estatutos. Quedaban así también sujetas a
la jurisdicción civil. En consecuencia, «al provisor del arzobispado se une

[24] He podido manejar una edición reciente patrocinada por la Diputación de Alicante
de 1974. Los textos en p.67-69.

la ciudad para señalar estaciones, lugares y horas, presidiendo la procesión, con el clero correspondiente, la autoridad civil» [25].

Pero no era Sevilla un caso aislado; otras ciudades vieron florecer de manera pujante y esplendorosa las cofradías religiosas, aunque no siempre relacionadas con las procesiones de Semana Santa. El mismo Aguilar Piñal, señalando el contraste entre un siglo generalmente considerado como secularizador y «progresivamente descreído» con la abundancia de fundaciones religiosas, ha podido detectar un elevado número de cofradías fundadas en Madrid a lo largo de la centuria. Instaladas en parroquias, conventos u hospitales, recibían, como es lógico, el empuje y aliento de los clérigos. Entre las advocaciones predominan las dedicadas a la Virgen; en menor número, a los santos y a Jesucristo, y algunas cofradías señalan explícitamente entre sus fines las *prácticas de los ejercicios espirituales*. De un total de 105 fundadas a lo largo del siglo, 45 radican en parroquias, 32 en conventos y las restantes no tienen localización concreta [26]. Y junto a Sevilla y Madrid, otras ciudades, pueblos y aldeas. Cualquier gremio, parroquia, hospital o convento crea una cofradía religiosa para mantener el culto y fomentar la devoción. Cito dos ejemplos: uno de una ciudad media como Castellón, alrededor de cuyo hospital surge la *Ilustre Cofradía de la Purísima Sangre de Jesús;* el segundo, de una pequeña aldea y alrededor de una imagen que expresa la devoción y creencias de la comunidad cristiana: *la Cofradía de Santa María la Major i l'Assumpció de la Mare de Déu, en la parroquia de Villafranca* [27].

Por lo demás, los fines de la cofradía eran fundamentalmente piadosos: culto de la Virgen o de los santos, veneración al Santísimo Sacramento, defender la Inmaculada Concepción, alivio de los cautivos, ejercicios espirituales... En este sentido, tenemos el ejemplo de la organización interna de la *Cofradía de la Purísima*, establecida en el monasterio de Montserrat en 1737. Formada por eclesiásticos y seglares, estaba regida por un monje y dos seglares, y los socios contribuían con una cantidad (una peseta) al ingreso y una cuota (un real) anual. Los miembros asistían a los cofrades enfermos, acompañando al viático, y a partir de ese momento velaban al enfermo hasta su muerte. En el hospital de Montserrat había cuatro camas reservadas para los cofrades, y, si morían allí, tenían el privilegio de ser enterrados en la iglesia del monasterio, que aportaba la mitad de los gastos. A la muerte de un cofrade se celebraban tres misas en el altar mayor por el eterno descanso de su alma y, cada año, una misa solemne en sufragio de los difuntos de la cofradía. Además, el domingo siguiente a la fiesta de la Inmaculada Concepción tenía lugar una solemne misa en la basílica del monasterio en la que comulgaban los cofrades presentes [28].

[25] AGUILAR, *Historia...* 228-29.
[26] ID., *Asociaciones piadosas madrileñas del siglo XVIII*, separata del Instituto de Estudios Madrileños (Madrid 1971).
[27] PASCUAL DE ARANCIA, *Estampas de una antigua cofradía de Castellón:* Boletín Castellonense Cultura 13 (1932) 450-72. La cofradía de Villafranca, en ibid., 27 (1951) 369-76.
[28] A. M. ALBAREDA, *Cofradía de la Puríssima establerta a Montserrat el 1737:* Vida Cristiana 13 (1925) 83-86.

Es un ejemplo concreto de los fines religiosos de las cofradías. En otros casos estaban más vinculadas a los gremios, que, si bien tenían intereses económicos innegables, también se preocupaban de asuntos espirituales y religiosos. Cada uno de estos gremios veneraba a su santo patrón; en muchos casos, la Virgen bajo diversas advocaciones: de la Piedad, Merced, Dolores, Inmaculada Concepción..., a cuya festividad contribuían con aportaciones económicas y su presencia. Radicados en una parroquia y ubicadas las funciones en determinada capilla, se sentían obligados a participar en las manifestaciones religiosas, y, en concreto, en las procesiones. Los gremios de Gerona asistían a «las cuatro procesiones generales, que se hacen en los días del Corpus, Inmaculada Concepción, Asunta y San Narciso; deben asistir cuatro individuos con hachas del gremio». La asistencia a procesiones parece constituir un elemento esencial entre los fines de los gremios y aparece destacada en todas las cofradías. Para sus componentes, tales manifestaciones contribuyen a la gloria de Dios, pero también sirven para cumplir sus necesidades espirituales. El gremio de los *revendedores,* p.ej., exponía en 1732 las ventajas de su formación, pues sería en «servicio de ambas Majestades: de la divina, porque, a más de las particulares funciones que tendrá el dicho gremio en una de las iglesias de la ciudad, asistirá con su bandera y cirios en las solemnes procesiones generales...» [29]. Algunas veces, el Gobierno quiso ver implicaciones políticas, como cuando Campomanes anuló la cofradía de *Nuestra Señora de la Luz* por considerar que estaba controlada por los amigos de los jesuitas exiliados [30].

DUALIDAD DE FORMAS RELIGIOSAS

Siempre ha resultado difícil mantener el equilibrio en las manifestaciones religiosas. La excesiva interiorización, con desprecio de los actos exteriores, tiene sus peligros, pero no son menores los creados por el afán desmedido de exteriorizar la religión, descuidando las necesarias implicaciones con las creencias o con la práctica de las virtudes. Ya pudimos observar en una palabras de Towsend, citadas anteriormente, sus dudas de que tan frecuentes manifestaciones exteriores de los españoles correspondieran a una sincera e íntima piedad. Porque uno de los primeros y más graves peligros de una religiosidad predominantemente exterior es, sin duda alguna, la superstición. Y no puede menos de sospechar el historiador actual que muchos de los actos religiosos de nuestros antepasados del XVIII eran, en gran proporción, supersticiosos.

Por otra parte, el historiador, interesado por formación y simpatía en el movimiento erasmista español, no puede menos de evocar el *Enchiridion* erasmiano, con la censura de tantas supersticiosas devociones a los santos, o la dura crítica de Alonso de Valdés al culto de supuestas

[29] BATLLE PRATS, 315-16.
[30] A. DOMÍNGUEZ ORTIZ, *Campomanes, los jesuitas y dos hermandades madrileñas,* separata del Inst. Est. Mad. 3 (1966) 1-6.

reliquias. Y no deja de producir un cierto desencanto ver repetidos los mismos defectos: simplicidad popular respecto al culto de las reliquias, planteamientos doctrinales llenos de superficialidad, exteriorización de formas religiosas al margen de todo cambio en la vida práctica, olvido de la necesidad de las virtudes y del cumplimiento de la obligación...

También en este aspecto coinciden los historiadores. Sarrailh, p.ej., señala el contraste entre la inmensa mayoría del pueblo, petrificado en su apego a la tradición, y una pequeña minoría inquieta y preocupada por la religiosidad interior. Pero en cuanto a la masa popular se refiere, el historiador francés insiste en su interés por los almanaques y pronósticos y, sobre todo, su ignorancia. Ello explicaría la creencia popular de que el toque de las campanas eliminaba el peligro de los hielos, las Procesiones en petición de lluvias, las palmas entre los sembrados para ahuyentar los rayos, las cruces contra el daño de los pedriscos... También esta ignorancia supersticiosa explicaría Procesiones, como la descrita por el P. Isla referente al domingo de Ramos, con la especial devoción que siente el pueblo por «la santa asna, la que llena de cintas, trenzas, bolsos y carteras de seda; y antiguamente llevaba también muchos escapularios, hasta que un cura los quitó, pareciéndole irreverencia». Sarrailh, que utiliza con frecuencia el *Fr. Gerundio* como una obra de censura de las supersticiones españolas de la época, comenta: «El P. Isla prodiga los ejemplos de esta piedad, exaltada ciertamente, pero también tonta y grosera. Pese a su chispa y a su ironía, estas páginas arrojan luces muy tristes sobre la fe supersticiosa de la masa española»[31].

Appolis, al tratar de los jansenistas en general, y Saugnieux, cuando estudia la actividad concreta del obispo Tavira, señalan su generoso esfuerzo por acabar con las supersticiones que acompañaban la religiosidad exterior española. Adquiere especial valor su actitud crítica ante las procesiones de Semana Santa en las Islas Canarias (Tavira) o Barcelona (Climent), así como el interés del obispo de Salamanca (Bertrán) por eliminar «falsas creencias», «cultos superfluos..., adivinaciones y otras supersticiones», que se oponen al verdadero culto de Dios y de los santos y a la sincera piedad cristiana[32].

También los historiadores españoles se han preocupado del problema. Me limito a un texto de Aguilar Piñal referido en concreto a Sevilla, pero que podría muy bien extenderse a toda España: «Es realmente sobrecogedora esta angustiada manifestación de un pueblo que se siente impotente ante la desgracia y clama al cielo, en oración multitudinaria, pidiendo la intervención divina para domeñar una naturaleza adversa, cuyos efectos la ciencia aún no ha llegado a controlar. La fe es entonces el único refugio ante la adversidad, y de ella se espera la conservación de la salud, la modificación de la meteorología, el remedio contra el hambre, la buena marcha de la economía, la victoria sobre el

---

[31] Sarrailh, 656.
[32] Appolis, *Les jansénistes...* 81-82; Saugnieux, *Un prélat...* 108.

enemigo y el control de las fuerzas ocultas de la aún mal conocida naturaleza».[33]

EL PROBLEMA DE LA SUPERSTICIÓN

Buscar una serie de textos coetáneos para demostrar la frecuencia de las supersticiones entre la masa popular española del XVIII o la protesta de los ilustrados, no entraña dificultad alguna. Basta leer a nuestros escritores —desde Feijoo y Mayáns a Jovellanos y Meléndez Valdés, sin olvidar a los periodistas Clavijo Fajardo o Cañuelo— para observar la confusión de ideas existente en amplios estratos de la sociedad entre su fe religiosa y las manifestaciones exteriores con excesivas apariencias de superstición. Y conste que no era defecto exclusivamente español. Dammig confiesa que eran frecuentes estas supersticiones en Europa y que la jerarquía, con plena conciencia, deseaba corregir tales abusos, mientras Appolis ha señalado las constantes luchas que ilustrados católicos y obispos reformistas emprendieron contra la superstición[34].

Feijoo inició la campaña contra las supersticiones, y su intento de introducir un sano racionalismo en la piedad española constituye un mérito indiscutible y, a mi juicio, superior a las aportaciones en el campo de la introducción de la ciencia moderna. El caso del *Toro de San Marcos*, p.ej., que, llevado a la iglesia en la fiesta del evangelista, se manifestaba dócil, era recibido por el párroco «vestido y acompañado en la forma misma que cuando celebra los oficios divinos» y las mujeres lo engalanaban en la iglesia con guirnaldas de flores y roscas de pan. Causa profunda extrañeza que el P. Feijoo tenga que dedicar un discurso de su *Teatro crítico* y volver de nuevo sobre el tema en las *Cartas eruditas* para combatir un hecho que muchos querían considerar milagroso, y que, según los textos de los teólogos españoles del XVII indicados por el benedictino, había sido ya censurado como una grave superstición. Más aún, tal práctica había sido condenada por el papa Clemente VIII por «supersticiosa, escandalosa e indecente», según texto que transcribe Feijoo, y prohibida por la Sagrada Congregación de Ritos en 1625. Sin embargo, en nota añadida por el benedictino en ediciones posteriores, podemos observar que la práctica del *Toro de San Marcos* quiso introducirse en algunos pueblos de la diócesis de Avila en pleno siglo XVIII, a lo que se opuso el obispo. Datos estos últimos que resultan especialmente clarificadores[35].

En la misma línea habría que incluir otros hechos narrados por Feijoo: los huevecillos de insectos, considerados como florecillas blancas, que aparecen de manera portentosa en la iglesia de Cangas de Tineo durante la misa mayor de la fiesta de San Luis, o los milagros atribui-

[33] AGUILAR, *Historia...* 226-27.
[34] DAMMIG, 15-16; APPOLIS, *Le Tiers Parti...* 330-31, entre otros.
[35] FEIJOO, *Teatro crítico* VII disc.8, del que hay un fragmento en BAE 381-83; J. RÍUS SERRA, *Abusos litúrgicos*: Hispania Sacra 5 (1952) 115-16.

dos al santuario de Nuestra Señora de Valdejimena, que cura a quienes sufren de hidrofobia, y tantos otros. En idéntico sentido, lamentaba Cavanilles, en la última década del siglo, que la ignorancia de las leyes físicas permitiera atribuir a la cruz de término de Ademuz el carácter milagroso de ahuyentar las tormentas y no permitir la caída de rayos. Bastaba tener los más elementales conocimientos científicos, añadía el botánico valenciano, para saber que se trataba de los efectos naturales de la electricidad [36].

Supersticiones respecto a los fenómenos naturales. Supersticiones ante las imágenes religiosas. Jovellanos nos cuenta a propósito del famoso Cristo de Burgos: «Ayer tarde vimos el *Santo Cristo de Burgos* en el convento de agustinos; su capilla, una gruta por la forma y la obscuridad; cincuenta lámparas, las nueve de enorme tamaño; dos arañas, frontal, retablo y dosel de planta maciza; tres cortinas corridas, una en pos de otra, con mucho aparato; mucho encendimiento de luces, mucha espera, y un fraile con sobrepelliz; todos, *aparatos bien inventados para provocar la devoción del vulgo;* al fin, una efigie de malísima y hórrida forma; la mayor parte de las lámparas, dotadas; dentro y fuera de la capilla y por todo el claustro, carros de muletas, de piernas y brazos, y tetas de cera y aun de plata: votos, testimonios de *estupidísima superstición.* El fraile vende cruces de plata de varios tamaños y labores, estampas, *medidas,* todas tocadas a la efigie, en que ganará ciento por ciento; las cruces son desde 4 a 100 reales de valor. Hay otra efigie en los trinitarios que se dice que, viniendo el rey D. Pedro a Burgos, mandó derribar el convento; un albañil dejó caer, no sé si piedra o yeso, sobre las narices de la efigie y se las estrelló; al punto salió la sangre, que se recogió en un paño y pasó quince dobleces; se enseñan las quince manchas; las narices están enteras, y en ellas, todavía una gota grasada. Este milagro, librado sobre la fe del albañil y una beata presentes, no ha bastado para exaltar al *Santo Cristo de los trinitarios* sobre su rival o de sus rivales» [37].

El texto, aunque bien conocido, merecía la transcripción. El austero Jovellanos, religioso sincero y sin dobleces, culto y con estudios eclesiásticos en su juventud, se rebela no contra el culto de las imágenes, sino contra el afán de fomentar la superstición popular o de contraponer diversas imágenes que corresponden a las rencillas entre determinadas órdenes religiosas.

Supersticiones doctrinales. Ahí está la censura de Mayáns a la devoción a la Divina Pastora. «Y pues hablamos de sermones, sepa Vm. que el P. Albaida, capuchino, ha hecho dos misiones consecutivas en Oliva, y cuando se ha ido ha dejado nueve o diez estampas de la Divina Pastora con obligación de que estén 24 horas en cada casa, rezando a campanilla tañida la corona, convocando el barrio y debiendo la ama de

[36] FEIJOO, *Cartas eruditas* I carta 30; cf. además BAE 56,504-506; J. A. CAVANILLES, *Observaciones sobre la historia, natural, geografía, agricultura, población y frutos del reino de Valencia,* 2 vols. (Madrid 1795-97) II 77-78.
[37] BAE 85,256.

casa recibir la estampa y entregarla a la vecina». A Mayáns le repugna la calificación de divina a una persona humana, por muy santa que fuera como la Virgen, y la atribución de pastor, que corresponde, en perfecta teología, exclusivamente a Cristo [38].

ACTITUD DE LAS AUTORIDADES Y DE LA JERARQUÍA

Tales devociones populares encontraban muchas veces el respaldo de las autoridades. Así ocurría con la cinta que «la Virgen regaló con sus propias manos» a la catedral de Tortosa. Uno de los canónigos, cuenta Peyrón, revestido con su estola, tomaba un trocito engarzado en oro y perlas y, después de imponerlo sobre la frente, lo daba a besar a los fieles, entre los que se encontraba el viajero francés. Por lo demás, no puede extrañarnos la devoción popular cuando sabemos que las princesas de la casa de Borbón pedían la reliquia en determinadas circunstancias. Así consta, en concreto, de María Luisa de Parma, la mujer de Carlos IV, que, siendo princesa de Asturias, hizo salir de Tortosa al «canónigo D. José Latorre con la prodigiosa reliquia de la sagrada cinta de María Santísima con que esta Señora se dignó honrar esta iglesia», que llegaba a Aranjuez el 8 de abril de 1775. «La milagrosa cinta era solicitada por la reina y princesas de la casa de Borbón —se la ceñían al cuerpo durante los últimos meses del embarazo— para obtener un dichoso alumbramiento» [39].

La actitud de la jerarquía eclesiástica es más compleja. Vimos anteriormente cómo el obispo de Avila se opuso a la introducción de las ridículas ceremonias del *Toro de San Marcos* en su diócesis. Y aunque los obispos españoles fueron cada vez más radicales en su lucha contra la superstición, especialmente los calificados como jansenistas, no siempre tomaron una actitud unitaria ni fueron siempre consecuentes. En una de las visitas pastorales realizadas por mandato del arzobispo de Valencia Fabián y Fuero, puede leerse con toda claridad la prohibición de colocar exvotos en las iglesias (1775). En contraste, basta recordar la persecución que sufrió Mayáns por haber publicado la *Censura de historias fabulosas*, de Nicolás Antonio (1742). En el prólogo que antepuso a la obra, D. Gregorio censuraba como fingidas las reliquias que, halladas a fines del XVI en el Sacromonte, servían para justificar la existencia de unos mártires españoles en tiempo de Nerón. Pese a que el cardenal Gaspar Molina, gobernador del Consejo de Castilla, tuvo que reparar la ofensa inferida al erudito, la actitud de las autoridades eclesiásticas no cambió, pues en 1765 tuvo que intervenir Pérez Bayer contra las falsas láminas de Granada, empezando por convencer al inquisidor general, Quintano Bonifaz, que las consideraba auténticas [40].

[38] Mayáns a Nebot, 6-12-1749; texto en A. MESTRE, *Ilustración...* 243.
[39] GARCÍA MERCADAL, 735; J. LÓPEZ NAVÍO, *El P. Felipe Scio, maestro de la infanta Carlota:* Analecta Calasanctiana 3 (1961) 233.
[40] Visita pastoral de 1775 a la parroquia de San Roque, de Oliva (Valencia). La persecución de Mayáns, en A. MESTRE, *Ilustración...* c.3. La actitud del inquisidor Quintano

También en el campo litúrgico pueden observarse anomalías. Así, la aprobación del obispo de Solsona, Fr. José Mezquida, del culto a una imagen de la Inmaculada que, salvada de un incendio en Tucumán, recibía ahora el título de la *Virgen del Incendio*. Con ello desaparecía la alusión a un título «verdadero, glorioso y reconocido por toda la cristiandad» (Inmaculada Concepción) y se le concedía otro que, además de no contener ningún sentido doctrinal, podía inducir a la creencia de que la imagen se había salvado del incendio gracias a un milagro [41].

Ahora bien, entre quienes fomentan tales devociones supersticiosas sobresalen, a juicio de los ilustrados, los religiosos. Mayáns, p.ej., comentando la carta del nuncio en que pedía a los obispos su juicio sobre el estado de los regulares, no dudará en escribir: «De lo que nada se dice y quisiera yo que en ello hubiese alguna reforma, es en tanto número de cofradías como ha inventado la frailería. Y esto bien merece alguna consideración» [42]. Es menester confesar, sin embargo, que los religiosos se encuentran muchas veces incómodos. Ven claro la imposibilidad de defender una tradición histórica que justifica la devoción a una imagen, pero no se atreven a negarla. En Castellón existía una cofradía, fundada al amparo del hospital, para fomentar la devoción a una imagen de Cristo yacente que se afirmaba había sido obra de ángeles, pese a que su estilo delataba haber sido tallada a mediados del XVII. Pues bien, el P. José Vela escribió la *Vida de la venerable madre sor Josefa María García* (1750), y, al tratar de la mencionada imagen, manifiesta sus contradicciones: «Dícese que esta santa imagen fue fabricada por manos de ángeles, aunque yo no he averiguado los fundamentos de esta tradición» [43].

Las dudas del fraile se convierten en certeza · soluta en la pluma de Pedro Serra Postius, un seglar en este caso, miembro de la Academia de Barcelona, precursora de la de Bones Lletres, fundada en 1752, y «congregante de la Santísima Virgen de los Dolores en la congregación primera de España, erigida en el convento de los siervos de María de la dicha ciudad». Serra Postius, pese a su calidad de académico, no se preocupa mucho de fundamentar documentalmente sus afirmaciones históricas, al menos en la obra que ahora nos interesa: *Prodigios y finezas de los santos ángeles en el principado de Cataluña*. Imágenes religiosas, estatuas o pinturas, el Cristo de Salardú, en el Valle de Arán; el retablo de la Virgen de Oliana..., eran obra de ángeles. Ellos trasladaban las imágenes de nuestra Señora o de los santos de un lugar a otro, se aparecían a los hombres... Serra Postius atribuía a «la intervención, que en muchos casos podríamos calificar de mecánica, de los ángeles la mayor parte de los hechos milagrosos o simplemente extraordinarios que han ocurrido al través de los siglos, recogiendo, en la mayor parte de los casos, las tradiciones populares referentes al caso». También el jesuita

---

Bonifaz acerca de las láminas de Granada, en G. MAYÁNS, *Epistolario VI, Mayáns y Pérez Bayer* (Valencia 1977).
[41] A. MESTRE, *Ilustración...* 243-44.
[42] Mayáns a Asensio Sales, 7-5-1756, en ibid., 245 nota.
[43] P. DE AURANCIA, *Estampas...*

José Fabiani, al que hemos aludido antes como partidario de la autenticidad de la Santa Faz, defiende con calor el traslado de una imagen de la Virgen por mano de ángeles, y de ahí la calificación de la ermita cercana a Alicante [44].

Ya pudimos observar cómo Jovellanos, al indicar la devoción que se tenía al Cristo conservado en el convento de los agustinos de Burgos, señalaba el interés de los trinitarios en fomentar la devoción de otra imagen que pudieran exaltar «sobre su rival o de sus rivales». Pienso que la frase de Jovellanos, que parece corregir un error, no es casual, sino muy intencionada. No se olvide, por otra parte, «el cuento del suceso», como él llama al milagro de la forma pegada a la patena que se conserva en el monasterio del priorato de San Martín, y que, al hablar del monasterio de San Millán, aprecia la naturalidad con que los monjes muestran el sepulcro del Santo, y añade con malicia: «y que, si cayera en manos de frailes franciscanos, ya fuera de más provecho» [45].

LA CRÍTICA DE LOS ILUSTRADOS

Todos estos hechos contribuyen a fomentar una religiosidad exterior y superficial, que quiere ver intervenciones milagrosas de la divinidad en cualquier manifestación humana que se aparte de lo ordinario o no encaje con los presupuestos mentales de la época. En consecuencia, la religiosidad popular tiende con fuerza irresistible a basarse en las formas externas y en manifestaciones más o menos supersticiosas, con descuido de las implicaciones que entraña la práctica de las virtudes. De ahí que aparezca con excesiva frecuencia, aunque su crítica no tenga una expresión literaria tan sugestiva y atrayente como los *Diálogos* de Alonso de Valdés o la grandiosidad y belleza de las obras de Fr. Luis de León, la imagen del cristiano que piensa cumplir a la perfección las obligaciones evangélicas con la asistencia diaria a misa o el rezo del rosario, descuidando la práctica de las virtudes o las exigencias de la caridad.

Los ilustrados católicos españoles observaron la deficiencia, e iniciaron, apoyados en nuestros erasmistas del XVI, una campaña en favor de una religiosidad más sincera e interior. He aquí unas palabras de Mayáns en 1734: «La religión es el conocimiento y amor de Dios. Por ella se conoce a Dios, sumo Bien, y, conocido, no puede dejar de amarse cordialísimamente; pero sólo le ama quien le obedece. Y así, el verdadero culto de Dios es limpiar el ánimo de los afectos depravados y transformarse, cuanto uno pueda, en simulacro de Dios, siendo santo y puro a su imitación, no aborreciendo a persona alguna y aprovechando a todos, a unos con obras de caridad, a otros con el buen ejemplo». En

---

[44] F. DURÁN CAÑAMERAS, *Tradiciones sobre la devoción a los ángeles. Notas sobre la intervención angélica en la vida religiosa de Cataluña recogidas en la obra de Serra Postius «Prodigios y finezas de los santos ángeles»:* Anal. Sac. Tarrac. 28 (1955) 255-64; FABIANI, *Disertación...* 10-12.50-52.
[45] BAE 85,53.278-79.

caso de réplica u oposición, Mayáns hubiera siempre podido recurrir a su fuente de inspiración, la *Introductio ad sapientiam*, de Juan Luis Vives. Un planteamiento constante en la concepción religiosa de Mayáns es la exigencia práctica de las virtudes, porque no basta la teoría o el simple conocimiento [46].

Más dura es, sin embargo, la crítica de Meléndez Valdés al censurar las procesiones, pues «no se alcanza ahora qué puedan significar, en una religión cuyo culto debe ser todo en espíritu y verdad, esas galas y profusión de telas...» Al fiscal le preocupaba, sobre todo, la posibilidad de tener «a Dios en la exterioridad, y al diablo en las entrañas» [47]. Francisco Martí, creo que excesivamente influido por Menéndez Pelayo en sus planteamientos, incluye las palabras de Menéndez Valdés, a quien califica de libertino, en la línea de los enciclopedistas franceses, que consideran todo culto externo como «idolátrico, superfluo e indigno de Dios». No me atrevería yo a tanto, cuando obispos muy religiosos, como Climent, condenan, con idéntica o mayor dureza, los abusos de las procesiones, censurando la presencia de «figurones ridículos y acciones burlescas, que mueven a risa, profanando la religión...» El mismo Martí, pese a insistir en la moderación de Jovellanos en el *Tratado teórico-práctico de enseñanza*, en que pedía, junto a la adoración interior, las manifestaciones exteriores de culto, tiene que confesar ante la evidencia: «Es cierto que, aunque la fe del pueblo era firme, era poco doctrinal, pues los predicadores se dirigían, más que a fomentar la piedad, a producir la admiración ante los milagros de los santos» [48].

Los textos podrían multiplicarse. En toda Europa, y España no constituye una excepción, pueden observarse las supersticiones y un excesivo afán por mantener las exterioridades religiosas. Pero también es general una constante demanda, por parte de minorías calificadas, de que se supriman tales abusos y se predique un cristianismo más sincero e interior. Esta pugna tomará formas concretas en cada país. En cuanto a España se refiere, el análisis que venimos haciendo es lo suficientemente expresivo para que no dé lugar a dudas. La religiosidad formulista y exterior domina con mucho, y sus manifestaciones son muy frecuentes y multitudinarias, tanto que parecen constituir la expresión más característica del catolicismo español. Valgan como ejemplo las palabras de Aguilar Piñal: «La fe no pasa de ser, en estos casos, más que una reacción infantil, que acude a la protección paterna cuando llega la hora del desamparo. El sentido de dependencia aflora sólo en momentos de tragedia individual o colectiva. La religiosidad así entendida afecta más a la conducta externa que al trato íntimo y amoroso con la divinidad. Su resultado más obvio es una supervaloración de la moral, en perjuicio del auténtico amor. La doctrina católica quedaba reducida a una mera «praxis» circunstancial, en menoscabo de la reflexiva aceptación del mensaje liberador de Cristo» [49].

---

[46] G. MAYÁNS, *Espejo moral* (Madrid 1734) ref.12.
[47] MELÉNDEZ VALDÉS, *Discursos forenses* (Madrid 1821) 190-94.
[48] MARTÍ GILABERT, 142-43.   [49] AGUILAR, *Historia...* 231-32.

En contraste y en lucha contra la religiosidad exterior y formulista, así como en defensa de un cristianismo más interior, unirán sus fuerzas ilustrados católicos, aunque sean seglares, como Mayáns y Jovellanos, y obispos reformistas, llámense Tavira o Climent, por citar a los acusados de jansenistas. Contraste que surge en cualquier momento y por el más leve motivo. En 1745, p.ej., se acusó a Mayáns ante el arzobispo Mayoral por no contribuir económicamente a la construcción de la iglesia parroquial de Santa María. Aparte de que el acusador mentía, como demostró el erudito en carta a Pérez Bayer para que la leyera al arzobispo, Mayáns aprovechó las circunstancias favorables para exponer su criterio sobre la Iglesia. Don Gregorio invita a su acusador a que vaya «todos los días a la puerta de mi casa, y verá que todas las tardes doy limosna a todos los pobres de Oliva, que juntos vienen a pedirla, además de diez estudiantes cotidianos y otros muchos pobres, así vergonzantes como pordioseros. Dejo aparte la limosna, que en mi casa nunca se niega a las cofradías de San Miguel y del Santísimo Sacramento, a las monjas y a los frailes, a cuyo solo convento doy cada año cerca de cincuenta pesos, de manera que, comprendidas estas y otras limosnas, yo no puedo hacerlas mayores sin menoscabo de mi patrimonio, que debo conservar para mis hijos y para los pobres; y en favor del escondite, que pues se ha hecho empeño de obligarme a que, además de las limosnas regulares (a que no faltaré), ofrezca separadamente alguna porción de dinero, ni debo ni quiero, porque primero es la Iglesia viva que su fábrica material, primero los pobres que las paredes. Y los que dicen lo contrario ignoran la graduación de los oficios de una ciudad contra la cual no iré yo, aunque estos ministros de Belial hagan conciliábulos para contrastar, a viva fuerza de doctrinas farisaicas, la constancia de mi ánimo. Sepamos primero qué remedio tienen los pobres y después acudiremos a los demás» [50].

El texto es clarificador. Los partidarios de la religiosidad interior cumplen con las obligaciones morales que les impone la estructura eclesiástica española en que viven. Pero protestan contra las presiones de que son objeto y suspiran por una concepción del cristianismo mucho más espiritual. La Iglesia es, ante todo, espiritual, y, en cualquier caso, antes se debe atender a las necesidades de sus miembros más pobres que a la «fábrica material».

Corrientes religiosas entre el clero español

COMPLEJIDAD DEL TEMA

La dificultad de un estudio complexivo del clero español del XVIII es, desde todo punto de vista, evidente. Faltan monografías sobre muchos de los personajes más importantes; tampoco se ha estudiado la evolu-

[50] G. MAYÁNS, *Epistolario VI...* carta 85.

ción espiritual de los institutos religiosos y brillan por su ausencia entre nosotros los trabajos cuantitativos sobre la sociología religiosa [51]. Por lo demás, una serie de factores han contribuido a confundir los planteamientos de estudio sobre el clero del XVIII. En primer lugar, la crítica constante de los ilustrados, que, censurando continuamente abusos, en muchos casos ciertos, se movían, en el fondo, por su animosidad hacia las formas populares de piedad y por su deseo de una religiosidad más racional e interior. En contraste, aparece la crítica de Menéndez Pelayo contra quienes, apoyados en el regalismo, pedían la reforma de muchas deficiencias eclesiásticas. La raíz de esta acrimonia de D. Marcelino habría que buscarla en el origen del reformismo, basado más en el apoyo de un Gobierno ilustrado —peligro de ideas enciclopedistas y liberales— que en la preocupación e interés de la Curia romana.

Este planteamiento ha perdurado, en gran parte, hasta nuestros días. Debemos mirar los problemas del XVIII desde nuestra perspectiva actual, pero nunca juzgar los medios utilizados por nuestros ilustrados como si hubieran podido pensar y actuar después del concilio Vaticano II. Porque sentenciar sobre la sinceridad o protervia de los protagonistas porque defendían el centralismo romano o se inclinaban, más bien, por los principios regalistas —o al revés—, no admite la más ligera coherencia lógica. Un hecho resulta claro: en nuestro siglo XVIII, la corriente reformista tiene, en líneas generales, matices acusadamente anticuriales.

El estudioso no puede menos de señalar una elevación intelectual y moral del clero, no tan grande, si queremos, como fuera de desear a lo largo del siglo. Los seminarios mejoran la formación de los sacerdotes, la actividad reformista de los obispos en la segunda mitad del siglo resulta palpable, la predicación, tanto de los jerarcas como del clero medio, se dignifica un tanto, los regulares cumplen mejor, al menos se intenta con interés, las reglas de residencia... Aunque ello no quiera decir que todo sea perfecto, ni mucho menos.

Ahora bien, hablar del clero español en conjunto y sin matices entraña un evidente riesgo de confusión. Las diferencias entre el alto y bajo clero son acusadas, y las censuras de los ilustrados van especialmente dirigidas contra los regulares y los beneficiados que cobran las rentas sin ejercer ninguna actividad apostólica. Se impone, por tanto, una serie de distinciones.

EL CLERO SECULAR

El párroco desempeña un papel fundamental en la sociedad española del XVIII. Bien visto por sus feligreses, con cuyos intereses se identifica, y en contacto con las necesidades espirituales, ocupaba el cargo después de haber demostrado su capacidad en unas oposiciones que

[51] Cf. el estudio de Sáez Marín ya aludido.

pueden considerarse como rigurosas [52]. En contraste con los párrocos, observamos un excesivo número de clérigos —muchos de ellos sin órdenes superiores— que recibieron la tonsura con el fin de alcanzar un beneficio eclesiástico que les permitiera una vida más o menos holgada. Estos últimos reciben la censura más acerada de los ilustrados, que critican su elevado número frente a la escasez de sacerdotes que ejercían actividad pastoral. Basten, como ejemplo, las palabras de Cabarrús. «Abro el censo español hecho en 1788, y hallo que tenemos 17.000 feligresías y 15.000 párrocos; esto es, 2.000 menos de los que se necesitan; pero para esto tenemos 47.000 beneficiarios y 48.000 religiosos, de forma que, siendo así que hay muchas parroquias sin pastor, distribuyendo mejor nuestros sacerdotes actuales, podría haber siete en cada una de ellas» [53].

Entre estos beneficiados adquieren un lugar especial los canónigos adscritos a catedrales o colegiatas, y que por sus rentas económicas, el prestigio social y los privilegios jurídicos de que gozaban, constituían una fuerza importante en la Iglesia. Si durante los siglos anteriores habían albergado a los segundones de las familias aristocráticas y polemizado con los obispos por preeminencias jurídicas, en el XVIII, superados por la autoridad episcopal en ininterrumpido crecimiento de fuerza, continúan gozando de grandes rentas diezmales, en detrimento de humildes párrocos que apenas pueden subsistir [54].

Debemos observar, no obstante, que el problema fundamental es el de su nombramiento. Frente a las tendencias de la Curia romana y del Gobierno de Madrid por controlar el acceso a los canonicatos, los obispos tienen muchas dificultades para premiar a los sacerdotes dignos que se encuentran en sus diócesis. Sólo los canónigos de oficio, que exigía una oposición, permitían un medio de acceso a quienes no gozaban del favor de Roma o de la corte. Y en ese caso no faltaban los grupos de presión, entre los que están los colegios mayores, cuyos intereses no siempre coinciden con los de la Iglesia. El lema propuesto por Mayáns, tomado de las Doce Tablas, «Salus Ecclesiae suprema lex esto», quedaba muchas veces en una loable aspiración de los reformadores. Sería injusto, sin embargo, negar que en los cabildos españoles del XVIII existían canónigos dignos, muchos de los cuales fueron, con posterioridad, obispos adornados de relevantes cualidades: Lorenzana, Climent, Bertrán, Fabián y Fuero...

---

[52] El nivel intelectual del párroco español del XVIII puede deducirse de las oposiciones a curatos. Cf. L. HIGUERUELA DEL PINO, *Los concursos a parroquias en la diócesis de Toledo durante el pontificado del cardenal Borbón (1800-1823):* Hisp. Sac. 27 (1974) 237-83.

[53] F. CABARRÚS, *Cartas* (Madrid 1973) 137.

[54] DOMÍNGUEZ ORTIZ, *La sociedad...* 141. La participación del cabildo de la catedral de Valencia en el diezmo, en A. MESTRE, *La recolección de los diezmos en la diócesis valenciana según la encuesta capitular de 1758.* I Congreso de Historia del País Valenciano (1971) (Valencia 1976) III 631-42.

LOS REGULARES

Mucha mayor complejidad entrañaban los regulares, pues las diferencias en su modo de vivir implicaban múltiples problemas. Los monjes en primer lugar, que, a pesar de vivir de las rentas de sus grandes propiedades, mantuvieron frecuentemente discrepancias con sus colonos. Las protestas de los ilustrados son, en estos casos, unánimes: Mayáns pide la liberación de los pueblos sujetos a la jurisdicción del monasterio de Valldigna, Jovellanos lamenta en sus *Diarios* la prepotencia que observa sobre los campesinos... Pese a sus elevados ingresos económicos, no siempre dedicaban su actividad a trabajos intelectuales. Hay que reconocer, en cambio, la gran labor social de algunos monasterios, si bien no son todos, a lo largo del siglo.

En contraste, los mendicantes vivían en contacto con las clases más populares, cuyas preocupaciones sentían, pero a las que en muchos casos también gravaban. No menos duras serán las críticas de los ilustrados. Mayáns lamentará que en el convento de franciscanos de Oliva, con renta para 12 religiosos, vivieran 60, que tenían que mantenerse de las limosnas de los campesinos, ya de por sí bastante pobres. También Campomanes condenará, en el *Tratado de la regalía de amortización...*, el excesivo número de religiosos. Y tantos otros, porque es una de las censuras más constantes y generalizadas de los ilustrados.

Para mantener la comunidad, tanto mendicantes como institutos regulares en general dedican algunos de sus miembros al apostolado: púlpito y confesionario, ayudando en esta misión a los párrocos. Las críticas de los ilustrados a este respecto aparecen centradas en su ignorancia. Mayáns comentará con dolor las groserías expuestas en los sermones cuaresmales o la insensatez de algún prior al enviar a predicar a frailes sin licencia. Pérez Bayer, por su parte, confiesa su impotencia para conseguir que se dé licencia de confesar a un fraile, dada la ignorancia de que hace gala. Y baste como testimonio general el *Fray Gerundio* [55].

Mención especial merecen los religiosos dedicados a la enseñanza, jesuitas y escolapios especialmente. Su actividad aparece centrada en las escuelas de gramática en tantos pueblos de España, cuyo control ejercen de manera casi absoluta. El caso de Oliva, cuyo magisterio ganaron los franciscanos en unas oposiciones con la complicidad de los jesuitas, minuciosamente descritas por Mayáns en carta al arzobispo Mayoral, es un ejemplo de las implicaciones político-sociales que entrañaban tales ejercicios. Constituía, ciertamente, un gran servicio cultural que se hacía a quienes carecían de medios económicos —la inmensa mayoría del clero iniciaba así sus estudios—, pero era, al mismo tiempo, un instrumento para captar vocaciones. En un nivel superior habría que colocar los colegios, regidos casi de manera exclusiva por los jesuitas, y destinados, en

---

[55] G. MAYÁNS, *Epistolario VI...* Cf., asimismo, A. MESTRE, *Ilustración...* c.5. Sobre el P. Isla, la introducción de Sebold a la edición de Clásicos castellanos del *Fray Gerundio*. Un buen resumen en J. L. ALBORG, *Historia de la literatura española* (Madrid 1972) III 255-91.

su mayoría, a la nobleza. Más tarde, y con carácter no tan aristocrático, desplegaron también una gran actividad los escolapios. Finalmente, los estudios superiores de las órdenes religiosas, que, gozando del derecho de conceder títulos, contribuían a disminuir la asistencia a las universidades. En este aspecto adquieren, junto a los jesuitas, especial relevancia, por su tradición e historia, los dominicos [56].

EL EPISCOPADO

Los obispos españoles del XVIII fueron, en líneas generales, muy dignos, y así lo reconocen los historiadores actuales. Pasaron los tiempos en que D. Marcelino —y también Roma— veían un peligro cismático en cualquier reivindicación episcopal. No pensaban de la misma manera los ilustrados. Nuestros reformistas del XVIII veían en el obispo el eje de las reformas, puesto que, a su juicio, recibía, al ser consagrado, la jurisdicción inmediata de Jesucristo, sin necesidad de licencia papal.

Este criterio, generalizado entre los ilustrados españoles, explica dos opiniones de Mayáns. La primera, de 1747, al manifestar su temor de que los trabajos del nuncio en la polémica regalista pudiera atraer a los «obispos de España, hombres casi todos ignorantísimos que... ni saben el oficio que tienen, ni son capaces de distinguir el poder del rey y del papa, ni de conocer la extensión y limitación de uno y otro». La ignorancia, a juicio de Mayáns, se centraba en los derechos jurisdiccionales que los obispos tenían dentro de la obediencia a Roma, pero que al mismo tiempo implicaban una independencia, al menos como deseo, respecto a la autoridad civil. La otra frase que nos sirve para centrar el problema no es menos tajante: «Las letras florecerán en España cuando los maestros de las lenguas eruditas sean buenos; los catedráticos de las ciencias, cuales deben ser, y los obispos, eruditos y desinteresados. Sin estos fundamentos, nada se puede hacer». En este caso, el problema de base es la Ilustración [57].

Queda, por tanto, muy claro que las dificultades a resolver por los obispos españoles del XVIII no eran pequeñas. En el intento de recuperar su autoridad entre dos fuerzas de mayor empuje —la Curia romana y el centralismo regalista—, buscan establecer una reforma coherente del clero, entre cuyas dificultades sobresale, por sus implicaciones jurídicas, la exención de los religiosos.

He aquí, en una rapidísima visión de conjunto, las coordenadas en que encuadrar los problemas eclesiásticos del siglo ilustrado y subyacen

[56] El tema es amplísimo. El pensamiento de Mayáns, en A. MESTRE, *Ilustración*... y en el plan de estudios publicado por los hermanos M. y J. L. Peset, así como en la correspondencia con Pérez Bayer y Burriel. La actitud de grupo sevillano, en AGUILAR, *La universidad de Sevilla*... Cf., además, R. L. KAGAN, *Il latino nella Castiglia del XVII e del XVIII secolo*: Rivista Storica Italiana 85,2 (1973) 297-319; J. LECEA, *Las escuelas pías de Aragón en el siglo XVIII* (Madrid 1972). En todo caso véase el capítulo 3, dedicado a la enseñanza, dentro del presente trabajo.
[57] Textos en A. MESTRE, *Ilustración*... 220.222.

en los intentos reformistas. Sólo desde esa perspectiva, y, sobre todo, con la idea básica del creciente episcopalismo como eje, podemos comprender el reformismo eclesiástico español del XVIII.

PRIMEROS INTENTOS DE REFORMA: LA ENCUESTA DE 1715

La guerra de Sucesión, pese a que estaba centrada en intereses dinásticos, no dejó de implicar a la Iglesia. Al margen de la actitud de Clemente XI, presionado por los ejércitos austríacos, los eclesiásticos españoles tomaron postura definida. En general, el clero castellano reconoció a Felipe V, y hubo prelado, como el futuro cardenal Belluga, que declaraba tratarse de una guerra de religión. Por el contrario, el clero de la antigua Corona de Aragón, especialmente los religiosos, se inclinó por el archiduque Carlos. En este caso, Folch de Cardona, el arzobispo de Valencia, acabó, pese a sus primeras dudas, inclinándose por los Habsburgo.

La guerra tenía que repercutir por necesidad en la vida ordinaria de los clérigos, y no precisamente de manera favorable. La actividad militar que desplegaron muchos de ellos influyó en el abandono de la vida retirada y, en el caso de los regulares, en una evidente falta de residencia conventual. Basten, por su expresividad, las palabras de Ortí Mayor comentando la entrada en Valencia del inglés conde de Peterborough como general en jefe: «Los religiosos de la Corona (que lo son de San Francisco y de los más recoletos) y los capuchinos esperaban escuadronados en la plaza de Santo Domingo, de cuya militar compañía iba por capitán el guardián de la Corona, y, al punto que el generalísimo entró en ella..., hicieron todos la salva disparando los fusiles, que, en vez de breviarios, llevaban muy contentos en sus manos; función que aun a los mismos herejes escandalizó, pues, al mirar Peterborough aquel desorden, dijo: 'No había visto hasta ahora qué cosa era la militante Iglesia'» [58].

No iba a la zaga de los regulares valencianos el obispo de Murcia, comandando las tropas borbónicas. Y, sin llegar a tales extremos, no dejan de ser totalmente ajenas a las funciones episcopales las intrigas políticas de los cardenales Portocarrero (Toledo) y Arias (Sevilla), así como la actividad del obispo Solís, en funciones de virrey de Aragón. Durante la guerra, los informes de los obispos no pueden menos de expresar sus diversos criterios sobre las relaciones con la Santa Sede, más desde la perspectiva jurisdiccional que en la línea de la reforma moral. El Dictamen de Solís expresa su postura, claramente favorable al regalismo episcopalista. En cambio, el Memorial antirregalista constituye la defensa de los derechos y privilegios de Roma [59].

---

[58] Texto en C. PÉREZ APARICIO, El clero valenciano a principios del siglo XVIII: la cuestión sucesoria: Estudios de Historia de Valencia (Valencia 1978) 262.

[59] I. MARTÍN, Figura y pensamiento del cardenal Belluga a través del memorial antirregalista a Felipe V (Murcia 1950); J. FERNÁNDEZ ALONSO, Un período de las relaciones entre Felipe V y

Pero era lógico que, finalizada la contienda y relativamente calmados los ánimos, obispos y Gobierno buscaran el medio de reformar los abusos más visibles. Así, Felipe V hizo llegar a los prelados españoles, por medio del marqués de Grimaldo (11 y 12 de mayo de 1715), su deseo de que expusieran los medios que consideraban adecuados. Las respuestas son varias. Juan Camargo, obispo de Pamplona, se limita a remitir a la obra de Juan de Santo Tomás, *Breve tratado y muy importante para hacer una buena confesión general,* pero otros prelados responden con amplitud. Sus juicios quedan centrados en la situación religioso-moral del clero y la reforma moral de la sociedad cristiana española. Dejando al margen el juicio del obispo de Avila (Juan Cano) sobre el vestido aseglarado de los sacerdotes o las faltas de honestidad en las mujeres, señaladas por varios prelados, las deficiencias fundamentales son: poca obediencia a los superiores y excesivos pleitos, párrocos y religiosos no dan bastante pasto a los fieles en el púlpito y en el confesionario, la pobreza de las religiosas por aceptar un número mayor de novicias superior a las posibilidades de manutención, los beneficios simples, que, al favorecer económicamente a quienes no ejercen el apostolado, dejan a los párrocos sin la adecuada subsistencia...

Entre los remedios apuntados hay que señalar la Inquisición, para la que los obispos de Avila y Palencia piden el favor y apoyo del monarca. El obispo de Tortosa (Juan Miguélez), en cambio, después de reclamar la ayuda del brazo secular para resolver los problemas que las buenas palabras del sacerdote no pudieran resolver, precisa la necesidad de elegir buenos prelados, doctos y virtuosos, que controlen y cuiden del clero. Dado que el nombramiento depende del rey, cabe esperar que el monarca ponga el máximo interés en resolver el problema, superando las deficiencias que se venían observando durante los años de la guerra. Intereses pastorales manifiesta, asimismo, Miguel del Olmo, obispo de Cuenca: predicación de misiones populares, aconsejadas desde el concilio Lateranense III (1215); la visita pastoral a la diócesis, con la exigencia de exponer el catecismo por parte de los párrocos, a quienes se les recordará la obligación de predicar todos los domingos un punto doctrinal o el pasaje evangélico correspondiente.

El planteamiento más original procede del cardenal Belluga. Como remedio primero y más importante, expone el obispo de Murcia la necesidad de convocar concilios provinciales y diocesanos. Si el concilio de Trento mandaba celebrarlos en cada diócesis anualmente y en cada provincia cada tres años, la realidad había sido muy distinta. Había diócesis que en más de un siglo no se había celebrado ninguno, y concretamente en Murcia hacía ciento treinta y ocho años. En cuanto a los concilios provinciales, Belluga señala la fecha de 1582, en que tuvo lugar en la archidiócesis toledana. Es tanta la importancia de este medio,

la Santa Sede (1709-1917): Anthologica Annua 3 (1955) 9-88; J. Torres Fontes y R. Bosque Carceller, *Epistolario del cardenal Belluga* (Murcia 1962). Más datos en la colaboración del Dr. Egido sobre las relaciones Iglesia-Estado en este mismo volumen.

que Belluga solicita del rey, si fuera preciso, la celebración de concilios nacionales [60].

BULAS PONTIFICIAS Y CONCORDATOS

Los problemas insinuados en la encuesta episcopal de 1715 van a salir a luz cada vez con más energía, y, sobre todo, la solución solicitada por el antirregalista Belluga de la práctica de los concilios provinciales. Lo cierto es que las corrientes reformistas van a surgir alrededor de las grandes personalidades eclesiásticas. El arzobispo de Toledo Valero y Losa, con anterioridad párroco ejemplar y obispo de Badajoz, fue nombrado para la sede primada en 1715. Sorprendido ante la ignorancia religiosa del pueblo y la despreocupación por el conocimiento de los deberes cristianos, expone los remedios más urgentes en una *Carta Pastoral*, repetidas veces editada hasta bien entrado el siglo XIX. El interés del arzobispo aparece centrado en la predicación y en el sacramento de la penitencia. Valero y Losa es uno de los primeros en lamentar los abusos del conceptismo en los sermones, pidiendo una exposición sencilla y clara de la palabra de Dios como medio de instruir a la comunidad cristiana. De ahí su insistencia en que el predicador no debe sólo exhortar, es decir, mover la voluntad, sino también enseñar los puntos doctrinales.

Ahora bien, después de la caída de Alberoni, el monarca insistió en la necesidad de la reforma, pero quería controlarla de alguna manera. Así que, ante el consejo del primado de la conveniencia de celebrar concilios provinciales, de acuerdo con el Tridentino, el rey se decidió por la reforma a través de concilios y sínodos diocesanos, según cédula de 30 de enero de 1721 que envió a todos los obispos [61].

No debió de quedar muy contento Belluga de la evolución del clero español después de la encuesta de 1715, porque no tardó en proponer unos medios más en consonancia con las ideas expuestas en el *Memorial antirregalista,* de 1709. El obispo de Murcia buscó el apoyo del Papado como el medio más apto para conseguir la reforma de la Iglesia española. Así se deduce de cuanto afirma Inocencio XIII al explicar que, a solicitud del cardenal Belluga, había decidido publicar la bula *Apostolici ministerii* (13-5-1723). Dos temas ocupan la atención de Inocencio XIII: el clero secular y los regulares. Respecto al primero, prohíbe la tonsura de quienes no van a ser sacerdotes, para evitar el abuso de las prebendas concedidas a los que ni residen ni ejercen apostolado; la preparación de los seminaristas, el control de la práctica de la disciplina eclesiástica, así como de la predicación dominical. Y si consideramos el mundo de los regulares, sobresale el cuidado de que no se acepten más

[60] F. RODRÍGUEZ POMAR, *Una página de política española. Dictámenes de los prelados en 1715:* Razón y Fe 122 (1943) 334-44; 123 (1944) 49-66.
[61] VALERO Y LOSA, *Carta pastoral,* que consiguió múltiples ediciones a lo largo del siglo. V. DE LA FUENTE, III 359. Era primado, desde 1720, el cardenal Astorga.

novicias que rentas se tengan para su subsistencia, la preocupación del obispo de que las monjas tengan confesor extrordinario, la clausura de los religiosos...

Pese a la crítica posterior de los regalistas, la bula señala, aunque muy tímidamente por cierto, la preeminencia del obispo. No me refiero al artículo 13, en que reserva al prelado la presidencia de todos los actos públicos, capítulos, procesiones..., sino a la importancia que concede al obispo en la formación del clero, en el control de la actividad apostólica de los párrocos, en la distribución de las rentas a los vicarios... Ahora bien, es menester confesar que la *Apostolici ministerii* no se sale un ápice de las atribuciones que concede Trento a los obispos, ni siquiera en cuanto a las relaciones con los regulares. Quizás esa sujeción estricta al Tridentino explique la protesta de los cabildos o de los religiosos que habían establecido corruptelas a las normas conciliares, así como el disgusto de los regalistas, que consideraban que la bula no resolvía los problemas eclesiásticos planteados, y, en todo caso, no consideraban necesaria la intervención de Roma para resolver las deficiencias morales de la Iglesia española.

Por lo demás, la bula no llegó a la raíz del problema, que consistía, a juicio de S. de Lamadrid, en la excesiva facilidad con que la Curia romana concedía la dispensa de los preceptos disciplinares, especialmente los tridentinos, y en la deficiente selección de las personas que ocupaban los cargos eclesiásticos [62]. Porque en el fondo quedaban en pie muchas corruptelas, que, a juicio de los regalistas, eran apoyadas por Roma por intereses económicos o jurídicos, pero que incidían perniciosamente en la decadencia del clero, fomentando o al menos encubriendo los abusos. Me refiero al pago de las anatas a la Curia, pensiones, reservas, coadjutorías con derecho a sucesión, que, defendidas en base a la suprema potestad del papa —en este sentido las patrocinaba Belluga en su *Memorial antirregalista*—, se prestaban a una serie de abusos que irritaban a gran parte del clero, y de manera especial a los anticuriales partidarios de la reforma.

El problema de tales abusos subyace en las polémicas regalistas de mediados de siglo, en estricto paralelismo con la defensa del Patronato Real, y el intento de resolverlos queda patente en los concordatos firmados con la Santa Sede. El concordato de 1737 dedica muchos de sus artículos a la reforma del clero: control del número de clérigos, aunque en este caso sea ejercido por el papa a través de breves dirigidos a los obispos o por medio del nuncio (5); insistencia en que los prelados sólo concedan la tonsura clerical a quienes van a ordenarse de presbíteros (9), normas para el nombramiento de párrocos (13), vigilancia en la economía de las pensiones, resignas en favor de terceros (14-15)... Y , supuestos los abusos y desórdenes entre regulares, el papa delega en los metropolitanos para que visiten los monasterios y conventos, aunque siempre bajo el control de Roma y la jurisdicción del nuncio... (11). Las

---

[62] R. S. DE LAMADRID, *El concordato español de 1753 según los documentos originales de su negociación* (Jerez de la Frontera 1937) 121-22.

coadjutorías con derecho a sucesión quedan prohibidas; pero el texto aparece redactado de forma que fácilmente podía transgredirse, en perjuicio de los fieles y de la parte más digna del clero... (17).

El concordato no acabó con los abusos. Dejemos al margen el problema de las causas de tal ineficacia: trabas puestas por los ministros de Felipe V a la publicación de los breves apostólicos anunciados en el concordato, indolencia burocrática romana, que continuaba cómoda en el *statu quo* anterior. Lo cierto es que los artículos que pretendían la reforma nunca se llevaron a la práctica, y en eso están de acuerdo todos los historiadores [63].

Pero no hay que engañarse creyendo que sólo los asuntos de reforma moral interesaban al Gobierno español. En la base de las polémicas estaba el problema del Patronato Real, y no dejaron de manifestarlo tanto las disputas sostenidas con el nuncio Enríquez como el concordato de 1753, que, a juicio de S. de Lamadrid, dejó al margen, intencionadamente, el problema de la reforma del clero. Quedaba abierto, sin embargo, el camino para que los intentos de suprimir los abusos partieran de España y que, bajo la razón de su necesidad, aumentara el control de la Iglesia española por parte de los monarcas. Así lo vio, desde el primer momento, Mayáns al afirmar que «en el presente y último concordato no se ha hecho expresa mención de remediar muchos de los referidos abusos, porque para eso bastan los cánones y leyes de España. Y para los demás que requieren autoridad pontificia, el Santísimo Padre dará las más convenientes, prontas y eficaces providencias, conformándose con las justas propuestas y peticiones que hará nuestro rey y señor, bien informado de los abusos que necesitan de remedio».

El texto anterior señala una primera fuerza: el regalismo. Pero el mismo Mayáns era consciente del peligro que entrañaba la prepotencia del poder civil. Y no dejará de advertir la necesidad de establecer el eje de la reforma en la autoridad de los obispos. «Yo soy —dirá— tan amante, o más, de los obispos que V. Rma. Soy de sentir que los papas y reyes los han oprimido, que esta opresión no se puede quitar arrimándose a los papas, y que es menester favorecer a los reyes, tomando este pretexto para favorecer a los obispos. El favor le entiendo según los cánones. De estas cosas no se puede hablar generalmente...» [64]

De las dos fuerzas que, a partir del concordato de 1753, podían protagonizar la reforma, la actividad de los reyes ha sido estudiada anteriormente en el capítulo dedicado al regalismo. A nosotros nos corresponde ahora exponer la actitud de los obispos.

---

[63] MESTRE, *Ilustración...* 259-66; OLAECHEA, *Las relaciones...* I 46-49; LAMADRID, 27-28.117-18.125-26; MENÉNDEZ PELAYO, II 420-22; E. PORTILLO, *Estudios críticos de historia eclesiástica española durante la primera mitad del siglo XVIII. Nuestros concordatos:* Razón y Fe 19 (1907) 70.

[64] MESTRE, *Ilustración...* 259,276.

LA REFORMA TRIDENTINA, IDEAL DE LA JERARQUÍA ESPAÑOLA

La Iglesia española, que había tenido —aparte de los prelados políticos, como Portocarrero o Solís— obispos de acusada personalidad en las primeras décadas del siglo: Valero y Losa, Belluga..., careció de jerarcas de pareja categoría en años posteriores. Coincide ese eclipse con el nombramiento del Infante Don Luis de Borbón como arzobispo-cardenal de Toledo —¡a los diez años!—, y que acumuló más tarde el arzobispado de Sevilla. No deja de sorprender tal gesto de la Corte, que censuraba a Roma sus debilidades al dispensar con tanta facilidad de los cánones en contra del bien de la Iglesia. Claro que a Isabel de Farnesio no debían preocuparle mucho las razones esgrimidas por los regalistas, o quizás creyera que su hijo, a los diez años, estaba adornado de la virtud y ciencia necesarias para regir la sede primada de las Españas. Coincidía precisamente con la retirada de Belluga a Roma, donde residió hasta su muerte, ocurrida en 1743. Es la época   ie apenas sobresalen los prelados cortesanos: Andrés Orbe, arzᵒ   de Valencia, gobernador del Consejo de Castilla e inquisidor geneᵃal; el cardenal Gaspar Molina, obispo de Málaga y figura clave en las polémicas regalistas...

Ahora bien, junto a estas figuras de relumbrón aparecen otros prelados que cumplen con su obligación de residencia y ejercen un fecundo apostolado en sus respectivas diócesis. Dada la imposibilidad de enumerarlos a todos, me limito a aludir a cuatro que representan facetas muy características dentro de la actividad episcopal por los medios utilizados para suprimir los abusos que observan entre clérigos y fieles.

Uno de los prelados que más se distinguió en la reforma de los seminarios diocesanos fue Juan Elías Gómez de Terán, obispo de Orihuela (1738-58). A juicio de Martín Hernández, «el obispo Terán, con raíces de reformador, se distingue desde el primer momento por la atención y cuidado que tiene de sus sacerdotes, a los que quería *tan puros y limpios de corazón, que pudieran estar entre los ángeles*». Y debido a su constante interés por la formación intelectual y moral de los seminaristas llega a compararlo con San Juan de Ávila o con Bernal Díaz de Luco, obispo de Calahorra. Hay que tener en cuenta, sin embargo, que se trata de una reforma estrictamente adaptada a las normas tridentinas, como era su espiritualidad. Así puede observarse en *Infancia ilustrada y niñez instruida en todo género de virtudes,* dedicada a la formación religiosa juvenil. El ejemplo de los santos —no juegan desde niños, su religiosidad está fuera de toda posible imitación...—, así como la frecuente intervención sobrenatural de Dios, la Virgen y los santos, nos demuestran que estamos ante una espiritualidad barroca [65].

Un medio típicamente tridentino implantó en su diócesis de Pamplona el obispo Murillo y Velarde (1726-29), continuado por sus sucesores, especialmente Miranda y Argaíz (1742-67): el control que ejercen

---

[65] MARTÍN HERNÁNDEZ, 47; J. E. GÓMEZ DE TERÁN, *Infancia ilustrada y niñez instruida en todo género de virtudes* (Madrid 1735).

los párrocos del cumplimiento pascual de sus feligreses a través del establecimiento del *Libro de matrícula*. La novedad establecida por Murillo y Velarde, a juzgar por los trabajos de Goñi Gaztambide, es la exigencia de que todos los fieles sufran «el examen de doctrina cristiana como requisito indispensable para el cumplimiento pascual». Según los textos aportados por Goñi, el clero navarro parece identificado con el sistema de control, pues desde el momento en que empezó a exigirse el conocimiento del catecismo, se observa un nuevo resurgir religioso, porque, «llegada la cuaresma, como es tiempo de cultivo de viñas, la conversación de los labradores en las cuadrillas (que aquí llaman tajos), donde antes solía ser de cosas nada útiles ni provechosas, se ve no ser ya otra que la santa de preguntarse unos a otros la doctrina cristiana con las oraciones de la Iglesia, porque todos temen el rigor del examen». Todo ello estaba en función del cumplimiento pascual, pero al mismo tiempo venía a llenar una de las preocupaciones máximas del clero español del XVIII: vencer la ignorancia religiosa del pueblo. Naturalmente, el primer aspecto era más fácil de conseguir, y Goñi ha demostrado que el cumplimiento pascual fue prácticamente total en 1801 en la diócesis de Pamplona [66].

Vimos anteriormente el interés de Belluga en recordar al monarca que desde el siglo XVI no se cumplían los decretos de Trento respecto a la conveniencia de celebrar sínodos diocesanos y concilios provinciales, así como la real cédula de 1721, en que Felipe V aconsejaba su práctica. Belluga no los convocó, pero sí los arzobispos de Tarragona. Manuel Samaniego de Jaca (1721-7), en el escaso tiempo de seis años, convocó dos concilios provinciales. En el primero dictó los oportunos decretos sobre la disciplina eclesiástica, la moralidad de las costumbres y el cumplimiento de la obligación de asistir a misa los días de precepto. Pero en el segundo, celebrado en 1727, además del problema de la instrucción religiosa de los fieles, Samaniego de Jaca planteó la necesidad de disminuir los días festivos de precepto, tema del que ya se había preocupado en la pastoral de 1725. Las disminución de su número, adoptada en el concilio de Tarragona, fue aceptada por Benedicto XIII, adelantándose así a resolver uno de los problemas que más tarde preocuparía a la opinión cristiana. Y en la misma línea, Cortada y Bru celebró concilios en la metropolitana de Tarragona en 1754 y 1757, y Francisco Armanyá intentó convocar un sínodo diocesano que no pudo llevar a cabo [67].

Un prelado representativo fue también Andrés Mayoral, que ocupó la sede valenciana desde 1737, en que sucedió a Orbe, hasta 1769. Colegial y tomista, no dudó en poner a sus sobrinos en cargos importantes al nombrarlos arcediano y vicario general de la diócesis, y, sin ser un obispo ilustrado —son frecuentes las quejas de Pérez Bayer, que había sido su secretario, y del mismo Mayáns—, prestó su apoyo a los escola-

---

[66] GOÑI GAZTAMBIDE, *El cumplimiento pascual en la diócesis de Pamplona en 1801:* Hispania Sacra 26 (1973) 361-72; ID., *Los navarros en el concilio de Trento y la reforma tridentina en la diócesis de Pamplona* (Pamplona 1947).

[67] AMAT, XII 115-17; F. TORT, *Biografía de Francisco Armanyá* (Villanueva y Geltrú 1967).

pios, ayudándoles a establecerse en Valencia. Por lo demás, Mayoral puso especial interés en las visitas pastorales, instrumento esencial utilizado por los obispos para la reforma del clero.

EL VIRAJE DEL EPISCOPADO ESPAÑOL. GRUPOS

Pero Mayoral era, asimismo, antijesuita por convicción. Y también, en ese aspecto, su trayectoria resulta paralela a gran parte de sus colegas. De hecho, muchos obispos españoles evolucionaron hacia una violenta agresividad contra la Compañía. Menéndez Pelayo resalta la importancia de la actitud de Carlos III, que buscó para regir las diócesis españolas a quienes manifestaban antipatía por los jesuitas. En cambio, Rodríguez Casado, al cotejar la actitud de los obispos nombrados por Felipe V y Fernando VI con los que accedieron a la jerarquía durante el reinado de Carlos III, señaló en ambos grupos idéntica proporción entre partidarios y enemigos de la Compañía. Dicho con otras palabras, el episcopado español se inclinaba, desde mediados de siglo, hacia posturas antijesuitas en un principio, para ir decantándose, cada vez con más fuerza, hacia actitudes jansenizantes.

Sin afán de exponer la trayectoria ideológica de todos los obispos españoles de la segunda mitad del siglo —hoy sería imposible—, puede resultar clarificador establecer el origen de los grupos más característicos. Empecemos por Mayoral, de quien veníamos hablando. No creo que la vitalidad reformista que se observa en Valencia por esas fechas se deba a la aportación personal del arzobispo, cuya amistad con el capitán general Gabriel de Thubières de Cayluz, hermano del prelado jansenista francés, no parece haber influido demasiado en el ambiente religioso e intelectual de Valencia, exceptuado, quizás, el caso de Climent. Se trataría, más bien, del enorme influjo en el ambiente valenciano de la figura de Mayáns: difusión de la lectura de Van Espen, antipatía por la Curia romana, afecto por los erasmistas españoles (Arias Montano, Fr. Luis de León...), relaciones con Muratori, interés por los estudios bíblicos, animosidad contra los Padres de la Compañía...

Pero del ambiente religioso que rodea a Mayoral surgen una serie de obispos que ocuparon importantes sedes y que en líneas generales fueron acusados de «jansenistas». Habría que excluir del grupo a los primeros obispos valencianos, nombrados durante el pontificado de Mayoral. Pues Asensio Sales, catedrático de teología suareciana y amigo de los jesuitas, manifestó sus divergencias respecto al excesivo favor del arzobispo hacia los tomistas. Por lo demás, Sales, siendo ya obispo de Barcelona (1755-66), continuó defendiendo a los Padres de la Compañía, al tiempo que manifestaba su complacencia por el culto del Sagrado Corazón de Jesús. Menos acusada personalidad manifestó Pedro Albornoz, nombrado para ocupar la sede de Orihuela en 1760. Condiscípulo en Salamanca de Mayáns, quien manifestó ya entonces un acusado desprecio por su escaso interés intelectual, Albornoz fue vicario general de

Mayoral y apoyó, siempre de acuerdo con el arzobispo, al pavorde Calatayud en su polémica con Andrés Piquer y Gregorio Mayáns [68].

Pese a cuanto dice Rodríguez Casado de que no resulta mayor la proporción de obispos antijesuitas entre los nombrados en tiempo de Carlos III, sí parece claro el viraje en el nombramiento de los prelados del círculo de Mayoral, lo que coincide con el juicio de Climent, que atribuye esta actitud a influjo de Roda.

Pero antes de que el aragonés fuera nombrado secretario de Gracia y Justicia, Felipe Bertrán, canónigo lectoral en la catedral de Valencia, accedía a la sede de Salamanca (1763). Educado en la escolástica y buen tomista, Bertrán fue abriéndose hacia nuevas corrientes de pensamiento influido por el ambiente intelectual valenciano. Appolis ha incluido a Bertrán entre los hombres del «Tiers Parti». Es conocida, además, la amistad del obispo de Salamanca con el secretario de Gracia y Justicia, así como con su paisano Pérez Bayer. En esa perspectiva hay que encuadrar la colaboración de Bertrán en la reforma de los colegios mayores, concebida, decretada y realizada por el trío Bayer-Roda-Bertrán, como ha demostrado Sala Balust. Ahora bien, mientras Bertrán fue obispo de Salamanca, y con el favor del prelado, desempeñó una gran actividad proselitista en favor del jansenismo el P. Bernardo de Zamora, entre cuyos discípulos hay que incluir a Meléndez Valdés y Antonio Tavira. Es la época en que se inicia el influjo racionalista en la vieja universidad, y la intervención de Bertrán en el proceso de Olavide parece, más bien, forzada por las circunstancias. Más aún, por medio de Bertrán, Tavira entró en relación con Pérez Bayer y con Roda, y aunque parece que no conoció personalmente a José Climent ni al general de los agustinos, Francisco X. Vázquez, Tavira recibió su influjo, de manera que, a juicio de su biógrafo más reciente, «fue el amigo íntimo de sus amigos y estaba bien situado para conocer minuciosamente el pensamiento de estos hombres y para sufrir su influjo». Otro jansenista radical, Joaquín Lorenzo Villanueva, encontró el apoyo y favor de Bertrán cuando, habiendo sido expulsado de Orihuela, fue recibido por el obispo de Salamanca, que lo ordenó de sacerdote y le concedió una plaza en el Santo Oficio [69].

Otro canónigo valenciano, José Climent, amigo, asimismo, de Roda y de Pérez Bayer y acerado enemigo de los jesuitas, era nombrado en 1766 obispo de Barcelona, donde sucedía a su paisano Asensio Sales. Climent ha sido siempre considerado como jansenista. Si bien fue educado en el tomismo, que nunca abandonó, su viraje intelectual en el campo de la reforma de la predicación y en el conocimiento de los erasmistas españoles y de los franceses del XVII como Bossuet y Fleury tuvo lugar alrededor de 1740 (volvemos a encontrarnos, una vez más,

---

[68] MESTRE, *La carta de Mayáns al pavorde Calatayud; dificultades con la censura:* Cuadernos de Historia, Anexos de la revista Hispania 5 (175) 459-85.

[69] L. SALA BALUST, *Visitas y reforma de los colegios mayores de Salamanca durante el reinado de Carlos III* (Valladolid 1958). Cf. mi estudio preliminar al *Epistolario* Mayáns-Pérez Bayer y los estudios de Saugnieux sobre Tavira y de Defourneaux sobre Olavide.

con Mayáns). Menéndez Pelayo, que censuraba su jansenismo, veía con simpatía la protesta del obispo de Barcelona contra el centralismo borbónico, simbolizado en este caso por Rodríguez Campomanes. Appolis por su parte, basándose en la correspondencia de Climent con el canónigo francés Clément de Bizon, reconoce al obispo de Barcelona como la figura clave del «Tiers Parti» español. Y ciertamente José Climent, por su rigorismo moral, la cálida defensa del episcopalismo y de los concilios nacionales, su animosidad contra la Compañía, su correspondencia con los jansenistas franceses, su actitud frente a la Iglesia cismática de Utrecht..., manifiesta una personalidad de acusados perfiles dentro de la Iglesia española de la segunda mitad del XVIII.

Aunque Climent fue combatido por muchos de sus coetáneos, su actividad en la diócesis de Barcelona adquirió cierto relieve. Al círculo que rodeaba a Climent pertenecía el agustino Francisco Armanyá, que, a juicio de su biógrafo, es muy probable alcanzara el obispado gracias a su declarado antijesuitismo. Obispo de Lugo (1768-85) y partícipe del espíritu limosnero tradicional entre los prelados españoles, Armanyá, que desplegó una gran actividad reformadora, también se manifestó claramente favorable a la extinción de la Compañía. Siendo arzobispo de Tarragona (1785-1803), dentro del rigorismo tradicional de los agustinos del XVIII, cercanos en muchos aspectos al grupo «jansenizante», Armanyá se manifestó como un declarado enemigo de los ilustrados racionalistas. Más vinculado al círculo de Climent estuvo Félix Amat, propuesto para bibliotecario del seminario diocesano por el mismo obispo de Barcelona y aceptado por Roda. Canónigo de Tarragona, gozó de la amistad del arzobispo Armanyá, y su actividad jansenista posterior, así como el influjo que ejerció sobre sus sobrinos, especialmente Félix Torres Amat, manifiestan un carácter bien definido. Pero Amat pertenece a la siguiente generación [70].

Más obispos salieron del círculo de Andrés Mayoral. José Tormo, profesor de la universidad, tomista como Climent y Bertrán, era también canónigo de la catedral de Valencia. Obispo auxiliar de Mayoral, fue nombrado en 1767 para la sede de Orihuela. Al año siguiente formaba parte del Consejo Extraordinario establecido por Carlos III para dictaminar sobre los bienes de la Compañía. Intervino en 1769 en el examen de las doctrinas del obispo Climent, de quien era amigo, y cuya ortodoxia defendió. Tormo suprimió en su diócesis los beneficios simples, y, dada su vinculación al grupo valenciano, no puede extrañar el favor que otorgó en los primeros momentos a Joaquín Lorenzo Villanueva, concediéndole una cátedra de teología en el seminario de Orihuela [71].

Finalmente, al círculo de Mayoral pertenecía también Rafael Lasala. Obispo auxiliar de Valencia, mantenía muy buenas relaciones con el

---

[70] Además de la bibliografía de la nota anterior, cf. la obra de Appolis sobre los jansenistas españoles, la biografía de Tort sobre Armanyá y el prólogo a las pastorales de Climent redactado por Félix Amat.
[71] MESTRE, estudio preliminar al *Epistolario* Mayáns-Pérez Bayer.

general de los agustinos (Francisco X. Vázquez) y con Pérez Bayer, que lo propuso para la dirección de los Reales Estudios de San Isidro. Lasala contaba, asimismo, con el favor de Roda. Fue nombrado obispo de Solsona, donde publicó un *Catecismo mayor* y un *Catecismo menor* [72].

No todos los obispos españoles de la segunda mitad del siglo proceden del círculo de Mayoral, ni mucho menos. Los prelados de las sedes más importantes venían, más bien, de otros ambientes. A señalar la importancia del grupo toledano. Al cabildo de la primada habían pertenecido Francisco Antonio Lorenzana, obispo de Plasencia, arzobispo de México y después arzobispo-cardenal de Toledo; Francisco Fabián y Fuero, obispo de La Puebla de los Angeles (México), de donde pasó a la metropolitana de Valencia; José Xavier Rodríguez de Arellano, que ocupó la sede de Burgos, y Juan Sáenz de Buruaga, arzobispo de Zaragoza. De la importancia del grupo no puede dudarse. Ahora bien, ninguno de ellos manifiesta el radicalismo de Climent, ni aproximaciones doctrinales al jansenismo. En el fondo son tomistas convencidos, que en muchos casos, como el de Fabián y Fuero, no verán con buenos ojos la actividad intelectual de los agustinos. No obstante, Rodríguez de Arellano, como presidente del Consejo Extraordinario, y Sáenz de Buruaga, como consejero, defendieron la ortodoxia de Climent en 1769. Appolis los califica, incluyendo a Lorenzana y Fabián y Fuero, como de centro-derecha. Eso sí, son decididamente enemigos de los jesuitas. Ahí están como prueba las pastorales relativas a la expulsión: Lorenzana, Fabián y Fuero y, sobre todos, Rodríguez de Arellano, de tan radical regalismo como fanatismo antijesuita. Por lo demás es conocida la resistencia que, siendo canónigos de Toledo, opusieron al establecimiento de la misa y oficio del Sagrado Corazón de Jesús. Pero quizás el punto que mejor los defina sea su acusada actitud favorable a las regalías de la Corona. Es triste reconocer, sin embargo, que Lorenzana y Fabián y Fuero, únicos que sobrevivieron al reinado de Carlos III, fueron víctimas del exacerbado regalismo de Godoy [73].

Hay, sin embargo, obispos jansenistas procedentes de otros focos de influjo religioso. Habría que señalar en primer lugar a Rubín de Celis, obispo de Murcia, que reformó el seminario de San Fulgencio en 1774. El carácter jansenista de los textos impuestos no admite dudas: *Institutiones philosophicae*, de Jacquier; *De locis theologicis*, de Juenin; la moral de Concina, el resumen de la obra dogmática de Berti... Y es conocido el influjo que ejerció en los planes de estudio de las facultades de teología y seminarios españoles. Habría que incluir, igualmente, a La Plana y Castillón, obispo de Tarazona y miembro del Consejo Extraordinario. Agustino, partidario de la necesidad del amor para que se perdonen los pecados en el sacramento de la penitencia, lamenta que la Inquisición haya usurpado muchas de las prerrogativas episcopales, y, aunque

---

[72] R. LASALA, *Catecismo mayor de la doctrina cristiana* (Cervera 1791); DAMMIG, 153, y mi estudio preliminar al *Epistolario* Mayáns-Pérez Bayer.
[73] SIERRA, *El cardenal...*; OLAECHEA, *La relación «amistosa» entre F. A. Lorenzana y J. N. de Azara:* Miscelánea del homenaje al Dr. Canellas (Zaragoza 1969) 805-50; APPOLIS, *Les jansénistes...* c.5; SAUGNIEUX, *Les jansénistes...* 247-78; MARTÍ GILABERT, 331-67.

manifiesta su simpatía por los jansenistas franceses perseguidos, no deja de reconocer la autoridad doctrinal de las bulas pontificias. La diferencia con los apelantes galos resulta, por tanto, evidente. No obstante, el mercedario Miguel López consideraba a La Plana y Castillón el obispo más jansenista de cuantos componen el Consejo Extraordinario y el conde de Aranda lo presentó al canónigo Clément como el más ilustrado de los prelados españoles. Si tenemos en cuenta la lista de obispos antijesuitas enemigos del molinismo y partidarios de la moral rigorista que señalaba el P. López habría que añadir: Palmero y Rallo (Gerona), Rojas Contreras (Cartagena), Juan de la Cuesta (Sigüenza), Miguel Fernando Merino (Avila), Juan Manuel Merino (Astorga), Antonio Jorge Galván (Zamora) y Molina Lario (Albarracín), que formaba parte del Consejo Extraordinario.

EL PROCESO DEL OBISPO CLIMENT

Es un hecho claramente probado que tanto ilustrados como jansenistas evolucionan en contacto con Europa. También los obispos establecen relaciones con los representantes de las corrientes extranjeras, y si el sínodo de Pistoya y la Constitución Civil del Clero constituyen el momento cumbre del influjo, no debemos olvidar que esta conexión se había iniciado con anterioridad.

Un claro ejemplo lo tenemos en las relaciones con la iglesia cismática de Utrecht, recientemente estudiado por Appolis en *Les jansénistes españoles*. En 1763 tuvo lugar un importante sínodo, y los cismáticos enviaron las actas a muchas personalidades españolas, circunstancia que aprovechó el general de los agustinos, Francisco X. Vázquez, para entrar en relación con los jansenistas Dupac de Bellegarde y Clément de Bizon. Pero en 1768, con motivo de su nombramiento, el nuevo arzobispo de Utrecht, Van Nieuwenhuisen, envió una circular a muchos prelados españoles comunicando la noticia de su consagración. Era una primera siembra que luego fructificaría, porque las relaciones de Clément de Bizon con los españoles aumentaron en intensidad: con el P. López, por medio de familiares comerciantes establecidos en Bayona; con Climent, a través del impresor-librero Boudet de París... [74]

En consecuencia, Clément, considerando que después de la expulsión de los jesuitas se le presentaba el momento oportuno, emprendió un largo viaje por España. Visitó al obispo de Barcelona, con quien dialogó largamente; saludó al P. López y se detuvo en la Corte, donde celebró conversaciones con Aranda, Campomanes y, sobre todo, Roda, así como con los obispos del Consejo Extraordinario. Aunque Clément tuvo que salir precipitadamente de la Península, su viaje sirvió para establecer más íntimos lazos con los grupos jansenizantes españoles y facilitó la correspondencia de Dupac de Bellegarde con el obispo de Bar-

[74] APPOLIS, *Les jansénistes...* 51-52.

celona, cuya actitud de benevolencia para con la iglesia cismática de Utrecht no tarda en manifestarse.

En la pastoral de 26 de marzo de 1769, que Climent antepuso como prólogo a la traducción de *Costumbres de los israelitas y de los cristianos,* de Claudio Fleury, manifestaba haber recibido la carta circular del nuevo arzobispo de Utrecht, al tiempo que expresaba su dolor por la separación. «Porque ¿cómo cabe que seamos miembros, y miembros principales de un mismo Cuerpo, no sintiendo los males que padecen otros y no procurando aliviarlos?» Climent señala que, en los primeros tiempos del cristianismo, los obispos, en casos semejantes, escribían al sumo pontífice para conocer los motivos de la excomunión y rogarle que, sin faltar a la justicia, tratara con misericordia a las iglesias separadas. «Pero ahora, aunque nos compadecemos del lastimoso estado en que se halla aquella iglesia, antes muy semejante a la primitiva, pobre en bienes y rica de virtudes, ¿qué podemos hacer, para su consuelo, sin el consejo y ayuda de nuestros hermanos?» [75]

La sorpresa fue general, y el mismo traductor, Martínez Pingarrón, manifestaba en carta a Mayáns su desconocimiento previo de las palabras del obispo de Barcelona. Appolis, basado en la *Historia de la iglesia metropolitana de Utrecht,* de Dupac de Bellegarde, indica que, al publicarse la pastoral, Climent fue delatado al Santo Oficio, lo que intenta confirmar por las noticias aparecidas en la *Gazeta* de Utrecht del 26 de septiembre de 1769. No obstante, el proceso iba por otros caminos, y la iniciativa había partido nada menos que del mismo papa Clemente XIV. El romano pontífice escribía a Carlos III el 7 de septiembre, comunicándole el interés personal que ponía en el adelantamiento de la causa del Venerable Juan de Palafox. Y añadía Clemente XIV: «Desearía que Vuestra Majestad, verdaderamente católica y piadosa, hiciera considerar, por jueces eclesiásticos, la pastoral con la introducción del obispo de Barcelona, pues parece que sus sentimientos no corresponden a un obispo, y especialmente obispo en España, reino de pureza y de piedad» [76].

Carlos III encargó, por medio del secretario de Gracia y Justicia, Manuel Roda, el análisis y dictamen de las pastorales de Climent tanto al Consejo de Castilla, en los aspectos de regalía, como al Consejo Eclesiástico extraordinario, para que informase sobre la ortodoxia del obispo de Barcelona. El informe de los fiscales, fechado el 16 de noviembre de 1769, apenas tiene importancia, pues las observaciones son insignificantes, y, a su juicio, basta la aclaración de algunas frases que pueden entenderse en sentido erróneo.

Pero sí resulta interesante el informe del Consejo Eclesiástico, porque aquí se ventilaba el asunto principal: la actitud de Climent respecto a la iglesia de Utrecht. La primera sensación que produce la lectura del informe de los obispos es el interés de sus miembros por salvar al de

---

[75] Una primera edición del mismo texto había aparecido en Madrid en 1739 con aprobación de Gregorio Mayáns.

[76] Simancas G. y J., leg.589. Texto original en italiano.

Barcelona. En consecuencia, interpretan las proposiciones ambiguas en el mejor sentido, buscan en el conjunto de sus pastorales las ideas que confirmen su ortodoxia, así como su obediencia y sumisión a Roma. Un punto conflictivo podría ser la defensa de la necesidad del amor para el perdón de los pecados, aun con el sacramento de la penitencia, pues se oponían a unas palabras de Benedicto XIV. La consideración de que el romano pontífice hablaba como doctor privado y unas palabras de Climent muy elogiosas para con el papa Lambertini tranquilizó a los obispos.

Pero el interés del Consejo Eclesiástico se centra en las palabras elogiosas que dedica el obispo de Barcelona a la iglesia cismática de Utrecht. El informe hace una breve historia de dicha iglesia, de sus antiguas tradiciones respecto a la elección de prelado, la continuidad de esa prerrogativa, puesto que, pese a la mayoría protestante, continuó existiendo un grupo de católicos; la oposición a ese criterio de los jesuitas... Da la impresión de que los miembros del Consejo Eclesiástico quieren centrar el problema en un aspecto estrictamente disciplinar, con lo que quedaría reducido a una polémica sobre regalías o acerca del centralismo romano. Por lo demás, a juicio de los prelados, Climent no alaba nunca el estado actual de la iglesia de Utrecht, pues el elogio de sus virtudes se refiere al pasado y, sobre todo, a la insistencia de que es misión del obispo interceder ante las autoridades —en este caso, Roma— para resolver los problemas dentro de la justicia y con el mayor respeto a la autoridad.

El asunto quedaba, por tanto, resuelto. El obispo de Barcelona, libre de toda sospecha de heterodoxia, y Roda aprovechó la ocasión para interceder por la iglesia de Utrecht ante las autoridades romanas. A las razones aportadas por Appolis, que demuestran el favor de que gozaban los representantes de la mencionada iglesia entre los españoles (gestiones diplomáticas y la carta de Rodríguez de Arellano al Dr. Pedro Espinosa [1770], en que parece aceptar el criterio de Climent), habría que añadir la carta del secretario de Gracia y Justicia al arzobispo de Utrecht manifestando la complacencia de Carlos III por los deseos del prelado de mantener la fe y conseguir la reconciliación con Roma, al tiempo que se comprometía a interceder ante el papa (30-9-1778).

En un aspecto se equivoca Appolis. Al hablar de las manifestaciones de benevolencia con la iglesia de Utrecht, asegura que Climent, pese a las presiones de los jansenistas franceses, nunca se atrevió a interceder ante el papa. Esto es falso. Climent escribió a Clemente XIV en favor de la iglesia de Utrecht, y la carta, que puedo utilizar gracias a la amabilidad de Juan Llidó, se conserva en Simancas [77].

La carta reviste especial interés. El obispo de Barcelona, en elegante latín y después de referirse al romano pontífice como centro de unidad de la Iglesia, recuerda los sentimientos de paz y unidad expresados por

Clemente XIV y cómo en el Cuerpo místico, cuando un miembro sufre, todos deben condolerse. Ideas expuestas en función de la iglesia de Utrecht. «De pace, de unitate stabilienda cum Ecclesia Ultraiectensi humiliter quidem, sed confidenter tamquam ad Patrem loquor... Nosti, Pontifex optime, nihil in eius fidei, vel morum doctrina alienum a fide ortodoxa, nihil non consonum fidei regulis, nihil non rectum, non sanctum, nihil quod suspicioni ulli locum praebeat». Puesto que no se trata de problemas de fe ni de moral a juicio de Climent, la iglesia de Utrecht lamenta haber sido condenada sin antes haber sido oída. «Agitur, B.P., de Iure Ecclesiae Ultraiectensis. Audiri postulant, obsecrant Ecclesiae Batavae Episcopi, totius Cleri populique fidelis nomine. Quaeruntur damnatos fuisse inauditos; et quod ipsis in vera fide enutritis gravissimum est molestissimumque, a communione Romanae Sedis, quam ardentibus votis expetunt et apprime necessariam fatentur, iam a multis annis et repetito seiunctos».

Climent no se atreve a juzgar de la justicia de la iglesia de Utrecht. Se limita a solicitar de Clemente XIV que acoja benignamente sus súplicas y, sobre todo, que no la trate con dureza. Celebra el ejemplo de verdadero amor y el deseo de unidad y paz manifestados por dicha iglesia entre tantos tormentos y peligros que la han amenazado, pero «integerrimam fidem servavit usque adhuc, et ne minimum quidem passa est divelli ab illa doctrina, morumque sanctimonia atque obedientiae et communionis sincerissima professione, quae catholicorum semper fuit». Como puede verse, pese a la buena voluntad del Consejo Eclesiástico, que quería salvar a Climent diciendo que su alabanza a la fe y al ejemplo de las virtudes se referían al pasado, las palabras del obispo de Barcelona son explícitas: «usque adhuc». Una iglesia que dio tan gran «ejemplo de verdadero amor y sincero deseo de unidad y paz» espera encontrar el apoyo y favor de la Sede Romana. «Verum quam tristi et acerbo maerore oppressa atque confecta fuit, quum malis adversariorum artibus invisam se eidem sedi, et tamquam haereticam habitam, atque a communione praecisam accepit? In summis husce angustiis matrem optimam, licet adversam, continuis lacrimis precibusque exoravit, diu iugiterque praecata est, ut eius vota pro pace statuenda exaudirentur, et ad pristinam concordiam et communionem unitatis Christi reciperetur». Climent confía que el papa, fuente de unidad, acoja a la iglesia de Utrecht con manos piadosas, ponga fin a las desidias, tribulaciones y calamidades que la agobian y haga callar a sus enemigos, «tuoque auxilio fretam sincero amore complectaris; dataque pace, tristitiam illius in laudem laetitiamque vertas».

La carta está fechada el 9 de mayo de 1770, y, en consecuencia, fue escrita cuando ya Climent sabía que contaba con el apoyo del Consejo Eclesiástico y, en definitiva, de la Corte. Con otras palabras, Climent salió ileso porque su episcopalismo encontró el apoyo de las ideas y la práctica regalistas del Gobierno. Es bien sabido que años más tarde, en 1775, el obispo de Barcelona fue invitado a presentar su dimisión, y, al no aceptar la sede de Málaga, tuvo que abandonar su diócesis y retirarse a su patria (Castellón). Climent se enfrentaba esta vez al regalismo, representado por Campomanes y el confesor de Carlos III (Fr. Joaquín de Eleta), y fue derrotado. Ni el apoyo de Roda y el favor de Pérez Bayer, preceptor entonces de los infantes reales, pudieron impedir su cese. La reivindicación de los derechos episcopales aparecía, en gran parte, controlada por el regalismo.

EL GRUPO FAVORABLE A LA COMPAÑÍA

He descrito con minuciosidad la actitud del obispo Climent porque constituye un caso nada frecuente en la jerarquía española. Pero no todos los obispos coetáneos, ni siquiera los reformistas, participaban plenamente de sus ideas. Porque, aparte de los grupos filojansenistas de que hemos hablado con detenimiento, existía una serie de prelados de mentalidad muy distinta que también desplegaron gran actividad apostólica, y algunos con sincero espíritu religioso y altura moral.

De la importancia del grupo podemos hacernos una idea si pensamos que, antes de 1765, obispos españoles, en número de 33, pidieron a la Santa Sede concediese para España la misa y oficio del Sagrado Corazón de Jesús, culto, como veremos, opuesto a las ideas jansenistas. Entre estos prelados sobresale el cardenal Solís, arzobispo de Sevilla, que apoyó con interés las reformas de Olavide. También Gómez Terán había puesto el seminario de Orihuela (1742) bajo la protección del Sagrado Corazón, cuyas fiesta y novena celebraban los seminaristas con el máximo esplendor. En la misma línea habría que señalar la defensa que hacen algunos obispos de la Compañía de Jesús. El hecho tiene su importancia si tenemos en cuenta que ya Carlos III había decretado el extrañamiento de los jesuitas (1767). Cuando en 1769, como medio para presionar ante la Santa Sede y conseguir la extinción de la Compañía, el monarca pide el voto de los obispos españoles, ocho prelados, pese a que conocen las preferencias del rey y del Gobierno, manifiestan su opinión favorable a los jesuitas: Carvajal (Cuenca), Delgado (Sigüenza), Lario (Tarragona), Irigoyen (Pamplona), Fernández de Játiva (Urgel), Bocanegra (Guadix), Sánchez Sardinero (Huesca), Valle (Cádiz). Puede observarse que algunos de los prelados que habían pedido la misa y oficio del Sagrado Corazón se callaron esta vez. Hubo, además, seis prelados que se mostraron indiferentes, según los cálculos de Rodríguez Casado [78].

Entre los partidarios de la Compañía podemos observar la presencia de Isidro Carvajal y Lancáster, obispo de Cuenca, «varón insigne por su piedad, a quien casi tuvo que forzar el propio Carlos III para que aceptara el obispado de Cuenca, por tener en alta estima sus virtudes», y que protagonizó el incidente con el Consejo de Castilla. En carta al

[78] RODRÍGUEZ CASADO, *La política y los políticos en el reinado de Carlos III* (Madrid 1962); E. URIARTE, *La fiesta del Corazón de Jesús y la Corte española el año 1765:* Razón y Fe 33 (1912) 165-78.437-47.

P. Joaquín de Eleta, se atrevió a culpar al mismo confesor de Carlos III por no cumplir con su obligación de desengañar al rey. El obispo creía ver claramente, desde fuera, «la persecución de la Iglesia, saqueada en sus bienes, ultrajada en sus ministros y atropellada en su inmunidad». En el gesto de Carlos III de llevar el asunto al Consejo de Castilla y en la violencia verbal de los fiscales, Menéndez Pelayo observaba el deseo de humillar a la Iglesia. Rodríguez Casado, en cambio, ha centrado el problema en la oposición del alto clero a la política reformista iniciada por el rey, que disminuía algunos privilegios clericales [79].

Otro prelado que destaca entre quienes se oponen a la extinción de la Compañía es Francisco Alejandro Bocanegra, obispo de Guadix y después arzobispo de Santiago, discípulo de P. Gallo y partícipe de sus ideas de reforma moral y aun del púlpito, dentro del movimiento creado alrededor de los Operarios del Salvador del Mundo, de Madrid. Sus pastorales constituyen un duro ataque al pensamiento racionalista ilustrado. Basta leer su *Saludable medicina para las dolencias del siglo. Carta Pastoral* (1778). La descripción de los nuevos filósofos, su incredulidad, obscenidad y materialismo naturalista, así como la dureza con que censura a los más importantes ilustrados franceses (Voltaire, Rousseau, Montesquieu), están en la línea de Climent o del rector de la universidad de Valencia, Vicente Blasco [80].

Un último punto quisiera precisar. En líneas generales, podemos observar una mayor conciencia del episcopalismo entre los prelados españoles. Si las reivindicaciones de Mayáns, muy en consonancia con las ideas expuestas en el *Dictamen* de Solís, quedaron inéditas por no haberse publicado las *Observaciones al concordato de 1753,* no ocurrió lo mismo con las pastorales de Climent. La apasionada defensa de la jurisdicción episcopal, la importancia de los concilios provinciales y nacionales, las dificultades que encontraban muchos obispos en sus relaciones con los exentos y respecto de las dispensas matrimoniales, señalan el progreso del episcopalismo, cuya eclosión tuvo lugar en la última década del siglo [81].

VISITAS PASTORALES, EJERCICIOS Y MISIONES

Con la mentalidad e ideas religiosas que fuese, los obispos españoles del XVIII se preocuparon de la reforma moral del clero y de los fieles. De los instrumentos que utilizaron conviene resaltar (además de los se-

[79] RODRÍGUEZ CASADO, 123ss; MENÉNDEZ PELAYO, II 514-17.
[80] F. A. BOCANEGRA, *Saludable medicina para las dolencias del siglo. Carta pastoral...* (Madrid 1778). Las diferencias entre la postura de Bocanegra y los ultramontanos radicales o los reaccionarios a la Revolución francesa consisten fundamentalmente en dos: Bocanegra da un sentido positivo a la palabra *liberal* (en los reaccionarios siempre es interpretado negativamente) y sabe remontarse a Dios desde la contemplación de la naturaleza, actitud que desaparece después. Sin embargo, también se vislumbran en germen ideas que serán desarrolladas por los posteriores enemigos del liberalismo: idea de que los ilustrados no creen lo que enseñan y que lo predican por interés y desenfreno de las pasiones...
[81] OLAECHEA, *Relaciones...* I 292.301-302; MESTRE, *Ilustración...* 275-91; SIERRA, *El episcopado...*

minarios diocesanos, estudiados en el lugar oportuno) como más importantes: las visitas pastorales, los ejercicios espirituales y misiones, la predicación.

La preocupación primera y fundamental que manifiestan los obispos españoles en las visitas pastorales es la enseñanza de la doctrina cristiana al menos los domingos y festivos; no sólo durante adviento y cuaresma, sino a lo largo de todo el año. La razón es clara: por decreto de los concilios, en especial de Trento; las constituciones sinodales, y en algún caso se alude también a la bula *Apostolici ministerii,* así como a los «derechos positivo, natural y divino», la imponen como «la primera y más principal obligación» de los párrocos. Los obispos insisten reiteradamente, recordando que no tiene validez la excusa de que ya hay bastantes sermones en la parroquia o en la escuela. También manifiestan las visitas pastorales vivo interés por establecer las conferencias semanales sobre la moral y liturgia, con la esperanza de que sirviera como acicate para mantener viva la curiosidad intelectual del clero. No deja de aparecer en todas las visitas el recuerdo de que los párrocos mantengan el control del cumplimiento pascual, es decir, la entrega, por parte de los fieles, de las famosas «cédulas de confesión y comunión»; el examen de la conducta moral de los clérigos y de los feligreses, así como la necesidad de examinar a quienes van a contraer matrimonio acerca de sus conocimientos de la doctrina cristiana... En otras palabras, las visitas pastorales, que los obispos españoles de la segunda mitad del XVIII cumplieron con interés (Asensio Sales, Climent, Armanyá, Lorenzana, Tavira...), responden exactamente a la idea de apostolado y reforma moral propugnada por el concilio de Trento.

Según Domínguez Ortiz, los dos tipos eclesiásticos más populares en la España del XVIII fueron el obispo caritativo y el fraile misionero. El movimiento misionero, que había surgido a fines del siglo anterior, alcanzó entre nosotros un éxito extraordinario en la centuria ilustrada. El influjo vino, como tantas veces, desde el extranjero. Martín Hernández ha precisado, al estudiar la historia de los seminarios diocesanos, la importancia de las instituciones apostólicas creadas por San Vicente de Paúl, que unían en su actividad la formación de los sacerdotes y las misiones populares. Ha hecho observar, asimismo, el interés que suscitó en España la actividad apostólica de los píos operarios italianos, que hasta en el nombre tuvieron repercusión entre nosotros.

El hombre que intentó desarrollar la doble misión apuntada fue el sacerdote aragonés Francisco Ferrer, que, «dejada la conveniencia de su propia casa, se aplicó a hacer por aquellos lugares circunvecinos apostólicas misiones». Recorría los obispados de Barbastro, Lérida, Urgel, Huesca, Jaca y el arzobispado de Zaragoza. Como desde sus primeras misiones dedicaba un día a predicar a los sacerdotes, acabó dirigiendo ejercicios espirituales para los clérigos. Esto ocurría alrededor del año 1720. Pero no era el único que se dedicaba a la práctica de las misiones. En 1719, según propia afirmación, iniciaba su actividad apostólica el jesuita Pedro Calatayud, que alcanzaría fama a mediados de siglo. Navarra, Castilla, Asturias, Valencia, Andalucía... oyeron su palabra. Alabado por Feijoo y sus coetáneos, los juicios de los historiadores no son tan elogiosos. Saugnieux, p.ej., ha señalado su espíritu recto y animoso, pero intransigente. Polémico y propenso a la apologética, Calatayud se manifiesta adicto a la escuela jesuítica, dentro de una visión pesimista del hombre. Por lo demás, la actividad de Calatayud correspondería a la actitud general de los jesuitas, a juicio de Saugnieux, respecto a la predicación: observar la decadencia e iniciar la reforma que otros continuarían [82].

El gran misionero de la época fue el capuchino Fr. Diego de Cádiz, pues su compañero de orden, pero de mentalidad totalmente distinta, Miguel Suárez de Santander, pertenece a la generación siguiente y participa del pensamiento liberal. El P. Cádiz ha acumulado los mayores elogios, desde sus coetáneos, admirados por su cálida palabra y la pasión religiosa, hasta Menéndez Pelayo, que lo compara a San Vicente Ferrer o San Juan de Avila, o los biógrafos apologistas, como Larrañaga. Y de su fuerza de atracción no puede dudarse. Pero Fr. Diego de Cádiz significaba algo más. Saugnieux ha recordado su escasa formación intelectual, su postura deliberadamente antiilustrada y antifrancesa, que lo convirtieron en el corifeo de los adversarios de las luces. Esta actitud explicaría el incidente protagonizado por el P. Cádiz en Zaragoza contra Normante y la Real Sociedad Económica de Amigos del País. En la misma perspectiva habría que situarse para comprender la popularidad desbordante del capuchino entre las masas, en contraste con el fracaso evidente entre los estamentos más cultos y la misma Corte. Los ilustrados católicos y los jansenistas buscaban la reforma, pero dentro de una religiosidad interior y racional [83].

Me interesa subrayar la actitud del episcopado español, favorable, en líneas generales, a la práctica de las misiones apostólicas. Así, el cardenal Francisco de Solís inició su pontificado en Sevilla (1750) con una gran misión, en la que, además de intervenir todo el clero de la ciudad, se prohibió la venta de bebidas. Félix Amat, que sentía gran admiración por Valero y Losa, cuenta que el futuro arzobispo de Toledo, siendo párroco de Villanueva de la Jara, hacía quince días de misión cada año y que, movido por su celo, «fundó en Valverde un colegio de dominicos para hacer misiones». También Francisco Armanyá fomentó la práctica de las misiones en su diócesis lucense. Y el cardenal Lorenzana dio unas normas para la correcta práctica de la predicación de las misiones en su diócesis toledana [84].

---

[82] DOMÍNGUEZ ORTIZ, La sociedad... 134-36; MARTÍN HERNÁNDEZ, 53-55.57-59; también Saugnieux en su estudio sobre los jansenistas españoles y la reforma de la predicación reconoce el influjo de los hijos de San Vicente de Paúl (p.325-27). Las Prácticas de Calatayud fueron escritas como material y ejemplo de misiones apostólicas.

[83] MENÉNDEZ PELAYO, II 710-12; MARTÍ GILABERT, 147-53; SAUGNIEUX, Les jansénistes... 139ss. Sobre el «caso Normante», además de Menéndez Pelayo, habla Sarrailh en su conocida obra (p.278-81), y, sobre todo, F. CORREA PERO, La cátedra de economía y comercio de la Real Sociedad Económica Aragonesa de Amigos del País durante el siglo XVIII (Zaragoza 1950) y A. de P. ORTEGA COSTA, La cátedra de Normante en Zaragoza (Madrid 1955).

[84] AGUILAR, Conmoción espiritual...; F. AMAT, XII 110.112; TORT, 165ss; MARTÍ GILABERT, 144-45.

Ahora bien, hemos señalado antes la conexión práctica que establecía Francisco Ferrer entre el apostolado misional y los ejercicios espirituales. No se trata de un caso aislado, pues los obispos, hasta los enemigos de la Compañía, fomentaron su práctica. En esta línea se limitan a seguir las normas de Inocencio XI (1682), mandando a los clérigos que hiciesen diez días de ejercicios antes de ordenarse. Pero de nuevo habría que señalar el influjo de los discípulos de San Vicente de Paúl. La actividad apostólica de Ferrer indujo a los obispos a mandar a sus sacerdotes diez días de ejercicios, y algunos prelados, como Valero y Losa (Toledo), Díaz de Guerra (Sigüenza), Tomás de Agueró (Zaragoza)..., crearon casas destinadas a la práctica de los ejercicios espirituales. Más aún, dada la vinculación de los píos operarios evangélicos a las fundaciones de seminarios, muchos prelados establecieron en sus constituciones la necesidad de que los seminaristas hicieran ejercicios espirituales cada curso. Así, Gómez Terán en Orihuela, Belluga en Murcia... En el caso concreto de Murcia, hasta con indicación de las *Consideraciones*, del P. Salazar, sobre los *Ejercicios*, de San Ignacio. Pero no eran sólo los obispos favorables a la Compañía los que fomentaban la práctica de los ejercicios espirituales. Ahí está el ejemplo de Felipe Bertrán, que obliga a todos los seminaristas a hacer ejercicios cinco días al año al iniciar el curso, y en cuanto a los ordenados se refiere, «deben entrar en el seminario a hacer exercicios por espacio de quince días» [85].

LA REFORMA DE LA PREDICACIÓN

Existe un problema base que unifica todos estos medios de reforma: la predicación, aconsejada en las visitas pastorales y elemento esencial de las misiones apostólicas o de los ejercicios espirituales. Hemos hablado en páginas anteriores de la decadencia de la predicación, que venía arrastrándose desde el Barroco, reconocida y confesada por todos. No puede sorprender, por tanto, el interés manifestado, a lo largo del siglo, por su reforma. Basta leer el número de libros escritos en el XVIII sobre la oratoria sagrada que trae Herrero Salgado o el elenco que facilita Saugnieux, para convencerse del interés que sentían los ilustrados y el clero en general [86].

Dado el carácter sintético del presente trabajo, resulta obligado ceñirse a los puntos fundamentales, prescindiendo del análisis de las polémicas.

Hoy en día no puede limitarse la reforma de la predicación a la censura del P. Isla. Grande fue su influjo —no en vano el *Fray Gerundio* constituyó, quizás, la obra más popular del siglo—, debido, sobre todo,

[85] MARTÍN HERNÁNDEZ, 34-53.58.60.63-65...; F. BERTRÁN, *Constituciones del Real Seminario de San Carlos, de la ciudad de Salamanca* (Madrid 1783) 65.205. La espiritualidad de los ejercicios vista por Blanco White en sus *Cartas de España* 94-98.
[86] HERRERO SALGADO, *Aportación bibliográfica a la oratoria sagrada española* (Madrid 1971); SAUGNIEUX, *Les jansénistes...* c.3: «Les écrites théoriques».

a la ridiculización del sermón barroco. La ironía y el sarcasmo utilizados por el jesuita hicieron llegar la problemática a muchos ambientes que de otra manera hubieran continuado en la tranquilidad del conceptismo aplicado a la oratoria sagrada. Pero, dado que la deficiencia estaba muy generalizada, los intentos reformistas fueron múltiples.

El papel de los jesuitas respecto al origen de la decadencia y en la actividad reformista es tema polémico. Las implicaciones de la Compañía en la escolástica postridentina, su especial vinculación a la Contrarreforma y el conceptismo de que hacen gala algunos de sus mejores oradores (Vieira, entre otros) explican que muchos historiadores hayan acusado a los jesuitas de ser responsables, en gran manera, del barroquismo de la oratoria sagrada. Pérez Goyena ha rechazado esas acusaciones aludiendo a los intentos reformistas de la Compañía. Pero Saugnieux ha precisado los términos. En líneas generales, afirma, hay una conexión entre el predominio de la escolástica y la decadencia de la predicación. Así se explicaría que el humanismo del XVI y el movimiento ilustrado —ambos antiescolásticos— entrañen un serio intento de reforma y clarificaría, a la vez, el hecho de que los jesuitas fueron los primeros en detectar la decadencia y señalar los caminos de reforma (Castejón, Codorníu...), pero sin llevarla a cabo. Desde esta perspectiva adquirirían sentido las limitaciones del P. Isla, pues al tiempo que censura el sermón barroco, defiende la escolástica, que tanto influyó en su génesis [87].

De la existencia de otros grupos que pretenden dignificar la predicación no puede dudarse. En *Ilustración y reforma de la Iglesia* señalé la importancia del *Orador cristiano,* de Mayáns, como inicio de un movimiento reformista en Valencia, basado en el intento de rechazar los obstáculos que impedían la exposición de la palabra de Dios y en el ejemplo de los grandes oradores de nuestro XVI (Fr. Luis de Granada, San Juan de Avila). Insistía, asimismo, en la dificultad de la reforma y en las diferencias que entrañaba la postura mayansiana frente a la actitud contemporizadora de Feijoo. Ideas que he perfilado más tarde al precisar las ideas básicas del grupo. Arrancando del influjo de Mayáns (con las confesiones explícitas de obispos tan caracterizados como Felipe Bertrán y José Climent), he precisado los caracteres comunes —todos ellos de marcado interés religioso— y las profundas diferencias que los separan del método y del espíritu del P. Isla. En el mismo sentido ha abundado Saugnieux al centrar en la actividad de los obispos jansenistas el intento más serio y coherente de la reforma de la predicación. Mayáns y Nicolás Gallo, Bertrán y Climent, Lorenzana y Armanyá, Tavira y el P. Santander, constituirían, a juicio del historiador francés, el eje del movimiento de reforma protagonizado por los jansenistas [88].

---

[87] Pérez Goyena, *Un nuevo origen del gerundianismo:* Razón y Fe 55 (1919) 443ss; Saugnieux, *Les jansénistes...* 128-32. Cf., asimismo, el prólogo de Sebold a la edición de Clásicos Castellanos del *Fray Gerundio.* Un buen resumen en J. L. Alborg, *Historia de la literatura española* (Madrid 1972) III 256-91.

[88] Mestre, *Ilustración...* c.2; Id., *La reforma de la predicación...* y la obra de Saugnieux, que atribuye la reforma a los jansenistas.

Hemos aludido, al hablar de Mayáns y del grupo valenciano, a la importancia que conceden a los grandes oradores del XVI. No serán los únicos, pues una serie de publicaciones de nuestros clásicos, de Fr. Luis de Granada en especial, ponen al alcance de cualquier predicador las obras maestras de la oratoria sagrada. Pero no puede negarse el influjo de los predicadores extranjeros, especialmente franceses. Influjo este último que confiesan los coetáneos —como elogio o censura— y que han demostrado los estudios de Saugnieux: Bossuet, Bourdaloue, Massillon..., son traducidos y leídos con interés. Ahora bien, el P. Olmedo indicaba hace ya muchos años que el influjo de los oradores franceses impidió, pese a tan sinceros esfuerzos, que la reforma fuera completa. Saugnieux, en cambio, ha insistido recientemente en la aportación positiva que la lectura de los grandes oradores del siglo de oro galo tuvo en la elevación indiscutible de la predicación en nuestro XVIII [89].

Un último aspecto quiero constatar: el interés religioso de quienes pretenden la reforma de la oratoria sagrada. No se trata sólo de una cuestión estética que implicaría una evidente aversión por el conceptismo barroco. Lo que buscan es que se predique la palabra de Dios, que el orador ponga de su parte los medios necesarios: inteligencia, estudio, palabra..., para facilitar y no para impedir la comprensión de la palabra revelada. Insisten además en los medios sobrenaturales. El predicador debe superar los grandes peligros que anularían la sobrenaturalidad de su mensaje: la granjería del púlpito, la vanidad del orador, la ausencia de oración, la falta de una vida cristiana perfecta que sirva de ejemplo... Punto esencial, por tanto, es la gracia de Dios, que el predicador debe impetrar del cielo. Dentro de esa línea, los reformistas, como ha señalado Saugnieux, manifiestan sus preferencias. Unos se inclinan por el ejemplo de San Pablo, que sólo deseaba dar testimonio del Espíritu, al margen de toda norma académica. Otros prefieren, como San Agustín en *De doctrina christiana*, utilizar los medios humanos —intelectuales y sensibles, retóricos en una palabra— que tienen a su alcance para facilitar la penetración de la doctrina evangélica en los oyentes.

Los intentos de reforma fueron sinceros. Quizás no se logró una predicación perfecta —¿cuándo se logra?—, pero el esfuerzo por dignificar la oratoria sagrada fue generoso y seguido con interés por la jerarquía española, que puso de su parte el mejor empeño. Pese al criterio de Saugnieux de que los jansenistas españoles se quedan a mitad de camino con su defensa del episcopalismo, existe un grupo de seglares —Mayáns, Bolifón...— que insistieron en el derecho y obligación que, como cristianos, tenían a intervenir en las cuestiones doctrinales, incluso en la reforma de la predicación, alegando que también los simples fieles, por el hecho de estar bautizados, predicaban en la primitiva Iglesia [90].

[89] F. G. Olmedo, *Decadencia de la oratoria sagrada en el siglo XVII:* Razón y Fe 46 (1916) 310ss.494ss; Id., *Restauración de la oratoria sagrada en el siglo XVIII:* Razón y Fe 51 (1918) 460ss; 55 (1919) 354ss; Saugnieux, *Les jansénistes...* 55-71.124-27.156-57.
[90] Mestre, *Ilustración...* 391-93; Id., *La reforma de la predicación...*

RAZONES DE LA ANTIPATÍA POR LOS REGULARES

La decadencia de los regulares en el siglo XVIII resulta un tópico en boca de los coetáneos y en la pluma de los historiadores. Sarrailh, Herr, Domínguez Ortiz... facilitan datos, tomados con frecuencia de los mismos sínodos, pastorales o capítulos provinciales, que manifiestan las deficiencias existentes en monasterios y conventos. Hasta un historiador tan respetuoso como Vicente de la Fuente escribía en 1855: «En general, se observaba en el siglo pasado bastante decadencia en la vida monástica en la mayor parte de los institutos; con todo, había excepciones muy honrosas». Entre las deficiencias señalaba: reyertas por ambición, cábalas en los capítulos provinciales, pandillas dentro de los monasterios, el juego en algunos casos... Un hecho, además, resulta evidente a cualquier investigador: las frecuentes faltas de residencia [91].

En cuanto a las rencillas interiores, además de los *recursos de fuerza* a los tribunales civiles, que demuestran la prepotencia de algunos superiores, existe el escándalo de las órdenes religiosas —también habría que incluir a algunos obispos—, que fomentaron tanto el extrañamiento de los jesuitas como la posterior extinción de la Compañía. A la inversa, con el afán de mantener el monopolio, es frecuente la oposición de los jesuitas a que se instalen nuevos colegios de enseñanza solicitados por otros institutos religiosos. Y, sobre todo, ahí está la postura antievangélica de los canónigos regulares de San Antonio de Mallorca, y del clero mallorquín en general, con su odio feroz hacia los «xuetas» conversos, a los que expulsan de la isla después de haber sido admitidos y ordenados en los conventos de sus hermanos de religión en Francia [92].

Ahora bien, no puede dudarse que los regulares españoles tuvieron en el XVIII personalidades relevantes. Baste recordar los nombres de Feijoo y Sarmiento (benedictinos), Flórez y Risco (agustinos), Burriel, Juan Andrés y Hervás y Panduro (jesuitas), Jaime Villanueva (dominico), Felipe Scio (escolapio)..., y un gran número de figuras de segunda fila que desempeñaron un valioso papel en el desarrollo cultural español. Pero no era ése el problema que preocupaba a los ilustrados. En frase de Mayáns, que puede simbolizar las líneas generales de la protesta, «es fraile, y no digo más a Vm. Es increíble lo que tal género de gente ha descaecido de mi opinión, no sólo por lo general de su ignorancia, sino por aquel espíritu de codicia y de independencia y pertinencia de sostener la superstición» [93].

La ignorancia, en primer lugar, de la masa de los religiosos. No se trata de los individuos, pues los hay preocupados por la ciencia y el nuevo espíritu, con quienes Mayáns, lo mismo que Jovellanos, mantendrá frecuente correspondencia o íntima amistad, sino de la masa, que, apoyándose en su número y fuerza social, pretende hacer valer una serie de privilegios intelectuales o sociales.

[91] V. DE LA FUENTE, III 420.
[92] F. RIERA MONTSERRAT, *Lluites antixuetes en el segle XVIII* (Mallorca 1973).
[93] MESTRE, *Ilustración...* 240.

La superstición luego. Baste unir las dos palabras —ignorancia y superstición— para comprender qué quiere decir Mayáns: los frailes son enemigos de las luces. Y, en líneas generales, así actuaron los religiosos. Recordemos la campaña que desencadenaron contra Olavide en Sevilla, la actitud de Fr. Diego de Cádiz contra la Real Sociedad Económica de Amigos del País o los ataques más duros contra el movimiento ilustrado que fueron protagonizados por religiosos: Cevallos, Filósofo Rancio...

No obstante, los reformistas ilustrados manifiestan preocupaciones sobre otros problemas en cuya solución discrepan de la actitud de los religiosos. El aumento de la población era una reclamación generalizada —las colonizaciones de Sierra Morena son un buen ejemplo— y el matrimonio es alabado por escritores y políticos. En consecuencia, miran con recelo el excesivo número de clérigos que, si salvan al tratar del clero secular por su servicio ministerial, lamentan cuando se refieren a los regulares. Más aún, se observan en los religiosos tres características que disgustaban a los ilustrados: la dedicación a la enseñanza, las rentas económicas, de los monjes en especial, y la exención de la autoridad de los obispos, e, indirectamente, de la autoridad civil por su dependencia directa de Roma.

La enseñanza había sido un campo casi exclusivo de la actividad eclesiástica, pues los gobiernos no tenían conciencia de su responsabilidad. Ahora bien, cuando los ministros ilustrados de Carlos III se percatan de la fuerza que entraña el control de la enseñanza, desplegarán una extraordinaria actividad reformadora: universidades, colegios mayores...; pero también actuarán contra los institutos religiosos dedicados a la enseñanza: expulsión de los jesuitas, trabas al establecimiento de colegios escolapios... Y no habrá ilustrado que al tratar de la enseñanza —recuérdese los planes de estudio de Mayáns y Olavide— no insista en la necesidad de eliminar a los religiosos de la docencia universitaria [94].

En cuanto a las rentas económicas, los ilustrados distinguen con claridad entre mendicantes-regulares y monjes. Los regulares, que viven del púlpito y del confesonario, serán acusados de ignorantes, y se vislumbra con claridad el deseo de que dejen el campo a los sacerdotes seculares. Los mendicantes, acogidos a la limosna popular, tendrán sobre sí la amenaza de constituir un gravamen económico para los pobres. Los ilustrados pretenden que sólo se admitan en los conventos el número de novicios correspondiente a los bienes económicos de que disponen y, en todo caso, que se reduzcan los religiosos. He aquí, expresado con toda transparencia, el pensamiento de Mayáns: «Lo cierto es que los provinciales de muchas órdenes la tienen para sólo admitir a determinado número. Y esto conviene, pero dudo que dure mientras no se reduzcan los conventos y los religiosos, porque las celdas pedirán frailes, y éste se ha hecho modo de vivir para los que no tienen qué comer y no quieren cavar» [95].

[94] Lecea, *Los escolapios...*; J. L. y M. Peset, *Gregorio Mayáns y la reforma universitaria* (Valencia 1975); Mestre, *Ilustración...* 347-51; Pablo Olavide, *Plan de estudios* (Barcelona 1969).
[95] Mayáns a Arredondo, 11-8-1753; texto en A. Mestre, *Ilustración...* 249.

Mayores intereses económicos implicaba la reforma de los monasterios. Con abundantes rentas, los monjes no siempre cultivaban las letras, ni tampoco estaban en cordiales relaciones con los colonos. Las críticas de los ilustrados son generales. Duro es el juicio de Mayáns al pedir que quitaran no sólo al tirano (el abad) de Valldigna, sino que el rey hiciera desaparecer la tiranía dando una renta a los monjes, «y lo demás que sirviera para enfranquecer los pueblos, quitando a los monjes la jurisdicción. Así tendría el rey mil casas más y vasallos libres, no esclavos y *glebae addictos*». He citado, con plena conciencia, textos de Mayáns de mediados de siglo para que pueda observarse la línea uniforme que une estas protestas con las expresiones, más conocidas, de Jovellanos en su *Informe en el expediente de la ley Agraria* [96].

FACTORES DE LA REFORMA: REGALISMO Y MOVIMIENTOS AUTÓCTONOS

Ahora bien, es la exención de los religiosos el aspecto que mayores protestas provoca. Los defensores de los derechos jurisdiccionales de los obispos la consideran una intromisión de Roma. A juicio de Mayáns, basta aplicar las normas conciliares para llevar a cabo la reforma de los religiosos, pues los obispos, por su consagración, son los deputados naturales para hacer cumplir los decretos de los concilios. La visita que realizarán a conventos y monasterios y su jurisdicción, por derecho divino, sobre los religiosos pueden conseguir la ansiada reforma. De dichoso'para la observancia conventual califica D. Gregorio el tiempo en que los regulares estuvieron sujetos a la jurisdicción episcopal.

En la misma línea se manifiestan algunos obispos. Con motivo del extrañamiento de los jesuitas, Fabián y Fuero, entonces en La Puebla de los Angeles (México), comentando que no se sujetaban a las normas morales de los obispos —se refería en concreto al probabilismo—, exclamaba: «¡Oh, válganos Dios! ¿Quién les ha dado el magisterio de la Iglesia universal? ¿Quién les ha hecho maestro de los maestros de la Iglesia? Esto no es de el instituto de la Compañía; su instituto no es gobernar y juzgar, sino ayudar humildemente en todo a los obispos, que, unidos con el vicario de Cristo, son los autorizados maestros de los fieles». Climent insistirá, asimismo, en la pérdida de la jurisdicción episcopal como una de las causas de la relajación de la disciplina eclesiástica. Y, por supuesto, el obispo de Barcelona no excluye a los regulares del ámbito de su autoridad jurisdiccional. «Todos los obispos —escribe—, según tenemos entendido, encuentran muchos embarazos en el gobierno de sus iglesias por estas exenciones». Todo ello dentro del derecho a enseñar que, por institución divina, posee el obispo, y en el cuadro de convocar, como en Mayáns y con el ejemplo de la Iglesia primitiva, los concilios provinciales, cuyo abandono a partir del siglo VIII considera una de las «causas principales de que se relajara la dis-

---

[96] Mayáns a Vega Canseco, 2-8-1760; texto en ibid., 251. Una serie de párrafos muy duros de Jovellanos en E. HELMAN, *Jovellanos y Goya* (Madrid 1970).

ciplina eclesiástica y de que perdieran los obispos gran parte de la juris-dicción que antes tenían»[97].

También molesta a los regalistas la exención de los regulares res-pecto a la autoridad episcopal. Y resulta lógico. Con el nombramiento de los obispos y, a partir del concordato de 1753, de la inmensa totali-dad de los beneficios eclesiásticos (excepto 52), la autoridad civil ejerce el control práctico de la Iglesia española. Sólo se le escapan los regula-res. De ahí que los regalistas rechacen el concordato de 1737, y antes la bula *Apostolici ministerii,* porque, en el fondo, la reforma de los regulares dependía de Roma. Así, los primeros decretos de reforma vienen de la Curia: oficio del nuncio Enríquez (10-10-1750) al obispo de Orihuela (Gómez Terán) para que prohíba que cualquier religioso viva fuera de clausura. Y todavía en 1764, el nuncio, arzobispo de Lepanto, de acuerdo con las bulas pontificias *Apostolici ministerii* y *Pastoralis officii sollicitudo,* considera «uno de los cargos de mi oficio, siendo el de invigi-lar... que en los conventos de frailes y monjas», y, en consecuencia, solicita de los obispos noticias sobre el estado de los religiosos en sus diócesis, así como su criterio sobre los medios más adecuados para la reforma[98].

En contraste, según adelanta el siglo, la intervención del monarca, a través del Consejo de Castilla, resulta más absorbente. Para convencerse de ello basta leer el título 26 del libro I de la *Novísima recopilación* o el bulario de Pío VI. De todas formas, aludiré a algunos hechos ocurridos en el reinado de Carlos III. Según documentos conservados en el Ar-chivo del Reino (Valencia), que debo a la delicadeza de mi buen amigo José Miguel Palop, el cumplimiento de·la clausura por parte de los reli-giosos se convierte en una obsesión del Consejo. La orden general para que todos los regulares residieran en sus conventos y monasterios es de 11 de diciembre de 1762. No debió de cumplirse muy bien cuando el 19 de junio de 1764 el Consejo encomienda a la Real Audiencia haga cumplir el decreto general, y volvió a insistir con apremio en 19 de octubre siguiente. En algunos casos, como en el molino y fábrica de papel de Altura, el Consejo tolera que los hermanos cuiden de las ha-ciendas lejanas por no encontrarse quien conozca el oficio (22-3-1766); pero, en líneas generales, los fiscales se comportan con dureza: comuni-can a la Real Audiencia indique a los superiores de los institutos religio-sos la sorpresa del Consejo por su actitud tolerante con los transgreso-res de la residencia, en contra de los decretos reales (19-6-1767), o se-ñalan una lista de agustinos, con su nombre y el lugar donde residen en vez de vivir en el convento (27-11-1770)...

En esta línea de intervención estatal aparece el informe de Antonio Ruiz al fiscal Campomanes (24-8-1769) notificando que los trinitarios

[97] *Carta pastoral* del Ilmo. Dr. D. Francisco Fabián y Fuero, obispo de La Puebla de los Angeles (s.l. 1767) p.35; J. CLIMENT, *Colección de obras* I 231; ID., pról. a *Costumbres...,* de Fleury. Cf. A. MESTRE, *Ilustración...* 285-88.
[98] G. VIDAL TUR, *Un obispado español: el de Orihuela-Alicante* (Alicante 1961) 330. El texto del nuncio en A. MESTRE, *Ilustración...* 246-47.

calzados no cumplen los reales decretos sobre residencia, pues, dadas las facciones existentes entre los religiosos, los superiores protegen a los transgresores. Más importante resulta el caso de los cistercienses de Navarra y Aragón. El capítulo provincial celebrado en el monasterio de Benifazá (1-5-1769) decretó una serie de normas de reforma: vestidos, residencia, lujo, espectáculos, mayor rigor en la pobreza... Ahora bien, el vicario general de la provincia teme que tales decretos no sean aceptados por los monjes de Valldigna, y recurre al Consejo de Castilla. De acuerdo con tal solicitud, el marqués de Los Llanos, en nombre de la Cámara, escribe a la Real Audiencia para que ayude al vicario general, si encuentra dificultades para imponer las reformas en el monasterio de Valldigna. Es todo un síntoma y una clara expresión de cómo se imponía la reforma por medio de la autoridad real [99].

La intromisión creciente del Consejo de Castilla en los asuntos relacionados con los regulares resulta, por tanto, evidente. Dejando al margen la sinceridad de sus deseos reformistas, que en algunos casos no puede negarse, subyace en toda esta actividad un claro interés de ir separando a los exentos de la jurisdicción absoluta respecto a Roma. En su correspondencia privada, Mayáns podía permitirse expresar la idea básica de los regalistas: «Es cosa fuerte obligar a los generales religiosos a que vivan en Roma. Esto es para hacerlos más dependientes» [100]. Acabar con esa dependencia es lo que intentaron los ministros de Carlos III.

Un ejemplo perfecto de tal proceso nos lo ofrecen los basilios españoles, según el reciente trabajo de Benito y Durán. Divididos en tres provincias peninsulares: Castilla, Andalucía y Tardón, manifestaron, a lo largo del siglo, un acusado nacionalismo frente a la dependencia de la provincia italiana y de su general residente en Roma. El Gobierno supo aprovechar las turbulencias tradicionales del Tardón y el nacionalismo de los basilios hispánicos para suprimir, de acuerdo en todo con Roma, dicha provincia y crear la *Congregación nacional de los basilios españoles,* independiente de la provincia italiana. Las gestiones definitivas fueron iniciadas en 1788, y, apoyado en el informe de una junta de eclesiásticos, Floridablanca planteó la batalla política en Roma ante Pío VI, que aprobó los planes del Gobierno español por el breve *Pastoralis romanorum* (10-12-1790). A observar el matiz, precisado por Benito y Durán, del interés finalmente alcanzado, de una mayor sujeción de los basilios a los obispos españoles, que serían los diputados para admitir a los novicios. Volvemos a encontrar el episcopalismo hábilmente utilizado por los regalistas [101].

No llegaron a tanto las intromisiones del Gobierno de Carlos III respecto a otros institutos religiosos. Pero resultan evidentes en los problemas de los escolapios. Es bien conocido el afecto de la familia real

[99] ARV, real acuerdo 64, fol.479. Toda la documentación utilizada está tomada del real acuerdo 54-79.
[100] Mayáns a Arredondo, 11-8-1753; texto en A. MESTRE, *Ilustración...* 254.
[101] A. BENITO DURÁN, *Reforma de los basilios españoles del papa Pío VII por influjo de Carlos III de España:* Hisp. Sac. 27 (1974) 55-113.

por los hermanos Felipe y Fernando Scio, medio muy adecuado para intervenir en las rencillas internas del instituto. Pero no era el único ni el más importante. Bastaba utilizar el *recurso de fuerza* y acoger las apelaciones que algunos escolapios inquietos, como Joaquín Traggia, interponían ante el Consejo, y, sobre todo, controlar las elecciones de los altos cargos del instituto. Entre las pruebas del interés gubernamental por entrometerse en la vida interna de los escolapios, sobresale la visita apostólica, solicitada como medio de reforma, y que, realizada por el auditor del Tribunal de la Nunciatura de España, Dr. Froilán Calixto Cabañas, creó gran confusionismo y profundo malestar entre los religiosos, resuelto de momento con la intervención de Godoy en 1793 [102].

En el caso de los dominicos, además de que el Gobierno español consiguió que el generalato de la orden recayera en tres ocasiones, a lo largo del siglo, en personalidades españolas: Tomás Ripoll (1725-44), Juan Tomás de Boxadors (1757-77) y Baltasar Quiñones (1777-98), aparece la intención gubernamental de conseguir un vicario general para la provincia española siempre que el general de la orden recayera en extranjeros [103].

Pero, además de las reformas patrocinadas por los regalistas, también podemos observar sinceros intentos de mejorar la vida conventual al margen del poder. Habría que señalar, en primer lugar, la actividad de los superiores. Un ejemplo puede ser la carta circular que escribió Felipe Scio de San Miguel (8-9-1778) al ser nombrado provincial de los escolapios de Castilla. El interés de que los superiores procuren «que en todos los súbditos resplandezca la observancia de una verdadera pobreza», un mayor control de la residencia, la práctica de la oración y, sobre todo, la caridad, «que ponga el sello» a todas las virtudes propias del religioso, son los puntos fundamentales en que basa la reforma el P. Scio de San Miguel [104].

En sentido muy diverso habría que colocar los esfuerzos reformistas del P. Julián de Castroverde, estudiados por Tomsich. El religioso se enfrenta, con ilusión y sinceridad, a las corruptelas observadas en algunas casas de los clérigos de San Cayetano, controladas por la férula del P. Simón Antonio Vergara [105].

Finalmente, el anhelo sincero de reforma moral puede observarse en *El monacato o tardes monásticas,* de Basilio Tomás Rosell (1787), abad del monasterio de Aguas Vivas, de agustinos calzados (Valencia). La fogosidad de sus ataques al peculio, corruptela del voto de pobreza; la defensa de la religiosidad interior y las claras alusiones a *De los nombres de Cristo,* de Fr. Luis de León, demuestran la sinceridad de sus esfuerzos y la conexión con las corrientes espirituales, contrarias a las mani-

[102] LECEA, *Los escolapios...,* así como el vol.3 de Anal. Calas., dedicado al P. Felipe Scio de San Miguel, y A. TORT, *Planes de estudio de los juniores escolapios. Reforma del visitador Cabañas:* Anal. Calas. XI 22 (1973) 143-81.
[103] MARTÍ GILABERT, 205.
[104] C. VILÁ PALÁ, *El P. Felipe Scio, pedagogo. Anhelos y realidades:* Anal. Calas. III (1961) 126-28.
[105] TOMSICH, 153-57.

festaciones exteriores; pero, al mismo tiempo, la esperanza en una vida monacal más perfecta, basada en la vuelta al rigor primitivo [106].

El movimiento jansenista

LAS VISITAS DE JANSENIO A ESPAÑA

El creciente interés actual por el movimiento ilustrado ha producido, por necesidad, una serie de estudios sobre el jansenismo español, que, a decir verdad, ha sido el último en interesar a los historiadores. Este retraso resulta, no obstante, lógico. El pensamiento doctrinal procedente de Jansenio apenas tuvo repercusión en España y el influjo de Port-Royal, si lo hubo en el siglo XVII, no puede considerarse importante, al menos en el estado actual de nuestros conocimientos. De ahí que entre nuestros pensadores religiosos no haya ningún teólogo original que aceptara las ideas de Jansenio, ni podemos presumir de escritores, como tienen los franceses en Pascal o Racine, que comulgaran con los presupuestos ideológicos jansenistas. Por otra parte, nuestros escritores del XVIII, que sí recibieron el influjo de Port-Royal y de los jansenistas, han sido, hasta fechas muy recientes —ya conocemos las razones—, voluntariamente ignorados.

Ahora bien, los recientes estudios sobre el jansenismo español han sido en estos últimos años tan frecuentes e importantes —así en España como en el extranjero—, que hoy resultan totalmente inexactas las palabras de Villapadierna, todavía válidas en 1954, en que fueron escritas: «En vano se buscará su reseña o su mención en las historias y monografías del movimiento jansenista español» [107].

No obstante, los estudios que poseemos sobre el influjo directo de Jansenio en España o las polémicas doctrinales suscitadas entre nosotros por el *Augustinus* continúan limitados a los trabajos de Pérez Goyena y poco más. En contraste, los trabajos sobre el jansenismo español del XVIII han crecido al ritmo del interés suscitado por el movimiento ilustrado.

Son conocidos los viajes de Jansenio a España. Delegado por la universidad de Lovaina, en pugna con los jesuitas de Douai por cuestiones de enseñanza, vino en 1622, buscando el apoyo de la corte, que encontró gracias al favor de Iñigo de Brizuela, dominico y obispo de Segovia, que desde el Consejo de Flandes favoreció las pretensiones de Jansenio y, en consecuencia, de Lovaina. Años más tarde (1626), un segundo viaje del profesor belga —protesta ante los privilegios concedidos por Urbano VIII a los jesuitas—, pero su estancia en España se vio interrumpida por delaciones presentadas a la Inquisición.

También la política contribuyó a relacionar a Jansenio con la Corte española. La guerra de los Treinta Años produjo una fuerte convulsión

---

[106] Ibid., 145-52; SARRAILH, 638-40.
[107] VILLAPADIERNA, 273.

entre pensadores, obispos y teólogos. Uno de los puntos de discrepancia era, evidentemente, la intervención del cardenal Richelieu en favor de los protestantes y en contra de las naciones católicas. Hay que incluir a Jansenio entre quienes atacaron la postura de Richelieu, publicando *Mars gallicus* (1635). La intervención le ganó el favor de la Corte española, y Felipe IV no dudó en presentarlo para el obispado de Yprés (1636). Jansenio moría dos años después y en 1640 aparecía su *Augustinus*.

Pero ni sus viajes a la Península ni la fama que consiguiera con motivo del *Mars gallicus* fueron suficientes para difundir las doctrinas teológicas del obispo de Yprés. Sólo Antonio González de Rosende aceptó los principios doctrinales de Jansenio sobre la gracia. Clérigo menor y profesor de teología en Alcalá, inició sus relaciones con los jansenistas a través del profesor de Lovaina Juan Recht, que había venido a España con el fin de obtener que Felipe IV prohibiese, en uso de los derechos de regalía, la publicación de las primeras bulas pontificias contra el jansenismo. González de Rosende publicó en Lyón el primer volumen de *Disputationes theologicae, De iustitia originali* (1677). Pero los otros dos volúmenes proyectados nunca aparecieron. La Inquisición se dio prisa a perseguirlo; y lo hizo con tanta eficacia, que nadie ha logrado ver un ejemplar hasta la hora presente. Rosende es, según el juicio de Pérez Goyena, «el único teólogo español que con justicia, y en virtud de su proselitismo, puede figurar en la páginas del funesto jansenismo» [108].

¿Podemos aceptar tan definitiva sentencia? Recientemente, Joël Saugnieux ha incidido en el tema. Si bien no aporta documentación nueva, señala que el fracaso de la venida de Jansenio a España no fue total, pues consiguió el apoyo de las universidades. Valencia, Granada y Sevilla respondieron favorablemente a la invitación de Salamanca para luchar contra los privilegios concedidos a los jesuitas por las bulas de Pío V y Gregorio XIII. Y en cuanto a la posibilidad de que existieran otros teólogos como González de Rosende, las palabras de Saugnieux son más bien cautas: «La ignorancia en que ha sido tenida su obra hasta ahora prueba que, incluso durante su misma vida, semejantes autores fueron víctimas de una conspiración del silencio, peor todavía que la persecución. Entonces, ¿cómo creer que González de Rosende haya sido el único jansenista de España? ¿Cómo no sospechar, detrás de la teología «oficial» de la época, la presencia de una teología clandestina que no ha logrado expresarse o cuyos escritos han sido conscientemente sepultados?» [109]

El problema planteado es la posible conexión entre el jansenismo del XVII, del que conocemos el caso de Rosende, y el movimiento que

[108] PÉREZ GOYENA, *El Dr. Jansenio en España; primera venida del Dr. Jansenio a nuestra Patria:* Razón y Fe 56 (1920) 172-8 ; ID., *El Dr. Jansenio en Madrid:* ibid., 451-66; ID., *Jansenio en las universidades de España:* ibid., 57, 181-97; ID., *Consecuencias de la venida de Jansenio a España:* ibid., 318-33.
[109] SAUGNIEUX, *Le jansénisme...* 70.

con el mismo nombre adquiere mucho mayor influjo e importancia religiosa y social a lo largo del XVIII. El mismo Saugnieux sólo se atreve a aventurar la posibilidad de la existencia de una «teología clandestina» jansenista. Quedan, sin embargo, en pie unas conocidas palabras del cardenal Sáenz de Aguirre sobre los diferentes tipos de jansenistas. Unos, los menos, sostienen las cinco proposiciones condenadas por la Iglesia; los segundos son los celosos de la buena moral y las rígidas normas de disciplina; finalmente, los que de cualquier manera se oponen a los jesuitas, y que, a juicio del cardenal, son infinitos. Por lo demás, Sáenz de Aguirre era un observador especialmente cualificado por su larga residencia romana, su conocimiento de la vida cultural europea y por su correspondencia con los principales representantes de la religiosidad de la época. Todavía en 1755, cuando Pérez Bayer visitaba el Colegio de San Clemente, de Bolonia, quedó sorprendido al ver las cartas de los corresponsales del cardenal: Huet, Bossuet, Gerberon, Mabillon, Natal Alexandre, Van Espen... Nadie medianamente conocedor del movimiento religioso europeo puede ignorar las connotaciones jansenistas de algunos de estos personajes. De todas formas, el planteamiento antes citado de Sáenz de Aguirre sirve para introducirnos en la problemática jansenista del XVIII [110].

LA NATURALEZA DEL JANSENISMO ESPAÑOL

La evolución del jansenismo es, en líneas generales, bien conocida. Si, en un principio, los planteamientos doctrinales ocupan el centro de la polémica suscitada alrededor del *Augustinus,* a partir de las *Provinciales,* de Pascal, las cuestiones morales —rigorismo moral y ataques al probabilismo y laxismo— acaparan la atención general. Más tarde, con las reacciones ante la bula *Unigenitus* (1713), un nuevo matiz adquiere relieve, y el jansenismo se reviste de un carácter galicano, jurisdiccional, regalista. Sin embargo, hay que reconocer que el jansenismo —desde un principio plural y multiforme, como han demostrado estudios recientes— contenía implicaciones morales y políticas en su misma esencia [111].

Porque, junto a los planteamientos dogmáticos de Jansenio, es menester confesar las exigencias morales de Saint-Cyran y sus discípulos: la necesidad del amor para conseguir el perdón de los pecados, la necesidad de la perfección para acercarse a la eucaristía... Además, el abandono de la carrera política de Antoine Le Maître para dedicarse a la vida contemplativa en Port-Royal y las mismas implicaciones políticas de Saint-Cyran provocaron, desde el primer momento, la reacción violenta de Richelieu. Dicho con otras palabras: el jansenismo entraña, además de unos principios doctrinales sobre la gracia y la predestinación, una

---

[110] El hecho atribuido a Sáenz de Aguirre en CEYSSENS, 7-8.
[111] R. TAVENEAUX, *Jansénisme et politique* (París 1965), J. ORCIBAL, *Saint-Cyran et le jansénisme* (ed. Seuil, 1961).

serie de actitudes morales rigoristas y político-temporales que irán evolucionando hasta ocupar el primer plano de su forma de ser posterior.

Pero ¿qué se entiende por jansenismo en el siglo XVIII? La pregunta no tiene fácil respuesta, ni podemos simplificar el problema, puesto que los últimos protagonistas se enzarzaron en interminables polémicas, que tenían su origen más remoto en la misma naturaleza del jansenismo y había aflorado al día siguiente de la aparición del *Augustinus*. Ya, a mediados del siglo, Mayáns aconsejaba a sus amigos que superasen los escrúpulos sobre el jansenismo de Van Espen. Más claro todavía, su discípulo Andrés Ignacio Orbe, sobrino del inquisidor, distinguía con claridad entre el jansenismo doctrinal y «lo que hoy llaman jansenismo». Se apoyaba para ello en los breves pontificios, que sólo consideraban jansenistas a quienes defendían las cinco proposiciones condenadas por Inocencio X en la bula *Cum occasione* [112].

También la naturaleza del jansenismo está en la base de las polémicas de fines de siglo o en las Cortes de Cádiz. De las discusiones suscitadas con motivo de la traducción de la *Liga de la teología moderna con la filosofía en daño de Jesucristo,* del abate Rocco Bonola, así como de las polémicas entre Joaquín Lorenzo Villanueva y el jesuita Hervás y Panduro, hablaremos más adelante. Y en cuanto a las Cortes de Cádiz se refiere, las polémicas del mismo Villanueva con el Filósofo Rancio están centradas en el alcance y sentido del jansenismo. A juicio del diputado liberal, debe quedar limitado a las cinco proposiciones y se ha convertido en un mito creado por los jesuitas para denigrar a quienes no aceptan el probabilismo como sistema moral. Por el contrario, para el Filósofo Rancio, el jansenismo no queda limitado a las cinco proposiciones de la bula *Cum occasione,* antes bien alcanza a sus descendientes: Port-Royal, Quesnel, sínodo de Pistoya, galicanismo o regalismo español con sus intentos de subordinar la potestad espiritual a la civil, desembocando de manera incuestionable en el liberalismo (jacobino, napoleónico o de las Cortes de Cádiz) y en los ataques al Santo Oficio [113].

El problema pasó, sin interrupción de continuidad, de los protagonistas a los historiadores. El P. Rafael Vélez, coetáneo de las Cortes y más tarde obispo de Ceuta y arzobispo de Santiago, no pudo escapar, al enjuiciar el jansenismo, de sus principios políticos. La esencia del pensamiento de Port-Royal queda así definida por Vélez: «El proyecto era reformar la Iglesia, haciendo a todos los obispos casi iguales al papa y dando a los príncipes el gobierno de la religión en todo lo exterior». Ahí radicaba, a su juicio, la esencia del jansenismo. En páginas posterio-

[112] MESTRE, *Ilustración...* 396-403.
[113] I. NYSTACTES (J. L. Villanueva), *El jansenismo dedicado al Filósofo Rancio* (Madrid 1811); FR. FRANCISCO ALVARADO (El Filósofo Rancio), *Cartas críticas,* 5 vols. (Madrid 1824-25) y *Cartas filosóficas* (Madrid 1846). Como prueba de la amplitud del sentido que adquiere la palabra *jansenismo,* valgan estas palabras: «Esta congregación de animales inmundos llamados en el día liberales, unidos a la ilustre canalla de *notoria probidad,* generación adúltera de Jansenio, de quien sólo tienen en el día el nombre... Esta gran familia, pues, filosófica y jansenista llamada en Cádiz liberal...» *Prodigiosa vida, admirable doctrina, preciosa muerte de los venerables hermanos los filósofos liberales de Cádiz...,* por D.F.A y B., filósofo de antaño... (Cádiz 1813). Debo el texto a la gentileza de G. Carnero.

res intenta establecer su existencia en España, en estricto paralelismo entre las Cortes de Cádiz y los artículos de Pistoya, condenados por la bula *Auctorem fidei;* centrando el problema en el interés de la comisión por convocar «un concilio que reduzca a sólo lo *interno* el cuidado de los obispos, dejando al poder del soberano el que intervenga en los puntos de *disciplina externa* que las Cortes le lleguen a señalar» [114].

En la misma dirección se manifiesta Menéndez Pelayo, si bien el autor de la *Historia de los heterodoxos* confiesa explícitamente que en España no se dio ningún jansenista doctrinal, «a lo menos yo no he hallado libro alguno en que de propósito se defienda a Jansenio». Las polémicas en el XVIII no se lidiaron en el campo de la teología, sino en los cánones. «La España del siglo XVIII apenas produjo ningún teólogo de cuenta ni ortodoxo ni heterodoxo; en cambio, hormigueó de canonistas, casi todos adversos a Roma. Llamarlos *jansenistas* no es del *todo inexacto...*» Y Menéndez Pelayo señala una serie de características que resulta imposible aplicar a todos los acusados: afectación de austeridad y celo por la antigua disciplina eclesiástica, episcopalistas, conciliaristas, furibundos regalistas, antijesuitas, volterianos... Pero D. Marcelino centra la esencia del jansenismo español en el campo jurisdiccional [115].

Mayor precisión manifestó en sus juicios el P. Manuel F. Miguélez. En las anotaciones que hizo a la *Historia de los heterodoxos,* el agustino distinguió con claridad entre jansenismo y regalismo. Ciertamente, afirma, algunos españoles defendieron principios considerados erróneos en el doble sentido, pero no es menos cierto que fueron acusados de jansenistas escritores que nunca defendieron proposición alguna que pudiera tener resabios de jansenismo ni tomaron posturas regalistas. Es decir, el jansenismo fue utilizado como «arma de combate» para defender opiniones de escuela. Miguélez está pensando en los jesuitas, que, para defender principios doctrinales molinistas, acusaron de jansenistas a teólogos agustinos plenamente ortodoxos. Y como ejemplo irrefutable presenta la prohibición de las obras de Noris por el Santo Oficio ante las presiones de Rávago, jesuita y confesor de Fernando VI [116].

El interés por la naturaleza del jansenismo español del XVIII ha vuelto a renacer en nuestros días, y dos historiadores extranjeros dieron, hace ya algunos años, su interpretación. Richard Herr, marginando un tanto el carácter religioso del movimiento, ha centrado su esencia en una doble vertiente: oposición a la Curia romana —episcopalismo y regalismo— y antipatía hacia la doctrina molinista sobre la gracia. En ambos casos, por obediencia al Papado en el primero, por fidelidad a la doctrina oficial de la Compañía en el segundo, serían los jesuitas quienes acusaron a sus enemigos de jansenistas. Por su parte, Jean Sarrailh, que confiesa aceptar el criterio de Miguélez, ha querido ver en el jansenismo español a los defensores de la religiosidad interior, que se

[114] R. Vélez, *Apología del Altar y del Trono* (Madrid 1825) I 422.
[115] Menéndez Pelayo, II 473-74.
[116] Miguélez, 13-17.

enfrentan a unas formas religiosas externas que estarían orientadas, fundamentalmente, por los jesuitas [117].

Ahora bien, el jansenismo europeo del XVIII, especialmente en sus conexiones con la Ilustración, también ha interesado a los historiadores, y sus estudios más recientes aportan criterios muy valiosos para clarificar la esencia del movimiento en España. Lucien Ceyssens ha distinguido el jansenismo teológico, que defiende las cinco proposiciones condenadas por Inocencio X, del histórico, que, sin aceptar proposición alguna de Jansenio, responde a una forma de religiosidad de características definidas. Para precisar el contenido del jansenismo histórico, Ceyssens analiza un hecho innegable: el jansenismo crea el antijansenismo, y resulta imposible precisar el alcance del primero sin matizar antes el sentido que quiere darle el segundo. Así, el jansenismo histórico será en cada momento aquello que quieren indicar los antijansenistas. El alcance de los trabajos de Ceyssens es innegable y nos ayuda a matizar las afirmaciones de Menéndez Pelayo de que no existe ningún español que haya defendido las proposiciones de Jansenio, pero a muchos les adecua el apelativo de jansenistas, así como las confusiones dialécticas en que se enzarzaron los protagonistas [118].

Los historiadores italianos han puesto de relieve la importancia del movimiento en la Italia del XVIII, así como sus implicaciones políticas, culturales y religiosas. Jemolo supo distinguir las dos corrientes de espiritualidad. Predominio de Dios en la vida, rigor moral y temor al pecado y religiosidad interior caracterizarían una forma espiritual que fue calificada como jansenista. En contraste, interés por exaltar la conciencia humana, adaptación a las circunstancias históricas, y, en consecuencia, comprensión de las debilidades humanas y religiosidad exterior, constituirían la espiritualidad patrocinada por los jesuitas. Lo sorprendente, y no deja de señalarlo Jemolo, es que, mientras los monarcas e ilustrados defienden el llamado jansenismo, los Padres de la Compañía encuentran el apoyo y favor de Roma.

Codignola, en cambio, ha señalado la autonomía del jansenismo italiano, aunque estimulado por el influjo extranjero. Observa además que no aparece a fines del XVIII, sino que pueden verse las primeras manifestaciones jansenistas desde los inicios del siglo, o, más bien, desde los últimos años del siglo anterior. Punto de vista que interesará tener presente al juzgar el caso español, así como su interés por precisar las diferencias entre ilustrados católicos y jansenistas: «Lo que distingue claramente los ilustrados católicos y jansenistas más que el contenido abstracto de las doctrinas, es la *forma mentis,* su concreta actitud frente a problemas y situaciones».

Por su parte Dammig ha estudiado con minuciosidad la importancia del movimiento en Roma y la actividad de los principales personajes: Passionei, Bottari, Foggini... La obra reviste especial interés para nosotros, por cuanto casi todos los jansenistas italianos, como Tamburini o

[117] HERR, 14-15; SARRAILH, 699 y 702.
[118] CEYSSENS, 3-4.

Ricci, pasaron por Roma y recibieron su influjo. Pero, sobre todo, porque nos puede explicar la actividad de los españoles —tanto políticos (Roda, Azara) como religiosos (Francisco X. Vázquez)— y el influjo que ejercieron sobre quienes visitaban Roma o ampliaban allí sus estudios.

Nueva luz han aportado los estudios de Stella sobre el jansenismo piamontés, que si bien nos llegó indirectamente, demuestra el interés suscitado en Italia por la actividad reformista de los ministros de Carlos III; en especial, Roda y Campomanes. Finalmente, los estudios presentados al Convegno Internazionale di Studi Muratoriani (1972) han clarificado numerosos aspectos sobre los que venía discutiéndose. Interesa resaltar la importancia del movimiento reformista, basado en la crítica histórica, y el influjo de los maurinos tanto en Roma como en Milán; el amplio eco de las disputas jansenistas en el mundo religioso; el reformismo, tenazmente seguido dentro de la plena ortodoxia del pensamiento muratoriano; su influjo en Europa y España en particular... [119]

Más importancia revisten, si cabe, los estudios franceses sobre el jansenismo. Entre los numerosos trabajos, dedicados unos a las conexiones con la política, otros a problemas estrictamente religiosos, me limito a las obras que de manera directa se refieren al jansenismo español. Una idea expuesta por Ceyssens, aplicada al XVII belga, fue desarrollada con amplitud por el historiador francés E. Appolis en *Entre zelanti et jansénistes: le Tiers Parti catholique* (1960). En la historia del movimiento no sólo hay jansenistas y antijansenistas. Entre los dos extremismos aparece un grupo de moderados que pretenden establecer un equilibrio en el campo doctrinal y moral. El planteamiento de Appolis es amplio y quiere abarcar toda Europa. El movimiento español, pese a que muchos de nuestros jansenistas pueden incluirse en el «Tiers Parti», es menester confesar que aparece difuminado. Tanto que el mismo Appolis, en posesión de buenas fuentes, publicó con posterioridad un trabajo monográfico: *Les jansénistes espagnoles* (1966). La obra conjunta del historiador francés interesa especialmente, porque establece la conexión del jansenismo español dentro de las coordenadas del pensamiento religioso europeo.

Planteamiento que ha sido confirmado posteriormente por mis trabajos sobre Mayáns. El valenciano entra en contacto con los autores franceses: Bossuet, Fleury, Alexandre..., incluidos por Appolis en su «Tiers Parti». Además, D. Gregorio establecerá correspondencia con Muratori, cabeza de los ilustrados católicos italianos, a quien admira y cuyas obras celebra y difunde entre sus amigos. En la misma línea, Tomsich ha estudiado el influjo del sínodo de Pistoya entre los intelectuales españoles, Paula de Demerson ha insistido en el eco de la Constitución Civil del Clero y Saugnieux ha precisado las corrientes europeas, especialmente francesas, dentro del jansenismo español, así como la im-

---

[119] Sin duda alguna, de los tratadistas del jansenismo italiano, el que más toca a los españoles es Dammig.

portancia de la actividad reformista de los obispos jansenistas en el campo de la oratoria sagrada [120].

Un hecho hay que resaltar: el jansenismo español es un movimiento religioso. Hemos podido observar, no obstante, que los historiadores no siempre se ponen de acuerdo al intentar precisar sus características esenciales. Pero en líneas generales coincide con las coordenadas de la religiosidad europea del siglo. Según el criterio de Andrés Ignacio Orbe, inquisidor de Valladolid y discípulo de Mayáns, podríamos resumir los caracteres del llamado jansenismo español a mediados de siglo con las siguientes palabras: «La calificación de jansenistas se aplicaba, en primer lugar, a los que, defendiendo los derechos episcopales, se declaraban conciliaristas, negaban la infalibilidad del papa, limitaban el centralismo disciplinar de Roma o reducían la potestad eclesiástica al campo espiritual. Por otra parte, se calificaba también de jansenistas a los que estudiaban la disciplina antigua, defendían una moral rigorista o se oponían a los jesuitas» [121].

EL PROBLEMA DE LA CRONOLOGÍA

Ahora bien, ¿cuándo adquiere el movimiento jansenista español contornos precisos y definidos? Isidoro Villapadierna centra su importancia en la última década del XVIII y, sobre todo, en las Cortes de Cádiz. Después de aludir a la visita de Jansenio a España y a la concesión del obispado de Yprés, que no implicaba aceptación de su doctrina, Villapadierna hace una brevísima referencia a la represión inquisitorial, señalando los casos de Noris y del catecismo de Mesenguy, y añade: «En 1794, la bula *Auctorem fidei*, de Pío VI, condenó este conciliábulo (de Pistoia); pero hasta 1800 no fue aceptada en España, donde justamente en este último decenio del siglo se descubren unos raquíticos brotes específicamente jansenistas entre la fronda del regalismo». Más concreto todavía, precisa: «Teniendo en cuenta que el jansenismo entrañaba un problema religioso (la reforma de la Iglesia) que interesaba particularmente al clero, la existencia de un partido clerical que propugnara la reversión a la antigua disciplina no se hizo patente hasta el último decenio del siglo XVIII» [122].

Sin rechazar explícitamente este planteamiento, Appolis se propone estudiar los grandes trazos que delimitan la prehistoria del jansenismo español. Se trataría de estudiar el período de gestación del movimiento, que tendrá su gran eclosión en la última década del siglo. Pese a que el historiador francés hace alusiones a hechos anteriores, las manifestaciones jansenistas que aduce están centradas en los últimos años del pontificado de Benedicto XIV, en que surge un violento antijesuitismo que

[120] A. MESTRE, *Ilustración*... ID., *Muratori*...; TOMSICH, 132-41; P. DE DEMERSON, c.15; SAUGNIEUX, *Un prélat*... c.9.
[121] MESTRE, 421.
[122] VILLAPADIERNA, 276-77.

parece darles unidad. Desde esa perspectiva, Appolis estudia la evolución del movimiento en estricto progreso cronológico: el viaje del abad Clément de Bizon, los efectos de la actitud de la iglesia de Utrecht, la actitud del grupo moderado, que llama «Tiers Parti» (1781-89); primeros éxitos de los jansenistas (1789-98), su ofensiva y su fracaso (1789-1808), las Cortes de Cádiz...

Por mi parte, y al margen del trabajo de Appolis, he investigado los orígenes del jansenismo en Valencia alrededor de Gregorio Mayáns. En 1727 conoció la obra de Claudio Fleury al tiempo que profundizaba en la espiritualidad española del XVI (Fr. Luis de Granada, Fr. Luis de León, Juan de Avila...) y de los erasmistas. Unos años más tarde, siendo bibliotecario real (1733-39), leyó a Arias Montano, interesante por el apasionamiento biblista que su lectura entrañaba, y a Van Espen, el jansenista belga. He aquí sus palabras: «Jerónimo Julián era el jesuita más grave que había en Valencia, antiguo conocido de mi casa, y cuyo aposento frecuentaba por estos motivos. Habiéndole preguntado el juicio que hacía de Benito Arias Montano, me dijo que había sido rabinista. Díjome también que Van Espen era jansenista. Estos dos dichos apasionados y sin conocimiento me dañaron mucho, porque me desengañé en Madrid siendo bibliotecario». A esto debemos unir las palabras de José Climent, obispo de Barcelona, respecto a su evolución religiosa: «Yo, dedicado a seguir la carrera de las oposiciones de cátedras en la universidad de Valencia, gasté los mejores años de mi vida en el estudio de la teología escolástica, y no por Santo Tomás, sino por Gonet y otros autores españoles del siglo pasado que enseñaron a disputar, no a vivir. Solamente en algunos ratos, que llamamos perdidos, leía a Cano, Alexandre, Fleury, Bossuet, etc..., porque entonces empezaba a introducirse en aquella universidad el buen gusto». Dado el influjo de Mayáns en el pensamiento español del XVIII y conocida la personalidad religiosa de Climent, podemos deducir la importancia que entrañan estos hechos acaecidos antes de 1740 [123].

Sin embargo, querer precisar con excesiva exactitud podría inducirnos a error. Baste recordar que Manuel Martí, el futuro deán de Alicante, durante su larga estancia en Roma (1686-96) fue bibliotecario del cardenal Sáenz de Aguirre —a cuya intensa correspondencia con jansenistas hemos aludido anteriormente— y ayudó al cardenal en la preparación de sus obras históricas. Pero, al mismo tiempo, Martí intimó con el teólogo agustino Enrico Noris, acusado de jansenismo, «después cardenal y amigo mío íntimo». Y más tarde, ya en Alicante, mantuvo una importante correspondencia con Bernardo Montfaucon, monje de San Mauro, discípulo de Mabillon y editor de San Juan Crisóstomo, que no dudó en hablarle de la polémica suscitada en Francia con motivo de la bula *Unigenitus*. Martí y Mayáns eran, asimismo, buenos amigos de Interián de Ayala, traductor del *Catecismo histórico*, de Fleury (1718). Appolis ha señalado el agustinismo de Pedro Manso, profesor de Salamanca, que, si bien condena las proposiciones de Quesnel, se inclina

[123] A. MESTRE, *Ilustración...* 388.397.

por el planteamiento teológico de Noris. A precisar en esta línea que el P. Flórez fue uno de sus discípulos y que Mayáns, cuando estudiaba derecho en Salamanca, procuró establecer contacto con Manso, que gozaba de gran fama entre los estudiantes. Uno no puede menos de recordar el juicio de Codignola de que el lento proceso de incubación del jansenismo italiano «tiene su inicio con el siglo, o, más exactamente, en las últimas décadas del siglo precedente». Palabras que habrá que tener en cuenta cuando se planteen los orígenes del jansenismo español [124].

LAS RAÍCES DEL MOVIMIENTO

A través de cuanto llevamos dicho, se trasluce una serie de corrientes de pensamiento de muy diverso origen. Quizás convenga precisar, en líneas generales, las fuentes religiosas de los jansenistas españoles.

Tradición hispánica.—En *Ilustración y reforma de la Iglesia* señalé la necesidad de recurrir al pensamiento español del XVI para entender la evolución intelectual y religiosa de Mayáns. Sus preferencias están orientadas, sin duda alguna, hacia los erasmistas. Juan Luis Vives, Francisco Sánchez de las Brozas, cuyas *Opera omnia* editó Don Gregorio, y Nebrija, de quien, pese a sus esfuerzos, no logró publicar sus obras completas, están en la base de sus trabajos filológicos, pero también de su pensamiento religioso. De Vives, en concreto de la *Introductio ad Sapientiam*, hará Mayáns una adaptación en el *Espejo moral* (1734). Arias Montano, cuyo valor como intérprete de la Sagrada Escritura descubrió en sus años de bibliotecario real, será su autor preferido: editará la traducción del *Dictatum christianum* y hará una campaña de difusión entre sus amigos (Asensio Sales, más tarde obispo de Barcelona; Pérez Bayer, José Cevallos...). Fr. Luis de León, cuyas palabras remedando la *Paraclesis*, de Erasmo, transcribe Mayáns en la *Vida* del eximio poeta; Fr. Luis de Granada y San Juan de Avila serán presentados como maestros de la lengua, pero también de espiritualidad. Mayáns será el editor del *Diálogo de la lengua*, de Juan de Valdés; siempre manifestará su admiración por Juan de Vergara y no dudará en alabar a Erasmo en la *Vivis vita*. Y, por supuesto, no será sólo Mayáns. En la línea habría que incluir a Vicente Blasco, editor de Fr. Luis de León, así como el P. Diego González, J. L. Villanueva... Dos aspectos de esta tradición hispánica conviene resaltar: el interés por el conocimiento de la Biblia, como podremos observar con detenimiento, y el regalismo, basado en el *Parecer*, de Melchor Cano, y en los prácticos de la administración austríaca [125].

Los reformistas franceses.—La importancia del influjo francés ha constituido un tópico. Appolis ha señalado el papel de los reformistas franceses de fines del XVII en la génesis del jansenismo español. Pero creo que retrasa excesivamente sus manifestaciones al centrar el influjo

[124] Ibid., c.9; APPOLIS, *Les jansénistes...* 13-16; CODIGNOLA, VIII.
[125] MESTRE, *Ilustración...* 97-104 y 463-70; ID., *La espiritualidad...*

de Fleury en la oración fúnebre de José Climent con motivo de la muerte de Felipe V en 1746. Muchos años antes, en 1718, publicó Interián de Ayala la traducción del *Catecismo histórico*, del abate francés, reeditada por Mayáns en 1727. El valenciano esperaba que su lectura «fomentará la piedad en gran manera y crecerá la gloria de Dios». También Don Gregorio citará, con el máximo respeto, *Costumbres de los israelitas y de los cristianos*, cuya traducción aconsejará a Martínez Pingarrón. En efecto, la traducción salió a luz en 1739, con prólogo de Mayáns, y más tarde sería reeditada por José Climent, siendo ya obispo de Barcelona (1769). Quizás sea conveniente recordar que el *Catecismo histórico* fue una de las obras más editadas en España a lo largo del XVIII, mientras sus *Instituciones canónicas*, adaptadas al castellano por Blas Antonio Nasarre con motivo de las polémicas regalistas, fueron prohibidas por el Santo Oficio.

Además de Fleury hay que observar la importancia, quizás superior, de Bossuet. Si bien el galicanismo del obispo de Meaux era conocido, su trabajo fundamental sobre los artículos galicanos no estaba al alcance del lector medio español, ni siquiera de la clase intelectual. Así lo prueban las dificultades que encontró Mayáns, que sólo por medio del fiscal de la Cámara del Consejo de Castilla pudo lograr un ejemplar. Tanto Mario Góngora como Saugnieux han insistido en el carácter galicano del influjo de Fleury y Bossuet. Pero no podemos despreciar los aspectos religiosos. Si al hablar de Fleury remitíamos al *Catecismo histórico* y a las *Costumbres*..., no podemos menos de aludir, en el caso de Bossuet, a los *Comentarios a los libros sapienciales*, *Mystici in tuto*, *Comentarios a los Salmos y cánticos*..., que Mayáns poseía en 1734, pues, según confesaba él mismo, «en materia de religión no he visto hombre que mejor me enseñe». Y en menor escala, aunque no despreciable, habría que hablar de Natal Alexandre, Nicolé, Pascal, Tillemont... Saugnieux, que ha estudiado los personajes franceses y el carácter de su influjo en el jansenismo español, precisa los puntos básicos: el galicanismo, la erudición y la historia crítica, los estudios bíblicos [126].

El influjo italiano.—Si el pensamiento francés facilitó en España la reactivación del pasado intelectual innovador, de forma similar el influjo galo suscitó el movimiento que determinaría el jansenismo italiano. Así lo manifestó, hace ya algunos años, Codignola, y ha sido confirmado recientemente por Maurice Vaussard. Pero Saugnieux da un paso más. El influjo francés en Italia llega de rebote a España a través de los pensadores, políticos o eclesiásticos italianos. De ahí que en la influencia de Ricci se pueda señalar la retaguardia político-religiosa del jansenismo galicano.

Los estudios presentados al Convegno di Studi Muratoriani (1972) han iluminado el proceso cultural italiano. Ha quedado perfilado con caracteres definidos la importancia de la «preilustración». Y si Muratori asimiló las bases del movimiento, también lo hizo Manuel Martí, el bi-

[126] APPOLIS, *Les jansénistes*... 29-30; MESTRE, *Ilustración*... 386-96; SAUGNIEUX, *Le jansénisme*... c.4 y 5; M. GÓNGORA, 18-24.

650   *Antonio Mestre Sanchis*

bliotecario de Sáenz de Aguirre, más tarde mentor de Mayáns. A señalar en este caso la amistad de Martí con Gravina, que escribió contra los jesuitas y en favor de los jansenistas en el asunto del pecado filosófico, y, sobre todo, la íntima amistad que le unía con el agustino Enrico Noris, repetidas veces acusado de jansenista pese a la defensa que de él hiciera Roma. Por lo demás, el mismo Muratori ejerció un influjo excepcional entre nosotros en el campo de la crítica histórica (Capmany) y en la religiosidad (propaganda de Mayáns, traducciones), como demostré en mi ponencia presentada al Convegno. Aunque, a juicio de Saugnieux, Muratori es, sobre todo, «uno de los que contribuyeron a transmitir a España las lecciones de nuestros galicanos moderados».

Ya aludimos a la importancia del grupo romano, y tendremos oportunidades para insistir en el tema. Por lo demás, la influencia de los jansenistas italianos de fines de siglo en España está más estudiada, sobre todo el eco del sínodo de Pistoya. Batllori, Villapadierna y Tomsich, entre otros, se han interesado por el tema [127].

Van Espen.—Uno de los personajes utilizados como símbolo por los jansenistas españoles fue, sin duda alguna, Van Espen. De todos es sabido que, después de la expulsión de los jesuitas, sus obras fueron propuestas como texto de derecho canónico en los nuevos planes de estudio. Pero la difusión del pensamiento del jurista belga entre los intelectuales españoles fue muy anterior. Mayáns, otra vez, fue uno de los precursores y propagandistas de su lectura. Ya conocemos las palabras de Don Gregorio en que afirmaba haber conocido las obras de Van Espen siendo bibliotecario real. La impresión no pudo ser más interesante. El regalismo del belga, el criticismo en el estudio de la historia del derecho canónico, el episcopalismo, la limitación jurisdiccional de la Iglesia al campo espiritual..., eran puntos de contacto con el criterio íntimo del valenciano. Los amigos de Don Gregorio fueron los primeros en recibir el consejo de leer Van Espen, que después amplió a obispos y magistrados. Pero no siempre resultaba fácil convertir el deseo en realidad, pues la Inquisición había prohibido sus obras, y Mayáns tuvo que hacer, en muchos casos, de intermediario ante los libreros para que proporcionaran los ejemplares. Pero resulta fácil comprender que otros muchos, especialmente en la Corte, podrían adquirir y leer las obras del jansenista belga. Ahora bien, la expulsión de los Padres de la Compañía facilitó el triunfo de Van Espen. Aparece en casi todos los planes de estudio posteriores a 1767 y encuentra el apoyo del Gobierno. El acusado regalismo de Van Espen aumentaba los poderes de la autoridad civil en los asuntos eclesiásticos, y, en perfecta lógica, los ministros de Carlos III fomentaron su conocimiento [128].

[127] VAUSSARD, *Jansénisme et galicanisme aux origines religieuses du Risurgimento* (París 1959); VILLAPADIERNA, 275-76; TOMSICH, 137-41.
[128] M. GÓNGORA, 33; APPOLIS, *Les jansénistes...* 100.109; MESTRE, *Ilustración...* 396-403.

IMPLICACIONES REGALISTAS

Por cuanto llevamos dicho sobre la naturaleza del jansenismo habrá podido observarse sus íntimas relaciones con el movimiento y la actividad regalistas. En consecuencia, resulta lógico que algunos historiadores hayan intentado identificar ambas corrientes ideológicas. Sin embargo, no son idénticas, tanto por sus principios doctrinales como por su origen histórico, aunque tienen, a partir de cierto momento —la reacción frente a la bula *Unigenitus* en 1713—, una serie de puntos e intereses comunes.

La dificultad radica en precisar los pasos por los que van asimilándose ambas corrientes de pensamiento. Porque si es cierto que en Francia jansenismo y galicanismo parlamentario conectaron inmediatamente después de la *Unigenitus*, en España no parece que ocurriera con tanta rapidez. Eso al menos inducen a pensar los hechos políticos-religiosos de los reinados de los dos primeros Borbones españoles. Ahí tenemos el caso de Macanaz, representante por excelencia del más radical regalismo durante la primera mitad del XVIII y autor, como fiscal del Consejo de Castilla, del *Pedimento fiscal de los 55 artículos*. Pues bien, de jansenista, nada. El mismo Menéndez Pelayo, pese a su tendencia a identificar ambos movimientos, llega a afirmar: «Macanaz no era jansenista ni partidario de ninguna de las proposiciones reprobadas en la bula *Unigenitus*, y bien lo prueba su voluminosa *Historia del cisma janseniano*... Macanaz no prevaricó en las cuestiones de la gracia ni era bastante teólogo para eso» [129]. Además, en el control de la Inquisición, instrumento esencial del regalismo español, adquieren los jesuitas un papel preponderante desde los primeros años del siglo. De ahí la serie de prohibiciones de obras jansenistas. Necesario es confesar, asimismo, que la bula *Unigenitus* fue aceptada con sumisión por los obispos españoles, que veían con extrañeza la rebeldía y protestas de sus colegas franceses. Pero la actitud del Santo Oficio es muy expresiva en este caso: condena en 1717 los *Extraits des actes de la Faculté de Théologie de Paris* y otros libros que circulan en España contrarios a la bula, nuevo edicto en 1720 prohibiendo la lectura de obras hostiles a la jurisdicción eclesiástica, que fomentan la lectura de la Biblia en lengua vulgar o tratan de las polémicas sobre la *Unigenitus*; condena el *Catecismo* del P. Puget, publicado a nombre de Colbert, conocido obispo jansenista de Montpellier; las *Instituciones eclesiásticas* y los *Discursos de historia eclesiástica*, de Fleury... [130]

Y no serán sólo autores franceses. También fue prohibida la obra, *De virtutibus infidelium ad mentem P. Augustini*, del P. Manso, porque, pese a sus ataques a los jansenistas, coincidía con ellos y con San Agustín respecto a las acciones de los infieles, siempre consideradas como malas. Finalmente, a pesar de su fuerte carácter regalista, Van Espen, el clásico del jansenismo, fue prohibido por el Santo Oficio [131].

[129] MENÉNDEZ PELAYO, II 416; J. MALDONADO MACANAZ, *Melchor de Macanaz. Testamento político. Pedimento fiscal* (Madrid 1972); C. MARTÍN GAITE, *El proceso de Macanaz. Historia de un empapelamiento* (Madrid 1970).
[130] DEFOURNEAUX, *L'Inquisition...* 30-31.   [131] APPOLIS, *Les jansénistes...* 13-14.

En contraste, las polémicas regalistas seguían su curso. Las relaciones con la Santa Sede continuaban tirantes después de terminada la guerra de Sucesión, como lo demuestran las polémicas sobre el establecimiento de un concordato. El fracaso de las conversaciones de París y el intento de arreglo de Alberoni son bastante expresivos. Polémicas que volvieron a surgir; la traducción de Fleury hecha por Nasarre, la edición del *Parecer,* de Melchor Cano, y la actitud del cardenal Molina constituyen las escaramuzas dialécticas que desembocarán en el concordato de 1737. El carácter predominantemente regalista de estas discusiones no admite duda, así como las polémicas posteriores sobre el Patronato Real, que constituía el problema de fondo.

No es mi intento narrar los pasos de esa polémica, estudiados en otra parte del presente volumen. Pero sí señalar su carácter predominantemente regalista del concordato de 1753, y tan poco favorable al jansenismo, como que estaba dirigido por el jesuita Francisco Rávago. Pero que durante las discusiones se infiltrasen ideas jansenistas resulta hasta lógico y natural. Valgan unas palabras de Mayáns, autor de los trabajos publicados en nombre del fiscal de la Cámara del Consejo de Castilla, que demuestran el influjo de ideas galicanas y jansenistas. Después de aconsejar la lectura de los regalistas españoles, Ramos del Manzano, Juan Luis López, José Ledesma..., añade: «Y esta lectura siempre se ha de procurar acompañar con la de los críticos modernos. Pongo por ejemplo la doctrina de la fuerza, extensamente tratada por Cevallos y Salgado, con la de Van Espen, y así otros asuntos. Es muy útil leer las obras de Pedro Giannone, y asimismo, algunas de los franceses, recogiendo en ellas las citas de los concilios y leyes y escritores de España». No en vano Mayáns conocía bien, además de los españoles Alava y Esquivel, Salgado, Solís o Macanaz, las obras de Bossuet, Alexandre, Tomasin, Marcá o Van Espen, que Blas Jover le había enviado para que pudiera polemizar con la Curia con la posesión de los mejores materiales [132].

EL CASO DEL CARDENAL NORIS

Ahora bien, las divergencias entre regalismo y jansenismo en la primera etapa del reinado de Fernando VI aparecen nítidas en las polémicas suscitadas por la inclusión del teólogo y cardenal agustino Enrico Noris en el *Indice* del Santo Oficio de 1747. Bibliotecario de la Vaticana y eminente historiador, Noris había publicado *Vindiciae augustinianae* (1673), *Historia pelagiana*... y había clarificado las diferencias existentes entre el agustinismo católico y los jansenistas. Pese a la declaración explícita de su ortodoxia por parte de Roma, la Inquisición española se atrevió a condenar la obra de Manso (1723), que coincidía con el pensamiento de Noris, y el 1747 prohibió las obras del cardenal italiano. Que los jesuitas estaban detrás del decreto inquisitorial resulta

[132] MESTRE, *Ilustración...* 366-67.

evidente. El Inquisidor general, Diego de Valladares, encargó a los Padres de la Compañía José Carrasco y José Casani la tarea de preparar un nuevo *Indice de libros prohibidos*. Casani tomó la iniciativa de añadir al *Indice* un catálogo de libros jansenistas, que quedarían, asimismo, prohibidos, y escogió el formado por el P. Domingo de Colonia, aparecido en Bruselas con el nombre de *Bibliotheca Ianseniana* (1722), pese a que había sido condenado por Benedicto XIV en 1745. Entre los autores incluidos en esta catálogo aparecen Nicolé, Quesnel, Gerberon, pero también la *Historia pelagiana* y otras obras de Noris. El confesor de Fernando VI, el P. Rávago, apoyó la actitud de sus hermanos de orden por medio del inquisidor general, Pérez Prado.

El hecho fue estudiado, hace ya muchos años, por el agustino Miguélez, que publicó la documentación original. La actitud del Santo Oficio despertó inusitado interés y levantó acaloradas polémicas. Roma, que había declarado repetidas veces la ortodoxia del cardenal agustino, no podía tolerar que la Inquisición española, por muchos intereses de ortodoxia que alegara defender, enmendase la plana en el campo doctrinal a la suprema autoridad del papa. Así lo hizo saber Benedicto XIV en el breve *Dum praeterito mense* que dirigió al inquisidor. Pérez Prado quiso lavarse las manos, alegando que el encargo de confeccionar el *Indice* había sido hecho mucho tiempo antes de su nombramiento como inquisidor, al tiempo que señalaba la dificultad de resolver la cuestión, dado el carácter de las doctrinas defendidas por Noris. La actitud de los agustinos, que deseaban borrar toda sospecha sobre la ortodoxia de su correligionario, complicó las cosas. Benedicto XIV había comunicado en secreto al procurador general de los agustinos el texto del breve enviado al inquisidor general para que conociese las gestiones que venía realizando, pero el religioso se apresuró a hacer público el texto del breve pontificio. Ante la protesta del inquisidor, el papa explicó lo sucedido; pero el escándalo era público, el interés por el asunto había desbordado todo lo previsible, y no tardó en convertirse en un asunto de Estado [133].

Planteado el problema en esos términos, ninguna de las dos partes podía ceder. Y, lo que me interesa resaltar, el monarca —o, si se prefiere, su confesor— utiliza el regalismo para atacar las doctrinas que considera jansenistas. Como Fernando VI no podía alegar preeminencia doctrinal, no tuvo más remedio que utilizar los derechos de regalía en defensa de la actitud del Santo Oficio. Tres razones, escribe el rey, le mueven a mantener la prohibición de las obras de Noris: la tranquilidad de sus pueblos, que puede alterarse con la novedad de las doctrinas del cardenal agustino; el peligro de que su lectura pueda contaminar la religión y «finalmente se llega mi obligación de conservar las regalías, usos y costumbres de esta Inquisición y mantenerla el respeto de los pueblos, en que está, en toda su fuerza». Rafael Olaechea ha podido observar cómo el «asunto de Noris» se convierte en un problema que

---

[133] Tanto Luzán, desde París, como Mayáns, en Oliva, manifiestan interés por el «caso Noris». DEFOURNEAUX, *L'Inquisition...* 57-58; MESTRE, *Ilustración...* 422-25.

colea largos años en las relaciones de España con la Santa Sede. Sólo la exoneración de Rávago del confesonario real permitió resolver las diferencias. El mismo Fernando VI, con otro confesor, Quintano Bonifaz, que era a la vez inquisidor general, dio los oportunos pasos. Como era de esperar, el anciano Benedicto XIV manifestó su alegría por ver reconocidos sus derechos en el campo doctrinal y libre de la nota de herejía a un cardenal de la Iglesia romana.

Una conclusión clara se desprende del «caso Noris». En 1747, regalismo y jansenismo manifiestan divergencias acusadas, y el poder del monarca en asuntos eclesiásticos es utilizado para perseguir libros considerados jansenistas. No puede extrañar, por tanto, que el P. Miguélez haya querido ver en este asunto uno de los más importantes argumentos en favor de su teoría sobre el jansenismo español. Un autor plenamente ortodoxo fue acusado de jansenista por no defender las doctrinas teológicas de la Compañía. Noris no era ni siquiera regalista, antes bien, quienes utilizaron los derechos de regalía en asuntos eclesiásticos fueron precisamente los jesuitas. El asunto es complejo, pues los mismos autores que han sido considerados como jansenistas lamentaron la decisión inquisitorial, porque, «habiendo sido examinadas por la Inquisición de Roma las obras del cardenal Noris y salido a luz después de aquel examen, es cosa dura que la Inquisición de España las haya prohibido por heréticas... Y lo peor es que, habiendo sido católico y acérrimo defensor de la religión cristiana, es cosa muy sensible ser condenado como hereje». Es decir, defienden la autoridad doctrinal de Roma. Pero, en esa misma carta, Mayáns habla muy favorablemente de Tillemont, Bossuet y Muratori [134].

LAS IMPLICACIONES POLÍTICO-SOCIALES DEL VIRAJE HACIA EL JANSENISMO

La exoneración de Rávago del confesonario regio permitió resolver el pleito planteado con Roma sobre el «asunto Noris». Porque resulta a todas luces evidente que el reinado de Fernando VI tiene dos etapas claramente diferenciadas. Mientras, en la primera, el gobierno de la nación está en manos del triángulo Carvajal-Ensenada-Rávago, la muerte del secretario de Estado, la caída de Ensenada y el retiro del confesor —ocurridas en poco más de un año— cambiaron la faz política española. Pero los problemas quedaban pendientes y tomaron direcciones distintas a las imaginadas. Si las divergencias con Roma se revolvieron en sentido contrario al pretendido por Rávago y el «jansenista» Noris fue rehabilitado, más quebraderos de cabeza produjo a la Compañía el asunto de las reducciones del Paraguay. El tema había sido objeto de controversias desde el acuerdo firmado con Portugal en 1750 bajo la protección de D.ª Bárbara de Braganza y el equivocado criterio de Carvajal. Pero el nuevo secretario de Estado, Ricardo Wall, hizo gala de una agresividad contra la Compañía cada vez más acusada. De ahí que esta segunda etapa del reinado de Fernando VI constituya un período de transición, perfectamente definido de cara a los problemas y actitudes que aflorarán durante el reinado de su hermano y sucesor Carlos III [135].

Porque, eso sí, las dos corrientes, jansenista y regalista, que hemos visto diferenciadas en los primeros años del siglo, van manifestándose cada vez más próximas. El regalismo continúa aumentando su fuerza y poder, tomando posturas cada vez más audaces tanto frente a Roma como en el control de la Iglesia española. Era la herencia que le legara el concordato de 1753. Pero ha cambiado de sentido. Antes, el regalismo se apoyaba en una escuela doctrinal (los probabilistas, es decir, la Compañía) y en una clase social (la aristocracia, a través de los colegios mayores). De ahí su oposición al jansenismo. Ahora, y con bastante rapidez en el cambio, otra escuela doctrinal (los probabilioristas, dominicos y agustinos) y una nueva clase social (los manteístas) orientan el regalismo en dirección acusadamente jansenista y cada vez más contraria a la Compañía.

Así ha sabido verlo Rafael Olaechea. He aquí sus palabras: «Pero lo que sí puede afirmarse sin error es que constituyó una gran falsedad el proclamar a los cuatro vientos (como hizo entonces el bando 'manteísta') que el sistema 'thomista' apoyaba las regalías de la Corona frente a las injerencias de la Curia romana y que el sistema 'jesuítico' se proclamaba regicida y defensor de las prerrogativas pontificias, porque tan regalistas eran unos como otros: los 'thomistas', durante el reinado de Carlos III, y los 'jesuitas', en el de Fernando VI». Más aún, en el intento de llegar a una explicación razonable, Olaechea ha señalado las implicaciones político-sociales de las escuelas teológicas. Porque junto a los temas doctrinales, que sólo interesan a los teólogos, hay que tener en cuenta los problemas morales, que sí preocupan a todos los españoles. La dirección espiritual de los probabilistas (jesuitas) y de los probabilioristas (enemigos de la Compañía) derivaba en una forma de vida y en la defensa de unos intereses político-sociales. Dada la vinculación de los jesuitas a los colegios mayores, resulta lógico el interés de los manteístas por eliminar de todo órgano de poder a los colegiales y a sus «coligados», los Padres de la Compañía. Una vez inclinado Carlos III en favor de los manteístas —ya vino de Nápoles bien predispuesto—, era natural apoyase a los «tomistas». A nosotros nos interesa ahora una sola de las razones: «porque el probabilismo, sistema moral escandaloso, libertino y regicida, no garantizaba la debida sumisión de los 'vasallos' a la autoridad absoluta del amo... Era —como se dice ahora— un 'signo de los tiempos', y, en este sentido, defender el 'thomismo' y practicar el probabiliorismo (o, si se quiere, atacar el 'molinismo' y el probabilismo)

---

[135] G. Kratz, *El tratado hispano-portugués de límites de 1750 y sus consecuencias. Estudio sobre la abolición de la Compañía de Jesús* (Roma 1954); F. Rávago, *Correspondencia inédita* (Madrid s.a.), con un estudio preliminar de C. Pereyra.

vino a significar, por este lado, lo mismo que ser buen patriota, adicto al régimen absolutista del soberano Carlos III» [136].

Resulta claro, por tanto, el interés del Gobierno por favorecer todas las doctrinas opuestas a los jesuitas, y, en consecuencia, su inclinación decidida en favor de los llamados jansenistas. Sin embargo, no todos los ministros de Carlos III se comprometieron con la misma intensidad. Entre otras cosas, porque, como estudios recientes han demostrado, no formaban un bloque monolítico. Dejando al margen los conservadores, partidarios de los colegios mayores, que mantuvieron su poder al principio del reinado, los reformistas también estaban divididos. Frente a los nobles reformistas, capitaneados por el conde de Aranda, aparecen los golillas. Pero tampoco éstos formaban un bloque compacto con una postura uniforme ante los problemas. Si bien aparecen unidos en el asunto de la expulsión de los jesuitas, las diferencias son claras en otros casos.

Roda, agente de preces y embajador de España en Roma, es, sin duda alguna, el más comprometido y quien mantiene relaciones más cordiales con los jansenistas. Durante su estancia en la Ciudad Eterna, Roda había sido íntimo de los jansenistas romanos: Passionei, Bottari...; confidente del general de los agustinos (Vázquez) y estuvo en buenas relaciones con el cardenal Ganganelli, futuro Clemente XIV, el papa que extinguió la Compañía, que llamaba al embajador español «suo grande amico». Nombrado secretario de Gracia y Justicia en 1765, Roda se constituye en el alma de muchas empresas y en el eje de amplios movimientos reformistas. Favorece a Mayáns con la concesión del título de alcalde de Casa y Corte, al tiempo que le encarga la redacción de un plan de estudios. Toma la dirección de la reforma de los colegios mayores, aconsejado por Pérez Bayer y con la ejecución del obispo de Salamanca, Felipe Bertrán, valenciano también e íntimo de Bayer, desplazando a Campomanes, que queda en la sombra después de sus diferencias con Bertrán. Más aún, consigue la dirección de los Reales Estudios de San Isidro para Manuel Villafañe, candidato de Bayer, desplazando al interino, Felipe Samaniego, criatura del fiscal. Anima a Bertrán, nombrado inquisidor general, frente al confesor del rey, y a los grupos jansenistas de Salamanca, entre ellos a Tavira, y mantiene correspondencia muy cordial con el obispo de Barcelona, José Climent [137].

Sin un compromiso tan constante hay que aludir a Campomanes. Alma de la *Pesquisa reservada* y del *Dictamen fiscal*, que determinaron la expulsión de los jesuitas, el fiscal es, fundamentalmente, un regalista, y en esta línea hay que encuadrar sus trabajos políticos y su actividad religiosa: el *Juicio imparcial sobre el monitorio de Parma* (1769), *Tratado de la regalía de amortización* (1765)... Campomanes incitó a Juan Antonio Mayáns para que tradujera el *Catecismo* de Fitz-James, el obispo de Soissons, y aceptó con gusto el obsequio que le hiciera Clément de Bizon de un ejemplar de la *Vida de Van Espen,* escrita por Dupac de Bellegarde.

[136] OLAECHEA, *El anticolegialismo...* 58.75.
[137] ID., *Las relaciones...* 237-336; MESTRE, estudio preliminar al *Epistolario* Mayáns-Pérez Bayer. También es la obra de Dammig se puede vislumbrar la importancia de Roda.

No conviene olvidar, sin embargo, que en el fiscal del Consejo predomina, y con mucho, su espíritu regalista. Ello explica que exigiera la dimisión de Climent de la sede de Barcelona, pese al apoyo que le brindaba Roda. Es comprensible, por tanto, el juicio peyorativo de Climent acusando a Campomanes de irreligioso en la misma línea de Aranda, aunque sin la sensualidad del noble aragonés [138].

El juicio de Robert Ricard de que Campomanes, Roda o Azara fueron «inconscientemente naturalistas, laicos, privados de toda sensibilidad religiosa», parece un tanto riguroso. De Roda, según pudimos observar, sus preferencias jansenistas parecen evidentes. Y a confirmar ese juicio vienen unas palabras del jesuita Luengo al conocer la noticia de la muerte del secretario de Gracia y Justicia y la tajante afirmación de Blanco White, que, desde otra perspectiva, también lo consideraba jansenista declarado [139]. Más difícil resulta enjuiciar al caballero Azara, pues su lengua viperina y su asombrosa capacidad para el sarcasmo dificultan un juicio preciso y exacto. Appolis lo califica como jansenizante y Saugnieux hace una defensa del carácter jansenista del embajador español ante la Santa Sede. Por lo demás, la lectura de la obra de Corona Baratech y, sobre todo, las perspicaces páginas que le dedica Olaechea permiten comprender su animosidad ante los jesuitas y las implicaciones temporales de la Iglesia de su tiempo, que con tanta crudeza experimentaba [140].

Al hablar del clero hemos insistido en la importancia de los obispos jansenistas y el papel que desempeñaron como fuerza reformista durante la segunda mitad del XVIII. Cuanto dijimos entonces nos ayudará a comprender la colaboración del episcopado en las tareas eclesiásticas que se atribuyeron los gobiernos del despotismo ilustrado y el favor prestado a las nuevas corrientes jansenistas. Dentro de la misma línea hay que situar a los católicos ilustrados. El odio a la escolástica y a las tradiciones eclesiásticas más recientes, el deseo de una religiosidad interior, una mayor valoración del episcopado y de los concilios nacionales, cierta antipatía por las órdenes religiosas a causa de sus privilegios y exenciones, constituían los puntos fundamentales que, pese a otras divergencias, unían a ilustrados y jansenistas frente a un ambiente religioso que consideraban decadente y superficial.

Con estos presupuestos, podemos iniciar la andadura de las múltiples manifestaciones del jansenismo español a lo largo del reinado de Carlos III.

[138] APPOLIS, *Les jansénistes...* 53-57; R. KREBBS, *El pensamiento histórico, político y económico del conde de Campomanes* (Universidad de Chile, 1960), que considera también el pensamiento religioso de manera estática; L. RODRÍGUEZ, *Reforma e Ilustración en la España del XVIII: Pedro R. Campomanes* (Madrid 1975); R. RICARD, *De Campomanes à Jovellanos. Les courants d'idées dans l'Espagne du XVIII siècle d'après un ouvrage recent:* Les Lettres Romanes 11 (1957) 31-52. Cf. la colaboración del Dr. Egido en este mismo volumen.

[139] OLAECHEA, I 336; BLANCO WHITE, *Cartas...* 242.324.

[140] APPOLIS, *Les jansénistes...* 96; SAUGNIEUX, *Un prélat...* 202-203; OLAECHEA, I 372-74.387; CORONA BARATECH, *José Nicolás de Azara* (Zaragoza 1948).

EL «CATECISMO» DE MESENGUY

La primera manifestación clara del cambio de actitud del Gobierno tuvo lugar en 1761 con motivo de la condena del *Catecismo* del abate François-Philippe Mesenguy. Publicada en francés, la obra, que negaba la infalibilidad del papa y atacaba a los jesuitas, había sido muy alabada desde un principio por los jansenistas italianos, que la consideraban «uno de los mejores tratados de religión aparecidos en los últimos años». En consecuencia, pese a que había sido condenado dos veces durante el pontificado de Benedicto XIV, Giovanni Gaetano Bottari, canónigo de Santa María in Trastevere, bibliotecario de la Vaticana, consultor de la Congregación del Indice y calificador del Santo Oficio, cabeza intelectual del movimiento jansenista romano, se dispuso a editar el *Catecismo* en italiano. Como disponía de las proposiciones censuradas, encargó la traducción a Cantagalli, e hizo publicarlo en Nápoles con el título de *Esposizione della doctrina cristiana*, sin hacer caso de las correcciones indicadas por la censura diocesana (1758-60).

La edición italiana excitó el mundo eclesiástico, y pronto los jesuitas iniciaron una campaña contra la obra de Mesenguy. En Roma reaccionaron vivamente, y Bottari, para evitar su condena, procuró reeditar la obra, que quería dedicar al rey de Nápoles. Aunque Tanucci no se atrevió a aceptar la dedicatoria al monarca, sí vio con buenos ojos esta segunda edición, para la que Bottari había enviado ciertas correcciones que no se habían tenido en cuenta. Dicho queda con ello que la Corte napolitana —o, más exactamente, Tanucci— era favorable al *Catecismo* y que utilizó todas sus armas políticas para evitar su condena.

No obstante, Clemente XIII, que no participaba de semejantes ideas, después de protestar ante la Curia napolitana, nombró una comisión de diez teólogos (excluyendo deliberadamente a los jesuitas) para examinar la obra. Después de largas discusiones, los teólogos aconsejaron la condenación del *Catecismo*. Pese a la carta que Mesenguy escribió al papa con humildad fingida, como se demostró por la que dirigía en las mismas fechas a Passionei, y a las presiones diplomáticas de Nápoles, los cardenales se inclinaron en su mayoría por la condenación (28-5-1761). En consecuencia, Clemente XIII lo condenaba en breve del 14 de junio por contener «proposiciones falsas, capciosas, malsonantes, escandalosas, sospechosas, temerarias, contrarias a los decretos apostólicos y a la práctica de la Iglesia y próximas a proposiciones ya proscritas y condenadas por la Iglesia». Y, junto al breve, el papa enviaba a los obispos una encíclica en la que aconsejaba el uso del *Catecismo romano*.

Ahora bien, el triunfo de los jesuitas en Roma fue acompañado de una gran derrota en otras partes. Venecia, Milán, Turín, Nápoles, Francia y España rechazaron el breve. En cuanto a España se refiere, donde el *Catecismo* de Mesenguy apenas era conocido (baste observar que un personaje tan bien informado como Mayáns ignoraba hasta su nombre), la actitud del rey fue muy expresiva. Si Tanucci había calificado la condena del *Catecismo* como un «abuso del poder de las llaves»,

Carlos III prohibió su publicación. No obstante, el Inquisidor general, Quintano Bonifaz, de acuerdo con el nuncio, continuó los trámites normales y publicó el breve pontificio. El monarca montó en cólera, expulsó al Inquisidor de la Corte, y sólo después de que se humillara lo aceptó en su presencia. Más aún, aprovechando la ocasión, Carlos III exigió el permiso real —el conocido *exequatur regium*— para que los documentos pontificios tuvieran validez en España. «Su conciencia extremadamente católica —escribe Herr—, pronto lo arrastró a revocar su decisión (lo que produjo la caída de Ricardo Wall, añadimos nosotros); pero en 1768 el *exequatur* entró de nuevo en vigencia, permanente esta vez a causa de otro conflicto con el papa» [141].

La perspectiva del historiador no puede menos de establecer el paralelismo entre el «caso Noris» y el problema surgido con motivo del *Catecismo* de Mesenguy. En las dos ocasiones, el rey interviene en asuntos doctrinales. Pero mientras en la primera ocasión el regalismo favorece la condena de las obras del cardenal italiano por «jansenistas», en la segunda, el monarca toma postura en favor del autor jansenista y en contra de la Compañía.

EL PROCESO DE BEATIFICACIÓN DE PALAFOX

No tardaría Carlos III en intervenir, dentro de la polémica antijesuita, en campo estrictamente espiritual como es el culto. Me refiero en concreto al intento de canonización del Venerable Palafox y a los obstáculos presentados al establecimiento de la misa y oficio del Sagrado Corazón de Jesús.

El proceso de beatificación de Roberto Belarmino había quedado interrumpido en 1675, al tratar de la heroicidad de las virtudes, por la actitud de los cardenales Barbarigo, Casanata y Azzolini. Cuando Benedicto XIV, que tenía interés por la causa, nombró ponente al cardenal Cavalchini, los jansenistas romanos, y a su frente Passionei, desencadenaron una campaña contra el proceso. Pese al famoso voto de Passionei contra Belarmino, la causa continuó, y los jansenistas airearon una serie de acusaciones contra las obras del jesuita, al tiempo que incitaron al Gobierno francés para que, en aras del galicanismo, presionara en Roma con el fin de paralizar el proceso. Fue el cardenal Tencin, amigo personal de Benedicto XIV, quien convenció al pontífice de la oportunidad de detener el proceso.

Esta actitud encantó a los gobernantes españoles, que en estricto paralelismo, pero a la inversa, favorecían el proceso de beatificación del Venerable Juan Palafox y Mendoza, obispo que fuera de La Puebla de los Angeles (México) y de Osma, conocido por sus ásperas polémicas con los jesuitas. Del paralelismo que establecían los coetáneos, buenos observadores del forcejeo político-religioso, son una buena prueba las cartas de Mayáns a sus amigos jesuitas [142].

[141] DAMMIG, 348-56; HERR, 15-16; MENÉNDEZ PELAYO, II 495-97.
[142] Textos en MESTRE, *Ilustración...* 433.

La animosidad de Palafox contra los Padres de la Compañía y su amistad con los jansenistas eran razones más que suficientes para que el grupo romano, dirigido por Passionei, viera con simpatía el proceso de beatificación iniciado en 1726. Passionei, ponente de la causa, pidió en 1756 el favor de la Corte española, que, si en un principio no prestó mucho interés, apoyó generosamente después. Reabierto el proceso en 1758, la subida de Carlos III al poder reavivó los esfuerzos. Una carta del rey (12-8-1760) facilitó el decreto de la Congregación de Ritos (9-12-1760), declarando que los escritos de Palafox no contenían nada contra las decisiones de la Iglesia y la doctrina de los Santos Padres.

La alegría de los jansenistas fue desbordante, pues veían cerca la beatificación de Palafox, que consideraban una victoria sobre los jesuitas, y las autoridades españolas presionaron para que personas e instituciones enviaran a Roma cartas en favor del obispo de La Puebla de los Angeles. Así lo hizo Mayáns a solicitud de la ciudad de Valencia, y su carta recibió el parabién de Roda por el contenido doctrinal y la belleza de su dicción latina.

Pese a los trámites, no siempre correctos de Passionei, el proceso no adelantó mucho. Después de su muerte y de una breve etapa como ponente del cardenal Galli, la ponencia de la causa fue encargada a Ganganelli, quien pareció mostrar especial interés por la beatificación de Palafox. Pero, una vez elegido papa, Clemente XIV utilizó el proceso para ganar tiempo y no verse obligado a tomar decisiones definitivas sobre la extinción de la Compañía. En la sesión del 17 de septiembre de 1771 se decretó que el proceso continuara sin necesidad de volver a examinar la ortodoxia de los escritos de Palafox, que Mamachi defendió con calor. Sin embargo, los esfuerzos diplomáticos y económicos del Gobierno de Carlos III —últimamente estudiados por Rafael Olaechea en polémica con Sánchez Castañer— no consiguieron nada. La principal causa del fracaso habrá que buscarse, quizás, en las relaciones que mantuviera Palafox con los jansenistas belgas, bien aireada por los enemigos de su beatificación [143].

DIVERGENCIAS SOBRE EL CULTO AL CORAZÓN DE JESÚS

El culto al Corazón de Jesús, como las causas de Belarmino y Palafox, se convirtieron en objeto de polémicas entre los jansenistas y los Padres de la Compañía. Como es bien sabido, el culto al Corazón de Jesús nació en la Francia de fines del XVII alrededor de San Juan Eudes y, sobre todo, de Santa Margarita María de Alacoque, y se difundió con tal rapidez, que en la primera mitad del XVIII ya existía una congregación de religiosas con el nombre de *Hermanas del Sagrado Corazón*.

Sin llegar a la amplitud de Francia, también en España se difundía este culto, gracias, sobre todo, al interés de los jesuitas, especialmente

[143] DAMMIG, 281-86; OLAECHEA, *Algunas precisiones en torno al Venerable Juan de Palafox* (Caracas 1976).

del P. Hoyos, que pronto identificaron su apostolado con la devoción al Sagrado Corazón. De ahí que no sorprenda la solicitud de Felipe V (1727) en favor del establecimiento de la misa y oficio. Pero los esfuerzos de los jesuitas tropezaron con el informe de Próspero Lambertini, promotor de la fe, que con su autoridad logró que la Santa Sede se inclinase en 1729 por la no oportunidad del establecimiento de la misa y oficio.

La actitud de Roma no prohibía la devoción, que de hecho continuó extendiéndose. Las numerosas congregaciones fundadas, la solemnidad que adquiría su fiesta en poblaciones y seminarios, por ejemplo Orihuela, las indulgencias concedidas y gracias solicitadas y, sobre todo, las publicaciones aparecidas demuestran su empuje. En 1734 se publicaron tres obras sobre el Sagrado Corazón: *Incendios sagrados*, del P. Calatayud (Murcia); *La devoción al Sagrado Corazón de Jesús*, del P. Peñalosa (Pamplona), y *El tesoro escondido*, de Juan de Loyola, que consiguió en poco tiempo varias ediciones. Si los autores de estos libros eran jesuitas, un dominico se unió al apostolado del culto al Sagrado Corazón. Se trata del P. José García de Fulla, que escribió *Compendio de la verdadera devoción al Sagrado Corazón de Jesús* (1735), que alcanzó su tercera edición en ocho años. Pero las súplicas dirigidas a Roma en solicitud del oficio y misa encontraron la negativa de Benedicto XIV (Lambertini).

Pero en 1765 las circunstancias habían cambiado tanto en Roma como en Madrid. Era papa Clemente XIII, defensor de los jesuitas y partidario del culto al Sagrado Corazón, que fomentaba el establecimiento del oficio y misa de su fiesta, superando con su impulso las trabas burocráticas de la Curia. Y, siguiendo esa línea, obispos, cabildos e instituciones españolas habían solicitado dicha gracia. El cardenal Francisco Solís, cardenal de Sevilla; los arzobispos Barroeta (Granada), Mayoral (Valencia), Despuig Cotoner (Tarragona) y 17 obispos, entre ellos Asensio Sales, de Barcelona, así como 13 cabildos —también el de Toledo—, dirigieron su petición a la Santa Sede. Ante tantas solicitudes y teniendo en cuenta la petición de Felipe V en 1727, el abogado romano Juan B. Alegiani, en el *Memorial* presentado a la Congregación de Ritos y con el fin de conseguir se admitiera más fácilmente su instancia, limitaba la solicitud de oficio y misa «ad Regnum Poloniae, ad regna Hispaniae» y a la cofradía que con el título del Sagrado Corazón estaba establecida en la iglesia de San Teodoro, de Roma. Sin embargo, en el voto de la Congregación (26-1-1765) y en el decreto pontificio (6-2-1765) aparecían solamente concedidos a los obispos de Polonia y a la cofradía romana.

¿Cómo explicar la ausencia de España? La intervención del embajador español, Manuel de Roda, fue decisiva, alegando que no se podía conceder a España sin solicitud previa de Carlos III, pues la anterior de Felipe V en 1727 de nada servía por ser anterior a la sesión de 1729, en que la Santa Sede declaró que no eran oportunos su oficio y misa. La Corte —tanto Grimaldi (secretario de Estado) como el confesor (Joaquín de Eleta)— apoyó la gestión del embajador, lamentó que los obispos se dirigieran a Roma para pedir esa gracia espiritual e indicó a Roda (nombrado ya secretario de Gracia y Justicia) que llamase la atención a los prelados y cabildos que habían tenido la osadía de dirigirse a Roma sin permiso del rey.

La actitud de la Corte española continuó hostil a la devoción al Sagrado Corazón, que identificaba con el «fanatismo» jesuita. Por ello, después del extrañamiento de la Compañía y antes de entregar su iglesia de Madrid a los capellanes de los Reales Estudios de San Isidro, Roda aconsejó quitar las imágenes del Sagrado Corazón y de la Santísima Virgen de la Luz. Y añadía: «Este es uno de los puntos que juzgo por más esenciales para borrar la memoria de esta gente y de sus supersticiones»[144].

Interesa, asimismo, el testimonio de los diversos criterios manifestados por los españoles. Asensio Sales fue uno de los obispos españoles que solicitaron de Roma el establecimiento del oficio y misa del Sagrado Corazón. Mayáns no sólo comprendía su amistad con los jesuitas, sino que animaba a sus amigos de la Compañía a que favorecieran a Sales. En esas circunstancias, la correspondencia cruzada entre el obispo y el erudito, pese a las diferencias de criterio, era cordial, y así se manifestó con motivo de los sucesos acaecidos en Roma sobre el culto al Sagrado Corazón. La iniciativa partió del obispo, que notificaba la concesión a Polonia y a la cofradía romana, añadiendo: «No se ha concedido para España por no haberlo pedido nuestro rey. No sé en qué habrá consistido esto». Mayáns no tardó en responder, exponiendo las circunstancias del informe del canónigo de Toledo Rodríguez de Arellano al rey contra el culto, que Carlos III premió con el arzobispado de Burgos. El erudito aconsejaba, además, que el obispo leyera la _Historia del Breviario Romano,_ de Grancolás, en que calificaba de fanática dicha devoción.

Así lo hizo Asensio Sales, y no dudó en manifestar sus discrepancias respecto al criterio del erudito. En primer lugar, Grancolás no califica la devoción como fanática, sino «el motivo de celebrar la fiesta y día determinado para celebrarla». Ciertamente, dice, la fiesta de la cautividad de Cristo y de María constituyen evidentes abusos, pero estas devociones nada tienen que ver con la del Sagrado Corazón. «Es verdad que solamente debemos seguir el espíritu de la Iglesia universal, pero yo no digo que se deba celebrar la fiesta del Sagrado Corazón de Jesús, sino que se puede celebrar sin inconveniente ni abuso, y no es nuevo permitir la Iglesia y aún conceder de nuevo rezos y fiestas con indulgencias. La devoción del Corazón de Jesús, del modo que se ha frecuentado y frecuenta, no alcanzo cómo pueda llamarse fanática». No pensaba así Mayáns. Al interés por confirmar la noticia facilitada desde Toledo, el erudito aseguraba saberlo de testigo directo, y transcribía unas palabras de Grancolás, que calificaba de fanáticos a quienes querían establecer «la distinción del cuerpo y del corazón de Jesús. Mañana querrá otro que se instituya fiesta por sus sacratísimas entrañas; después, por su

---

[144] E. URIARTE, _La fiesta..._

cabeza, manos, pies, etc. Estos son antojos de entendimientos indiscretamente devotos y caprichosos» [145].

Se trata de dos concepciones distintas. Pero el criterio de Mayáns estaba más en consonancia con el pensamiento del Gobierno y de los jansenistas. Y no sólo de los españoles. Así se explica que el mismo Clemente XIV y algunos cardenales, como Marefoschi (otro amigo de Roda), fomentasen los ataques a la devoción al Sagrado Corazón, apoyando la obra de Blasi: *De festo cordis dissertatio commonitoria* (1771). Lo interesante para nosotros es que el P. Vázquez se apresuró a enviar un ejemplar del libro de Blasi a Grimaldi, a Roda y al embajador Azpuru, alabando a la divina Providencia, que lo ha permitido. Años más tarde, durante el pontificado de Pío VI, un personaje tan caracterizado como Scipione Ricci publicó una pastoral contra dicha devoción, que encontró el apoyo más caluroso de los jansenistas romanos. También los españoles manifestaron su entusiasmo. El *Mercurio histórico y político* publicaba en abril de 1782 la *Instrucción pastoral* contra la devoción al Sagrado Corazón del obispo Ricci. Más aún, el periódico español alababa «la prudencia y entereza de aquel prelado» que había censurado a las «personas que hacen consistir la religión y devoción *en sus caprichos*». Era el planteamiento de una forma de espiritualidad. Recordemos las palabras de Mayáns: «Estos son antojos de entendimientos indiscretamente devotos y caprichosos». Ideas que compartía un jansenista tan definido como Tavira. Así lo afirma su biógrafo Saugnieux: «Nosotros sabemos, en efecto, que tomó abiertamente postura contra el culto del Sagrado Corazón de Jesús». Era, por lo demás, la línea oficial, y el Santo Oficio condenó en 1779 el *Compendio de la verdadera devoción al Sagrado Corazón de Jesús*, del P. García Fulla, que fue incluido más tarde en el *Indice* de 1790 [146].

Por supuesto, no todos los españoles tenían el mismo criterio. Como en Roma, pese a las campañas jansenistas, la devoción se iba extendiendo, también en España tenemos algún testimonio que demuestra la existencia de personas que aceptaban el culto con fervor. Estanislao de Lugo, jansenista del círculo de la condesa de Montijo y corresponsal de Clément de Bizon, lamentaba en 1788 los dos papeles impresos en Sevilla contra la pastoral de Ricci y en defensa de la «jesuita» devoción al Sagrado Corazón. Y la duquesa de Villahermosa, sobrina de San José Pignatelli, restaurador de la Compañía después de las turbulencias revolucionarias, escribió a Pío VI, que se veía asediado por las tropas francesas. La duquesa pide al papa un voto de que, si regresaba a Roma, declararía fiesta de precepto la solemnidad del Sagrado Corazón de Jesús y restauraría la Compañía. Pío VI, que, sin ser enemigo, no era muy devoto de dicho culto, confiesa en su respuesta que la devoción al

---

[145] Cartas cruzadas entre Mayáns y Sales de 16-2-1765 a 25-3-1765, en BAHM 73 y 166.
[146] DAMMIG, 287-88; SAUGNIEUX, *Un prélat...* 114; PÉREZ GOYENA, *Contribución a la historia teológica de la devoción al Sagrado Corazón en España:* Razón y Fe 48 (1917) 168-82.

Sagrado Corazón de Jesús se iba extendiendo con rapidez de día en día [147].

EL RIGORISMO MORAL

La lucha en favor del rigorismo moral y contra el probabilismo no se inicia, como es bien sabido, en el XVIII, antes bien constituye una herencia del siglo anterior. Baste recordar las *Provinciales*, de Pascal, o la actitud de Inocencio XI en apoyo del general de los jesuitas, Tirso González, en su lucha por romper la identificación, generalmente admitida, entre Compañía y probabilismo. Y entre los antiprobabilistas más conocidos está el cardenal Sáenz de Aguirre, celebrado por Inocencio XI y también por los jansenistas, siempre dispuestos a atribuirse las personalidades que defendían el rigorismo moral.

Por lo demás, el inicio del siglo de las luces en España no disminuye el número de los defensores de la moral rigorista. Entre los aspectos señalados por los jerarcas de la Iglesia española en la encuesta solicitada por Felipe V en 1715, ocupa lugar preferente la relajación moral. Los obispos insisten con frecuencia y bastante unanimidad en las modas femeninas, el lujo favorecido por la introducción de las costumbres extranjeras... En el caso concreto de Belluga, hombre de acusada personalidad, podemos admitir que no se trata de un capricho momentáneo, sino fruto de una idea madura y reflexionada que respondía a una concepción rigorista de la vida. De acuerdo con este criterio está el hecho, facilitado por Daniel Concina, de que, a instancia de Belluga, los arzobispos españoles denunciaron a Benedicto XIV 330 proposiciones laxas, que el papa sometió a riguroso examen [148].

Y, junto a Belluga, Francisco Izquierdo, obispo de Lugo, con su vida austerísima y penitente, o Mayoral, que sentía especial admiración por Concina y prohibió las representaciones de comedias en Valencia; o Armanyá... También los ilustrados católicos se muestran rigoristas. Mayáns conserva, en uno de sus volúmenes de *Papeles varios,* todas las constituciones apostólicas de Benedicto XIV sobre el ayuno: *Non ambigimus* (30-5-1741), *In suprema* (22-8-1741), *Si fraternitas tua* (8-7-1744). Pues bien, el grupo que rodea a Don Gregorio toma postura claramente favorable al rigorismo moral. El joven inquisidor Andrés I. Orbe lamenta la actitud de los laxos, que, apoyados por las teorías de algunos religiosos que quieren pasar por doctos, interpretan las constituciones de manera que evitan las molestias que entraña toda penitencia. Más tarde, cuando Clemente XIII concede a los españoles, por el breve *Nuper pro parte* (21-1-1762), licencia para comer huevos, lacticinios y carne durante algunos días de cuaresma, Mayáns decide no utilizar el indulto papal: «A la socarrona pregunta que Vm. hace, la respondo con San

[147] APPOLIS, *Les jansénistes...* 107-108; J. M. MARCH, *Un voto al Sagrado Corazón propuesto por la duquesa de Villahermosa a Pío VI:* Razón y Fe 108 (1935) 370-80.
[148] APPOLIS, *Les jansénistes.* 22 (el arzobispo Fabián y Fuero en su pastoral con motivo de la expulsión de los jesuitas dice 333 proposiciones); RODRÍGUEZ POMAR, *Una página...*

Gerónimo en la epístola a Marcela contra Montano: 'nos unam quadragesimam secundum traditionem apostolorum, toto anno, tempore novis congruo ieiunamus'. ¿Y cómo ha de ser este ayuno? Según la costumbre de la Iglesia católica. Válgase, pues, del indulto papal el que quiera, que yo para ayunar ni quiero abadejo inglés, porque no me gusta; ni carne, porque estoy bueno; y, si no lo estuviere, no necesitaría de dispensa» [149].

Era lógico que los jansenistas intentasen establecer una relación causal entre el laxismo y las corrientes probabilistas que predominaban en amplios círculos intelectuales y religiosos. Del ambiente concreto de Valencia tenemos un espléndido testimonio en la correspondencia cruzada entre Mayáns y Asensio Sales, entonces catedrático de teología en la universidad. Ambos coinciden en pensar que la suma de los casos no resuelve la enseñanza de la moral. Pero pronto surgen las diferencias. Mayáns habla de una conexión causal entre casuistas y laxismo. Sales, en cambio, precisa que el probabilismo, como tal, no entraña sofismas ni conduce necesariamente al laxismo. La causa de la relajación hay que buscarla en el recurso, demasiado frecuente por desgracia, a principios morales insuficientemente fundados. Este recurso, sin embargo, en sí mismo considerado, es distinto del probabilismo. Dicho con otras palabras: el probabilismo puede utilizarse para justificar la relajación, pero en sí mismo no engendra laxismo [150].

Asensio Sales tenía razón; pero ni las polémicas permiten considerar con serenidad las aplicaciones concretas de los principios, ni las corrientes ideológicas eran favorables por esas fechas al probabilismo. Más aún, el extrañamiento de los padres de la Compañía desencadenó las furias, y el probabilismo se consideró como una doctrina, más que peligrosa, vitanda. Basta leer las pastorales de los obispos españoles con motivo de la expulsión [151].

Quizás ninguno de los obispos exigiese con tanto vigor como Climent la vuelta a una moral rigurosa y condenase con tanta fuerza el probabilismo y las doctrinas laxas, así como la culpabilidad que atribuye a los jesuitas. Climent expondrá su pensamiento en muchas páginas, pero de manera especial en la *Carta a los presidentes de las conferencias morales*. No puede sorprender una actitud tan tajante, cuando el obispo de Barcelona había pedido a los jansenistas franceses las obras morales de Duguet, aconsejaba como texto de moral la obra de François Genet,

[149] Texto en MESTRE, *Ilustración...* 419.
[150] Ibid., 415-18.
[151] Fabián y Fuero, p.ej., señala como una de las causas del extrañamiento el hecho de que los jesuitas, además de considerarse necesarios para la conservación de la Iglesia, calificaban «de herejes jansenistas a cuantos no abrazaban sus dictámenes o hablaban algo contra el probabilismo», causa, a su juicio, de mil trastornos sociales y religiosos. Por lo demás, es conocido el radicalismo de Rodríguez de Arellano. Después de confesarse tomista, arremete contra la doctrina laxa y condescendiente de los jesuitas y celebra la ocasión de que, con el extrañamiento de los Padres de la Compañía, desaparezcan las doctrinas que sólo se habían introducido y sostenido con el apoyo de la autoridad y suspira por que se condene pronto el probabilismo y sus consecuencias relajadas. J. X. RODRÍGUEZ DE ARELLANO, *Doctrina de los expulsos extinguidos. Pastoral que... dirigía a su diócesis el... arzobispo de Burgos* (Barcelona 1768).

obispo de Vaison, y animó a la condesa de Montijo a que tradujera *Instrucciones cristianas sobre el sacramento del matrimonio,* de Le Tourneux, en cuyo prólogo Climent arremete contra los probabilistas, en especial Francisco Sánchez, mientras alaba al autor francés por haber fundado su trabajo en la sagrada Escritura y los Santos Padres. Dos puntos característicos de su pensamiento interesa resaltar: su oposición al lujo, «intrínsecamente malo a la luz de la razón», y la exigencia «de algún amor a Dios para justificarse en el sacramento de la penitencia». Y Mayáns, siempre atento a cualquier corriente espiritual, celebrará las reflexiones del obispo de Barcelona, tanto la «que toca al lujo me agrada mucho, porque éste había llegado al último exceso y ha hecho a los hombres mucho menos que mujeres», como «la del amor a Dios, sin el cual no hay cosa que sea absolutamente buena»[152].

El rigorismo moral encuentra apoyo en dos corrientes de pensamiento:

1. Los escritores extranjeros, franceses e italianos sobre todo, cuyas traducciones aumentan después del extrañamiento de los jesuitas. La *Theologia christiana dogmatico-moralis,* de Concina, consigue tres ediciones entre 1767 y 1770 en su original latino y cuatro ediciones en castellano de 1767 a 1780. En Valencia publicaba Juan Antonio Mayáns la traducción del *Catecismo o exposición de la doctrina cristiana,* de Fitz James (1770). Unos años más tarde (1773) se imprimía en Madrid la *Instrucción pastoral sobre la justicia cristiana,* de Rastignac, y en Barcelona (1774) aparecía la obra de Le Torneux. Y de creer a Clément de Bizon, que debía de estar bien informado, dentro de los males que producía la publicación de obras molinistas, los españoles tenían el consuelo de poseer excelentes obras, ya publicadas en España, como Juenin, Le Torneux, el *Catecismo* de Montpellier, la *Ethica amoris,* Gerberon, Tomasin, Fitz James, Van Espen...[153]

2. Los tratadistas españoles del XVI español. El interés de Mayáns por publicar las obras de los escritores espirituales clásicos van en esa línea: Vives, Fr. Luis de León, Arias Montano..., así como la difusión de su lectura, que promueve entre sus amigos. Sin embargo, nadie tan explícito como Vicente Blasco en el prólogo que antepuso a *De los nombres de Cristo* (1770). Blasco intenta establecer un paralelismo entre la época en que vivió Fr. Luis y el XVIII, encontrando la situación religiosa mucho más favorable para el XVI. El razonamiento es claro. Si Fr. Luis lamentaba que no se podía leer la sagrada Escritura en la lengua del pueblo, tampoco en 1770 está permitida su lectura. En ese sentido, igual desgracia. Pero en cuanto a libros de piedad se refiere, el siglo de las luces sufre una deficiencia notable. En tiempos de Fr. Luis estaban al alcance del lector una serie de libros de piedad muy valiosos. Y Blasco señala las ediciones místicas de Cisneros, los clásicos de la espiritualidad (San Juan de Avila, Santa Teresa, Fr. Luis de Granada, Fran-

---

[152] P. DE DEMERSON, 247-59; MESTRE, *Ilustración...* 420. Las pastorales del obispo Climent son, en este particular, de una dureza extraordinaria.
[153] APPOLIS, *Les jansénistes...* c.5.

cisco de Osuna...) y los erasmistas (Alexio Venegas, Antonio Porras). En contraste, Blasco lamenta, para su tiempo, la existencia de «comedias y novelas más vanas», los libros de los filósofos con sus ataques a la religión y, sobre todo, «las falsas doctrinas de la moral, que algunos, usurpando el título de maestros de ella, han derramado en medio de la Iglesia, dándoles nombre de *suaves y benignas*». No se trata de confesores de manga ancha, dice, sino de «los casuistas, (que) se jactan desta novedad». Y, puesto en el trance de tener que definirse por la causa inmediata de esta relación, Blasco acaba confesando que, a su juicio, es el criterio de que el pecado puede perdonarse en el sacramento de la penitencia con sólo el dolor de atrición. Ahora bien, para combatir las doctrinas laxas, nada mejor que los libros de buena doctrina. «*Los nombres de Cristo,* que publicó el maestro Fr. Luis de León y que ahora se reimprimen, es una de las mejores obras que pueden oponerse a las laxedades de nuestros tiempos...» [154]

La lectura de la Escritura en lengua vernácula

También mirarán hacia el siglo XVI los jansenistas españoles, que desean la libertad de lectura de la Biblia en lengua vernácula. Y resulta lógico, porque el problema venía planteado desde la aparición del luteranismo, y, por supuesto, no preocupaba sólo a los españoles. Ante la demanda protestante de facilitar la lectura a todos los cristianos, Roma reaccionó en un sentido restrictivo y decretó la regla cuarta del *Indice de libros prohibidos,* negando la lectura de la sagrada Escritura en las lenguas vernáculas. El *Indice* inquisitorial de Fernando de Valdés (1559), con su conocida dureza, implantó en España las directrices generales de Roma. Ante semejante prohibición, un grupo de teólogos españoles, preocupados por que llegase al pueblo la palabra de Dios, buscaron suplir con sus libros la ausencia de la Biblia en la vida religiosa del pueblo; pero la polémica sobre la oportunidad de la lectura de la Biblia en la lengua del pueblo quedó reducida al silencio a fines del XVI y a lo largo del siguiente.

No ocurrió lo mismo en Francia, donde los jansenistas se inclinaron desde el primer momento por la lectura de la sagrada Escritura en lengua vernácula. Así, publicaron el *Nouveau Testament de Mons* (1672), la *Gran Biblia* (1696), gracias a la actividad de Sacy; el *Misal Romano...* Las traducciones provocaron frecuentes polémicas, pues una de las proposiciones de Quesnel condenada en la *Unigenitus* rezaba: «Lectio sacrae Scripturae est pro omnibus».

Ahora bien, el problema existía también entre nosotros, y, pese a la prohibición inquisitorial, las corrientes europeas tenían que repercutir en la actitud de los españoles. Cuando en 1718 publicaba Interián de Ayala el *Catecismo histórico,* de Fleury, añadía al margen la noticia de

---

[154] (BLASCO), *Prólogo sobre la necesidad de buenos libros para la instrucción del pueblo,* en FR. LUIS DE LEÓN, *De los nombres de Cristo* (Valencia 1770).

que los obispos franceses permitían la lectura de la Biblia en la lengua del pueblo. La simple nota informativa provocó la delación al Santo Oficio, e Interián tuvo que defenderse alegando los textos de Fr. Luis de León en favor de la necesidad de conocer la Escritura. La obra de Fleury fue reeditada (1728) por Mayáns, que participaba del mismo criterio, aunque nunca se atrevió a decirlo explícitamente debido a la prohibición inquisitorial. Pero sí lo dijo de forma indirecta en dos ocasiones. La primera vez en 1736, al aprobar la *Filosofía*, de Juan Bautista Berní. Después de lamentar que el latín impidiese un mayor número de lectores de libros filosóficos, celebraba que Berní se hubiese decidido a publicar su obra en castellano. «No hay nación que no tenga su filosofía vulgar. Los romanos, los griegos y egipcios no escribieron de otro modo, habiendo sido tan sabios; y lo que es más, la filosofía que aprendían los hebreos, en hebreo está y en hebreo la dictó el Espíritu Santo». La segunda vez, también de modo indirecto, en la *Vida de Fr. Luis de León,* utilizando un texto en que el agustino glosaba las palabras de la *Paraclesis* erasmiana, en que manifestaba el deseo de ver a todos, hasta campesinos y artesanos, cantar los textos de la sagrada Escritura [155].

Uno de los personajes europeos que despertaron interés en España fue Ludovico Antonio Muratori. Entre las muchas traducciones de sus obras publicadas en España, apareció en 1763 *Della regolata devozione.* Pero el cotejo entre el original italiano y el texto castellano es significativo, pues el traductor, Miguel Pérez Pastor, al suprimir determinados fragmentos, eliminó la misa —incluidos epístola y evangelio del domingo quinto después de Epifanía—. Muy revelador [156].

Debo confesar mi sorpresa por el silencio general ante el decreto de 1757, en que Benedicto XIV, modificando la regla cuarta del *Indice,* permitía se editasen traducciones de la Biblia, siempre que tuviesen la aprobación de la Santa Sede y fuesen acompañadas de notas tomadas de los Santos Padres y de autores católicos. Tanto el traductor de *Della regolata devozione* como Vicente Blasco en el prólogo a *De los nombres de Cristo* guardan silencio sobre el decreto de Benedicto XIV. El valenciano decía con claridad: «Porque, primeramente, ni el sumo pontífice, ni nuestros obispos, ni la santa Inquisición han declarado aún que el pueblo esté en disposición de leer indiferentemente las Escrituras en lengua que todos entienden». La explicación está, a mi juicio, en la actitud inquisitorial, como en el caso del silencio de Mayáns. Sin embargo, Blasco aludía a las traducciones italianas de los *Hechos de los Apóstoles* (1747), los *Salmos* y una *Concordia evangélica traducida a la letra del texto de los evangelistas.* Y, sobre todo, planteaba la necesidad de la lectura de la sagrada Escritura en las palabras del mismo Fr. Luis, claramente favorable a las traducciones a la lengua del pueblo [157].

Es curioso constatar cómo la defensa de la lectura surge espontánea

---

[155] MESTRE, *La espiritualidad...* La censura de la *Filosofía* de Berní está reeditada en *Cartas morales...* (Valencia 1773), II 359-60.
[156] MESTRE, *Muratori...*
[157] (BLASCO), *Prólogo...*

en los editores o comentaristas de Fr. Luis de León: Interián de Ayala, Mayáns, Blasco. En la misma línea hay que situar al agustino Diego González en el prólogo a la *Exposición del libro de Job* (1779). Pero, en este caso, el P. González alude ya al decreto de Benedicto XIV permitiendo las traducciones bíblicas. Más aún, el agustino transcribe el breve de Pío VI dirigido a Antonio Martini, arzobispo de Florencia, traductor de la Biblia al italiano. El papa celebraba el interés del arzobispo por poner al alcance de los cristianos la palabra de Dios, fuente abierta a cuantos busquen la santidad de la doctrina y de las costumbres y queden libres de los errores y de la corrupción de los tiempos. Era lógico que el P. González celebrase el mérito de Fr. Luis de León, en quien quería ver una solución, dada doscientos años antes, a los problemas que tenían planteados los españoles del XVIII, y a quien podían atribuirse, con justicia, los elogios tributados por Pío VI al traductor italiano de la Biblia [158].

Ese ambiente explica el hecho de que el inquisidor general, Felipe Bertrán, decretase en 1782 la libertad de lectura de la sagrada Escritura en lengua vernácula. He aquí las palabras del decreto del Santo Oficio:

«Habiéndose meditado y reflexionado mucho el contenido de la regla quinta del *Indice expurgatorio* de España, por la que, con justísimas causas que ocurrían al tiempo de su formación, se prohibió la impresión y lectura de versiones a lengua vulgar de los libros sagrados con más extensión que la que comprehende la regla cuarta del *Indice* del concilio, cuyas causas han cesado ya por la variedad de los tiempos; y considerando, por otra parte, la utilidad que puede seguirse a los fieles de la instrucción que ofrecen muchas obras y versiones del texto sagrado, que hasta ahora se han mirado como comprehendidas en dicha regla quinta, se declara deberse entender ésta reducida a los términos precisos de la cuarta del *Indice* del concilio, con la declaración que dio a ella la Sagrada Congregación en 13 de junio de 1757, aprobada por la Santidad de Benedicto XIV, de feliz recordación, y prácticamente autorizada por N. S. P. Pío VI en el elogio y recomendación que hace en breve de 17 de marzo de 1778 a la traducción hecha en lengua toscana por el sabio autor Antonio Martini. Y en esta conformidad, se permiten las versiones de la Biblia en lengua vulgar, con tal que sean aprobadas por la Silla Apostólica o dadas a luz por autores católicos, con anotaciones de los Santos Padres de la Iglesia o doctores católicos, que remuevan todo peligro de mala inteligencia, pero sin que se entienda levantada dicha prohibición respecto de aquellas traducciones en que falten las sobredichas circunstancias» [159].

Bertrán, por lo demás, formaba parte del grupo que manifestaba interés por colocar la Biblia al alcance del pueblo. Y, de creer con exactitud al P. Felipe Scio, Carlos III habría encargado al escolapio la traducción de la Biblia en 1780. Lo cierto es que si el decreto inquisitorial no levantó la protesta general suscitada por el breve de Pío VI en Italia, hubo sus quejas. Pero los reformistas, además de defender su criterio, oficial a partir de 1782, actuaron con rapidez.

En 1790 aparecía en Valencia *La Biblia vulgata latina traducida en*

---

[158] MESTRE, *La espiritualidad...*
[159] Transcrito en J. L. VILLANUEVA, *De la lección...* 27.

español y anotada conforme al sentido de los Santos Padres y expositores católicos por el P. Phelipe Scio de San Miguel. Nuevo Testamento. I: Los cuatro evangelios. La edición continuó con los otros libros de la Biblia y constituye un momento importante en la historia del biblismo español. Por primera vez estaba al alcance de todo el público la versión castellana de la sagrada Escritura. El P. Scio era consciente de la transcendencia del hecho, y dedicó la traducción a Carlos IV. Más nos interesan los fines que se proponía el escolapio: combatir la corrupción del siglo y, sobre todo, a los libertinos y a quienes promueven el «tolerantismo». Es decir, Scio de San Miguel quiere ver en la lectura de la Biblia el mejor antídoto contra la filosofía. Pero al escolapio no le preocupan mucho los posibles antecedentes de su obra en los españoles del XVI, antes bien procuró marcar las diferencias entre su trabajo y la actitud de Quesnel, condenado en la *Unigenitus,* o de Erasmo, censurado por la Sorbona en el año 1527.

Quien sí manifestó interés por buscar los antecedentes del decreto inquisitorial en los teólogos españoles del XVI fue Joaquín Lorenzo Villanueva. Educado en la universidad valenciana bajo el influjo directo de Blasco y Juan Bautista Muñoz, Villanueva había encontrado el favor de Bertrán. Su actividad intelectual fue precoz: *Poema de San Próspero contra los ingratos* (1783), *Oficio de Semana Santa* (1784), *De la reverencia con que se debe asistir a la misa* (1791)... Las ideas jansenistas de Villanueva eran, por tanto, suficientemente conocidas, y no tardarían en manifestarse con mayor virulencia. Ese mismo año de 1791 daba a luz *De la lección de la sagrada Escritura en lenguas vulgares.* La obra sería ininteligible sin conectarla con el prólogo a *De los nombres de Cristo,* de Blasco, que expresaba el ambiente religioso fomentado por Mayáns en torno a los clásicos espirituales del XVI. Villanueva quiere precisar el alcance de la regla cuarta del *Indice* romano —estrictamente coyuntural y disciplinar—. Porque la jerarquía española y la Inquisición, de acuerdo con Roma, han creído llegado el momento oportuno de modificar esa disciplina. Por lo demás, nadie podrá decir que, objetivamente, la lectura de la sagrada Escritura entrañe peligro para los fieles. En consecuencia, Villanueva intenta conectar con la tradición española anterior a la prohibición inquisitorial y favorable a la lectura de la Biblia en lengua vernácula. Pero lo importante es el primer apéndice documental, «que contiene varios testimonios de autores españoles acerca de la lección de la sagrada Escritura». Y aquí aparecen todos los defensores de la necesidad de que el pueblo cristiano lea la Biblia en su propia lengua: Alexio Venegas, Fr. Luis de Granada, San Juan de Avila, Fray Luis de León, Fr. Luis de la Fuente, Francisco Ruiz, López de Montoya, Bartolomé de Carranza, Antonio Porras, Felipe Meneses... Junto a los teólogos y espirituales no podían faltar los erasmistas [160].

[160] MESTRE, *La espiritualidad...*

Reforma de la universidad y textos jansenistas

Aunque las críticas a la situación universitaria española son muy anteriores —baste recordar las censuras de Feijoo a la escolástica, los proyectos de Mayáns a Patiño o al P. Rávago y la obra de Verney (Bardadiño)—, el predominio de los colegios mayores no permitió una reforma eficaz. El reinado de Carlos III señala, desde su inicio, un afán renovador evidente —los personajes clave: Roda, Campomanes, Bertrán, Pé ez Bayer, ocuparon sus cargos antes de 1767—, que se acelera después de la expulsión de los jesuitas. Las circunstancias eran favorables. Los ilustrados creyeron er entonces el momento oportuno, facilitado por la Providencia, para reformar los estudios, y los gobernantes aprovecharon esas ansias. Un estudio de la evolución en los planteamientos, desarrollo y vicisitudes de los planes de estudio de cada universidad desborda las posibilidades del presente trabajo. Mi interés queda centrado en las líneas básicas que informan los proyectos en el campo de la teología [161].

El primer plan de estudios fue encargado a Mayáns an es incluso del extrañamiento de los jesuitas. El erudito había ido a la Corte (1766) —de donde saliera en 1739 al abandonar la real biblioteca—, donde se le premió con el título de alcalde de Casa y Corte y una pensión vitalicia. El plan, con el título de *Idea del nuevo método que se puede practicar en la enseñanza de las universidades de España,* fue entregado a principios de mayo de 1767. Se trataba de un proyecto general redactado con el fin de que sirviera para todas las universidades españolas. Mayáns, que había lamentado siempre la ignorancia de la sagrada Escritura, insiste en la necesidad del conocimiento de la Biblia como base del estudio de la teología: «De la teología expositiva debe haber dos cátedras, una del Testamento Viejo y otra del Testamento Nuevo». Consecuencia necesaria: el erudito exigirá el establecimiento de cátedras de griego y de hebreo [162].

Una breve historia de la teología le permite establecer con toda claridad la distinción entre la verdad revelada definida por la Iglesia y las diversas formulaciones filosóficas que la expliquen, y, en consecuencia, entre dogma y escolástica. Distinción que debe mantenerse en la cátedra y en los textos. De ahí que solicite una cátedra de dogma y otra —distinta— de escolástica, como desea un texto que se limite a la exposición del primero y otro que explique las diferentes opiniones. Expresa

---

[161] Aguilar, *La universidad de Sevilla...;* Id., *La encuesta universitaria de 1789:* Hispania 32 (1972) 165-207; Ajo y Sainz de Zúñiga, *Historia de las universidades hispánicas,* 7 vols. publicados (Madrid 1957-69); Alvarez de Morales, *La «Ilustración» y la reforma de la universidad en la España del siglo XVIII* (Madrid 1971); V. de la Fuente, *Historia de las universidades, colegios y demás establecimientos de enseñanza en España,* 4 vols. (Madrid 1884-89); A. Gil de Zárate, *De la instrucción pública en España,* 2 vols. (Madrid 1855); Mestre, *Ilustración...* c.7; J. L y M. Peset, *Gregorio Mayáns y la reforma universitaria* (Valencia 1975); Id., *La universidad española (siglos XVIII y XIX). Despotismo ilustrado y revolución liberal* (Madrid 1974); Id., *El reformismo de Carlos III y la universidad de Salamanca:* Acta salmanticensia (Salamanca 1969).

[162] Peset, *Gregorio Mayáns y la reforma...;* Mestre, *Ilustración...* 327-28.

la conveniencia de que se encargase a los mejores teólogos de Europa un compendio de teología dogmática con la advertencia de que no la mezclasen con la escolástica. Mientras esto no se alcance, aconseja las *Institutiones theologicae* de Gaspar Juenin, pese a confesar sus deficiencias metodológicas.

Dada su antipatía por la escolástica, resulta lógica su petición de que se publiquen una serie de «obritas pequeñas en el volumen; en la realidad, grandes», que faciliten el trabajo de los estudiantes. Los autores señalados por Mayáns son muy expresivos: *Prólogo Galeato*, de San Jerónimo; *Regulae intelligendi sacram Scripturam*, de Fr. Francisco Ruiz; *Annotationes decem in sacram Scripturam*, de Pedro Antonio Beuter; *De auctoritate sacrae Scripturae*, de Dosma Delgado; *De concordia sacrarum editionum libri duo*, de López Montoya, y *De veritate fidei christianae*, de Juan Luis Vives.

He insistido en el plan de estudios de Mayáns por ser el primero y porque nos plantea con claridad los problemas de base y las preocupaciones de los reformistas: la necesidad del estudio de la sagrada Escritura, la aversión a la escolástica, la demanda de un compendio de teología y el problema de los textos más o menos jansenizantes. Ahora bien, la intencionalidad que subyacía en el plan mayansiano de aplicación a todas las universidades quedó inmediatamente desplazada. El Gobierno se inclinó pronto por soluciones parciales y que fuese cada universidad la que expusiese sus proyectos reformistas. Pero antes de que se presentaran los diversos planes, el Consejo tomó una serie de medidas decisivas: supresión de las cátedras jesuíticas, prohibición de la enseñanza del tiranicidio y regicidio... Olavide, asistente de Sevilla, fue el primero en enviar el plan de estudios para la Hispalense, y con posterioridad, cada universidad, a requerimiento del Consejo, presentó su propio proyecto.

La relativa moderación mayansiana ante la escolástica, que, pese a su desprecio, considera útil para el conocimiento del desarrollo histórico de la teología, no es general. Los más radicalmente antiescolásticos son, sin duda, Olavide y el P. Truxillo, provincial de la Observancia de San Francisco de Granada. El asistente de Sevilla, o, si queremos, José Cevallos, corresponsal de Mayáns y autor de los aspectos teológicos, se manifiesta especialmente violento. «Estas dos consecuencias, que nacen de un principio evidente, prueban la inutilidad de la teología escolástica, que, por lo común, se estudia en la nación». La raíz de esta inutilidad la encuentra Olavide en el hecho de que está «fundada sobre los cimientos de la filosofía aristotélica» y «casi nada tiene de la revelación y tradición». A tal extremo se puede llegar, a juicio de Olavide, que «suele un teólogo de éstos, concluidos los años de su curso y en disposición de recibir el grado de doctor, no saber más de la verdadera teología que lo que aprendió en el catecismo»[163]. No menos radical se manifiesta el P. Truxillo, y sus palabras, transmitidas por Sempere Guarinos, han pasado a presentarse como un símbolo de la rebeldía frente a la escolás-

---

[163] OLAVIDE, 151-52.

tica. «Padres amantísimos, ¿en qué nos detenemos? Rompamos estas prisiones que miserablemente nos han ligado al Peripato. Sacudamos la general preocupación que nos inspiraron nuestros maestros. Sepamos que, mientras viviéramos en esta triste esclavitud, hallaremos mil obstáculos para el progreso de las ciencias» [164].

Por el contrario, la universidad de Salamanca, que tan avanzada se manifestó durante el reinado de Carlos IV, mantuvo en el plan de 1771 un gran respeto por la tradición histórica de sus teólogos y decidió conservar como texto los cuatro libros del Maestro de las Sentencias, comentados por la *Summa* de Santo Tomás. Y, por si faltaba alguna precisión, el claustro de Salamanca señalaba el estudio de Gonet, Aguirre y Mastrio, y, en cuanto a la filosofía se refiere, fue propuesto el texto de Goudin. Tampoco Alcalá se mostró muy agresiva ante la escolástica. Si bien confiesa la decadencia y pretende reformar sus planes de estudio, al llegar a la teología se limita a exponer la posibilidad de escoger entre Goti, Estío y Billuart, manifestando, desde el primer momento, las dudas entre la corriente agustina y tomista, en espera de la decisión del Consejo. Y, en un término medio, hay que colocar otros planes de estudio que directa (el redactado por Alonso Cano para los trinitarios calzados de la provincia de Aragón y el de la universidad de Granada) o indirectamente (el de Valencia, obra de Vicente Blasco) manifiestan una valoración negativa de la escolástica [165].

Todos los planes de estudio manifiestan gran interés por los estudios bíblicos. Alonso Cano aconsejará los comentarios de Duhamel y de Lira a la Biblia, al tiempo que pide el conocimiento de Martínez de Cantalapiedra. Olavide exigía la lectura de la sagrada Escritura según texto y notas de Duhamel, recientemente editado en Madrid, y aconsejaba los comentarios de Calmet y Arias Montano. Salamanca propone el *Aparato* de Lamy para la cátedra de Escritura. La universidad de Granada pide «se promueva el estudio de los libros sagrados» y los observantes de la provincia granadina aconsejan, asimismo, Duhamel y Martínez de Cantalapiedra. Finalmente, Blasco establecerá dos cátedras de Escritura. Desde esa perspectiva, todos los planes de estudio exigen el conocimiento de las lenguas bíblicas, griego y hebreo.

Es curioso constatar la necesidad de textos nuevos que experimentan los reformistas, consecuencia lógica del desprecio que sienten por la escolástica. Si lo reclamaba Mayáns, también lo exige de manera explícita Olavide, que indica que el texto debe contener la teología fundamental

---

[164] *Plan de estudios de la Provincia de Observantes de N. P. San Francisco de Granada* (Madrid 1782). El texto citado corresponde a la *Demostración que antepuso Fr. Manuel María Truxillo, su provincial.*

[165] J. B. GONET, *Clypeus theologiae thomisticae...*, 12 vols. (Burdeos 1659-69). Hay una edición más reducida: *Manuale thomistarum seu brevis theologiae thomisticae cursus...*, 6 vols.; J. AGUIRRIUS, *De virtutibus et vitiis disputationes ethicae* (Salamanca 1677); MASTRIUS, *Theologia moralis ad mentem S. Bonaventurae et Scoti* (Venecia 1671); V. L. GOTTI, *Theologia scholastico-dogmatica iuxta mentem D. Thomae Aquinatis ad usum discipulorum*, 16 vols. (Bolonia 1727-35); C. R. BILLUART, *Cursus theologiae universalis* o *Institutiones theologicae* (Lieja 1746-51). Guillermo Estío es conocido por sus *Comentarios al Maestro de las Sentencias.* Como discípulo de Bayo, atacó las proposiciones de Lessius.

y la positiva, dejando al margen toda la escolástica. Pero, mientras no se posea dicho manual, el asistente de Sevilla se inclina por Duhamel y Melchor Cano en su *De locis theologicis,* con la salvedad de que se excluyera el libro doce, que trata precisamente de la escolástica. También la universidad de Granada considera necesaria la redacción de un nuevo manual de *Instituciones teológicas* adaptadas al progreso de las ciencias y de los estudios históricos. Pero, a diferencia de Olavide, mientras carezcan de un texto semejante, aconseja el estudio de la *Summa,* de Santo Tomás. Asimismo, Blasco pide un manual. Y desde el primer momento en que, de acuerdo con Floridablanca, inicia la redacción del plan, encarga al agustino Sidro Vilaroig sus *Institutiones sacrae Theologiae.* Mientras carezcan del texto deseado, Blasco se inclina por Juenin o Denina (sin descuidar a Melchor Cano) para *De locis theologicis* y la obra de Estío para los cuatro cursos de teología [166].

Hay en estos planes de estudio una serie de datos cuyo significado no podemos desarrollar con detenimiento, pero tampoco pasar por alto. El regalismo en primer lugar. Es bien sabido que el despotismo ilustrado aprovechó todas las ocasiones para controlar el movimiento cultural, y, como no podía ser menos, utilizó los planes para anular la autonomía de las universidades. El nombramiento de un director de cada universidad en la persona de un consejero de Castilla y de dos censores que no permitieran la defensa de conclusiones contrarias a la potestad regia, la obligación de estudiar con especial interés «las costumbres, derechos y regalías de España en lo tocante a protección, jurisdicción e independencia de la autoridad civil en lo temporal», constituían un claro síntoma de las intenciones gubernamentales acerca del control universitario de la enseñanza de doctrinas sobre las relaciones con la Iglesia. En esta línea encaja perfectamente el interés de los ministros de Carlos III por favorecer la implantación de Van Espen como texto fundamental de la facultad de cánones.

El predominio de Van Espen en el campo del derecho canónico va unido al establecimiento de tratados que defienden el rigorismo para los estudios de moral. Y resultaba lógico, dado el ambiente hostil al probabilismo. Genet fue el texto recomendado, como lo había sido por el obispo Climent, por los carmelitas descalzos de la provincia de España (que añadía a Natal Alexandre), por Vicente Blasco y por Alonso Cano para los trinitarios calzados de Aragón. Los observantes de la orden de San Francisco de Granada aconsejaron la obra de Antoine, y Salamanca se inclinó por Cuniliati [167].

En una época erudita y crítica, los planes de reforma de la teología manifiestan la necesidad que sienten los teólogos de conocer la historia

[166] J. M. C. DENINA, *De studio theologiae et de norma fidei* (Turín 1758), A. CALMET, *Commentarius litteralis in omnes libros Veteris et Novi Testamenti,* 10 vols. (Venecia 1754-56); J. B. DUHAMEL, *Biblia Sacra vulgatae editionis...* (París 1706; Madrid 1767 y 1780); B. LAMY, *Apparatus biblicus sive manuductio ad Sacram Scripturam* (1687); G. JUENIN, *Institutiones theologicae ad usum seminariorum,* 4 vols. (Lyón 1696).
[167] F. CUNILIATI, *Universae theologiae moralis accurata complexio...,* 2 vols. (Venecia 1752); P. G. ANTOINE, *Theologia moralis universa* (Nancy 1726).

eclesiástica. Olavide, la Universidad granadina y los carmelitas descalzos se limitan a recordar la necesidad, sin mayores precisiones. Alcalá pide la creación de una cátedra de historia eclesiástica. Otros planes son más explícitos e indican el autor que debe seguirse. Valencia se inclina por el *Compendio* del agustino Berti, los trinitarios calzados prefieren Graveson y Salamanca, así como los observantes de Granada, se deciden por Cabasucio [168].

Respecto a los autores españoles del siglo XVI, Melchor Cano, en su *De locis theologicis,* es el más citado. Y con mucho menos frecuencia, Arias Montano y Martínez de Cantalapiedra. Lo que desaparece prácticamente es la gran escolástica española. Queda, eso sí, el planteamiento de Mayáns en favor de la teología humanista, algunas alusiones a Vives y Sánchez de las Brozas en el campo de la filosofía y retórica, breves referencias a Alfonso Castro, Luis Carvajal... y una confesión de la universidad de Granada, que, deseando separar a los teólogos del estudio de la escolástica, les aconseja los «libros sagrados, Santos Padres y demás monumentos referidos, como de los teólogos españoles del siglo XVI, que mostraron y siguieron al verdadero camino de la teología, cuyas obras no merecen olvido».

En los textos aconsejados puede observarse una doble corriente. Por un lado, en determinadas universidades (Salamanca y Granada) el predominio de Santo Tomás resulta evidente. Esta tendencia aparece favorecida por los fiscales del Consejo, a juzgar por unas palabras del dominico Joaquín Briz, según las cuales «el rey católico Carlos III haya mandado en todas las universidades del reino se explique la doctrina que en materias filosóficas y teológicas preceptuaba la carta encíclica del R. P. Boxadors». Este planteamiento gubernamental favorable al predominio tomista ha sido confirmado por Appolis, que ha precisado, además, dicho carácter en la formación de Climent y de Lorenzana. También Bertrán era, a juicio de Mayáns, partidario del tomismo. Y, por supuesto, el grupo de canónigos toledanos que ocuparon elevadas sedes (Fabián y Fuero, Rodríguez de Arellano, Sáenz de Buruaga) eran defensores de Santo Tomás según la interpretación de los dominicos [169].

Pero también continuó vigente el influjo de San Agustín, de acuerdo con los reales decretos que señalaban la enseñanza de la doctrina católica contenida en Santo Tomás y en el Obispo de Hipona, mientras prohibían la escuela de Suárez. Hubo instituciones que mantuvieron la doctrina de San Agustín y de la orden agustiniana. Así, el seminario de San Fulgencio, de Murcia, donde su obispo, Rubín de Celis, había establecido como texto el tratado *De locis theologicis,* de Juenin, y el compendio de la obra teológica del P. Lorenzo Berti. Delatado al Consejo de Castilla por los dominicos, que veían peligro de jansenismo, el obispo

---

[168] BERTI, *Historia ecclesiastica sive dissertationes historicae* (Florencia 1753). Un compendio posterior, editado en Pisa (1760). Cabasucio fue el autor que movió a Flórez a dedicarse a la historia.
[169] PÉREZ GOYENA, *El estudio de la teología en las universidades españolas desde la reforma de 1771:* Razón y Fe 50 (1918) 287; APPOLIS, *Les jansénistes...* 85-87.

salió vencedor, y los Padres de Santo Domingo recibieron una severa amonestación [170].

Más compleja fue la polémica en Valencia. Por de pronto, los antitomistas consiguieron que las cátedras suarecianas no fueran absorbidas por los dominicos, pues alegaron que bajo el nombre de antitomista se incluían personas y corrientes de pensamiento que no coincidían con los jesuitas. Tan fuerte era el grupo, que en 1772 pudo enviar al Consejo un plan de estudios firmado por Cerdá Rico y Narciso Francisco Blázquez. Aunque aparecían obras de diverso matiz (p.ej.: Tournely, propagandista de la aceptación de la bula *Unigenitus*), el bloque de textos propuestos es fundamentalmente agustiniano con ribetes jansenistas: epístolas teológicas y tratados contra los pelagianos de San Agustín, selección de las obras del Obispo de Hipona sobre la predestinación y la gracia preparada por Pedro Francisco Foggini, Berti, Estío... en los aspectos dogmáticos. Contenson, Genet, Calmet y Natal Alexandre, que forman parte de la corriente favorable a la moral rigorista. Lamy, Calmet y Duhamel, en el estudio de la sagrada Escritura. Bertí, en historia eclesiástica, y el cardenal Bona, que ocupa el primer lugar entre los tratadistas de mística. Como puede observarse, los antitomistas valencianos tenían grandes afinidades con las corrientes jansenizantes [171].

Una serie de factores explican la fuerza del agustinismo en Valencia. Juan Antonio Mayáns, hermano del erudito, que desde su cargo de rector (1775-78) de la universidad intentó establecer los textos del seminario de San Fulgencio, de Murcia. Este interés quedó confirmado con la correspondencia que estableció con el P. Vázquez, el famoso general de los agustinos, que apoyaba el establecimiento de la doctrina de San Agustín y que pidió al rector la cátedra de teología para Sidro Vilaroig. Finalmente, las divergencias de los agustinianos valencianos con el arzobispo Fabián y Fuero, enérgico defensor de los tomistas [172].

En el fondo, estas polémicas españolas son la expresión de una divergencia de mayor amplitud que abarca toda Europa, y, de manera especial, el mundo religioso italiano. Porque mientras vieron un enemigo común en la Compañía, dominicos y agustinos lucharon unidos. Pero, una vez derrotados los jesuitas, los antiguos colaboradores se convirtieron en enemigos irreconciliables, con la pretensión de ocupar el espacio que habían ocupado los hijos de San Ignacio. Los dominicos se aproximaron a la Santa Sede, y defendieron la doctrina de Santo Tomás como la ortodoxa e insistieron en el peligro de la proximidad de las tesis agustinianas a los principios jansenistas. En cambio, los agustinos continuaron defendiendo sus doctrinas sobre la gracia, así como mantuvieron sus buenas relaciones con la Iglesia de Utrecht y los jansenistas franceses (Clément de Bizon, Dupac de Bellegarde) e italianos (Bottari, Foggini, Ricci). Tan violentas fueron las polémicas, que el P. Vázquez, en una circular dirigida a la orden (1778), censuró a los do-

[170] PÉREZ GOYENA, ibid.: 51,34; APPOLIS, ibid., 74.
[171] MESTRE, *Ilustración*... 441-47.
[172] Ibid., 446-47, 497-98.

minicos por haber cambiado sus doctrinas después de la extinción de la Compañía y prohibió a sus religiosos utilizar la autoridad de Santo Tomás. Reprendido por Pío VI, Vázquez retiró la circular, pero en la rectificación posterior mantuvo el criterio (repetido por cinco veces) de que el jansenismo era un fantasma que no existía en la realidad [173].

LA CORRIENTE EPISCOPALISTA

Rafael Olaechea señaló, hace ya algún tiempo, cómo el predominio del regalismo económico, representado por Macanaz, hizo pasar a un segundo plano la corriente episcopalista, encarnada por el obispo Francisco Solís. Pero de hecho no logró anularla, ni mucho menos y el episcopalismo español volvió a surgir con fuerza a mediados de siglo. La polémica regalista sobre el Patronato Real mantenida entre el fiscal de la Cámara del Consejo de Castilla (Blas Jover) y el nuncio de su Santidad (Enríquez) permitió que afloraran las ideas episcopalistas. No en vano, Mayáns, el verdadero autor de los trabajos de Jover, recibió del fiscal, entre otros libros regalistas y galicanos, el *Dictamen,* del obispo Solís, que el erudito se apresuró a celebrar.

El planteamiento de Mayáns resulta especialmente clarificador. «Yo soy tan amante, o más, de los obispos que V. Rma. Soy de sentir que los papas y reyes los han oprimido; que esta opresión no se puede quitar arrimándose a los papas; y que es menester favorecer a los reyes, tomando este pretexto para favorecer a los obispos. El favor le entiendo según los cánones. De estas cosas no se puede hablar generalmente...» [174]

La dificultad radicaba en mantener el equilibrio entre las presiones del monarca y de Roma, pues si en asuntos de religión los obispos dependen canónicamente del papa, deben obedecer al rey en cuanto a soberanía se refiere, sin olvidar los asuntos temporales en que estaba implicada la Iglesia.

¿Qué entendían los españoles cuando hablaban de la «opresión» del papa sobre los obispos? Por supuesto, confesaban de manera clara y tajante la supremacía del romano pontífice sobre la Iglesia universal y les escandalizaba la idea de «cercenar o restringir aquella suprema potestad que Jesucristo, Dios y hombre, comunicó a San Pedro, y, en su cabeza, a todos sus sucesores». Pero eso no les impedía analizar con frialdad «si en aquella suprema potestad se incluye todo lo que se practica debajo de tan respetable nombre» [175].

Las quejas contra Roma aparecen centradas en una clara oposición al nuncio, como instrumento del centralismo; a las apelaciones, tan frecuentes como injustificadas; a la Curia, a las reservas en los nombramientos eclesiásticos que hacía Roma en las diócesis españolas. En

---

[173] DAMMIG, 151-54.
[174] Mayáns a Burriel, 15-1-1752; G; MAYÁNS, *Epistolario II* carta 251.
[175] Texto en MESTRE, *Ilustración...* 277.

contraste, los derechos que exigen los episcopalistas dimanan de la jurisdicción inmediatamente recibida de Cristo, que les concede dos poderes de especial importancia: 1) La jurisdicción sobre los religiosos que, exentos por gracia de Roma, dependían directamente del papa, con lo que escapaban a la autoridad episcopal. 2) La potestad de convocar sínodos diocesanos o concilios provinciales y nacionales sin necesidad de recurrir a la licencia explícita del romano pontífice.

Otro factor, esencial para la recta inteligencia del problema en el XVIII, radica en que el rey aparece como el protector de la Iglesia, con derecho a intervenir para garantizar el cumplimiento de las leyes y normas eclesiásticas tanto universales (concilios) como nacionales. No es necesario insistir en la especial importancia de este último factor, pues de las ideas de quienes los apliquen depende todo el alcance que quiera atribuirse al regalismo y a los derechos episcopales.

Esos eran los problemas que preocupaban a los reformistas españoles, y a nadie escapa la dificultad de mantener el equilibrio. Si Mayáns alabó con calor las ventajas regalistas del concordato de 1753 y celebró el *Juicio Imparcial*, de Campomanes, no dejó de lamentar los peligros que entrañaba el regalismo, pues la dificultad radicaba, a su juicio, no en saber los derechos del rey, sino en conocer sus límites [176].

Esa dificultad se hace especialmente patente a través de la pugna Climent-Campomanes. Porque, si alguien expuso su pensamiento episcopalista, fue el obispo de Barcelona, al insistir en sus derechos a predicar la recta doctrina cristiana, al señalar la pérdida de la jurisdicción episcopal como origen del laxismo debido a las exenciones de los regulares y la imposibilidad de elegir a los más dignos para los cargos eclesiásticos y, sobre todo, al indicar los concilios como instrumento de independencia frente a Roma y medio de eliminar las intromisiones del poder civil en asuntos eclesiásticos. Pese al retiro obligado de Climent en 1775, sus ideas habían sido publicadas. También Mayáns había expuesto, años antes, la necesidad de recurrir a los concilios, controlados por los obispos, para propagar la verdadera doctrina y como instrumento de reforma moral. Pero sus palabras habían quedado por el momento desconocidas al no haberse publicado las *Observaciones al concordato de 1753*.

Sólo en 1789-90 se permitió la publicación de las *Observaciones*, que coincide con el inicio de la fase última y más radical del episcopalismo español. Aunque, a decir verdad, tal efervescencia se debe fundamentalmente al hecho de que el regalismo supo utilizar las tendencias episcopalistas existentes contra los regulares y, sobre todo, contra la Curia romana. El poder del rey, instrumento, según Mayáns, para liberar a los obispos de la «opresión» de Roma, logró sojuzgar y dirigir las corrientes que habían surgido en defensa de los derechos episcopales. Pero esos resultados corresponden al reinado de Carlos IV.

[176] Ibid., 301-304.

Racionalismo y Enciclopedia

En el proceso de autonomía cultural respecto a la concepción teológica de la vida iniciada en el Renacimiento, el siglo XVII marca un momento clave. El racionalismo filosófico (Descartes sobre todo), la ciencia moderna y el empirismo (de Galileo a Newton), las concepciones políticas que intentan organizar la sociedad desde la perspectiva estrictamente humana (llámense Hobbes o Locke, que continúan, en ese sentido, los planteamientos de Maquiavelo), la historia crítica, marcan las directrices que seguirá el mundo moderno.

Respecto a Europa, el desarrollo es conocido; pero, en cuanto a España se refiere, la cronología de su introducción ha provocado divergencias interpretativas. La teoría tradicional de que todo ese mundo moderno había llegado con tanto retraso a España que sólo, gracias al genio individual de Feijoo, se aceptó entre nosotros la experimentación y la apertura a la cultura europea, fue expuesta con brillantez por Gregorio Marañón. Pero semejante planteamiento no ha resistido las aportaciones recientes en cuanto al retraso, ni mucho menos respecto al mérito exclusivo del benedictino gallego. Ya Quiroz-Martínez observaba en 1949, que, desde fines del XVII y durante los primeros años del XVIII, una serie de pensadores —Cardoso, Zapata, Avendaño (Juan de Nájera), Tosca...— habían aceptado la filosofía moderna, y, ante las dificultades que les presentaba la sociedad española, habían defendido el eclecticismo como sistema. Años más tarde, Vicente Peset y López Piñero plantearon el problema desde la medicina y la ciencia moderna, y señalaron la importancia de la conexión con los movimientos europeos, especialmente a partir de 1687: trabajos microscópicos de Crisóstomo Martínez, la *Carta filosófica, médico-chymica*, de Juan Cabriada; la fundación de academias, entre las que sobresale la Regia de Medicina y otras ciencias de Sevilla... García Martínez precisó el movimiento innovador en la universidad de Valencia a fines del XVII. Y mis estudios sobre Mayáns y el deán de Alicante han clarificado las corrientes reformistas en el campo de la historia crítica y del humanismo [177].

Se impone, por tanto, aceptar la existencia de una etapa intermedia entre las últimas manifestaciones culturales del Barroco y el inicio de la Ilustración. Vendría a ser el reconocimiento —también para España— de lo que Paul Hazard llamaba *la crisis de la conciencia europea,* y que entre nosotros vendría a señalar las características intelectuales, que, iniciadas alrededor de 1687, finalizarían con la aparición del *Teatro crítico* (1726) o las primeras manifestaciones programáticas de Mayáns (1727). Los historiadores de la ciencia españoles han calificado como

---

[177] G. MARAÑÓN, *Las ideas biológicas del P. Feijoo* (Madrid ⁴1962); J. A. PÉREZ RIOJA, *Proyección y actualidad de Feijoo* (Madrid 1965); QUIROZ-MARTÍNEZ, *La introducción de la filosofía moderna en España* (México 1949); LÓPEZ PIÑERO, *La introducción de la ciencia moderna en España* (Barcelona 1969); S. GARCÍA MARTÍNEZ, *Els fonaments del País Valencià modern* (Valencia 1969); MESTRE, *Ilustración...;* ID., *Historia...;* ID., *Despotismo...;* V. PESET, *Gregori Mayáns...*

«novatores» a quienes pretenden introducir la ciencia moderna en nuestra Península. En cambio, los europeos han preferido calificarlos en abstracto, y han escogido el nombre de «preilustración».

LOS HUMANISTAS Y LAS CORRIENTES PREILUSTRADAS EUROPEAS

Las prohibiciones de la Sorbona o de las Inquisiciones romana y española no eliminaron el influjo erasmiano en la cultura europea. Soterrado bajo los estudios filológicos —clásicos, Santos Padres, Biblia— o escondido como temeroso en los tratados de espiritualidad, el pensamiento erasmista esperaba el momento oportuno para surgir de nuevo a la superficie. Ya Voltaire y Gibbon señalaron su influjo en la génesis de la Ilustración. Era, evidentemente, el racionalismo crítico el aspecto que veían los protagonistas intelectuales del XVIII. Pero también resulta visible hoy día, al menos en España, el influjo de la religiosidad interior, predicada por Erasmo con tanta insistencia.

Más aún, la obra de Jean Jehasse ha demostrado la íntima conexión existente entre el evangelismo erasmiano y la génesis de la crítica, llegando a precisar que agustinismo y secularización constituyen los dos polos de una misma realidad, plenamente demostrado en la generación de humanistas posteriores a las guerras de religión francesas. R. Etienne, Casaubon, Scaliger, Lipsio, herederos de Erasmo, de su humanismo crítico y del influjo agustiniano que implicaba la obra del humanista de Rotterdam, no pueden escapar al proceso de secularización de la crítica. Finalmente, este planteamiento tendrá sus más visibles consecuencias en la renovación científica y filosófica de la segunda mitad del XVII, desde Gassendi y Descartes a Newton [178]. El nuevo espíritu crítico penetra en Europa, según Jehasse, por cuatro caminos: gramática y filología, estudios sobre los Santos Padres (jesuitas, Lipsio, maurinos), renovación científica (Peiresc, Gassendi, Descartes...), educación del gentilhombre. Seguir el proceso de introducción en España desborda las posibilidades y pretensiones del presente estudio. Mi interés queda centrado exclusivamente en el intento de señalar la penetración entre nosotros del espíritu tolerante y secularizador, que aparece unido al humanismo y a la crítica.

Franco Venturi ha resaltado el interés de los hombres de la Ilustración por ocultar su pensamiento reformista bajo la apariencia de culto a los clásicos. Así, ha estudiado el proceso de la expresión, de Horacio, *Sapere aude, Incipe...*, que alcanza en Gassendi el modo más generoso y agresivo de afrontar la renovación de la cultura, dentro de su rebeldía contra las doctrinas consagradas y de su defensa de las que consideraba injustamente condenadas, entre las que sobresale el pensamiento de Epicuro. Gassendi era sacerdote católico, y su reformismo encaja con el intento de conciliar, como confluentes por naturaleza, el catolicismo y la

---

[178] J. JEHASSE, *La renaissance de la critique. L'èssor de l'Humanisme érudit de 1560 à 1614* (Lyón 1976).

ciencia nueva. En esta línea de aceptación de los valores humanos habría que situar a Daniel Huet, obispo de Avranches, y al P. Thomassin, por su acercamiento y benevolencia frente a los escritores paganos.

Ante esa interpretación, ya tradicional entre los humanistas cristianos, especialmente de Erasmo, surge la oposición de *Les mémoires de Trévoux.* En Epicuro y en Lucrecio ven el materialismo, que tanto ha influido en Newton, y, sobre todo, el peligro de limitar el deseo de felicidad cristiana a la humana y terrena. Es decir, vislumbran el peligro de una moral laica. En esta defensa de la moral natural o pagana, resucitada a partir del Renacimiento, será Epicteto el autor más elogiado por los estoicos. Así, hablando de la moral de Epicteto y Sócrates, escribirán *Les mémoires:* «El hombre honesto, sin la religión, no es más que un honesto criminal; sólo el cristiano, y el perfecto cristiano, es el hombre verdaderamente honesto». Y como no podía ser menos, Terencio es considerado peligroso [179].

Esa doble actitud ante los clásicos paganos se manifiesta también en España. Manuel Martí, p.ej., celebraba a Terencio como al autor más puro de la latinidad y hablaba de Sexto Empírico y de los escépticos con el mayor respeto y veneración. Con gran facilidad convenció el deán a Mayáns —predicaba a un convencido— de la necesidad de leer a Terencio y Plauto. Más difícil le resultó imponer su criterio a los profesores de la universidad de Valencia. Ante la oposición que encontró el profesor de retórica José Joaquín Lorga al obligar a sus alumnos a estudiar las comedias de Terencio, Martí hizo una cálida defensa de la moralidad de la obra terenciana. Invadió las aulas la escolástica y entró la barbarie. ¿La obscenidad de Terencio que puede contaminar a los jóvenes? Entonces, replica el deán, ¿cómo se explica que todas las academias europeas lo hayan propuesto como norma y prototipo del idioma? La explicación de Martí es clara: no han leído a Terencio. Que le enseñen un verso obsceno, exclama, pues aun la famosa escena del *Eunuchus* ¡cuán castamente corre un tupido velo sobre los aspectos torpes! ¡Ojalá las comedias de los cristianos imitaran la castidad y pudor de Terencio! Por lo demás, los grandes humanistas españoles del XVI: Nebrija, Vives, Brocense, Pinciano, Sepúlveda..., dieron a Terencio el honor merecido. En fin, apartar Terencio de la universidad es «cortar la cabeza de la lengua latina» [180].

Ante esa defensa, resulta lógico que el deán, entre los libros que lleva consigo para las lecturas veraniegas, incluya el Nuevo Testamento en griego y las comedias de Terencio. Y, en contraste, los religiosos se oponían con todas sus fuerzas a que Terencio fuese leído en la universidad. En este caso se trataba de los oratorianos de San Felipe Neri, y la polémica se arrastró hasta 1760, en que Mayáns escribió su famosa carta al pavorde Vicente Calatayud.

[179] F. VENTURI, *Les lumières dans l'Europe du XVIIIᵉ siècle,* en *Europe des Lumières* (París 1971). También A. R. DESAUTELS, *Les «Mémoires de Trevoux» et le mouvement des idées au XVIIIᵉ siècle* (Roma 1956).
[180] MESTRE, estudio preliminar a G. MAYÁNS, *Epistolario III, Mayáns y Martí* (Valencia 1972).

Don Gregorio está, por supuesto, más cerca de Martí, a quien obsequiará con un ejemplar del *Enchiridion,* de Epicteto, para un amigo del deán. También ofrecerá otro ejemplar a Bolifón, que lo agradece efusivamente, por ser obra «tan de mi gusto». Por lo demás, no faltarán ocasiones al deán para expresar sus ideas: «Lucrecio es el autor más puro que encuentro. Su simplicidad es maravillosa e inimitable». Y en esa perspectiva, Martí alabará a los escépticos, celebrando su amor a la verdad; se confesará defensor de la secta escéptica y aconsejará la lectura de los representantes más perspicuos [181].

Ya señalamos la importancia de Erasmo y de los erasmistas en la concepción religiosa de los jansenistas españoles. Pero Erasmo era también un gran crítico, dentro de su humanismo, actitud que no pasa desapercibida a los españoles del XVIII. Martí hablará de Erasmo en sus cartas castellanas bajo tres aspectos: admirador de Cicerón, cuidadoso corrector de los textos que editaba y dotado de una maravillosa facilidad de escribir. En ninguno de los casos hace Martí alusión alguna a su religiosidad, antes bien siempre habla del humanista holandés con elogio. Lo cual no es poco, si consideramos que, mientras duró el espíritu de la Contrarreforma, Erasmo había sido atacado por los católicos como protestante.

Que Mayáns leyó a Erasmo desde su juventud no admite duda. Apenas iniciada su correspondencia latina con Martí, celebra su erudición y estilo, comparando al deán con los grandes humanistas: Erasmo, Vives, Nebrija, Policiano... Más aún: molesto porque algunos escolásticos no valoraban su estilo latino, pudo fingir una carta, en nombre de Erasmo, a Budeo, que pasó en Salamanca por original. No obstante, pese a los elogios que tributa al humanista de Rotterdam, en el prólogo a *Epistolarum libri sex* se vislumbra el temor a que sus elogios le creasen problemas, y recuerda la anécdota de San Ignacio, que abandonó la lectura del *Enchiridion* erasmiano porque le enfriaba la piedad. Erasmo, afirma, «lectori inducit superbiam», y en sus apuntes manuscritos lamentará que Erasmo hablase de la salvación de Sócrates. Ello no obstante, en la polémica sostenida con los autores del *Diario de los literatos* escribirá con toda tranquilidad: «Erasmo... es el padre de los críticos modernos». Y, por supuesto, D. Gregorio se consideraba heredero de Erasmo en este particular y uno de sus introductores en España [182].

Trevor-Roper, en su intento de ver en la tolerancia erasmiana el origen de la actitud intelectual que originará la Ilustración, ha seguido la trayectoria de los discípulos racionalistas de Erasmo: Suiza, Polonia, Francia, Holanda... Uno de los momentos más interesantes en la super-

[181] Ibid., XLII-XLIV. Henri Busson señaló que en Francia a partir de 1660 se rompe esa valoración de la moral natural defendida por los estoicos renacentistas. Dos factores explicarían ese cambio espiritual: los jansenistas, que niegan todo valor religioso que no proceda de la gracia de Dios, y la aparición de los libertinos, que desean romper las bases de una religión apoyada en la naturaleza objetiva. H. Busson, *La religion des classiques (1660-1685)* (París 1948) 193-228. No obstante, los humanistas españoles de inicios del XVIII conectan con Lipsio y los estoicos renacentistas. Entonces, las reservas de Mayáns al «Sancte Socrate» erasmiano, ¿proceden del influjo jansenista?

[182] Mestre, estudio preliminar a G. Mayáns, *Epistolario III;* Id., *La espiritualidad.*

vivencia del erasmismo tiene lugar en Francia después de las guerras de religión. La crisis política provocada por la muerte de Enrique III tenía tres perspectivas de solución: aumento de la dependencia respecto a Roma, ruptura cismática frente al Papado, fomento de las libertades galicanas. Sólo la última solución podía unir a los franceses. Era, por tanto, una solución política. Pero para conservar la unidad era menester elaborar un complejo sistema de doctrinas galicanas que permitieran al monarca superar la crisis. Juristas (Cujàs, Pitou...), humanistas (Casaubon) y políticos (Tou) colaboraron en ello.

El intento entrañaba un gran esfuerzo de tolerancia religiosa. Surgen, frente a los contrarreformistas romanos y calvinistas radicales, un grupo de entusiastas e incansables defensores de la paz religiosa y de la necesidad de superar las diferencias entre cristianos. En su mirada hacia atrás encuentran a Erasmo, partidario del diálogo y la tolerancia, y a los hombres de la Prerreforma, que deseaban una sincera purificación evangélica. Algunos de los protagonistas llegan a defender una Iglesia en la que quepan las diversas formas concretas de cristianismo. Sería una Iglesia esencial, basada en una misma fe enunciada en el símbolo de los apóstoles: un bautismo, por el que el cristiano se incorpora a la Iglesia; un Dios en tres personas. Otros aspectos considerados secundarios, aunque se tratase del carácter sacrificial de la misa, no privarían a los distintos grupos de participar en la comunión de la Iglesia cristiana [183]. Si a este grupo añadimos los humanistas flamencos Scaliger, padre e hijo, y Lipsio, tenemos una de las corrientes más interesantes de los renovadores de la crítica en Europa.

Pensar que esos presupuestos ideológicos se aceptaran en España por esas fechas e incluso durante la época de la Ilustración, carece de sentido. Pero sí hay que constatar el interés de los humanistas españoles del XVIII por conocer la obra de los principales protagonistas del mencionado grupo. De los juristas, especialmente Cujàs, no es menester hablar, pues está en la base de los mejores estudios de derecho, tanto en España como en el extranjero. Más interesantes resultan, por tanto, los elogios que tributan Martí y Mayáns a los hermanos Pitou, pese a ser galicanos convencidos [184].

Mayor influjo, si cabe, hay que atribuir a los humanistas. Martí celebra las notas de Casaubon a Teofrasto, y Mayáns no dudará en calificar al calvinista, protegido por Enrique IV y perseguido por sus correligionarios, que lo consideraban excesivamente tolerante, «Isaacus Casaubonus est eruditissimus». Los elogios tributados a los Scaliger, padre e hijo, son frecuentes y calurosos. Basten unas palabras de Martí. No hace falta, escribe el deán, que Mayáns le envíe las notas de José Scaliger sobre el suplemento de Virgilio, porque las tiene. «Y dudaré se encuentre cosa alguna de ese autor, ni de su padre Julio, que yo no haya

---

[183] TREVOR-ROPER, *Les origines religieuses de l'ère des Lumières,* en *De la Réforme aux Lumières* (París 1972) 237-79; C. VIVANTI, *Lotta politica e pace religiosa in Francia fra Cinque e Seicento* (Turín 1973) y la obra de Jehasse cit. en nt.175.
[184] Cf. mi comentario a la obra de Vivanti en Estud. 5 (1976) 265-76.

recogido. Porque siempre les he venerado como a dictadores de la república literaria y asombro de los ingenios. Y prevengo a Vm. que no desprecie cosa alguna, por tenue que sea, de esos dos ingenios divinos». Finalmente, Lipsio, que, humanista ante todo, había experimentado en su propia persona la dualidad religiosa de la Reforma y había mantenido, a su vez, correspondencia con importantes personalidades de la política y de las letras españolas, Quevedo entre otros. Los representantes españoles del humanismo del XVIII volverán a conectar con Lipsio, en quien verán al gran erudito, pero en quien considerarán su actitud filosófico-religiosa. Así, Mayáns, refiriéndose al deán de Alicante, hablará de su pasión por «los estoicos, a cuya secta fue inclinadísimo siendo mozo por la afición que tuvo a Justo Lipsio, a quien bebió el espíritu, haciéndose a su manera de decir...» Y el mismo Mayáns no duda en calificar a Lipsio con los mayores elogios, «in deliciis habendus ob ingenii acumen, iudicii praestantiam, eruditionis copiam delectumque, stili venustatem et exquisitum ornatum» [185].

Junto a los humanistas, los filólogos: Gerardo Vossius, Du Cange..., y hasta los intérpretes de la sagrada Escritura, aunque sean protestantes, como Samuel Bochart o Juan Marsham. La religión del autor no les preocupaba mucho, porque su interés aparece centrado en las aportaciones científicas. Era una manifestación más de su espíritu de tolerancia, en contraste con el planteamiento inquisitorial, sostenido por el Gobierno y la jerarquía eclesiástica. Y en cuanto a los políticos que intervinieron en la solución de la crisis francesa, Mayáns se interesará por la obra de Tou *Historiarum sui temporis libri XVIII*, que le fue regalada por el conde de Lindem [186].

Hoy sabemos que Mayáns no participaba de la concepción secularizada, en que basaba Grocio su derecho de gentes. El mismo D. Gregorio expone su criterio: «Grocio, Seldeno y Pufendorf, a quienes los modernos veneran como maestros del derecho de gentes, erraron en no establecer el derecho natural en las leyes de la divina Providencia, que, antes que hubiese ley escrita, mandaban que los hombres viviesen en religión». La raíz de tal divergencia está en que Mayáns no separaba el orden natural del sobrenatural, pues ambos tenían el mismo origen, Dios, y nunca podía observarse contradicción alguna entre inteligencia y fe. De ahí que, para D. Gregorio, tenga la sociedad su origen en el consentimiento de las gentes (Vico), o en que sea «justo antes de las leyes» (Grocio), o para evitar «una guerra contra todos» (Hobbes), o porque lo pida el estado natural del hombre y la intención de Dios (Pufendorf); la sociedad es posterior a la voluntad de Dios creador.

Pues bien, Mayáns no tendrá ningún inconveniente en aconsejar al duque de Huéscar, más tarde de Alba, la lectura de tales autores: Grocio, Pufendorf, Barbeyrac..., para que sirva de conocimiento de las obli-

---

[185] Frecuentes alusiones a estos personajes en la correspondencia entre Mayáns y Martí. El juicio de Mayáns, en MAYANSIUS, *Epistolarum libri VI* (Valencia 1732).
[186] A. MESTRE, *Despotismo...* c.1; ID., estudio preliminar al *Epistolario III, Mayáns y Martí*.

gaciones del ciudadano y del político, pero después de haber insistido en la necesidad de leer en profundidad la sagrada Escritura y sus intérpretes más caracterizados, como Arias Montano. No se atreverá a tanto en sus libros, aunque estén escritos en latín, pero no dejará de confesar sus méritos científicos o literarios. Así, p.ej., Grocio, a quien celebra al enumerar los libros jurídicos que posee. Si tenemos en cuenta que, todavía con posterioridad a esa fecha (1732), la Inquisición condenó las obras de Grocio, podíamos comprender el auténtico valor de la postura mayansiana. Más aún, un hombre tan abierto como Burriel quedó sorprendido de la tolerancia de D. Gregorio: «No sé qué resultará sobre condenación de Grocio, a quien Vm. no pone tacha alguna en el *Indice* de su biblioteca, como me parece era razón»[187].

Pese a la moderación de juicio de Mayáns, la actitud inquisitorial prohibiendo las obras de Grocio, Pufendorf-Barbeyrac y las palabras de Burriel demuestran que no todos los españoles participaban de la apertura de espíritu que venimos señalando en el grupo de los humanistas. Y en el fondo resulta lógico. Porque la religiosidad española conservaba todavía muchos de los caracteres propios de la Contrarreforma. La misma existencia y actuación del Santo Oficio constituye la prueba más evidente. Por lo demás, con mucha frecuencia encontramos, tanto en teólogos (Vicente Calatayud) como historiadores (Flórez), el intento de identificar catolicismo y nacionalismo hispánico. Y desde esa perspectiva tenía que lamentarse cualquier rasgo, no ya sólo de tolerancia frente a escritores no católicos (acusaciones de Calatayud a Mayáns o censura pública del jesuita Antonio Eximeno por la correspondencia del erudito con escritores protestantes), sino de aprecio por los escritores paganos, por considerarlo un peligro de los valores éticos revelados. En este último sentido, los humanistas serán las primeras víctimas.

Como prueba de cuanto vengo diciendo voy a aludir a tres comentarios a las cartas latinas de Martí. Los embajadores de Inglaterra (Keene) y de Génova (Bustanzo) pagaron los gastos de la edición madrileña de *Epistolarum libri XII*. Bustanzo entregó un ejemplar al confesor de Felipe V (Clarke) y procuró conocer su juicio, que se apresuró a transmitir a Mayáns. Clarke alabó con tibieza las cartas del deán, reparando en las frecuentes alusiones a los dioses paganos, aspecto este último en que coincidía con el embajador inglés. Dejemos al margen la ironía de Keene y observemos el desprecio del deán ante el juicio del confesor. Se trata, a juicio de Martí, del fruto de la mentalidad frailesca, que nada entiende de corrientes intelectuales humanistas. «Los reparos del confesor del rey son como de fraile. Que a la larga o a la corta han de enseñar la patica de gallo».

Pero no deja de ser curioso que los otros dos juicios que poseo sobre el peligro de paganismo en la actitud de Martí son de religiosos, uno jesuita, trinitario el otro. Porque otra alusión a los autores paganos, la censura de Juan Iriarte, es sinceramente elogiosa: «Plautum vel Terentium metro solutum... legere credidi». En cuanto al jesuita, se trata del

P. Diego Tobar, que había ofrecido a Mayáns unas cartas de Quevedo conservadas en la biblioteca del colegio de los jesuitas de Salamanca. Don Gregorio debió de obsequiar al P. Tobar con algunas obras suyas y con un ejemplar de *Epistolarum libri XII*, de Martí. El jesuita, después de aconsejar a Mayáns menos acrimonia en sus polémicas, manifiesta el mismo temor ante el paganismo de Martí, quien «se me figura como un filósofo de los gentiles», sólo compensado por la frecuente lectura de la Biblia. Tobar debía de ignorar que era una constante dualidad en la postura intelectual de los humanistas, muy de acuerdo con el ejemplo de Erasmo.

Confieso, no obstante, que la mayor sorpresa me la han producido las palabras de Miñana, discípulo del mismo deán y admirador de sus conocimientos clásicos. «No es para mí novedad, fuera del argumento, lo que da de sí aquel *promus condus* de la más recóndita erudición y fuerza latina incomparable, nuestro amigo Martí. Pero no dejo de sentir lo mismo que Vm., a que añado que temo no sea otro Eritreo, que de cristiano disparó en gentil hasta erigir altar a Júpiter; u otro Gravina, que le faltó poco para hacerlo, y tal vez porque *descivit ad atheismum*. Dios nos asista con su gracia» [188].

Estas palabras fueron escritas antes de que aparecieran al público las cartas latinas de Martí, pero coinciden en acusar el mismo peligro de paganismo que vislumbraban los jesuitas Clarke y Tobar. Es decir, en España se produce la misma dualidad que en Francia. Gassendi, Thomassin o Huet buscan el acercamiento con la ética natural de los clásicos paganos, con la oposición de *Mémoires de Trevoux*. Entre nosotros, la mayor manifestación de acercamiento al mundo clásico, las cartas de Martí, sacerdote católico y que en su juventud había gozado de la confianza del papa Inocencio XII, levanta palabras de temor a que surja de nuevo el espíritu del paganismo. Se trata, en el fondo, de dos formas religiosas claramente diferenciadas.

LOS «NOVATORES» Y LA ESCOLÁSTICA

Las aportaciones científicas o filosóficas de los «novatores» han merecido la atención de los especialistas, y aquí no interesan. Pero sí las implicaciones religiosas que la ciencia y filosofía modernas entrañaban al introducirse en España, dadas las circunstancias socioculturales del momento. Porque mientras en Inglaterra las polémicas se centran en el problema del deísmo como consecuencia del empirismo de Locke, aplicado por sus discípulos a la religión, en España las discusiones toman otro matiz. La aceptación de la cultura moderna (especialmente filosofía cartesiana y atomismo) implicaba una ruptura con las formas sociopolíticas del Barroco. Por de pronto, una nueva clase social (seglares y no religiosos) tomaba parte en el movimiento intelectual y dirigía las aca-

[188] Los tres textos sobre las cartas de Martí, en MESTRE, estudio preliminar al *Epistolario III*. La polémica con Eximeno, en ID., *Ilustración...* 486.

demias, que tomaron un carácter de avanzadilla frente a las universidades, controladas por los escolásticos. En consecuencia, la filosofía y la ciencia nuevas se enfrentarían con la escolástica, que dominaba el ambiente cultural español [189].

Las polémicas entre escolásticos aristotélicos y partidarios de la ciencia nueva fueron acres y duras. El P. Guillermo Fraile piensa que no llegaron a «rozar para nada el campo dogmático, en que tanto unos como otros coincidían en un catolicismo dentro de la más pura ortodoxia». La contraposición entre conservadores y «novatores» afectaría «solamente a sus respectivas actitudes respecto a las ciencias naturales, pero sin entrar todavía en juego la religión». Juicio que acepta Rodríguez Aranda. No obstante, la obra de Quiroz-Martínez demuestra con toda claridad que la lucha fue presentada *sub specie religionis* en muchas ocasiones.

La campaña contra los «novatores» fue iniciada por el religioso mínimo P. Palanco al publicar *Dialogus physico-theologicus contra philosophiae novatores, sive thomista contra atomistas* (1714). Pese a que afirmaba no utilizar argumentos teológicos contra las nuevas doctrinas, sus principales razones se dirigen a demostrar que los presupuestos de la física moderna contienen principios peligrosos para el dogma católico. En esa línea, después de censurar en los «novatores» su soberbia por el desprecio de las formas tradicionales de filosofía, les acusa de que, siendo laicos, se atrevan a tratar asuntos religiosos (Dios, alma, ángeles), que quieran estudiar filosofía como si no tuviera relación alguna con las creencias religiosas, y, sobre todo, los amenaza porque se oponen a los Santos Padres y al común de los teólogos. La razón de semejante planteamiento radica en que muchas definiciones conciliares sobre la eucaristía y el hombre están formuladas con expresiones aristotélicas. Pero no es menos cierto que el ideal de muchos escolásticos consistía en lograr, junto con una sola religión, una teología y, en estricto paralelismo, una filosofía. De ahí que utilice textos de la sagrada Escritura, de los Santos Padres y de la Iglesia contra la doctrina cartesiana.

La palabra «novator» era utilizada en múltiples sentidos. En el campo estrictamente científico, se atribuía a quien con su esfuerzo había colaborado al progreso (Aristóteles, Galeno...), o, en todo caso, a los que, llevados de su curiosidad o vanagloria (aquí incluían a Harwey), investigaban más de lo conveniente [190]. Pero también entrañaba un sentido peyorativo, al atribuirse a quien «enseña nueva doctrina en materia de fe». De ahí que los partidarios de la ciencia y filosofía modernas protestaran de tal calificativo tratándose de hombres que aceptaban con sinceridad los principios cristianos. Por eso intentarán demostrar su ortodoxia alegando que muchos teólogos habían aceptado la nueva cien-

---

[189] Además de la obra de Quiroz-Martínez, cf. RODRÍGUEZ ARANDA, *Desarrollo de la razón en la cultura española* (Madrid 1962); G. FRAILE, *Historia de la filosofía española desde la Ilustración* (Madrid 1972).

[190] Así se expresaba Martín de Lesaca en *Formas ilustradas a la luz de la razón* (1717), en que respondía a las réplicas de Avendaño y Zapata al P. Palanco. Pero Lesaca callaba la acepción, que molestaba a los «novatores».

cia, que los filósofos modernos (Descartes, Maignan, Sagüens...) eran católicos practicantes, y pretenderán conciliar el atomismo con la misma escolástica utilizando otras escuelas, especialmente la suareciana, contra los tomistas.

El problema, por tanto, aparece claro. De las tres fuentes de conocimiento que aceptan los «novatores»: la experiencia, la razón y las verdades de la Iglesia, temen que las presiones eclesiásticas les obliguen a tener que aceptar afirmaciones que no coincidan con los argumentos de razón o las pruebas experimentales. De ahí su temor de que al romper con la escolástica, dada su dependencia funcional con la teología, se les acuse de atacar los principios religiosos. No en vano decía Juan Bautista Berní que algunos escolásticos comparaban las diez categorías aristotélicas con el decálogo, y, en palabras del Dr. Martín Martínez, el amigo de Feijoo, era tanta la fe que se profesaba a Aristóteles, «que se tratan sus textos con casi la misma veneración que si fueran cánones de concilio».

Los «novatores» mantuvieron sus presupuestos básicos: se podía renunciar a Aristóteles y continuar siendo católico, los Santos Padres no tienen tanta autoridad cuando se trata de temas físicos, los seglares (no sólo los teólogos) pueden tratar los asuntos teológicos y, sobre todo, intentan sustraer la filosofía del dominio de la autoridad eclesiástica. La oposición que sufrieron los «novatores» no detuvo la penetración del pensamiento europeo. Bacon, Locke, Gassendi o Descartes son conocidos entre nosotros, y más tarde lo serán Newton, la *Enciclopedia* y los ilustrados franceses [191].

La polémica surgió de nuevo, años más tarde, en Valencia. Como es bien sabido, el movimiento reformista tardó en llegar a las universidades, donde las facultades de filosofía y teología se manifestaron en principio muy conservadoras. Aunque la publicación del *Compendium Philosophicum,* de Tosca, data de 1721, no parece tuviera especial repercusión en la universidad valenciana. Así lo manifiesta Vicente Calatayud, catedrático de teología tomista y oratoriano como Tosca, pero de talante intelectual muy distinto: «Mas en verdad pasaron muchos años antes de la referida introducción: desde el año 1721, en el que se imprimió, hasta el año 40 con poca diferencia, en cuyo tiempo apenas se oían en nuestra universidad los modernos sistemas» [192].

El escolapio Juan Florensa ha señalado al estudiar, en un reciente artículo, el progreso de las nuevas corrientes filosóficas en la universidad de Valencia entre 1748-57: «Un autor y su *cursus* ocupa la preferencia en general: es Fr. Tomás Vicente Tosca». Más aún: pese a que Mayáns juzga inexacto el juicio de Calatayud al retrasar el influjo de Tosca (el mismo D. Gregorio había sido censurado por alabar el *Com-*

[191] QUIROZ-MARTÍNEZ, c.6. El desarrollo posterior, en la obra de Rodríguez Aranda. La bibliografía esencial sobre la polémica, FRAILE, 9-10.
[192] V. CALATAYUD, *Cartas eruditas por la preferencia de la filosofía aristotélica para los estudios de la religión* (Valencia 1758-60). Calatayud es conocido en la historia de la teología por su obra *Divus Thomas...,* 5 vols. (Valencia 1744-52), resumen de los estudios contra Miguel de Molinos.

pendium Philosophicum), el hecho de que tuviera que preparar la segunda edición del *Compendium* durante los años 1753-54 supone una revitalización posterior del pensamiento de Tosca entre los universitarios [193].

En ese ambiente surge la polémica. Andrés Piquer, que había sido muchos años catedrático de medicina en la universidad de Valencia, residía en la Corte como médico de la familia real. Vinculado al movimiento humanista valenciano y amigo de Mayáns, Piquer sentía interés por los problemas religiosos. En 1757 publicó un *Discurso sobre la aplicación de la philosophía a los asuntos de la religión para la juventud española.* Piquer aconsejaba «que la juventud que haya de dedicarse al estudio de la religión aprenda primero la filosofía aristotélica que se enseña en las escuelas y vea el modo justo con que se aplica a las cosas teológicas, porque esto servirá de cimiento para interesarse en los estudios de la religión...» Entre las razones en que apoyaba su criterio indicaba la tradición y la historia, pues durante cinco siglos estuvieron unidas filosofía aristotélica y teología escolástica.

Piquer no paraba ahí, pues al hablar de la física confesaba que el aristotelismo era incapaz de explicar la naturaleza de las cosas, puesto que eliminaba toda forma de experimentación. Era la ocasión oportuna para que interviniera Vicente Calatayud. Escolástico convicto y confeso, «porque yo —escribe—, enteramente aristotélico-tomista y nada afecto a la libertad moderna de filosofar» no podía soportar la introducción de los científicos modernos en asuntos filosófico-teológicos. Redactó, en consecuencia, unas *Cartas eruditas,* fechadas entre el 7 de marzo de 1758 y el 13 de enero de 1760, y que, dirigidas al Dr. Piquer, suponían una defensa de la escolástica y un ataque a la física moderna. Empieza analizando la posibilidad de que los ángeles muevan locativamente un hombre —cuestión en la que discrepa parcialmente de Piquer—, y, ya en la primera carta, el teólogo acusa al médico de *mittere falcem in messem alienam,* es decir, que un seglar se entrometa en temas teológicos.

En un principio, el problema fundamental que preocupa a Calatayud es la física moderna, que se independiza irremisiblemente de la aristotélica, como confiesa con tristeza. En esa línea, lamentará la experimentación —origen de las divergencias con la física aristotélica— y, sobre todo, censurará la autonomía de la nueva ciencia, pues, a su juicio, las ciencias inferiores no han de mandar, sino servir a la teología. Poco adelantó Calatayud a las razones expuestas por los escolásticos de principios de siglo, Palanco o Lasaca. Los problemas continuaban siendo los mismos: laicos que se meten a filosofar y teologizar, autonomía de la ciencia moderna respecto a la concepción unitaria que establecía la escolástica.

Pero sí adelanta en la concepción global de su crítica, pues el desarrollo intelectual posterior había clarificado lo que a principios de siglo aparecía de forma embrionaria en los «novatores». De ahí que, junto a la nueva física, le parezca igualmente peligrosa la crítica, actitud carac-

[193] J. FLORENSA, *La filosofía en la universidad de Valencia (1733-1787) según los opositores a cátedra de filosofía:* Anal. Calas. 21 (1969) 131-32.

terística de los ilustrados, y quiera prevenir a los españoles ante sus estragos. Especialmente funesta considera la crítica aplicada a la historia eclesiástica. Frente al cosmopolitismo y a la cultura universal, Calatayud defiende su interés exclusivo por los estudios escolásticos. Más aún, el teólogo tomista teme el contacto cultural con Europa, al tiempo que celebra la identificación entre nacionalismo y ortodoxia, alabando el control que ejerce el Santo Oficio. Con estos presuntos, Calatayud acabó censurando el movimiento ilustrado valenciano, que, iniciado por el humanismo crítico de Martí y el eclecticismo de Tosca, tenía en Mayáns a su representante más caracterizado, y a quien atacó con dureza en las últimas cartas. El erudito no tuvo más remedio que responder, y lo hizo con soltura y agilidad en su *Carta de D. Gregorio Mayáns al doctor y pavorde D. Vicente Calatayud* (1760), que constituye una de las expresiones más ecuánimes y lúcidas del pensamiento ilustrado español al inicio del reinado de Carlos III [194].

LOS HISTORIADORES DE FINES DEL XVII

La actitud de Calatayud al ampliar su censura demuestra que, en estricto paralelismo con la ciencia moderna, otras corrientes culturales habían evolucionado en España. Entre ellas hay que señalar el humanismo, ya estudiado, y la crítica histórica.

Suele señalarse el año 1681, en que apareció *De re diplomatica,* como el año clave en los orígenes de la historia crítica. Ahora bien, si la obra de Mabillon señala el momento cumbre, no es menos cierto que responde a una inquietud universal que podría encuadrarse en el eje maurinos de París (Mabillon, Montfaucon) —bolandistas belgas (Bollandus, Papebroch) —críticos alemanes (Leibniz, Pufendorf). Por supuesto, no están nombrados todos los representantes del criticismo histórico inicial. Había que incluir otros personajes; p.ej., Baluze. Pero también, y con idéntico derecho, unos españoles que participaron desde el primer momento y con aportaciones de primera calidad en el nacimiento de la ciencia histórica moderna. Me refiero a Nicolás Antonio, marqués de Mondéjar y Sáenz de Aguirre.

Iniciemos nuestra andadura con Nicolás Antonio. Canónigo sevillano, residente durante muchos años en Roma, captó, desde el primer momento, las nuevas corrientes. Ya en 1672 publicaba su *Bibliotheca Hispana Nova,* en que hacía un estudio bibliográfico de los escritores españoles posteriores a 1500. El profundo conocimiento de los autores, la inmensa erudición de que hacía gala y, sobre todo, el agudo espíritu crítico con que enfocaba la historia literaria marcaron un hito en la historiografía española. Era una obra digna de la nueva ciencia histórica. Pero la empresa de Nicolás Antonio era tan ciclópea, que quedó inacabada. El cargo de consejero del de la Cruzada, con que Carlos II

[194] MESTRE, *La «carta» de Mayáns...;* F. BLAY MESEGUER, *Un teólogo conservador del siglo XVIII: el pavorde Vicente Calatayud:* 1 Cong. Hist. País Valen. III 621-29.

premió sus trabajos como agente en Roma, le robó gran parte del tiempo necesario para finalizar su obra histórica.

Ahora bien, el método estaba claramente definido y, sobre todo, practicado. Y lo que era más, los manuscritos del canónigo sevillano no se perdieron, pues sus familiares, conocedores de la amistad que lo unía a Sáenz de Aguirre, los enviaron a Roma, donde el cardenal residía. Aguirre era un personaje importante en el movimiento intelectual español. Religioso benedictino y catedrático de Salamanca, había publicado varios comentarios sobre la *Etica* de Aristóteles y había anunciado, en un *Conspectus* previo, su interés de publicar una colección de concilios españoles que superase las de Carranza y García de Losaisa. El nombramiento de cardenal y su traslado a Roma no le impidieron realizar su proyecto, y con la ayuda de su bibliotecario Manuel Martí, editaba *Collectio Maxima Conciliorum omnium Hispaniae et Novi Orbis* (1693-94). Era, pese a los defectos que después censurarán los críticos, entre ellos su bibliotecario y colaborador, una de las mejores colecciones de concilios de la época y una preciosa fuente documental para el conocimiento de la historia eclesiástica española [195].

Martí, que no consideraba la tradición de la venida de Santiago a España suficientemente fundada, aconsejó al cardenal que no tocase el asunto en su obra. Aguirre siguió, no obstante, su criterio favorable a las tradiciones jacobeas. Fruto lógico de tal actitud, Martí insistió ante el cardenal para que editara la *Bibliotheca Vetus,* de Nicolás Antonio, y, cuando llegó la hora del trabajo, su afirmación es tajante: «Mei omnino curantis opera». Estas palabras, escritas a Mondéjar en 1707, precisan la idea que ya expresara el joven bibliotecario en «Monita quaedam ad lectorem» que antecede a la *Bibliotheca* y confirmara el mismo Aguirre en el prólogo al asegurar que Martí era el autor de las notas añadidas en nombre del cardenal. En otras palabras, Martí presionó para conseguir la edición, preparó el texto, corrigió el manuscrito, enmendó las frases difíciles, llenó las lagunas que dejara Nicolás Antonio y redactó las notas aparecidas en nombre de Aguirre. La *Bibliotheca Hispana Vetus* aparecía por fin en Roma en 1696.

Cuanto llevamos dicho tiene su interés, porque la *Bibliotheca Hispana Vetus* es la obra clave del criticismo español. Nicolás Antonio planteaba por primera vez la censura global de los falsos cronicones, que desde fines del XVI venían sosteniendo una historia eclesiástica completamente fingida y al margen de toda fuente documental. Con ello quedaba abierto el camino, que culminaría con la edición de la *Censura de historias fabulosas* (1742), del mismo D. Nicolás, gracias al esfuerzo de Gregorio Mayáns, discípulo y amigo de Martí.

No menos importancia tiene el marqués de Mondéjar, aristócrata castellano, que participaba del nuevo espíritu crítico. Así lo demuestra su correspondencia epistolar con Baluze y con Papebroch, a quienes facilitó preciosas noticias sobre la historia española. Si la correspondencia con Papebroch confirmó y aumentó el espíritu crítico del marqués, las

---

[195] ID., *Historia, fueros...* c.1; ID., *Despotismo e Ilustración...* c.1.

reuniones de Madrid, a las que asistían también Nicolás Antonio y Lucas Cortés (otro corresponsal de Papebroch), demuestran una nueva actitud al enfrentarse con nuestro pasado.

Lo cierto es que Mondéjar se enfrenta con los falsos cronicones en un *Discurso histórico por el patronato de San Frutos contra la cáthedra de San Hierotheo en Segovia* (1666), y basaba sus afirmaciones en documentos fehacientes, rechazando las leyendas sobre la historia eclesiástica española. La réplica no se hizo esperar, y el P. Argaíz atacó a Mondéjar en su *Población eclesiástica de España* (1667), *Corona real de España, fundamentada en el crédito de los muertos* y *Vida de San Hierotheo* (1669). Este ataque de Argaíz fue el motivo de que Mondéjar publicara las *Disertaciones eclesiásticas* (1671), que suponían un planteamiento general de la historia eclesiástica española y que sólo vería la luz pública en su redacción completa, gracias al interés de Mayáns, en 1747.

No voy a seguir el proceso de los trabajos de Mondéjar. Pese a que acepta la tradición jacobea en la *Predicación de Santiago en España acreditada* (Zaragoza 1682), Mayáns dirá que está escrito de tal manera, que demuestra que el marqués no lo creía en su fuero interior, por lo que su actitud crítica resulta innegable. Sólo aludiré a la defensa que hizo de la censura de Papebroch a los orígenes fantásticos de la orden carmelitana, causa de que se prohibiese en España el volumen correspondiente de *Acta Sanctorum* y de la persecución de que fue víctima el jesuita belga. El otro punto que me interesa resaltar es la correspondencia epistolar con Manuel Martí, ya deán de Alicante, comunicándole sus manuscritos, y en la que puede seguirse la comunidad de ideas sobre la crítica y la historia. Sólo quiero precisar a este respecto que el catálogo de las obras de Mondéjar, citado por Martí en sus *Epistolarum libri XII*, será el punto de partida de la búsqueda de los manuscritos del marqués iniciada por Mayáns, que constituirá el origen de las ediciones de Mondéjar a mediados del XVIII [196].

Cuanto hemos dicho viene a demostrar que, al mismo tiempo que los «novatores» iniciaban su apertura a las corrientes europeas en el campo de la filosofía y la ciencia moderna, los historiadores españoles, en el más estricto paralelismo, aceptan la crítica. Racionalismo, al fin y al cabo, que, si censura la excrecencias de una piedad barroca mal entendida, no traspasa, ni mucho menos, los límites de la fe y de las verdades reveladas.

ALCANCE DE LA OBRA DE FEIJOO

Todos estos presupuestos son necesarios para encuadrar correctamente la persona y actividad del P. Feijoo. Prescindir de esas circunstancias entraña el riesgo de valorar sin perspectiva histórica su figura.

---

[196] M.ª A. VILAPLANA, *Correspondencia de Papebroch con el marqués de Mondéjar:* Hisp. Sac. 25 (1972) 293-347; MOREL-FATIO, *Cartas eruditas del marqués de Mondéjar y de Étienne Baluze:* Homenaje a Menéndez Pelayo 4 (Madrid 1899) 1-39.

Porque resulta a todas luces evidente que su actividad intelectual hay que colocarla dentro de las aportaciones científicas de los «novatores». Sólo así podemos calibrar el alcance del benedictino dentro del campo de la cultura del XVIII español, con sus genialidades y sus limitaciones. Puede fácilmente suponer el lector que de ninguna manera intento estudiar cuánto significa Feijoo en el campo de la ciencia, la reforma de los estudios o la apertura a Europa. Ya se dedicaron a ello los máximos especialistas en *II Simposio sobre el P. Feijoo y su siglo,* celebrado en octubre de 1976. Lo único que me interesa es el planteamiento general que hace el benedictino de la religiosidad española de su tiempo dentro del racionalismo que invadía la cultura.

Ahora bien, un planteamiento racional de la piedad barroca española, en la que vivía Feijoo, exigía un análisis de los aspectos maravillosos de que aparecía adornada, y en particular de los milagros. Ya vimos en páginas anteriores su juicio del *Toro de San Marcos*. Pero el benedictino tenía que plantear su censura desde una perspectiva más universal. En consecuencia, publicó, en el volumen tercero de su *Teatro crítico,* un discurso cuyo título es suficientemente expresivo: *Milagros supuestos.* Feijoo recuerda las quejas de Tomás Moro sobre la multiplicación de milagros fingidos en el prólogo al *Incrédulo,* de Luciano; narra una serie de hechos que, presentados de forma sensacionalista, eran falsamente considerados como milagros, cuando tenían una explicación racional. En consecuencia, Feijoo establece su idea base: es necesario evitar «dos extremos, ambos viciosos: la credulidad nimia y la incredulidad proterva». Equilibrio a mantener, asimismo, cuando de la vida de los santos se trata, como ya había escrito Melchor Cano, en palabras del *De locis theologicis,* que el benedictino transcribe.

La importancia del planteamiento de Feijoo radica en el método que utiliza para demostrar la veracidad o ficción del hecho supuestamente milagroso: la búsqueda de las razones que expliquen los hechos de manera natural, sea por medio de documentos (como en el caso del perro *Ganelón,* muerto por defender a sus dueños, y cuyo sepulcro fue convertido en lugar de romerías y peregrinaciones hasta hacerlo pasar por tumba de un santo), sea experimentalmente (como el sudor de sangre del Cristo de Agreda, que manchaba de sangre por las noches la criada del párroco) o, todavía con más claridad, el caso del crucifijo de Oviedo, movido por las vibraciones del sonido de la campana.

En un intento de explicación sutil y racionalmente correcta, Feijoo observa el nexo existente entre la excesiva frecuencia de los supuestos milagros y la ignorancia de quienes los protagonizan, creen o propagan, así como el subjetivismo neurótico de quienes inician la difusión de la noticia. Más todavía: el benedictino gallego intenta buscar las razones que expliquen el éxito con que tan fácilmente son acogidos los fingidos milagros. «Cualquiera fábula portentosa —dice— que se derrama en el vulgo halla presto patronos, aun fuera de los vulgares, debajo del pretexto que se debe dejar al pueblo en su buena fe».

El criterio de Feijoo quiere mantenerse en el justo medio. Rechaza, por supuesto, el excesivo radicalismo crítico. Pero no es menos duro al confesar la necesidad de perseguir siempre la mentira, y «mucho más cuando se acoge a sagrado, pues sólo entra en él para profanar el templo». Creyente sincero, no necesita multiplicar los milagros para mantener su fe, y profesor de teología durante muchos años, considera una claudicación imperdonable si se conculca la verdad con la excusa de favorecer la piedad de los fieles. «La piedad que la Iglesia pide, la que promueve en sus hijos, la que caracteriza a los buenos cristianos, es aquella que se junta y hermana con la verdad».

El respeto a la verdad, o, si se prefiere, el uso de la razón en la crítica de la piedad española, defendido y exigido con tanta gracia, constituye uno de los méritos innegables de la obra intelectual de Feijoo. Dentro de su fe inquebrantable, el uso necesario de la crítica. «La sagrada virtud de la religión conducida en la nave de la Iglesia, navega entre dos escollos opuestos: uno es la *impiedad,* otro el de la *superstición.* En cualquiera de los dos que tropiece padecerá funestísimo naufragio». El pueblo, confiesa, es más proclive a dejarse llevar por la superstición. De ahí que Feijoo se propusiera combatir «los errores comunes», insista una y otra vez en «depurar las vanas credulidades, que son como lunares suyos, la hermosura de la religión». Equilibrio entre superstición y escepticismo, problema clave de los ilustrados católicos, y que surge en evidente paralelismo en la carta de Mayáns al secretario de Estado, José Patiño: «Es cosa muy indigna de la gravedad de nuestra nación, que, al paso que en las demás ha llegado la crítica a tal abuso que ahora, más que nunca, está el escepticismo y aun la incredulidad en su mayor vigor, en España se ve, por lo común, en el extremo opuesto de una facilidad tan crédula, que muchos escritores... parecen niños» [197].

Rodríguez Aranda está en lo cierto al señalar que los juicios de los historiadores sobre Feijoo no siempre se han mantenido en el justo medio. Unos han querido ver en el benedictino un racionalista moderno. Otros, en cambio, han pretendido considerarlo como un tradicionalista. Ni una cosa ni otra. Feijoo es un hombre de su tiempo y responde a las preocupaciones intelectuales de los españoles de su época, que, fieles a su fe religiosa, no quieren permanecer al margen de la cultura europea. A juicio de Rodríguez Aranda, basándose en los principios cristianos, «Feijoo aplica de un modo implacable la razón a todos los temas que se le plantean, y los resultados a que llega están muy lejos de ser los tradicionales en el pensamiento de los filósofos cristianos, más aún que por los principios de que parte, por el empleo de la razón» [198].

Feijoo constituye un eslabón esencial en el proceso de desarrollo del racionalismo en España, pero también tiene sus fracturas. Así, p.ej., en el estudio de la Biblia, como ha señalado Enrique López. El benedictino, profesor de Escritura, se manifiesta, precisamente en su especiali-

---

[197] Los textos de Feijoo están tomados todos de BAE 56,520.513.121-22. 114.514.524-27. Cf. S. CERRA, *Líneas medulares del pensamiento de Feijoo:* Studium Ovetense 4 (1976) 35-73.
[198] RODRÍGUEZ ARANDA, 212.

dad, conservador en exceso y no acepta, ni siquiera manifiesta conocer, ninguna de las aportaciones fundamentales de los estudios bíblicos de Richard Simon, entre otros, importantes ya por esas fechas. Ya sabemos, por lo demás, su desprecio por el estudio del griego, cuya necesidad para el conocimiento directo de la palabra revelada no parece haber percibido. Algo más podía exigírsele a este respecto, cuando ya Martí y Mayáns lo pedían como instrumento de cultura y como medio para el estudio de la Biblia [199].

También podía esperarse más de su actitud crítica en el campo de la historia. Porque el benedictino gallego no siempre acepta, en este aspecto, las consecuencias del uso de la razón al enjuiciar los hechos presentados por la historia. Podrá decirse que Feijoo no era un historiador profesional, pero el argumento no convence porque tampoco era médico ni científico. Me refiero en concreto a la actitud que tomó ante el juicio y sentencia de que fuera víctima Savonarola. El benedictino había declamado contra los juicios populares, con frecuencia erróneos, entre los que incluía la buena fama del dominico italiano. Enzarzado en una desagradable polémica, Feijoo tomó aires de suficiencia y despreció a quienes discrepaban de su criterio. Y en el prólogo al tomo tercero del *Teatro crítico* se dejó llevar a juicios ajenos de todo sentido histórico, olvidando el uso de la crítica, de que tanto blasonaba. «Protesto —escribe— que, si yo fuese religioso dominico, antes batallaría por el honor del general que por el de Savonarola, porque mucho más se interesa cualquiera religión en la buena opinión de su supremo prelado que en la de cualquiera particular súbdito».

Uno queda sorprendido al considerar la postura de Feijoo. ¿Qué tiene que ver el cargo que uno desempeñe en la orden religiosa para dictaminar la justicia de su causa? Más aún: ¿por qué en asuntos jurídicos es preferible, como decía, defender la Sede Apostólica antes que a un religioso particular? Porque no se trata de asuntos dogmáticos, sino de cuestiones históricas, en las que Roma no goza de la prerrogativa de la infalibilidad. Feijoo en este caso utilizó argumentos de autoridad para defender hechos discutibles, en vez de usar la razón en busca de la verdad histórica [200].

Así se lo hizo notar su contrincante, el dominico valenciano Jacinto Segura, al recordarle que el verdadero crítico sabe distinguir con claridad la razón histórica de la potestad doctrinal de la Iglesia. Pero la relación entre argumentos históricos y autoridad religiosa era problema que preocupaba a los católicos españoles de la época y entra de lleno en los planteamientos del criticismo histórico.

CRÍTICA E HISTORIA ECLESIÁSTICA

El avisado lector habrá observado la importancia que adquirirían los aspectos relacionados con la Iglesia en los orígenes del criticismo histó-

[199] E. LÓPEZ, *Feijoo y la Biblia o la gran paradoja:* Studium Ovetense 4 (1976) 187-247.
[200] MESTRE, *Historia...* c.2; J. FERNÁNDEZ CONDE, *Feijoo y la ciencia histórica:* Stud. Ovet. 4 (1976) 75-113.

rico. Había que superar las ficciones que el Barroco, con su aprecio por lo maravilloso, había introducido no sólo en las formas religiosas externas, sino también en la interpretación del pasado. Ello explica que fueran los clérigos preocupados por la historia eclesiástica —Mabillon (benedictino de San Mauro), Bollandus y Papebroch (jesuitas— los más caracterizados exponentes del criticismo. No podía ser menos en España. Sáenz de Aguirre, benedictino y cardenal; Nicolás Antonio, canónigo de Sevilla, y el único seglar, el marqués de Mondéjar, dedicó sus mejores trabajos al estudio de la historia de la Iglesia. Es el único aspecto del criticismo histórico que ahora nos interesa.

El esfuerzo de nuestros historiadores de fines del XVII fue grande, pero su obra, como siempre, quedó inacabada. Marcaron un hito con su actividad, y ahí están *Bibliotheca Hispana, Collectio maxima Conciliorum Hispaniae..., Disertaciones eclesiásticas...* No obstante, gran parte de los trabajos de Nicolás Antonio y de Mondéjar quedaron inéditos, con lo que su influjo en la historiografía española fue inferior a lo que cabía esperar. Además, el heredero directo de su espíritu y método, Manuel Martí, bibliotecario de Aguirre y editor de la *Bibliotheca Hispana Vetus,* quedó marginado. Rechazado en 1715 para el cargo de bibliotecario real —se le acusó de austracista y antijesuita—, se retiró a Alicante, perdiendo así toda oportunidad de desempeñar una fecunda actividad en el campo de la crítica histórica. Sólo en 1735, y gracias al interés de Mayáns y a la ayuda económica de los embajadores de Inglaterra y Génova, aparecía en Madrid *Epistolarum libri XII.* Pero a Martí, completamente ciego, sólo le quedaban dos años de vida [201].

Mientras, fueron apareciendo obras históricas. Habría que señalar la *Sinopsis histórico-cronológica de España,* de Juan de Ferreras, discípulo de Aguirre en Salamanca y amigo de Mondéjar. Pero la Inquisición también vigilaba en el campo de la historia eclesiástica, y no permitía que el criticismo anulara el prestigio de que gozaban las tradiciones nacionales. Ferreras había publicado *Dissertatio apologetica Sancti Apostoli Iacobi Zebaedei in Hispania* (s.I.,s.ā.) y *Dissertatio de praedicatione Evangelii in Hispania per S. Iacobum Zebaedeum* (1705), en que defendía la predicación del Apóstol en España. En contraste, no se manifestó tan favorable respecto a la Virgen del Pilar en el volumen sexto de su *Sinopsis.* Así que, de orden del rey y a instancia del cabildo de Zaragoza, «se le mandaron rasgar cinco o siete hojas del último librito que salió, en donde trata del Pilar...» [202] Menos importancia revisten Fr. Romualdo Escalona, autor de una historia del monasterio de Sahagún, de gran valor para el conocimiento del antiguo León; Francisco de Berganza, que escribió unas *Antigüedades de España* (1721); Fr. Pablo de San Nicolás, autor de *Antigüedades eclesiásticas de España en los cuatro primeros siglos de la Iglesia* (1725)...

Entre los valencianos discípulos de Martí y con influjo directo y per-

---

[201] MESTRE, estudio preliminar a G. MAYÁNS, *Epistolario III...*
[202] Martí a Mayáns, 14-8-1733; ibid., carta 185. Un ejemplar de los dos folletos de Ferreras en el fondo Mayáns del Patriarca.

sonal del deán, surge un grupo de historiadores: José Rodríguez, autor de *Biblioteca Valentina* (escrita en 1703 y publicada en 1747); J. M. Miñana, que escribió una historia de la guerra de Sucesión en Valencia (*De bello rustico valentino*, 1752) y una continuación del *De rebus Hispaniae*, de Juan de Mariana (1730). Pero en el campo de la historia eclesiástica interesa especialmente Jacinto Segura, protagonista de acres polémicas con Feijoo. Segura es el autor del *Norte Crítico* (1733), la obra más interesante de la historiografía del momento. Desde la idea que la crítica estaba ya establecida en España, expone los puntos esenciales a seguir por quienes desean dedicarse al estudio de la historia. Conoce bien la bibliografía española (N. Antonio, Mondéjar, Aguirre...) y extranjera (Mabillon, Tillemont, N. Alexandre, Dupin...), recuerda los firmes principios establecidos por Melchor Cano en *De locis theologicis*, y no deja de lamentar que la crítica esté menos establecida en España, hasta el punto de que nos llamen supersticiosos. No obstante, quiere evitar también el otro extremismo, pues la crítica sólo es un instrumento en la búsqueda de la verdad. Jacinto Segura acepta la autoridad del papa cuando se refiere a la doctrina (era partidario de la infalibilidad personal), pero rechaza con energía el uso que hacía Feijoo de la autoridad jurídica de Roma al juzgar la inocencia o culpabilidad de las personas o del valor del *Breviario romano* para dictaminar sobre hechos históricos. Si esto suponía un adelanto respecto a la introducción de la crítica en el estudio de la historia, Segura se muestra menos firme al enjuiciar las tradiciones eclesiásticas. En el fondo hay una razón pastoral que subyace en las preocupaciones del dominico, pues con ellas «se cultivan la piedad cristiana y el culto sagrado». Entre las tradiciones que fomentan la piedad incluye, por supuesto, la venida de Santiago [203].

Durante los años 1730-40 podemos observar una doble corriente en España. Por un lado, la reviviscencia de los falsos cronicones. Huerta y Vega publicó la *España primitiva* (1738), tomando como base un falso cronicón fingido por José de Pellicer, que lo atribuía a Pedro Zaragozano, autor del siglo IV. La obra recibió el apoyo de las Reales Academias de la Lengua y de la Historia. En contraste, el hallazgo de los manuscritos de Nicolás Antonio en la real biblioteca por parte de Mayáns y la solicitud del valenciano al marqués de Mondéjar de los manuscritos de su antepasado, supone la revitalización del criticismo histórico. En un principio, la victoria pareció sonreír a los partidarios de los falsos cronicones, pero a la larga se impuso el método crítico.

En esos momentos, Mayáns simboliza la actitud más audaz. Con los manuscritos de Nicolás Antonio y de Mondéjar en su poder, plantea un proyecto reformista que abarca la edición de las fuentes originales de nuestro pasado, así como de las obras escritas con método crítico. Ahora bien, dentro de este plan general, la historia eclesiástica adquiere un valor especial: «Diría yo —escribía a José Patiño— que necesitamos de tener una *España eclesiástica* donde estuviesen recogidas las principales memorias eclesiásticas, como concilios, bulas, privilegios...» (nótese la fecha, 1734).

Los proyectos de Mayáns no fueron atendidos. El Gobierno guardó silencio administrativo, negó toda ayuda y procuró mantener marginado al erudito. Más aún, no lo apoyó en la polémica con las Reales Academias sobre la *España Primitiva* (1738) y aprovechó las delaciones de los canónigos del Sacromonte para perseguir a Mayáns por haber editado la *Censura de historias fabulosas* (1742); cuando Don Gregorio fundó la Academia Valenciana con el fin de fomentar la historia crítica y combatir los falsos cronicones, el Gobierno, según el criterio de Agustín de Montiano, exigió la subordinación a la Real Academia de la Historia. La negativa de los valencianos entrañaba la ruina de la Academia Valenciana y un nuevo golpe a los proyectos en favor de la crítica histórica. Sin embargo, la labor de Mayáns fue positiva. Publicó en Valencia las *Obras Chronológicas* (1744) y las *Advertencias a la Historia del P. Mariana* (1746), y en Lisboa, las *Disertaciones eclesiásticas* (1747), obras todas ellas de Mondéjar. Y sobre todo, los proyectos expuestos en la carta a Patiño, en las *Constituciones* de la Academia Valenciana y en el prólogo a las *Obras chronológicas* produjeron sus frutos. Una de sus ideas fue convertida en realidad gracias al esfuerzo y tesón del P. Enrique Flórez, que a lo largo de su vida pudo redactar 29 volúmenes de la *España sagrada* [204].

Los elogios que tributó Menéndez Pelayo a Flórez han sido repetidos por cuantos, con el afán de exaltar la ciencia histórica española o de celebrar el mérito del agustino, han querido ver en la *España sagrada* una obra perfecta. Habría que exceptuar de este coro de alabanzas la dura crítica de Pascual Galindo. Sorprendido por la falta de ética de Flórez, quien, de acuerdo y con el consentimiento del P. Rávago, mandó quemar unas páginas del manuscrito *De habitu clericorum*, de Leovigildo de Córdoba (siglo IX), por contener ideas contrarias al honor de España, suscita la sospecha de que puede haber hecho lo mismo con otros documentos que no coincidieran con sus criterios. Por mi parte, he manifestado mi juicio, no siempre favorable al agustino ni mucho menos, al estudiar sus relaciones con Mayáns. Resumo, pues, a continuación las conclusiones a que llegué.

La *España sagrada* no es siempre fruto de un trabajo personal, pues Flórez aprovecha las colaboraciones que le brindan otros historiadores, y en muchos casos se limita a exponer el estado de la investigación sobre un tema concreto. Pero la crítica más dura que se le puede hacer a Flórez radica en las deficiencias de método, que van unidas, en gran parte, a su postura ideológica. El agustino tiene una gran dosis de espíritu contrarreformista. El nacionalismo con que contempla el origen apostólico del cristianismo español y su criterio al querer ver en la actitud de los historiadores extranjeros que niegan la tradición jacobea el odio y la envidia por las glorias de España, constituyen un claro síntoma. La raíz de esas deficiencias hay que buscarla en la concepción

[204] Ibid., *Ilustración...* c.3.

pragmática de la historia, con evidentes ribetes apologéticos. Es cierto que el agustino censura los falsos cronicones y plantea una historia eclesiástica al margen de las ideas del P. Román de la Higuera, buscando las fuentes documentales. En este aspecto cumplió su cometido a la perfección, facilitando al estudioso los documentos fundamentales para el conocimiento de la historia eclesiástica que pedía Mayáns en la carta a Patiño de 1734.

Pero es necesario reconocer que tropezó al enfrentarse con las tradiciones eclesiásticas. El punto esencial de la historia crítica radica en el argumento negativo: sólo adquiría valor histórico aquel hecho que podía constatarse por documentos coetáneos fehacientes o tradiciones inmediatas a los sucesos. En consecuencia, la aplicación a la historia eclesiástica española de los primeros siglos resultaba difícil. Flórez aceptó la necesidad del argumento negativo para hacer historia científica y lo aplica con rigor en repetidas ocasiones. Sin embargo, cuando estudia las tradiciones eclesiásticas, cambia de criterio: «no sirve aquí (venida de Santiago a España) la evasión de Natal (Alexandre) sobre que en cosas de la historia no se debe mirar a lo que pudo ser, sino a lo que fue. Esto es verdad en las comunes relaciones históricas, que penden precisamente de lo escrito; pero en lo que se atraviesa tradición inmemorial y el culto y piedad, se pide para negar el *fue* que se convenza totalmente su falsedad, y sólo probando esto bien (lo que aquí no sucede) pudiera ser prudencial la negación». Flórez era plenamente consciente del quiebro que acababa de hacer. Y no deja de confesar, ante la dualidad que se le presentaba —crítica histórica o tradición eclesiástica no bien fundada—, por cuál se inclina: «Por tanto, dejo pasar algunas cosas en que quisiera descubrir más firmeza: pero, por ser sagradas y no hallar convencimiento en contra, más quiero exponerme a la censura de los críticos que desairar la reputación de la piedad» [205].

Estamos ante un problema clave en cuanto al método se refiere, agravado en este caso por la dificultad que entrañaba toda exposición pública debido a la actitud inquisitorial. La defensa que hace Flórez de las tradiciones jacobeas es calurosa y entusiasta. Tenía, por tanto, que provocar polémicas y discusiones, y como los españoles no se atrevían o no podían, replicaron los extranjeros. De ahí la respuesta del italiano Tomás María Mamachi al agustino y la nueva exposición de Flórez en el volumen sexto de la *España sagrada*. Mayáns seguía la polémica, desde su retiro de Oliva, gracias al nuncio Enríquez, que le facilitaba los libros italianos. Pero el nuncio pidió más: el juicio del valenciano. Don Gregorio se encontró en una situación embarazosa. No podía aceptar el criterio de Flórez. Tampoco podía publicar su trabajo en Italia, aunque se ocultase su nombre. Aceptó el desafío, y escribió tres cartas personales al nuncio exponiendo sus ideas sobre las tradiciones jacobeas, pero prohibiendo que se hicieran públicas de cualquier forma que fuese.

En primer lugar, Mayáns expone el método que, a su juicio, debe seguirse en el estudio de las tradiciones históricas. Al estudiar una tradición eclesiástica no hay que modificar la metodología: es un hecho histórico más, y como tal debe tratarse. Más aún, las tradiciones de iglesias particulares no entrañan ninguna implicación dogmática, y, en consecuencia, ni el nacionalismo miope ni el fanatismo religioso deben influir al emitir juicio sobre su autenticidad. Dicho queda con ello que Mayáns rechaza la tradición jacobea, así la venida de Santiago a la Península como acerca de la autenticidad de los restos venerados en Compostela.

Era el triunfo del racionalismo sobre la tradición. Pero Don Gregorio no se atrevió a decir a ningún español cuanto había escrito al nuncio de Su Santidad. Ni siquiera a Burriel. Al joven jesuita, ávido de conocer su pensamiento, el valenciano se limita a insinuar que Flórez no busca la verdad, antes bien escribe contra lo mismo que cree, pues sólo busca ventajas. Y Burriel entendió cuanto quería decírsele. A mi juicio, Burriel tampoco creía en las tradiciones jacobeas, aunque intenta justificar la actitud del agustino, pues «es evidente y cierto que hoy, sin mucho peligro, no puede decirse desnudamente la verdad, y vea Vmd. aquí lo que justifica a Flórez» [206].

Surge inmediatamente la pregunta: Si no es la verdad —no se podía decir, confiesa Burriel—, ¿dónde podemos buscar las razones que avalan la actitud del agustino? ¿El éxito de público? ¿La aceptación de las autoridades políticas o inquisitoriales? La pregunta no fue resuelta por Burriel, que se limita a celebrar una mayor apertura intelectual entre los españoles y desear el justo equilibrio entre «extremos contrarios». Postura que tomó en sus relaciones con el Gobierno. Porque, en sus discusiones con la Santa Sede sobre el Patronato Real, los políticos españoles amenazaron con la búsqueda de documentos anticuriales en los archivos españoles. La empresa, fomentada por Rávago, fue encomendada a Burriel. Pero el joven jesuita, intelectual nato, en relación epistolar con Mayáns y con grandes cualidades de agudeza y tenacidad había adquirido unas ideas lúcidas sobre la reforma intelectual española. Una primera exposición de sus proyectos aparece en *Apuntamientos de algunas ideas para fomentar las letras.* Pero el alcance de las ideas reformistas puede seguirse en las cartas al ministro José de Carvajal y en el *Plan de ideas y obras literarias del P. Burriel,* dirigido al P. Rávago. En el fondo, el joven jesuita continuaba y ampliaba los proyectos expuestos por Mayáns, especialmente en la «Prefación» a las *Obras chronológicas,* de Mondéjar [207].

Con el conocimiento de las fuentes documentales del archivo toledano, Burriel pretende publicar una *Colección diplomática de España,* un *Bulario español,* un *Cuerpo diplomático general, Colección de antigüedades de España, Colección de antiguas liturgias y rezos de España, Acta Sanctorum Hispanorum, Colección de todos los concilios de España...* La amplitud de los planes resulta sorprendente, así como el rigor exigido por Burriel, en línea de las que publicaron Labbé o Montfaucon. A juicio del P. García

---

[206] Burriel a Mayáns, 11-4-1750, en G. MAYÁNS, *Epistolario II...* carta 174.
[207] MESTRE, estudio preliminar a G. MAYÁNS, *Epistolario II...*

Villoslada, «ni la *Gallia christiana,* de los maurinos; ni la *Italia sacra,* de Ughelli; ni las tres grandes colecciones de Muratori *(Scriptores, Antiquitates, Annali d'Italia)* hubieran hecho ventaja a esta obra ciclópea» [208].

Pero de proyecto no pasó. El favor del Gobierno de que gozaba Burriel desapareció con la muerte de Carvajal, caída de Ensenada y exoneración de Rávago (1754-55). El nuevo equipo ministerial, dirigido por Ricardo Wall, se manifestó contrario a los proyectos de Burriel (empezaban las dificultades de la Compañía), e intimó la entrega de los manuscritos copiados durante la comisión de trabajo en los archivos españoles. Aunque Burriel no entregó todos los manuscritos, las circunstancias políticas desfavorables y la falta de salud del jesuita impidieron la continuación de los trabajos históricos. Como diría el P. Rávago: «perdióse bu_na ocasión y buen instrumento».

El progreso de la crítica en el campo de la historia eclesiástica era evidente. Sin afán de indicar todos los trabajos, habría que nombrar a Lamberto de Zaragoza en su *Teatro histórico de las iglesias de Aragón,* con muchas deficiencias en el campo de la crítica, continuada con mejor sistema por Ramón de Huesca; Juan Loperráez Corvalán, *Descripción histórica del obispado de Osma con el catálogo de sus prelados* (Madrid 1788); Juan Gómez Bravo, *Catálogo de los obispos de Córdoba y breve noticia histórica de su iglesia* (Córdoba 1778); al escolapio Joaquín Traggia, impugnador en muchos aspectos de Masdeu y autor de *Aparato de la historia eclesiástica de Aragón* (Madrid 1791-92). El hecho de que Traggia fuera académico de la Historia nos lleva a hacer una mención de la actividad de la Real Academia de la Historia, bajo la dirección de Campomanes, y, aunque no todos sus miembros son partidarios de un criticismo radical o dediquen su actividad a la historia eclesiástica, sí puede observarse un mayor rigor en la actividad científica de los académicos: Cerdá Rico, editor de las obras del marqués de Mondéjar; Juan B. Muñoz, con sus trabajos sobre la historia de América y el Archivo de Indias y, sobre todo, la continuación de la *España sagrada,* trabajo encomendado al P. Risco (publicó los volúmenes del 32 al 40) y continuado por los agustinos Merino y La Canal (tomos 43-46).

Hay que hacer referencia, asimismo, al grupo catalán, que a fines de siglo desempeña una actividad importante en el campo de la historiografía eclesiástica. Los trabajos de Jaime Finestres sobre el monasterio de Poblet no adquieren grandes vuelos y el episcopologio de Barcelona *(Nomina et acta episcoporum barchinonensium,* 1760), redactado por Mateo Aymerich, junto a muchas aportaciones, tiene el lunar de querer justificar la buena intención del P. Román de la Higuera. Mayor importancia tienen los premonstratenses de Bellpuig de las Avellanes, Jaime Caresmar, José Martí y Jaime Pascual, en su esfuerzo por conocer los archivos eclesiásticos. Y en línea de criticismo, excesivo a juicio de Menéndez Pelayo, la *Historia crítica de España y de la cultura española,* de Masdeu.

Masdeu nos lleva, por necesidad, a los trabajos históricos de los

---

[208] G. VILLOSLADA, *Introducción historiográfica* al *Diccionario de historia eclesiástica de España* (Madrid 1972) I 16.

jesuitas exiliados, entre los que hay que resaltar el mérito del P. Faustino Arévalo, autor de la *Hymnodia hispanica* (1786), editor de *Opera omnia*, de San Isidoro (7 vols., 1797-1803); *Prudentii carmina...*, sin olvidar, aunque no se trata de tema estrictamente eclesiástico, *Origen, progresos y estado actual de toda la literatura*, del P. Juan Andrés.

También los valencianos continuaron su labor historiográfica dentro del ambiente crítico que habían vivido a lo largo del siglo. A señalar el intento de Joaquín Lorenzo Villanueva de escribir un *Año cristiano* dentro de la crítica histórica, celebrado por Don Marcelino por su rigor y por la belleza de su estilo. Y de manera especial la obra de su hermano Jaime: *Viaje literario a las iglesias de España*, uno de los trabajos históricos más completos de la Ilustración española.

Del desarrollo de la crítica en el campo de la historia eclesiástica en la segunda mitad del XVIII puede dar una idea el hecho de que el duque de Arcos publicó, con el asesoramiento de Cerdá Rico, la *Representación sobre el voto de Santiago* (1771), para eximirse de pagar a la catedral compostelana el censo a que estaba obligado en memoria de la batalla de Clavijo, cuya autenticidad niega. Es todo un símbolo [209].

LA DIFUSIÓN DEL RACIONALISMO FRANCÉS

Señala Defourneaux, en *L'Inquisition espagnole et les livres français au XVIIIᵉ siècle*, la lentitud en reaccionar, por parte del Santo Oficio, ante las obras de los «filósofos». Tanto es así, que sólo en 1747, cincuenta años después de su aparición y con mucho retraso respecto a Roma, que lo condenó en 1705, prohibió el *Diccionario filosófico y crítico*, de Pierre Bayle; y es bien sabido el uso frecuente que de Bayle hace el P. Feijoo. Podríamos pensar que se trata de un autor poco conocido en España, pero aumenta la sorpresa al ver que en ese mismo *Índice* de 1747 sólo se incluye una obra de Voltaire: *La Liga o Enrique el Grande*, sin nombre de autor y que había sido publicado en 1723.

Sin embargo, el carácter anticristiano de la obra de Voltaire era conocido. En 1749, el editor ginebrino Gabriel Cramer, que visitaba España, estuvo en casa de Mayáns (Oliva), a quien habló de las principales obras aparecidas en Europa. Pero Cramer hizo más. Envió a Don Gregorio *El espíritu de las leyes*, en edición ginebrina que no había censurado el Gobierno francés. La obra de Montesquieu estaba en Valencia en junio de 1751, y un mes más tarde la estaba leyendo Mayáns con ánimo de impugnarla. Años más tarde (1756), diez volúmenes de las obras de Voltaire habían llegado a manos de Don Gregorio, que no tardó en manifestar su juicio en carta al obispo de Barcelona, Asensio Sales: «De los cuales hay impresos diez, que me envía Cramer por elección suya,

[209] Las relaciones de Mayáns con los jesuitas y el grupo de Cervera, en MESTRE, *Historia...* 256-93; M. BATLLORI, *La cultura hispano-italiana de los jesuitas expulsos* (Madrid 1966); I. CASANOVAS, *Josep Finestres. Estudis biogràfics. Epistolari*, 4 vols. (Barcelona 1932-69). Sobre J. B. Muñoz cf. A. MESTRE, *Historia...* 328-38; BALLESTEROS BERETTA, *Don Juan Bautista Muñoz*: Revista de Indias II 3 (1941) 5-37; II 4 (1941) 55-95; III 10 (1942) 589-660.

con memorias del autor, que bien sabe V. S. Ilma. que es uno de los mayores ateístas que viven hoy. Y así, habré de estudiarle para impugnarle cuando quiera Dios que yo escriba sobre el derecho natural». Mayáns recibía todos estos libros en cajas dirigidas al marqués de la Ensenada. Y lo que resulta más extraño: el valenciano indicaba a Cramer que podía hacer lo mismo en cajas con destino al nuncio de Su Santidad, Monseñor Enríquez. Por lo demás, las relaciones de Mayáns con Voltaire, iniciadas a través de Cramer, son conocidas. El francés pidió noticias sobre el posible influjo de *En esta vida todo es verdad y todo es mentira,* de Calderón, sobre el *Heraclio,* de Corneille, y el erudito de Oliva contestó con amabilidad. En la misma línea de erudición y amor por las letras, Voltaire confesaba al ex jesuita Javier Oloriz, que le visitó en Ferney (1769), que Mayáns era el único español de quien había leído todas sus obras. Es decir, las relaciones entre Mayáns y Voltaire se mantienen correctas en el campo de las letras, sin que ello implique influjo, por parte del francés, en los planeamientos religiosos del valenciano. También Luzán, en sus *Memorias literarias de París* (1751), alabó no sólo los *Cuentos* de Voltaire, sino su carácter cortés y discreto, su agudeza de espíritu y su conversación agradable. A constatar que la obra estaba dedicada al P. Rávago [210].

No obstante, cuando el erudito de Oliva manifiesta su intención de impugnar el pensamiento religioso de Voltaire, la Inquisición había tomado una postura decidida contra el racionalismo. Porque la «ofensiva filosófica» francesa había manifestado ya sus intenciones con una agresividad anticristiana hasta entonces desconocida. En 1748, Montesquieu publicaba *El espíritu de las leyes,* la *Enciclopedia* aparecía en 1751, Voltaire reeditaba *Cartas filosóficas* (1747) y daba a luz pública *El siglo de Luis XIV.* Rousseau, en fin, desarrollaba su actividad de escritor con su *Discurso sobre el origen y los fundamentos de la desigualdad de los hombres* (1755)... Clara réplica: la Inquisición española condenaba en 1756 las obras más significativas del nuevo espíritu: las citadas obras de Montesquieu, Voltaire y Rousseau, así como *La filosofía del buen sentido,* del marqués d'Argens. Era el inicio de una campaña contra la «filosofía» y el racionalismo, que el Santo Oficio continuaría con ardor: prohíbe *Sobre el espíritu,* de Helvetius, y la *Enciclopedia* (1759); condena global de todas las obras de Rousseau y de Voltaire (1764): *Diccionario filosófico, Ensayo sobre la historia general* y la *Filosofía de la historia,* de Voltaire, así como *Cartas de la montaña,* de Rousseau (1766); *Obras filosóficas,* de La Mettrie (1770); *Belisario* y *Los incas,* de Marmontel; la obra del abate Raynal sobre la colonización española en América, el *Sistema de la naturaleza,* de Holbach; *De los derechos y deberes del ciudadano,* del abate Mably (1779)...

De hecho, los libros «filosóficos» tenían pronta difusión en España. Si Mayáns disponía en 1751 de *El espíritu de las leyes* y podía enviar a sus amigos el *Proyecto de la Enciclopedia,* Feijoo podía censurar, basado en el

[210] Las relaciones de Mayáns con Voltaire, en V. PESET, *Gregori Mayáns i la cultura...* 180-86. Cf., asimismo, DEFOURNEAUX, *L'Inquisition...* 122-28.

resumen de *Mémoires de Trevoux,* el *Discurso de Rousseau presentado al concurso de la Academia de Dijón.* He puesto dos figuras de primera línea
que sentían la necesidad de combatir la nueva ideología. Mayáns lamentaba, en carta al jesuita Burriel, «el miserable estado en que han puesto
al mundo el materialismo y ateísmo. Y no sé quién hará peor concepto
de esto: V. Rma. o yo. Los hombres de mayor lectura en Europa profe-
san esta diabólica enseñanza en Inglaterra, Holanda, Francia, Alemania
y aun Italia, y no quiero pasar adelante...; pero al mismo tiempo quiera
Dios que salgan obras de utilísima doctrina». Y, como cristiano, se
siente obligado a combatir el ateísmo y el naturalismo, que van adquiriendo cada día mayor fuerza y empuje, como indicaba en carta de
1747 al inquisidor general, Pérez Prado [211].

Pero el influjo de los «filósofos», pese a las prohibiciones inquisitoriales, continuó difundiéndose en determinados círculos de la sociedad española. Sarrailh distingue entre el influjo de lo extranjero —especialmente francés— en España (libros originales, traducciones, diplomáticos, libreros y viajantes, corresponsales...) y la recepción de las nuevas
ideas por quienes viajan por Europa (nobles con sus preceptores, adine-
rados...). Ambos aspectos son complementarios y no pueden separarse.
Quizás el ejemplo más característico y revelador de esa interacción sea
la figura y actividad de Pablo Olavide.

Más interesante resulta, sin embargo, el intento de Defourneaux de
observar la difusión del pensamiento ilustrado francés por medio de la
actividad inquisitorial y de los mismos decretos de prohibición de libros.
En primer lugar, el número de personas que gozaban de licencia para
leer obras prohibidas. El inquisidor general, Felipe Bertrán, estableció
(1776) un registro alfabético de todos aquellos que poseían licencia del
Santo Oficio. Pero no todos respondieron e hicieron registrar su nombre, aparte de quienes tenían licencia pontificia, considerada inválida
por la Inquisición española. Así, entre los ministros de Carlos III, sólo
Campomanes dio su nombre. Que había otros ministros reales o del
equipo gubernamental que leían autores prohibidos, resulta evidente.
La ausencia de Aranda, Floridablanca, Roda o Muñiz entre los grandes
del Gobierno, o del duque de Almodóvar, Azara o Bernardo de Iriarte
entre los diplomáticos, o, más curioso todavía, de Jovellanos, Tomás de
Iriarte, Samaniego o Cadalso, no quiere decir que no leyeran las obras
prohibidas. Positivamente sabemos que poseían las obras y las leían con
interés.

Pese a tantas ausencias, aparecen alrededor de 600 personas con
permiso autenticadas por la Inquisición entre 1776 y 1790. Número
ciertamente elevado si tenemos en cuenta las ausencias. Además, mu-

---

[211] El criterio de Mayáns, en Mestre, *Ilustración...* c.10. El juicio de Feijoo acerca de
Rousseau, *Cartas eruditas* IV (1753) carta 18. De la facilidad con que podían adquirirse en
Valencia los libros ilustrados franceses, valgan estos testimonios: el 9-3-1764, Hernán
avisa a Mayáns que ha comprado *El espíritu de las leyes* y *Cartas persas.* Y el 23-8-1765
escribe: «Están venales cuatro tomos de *Mélanges de littérature, histoire et filosofie d'Alembert.*
Costarían 10 pesos. Si Vm. los quiere con su aviso, se entregarán a quien mande» (BMV,
Serrano Morales, 7267-23).

chos de estos permisos habían sido concedidos a instituciones como Reales Sociedades de Amigos del País, y eran utilizados por todos los miembros de la entidad. En fin, si hemos visto que Mayáns recibía las obras de Voltaire o los primeros volúmenes de la *Enciclopedia* en cajas supuestamente dirigidas al marqués de la Ensenada, podemos pensar, con perfecta lógica, que los paquetes llegados a Bilbao en 1776 para el secretario de Gracia y Justicia, y que Roda consiguió no fueran abiertos por los inquisidores de Logroño, contenían libros prohibidos para uso del mismo Roda o para alguno de sus amigos [212].

Por lo demás, las contradicciones de los equipos de gobierno son evidentes. ¿Qué importaba que la Inquisición prohibiera todas las obras de Voltaire o Rousseau, si en libros o revistas se celebraban dichos autores como genios literarios? Ante los elogios tolerados, la prohibición sólo conseguía aumentar el interés del lector, que utilizaba todos los medios a su alcance para conseguir la obra. Y los elogios eran frecuentes. Ignacio Luzán lamentaba el veneno contenido en ciertas obras, que, por otra parte, demostraban espíritu y finura, pero no dejaba de anotar el nombre del autor, el título de las obras y, por supuesto, los elogios que le merecían. Más significativa es todavía la postura del duque de Almodóvar, que en 1781 publicó *Década epistolar de París*, alabando a Voltaire y Rousseau, aunque con palabras tomadas de la historia de la literatura francesa de Sabatier de Castres, quien al mismo tiempo lamentaba los ataques de ambos escritores a la religión católica [213].

De ahí que la *Enciclopedia* y las obras de Montesquieu, Voltaire, Rousseau..., adquieran amplia difusión a lo largo y ancho de la Península. En 1754 informaba el P. Teodoro Cascajedo al Santo Oficio que en San Sebastián «se habla con gran libertad en las tertulias en punto de religión», lo que facilitaba la expresión de «proposiciones sobradamente disonantes a nuestro concebir católico». La explicación, a su juicio, radicaba en «la multitud de libritos franceses, acaso no expurgados, que andan por las casas y el haber en algunas librerías particulares no pocos severamente condenados por el santo tribunal y abiertos para todos». En 1756, un comisario de la Inquisición de Sevilla comunicaba a la Suprema que en el examen de un caja había encontrado varios volúmenes de la *Enciclopedia* y señalaba los elogios al *Espíritu de las leyes,* recientemente condenado, al tiempo que recordaba la peligrosidad de las *Cartas persas.* Un año más tarde (1757), la Inquisición, antes de que Roma condenara la *Enciclopedia,* encargó a sus censores un informe, pues el conocimiento de la obra había provocado mucho escándalo. Los informes de los censores fueron negativos, pues «merece esta obra ser desterrada del cristianismo». La Junta de Comercio de Barcelona adquiría la *Enciclopedia* en 1769 por medio de un librero francés. En cuanto a Valencia se refiere, vimos cómo Mayáns conseguía las obras clásicas del racionalismo francés por medio del editor Cramer. Pero unos años más tarde, el sacerdote Juan B. Hermán pedía al erudito el *Elogio de la lo-*

[212] SARRAILH, c.6 y 7 de la p. 2.ª; DEFOURNEAUX, *L'Inquisition...* 137-39.
[213] DEFOURNEAUX, *L'Inquisition...* 142-47.

cura, el *Catecismo* de Mesenguy y las *Cartas persas.* Esto tenía lugar en 1766. Pero lo curioso es que el mismo Hermán escribía al erudito de Oliva en 1769 preguntando si un regidor de Valencia (Benito Escuder) deseaba el *Contrato social,* de Rousseau, que le había comprado en la Corte [214].

He señalado casos en diversas partes de la Península, y los testimonios podían multiplicarse. Pero quizás sea conveniente insistir en los focos más importantes o más conocidos.

Andalucía, y especialmente Sevilla.—La importancia de Cádiz como centro difusor del pensamiento ilustrado extranjero es bien conocida, y Enciso Recio ha señalado la actividad del comisario Sánchez Bernal. Un relojero de Cádiz pedía en 1778 la devolución de 26 volúmenes de la *Enciclopedia* que le habían secuestrado, pues los necesitaba para escribir un tratado de relojería. La respuesta fue negativa, y la Inquisición alegó que también le habían sustraído otros libros: obras dramáticas de Voltaire, *El espíritu de las leyes,* el *Sistema de la naturaleza...,* que nada tenían que ver con su oficio de relojero [215].

El mismo Defourneaux ha trazado de mano maestra la biografía de Olavide y su carácter «afrancesado». A señalar en este caso su escaso interés por los libros españoles, sus viajes por Francia, con la visita a Voltaire, y la amistad con los filósofos de París, la compra y traslado a España de los libros clásicos de la cultura francesa, el círculo de Olavide en la Corte, su amistad con Aranda y Campomanes, sus traducciones de Voltaire... y lo que a nosotros más nos interesa: su actividad cultural en Sevilla. La biblioteca de Olavide está bien provista de «filósofos» franceses: Bayle, Montesquieu, marqués d'Argens, Voltaire, Rousseau, Diderot, Helvetius, la *Enciclopedia,* Raynal... La difusión del «pensamiento filosófico» tenía lugar, fundamentalmente, a través de las tertulias, pese a que el conde del Aguila, que ha visto las obras de la biblioteca de Olavide; Cayetano Valdés, comisario de la Guerra, y Ruiz de Ubago, fiscal de la Audiencia, parecen reducir las proposiciones pronunciadas en la tertulia a simples imprudencias de lenguaje. A recordar la presencia de Jovellanos en las tertulias literarias del asistente en Sevilla [216].

Pero lo curioso es la frecuencia con que son delatadas al Santo Oficio, por tener libros prohibidos o por proposiciones malsonantes e irreligiosas, personas que han tenido relación con Olavide en Sevilla o en Sierra Morena. Así, Juan Camaño, secretario de la superintendencia de La Carolina, acusado de proposiciones libertinas, anticlericales y contrarias a los sacramentos y a los sumos pontífices. Por similares proposiciones, tanto libertinas como irreligiosas, fue acusado José Rubio, «abogado de los Reales Consejos y antaño comandante de Guadarromán, en las nuevas poblaciones de Sierra Morena», y, en consecuencia, colaborador de Olavide. Es menester confesar, sin embargo, que idénticos o muy

[214] DE LA PINTA, *Los caballeritos...* 41-42; SARRAILH, 298; DEFOURNEAUX, *L'Inquisition...* 131.152-53. Las cartas de Hermán a Mayáns, en BMV, Serrano Morales, 7267-23.
[215] ENCISO RECIO, *Actividades de los franceses en Cádiz:* Hispania 75 (1959) 251-86; DEFOURNEAUX, *L'Inquisition...* 152.
[216] DEFOURNEAUX, *Pablo Olavide...* 296.

similares casos se dan en Andalucía o en la misma Sevilla entre personas que ninguna relación parecen haber tenido con el asistente de Andalucía. El ayudante del regimiento de Asturias, Bruno Barreda, aficionadísimo lector de Voltaire, cuyas obras no cambiaría por su peso en oro y que profiere proposiciones contra la eternidad. O el relojero genovés residente en Jerez de la Frontera, que por sus proposiciones blasfemas fue encerrado en el presidio de Ceuta y acabó sus días en Gibraltar [217].

Salamanca.—La vieja universidad constituye otro centro de difusión de las nuevas ideas. Aunque el plan de estudios de 1771 era tradicional y conservador, el ambiente intelectual universitario era más inquieto. En este sentido, el influjo de Cadalso parece haber sido muy importante. Demerson, en su biografía de Meléndez Valdés, ha podido escribir: «Pero lo que no parece dudoso es que existiera en la ciudad, alrededor de los años 1780, una gran corriente, una auténtica marea ascendente de nuevas ideas, cuya resaca batía los muros del viejo bastión universitario». Es la época de estudiante de Quintana y del abate Marchena, que confesaba en 1791 haber leído todos los argumentos de los irreligiosos, al tiempo que se vanagloriaba de tener una gran dosis de espíritu filosófico.

Alarcos señala que en esos años empezaron a infiltrarse los libros franceses, que, profusamente vendidos en Salamanca, eran leídos con avidez por estudiantes y profesores. Algunos (Marchena y Picornell) «se identificaron con aquellas doctrinas y las llevaron hasta sus últimos límites». Otros (entre los que incluye a Quintana, Cienfuegos, Meléndez Valdés) las aceptaron en su interior y cubrieron las apariencias con un justo equilibrio. La difusión debió de ser grande cuando el mismo Tribunal de la Fe confesaba que «en los últimos años se han introducido en el reino muchas obras prohibidas, que se leen y conservan como si se hubiesen declarado corrientes». La excusa era inconsistente: el escaso número de índices, que impedía el conocimiento de los libros prohibidos.

Ahora bien, gracias al estudio de Demerson conocemos el caso de Meléndez Valdés. Que el profesor de Salamanca conocía los ilustrados franceses resulta evidente por las cartas a Jovellanos. Parece, sin embargo —o era simple excusa—, que había leído con Cadalso el *Derecho de gentes*, de Vattel, y *El espíritu de las leyes* sin saber que estaban prohibidas. En 1778, Meléndez pidió licencia para leer libros prohibidos, que el inquisidor Bertrán le concede (21-10-1779). Más interesante resulta constatar los libros que poseía el poeta. Demerson aporta dos listas. En la primera se encuentran las obras leídas por Meléndez entre 1772 y 1780. Pese a que las fuentes son fragmentarias, puede constatarse la lectura de Condillac, Hume, Leibniz, Locke, Marmontel, Montesquieu, Pope, Robertson, Rousseau, Van Espen, Voltaire... Pero mucho más significativa es la *Escritura de declaración del licenciado Don Meléndez Valdés*, registrada ante notario dos días antes de su matrimonio, donde

[217] DE LA PINTA, *Los caballeritos...* 43-51.

están todos los ilustrados franceses, menos Voltaire, que, por lo demás, Meléndez conocía bien. El mismo Demerson ha precisado con especial interés la afinidad de Batilo con Rousseau tanto sentimental como ideológica [218].

Tales hechos constituyen un buen testimonio del ambiente intelectual salmantino y vienen a demostrar el empuje de las nuevas ideas entre los estudiantes de la vieja universidad en vísperas de la Revolución francesa.

Los caballeritos de Azcoitia.—Son conocidos los duros ataques de Menéndez Pelayo contra los caballeritos vascos, a quienes acusaba de irreligiosos y enciclopedistas. La ortodoxia de los reformistas, que actuaron alrededor del Seminario Patriótico Vascongado, era, para Don Marcelino, más que dudosa. Planteamiento que parecía confirmarse con la obra del duque de Mangas, en que demostraba la existencia de un número considerable de suscriptores a la *Enciclopedia* en Vasconia. La réplica tardó en aparecer. Sólo en 1925, Don Julio de Urquijo salía en defensa de los caballeritos con su libro *Un juicio sujeto a revisión: Menéndez y Pelayo y los «caballeritos de Azcoitia».*

Para Urquijo, las relaciones de los Amigos del País con los enciclopedistas, la amistad de Altuna con Rousseau..., contribuyeron a crear la imagen, que adquirió mayor fuerza con las obras de Menéndez Pelayo y de Vicente de la Fuente, de que el seminario de Vergara fue uno de los centros de difusión de la masonería y del enciclopedismo. Analiza Julio de Urquijo las principales figuras, y llega a las siguientes conclusiones: el conde de Peñaflorida era un católico practicante, y de su religiosidad no se puede dudar. Tampoco del marqués de Narros, cuando la Inquisición lo nombró su familiar. Félix María Samaniego, cuyos cuentos (recientemente editados) censura, si bien con el atenuante de que no se atrevió a publicarlos. Por lo demás, la ortodoxia del fabulista, aunque ridiculizó defectos, reales o fingidos, de algunos religiosos de la época, resulta evidente a través de su correspondencia privada. Quedaban, no obstante, las palabras de Llorente sobre los procesos inquisitoriales de Narros y Samaniego.

Ultimamente ha intervenido en la polémica el P. Miguel de la Pinta Llorente con *Los caballeritos de Azcoitia. Un problema histórico.* De la Pinta ha confirmado definitivamente los procesos inquisitoriales mencionados por Juan Antonio Llorente. El del fabulista tuvo lugar en 1792, y las acusaciones se centraron en que poseía la *Enciclopedia* y unos libros de Rousseau y de Raynal (no tenía ninguna obra de La Mettrie, como erróneamente se le acusaba), así como de haber pronunciado proposiciones irreligiosas. Sin embargo, algunos testigos, el mismo comisario de La Guardia y su párroco confirmaron la buena voluntad y cumplimiento de las obligaciones cristianas de Samaniego. El proceso fue trasladado a la Corte y suspendida la sumaria debido a la violación del

---

[218] DEMERSON, I 98; II 211-53; en el c.3 estudia las listas de libros; ALARCOS, *El abate Marchena en Salamanca,* Homenaje a Menéndez Pidal (Madrid 457-65); F. LÓPEZ, *Juan Pablo Forner...* 209-55.

secreto por parte del comisario y del notario de la causa. Más complejo es el caso del marqués de Narros, cuyo proceso se inició en 1767 a causa de haber proferido proposiciones irreligiosas y tener obras de Voltaire, Rousseau y varios tomos de la *Enciclopedia*. Narros fue absuelto *ad cautelam* y se le impuso un retiro en el monasterio de Aránzazu, donde hizo ejercicios espirituales y confesión general. El marqués procuró, a partir de ese momento, lavar el borrón que pudiera haber caído sobre su religiosidad, y logró que el Santo Oficio lo nombrara su oficial en 1776. No obstante, según demuestra De la Pinta, el marqués reincidió en frases irreligiosas y en lecturas enciclopedistas. De ahí que la Inquisición de Logroño enviara en 1791, la documentación relacionada «con la nueva causa seguida contra el marqués de Narros» [219].

¿Qué podemos deducir de todo ello?

La frecuencia con que la nobleza vasca enviaba sus hijos a estudiar a Francia permitió un mayor interés por la ciencia y la técnica modernas, que intentaron difundir a través de las enseñanzas del seminario de Vergara. Pero al mismo tiempo se da una mayor facilidad en el conocimiento de las corrientes enciclopedistas, que produce en algunos espíritus inquietos mayor ligereza al enjuiciar temas religiosos y eclesiásticos.

Este interés pedagógico por las ciencias prácticas o la técnica no implica necesariamente una perspectiva antirreligiosa ni anticristiana. Basta leer las *Constituciones* del seminario de Vergara para convencerse de que no se trata de la primera escuela laica establecida, como pretendía Menéndez Pelayo.

Ello no obstante, la difusión de obras «filosóficas» y de la *Enciclopedia* en especial adquiere una intensidad superior a otras regiones españolas. El decreto inquisitorial (1759) en que se mandaba entregar los ejemplares a los tribunales del Santo Oficio o a los comisarios de distrito, movió al conde de Peñaflorida a solicitar de la Santa Sede (también Roma acababa de prohibir la *Enciclopedia)* la licencia para poder utilizar la obra en el seminario de Vergara. Roma delegó en el Santo Oficio, al que se dirigió (1771) Peñaflorida pidiendo «permiso para que sus individuos pudiesen usar del *Diccionario enciclopédico* para el desempeño de sus respectivos encargos». La gracia solicitada, general para todos los miembros de la Sociedad, fue concedida por el inquisidor, Quintano Bonifaz (7-2-1772), pero limitada a quienes ocupaban los cargos directivos, dejando siempre en vigor «la condenación y proscripción de los artículos contenidos en dicha obra relativos a materias de religión y obscenidad, para que no los lean, sobre que les encargamos estrechamente». Dado que el permiso era personal, la muerte de dos directivos obligó a Peñaflorida a solicitar del inquisidor general que la licencia «recaiga en los empleos, con la abstracción de los sujetos que la obtienen». Tal gracia fue otorgada por el nuevo inquisidor (Felipe Bertrán). La generosidad con el seminario de Vergara iba, en cambio, unida con

---

[219] MENÉNDEZ PELAYO, II 583-88; J. DE URQUIJO E IBARRA, *Menéndez Pelayo y los caballeritos de Azcoitia* (San Sebastián 1925); DE LA PINTA, *Los caballeritos...* 92.

un sentido más restrictivo cuando se trataba de solicitudes personales, que fueron denegadas a dos profesores que la pidieron en nombre propio.

Pese a tantas recomendaciones y en contra del criterio de Urquijo, que alababa el cumplimiento de la entrega de los ejemplares de la *Enciclopedia* por parte de los miembros de la Sociedad después de la prohibición inquisitorial, los caballeritos no tuvieron excesivo cuidado en cumplir las restricciones impuestas por el Santo Oficio. De la Pinta aporta pruebas inapelables de la despreocupación de los directivos y de la facilidad que encontraron los alumnos para leer los libros prohibidos. Además de las quejas del comisario inquisitorial de Vergara, queda el testimonio autógrafo del cardenal Lorenzana, al margen de la solicitud de Jovellanos para que se le concediera licencia en favor del Instituto de Gijón: «que los libros prohibidos corrompieron a jóvenes y maestros en Vergara, Ocaña y Avila» [220].

Esta difusión no implica que todos los lectores quedaron inficionados de espíritu racionalista. Pero sí explica la actividad que por esas fechas tuvo que desplegar el Santo Oficio en Vasconia, los procesos de Narros (1767), de Nicolás de Altuna (otro lector de la *Enciclopedia*, de Voltaire y de Rousseau) en 1769 y de Samaniego (1792), así como la facilidad con que penetró la propaganda política revolucionaria.

La Corte.—Resulta lógico que los políticos e intelectuales que residían en Madrid tuvieran medios a su alcance que les permitieran obtener con relativa facilidad las obras «filosóficas». *La ideología liberal en la Ilustración española,* de A. Elorza, demuestra, entre otras cosas, las importancia del influjo racionalista francés en el viraje político-intelectual de los últimos años del reinado de Carlos III. Tanto Montesquieu como Rousseau o Mably (no son, por cierto, los únicos) constituyen la clave de las polémicas españolas de momento. Los estudios del P. De la Pinta Llorente demuestran, asimismo, la infiltración «filosófica» que sufren la aristocracia y los diplomáticos. No se trata sólo de los elogios de Voltaire al conde de Aranda o su carta al marqués de Miranda lamentando la falta de libertad en España, al mismo tiempo que expresaba la esperanza de que cuando ocupase altos cargos fuera el instrumento de liberalización. Es un ambiente generalizado, como lo demuestra la causa seguida por la Inquisición de la Corte contra el conde de Clavijo por proposiciones heréticas, por hechos escandalosos e impíos y estar adscrito a la masonería, el libertinaje moral y verbal antirreligioso de que hace gala Eugenio Palafox, conde de Teba e hijo de la condesa de Montijo; la actitud del duque de Almodóvar, difusor del pensamiento racionalista... [221]

No obstante, quizás el caso más expresivo sea el del diplomático Bernardo Iriarte, hermano del fabulista. Político con largos años en el extranjero, amigo y corresponsal de Azara, Bernardo Iriarte constituye un ejemplo del mundo ilustrado y racionalista en que vive. Sin preocu-

[220] DE LA PINTA, *Los caballeritos...* 100-108.
[221] Además del libro de Elorza, cf. DE LA PINTA, *Los caballeritos...* 48ss.

paciones intelectuales, como dice De la Pinta, en el proceso «no se acusan matices y destellos de inteligencia o de cultura». Predomina, sobre todo, un sentido bufonesco y ramplón, ajeno de toda finura espiritual. Frente a la agudeza mental y hasta belleza de expresión de su amigo Azara, las expresiones de Iriarte tienen poca gracia, mucha sal gruesa, expresiones libertinas y algunas proposiciones deístas con fuerte sabor materialista. En el proceso, iniciado en abril de 1774 por delación de fray Juan Iriarte, religioso dominico y hermano del encausado, todavía en 1778 se acumulaban datos y acusaciones. La familia Iriarte nos presta un ejemplo de infiltración del nuevo espíritu «filosófico». Porque junto a Bernardo aparece su hermano Tomás, el fabulista, que también se vio implicado en sumarios inquisitoriales. El fue el autor de *La barca de Simón;* en frase de Menéndez Pelayo, «la poesía heterodoxa más antigua que yo conozco en lengua castellana» [222].

Lugares para leer o medios para comprar la *Enciclopedia* o los libros racionalistas franceses no faltaban a los intelectuales de la Corte. Así, entre las primeras adquisiciones de libros para la biblioteca de la Sociedad Matritense de Amigos del País encontramos la *Enciclopedia,* pues su director, Rodríguez Campomanes, se apresuró a conseguir del inquisidor la oportuna licencia para que sus miembros pudieran leer libros prohibidos. En este sentido, François López, en su libro sobre Juan Pablo Forner, ha podido demostrar el influjo de Voltaire en la concepción histórica de uno de los más apasionados apologistas de la cultura española [223].

Sin embargo, hay un hecho que interrumpió momentáneamente ese rápido influjo racionalista. Me refiero al proceso de Olavide. No es mi intención narrar la evolución del encausamiento, proceso, sentencia y sus efectos, ya estudiados por Defourneaux. Me interesa aludir simplemente a una serie de hechos relacionados con el influjo racionalista y la reacción de ciertos grupos conservadores. El carácter de las delaciones, en perfecto paralelismo con cuanto venimos observando: cuadros deshonestos o expresiones libertinas, posesión de libros franceses condenados por la Inquisición y proposiciones irreligiosas o que suponen desprecio de la autoridad eclesiástica. Se vislumbra, además, con claridad la importancia del grupo conservador en Sevilla y en las colonias de Sierra Morena. En la ciudad hispalense, Olavide tenía enconados enemigos, especialmente los religiosos, que se oponían a las reformas universitarias, la liberalización intelectual que suponía la tertulia del asistente, su actividad contra el excesivo número de conventos y de religiosos y la clara protección que concedía al teatro. En Sierra Morena habría que recordar la agresividad de Fr. Romualdo de Friburgo, obsesionado por el *fraternum foedus* con la intención de «ir en ayuda de la cristiandad enferma», y sus ininterrumpidas delaciones ante el Santo Oficio contra el superintendente de las nuevas colonias [224].

---

[222] DE LA PINTA, *Aspectos...* 119-44; MENÉNDEZ PELAYO, II 621.
[223] F. LÓPEZ, *Juan Pablo Forner...* 527.
[224] En este contexto adquiere pleno sentido el panfleto *El siglo ilustrado o vida de*

Hay, además, un hecho sobre el que Defourneaux ha llamado la atención. Entre los numerosos partidarios de la apertura (con todos los matices que se quiera, desde Roda a Campomanes o Bertrán), fue Carlos III quien tomó personalmente la decisión en los tres momentos clave del proceso. El mismo Defourneaux disminuye la responsabilidad del inquisidor general, pero resulta preciso reconocer la buena acogida que determinados miembros del Santo Oficio dieron a las delaciones de Fr. Romualdo.

Finalmente, las repercusiones del proceso. Su biógrafo ha estudiado el eco que tuvo en Francia, tanto que el mismo Diderot escribió un esbozo biográfico del asistente. También Mayáns se manifestó desde Valencia muy poco favorable, por cierto, a Olavide. Y Meléndez Valdés, a juicio de Demerson, se decidió a regularizar su situación solicitando licencia para libros prohibidos. Pero hay un caso especialmente significativo. Felipe Samaniego, clérigo y traductor oficial de textos latinos, fue director provisional de los Reales Estudios de San Isidro y criatura de Campomanes. Pues bien, Samaniego se presentó voluntariamente al Santo Oficio como lector de Hobbes, Spinoza, Bayle, Voltaire, Diderot, Rousseau... Y, ante la negativa de absolución si no indicaba los nombres de aquellos con quienes había hablado de tales autores, acusó a las grandes figuras políticas del momento: Floridablanca, Campomanes, Aranda, Almodóvar... Las delaciones de Samaniego demuestran la amplitud alcanzada en los ambientes cortesanos de las obras racionalistas francesas. En contraste con tales delaciones, ahí está el testimonio de Jovellanos, asiduo asistente a las tertulias de Olavide en Sevilla, que lamentará la desgracia de Elpino al tiempo que celebraba sus trabajos reformistas [225].

Y, junto a los políticos, los intelectuales, aunque sean de segunda fila. Baste recordar el caso de José Garriga, que figura como traductor de unas *Observaciones sobre el «Espíritu de las leyes», reducidas a cuatro artículos. I: La religión; II: La moral; III: La política; IV: La jurisprudencia y el comercio* (Madrid 1787). Dentro de un evidente influjo de Montesquieu, cuya obra intenta suplir tanto por su título como por las continuas citas literales, establece la conexión entre las formas de gobierno y las religiones. Para Garriga existe una clara connivencia entre despotismo y religión, pues cuanto más autoritario sea un Estado, más inclinado se manifiesta a aceptar la «más contraria a nuestros gustos, a nuestras propensiones e inclinaciones; en una palabra, la religión cristiana». Más aún, un pueblo independiente y libre optará, dentro del cristianismo, antes por la forma protestante que por la católica. Después de exponer estos pensamientos, afirma Elorza: «La heterodoxia de semejantes frases en la España de Carlos III no admite dudas» [226].

Como tampoco puede dudarse de que el influjo de los racionalistas

D. Guindo de Hojarasca, aparecido en Sevilla (1776) bajo el nombre de Justo Vera de la Ventosa, dirigido contra Olavide; DEFORNEAUX, *Pablo de Olavide...* 298-303.
[225] DEFOURNEAUX, *Pablo de Olavide...* 362-63.
[226] ELORZA, *La ideología...* 86-87.

franceses llegó en algunos casos hasta los religiosos. Así, Montengón parece aceptar en su *Eusebio* (1786-88), condenado por la Inquisición, los principios deístas de Rousseau en el campo de la educación, así como en su *Antenor* (1788) recuerda la obra de Marmontel [227].

«EL CENSOR» Y LA CRÍTICA DE LA IGLESIA

Ya los coetáneos observaron la importancia de los periódicos en la difusión del pensamiento ilustrado. Ahí está el testimonio de Sempere Guarinos bajo el título de *Papeles periódicos*. Pero el interés por el conocimiento en profundidad de la prensa española del XVIII es reciente. Sarrailh utilizó, sobre todo, el *Pensador*, de Clavijo Fajardo, como prueba del nuevo espíritu ilustrado; Enciso Recio fijó su atención en las múltiples facetas de Nipho; Edith Helman ha observado en *El Censor* un precedente de Larra y una de las fuentes de inspiración de los «caprichos» de Goya; Richard Herr ha precisado el valor de las revistas para la penetración del pensamiento extranjero; Elorza ha estudiado los aspectos liberales en la economía y en la política; François López ha precisado la intervención de Forner en las polémicas y el alcance de sus «apologías»; García Pandavenes ha publicado una interesante antología de *El Censor* y, en fin, Guinard ha dedicado su tesis doctoral al estudio y valoración del conjunto de la prensa española [228].

El género es, por tanto, conocido. Desde la perspectiva religiosa que ahora nos interesa, me limitaré a exponer unas breves reflexiones sobre las ideas religiosas que subyacen en *El Censor*, por tratarse del más audaz de los periódicos españoles de la época. Según Sempere Guarinos, «*El Censor* manifiesta otras miras más arduas y más arriesgadas. Habla de los vicios de nuestra legislación, de los abusos introducidos con pretexto de religión...» Juicio que aceptan los historiadores actuales.

No hay duda de que Cañuelo conoce muy bien la obra de los ilustrados franceses. Respecto al autor de *El espíritu de las leyes*, sus palabras son explícitas: «y yo, aunque miro a Montesquieu, muy lejos de tenerle por un soñador, como a un hombre eminentísimo, no asentiré a su opinión, como no asiento en otros muchos puntos» [229]. Reconoce, pues,

---

[227] S. GARCÍA-SÁEZ, *Montengón, un prerromántico de la Ilustración* (Alicante 1974); G. LAVERDE RUIZ, *Apuntes acerca de la vida y poesías de D. Pedro Montengón*, en *Ensayos críticos sobre filosofía, literatura e instrucción pública españolas* (Lugo 1868); A. GONZÁLEZ PALENCIA, *Pedro Montengón y su novela «El Eusebio»*: RBAM del Ayuntamiento de Madrid, III (1926) 343-65; E. ALARCOS, *El senequismo de Montengón*, en *Castilla* I (1940-41) 149-56; BATLLORI, en varios pasajes de su libro sobre los jesuitas españoles en Italia.

[228] A las obras de muchos de estos autores ya citados hay que añadir: ENCISO RECIO, *Nipho y el periodismo español del siglo XVIII* (Valladolid 1956); ID., *El periodismo español en la primera mitad del siglo XVIII* (Valladolid 1968); T. EGIDO, *Prensa clandestina española del siglo XVIII: «El Duende Crítico»* (Valladolid 1968) P. J. GUINARD, *La presse espagnole de 1737 à 1791. Formation et signification d'un genre* (París 1973); M. DE AGUIRRE, *Cartas y discursos del Militar Ingenuo al «Correo de los Ciegos», de Madrid* (San Sebastián 1974); *«El Censor»* (1781-1787). Antología, con un prólogo de E. García Pandavenes (Barcelona 1972); J. SEMPERE GUARINOS, *Ensayo de una buena biblioteca española del reinado de Carlos III* (Madrid 1787) IV 176-98. Una bibliografía completa sobre el tema en F. AGUILAR PIÑAL, *La prensa española en el siglo XVIII. Diarios, revistas y pronósticos:* Cuadernos bibliográficos 35 (1978).

[229] Cito *El Censor* por la *Antología* de García Pandavenes, p.279.

sus méritos, pero mantiene su independencia de criterio. Elorza ha señalado que «Cañuelo, lector de Cantillón, Mably y Montesquieu», participa en la polémica sobre el lujo dentro de una postura claramente burguesa. Y García Pandavenes ha precisado la influencia del *Emilio* en la crítica que hace Cañuelo del sistema educativo español, vislumbrando «nociones apenas desarrolladas de soberanía popular y no sin que más de una vez se pueda comprender que estos editores comulgan en el principio del *Contrato social*» [230].

¿Quiere esto decir que Cañuelo participa también de los presupuestos deístas de los ilustrados franceses? Ya he dicho antes —señalé el caso de Mayáns en concreto y veremos después el de Jovellanos— que no todos los que poseen o han leído los enciclopedistas participan de sus ideas en materia de religión. Lo mismo se puede decir de *El Censor*. He aquí sus explícitas palabras: «Yo soy cristiano católico romano por los méritos de Jesucristo y no por los de mi padre ni mis abuelos, aunque tengo entendido lo fueron todos como yo; soy muy amante de la religión y estoy muy persuadido y penetrado íntimamente de la verdad de sus dogmas y santidad de su moral; no he hecho voto de excluir de mis discursos todos los asuntos que pueden tener relación alguna con ella; así que, cuando hubiere de tocar alguno de ellos, procuraré mirar antes lo que me digo, examinándolo con toda la atención posible y consultándolo con personas inteligentes y piadosas. Si, a pesar, pues, de estas precauciones, se me escapare cosa digna de censura, sabré sujetar mis opiniones a quien tenga la autoridad de corregirlas. Pero no a la de ningún mequetrefe que se entrometa a censurar lo que no entiende» [231].

Cañuelo acepta los dogmas, y, cuando trata de los asuntos religiosos, procura consultar con personas inteligentes y piadosas (léase piedad ilustrada), y decide someterse a quien tenga autoridad, pero no aceptará la censura de los ignorantes. Desde esa perspectiva, *El Censor* atacará con dureza las supersticiones existentes en la piedad española coetánea. Pero, como su autor pedía, no queramos ver más de lo que afirman sus palabras. Porque, bien mirado y prescindiendo de la ironía y el sarcasmo de que hace gala, Cañuelo está en la línea de Feijoo, Mayáns y Jovellanos. Es decir, busca mantener el equilibrio entre los dos escollos que amenazan la religión: la impiedad y las supersticiones.

Cañuelo se enfrenta por primera vez con las supersticiones en el discurso 46. Observa la evolución de la crítica de los predicadores: las modas, las comedias, el ateísmo. ¿No había entre los cristianos españoles otros defectos más generalizados que merecieran, por tanto, una más frecuente crítica? «La superstición —escribe— es un delito contra la religión, igualmente que la incredulidad, un vicio que, reduciéndola a meras exterioridades y apariencias, la enerva, la destruye». Sin embargo, mientras apenas oye un sermón sin que se ataque a la filosofía moderna, a los ateístas e incrédulos, «no me acuerdo haber oído jamás

[230] Ibíd., 34.
[231] Ibíd., 26.

en el púlpito uno sola palabra contra la superstición». Y, puestos a precisar, considera que era más general entre los españoles del XVIII la superstición que el ateísmo.

El discurso 46 de *El Censor* resulta interesante para conocer el planteamiento religioso de Cañuelo. No cree existan tantos ateos en España como suele decirse, pues apenas hay algún necio, vanidoso o «muñeco» que por presumir de haber leído autores extranjeros se atreve a negar la creación o la inmortalidad del alma. A señalar, en boca de Cañuelo, el posible influjo de los «filósofos», que considera menor de cuanto se cree, y, sobre todo, el desprecio que manifiesta por cuantos se dejan influir por «esos libracos que a escondidas se han introducido en la nación».

Dejando al margen la ironía que puedan entrañar tales palabras, Cañuelo señala, en contraste, la plaga de supersticiones que existen en España. Y lo que es más grave: no sólo entre el vulgo, pues alcanza también a «un sinnúmero de mercedes y muchísimas señorías de pelo entero, muchas excelencias...» Cañuelo no tiene que esforzarse para señalar peregrinaciones sin sentido religioso, culto tributado a santos que sólo debiera darse a Dios, imágenes y devociones sin conexión con el original que representaban, falsas reliquias, milagros fingidos, cuyos autores creen hacer un servicio a la religión... Podríamos creer que estamos leyendo a Feijoo (milagros fingidos), Mayáns (ataque a la devoción tributada a la Divina Pastora) o incluso a nuestros erasmistas [232]. Lo grave, a juicio de *El Censor*, es que nada se oye contra estos abusos en los púlpitos españoles. «Así, se deja cobrar cada día más fuerzas a un enemigo cierto y muy temible (la superstición), por asestar todas las baterías contra otro (la incredulidad), que, si existe, podría muy bien combatirse sin dejar de combatir aquél».

No fue la última vez que Cañuelo combatió la superstición. En el discurso 146 vuelve a la carga, tomando esta vez los textos de libros impresos. La lectura de tantos ejemplos contrarios a la doctrina cristiana y presentados como modelo de devoción a la Virgen o a los santos produce una penosa impresión. Pero, a decir verdad, *El Censor* se apoya en unas palabras de Melchor Cano lamentando la falta de rigor crítico en las vidas de los santos. Pese al desgarro que parece dar Cañuelo a la colección de textos, no se desvía de la línea trazada por Feijoo contra los falsos milagros o de la crítica mayansiana al publicar la *Censura de historias fabulosas*, contra los santos fingidos. Y Cañuelo da sus razones. Ante las protestas suscitadas, se duele de que, en vez de ser condenados, tales libros sean aconsejados. Con ello plantea el clásico argumento de los ilustrados católicos, que pretenden armonizar su fe con la crítica: no se sirve a la religión con los falsos milagros. Por el contrario, los «milagros» censurados por Cañuelo son apócrifos, fomentan la credulidad del vulgo, son indignos de la majestad de Dios e injuriosos a los santos y, sobre todo, pervierten la buena moral. En esta línea, criticará

---

[232] Puede observarse cierto paralelismo entre Cañuelo y Juan de Valdés (*Diálogo de la doctrina cristiana*) sobre santificar las fiestas.

el *Epítome de la vida de San Francisco,* en que el P. Bozal exaltaba al
Santo en un vergonzoso paralelismo con las palabras y hechos que el
Evangelio atribuye a Cristo. Sin embargo, el discurso fue considerado
por el autor del *Cordonazo de San Francisco* (1787) como un ataque contra el mismo Santo. Y lo que resulta más curioso: todavía en 1796 condenaba la Inquisición el discurso de Cañuelo, pese a reconocer «tantas
blasfemias hereticales, tantas temeridades, tantas imposturas» atribuidas
a San Francisco, así como las «falsedades» que contenía el *Epítome,* del
P. Bozal. Razón del Santo Oficio: Cañuelo había afirmado que nada
había imitable en dicha obra y trataba el libro del P. Bozal «con estilo
burlesco y satírico» [233].

Otras dos ideas expuestas por *El Censor* debieron molestar al clero
conservador: la crítica de sus privilegios en el campo político y la censura de la amortización de tierras por parte de la Iglesia. El primer
aspecto aparece tratado en la imagen utópica de la isla de los Ayparcon-
tes, donde el clero, venerado con el mayor respeto, cumple a la perfección sus obligaciones, pero carece de cualquier poder en el campo de la
jurisdicción civil. La razón es clara: los privilegios atraen a gentes que,
sin interés espiritual alguno, buscan el cargo religioso por fines bastardos, llámese poder, dinero o vanidad. Por mucho que *El Censor* busque
situar su visión utópica en el hemisferio y entre quienes no conocían el
Evangelio, la crítica no podía pasar inadvertida.

Más clara resultaba todavía la censura de los privilegios económicos
de la Iglesia, y, sobre todo, más molesta al centrarse en la amortización.
Cañuelo se une con esta postura a una larga lista de españoles del XVIII
(Mayáns, Campomanes, Jovellanos) que lamentaban las excesivas implicaciones temporales de la Iglesia, que debía estar más libre de intereses
económicos para dedicarse a su tarea espiritual. Quizás la expresión más
dura de *El Censor* habría que buscarla en la réplica a quienes defendían
la necesidad de que la Iglesia tuviera bienes para socorrer a los pobres:
«Por otra parte, enriquecerlos a ellos (sacerdotes de la isla de los Aypar-
contes) para el socorro de los pobres, ¿no fue lo mismo que hacer los
pobres para hacer quien los socorriese? Sus riquezas, ¿no habían de
tener otros poseedores, que sin ellas estarían en la miseria? Restituyá-
moselas. Pues cuantas necesidades socorren los *Tosbloyes* (sacerdotes) ha-
remos de esta suerte que dejen de existir, y algunas más; y a ellos los
reintegraremos en la veneración de los pueblos, volviéndolos a la frugа-
lidad antigua y santidad de vida que sea consiguiente» [234].

La Iglesia primitiva: he aquí el ideal de los jansenistas españoles.
¿Habrá que incluir el nombre de Cañuelo entre nuestros jansenistas?
Así parece creerlo García Pandavenes: «Por debajo de sarcasmos e iro-
nías, se adivina en los editores un espíritu más bien puritano, a la manera de los llamados jansenistas». El caso de Cañuelo puede ayudarnos
a matizar. Hasta la década de los setenta, los jansenistas españoles (si

[233] Introducción de García Pandavenes a *El Censor* p.32.
[234] Ibid., 152.

exceptuamos la actitud de Mayáns, más abierto hacia la ilustración debido quizás a su humanismo) se oponen, en líneas generales y de manera tajante, a los «filósofos». Vicente Blasco, p.ej., censurará a los ilustrados, en concreto a D'Alembert, porque quería ver en el teatro una escuela de moral y de buenas costumbres. Más duro es todavía Climent, el obispo de Barcelona, al juzgar a los «pretendidos filósofos». «Los secuaces de esta secta —escribe— o son ateístas o materialistas, que niegan la existencia de Dios y la inmortalidad del alma, o son deístas, que negando toda religión revelada, se forjan una religión natural». Y, en concreto, «encargo a todos que no lean las obras de Voltaire...; la experiencia lo demuestra en muchísimos que, empezando a leer las obras de Voltaire por curiosidad, han venido a parar en deístas o ateístas rematados» [235].

Cañuelo, en cambio, aunque no acepta todos los criterios de los filósofos, sigue muchas de sus ideas político-económicas o métodos pedagógicos, al tiempo que los considera hombres eminentísimos. Así, en el famoso discurso contra el *Epítome*, del P. Bozal, después de lamentar el silencio general ante tantos escándalos protagonizados por los supersticiosos, no deja de celebrar las luces. «El día de la ilustración comienza a rayar sobre nuestro horizonte, y presto dejará verse en su lleno el sol de la verdad. A su luz me parece ver ya acometidos por todas partes los muros, dentro de los cuales se hallan encastillados el ateísmo encubierto, la cruel superstición, que es lo mismo; la vil hipocresía, que es peor (es vil hipocresía que insulta a Dios cara a cara y que se mofa y burla de lo más sagrado)...» [236]

Son las ideas de los católicos ilustrados. Si aparece evidente la oposición al ateísmo —Cañuelo se confesaba buen cristiano—, el énfasis está en la luz de la verdad, que en este caso tanto parece revelada como conseguida por el esfuerzo de la razón. Porque entre los hombres del «Tiers Parti» y los jansenistas coetáneos de la Revolución francesa está la postura mucho más abierta a las corrientes ilustradas de *El Censor*. En otras palabras, entre Climent y Jovellanos o Tavira hay que contar con la postura de Cañuelo. No en vano el ilustre gijonés publicó en *El Censor* algunos de sus más importantes poemas.

Las polémicas religiosas del reinado de Carlos IV

A nadie se le oculta que el reinado de Carlos IV constituye una etapa clave de la historia de España, y que, en consecuencia, haya interesado a muchos historiadores. Artola, Corona, Maravall, Marías, Seco..., se han preocupado por los problemas que entrañan los años que median entre 1788, en que muere Carlos III, y 1808, en que tiene lugar la invasión napoleónica. Dejando al margen matices, que siempre

[235] Ibid., 31; (Blasco), pról. a *De los nombres de Cristo* (1770); Climent, *Colección...* I 250-51; III 124.
[236] *El Censor* 260.

ayudarían a precisar, habría que señalar unas consecuencias fundamentales [237].

Desprestigio del despotismo ilustrado. Desaparecida la personalidad de Carlos III, la unión entre monarquía absoluta y reformismo queda rota, pese a los esfuerzos de Godoy. El monarca deja de ser el motor de las reformas —en realidad sólo lo había sido durante unos años del reinado de Carlos III—, cuyos partidarios evolucionarán hacia el liberalismo. Unos desde los mismos principios ilustrados (Cabarrús, León de Arroyal, Quintana...), otros por claro influjo revolucionario (Marchena o Rubín de Celis) o a través de muchos vericuetos y partiendo del jansenismo, como Joaquín Lorenzo Villanueva.

La crisis del Antiguo Régimen, evidente en su evolución interna, resulta agravada de manera decisiva por el desastre económico de las guerras provocadas directa o indirectamente por la Revolución francesa. Baste recordar, como síntoma de la nueva situación, el *Informe en el expediente de la ley Agraria*, de Jovellanos, o los primeros conatos desamortizadores de Godoy.

En el campo espiritual se hace visible la ruptura entre revolucionarios y reaccionarios. El artículo de Masson de Morvilliers había ya dividido a los grupos progresistas al enfrentarlos ante la dualidad tradición nacional-racionalismo universal. Ahora, la Revolución sirve de cuña que abre el abismo entre los espíritus.

Con esos problemas de fondo hay que enfocar el estudio de la religiosidad española durante el reinado de Carlos IV.

LA NUEVA GENERACIÓN JANSENISTA

Una primera nota llama la atención: el cambio generacional. La muerte de Carlos III coincide —apenas pocos meses de diferencia— con el inicio de la Revolución francesa, que modifica los planteamientos políticos, sociales y religiosos de la sociedad. Los viejos ministros del despotismo ilustrado no tardan en ser desplazados (Floridablanca) o se convierten en figuras decorativas (Campomanes). El conde de Aranda constituyó el puente para ceder el paso a la nueva generación política en la figura del joven Godoy.

Pero también el tiempo y los problemas religiosos fueron eliminando a los obispos del reinado anterior. Climent, Bertrán, Rodríguez de Arellano..., desaparecieron. Fabián fue eliminado por sus divergencias con Godoy, que aprovechó el tumulto provocado contra los inmigrados

---

[237] M. ARTOLA, estudio preliminar: *Vida y pensamiento de G. M. de Jovellanos:* BAE 85 p.I-LXXXVII; ID., *Los afrancesados* (Madrid ²1976); ID., *Orígenes de la España contemporánea* (Madrid 1959); CORONA BARATECH, *Revolución y reacción en el reinado de Carlos IV* (Madrid 1957); J. A. MARAVALL, *Cabarrús y las ideas de reforma política y social en el siglo XVIII:* Revista de Occidente, año VI, 2.ª ép. n.69 (1968) 273-300; SECO SERRANO, estudio preliminar: *Godoy, el hombre y el político:* BAE 88 p.I-CXXXVII; G. ANES, *La Revolución francesa y España,* en *Economía e Ilustración en la España del XVIII* (Barcelona 1969) 139-98. En la misma línea habría que incluir las obras de Demerson y F. López (ya citadas) y la de Derozier, de la que hablaremos en seguida.

franceses. Quedaba Lorenzana, primado de Toledo e inquisidor general, censurado por ilustrados como Jovellanos, y que sería enviado a Roma con la misión de ayudar a Pío VI, pero también como venganza por haber querido procesar al Príncipe de la Paz. Y Armanyá, retirado en su sede tarraconense, resulta cada vez más influido por su amigo el canónigo Félix Amat. Los nuevos obispos jansenistas serán mucho más radicales. Antonio Tavira, el «corifeo de los jansenistas españoles» según Menéndez Pelayo, obispo de Las Palmas, de Osma y finalmente, a solicitud de Jovellanos, de Salamanca con el fin de reformar la universidad. Agustín Abad y La Sierra, corresponsal de Grégoire y obispo de Barbastro, que mira con simpatía la actitud del clero constitucional francés, y su hermano Manuel, inquisidor general, que, después de salvar al obispo de Barbastro de las declaraciones presentadas ante el Santo Oficio, inició una revisión del *Indice de libros prohibidos* mucho más liberal. López Gonzalo, sucesor de Rubín de Celis en la sede de Murcia, protector de la Real Sociedad Económica de Amigos del País y amigo de Antonio Palafox, obispo de Cuenca y familiar y miembro importante del círculo de la condesa de Montijo. Francisco Mateo Aguiriano, obispo de Calahorra, partidario acérrimo del decreto de Urquijo y de los derechos episcopales en la dispensa de impedimentos matrimoniales... [238]

Los clérigos intelectuales, partidarios de las reformas y acusados de jansenistas, radicalizan sus posturas y van reuniéndose en la Corte. Villanueva recibió un cargo en el Santo Oficio en 1782. J. A. Llorente, miembro de la Inquisición de Logroño, pasó a la Corte en 1789 como secretario general de la Suprema. Los canónigos de la colegial de San Isidro formaban un grupo compacto de jansenistas: Joaquín Ibarra, Antonio Posada, Juan Antonio Rodrigálvarez, López Castrillo... En la misma línea hay que señalar a los profesores de los Reales Estudios de San Isidro: Blas de Aguiriano, defensor de Tavira y del decreto de Urquijo y familiar del obispo de Calahorra, que mantendrá la validez de las dispensas matrimoniales realizadas por los obispos; López de Ayala y el P. José La Canal, agustino de claras preferencias jansenistas que enseña filosofía en 1803 [239].

También los agustinos, que a lo largo del siglo habían polemizado con los jesuitas por defender la doctrina de San Agustín sobre la gracia y eran acusados de jansenistas, radicalizan su postura ideológica en la última década del siglo. Entre los religiosos de San Felipe el Real habría que incluir a Manuel Risco, amigo de Villanueva; Pedro Centeno, uno de los jansenistas más radicales; Diego González, el editor de la *Exposición del libro de Job,* de Fr. Luis de León, y amigo de Jovellanos y Meléndez Valdés; al P. Fernández de Rojas, autor de *El pájaro en la liga...* En Madrid residía, asimismo, José Espiga, canónigo de Lérida y redactor del famoso edicto de Urquijo de 1799. También José Yeregui, anti-

---

[238] SAUGNIEUX, *Un prélat...* 197-222; APPOLIS, *Les jansénistes...* 140-49; P. DE DEMERSON, *María Francisca de Sales...* 296-302; MENÉNDEZ PELAYO, II 534-43; OLAECHEA, *Las relaciones...* 581-91; SIERRA, *El episcopado...*
[239] APPOLIS, *Les jansénistes...* 144.155.

guo colaborador de Pérez Bayer y Blasco como preceptor de los infantes reales, radicalizó su postura. Corresponsal de Grégoire, a quien facilitó secretos inquisitoriales, y autor de *Idea de un catecismo nacional,* no puede negar sus preferencias jansenistas. Félix Amat, el heredero espiritual del obispo Climent, traslada su residencia a la Corte en 1803.

Finalmente, los seglares, cuyo grupo más importante es, sin duda, el círculo de la condesa de Montijo. Miembro de la alta aristocracia española y unida en matrimonio con un Palafox, María Francisca de Sales Portocarrero recibió, desde muy joven, el influjo de José Climent, que le aconsejó tradujese *Instrucción cristiana sobre el sacramento del matrimonio y sobre las ceremonias con que la Iglesia le administraba* (1774) de Le Tourneaux. La amistad con el obispo de Barcelona le valió más tarde la invitación del canónigo francés Clément a mantener correspondencia sobre el estado de la Iglesia española. La respuesta de la condesa es interesante, porque ofrece al canónigo la posibilidad de continuar la relación epistolar con tres personajes: Tavira, el oratoriano Montoya y Estanislao de Lugo. Todo ello demuestra que formaban parte del círculo ideológico de la condesa. Cercanos al grupo estaban, asimismo, Antonio Palafox, los hermanos Cuesta, canónigos de Avila; Villanueva, Manuel Rosell, hebraísta y académico de la Historia; muchos canónigos de San Isidro, el mismo Jovellanos, Meléndez Valdés... [240]

Junto al cambio generacional y el radicalismo de las ideas, la localización del movimiento en la Corte. Antes, los focos jansenistas estaban repartidos por la Península: Valencia, Salamanca, Barcelona... Ahora, las personalidades aparecen centradas alrededor de los grupos madrileños. Clérigos seculares que se establecen en instituciones docentes o al servicio de la Inquisición. Regulares que desde su convento ejercen creciente influjo y están relacionados con los movimientos de vanguardia. Seglares —nobles o funcionarios— que, preocupados por los asuntos religiosos, aportan su influjo social o su capacidad intelectual en dar consistencia al movimiento jansenista.

CORRIENTES INTERNAS E INFLUJO EXTERIOR

Una serie de factores explican la fuerza que adquiere el jansenismo español en la última década del siglo XVIII.

Los planes de estudio implantados en España a partir de 1771 aconsejaban los textos de Van Espen, Opstraet, Berti, Sidro Vilaroig... No todos son jansenistas, pero la postura cada vez más abierta de los agustinos, en consonancia con el pensamiento de su general, P. Vázquez, facilitaba la introducción de las actitudes radicales. Valga como expresión el análisis de las *Institutiones sacrae Theologiae,* de Facundo Sidro Vilaroig. La obra, que responde al consejo de que se redactasen nuevos manuales para los estudios universitarios, constituye la interpretación más original de la escuela teológica agustina española del XVIII. Dentro

---

[240] Ibid., 152-53.157; P. DE DEMERSON, *María Francisca de Sales...* c.15.

de la veneración por San Agustín, Sidro Vilaroig se manifiesta muy respetuoso con Bayo, Jansenio y Quesnel, que fueron considerados herejes, a su juicio, «per gravissimam iniuriam». De Bayo alaba su obediencia y sumisión a las determinaciones de la Iglesia. Al tratar del *Augustinus*, de Jansenio, el agustino valenciano no duda en afirmar: «nihil sane in eo contineri nisi Augustini doctrinam totidem fere verbis ex ipsius libris excerptum». Y en cuanto a Quesnel se refiere, ninguno de los errores que le fueron imputados era suyo, añadiendo que hubo muchas personas interesadas en su detracción [241].

La proximidad ideológica de los agustinos con los jansenistas explica semejantes afirmaciones. La escuela tiene, a juicio de Pérez Goyena, dos defectos: la excesiva autoridad concedida al obispo de Hipona y el hecho de que sus partidarios más rígidos se conforman con los principios jansenistas, aunque se expliquen de tal modo que desaparezca el virus de la herejía [242].

Interesa, por tanto, observar el planteamiento que hace Sidro Vilaroig de las cuestiones fundamentales planteadas en Pistoya. Es bien sabido que, para el sínodo, la potestad de regir, santificar y enseñar fue conferida por Cristo a la Iglesia como comunidad, y de ella la recibían los pastores, y, en esa línea, el papa sería sólo la cabeza ministerial de la Iglesia (D. 2602 y 2603). Pero Sidro distingue con precisión. Tanto los apóstoles como la Iglesia reciben las potestades referidas, pero en distinto sentido: «ab Ecclesia differunt quod ipsi (Pedro y los apóstoles) secundum earum usum, Ecclesia vero secundum originem et virtutem claves accepit». Y, en cuanto al primado de Pedro, su explicación resulta clara, basada en el «super hanc Petram» del evangelio de San Mateo, capítulo 18.

En cuanto al episcopalismo, punto clave en las discusiones teológicas del momento, la postura de Sidro Vilaroig resulta transparente. Los obispos, afirma, rigen «iure divino» las iglesias que se les ha confiado, lo que demuestra por el texto de los *Hechos de los Apóstoles* (20-28). Y lo que resulta más claro todavía: «Episcoporum enim iurisdictio non a Pontifice Maximo, sed a Christo est immediate», con lo que Sidro Vilaroig queda incluido en la línea de Mayáns, Climent o Tavira. Finalmente, también la Iglesia primitiva constituye, para el agustino valenciano, el punto de referencia de toda reforma, aunque sin llegar al radicalismo de Pistoya de suprimir las imágenes religiosas o de prohibir las misas privadas, extremos que condena explícitamente en sus *Institutiones*. Si a todo esto añadimos el sincero regalismo de que hace gala el agustino, tendremos una expresión de las corrientes teológicas de los jansenistas españoles expuesta en un manual universitario.

Y, junto a los libros de texto, la lectura de los clásicos del regalismo y episcopalismo: Febronio, Pereira, Tamburini... Ya aludimos con ante-

---

[241] He utilizado para esta exposición la tesis de Licenciatura de J. ROIG, *Sidro Vilaroig: su persona y su obra teológica. Una aproximación a la teología valenciana del XVIII*, presentada en la Facultad de Teología de Valencia (1970). Un resumen excesivamente esquemático en el I Congreso de Historia del País Valenciano (1971) (Valencia 1975) III 789-97.

[242] PÉREZ GOYENA, *Las escuelas teológicas españolas*: Razón y Fe, 65 (1923) 215-35.

rioridad al hecho de que por estas fechas (1789-90) se publican las *Observaciones al concordato de 1753*, de Mayáns, que, guardadas en la Secretaría de Estado, ni el mismo Roda se había atrevido a publicar por considerarlas excesivamente avanzadas.

A las corrientes intelectuales hay que añadir el influjo de los acontecimientos europeos que por su significación y transcendencia determinan la evolución religiosa posterior. El primero tiene lugar en Italia. Se trata del sínodo de Pistoya, que, por invitación del gran duque Leopoldo de Toscana, había llevado a cabo Scipione Ricci en 1786. El segundo, surgido dentro de las convulsiones políticas de la Revolución tuvo lugar en la Constitución Civil del Clero.

Todos los historiadores señalan la incidencia de ambos hechos en España. Herr indicó la importancia del influjo de Pistoya: lectura de las actas, cuya traducción intentaron editar los jansenistas españoles, y de los autores recomendados por el sínodo. También precisó el interés que despertó en Madrid la Constitución Civil del Clero, más que cualquier otro hecho político de la Revolución. Appolis, Saugnieux y Paula de Demerson han confirmado, desde sus respectivos campos de investigación, ambos aspectos. Finalmente, Tomsich ha señalado, quizás, el vehículo más importante por el que llegaban al público español las ideas de Ricci y del sínodo de Pistoya: el *Mercurio histórico y político*. Traducciones íntegras de las pastorales del obispo de Prato y amplia información, en contraste con la parquedad de espacio dedicada a otros temas, demuestran el interés de su director por los temas jansenistas.

Si en Pistoya, dentro de una religiosidad jansenista, podía observarse un predominio del episcopalismo, la Constitución Civil del Clero había sido obra de los galicanos. En ambos casos, la actitud antirromana resultaba evidente, y vino a fomentar la corriente española, ya muy impetuosa por esas fechas. Las declaraciones de Mayáns o Climent en favor de los obispos y de los concilios nacionales, las aplicaciones prácticas del regalismo español, el *exequatur regio* de 1762 o de 1768, el ideal de la Iglesia primitiva, basada en la pobreza y la caridad más que en la fuerza y poder, como decía León de Arroyal; los frecuentes ataques a la autoridad del papa que se habían oído en las conferencias de la Academia de Derecho Español y Público de Santa Bárbara, encuentran ahora su eclosión al verse confirmados por los acontecimientos europeos. Y, sobre todo, el regalismo sabrá utilizar las corrientes episcopalistas en su lucha constante con la Curia romana por el control de la Iglesia española.

No debemos, sin embargo, pensar que el conocimiento, y aun simpatía, de Pistoya o de la Constitución Civil del Clero implicara identificación de criterio o disposición seria para llevar a la práctica española esas ideas. Herr ya lo señaló en el aspecto político, y puede aplicarse con certeza al campo religioso. Baste observar el caso de Sidro Vilaroig. Regalista sincero, que se felicita por la actitud de Carlos III, y heredero de la línea reformista valenciana de Mayáns, el agustino está al corriente de los problemas teológicos planteados en Pistoya, pero los resuelve dentro de la más pura ortodoxia.

Claro está que no todos podían precisar como un catedrático de teología. Y había sus matices. De todos modos ahí queda el testimonio de Jovellanos: «Toda la juventud salmantina es *portroyalista*. De la secta *pistoyense*. Obstraect, Zola y, sobre todo, Tamburini andan en manos de todos; más de 3.000 ejemplares había ya cuando vino su prohibición; uno solo se entregó. Esto da esperanza de que se mejoren los estudios cuando las cátedras y gobierno de la universidad estén en la nueva generación. Cuando manden los que obedecen. Cualquiera otra reforma sería vana. Como la de los frailes. Los de Calatrava, en la última corrupción». Y el mismo Jovellanos anotará diez días después: «Lectura de la *Vera idea della Santa Sede*, de Tamburini», autor cuyas obras había comprado el 13 de octubre de 1791 [243].

DESARROLLO DEL RACIONALISMO

Vimos con anterioridad la infiltración del pensamiento ilustrado francés en España, y durante la última década del XVIII podemos observar una radicalización de posturas. Meléndez Valdés fue nuestro símbolo al estudiar el ambiente de la vieja universidad. El personaje evolucionó. Es cierto que no hay manifestaciones de que abandonase los presupuestos ideológicos de su pensamiento pero, en todo caso, su evolución posterior estaría influida por su íntimo Jovellanos, cada vez más próximo a la religiosidad jansenista. Pero los españoles del XVIII no hacían nuestras distinciones mentales ni establecían contradicciones entre Ilustración y jansenismo. Antes bien, una serie de afinidades: religiosidad interior, individualismo, oposición a las manifestaciones exteriores, antipatía ante el Santo Oficio..., explican el hecho de que la inmensa mayoría de los ilustrados españoles puedan ser incluidos en el grupo de los jansenistas. De todas formas, no resulta fácil juzgar del pensamiento íntimo de Meléndez Valdés. Que continuó familiarizado con el pensamiento racionalista francés no cabe duda. Pero también continuó cada vez más unido a Jovellanos, que era profundamente religioso, y en un jansenista de perfiles tan definidos como Tavira encontró el mejor apoyo y protección al presentarse en la Corte. En consecuencia, sus ataques duros y enérgicos contra las procesiones populares, igual pueden responder a ideas racionalistas que a exigencias de religiosidad interior reclamadas por los defensores del jansenismo [244].

También en Salamanca se formó el abate Marchena. Hombre de precocidad indudable y de asombrosa facilidad en el conocimiento de las lenguas, Marchena vivió intensamente la efervescencia intelectual ilustrada en la vieja universidad. «He leído todos los argumentos de los

---

[243] BAE 85,240-41.62.
[244] Resulta obligado remitirse a la obra de Demerson. Puede recordarse cuanto dijimos sobre la religiosidad de los ilustrados en el capítulo primero.

irreligiosos, he meditado, y creo que me ha tocado en suerte una razonable dosis de espíritu filosófico». Su racionalismo resulta, por tanto, evidente. Por lo demás, su actividad revolucionaria es bien conocida. Y la política explica, en gran parte, su mayor agresividad antieclesiástica, de que hace gala en sus proclamas al pueblo español al identificar la Iglesia con la forma concreta de su encarnación en el Antiguo Régimen [245].

Muchas implicaciones políticas entraña, asimismo, la postura religiosa de Quintana. La lectura de escritores ilustrados, conocida por su evocación retrospectiva, así como la facilidad de conocer los libros prohibidos en la biblioteca paterna (su padre tenía, como profesor de derecho canónico, licencia inquisitorial), influyen en el pensamiento del poeta. A señalar dentro de su concepción ilustrada, con una clara influencia de la *Enciclopedia* y de Voltaire, el elogio del progreso, el desprecio de grandes aspectos de la historia patria, el odio a la opresión, que considera, en gran parte, religiosa..., proceden de su pensamiento liberal. La mayor parte de la nueva escuela que rodea al poeta son, a juicio de Dérozier, hostiles al catolicismo, excepto Sánchez Barbero, que era profundamente católico. José Somoza es un librepensador. Gallego, ordenado sacerdote, manifiesta un vacío religioso en su poesía. «Quintana, en fin, de opiniones más avanzadas que su buen amigo Juan Nicasio Gallego y de conducta tan poco equívoca como Somoza, es un librepensador» que, ante el fanatismo de una situación revolucionaria, se manifiesta con frecuencia agresivo [246].

Profesor de Salamanca era Ramón Salas, que se vio implicado en un proceso inquisitorial. Los libros y folletos de propaganda del pensamiento revolucionario, difundidos ampliamente en la universidad, llegaron a los pueblos, y pronto cayeron en manos de los inquisidores, que, rastreando, llegaron a la fuente. En casa del Dr. Salas habían oído leer papeles subversivos, y a él o a su discípulo Marchena se atribuía su paternidad. Se trataría de una *Exhortación al pueblo español para que, deponiendo su cobardía, se anime a cobrar sus derechos*, así como *Oración apologética dicha en la plaza de toros de Madrid,* conocido hoy como *Pan y toros,* cuyo autor, según ha demostrado François López, era León de Arroyal. Pero sí parece que Salas fuera, al menos para la Inquisición no había duda, el traductor de los *Diálogos del abecé,* de Voltaire. Salas huyó de Salamanca, pero fue cogido por los inquisidores, que lo procesaron, y fue obligado a abjurar *de levi,* reprendido y desterrado de Madrid, de los Reales Sitios y de Salamanca durante cuatro años, el primero de los cuales residiría en un convento [247].

[245] MENÉNDEZ PELAYO, II 727-59; *Obras literarias de D. José Marchena (el abate Marchena)...,* con un estudio crítico-biográfico del Dr. D. M. Menéndez Pelayo (Sevilla, 2 vols., 1892-96); ALARCOS, *El abate Marchena...;* F. LÓPEZ, *Les premiers écrits de José Marchena:* Mélanges à la mémoire de Jean Sarrailh (París 1966) 55-67.
[246] A. DÉROZIER, *Manuel Josef Quintana et la naissance du libéralisme politique* (París 1968).
[247] APPOLIS, *Les jansénistes...* 125; ELORZA, *Pan y toros y otros papeles deliciosos de fines del siglo XVIII* (Madrid 1971); F. LÓPEZ, *Pan y toros:* Bulletin Hispanique (1969).

Hemos aludido a León de Arroyal, autor asimismo, como ha demostrado François López, de las *Cartas al conde de Lerena,* y que estuvo unido, en determinados momentos, al grupo de Salamanca. Arroyal tomó en sus obras una postura de crítica dura, no sólo contra el despotismo, sino contra las implicaciones temporales eclesiásticas, exigiendo una actitud de pobreza, austeridad y amor, con el ideal puesto en la Iglesia primitiva. Censura, sobre todo, el predominio de la superstición, que intenta suplir una fe y religiosidad auténticas, el excesivo número de clérigos, las prácticas externas sin transformación interior sincera: «La religión la vemos reducida a meras exterioridades, y, muy pagados de nuestras cofradías, apenas tenemos idea de la caridad fraterna». Era, sí, una crítica desde una perspectiva racionalista, pero que coincidía con el ideal de pureza cristiana de los jansenistas [248].

Si León de Arroyal vivía un tanto marginado, en la Corte se establecía Quintana como abogado de los Reales Consejos (1795). También vivía en Madrid un personaje tan caracterizado dentro del racionalismo español de fines del XVIII como Cabarrús. Francés de nacimiento, había colaborado con los ministros de Carlos III y contribuido a la creación del Banco de San Carlos. Perseguido durante los últimos años del gobierno de Floridablanca, Cabarrús encontró el apoyo de Godoy, a quien dedicó sus *Cartas.* El aspecto más interesante del pensamiento de Cabarrús respecto a la religión es el rigor con que lleva a las últimas consecuencias prácticas sus ideas sobre la naturaleza. El desarrollo de los medios que conduzcan al bienestar de la sociedad —para educar al ciudadano pide un catecismo cívico cuyo estudio fuera necesario— le lleva a enfrentarse con la Iglesia y hasta con la moral cristiana. Cabarrús condena la educación de los niños bajo la dirección de los religiosos, aconseja el divorcio, que en muchos casos ayudaría a conseguir la felicidad de los cónyuges o el establecimiento de mancebías bajo un rígido control sanitario... [249]

También la escuela sevillana tiene importancia. Aparte de la valía intelectual y poética del grupo (Arjona, Blanco, Lista, Reinoso...), su postura religiosa despierta el máximo interés. Ya Juretschke señaló las dudas de Lista en materia de religión. Y si bien Menéndez Pelayo dedicó un capítulo en su *Historia de los heterodoxos* a Blanco White, ha sido en estos últimos años, gracias a la actividad de Vicente Lloréns y a la publicación en castellano de algunas de sus obras, cuando el poeta hispano-inglés ha llamado la atención del público. Y, ciertamente, Blanco despierta la mayor curiosidad en el campo religioso.

Nacido en el seno de una familia sinceramente cristiana —padre irlandés y madre española—, pero de escasa preparación intelectual, pues, como él mismo confiesa, respecto a su madre, educada «con aquella ausencia de cultivo intelectual que prevalece entre las señoras españolas»,

---

[248] La primera edición completa ha sido realizada por J. Caso González; LEÓN DE ARROYAL, *Cartas económico-políticas (con la segunda parte inédita)* (Oviedo 1971). La primera parte había sido editada en 1968 por Elorza. Cf. F. LÓPEZ, *León de Arroyal, auteur des «Cartas político-económicas al conde de Lerena»:* Bulletin Hispanique 69,1-2 (1967) 26-55.

[249] Cf. la edición de Madrid 1973, con el interesante prólogo de Maravall.

Blanco vivió un ambiente contradictorio. Admiró siempre a los jesuitas, y después del extrañamiento sufrió el influjo de un escolasticismo caduco e inoperante. Su religiosidad, a juzgar por la descripción de la práctica de los ejercicios espirituales, estuvo dominada por el temor y la angustia. Sin embargo, no deja de sorprender su propia confesión de que la lectura del *Teatro crítico*, de Feijoo, y los *Discursos de historia eclesiástica*, de Fleury —dos monjes de sólida fe cristiana y muy difundidos entre los ilustrados y jansenistas españoles—, suscitaron en él, ya teólogo, las primeras dudas de fe. A partir de aquí, el afán de leer libros anticristianos, que le facilitaron sus compañeros de universidad, acabó provocándole una crisis, que le impulsó a dejar el catolicismo y sufrir una compleja evolución religiosa posterior [250].

Sin embargo, el personaje más significativo de la época y figura clave de nuestra Ilustración fue Jovellanos. Educado en Alcalá, abandonó sus ideas de entrar en el estamento eclesiástico y dedicó su actividad a la jurisprudencia. Enviado a Sevilla (1768), Jovellanos recibió un fuerte influjo del pensamiento ilustrado francés en el círculo de Olavide. Su traslado a la Corte (1778) como alcalde de Casa y Corte le permitió ampliar el campo de sus conocimientos. Miembro de las Academias de la Lengua y de la Historia, así como de la Real Sociedad Económica Matritense, y en continua relación con el grupo salmantino (Meléndez Valdés, Forner, Quintana...), Jovellanos es el hombre en quien confluyen todas las corrientes de pensamiento de fines del XVIII. Su conocimiento de la Ilustración extranjera es innegable. Basta leer sus *Diarios* para observar el interés por las obras que constituyen la clave del pensamiento europeo, que no puede reducirse a los franceses. Así, Edith Helman ha señalado la importancia de los escritores ingleses en la formación política y económica de Jovellanos: Locke, Adam Smith, Gibbon, Ferguson, Godwin... [251]

De su planteamiento reformista, dentro de los más puros cánones ilustrados, no puede dudarse. Su fe en la enseñanza como medio de evolución y cambio resulta revelador. Y Jovellanos se enfrentará con las implicaciones temporales de la Iglesia, especialmente económicas, que no dudará en atacar con dureza. Basten estas palabras del *Informe en el expediente de la ley Agraria*: «Si se busca la causa de este raro fenómeno, de la deserción de los campos y su débil cultivo, se hallará en la amortización. La mayor parte de la propiedad territorial de Castilla pertenecía entonces a iglesias y monasterios... Esta misma opulencia abrió en Casti-

[250] H. JURETSCHKE, *Vida, obra y pensamiento de Alberto Lista* (Madrid 1951); MENÉNDEZ PELAYO, II 910-44; BLANCO WHITE, *Antología de obras en español* (preparada por V. Lloréns) (Barcelona 1971); ID., *Antología de la obra inglesa* (preparada por J. Goytisolo) (Buenos Aires 1971); ID., *Cartas de España* (edita V. Lloréns) (Madrid 1972); ID., *Autobiografía* (traducida y prologada por Antonio Garnica) (Sevilla 1975); cf., además, V. LLORÉNS, *Literatura, historia, política* (Madrid 1967) y F. AGUILAR PIÑAL, *Blanco White y el colegio de Santa María de Jesús:* Archivo Hispalense 179 (1975) 1-54 (separata). A creer al Filósofo Rancio, también Puigblanch sufrió una crisis religiosa debido a la lectura de los racionalistas extranjeros; E. JARDI, *Antonio Puigblanch. Els precedens de la Renaixença* (Barcelona 1960) 37-49.
[251] E. HELMAN, 91-109.

lla otras puertas anchísimas a la amortización en las nuevas fundaciones de conventos, colegios, hospitales, cofradías, patronatos, memorias y aniversarios, que son los desahogos de la riqueza agonizante, siempre generosa, ora la muevan los estímulos de la piedad, ora los consejos de la superstición, ora, en fin, los remordimientos de la avaricia». El planteamiento no pasó inadvertido, y la Inquisición, como ha señalado Helman, inició un proceso de análisis y censuras del *Informe,* que sólo quedó detenido en 1797 por influjo de sus amigos del Consejo de Castilla y, en el fondo, del Gobierno.

Ahora bien, al tratar «la materia más sutil y acaso también la más polémica y peor comprendida», la postura religiosa de Jovellanos, los historiadores se dividen. Desde quienes desean ver en el gijonés un integrista, a quienes lo acusan de partidario del jansenismo. De integrista, nada, aunque sí muy religioso, que no es lo mismo. Del llamado jansenismo español hemos hablado ya con detenimiento, y no podemos ir con tanto miedo, como Gómez de la Serna, de incluir a Jovellanos entre los jansenistas, con los caracteres propios de la España del XVIII, claro está, y en el sentido histórico que tenía en su tiempo. De acuerdo con las precisiones de Gómez de la Serna de que, exceptuado el caso de Climent, no hay tanta diferencia, como pretendía Appolis, entre los jansenistas favorables al regalismo y los opuestos. En su inmensa mayoría, los jansenistas españoles son regalistas, tendencia que se radicaliza en la última década del siglo como consecuencia del influjo de Pistoya y de la Constitución Civil del Clero. Ya transcribimos en páginas anteriores el conocido texto de Jovellanos celebrando el influjo de Pistoya entre los estudiantes salmantinos. Y, aun aceptando la afirmación de Appolis de la «ulterior evolución ·al jansenismo», no podemos menos de observar, en la mentalidad religiosa de Jovellanos, las notas típicas de los jansenistas españoles: regalismo anticurial, religiosidad interior dentro del ideal de la Iglesia primitiva, interés por la Biblia y los Santos Padres, unido a la aversión por la escolástica, catolicismo ilustrado, antipatía hacia los religiosos y sus exenciones, mientras defienden los derechos episcopales, animosidad hacia la Inquisición...

Un personaje tan importante como Jovellanos nos obliga a insistir sobre las relaciones entre ilustrados y jansenistas. El lector habrá observado mi interés por estudiar separadamente el progreso del jansenismo y de las corrientes racionalistas. La separación está en función de propósitos clarificadores, y he señalado con frecuencia que algunos personajes, como Mayáns, tienen personalidad propia en ambos campos. Pero no puede negarse que en una primera fase, en líneas generales, los jansenistas toman una postura más bien antiilustrada. Baste recordar las acusaciones de Blasco o Climent contra D'Alembert o Voltaire. La evolución posterior irá acercando las dos corrientes en una línea unificada frente a los ultramontanos, conservadores, integristas o como quiera llamárseles. Cañuelo constituye un eslabón importante, pero el personaje clave es, por supuesto, Jovellanos. No puede despreciarse su amistad con los ilustrados, incluso los racionalistas de fe más o menos dudosa: Meléndez Valdés, Quintana, Cabarrús...; ni su actividad renovadora en el campo político-económico. Pero tampoco podemos olvidar su intimidad con jansenistas claramente definidos: Tavira, Villanueva, condesa de Montijo...; ni sus manifestaciones favorables a cuanto significaban tales personajes, en especial Tavira, a quien propuso para el obispado de Salamanca.

En todo caso, ambos grupos no tendrán inconveniente en colaborar juntos contra los que consideran enemigos comunes (Inquisición, centralismo romano, reaccionarismo clerical...). Ello explica que, además de apoyar las gestiones reformistas de Jovellanos (al fin y al cabo podía considerársele uno de los suyos), los jansenistas celebraran la actitud de Urquijo, un ilustrado traductor de Voltaire que estuvo procesado por el Santo Oficio y que el apoyo de Aranda logró salvar en 1792. En el fondo, y desde perspectivas distintas, encontraban los mismos obstáculos en el intento de implantar la sociedad que anhelaban. Es necesario, no obstante, insistir en la complejidad que entrañan las reacciones ante el decreto de Urquijo. Luis Sierra ha demostrado el carácter conservador y culturalmente antiafrancesado de Francisco Mateo Aguiriano, obispo de Calahorra, que intervino contra Urquijo en el proceso inquisitorial por su traducción de Voltaire. Pues bien, además del influjo de su primo Blas, vinculado a los Reales Estudios de San Isidro, su protesta contra el centralismo y la avaricia romana lo inclinaron a defender apasionadamente el decreto de Urquijo [252].

LOS IMPUGNADORES DEL ENCICLOPEDISMO Y LA POLÍTICA

Nadie que haya leído la *Historia de los heterodoxos* olvida fácilmente el fervor de D. Marcelino al hablar de los impugnadores españoles del enciclopedismo. Lleno de entusiasmo, esboza, en una rápida visión, la línea apologética hispana desde San Paciano, Prudencio y Orosio a Domingo Soto y Martín Pérez de Ayala, pasando por Ramón Martí y Ramón Lull. En esa perspectiva no desmerecen los del siglo XVIII. Puestos a valorar, frente a la «imitación y reflejo» de la literatura ilustrada, enciclopedista y jansenizante, Menéndez Pelayo coloca a los impugnadores de la Ilustración en la verdadera línea hispánica. Aunque no tiene más remedio que confesar que «en el estilo no suelen pasar de medianos, y las formas, no rara vez, rayan en inamenas, amazacotadas, escolásticas, duras y pedestres». Pero, en cuanto a erudición se refiere, «ni Bergier ni Nonotte están a su altura, y apenas los vence en Italia el cardenal Gerdil».

Entre los apologistas españoles del XVIII incluye D. Marcelino a Luis

[252] Appolis y Saugnieux tratan del «caso Jovellanos», así como Menéndez Pelayo en sus obras tantas veces citadas. Interesa, en este caso, la obra de GÓMEZ DE LA SERNA, *Jovellanos, español perdido*, 2 vols. (Madrid 1975) y J. CASO GONZÁLEZ, *Escolásticos e innovadores a finales del siglo XVIII (sobre el catolicismo de Jovellanos)*: Papeles de Son Armadans (abril 1965) 25-48.

José Pereira, autor de un *Compendio de teodicea* (1771); Antonio José Rodríguez, que escribió *El Philoteo* (1776); Fernando Ceballos, conocido por *La falsa filosofía, o el ateísmo, deísmo, materialismo y demás nuevas sectas convencidas de crimen de Estado contra los soberanos* (1775-76); Valcarce, Hervás y Panduro, Andrés Piquer, Juan Pablo Forner, Fr. Diego de Cádiz, al Filósofo Rancio y hasta Olavide (por el *Evangelio en triunfo*) y Jovellanos (por su *Tratado teórico-práctico de enseñanza*)... Cualquiera que conozca superficialmente el siglo XVIII español podrá observar las diferencias existentes entre todos estos autores respecto a las ideas ilustradas o en cuanto a su actitud ante Roma y la autoridad pontificia.

El planteamiento de D. Marcelino constituyó, desde el primer momento, un revulsivo. En el fondo era la réplica a Ferrer del Río, que había señalado en la Ilustración el origen del liberalismo. Desde la perspectiva política de un carlista de fines del siglo pasado, Menéndez Pelayo tiende a identificar la problemática religiosa con los ataques al Antiguo Régimen y considera a los defensores de la unión Altar-Trono como defensores del cristianismo y de la Iglesia. En contraste, Javier Herrero ha insistido en dos puntos: la mitología clásica de los reaccionarios —masones, ilustrados y jansenistas fueron la causa de la Revolución francesa— hoy no tiene consistencia, y, sobre todo, en estricta réplica a D. Marcelino, en el hecho de que también los conservadores españoles dependen del influjo francés, al menos en idéntica medida a los enciclopedistas.

La polémica ha producido abundante bibliografía. Si Menéndez Pelayo sólo juzgaba favorablemente a los enemigos de la Ilustración, Herrero o Julián Marías parecen inclinarse por cuantos se manifiestan liberales. El problema, no obstante, es más complejo, e historiadores recientes van clarificando los matices que entraña la polémica. Martínez Albiach ha intentado explicar la actitud de los predicadores en una concepción teológica de la vida y la historia o en el interés por las preocupaciones ilustradas de cara al mundo. Elorza ha señalado la evolución del misionero capuchino Miguel Suárez de Santander hacia una religiosidad liberal. François López ha precisado el origen mayansiano de la defensa de la tradición cultural hispánica de Forner dentro del conocimiento de Rousseau y Voltaire. Guillermo Carnero ha detectado el influjo de las controversias antienciclopedistas en el origen del pensamiento reaccionario de Böhl de Faber... [253]

Del problema sólo me interesa constatar unos principios que clarifiquen las polémicas ideológicas de fines de siglo.

El aglutinante de todas las polémicas de los conservadores es la oposición a la Ilustración racionalista francesa.

En líneas generales, los apologetas sufren un error de enfoque:

---

[253] MENÉNDEZ PELAYO, II 666-714; J. HERRERO, *Los orígenes del pensamiento reaccionario español* (Madrid 1971); J. MARÍAS, *La España posible en tiempo de Carlos III* (Madrid 1963); A. ELORZA, *Cristianismo ilustrado y reforma política en Fr. Miguel de Santander:* Cuadernos Hispanoamericanos 214 (octubre 1967); G. CARNERO, *Los orígenes del romanticismo reaccionario español: el matrimonio Böhl de Faber* (Valencia 1978).

identifican los intereses eclesiásticos, y hasta religiosos, con los planteamientos temporales de la Iglesia, vinculada a la estructura político-social del Antiguo Régimen.

En consecuencia, consideran necesaria la unión del Altar y el Trono para la defensa del catolicismo.

Toda tentativa de separar esta unión, aunque se respete la religión, es considerada como un ataque contra el Evangelio.

De ahí los ataques al liberalismo como fuente del desorden de las pasiones que dominan al hombre y de la igualdad de los hombres, en contra de la estructura social del Antiguo Régimen, que algunos consideran revelada.

Por supuesto, el pensamiento reaccionario no aparece en España como un antídoto a la Revolución francesa. Antes había tenido manifestaciones bien definidas. Ahora bien, si obispos como Bocanegra o Climent condenaban la lectura de Voltaire, alegaban razones religiosas: peligro de la pérdida de la fe ante el deísmo o la tolerancia predicada por los ilustrados franceses. En cambio, hubo quien alegó, desde el primer momento, otras razones: igualdad social, que fomentaban los ilustrados; la oposición al Antiguo Régimen, la desobediencia a la autoridad absoluta del monarca. Razones que adquirirían especial fuerza después de la Revolución. Ello explica la facilidad con que el Santo Oficio, de acuerdo con el Gobierno, persiguiera cualquier papel contrario al absolutismo.

Todos los historiadores señalan la campaña de propaganda revolucionaria que invade la Península, pese al cordón sanitario que con la ayuda de la Inquisición intentó establecer Floridablanca. El silencio absoluto sobre los hechos acaecidos en Francia pareció ser el ideal del secretario de Estado. Pero al mismo tiempo que entraban las nuevas ideas, lo hacían también las reaccionarias, y no era pequeña la importancia que en este aspecto tenían los exiliados franceses. Si bien los obispos españoles dieron un ejemplo de caridad aceptando a los clérigos no juramentados que abandonaron Francia, su actividad proselitista molestaba al Gobierno, que deseaba evitar cualquier polémica sobre la Revolución [254].

Como Richard Herr ha precisado, caído Floridablanca (28-2-1792), con la subida al poder de Aranda y poco después de Godoy (15-11-1792), se puede observar una mayor libertad de prensa. Los elogios a los ilustrados racionalistas se hicieron públicos, y, aunque los aspectos anticristianos de la filosofía moderna no entran en España, los libros filosóficos son más frecuentes (Sturm, Condillac...); la imprenta real edita el _Compendio de la obra inglesa intitulada Riqueza de las naciones, hecho por el marqués de Condorcet;_ la misma _Gazeta_ anunció el libro de A. Smith; instituciones ilustradas, como las Reales Sociedades de Amigos

[254] HERR, 246-48; L. GETINO, _La emigración de los eclesiásticos franceses en España durante la gran Revolución:_ Ciencia tomista 57 (1938) 253-80; L. SIERRA, _La inmigración del clero francés en España (1791-1801). Estado de la cuestión:_ Hispania 28 (1968) 393-421.

del País, reviven; se conceden mayores facilidades al Instituto creado por Jovellanos en Gijón... [255]

Pero esa libertad también fue aprovechada por los ultramontanos, que habían sido perfectamente controlados durante el reinado de Carlos III. En consecuencia, salen a luz pública las polémicas teológicas que venían trabajando la religiosidad española. En algunos casos había quedado ya patente el radicalismo de las posturas, pese a que la Inquisición vigilaba sin descanso a los protagonistas. Entre los jansenistas, el *Catecismo* de Yeregui, que fue prohibido en 1770 y sólo vio la luz pública en 1803, en Bayona. O el sermón pronunciado por el agustino Pedro Centeno el 20 de diciembre de 1789, en que defendía las Sociedades de Amigos del País, censurando a quienes murmuraban de tales instituciones benéficas. Pronto el Santo Oficio intervino en el asunto; censuró el sermón y condenó la osadía del agustino, que se había atrevido a criticar el *Catecismo* de Ripalda. No obstante, Centeno había radicalizado su censura en carta privada: «Dije a Vm., y ahora lo repito, que no conozco otra doctrina cristiana que la de la sagrada Escritura y la de la Iglesia, pero que ésta no es la del catecismo... Creerá Vm. que por doctrina cristiana se nos venden en ellos (catecismos de Ripalda y Astete) mil *embustes y patrañas*. Un pasito más. ¿Creerá Vm. que tienen sus cachitos de herejía?... ¿Una herejía mucho más maligna que la de Pelagio?» Queda claro, por tanto, que el enemigo contra quien se dirige Centeno es el molinismo y, en consecuencia, los jesuitas [256]. No obstante, la gran polémica surgió en 1793, centrada sobre la lectura de la sagrada Escritura.

POLÉMICAS SOBRE LA LECTURA DE LA SAGRADA ESCRITURA

El problema se había agudizado desde que apareciera el decreto inquisitorial permitiendo la lectura de la Biblia en lengua vernácula (1782). Los defensores de tal postura eran los herederos del erasmismo, que habían luchado a lo largo del siglo en favor del conocimiento de la Escritura como fuente de espiritualidad. Y en esa línea hay que incluir la traducción del P. Scio de San Miguel (1790) y *De la lección de la sagrada Escritura en lenguas vulgares* (1791), de Villanueva, que, aparecidos en el reinado de Carlos IV, responden a preocupaciones de los ilustrados del reinado anterior. La corriente continuará —así lo demuestran las ediciones de textos bíblicos: Hechos de los Apóstoles, libros sapienciales...—, pero las circunstancias habían cambiado, y los partidarios de la lectura de la Biblia por parte del pueblo tuvieron que enfrentarse con una encarnizada oposición.

Guillermo Díaz Luzeredi publicó en 1793 *Descuidos del Dr. D. Joaquín Lorenzo Villanueva en su obra «De la lección de la sagrada Escritura en len-*

---

[255] HERR, 291-99; G. ANES, *Economía e Ilustración...* El problema, no obstante, es complejo. Cf. J. DEMERSON y P. DE DEMERSON, *La decadencia de las Reales Sociedades Económicas de Amigos del País* (Oviedo 1978).
[256] TOMSICH, 65-66.

guas vulgares». Intentaba poner de relieve las inexactitudes y descuidos en la interpretación histórica de la Biblia, vindicar los autores censurados por Villanueva (Alfonso de Castro, Pedro de Soto, Roberto Belarmino...), criticar las citas de herejes (Usserio, Walchio...) o el uso de los Santos Padres como defensores de la lectura de la Biblia en lengua vernácula. Acusaba, asimismo, a Villanueva de faltar al respeto debido al Santo Oficio por haberse inclinado en favor de Furió Ceriol y el arzobispo Carranza (defensores de la lectura de la Biblia en castellano y ambos proscritos por la Inquisición) antes que por Alfonso de Castro, enemigo de la lectura del texto sagrado por todos los fieles y bien visto por el Tribunal de la Fe. Y en cuanto a la interpretación dada por Villanueva de la regla cuarta del *Indice Romano,* Luzeredi discrepa totalmente, pues la considera decreto conciliar y no sólo norma disciplinaria. Pese a la censura implícita al Santo Oficio, que, lógicamente, se apresuró a prohibir el libro de Luzeredi, el punto más grave consistía en la acusación de jansenista dirigida a Villanueva, epíteto que aplicaba también a Scio de San Miguel porque en su prólogo a la traducción de la Biblia había llamado «padre» a Quesnel. Debemos tener en cuenta que la bula *Unigenitus* había condenado, entre las proposiciones de Quesnel, la que decía: «Lectio sacrae Scripturae est pro omnibus» (D. 1430).

La réplica no podía demorarse, y Villanueva se apresuró a publicar sus *Cartas eclesiásticas* (1794). Pero buscó refuerzos. La aprobación de la obra fue encomendada a dos agustinos de prestigio: Manuel Risco, el continuador de la *España sagrada,* y Juan Fernández de Rojas. No podemos pasar por alto el matiz: Villanueva, defensor del agustinismo teológico y amigo de Risco, encuentra el apoyo de los agustinos. Eran los mejores aliados para defenderse de la acusación de jansenista. «A pesar de los esfuerzos de la autoridad real y de los rayos del Vaticano —escribirá Risco—, ha oprimido a un gran número de literatos beneméritos de la Iglesia una muchedumbre ciega armada con este fantasma. Saben que, sin más diligencia que gritar '¡Al jansenista, al jansenista!', tienen tumultuados una gran turba de sectarios del laxismo, a cuyo furor y astucia no hay autoridad que se oponga, ni virtud que resista, ni inocencia que no sea desolada.»

El fondo de la polémica ha quedado desvelado. Se trata, a juicio de los agustinos, de la acusación de jansenista, hecha por los partidarios del laxismo contra quienes defienden la lectura de la Escritura y la doctrina de San Agustín. Porque Villanueva y Scio de San Miguel son dos autores que han enriquecido a España «con multitud de obras piadosas» y que con la pureza de su doctrina inspiran la sólida piedad de los lectores. Villanueva publicó, entre las suyas, una carta del P. Scio en que defendía la ortodoxia de su traducción y se defendió con fuerza de las acusaciones de Luzeredi, en especial la de jansenista, fruto, a su juicio, de la obsesión por el fantasma del «jansenismo» que por todas partes ve el teólogo navarro.

El ataque de Luzeredi tiene su importancia, porque no es un hecho aislado. Se trataría, más bien, de una corriente de pensamiento contraria a la lectura de la Biblia por el pueblo y que tendría múltiples manifestaciones. Así se deduce de la tesis doctoral que prepara Haro Sabater, a cuya amabilidad debo los siguientes datos:

—La traducción castellana del oficio de Semana Santa hecha por Villanueva fue delatada al Santo Oficio.

—Entre las conclusiones teológicas defendidas en el colegioseminario de Plasencia (1800), una se refería a la conveniencia de leer la Biblia en lengua vulgar. La delación al Santo Oficio no se hizo esperar.

—Expediente formado por el Tribunal de la Fe a la traducción italiana de Mesenqui del Antiguo y Nuevo Testamento, que, iniciado en 1784, sólo fue autorizado en 1789.

—Al solicitar un librero en 1794 permiso para reeditar en castellano las *Antigüedades judaicas,* de Flavio Josefo, y, pese al esfuerzo de Villanueva, que, como calificador, alegó que la Inquisición ya permitía «al pueblo español el uso de las biblias vulgares», el Santo Oficio sentenció contra la reimpresión [257].

Todo ello viene a confirmar la existencia de dos formas de espiritualidad que venimos señalando a lo largo del presente estudio. Los partidarios de la religiosidad exterior, ceremonial y formularia prefieren que los fieles no conozcan directa y personalmente la sagrada Escritura y parecen inclinarse, asimismo, por un desconocimiento de los textos litúrgicos, lo que explica que fuese delatada al Tribunal de Fe la traducción del *Oficio de Semana Santa.* En contraste, aparecen los defensores de una religiosidad interior y anticeremonial, deseosos de que los fieles entren en contacto directo con las fuentes originales del cristianismo. Herederos de los erasmistas del XVI, predican una Ilustración de la piedad basando su esfuerzo, dentro del ideal de los primeros siglos de la Iglesia, en una historia que barra las tradiciones eclesiásticas que carecen de fundamento histórico y, sobre todo, en el conocimiento directo y personal de la sagrada Escritura a través de las traducciones para quienes no sepan latín, que traerá consigo una reforma moral. La polémica dio su fruto, y Jovellanos pudo escribir, unos años después, desde el castillo de Bellver: «Por fortuna está ya dirimida aquella antigua controversia que, no sé si con descrédito de nuestra piedad, se suscitó acerca de su lectura, negada por algunos a los legos como peligrosa, y abierta temerariamente por otros al uso e interpretación de todo el mundo» [258].

En la segunda polémica que inicia Villanueva en 1793 se enfrenta con Hervás y Panduro. El problema de fondo era la Revolución francesa, y, más concretamente, los presupuestos teológicos que, a juicio de

---

[257] Debo agradecer, además, a Haro Sabater que me facilitara su tesis de licenciatura, presentada en la universidad de Valencia (1973), sobre la juventud de J. L. Villanueva, aspecto no estudiado por J. S. LABOA, *Doctrina canónica del Dr. Villanueva. Su actuación en el conflicto entre la Santa Sede y el Gobierno español (1820-1823)* (Vitoria 1957). Cf. asimismo, J. A. MARAVALL, *Sobre orígenes y sentido del catolicismo liberal en España:* Homenaje a Aranguren (Madrid 1972) 229-66.

[258] BAE 46,259.

cada uno de los polemistas, están en la base del movimiento revolucionario. Richard Herr coloca ambos autores en la línea de los apologetas católicos, que iniciaron un nuevo despliegue durante el gobierno de Aranda. No obstante, las diferencias internas resultan evidentes. Hervás, jesuita exiliado, pidió en 1789 permiso para editar *Historia de la vida del hombre*. Como el prólogo al volumen primero no se consideró oportuno, Floridablanca negó la licencia. Pero, durante el gobierno de Aranda, Hervás solicitó el curso libre de la obra sin el prólogo, y le fue concedido. El tercer volumen de la *Historia de la vida del hombre* apareció en 1794, pero antes había visto la luz pública el *Catecismo de Estado,* de Villanueva (1793), que censuraba los presupuestos teológicos del jesuita.

Dentro de la concepción general de que las mejores ideas de los ilustrados podían conciliarse con la fe católica, Hervás atacaba la filosofía moderna y, con el afán de defender la teología elaborada durante la Contrarreforma (jesuitas), rechazaba a los escolásticos medievales, y de manera especial a sus coetáneos del XVIII, que miraban a los Santos Padres como oráculos. A nadie puede escapar la intención de Hervás: censurar a los jansenistas, que veían en San Agustín la base y centro de toda investigación teológica. Y, bajando a las polémicas concretas, toma postura contra los defensores de la lectura de la Biblia en lengua vulgar: «Los jansenistas —afirma— han adoptado esta máxima antilatina en su nueva secta anticatólica» [259].

Estos puntos, expuestos en los dos primeros volúmenes, eran más que suficientes para provocar la respuesta de Villanueva, que aprovechó el prólogo al *Catecismo de Estado* para censurar los principios teológicos del jesuita. Partiendo de la concepción suareciana de la hipótesis del hombre en estado de naturaleza pura y de la autonomía de la metafísica, Villanueva quiere ver una línea de pensamiento que encontraría su complemento en la filosofía moderna, que separa la moral natural de la revelada, y la política de la religión. En el campo moral, la actitud de los jesuitas (probabilismo) sería el primer paso de cara al filosofismo. Respecto a la política, todas las aportaciones de la filosofía moderna y de la Revolución francesa quedaban condenadas: la independencia del hombre, el contrato social libre y puramente humano, las obligaciones del príncipe, que, caso de no ser cumplidas, hacen lícita la ruptura del contrato por parte del pueblo; la igualdad de los hombres... Todas estas ideas de la filosofía moderna las quiere ver Villanueva en la obra de Hervás. Y lo que resulta más importante desde la antropología agustiniana, unitaria y englobadora del orden natural y el sobrenatural, Villanueva establece el origen divino de la autoridad de los reyes, que no dependían de contrato alguno; la subordinación a las autoridades constituidas, inspirada por el cristianismo, incluso ante los malos príncipes, ante los que sólo cabe la oración y la caridad... Era un paso más en su concepción teológica. La lectura de la sagrada Escritura, que en su pensamiento anterior producía bienes estrictamente espirituales, en-

---

[259] HERVÁS Y PANDURO, *Historia de la vida del hombre* (Madrid 1789; al público salió en 1793) II 89.

traña aquí unas consecuencias sociopolíticas, pues en la Biblia quiere encontrar la exigencia de la mayor subordinación a la monarquía absoluta. Dicho en otros términos, Villanueva ve en los jesuitas, que formaron una teología y una moral al margen de la Escritura y los Santos Padres, a los precursores de la Revolución francesa [260].

No deja de ser curioso tal planteamiento teológico en defensa de la monarquía absoluta precisamente en un autor como Villanueva, que años más tarde, en las Cortes de Cádiz, será uno de los más apasionados defensores de la soberanía popular. Pero estamos en 1793, y los presupuestos ideológicos del futuro doceañista, que querrá ver justificadas sus ideas liberales en la doctrina de Santo Tomás, eran muy distintos.

La respuesta de Hervás tuvo dificultades para salir al público. El jesuita, que continuaba en Italia, publicó en 1794 su tercer volumen de la *Historia de la vida del hombre,* en que acusaba a los jansenistas de ser responsables de la Revolución por las íntimas conexiones que habían mantenido en Francia con los «filósofos». Pero su campaña contra los jansenistas continuó. En 1799, durante la corta residencia en España, entre los dos destierros escribió al Consejo un largo informe, parcialmente publicado por González Palencia, defendiéndose de las acusaciones de Villanueva. Rechaza, por supuesto, el razonamiento de su contrincante, pues nunca los hombres, mientras han estado cuerdos, «han dado ni pensado jamás en dar por real y efectiva la distinción *lógica o metafísica* de los dos respetos —natural y sobrenatural— con que la escuela considera al hombre...» Pero en cuanto al jansenismo se refiere, Hervás mira los abusos de las convulsiones ocurridas en Francia, así como las condenaciones pontificias, al tiempo que lamenta los elogios que se le han tributado en la Corte del rey católico [261].

Hervás y Panduro está exponiendo sus ideas de *Causas de la revolución en Francia en el año 1789 y medios que se han valido para efectuarla los enemigos de la religión y del hombre,* en que incluirá a los jansenistas junto al calvinismo, filósofos y masones. La obra fue terminada en 1794 y presentada a la Inquisición en 1803. Pero el informe negativo de Félix Amat detuvo su edición. Sólo apareció en 1807, en vísperas de la invasión napoleónica.

Como puede observarse, pese a las implicaciones políticas de fondo centradas en la Revolución francesa, las polémicas teológicas responden a preocupaciones religiosas dentro de corrientes de escuela claramente definidas. Ahora bien, en las figuras de menos altura, el interés doctrinal quedará diluido en los avatares de la guerra contra la Convención. Más aún, los ultramontanos verán en la campaña militar una cruzada religiosa contra el ateísmo revolucionario. Obispos con sus pastorales, frailes con sus sermones, suscitarán el entusiasmo del pueblo. Señale-

[260] J. L. VILLANUEVA, *Catecismo de Estado* (Madrid 1793). Haro Sabater precisa, basado en dos textos del *Año cristiano,* que Villanueva escribió el *Catecismo de Estado* para contrarrestar los efectos del *Catecismo del ciudadano* y la obra de Hervás.

[261] A. GONZÁLEZ PALENCIA, *Eruditos y libreros del siglo XVIII* (Madrid 1948) 193-279, especialmente 274-79.

mos por su radicalismo a Menéndez de Luarca en su pastoral: *El reino de Dios y su justicia, obradora de la paz; exhortación que el obispo de Santander hacía a sus diocesanos, y por ello a todos los españoles, sobre guerrear, fuertes en la fe, las guerras del Señor contra sus enemigos los franceses libres* (1794). No será el único. También Francisco Armanyá, arzobispo de Tarragona, escribió un folleto, a juicio de Herr, «verdaderamente respetable», aunque no siempre conseguía evitar los lugares comunes. «Lo que verdaderamente —escribía— los hace esclavos es la falta de religión, la violencia de las pasiones». E a la terminología reaccionaria. Pero la figura clave del momento fue, sin duda, Fr. Diego de Cádiz, no sólo por sus sermones, sino también por su libro *El soldado católico en guerra. Carta instructiva ascético-histórico-política...* (1793). Era el intento de santificar la guerra contra la Revolución francesa [262].

El hecho tiene su importancia. La monar uía absoluta encontró apoyo en un momento decisivo, y logró, una vez más, crear el mito de la guerra de religión. Será sólo un momento, pero quedó como un ejemplo. La paz de Basilea (1795) permitiría una mayor infiltración de ideas filosóficas, no interrumpida ni siquiera durante la guerra contra la Convención. Y lo más importante: al abandonar las armas dejó la lucha dialéctica para los libros. No me interesan todos los amagos de contraste ideológico, pero no puedo dejar de lado la estruendosa polémica que tuvo lugar en 1798.

DIVERGENCIAS SOBRE LA NATURALEZA DEL JANSENISMO

Las circunstancias en que surgió la polémica resultan clarificadoras. La llamada de Jovellanos a la Secretaría de Gracia y Justicia despertó grandes esperanzas entre ilustrados y jansenistas. El programa de reformas abarcaba tres frentes especialmente conflictivos. 1) La Inquisición. El caso delatado por el deán de Granada de que el Santo Oficio había clausurado un confesonario de un convento de monjas sobre el que no tenía jurisdicción desencadenó una tormenta. Jovellanos encargó la consulta a Tavira, quien informó contra el Tribunal de la Fe. También lo hizo Jovellanos, que pasó su informe al rey. 2) El episcopalismo. El ataque a la Inquisición estaba montado sobre los derechos jurisdiccionales usurpados a los obispos. 3) La reforma universitaria en un sentido antiescolástico, pues Jovellanos hizo nombrar a Tavira obispo de Salamanca para que la dirigiera.

Pero los conservadores también tenían sus protectores. Herr señala varios grupos. Partidarios de la Inquisición entre el episcopado: Fernández Vallejo, obispo de Salamanca, donde tuvo fricciones con Ramón Salas y después arzobispo de Santiago; Rafael Múzquiz, confesor de la

---

[262] HERR, 255; TORT, 389-431; E. SALVADOR, *La guerra de la Convención en un periódico español contemporáneo:* Homenaje al profesor Alonso Aguilera (Valladolid, en prensa). La profesora Salvador demuestra las frecuentes referencias a los ultrajes de los franceses a las imágenes sagradas y el carácter religioso que quiere darle el Gobierno de Madrid a la guerra.

reina; Ramón de Arce, inquisidor general y arzobispo de Burgos... El grupo encontraba, además, el favor de José Antonio de Caballero, miembro del Consejo de Guerra y sucesor más tarde de Jovellanos en la Secretaría de Gracia y Justicia. El «partido inglés», formado generalmente por aristócratas que deseaban la ruptura hispano-francesa. Finalmente, el permiso real para que los jesuitas exiliados pudieran regresar a España dio nueva fuerza y vigor al grupo ultramontano.

El enfrentamiento entre ultramontanos y jansenistas sería, para algunos historiadores, la causa de la caída de Jovellanos. En este sentido, la historiadora E. Helman cree que fue el Santo Oficio, que había seguido un proceso a partir de la publicación de *Informe en el expediente de la ley Agraria*, el responsable principal de la caída de Jovellanos. Por el contrario, Gómez de la Serna rechaza tal interpretación, y juzga que la verdadera causa hay que buscarla en el acuerdo entre la reina y Godoy para deshacerse de los ministros Jovellanos y Saavedra [263]. En todo caso, si fueron los ultramontanos quienes lograron eliminar a Jovellanos, no pudieron impedir que un ilustrado, traductor de Voltaire y enemigo de la Inquisición, Mariano Luis de Urquijo, ocupara la Secretaría de Estado. Pues bien, durante el gobierno de Urquijo explotó la polémica.

Los conservadores publicaron en Madrid (1798) la traducción castellana del libro de Rocco Bonola *La liga de la teología moderna con la filosofía en daño de la Iglesia de Jesucristo*. En forma irónica —la teología moderna (jansenismo) invitaba a sus afiliados y a los filósofos incrédulos a unir sus fuerzas contra la religión revelada—, Bonola atacaba los puntos esenciales de los conflictos religiosos del momento. Bajo la gran pantalla del ideal de la Iglesia primitiva, con el adecuado uso de la Biblia, «tesoro inexhausto en que cada uno pesca lo que quiere»; fomentando los derechos episcopales y, finalmente, insuflando las mismas ideas en los párrocos de aldea que los enfrenten a los obispos, acabarán con la suprema autoridad del romano pontífice. El libro, que iba dirigido contra Scipione Ricci y el Sínodo de Pistoya, atacaba los puntos básicos del movimiento jansenista: vuelta a los ideales de la Iglesia primitiva, lectura de la Biblia en lengua vulgar, episcopalismo y riquerismo y la concepción del romano pontífice como centro de unidad, pero limitado en su potestad jurisdiccional [264].

El efecto debió de ser grande entre los medios religiosos, y la respuesta, para ser eficaz, debía utilizar el mismo tono irónico. De la tarea se encargó, con la máxima rapidez, el agustino Fernández de Rojas, poeta de la escuela salmantina y amigo de Jovellanos y Meléndez Valdés, que ya había intervenido en las polémicas doctrinales, aprobando, junto con Risco, las *Cartas eclesiásticas*, de Villanueva.

El 25 de noviembre de 1798 aparecía fechado *El páxaro en la liga. Epístola gratulatoria al traductor de la liga de la teología moderna con la filo-*

---

[263] SAUGNIEUX, *Un prélat...* 223ss; HERR, 351; GÓMEZ DE LA SERNA, II 94-96; HELMAN, 33-69.

[264] Un resumen en TOMSICH, 45-48.

sofía. Bajo el nombre fingido de Cornelio Suárez de Molina, el autor introduce en la conversación a un molinista converso, en cuya boca pone las acusaciones más fuertes contra la Compañía. De los puntos tratados por *La liga*, Fernández de Rojas deja al margen el tema de la jurisdicción de los párrocos, aunque también en España era un asunto polémico.

Entre las acusaciones contra la Compañía: laxismo y moral acomodaticia, regicidio, afán de poder..., insiste en las razones que, a su juicio, demuestran que los jesuitas son acreedores a la paternidad sobre los «nuevos filósofos». Pecado filosófico, hombre en estado de naturaleza pura, tolerancia en los ritos malabares, probabilismo..., son razones que alega en su favor. La sorpresa del autor aumenta al contemplar que son los jesuitas precisamente quienes carguen la culpa sobre los jansenistas. Ni que decir tiene que las referencias a la Biblia son frecuentes, y siempre en el sentido de que se trata del origen de toda verdad revelada y de moral rigurosa.

Un punto le merece especial atención: el concepto de jansenismo. Sería la gran invención que sirve para todo. Fernández de Rojas está entre quienes creen que se trata de un fantasma que sólo sirve para asustar y el mejor medio inventado por los jesuitas para eliminar a sus enemigos. «Sobre todo, ¿no tenemos el jansenismo? ¡El jansenismo! Esta obra maestra de nuestra política basta para cuanto queramos emprender... No lo dudemos: cualquiera de nosotros, cogiendo el jansenismo en una mano y el molinianismo *(sic)* en otra, se puede andar por ese mundo de Dios desbaratando falanges enteras de enemigos y reclutando legiones a nuestro partido» (p.18-19). Entonces, ¿no existe el jansenismo? El agustino, en la misma línea de sus precursores de la generación anterior, lo reduce a las cinco proposiciones condenadas en la bula *Cum occasione*. Pero no hay nadie que las defienda. Ahora bien, «si por jansenistas se entienden los que combaten nuestras doctrinas relajadas, predican el amor de Dios y del prójimo, pretenden ahuyentar de la Iglesia las relajaciones que se han introducido, dan a la gracia de Jesucristo el valor y la fuerza que la adquirió con su preciosa sangre y solicitan que todo el pueblo cristiano ame la virtud y deteste los placeres y el vicio, le confieso a Vmd. que en este sentido tengo por jansenistas a todos los padres, a todos los concilios, a todos los santos y aun al mismo Jesucristo. El jansenismo no existe sino en las mencionadas proposiciones o en el que tenga la temeridad de defenderlas; pero nosotros bautizamos con este nombre odioso a cuantos impugnan nuestras doctrinas; y Vmd. sabe muy poco si ignora que nuestra política, nuestra infernal política, de muchos años a esta parte ha consistido en acusar de jansenistas a cuantos nos hacían sombra con su erudición y sabiduría, porque, como le tengo dicho, nuestra ambición era que no hubiese más teología que la nuestra en el mundo» (p.52-53).

Y, en cuanto al episcopalismo, su postura no deja de ser clara. Los jesuitas, en su afán de mando, han insistido en conceder excesivo poder al papa —y ya desde el primer momento, con la evidente alusión que hace Fernández de Rojas a la actitud de Laínez en Trento— y disminuir la potestad de los obispos. Con esta postura favorable al episcopalismo, el autor aportaba su gota de agua a la gran corriente que, en aumento a lo largo del siglo, estaba a punto de salir con violencia a la luz pública en el llamado cisma de Urquijo [265].

RADICALIZACIÓN IDEOLÓGICA E IMPLICACIONES POLÍTICAS

Hemos aludido repetidas veces al episcopalismo centrado en su vertiente reformista: jurisdicción sobre religiosos, control de párrocos y beneficiados, convocatoria de concilios provinciales y nacionales..., y por necesidad tuvo que salir la raíz de donde procedían tales poderes: la jurisdicción, recibida inmediatamente de Cristo en la consagración episcopal. Ello entrañaba un problema jurídico en las relaciones con la Santa Sede, especialmente en el campo de las dispensas matrimoniales. Si con anterioridad hubo manifestaciones reivindicativas de los obispos españoles, el problema se puso en primer plano en la última década del siglo. Hasta el obispo constitucional francés Grégoire se consideró con derecho a intervenir —como lo había hecho contra la Inquisición— en favor de los derechos jurisdiccionales de los obispos españoles en el asunto de las dispensas matrimoniales [266].

Rafael Olaechea señaló los antecedentes del decreto de Urquijo en la correspondencia cruzada entre Azara y Godoy, en especial el informe del embajador ante la Santa Sede, de 25 de septiembre de 1797. No voy a estudiar el proceso que llevó al decreto de Urquijo de 5 de septiembre de 1799 al conocerse en Madrid la muerte de Pío VI, la actitud del nuncio, la división de los obispos, porque son aspectos estudiados por el Dr. Egido en el capítulo dedicado a las relaciones Iglesia-Estado [267], así como la solución después que fuera elegido Pío VII en el conclave de Venecia. Pero quiero precisar el avance de los ultramontanos y las circunstancias que contribuyeron al fracaso de los jansenistas.

La publicación del decreto de Urquijo hizo surgir jansenistas por todas partes: obispos, canónigos, profesores, religiosos, seglares... Pero tampoco faltaron enemigos del decreto. De la fuerza del grupo antijansenista puede dar idea el fracaso de Urquijo, precisamente durante los meses en que estaba vacante la Sede Apostólica, en su intento de imprimir la traducción de dos obras clásicas del regalismo: la *Tentativa teológica*, de Antonio Pereira, *El espíritu de la jurisdicción eclesiástica*, del napolitano Jenaro Cestari. Los fiscales del Consejo de Castilla, el mismo Consejo y la asamblea de curas de Madrid censuraron las obras como contrarias a la doctrina de la Iglesia, porque disminuían la autoridad pontificia [268].

---

[265] El folleto de Fernández de Rojas resulta difícil de localizar. He podido manejar un ejemplar gracias a la amabilidad de G. Carnero.

[266] OLAECHEA, *Las relaciones...* I 292.301-302; APPOLIS, *Les jansénistes...* 36-37.

[267] Cf. los libros de Sierra y Olaechea tantas veces citados, así como MENÉNDEZ PELAYO, II 534-43; MARTÍ GILABERT, 433-66.

[268] APPOLIS, *Les jansénistes...* 143-47; P. DE DEMERSON, *María Francisca de Sales...* 296-97.

La elección de Pío VII (14-3-1800) tenía que cambiar por necesidad los planteamientos. Urquijo revocó el decreto de 5 de septiembre de 1799, cuya vigencia debía durar hasta la elección del papa, pero mantuvo su postura con energía. A la muerte del obispo de Cuenca, nombró a un jansenista tan caracterizado como Antonio Palafox para ocupar la sede, y para la vacante de arcediano que dejara el nuevo prelado, a Juan Antonio Rodrigálvarez, de la colegial de San Isidro y del círculo de la condesa de Montijo. Pero también los antijansenistas arrecian en sus ataques. Los predicadores se atreven en la misma corte a censurar a los miembros del salón de la condesa como de un conciliábulo jansenista. Se trata de Baltasar Calvo, uno de los pocos canónigos de San Isidro no jansenistas, y del dominico Antonio Guerrero, prior del convento del Rosario, de Madrid. Sin embargo, los ataques de los ultramontanos difícilmente hubieran logrado eliminar a los jansenistas sin el apoyo de otras fuerzas.

En primer lugar, el papa Pío VII. Resulta lógico que las acusaciones de Calvo y de Guerrero contra el círculo de la condesa de Montijo provocaran una dura réplica de sus partidarios. Pero el documento redactado por Rodrigálvarez y Posada, en vez de ir a manos de Urquijo, a quien estaba dirigido, pasó, por medio de Godoy, al nuncio y llegó a Roma. Y Pío VII se apresuró a felicitar a quienes se habían atrevido a atacar a los jansenistas. Más todavía; en carta personal a Carlos IV, el papa lamentaba el espíritu de innovación de algunos ministros y de obispos españoles que perjudicaban a la Sede Romana. De todos es conocido el comentario de Godoy: «Esta carta fue la ruina del ministro Urquijo» [269].

Puede que tuviera razón Godoy, pero sin el apoyo del Príncipe de la Paz no hubiera conseguido nada el papa. Es necesario reconocer la importancia que juega en estos asuntos Godoy con la ayuda de la reina. La enemistad creciente de María Luisa contra Urquijo y las manipulaciones del mismo Godoy con el nuncio respecto a la caída de Urquijo y la aceptación de la *Auctorem fidei* resultan tan evidentes, que no pueden sorprender los términos cariñosos y agradecidos que le tributa el papa en su carta. Desde esa perspectiva, adquieren nuevo sentido las palabras de Jovellanos en su *Diario:* «Decreto para admitir la bula *Auctorem fidei:* orden para su observancia. Azotes al partido llamado jansenista. ¡Ah! ¡Quién se los da, Dios mío! Pero ya sabrá vengarse» [270].

Sin embargo, el golpe definitivo vino de Francia. La caída de Urquijo se decidió en París al considerar Napoleón al secretario de Estado responsable del gesto autoritario de Carlos IV, que exigió la salida de la escuadra española del puerto de Brest. Y lo que era más importante: la firma del concordato entre Napoleón y Pío VII, por muchas concesiones que hiciera Roma, entrañaba un aspecto de especial transcendencia para los jansenistas: la victoria del papa, primado de jurisdicción sobre

[269] GODOY, *Memorias:* BAE 88,309; GÓMEZ DE LA SERNA, II 119-25; J. CASO GONZÁLEZ, *Notas sobre la prisión de Jovellanos:* Miscelánea Asturiana (1964) 227.
[270] BAE 85,413. La carta de Pío VII a Godoy, en BAE, 88,311.

el galicanismo episcopalista. El reconocimiento del poder papal para destituir a los obispos, reconocido por el Gobierno francés, implicaba un duro golpe al episcopalismo, tan calurosamente defendido por los jansenistas españoles.

La confluencia de todos estos factores explica la caída de Urquijo, el nombramiento de Godoy como secretario de Estado, la aceptación de la *Auctorem fidei* y la persecución de los jansenistas. Godoy se atribuye el mérito de haber resuelto las dificultades con Roma por medios pacíficos, aceptando la bula, mientras culpa a Caballero de los violentos ataques a los principales representantes del movimiento jansenista español. Pero lo cierto es que la aprobación real de la *Auctorem fidei,* que había sido promulgada en 1794 y sólo siete años después aprobada por el Gobierno español, está redactada en tales términos, que brindó a los ultramontanos y a la Inquisición el arma necesaria para perseguir a sus enemigos [271].

Pronto se inició la represión. Urquijo y Meléndez Valdés fueron desterrados. Los obispos Tavira (Salamanca) y López Gonzalo (Murcia) fueron delatados, así como los canónigos Rodrigálvarez y Espiga; los hermanos Cuesta, de los que sólo Antonio pudo escapar a Francia después de estar escondido en Madrid bajo la protección de la condesa de Montijo. Antonio Palafox, obispo de Cuenca, reaccionó con energía y se atrevió a acusar a los jesuitas... Con la condesa de Montijo ni Godoy ni Caballero se decidieron a actuar en 1801. Paula de Demerson ha demostrado que el Príncipe de la Paz, pese a las protestas de afecto de sus *Memorias,* manifestó en repetidas ocasiones el odio a la familia de la condesa, y aprovechó los disturbios ocurridos en Vasconia para desterrar a Logroño a la ilustre señora (1805). El decreto de la nueva expulsión de los jesuitas fue, a juicio de Herr, «soborno fácil para la conciencia perturbada de quien traicionaba a los hombres que más lo habían apoyado, y, antes que a él, a su padre, en la política eclesiástica». Pero no resolvía el problema [272].

Resulta, por tanto, evidente una íntima conexión entre la política y las persecuciones antijansenistas. Más claro es todavía el caso de Jovellanos. Gómez de la Serna insiste en la enemistad de Godoy y de la reina contra Jovellanos —las alusiones en la correspondencia privada del Príncipe de la Paz a María Luisa son evidentes—, única manera de explicar la saña con que fue perseguido el ilustre gijonés. Pero lo que en este momento me interesa señalar es la fuerza que adquieren las ideas ultramontanas. Si lo creía de veras o era una estratagema dialéctica de autojustificación, las palabras de Godoy son clarificadoras: «Para aprovechar el poder de aquella institución formidable (Santo Oficio), sin que sospechase el rey que sometía de nuevo al Tribunal las regalías de la Corona, lo combinó (Caballero) con el palacio e hizo él una espe-

---

[271] El texto del decreto, en BAE 88,312.
[272] P. DE DEMERSON, *María Francisca de Sales...* 302. La documentación diplomática del embajador francés ha resultado definitiva, pese a la opinión de Appolis, que consideró había sido perseguida en 1801.

cie de oficina mixta del poder real y el poder eclesiástico, persuadiendo tristemente a Carlos IV de que el Altar y el Trono, bajo aquel sistema, procedían mancomunados para guardarse mutuamente contra los enemigos de la Iglesia y del Estado que hormigueaban en España». A Godoy sólo le faltó decir la responsabilidad personal que le correspondía [273].

Y, junto a las personas, también se persiguieron las ideas. Se delató al Santo Oficio las obras de Nicolé, que, retiradas del _Indice_ inquisitorial en 1792, fueron de nuevo condenadas en 1804. Pero la prohibición alcanzó a otros autores, tanto jansenistas (_Cartas_ de Le Plat sobre la bula _Auctorem fidei_ [1801], _Manual del Cristiano conteniendo los libros de los Salmos, Nuevo Testamento..._, de Le Maître de Sacy [1804]) como ilustrados (el _Ensayo filosófico sobre el entendimiento humano_, de Locke [1804]; _Estudios de la naturaleza_, de Saint-Pierre; diversas obras de Pope traducidas al francés; _De la literatura considerada en sus relaciones con las instituciones sociales_ [1806]). La actitud inquisitorial aparece justificada, porque tales doctrinas pueden producir graves perjuicios a la religión y al Estado. Y Defourneaux afirma que fue llevada a cabo con el mayor rigor tanto en la imprenta real como en las demás librerías. En cambio, si unos años antes la carta de Grégoire al inquisidor Arce provocó la respuesta de varios españoles: Villanueva, Luis Pedro Blanco..., ahora surge espontánea la obra de Riesco en defensa de la utilidad del Santo Oficio [274].

Hay que confesar, sin embargo, que la represión no ahogó el movimiento jansenista. Así lo confiesa Appolis, que aporta una serie de datos. Unos clérigos de Córdoba se dirigen a Grégoire solicitando el envío de _Les Annales de la religion._ José Yeregui manifiesta su afecto por el clero juramentado durante su estancia en Bagnères, donde publica _Idea de un catecismo nacional_ (1803). Félix Amat es bien recibido en la corte en 1803, y se atreve a juzgar con dureza las _Causas de la revolución de Francia en el año 1789_, de Hervás y Panduro, y en su informe, al tiempo que aconseja se le niegue el permiso de publicación, se manifiesta partidario del extrañamiento de los Padres de la Compañía e insiste en limitar el concepto de jansenista a quienes se muestren contrarios a las bulas _Unigenitus_ y _Auctorem fidei_. Pero no acepta la amplia extensión que ha querido dársele, acusando a teólogos y religiosos que no merecen tal calificativo ni que se les identifique con los deístas. Los libros de la escuela agustina continúan teniendo gran aceptación, como lo demuestra la nueva edición de la teología de Bertí (1804-1806) y de las obras de Fr. Luis de León (1804). El mismo Villanueva puede publicar el volumen sexto de sus _Domínicas, ferias y fiestas movibles del año cristiano en España_ (1803), el _Kempis de los literatos_ (1805) y hasta el mismo Carlos IV lo nombró penitenciario de la capilla real y le concedió la Orden de Carlos III [275].

---

[273] Ibid., 299; BAE 88,260.

[274] APPOLIS, _Les jansénistes..._ 132-33.154; DEFOURNEAUX, _L'Inquisition..._ 78.82.

[275] Múltiples datos en APPOLIS, _Les jansénistes..._ 174-75, así como en las páginas dedicadas a Félix Amat.

Esta tácita tolerancia fue posible por la doble actitud del gobierno español, que no estaba dispuesto a perder los privilegios que entrañaban las regalías. De ahí que Godoy, que aconsejó la aceptación de la *Auctorem fidei,* buscó las ventajas económicas sobre los bienes del clero, especialmente la enajenación de bienes eclesiásticos hasta la cantidad que produjera anualmente 200.000 ducados de oro de Cámara, que consiguió con licencia de Pío VII. Y el Príncipe de la Paz llevó a la práctica uno de los sueños de los jansenistas españoles: la visita y reforma de los regulares bajo el control del episcopado español, y, en concreto, del cardenal Luis de Borbón. Pío VII aceptó las propuestas de reforma, pese a tan acusados matices regalistas, en la bula *Inter graviores* del año 1804 [276]

Ya expuse en *Despotismo e Ilustración en España* que los gobiernos españoles del XVIII no siempre apoyaron los proyectos intelectuales más avanzados, antes bien tienden, en líneas generales, a identificar el criterio del equipo que está en el poder con la Ilustración, despreciando, o persiguiendo en muchos casos, a quienes no participaban de sus criterios. Martí, Mayáns, Burriel o Jovellanos son casos que demuestran mi aserto. Pues bien, idéntico planteamiento puede aplicarse a la religiosidad, porque la actitud de los gobiernos del despotismo ilustrado sigue la misma línea al enfrentarse con las corrientes religiosas o con los asuntos eclesiásticos.

La manifestación más clara es, sin duda, la expulsión de los jesuitas, fruto de un acto de despotismo que influyó de manera decisiva en favor de las corrientes jansenistas. Durante el reinado de Carlos IV, sin embargo, el despotismo regalista decidió apoyar, según los intereses del momento, a cada una de las corrientes religiosas contrapuestas. En 1794, el Gobierno español niega el reconocimiento de la bula *Auctorem fidei,* manteniéndose en la línea de Carlos III contra los jesuitas. En consecuencia, las posturas jansenistas se veían favorecidas por el poder político. Es la época de esplendor de las tendencias episcopalistas con la máxima incidencia del sínodo de Pistoya y del galicanismo que entrañaba la Constitución Civil del Clero, dentro de una clara oposición al centralismo de la Curia romana. En 1801, el gobierno de Carlos IV acepta la bula *Auctorem fidei* e inicia la represión de las corrientes jansenistas, antes favorecidas. En este caso, la monarquía absoluta se inclinó por la unión del Altar y el Trono.

Pero las dos corrientes contrapuestas existían, y en el espacio de ocho años cada una de ellas encuentra el apoyo del despotismo regalista. Visto desde la perspectiva histórica posterior, estaba cerca el momento en que, ausente el monarca absoluto, las dos corrientes se enfrentasen con pasión. No puede sorprender, por tanto, que uno de los primeros gestos de las Cortes de Cádiz fuera reponer el decreto de Urquijo de 5 de septiembre de 1799. Pero esta decisión forma parte de la siguiente etapa de nuestra historia.

[276] Martí Gilabert, 191-218.

CAPÍTULO VIII

LA EXPULSION DE LOS JESUITAS DE ESPAÑA

Por TEÓFANES EGIDO

BIBLIOGRAFIA

BATLLORI, M., *La cultura hispano-italiana de los jesuitas expulsos. Españoles, hispa-noamericanos, filipinos. 1767-1814* (Madrid 1966).

—*La Compañía de Jesús en la época de su extinción:* AHSI 37 (1968) 201-31.

Colección general de las providencias hasta aquí tomadas por el Gobierno sobre el extrañamiento y ocupación de temporalidades de los regulares de la Compañía que existían en los dominios de S. M. de España, Indias e islas Filipinas, a consecuencia del real decreto de 27 de febrero y pragmática sanción de 2 de abril de este año. Parte primera (Madrid 1767).

—*Parte segunda* (Madrid 1769).

—*Parte tercera* (Madrid 1769).

—*Parte cuarta* (Madrid 1774).

CORONA BARATECH, C. E., *Sobre el conde de Aranda y sobre la expulsión de los jesuitas:* Homenaje al Dr. D. Juan Reglá Campistol, t.2 (Valencia 1975) 79-106.

CRETINEAU-JOLY, J., *Clemente XIV y los jesuitas* (Madrid 1848).

EGIDO, T., *Motines de España y proceso contra los jesuitas. La «Pesquisa reservada», de 1766:* Estudio Agustiniano 9 (1976) 219-60.

—*Oposición radical a Carlos III y expulsión de los jesuitas:* Boletín de la Real Academia de la Historia 174 (1977) 529-45.

EGUÍA RUIZ, C., *Los jesuitas y el motín de Esquilache* (Madrid 1947).

FERNÁNDEZ CLEMENTE, E., *Segundo centenario de la expulsión de los jesuitas de Teruel:* Teruel 38 (1967) 165-75.

FERRER BENIMELI, J. A., *La expulsión de los jesuitas por Carlos III:* Historia y Vida 6 (mayo 1973) 30-49.

FRÍAS, L., *Los jesuitas y el motín de Esquilache en la «Historia de España» por Rafael Altamira:* Razón y Fe 29 (1911) 161-78.277-87.

FUENTE, V. de la, *1767 y 1867. Colección de los artículos sobre la expulsión de los jesuitas de España publicados en la revista semanal «La Cruzada»* (Madrid 1867). Segunda parte (Madrid 1868).

GALLERANI, A., *Jesuitas expulsos de España literatos en Italia* (Salamanca 1897).

GARCÍA GUTIÉRREZ, J., *La expulsión de los jesuitas de España y la carta del P. Ricci:* Memorias de la Academia Mexicana de la Historia 15 (1956) 399-405.

—*La expulsión de los jesuitas en 1767:* Duc in Altum 22 (1957) 58-62.

GÓMEZ RODELES, *Vida del célebre misionero P. Pedro Calatayud, de la Compañía de Jesús, y relación de sus apostólicas empresas en los reinos de España y Portugal (1689-1773)* (Madrid 1882).

GUTIÉRREZ DE LA HUERTA, F., *Dictamen del fiscal sobre el restablecimiento de los jesuitas* (Madrid 1845).

Hoz, P. de la, *Colección de artículos de «La Esperanza» contra la «Historia del reinado de Carlos III en España», escrita por D. Antonio Ferrer del Río, de la Real Academia Española*, 2 vols. (Madrid ³1858).

March, J. M., *El restaurador de la Compañía de Jesús: Beato José Pignatelli y su tiempo* t.1 (Barcelona 1935).

Mateos, F., *Papeles secuestrados a los jesuitas en el siglo XVIII reunidos en Madrid:* Razón y Fe 175 (1967) 527-40.

Mazzeo, G. E., *Los jesuitas españoles del siglo XVIII en el destierro:* Revista Hispánica Moderna 34 (1968) 344-55.

Morner, M., ed., *The Expulsion of the Jesuits from Latin-America* (New York 1965).

—*The Expulsion of the Jesuits from Spain and Spanish America in 1767 in Light of Eighteenth-Century Regalism:* Americas 23 (1966) 156-64.

—*Los motivos de la expulsión de los jesuitas del imperio español:* Historia Mexicana 16 (1966-67) 1-14.

Olaechea, R., *En torno al ex jesuita Gregorio Iriarte, hermano del conde de Aranda:* AHSI 23 (1964) 157-234.

—*Contribución al estudio del «Motín contra Esquilache» (1766):* Estudios en homenaje al Dr. Eugenio Frutos Cortés (Zaragoza 1977) 213-347.

—*Resonancias del motín contra Esquilache en Córdoba (1766):* Cuadernos de Investigación 4 (1978) 75-124.

Rodríguez de Campomanes, P., *Dictamen fiscal de expulsión de los jesuitas de España (1766-1767).* Ed., introd. y notas de J. Cejudo y T. Egido (Madrid 1977).

Rodríguez Casado, V., *La política y los políticos en el reinado de Carlos III* (Madrid 1962).

Rousseau, F., *L'expulsion des jésuites en Espagne. Démarches de Charles III pour leur sécularisation:* Revue de Questions Historiques 75 (1904) 113-79.

Sierra Nava, L., *El arzobispo Lorenzana ante la expulsión de los jesuitas (1767):* Estudios de Deusto 15 (1967) 227-53.

1. Las interpretaciones

Este de la expulsión de los jesuitas —con el relacionado de los motines de 1766— es, quizá, el problema que más ha preocupado —y encrespado— a los historiadores del siglo XVIII, que se lanzaron sobre él con más pasión que bagaje documental. Por eso, a la hora de interpretar el acontecimiento con todos sus antecedentes y la estela larga de consecuencias, ha pesado más la carga ideológica y de intereses que la observación serena.

Campomanes y Roda, auténticos protagonistas de la expulsión; Azara desde Roma, el voceador Tanucci desde Nápoles, todos los que espoleaban la acción o se hacían eco de ella dentro y fuera de España, estaban convencidos de la necesidad de depurar el Estado de un cuerpo peligroso para la monarquía y del sustentáculo fundamental del «fanatismo». La expulsión —luego la extinción— de la Compañía era una medida quirúrgica imprescindible si se quería garantizar el reposo público y derribar las barreras opuestas a la Ilustración. La jerarquía española de 1767-73, en su inmensa mayoría y por los motivos que fuese, sancionó tales convicciones, compartidas por todos los regalistas, los denominados «jansenistas» (jesuitófobos en realidad), y transmitidas a través del liberalismo del siglo XIX. Ferrer del Río se convertiría en el más típico

—no en el único— representante de la proyección de inquietudes e ideologías decimonónicas progresistas sobre el siglo XVIII. Y, aunque no podían coincidir en tantos elementos ultraabsolutistas del regalismo, les pudo su talante liberal antifanático, expresión de tantas y tan desconcertantes conexiones como se perciben entre los ilustrados y los liberales. El radical Henao y Muñoz, que escribía su historia —menos afortunada y más extremista que la de Ferrer— en el clima de odio a la «raza de los Borbones», derrocados «en la gloriosa revolución de septiembre», puede sintetizar la visión republicana de su generación: «Cierto es que las cosas en España poco más de a mediados del siglo XVIII eran de tal naturaleza, que no hubiera podido marchar el Gobierno ni progresado los pueblos sin la expulsión de aquella Compañía de Jesús, que tan grande poder tenía sobre las conciencias y que hubiera concluido por ejercer un dominio absoluto en todos los que confiaban en aquellos hombres que aspiraban al universal dominio. Y he ahí la razón por qué tuvo mucho más de bueno que de malo» [1].

Por el contrario, y frente a estas razones de Estado y urgencias de la Ilustración, los jesuitas expulsos siempre estuvieron convencidos, además de la injusticia de las decisiones reales, de ser la suya una persecución desencadenada contra la Iglesia y sufrida en el nombre de Jesús. Es decir, se trataba de una persecución religiosa en la que ellos fueron las víctimas propiciatorias. La versión, apuntada en sátiras, sermones y en todo género de escritos antes del extrañamiento, se tuvo que acoger en el silencio riguroso del exilio a memoriales, diarios y cartas, que —y sólo en parte— tardarían mucho en ser publicados. Pocas voces, como veremos, se alzaron por 1767 en apoyo de su causa. Pero, convertidos en signo del tradicionalismo y —lo más contradictorio— del absolutismo decimonónico, desde 1815 se invirtió el protagonismo de la defensa, antes relegado a la oposición antirregalista, y, a partir de entonces, a los partidarios del poder absoluto de los Borbones. Con su *Dictamen* rehabilitador, el fiscal Gutiérrez de la Huerta tejió la defensa incondicional con argumentos y dialéctica antagónicos a los de su antecesor Campomanes, pero que servirían de arsenal a todas las apologías de los jesuitas [2].

Precisamente para combatir «las quejas que el restablecimiento ha producido en la prensa liberal» y para fustigar las posiciones de Ferrer del Río, se agitó la publicística conservadora, bien representada por los numerosos artículos que en la *La Esperanza* publicó Pedro de la Hoz y en *La Cruzada* Vicente de la Fuente, reeditados una y otra vez en volúmenes que fueron hinchándose a cada nueva reelaboración [3]. En la

---

[1] M. HENAO Y MUÑOZ, *Los Borbones ante la revolución* t.1 (Madrid s.a.) p.673. La postura de Ferrer del Río, además de en el t.2 de su o.c., puede verse reafirmada en las respuestas que prodigó en *El Norte Español*, en el *Diario Español* y en las remitidas a *La Esperanza*, incluidas en la obra de Hoz.

[2] F. GUTIÉRREZ DE LA HUERTA, *Dictamen del fiscal*. A pesar de haber sido publicada en 1845, se compuso en 1815, año de la primera restauración.

[3] P. DE LA HOZ, *Colección de artículos;* V. DE LA FUENTE, *1767 y 1867*, de más interés que el desvaído capítulo sin originalidad que inserta en su *Historia eclesiástica* t.6.

acritud de la polémica se configuran ya las posturas decisivas y perdurables: la operación, obra del «volteriano» Aranda, además de injusta y desatinada, «fue una trama infernal preparada mucho tiempo hacía por los jansenistas, incrédulos y herejes para quebrantar y demoler esta firme columna de la Iglesia; que tan maquiavélico proyecto fue concebido por los filósofos franceses y ejecutado con feliz éxito, primero en aquel país y después en Portugal, a la sombra de un ministro impío y corrompido, y, finalmente, que su ejecución no pudo realizarse en España hasta que la desgracia rodeó al monarca de consejeros poseídos de ideas volterianas».

Menéndez Pelayo no hizo sino relanzar, con más seriedad y mejor trabazón, los tópicos anteriores. En el apasionante —y apasionadísimo— capítulo que en sus *Heterodoxos* dedica al problema, consagró, con su fuerza peculiar, la imagen de Aranda, «impío y enciclopedista amigo de Voltaire», realizador en España de la «conspiración de jansenistas, filósofos, parlamentos, universidades y profesores laicos contra la Compañía de Jesús» [4]. Como puede observarse, hay un trasplante evidente de las polémicas, pasiones y motivos del siglo XIX en sus años conflictivos al crítico reinado de Carlos III. Persecución religiosa, hostilidad hacia la Iglesia, motivaciones heréticas y volterianas importadas, serían los factores decisivos y últimos de una campaña enciclopedista que encontró las víctimas ideales en los regulares de la Compañía.

Esta fue la senda que por motivos comprensibles siguieron los historiadores jesuitas una vez que pudieron romper el silencio y esgrimir sus plumas. La revista *Razón y Fe* les facilitó una plataforma eficaz para comunicar a su amplia audiencia el recuerdo de la persecución religiosa contra la Iglesia, y que, sin haber dado ninguna ocasión para ello, se cebó en las huestes de Loyola, defensoras denodadas de Roma. Menudean los artículos en este sentido desde el mismo nacimiento de la publicación [5], pero el fuego se aviva allá por los años 1914-16, conmemorativos del primer centenario de su restablecimiento [6]. La interpretación se transmitió en las historias de la Asistencia de España de Frías, Astrain y Villoslada [7]. En 1954, con motivo de la canonización del ilustre expulso José Pignatelli, y para no privarle de la aureola de mártir de la Iglesia y del pontificado, de víctima de las sectas anticristianas al igual que su propia Orden, se reafirma el carácter de persecución religiosa y la creencia de que la Compañía «cayó herida de muerte por los sañudos golpes del enciclopedismo volteriano, del jansenismo y de la masonería», así como por el espíritu del siglo «más irreligioso y blasfemo de la

[4] M. MENÉNDEZ PELAYO, *Historia de los heterodoxos* t.5 p.164.167.
[5] Cf., p.ej., el muy elocuente P. HERNÁNDEZ, *Una persecución religiosa en el siglo XVIII*: Razón y Fe 19 (1907) 499-508.
[6] Cf. colaboraciones en este sentido de E. del Portillo, P. Villada, L. Frías y A. Pérez Goyena en Razón y Fe 39 (1914) 417-32; 40 (1914) 209-19; 38 (1914) 19-32.277-91; 39 (1914) 205-19.312-21; 42 (1915) 188-99.478-89.433-47; 45 (1916) 55-69.
[7] A. ASTRAIN, *Historia de la Compañía de Jesús en la Asistencia de España* t.7 (Madrid 1925); L. FRÍAS, *Historia de la Compañía de Jesús en su Asistencia Moderna de España* t.1 (Madrid 1923); R. GARCÍA VILLOSLADA, *Manual de historia de la Compañía de Jesús* (Madrid 1941).

historia». Incluso avanzada la década de 1960, se resumen tales argumentos por quienes se muestran tan comprometidos en su misión apologética como de espaldas a los avances de la investigación llevada a cabo por historiadores exigentes de la propia Compañía [8].

A partir de los años cincuenta, las diatribas sobre la irreligión de los gobiernos de Carlos III y el peso de la masonería comenzaban a sonar a cierto anacronismo y los tópicos seculares a desterrarse de las perspectivas historiográficas. Junto a monografías —ya citadas— en torno a Campomanes, Floridablanca y Azara, aparecieron trabajos que dejaron de mirar al siglo XVIII como proscrito, heterodoxo y rezumante de ideas importadas. Prescindiendo de la inocencia o culpabilidad de los jesuitas en un proceso que no dejó oír la voz del reo ni de su defensa, la expulsión comenzó a centrarse en su contorno histórico mejor delimitado. Rodríguez Casado ensayó la interpretación sugestiva de los jesuitas como víctimas expiatorias de los privilegiados, que agitaron los motines de 1766 contra la línea reformista del Gobierno [9]. Investigaciones posteriores han despojado este capítulo de tanta pasión como se arrojó sobre él. Sala Balust supo descubrir lo que por entonces era bien sabido: las profundas conexiones entre jesuitas y colegiales mayores (aristócratas), otra de las fuerzas «reaccionarias» a doblegar por el reformismo carlotercerista y unida en su desventura a la Compañía. El análisis de tal conjunción, mantenida sobre tantos intereses participados, permite afirmar a Olaechea algo que se va convirtiendo casi en punto de partida: «La Sala Extraordinaria, o, si se quiere, la camarilla del monarca, no enfocaba el problema de la extinción de la Compañía desde el ángulo de hostilidad contra la 'Iglesia católica', sino desde el punto de vista político-social» [10].

El problema, planteado desde una perspectiva sin connotaciones de irreligiosidad, se ilumina con nuevas claridades desde que se está encuadrando en dimensiones y condicionamientos económicos, sociales, políticos e ideológicos. Recientemente, Corona Baratech integra el extrañamiento como hito de la larga historia de la oposición al absolutismo en sus formulaciones borbónicas y de la reacción regalista, con su encuentro en los motines de primavera. Si a ello se añade la implacable desmitificación del volterianismo de Aranda —cuyo protagonismo en la operación no es posible seguir proclamando— y del juego de la masonería realizada por Ferrer Benimeli y Olaechea [11], podremos hacernos

---

[8] F. MATEOS, *Apostillas a una canonización:* Razón y Fe 150 (1954) 168-84; J. IRIARTE, *La destrucción de los jesuitas de 1773 en fuentes masónicas:* ibid., 171 (1965) 157-66; ID., *La destrucción de los jesuitas en 1773. II. Pombal, Choiseul, Aranda, Kaunitz, siluetados por las plumas de sus «venerables cofrades»:* ibid., p.475-86; ID., *La destrucción de los jesuitas, 1758-1773 en el ideario del siglo de Voltaire:* ibid., 175 (1967) 37-48.

[9] *La política y los políticos,* donde recoge estudios anteriores.

[10] R. OLAECHEA, *Las relaciones* t.1 p.309. Analiza el problema con más detención en *Notas en torno al ex jesuita Gregorio Iriarte. Conexiones con el problema de los colegios mayores,* L. SALA BALUST, *Visitas y reformas de los colegios de Salamanca en el reinado de Carlos III* (Valladolid 1958); R. OLAECHEA, *El anticolegialismo del Gobierno de Carlos III:* Cuadernos de Investigación 2 (1976) 53-90.

[11] C. CORONA BARATECH, *Sobre el conde de Aranda;* ID., *Sobre el tránsito del absolutismo al liberalismo:* Cuadernos de Investigación 2 (1975) 63-82; J. A. FERRER BÈNIMELI, *La masone-*

una idea de que la expulsión de los jesuitas se contempla hoy día como acontecimiento más transcendente y también más complicado que lo que la simple visión maniquea de antaño dejaba sospechar. Por nuestra parte, intentaremos la exposición de los hechos, fijándonos en algunos aspectos significativos que suelen olvidarse, y, a la luz de la documentación decisiva y más reciente, analizar los motivos y las consecuencias de la decisión radical del Gobierno de Carlos III.

2. LA OPERACIÓN SORPRESA

«Jamás se ha visto providencia más bien combinada, más uniforme ni más secreta; de modo que los colegios que estaban ocupados la noche del 31 de marzo, se hallaron vacíos a la mañana siguiente y en camino todos sus miembros». En efecto, y aunque sea algo episódico, llama la atención que los jesuitas españoles, con las conexiones que tenían, no lograsen captar lo que en realidad se estaba fraguando desde casi un año antes contra ellos, y que cuajó en esta operación, así valorada por un observador amigo como Fernán Núñez[12]. Eran conscientes, eso sí, del acoso a que, desde dentro y desde fuera, se les estaba sometiendo en los últimos tiempos, y no callaron su inquietud. Pero no hubo filtraciones sustanciales del alcance real de la pesquisa reservadísima, ni lograron enterarse del decreto de expulsión de todos los dominios españoles dictaminado por el fiscal Campomanes, aprobado por una Sala reducidísima y previamente seleccionada de consejeros (29 enero 1767) y firmado por el rey el 20 de febrero. Tampoco les transcendió nada del contenido del pliego cerrado (impreso en la Imprenta Real, perfectamente incomunicada) que Aranda remitió a los jueces ordinarios y tribunales superiores de las ciento veintitantas localidades con casas jesuíticas de toda España (lo mismo se realizó con las Indias). En realidad, tampoco supieron su contenido los propios destinatarios, dada la orden circular severísima de no abrirlo antes de la noche del 1.º de abril, aunque después la operación tuviera que adelantarse al día anterior en la Corte y aledaños a causa de haber circulado rumores de nuevos motines en perspectiva[13].

El sigilo, acompañante de todo el proceso contra los jesuitas y clave del éxito de la operación para sus organizadores, se explica perfectamente: había que adelantarse a la posibilidad de reacción de los temidos jesuitas, mas también era forzoso evitar filtraciones que arriesgaran la transferencia íntegra de sus bienes, objetivos primarios los dos de unas medidas que persiguieron, simultáneamente, «el extrañamiento y la ocupación de todas las temporalidades de la Compañía».

De esta suerte, en Madrid el 31 de marzo por la noche, al amanecer

ría española; ID., *La expulsión de los jesuitas;* R. OLAECHEA-J. A. FERRER BENIMELI, *El conde de Aranda.*
[12] C. DE FERNÁN NÚÑEZ, *Vida de Carlos III* t.1 (Madrid 1898) p.207-208.
[13] *Colección general de las providencias* t.1.

del 2 de abril por la mañana en provincias, todos los colegios e iglesias jesuitas fueron herméticamente cerrados e incomunicados. Las instrucciones no podían ser más precisas, ni las facultades de los comisionados para su ejecución más amplias. Por las narraciones de los propios jesuitas expulsos, podemos comprobar la perfección exagerada del montaje: existe casi exacta correspondencia entre lo prescrito y lo ejecutado. Nada menos que 50 soldados de caballería, más 100 de infantería, se presenciaron en el colegio de San Ambrosio, de Valladolid, donde residían 39 religiosos; otros 50 caballeros y 40 infantes acudieron al seminario inglés para seis jesuitas que habitaban allí. En la Corte, a la media noche se movilizaron contingentes armados mucho más crecidos para en grupos de 200 hombres ocupar calles y plazas adyacentes a las seis casas, en piquetes para cercarlas y con los granaderos para ocupar aposentos, campanarios y avenidas. Algo parecido, siempre dentro de un clima de misterio, aconteció en los otros lugares, a tenor, claro está, de las disponibilidades de efectivos militares [14].

El ejecutor del plan, asistido por escribano y testigos adecuados y al toque de la campana de comunidad, reunió en la sala capitular a todos los profesores, «sin exceptuar al hermano cocinero». La *Instrucción de lo que deberán ejecutar los comisionados para el extrañamiento y ocupación de bienes y haciendas de los jesuitas de estos reinados de España*, documento el más importante del pliego secretísimo, no puede ser más detallada. Se pasa lista a los jesuitas concurrentes y se les lee el Real decreto de extrañamiento. Fue la primera noticia que tuvieron de todo lo que desde abril del año anterior se venía tramando contra ellos: «Por gravísimas causas relativas a la obligación en que me hallo constituido de mantener en subordinación, tranquilidad y justicia mis pueblos, y otras urgentes, justas y necesarias que reservo en mi real ánimo; usando de la suprema autoridad económica que el Todopoderoso ha depositado en mis manos para la protección de mis vasallos y respeto de mi corona, he venido en mandar se extrañen de todos mis dominios de España e Indias, islas Filipinas y demás adyacentes, a los religiosos de la Compañía, así sacerdotes como coadjutores o legos, que hayan hecho la primera profesión, y a los novicios que quieran seguirles, y que se ocupen todas las temporalidades de la Compañía en mis dominios» [15].

Por tanto, la mayor parte de las disposiciones se ordenan al secuestro de papeles, libros, títulos de renta o depósito, caudales; a inventariar alhajas de sacristía e iglesia, «tratándose con el respeto y decencia que requieren». Del resto de los bienes, que se debían creer fabulosos, se ocupará una normativa continuada durante todo el siglo XVIII a partir del extrañamiento. Si los fines eran claros, los motivos no podían enunciarse de forma más imprecisa: se reducen a la proclamación de la regalía de protección y a la velada acusación del peligro que la presencia de

---

[14] *Colección general de las providencias* t.1 p.23-25; M. DANVILA, *Reinado de Carlos III* t.2 p.92; C. GÓMEZ RODELES, *Vida del célebre misionero P. Pedro Calatayud* p.441; J. M. March, *El restaurador de la Compañía de Jesús* p.157ss.

[15] La *Instrucción*, en *Colección general* t.1 p.8-14; real decreto, en ibid., p.5-6.

los jesuitas suponía para la pública tranquilidad. Estos, reunidos en la sala capitular, debieron quedar perplejos. Ni les sacaría de su desconcierto la Pragmática real, «con fuerza de ley, como si fuese hecha y promulgada en Cortes», que el 2 de abril se promulgó «con trompetas y timbales, por voz de pregonero público y hallándose presentes diferentes alguaciles», y que a los expulsos se les leyó durante su caminata: reitera los términos ya conocidos en el decreto y la reserva de los motivos en el real ánimo, con el aditamento conminatorio contra jesuitas y posibles simpatizantes [16].

En las veinticuatro horas siguientes, en carruajes requisados a la localidad, los jesuitas se dirigieron a los puntos de concentración previamente escogidos por Aranda (o por el Consejo de Castilla, es decir, por Campomanes, su fiscal). Fue una emigración peculiar en la historia de España, que a Danvila le hace recordar la de los judíos y la de los moriscos de antaño, aunque con protagonistas y motivos tan diferentes [17]. Tampoco se pareció en nada el modo de llevar a cabo el éxodo, que se enmarca dentro de la nueva mentalidad ilustrada, sin hostigamientos populares y sin las sañas consecuentes a la intolerancia de tiempos pretéritos. El que la expulsión de ahora no tuviera connotaciones religiosas, puede explicar el abismo que separa a ésta (más reducida, pero más cualificada) de las emigraciones anteriores.

Decreto, instrucciones y _Pragmática_ proclaman la voluntad real de que a los jesuitas «se les tratará con la mayor decencia, atención, humanidad y asistencia durante la ejecución». Se prevé que las prisas no justifiquen ningún trato inadecuado, «que no falte en manera alguna la más cómoda y puntual asistencia de los religiosos, aún mayor que la ordinaria si fuese posible, como de que se recojan a descansar a sus regulares horas, reuniendo las camas en parajes convenientes para que no estén muy dispersos». A los ancianos y enfermos no se les obliga a la marcha inmediata; serán trasladados a otros conventos, los más cercanos, de cualquier orden, eso sí, «que no siga la escuela de la Compañía». No sabemos qué porcentajes se verían afectados por esta condescendencia; pero los PP. Calatayud e Isla, a quienes se les ofreció un trato de favor, prefirieron seguir la caminata de sus hermanos. Si durante el viaje alguno se viere indispuesto, debería ser asistido «con la mayor exactitud y conveniencia»; incluso, si la enfermedad se diagnosticase corta, podía permanecer con él un compañero hasta que las condiciones del doliente permitieran reemprender el camino [18].

Como se trataba de extirpar de España a la colectividad, los individuos no partieron desasistidos. Salvo libros y papeles sospechosos, sobre los que se lanzó la investigación policial, podían partir con sus efectos personales: con «toda su ropa y mudas usuales que acostumbran, sin disminución; sus cajas, pañuelos, tabaco, chocolate y utensilios de esta

[16] _Pragmática sanción de S. M., en fuerza de ley, para el extrañamiento de estos reinos a los regulares de la Compañía, ocupación de sus temporalidades y prohibición de su restablecimiento en tiempo alguno_, en _Colección general_ p.28-34.
[17] M. DANVILA, o.c., t.3 p.86ss.
[18] _Colección general_ p.6.10.12-13.27.

naturaleza; los breviarios, diurnos y libros portátiles de oraciones para sus actos devotos», y «aun el dinero que sea de su pertenencia personal», se añade para los de Madrid. Lo más notable y lo que diferencia el tenor español de las resoluciones de Carlos III de las del monarca portugués y el abandono en que dejó a sus jesuitas, fue la asignación que se les destinó para «alimentos vitalicios»: los 100 pesos anuales que recibiría cada sacerdote y los 90 para cada uno de los legos, pagaderos de las temporalidades en giros semestrales a través del ministro español de Roma [19]. Era una cantidad decente en principio, que permitiría cierta independencia económica. Poco a poco, su valor se iría degradando a merced de la coyuntura y de la irregularidad de los envíos: en 1781, un abate ex jesuita prodiga sus quejas por las dificultades en que la guerra les pone para subsistir «sólo de la pensión de nuestro monarca»; y Azara no cejará en sus presiones para aumentar la asignación, incluso en favor de los no tan destacados, en vista de la subida de los precios y de la creciente carestía de la vida italiana [20].

Una vez realizadas las gestiones de agrupación y recuento de jesuitas, aseguradas las requisas, las ocupaciones, y tras las declaraciones pertinentes, escoltados por fuerzas armadas y de paisanaje, se emprendió el camino. Atrás quedaban los procuradores para poner a punto la contabilidad de las temporalidades, los novicios que no se decidieron por el exilio, no sabemos cuántos ancianos y enfermos. Los caminos de la Península se vieron animados por la comitiva religiosa y por el despliegue exagerado de escoltas de seguridad para velar por el orden —que nunca se alteró— y por la incomunicación más absoluta de los «peligrosos» reos de Estado, que a veces fue rota por sentimientos y adhesiones populares hacia los expulsos. De los depósitos interinos fueron llevados a los embarcaderos, en etapas previstas con toda minuciosidad. A última hora, el Consejo ordenó que a los puertos de partida se transportasen «colchones, sábanas y mantas, con la ropa de mesa, para que todos los religiosos tengan en su navegación las posibles comodidades» [21].

Como se trataba de súbditos españoles —al menos mientras se encontrasen en caminos y bajeles españoles—, menudean las órdenes protectoras: «evitarán con sumo cuidado los encargados de la conducción el menor insulto a los religiosos, y requerirán a las justicias para el castigo de los que en esto se excedieren»; «ningún inconsiderado se distinga en su agravio, procediendo seriamente contra el delincuente» [22]. No debieron existir transgresiones notables por parte de los ejecutores; pero hubo algunas. Las órdenes eran tajantes para que se respetase la libertad de opción de los novicios, sin someterlos a sugestiones de ninguna

[19] Ibid., p.11.24.26.30.
[20] M. BATLLORI, *La cultura hispano-italiana de los jesuitas expulsos* p.65. De la pensión fueron excluidos los extranjeros residentes en España —en las Indias no podían existir teóricamente—, los novicios, los que escribiesen contra el Gobierno y los que se evadiesen de su confinamiento; cf. *Pragmática* en *Colección general* p.30.
[21] Ibid., p.10-12.28.
[22] Ibid., p.11.27.

clase [23]; por lo menos los de Villagarcía de Campos fueron objeto de presiones, hasta de evidentes y eficaces engaños, para que abandonasen su decisión de seguir a los profesos [24]. Pero donde comenzaron las mayores dificultades fue en los puertos de embarque: en Santander, dice el provincial de Castilla, estaban «encerrados todos en nuestro pequeño colegio, cárcel durísima y estrechísima para tantos; durmiendo amontonados en el suelo, de donde se originaba fetidez intolerable; se hallaban muchos de ellos enfermos o por achaques habituales o por su ancianidad» [25].

Era el prólogo de la penosa aventura que esperaba a estos reos de Estado para el Gobierno, mártires de la persecución de la Iglesia y del nombre de Jesús para ellos. El rigor de los ejecutores, más estricto en España, por la cercanía del poder central, que en las Indias, y la firme voluntad de los jesuitas, ancianos y achacosos incluidos, hizo que se embarcasen hasta quienes no estaban en condiciones para hacerlo. El futuro San José Pignatelli, Idiáquez, Luengo, el P. Isla y tantas relaciones más —casi todas manuscritas aún— han dejado constancia de su calvario en los meses de navegación ajetreada [26].

Carlos III había actuado por la regalía del derecho y del deber tuitivo de sus reinos, amenazados inexorablemente por el poder jesuítico, y, por tanto, en forma regalista e independiente de la Santa Sede. Eso sí, tuvo la delicadeza de comunicar puntualmente a Clemente XIII su decisión en una carta tan escueta como inexpresiva, en que pide la bendición apostólica sobre la «indispensable providencia económica» de la expulsión [27]. Nada le decía sobre la intención de enviarlos a sus Estados. El papa, que había respondido al rey español con el dolorido breve del *Tu quoque, fili mi* [28], negó asilo a la crecida remesa que se le venía encima. Quizá fuese esta decepción uno de los trances más dolorosos de aquellos jesuitas, que en Civita-Vecchia se encuentran, en lugar de con la cálida hospitalidad esperada, con los cañones pontificios que los apuntan y los repelen [29].

Mucho se ha escrito sobre la negativa pontificia y las amenazas airadas del secretario de Estado, Torrigiani. Hay evidencias de que la preocupación económica operó decisivamente: los Estados eclesiásticos estaban sacudidos por carestías agudas y en ellos pululaban malvivientes los otros expulsos de Francia y Portugal, desasistidos de sus gobiernos, a

---

[23] Ibid., p.10.

[24] C. GÓMEZ RODELES, o.c., p.443-44.

[25] ID., ibid., p.445. Como es natural, las relaciones de los jesuitas no coinciden con las del Gobierno. Cf. M. DANVILA, o.c., p.97. Cf. la opinión más moderada (buen trato, con algunas excepciones) transmitida por el conde de Fernán Núñez, o.c., p.2.ª c.2.

[26] J. M. MARCH, o.c., p.188ss. Impresiones del P. Isla y su *Memorial*: cf. A. GALLERANI, *Jesuitas expulsos* p.223-70; C. EGUÍA RUIZ, *El autor de «Fray Gerundio», expulsado de España (1767)*: Hispania 8 (1948) 434-55. Modelo de la tragedia del exilio desde el espacio alejado de Filipinas, cf. la expresiva relación de un testigo: E. BURRUS, *A Diary of exiled philippine Jesuits (1769-1770)*: AHSI 20 (1951) 269-99.

[27] 31 marzo 1767, en M. DANVILA, o.c., t.3 p.47.

[28] En C. GÓMEZ RODELES, o.c., p.436-38; M. DANVILA, o.c., p.53ss.

[29] J. NONELL, *El V. P. José Pignatelli y la Compañía de Jesús en su extinción y restablecimiento* t.1 (Manresa 1893) p.246; J. M. MARCH, o.c., p.201-202.

costa del erario pontificio, no excesivamente boyante. La correspondencia diplomática antijesuítica no deja de aludir a presiones del secretario de Estado y del mismo general de los jesuitas para forzar o la declaración oficial de defensa por parte del papa, la ruptura con España o la readmisión de los desterrados [30].

Roma no rompió sus relaciones con España, puesto que las rupturas del XVIII partieron siempre de la iniciativa española; tampoco se comprometió solemnemente en la defensa de la Compañía, perseguida por sus actitudes ultramontanas. Carlos III, dado el clima de 1767, no podía readmitir a los expulsos. Negociaciones apresuradas con Génova y Francia libraron al monarca español del ridículo que hubiera propiciado el espectáculo de miles de súbditos españoles sin rumbo en el Mediterráneo, y dieron con los jesuitas en Córcega. Allí tuvieron que malvivir las cuatro provincias españolas, y otra vez el P. Isla, en un memorial dolorido, ha dado fe, con mucha pasión y con poco de su humor habitual, de las condiciones pésimas de la estancia [31].

Al año siguiente se vieron forzados a una nueva emigración al haber sido transferida Córcega a soberanía francesa (tratado de Compiègne, 15 marzo 1768) y al serles imposible permanecer en dominio francés. Clemente XIII no estaba dispuesto a ceder al despotismo de Carlos III, ni la república de Génova a recibirlos. Otra vez las negociaciones dieron con una solución vergonzante, pero viable. A fuerza de disimulos, Génova se comprometió a no impedir el desembarco, y Módena a dejarlos pasar en su ruta hacia los Estados Pontificios, donde el papa —sin ceder a las presiones españolas— no les negaría la forzada hospitalidad. La nueva peregrinación se inició en septiembre y dio con los jesuitas en otro confinamiento: alternando con los procedentes de las Indias y de Filipinas, los de la provincia de Castilla se fijaron en Bolonia y su campiña; en Ferrara los aragoneses; los de Toledo, en Forlì, y en Rímini los andaluces [32].

En estos asentamientos, sin libertad de acción, tuvieron que vivir las colonias españolas entre el estudio, los apuros, la esperanza de retorno y la intriga, en conexiones con Roma y con España a despecho y con exasperación de la policía y de los agentes del Gobierno de España [33]. La extinción canónica de la Compañía —si prescindimos de lo que pudo significar en la historia de la Iglesia católica— fue una solución: al dejar de existir legalmente, los abates exjesuitas recobraron la amplitud de movimientos de que estuvieran privados durante seis años. Con la pensión no excesiva les fue posible acudir a centros rebosantes de oportu-

[30] A. FERRER DEL RÍO, *Historia del reinado de Carlos III en España* t.2 (Madrid 1856) p.187-93; M. DANVILA, o.c., t.3 p.97-100; F. ROUSSEAU, *Règne de Charle III d'Espagne* t.1 p.236-37.

[31] C. EGUÍA RUIZ, *El P. Isla en Córcega:* Hispania 8 (1948) 596-611; M. BATLLORI, o.c., p.58-63; A. GALLERANI, o.c. y l.c.; O. F. TENCAJOLI, *I gesuiti in Corsica:* Corsica antica e moderna (1932) 151-63; H. DE MONTBAS, *Les jésuits espagnols et la reunion de la Corse à la France:* Revue de Paris (1958,8) 80-91.

[32] Detallados los asentamientos por el P. Luengo en su *Diario* mss., que transcriben también J. NONEL, o.c., p.330: C. GÓMEZ RODELES, o.c., p.546-48.

[33] F. ROUSSEAU, o.c., p.241-42.

nidades culturales, posibilitando esa «irrupción de los jesuitas españoles», el «espléndido sinfín de obras críticas e históricas, que constituye una de las más bellas gemas de la cultura española setecentista», como afirma el bien enterado Batllori [34].

3. EL NÚMERO Y LA CALIDAD DE LOS EXPULSOS

La expulsión fue una realidad cuantitativa que privó a España de un sector considerable de individuos, y, más aún, un hecho transcendental (al margen de la dimensión eclesiástica) por la calidad de los exiliados forzosos y por su significación en todos los órdenes de la vida de España, desde el religioso hasta el económico.

Es una lástima que no exista aún una monografía adecuada que nos diga con exactitud cuántos jesuitas tuvieron que abandonar el suelo español. Desde aquellos mismos años, el número de los emigrantes se exageró consciente o inconscientemente, sobre todo por los émulos, siempre interesados en agigantar el peligro de la Compañía. El maldiciente Fr. Agustín Ferrer, convencido de que los jesuitas habían envenenado a Clemente XIV, entre toda una colección de patrañas e incertidumbres, en 1774 elevaba los contingentes de los jesuitas «que se pasean por esta capital [Roma], contando españoles, napolitanos y del Estado pontificio», a 43.000 individuos exactamente [35]. Los catálogos cercanos a la expulsión no permiten sobrepasar el número de miembros de toda la Sociedad más arriba de los 23.000 [36].

Por lo que se refiere a la Asistencia de España en sus once provincias de la metrópoli y de ultramar, el minucioso P. Luengo, más exacto en sus datos numéricos que en sus enjuiciamientos apasionados, se atiene al catálogo confeccionado en octubre de 1766, y ofrece un total de 5.376 jesuitas españoles en el medio año anterior a la expulsión (véase cuadro I). Incluyendo los novicios ingresados hasta marzo de

CUADRO I

Jesuitas españoles en vísperas de la expulsión

PROVINCIAS

España		Ultramar	
Castilla	801	Méjico	778
		Paraguay	490
Andalucía	704	Santa Fe	193
		Quito	269
Toledo	611	Perú	400
		Chile	348
Aragón	630	Filipinas	152
TOTAL	2.746	TOTAL	2.630

[34] O.c., p.63.
[35] E. PACHECO Y DE LEYVA, *El conclave de 1774 a 1775. Acción de las cortes católicas en la supresión de la Compañía de Jesús según documentos españoles* (Madrid 1915) p.64.
[36] E. PACHECO Y DE LEYVA, o.c., p.XL. Las cifras están tomadas de catálogos de 1749 y de 1762.

1767 y los extranjeros que se encontraban en España y en las Indias, redondea los resultados en una cifra, muy probable, de 5.700. La Asistencia de España, al margen de variaciones de detalle, era la más rica demográficamente después de la de Alemania. Dentro de la metrópoli, el reparto provincial habla de una descompensación notable en favor de la provincia de Castilla, seguida de la de Andalucía [37].

La consecuencia natural de las presiones del Gobierno, de las secularizaciones subsiguientes y de las dificultades de acomodación fue la de la disminución acelerada de los temidos contingentes, precisamente en unos años en que se encuentran en franca expansión demográfica [38].

La conminación del extrañamiento y los forcejeos de los ejecutores debieron de influir en el abandono de bastantes novicios. Por de pronto, sabemos que a Santander sólo llegaron la mitad de los 40 que salieron de Villagarcía [39]. Novicios o profesos, de hecho, la estadística más completa que se conserva —o que se conoce—, de 1772, año anterior a la extinción, evidencia la notable disminución sufrida en el corto tiempo que media entre la expulsión y el arribo a Córcega y a los Estados Pontificios (véase cuadro II). El recuento es de fiar, puesto que proviene de quienes en Roma tenían que suministrar la pensión a estos españoles perfectamente controlados [40].

Las penalidades sufridas durante las peregrinaciones, que no resultaron nada fáciles, junto con la edad provecta de buen porcentaje de

CUADRO II

Disminución de los jesuitas entre 1766 y 1767

Octubre 1766		Arribados a Córcega e Italia		%
Castilla	801	702	−99	12,3
Aragón	630	613	−17	2,6
Andalucía	704	604	−100	14,2
Toledo	611	584	−27	4,4
TOTAL	2.746	2.503	243	8,8

[37] El catálogo de Luengo lo ha publicado C. Gómez Rodeles (o.c., p.545-46). Las cifras coinciden fundamentalmente con las que en 1770 facilitaba el contador principal de las temporalidades ocupadas en un recuento detallado, aunque, naturalmente, algo rebajado ya: 2.641 jesuitas, divididos en 1.346 sacerdotes, 930 coadjutores y 365 escolares, a los que hay que añadir los novicios indeterminados. Cf. M. DANVILA, o.c., t.3 p.89.

[38] La expansión es clara a lo largo de todo el XVIII. Cf. los datos, basados sobre catálogos de la centuria, ofrecidos por A. ASTRAIN, o.c., p.47-48; E. LAMALLE, *Les cathalogues des provinces et des domiciles de la Compagnie de Jésus. Note de Bibliographie et de statistique:* AHSI 13 (1944) 77-101.

[39] C. GÓMEZ RODELES, o.c., p.443.

[40] *Resumen del número de regulares de la Compañía extrañados de los dominios de España y América que arribaron a Córcega y estos Estados Pontificios, con expresión de clases; de los que han muerto, se han secularizado y se han ausentado clandestinamente; los que quedan efectivos de paga y de los que viven sin ella hasta el día de la fecha.* La estadística, muy detallada, está firmada por Fernando Coronel en Bolonia, 4 de marzo de 1772; se conserva en el archivo de la Embajada española ante la Santa Sede y está transcrita en E. Pacheco y de Leyva (o.c., p.66). La mortandad durante el viaje afectó de forma mucho más violenta a los jesuitas españoles de las Indias y de Filipinas.

emigrantes, se encargaron de mermar más aún los contingentes, afectados ya en casi un 10 por 100. Tomando como referencia la estadística exacta de las pensiones de 1772, podemos contrastar la incidencia que tuvo la mortandad en el quinquenio siguiente a la expulsión (véase cuadro III). En esta segunda disminución por la muerte, los resultados resultan fiables: la muerte se ceba en los sacerdotes (mueren (127) y coadjutores (mueren 85), entre los que se encuentran los más viejos y enfermos, en contraste con los sólo 11 escolares afectados [41].

CUADRO III

Mortandad de los jesuitas expulsos (1767-72)

	Llegados a Italia	Fallecidos	%
Castilla	702	71	10,1
Aragón	613	50	8,1
Andalucía	604	61	10
Toledo	584	41	7
TOTAL	2.503	223	8,9

En demografía clerical existe otro factor negativo: la secularización, equiparable a la muerte para efectos de la esperanza y de la realidad de vida de este estamento. La correspondencia diplomática de los agentes gubernamentales en Roma está saturada de referencias hacia un capítulo estrictamente vigilado, puesto que de su control dependía el presupuesto de las pensiones, suspendidas a todo aquel que abandonase la Compañía por los motivos que fuese [42]. Pese a la constancia corporativa, explicable en parte por la espera del retorno (al margen, naturalmente, de motivos espirituales y vocacionales), la secularización sacudió de forma notable a los expulsos, incluso con mucho más rigor que la muerte. Lo extraño es que no se secularizasen en número más crecido aún, dada la ausencia de condiciones de vida religiosa. Pero nos explicamos el gozo no disimulado de Roda, Azara, Campomanes y Floridablanca al comprobar las opciones de abandono en el quinquenio 1767-72, puesto que ya estaban empeñados en borrar el vestigio no sólo de los jesuitas, sino hasta del jesuitismo, con la consiguiente liberación de pensiones a girar, en relación inversa con los contingentes de la Compañía (véase cuadro IV).

Todos estos elementos [43], pero especialmente el de la muerte y la imposibilidad de recuperación demográfica a raíz de la extinción, agravaron la hemorragia irrestañable. Son muy expresivas las páginas del

[41] La muerte siguió mermando efectivos, de manera que en 1776 el P. Isla, bien informado y que maneja otras estadísticas, dice que ya habían fallecido 363 miembros de la Asistencia. Cf. M. DANVILA, o.c., p.135.

[42] Cf. noticias abundantísimas a este respecto en el catálogo del archivo de la Embajada, editado por Pou Martí, ya citado.

[43] Frente a estos factores decisivos, tuvo menos peso específico la escasa cantidad de ausencias clandestinas. Sólo cuatro toledanos y otros cuatro castellanos habían escapado de su confinamiento en 1772, según el recuento citado de Coronel. Cf. n.40.

CUADRO IV

Jesuitas españoles secularizados (1767-72)

Provincias	1767	Secularizados hasta 1772	%
Castilla	702	66	4,4
Aragón	615	55	8,9
Andalucía	604	125	20,6
Toledo	584	125	21,4
TOTAL	2.503	371	14,8

Diario del P. Luengo, encargado con otros, como el P. Pignatelli, de mantener vivo el fuego de la esperanza. De la reducción producida durante cuarenta años de muerte canónica dan idea sus palabras: la Asistencia de España, «que en tiempo de su expulsión el año de 67 se componía de cinco a seis mil jesuitas, constará ahora como de unos cuatrocientos o quinientos [...], pero solos trescientos o poco más estarán en estado de poder hacer alguna cosa» [44].

Puede extrañar la desproporción existente entre el no muy cuantioso número de jesuitas españoles expulsos y el ruido ensordecedor que ocasionó su proceso y su extrañamiento en los medios gubernamentales, en las jerarquías, en las pesquisas a escala metropolitana y ultramarina, que se llevaron con la movilización de tantos testigos; con el movimiento de tropas para la comunicación y ejecución del real decreto, las flotillas aprestadas para su conducción, las campañas ingentes para borrar su memoria, la obsesión de Roda y de Campomanes contra un enemigo al parecer no tan tremendo. Sin embargo, como veremos, no era sólo el número lo que estaba en juego; en esta emigración forzada se ventilaban demasiados intereses económicos, conexiones sociales con la aristocracia, con los colegios mayores, con el ingente batallón de adictos y «terciarios», y se extirpaba la fuerza principal y aglutinadora de la oposición antirregalista (al menos así lo creían los que protagonizaron la operación).

4. LOS MOTIVOS DE LA EXPULSIÓN

El sigilo riguroso que presidió la gestación del extrañamiento y el obligado silencio posterior sobre la decisión regia privaron a los historiadores del material imprescindible para recomponer en toda su hondura las razones del acontecimiento. La *Pragmática sanción* del 2 de abril de 1767 no era demasiado explícita al aludir sólo al exigido ejercicio de la potestad tuitiva y a otras causas «urgentes, justas y necesarias que reservo en mi real ánimo». Varias de sus cláusulas (15-18) se formularon con la finalidad de correr para siempre el velo del olvido: «Prohíbo

[44] Fragmento publicado en Razón y Fe 40 (1914) 217.

expresamente que nadie pueda escribir, declarar o conmover, en pretexto de estas providencias, en pro ni en contra; antes impongo silencio en esta materia a todos mis vasallos, y mando que a los contraventores se les castigue como reos de lesa majestad» [45]. Colocado en su justo ambiente del siglo XVIII este riesgo de caer en el delito de lesa majestad, nos podremos explicar el vacío documental con que hay que debatirse. Y si a ello añadimos que la mente de tales disposiciones iba encaminada, naturalmente, a amordazar las posibles apologías de los jesuitas, las amenazas de privación de sus pensiones ante posibles quebrantos de la ley, y el apoyo oficial, en cambio, a las defensas del extrañamiento, se comprende que, en definitiva, el silencio forzoso de las defensas esté exageradamente desequilibrado por el peso de los ataques a la Compañía y que los escritos de los jesuitas —productos de la pasión y el dolor del exilio—, predestinados al entierro en archivos y sin audiencia, apenas hayan sido escuchados por los historiadores, inclinados casi siempre a la versión oficialista.

Ultimamente, cuando habían desaparecido las esperanzas de su supervivencia y se había universalizado la convicción de su desaparición intencionada por unos u otros, la investigación histórica ha logrado dar con las piezas tan acosadas como esquivas: una parte significativa de la famosísima pesquisa secreta y el *Dictamen* plúmbeo y demoledor que Campomanes, auténtico mentor de la operación, hizo oír a los consejeros de Castilla durante tres sesiones enteras (15, 16 y 17 de enero), y a cuyo dictado se acomodó la consulta definitiva (29 enero), que no es más que una síntesis de la tremenda argumentación y de las «evidencias» del fiscal [46]. En esta pieza de primer orden se encierran los resultados de la pesquisa y, lo más decisivo, se ocultan aquellos motivos que Carlos III nunca reveló. Nuestra síntesis se basa en estos descubrimientos, contrastados con fuentes de otros signos.

1. Los motines de primavera y las responsabilidades jesuíticas

Desde que Carlos III publicó que la expulsión se había decidido con motivo «de las ocurrencias pasadas», y así se comunicó al papa, los jesuitas reaccionaron negando su participación en las asonadas. Afirmaciones y negaciones, a tenor de los rechazos o simpatías, se repetirían en un capítulo tan polémico como éste, que podía aclarar la justicia o la injusticia de la determinación regia [47]. Aunque se vaya dando con do-

[45] *Colección general* t.1 p.31-32.
[46] T. EGIDO, *Motines de España y proceso contra los jesuitas;* P. R. DE CAMPOMANES, *Dictamen fiscal*, con intr. de J. CEJUDO-T. EGIDO; R. OLAECHEA, *Resonancias del motín contra Esquilache.*
[47] Pareceres de Luengo, de Isla —que se enfrenta con las razones del fiscal— y del propio P. Isidro López pueden verse en la obra de C. Eguía, negador de la más mínima participación. La Fuente y Hoz acudieron también generosamente a fuentes contrarias al Gobierno al enfrentarse con Ferrer del Río. Cuando R. Altamira dejó caer la sospecha de que algún jesuita pudo haber tomado parte en las asonadas, L. Frías salió inmediatamente al paso en un artículo *(Los jesuitas y el motín de Esquilache)* tan documentado como apasionado.

cumentación nueva, no es posible dilucidar aún apodícticamente una causa que fue desfigurada y manipulada de forma sistemática, aunque explicable. Pero una cosa es lo que el historiador pueda contemplar a la luz de perspectivas abiertas, y otra lo que pensaban y creían los ministros y mentores de Carlos III— en concreto, Roda y Campomanes o el confesor real, P. Eleta— una vez que se ha descartado el mítico protagonismo de Aranda (en realidad, lo descartaron ya los propios jesuitas expulsos) [48]. Y la versión oficial —que como tal debe ser aceptada— condenó inexorablemente al cuerpo de la Compañía —no sólo a algunos de sus individuos— como motor de los motines.

La verdad es que a estas alturas, y tras el gigantesco proceso que se instruyó para abocar a tal convicción, no se puede concluir el protagonismo— ni siquiera la participación— de los jesuitas en los motines. Al menos en la forma apodíctica y colectiva en que se pronuncia el fiscal de Castilla. Indudablemente, ahí se encuentra la clave de la dialéctica formidable de Campomanes: en cargar el nervio argumental en el principio de que todos y cada uno de los miembros de la Compañía tienen tal unión entre sí por constitución, por historia, doctrina e intereses, que lo escrito y obrado por cualquiera de ellos debe ser imputado a la colectividad de la Orden. Y a la demostración de este presupuesto se orientó un proceso cuidadosamente «dirigido» (por no decir manipulado, que lo fue) desde el poder.

La versión apresurada de Aranda, dos días antes de posesionarse de la presidencia de Castilla, es sumamente tranquilizadora. Se alude a posibles «impulsores», pero prevalece la idea de que la plebe ha reaccionado a impulsos de la xenofobia contra Esquilache, contra las subidas de precios, en el primer motín (domingo-lunes santo), y por el temor ante posibles represalias, en el segundo (martes-miércoles). Diez días después, y ante la presencia de inquietantes sátiras, invectivas y acciones aisladas, se instituye una pesquisa secreta, comandada ya por Campomanes. Su consulta manifiesta el trasvase de responsabilidades al asentar que «la hazaña no dimana del pueblo de Madrid».

Mientras tanto se han movilizado redes de espías, se ha establecido una censura, que se encarga desde Correos de atisbar (y violar) la correspondencia de y con jesuitas (aunque provenga del nuncio o a él se dirija), se interceptan algunas cartas comprometedoras [49] y se reciben informes secretísimos de las comisiones que actúan en todas las diócesis de la Península, y que se encargan —con todos los juramentos al caso— de recoger evacuaciones de personajes hostiles todos a la Compañía de Jesús. A medida que van afluyendo a Madrid, el aparato central del

---

[48] R. OLAECHEA, *En torno al ex jesuita Gregorio Iriarte;* ID., *Resonancias del motín contra Esquilache;* T. EGIDO, *Motines de España* p.242-43: pueden verse expresiones jesuitas adversas incluso al rey, pero no a Aranda. En este sentido, es decisiva la obra de R. OLAECHEA-J. A. FERRER BENIMELI, *El conde de Aranda* t.1, el capítulo dedicado expresamente a este problema.

[49] Para hacerse idea del sistema policial y represivo que se montó es de sumo interés el documento proveniente del jefe del equipo de espionaje, inserto por Lesmes Frías en *Razón y Fe* 42 (1915) 194.

lento Consejo de Castilla se depura, y, por el sigilo y agilidad requeridos, se reduce a unos cuantos «tomistas» (es decir, enemigos de los jesuitas), también solemnemente juramentados. Desde junio hablan ya en sus consultas de haber sido «privilegiados» (eclesiásticos) los motores de las asonadas. Hasta que en septiembre ya no se andan con embozos, y en las consultas elevadas al rey personifican todo en el «cuerpo peligroso», expresión nada críptica en aquel ambiente.

Con todo el material en orden, el fiscal forma su dictamen decisivo, a fines de aquel año de 1767. Los motines han sido una «formidable conspiración», una «trama», un «horrible movimiento», dirigidos por «agentes y manos ocultas», instigados por «diestros maniobristas», y con la finalidad, nada más ni nada menos, de «mudar de gobierno» en beneficio de los jesuitas. Estos con sus «terciarios» prepararon el clima adecuado, a base de pronósticos, sátiras y profecías, para recobrar el confesonario regio; estaban al tanto de las conmociones antes de que 'sucedieran; fueron los únicos alegres entre la inquietud general; sancionaron lo ocurrido; ridiculizaron al rey con habladurías que propalaban su amancebamiento con la marquesa de Esquilache o su filiación alberoniana; le tacharon de hereje y de tirano, de déspota africano; prenunciaron su muerte interpretando la aparición de algún cometa en el cielo pirenaico e incitaron a su deposición violenta y sacrílega, planeada justamente para aquella Semana Santa de 1766.

Las acusaciones, analizadas doscientos años después, pueden resultar pueriles, además de improbadas, pues provienen de personas resentidas contra la Compañía. Pero, situadas en el ambiente de pánico de los meses posteriores a los motines, presentadas a un rey que por el miedo —o por la intriga— no se atreve a volver a Madrid y aplicadas a un «cuerpo» famoso por sus doctrinas tiranicidas y su historial regicida —pues Campomanes se encarga de atribuir muertes violentas de reyes y movimientos revolucionarios a la inspiración jesuítica—, fueron capaces de convencer a la depurada sala especial encargada del proceso y de mover al monarca a firmar el decreto de expulsión de la temible colectividad, que no contaba ya con la protección de la recién fallecida reina madre, con la fuerza del partido ensenadista ni con posibilidad ninguna de defensa [50].

Hoy día, los historiadores están de acuerdo en que los motines no pueden explicarse con el optimismo primero de Aranda, con la simplicidad intencionada de Campomanes y sin atender a otros factores coyunturales, como crisis de subsistencia, o a la dinámica del informe y bullicioso partido «español» en su movimiento de oposición contra aquel Gobierno de «extranjeros» de Carlos III. De todas formas, la represión obligada halló en los jesuitas la víctima propiciatoria de otros grupos y de otros intereses que se agitaron en los turbios sucesos [51]. En relación

---

[50] Hemos analizado todo este problema detalladamente en nuestros trabajos citados *Motines de España* y en la intr. a la ed. del *Dictamen,* de Campomanes.

[51] C. E. CORONA, *Sobre el conde Aranda;* T. EGIDO, *Motines de España;* R. OLAECHEA, *Repercusiones del motín;* V. RODRÍGUEZ CASADO, *La política y los políticos en el reinado de Carlos III* p.169ss.

con la Compañía, insistimos en que la documentación oficial no prueba en ningún momento y de forma fehaciente su participación, al igual que obras del estilo de las de Eguía Ruiz no acaban de concluir su absoluta inocencia. Los motines facilitaron, eso sí, la ocasión envidiable y esperada, aunque la expulsión se hubiera realizado con o sin ellos, dado el clima de hostilidades y las situaciones límite a que se había abocado en los años tensos de 1766-67.

2. El acoso internacional

Es difícil recrear el enfrentamiento de la opinión pública internacional contra los jesuitas. En una Europa reformista, con la connotación jansenista en determinados países, los jesuitas aparecen —se les hace aparecer al menos— como los enemigos empeñados en obstaculizar las reformas o como los defensores denodados de la moral laxa y probabilista. Los ilustrados los miran como los bastiones del fanatismo y de la intolerancia (con todas las resonancias e implicaciones que en el siglo XVIII entrañaba el vocablo «fanatismo» para los descubridores de las luces y de la tolerancia). El caso de Voltaire y de su prestancia, de su contradictorio escándalo ante el comportamiento jesuítico en el problema de los ritos chinos —antecedente de la más legítima tolerancia—, es sólo uno de tantos ejemplos de hostilidad declarada y compartida. Cuando en España se les recrimine su actitud abierta ante el ritual indígena del *machitum* indiano, no se está haciendo otra cosa que reproducir acusaciones idénticas a las de otros ambientes.

A bombo y platillos se publicaron todos los detalles de las inculpaciones que precedieron a su expulsión de Portugal y de Francia. Carvalho montó hasta agencias encargadas de divulgar por Europa —y más aún por España— todos los trapos sucios, inventados o verídicos, de su fobia contra la Compañía. Pero se encargó, sobre todo, de universalizar la imagen de un cuerpo regicida y paladinamente empeñado en destruir el sistema de gobierno ilustrado, aunque para ello hubiera que destruir también al monarca [52]. Fueron mitos improbables en su mayor parte, pero que cuajaron en cuantos vivían la convicción de ser el del despotismo ilustrado el único medio de gobernar a tenor de las luces. Y el mito en cadena cundió, bien caldeado por la tradición ultramontana de quienes siempre se significaron por la defensa de los intereses de Roma en tantos conflictos como se registraron en las relaciones Iglesia-Estado.

De las Indias españolas llegó el material suficiente para alimentar el tópico más socorrido (y más tentador) de la propaganda antijesuítica: el de sus míticas riquezas, acumuladas en fuerza de rapiñas al tesoro real, de contrabando hasta con herejes, de la explotación de pesquerías de perlas, de comercio oscuro en el Orinoco, del trabajo y del producto de

---

[52] Cf. ampliamente estudiado este aspecto en el estudio preliminar de C. Silveira a la correspondencia del P. Rávago editada por Pérez Bustamante, y C. H. FRÈCHES, *Voltaire, Malagrida et Pombal:* Archivos de Centro Cultural Portugués 1 (1969) 320-34.

los indios en Paraguay. Las reducciones ofrecen el paradigma más perfecto de lo que es la Compañía cuando a amasar riquezas se dedica y
cuando se decide a fabricarse su reino propio y peculiar. Que esto fue
lo que aconteció, bajo pretexto de sus misiones, con los indios guara-
níes. La acusación pudo operar con material fresco facilitado por jesuitas secularizados, concretamente con el *Reino jesuítico del Paraguay,* del
ex P. Ibáñez de Echávarri, llamado a ser traducido a varios idiomas y
tan explotado por los enemigos de la Compañía. «Allí —dirá Campomanes—, el decantado celo de las misiones se esmera más en acumular los
bienes temporales que en inspirar en los pueblos la fidelidad y la religión». Cuentan con su imperio —cree en la viabilidad, o le interesa
creer en ella, del fabuloso emperador Nicolás I—, con su ejército, y
para ellos «no hay otro rey, otro gobierno, otro obispo, otro prelado ni
otro objeto que el interés bursático y la prepotencia de la Compañía» [53].

Las riquezas asombrosas y el proceso de acumulación asimila a los
jesuitas españoles a lo ocurrido con los no lejanos escándalos financieros
de los franceses. Al situarlas en las Indias, y en concreto en las reducciones, está recordando toda una historia penosa para Ensenada: el tratado de límites de 1750 —excusa para su caída— y la resistencia de los
misioneros a los pactos de Madrid, es decir, a dos soberanos.

Francia y Portugal son los modelos que gravitan en toda la acusación fiscal. Muchos de sus pasajes esgrimen la argumentación de Carvalho o de los parlamentos franceses, bien conocida por Campomanes,
empeñado en resaltar paralelismos sorprendentes entre lo registrado en
ambos reinos en 1759 y 1763 y lo que se vive en la España de 1766. Y
Francia y Portugal desvelaron los misterios del funesto «sistema» jesuítico, empeñado en batallas sediciosas, en calumnias, en la siembra de
discordias contra la institución monárquica y contra las mismas personas de los reyes, «herejes y amancebados». En los dos reinos, el tiranicidio se quiso llevar a cabo por el regicidio frustrado contra el rey fidelí-
simo o con el intento de asesinato contra el cristianísimo. Ante peligros
parecidos, la fuerza de la acusación tiende a plantear a Carlos III las
premisas de forma que tenga que esforzarse poco para extraer la consecuencia, él que también ha sido víctima de planes regicidas abortados.
Los epítetos prodigados al «catolicísimo reino de Francia, la rectitud de
sus tribunales y las amables prendas de Luis XV»; al «talento superior
con que el ministro de Portugal condujo esta materia para restablecer el
público reposo en aquel reino», son otra incitación para que el monarca
español, una vez que se halla ante actitudes similares de los enemigos
comunes, adopte la solución por la que ya se habían decidido Francia y
Portugal [54].

El clima internacional presionó sobre España desde varios frentes.

[53] P. R. de Campomanes, *Dictamen fiscal* n.357-59 388 393-99 427 435 436 447 460
461 505 519 424 481 508. Cf. G. Furlong Cardiff, *El expulso Bernardo Ibáñez de Echávarri
y sus obras sobre las misiones del Paraguay:* AHSI 2 (1933) 25-34. Sobre el mito de Nicolao I
cf. D. Mauricio, *O mito do imperador Nicolau I de Paraguay. 1607-1768* (London 1975), y
sobre la dinámica de su divulgación: I. M. Zavala, *Clandestinidad y libertinaje erudito en los
albores del siglo XVIII* (Barcelona 1978) 340ss.

Quizá no fuese tan decisiva la machaconería de Tanucci —según Olaechea bastante desprestigiado ya en Madrid— como los manejos de Carvalho y el peso de su hábil o burda propaganda contra los interesados en presentar a sus hermanos expulsos como mártires, o los intereses de Choisseul contra quienes se dice que eran anglófilos, aunque nada tuvieran de ello. El hecho de que algunos jesuitas franceses se hubieran refugiado en España, puede inquietar también al Gobierno francés. De esta suerte, en 1766 se podía presagiar la tragedia de la Compañía, y no sólo en España, sino también en los Estados borbónicos de Nápoles y de Parma [55].

3. Incompatibilidad ideológica y el fantasma del tiranicidio

No nos referimos —ni a ello alude ninguna de las acusaciones fiscales— a la ideología religiosa, la gran ausente en todo el conflicto, sino a las ideologías políticas irreconciliables: la representada por el despotismo ilustrado y la secularmente mantenida —según se dijo— por la escuela jesuítica. Ambas chocan inexorablemente, y el cauce abierto por la represión más rigurosa a raíz de los motines prestará la ocasión envidiable para que se imponga, sin lugar a contestaciones de ningún tipo, la teoría y la práctica del absolutismo más radical, aunque todo lo ilustrado que se quiera. La documentación secreta recientemente descubierta confirma las tesis formuladas ya por Danvila, que vio en la operación toda una fría —da a entender que injusta— razón de Estado; los atisbos de Rodríguez Casado, al poner el acento en la inviabilidad de «una facción dentro del Estado», y la hipótesis más claramente formulada por Corona: «la Compañía de Jesús fue expulsada por el católico monarca Carlos III porque su doctrina política era contraria a la monarquía absoluta» [56].

Las «horribles doctrinas» a que se refiere constantemente la acusación no son ni más ni menos que las consecuencias del clásico «populismo», en cuanto teoría opuesta al absolutismo de derecho divino, tan cordial para los ministros de Carlos III; concretamente, para el ideólogo Campomanes. El poder ilimitado del monarca, base del sistema regalista, se veía frontalmente contestado por la escuela jesuítica, presentada como defensora entrañable del probabilismo y del tiranicidio. Buena parte del alegato fiscal se dedica a la exposición detallada del probabilismo clásico, intencionadamente transformado en laxismo. Es una de las coincidencias de Campomanes con los jansenistas, aunque a él lo que le interese sea presentar tal sistema como «el patrimonio de este cuerpo religioso», y a los jesuitas como «los maestros más obstina-

[54] J. CEJUDO-T. EGIDO, intr. a *Dictamen fiscal* cit., p.18-20.
[55] Exposición de lo acontecido en Portugal, Francia y en el resto de los Estados católicos, cf. F. J. MONTALBÁN, *Historia de la Iglesia católica* t.4 (Madrid 1963) p.301ss, con suficiente orientación bibliográfica.
[56] M. DANVILA, o.c., p.85.88; V. RODRÍGUEZ CASADO, *La política y los políticos* p.99ss; C. E. CORONA, *Sobre el conde de Aranda* p.103.

dos en su propagación e invención». La «doctrina perniciosa» le da pie para lanzarse contra las nefastas consecuencias morales de opiniones, que él hace exclusivas de la Compañía, «fautoras del libertinaje en las costumbres y destructoras de la religión y de la sociedad política», pues, no hay que olvidarlo, la expulsión se presentará como medida de saneamiento del reino y de la Iglesia.

El probabilismo lleva en su entraña la defensa del tiranicidio. Fue «el P. Mariana, jesuita, por otro lado docto, el primero que propagó en España la doctrina regicida y tiranicida, dando a los pueblos ánimo para atropellar a las potestades superiores». La aplicación práctica de una doctrina «condenada en Constanza» —concilio en el que se refugia el regalismo— es lo que subleva a Campomanes y lo que le da pie para atacar furibundamente la osadía de un cuerpo que ha dado pruebas de su decisión de llevar a cabo tales planteamientos teóricos. Que es cabalmente lo que han intentado realizar —aunque su plan se frustrase— en Francia y en Portugal, y lo que se ha visto en los motines de Madrid, incitados, incluso propuestos como meritorios y heroicos, por los jesuitas. Se reserva parte de las pruebas recogidas en la pesquisa secreta, que hablan de la aplicación de los dichosos «polvos venenosos», del propósito de acabar con Carlos III el día del Corpus, pero no perdona recurso de ninguna clase para agigantar el riesgo que para la persona del rey asustado supone la permanencia en el seno de la monarquía de «los que, habiendo nacido vasallos, siembran tan abominables doctrinas». «¿Qué príncipe o gobierno está seguro donde viven eclesiásticos depositarios constantes de tal doctrina?»

Lo que conocemos de la pesquisa secreta transmite el interés jesuítico por ofrecer la imagen de un Carlos III modelo de tiranía. Para desprestigiar su figura han hecho correr habladurías las más insólitas, «hacen zumba y mofa» de él; le tachan de perseguidor de la Iglesia, y según testigos, no muy fidedignos a la verdad, llegan hasta insinuar desde el púlpito: «¡Quién sabe, quién sabe si por los pecados de España querrá Dios que venga otro príncipe!» En pocas palabras, se asimila por los jesuitas —o por los testigos— la persecución de la Compañía con la de la Iglesia, se culpa al rey —asimilado, a su vez, al Gobierno— de introductor y protector de la herejía, y ya se tiene la figura del tirano contra quien aplicar el remedio del regicidio, que, a tenor de las acusaciones que se les lanzan en el proceso, es lo que han hecho o intentado hacer los jesuitas a través de toda su historia una vez que se desviaron de las directrices ignacianas.

En la concurrencia irreductible de ideologías pesa también el choque de dos absolutismos: el jesuítico y el monárquico. Campomanes calla lo referente a éste, pero endosa todo un catálogo litánico para definir a la Orden ignaciana como «cuerpo despótico», «modelo visible del despotismo», «el despotismo supremo», dominado por un «soberano despótico extranjero», «monarca absoluto de las almas, cuerpos y bienes de la Compañía». No es el ultramontanismo pontificio el que se ataca en este momento, puesto que el despotismo jesuítico se opone al papa tanto como al rey, sino el ultramontanismo con su poder central detentado por el general. En virtud de esa maquinaria que gira sobre el eje de la obediencia cadavérica, el jesuita se despersonaliza, y la iniciativa, al igual que la responsabilidad, se traslada sistemáticamente a la colectiva de todo el cuerpo, «ya que es el cuerpo el que obra, y los particulares son meros instrumentos». En conclusión clarísima: lo operado por cualquiera de los miembros —como atentar contra la monarquía en los motines, por ejemplo— responsabiliza a la Compañía entera, que es la que tiene que ser extirpada.

La «confederación jesuítica», perfectamente estructurada en monarquía despótica, cuenta con un ejército aguerrido de padres, coadjutores, con su retaguardia o vanguardia de «terciarios y miembros del cuarto voto», beneficiarios de cartas de hermandad, siempre dispuesto a medir sus armas por este «cuerpo contrario al Estado», «extraño a la monarquía»; con un general extranjero e interesado en que «dependan los reyes de su arbitrio». Otra conclusión: la Compañía «forma una liga y unión ilícita contra el Estado dentro del reino, lo cual podrá trastornar el trono a cierto tiempo por sí o por medio de sus emisarios».

Se trata de un Estado dentro de otro Estado, fenómeno inviable en el centralismo borbónico y absolutamente irreconciliable con la esencia del despotismo ilustrado. Tiene que saltar la oposición diametral de intereses, y la historia confirma cómo la liga de los jesuitas ha actuado siempre contra las monarquías o los gobiernos legítimos: desde las tentativas venecianas hasta la Inglaterra de 1688, en los sucesos recentísimos de Francia y Portugal; en España, por la crisis de 1640 y en los intentos regicidas de la pasada primavera. Que no lucha la Compañía por la autoridad pontificia es evidente, ya que se ha enfrentado a ella cuando le ha convenido, y la prueba está en los no lejanos conflictos y actos de rebeldía con motivo de los ritos chinos y malabares, en su empeño por condenar a Noris, en su denuedo por torpedear el proceso de beatificación del Venerable Palafox, etc.

En este particular, también la conclusión se adivina, si no se adelantase el propio fiscal a extraerla por activa y por pasiva: entablado el duelo entre dos Estados concurrentes, y tras enfatizar el riesgo que Carlos III correrá de no deshacerse de los enemigos de su soberanía y súbditos del despotismo extranjero, termina exigiendo la eliminación de la Compañía entera «como enemiga declarada del reino, incompatible dentro de él con la tranquilidad y el orden público» [57].

4. El juego de intereses económicos, sociales y políticos

A pesar de todo lo que se dijese oficialmente, no se podría comprender la expulsión de los jesuitas olvidando los móviles económicos,

---

[57] Ampliamente estudiado este factor en la intr. cit. de J. CEJUDO-T. EGIDO. Sobre el peso ideológico en todo el conflicto, aunque quizá algo exclusivamente contemplado, cf. S. DE MADARIAGA, *The fall of the Jesuits. The Triumph of the Filosophs;* G. FURLONG, *The Jesuit Heralds of Democracy and the New Despotism;* R. KREBS WILKENS, *The victims of a conflict of Ideas,* en M. MÜRNER, ed., *The expulsion of the Jesuits from Latin-America* (New York 1965) p.33-40.41-46.47-52.

los enfrentamientos sociales y toda esa gama de intereses profundos que descubre y que la motivaron. En los decretos de expulsión se contemplan en un mismo plano el extrañamiento y la ocupación de las temporalidades. Estas se miraron en seguida como cebo apetitoso por reformistas ilustrados para centros de enseñanza o convictorios, por obispos al acecho de inmuebles para sus seminarios o parroquias, por órdenes religiosas rivales (los agustinos de Filipinas les dieron buen juego), por espías que esperan el pago de su vigilancia y del trabajo extraordinario de violar la correspondencia en horas también extraordinarias, por todos los que habían operado en el negocio, y de los fondos jesuíticos recibirían premios, gratificaciones, sueldos, sobresueldos; por tantos, en fin, como «estaban esperando a que mataran el gallo para desplumarlo» [58].

Aunque las temporalidades, hasta que los apuros de Carlos IV forzaran las cosas, se respetasen sustancialmente en su primitivo destino, es imposible no detectar cierta revancha por el no lejano fracaso del proyecto desamortizador de Campomanes. De hecho, la minoría de los consejeros de Castilla que se pronunciaron en pro de los planes «desamortizadores» coincide con el resto elegido para integrar la sala especial encargada de conducir la operación del extrañamiento. Y no se puede negar que los decantados tesoros de la monarquía jesuítica y sus acumulaciones allende y aquende resultaban tentadores para los encariñados con frenar el proceso de «espiritualización», por muy tímidamente que la realidad desamortizadora se formulase [59].

Junto a los factores económicos, hay que acudir al turbio —o demasiado claro— juego de intereses sociales que gravitan en torno a la expulsión. Esta, en buena parte, debe mirarse como un choque entre golillas, representantes de un cualificado sector burgués, y la aristocracia. La tesis, con todos los visos de certera, de Rodríguez Casado al ver a la «Compañía sacrificada en lugar de la aristocracia» [60], puede completarse con la idea de que el extrañamiento, en efecto, se concibió desde un principio como medida que eximió a otros privilegiados de la represión que sería de esperar, pero que indirectamente repercutió en la alta aristocracia, sobre todo a través de la liquidación del difuso contencioso en torno a los colegios mayores.

El control de la enseñanza —una enseñanza antiilustrada para los reformadores— que ejercen los jesuitas en los colegios de nobles, en la

---

[58] La frase es de un tal Iturbide, que en 1770 pide a Grimaldi algo de esta cucaña de los temporalidades en pago a sus servicios; concretamente, a los prestados en la violación de la correspondencia durante el año de la pesquisa antijesuítica y el del *Monitorio de Parma*. Recibió 12.000 reales y sus ayudantes fueron gratificados con 6.000 por trabajos extras, y a cargo de las temporalidades; *Razón y Fe* 42 (1915) 194. La gran masa de órdenes expedidas después del extrañamiento y en orden a las temporalidades está recogida en la *Colección general de providencias*.

[59] Cf. estudio sobre lo que representan las diversas tendencias de los actuantes en el Consejo que rechazó la ley desamortizadora en F. Tomás y Valiente, «Estudios preliminar» a la ed. del *Tratado de la regalía* cit. Véase el apartado que dedicamos a este tema en las relaciones Iglesia-Estado.

[60] O.c., p.183-86.

propia universidad, ya sea por el sistema de alternativa, ya por sus reconocidas conexiones con los colegios mayores, se había convertido en piedra de choque entre golillas y colegiales aristócratas. El hecho de ser colegial mayor equivalía a la posibilidad de copo de plazas las más apetitosas de la Administración (detentadas hacia 1766 en su casi 90 por 100 por jesuitas del cuarto voto, que es lo mismo que decir «terciarios» o simpatizantes), de cátedras, de prebendas pingües, de plazas en la Inquisición en el peor de los casos. Manteístas, golillas, excolegiales renegados, acusan el efecto de la dura marginación. Nos explicamos que Azara ironizase sobre la fobia de Roda, que no veía más que colegiales por uno y jesuitas por el otro ojo; o que Lanz de Casafonda, Campomanes y Pérez Bayer identificaran a unos y a otros, al menos, en la necesidad de abatir «a los dos más altos y soberbios cedros: jesuitas y colegiales» [61]. Villanueva, mucho más tarde, aclara la asociación, entonces lugar común para todos, entre el golpe dado a los jesuitas y el proporcionado a uno de sus principales bastiones al recordar «el estancamiento a que habían reducido para sus individuos la mayor parte de los grandes destinos y empleos eclesiásticos y civiles del reino, que antes de la expulsión de la Compañía solían distribuirse entre ellos y los alumnos paniaguados de los jesuitas, llamados comúnmente jesuitas de sotana corta» [62].

La expulsión fue, pues, el paso previo hacia la posterior reforma de los colegios mayores. Poco se conseguiría desde el punto de vista de la enseñanza; pero el relevo fue un golpe de gracia, como se quejaban los afectados, asestado «a la nobleza de Castilla» [63].

El choque más clamoroso se centró en la lucha por el poder político. Mientras no se aclaren del todo las fuerzas encontradas en los motines, las líneas de actuación de los existentes, pero poco conocidos partidos políticos, no se podrán establecer conclusiones inconcusas. Por lo que se conoce, no es difícil deducir que la expulsión fue el acto decisivo de un enfrentamiento radical entre el Gobierno de Carlos III y la oposición, personificada —quizá a pesar suyo— en los jesuitas, luchadores casi solitarios —pero no resignados— contra el regalismo y la política de reformas seguida por los ministros de 1766.

Desde la caída de Rávago habían perdido un resorte de poder político tan formidable como el del confesonario regio. Dada la tendencia a identificar a la colectividad con los miembros y porque intervinieron, en la medida que fuese, intereses jesuíticos en el bloqueo del tratado de límites de 1750, la opinión internacional arreció contra la Compañía. El embajador inglés Keene, pieza clave en la crisis de gobierno de 1754-55, comunicaba con alborozo que la caída del confesor «llevaba consigo la de la Orden de los jesuitas en masa». Las acometidas se lanzaron, con más fuerza si cabe, desde el interior, y el sucesor —y enemigo— de

---

[61] Cf. Sala Balust, o.c.; R. Olaechea, *El anticolegialismo del Gobierno de Carlos III*.
[62] Cit. por L. Rodríguez Díaz, *Reforma e Ilustración* p.56.
[63] L. Sala Balust, *Visitas y reformas* p.43. Cf. amplia información bibliográfica sobre el problema J. Cejudo-T. Egido, intr. cit., p.5-6.

Ensenada, el regalista intransigente Wall, era presentado por el nuncio como «enemigo temible de la Compañía de Jesús; desearía, si pudiese, expulsarlos de España». Las sátiras que corrieron, reflejo del mundo de pretendientes resentidos contra el P. Confesor, reflejan el antijesuitismo, que cuajará en lo que la musa se atreve a pronosticar doce años antes:

> «Ya, mudado el Gobierno,
> no será presunción vana
> que les quiten la sotana
> a la entrada del invierno» [64].

A las alturas de 1766, parece evidente que la brega por el confesonario regio se había convertido en duelo violento. La amplitud de sus competencias estaban mediatizadas ya por las facultades del secretario de Gracia y Justicia, pero aun así seguía siendo el poderoso medio de poder eclesiástico-político que siempre fue. Campomanes, en su intervención fiscal decisiva, insiste una y otra vez en que los motines fueron desencadenados por los jesuitas —corporativamente—, en un esfuerzo por lograr la restitución del «confesonario a la Compañía como patrimonio suyo, para hacer cambiar el Gobierno a su arbitrio». Se explica, por tanto, que fuese «sobradamente conocido cuán resentidos, enojados y preñados andaban y vivían los PP. Jesuitas en este reino desde la caída del P. Rávago» y que la ofensiva llevada desde las conversaciones, el sermón y la temible sátira se cebaran en Roda, nada proclive a premiar con beneficios de su competencia a adictos a la Compañía, y en el P. Joaquín de Eleta, «el tonto y adulador», el «pobre alpargatilla sin letras», vituperado a placer por la invectiva [65].

El ataque no se limitaba al confesonario regio. Todo el equipo gubernamental, al menos sus componentes más significados, son zarandeados ante la opinión pública por la oposición, y en este caso por los jesuitas. Las testificaciones de la pesquisa son machaconamente unísonas al transmitir la voz común de que «los jesuitas han hablado y hablan contra el Gobierno»; «como no se ven tan pujantes ni tienen el valimiento como antes, se observan y manifiestan agriados y resentidos del Gobierno de S. M.» Los blancos predilectos, además del confesor y de Roda, son Esquilache y Campomanes: «Que el confesor era un adulador, que el señor marqués de Esquilache era un cabrón y que el señor Roda era un jansenista» no son los epítetos más duros que se prodigan, salidos de la «fragua jesuítica». Alejado el «ladrón» marqués, las críticas se concentran en el resto del equipo, y con cierto privilegio en Campomanes, «graduado también de jansenista» a diestra y siniestra» [66].

---

[64] Cf. C. Pérez Bustamante, *Correspondencia* p.305; M. B. Cava, *La problemática del tratado de 1750 vista a través del confesor real P. Rávago:* Letras de Deusto 6 (1976) 187-99. Ampliamente estudiado en T. Egido, *Opinión pública y oposición al poder en la España del siglo XVIII* (Valladolid 1971) p.219-25.

[65] T. Egido, *Motines de España* p.246-48; P. R. de Campomanes, *Dictamen* n.202.598-99.602.

[66] T. Egido, *Motines de España* p.242-46.

No son sólo los ministros las víctimas de la maledicencia. En las campañas antigubernamentales de 1766-67 se rompe aparatosamente la constante de respetar la persona del rey. Hemos visto ya algunos de los insultos y murmuraciones con que se le intenta desprestigiar. En estos ataques, el fondo de todo es culparle, también a él, de «jansenista», con todo lo que ello implica, y de perseguidor de la Compañía, que es lo mismo que decir perseguidor de la Iglesia, e introductor —con su Gobierno— de la herejía: «¡Oh, madre Compañía! —declamaba el P. Casanovas en Cervera—, ¿cuándo dejarán de perseguirte los tiranos?» «Que en España se introducía la herejía», «que el Evangelio estaba en las botas para salir de España», repetían otros en escritos y conversaciones [67].

Hay que tener en cuenta que las delaciones provienen siempre de personas desafectas, y en otro lugar hemos tratado de matizar la prevención con que deben acogerse. En todo caso, son reveladoras del clima existente entre los enemigos de la Compañía, que fueron quienes llevaron el proceso. Mas por otras fuentes se sabe que los jesuitas en su exasperación, al contemplar «una España jansenista» (o sea, parecida a Francia en sus actitudes hostiles a la Sociedad), se embarcaron en una desesperada contraofensiva que no perdona ni al mismo rey. Incluso, y al margen de pesquisa y *Dictamen*, corrieron sátiras de origen jesuítico, que llegan al extremo de sugerir, como antídoto contra la herejía cabalgante y la tiranía manifiesta, la aplicación del «veneno» o la solución del tiranicidio, que es a lo que están incitando, aunque sea figurativamente —en tiempos en que el Gobierno no estaba para metáforas en asunto de oposición—, piezas tan divulgadas como la de los *Gemidos de España:*

> «Cuando se ve la Iglesia perseguida
> o alguna de sus ramas despreciada,
> es opinión de doctos muy seguida,
> si no basta prudencia moderada,
> se pueda con cautela prevenida
> matar por una causa tan sagrada,
> pues matar al tirano no es locura,
> que es opinión probable muy segura» [68].

Todo esto desenmascara la raíz profunda de la oposición al regalismo y al ritmo reformista del Gobierno, cuyo relevo se persigue como sea, pero sobre todo a base de la sátira penetrante (Campomanes dedica todo un apartado de su *Dictamen* al análisis de las piezas más significativas y de su poder de captación [69]). Los gritos que se oyeron durante las asonadas reclamando el retorno de Ensenada —alejado a Medina del Campo cuando llegase la hora de la represión inmediata—, la organización perfecta del motín y tantos signos más son otro indicativo de que el auténtico protagonismo del forcejeo violento tiene que atribuirse al heterogéneo «Partido español», tan bullicioso a lo largo de toda la cen-

[67] ID., ibid., p.241.247ss.
[68] T. EGIDO, *Oposición radical a Carlos III* p.543. Estudio interesante de esta sátira, R. OLAECHEA, *Resonancias del motín contra Esquilache* p.109-16.
[69] P. R. DE CAMPOMANES, *Dictamen* n.645-56.

turia, y al que los jesuitas en esta circunstancia se vieron, voluntaria o
involuntariamente, trágicamente asociados [70]. Su fracaso lo fue también
para el frente de la oposición, incapaz de recobrar un poder cada vez
más esquivo. Otra de las habilidades fundamentales de Campomanes en
la conducción del proceso consistió en saber concentrar las responsabilidades en la Compañía, consciente del aislamiento en que se encontraba.

5. Soledad de los jesuitas

Roda y Campomanes siguen una estrategia cautelosa, pero sistemática, para desarticular los posibles frentes de apoyo a la Compañía,
desde los regulares hasta la jerarquía, si bien poco peligro ofrecían los
primeros, dadas sus tensiones internas, y ninguno los obispos: las últimas promociones se habían elevado porque las investigaciones previas
evidenciaban sus tendencias antijesuíticas. El resultado final, desconcertante, fue un triunfo clamoroso del regalismo, que en esta ocasión concreta encontró los mejores aliados en los dos bloques que debieran haber alentado la oposición.

a) *Obispos «versus» jesuitas*

Paralelamente a las deliberaciones —o asentimientos— de la Sala
Especial de Castilla actuó otra especie de cámara de eclesiásticos, res-
paldada por Eleta e integrada por el obispo de Avila, el arzobispo de
Manila y el agustino Manuel Pinillos; o sea, por tres antijesuitas bien
declarados y bien elegidos [71]. La conciencia de Carlos III podía quedar
bien tranquila por las decisiones que adoptara contra la Compañía. El
secreto estrechísimo con que se obligó a los escasos componentes del
Consejo Extraordinario fue relativo. Antes de que el proceso se hubiera
cerrado y cuando ya se había decidido el final a que abocaría (20 noviembre 1766), Roda cursó a todos los obispos de España una circular
demasiado expresiva de lo que se estaba tramitando. Se les expone el
plan del extrañamiento y se les consulta, para precaver reacciones inmunistas, si el rey «puede y debe, usando de la vía económica y sin
ofender los derechos de la inmunidad, extrañar de sus reinos y dominios [a la Compañía] mandando la aprensión de sus temporalidades» [72].
Ignoramos las respuestas, exigidas «con la prontitud y secreto que
pide la materia». Pero sabemos que aquellos prelados, prontos a levantar la voz cuando se atentaba contra detalles nimios de inmunidad local
o personal, callaron al menos ante el proyecto regalista. De nuevo el
secretario de Gracia y Justicia, cuando ya estaba todo minuciosamente
detallado, planea dirigirse al grupo episcopal antijesuita; pero esta vez
para que la operación, ya inexorable, no sólo apareciese como autorizada, sino como motivada y pedida por los obispos, convirtiéndolos en

---

[70] C. E. Corona, a.c., y *Sobre el tránsito del absolutismo al liberalismo.*
[71] P. de la Hoz, *Colección* p.49.
[72] En R. Olaechea, *En torno al ex jesuita Gregorio Iriarte* p.183.

prácticos protagonistas del extrañamiento. Sugerencias en contra le hicieron prescindir de este sistema, mas la complicidad aquiescente del episcopado español fue un elemento decisivo con el que el Gobierno pudo contar [73].

No debe extrañar el enfrentamiento masivo de la jerarquía con los jesuitas. La Compañía fue siempre la campeona de las exenciones regulares y del antiepiscopalismo práctico. Los privilegios de las órdenes religiosas, los pleitos para eximirlas del pago de diezmos, mil cuestiones de interferencias —más aún en las Indias que en la metrópoli—, habían enemistado profundamente a los jesuitas con el episcopado. El descontento colectivo saltó cuando del Gobierno llegaron a las curias sugerencias —aceptadas como órdenes— para que justificasen la expulsión y preparar la extinción prevista, esta vez con el asentimiento de la prelacía para cubrir todas las responsabilidades. La expulsión se realizó como acto soberano, es decir, regalista; la supresión se llevaría a cabo con o sin el acuerdo de los obispos. Mas éstos se pronunciaron sin lugar a dudas ante las primeras insinuaciones, y sus pareceres son un revelador de las cotas de impopularidad que la Compañía había ganado en el sector supremo de la Iglesia española.

Ocho —nueve para Olaechea— dictámenes se reunieron a raíz de la expulsión, desde los madrugadores de los obispos de Palencia y Barcelona (31 marzo 1767) hasta el del P. Confesor (13 enero 1768). El de Palencia, que escribía antes de haberse materializado el extrañamiento, exclamaba: «Salgan, Señor, los jesuitas de todos estos dominios, como han salido ya los de Francia y Portugal, reinos que por su constitución son los extremos de España, y no es justo que quede en el centro el daño, retirándose al corazón el veneno». Climent, «el jansenista» posterior, arrecia contra los monopolizadores de la enseñanza en el principado; y por erradicar los libros y las escuelas jesuíticas, con «principios contrarios a la gracia de Jesucristo y a la moral católica», suplicaba el de Tarazona. El obispo de Albarracín inserta una letanía de invectivas contra la avaricia, el espíritu de dominación, la tremenda soberbia de quienes hasta sobre el episcopado se habían erigido. El P. Eleta, más enterado de los entresijos de la operación, ofrece un adelanto de la virulenta versión oficial. La síntesis del pronunciamiento colegial la da el activo —y fogoso— obispo de Salamanca, que, como Campomanes, rememora el paralelismo con los templarios, y en su carta al amigo Pérez Bayer conmina: «Cualquiera que pusiese en duda la justificación de la resolución de S. M., injuriaba atrozmente a su real persona y a los ministros que asistieron al Consejo, con cuyo acuerdo se tomó la real resolución» [74].

El confesor real, previsor —y anheloso— de la extinción total, proponía un plan de acción que luego se habría de seguir al pie de la letra casi, como observa Danvila. Uno de los pasos para lograr el aniquila-

---

[73] Bertrán a Pérez Bayer, 5 mayo 1767; ap. R. OLAECHEA, a.c., p.218-19.
[74] Síntesis de las respuestas que se conservan en el Archivo General de Simancas, cf. ap. M. DANVILA, o.c., p.428ss. Para Bertrán, R. OLAECHEA, a.c., p.218.

miento del peligro que para la paz pública suponía la corrompidísima Compañía se cifra en «recoger cartas de obispos y arzobispos que pidiesen la extinción», con el fin de forzar la voluntad del papa [75]. En octubre de 1769, atendiendo el deseo del papa en el mismo sentido, se dirigió otra circular al episcopado español. Las respuestas se apresuraron a llegar al despacho de Roda durante los dos meses siguientes. La puntualidad inusitada y el tono de las contestaciones son la expresión más elocuente de un plebiscito de unanimidades que convierte al colectivo jerárquico en protagonista indiscutible de la extinción, concebida —al igual que la expulsión de España— como medida de saneamiento de la Iglesia.

Merece la pena repasar la estadística de la encuesta reveladora, bien conocida y a veces falseada. Excusan la respuesta 5 de los 56 prelados, y entre ellos el de Cartagena, Diego de Rojas, el destituido presidente de Castilla y conocido por su jesuitismo, y el bullicioso de Teruel, Rodríguez Chico, enemistado con el Gobierno y perseguido luego por éste. El de Granada se muestra indiferente, lo que puede traducirse como mejor parezca. Los de Tarragona y Pamplona se pronuncian por la reforma, no por la extinción, ignorantes de que Campomanes había dejado muy claro que los jesuitas eran imposibles de reformar. Media docena justa se opone en su dictamen a la extinción, y se necesitaba voluntad decidida para, a las alturas del setenta, oponerse a las directrices y sugerencias centrales. Entre los seis de la oposición se hallaba el anciano obispo de Cuenca, el vapuleado Carvajal y Lancáster. La inmensa mayoría (46, ó 42 si prescindimos de 4 que repiten su dictamen favorable emitido en 1767) fue una cascada de adhesiones al plan ya fraguado de la extinción, presentadas debidamente al papa para su tranquilidad. De lo que no cabe duda es de que las fáciles apologías no pueden culpar a Clemente XIV ni al Gobierno español de haber sido los únicos autores de la medida radical, ni sería honesto disimular el ambiente hostil de la jerarquía hacia los jesuitas en el tiempo de la expulsión de España [76]. Resultan inocentes los esfuerzos que Menéndez Pelayo hace para exculpar a los obispos, por aumentar el número de los contrarios a 14, por convertir todo en una maniobra de la «tiranía» oficial [77].

Por lo que se refiere a la expulsión de España, y por si fuera poco, fue sancionada jerárquicamente con una serie de pastorales, esta vez limitadas, pero expresivas. La estadística de Rodríguez Casado [78], al fijarse sólo en los votos aludidos y deducir la igualdad de porcentajes

---

[75] M. DANVILA, o.c., p.433-34.

[76] Cf. la estadística nominativa de pareceres en M. DANVILA, o.c., p.429-30, repetida por F. ROUSSEAU, o.c., p.327-29. Uno y otro aumentan los votos contrarios a ocho al incluir a los reformistas entre los negativos. Hemos preferido, por más exacto, el análisis de E. PACHECO Y DE LEYVA, o.c., p.XLIV-V. El único estudio que conocemos en torno a este importante problema es el antiguo de G. GORRIS, *De supprimenda Societate quid senserint anno 1769 episcopi hispanienses:* Ad annum saecularem restitutae Societatis Iesu (Hertogenbosch 1914) 5-18.

[77] M. MENÉNDEZ PELAYO, o.c., p.188. Idénticos esfuerzos hace J. M. MARCH, o.c., p.326ss; cf. J. SARRAILH, o.c., p.141.

[78] O.c., p.190.

adversos a la Compañía entre obispos nominados en tiempo de Carlos III y los elevados antes de su reinado, se deshace atendiendo a este otro voto más consciente y demoledor de los documentos episcopales, salidos de plumas estrechamente vinculadas al Gobierno y de mitras provistas sobre el presupuesto antijesuítico de los electos.

Todas ellas son un turíbulo de loas a la providencial medida de Carlos III. De las Indias se esparcieron la del obispo Fabián y Fuero —futura víctima del regalismo—, que recuerda, ¡cómo no!, el justo castigo —«en el mismo día, a la misma hora y en la octava de la misma procesión y festividad»— que reciben los jesuitas a los ciento veinte años de su maquinación contra Palafox [79]; y la del brillante y joven Lorenzana, llamado a mayores empeños, que reiteraría sus intervenciones pastorales antijesuíticas ya en la sede primada de Toledo [80] (también sentiría después los desvíos gubernamentales). El obispo de Barcelona, José Climent, aprovecha la ocasión de prologar una traducción de Fleury para colocar su respectiva pastoral contra el laxismo de la Compañía [81]. La más furibunda y voluminosa fue «la funesta pastoral», así calificada por Menéndez Pelayo, del arzobispo de Burgos, Rodríguez de Arellano, uno de los miembros asistentes al Consejo Extraordinario para la ocupación de las temporalidades y otras urgencias [82]. El obispo Bertrán, cuyo pensamiento al respecto ya conocemos, también se despachó con su correspondiente pastoral, menos virulenta que la anterior y auténtico tratado espiritual sobre las revelaciones particulares y sus riesgos, bebido en las más clásicas fuentes de la mística española. Aunque por el mismo motivo de profecías favorables a los expulsos, fue mucho más dura la del arzobispo de Valencia, Andrés Mayoral [83]. Y aunque fuese más tarde y con motivo de la extinción, también escribió su pastoral de turno el nuevo obispo de Lugo, más moderado en ella que en el dictamen secreto enviado a Roda [84].

No cabe duda de que en esta selección de prelados y en su actitud antijesuítica operan factores diversos, entre ellos el deseo de reforma, la tendencia (no exclusiva del «jansenismo») adversa al laxismo, el influjo de la Ilustración. Pero sería ingenuo atribuir a actitudes sólo nobles el entusiasmo manifestado por estos prelados, ejemplares por otra parte.

---

[79] *Carta pastoral del Ilmo. Sr. D. Francisco Fabián y Fuero, obispo de Puebla de los Angeles,* 28 octubre 1767, p.37. El recuerdo de la actitud antijesuítica de Palafox y las dificultades que la Compañía le procuró es aducido por buena parte de los prelados que contestaron a estos primeros requerimientos del Gobierno. Cf. R. Olaechea, *Algunas precisiones en torno al Venerable Juan de Palafox* p.36-38.

[80] L. Sierra Nava, *El arzobispo Lorenzana ante la expulsión de los jesuitas,* art. incorporado después a su obra *El cardenal Lorenzana y la Ilustración* t.1 (Madrid 1975) p.119-30.

[81] En el pról. a la trad. esp. (Barcelona 1769) de la obra de Fleury, *Las costumbres de los israelitas.*

[82] *Doctrina de los expulsos extinguidos. Pastoral que, obedeciendo al rey, dirigía a su diócesis* (Madrid 1768).

[83] *Sobre la moderación del sentimiento de las religiosas por la ausencia de sus directores* (jesuitas) (Salamanca 1767, 22 diciembre 1767). Cf. J. Sarrailh, o.c., p.140.

[84] F. Armañá, *Pastoral con motivo de la extinción que hizo y declaró el sumo Pontífice* (Santiago 1773). También Lorenzana volvió a la carga por estas fechas. Cf. M. Miguélez, o.c., p.321-23.

Armañá fue encumbrado a la sede de Lugo por su reconocido antijesuitismo [85]. Algo parecido sucedió con Climent y su mitra barcelonesa [86]. Bertrán protestaba en su apoyo extremoso al extrañamiento: «Soy el vasallo más obligado a ejecutar con prontísima y rendidísima obediencia las más leves insinuaciones de S. M., porque cuanto tengo y represento lo debo a su real dignación» [87], y Sala Balust ha puesto bien en claro los buenos beneficios que las temporalidades le reportaron, lo que puede matizar la tesis de Saugnieux de que el obispo salmantino debía su hostilidad a la Compañía «a razones estrictamente teológicas, morales y espirituales» [88]. Luengo, al recordar a Rodríguez de Arellano, Fabián y Fuero y a Lorenzana, tres canónigos de la primada que acabarían en arzobispos, dice que «fueron hechos obispos con el expreso fin de promover de todos modos posibles la expulsión de los jesuitas de los dominios de Su Majestad católica» [89].

Aparte la pasión del diarista citado, la reciente hornada episcopal respondió bien a las incitaciones antijesuíticas. Llama la atención el poder concitador de la Compañía, capaz de excitar la rara cuasi unanimidad de los obispos, no registrada en ningún otro momento de la centuria. En su interpretación no puede aducirse el regalismo como explicación excluyente y válida; aunque alguno de los prelados coquetearon con la ideología gubernamental (de la que acabaron en su parte más significada siendo víctimas), incluso aunque algunos fueran regalistas convencidos, Olaechea prueba con buenas razones que «los más no lo eran y que la postura antijesuítica adoptada por gran parte de ellos en algunos momentos críticos sería por otras razones más o menos mezquinas, pero no porque fueran regalistas» [90].

b) *La enemiga de los frailes*

El Gobierno ilustrado de Carlos III no tenía ninguna simpatía por el clero regular, le mira como improductivo entre otras cosas, hasta el punto de poderse hablar con toda exactitud de un anticlericalismo ambiental [91]. Pues bien, Campomanes se impuso la tarea consciente de demorar prevenciones en su estrategia por enfrentar a todas las órdenes religiosas con los jesuitas. Ya hemos visto el proceso de contracción que sufre la pesquisa en cuanto cae en sus manos, cómo las responsabilidades de los motines van pasando del vulgo a los privilegiados, a una «parte de los eclesiásticos» en junio de 1766, al «cuerpo religioso» de

[85] Ampliamente estudiado en F. Tort y Mitjáns, *Biografía histórica de Francisco Armañá Font, O.S.A., obispo de Lugo, arzobispo de Tarragona. 1718-1803* (Villanueva y Geltrú 1967) p.138ss.
[86] M. Danvila, o.c., p.431.
[87] R. Olaechea, *En torno al ex jesuita Gregorio Iriarte* p.218.
[88] J. Saugnieux, *Les jansenistes et le renouveau de la prédication* p.196.
[89] R. Olaechea, *La relación «amistosa» entre F. A. de Lorenzana y J. N. de Azara* p.811. Además de las pastorales citadas, consta que el obispo de Mallorca, J. C. Loaces y Somoza, dirigió la suya en sentido idéntico. Cf. *Colección general* t.2 p.25.
[90] R. Olaechea, *La relación «amistosa»* p.815.
[91] R. Olaechea, *En torno al ex jesuita* p.186.

jesuitas en septiembre [92], hasta cuajar esta última deducción en las investigaciones y en el definitivo *Dictamen*. Paralelamente, puede observarse la exclusión afectada de la nobleza y del resto de los eclesiásticos. «El clero regular y secular están sanos», dicho en ese mes de septiembre, se repite hasta el hastío en el tan mencionado *Dictamen* de fines de año y se incorpora a la pragmática delatora de la táctica seguida, al mandar el monarca «que el Consejo haga notoria en todos estos reinos la citada mi real determinación, manifestando a las demás órdenes religiosas la confianza, satisfacción y aprecio que me merecen por su fidelidad y doctrina, observancia de la vida monástica, ejemplar servicio a la Iglesia, acreditada instrucción de sus estudios y suficiente número de inviduos para ayudar a los obispos y párrocos en el pasto espiritual de las almas, y por su abstracción de negocios de gobierno, como ajenos y distantes de la vida ascética y monacal» [93].

La maniobra aislacionista provocó malhumoradas reacciones por parte de los ilustrados, al menos del atento observador Voltaire, quejoso por los «cumplimientos prodigados por el rey de España al resto de los frailes, curas, vicarios y sacristanes españoles, no menos peligrosos y sí más rastreros y viles que los jesuitas» [94]. El halago gubernamental era, además, perfectamente inútil: la enemiga secular del resto de las órdenes religiosas hacia la Compañía se había materializado en el encono cordial que se puede detectar en el clima de los días de la expulsión. Conscientes del acoso, y al igual que lo hicieran con el Gobierno, los jesuitas contraatacaron, ofreciendo entre todos el espectáculo de un agrio torneo verbal, testigo de resentimientos más íntimos y que permitieron decir, con toda justicia, al fiscal Campomanes: «Están en contradicción con las demás órdenes religiosas, desacreditándolas con los seculares y haciéndolas ridículas, que fue el principal objeto de la llamada *Historia de fray Gerundio,* y aun el cardenal Berlarmino abrió este camino en su *Gemitus columbae*» [95]. Los frailes no supieron encajar la sátira sangrante, y la polémica acerada subsiguiente contribuyó a amargar las relaciones interclericales [96].

No es posible analizar las posturas antijesuíticas de todas las órdenes que se comprometieron en la batalla facilitando las cosas al Gobierno. Es posible que los más ardorosos combatientes fueran agustinos y dominicos; de hecho, sus dos generales, Juan Tomás de Boxadors y F. J. Vázquez, más éste que el primero, se erigieron en campeones de la futura extinción de lo que el agustino denominaba «enjambre de abejas infernales» [97]. Agustinos y dominicos habían sido las víctimas principales de rivalidades de escuela, tan difíciles de comprender a quien no se

---

[92] Consultas de 8 junio y 11 septiembre 1766, ap.C. EGUÍA RUIZ, *Los jesuitas y el motín de Esquilache* p.375.378; R. OLAECHEA, *Resonancias del motín* p.98-99.
[93] *Colección general* t.1 p.29.
[94] Carta a D'Alembert, 4 mayo 1767, ap. F. ROUSSEAU, o.c., p.232.
[95] P. R. DE CAMPOMANES, *Dictamen fiscal* n.589.
[96] J. CEJUDO-T. EGIDO, Intr. cit., p.34-35.
[97] Sobre Boxadors cf. MORTIER, *Histoires des Maîtres Généraux de l'Ordre des Precheurs* t.7 p.385-410; TUSQUETS Y TERRATS, *El cardenal Juan de Boxadors:* Anuari de la Societat Catalana de Filosofia (1952) 243-91. Sobre Vázquez, F. ROJO, en DHEE 3 p.2716-17.

sitúe en un ambiente en el que decir «jesuita» equivalía a proferir un concepto preñado de contenidos políticos, sociales e ideológicos muy sensiblemente contrapuestos a los entrañados por el regalismo, tomismo y «jansenismo» a una. Las luchas por las cátedras universitarias y la creciente invasión del suarismo y molinismo jesuitas se había realizado a costa de prerrogativas de estas otras dos órdenes [98]. Acontecimientos recientes, como los conflictivos en torno a Raimundo Lulio, Noris, contra Berti y Belleli, protagonizados por jesuitas en Mallorca y Salamanca, con su estela de sátiras violentas, no son sino signos de celotipias clásicas entre cuerpos religiosos enfrentados por el copo de la enseñanza y el prédominio de sus doctrinas [99].

El contraataque de los jesuitas —en 1766-67, no sólo padres y coadjutores, sino toda una retaguardia aguerrida de adictos, terciarios, etcétera— atendió a todos los frentes. Hemos visto sus invectivas contra el Gobierno de «herejes y persecutores de la Iglesia». Contra los agustinos enconaron de nuevo la vieja herida de su «jansenismo» corporativo, incluido San Agustín. Una de tantas sátiras como circularon justamente por aquellos días sintetiza la sarta de diatribas lanzadas contra los discípulos de los «errores de Agustino» y los responsables de la «España jansenista»:

> «De Bayo, o de Jansenio, o de Calvino
> el impío Berti su sistema forma.
> No es de Belleli ajeno este camino,
> ni de Noris, que a entrambos da la norma.
> Lutero, también fraile agustino,
> en España establece su reforma,
> y ya enseña la escuela agustiniana
> las sectas calvinista y luterana» [100].

A los dominicos o «tomistas», rivales antañones, desde Melchor Cano, de la Compañía, se los ataca también por la herejía, pero esta vez por la del rigorismo flagelante de Concina, cuya prolífica producción ha desatado la oposición dieciochesca contra el probabilismo. Tampoco el Doctor Angélico se libra de la clásica acusación heretical al denostar a una orden y a una España adversa que

> «alaba a Tomás, nadie lo ignora,
> aunque saque a la Virgen pecadora» [101].

La guerra de sátiras y panfletos fue una de las causas primordiales de la persecución contra los jesuitas, ya que el Gobierno era consciente del poder destructivo de la publicística clandestina. Pues bien, tampoco se libraron de la marejada de invectivas de este tipo las otras dos órdenes mendicantes y poderosas en aquellos años: los franciscanos, personifi-

---

[98] Sobre las contiendas más célebres y acres, cf. P. R. DE CAMPOMANES, *Dictamen fiscal* n.651; J. L. CORTINA, *Luis de Losada:* DHEE 3 p.1348-52.
[99] P. R. DE CAMPOMANES, *Dictamen fiscal* n.653.591; M. MIGUÉLEZ, o.c., p.306-10.
[100] Ap. T. EGIDO, *Oposición radical* p.537.
[101] Ibid.

cados en el vapuleado confesor real, diana señera de la ofensiva antigu-
bernamental de un cuerpo que sabía medir —y supo explotar— el poder operativo del confesonario regio, y los carmelitas descalzos. Estos,
además de su fervor tomista, de las llagas abiertas contra su tradición
eliana por los Bolandistas, son los encargados oficiales de la beatificación del Venerable Palafox. El prelado había comentado con barroquismo exuberante la primera edición de las cartas de Santa Teresa en
el siglo anterior, y los hijos, agradecidos, tomaron la postulación de su
causa como propia. Cuando en julio de 1766 lograron la aprobación
romana de los escritos del prelado de Puebla, los jesuitas recibieron un
golpe bien acusado en las sátiras que pululan, que califican al papa de
«fiero hereje», y al rey D. Carlos, de «francmasón» por proteger al «hijo
de un doblón y un pecado» que está en el infierno y le hacen «venerado
en el altar», etc. El entusiasmo palafoxiano de los carmelitas descalzos,
los esfuerzos por la beatificación «que enloquece a los frailes alparga-
tas», no puede menos de airar a quienes fueran víctimas de la actitud
declaradamente antijesuítica del obispo, presentado en la «sátira diabólica» como quizá «un retoño de los frailes y monjas de Logroño» [102].

La politización de la causa de Palafox, de apariencia intranscen-
dente, es uno de tantos signos del ambiente antijesuítico, así como su
estancamiento —práctico desde 1773 y consumado casi en 1777— indica que el interés del Gobierno subordinaba la veneración palafoxiana
al verdadero subfondo de tanto entusiasmo, es decir, a la expulsión y
extinción de la Compañía. Cuando el airear los escritos y la actitud antijesuítica del obispo que pasara impropiamente por «jansenista» no tuvo
sentido político, el Gobierno se desinteresó también por un motivo que
no conmovía excesivamente ni a la curia ni al papa [103].

Roda y Campomanes explotaron con toda facilidad el aislamiento de
los jesuitas, ignorantes del alcance del proceso que se les había instruido, y que ellos mismos azuzaron con su explicable despliegue con-
traofensivo. Por el asentimiento interesado de sus jerarcas, por el ciego
pugilato de sus frailes, la Iglesia española prestó los mejores argumentos para la decisión puramente regalista de Carlos III. El clima creado
en 1767 explica perfectamente una medida previsible desde mucho antes, aun sin acudir a la fobia personal que Roda y Campomanes alenta-
ban contra la Compañía [104]. Quede claro, no obstante, que el análisis de
las motivaciones de un hecho complejo no intenta privilegiar ninguna
de las causas, sólo insistir en el ambiente antijesuítico a que se había
abocado. Además de anacrónicas, como observa Batllori, «las disputas
sobre cuál de aquellas concausas fue la prevalente, fácilmente pueden

[102] Ibid., p.538; P. R. DE CAMPOMANES, *Dictamen fiscal* p.176-203.
[103] Mientras no aparezca la prometida monografía de R. Olaechea sobre el particular,
cf. su a.c. *Algunas precisiones,* donde rebate con buena base a F. Sánchez Castañer; cf. *El
embajador Azara y el proceso de beatificación del Venerable Palafox:* Revista de Indias 31 (1971)
183-200.
[104] Cf. razones personales de la prevención antijesuítica de Campomanes en la intr.
cit. de J. CEJUDO y T. EGIDO, p.37-39.

derivar hacia un peripatetismo decadente, tan odiado por los hombres de la Ilustración como por los estudiosos del setecientos»[105].

5. REACCIONES ANTE LA EXPULSIÓN

El desconcierto inicial de los jesuitas, sorprendidos ante la presencia desmesurada de gentes de armas y la lectura del vago decreto de expulsión, se fue transfigurando en esperanza del retorno una vez que se vieron en la diáspora. El P. Isla escribía en sus cartas privadas la convicción de que «los muertos [los jesuitas] resucitarán, no tiene duda, y antes de la general resurrección», al mismo tiempo que el P. Pons confesaba a un primo suyo la ingenua confianza en que el monarca justiciero «usará con nosotros de la clemencia, tan conforme a las bellísimas inclinaciones de su paternal corazón». El interminable *Diario* del P. Luengo es un testigo excepcional del impenitente esperar que le animaba y que deseaba participar a sus hermanos desterrados o «extinguidos»[106]. Como la espera se iba alargando en exceso, muchos de ellos se impusieron la tarea de reivindicar su honor mancillado, trabajo en el que en ocasiones fueron auxiliados por los «terciarios» sin sotana que quedaron en la retaguardia. El belicoso Isla se encargaba de desmenuzar la consulta de Campomanes en la *Anatomía* ya aludida. El P. Calatayud, incansable en su ancianidad, refuta trece proposiciones que el fiscal estampó en el documento del Consejo Extraordinario del 30 de abril 1767, proposiciones y consultas afines a Wiclif, Hus, Lutero y Quesnel; contraataca la pastoral de Rodríguez de Arellano y redacta un tratado sobre el probabilismo contra lo que publicara Lorenzana, contestado éste también por el P. Diosdado Caballero[107].

Se podrían multiplicar las muestras de esperanza y de rechazo de jesuitas expulsos. De todas formas, tenían que andar con cautela, puesto que de su identificación dependía la pensión, condicionada por el Gobierno a su lealtad silenciosa. Por eso, las actividades principales se centraron en el forcejeo indirecto por conseguir el arreglo o la ruptura entre Roma y Madrid, por debilitar el equipo de gobernantes hostiles, aunque fuese a través de jesuitas italianos y a base de la sátira, de la intriga o de la inocente o malévola murmuración. De la inútil brega nos dan cuenta más que sobrada las correspondencias de Azara, Roda, Floridablanca y la documentación fresca, no exenta de malicia, que aún duerme en el Archivo de la Embajada española de Roma o que ha sido explorada por Pacheco, Corona y Olaechea[108].

Era escaso el apoyo que los jesuitas podían esperar de una jerarquía que actuó al conjuro de directrices del Gobierno, de reivindicaciones episcopalistas o por la honrada convicción del peligro de la Compañía

[105] M. BATLLORI, *La Compañía de Jesús en la época de su extinción* p.203.
[106] *Cartas inéditas del P. Isla*, ed. por L. FERNÁNDEZ (Madrid 1957) p.326; M. BATLLORI, *La cultura* p.62. Fragmento de Luengo, en Razón y Fe 39 (1914) 420.
[107] C. GÓMEZ RODELES, o.c., p.541-42; L. SIERRA NAVA, *El cardenal Lorenzana* p.131.
[108] Cf. algunas muestras y los comentarios de Azara, además de en los autores citados en el texto, en C. ALCÁZAR MOLINA, *Los hombres del despotismo ilustrado* p.71-72.

para la Iglesia. Por eso, las voces solitarias que se elevaron en su favor no encontraron eco alguno. La más sonora fue la del obispo de Cuenca; mas sus alusiones cascadas a la persecución de la Iglesia se apagaron hábilmente por un proceso al que se otorgó, como hemos visto, una publicidad desbordada. El mismo éxito tuvo la leve protesta del inquisidor Uriarte, así como la adhesión que el arzobispo de Toledo envió a Clemente XIII enjuiciando favorablemente a los jesuitas. El Gobierno reaccionó con el destierro de la Corte de D. Luis Fernández de Córdoba y el confinamiento de sus mentores en Vizcaya y Solsona [109].

En contraste con la actitud oficial y la aversión de frailes y obispos, sectores españoles menos comprometidos, ignorantes, quizá, de todo el subfondo de intereses y de ideologías que se agitaban en la operación, manifestaron con gestos elocuentes la protesta o el sentimiento ante la expulsión. La reacción popular en favor de los jesuitas fue más fervorosa en las Indias que en la Metrópoli; pero tampoco en España faltaron expresiones de apoyo. Los vecinos de Villagarcía de Campos, acostumbrados a su numeroso noviciado, no se recataban en sus manifestaciones de dolor. «Las gentes lloran al vernos de compasión», escribía el P. Calatayud a su sobrino desde Dueñas. En Zaragoza menudearon los sentimientos de pesar por la medida regia, y esta vez fue el arzobispo —que moriría casi inmediatamente— quien encabezó el descontento. La narración del P. Larraz habla del plebiscito de homenajes populares en Tarragona. Esto se repitió en otros lugares atravesados por aquellas comitivas clericales, realmente extrañas para la mentalidad popular. Después del exilio, personas oscuras sirvieron de correos abnegados y arriesgados para poner en comunicación a los expulsos con sus familiares [110].

Mas la atención gubernamental centró sus diligencias y su fuerza en la represión de los movimientos monjiles y de muestras populares masivas, que podían arriesgar todo el montaje desplegado para silenciar a los jesuitas, sin existencia legal ya en España. Una monja de Castello (Estados Pontificios) anunció en trance profético el pronto retorno de los jesuitas a su patria. Como réplica, en un convento de Murcia se dijo haber reverdecido milagrosamente una rama muerta de terebinto. El Gobierno percibió las posibilidades movilizadoras de tales prodigios y predicciones, que, al margen de su inverosimilitud, manifiestan un estado de opinión en determinados sectores de españoles, y por ello se aprestó a cortarlo de raíz, aunque las noticias se hubieran difundido ya «por todo el reino e introducido también en el de Portugal por emisarios y fautores» [111]. La decisión del permanente consejo Extraordinario

[109] M. DANVILA, o.c., p.105; A. FERRER DEL RÍO, o.c., p.198-99; M. MENÉNDEZ PELAYO, o.c., p.180; F. ROUSSEAU, o.c., p.231-32.
[110] *Relación de lo que pasó con los novicios de la Compañía de Jesús de la provincia de Castilla con su expulsión:* Villagarcía de Campos, evocación histórica de un pasado glorioso (Bilbao 1952) p.217-26; C. GÓMEZ RODELES, o.c., p.442; J. M. MARCH, o.c., p.170-71.192-94; F. ROUSSEAU, o.c., p.242.
[111] *Colección general* t.2 p.8; A. FERRER DEL RÍO, o.c., p.194-99; M. MENÉNDEZ PELAYO, o.c., p.180; F. ROUSSEAU, o.c., p.231; C. ALCÁZAR MOLINA, o.c., p.45-47.

se tradujo en la circular, remitida con urgencia a los ordinarios, para que controlasen los focos posibles de jesuitismo, coincidentes con conventos femeninos dirigidos antes por los expulsos «y ahora por los secuaces de su fanatismo» [112]. Provinciales y obispos se apresuraron a obedecer a un Gobierno metido a controlar a los confesores, pues, naturalmente, a ellos se les culpó siempre de la manipulación de las cándidas conciencias de las religiosas y de «las especies sediciosas que han salido de sus claustros». La intervención del general de los carmelitas descalzos da idea de la diligencia de los regulares, así como la hermosa pastoral del obispo de Salamanca revela la prontitud de la jerarquía por reprimir el «fanatismo» de los incautos [113].

A niveles más «populares» aún, los sucesos de Palma de Mallorca son expresivos. La compasión de «muchos moradores» de la ciudad, vinculados a los expulsos «por el vínculo de la sangre, o por la educación, o por la dirección de sus espíritus», confesaba su obispo, se quebró en enero de 1768 de forma alarmante. Corrió el rumor de que la imagen de la Inmaculada en la portada de la Iglesia ex jesuita de Montesión había cruzado milagrosamente la postura de sus manos. En mallorquín, y entre la multitud creciente que se agolpaba, se escucharon voces reiteradas: «¡Pobres jesuitas! ahora se ve su inocencia»; «¡la Concepción sale por los jesuitas!«; «¡Pobres anegistas!, ahora se conoce su inocencia». A un presbítero que mostró su escepticismo y su burla, «algunos de la plazuela levantaron la voz y dijeron: Marrell condenado; tan condenados son los marrels como el rey y los que han sacado los jesuitas». Y lo mismo espetaban a cuantos iniciasen cualquier gesto de menosprecio ante el prodigio, como el tejedor al que «muchos, entre hombres, mujeres y niños», además del insulto consabido, le propinaron una soberana pedrea.

Los interrogatorios muestran la adhesión de los más humildes (desfilan curtidores, horneros, corredores de oreja), aunque no se puede decidir, a determinadas alturas del tumulto, si reaccionaban en pro de la Compañía o en defensa de su milagro. De todas formas, el Gobierno se alarmó ante brotes de este estilo: se movilizan tropas para controlar lo que nunca derivó en tumulto, se reduce a prisión a los responsables de la amenaza a la paz pública, el capitán general anima a los delatores con el premio del secreto y quinientos pesos, el obispo conmina con pena de excomunión *latae sententiae* e *ipso facto ferenda* a quien propale el milagro del cambio de postura de las manos. Para escarmiento y para ilustración de los espíritus endebles e idiotas, se publicó todo el material del acontecimiento, como prueba de que «no hay cosa más temible que el fanatismo y el abuso que las gentes malintencionadas hacen de la credulidad de los sencillos ignorantes», en palabras del fiscal Moñino [114].

---

[112] Circular 23 octubre 1767; *Colección general* t.1 p.103-104; t.2 p.9-103.
[113] SILVERIO DE SANTA TERESA, *Historia del Carmen Descalzo* t.12.187-88; F. BERTRÁN, *Pastoral sobre la moderación*, ya cit. Sobre la actitud más radical del arzobispo de Valencia, Cf. J. SARRAILH, o.c., p.140.
[114] Incluido todo en *Colección general* t.2 p.8-30.

No tenemos datos suficientes para trazar el cuadro completo de reacciones de los sectores populares. La represión y el sistema policial vigilante debieron ahogar cualquier asomo de simpatía hacia los regulares expulsos, cuyo fantasma merodea como una obsesión del Gobierno al menos hasta el logro de su extinción.

6. CONSECUENCIAS DE LA EXPULSIÓN

Es indudable que la emigración de una masa cualificada de españoles tuvo que provocar vacíos difíciles de llenar, al menos en determinadas parcelas, quizá no en tanta medida como quisieron resaltar los apasionados, ni en tan escasa como se empeñaron en decir los detractores. Nos fijaremos en algunas manifestaciones que negativa o positivamente acusaron la ausencia de los expulsos.

1) La Ilustración española y los jesuitas

Para Menéndez Pelayo, el «acto feroz» que se realizó por el despotismo fue «un atentado brutal y oscurantista contra el saber y contra las letras humanas, al cual se debe principalmente el que España, contando Portugal, sea hoy, fuera de Turquía y Grecia, aunque nos cueste lágrimas de sangre confesarlo, la nación más rezagada de Europa en toda ciencia y disciplina seria» [115]. Campomanes, en el *Dictamen* que dio el golpe de gracia a la Compañía, reitera su evidencia de estar luchando, en nombre de las luces, contra una hidra poderosa que no ha conspirado a otro fin que al de extinguir el buen gusto de los estudios y aferrada a un sistema del que «ha dimanado la ignorancia, la superstición [...], temiendo todas las gentes imparciales e ilustradas el ostracismo con que siempre les alejaban de los empleos mientras los jesuitas influyeron directamente en el Gobierno» [116].

Menéndez Pelayo y Campomanes expresaban sin rebozos el cúmulo de intereses que se movían en una lucha de golillas (o burgueses) contra la aristocracia de los colegios mayores en su inevitable conexión con los jesuitas. Ambos pueden verse como portavoces de tendencias bien definidas y duraderas en el enfrentamiento de ideologías pésimamente calificadas como «progresistas» y «reaccionarias o tradicionalistas».

También aquí faltan monografías para medir el alcance real de un hecho que se ha oscurecido por el humo de la polémica secular. No hay que perder de vista que, para la mayor parte de los ilustrados, la actitud y las teorías limitadoras del absolutismo regio constituían un atentado flagrante contra la Ilustración y el mejor respaldo para el «fanatismo». Por otra parte, por los años de 1766-67 se ha establecido un paralelismo evidente (y estratégico) entre jesuitismo y oposición a la «sana doctrina», hasta el extremo de identificar el «tomismo» con un mundo de

---

[115] M. MENÉNDEZ PELAYO, o.c., p.172-73.
[116] Cf. otros testimonios en J. CEJUDO-T. EGIDO, intr. cit., p.30-31.

resonancias políticas (para aquellos golillas ser «tomista» era una garantía de ascensión política) e ideológicas de todo tipo. Las depuraciones en los organismos centrales y las evacuaciones de testigos de la pesquisa comprueban la identificación, aunque momentánea, entre las miras de los sedicentes ilustrados y el arcaico tomismo, del que el «molinismo» y el «suarecismo» no eran sino variantes [117].

Prescindiendo de la politización a que se sometió todo el proceso, las investigaciones actuales permiten deducir que la ausencia de los jesuitas, convertidos, a su pesar, en protagonistas de la resistencia a las luces, abrió posibilidades a la peculiar Ilustración española, una vez que se puede contrastar cierto desfase entre las corrientes reformistas y culturales, por una parte, y la evolución interna de la Compañía, por otra [118]. Mas no se puede generalizar, y el P. Batllori ha trazado magistralmente los trasplantes culturales que forzó —quizá posibilitó— la expulsión, con la constelación jesuítica de auténticos ilustrados salidos de España, madurados en Italia y mimados hasta por el «volteriano» Azara a la búsqueda de incrementar pensiones para los ingenios deportados [119]. El panorama animado de colonias e individualidades hispano-italianas basta para hacerse una idea del choque psicológico que para la generación de Isla debió suponer un extrañamiento que para la de Juan Andrés se convirtió en aliciente, prueba que junto a provincias y personas relacionadas con las posturas viejas de Salamanca emergen otras, como la aragonesa, a tono con los aires culturales y científicos más ilustrados, y deshace el mito, bien amasado por Campomanes y otros interesados, de un cuerpo oscurantista y fanático en bloque que logrará su plétora fuera de España, aunque es posible que sin dejar un desierto tan enorme como el que imaginara Menéndez Pelayo.

Parece también claro que la emigración jesuítica abrió posibilidades a una enseñanza más moderna, es decir, ilustrada. Su prevalencia —no monopolio— en la docencia universitaria, su liga con los colegios mayores, se rompió en beneficio de las reformas, condicionadas por su prestancia en ambas instituciones. Lo que falta por dilucidar es si su forzada ausencia repercutió en una reforma en profundidad. Se conoce el espectáculo de los colegios mayores reformados, que cambian de huéspedes, pero no de sistema. Las facultades de teología, teóricamente abiertas a aires nuevos, en la práctica siguen perdiendo el tiempo en disputas no siempre ni sólo dialécticas, pero sí tan escolásticas y estériles como antes [120].

En los otros niveles de la enseñanza está por medir el impacto de la expulsión. Las determinaciones del Gobierno, incansable en este particular, manifiestan su seria preocupación por modernizar la docencia, «particularmente en lo tocante a las primeras letras, latinidad y retórica,

[117] Cf. muestras abundantes de las declaraciones: T. EGIDO, _Motines de España_, Interpretación coincidente en R. OLAECHEA, _Resonancias del motín_, passim.
[118] M. BATLLORI, _La Compañía de Jesús_ p.216.230.
[119] M. BATLLORI, _La cultura_; G. E. MAZZEO, _Los jesuitas españoles del siglo XVIII_.
[120] Análisis más detenido del problema en J. CEJUDO-T. EGIDO, intr. cit., p.28-29; A. y J. L. PESET, _La universidad española_ p.311-32.

que tuvieron en sí como estancada los citados regulares de la Compañía, de que nació la decadencia de las letras humanas». Al margen del juicio peyorativo y esperado —proviene, como es obvio, de Campomanes—, la dedicación de los inmuebles abandonados a colegios de estas disciplinas o a casa de pupilaje de maestros y discípulos, la exigencia de dirigir los situados (impuestos locales) a sufragar los gastos de los nuevos estudios y aplicar las temporalidades a subvenciones supletorias, coparon las deliberaciones del Consejo Extraordinario creado al efecto. Por otra parte, se daría un paso notable en la secularización de estas enseñanzas al atribuirlas a maestros y preceptores seglares por oposición, mejor preparados profesionalmente, a juicio del mismo fiscal, que los jesuitas y «cualquiera otra orden religiosa» [121].

Las previsiones no siempre fueron utópicas, y los programas se ampliaron a tenor de las nuevas urgencias, como, por ejemplo, con las estratégicas escuelas de náutica establecidas en las casas de los expulsos de Lequeitio, Pontevedra, Sanlúcar de Barrameda y Alicante; o con las trasmutaciones de los colegios de nobles, como el de Madrid, abierto a las inquietudes de Jorge Juan, o los Estudios Reales del viejo Colegio Imperial, con métodos que tengan presente «lo mejor salido de Europa, para que, empezando la ilustración por Madrid, sirva de modelo a toda la nación, con aplauso de las extranjeras» [122]. Aunque los resultados no estuvieran a la altura de los proyectos en todo, no cabe duda de que el Gobierno se interesó por aprovechar las oportunidades que a la infraestructura docente ofreció la masa de las temporalidades. Lo que está por ver es si los logros compensaron la hemorragia cultural y científica de las expulsos.

2) Las temporalidades y su aprovechamiento por la Iglesia

Tampoco se ha medido el alcance económico y social de los bienes raíces y muebles, títulos de renta y el tesoro artístico y religioso abandonados por la Compañía. Ante tantas disposiciones sucesivas y complementarias, da la impresión que la minucia con que se quiso prevenir la rapiña o la malversación sobre tales fondos se vio desbordada ante la realidad de los hechos. Es significativo que hasta julio de 1769 no se regularizase la catalogación de obras de arte atesoradas en las casas y sometidas a la venta anárquica [123]. Es éste un capítulo de la historia económica en el que no podemos detenernos.

Su repercusión en la Iglesia española, no obstante, debió de ser notable. No en vano se planteó la operación con la mira puesta en estas temporalidades casi con el mismo interés que en las personas, y sería excesivamente incauto creer que el general asentimiento de la jerarquía

---

[121] Real provisión 8 octubre 1767; *Colección general* t.1 p.92-94, que abre la serie de incontables determinaciones posteriores, incluidas en esta misma *Colección* t.2 y 3.
[122] *Colección general* t.3 p.14.44-45.
[123] Fueron comisionados Mengs y Ponz; cf. *Colección general* t.3 p.120-21.

no obedeciese en buena parte a las expectativas sobre los bienes de la considerada como riquísima Compañía. Las transferencias, de hecho, beneficiaron tanto a las diócesis como al Estado, como lo evidencia el detallado reparto que de los despojos se arbitró en el Consejo formado al efecto, y en el que —no hay que olvidarlo— formaban nada menos que cinco obispos. Una panorámica de las atribuciones de casas e iglesias ex jesuitas puede resultar más explícita que muchas consideraciones [124].

Los 142 colegios y casas de residencia que quedaron vacantes a la salida de sus moradores fueron desamortizados en buena parte y destinados a aulas y habitaciones de maestros de primeras letras, de latinidad, gramática, retórica, griego, náutica, o pupilaje y pensión de estudiantes, retribuidos los primeros con las rentas de las temporalidades respectivas. Otros inmuebles se dedicaron a universidades, que se trasladan a ellos; a convictorios (Salamanca, San Ambrosio de Valladolid; Santiago, Casa Profesa de Sevilla), a estudios generales (Colegio Imperial de Madrid), a seminarios de nobles (Irlandeses, de Sevilla); Vergara (a la Sociedad Vascongada de Amigos del País), Orihuela; y las becas de Sevilla, a niñas educandas; o a establecimientos de asistencia social (predominan las casas de expósitos), etc., etc.

Mas fueron los obispos los más beneficiados en el expolio. En primer lugar, por las iglesias, que, de no convertirse en oratorios de las instituciones mencionadas, serán transformadas en parroquias principales, coadyutrices o trasladadas de las antiguas, contribuyendo a cambios de la geografía pastoral, muchos de ellos perdurables y perceptibles aún. No es posible materializar en dinero lo que tales transferencias supusieron, y menos aún cuando ornamentos, vasos sagrados y alhajas pasaron a disposición de los ordinarios para su redistribución posterior y cuando el edificio de la parroquia original generalmente se «profanó» para trocarse en casas edificables «a beneficio de la formal fábrica de la misma parroquia trasladada».

En segundo lugar, los prelados vieron —y aprovecharon— la gran oportunidad de convertir en seminarios los mejores colegios de la Compañía. Al poder real le vino bien esta connivencia para imponer sus programas regalistas; pero no se puede negar, como apunta F. Martín, que la expulsión de los jesuitas «vino a servir, por ironía del destino, de punto de arranque para la vida de nuestros seminarios» [125]. El Consejo Extraordinario accede a las súplicas apresuradas de tales transferencias, y así se atribuyen a los obispos las casas siguientes: para seminarios conciliares (nuevos o trasladados): Burgos, Logroño, Oviedo, Palencia, Salamanca, Santander, Santiago, Segovia, Villafranca del Bierzo, Zamora, Cáceres, Toledo, Barcelona, Gerona, Segorbe, Teruel, Valencia, Vich, Urgel, Zaragoza (Padre Eterno), Antequera, Baeza, Canarias; para seminarios clericales (casas de ejercicios, correccionales o de formación

---

[124] Datos tomados de *Lista de colegios y casas de residencia que tenían los regulares de la Compañía en España y sus aplicaciones*, en *Colección general* t.3 p.23-99.
[125] *Los seminarios* p.128.

parcial): Avila, Orduña, Orense, Palencia, Pamplona, San Sebastián, Tarazona, Sevilla; para seminarios sacerdotales (casas de residencia de presbíteros): Huesca, Manresa, Tortosa, Zaragoza (San Carlos); para seminarios de misiones: Loyola, Puerto de Santa María, Villagarcía de Campos.

Algunos obispos no pudieron aprovechar la oferta, otros tuvieron que esperar [126]; pero la relación basta para contrastar los intereses que anduvieron de por medio y la generosidad de un Gobierno que hasta los tiempos de Godoy —y entonces con todos los permisos pontificios— respetaría en lo fundamental las temporalidades y sus destinos primitivos a obras asistenciales y eclesiásticas y al pago de las pensiones de los expulsos.

Comparada con estas donaciones, no fue tan opulenta la presa cobrada por las órdenes religiosas, a pesar de la avidez con que se lanzaron sobre la herencia de su rival, si se prescinde de los 150.000 reales de las rentas jesuitas logradas por el confesor real, obispo sin diócesis, y dedicadas al convento de Arenas de San Pedro; de los sabrosos bocados de Indias y, más aún, de Filipinas (éstas en beneficio de los agustinos). En España, los agustinos de Cayón consiguieron el colegio y la iglesia de La Coruña; la Congregación de San Felipe Neri, los de la Casa Profesa de Madrid y alguno más; las concepcionistas, la de Villarejo de Fuentes; los teatinos, San Martín, de Palma de Mallorca; los carmelitas descalzos de la Peñuela, la casa de Cazorla, y pocos casos más [127].

3) «Delenda est memoria»

El fantasma del «cuerpo peligroso» no acababa de huir de las preocupaciones y de la fobia auténtica de Roda, Campomanes, P. Eleta y Floridablanca, embarcados en la empresa de borrar los vestigios de los jesuitas como fuese. La ocupación, minuciosamente cuidada y reglamentada de todos sus papeles [128]; el sistema policial, que se montó a base de delatores que mandaban sátiras de raigambre jesuítica a Madrid [129]; las penas desmesuradas (de muerte o de cadena perpetua) que se impusieron a los regulares que osaran retornar a los reinos hispanos o a sus encubridores, considerados como perturbadores del orden público [130]; la contundente aniquilación de las congregaciones sitas en las

[126] El caso más conocido es el de Salamanca, estudiado por L. SALA BALUST, *Breve historia del seminario de Salamanca:* Salmanticensis 7 (1960) 119-31; ID., *Tenaz empeño del obispo Bertrán por la fundación del seminario de Salamanca:* Hispania Sacra 9 (1956) 319-76, etc. Cf. para otros aprovechamientos en el mismo sentido: J. GARCÍA HERNANDO, *El seminario conciliar de Segovia: Antecedentes históricos:* Estudios Segovianos 11 (1950) 5-239; J. ALONSO MORALES, *El seminario diocesano de Canarias. Notas históricas:* Revista de Historia 32 (1968-69) 196-204; V. CÁRCEL ORTÍ, *Los orígenes del seminario conciliar de Valencia (1767-1793):* Boletín de la Sociedad Castellonense de Cultura 41 (1965) 201-43.
[127] A. DOMÍNGUEZ ORTIZ, *Sociedad y Estado* p.318, además de la fuente citada.
[128] A. GUGLIERI NAVARRO, *Documentos de la Compañía de Jesús en el Archivo Histórico Nacional,* con una interesante intr. de F. Mateos (Madrid 1967).
[129] Ejemplo expresivo el analizado por T. EGIDO, *Oposición radical,* y por R. OLAECHEA, *Resonancias del motín* p.109-12.
[130] *Colección general* t.1 p.100-103.

casas de la Compañía, juzgadas como semilleros de sus convicciones y prácticas vitandas [131], fueron sólo algunas de tantas medidas como se adoptaron en la caza de brujas que se organizó con entusiasmo desbordado por quienes no estaban dispuestos a permitir brote ninguno del terrible enemigo del sistema, del rey y de la Iglesia misma.

No eran sólo los jesuitas los perseguidos, sino también el jesuitismo en su amplia acepción de escuela teológica mantenedora del antirregalismo, del probabilismo y el subsiguiente tiranicidio, como fermentos de la oposición a un Gobierno despótico y nada dispuesto a tolerar contestaciones de este —ni de ningún otro— tipo. Y para borrar el jesuitismo comenzaron a emanar disposiciones incesantes. Primero se propuso el Gobierno revalidar la polémica obra del dominico Vicente Mas, empeñado en su *Incommoda probabilismi* (Valencia 1765) en atribuir al P. Mariana la paternidad sobre la perversa doctrina del tiranicidio y a los jesuitas en masa la calumnia de haber sido Santo Tomás su promotor; recogida la obra por el Consejo en fuerza de presiones jesuitas, la real cédula de 25 de marzo de 1767 la relanzaba al público con todos los honores [132].

En consecuencia, y con el mismo motivo, se obligó bajo juramento —otro más— a todos los graduados y catedráticos de universidad, a los prelados para sus seminarios y a los superiores religiosos para sus estudios a que no se enseñase, «ni aun con el título de probabilidad, la perniciosa semilla de la doctrina del regicidio y tiranicidio contra las legítimas potestades, por ser destructiva del Estado y de la pública tranquilidad». Ni que decir tiene que la orden contra los jesuitas «inobedientes» al concilio de Constanza y al Lateranense III fue obsequiosamente acatada y cumplida por aquel profesorado cargado de juramentos que irían creciendo a lo largo del despotismo ilustrado [133].

Otro eslabón en la cadena de decisiones antijesuíticas inmediatas a la expulsión y tendentes a borrar su imagen y su recuerdo fue el de suprimir en las universidades y estudios las cátedras de su escuela. Y se ordenó, naturalmente, con la obligación de jurar, una vez más, los lectores, maestros o catedráticos de universidades o estudios privados «al tiempo de entrar a enseñar». En esta ocasión, el juramento comprometía también a prescindir de textos tan aceptados —pero jesuíticos— como la celebérrima *Medulla theologiae moralis,* del P. Hermann Bausembaum (siglo XVII), con alguna proposición «tiranicida» y condenada ya por el Parlamento de París; de las no menos conocidas y ajetreadas *Doctrinas prácticas,* del P. Calatayud, y de la dedicatoria que al *Aenigma theologicum* puso el teólogo antiborbónico de la guerra de Sucesión, P. Alvaro Cienfuegos. La represión contra los inobedientes —muy contados— fue inmediata, dada la férrea vigilancia que se montó sobre los nostálgicos de las «sanguinarias doctrinas» [134].

---

[131] A. DOMÍNGUEZ ORTIZ, *Campomanes, los jesuitas y dos hermandades madrileñas:* Anales del Instituto de Estudios Madrileños 3 (1968) 219-24.
[132] P. R. DE CAMPOMANES, *Dictamen fiscal* n.556-65; *Colección general* t.1 p.97-98.
[133] *Noviss. recop.* ley 3 t.4 l.8; T. EGIDO, *Oposición radical* p.544-45.
[134] Cf. nuestras notas a *Dictamen fiscal* p.206.

Siguió un período de coqueteos forzados del Gobierno con las escuelas agustiniana y tomista, que duró mientras fue preciso azuzarlas —si hubiera existido necesidad de hacerlo— contra la molinista. Cuando los jesuitas dejaron de existir canónicamente en los países católicos, se produjo el relevo de hostilidades, que, sin el enemigo común, se volvieron a desatar con los mismos tópicos que se manosearan contra y en favor de los «regulares». El temperamental general de los agustinos, P. Vázquez, tachaba a los dominicos poco menos que de herejes, nota que —otra vez— afectó al propio Santo Tomás, mientras Roda, espectador regocijado o molesto de las luchas frailunas, acusa a la Orden de Predicadores de haber sucedido a los jesuitas en su antirregalismo, en su ambición y en que «a todos los que no siguen sus opiniones los tachan de jansenistas» [135]. Ni los carmelitas descalzos, émulos antañones y acerados de la Compañía, promotores encariñados, como hemos visto, de la beatificación del Venerable Palafox, se libran de la invectiva del ministro de Gracia y Justicia, alérgico a cualquier vestigio del jesuitismo que puede desprenderse de su *Curso moral salmanticense* [136].

El lance final en la escalada de la represión se centró, como es bien sabido, en conseguir del papa la total extinción de la Compañía, empresa planteada desde que el extrañamiento fue tomando consistencia, sugerida por Campomanes en su *Dictamen,* por Roda en las consultas de primera hora a la jerarquía española y, como también queda dicho, tumultariamente recomendada por ésta. En el proyecto titánico de abolir un cuerpo tan formidable estaban interesados los países borbónicos por compromisos de familia, y a él se adhirió la otrora recalcitrante María Teresa de Austria. Realmente se hace difícil comprender la artillería desplegada por las cancillerías católicas para cubrir el objetivo de la extinción si no se tiene en cuenta la tormenta ambiental que desde todos los flancos, políticos e ideológicos, se abatió sobre los jesuitas en una Europa sorprendentemente sensibilizada.

Las presiones políticas de los gobiernos sobre el conclave de 1769, los vetos y la elección del franciscano Ganganelli (Clemente XIV), las promesas arrancadas a un pontífice tan desigualmente juzgado por regalistas —que le comparan con «el gran» Benedicto XIV— y jesuitas, son lo suficientemente conocidos para deducir maniobras oscuras y condicionantes antijesuíticos en su designación [137]. Las largas del papa a una decisión que le asustaba y el fracaso de los embajadores borbónicos en un asunto internacional se enderezaron cuando en la Corte pontificia hizo acto de presencia, en calidad de embajador, D. José Moñino (1772). El maligno Azara se equivocó —como tantas veces— en los juicios apresurados que lanzó sobre el jesuitismo de un hombre que Car-

---

[135] R. Olaechea, *Las relaciones* t.2 p.422-23.
[136] Ap. E. Pacheco y de Leyva, o.c., p.6.
[137] Cf. R. Olaechea, *Las relaciones* t.1 p.352-56; C. E. Corona Baratech, *José Nicolás de Azara* p.107-10. A completar con los diarios editados y estudiados por L. Berra, *Il diario del conclave di Clemente del cardinal Filippo M. Pirelli* (Roma 1965), y por G. Castellani, *La società romana e italiana del settecento negli scritti di Giulio Cesare Cordara* (Roma 1967).

los III sabía «muy persuadido de la necesidad de la extinción de los jesuitas» [138] y cuyas diplomáticas maneras supieron superar en un año las montañas de obstáculos que se oponían a la operación poco antes imposible. Ello explica la alegría con que Madrid recibió la noticia del Breve *Dominus ac Redemptor* (27 julio 1773), «por el cual Su Santidad suprime, deroga y extingue al instituto y orden de los clérigos regulares denominados de la Compañía de Jesús» [139], y justifica —quién no recuerda lo acaecido con la nueva del concordato del 53— la generosidad pecuniaria con que Carlos III premió complicidades demasiado claras en lo que se consideró como «*Ilíada* moderna», así como la extraordinaria gratitud a Clemente XIV «por haber arrancado de raíz el origen de las discordias, de los odios y de las persecuciones que destruían la unión y caridad cristianas», como estampaba el monarca español [140].

No creemos necesario detenernos en el capítulo de la supresión, excesiva y tan polémicamente estudiado ya [141] y elemento decisivo para la armónica inteligencia de las cortes católicas y la Santa Sede. Sin existencia legal, los jesuitas tuvieron que aceptar lo que nunca hubieran creído posible y recluirse en la contraofensiva de la guerra violenta de sátiras e invectivas o al amparo de la esperanza y desazón comprensibles. Pero se precisa advertir, quizá como consecuencia fundamental, que la expulsión fue una medida parcial de otra operación mucho más vasta. Basta con revivir los sentimientos y recordar las palabras de ilustrados de avanzadilla, de hombres de gobierno como Azara, Roda, Campomanes, Floridablanca o el propio Aranda, para descubrir, sin mayor esfuerzo, que sus planes se orientaban hacia la eliminación de todas las órdenes religiosas, incautos e interesados instrumentos de un despotismo ilustrado que tenía que contemplarlas como menos peligrosas, pero tan inútiles como los expulsos.

Es antológico el decir desenfadado de Aranda, a las alturas de 1775, despeñado por una torrentera de dicterios que no enmascaran el pensar de otros ilustrados y gobernantes acerca del colectivo de los frailes: «Ya estamos en otros tiempos más ilustrados para conocer que tantas bandas blancas, negras, pardas, blancas y negras, blancas y pardas, capuchos romos, otros agudos, con zapato y medias, con sandalias y pierna al aire, con calzones o calzoncillos, con camisa o sin ella, con sombrero, bonete o capilla, es una mascarada ilusoria [...]. A más que ya tenemos nuestros pastores naturales, los clérigos, que pueden ejercer con tanta utilidad lo que un sinnúmero de conventuales no hace sino por espíritu de partido y con tanto gravamen del público, como que cargan con todo» [142].

[138] Carlos III a Tanucci, 24 marzo 1772; ap. E. PACHECHO Y DE LEYVA, o.c., p.LI.
[139] *Colección general* t.4 p.75-127.
[140] Cf. otras expresiones suyas, del marginado Azara y de tantos interesados en R. OLAECHEA, *Las relaciones* t.1 p.376-78; C. E. CORONA, o.c., p.106ss.
[141] Ampliamente expuesto, con buena orientación bibliográfica también, en F. J. MONTALBÁN, o.c., p.321-26; M. DANVILA, bien documentado, o.c., t.3 p.231 -602; F. ROUSSEAU, o.c., p.340-417.
[142] Aranda a Floridablanca (París, 30 junio 1775), transcrito por E. PACHECO Y DE LEYVA, o.c., p.548-49, y por R. OLAECHEA, *En torno al ex jesuita Gregorio Iriarte* p.199-200,

Como puede deducirse, no es sólo la reforma lo que se sugiere, ni únicamente aminorar las huestes acosadas por las preocupaciones demográficas del siglo; se trata de proclamar la exclaustración en nombre de las luces. Las estructuras vedaban algo que se haría realidad en el siglo XIX, pero que posibilitó la Ilustración y se ensayó en el extrañamiento de los jesuitas. Abolida, la Compañía no se extinguió. Rusia —y Prusia hasta 1776— ofreció refugio generoso —o interesado— a los grupos de la diáspora que pudieron organizarse con anuencia de Pío VI. Los españoles que lograron sobrevivir enraizaron principalmente en Italia, donde se fueron consumiendo como abates, como desertores o aferrados a la esperanza bien caldeada por algunos. Tuvieron que presenciar —y sufrir— los vaivenes de la política internacional de medio siglo agitado, las persecuciones francesas y los cuidados de Azara, hasta que el fuego del antijesuitismo se fue apagando, y, esta vez con la petición calurosa de la mayor parte de la jerarquía, con un *Dictamen* fiscal antagónico al de Campomanes, el real decreto de 1815 permitió la restauración proclamada por Pío VII el año anterior [143].

La rehabilitación de 1815 —precedida por algunas más condicionadas— abrió paso a esa historia del siglo XIX, tejida de supresiones y restauraciones alternantes, a tenor del signo político de 1820 y 1823, de 1835 y 1868. La Compañía se había convertido en signo de reacción del absolutismo, que medio siglo antes la viera como incompatible con las regalías y el reposo del reino. Danvila se equivocó cuando se metió a profeta; pero, salvo en su predicción final, creemos que tiene razón al enjuiciar este ajetreo desde su atalaya de 1894: «Lo que hicieron unos monarcas y unos pontífices ha sido revocado por otros reyes y otros papas, y los hechos, más elocuentes que todos los razonamientos, han venido a evidenciar que ni las regalías de la Corona experimentan el menor menoscabo por la coexistencia de la Compañía de Jesús, ni hubo para su expulsión y extinción más que motivos políticos, que es imposible vuelvan a reproducirse» [144].

Hoy, con nueva documentación, se puede afirmar que la expulsión de los jesuitas de España en 1767 constituyó un triunfo decisivo de la ideología regalista. Junto a los elementos ideológicos actuaron intereses multiformes tanto económicos como sociales, rivalidades internas de sectores de la Iglesia española. Pero, y a pesar de que las víctimas estuvieran convencidas de lo contrario, el análisis sereno de todo —por el momento— muestra que en este acto de fuerza del despotismo ilustrado, si hay algo que no opera, es precisamente el factor religioso ni la hostilidad hacia la Iglesia, a menos que se quiera tachar de enemigos de ella a los religiosísimos Roda, Campomanes —director de toda la

que lo compara con las expresiones parecidas del nuncio. Sentimientos similares de los ilustrados más avanzados, A. ELORZA, *La ideología liberal* passim.

[143] Sobre el tiempo del destierro, pervivencias, esfuerzos y esperanzas de restauración cf. las monografías citadas sobre el P. Pignatelli (Nonell y March) y el interesante estudio de M. BATLLORI, *José Pignatelli: el hombre y el santo,* en *La cultura* p.312-330; ID., *Entre la supresión y la restauración de la Compañía de Jesús:* AHSI 43 (1947) 364-93.

[144] M. DANVILA, o.c., p.624.

trama—, Carlos III, a casi toda la jerarquía española y a la práctica totalidad de las órdenes religiosas, que apoyaron, alentaron y aplaudieron lo que —eso sí, con muy mala idea— el ministro de Gracia y Justicia calificaba de «operación cesárea» [145].

[145] En estas páginas —y salvo las alusiones inevitables— hemos prescindido de la expulsión de los jesuitas de las Indias españolas. Cf. la o.c., de M. MÜRNER y el estudio preciso de L. LOPETEGUI-F. ZUBILLAGA, *Historia de la Iglesia en la América española desde el descubrimiento hasta comienzos del siglo XIX. México, América Central, Antillas* (Madrid, BAC, 1965) p.898ss.

APENDICES

RUPTURA ENTRE ESPAÑA Y ROMA (1709)

DECRETO DEL REY FELIPE V, EN 22 DE ABRIL DE 1709, SOBRE LOS ASUNTOS ECLESIÁSTICOS QUE SOLÍAN EXPEDIRSE POR EL PAPA EN ROMA

(FUENTE: J. A. LLORENTE, *Colección diplomática* p.25-27.)

En decreto de hoy previne al Consejo de los motivos por que convenía asegurar los papeles de los archivos del tribunal de la Nunciatura y los que tuviese el de la Colecturía, y la forma en que había resuelto se ejecutase, como también el que saliesen de esta corte y reinos el auditor, abreviador, fiscal y demás ministros de aquel juzgado, extranjeros y no vasallos nuestros, como consecuencia de la resolución que tomé con el nuncio. Y siendo también de uno y otro que se cierre el tribunal de la Nunciatura, con que el progreso de las causas eclesiásticas quedará reducido al estado que tenía en lo antiguo, antes que hubiese en estos reinos nuncio permanente, y, en su consecuencia, lo que durante la interdicción de comercio con la corte de Roma pueda tocar a los ordinarios, así en las materias y cosas de justicia como en algunas gracias y la pronta dispensación en algunas urgencias a los obispos, pertenecerá tener presente lo que cabe en su potestad en las circunstancias del peligro, en la tardanza y dificultad en recurrir al superior a quien competa por haber hecho reservación de ellas en sí, y cómo y en qué términos deban entenderse y practicarse estas reservaciones, suspendido y dificultado inculpablemente el edicto, a quien las ha hecho. Pero no siendo ajeno de mi obligación y derechos de soberano, de protector de las disposiciones canónicas, patrón universal de las iglesias de mis reinos, dotador y fundador particular de muchas (sin pasar a mandar lo que no me sea lícito), excitar a los obispos, y a los demás a quienes incumba, a lo que fuere de su obligación, el Consejo expedirá y dará las órdenes y providencias que para la inteligencia, observancia y cumplimiento de lo referido fueren necesarias. Y haciéndose igualmente preciso y conveniente que desde luego se cese en la correspondencia y comunicación con la corte de Roma, mando se publique y ejecute la interdicción de comercio con ella, y que sea ciñéndola, por ahora, a la total denegación de comercio y a no permitir que en manera alguna se lleve ni remita dinero a Roma, imponiendo las más graves y rigurosas penas a los que contravinieren a ello, sobre que estará con muy particular cuidado y atención el Consejo, como se le encargo y fío de su celo. Y como durante esta interdicción y denegación de comercio con Roma es bien establecer la práctica que se deberá observar en los espolios de los obispos, rentas de las iglesias en sede vacante, quindenios y otros cualesquiera efectos y caudales pertenecientes a la Cámara Apostólica, ordeno que por el Consejo se mande a los corregidores y justicias ordinarias que en los espolios que ocurriese en el distrito de su jurisdicción procedan a su inventario, poniéndolos todos en segura y fiel custodia. Y que por lo respectivo a los frutos y rentas en sede vacante, quindenios y demás rentas que hasta ahora ha permitido la costumbre perciba la Cámara Apostólica, se mande a las iglesias nombren por su parte persona eclesiástica de su mayor confianza que, unidamente con otra secular, que yo elegiré en cada diócesis, los tengan en fiel custodia; previniendo a los prelados de las religiones y comunidades eclesiásticas ejecuten lo mismo por lo que toca a los quindenios que pagan, encargando a unos y otros la más puntual observancia en su fiel custodia y depósito, para darles las justas aplicaciones que correspondieren a cada cosa según y a quien perteneciere. Y se advertirá a los prelados de las religiones que, supuesta la denegación de comercio con la corte de Roma, durante ella ejecuten en su gobierno lo que, según su práctica, saben que deben observar cuando sus generales están en dominios de los enemigos. Encargando y dando al mismo tiempo las más estrechas órdenes a los obispos, prelados de religiones, iglesias, comunidades y demás cabezas eclesiásticas para que cualquiera Breve, orden o carta que tuvieren o recibieren de Roma ellos o cualesquiera de sus inferiores y súbditos, no usen de ellos en manera alguna, ni permitan se vean ni usen, si no es que, según llegaren a sus manos, los pasen sin dilación a las mías, para conocer si de su práctica y ejecución puede resultar inconveniente o perjuicio al bien común y del Estado. Todo lo cual se tendrá entendido en el Consejo y en la Cámara para que se ejecute por ambos, según lo que a cada uno tocare. En Madrid, a 22 de abril de 1709. Al Gobernador del Consejo.

CONCORDATO DE 1737 ENTRE SU MAJESTAD CATOLICA DON FELIPE V Y EL PAPA CLEMENTE XII

(Fuente: J. Tejada y Ramiro, *Colección completa de concordatos españoles*
[Madrid 1862] 101-106.)

Deseando la majestad católica de Felipe V, rey de las Españas, dar providencia para la quietud y bien público de sus reinos, con la solicitud de algún reglamento oportuno sobre ciertos capítulos concernientes a sus iglesias y eclesiásticos; y queriendo no sólo terminar, por medio de una firme e indisoluble concordia con la Santa Sede, las acaecidas diferencias que al presente ocurren, sino también quitar cualquiera materia y ocasión que pueda en adelante ser origen de nuevos disturbios y disensiones, hizo presentar a la santidad de N. M. S. P. Clemente XII, que reina felizmente, un resumen de varias proposiciones que formó el Sr. D. José Rodrigo Villalpando, marqués de la Compuesta, su ministro en el tiempo de pontificado de su antecesor Clemente XI, de santa memoria, y se comunicó entonces al pontífice referido, suplicando a S. S. que providenciase benignamente con su autoridad apostólica al tenor de las instancias y demandas que en el resumen insinuado iban expuestas; y no deseando menos Su Santidad cooperar al bien de aquel reino y especialmente o la quietud y tranquilidad del clero, para que, libre de todas molestias y embarazos, pueda más fácilmente dedicarse al culto divino, y aplicarse a la salud y cuidado de las almas que tiene a su cargo: extendiendo con especialidad su anhelo a dar a Su Majestad nuevas pruebas de su paternal afecto y de su constante deseo de mantenerle una sincera, perfecta y perpetua correspondencia y unión; después de haber oído el parecer de algunos señores cardenales sobre las dichas proposiciones, se mostró propenso y dispuesto a conceder todo aquello que pudiese ser concedido, dejando a salvo la inmunidad y libertad eclesiásticas, la autoridad y jurisdicción de la silla apostólica, y sin perjuicio de las mismas iglesias. En consecuencia de sus recíprocos deseos, Su Santidad y Su Majestad Católica respectivamente nos deputaron y concedieron las facultades necesarias a Nos los infrascritos, para que unidos confiriésemos, tratásemos y concluyésemos el mencionado negocio, como consta por las plenipotencias que respectivamente se nos dieron, y se insertarán a la letra al fin del presente tratado; y finalmente, después de examinados y controvertidos maduramente todos los dichos asuntos, acordamos los siguientes artículos:

Artículo 1.º Su Majestad Católica, para hacer a todos manifiesta la perfecta unión que quiere tener con Su Santidad y con la Sede Apostólica, y cuán de corazón es su ansia de conservar sus derechos a la Iglesia, mandará que se restablezca plenamente el comercio con la Santa Sede; que se dé como antes la ejecución a las bulas apostólicas y matrimoniales; que el Nuncio destinado por Su Santidad, el tribunal de la Nunciatura y sus ministros, se reintegren sin ninguna disminución (aun levísima) en los honores, facultades, jurisdicciones y prerrogativas que por lo pasado gozaban; y en conclusión, que en cualquier materia que toque a la autoridad de   Santa Silla, como a la jurisdicción e inmunidad eclesiástica, se deba observar y practicar todo lo que se observaba y practicaba antes de estas últimas diferencias; exceptuando solamente aquello en que se hiciere alguna mutación o disposición en el presente Concordato; por orden a lo cual se observará lo que en él se ha establecido y dispuesto, removiendo y abrogando cualquiera novedad que se haya introducido, sin embargo, de cualesquiera órdenes y decretos contrarios expedidos en lo pasado por Su Majestad o sus ministros.

Art. 2.º   Para mantener la quietud y la tranquilidad pública e impedir que con la esperanza del asilo se cometan algunos más graves delitos, que puedan ocasionar mayores disturbios, dará Su Santidad en cartas circulares a los obispos las órdenes necesarias para establecer que la inmunidad local no sufrague en adelante a los salteadores o asesinos de caminos, aun en el caso de un solo y simple insulto, con tal que en aquel acto mismo se siga muerte o mutilación de miembros en la persona del insultado. Igualmente, ordenará que el crimen de lesa majestad, que por las constituciones apostólicas está excluido del beneficio del asilo, comprénda también aquellos que maquinaren o trazaren conspiraciones dirigidas a privar a Su Majestad de sus dominios en el todo o en parte. Y, finalmente, para impedir en cuanto sea posible la frecuencia de los homicidios, extenderá Su Santidad, con otras letras circulares a los reinos de España, la disposición de la bula que comienza: *In supremo Justitiae solio,* publicadas últimamente para el estado eclesiástico.

Art. 3.º   Habiéndose en algunas partes introducido la práctica de que los reos aprehendidos fuera del lugar sagrado, aleguen alguna inmunidad y pretendan ser restituidos a la Iglesia por el título de haber sido extraídos de ellas, o de lugares inmunes en cualquiera tiempo, huyendo de este modo el castigo debido a sus delitos, cuya práctica se llama comúnmente con el nombre de *iglesia frías,* declara Su Santidad en estos casos no gocen de inmunidad los reos, y expedirán los obispos de España letras circulares sobre este asunto para que en su conformidad publiquen los edictos.

Art. 4.º   Porque Su Majestad particularmente ha insistido en que se providencie sobre el desorden que nace del refugio que buscan los delincuentes en las ermitas o iglesias rurales, y que les da ocasión y facilidad de cometer otros delitos impunemente; se mandará igualmente a los obispos por letras circulares, que no gocen de inmunidad las dichas iglesias rurales y ermitas, en que el Santísimo Sacramento no se conserva, o en cuya casa contigua no habita un sacerdote para su custodia, con tal que en ellas no se celebre con frecuencia el sacrificio de la misa.

Art. 5.º   Para que no crezca con exceso y sin alguna necesidad el número de los que son promovidos a las órdenes sagradas, y la disciplina eclesiástica se mantenga con vigor por orden a los inferiores clérigos; encargará Su Santidad estrechamente con breve especial a los obispos la observancia del concilio de Trento, y precisamente sobre lo contenido en la ses. 21 c.2, y la ses. 23 c.6 *de Reform.,* bajo las penas que por los sagrados cánones, por el concilio mismo y por constituciones apostólicas están establecidas. Y a efecto de impedir los fraudes que hacen algunos en la constitución de los patrimonios, ordenará Su Santidad que el patrimonio sagrado no exceda en lo venidero la suma de 60 escudos de Roma en cada un año.

Demás de esto, porque se hizo instancia por parte de Su Majestad Católica, para que se provea de remedio a los fraudes y colusiones que hacen muchas veces los eclesiásticos, no sólo en las constituciones de los referidos patrimonios, sino también fuera de dicho caso, fingiendo enajenaciones, donaciones y contratos a fin de eximir injustamente a los verdaderos dueños de los bienes, bajo de este falso color de contribuir a los derechos reales, que según su estado y condición están obligados a pagar; proveerá Su Santidad a estos inconvenientes con breve dirigido al Nuncio apostólico que se deba publicar en todos los obispados, estableciendo penas canónicas y espirituales con excomunión, *ipso facto incurrenda,* reservada al mismo Nuncio y a sus sucesores, contra aquellos que hicieron los fraudes y contratos colusivos arriba expresados o cooperen a ellos.

Art. 6.º La costumbre de erigir beneficios eclesiásticos que hayan de durar por limitado tiempo queda abolida del todo, y Su Santidad expedirá letras circulares a los obispos de España, si fuere necesario, mandándoles que no permitan en adelante semejantes erecciones de beneficios *ad tempus;* debiendo éstos ser instituidos con aquella perpetuidad que ordenan los cánones sagrados; y los que están erigidos de otra manera no gocen de exención alguna.

Art. 7.º Habiendo Su Majestad hecho representar que sus vasallos legos están imposibilitados de subvenir con sus propios bienes y haciendas a todas las cargas necesarias para ocurrir a las urgencias de la monarquía, y habiendo suplicado a Su Santidad que el indulto en cuya virtud contribuyen los eclesiásticos a los 19 millones y medio impuestos sobre las cuatro especies de carne, vinagre, aceite y vino, se extienda también a los cuatro millones y medio que se cobran de las mismas especies por cuenta del nuevo impuesto de los 8.000 soldados: Su Santidad, hasta tanto que sepa con distinción si los cuatro millones y medio de ducados de moneda de España que pagan los seglares, como arriba se dijo, por cuenta del nuevo impuesto, y por el tributo de 8.000 soldados, se exigen o en seis años o en uno; y hasta tener una plena y específica información de la cantidad y cualidad de las otras cargas a que los eclesiásticos están sujetos, no puede acordar la gracia que se ha pedido; dejando, sin embargo, suspenso este artículo hasta que se liquiden dichos impuestos, y se reconozca si es conveniente gravar a los eclesiásticos más de lo que al presente están gravados. Su Santidad, por dar a Su Majestad entretanto una nueva prueba del deseo que tiene de complacerle en cuanto sea posible, le concederá un indulto por solos cinco años, en virtud del cual paguen los eclesiásticos el ya dicho nuevo impuesto y el tributo de los 8.000 soldados sobre las cuatro mencionadas especies de vinagre, carne, aceite y vino, en la misma forma que pagan los 19 millones y medio; pero con tal que los dichos cuatro millones y medio se paguen distribuidos en seis años; y que la parte en que deben contribuir los eclesiásticos no exceda a la suma de 150.000 ducados anuos de moneda de España. Resérvase entretanto Su Santidad el hacer las diligencias y tomar las informaciones ya insinuadas, antes de dar otra disposición sobre la sujeta materia; con expresa declaración de que en caso que Su Santidad o sus sucesores no vengan en prorrogar esta gracia concedida por los cinco años, a más tiempo, no se pueda jamás decir, ni inferir de esto, que se ha contravenido al presente Concordato.

Art. 8.º Por la misma razón de los gravísimos impuestos con que están gravados los bienes de los legos, y de la incapacidad de sobrellevarlos a que se reducirían con el discurso del tiempo, si aumentándose los bienes que adquieren los eclesiásticos por herencias, donaciones, compras u otros títulos, se disminuyese la cantidad de aquellos en que hoy tienen los seglares dominio, y están con el gravamen de los tributos regios; ha pedido a Su Santidad el rey católico, se sirva ordenar que todos los bienes que los eclesiásticos han adquirido desde el principio de su reinado, o que en adelante adquirieren con cualquier título, están sujetos a aquellas mismas cargas a que lo están los bienes de los legos. Por tanto, habiendo considerado Su Santidad la cantidad y cualidad de dichas cargas, y la imposibilidad de soportarlas, a que los legos se reducirían si por orden a los bienes futuros no se tomase alguna providencia; no pudiendo convenir en gravar a todos los eclesiásticos, como se suplica, condescenderá solamente en que todos aquellos bienes que por cualquier título adquieren cualquiera iglesia, lugar pío o comunidad eclesiástica, y por esto cayeren en mano muerta, queden perpetuamente sujetos desde el día en que se firmare la presente concordia, a todos los impuestos y tributos regios que los legos pagan, a excepción de los bienes de primera fundación; y con la condición de que estos mismos bienes que hubieren de adquirir en lo futuro, queden libres de aquellos impuestos que por concesiones apostólicas pagan los eclesiásticos, y que no puedan los tribunales seglares obligarlos a satisfacerlos, sino que esto lo deban ejecutar los obispos.

Art. 9.º Siendo la mente del santo concilio de Trento que los que reciben la primera tonsura tengan vocación al estado eclesiástico, y que los obispos, después de un maduro examen, la den a aquellos solamente de quienes probablemente esperen que entren en el orden clerical, con el fin de servir a la Iglesia y encaminarse a las órdenes mayores; Su Santidad, por orden a los clérigos que no fueren beneficiados, y a los que no tienen capellanías o beneficios que excedan la tercera parte de la congrua tasada por el sínodo para el patrimonio eclesiástico, los cuales, habiendo cumplido la edad que los sagrados cánones han dispuesto, no fueron promovidos por su culpa o negligencia a los órdenes sacros, concederá que los obispos, precediendo las advertencias necesarias, les señalen para pasar a las órdenes mayores un término fijo que no exceda de un año; y que si pasado este tiempo no fueren promovidos por culpa o negligencia de los mismos interesados, que en tal caso no gocen exención alguna de los impuestos públicos.

Art. 10. No debiéndose usar de las censuras si no es *in subsidium*, conforme a la disposición de los sagrados cánones y al tenor de lo que está mandado por el santo concilio de Trento en la sesión 25, *de Regul.*, c.3, se encargará a los ordinarios que observen la dicha disposición conciliar y canónica; y no sólo que las usen con toda la moderación debida, sino también que se abstengan de fulminarlas siempre que con los remedios ordinarios de la ejecución real o personal, se pueda ocurrir a las necesidades de imponerlas, y que solamente se valgan de ellas cuando no se pueda proceder a algunas de dichas ejecuciones contra los reos, y éstos se mostraren contumaces en obedecer los decretos de los jueces eclesiásticos.

Art. 11. Suponiéndose que en las órdenes regulares hay algunos abusos y desórdenes dignos de corregirse, deputará Su Santidad a los metropolitanos con las facultades necesarias y convenientes para visitar los monasterios y casas regulares, y con instrucción de remitir los autos de la visita, a fin de obtener la aprobación apostólica, sin perjuicio de la jurisdicción del Nuncio apostólico, que, entretanto y aun mientras durare la visita, quedará en su vigor en todo, según la forma de sus facultades y de derecho; y establecido a los visitadores término fijo para que la deban concluir dentro del espacio de tres años.

Art. 12. La disposición del sagrado concilio de Trento, concerniente a las causas de primera instancia, se hará observar exactamente; y en cuanto a las causas en grado de apelación, que son más relevantes, como las beneficiales que pasan del valor de veinticuatro ducados de oro de cámara, las jurisdiccionales, matrimoniales, decimales, de patronato y otras de esta especie, se conocerá de ellas en Roma; y se cometerán a jueces *in partibus* las que sean de menor importancia.

Art. 13. El concurso a todas las iglesias parroquiales, aún vacantes *juxta decretum et in Roma,* se hará *in partibus* en la forma ya establecida, y los obispos tendrán la facultad de nombrar a la persona más digna cuando vacare la parroquia en los meses reservados al papa. En las demás vacantes, aunque sean por resulta de las ya provistas, los ordinarios remitirán los nombres de los que fueren aprobados, con distinción de las aprobaciones en primero, segundo y tercer grado, y con individualización de los requisitos de los opositores al concurso.

Art. 14. En consideración del presente concordato, y en atención también a que regularmente no son pingües las parroquias de España, vendrá Su Santidad en no imponer pensiones sobre ellas; a reserva de las que se hubieren de cargar a favor de los que las resignan, en caso de que con testimoniales de los obispos se juzgue conveniente y útil la renuncia, como también en caso de concordia entre dos litigantes sobre la parroquia misma.

Art. 15. En cuanto a la reserva de pensiones sobre los demás beneficios, se observará aquello mismo que hasta estas últimas diferencias se ha practicado; pero no se harán pagar renovatorias en lo venidero por las prebendas y beneficios que se hubieren de conferir en lo futuro, quedando intactas las renovatorias futuras que cedieron en favor de aquellas personas particulares que por la Dataría han tenido ya las pensiones.

Art. 16. Para evitar los inconvenientes que resultan de la incertidumbre de las rentas de los beneficios y de la variedad con que los mismos provistos expresan su valor, se conviene en que se forme un estado de los réditos ciertos e inciertos de todas las prebendas y beneficios, aunque sean de patronato; y que éste se haga por medio de los obispos y ministros que por parte de la Santa Sede habrá de destinar el Nuncio, exceptuando empero las iglesias y beneficios consistoriales tasados en los libros de cámara, en los cuales no se innovará cosa alguna; pero mientras este estado no se formare, se observará la costumbre. Luego que la nueva tasación esté hecha, antes de ponerla en ejecución, se deberá establecer el modo con que se ha de practicar, sin que la Dataría, Cancelaria ni los provistos queden perjudicados, tanto por lo que mira a la imposición de las pensiones, como por lo que mira al costo de las bulas y pago de las medias anatas; y, entre tanto, se observará del mismo modo lo que hasta ahora ha sido de estilo.

Art. 17. Así en las iglesias catedrales como en las colegiatas, no se concederán las coadjutorías sin letras testimoniales de los obispos, que atesten ser los coadjutores idóneos a conseguir en ellas canonicatos; y en cuanto a las causas de la necesidad y utilidad de la Iglesia, se deberá presentar testimonio del mismo ordinario o de los cabildos; sin cuya circunstancia no se concederán dichas coadjutorías. Llegando, empero, la ocasión de conceder alguna, no se le impondrán en adelante a favor del propietario pensiones u otros cargos; ni a su instancia a favor de otra tercera persona.

Art. 18. Su Santidad ordenará a los Nuncios apostólicos que nuncan concedan dimisorias.

Art. 19. Siendo una de las facultades del Nuncio apostólico conferir los beneficios que no excedan de veinticuatro ducados de cámara; y resultando muchas veces entre los provistos controversias sobre si la relación del valor es verdadera o falsa, se ocurrirá a este inconveniente con la providencia de la nueva tasa que se dijo arriba, en la cual estará determinado y especificado el valor de cualquiera beneficio. Pero hasta tanto que dicha tasa se haya efectuado, ordenará Su Santidad al Nuncio que no proceda a la colación de beneficio alguno sin haber tenido antes el proceso que sobre su valor se hubiere formado ante el obispo del lugar en donde está erigido; en cuyo proceso se hará por testimonio la prueba de los frutos ciertos e inciertos del beneficio.

Art. 20. Las causas que el Nuncio apostólico suele delegar a otros que a los jueces de su audiencia y se llaman jueces *in curia*, nunca se delegarán si no es a los jueces nombrados por los sínodos o a personas que tengan dignidad en las iglesias catedrales.

Art. 21. Por lo que mira a la instancia que se ha hecho sobre que las costas y espórtulas en los juicios del tribunal de la nunciatura se reduzcan al arancel que en los tribunales reales se practica y no le excedan; siendo necesario tomar otras informaciones para verificar el exceso que se sienta de las tasas de la nunciatura, y juzgar si hay necesidad de moderarlas, se ha convenido en que se dará providencia luego que lleguen a Roma las instrucciones que se tienen pedidas.

Art. 22. Acerca de los espolios y nombramientos de sus colectores se observará la costumbre; y en cuanto a los frutos de las iglesias vacantes, así como los Sumos Pontífices, y particularmente la Santidad de N. M. S. Padre, que hoy reina felizmente, no han dejado de aplicar siempre para uso y servicio de las mismas iglesias una buena parte; así también ordenará Su Santidad que en lo porvenir se asigne la tercera parte para servicio de las iglesias y pobres, pero desfalcando las pensiones que de ella hubieren de pagarse.

Art. 23. Para terminar amigablemente la controversia de los patronatos de la misma manera que se han terminado las otras, como Su Santidad desea, después que se haya puesto en ejecución el presente ajustamiento, se deputarán personas por Su Santidad y por Su Majestad para reconocer las razones que asisten a ambas partes; y, entretanto, se suspenderá en España pasar adelante en este asunto; y los beneficios vacantes o que vacaren sobre que pueda recaer la disputa del patronato, se deberán proveer por Su Santidad o en sus meses por los respectivos ordinarios, sin impedir la posesión a los provistos.

Art. 24. Todas las demás cosas que se pidieron y expresaron en el resumen referido formado por el señor marqués de la Compuesta D. José Rodrigo Villalpando y que se exhibió a Su Santidad, como arriba se dijo, en los cuales no se ha convenido en el presente tratado, continuarán observándose en lo futuro del modo que se observaron y practicaron en lo antiguo, sin que jamás se puedan controvertir de nuevo. Y para que nunca se pueda dudar de la identidad de dicho resumen, se harán dos ejemplares, uno de los cuales quedará a Su Santidad, y otro se enviará a Su Majestad firmados ambos por Nos los infrascritos.

Art. 25. Si no se ajustaren al mismo tiempo los negocios pendientes entre la Santa Sede y la corte de Nápoles, promete Su Majestad cooperar con eficacia a que se expidan y concluyan feliz y cuidadosamente; pero cuando esto no pudiese conseguirse, antes si por esto (lo que Su Santidad espera que no suceda) en algún tiempo se aumentaren las discordias y sinsabores, promete Su Majestad que jamás contravendrá por esta causa a la presente concordia, ni dejará de perseverar en la buena armonía establecida ya con la Santa Sede Apostólica.

Art. 26. Su Santidad y Su Majestad Católica aprobarán y ratificarán el tratado presente, y de las letras de ratificación se hará respectivamente la consignación y canje en el término de dos meses o antes, si fuere posible.

En fe de lo cual, Nos los infrascritos, en virtud de las respectivas plenipotencias antes expresadas de Su Santidad y Su Majestad Católica, hemos firmado el presente concordato y sellándolo con nuestro propio sello.

En el palacio apostólico del Quirinal en el día 27 de septiembre de 1737.— L. S.—G. Cardenal FIRRAO.—L. S.—T. Cardenal AQUAVIVA.

APÉNDICE III

CONCORDATO DE 1753 ENTRE SU MAJESTAD CATOLICA
FERNANDO VI Y EL PAPA BENEDICTO XIV

(FUENTE: *Raccolta di concordati...* a cura di A. MERCATI [Roma 1919] I
422-37.)

Número 1.º Habiendo la Santidad de Nuestro Beatísimo Padre Benedicto
Papa XIV, felizmente reinante, tenido siempre un vivo deseo de mantener toda
la más sincera y cordial correspondencia entre la Santa Sede, y las Naciones,
Príncipes y Reyes Católicos; no ha dejado de dar continuamente señales segurí-
simas y bien particulares de esta su viva voluntad hacia la esclarecida, devota y
piadosa Nación Española, y hacia los Monarcas de las Españas, Reyes católicos
por título, y firme religión, y siempre adictos a las Silla Apostólica, y al Vicario
de Jesucristo en la tierra.
2.º Habiendo, por esto, observado que en el último Concordato, estipulado
el día 18 de octubre de 1737 entre la Santa recordación de Clemente Papa XII
y la gloriosa memoria del rey Felipe V, se había convenido que el Papa y el Rey
deputasen personas que reconociesen amigablemente las razones de una y otra
parte sobre la antigua controversia del pretendido regio Patronato universal,
que quedó indecisa; en los primeros instantes de su pontificado no se olvidó Su
Santidad de hacer sus instancias con los dos, ahora difuntos, cardenales Belluga
y Aquaviva, a fin de que obtuviesen de la Corte de España la deputación de
personas con quienes se pudiese tratar el punto indeciso; y sucesivamente, para
facilitar su examen, no dejó Su Santidad de unir en un su escrito, que consignó
a los dichos dos Cardenales, todo aquello que creyó conducente a las intenciones y derechos de la Santa Sede.
3.º Pero habiendo reconocido en acto práctico que no era éste el camino de
llegar al deseado fin, y que se distaba tanto de cortar las disputas por medio
de escritos y respuestas, que antes bien se multiplicaban, excitándose controversias que se creían aquietadas; de tal modo, que se habría podido temer una
infeliz rotura, incómoda y fatal a una y otra parte, y habiendo tenido pruebas
seguras de la piadosa propensión del ánimo del rey Fernando VI, felizmente
reinante, de un equitativo y justo temperamento sobre las diferencias promovi-
das, y que se iban siempre multiplicando, a lo que se hallaba también propenso
con pleno corazón el deseo de Su Beatitud; ha Su Santidad creído que no se
debía pasar en olvido una tan favorable coyuntura para establecer una concordia, que se exprimirá en los siguientes capítulos, que después se reducirán a
forma auténtica y firmarán de los Procuradores y Plenipotenciarios de ambas
partes, en la manera que se acostumbra practicar en semejantes convenciones.
4.º Habiendo la Majestad del rey Fernando VI expuesto a la Santidad de
nuestro Beatísimo Padre la necesidad que hay en las Españas de reformar en
algunos puntos la disciplina del clero secular y regular; su Santidad promete
que, individualizados los capítulos sobre que se deberá tomar la providencia
necesaria, no se dejará de dar, según lo establecido en los sagrados cánones, en
la Constituciones apostólicas y en el santo concilio de Trento. Y cuando esto
sucediese (como sumamente desea Su Beatitud) en el tiempo de su Pontificado

promete y se obliga, no obstante la multitud de otros negocios que le oprimen y, sin embargo, también de su edad muy avanzada, a interponer para el feliz despacho toda aquella fatiga personal que *in minoribus* tantos años ha interpuso en tiempo de sus predecesores en las resoluciones de las materias establecidas en la bula *Apostolici ministerii,* en la fundación de la Universidad de Cervera, en el establecimiento de la insigne colegiata de San Ildefonso, y en otros relevantes negocios pertenecientes a los Reinos de las Españas.

5.º No habiéndose controvertido a los reyes católicos de las Españas la pertenencia del Patronato regio, o sea derecho de nominar a los arzobispados, obispados, monasterios y beneficios consistoriales, escritos y tasados en los libros de Cámara, que vacan en los Reinos de las Españas: siendo su derecho apoyado a bulas, y privilegios apostólicos y a otros títulos alegados; y no habiéndose controvertido tampoco a los reyes católicos las nóminas a los arzobispados, obispados y beneficios, que vacan en los reinos de Granada y de las Indias, como ni a algunos otros beneficios, se declara que la Real Corona debe quedar en su pacífica posesión de nombrar en el caso de las vacantes, como ha hecho hasta aquí; y se conviene que los nominados para los arzobispados, obispados, monasterios y beneficios consistoriales deban también en lo futuro continuar la expedición de sus respectivas bulas en Roma del mismo modo y forma hasta ahora practicado, sin innovación alguna.

6.º Habiendo, bien si, controvertídose gravemente sobre la nómina de los beneficios residenciales y simples de los reinos de las Españas (exceptuados, como se ha dicho, los de los reinos de Granada y de las Indias) y habiendo los reyes católicos pretendido la pertenencia y derecho de nombrar en vigor del Patronato universal; y no habiendo la Santa Sede dejado de exponer las razones que creía militaban por la libertad de los mismos beneficios, y su colación en los meses apostólicos y casos de las reservas, como también respectivamente por la libertad de los ordinarios en sus meses; después de un largo contraste, se ha finalmente abrazado de común consentimiento el siguiente temperamento.

7.º La Santidad de nuestro Beatísimo Padre Benedicto Papa XIV reserva a su privativa libre colación, a sus sucesores y a la Silla Apostólica perpetuamente cincuenta y dos Beneficios (cuyos títulos se expresarán ahora mismo), para que no menos Su Santidad que sus sucesores tengan el arbitrio de poder proveer y premiar a aquellos eclesiásticos españoles que por probidad e ilibatez de costumbres, por insigne literatura, o por servicios hechos a la Santa Sede, se hagan beneméritos. Y la colación de estos 52 Beneficios deberá ser siempre privativa de la Santa Sede en cualquiera mes y en cualquiera modo que vaquen, aunque sea por resulta regia; aunque se encontrase tocar alguno de ellos al real Patronato de la Corona; y aunque fuesen situados en diócesis donde algún cardenal tuviese cual se sea amplio indulto de conferir; no debiéndose en manera alguna atender este en perjuicio de la Santa Sede. Y las bulas de estos 52 Beneficios deberán expedirse siempre en Roma, pagando a la Dataría y Cancillería apostólica los debidos emolumentos acostumbrados, según los presentes estados; y todo esto sin imposición alguna de pensiones, y sin exacción de cédulas bancarias, como también se dirá abajo.

8.º Los nombres, pues, de los 52 Beneficios son los siguientes:

En las Catedrales
- Avila: Arcedianato de Arévalo
- Orense: Arcedianato de Bubal

Barcelona: Priorato antes regular, ahora secular, de la Colegiata de Santa Ana
Catedral Burgos: Maestrescolia
Burgos: Arcedianato de Valenzuela

Catedral Calahorra: Arcedianato de Nájera
Calahorra: Tesorería
Catedral Cartagena: Maestrescolia
Cartagena: Simple de Albacete
Catedral Zaragoza: Arciprestazgo de Daroca
Zaragoza: Arciprestazgo de Belchite
Catedral Ciudad Rodrigo: Maestrescolia
Catedral Santiago: Arcedianato de la Reina

Santiago: Arcedianato de Sta. Thesía
Santiago: Tesorería
Catedral Cuenca: Arcedianato de Alarcón
Cuenca: Tesorería
Catedral Córdoba: Arcedianato de Castro
Córdoba: Simple de Villálcazar
Córdoba: Préstamo de Castro y Espejo
Catedral Tolosa: Sacristía
Tolosa: Hospitalería
Catedral Gerona: Arced. de Ampueda
Catedral Jaén: Arcedianato de Baeza
Jaén: Simple de Arzonilla
Catedral Lérida: Preceptoría
Catedral Sevilla: Arcedianato de Jerez
Sevilla: Simple de la Puebla de Guzmán
Sevilla: Préstamo en la Iglesia de Sta. Cruz
  de Ecija
Catedral Mallorca: Preceptoría
Mallorca: Prepositura Sti. Antonii de San
  Antonio Vienn.
Nullius Provintiae Toletanae: Simple de
  Sta. María de Alcalá Real
Orihuela: Simple de Sta. María de Elche

Catedrales { Huesca: Cantoría
             Oviedo: Cantoría
             Osma: Maestrescolia
             Osma: Abadía S. Bartolomé

Pamplona: Hospitalaría, antes regular,
  ahora Encomienda
Pamplona: Preceptoría general del lugar
  de Olite

Catedrales { Plasencia: Arcedianato de Medellín
             Plasencia: Arcedianato de Trujillo
             Salamanca: Arcedianato de Monleón
             Sigüenza: Tesorería
             Sigüenza: Abadía de Sta. Coloma
             Tarragona: Priorato
             Tarazona: Tesorería
             Toledo: Tesorería

Toledo: Simple de Vallejas
Tuy: Simple de San Martín del Rosal

Catedrales { Valencia: Sacristía mayor
             Urgell: Arcedianato de Andorra
             Zamora: Arcedianato de Toro

9.º Para bien regular después las colaciones, presentaciones, nóminas e instituciones de los beneficios que en lo venidero vacarán en dichos Reinos de las Españas, se conviene en primer lugar:

Que los arzobispos, obispos y coladores inferiores deban en lo futuro continuar proveyendo aquellos beneficios que proveían en lo pasado siempre que vaquen en sus meses ordinarios de marzo, junio, septiembre y diciembre, aunque se halle vacante la Silla Apostólica; y se conviene también que los patronos eclesiásticos en los mismos meses y en el propio modo prosigan presentando los Beneficios de su Patronato; exclusas las alternativas de meses que para conferir se daban antecedentemente, las que en lo futuro no se concederán jamás.

10. Segundo. Que las prebendas de oficio, que actualmente se proveen por oposición y concurso abierto, se confieran y expidan en lo futuro del propio modo y con las mismas circunstancias que se ha practicado hasta aquí, sin innovar cosa alguna, como ni tampoco en orden al patronato laical de particulares.

11. Tercero. Que no sólo las parroquias y beneficios curados se confieran en lo futuro como se han conferido en lo pasado, por oposición y concurso cuando vaquen en los meses ordinarios, sino también cuando vaquen en los meses y casos de las reservas, bien que la presentación pertenezca al rey; debiéndose en todos estos casos presentar al ordinario aquel a quien el patrono creerá más digno entre los tres que los examinadores sinodales hayan tenido por idóneos, y aprobado *ad curam animarum*.

12. Cuarto. Que habiéndose ya dicho arriba que deba quedar a los patronos eclesiásticos ileso el derecho de presentar los beneficios de sus patronatos en los cuatro meses ordinarios, y habiéndose acostumbrado hasta ahora que algunos cabildos, rectores, abades y compañías erigidas con autoridad eclesiástica, recurran a la Santa Sede para que sus elecciones sean confirmadas con bula apostólica, no se entienda innovada cosa alguna en este caso. Antes bien quede todo en el pie en que ha estado hasta aquí.

13. Quinto. Salva siempre la reserva de los 52 beneficios echa a la libre colación de la Santa Sede, y salvas siempre las demás declaraciones poco antes indicadas; para concluir amigablemente todo lo restante de la gran controversia sobre el Patronato universal, Su Santidad acuerda a la Majestad del Rey Católico, y a los reyes sus sucesores perpetuamente el derecho universal de nombrar y presentar indistintamente en todas las iglesias metropolitanas, catedrales, colegiatas y diócesis de los Reinos de las Españas, que actualmente posee, a las dignidades mayores *post Pontificalem* y a las demás dignidades en las catedrales, y a las dignidades principales y demás en las colegiatas, a los canonicatos, porciones, prebendas, abadías, prioratos, encomiendas, parroquias, personatos, patrimoniales, oficios y beneficios eclesiásticos seculares y regulares con *cura et sine cura*, de cualquiera naturaleza que sean existentes al presente y que en adelante se fundaren (en que los fundadores reservasen para sí y sus sucesores el derecho de presentar), en los dominios y Reinos de las Españas que actualmente posee el Rey Católico, con toda la generalidad con que se hallan comprendidos en los meses apostólicos, y casos de las reservas generales y especiales; y del mismo modo también en el caso de vacar los beneficios en los meses ordinarios, cuando se hallan vacantes las sillas arzobispales y obispales, o por cual se sea otro título.

14. Y a mayor abundamiento Su Santidad subroga al Rey Católico y a los reyes sus sucesores el derecho que por razón de las reservas tenía la Santa Sede de conferir los beneficios en los reinos de las Españas, o por sí o por medio de la Dataría, Cancillería apostólica, Nuncios de España, e indultarios; dando a sus Majestades el derecho universal de presentar a dichos beneficios en los Reinos de las Españas que actualmente posee, con facultad de usar de este derecho del mismo modo que usa y ejerce lo restante del patronato perteneciente a su real Corona; no debiéndose en lo futuro conceder a ningún Nuncio apostólico de España ni a ningún cardenal u obispo en España indulto de conferir beneficios en los meses apostólicos, sin expresa permisión de Su Majestad o de sus sucesores.

15. Sexto. Para que en lo venidero proceda todo con el debido sistema y se mantenga ilesa la autoridad de los obispos en cuanto sea posible, se conviene que todos los presentados y no minados por Su Majestad Católica, y sus sucesores a los beneficios arriba dichos, aunque vaquen por resulta de provistas regias, deban recibir indistintamente las instituciones y colaciones canónicas de sus respectivos ordinarios, sin expedición alguna de bulas apostólicas, exceptuada la confirmación de las elecciones ya arriba indicadas; y exceptuados los casos en que los presentados o nominados, o por defecto de edad o por cual se sea otro impedimento canónico, tuvieren necesidad de alguna dispensa o gracia apostólica, o de cual se fuere otra cosa superior a la autoridad ordinaria de los obispos; debiéndose en todos estos y semejantes casos recurrir siempre en lo futuro a la Santa Sede, como se ha hecho en lo pasado para obtener la gracia o dispensación, pagando a la Dataría y Cancillería apostólica los emolumentos acostumbrados, sin que ésta imponga pensiones o exija cédulas bancarias, como también se dirá luego.

16. Séptimo. Que para el mismo fin de mantener ilesa la autoridad ordinaria de los obispos se conviene y se declara que, por la cesión y subrogación de los referidos derechos de nómina, presentación y patronato, no se entienda conferida al Rey Católico ni a sus sucesores alguna jurisdicción eclesiástica sobre las iglesias comprendidas en los expresados derechos, ni tampoco sobre las personas que presentará o nombrará para las dichas iglesias y beneficios, debiendo no menos éstas que las otras (en quienes la Santa Sede conferirá los 52 beneficios reservados) quedar sujetas a sus respectivos ordinarios, sin que puedan pretender exención de su jurisdicción, salva siempre la suprema autoridad que el Pontífice Romano, como Pastor de la Iglesia universal, tiene sobre todas las Iglesias y personas eclesiásticas, y salvas siempre las reales prerrogativas que competen a la Corona en consecuencia de la regia protección, especialmente sobre las Iglesias del Patronato regio.

17. Octavo. Habiendo Su Majestad Católica considerado que por razón del patronato y derechos cedidos a sí, y a sus sucesores, quedando la Dataría y Cancillería apostólica sin las utilidades de las expediciones y annatas, sería grave el incómodo del erario pontificio, se obliga a hacer consignar en Roma a título de recompensa por una sola vez, a disposición de Su Santidad, un capital de trescientos y diez mil escudos romanos, que a razón de un tres por ciento rendirá anualmente nueve mil y trecientos escudos de la misma moneda, suma en que se ha regulado el producto de todos los derechos arriba dichos.

18. Habiendo nacido en los tiempos pasados alguna controversia sobre algunas provistas hechas por la Santa Sede en las catedrales de Palencia y Mondoñedo, la Majestad del Rey católico conviene en que los provistos entren en posesión después de la ratificación del presente Concordato. Y habiéndose, también, con ocasión de la pretensión del regio patronato universal, suscitado de nuevo la antigua controversia de la imposición de pensiones y exacción de cedulas bancarias, así como la Santidad de nuestro Beatísimo Padre, para cortar de una vez las quejas que de tiempo en tiempo se suscitaban, se había manifestado pronto y resuelto a abolir el uso de otras pensiones y cédulas bancarias con el único disgusto de que, faltando el producto de ellas, necesitaría contra su deseo sujetar el erario pontificio a nuevos débitos, respecto de que el provento de estas cédulas bancarias se empleaba por la mayor parte en los salarios y en los honorarios de aquellos ministros que sirven a la Santa Sede en los negocios pertenecientes al gobierno universal de la Iglesia.

19. Del mismo modo, la Majestad del Rey Católico, no menos por su heredada devoción hacia la Santa Sede que por el afecto particular con que mira la sagrada persona de Su Beatitud, se ha dispuesto a dar por una sola vez un socorro, que si no en el todo, a lo menos alivie en parte el erario pontificio de los gastos que está necesitado a hacer para la manutención de los expresados ministros, y de consecuencia se obliga a hacer consignar en Roma seiscientos mil escudos romanos, que al tres por ciento producen anualmente diez y ocho mil escudos de la misma moneda; con que queda abolido para lo futuro el uso de imponer pensiones y exigir cédulas bancarias, no sólo en el caso de la colación de los 52 beneficios reservados a la Santa Sede, en el de las confirmaciones arriba indicadas, en el de recurso a la misma Santa Sede para obtener alguna dispensación concerniente a la colación de los beneficios; sino también en cual se sea otro caso; de tal manera que en lo venidero queda extinguido para siempre el uso de imponer pensiones y exigir cédulas bancarias; pero sin perjuicio de las ya impuestas hasta el tiempo presente.

20. Otro capítulo de controversia había también, no ya en orden al derecho de la Cámara apostólica y Nunciatura de España sobre los espolios y frutos de las iglesias obispales vacantes en los Reinos de las Españas; sino sobre el uso, ejercicio y dependencias de dicho derecho; de tal modo que se hacía necesario venir sobre esto a alguna concordia o composición. Para evitar también estas continuas diferencias, la Santidad de nuestro Beatísimo Padre, derogando, anulando y dejando sin efecto todas las Constituciones apostólicas que hayan precedido, y todas las concordias y convenciones que se han hecho hasta ahora entre la reverenda Cámara apostólica, obispos, cabildos y diócesis, y cual se sea otra cosa que haga en contrario, aplica desde el día de la ratificación de este Concordato todos los espolios y frutos de las iglesias vacantes exactos e inexactos a aquellos usos píos que prescriben los sagrados cánones; prometiendo que en lo venidero no acordará por ningún motivo a cual se sea persona eclesiástica, aunque sea digna de especial o especialísima mención, facultad de testar de los frutos y espolios de sus iglesias obispales, bien que fuese para usos píos, salvas las ya acordadas, que deberán tener su efecto; concediendo para lo futuro a la

Majestad del Rey Católico y a sus sucesores la elección de ecónomos y colectores (con tal que sean personas eclesiásticas) con todas las facultades oportunas y necesarias para que dichos efectos, bajo de la real protección, sean por éstos fielmente administrados y fielmente empleados en los usos expresados.

21. Y Su Majestad, en obsequio a la Santa Sede, se obliga a hacer depositar en Roma por una sola vez a disposición de Su Santidad un capital de doscientos treinta y tres mil trescientos treinta y tres escudos romanos, que impuesto al tres por ciento, rinde anualmente siete mil escudos de la propia moneda. Y demás de esto, Su Majestad acuerda que se asignen en Madrid a disposición de Su Santidad sobre el producto de la cruzada cinco mil escudos anuales para la manutención y subsistencia de los nuncios apostólicos. Y todo esto en consideración y recompensa del producto que pierde el erario pontificio en la referida cesión de espolios y frutos de las iglesias vacantes, y en la obligación que hace de no conceder en lo futuro facultades de testar.

22. Su Santidad en fe de Sumo Pontífice, y Su Majestad en palabra de Rey Católico, prometen mutuamente por sí mismos y en nombre de sus sucesores la firmeza inalterable y subsistencia perpetua de todos y cada uno de los artículos precedentes, queriendo y declarando que ni la Santa Sede ni los Reyes Católicos han de pretender respectivamente más de lo que viene expreso y comprendido en los dichos capítulos; y que se haya de tener por írrito y de ningún valor ni efecto cuanto contra todos o alguno de ellos se haga en cual se sea tiempo.

23. Para la validación y observancia de cuanto se ha convenido, será firmado este concordato en la forma acostumbrada, y tendrá todo su efecto y entero cumplimiento luego que se consignarán los capitales de recompensa que se han expresado y hecha que sea la ratificación.

En fe de lo cual Nos los infrascritos, en virtud de las facultades respectivas de su Santidad y de Su Majestad Católica, hemos firmado el presente Concordato y sellado con nuestro propio sello en el Palacio apostólico del Quirinal, en el día 11 de enero del 1753.—El Cardenal VALENTI.—MANUEL VENTURA FIGUEROA.

INSTRUCCION DE LO QUE DEBERAN EJECUTAR LOS COMISIONADOS PARA EL EXTRAÑAMIENTO Y OCUPACION DE BIENES Y HACIENDAS DE LOS JESUITAS EN ESTOS REINOS DE ESPAÑA E ISLAS ADYACENTES, EN CONFORMIDAD DE LO RESUELTO POR S. M.

(FUENTE: *Colección general de las providencias...* 6-14.)

I. Abierta esta Instrucción cerrada y secreta en la víspera del día asignado para su cumplimiento, el ejecutor se enterará bien de ella con reflexión de sus capítulos, y disimuladamente echará mano de la tropa presente o inmediata, o en su defecto se reforzará de otros auxilios de su satisfacción, procediendo con presencia de ánimo, frescura y precaución, tomando desde antes del día las avenidas del Colegio o Colegios; para lo cual él mismo, por el día antecedente, procurará enterarse en persona de su situación interior y exterior, porque este conocimiento práctico le facilitará el modo de impedir que nadie entre y salga sin su conocimiento y noticia.

II. No revelará sus fines a persona alguna, hasta que por la mañana temprano, antes de abrirse las puertas del Colegio a la hora regular, se anticipe con algún pretexto, distribuyendo las órdenes, para que su tropa o auxilio tome por el lado de adentro las avenidas; porque no dará lugar a que se abran las puertas del templo, pues éste debe quedar cerrado todo el día, y los siguientes, mientras los *Jesuitas* se mantengan dentro del Colegio.

III. La primera diligencia será que se junte la Comunidad, sin exceptuar ni al Hermano Cocinero, requiriendo para ello antes al Superior en nombre de S. M., haciéndose al toque de la campana interior privada, de que se valen para los actos de Comunidad; y en esta forma, presenciándolo el escribano actuante con testigos seculares abonados, leerá el *Real Decreto* de Extrañamiento y ocupación de temporalidades, expresando en la diligencia los nombres y clases de todos los *Jesuitas* concurrentes.

IV. Les impondrá que se mantengan en su Sala Capitular, y se actuará de cuáles sean moradores de la Casa, o transeúntes que hubiere, y Colegios a que pertenezcan, tomando noticia de los nombres y destinos de los seculares de servidumbre que habiten dentro de ella, o concurran solamente entre día, para no dejar salir los unos ni entrar los otros en el Colegio sin gravísima causa.

V. Si hubiere algún *jesuita* fuera del Colegio en otro pueblo o paraje no distante, requerirá al Superior que lo envíe a llamar, para que se restituya instantáneamente, sin otra expresión, dando la carta abierta al ejecutor, quien la dirigirá por persona segura, que nada revele de las diligencias, sin pérdida de tiempo.

VI. Hecha la intimación, procederá sucesivamente, en compañía de los padres Superior y Procurador de la Casa, a la judicial ocupación de archivos, papeles de toda especie, biblioteca común, libros y escritorios de aposentos, distinguiendo los que pertenecen a cada *jesuita,* juntándolos en uno o más lugares, y entregándose de las llaves el Juez de Comisión.

VII. Consecutivamente proseguirá el secuestro con particular vigilancia; y habiendo pedido de antemano las llaves con precaución, ocupará todos los cau-

810

Apéndices

dales y demás efectos de importancia que allí haya por cualquiera título de renta o depósito.

VIII. Las alhajas de sacristía e iglesia bastará se cierren, para que se inventaríen a su tiempo, con asistencia del Procurador de la Casa, que no ha de ser incluido en la remesa general, e intervención del Provisor, Vicario eclesiástico o Cura del pueblo, en falta de Juez eclesiástico, tratándose con el respeto y decencia que requieren, especialmente los vasos sagrados; de modo que no haya irreverencia, ni el menor acto irreligioso, firmando la diligencia el Eclesiástico y Procurador, junto con el Comisionado.

IX. Ha de tenerse particularísima atención para que, no obstante la priesa y multitud de tantas instantáneas y eficaces diligencias judiciales, no falte en manera alguna la más cómoda y puntual asistencia de los Religiosos, aún mayor que la ordinaria, si fuese posible: como de que se recojan a descansar a sus regulares horas, reuniendo las camas en parajes convenientes, para que no estén muy dispersos.

X. En los Noviciados (o Casas en que hubiere algun novicio por casualidad) se han de separar inmediatamente los que no hubiesen hecho todavía sus Votos Religiosos, para que desde el instante no comuniquen con los demás, trasladándolos a casa particular, donde, con plena libertad y conocimiento de la perpetua expatriación que se impone a los individuos de su Orden, puedan tomar el partido a que su inclinación les indujese. A estos novicios se les debe asistir de cuenta de la Real Hacienda mientras se resolviesen, según la explicación de cada uno, que ha de resultar por diligencia, firmada de su nombre y puño, para incorporarlo, si quiere seguir; o ponerlo a su tiempo en libertad con sus vestidos de seglar al que tome este último partido, sin permitir el Comisionado sugestiones, para que abrace el uno o el otro extremo, por quedar del todo al único y libre arbitrio del interesado; bien entendido que no se les asignará pensión vitalicia, por hallarse en tiempo de restituirse al siglo o trasladarse a otro Orden Religioso, con conocimiento de quedar expatriados para siempre.

XI. Dentro de veinticuatro horas, contadas desde la intimación del Extrañamiento, o cuanto más antes, se han de encaminar en derechura desde cada Colegio los *Jesuitas* a los Depósitos interinos, o Cajas que irán señaladas, buscándose el carruaje necesario en el pueblo o sus inmediaciones.

XII. Con esta atención se destinan las Cajas Generales o parajes de reunión siguientes.

		EN	
DE	Mallorca	EN	Palma ....
	Cataluña		Tarragona ....
	Aragón		Teruel ....
	Valencia		Segorbe ....
	Navarra y Guipúzcoa		San Sebastián ....

DE	Rioja y Vizcaya	EN	Bilbao ....
	Castilla la Vieja		Burgos ....
	Asturias		Gijón ....
	Galicia		La Coruña ....
	Extremadura		Fregenal a la raya de Andalucía.
	Los Reinos de Córdoba, Jaén y Sevilla		Jerez de la Frontera ....
	Granada		Málaga ....
	Castilla la Nueva		Cartagena ....
	Canarias		Sta. Cruz de Tenerife, o donde estime el Comandante general.

XIII. Su conducción se pondrá al cargo de personas prudentes, y escoltada de tropa o paisanos, que los acompañe desde su salida hasta el arribo a su respectiva Caja, pidiendo a las justicias de todos los tránsitos los auxilios que necesitaren, y dándolos éstas sin demora; para lo que se hará uso de mi Pasaporte.

XIV. Evitarán con sumo cuidado los encargados de la conducción el menor insulto a los Religiosos, y requerirán a las justicias para el castigo de los que en esto se excedieren; pues, aunque extrañados, se han de considerar bajo la protección de S. M., obedeciendo ellos exactamente dentro de sus Reales Dominios o Bajeles.

XV. Se les entregará para el uso de sus personas toda su ropa y mudas usuales que acostumbran, sin disminución; sus cajas, pañuelos, tabaco, chocolate y utensilios de esta naturaleza; los breviarios, diurnos y libros portátiles de oraciones para sus actos devotos.

XVI. Desde dichos Depósitos, que no sean marítimos, se sigue la remisión a su embarco, los cuales se fijan de esta manera.

XVII. De Segorbe y Teruel se dirigirán a Tarragona, y de esta ciudad podrán transferirse los *Jesuitas* de aquel Depósito al Puerto de Salou, luego que en él se hayan aprontado los bastimentos de su conducción, por estar muy cercano.

XVIII. De Burgos se deberán trasladar los reunidos allí al Puerto de Santander, en cuya ciudad hay Colegio; y sus individuos se incluirán con los demás de Castilla.

XIX. De Fregenal se dirigirán los de Extremadura a Jerez de la Frontera, y serán conducidos, con los demás que de Andalucía se congregasen en el propio paraje, al Puerto de Santa María, luego que se halle pronto el embarco.

XX. Cada una de las Cajas interiores ha de quedar bajo de un especial Comisionado, que particularmente deputaré, para atender a los Religiosos hasta su salida del Reino por mar, y mantenerlos entretanto sin comunicación externa, por escrito o de palabra, la cual se entenderá privada desde el momento en que empiecen las primeras diligencias; y así se les intimará desde luego por el ejecutor respectivo de cada Colegio; pues la menor transgresión en esta parte, que no es creíble, se escarmentará ejemplarísimamente.

XXI. A los Puertos respectivos destinados al embarcadero irán las embarcaciones suficientes con las órdenes ulteriores; y recogerá el Comisionado particular recibos individuales de los patrones, con lista expresiva de todos los *Jesuitas* embarcados, sus nombres, patrias, y clases de primera, segunda profesión o cuarto voto, como de los *legos* que los acompañen igualmente.

XXII. Previénese que el *Procurador* de cada Colegio debe quedar por el término de dos meses en el respectivo pueblo, alojado en Casa de otra Religión; y en su defecto en secular de la confianza del ejecutor, para responder y aclarar exactamente, bajo de deposiciones formales, cuanto se le preguntare tocante a sus haciendas, papeles, ajuste de cuentas, caudales y régimen interior: lo cual, evacuado, se le aviará al embarcadero que se le señalase, para que, solo o con otros, sea conducido al destino de sus hermanos.

XXIII. Igual detención se debe hacer de los *Procuradores generales* de las Provincias de *España* e *Indias,* por el mismo término, y con el propio objeto y calidad de seguir a los demás.

XXIV. Puede haber viejos de edad muy crecida o *enfermos* que no sea posible remover en el momento; y respecto a ellos, sin admitir fraude ni colusión, se esperará hasta tiempo más benigno, o a que su enfermedad se decida.

XXV. También puede haber uno u otro que, por orden particular mía, se mande detener para evacuar alguna diligencia o declaración judicial, y si la hubiere, se arreglará a ella el ejecutor; pero en virtud de ninguna otra, sea la que fuere, se suspenderá la salida de algún *jesuita,* por tenerme S. M. privativamente encargado de la ejecución e instruido de su real voluntad.

XXVI. Previénese, por regla general, que los Procuradores, ancianos, enfermos o detenidos en la conformidad que va expresada en los artículos antecedentes, deberán trasladarse a Conventos de Orden que no siga la Escuela de la *Compañía*, y sean los más cercanos, permaneciendo sin comunicación externa a disposición del Gobierno para los fines expresados, cuidando de ello el Juez ejecutor muy particularmente, y recomendándolo al Superior del respectivo Convento, para que de su parte contribuya al mismo fin: a que sus Religiosos no tengan tampoco trato con los *Jesuitas* detenidos, y a que se asistan con toda la caridad religiosa: en el seguro de que por S. M. se abonarán las expensas de lo gastado en su permanencia.

XXVII. A los *Jesuitas franceses* que están en Colegios o casas particulares, con cualquier destino que sea, se les conducirá en la forma misma que a los demás *Jesuitas;* como a los que estén en Palacio, Seminarios, Escuelas seculares o militares, Granjas u otra ocupación sin la menor distinción.

XXVIII. En los pueblos que hubiese casas de Seminarios de educación, se proveerá en el mismo instante a sustituir los Directores y Maestros *Jesuitas* con Eclesiásticos seculares que no sean de su doctrina, entretanto que con más conocimiento se providencie su régimen, y se procurará que por dichos sustitutos se continúen las Escuelas de los seminaristas; y en cuanto a los Maestros seglares, no se hará novedad con ellos en sus respectivas enseñanzas.

XXIX. Toda esta Instrucción providencial se observará a la letra por los Jueces ejecutores, o Comisionados, a quienes quedará arbitrio para suplir, según su prudencia, lo que se haya omitido, y pidan las circunstancias menores del día; pero nada podrán alterar de lo sustancial, ni ensanchar su condescendencia, para frustrar en el más mínimo ápice el espíritu de lo que se manda: que se reduce a la prudente y pronta expulsión de los *Jesuitas;* resguardo de sus efectos; tranquila, decente y segura conducción de sus personas a las Cajas y embarcaderos, tratándolos con alivio y caridad, e impidiéndoles toda comunicación externa, de escrito o de palabra, sin distinción alguna de clase ni personas; puntualizando bien las diligencias, para que de su inspección resulte el acierto y celoso amor al Real Servicio con que se hayan practicado; avisándome sucesivamente, según se vaya adelantando, qué es lo que debo prevenir conforme a las Ordenes de S. M. con que me hallo, para que cada uno en su distrito y caso se arregle puntualmente a su tenor, sin contravenir a él en manera alguna. Madrid, primero de marzo de mil setecientos sesenta y siete. El Conde de Aranda.

APÉNDICE V

PRAGMATICA SANCION DE SU MAJESTAD, EN FUERZA DE LEY, PARA EL EXTRAÑAMIENTO DE ESTOS REINOS A LOS REGULARES DE LA COMPAÑIA, OCUPACION DE SUS TEMPORALIDADES Y PROHIBICION DE SU RESTABLECIMIENTO EN TIEMPO ALGUNO, CON LAS DEMAS PRECAUCIONES QUE EXPRESA

(FUENTE: *Colección general de las providencias...* 36-45.)

Don Carlos, por la gracia de Dios, rey de Castilla, de León, de Aragón, de las Dos Sicilias, de Jerusalén, de Navarra, de Granada, de Toledo, de Valencia, de Galicia, de Mallorca, de Sevilla, de Cerdeña, de Córdoba, de Córcega, de Murcia, de Jaén, de los Algarves, de Algeciras, de Gibraltar, de las Islas de Canarias, de las Indias Orientales y Occidentales, Islas y Tierra-Firme del Mar Océano; archiduque de Austria, duque de Borgoña, de Brabante y de Milán; conde de Abspurg, de Flandes, Tirol y Barcelona; señor de Vizcaya y de Molina, etc. Al serenísimo príncipe don Carlos, mi muy caro y amado hijo; a los infantes, prelados, duques, marqueses, condes, ricos-hombres, priores de las Ordenes, comendadores y subcomendadores, alcaides de los castillos, casasfuertes y llanas; y a los del mi Consejo, Presidente y oidores de las mis Audiencias, alcaldes, alguaciles de la mi Casa, Corte y Chancillerías; y a todos los corregidores e intendentes, asistentes, gobernadores, alcaldes mayores y ordinarios, y otros cualesquiera jueces y justicias de estos mis reinos, así de Realengo como los de Señorío, Abadengo y Ordenes de cualquier estado, condición, calidad y preeminencia que sean; así a los que ahora son como a los que serán de aquí adelante, y a cada uno y cualquiera de vos:

SABED que, habiéndome conformado con el parecer de los de mi Consejo Real en el Extraordinario, que se celebra con motivo de las resultas de las ocurrencias pasadas, en consulta de veintinueve de enero próximo, y de lo que sobre ella, conviniendo en el mismo dictamen, me han expuesto personas del más elevado carácter y acreditada experiencia; estimulado de gravísimas causas, relativas a la obligación en que me hallo constituido, de mantener en subordinación, tranquilidad, y justicia mis pueblos, y otras urgentes, justas y necesarias, que reservo en mi real ánimo; usando de la suprema autoridad económica, que el Todopoderoso ha depositado en mis manos para la protección de mis vasallos y respeto de mi Corona: He venido en mandar extrañar de todos mis Dominios de España e Islas Filipinas, y demás adyacentes, a los Regulares de la Compañía, así sacerdotes como coadjutores o legos que hayan hecho la primera profesión, y a los novicios que quisieren seguirles; y que se ocupen todas las temporalidades de la Compañía en mis Dominios; y para su ejecución uniforme en todos ellos, he dado plena y privativa comisión y autoridad, por otro mi Real Decreto, de veintisiete de febrero, al conde de Aranda, Presidente de mi Consejo, con facultad de proceder desde luego a tomar las providencias correspondientes.

I. Y he venido asimismo en mandar que el Consejo haga notoria en todos estos Reinos la citada mi real determinación; manifestando a las demás Ordenes religiosas la confianza, satisfacción y aprecio que me merecen por su fidelidad y doctrina, observancia de vida monástica, ejemplar servicio de la Iglesia, acreditada instrucción de sus estudios y suficiente número de individuos, para ayudar a los obispos y párrocos en el pasto espiritual de las almas, y por su abstracción de negocios de gobierno, como ajenos y distantes de la vida ascética y monacal.

II. Igualmente dará a entender a los reverendos prelados diocesanos, ayuntamientos, cabildos eclesiásticos y demás estamentos o cuerpos políticos del reino, que en mi real persona quedan reservados los justos y graves motivos que, a pesar mío, han obligado mi real ánimo a esta necesaria providencia: valiéndome únicamente de la económica potestad, sin proceder por otros medios, siguiendo en ello el impulso de mi real benignidad, como Padre y Protector de mis pueblos.

III. Declaro que en la ocupación de temporalidades de la Compañía se comprehenden sus bienes y efectos, así muebles como *raíces o rentas* eclesiásticas que legítimamente posean en el Reino; *sin perjuicio de sus cargas, mente de los Fundadores,* y alimentos vitalicios de los individuos, que serán de cien pesos, durante su vida, a los sacerdotes, y noventa a los legos, pagaderos de la masa general que se forme de los bienes de la Compañía.

IV. En estos alimentos vitalicios no serán comprehendidos los jesuitas extranjeros, que indebidamente existen en mis Dominios dentro de sus Colegios, o fuera de ellos, o en casas particulares; vistiendo la sotana, o en traje de abates, y en cualquier destino en que se hallaren empleados; debiendo todos salir de mis Reinos sin distinción alguna.

V. Tampoco serán comprendidos en los alimentos los *novicios* que quisieren voluntariamente seguir a los demás, por no estar aún empeñados con la profesión y hallarse en libertad de separarse.

VI. Declaro que, si algún jesuita saliere del estado eclesiástico (adonde se remiten todos) o diere justo motivo de resentimiento a la Corte con sus operaciones o escritos, le cesará desde luego la pensión que va asignada. Y aunque no debo presumir que el Cuerpo de la Compañía, faltando a las más estrechas y superiores obligaciones, intente o permita que alguno de sus individuos *escriba* contra el respeto y sumisión debida a mi resolución, con título o pretexto de apologías o defensorios, dirigidos a perturbar la paz de mis Reinos, o por medio de emisarios secretos conspire al mismo fin, en tal caso, no esperado, cesará la pensión a todos ellos.

VII. De seis en seis meses se entregará la mitad de la pensión anual a los Jesuitas por el Banco del Giro, con intervención del de mi Ministro en Roma, que tendrá particular cuidado de saber los que fallecen, o decaen por su culpa de la pensión, para rebatir su importe.

VIII. Sobre la administración, y aplicaciones equivalentes de los bienes de la Compañía en *obras pías,* como es dotación de Parroquias pobres, Seminarios conciliares, Casas de Misericordia y otros fines piadosos, oídos los Ordinarios eclesiásticos en lo que sea necesario y conveniente, reservo tomar separadamente providencias, sin que en nada se defraude la verdadera piedad, ni perjudique la causa pública o derecho de tercero.

IX. Prohíbo, por ley y regla general, que jamás pueda volver a admitirse en todos mis Reinos en particular a ningún individuo de la Compañía, ni en cuerpo de Comunidad, con ningún pretexto ni colorido que sea; ni sobre ello admitirá *el mi Consejo* ni otro Tribunal instancia alguna; antes bien, tomarán a prevención las Justicias las más severas providencias contra los infractores, auxiliadores y cooperantes de semejante intento, castigándolos como perturbadores del sosiego público.

X. Ninguno de los actuales Jesuitas Profesos, aunque salga de la Orden con licencia formal del Papa, y quede de secular o clérigo, o pase a otra Orden, no podrá volver a estos Reinos sin obtener especial permiso mío.

XI. En caso de lograrlo, que se concederá tomadas las noticias convenientes, deberá hacer juramento de fidelidad en manos del Presidente de mi Consejo; prometiendo de buena fe que no tratará, en público ni en secreto, con los individuos de la Compañía o con su General; ni hará diligencias, pasos ni insinuaciones, directa ni indirectamente, a favor de la Compañía, pena de ser tratado como reo de Estado, y valdrán contra él las pruebas privilegiadas.

XII. Tampoco podrá enseñar, *predicar* ni confesar en estos Reinos, aunque haya salido, como va dicho, de la Orden, y sacudido la obediencia del General; pero podrá gozar rentas eclesiásticas, que no requieren estos cargos.

XIII. Ningún vasallo mío, aunque sea eclesiástico secular o regular, podrá pedir *Carta de Hermandad* al General de la Compañía, ni a otro en su nombre, pena de que se le tratará como reo de Estado, y valdrán contra él más pruebas privilegiadas.

XIV. Todos aquellos que las tuvieren al presente, deberán entregarlas al Presidente de mi Consejo, o a los corregidores y justicias del Reino, para que se las remitan y archiven, y no se use en adelante de ellas, sin que les sirva de óbice el haberlas tenido en lo pasado, con tal que puntualmente cumplan con dicha entrega; y las justicias mantendrán en reserva los nombres de las personas que las entregaren, para que de este modo no les cause nota.

XV. Todo el que mantuviere correspondencia con los Jesuitas, por prohibirse general y absolutamente, será castigado a proporción de su culpa.

XVI. Prohíbo expresamente que nadie pueda escribir, declarar o conmover, con pretexto de estas providencias, en pro ni en contra de ellas; antes, impongo silencio en esta materia a todos mis vasallos, y mando que a los contraventores se les castigue como reos de lesa Majestad.

XVII. Para apartar altercaciones o malas inteligencias entre los particulares, a quienes no incumbe juzgar ni interpretar las órdenes del Soberano, mando expresamente que nadie escriba, imprima ni expenda papeles u obras concernientes a la expulsión de los Jesuitas de mis Dominios, no teniendo especial licencia del Gobierno; e inhibo al Juez de Imprentas, a sus subdelegados y a todas las justicias de mis Reinos, de conceder tales permisos o licencias, por deber correr todo esto bajo de las órdenes del Presidente y Ministros de mi Consejo, con noticia de mi Fiscal.

XVIII. Encargo muy estrechamente a los reverendos Obispos diocesanos y a los Superiores de las Ordenes Regulares no permitan que sus súbditos escriban, impriman ni declamen sobre este asunto; pues se les haría responsables de la no esperada infracción de parte de cualquiera de ellos, la cual declaro comprendida en la Ley del señor don Juan el Primero, y Real Cédula expedida circularmente por mi Consejo en dieciocho de septiembre del año pasado, para su más puntual ejecución, a que todos deben conspirar, por lo que interesa al bien público, y la reputación de los mismos individuos, para no atraerse los efectos de mi real desagrado.

XIX. Ordeno al mi Consejo que, con arreglo a lo que va expresado, haga expedir y publicar la Real Pragmática más estrecha y conveniente, para que llegue a noticia de todos mis vasallos, y se observe inviolablemente, publiquen, y ejecuten, por las justicias y tribunales territoriales, las penas que van declaradas contra los que quebrantaren estas disposiciones, para su puntual, pronto e invariable cumplimiento; y dará a este fin todas las órdenes necesarias, con preferencia a otro cualquier negocio, por lo que interesa mi real servicio; en inteligencia de que, a los Consejos de Inquisición, Indias, Ordenes y Hacienda, he mandado remitir copias de mi Real Decreto, para su respectiva inteligencia y cumplimiento. Y para su puntual e invariable observancia en todos mis Dominios, habiéndose publicado en Consejo pleno este día el Real Decreto de veintisiete de marzo, que contiene la anterior resolución, que se mandó guardar y cumplir, según y como en él se expresa, fue acordado expedir la presente en fuerza de Ley, y Pragmática Sanción, como si fuese hecha y promulgada en Cortes, pues quiero se esté, y pase por ella, sin contravenirla en manera alguna;

para lo cual, siendo necesario, derogo y anulo todas las cosas que sean o ser puedan contrarias a ésta: Por la cual encargo a los muy reverendos arzobispos, obispos, superiores de todas las Ordenes Regulares, Mendicantes y Monacales, visitadores, provisores, vicarios y demás prelados, y jueces eclesiásticos de estos mis Reinos, observen la expresada Ley, y Pragmática, como en ella se contiene, sin permitir que con ningún pretexto se contravenga en manera alguna a cuanto en ella se ordena. Y mando a los del mi Consejo, Presidente y oidores, alcaldes de mi Casa y Corte, y de mis Audiencias, y Chancillerías, asistentes, gobernadores, alcaldes mayores y ordinarios, y demás jueces y justicias de todos mis Dominios, guarden, cumplan y ejecuten la citada Ley, y Pragmática Sanción, y la hagan guardar, y observar en todo y por todo, dando para ello las providencias que se requieran, sin que sea necesaria otra declaración alguna más que ésta, que ha de tener su puntual ejecución desde el día que se publique en Madrid y en las ciudades, villas, y lugares de estos mis Reinos, en la forma acostumbrada; por convenir así a mi real servicio, tranquilidad, bien y utilidad de la causa pública de mis vasallos. Que así es mi voluntad, y que al traslado impreso de esta mi Carta, firmado de don Ignacio Estevan de Higareda, mi escribano de Cámara más antiguo, y de Gobierno de mi Consejo, se le dé la misma fe y crédito que a su original. Dada en el Pardo, a dos de abril de mil setecientos sesenta y siete años. YO, EL REY. Yo, don José Ignacio de Goyeneche, Secretario del Rey nuestro Señor, le hice escribir por su mandado. El Conde de Aranda. D. Francisco Cepeda. D. Jacinto de Tudó. D. Francisco de Salazar y Aguero. D. José Manuel Domínguez. *Registrada*. Don Nicolás Berdugo, Teniente de Chanciller mayor. D. Nicolás Berdugo.

APÉNDICE VI

RUPTURA ENTRE ESPAÑA Y ROMA (1799)

(FUENTE: J. A. LLORENTE, *Colección diplomática* p.63-66.)

a) Comunicación de la «Gazeta» de Madrid (10 septiembre 1799)

Madrid, 10 de septiembre. El jueves, 5 del corriente, ha recibido el rey con sumo dolor la infausta noticia del fallecimiento de nuestro Santísimo Padre Pío VI, acaecida el 29 de agosto último en Valencia del Droma, en Francia, a la una y media de aquel día, a los ochenta y unos años, ocho meses y dos días de edad, y a los venticuatro años, seis meses y catorce días de su pontificado. En el cual, y en todas las críticas circunstancias que le han rodeado, manifestó siempre aquella serenidad de espíritu que nace de una sólida virtud y sólo acompaña al alma del justo. Durante los once días de su enfermedad sus labios no se abrieron sino para prorrumpir en alabanzas del Criador, para hacer protestas de la más ciega sumisión a los decretos de la Providencia o para implorar sus bendiciones sobre la Iglesia, sobre todos sus miembros y, particularmente, sobre los reyes nuestros señores y toda su real familia. Estas son las únicas reflexiones de consuelo que deja a SS. MM. una pérdida que ha penetrado sus piadosos corazones y que será sensible a todos los católicos cristianos y a todos los hombres virtuosos de cualquier país y creencia. No menor motivo de consuelo ofrece a SS. MM. la satisfactoria convicción que les queda de no haber omitido ninguno de cuantos esfuerzos y medios han sido practicables, tanto para conservar a Su Santidad en tranquila posesión de la Santa Sede, como para que en todas partes tuviese a su lado ministros suyos que le facilitasen todos los auxilios que pudiesen ser necesarios para aliviar sus dolencias, siendo los únicos que han cuidado de dar a ellas consuelos efectivos, sin contentarse con la compasión estéril que otros le han tenido. Así lo ha reconocido Su Santidad, y no ha cesado de manifestar a los reyes, nuestros señores, su gratitud, explicándosela muy expresivamente en sus cartas poco tiempo antes de su muerte, y por sus últimas bendiciones a SS. MM. se ve que las conservó hasta el fin de su vida. Fue muy grande la consternación que causó la muerte de Su Santidad en la ciudad de Valencia del Droma, cuyos habitantes procuraron todos a porfía esmerarse en su obsequio y en el cuidado de su salud, guardando a Su Santidad las debidas atenciones. Todos lloraron su muerte, y como si con ella hubiese desaparecido toda diferencia de opiniones, los que no sentían la pérdida de Su Santidad como la de un vicario de Jesucristo y cabeza de su Iglesia, lo lloraban como a dechado de virtud y como a uno de aquellos varones extraordinarios que el cielo envía a la tierra para ser el ornato y la gloria de la especie humana.

El católico corazón del rey, desvelado siempre por el bien espiritual y temporal de sus vasallos, ha provisto por ahora a tan grave pérdida con el real decreto siguiente, dirigido a su Consejo y Cámara.

b) Real Decreto de Carlos IV sobre dispensas matrimoniales y otros puntos

La divina Providencia se ha servido llevarse ante sí en 29 de agosto último el alma de Nuestro Santísimo Padre Pío VI, y no pudiéndose esperar, en las circunstancias actuales de Europa y de las turbulencias que la agitan, que la elección de un sucesor en el pontificado se haga con aquella tranquilidad y paz tan debidas, ni acaso tan pronto como necesitaría la Iglesia; a fin de que entretanto mis vasallos de todos mis dominios no carezcan de los auxilios precisos de la religión, he resuelto que, hasta que yo les dé a conocer el nuevo nombramiento del papa, los arzobispos y obispos usen de toda la plenitud de sus facultades conforme a la antigua disciplina de la Iglesia para las dispensas matrimoniales y demás que les competen. Que el Tribunal de la Inquisición siga, como hasta aquí, ejerciendo sus funciones, y el de la Rota sentencie las causas que hasta ahora le estaban cometidas en virtud de comisión de los papas, y que yo quiero ahora que continúe por sí. En los demás puntos de consagración de obispos y arzobispos, u otros cualesquiera más graves que puedan ocurrir, me consultará la Cámara, cuando se verifique alguno, por mano de mi primer Secretario de Estado y del Despacho. Y, entonces, con el parecer de las personas a quienes tuviese a bien pedirlo, determinaré lo conveniente, siendo aquel supremo tribunal el que me represente y a quien acudirán todos los prelados de mis dominios hasta nueva orden mía. Tendráse entendido en mi Consejo y Cámara, y expedirá ésta las órdenes correspondientes a los referidos prelados eclesiásticos para su cumplimiento.

En San Ildefonso, a 5 de septiembre de 1799.

c) **Circular de don José Antonio Caballero, ministro de Gracia y Justicia, remitiendo el Real Decreto**

Por el Decreto que el rey se ha dignado expedir con fecha de 5 del corriente, se enterará V. S. I. de las soberanas intenciones de S. M. con el motivo del fallecimiento de Nuestro Santísimo Padre Pío VI, que en paz descanse.

No puede dudar V. S. I. de que todo lo que comprende dicha soberana resolución es conforme a la más pura y sana doctrina de la Iglesia, a lo que exigen las turbulentas circunstancias de la Europa y a la suprema potestad económica que el todopoderoso ha depositado en sus reales manos para bien del Estado y de la misma Iglesia que no puede prescindir de que se halla en él.

En esta atención espera S. M. que V. S. I. se hará un deber el más propio en adoptar sentimientos tan justos y necesarios y en velar con el mayor cuidado de que haga lo propio el clero de su diócesis, sin disimular los más mínimo que sea contrario a ello, procurando que ni por escrito ni de palabra, ni en las funciones de sus respectivos ministerios, se viertan especies opuestas que puedan turbar las conciencias de los vasallos de S. M. Y que la muerte de S. S. no se anuncie en el púlpito ni parte alguna si no es en los términos precisos de La Gaceta, sin otro aditamento, avisándome puntualmente cuanto ocurra sobre el particular y de los infractores, para ponerlo en noticia de S. M. y contener sus gestiones sediciosas por los medios más eficaces.

También espera S. M. que vele V. S. I. sobre la conducta de los regulares de su diócesis en esta parte, avisándome cuanto advirtiere. A lo que V. S. I. se halla obligado, pues no debe prescindir de los delitos graves de los regulares, según lo prevenido en el concilio de Trento.

Si en todo lo dicho V. S. I. se condujese como S. M. espera, puede estar seguro de que será éste un mérito singular que atenderá muy particularmente su real bondad. Y de su orden se lo comunico a V. S. I. para su puntual cumplimiento, avisándome de su recibo.

Dios guarde a V. S. I. muchos años.

San Ildefonso, 5 de septiembre de 1799.—JOSÉ ANTONIO CABALLERO.

INDICE DE AUTORES

ACABÓSE DE IMPRIMIR ESTE VOLUMEN CUARTO DE LA
«HISTORIA DE LA IGLESIA EN ESPAÑA», DE LA BI-
BLIOTECA DE AUTORES CRISTIANOS, EL DÍA 3
DE DICIEMBRE DE 1979, FESTIVIDAD DE
SAN FRANCISCO JAVIER, EN LOS
TALLERES DE LA IMPRENTA
FARESO, S.A., PASEO DE
LA DIRECCIÓN, 5,
MADRID

LAUS DEO VIRGINIQUE MATRI